DAS GROSSE
GARTENLEXIKON

BLUMEN & PFLANZEN – TECHNIKEN – ARBEITSWEISEN

M-Z

ULMER

DAS GROSSE
GARTENLEXIKON

BLUMEN & PFLANZEN – TECHNIKEN – ARBEITSWEISEN

M-Z

Joachim Mayer
unter Mitarbeit von Dr. Sigrun Künkele und Bärbel Oftring

ULMER

Praxis-Seiten

Einfache Nistkästen für den Selbstbau	S. 610 – 611
Nützlinge ansiedeln und fördern	S. 614 – 615
Obstbaumschnitt – Hinweise zum Kernobstschnitt	S. 628 – 629
Obstbaumschnitt – Hinweise zum Steinobstschnitt	S. 630 – 631
Okulation – Rosen selbst vermehren	S. 636 – 637
Pflanzung von Blumen, Stauden und Gemüse	S. 672 – 673
Pflaster und Platten selbst verlegen	S. 674 – 675
Rasenneuanlage – Raseneinsaat und Rollrasen verlegen	S. 704 – 705
Rasenpflege rund ums Jahr	S. 714 – 715
Rosenschnitt – Hinweise und Tipps	S. 752 – 753
Teichanlage mit Folie – die wichtigsten Schritte	S. 880 – 881
Gartenteich – Pflegemaßnahmen im Jahreslauf	S. 888 – 889
Teilung von Stauden, Staudenrhizomen und Zwiebel- und Knollenblumen	S. 896 – 897
Weinrebenschnitt – Tipps und Hinweise	S. 978 – 979
Winterschutz bei Stauden und Gehölzen	S. 996 – 997
Zwiebelblumenpflanzung in Beet und Rasen	S. 1030 – 1031

PIKTOGRAMME UND SYMBOLE

- ☼ = sonniger Standort
- ◐ = halbschattiger Standort
- ⬤ = schattiger Standort
- ⊗ = Pflanze mit Giftstoffen
- ☺ = pflegeleichte Pflanze
- Ø = Durchmesser

Vorwort

Das zweibändige Gartenlexikon bietet Informationen zu allen gebräuchlichen Zier- und Nutzpflanzen sowie zu manch seltener Schönheit. Sachbegriffe aus der Gartenpraxis lassen sich ebenso nachschlagen wie Fachwörter aus der gärtnerischen Botanik, die einem immer wieder begegnen. Neben Erläuterungen, die mit vielen praktischen Tipps verbunden sind, bietet jeder Lexikonband zudem besondere PRAXIS-Seiten, auf denen die wichtigsten Arbeiten und Maßnahmen anschaulich beschrieben werden.

Anordnung der Stichwörter

■ Bei der alphabetischen Anordnung der Begriffe werden die Umlaute ä, ö und ü wie die einfachen Buchstaben a, o und u behandelt.
■ Dagegen werden ae, oe und ue als getrennte Buchstaben eingeordnet.
■ Der Buchstabe ß wird wie ss eingeordnet.

Verweise und Verweisbegriffe

■ Verweise erfolgen durch Pfeile (→) und *Kursivdruck* des Begriffs, unter dem eine ausführliche Erläuterung zu finden oder Weiteres zum Thema zu erfahren ist.
■ Aus Gründen der besseren Lesbarkeit wurde darauf verzichtet, jeden an anderer Stelle erläuterten Begriff mit einem Verweispfeil zu versehen. Deshalb empfiehlt es sich, eventuell fragliche Begriffe unter dem jeweiligen Stichwort nachzuschlagen.
■ Infolge des Textzusammenhangs kann ein Verweisbegriff in der Mehrzahl auftauchen, z. B. → *Drahtwürmer,* obwohl das Hauptstichwort in der Einzahl, z. B. Drahtwurm, steht und umgekehrt. Ebenso verhält es sich mit gebeugten Endungen (z. B. des → *Nützlings;* Stichwort Nützling) und bei Pflanzen mit Begriffsverbindungen wie → *Bambusarten* (Stichwort Bambus). Auch dies geschieht zum Zwecke besserer Lesbarkeit und Übersichtlichkeit.

Pflanzenporträts und -namen

■ Die Pflanzen sind unter ihren geläufigsten deutschen Namen beschrieben. Von den botanischen bzw. wissenschaftlichen (lateinischen) Pflanzennamen erfolgen Verweise auf die jeweiligen Pflanzenporträts.
■ Die botanischen Namen stehen im Porträt jeweils unter den deutschen Bezeichnungen. Wird im Text auf verschiedene Arten der Gattung Bezug genommen, dann ist der Gattungsname abgekürzt. Beispiel: Unter dem Stichwort Adonisröschen, botanischer Gattungsname *Adonis,* steht *A. aestivalis* für *Adonis aestivalis* (vgl. auch Stichworterläuterungen zu → *Botanische Namen* und → *Art*).
■ Den Porträts mancher Pflanzen folgen gesonderte Stichwörter mit Beschreibungen der wichtigsten Krankheiten und Schädlinge. Dies ist nur dann der Fall, wenn die Pflanze durch auf sie spezialisierte Schaderreger befallen wird. Wo solche Krankheits- oder Schädlingsstichwörter fehlen, bedeutet dies freilich nicht, dass die jeweiligen Pflanzen stets befallsfrei bleiben. Hierzu sei auf die Stichwörter zu allgemein vorkommenden Schaderregern wie z. B. Blattläuse verwiesen.

Allgemeine Hinweise

■ Beim Gärtnern stößt man auf eine Vielzahl von Fachbegriffen aus unterschiedlichen Bereichen, z. B. aus Gartenbau, Botanik, Chemie oder Bodenkunde. Dabei ist der Wortgebrauch je nach Wissensgebiet teils etwas unterschiedlich. Ein Obstbauexperte z. B. beschreibt einen Baum und seine Teile unter anderen Gesichtspunkten als ein Botaniker. Daneben haben sich viele eher umgangssprachliche Ausdrücke aus der gärtnerischen Praxis etabliert. So kommt es, dass manche Begriffe verschiedene Bedeutungen haben und unterschiedlich verwendet werden können.
■ Manche gärtnerische Begriffe unterliegen mit der Zeit einem Bedeutungswandel oder werden infrage gestellt (z. B. Unkraut versus Wildkraut). In solchen Fällen verwendet das Gartenlexikon die geläufigsten Begriffe, weist aber auf entsprechende Sachverhalte hin.
■ Es gibt einige Maßnahmen und Unternehmungen im Gartenbereich, die sehr aufwändig sind, teils diffizile oder körperlich besonders schwere Arbeiten erfordern oder spezielle Fachkenntnisse verlangen. Hierzu zählen z. B. Baumaßnahmen, Dachbegrünung, das Anlegen eines Bachlaufs oder einer Trockenmauer. Im Rahmen dieses Gartenlexikons können jeweils nur die wichtigsten Schritte skizziert werden. Bei konkreten Vorhaben empfiehlt sich unbedingt das Hinzuziehen von Spezialliteratur oder von Fachleuten (z. B. Gartenbaufirmen).

M

Macleaya
Stattliche Staude mit dekorativen Blättern und weißen oder rosa Blüten
→ *Federmohn*

Mädchenauge
COREOPSIS

In ihrer nordamerikanischen Heimat sind diese Korbblütengewächse weit verbreitet und an viele Standorte angepasst. Die bei uns im Gartenhandel erhältlichen Arten und Sorten werden dagegen vorwiegend für sonnige Standorte angeboten. Die robusten Stauden vertragen sogar die Stadtluft an Autostraßen. Mit ihren hübschen, recht haltbaren Blüten eignen sie sich gut als Schnittblumen. Verbreitet werden die beiden nachfolgend beschriebenen Arten gepflanzt. Daneben gibt es mit *C. lanceolata* eine nur 25 cm hohe Staude mit besonders kompaktem, buschigem Wuchs; sie blüht gelb von Juni bis August. Die einjährige *C. tinctoria* schließlich hat linealische Blätter, gelbe Blüten mit rotbrauner Mitte und ist in Sorten von 30 – 80 cm Höhe erhältlich.

Großblütiges Mädchenauge
COREOPSIS GRANDIFLORA

Merkmale: Kurzlebige Staude; buschig, lang gestielte Blüten, je nach Sorte 40 – 90 cm hoch; Blüten goldgelb, margeritenartig, bis 10 cm Ø, auch gefüllte Sorten.
Blütezeit: Juni – September
Verwendung: In Gruppen auf Beeten und Rabatten, attraktiv mit roten und blauen Blühern, z. B. Indianernessel und Rittersporn; als Schnittblume.

Großblütiges Mädchenauge (Coreopsis grandiflora)

Standort: Jeder normale, nicht zu schwere, notfalls auch recht trockene Gartenboden.
Pflanzen/Vermehren: Pflanzung im Spätsommer/Herbst mit 30 – 50 cm Abstand; Vermehrung durch Teilung nach der Blüte oder im Frühjahr (auf intakte Triebe achten), auch Stecklingsvermehrung möglich.
Pflege: Vor dem Austrieb mit Kompost versorgen; hohe Sorten möglichst früh stützen; bei anhaltender Trockenheit gießen; alle 2 bis 3 Jahre teilen und neu verpflanzen.

Nadelblättriges Mädchenauge
COREOPSIS VERTICILLATA

Merkmale: Langlebige Staude; aufrecht, locker verzweigt, 60 – 80 cm hoch; dekorativ zerteilte Blätter; gelbe, einfache Blütenköpfchen mit bis zu 5 cm Ø.
Blütezeit: Juni – September
Verwendung: Wie Großblütiges Mädchenauge; auch im lichten Schatten von Sträuchern.
Standort: Wie Großblütiges Mädchenauge.
Pflanzen/Vermehren: Wie Großblütiges Mädchenauge.
Pflege: Vor dem Austrieb mit Kompost versorgen; hohe Sorten möglichst früh stützen; bei anhaltender Trockenheit gießen; Verblühtes abschneiden.
Hinweis: Auch kleinere Sorten, z. B. 'Zagreb' mit ca. 25 cm Höhe, erhältlich.

Mädchenkiefer
Niedrige bis mittelgroße → *Kiefer*, deren Gartenformen einen zierlichen, lockeren Wuchs aufweisen.

Made
Bezeichnung für die ungegliederte, beinlose Larve der → *Fliegen*. Manche Maden, etwa die verschiedener → *Gemüsefliegen*, fressen Wurzeln und andere Pflanzenteile an und können gravierende Schäden anrichten.

Mädesüß
FILIPENDULA

Die auf der gesamten Nordhalbkugel verbreitete, auch als Spierstaude bekannte Gattung mit etwa zehn Arten gehört zur Familie der Rosengewächse. Charakteristisch für alle Arten ist der korbartige, rispige Blütenstand. Sie besiedeln vorwiegend die feuchten Ufer von Flüssen und Bächen.

Das in Mitteleuropa bis Sibirien und Asien heimische Echte Mädesüß ist eine sehr dekorative Wildstaude

Magerrasen

mit angenehm süß duftenden Blüten. Aus den Blüten wird seit alters ein Heiltrank gegen fiebrige Erkältungen und Rheuma hergestellt. In der Tat enthält die Pflanze einen dem Aspirin ähnlichen Wirkstoff. Ebenfalls bei uns verbreitet ist das Knollige Mädesüß; als Ausnahme innerhalb der Gattung kommt es mit trockenen Standorten zurecht. Die besonders zierende, rosarot blühende Königsspiere stammt aus Nordamerika.

Königsspiere
FILIPENDULA RUBRA

Merkmale: Ausladend wachsende Staude, 100 – 150 cm hoch; große, gefiederte Blätter; winzige tiefrosa, duftende Blüten in Rispen, 15 cm Ø.
Blütezeit: Juli – August
Verwendung: Einzeln oder zu wenigen im Uferbereich großer Naturteiche; zwischen großen Gehölzen.
Standort: Humoser, nährstoffreicher, feuchter, aber dennoch nicht staunasser Boden.
Pflanzen/Vermehren: Pflanzung im Herbst oder Frühjahr; Vermehrung durch Teilung des Wurzelstocks im Frühjahr oder durch Stecklinge.
Pflege: Im Frühling mulchen (ideal ist Laubmulch), um die Bodenfeuchte zu halten; bei Trockenheit reichlich gießen.
Hinweis: Das aus Japan stammende Purpurmädesüß (*F. purpurea*) wird 80 – 100 cm hoch und blüht purpurrot.

Echtes Mädesüß
FILIPENDULA ULMARIA

Auch als Wiesenkönigin bekannt.
Merkmale: Staude, aufrechter Stängel, 50 – 200 cm hoch; große, gefiederte Blätter; winzige, gelblich weiße Blüten in Rispen mit bis zu 25 cm Ø.
Blütezeit: Juni – August
Verwendung: Einzeln oder in kleinen Gruppen als Hintergrundbepflanzung für Naturteiche, naturnahe Wildstaudenbeete, als Unterwuchs zwischen Bäumen und Sträuchern.
Standort: Wie Königsspiere.
Pflanzen/Vermehren: Wie Königsspiere; an geeigneten Standorten sät sich das Echte Mädesüß selbst aus.
Pflege: Wie Königsspiere.

Knolliges Mädesüß
FILIPENDULA VULGARIS

Merkmale: Staude, locker verzweigt, aufrecht, 30 – 60 cm hoch, Wurzeln teils knollig; schmale, fein fiederspaltige, am Rand gezähnte Blätter in grundständiger Rosette; weiße Blüten in Rispen, bei 'Plena' gefüllt.
Blütezeit: Juli – August
Verwendung: In kleinen Gruppen auf Beeten, in Naturgartenbereichen, im Steingarten.
Standort: Frischer, notfalls auch trockener Boden, vorzugsweise lehmig und kalkhaltig.
Pflanzen/Vermehren: Wie Königsspiere; außerdem Aussaat möglich (Kaltkeimer).
Pflege: Anspruchslos; kann im Herbst zurückgeschnitten werden.

Madonnenlilie
Stattliche Zwiebelblume mit edlen, weißen, duftenden Trichterblüten
→ *Lilie*

Magerer Boden
Boden mit geringem Nährstoffgehalt und -speichervermögen. Magere Böden sind meist sandig oder steinig und enthalten wenig → *Humus*. Man kann sie langfristig durch Kompost- oder Düngergaben verbessern. Da solche Standorte in der Natur häufig besonders interessante Pflanzengesellschaften beherbergen, lassen sie sich aber auch gezielt zur Anlage entsprechender Bereiche nutzen, etwa für einen → *Steingarten* oder für eine

Königsspiere (Filipendula rubra)

Echtes Mädesüß (Filipendula ulmaria)

→ *Blumenwiese* nach dem Vorbild eines → *Magerrasens*.
    Auch → *Bodenfruchtbarkeit*

Magerrasen
Natürliche Pflanzengesellschaft auf nährstoffarmen Böden, die häufig noch mit trockenen Bedingungen fertig werden muss. Magerrasen bilden sich z. B. auf Kalk (Kalktrockenrasen), Sand (Sandtrockenrasen) oder Heideflächen aus. Dort wachsen zwar nicht viele, dafür aber besonders schöne und seltene Pflanzenarten.

Magerwiese

Werden landwirtschaftlich genutzte Wiesen auf nährstoffarmen Böden nur einmal jährlich gemäht und selten gedüngt, entstehen Magerwiesen. Da → *Blumenwiesen* im Garten ebenfalls nur unter solchen Bedingungen gedeihen, sollte man den Boden vor der Anlage durch Unterlassen von Düngung und eventueller Sand- oder Kiesuntermischung → *abmagern*.

Maggikraut

Anderer Name für den → *Liebstöckel*, ein Küchenkraut, dessen Blätter ähnlich wie das bekannte Suppengewürz schmecken. Das Kraut findet jedoch bei der Herstellung der namensgebenden Fertigwürze keinerlei Verwendung.

Magmatit

Fachsprachliche Bezeichnung für → *Erstarrungsgesteine,* die durch vulkanische Aktivität an die Erdoberfläche gelangt sind.

Magnesium

Chemisches Element mit der Abkürzung Mg; für Pflanzen einer der unentbehrlichen Hauptnährstoffe, den sie in größeren Mengen benötigen. Magnesium gehört zu den metallischen Elementen des Bodens und kommt in zahlreichen Mineralien vor. Es erfüllt in der Pflanze eine wesentliche Funktion, da es ein wichtiger Baustein des → *Chlorophylls* (Blattgrüns) ist. Außerdem fördert es verschiedene Stoffwechselvorgänge wie die → *Atmung* und den Eiweißaufbau.

Magnesiummangel zeigt sich an gelben Flecken auf den Blättern, wobei die Blattadern und der direkt angrenzende Bereich grün bleiben. Die Mangelsymptome treten zuerst an älteren Blättern auf und beginnen von der Blattmitte aus. Recht schnell verfärben sich die gelben Partien braun, die Blätter werden vorzeitig abgeworfen. Bei Nadelgehölzen werden zuerst die Nadelspitzen gelb, dann sämtliche älteren Nadeln, schließlich auch die jüngeren Blätter; teils verbräunen sie deutlich. Zu einem Mangel kommt es vor allem auf sauren Böden (→ *Bodenreaktion*), auf sandigen, leichten Böden sowie bei einer Überdüngung mit → *Kalium,* das das Magnesium bei der Aufnahme durch die Pflanze verdrängt.

Bei ausgewogener, also nicht allzu einseitiger **Düngung** wird eine gesonderte Magnesiumversorgung meist nicht nötig. Magnesium ist in den üblichen Voll- bzw. Mehrnährstoffdüngern ebenso enthalten wie in vielen Gesteinsmehlen. Verwendet man → *Kaliumdünger* oder → *Kalkdünger,* ist es in der Regel vorteilhaft, wenn sie magnesiumhaltig sind. Hierbei sollte ebenso wie beim Verabreichen spezieller → *Magnesiumdünger* zuvor möglichst eine → *Bodenuntersuchung* durchgeführt werden.

Magnesium spielt auch eine wichtige Rolle in der menschlichen Ernährung; bei pflanzlicher Kost ist dieser Mineralstoff vor allem in Hülsenfrüchten und Nüssen in größerer Menge zu finden.

Magnesiummangel an einer Fichte

Magnesiumdünger

Die geläufigsten Magnesiumdünger sind Bittersalz und Kieserit. Beide enthalten den Nährstoff in Form von Magnesiumsulfat ($MgSO_4$) und wirken recht schnell, so dass man sie vor allem bei akuten Mangelerscheinungen einsetzt. Bittersalz, das häufig bei Magnesiummangel von Koniferen Verwendung findet, kann auch gut als → *Blattdüngung* ausgebracht werden.

Magnolia

Botanischer Gattungsname der prachtvoll blühenden → *Magnolie*

Magnolie

MAGNOLIA

Die Familie der Magnoliengewächse gehört zu den ältesten Blütenpflanzen der Erde; ihre Vorfahren reichen bis in die Kreidezeit zurück. Im Garten beherrschen die Sträucher oder Bäume mit ihren auffällig großen Blüten auf oft noch nackten Zweigen das Frühlingsbild. Ab dem Spätsommer hängen aus zapfenartigen Früchten die Samen an langen Fäden heraus. Die rund 80 Arten kommen wild in Nordamerika und Asien vor – von den Tropen über China bis zum Himalaja. Viele der heutigen Gartenformen stammen aus Japan, wo sie seit dem 7. Jahrhundert kultiviert werden. Teils handelt es sich um Kreuzungen verschiedener Arten; so etwa bei der beliebten Tulpenmagnolie, einer zufällig entstandenen Hybride, die 1826 in Frankreich entdeckt wurde.

Da das Angebot an Arten und Sorten sehr unterschiedlich sein kann und Magnolien lange brauchen, bis sie ihre volle Pracht entfalten, sollte man sich vor dem Kauf im Fachhandel gründlich informieren. Neben den verbreiteten, nachfolgend beschriebenen Arten seien hier noch zwei weitere attraktive Magnolien erwähnt, die des Öfteren angeboten werden. Die Kobushimagnolie (*M. kobus*) stammt aus Japan und kann bis zu 10 m hoch werden. Ihre aufrechten, weißen Blüten erscheinen im April bis Mai noch vor den Blättern, während sich die nur knapp 3 m hohe Sommermagnolie (*M. sieboldii*) erst im Juni bis Juli mit nickenden, alabasterweißen Blüten schmückt. Letztere blüht, wie die meisten gängigen Arten, bereits im Jugendstadium recht zuverlässig. Bei der Kobushimagnolie dagegen erscheinen die Blüten erst ab dem 10. Standjahr regelmäßig und in beachtlicher Fülle.

Die Blüte ist bei fast allen Magnolien spätfrostgefährdet, die Gehölze selbst sind allerdings recht frosthart. In rauen Lagen empfiehlt sich jedoch während der ersten Jahre eine Winterschutzabdeckung des gesamten Wurzelbereichs.

Purpurmagnolie
MAGNOLIA LILIIFLORA

Merkmale: Strauch, breit aufrecht, dicht verzweigt, 3 – 4 m hoch, bis 4 m breit, langsam wachsend; große, verkehrt eiförmige, dunkelgrün glänzende Blätter; Blüten kelchförmig, innen weiß, außen purpurn, bis 7 cm Ø, erscheinen mit dem Laubaustrieb; Flachwurzler.
Blütezeit: April – Mai
Verwendung: Als Solitärgehölz oder in lockeren Gehölzgruppen; schön mit Frühjahrszwiebelblumen als Unterpflanzung.
Standort: Etwas geschützt; humoser, durchlässiger, frischer bis feuchter, neutraler bis saurer Boden; für Stadtklima nur mäßig geeignet.
Pflanzen/Vermehren: Pflanzung vorzugsweise im Frühjahr; Vermehrung durch Stecklinge oder Absenker möglich, Nachkommen jedoch meist wenig robust und blühunwillig.
Pflege: Im Frühling organisch düngen; in der direkten Umgebung des Gehölzes nicht hacken oder graben, stattdessen mulchen; bei anhaltender Trockenheit kräftig wässern; am besten ungeschnitten lassen.

Purpurmagnolie (Magnolia liiiflora)

Hohe Magnolie
MAGNOLIA x LOEBNERI

Merkmale: Strauch oder kleiner Baum, lockerer Aufbau, 6 – 8 m hoch, bis 6 m breit; große, elliptische Blätter; weiße, außen purpurn überlaufene, sternförmige Blüten mit 8 – 13 cm Ø, erscheinen mit dem Laubaustrieb; Flachwurzler.
Blütezeit: April – Mai
Verwendung: Wie Purpurmagnolie.
Standort: Wie Purpurmagnolie, verträgt aber noch leicht alkalische Böden.
Pflanzen/Vermehren: Wie Purpurmagnolie.
Pflege: Wie Purpurmagnolie.

Tulpenmagnolie, Gartenmagnolie
MAGNOLIA x SOULANGIANA

Merkmale: Strauch oder kleiner Baum, weit ausladend, etwas sparrig, 3 – 6 m hoch, bis 6 m breit; sehr große, verkehrt eiförmige Blätter;

Tulpenmagnolie (Magnolia x soulangiana)

tulpenartige Blüten, innen stets weiß, außen je nach Sorte weiß bis rosa oder purpurrot, offen bis 25 cm breit; Blüten meist mit dem Laubaustrieb erscheinend; Flachwurzler.
Blütezeit: April – Mai
Verwendung: Wie Purpurmagnolie.
Standort: Wie Purpurmagnolie.
Pflanzen/Vermehren: Wie Purpurmagnolie.
Pflege: Wie Purpurmagnolie.
Hinweis: Die manchmal gebrauchte Bezeichnung „Tulpenbaum" ist irreführend; der echte Tulpenbaum (*Liriodendron tulipifera*), ebenfalls ein Magnoliengewächs, findet aufgrund seiner Größe fast nur als Parkbaum Verwendung. Er bringt im Mai und Juni grünlich weiße Blüten mit gelben und orangefarbenen Flecken hervor.

Sternmagnolie
MAGNOLIA STELLATA

Merkmale: Sehr langsam wachsender, reich verzweigter Strauch, bis 3 m hoch und breit; lange, schmale Blätter; weiße, sternförmige, duftende Blüten mit 7 – 10 cm Ø, erscheinen vor den Blättern; Sorten auch mit rosa überhauchten Blüten; Flachwurzler.

Mahd

Sternmagnolie (Magnolia stellata)

Mähgeräte mit langer Tradition: Sense und Sichel

Elektrische Motorsensen sind recht leicht und bequem zu handhaben.

Blütezeit: März – April
Verwendung: Wie Purpurmagnolie.
Standort: Wie Hohe Magnolie; geschützter Standort besonders empfehlenswert, da die frühe Blüte spätfrostgefährdet ist.
Pflanzen/Vermehren: Wie Hohe Magnolie.
Pflege: Wie Purpurmagnolie; während der Blütezeit ggf. bei Frösten abdecken.

Mahd

Anderer Ausdruck für das → *Mähen* bzw. den Wiesenschnitt

Mähen

Schneiden von Gras und Kräutern; fördert den Neuaufwuchs von jungen Rasen- und Wiesenpflanzen und sorgt so für dichten, geschlossenen Bewuchs.

→ *Blumenwiese*, → *Rasenpflege*

Mähgeräte

Im Laufe der Menschheitsgeschichte haben sich die Handgeräte zum Schneiden von Getreide und Gras erstaunlich wenig geändert. Die **Sichel**, eine halbmondförmig gebogene Klinge mit innen liegender Schneide, ist bereits seit der Steinzeit bekannt; damals als Tierknochen mit eingesetzten Steinsplittern, später mit kurzem Holzgriff und Bronzeschneide, heute bei den anspruchsvolleren Modellen mit Edelstahlschneide. Sie wird mit einer Hand benutzt, wobei man das Gras büschelweise schneidet. Sicheln lassen sich zum Schneiden kleiner Wiesenflächen einsetzen, zum Säubern von Rasenkanten sowie zum gelegentlichen Einkürzen von Wildwuchs in Naturgartenbereichen. Große, kräftige Ausführungen, so genannte Staudensicheln, schaffen sogar verholzten Aufwuchs mühelos.

Für ähnliche Zwecke kann man die **Sense** einsetzen, die im Garten besondere Bedeutung beim Mähen etwas größerer → *Blumenwiesen* hat. Am teils leicht gekrümmten Holz- oder Metallstiel mit je einem Griff am Ende und an der Seite sitzt eine lange, schwach gebogene Klinge, das Sensenblatt. Die Sense wird an beiden Griffen gepackt und mit schwingenden Bewegungen so geführt, dass die Klinge dicht über dem Boden fast parallel zur Oberfläche gleitet.

Das Sensen erfordert schon einiges an Übung; die Mähbewegung sollte möglichst locker und gleichmäßig ausgeführt werden, ohne allzu großen Kraftaufwand. Voraussetzungen dafür sind eine zur Körpergröße passende Stiellänge sowie ein stets scharfes Sensenblatt. Zum Nachschärfen verwendet man einen Abzieh- oder Wetzstein, der je nach Material teils vor Gebrauch angefeuchtet werden muss. Bei häufigem Senseneinsatz wird jedoch des Öfteren das Schleifen oder – nach alter Väter Sitte – das Dengeln (Bearbeitung mit dem Hammer) der Schnittkante nötig, was man am besten von Fachbetrieben durchführen lässt. Dasselbe gilt für Sicheln. Wenn solche Geräte hinreichend scharf sind, muss man allerdings auch mit entsprechender Vorsicht damit umgehen. Für das Sensen ist dringend festes Schuhwerk anzuraten. Vereinzelt werden von Sensen spezielle Linkshändermodelle angeboten, die aufgrund der „umgedrehten" Kraftübertragung vom linken Arm aus durchaus sinnvoll sind.

Ob sich die Anschaffung einer **Motorsense** lohnt, hängt von der Größe der zu bearbeitenden Fläche und der Art des Bewuchses ab. Die einfachste, preiswerteste Ausführung ist die handliche Elektrosense, auch als Rasentrimmer bekannt. Sie schlägt die Grashalme mittels eines rotierenden Kunststofffadens ab und lässt sich z. B. gut einsetzen, um Rasenkanten zu mähen. In erster Linie zählt sie, ebenso wie die dort beschriebenen Rasenmäher, zu den → *Rasenpflegegeräten*.

Für Wiesen und krautreichen Aufwuchs oder gar Gestrüpp, etwa im Naturgarten oder an Böschungen, werden robustere Modelle nötig, die meist mit Verbrennungsmotoren betrieben sind. Diese reichen von etwas leistungsstärkeren Trimmern (ebenfalls mit Kunststofffaden-Schneidkopf) bis hin zu so genannten Freischneidern, die mit metallischen Schnittwerkzeugen arbeiten. Solche Geräte können bei unachtsamer Bedienung sehr gefährlich werden, außerdem sind sie im Betrieb meist recht laut. Neben fester Kleidung, stabilem Schuhwerk und Handschuhen empfehlen sich deshalb beim Arbeiten ein Gehörschutz sowie eine Schutzbrille gegen auffliegende Pflanzenteile und Erdbrocken.

Für große Wiesenflächen kann außerdem ein → *Balkenmäher* infrage kommen.

Mähkante
Der Rand einer Rasenfläche im Übergang zu einem Beet oder Weg
→ *Rasenkante*

Mähnenfichte
Stattliche → *Fichte* mit waagrechten Äste und mähnenartig herabhängenden Zweigen

Mähnengerste
Hordeum jubatum

Das bekannteste Mitglied dieser Gattung, die zur großen Familie der Süßgräser gehört, ist die Getreidegerste (*H. vulgare*), aus der u. a. auch Bier gebraut wird. Unter den Getreiden fällt sie durch ihre langen Grannen auf. Diese sind bei der Mähnengerste besonders ausgeprägt und zahlreich,

Mähnengerste (Hordeum jubatum)

so dass die zierenden, zur Seite geneigten Blüten- bzw. Fruchtstände tatsächlich an flauschige Haarmähnen erinnern. An ihren Heimatstandorten in Asien und Nordamerika wächst die Art ausdauernd, bei uns wird sie, da etwas frostempfindlich, meist einjährig kultiviert.

Merkmale: Einjähriges bis mehrjähriges Gras, dichte Horste bildend, zur Blütezeit bis 70 cm, sonst 30 – 50 cm hoch; schmale, aufrechte Blätter; hübsche, behaarte Fruchtstände mit langen Grannen.
Blütezeit: Juni – August
Verwendung: Als Blickpunkt in Beeten, Rabatten und im Wildblumengarten; Fruchtstände für Blumen- und Trockensträuße.
Standort: Nahezu jeder Gartenboden, gedeiht auch auf magerem, steinigem Untergrund.
Pflanzen/Vermehren: Ende März im Haus oder im Frühbeet vorziehen, im Mai auspflanzen; oder Samen ab Ende April an Ort und Stelle aussäen; vermehrt sich oft durch Selbstaussaat.
Pflege: Bei anhaltender Trockenheit gießen; im Herbst bis kurz über dem Boden zurückschneiden oder ganz entfernen.

Mahonie

Mahonia
Botanischer Gattungsname der gelb blühenden → *Mahonie*

Mahonie
Mahonia
Die Mahonien zählen zu den Berberitzengewächsen. Am häufigsten wird die robuste Gewöhnliche Mahonie gepflanzt, die im Westen Nordamerikas beheimatet ist. Dort wächst sie in Nadelwäldern, weshalb sie auch im Garten mit dem Schattenwurf und der Wurzelkonkurrenz der Koniferen gut zurecht kommt. Die Sträucher werden vor allem als pflegeleichte Gehölze geschätzt, haben aber auch mit den gefiederten, glänzenden, immergrünen Blättern sowie ihren Blüten und Beeren ganzjährig etwas fürs Auge zu bieten.

Die aus China stammende, etwas höhere, großblättrige Schmuckmahonie wird von vielen Gärtnern als schönste Mahonienart betrachtet. Sie gilt allerdings als etwas empfindlicher. Die Beeren beider Arten werden teils als schwach giftig, teils nur als ungenießbar eingestuft.

Gewöhnliche Mahonie
Mahonia aquifolium

Merkmale: Immergrüner Strauch, breit buschig, 0,5 – 1,5 m hoch und breit; gefiederte Blätter mit eiförmigen, dunkelgrünen, lackartigen Teilblättern, am Rand gewellt und dornig gezähnt; zahlreiche gelbe, duftende Blüten in aufrechten Blütenständen, ab dem Sommer erbsengroße, blau bereifte Beeren.
Blütezeit: April – Mai
Verwendung: Am schönsten in Verbindung mit anderen Sträuchern in einer Hecke oder einem Strauchbeet, als Unterpflanzung und als Bodendecker in schattigen Bereichen.
Standort: Durchlässiger, humoser, frischer bis feuchter Boden, neutral

Mahonienkrankheiten

Gewöhnliche Mahonie (Mahonia aquifolium)

bis sauer; rauchhart, verträgt Stadtklima.
Pflanzen/Vermehren: Pflanzung im Herbst oder Frühjahr; Vermehrung durch Aussaat oder Stecklinge ab Herbstmitte.
Pflege: Anspruchslos, sehr gut schnittverträglich.
Hinweis: Die Art, vor allem jedoch einige Sorten ('Jupiter', 'Atropurpurea') haben in Herbst und Winter intensiv rot gefärbte Blätter, was durch Frosteinwirkung verstärkt wird.

Schmuckmahonie
MAHONIA BEALEI

Merkmale: Immergrüner Strauch, etwas sparrig aufgebaut, bis 2 m hoch und breit; Blätter 30 – 40 cm lang, gefiedert mit länglich eiförmigen, dunkelgrünen, glänzenden Teilblättern, am Rand gewellt und dornig gezähnt, schirmartig angeordnet; Blüten hellgelb, in bis 20 cm langen, aufrechten bis hängenden Trauben; stark bereifte, blauschwarze Beeren.

Blütezeit: Februar – Mai
Verwendung: Als Einzelstrauch, in Gehölzgruppen und frei wachsenden Hecken.
Standort: Wie Gewöhnliche Mahonie, jedoch etwas geschützt; verträgt besonders Wintersonne und austrocknende Winde schlecht.
Pflanzen/Vermehren: Wie Gewöhnliche Mahonie.
Pflege: Wie Gewöhnliche Mahonie; im Jugendstadium mit Winterschutz versehen.

Mahonienkrankheiten
Die wichtigsten Krankheiten der Mahonien kann man an den Blättern erkennen. Beim Echten → *Mehltau* zeigen sich zunächst weiße oder graue Flecken, später erscheint das Blatt wie von Mehl überzogen, schließlich kümmern die ganzen Pflanzen. Gelbliche Pusteln oder rote Flecken dagegen weisen auf den nachfolgend beschriebenen Rostpilz hin.

Mahonienrost
Der Rostpilz tritt besonders an trockenen Standorten auf. Er überwintert auf den Blättern und bringt im Frühjahr neue Sporenlager hervor, mit deren Hilfe er sich weiter ausbreitet.

Mahonienrost

Schadbild: Im Frühjahr auf den Blattunterseiten gelbe Pusteln, später braun und zum Winter hin dann schwärzlich; ab Frühsommer kleine rote Flecken auf den Blattoberseiten.
Abhilfe: Vorbeugend an trockenen Plätzen regelmäßig gießen. Bei häufigem, starkem Befall im Herbst kräftig zurückschneiden, notfalls im Frühjahr mit geeignetem Fungizid behandeln.

Maiblume
Anderer Name für das beliebte
→ *Maiglöckchen*

Maiblumenstrauch
Andere Bezeichnung für die Zierliche
→ *Deutzie,* ein Kleinstrauch, dessen Blüten an Maiglöckchen erinnern.

Maienseidelbast
Im Frühsommer rosa blühender Kleinstrauch
→ *Seidelbast*

Maiglöckchen
CONVALLARIA MAJALIS

Wo die europaweit verbreiteten Maiglöckchen, die zur großen Familie der Liliengewächse gehören, noch an ihren natürlichen Standorten vorkommen, beherrschen sie im Mai den Waldboden mit ihren Blüten und dem süßlichen Duft. Der recht ähnliche → *Bärlauch* dagegen riecht deutlich nach Knoblauch und blüht schon etwas früher. Als Schnittblumen gehören Maiglöckchen zum traditionellen Angebot der Bauernmärkte. Das in allen Pflanzenteilen enthaltene Gift lässt sich medizinisch und in der Homöopathie bei Herzleiden nutzen; die getrockneten Blüten mischte man früher dem Schnupftabak bei.
Merkmale: Staude mit nur zwei breiten, länglichen Blättern, 10 – 30 cm hoch; kriechendes Rhizom (Wurzelstock); mehrere weiße Blüten in einer gestielten Traube, glockenförmig,

Majoran

Maiglöckchen (Convallaria majalis)

nickend, wohlriechend; rote, erbsengroße Beeren, sehr giftig.
Blütezeit: Mai – Juni
Verwendung: In Gruppen unter oder vor Gehölzen, als Bodendecker auf schattigen Flächen, schön mit Anemonen, Akeleien, Duftveilchen, Immergrün und Schattengräsern; als Schnittblumen.
Standort: Bevorzugt humoser, frischer Boden.
Pflanzen/Vermehren: Rhizome im Herbst oder Frühjahr pflanzen, etwa 3 cm tief, mit 15 – 20 cm Abstand; Vermehrung durch Teilung im Herbst nach Vergilben der Blätter.
Pflege: Nach dem Welken der Blätter mit Kompost oder Laubdünger abdecken; werden schwächere Nachbarn überwuchert, die Ausläufer entfernen.

Maikäfer
Glänzend brauner Käfer mit schwarzem Halsschild, dessen Larven, die so genannten → *Engerlinge,* als Schädlinge gefürchtet sind.

Mairübe
→ *Speiserübe,* die bereits im Mai geerntet werden kann.

Mairübstiel
Blattstielgemüse der → *Speiserübe.*

Mais
Von diesem großen, als Getreide und Viehfutter bekannten Süßgras wird hauptsächlich die als → *Zuckermais* bekannte Varietät mit süßlich schmeckenden Körnern im Garten angebaut.

Majoran
ORIGANUM MAJORANA

Die Autoren der Antike beschrieben den Majoran aus der Familie der Lippenblütler als Heilpflanze. Wann er seinen Weg aus dem Mittelmeerraum über die Alpen nahm, lässt sich heute nicht mehr nachvollziehen. Den Kräuterkundigen des Mittelalters war er jedenfalls wohl bekannt, denn sie empfahlen ihn als eine Art Wundermedizin. Heute wird er als appetitanregender Tee sowie bei Verdauungsbeschwerden und Krämpfen eingesetzt, vor allem aber als Gewürz für Tomaten-, Kartoffel- und Wurstgerichte sowie deftige Eintöpfe und Aufläufe. Anders als der nah verwandte → *Oregano* verträgt der eigentlich mehrjährige Majoran die winterliche Kälte in unseren Breiten nicht. In Mischkultur passt er gut zu Zwiebeln und Porree.
Merkmale: Einjährig gezogenes Würzkraut, aufrechter Wuchs, 30 – 50 cm hoch; kleine, rundlich eiförmige, aromatisch duftende Blätter; Blüten weiß bis hellrosa.
Blütezeit: Juli – September
Standort: Warm; gut durchlässiger, humoser, nicht zu schwerer Boden, möglichst kalkhaltig; verträgt keine Nässe.
Kultur: Anzucht ab März, drinnen oder im Frühbeet bei 10 – 15° C, Pflanzung mit 25 x 25 cm Abstand etwa Ende Mai; oder ab Mai direkt ins Freie säen, in Reihen mit 20 – 25 cm Abstand, später vereinzeln; wächst auch in Kübeln.
Pflege: Bei großer Trockenheit vorsichtig gießen, regelmäßig hacken.
Ernte: Blättchen nach Bedarf ab Mai/Juni fortlaufend pflücken; zum Trocknen kurz vor der Blüte ernten.

Majoran (Origanum majorana)

Makroklima
Andere Bezeichnung für das Großklima
→ Klima

Malabarspinat
BASELLA

Der Indische oder Malabarspinat – er gehört zur Familie der Basellengewächse – wird in zahlreichen tropischen Ländern als Gemüse angebaut. In unseren Gärten gehört er eher zu den Kuriositäten; es gibt eine grünblättrige (B. alba) und eine rotblättrige Art (B. rubra). Die Samen werden ab Ende März im warmen Zimmer vorgezogen, nach Mitte Mai kommen die Jungpflänzchen mit ca. 25 x 25 cm Abstand ins Freie. Doch auch dort gedeihen sie am besten unter Folie und Vlies, oder man setzt die Wärme liebenden Pflanzen gleich ins Gewächshaus. Die bis 1,8 m langen Triebe kann man am Boden kriechen lassen oder an einem Klettergerüst, an Draht oder Schnüren hochleiten. Wichtig ist eine stets gute Wasserversorgung. Verwendet werden die jungen Blätter ab Juli, frisch als Salat oder gekocht als Blattgemüse.

Malerblume
Anderer Name für die → Kokardenblume, eine Sommerblume mit großen, margeritenähnlichen Blüten in warmen Farbtönen

Malus
Botanischer Gattungsname des
→ Apfels, sowohl des als Obst genutzten Baums wie aber auch des
→ Zierapfels

Malva
Botanischer Gattungsname der
→ Malven

Malve
MALVA

Diese Gattung gab der Familie der Malvengewächse ihren Namen und kommt mit etwa 30 Arten in Europa, Nordafrika und dem gemäßigten Klimabereich Asiens vor. Sie wachsen als Einjährige, Stauden oder auch als Halbsträucher. Unabhängig davon sind alle Malven auf ähnliche Standorte spezialisiert – trockene, offene Flächen an Wegen, Böschungen oder auf Brachen. Charakteristisch ist außerdem die Blütenform: fünf große Kronblätter umgeben die deutlich sichtbaren, zu einer Röhre verwachsenen Staubblätter.

Denselben Blütenaufbau zeigen eng verwandte Zierpflanzen wie
→ Bechermalve, → Stockrose und
→ Roseneibisch. Die eigentlichen Malven haben sich allerdings noch stärker ihren Wildpflanzencharakter bewahrt und passen besonders gut in Naturgartenbereiche. Sie wachsen bei uns stellenweise auch in der freien Landschaft, häufig aus früheren Pflanzungen verwildert. So etwa die Wilde Malve, eine seit alters geschätzte Heil- und Bauerngartenpflanze, die Unkrautflächen, offene Hecken und Wegränder besiedelt. Ein Tee aus den getrockneten Blüten hilft bei Husten und Schleimhautentzündungen in Rachen, Magen und Darm. Die dabei wirksam werdenden Schleimstoffe, die in den Malven reichlich enthalten sind, haben ihnen wegen der klebrigen, „pappigen" Konsistenz wahrscheinlich den Zweitnamen Pappel verliehen.

Die Moschusmalve findet man an ähnlichen Standorten wie die Wilde Malve. Man kann sie an den tief handförmig eingeschnittenen Blättern gut von dieser unterscheiden. Die Wegmalve wird ebenso wie die Wilde Malve auch Käsepappel genannt, weil ihre essbaren Früchte an einen Käselaib erinnern. Ihre Blätter werden zum Gurgeln bei Halsentzündungen verwendet.

Moschusmalve
MALVA MOSCHATA

Merkmale: Aufrechte Staude, an der Basis verholzend, aufrecht, dicht verzweigt, 90 – 100 cm hoch; Blätter durch tiefe Einschnitte in 5 bis 7 Abschnitte geteilt, riechen schwach nach Moschus; Blüten hellrosa bis fast weiß, um 5 cm Ø.
Blütezeit: Juni – September
Verwendung: Einzeln oder in kleinen Gruppen in großen Rabatten, Bauern- und Cottagegarten-Beeten, naturnahen Bereichen.
Standort: Gedeiht am besten in der Sonne; durchlässiger, nicht zu nährstoffreicher Boden.
Pflanzen/Vermehren: Pflanzung im Frühjahr mit etwa 50 cm Abstand; Vermehrung über grundständige Stecklinge im Frühjahr; sät sich selbst aus.
Pflege: Anspruchslos; wenn nötig, stützen bzw. aufbinden. Bei starker Selbstvermehrung sollten die Nachkommenschaft des Öfteren ausgedünnt werden.

Seltenes Gemüse: Malabarspinat (Basella alba)

Wilde Malve (Malva sylvestris)

Wegmalve
MALVA NEGLECTA

Wird auch Kleine Käsepappel genannt.
Merkmale: Ein- bis mehrjährig, niederliegender Stängel, 20–50 cm hoch; Blätter rundlich, schwach eingekerbt; Blüten hellrosa bis weiß, 2–2,5 cm Ø.
Blütezeit: Juni – Oktober
Verwendung: In kleinen Gruppen im Bauerngarten, Naturgarten oder Kräuterbeet
Standort: Wie Moschusmalve.
Kultur: Samen im April an Ort und Stelle ausstreuen und später dann auf 20–30 cm Abstand vereinzeln; auch Anzucht im März mit späterem Verpflanzen möglich. Vermehrt sich, einmal im Garten etabliert, durch Selbstaussaat.
Pflege: Kaum nötig; bei störender Selbstaussaat des Öfteren ausdünnen.

Wilde Malve
MALVA SYLVESTRIS

Wird auch Algiermalve, Rosspappel oder Große Käsepappel genannt.
Merkmale: Ein- bis mehrjährig, ausladender Wuchs, bis 150 cm hoch und 60 cm breit; Blätter herzförmig bis rundlich, gelappt; Blüten trichterförmig, bis 6 cm Ø, purpurrosa mit dunklen Streifen; auch Sorten mit blauen Blüten.
Blütezeit: Mai – September
Verwendung: Wie Moschusmalve.
Standort: Wie Moschusmalve.
Kultur: Wie Wegmalve; jedoch nach Samenaufgang auf 60 cm Abstand vereinzeln.
Pflege: Wie Moschusmalve.

Malvenrost
Pilzkrankheit, die Malvengewächse, vor allem → *Stockrosen*, befällt.
Schadbild: Braune Pusteln auf Stängeln und Blattunterseiten, Blätter welken schließlich und fallen ab.
Abhilfe: Vorbeugend Stockrosen nicht zu dicht pflanzen oder säen, Jungpflanzen gut mit Dünger bzw. Kompost versorgen und im Sommer ausreichend feucht halten. Im Anfangsstadium mehrmals Schachtelhalmbrühe oder Pflanzenstärkungsmittel spritzen. Befallene Pflanzen im Herbst zurückschneiden und mit Erde anhäufeln; Schnittgut und Blätter gründlich entfernen (nicht auf den Kompost geben); im Frühjahr dann die ersten fünf neu austreibenden Blätter entfernen. Bei häufigem Auftreten notfalls mit geeignetem Fungizid spritzen.

Mammutblatt
GUNNERA MANICATA

Die markante, auch als Riesenrhabarber bekannte Blattschmuckstaude aus Südamerika gehört zur Familie der Seebeerengewächse. Sie bringt eine deutlich exotische Note in den Garten, wenn man ihr entsprechend Platz einräumen kann.
Merkmale: Staude, breit ausladend, gelappte Blätter mit bis 2 m Ø, an bis 2,5 m langen, bedornten Blattstielen; winzige, grünlich rote Blüten in zapfenartigen, bis 1 m langen Blütenständen; kugelige Früchte.
Blütezeit: Juni – Juli
Verwendung: Als Solitärstaude in großen Gärten, am Teichrand, an Bachufern; attraktive Nachbarpflanzen sind z. B. Federmohn oder Sumpfschwertlilie.
Standort: Feuchter, tiefgründiger, humoser Boden.
Pflanzen/Vermehren: Pflanzung nur im Frühjahr; Vermehrung durch grundständige Knospen, die man im Frühjahr als Steckling abnimmt.
Pflege: In Trockenperioden kräftig gießen, im Frühjahr zum Austrieb mit Kompost versorgen; Winterschutz erforderlich (bis ca. -15° C frosthart), Wurzelbereich und Stängelbasis dick mit Laub oder Stroh und Fichtenreisig abdecken; kann im Herbst zurückgeschnitten werden.
Hinweis: Die recht ähnliche *G. tinctoria* mit rostroten Blütenständen wächst langsamer und bleibt etwas kleiner, ist jedoch noch frostempfindlicher. Sie braucht nicht ganz so viel Bodenfeuchtigkeit.

Mandarine
Die Mandarine ist eine *Citrus*-Art, die zuweilen wie Zitrone oder Orange als Kübelpflanze angeboten wird.
→ *Zitrusbäumchen*

Mammutblätter sind imposante Blattschmuckstauden.

Mandelbäumchen
PRUNUS TRILOBA
☼

Das Mandelbäumchen zählt zur großen Gattung *Prunus* aus der Familie der Rosengewächse und ist somit ein Verwandter von Kirsche und Pflaume. Mit seinen zarten Blüten gehört das aus China stammende Gehölz zu den schönsten Frühblühern im Garten. Die Blüten sind allerdings recht frostempfindlich, in Regionen, in denen häufig stärkere Frühjahrsfröste auftreten, wird man wenig Freude daran haben. Im Winter kann man sich an Mandelbäumchenblüten im Zimmer erfreuen, wenn man zwischen Dezember und Februar Zweige für die Vase schneidet (auch → *Barbarazweige*).

Merkmale: Dicht verzweigter Strauch, oft als kleiner Baum auf Stämmchen veredelt, 1,5 – 3 m hoch und breit; breit elliptische, oft deutlich dreilappige Blätter mit scharf gesägtem Rand; rosa Blüten, fast immer gefüllt, mit um 3 cm Ø.
Blütezeit: März – Mai
Verwendung: Sollte stets einzeln gepflanzt werden, um gut zur Geltung zu kommen.
Standort: Möglichst etwas geschützt, verträgt auch leichte Beschattung; tiefgründiger, durchlässiger, humoser Boden, bevorzugt kalkhaltig, keinesfalls nass; rauchhart, verträgt Stadtklima nur mäßig.
Pflanzen/Vermehren: Pflanzung im Herbst oder Frühjahr; wird meist durch gärtnerische Veredlung vermehrt, andernfalls Stecklingsvermehrung im Frühjahr möglich.
Pflege: Alle paar Jahre mit Kompost versorgen; nach der Blüte abgeblühte Zweige um gut die Hälfte zurückschneiden, damit ausreichend neue Blütentriebe für das nächste Frühjahr gebildet werden.
Hinweis: Das Mandelbäumchen ist nicht zu verwechseln mit der bis 10 m hohen Echten Mandel (*P. dulcis*), die

Mandelbäumchen (Prunus triloba)

die essbaren Mandeln liefert und im Mittelmeergebiet öfter zu sehen ist. Nördlich der Alpen wächst dieser Baum nur in sehr milden Weinbaugebieten, da die Blüten und jungen Früchte selbst milde Spätfröste nicht überleben.

Mandelröschen
CLARKIA

Deutsche wie botanische Namensgebung gestalten sich bei diesen hübschen Sommerblumen aus der Familie der Nachtkerzengewächse etwas kompliziert: Die hauptsächlich als Mandelröschen bekannte Art trägt manchmal auch die Bezeichnungen Kreuzblume oder Sommerfuchsie und wird schon lange der Gattung *Clarkia* zugeordnet, die Atlasblume oder Sommerazalee dagegen erst seit neuerer Zeit. Zuvor trug sie den Gattungsnamen *Godetia*. Beide Arten sind in Kalifornien beheimatet und stehen in zahlreichen Gartensorten, die häufig in Farbmischungen kombiniert werden, zur Verfügung. Charakteristisch sind die zarten, sehr dünnen Blütenblätter, die zwischen Stauden oder anderen Einjährigen optimal zur Geltung kommen.

Atlasblume
CLARKIA AMOENA
☼–◐ ☺

Wird teils noch unter ihrem alten Namen *Godetia grandiflora* geführt.
Merkmale: Einjährige Sommerblume, aufrecht, 20 – 70 cm hoch (je nach Sorte); Blätter lanzettlich; Blüten mit bis zu 5 cm Ø, gekräuselt in aufrechten Trauben, weiß, rosa, rot oder lavendelblau, einfach oder gefüllt.
Blütezeit: Juni – September
Verwendung: In kleinen Gruppen auf Beeten und Rabatten; niedrige Sorten auch im Steingarten; gute Schnittblume.
Standort: Bei sonnigem Stand üppigere Blüte; leichter, durchlässiger Boden, nicht zu fruchtbar, sonst wachsen die Blätter zu üppig; sandiger Lehmboden am günstigsten.
Kultur: Anzucht im März/April, Pflanzung ins Freie im Mai mit 25 – 30 cm Abstand; auch Direktsaat ab Mitte März aufs Beet möglich, nur leicht mit Erde bedecken (Lichtkeimer), später auf ca. 25 cm Abstand vereinzeln.
Pflege: Hohe Sorten, wenn nötig, stützen; Verblühtes mitsamt den Stielen entfernen; Düngung auf normalem Boden eher nachteilig.

Mandelröschen
CLARKIA UNGUICULATA
☼–◐ ☺

Merkmale: Einjährige Sommerblume, aufrecht, 40 – 60 cm hoch; Blätter länglich; röschenartige Blüten in den Blattachseln, bis 4 cm Ø, weiß, rosa, rot, häufig gefüllt, meist in so genannten Prachtmischungen mit sortierten Blütenfarben angeboten.
Blütezeit: Juli – September
Verwendung: Wie Atlasblume.
Standort: Wie Atlasblume.
Kultur: Wird in der Regel ohne Anzucht im April oder Mai direkt aufs Beet gesät (Lichtkeimer); junge Pflänzchen auf 25 – 30 cm Abstand vereinzeln; in Gegenden mit milden

Mandelröschen (Clarkia unguiculata)

Wintern auch Herbstaussaat möglich, dann frühere Blüte; Pflanzen über Winter mit Fichtenreisig schützen.
Pflege: Ab 8 – 10 cm Höhe junge Triebe etwas einkürzen, um buschigeren Wuchs zu erzielen; sonst wie Atlasblume.
Hinweis: Nur 30 – 40 cm hoch wird *C. pulchella* mit halb gefüllten weißen, lavendelblauen und rötlichen Blüten, ebenfalls als Farbmischung angeboten.

Mangan

Chemisches Element mit der Abkürzung Mn; für Pflanzen ein unentbehrliches Spurenelement, das in bestimmte Enzyme eingebaut wird. In dieser Form trägt es vor allem zum Chlorophyll- und Eiweißaufbau bei.

In der Regel enthalten Boden oder Kompost genügend Mangan, das ohnehin nur in sehr kleinen Mengen aufgenommen wird. Mit manganhaltigen Volldüngern lässt sich normalerweise auch ein auftretender **Manganmangel** beheben, spezielle Mangandünger sind selten nötig und sollten nur nach Beratung durch den Fachhandel eingesetzt werden. Fehlendes Mangan äußert sich ähnlich wie Eisenmangel (→ *Eisen*) in gelblicher Aufhellung der Blattflächen. Anders als beim Eisenmangel bleiben nicht nur die Blattadern grün, sondern auch deren nähere Umgebung. Zu solchen Mangelerscheinungen kommt es vor allem auf stark kalkhaltigen Böden (hoher → *pH-Wert*, auch → *Bodenreaktion*) sowie auf Moorböden. In solchen Fällen sollte auf eine längerfristige Bodenverbesserung hingearbeitet werden. Auch unsachgemäße, einseitige Eisen- oder Magnesiumdüngung kann zu Manganmangel führen.

Mangelkrankheiten

Das Fehlen bestimmter Hauptnährstoffe oder Spurenelemente; es äußert sich in charakteristischen Schadbildern, meist Blattaufhellungen. Man zählt dies zu den abiotischen (unbelebten) Schadensursachen bzw. Krankheiten.

Auch → *Nährstoffmangel,* → *Pflanzenkrankheiten*

Mangold
Beta vulgaris

Der Mangold, früher als Unterart ssp. *vulgaris* noch etwas detaillierter benannt, geht auf das Gänsefußgewächs Wilde Rübe (*B. vulgaris*) zurück. Aus dieser entstanden auch Kulturformen wie Runkel- und Zuckerrübe sowie die Rote Bete. Rüben interessieren jedoch beim Mangold nicht: Vom Stiel- oder Rippenmangold (var. *flavescens*) nutzt man vorwiegend die Blattstiele als spargelähnliches Gemüse, vom Blatt- oder Schnittmangold (var. *cicla*) die spinatartig schmeckenden Blätter. Beliebt sind Sorten wie die altbewährte 'Lukullus', von denen sich Blätter wie Stiele nutzen lassen. Sorten mit auffällig roten Blattstielen (z. B. 'Vulkan') haben nebenbei deutlichen Zierwert.

Die eigentlich zweijährige Pflanze wird meist einjährig angebaut, kann aber milde Winter überdauern und dann bis zum Vorfrühling geerntet werden; Blüten bildet sie erst im zweiten Sommer aus. Da sie im 1. Jahr anders als Spinat an langen Tagen nicht schießt, lässt sie sich gut als sommerliches Ersatzgemüse verwenden. Inhaltsstoffe und Gesundheitswert von Mangold und Spinat sind auch recht ähnlich. Gute Mischkulturpartner stellen Kohl, Rettich und Radieschen dar.
Merkmale: Einjährig kultiviertes Gemüse, bis 50 cm hoch; aufrechte, runzelige Blätter; Blattstiele bei Blattsorten meist gelb, bei Stielsorten weiß oder kräftig rot gefärbt.
Standort: Durchlässiger, humoser, nährstoffreicher Boden.
Kultur: Aussaat ab April bis Juni, am besten in Folgesaaten; Reihenabstand bei Blattmangold 20 cm, bei Stielmangold 30 – 40 cm; Samenknäuel etwa 2 cm tief mit 5 – 10 cm Abstand auslegen, Stielmangold später auf 30 cm in der Reihe ausdünnen.
Pflege: Bei Trockenheit unbedingt gießen, mehrmals hacken, nach jeder Ernte etwas Kompost oder Volldün-

Gelb- und rotstieliger Mangold

ger geben; keine übermäßige Stickstoffdüngung, um Mehltauanfälligkeit und Nitratgehalte im Erntegut gering zu halten.
Ernte: Blätter schon nach etwa acht Wochen, Stiele zwölf Wochen nach der Aussaat; dann fortlaufend den ganzen Sommer über, Spätsaaten bei Abdeckung über Winter bis zum Frühjahr. Beim Stielmangold innere Blätter stehen lassen, Blattmangold kann dagegen knapp über dem Boden abgeschnitten werden, treibt wieder durch.

Mannaesche
Anderer Name für die Blumenesche, einen kleinen Baum mit duftenden Blüten im Frühsommer
→ *Esche*

Männertreu
Niedrige bis hängende, meist blau blühende Sommerblume
→ *Lobelie*

Männliche Blüte
Die meisten Blüten sind zwittrig, d. h., sie enthalten männliche (Staubblätter) und weibliche Organe (Fruchtknoten); auch → *Blüte*. Rein männliche Blüten dagegen weisen nur Staubgefäße auf. Sie können entweder auf derselben Pflanze wie die weiblichen Blüten stehen (→ *einhäusig*, z. B. Haselnuss, Gurke) oder es gibt rein männliche und weibliche Pflanzen (→ *zweihäusig*, z. B. Weide, Kiwi).

Mannsschild
ANDROSACE
Die meisten Arten dieses Primelgewächses wachsen zu dichten Matten oder Polstern heran. Sie kommen fast alle auf den mageren Böden der hohen Gebirge vor, wo sie in Ritzen und Spalten Fuß fassen und selbst tiefe winterliche Temperaturen überstehen. Im Garten fügen sie sich nicht nur wunderschön in Steingärten und Trockenmauern ein, sondern eignen sich auch gut für Kübel und Tröge. Alle Mannsschild-Arten müssen unbedingt vor Staunässe geschützt werden und versagen oft auf schweren, dauerfeuchten Böden.

Die Heimat des Fleischroten Mannsschilds sind die Schuttböden und alpinen Matten der mitteleuropäischen Hochgebirge, wo er unter strengem Artenschutz steht. Die anderen gärtnerisch verwendeten Arten sind hauptsächlich im Himalaja bzw. in Ostasien beheimatet.

Fleischroter Mannsschild (Androsace carnea ssp. laggeri)

Pyrenäenmannsschild
ANDROSACE CARNEA

Neben der rötlich blühenden Unterart ssp. *laggeri* (Fleischroter Mannsschild) gibt es auch den Weißen Mannsschild (ssp. *brigantiaca*).
Merkmale: Immergrüne Staude, Blätter in lockeren Rosetten, ca. 5 cm hoch, bis 15 cm breit; wenige kleine Blüten in einer Dolde, dunkelrosa mit gelbem Mal, bei ssp. *brigantiaca* weiß.
Blütezeit: April – Juni
Verwendung: Im Steingarten, in Felsritzen und Steinfugen, schön auf Tuffsteinen.
Standort: Unbedingt lockerer, aber humoser Boden, ggf. mit Sand und Steinen versetzen; Kalk meidend.
Pflanzen/Vermehren: Pflanzung bevorzugt im Frühjahr; Vermehrung durch Aussaat direkt nach der Samenbildung (Kaltkeimer) oder Blattrosetten abnehmen und als Stecklinge bewurzeln lassen (dürfen nicht feucht werden).
Pflege: Am geeigneten Standort keine Pflege nötig; wenn nötig, mit Folienhaube o. Ä. vor übermäßiger Winternässe schützen.

Chinamannsschild
ANDROSACE SARMENTOSA

Merkmale: Immergrüne Polsterstaude, 5 – 10 cm hoch, bildet Ausläufer; hell- bis dunkelrosa Blüten in Dolden.
Blütezeit: Juni – Juli
Verwendung: Wie Fleischroter Mannsschild.
Standort: Wie Fleischroter Mannsschild, jedoch kalkverträglich.

Pflanzen/Vermehren: Pflanzung bevorzugt im Frühjahr; Vermehrung am einfachsten durch Abnehmen und Verpflanzen der Ausläufer von Frühling bis Sommer.
Pflege: Wie Fleischroter Mannsschild.
Hinweis: In Wuchs und Ansprüchen ähnlich ist der Primelmannsschild (*A. primuloides*); seine zartrosa Blüten erinnern tatsächlich an Primeln, die Blätter sind zierlicher als beim Chinamannsschild.

Himalaja-Zwergmannsschild
ANDROSACE SEMPERVIVOIDES

Merkmale: Immergrüne, Matten bildende Rosettenstaude, 2,5 – 5 cm hoch, bildet Ausläufer; Blüten rosa mit gelbem Mal, in einer Dolde stehend, duftend.
Blütezeit: Juni – Juli
Verwendung: Wie Fleischroter Mannsschild.
Standort: Wie Chinamannsschild.
Pflanzen/Vermehren: Wie Chinamannsschild.
Pflege: Wie Fleischroter Mannsschild.
Hinweis: Das gelbe Mal in der Blütenmitte färbt sich nach der Bestäubung rötlich.

Mannstreu
Lang blühende Art der → *Edeldistel*, einer Gattung aparter Stauden für sonnige, trockene Plätze

Marbel
LUZULA

Die Marbeln oder Hainsimsen zählen zu den Binsengewächsen, die auch im Winter ihre grünen Blätter behalten. In Gärten finden bevorzugt drei Arten Verwendung, die bei uns auch wild vorkommen. Die Waldmarbel gehört zu den prägenden Arten im Bodenbewuchs der Buchenwälder. Naturstandorte der Schneemarbel sind Moore, Sümpfe und Waldgebiete Süd- und Mitteleuropas, das Verbreitungsgebiet der Haarmarbel reicht von Europa bis nach Westsibirien. Sie zeichnet sich durch eine für Gräser sehr frühe Blüte aus. Ansprechender Wuchs, hübsche Blätter und Schattenverträglichkeit machen die Marbeln zu einer guten Wahl für Strauchbeete und Plätze unter Gehölzen.

Schneemarbel
LUZULA NIVEA

Merkmale: Immergrünes Gras, in breiten, lockeren Büscheln wachsend, 40 – 60 cm hoch; linealische Blätter, am Rand silbrig behaart; rahmweiße Blüten in 5 cm langen Rispen.
Blütezeit: Juni – August
Verwendung: In Gruppen am Gehölzrand, im lichten Gehölzschatten, auf leicht beschatteten Staudenbeeten, an schattigen Steingartenplätzen; als Schnittstaude, für Trockensträuße.
Standort: Bevorzugt im Halbschatten oder lichten Schatten; durchlässiger, humoser, frischer bis feuchter Boden.
Pflanzen/Vermehren: Pflanzung im Herbst oder Frühjahr; Vermehrung durch Teilung des Wurzelstocks im Frühling.
Pflege: Im Frühjahr oder Herbst mit Kompost versorgen, Mulchen vorteilhaft, bei anhaltender Trockenheit gründlich gießen.

Haarmarbel
LUZULA PILOSA

Merkmale: Wintergrünes Gras, durch Ausläufer lockere Rasen bildend, 10 – 20 cm hoch; breite, lanzettliche Blätter, weiß bewimpert; bräunliche Blüten.
Blütezeit: März – Mai
Verwendung: In Gruppen am Gehölzrand, im lichten Gehölzschatten, an schattigen Steingartenplätzen; hübsch mit Blausternen und anderen naturnahen Frühjahrsblühern; in Pflanztrögen.
Standort: Wie Schneemarbel, verträgt jedoch etwas mehr Trockenheit.
Pflanzen/Vermehren: Wie Schneemarbel.
Pflege: Wie Schneemarbel.

Waldmarbel
LUZULA SYLVATICA

Merkmale: Wintergrünes Gras, lockere Horste bildend, 30 – 50 cm hoch, bis 50 cm breit; breite, bis 30 cm lange, bandartige, dunkelgrüne Blätter, am Rand dicht bewimpert; Blüten klein, kastanienbraun in Rispen.
Blütezeit: April – Juni
Verwendung: In Gruppen vor und unter Gehölzen, gedeiht auch unter Nadelgehölzen und Flachwurzlern; passt gut zu Farnen.
Standort: Besonders schattenverträglich; durchlässiger, humoser, feuchter Boden, der auch sauer sein kann.
Pflanzen/Vermehren: Wie Schneemarbel.
Pflege: Wie Schneemarbel.
Hinweis: Es gibt mehrere attraktive Sorten, z. B. 'Marginata' mit cremefarben gesäumten Blättern und goldbraunen Blüten.

Schneemarbel (Luzula nivea)

Marder

Steinmarder

Marder

In Gärten, die von „wilden" Bereichen aus zugänglich sind, können sich durchaus Vertreter der Marderfamilie einstellen. Es handelt sich dabei um die so genannten Wieselartigen. Man zählt sie zur Ordnung der Raubtiere bzw. Fleischfresser. Berüchtigt ist der Steinmarder (graubraun, weißer Kehl- und Brustfleck), der gern Gummileitungen in Autos zernagt und sich recht häufig in der Nähe menschlicher Ansiedlungen aufhält. Der seltenere Baummarder (kastanienbraun, gelblicher Kehl- und Brustfleck) bevorzugt Wälder. Kleiner und im Gegensatz zu den vorgenannten nicht nur nachts aktiv sind Hermelin und Mauswiesel. Das ohne Schwanz 22 – 32 cm lange Hermelin oder Wiesel hat eine weiße Vorderseite im braunen Fell und eine schwarze Schwanzspitze. Im Winter färbt es sich komplett weiß, nur die Schwanzspitze bleibt schwarz. Das Maus- oder Zwergwiesel dagegen ist während der kalten Jahreszeit braun gefärbt, sieht jedoch im Sommer dem Hermelin sehr ähnlich. Anders als dieses hat es aber keine schwarze Schwanzspitze, außerdem lediglich 17 – 23 cm Körperlänge und stellt damit das kleinste Raubtier dar.

Das Raubtierverhalten der Marder macht sich vorteilhaft bemerkbar, indem sie Mäusen, Wühlmäusen und Ratten nachstellen. Hühnerhalter sind jedoch über ihr Auftauchen gar nicht erfreut, und es kann durchaus vorkommen, dass sie Haustiere oder gar Menschen angreifen, wenn sie aufgescheucht werden. Der Steinmarder tut sich zuweilen auch an Obst und Beeren gütlich.

Margerite

Blüten von Zierpflanzen aus der Familie der Korbblütengewächse werden häufig als „margeritenähnlich" beschrieben. Tatsächlich sind die Margeriten oder Wucherblumen neben den Astern besonders charakteristische und bekannte Vertreter dieser Familie und weisen die typischen sternförmigen Korbblüten auf, bei denen sich zahlreiche röhren- und zungenförmigen Einzelblüten zu einer Scheinblüte vereinigen. Botanisch wurde die frühere Großgattung *Chrysanthemum*, die alle Margeriten umfasste, in mehrere kleinere Gattungen aufgeteilt (vgl. auch Hinweise bei → *Chrysanthemum*). Nach neuerer Lesart tragen nur noch wenige Arten den ursprünglichen Gattungsnamen. Nichtsdestotrotz findet man die hier beschriebenen Margeriten zum Teil noch immer als *Chrysanthemum* angeboten. Zum engeren Verwandtschaftskreis gehö-ren die herbstblühenden → *Chrysanthemen*.

Die Fülle der Margeriten umfasst einjährige bzw. einjährig kultivierte Sommerblumen sowie ausdauernde Stauden:

→ *Margeriten, Sommerblumen*
→ *Margeriten, Stauden*

Einen Sonderfall stellt die Strauchmargerite dar: Sie wird in Beeten oder Balkonkästen als Einjährige verwendet, da nicht winterhart, hat aber auch große Bedeutung als mehrjährig gezogene Kübelpflanze. Sie ist bei den Sommerblumenarten beschrieben.

Margeriten, Sommerblumen

Die Strauchmargerite ist ein so genannter Halbstrauch, dessen basale Teile verholzen. Sie stammt von den Kanarischen Inseln und wird recht preiswert als Einjährige angeboten. Als Kübelpflanze, die im Haus überwintert wird, wählt man schon etwas größere, buschige Exemplare oder als Hochstämmchen gezogene Strauchmargeriten.

Vielfältig einsetzbar sind die niedrigen Zwergmargeriten. Die Gelbe Zwergmargerite stammt aus Algerien, Heimat der Weißen Zwergmargerite ist die Iberische Halbinsel und die Balearen. Bei der Goldkamille handelt es sich eigentlich um eine mehrjährige, jedoch frostempfindliche Pflanze. Sie stammt aus dem östlichen Mittelmeergebiet und wurde lange Zeit unter dem Namen Mutterkraut als Heilpflanze kultiviert. Inzwischen kommt sie fast überall in Europa wild vor.

Strauchmargerite (Argyranthemum frutescens) als Kübelpflanze

Neben diesen Arten wird auch die Sommermargerite (→ *Margeriten, Stauden*) zuweilen einjährig auf Sommerblumenbeeten gezogen. Vorwiegend als Schnittblumen finden einige weitere Margeriten Verwendung: Die Kielwucherblume (*Ismelia carinata*) mit meist prächtig bunten Blüten, die Kronenwucherblume (*Chrysanthemum coronarium*) mit weißen oder gelben, oft gefüllten Blütenkörben und die Saatwucherblume (*Chrysanthemum segetum*), gelb oder weiß mit dunkler Mitte.

Strauchmargerite
ARGYRANTHEMUM FRUTESCENS

Merkmale: Nicht frostharter Halbstrauch, kompakter, buschiger Wuchs, je nach Sorte 25 – 100 cm hoch; gefiederte Blätter, grün bis silbergrau; zahlreiche kleine Korbblüten, weiß, gelb oder rosa.
Blütezeit: Juni – Oktober
Verwendung: In Beeten und Rabatten, niedrige Sorten in Balkonkästen und Schalen; als Kübelpflanze, auch als Hochstämmchen; passt zu fast allen Sommerblumen.
Standort: Durchlässiger, nährstoffreicher Boden, verträgt keine Staunässe; bei Gefäßkultur entsprechend gutes Substrat.
Kultur: Anzucht aus Kopfstecklingen, die man im Herbst oder zeitigen Frühjahr schneidet; Jungpflanzen mehrmals entspitzen; Freilandpflanzung ab Mitte Mai, je nach Wuchshöhe mit 20 – 40 cm Abstand.
Pflege: Bei Trockenheit reichlich gießen, aber nicht dauernass halten; während der Wachstumszeit alle 2 bis 4 Wochen düngen, Verblühtes abschneiden. Kübelpflanzen vor den ersten Frösten einräumen und hell bei 5 – 10° C überwintern, nur so viel gießen, dass der Topfballen nicht austrocknet; notfalls auch dunkle Überwinterung möglich, dann zuvor die Triebe um die Hälfte zurückschneiden.
Hinweis: Bei hellem Überwinterungsplatz blühen Strauchmargeriten nahezu ganzjährig.

Gelbe Zwergmargerite
COLEOSTEPHUS MULTICAULIS

Merkmale: Einjährig, kriechende Triebe, 20 – 25 cm hoch; fleischige, blaugrüne Blätter; goldgelbe Korbblüten.
Blütezeit: Mai – September
Verwendung: In Gruppen auf Beeten und Rabatten als Rand- bzw. Einfassungspflanze, in Kästen und Schalen.
Standort: Jeder durchlässige Gartenboden; verträgt etwas Trockenheit.
Kultur: Anzucht im März/April, ab Mitte Mai mit 20 – 30 cm Abstand auspflanzen.
Pflege: Bei anhaltender Trockenheit gießen, Verblühtes entfernen; auf nährstoffarmen Böden und im Kasten alle 4 bis 6 Wochen düngen.
Hinweis: Die Blütenstände schließen sich bei Regen.

Weiße Zwergmargerite
HYMENOSTEMMA PALUDOSUM

Merkmale: Einjährig, buschig wachsend 15 – 30 cm hoch; fiederteilige, stark gezähnte Blätter; weiße Korbblüten mit gelber Mitte.
Blütezeit: Mai – Oktober
Verwendung: Wie Gelbe Zwergmargerite.
Standort: Durchlässiger, humoser, nicht zu trockener Boden.
Kultur: Wie Gelbe Zwergmargerite.
Pflege: Leicht feucht, aber keinesfalls nass halten; Verblühtes regelmäßig entfernen; auf nährstoffarmen Böden und im Kasten etwa alle 4 bis 6 Wochen düngen; nach dem ersten Flor im Hochsommer etwas zurückschneiden, um die Zweitblüte zu fördern.

Weiße Zwergmargerite (Hymenostemma paludosum)

Goldkamille
TANACETUM PARTHENIUM

Merkmale: Einjährig gezogene Staude, locker buschig, 25 – 60 cm hoch; Grundblätter gefiedert; weiße Korbblüten mit gelber Mitte, auch Sorten mit kugeligen Blüten.
Blütezeit: Juni – September
Verwendung: In Gruppen auf Beeten und Rabatten; niedrige Sorten als Einfassung und in Pflanzgefäßen; gute Schnittblume.
Standort: Wie Weiße Zwergmargerite.
Kultur: Wie Weiße Zwergmargerite; ab Mai auch Direktsaat an Ort und Stelle möglich.
Pflege: Wie Weiße Zwergmargerite.

Margeriten, Stauden
Die Margerite schlechthin ist wohl die Wiesenmargerite, die im Frühsommer Halbtrockenrasen und Wiesen, besonders in höheren Berglagen, mit ihren weißen Blüten überzieht. Auch die Gartenformen haben sich ihren natürlichen Charme bewahrt. Ergänzt wird das Sortiment durch die ursprünglich aus den Pyrenäen stam-

mende Sommermargerite, die in der arktischen Zone verbreitete Grönlandmargerite, die südosteuropäische Herbstmargerite und die in warmen Gebirgslagen Kleinasiens und des Kaukasus beheimatete Bunte Margerite. Während letztere mit kräftigen Rosa- und Rottönen aufwarten kann, dominieren bei den anderen Arten Blüten in strahlendem Weiß. Dies macht sie zu guten Kombinationspartnern für Stauden in fast allen Blütenfarben, wobei sie die Pflanzungen aufhellen und für optische Weite sorgen. An geeigneten Plätzen auf nicht zu schweren oder staunassen Böden sind alle Arten recht pflegeleicht.

Grönlandmargerite
ARCTANTHEMUM ARCTICUM

Merkmale: Staude, buschig bis kriechend, 25 – 40 cm hoch; glatte, gezähnte Blätter; weiße Korbblüten mit gelber Mitte, auch rosa und gelb blühende Sorten.
Blütezeit: September – Oktober
Verwendung: Vor allem im Steingarten, hübsch mit Herbstastern.
Standort: Verträgt leichte Beschattung; durchlässiger, nährstoffreicher, eher trockener Boden.
Pflanzen/Vermehren: Pflanzung nur im Frühjahr, bei Herbstpflanzung schlechtes Anwachsen; Pflanzabstand 20 – 30 cm; Vermehrung durch Teilen oder grundständige Stecklinge im Frühjahr.
Pflege: Bei anhaltender Trockenheit gießen.

Herbstmargerite
LEUCANTHEMELLA SEROTINA

Merkmale: Staude, straff aufrecht, 80 – 150 cm hoch; lanzettliche, gezähnte Blätter; weiße Korbblüten mit grüngelber Mitte.
Blütezeit: September – Oktober
Verwendung: Einzeln oder in kleinen Gruppen im Staudenbeet, am Gehölzrand, unter lichten Gehölzen.
Standort: Nährstoffreicher, humoser, feuchter Boden.
Pflanzen/Vermehren: Wie Grönlandmargerite; Pflanzabstand 40 – 60 cm.
Pflege: Bei Trockenheit gießen; nach der Blüte zurückschneiden; gelegentlich im Sommer mit Kompost oder kleinen Volldüngergaben versorgen.

Wiesenmargerite
LEUCANTHEMUM VULGARE

Merkmale: Staude, aufrecht, buschig, 30 – 100 cm hoch; Grundblätter rundlich bis spatelförmig, Stängelblätter eingeschnitten; weiße Korbblüten mit gelber Mitte, bis zu 5 cm Ø.
Blütezeit: Mai – Juni, Nachblüte im Spätsommer
Verwendung: In Gruppen auf Rabatten, ideal für naturnahe Bereiche; gute Schnittblume; schön zu Türkenmohn, Rittersporn, Bartiris, Lilien oder Rosen.
Standort: Unbedingt durchlässiger, frischer bis mäßig trockener, nährstoffreicher Boden.
Pflanzen/Vermehren: Wie Grönlandmargerite, Pflanzabstand 40 – 50 cm; Teilung auch direkt nach der Blüte möglich.
Pflege: In Trockenperioden gießen, von Frühjahr bis Sommer Kompost oder Dünger in kleinen Mengen verabreichen; große Exemplare stützen; Rückschnitt nach dem ersten Flor fördert Nachblüte, nach dem Schnitt düngen und feucht, aber nicht nass halten; alle 4 Jahre teilen und neu verpflanzen.

Sommermargerite
Leucanthemum x superbum

Merkmale: Staude, breit aufrechter Wuchs, 60 – 100 cm hoch; lanzettliche, bis 30 cm lange, dunkelgrüne Blätter; weiße Korbblüten mit gelber Mitte auf hohen Stielen, bis 12 Ø, Sorten teils gefüllt.
Blütezeit: Juni – September
Verwendung: Einzeln oder in kleinen Gruppen auf Beeten und Rabatten; gute Schnittblume.
Standort: Wie Wiesenmargerite.
Pflanzen/Vermehren: Wie Wiesenmargerite.
Pflege: Wie Wiesenmargerite.

Wiesenmargerite (Leucanthemum vulgare)

Sommermargerite (Leucanthemum x superbum)

Bunte Margerite (Tanacetum coccineum)

Marienkäfer sind gern gesehene Gartengäste.

Bunte Margerite
TANACETUM COCCINEUM
☼

Merkmale: Staude, aufrechter Wuchs, 40–60 cm hoch; Blätter gefiedert, fein zerteilt; Korbblüten mit gelber Mitte, je nach Sorte weiß, rosa, rot oder gelb, bis 7 cm Ø.
Blütezeit: Mai – Juni
Verwendung: Wie Sommermargerite.
Standort: Wie Wiesenmargerite.
Pflanzen/Vermehren: Wie Wiesenmargerite, Pflanzabstand 30–40 cm.
Pflege: Wie Wiesenmargerite; am besten alle 2 bis 3 Jahre teilen.

Marienfrauenschuh
Orchideenart mit schuhförmig geschlossener Blüte
→ *Orchideen*

Marienglockenblume
Zweijährige → *Glockenblume* mit großen, meist blauen oder violetten Blüten

Marienkäfer
Diese hübschen, meist roten, schwarz gepunkteten Käfer gehören zu den wichtigen Nützlingen im Garten. Erwachsene Tiere und ihre Larven vertilgen Unmengen an schädlichen Blattläusen. Im Lauf ihres Lebens frisst eine einzige der graublauen, gelb gepunkteten Larven bis zu 800 Blattläuse, die „Tagesleistung" mancher Marienkäferarten liegt bei 150 Stück. Manche Arten fressen auch Schildläuse, Spinnmilben oder gar das Myzel von Mehltaupilzen. Die Volksnamen der einzelnen Arten (ca. 70 kommen bei uns vor) richten sich nach der Zahl der schwarzen Punkte auf den Flügeldecken: Am bekanntesten und häufigsten sind der Siebenpunkt (*Coccinella septempunctata*) – der berühmte „Glückskäfer" – und der Zweipunkt (*Adalia bipunctata*). Es treten aber auch gelb geflügelte Arten mit 10, 14 oder 22 Punkten auf sowie winzige, unauffällige Marienkäfer mit dunklen, behaarten Flügeln.

Um die Blattlausvertilger zu fördern, braucht man zunächst Geduld. Wo gegen Blattläuse radikal gespritzt wird, entzieht man auch den Marienkäfern ihre Nahrungsgrundlage. Sie siedeln sich dann kaum in hinreichender Anzahl an und können nachfolgende Lausgenerationen nicht im Zaum halten. Bei stark virusgefährdeten Pflanzen, bei denen sich eine frühzeitige Bekämpfung der übertragenden Blattläuse empfiehlt, muss man ggf. auf die Mithilfe der Marienkäfer verzichten. In jedem Fall aber ist nützlingsschonenden Mitteln der Vorzug zu geben. „Wilde" Gartenbereiche, Laub- und Steinhaufen bieten den Marienkäfern über Winter einen geeigneten Unterschlupf.

Versuche, heimische Marienkäfer zu züchten und gezielt als Nützlinge einzusetzen, waren nicht erfolgreich. Allerdings gibt es eine australische Art, *Cryptolaemus montrouzieri*, die man bei spezialisierten Firmen bzw. im Fachhandel bestellen und in Gewächshaus oder Wintergarten ausbringen kann. Dieser Marienkäfer vertilgt Woll- und Schmierläuse, braucht aber Temperaturen über 20° C und hohe Luftfeuchtigkeit.

Marille
Anderer Name für die → *Aprikose*

Mark
Der innere Teil eines Stängels, Blatt- oder Blütenstiels. Während die Festigungs- und Leitungselemente jeweils im Randbereich des Organs angeordnet sind, besteht das zentrale Mark aus weichen Zellen, in denen Pflanzen Wasser und Nährstoffe speichern.

Markerbsen
Süß und zart schmeckende → *Erbsen*

Markiersaat
Einstreuen schnell keimender Samen, z. B. Radieschen oder Kresse, in Saatreihen von Arten, die sehr langsam aufgehen, etwa Möhren oder Petersilie. Dadurch werden Lage und Verlauf der Reihen im Beet früh sichtbar und somit gezieltes Jäten und Lockern erleichtert. Die Samen der Markierarten bringt man mit etwa 20 cm Abstand aus, nach dem Aufgang der Langsamkeimer werden die Pflänzchen komplett entfernt.

Marmor

Unter enormen Drücken, die während vieler Millionen von Jahren einwirkten, verwandelten sich sedimentierte, kalkhaltige Schalen von Organismen in Marmor (auch → *Ablagerungsgesteine*). Für Gartenzwecke wird Marmor in Form von → *Gesteinsmehl* verarbeitet. Dieses reichert den Boden mit Kalk an, bindet Bodensäuren und verbessert die Bedingungen für Bodenlebewesen.

Weiterhin lässt sich Marmor, grau oder in der besonders edlen weißen Ausführung, als Natursteinbelag einsetzen; auch Skulpturen, Brunnen und ähnliche Dekorationselemente aus diesem Material werden angeboten. Die Qualitäten und entsprechend auch die Preise sind sehr unterschiedlich. Bedenken muss man allerdings, dass Marmor sehr fleck- und säureempfindlich sowie wenig kratzfest ist. Wo keine „Patina" gewünscht ist, wird häufige Pflege mit speziellen Reinigungsmitteln nötig.

Marone

Anderer Name für die Esskastanie
→ *Kastanie*

Märzenbecher

Anderer Name für die Frühjahrsknotenblume, eine niedrige Zwiebelblume mit weißgrünen Glockenblüten
→ *Knotenblume*

Märzveilchen

Bodendeckerstaude mit violetten, duftenden Blüten im Frühling
→ *Veilchen*

Märzwinter

Bezeichnung für einen Kälterückfall im März, der besonders nach milden, schneearmen Wintern nicht selten eintritt. Dabei sinken die Tages- und Nachttemperaturen nach vorangegangener Erwärmung nochmals auf winterliche Werte, häufig verbunden mit Schneefall. Durch die niedrigen Temperaturen sind Knospen früh blühender Gehölze gefährdet; außerdem kann die Vegetationsperiode der übrigen Pflanzen verzögert werden.

Maßholder

Alter Name für den Feldahorn
→ *Ahorn*

Maßliebchen

Anderer Name für das → *Gänseblümchen*

Matricaria

Botanischer Gattungsname der
→ *Kamille*

Matteuccia

Mittelgroßer Farn mit attraktiver Wuchsform
→ *Straußenfarn*

Matthiola

Romantische Bauerngartenblume mit süßem Duft
→ *Levkoje*

Mauer

Der Bau einer Mauer unterliegt gesetzlichen Vorschriften, die je nach Bundesland oder Kanton, sogar in den einzelnen Gemeinden variieren können (auch → *Bebauungsplan*). Ggf. ist dafür auch eine Baugenehmigung oder zumindest Bauanzeige erforderlich. Weiterhin müssen bei Mauern, die zum Nachbarn hin errichtet werden, meistens bestimmte → *Grenzabstände* beachtet werden. Wer daher plant, sein Grundstück durch eine Mauer einzufrieden, muss sich vorher unbedingt bei der zuständigen Behörde erkundigen. Schließlich empfiehlt es sich – im Sinne gutnachbarlicher Beziehungen – vor solchen Vorhaben mit den Besitzern angrenzender Grundstücke zu sprechen und eventuelle Nachteile für jene, z. B. durch Schattenwurf, zu bedenken. Niedrige Mauern (z. B. Stützmauern, Trockenmauern) innerhalb des Grundstücks sind dagegen keinen gesetzlichen Bestimmungen unterworfen.

Bepflanzte Natursteinmauer

Material und Wirkung

Mauern ab einer Höhe von ca. 1 m haben eine starke architektonische Wirkung, daher sollten sie stets im Einklang mit dem Baustil des Hauses stehen. Ein sachliches, modernes Gebäude mit viel Glas und Stahl verlangt eher nach einer ebenso nüchternen Mauer (z. B. aus Beton), während eine Ziegelmauer besser zu einem älteren oder mehr mit Naturmaterialien gebauten Haus passt. Die Höhe der Mauer sollte zudem an die Größe des Grundstücks und des Hauses angepasst sein. Eine 2 m hohe Mauer um einen kleinen Reihenhausgarten führt schnell zu einem Gefühl von Enge und taucht oft einen beachtlichen Teil des Grundstücks in Schatten.

Das Baumaterial einer Mauer muss sowohl ästhetischen wie funktionellen Kriterien genügen. **Beton** ist sicher das preiswerteste und stabilste Material. Seine formale Härte kann durch einen Anstrich und/oder Be-

MAUER

pflanzung gemildert werden. **Natursteinmauern** werden in Schichtlage trocken oder mit Mörtel verlegt. Sie wirken sehr attraktiv, können aber aus Stabilitätsgründen nicht beliebig hoch errichtet werden. Zudem ist Naturstein teuer und sollte der Region angemessen gewählt werden (z. B. keine Schiefermauern in einem Buntsandsteingebiet). Als Stütz- oder Ziermauern, in deren Ritzen Pflanzen wachsen, sind solche Mauern allerdings fast unschlagbar (auch → *Trockenmauer*).

Frostfeste **Ziegel- oder Klinkersteine** erscheinen durch den Brand in changierenden Farben. Sie wirken ähnlich abwechslungsreich wie Natursteine – und sind ähnlich teuer –, lassen sich aber leichter und höher verbauen. Als preiswerterer Kompromiss kann eine Mauer auch in zweischaliger Bauweise errichtet werden. Die tragende Funktion übernimmt dann eine Betonmauer, die mit flachen, dekorativen Ziegeln verklinkert wird. **Betonformsteine,** sofern sie von guter Qualität sind, stehen in Kosten und Wirkung zwischen Naturstein- und Betonmauern.

Höhe, Funktion und Fundament

Hohe Mauern an der Grundstücksgrenze bieten sicheren Schutz gegen Blicke und Eindringlinge und halten Winde ab. Allerdings erzeugt der stark abgebremste, nach oben abgelenkte Windstrom Luftwirbel auf der Leeseite, also auf der dem Garten zugewandten Mauerseite. Von daher erweist sich eine nicht allzu dichte → *Windschutzpflanzung* häufig als günstiger. Zudem ist der Bereich in direkter Nähe einer Mauer, da er nicht direkt vom Regen getroffen wird, trockener als der übrige Garten (auch → *Mauerschatten*).

Niedrige Mauern lassen sich durch Holzgitter (mit Bewuchs) recht einfach erhöhen und können dann durchaus die Funktion einer Begrenzung übernehmen. Ihre wichtigste Aufgabe haben sie aber zweifellos innerhalb des Gartens als Trennung (etwa um einen versenkten Sitzplatz) oder um Hänge abzufangen (auch → *Hanglage*).

Als Faustregel gilt, dass alle Mauern, die höher als 80 cm sind, von einem Fachmann errichtet werden müssen, der die mechanischen und statischen Randbedingungen besser einschätzen kann und als Handwerker eine Gewährleistung übernimmt. Dies gilt insbesondere für Stützmauern in abfallendem Gelände, die dem Erddruck standhalten müssen.

Mauern bis etwa 50 – 60 cm Höhe brauchen kein spezielles Fundament. Sie werden auf ein 20 – 30 cm tiefes Magerbeton-Bett gesetzt (Sand/Kies und Zement ca. im Verhältnis 8 : 1) und mit Mörtel aufgemauert.

Höhere Mauern müssen bis in den frostfreien Teil des Bodens gegründet werden: Ein 80 cm tiefes Fundament wird mit Beton (Verhältnis 3 : 1 bis 4 : 1) ausgegossen und die Mauer nach dem Aushärten aufgemauert. Betonmauern werden sicher verschalt und in der gewünschten Höhe gegossen (Auskunft über die erforderliche Stahlbewehrung erteilt der Fachhandel).

Auch → *Mauerkrone*

Reizvoll bepflanzte Trockenmauer.

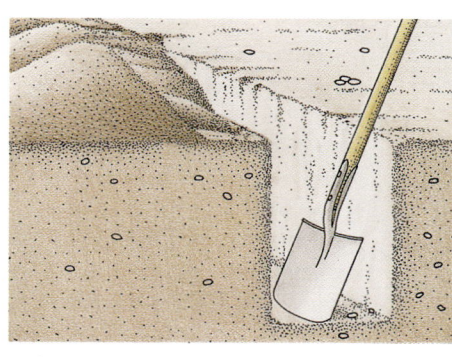

Höhere Mauern benötigen ein Fundament. Zunächst hebt man einen 80 – 120 cm tiefen Graben aus.

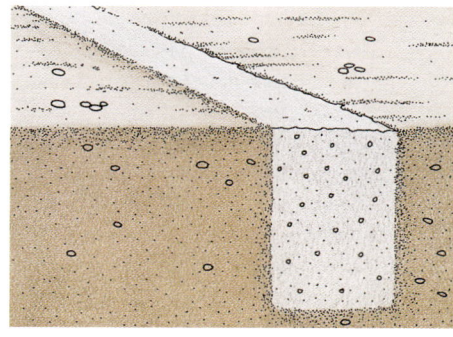

Wenn die Wandungen sauber sind und auch der Boden fest genug ist, muss nicht extra verschalt werden. Der Beton wird dann direkt in den Graben gegossen.

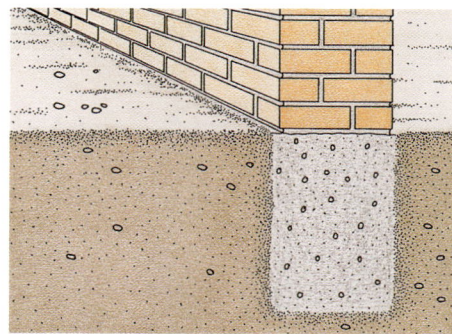

Auf dem Fundament zieht man dann einfach die Mauer hoch.

Mauerkrone

Bepflanzung

Alle Mauern können begrünt werden. Für die direkte Begrünung eignen sich Kletterpflanzen, die wie der Efeu mit Haftscheiben klettern und sich selbst verankern. Sicherer und schonender sind Rankgitter, die mit Abstandhaltern in die Mauer gedübelt und von allen windenden und schlingenden Pflanzen als Kletterhilfe angenommen werden. Denselben Zweck erfüllen auch starke Drähte, die man vor eine Mauer spannt (auch → *Fassadenbegrünung*, → *Kletterpflanzen*).

Rasche und vor allem veränderliche Begrünung kann man mit Kästen und Kübeln erreichen, die für die Wandbefestigung vorgesehen sind. Sie werden mit kriechenden oder hängenden Blumen bepflanzt, die wie Kaskaden über die Mauerfläche fallen. Wenn man bereits beim Bau Pflanztaschen bzw. -fugen vorsieht, kann man die Pflanzen auch direkt in die Mauer einsetzen. Für → *Trockenmauern* gelten spezielle Bau- und Bepflanzungsbedingungen.

Beim Bepflanzen der direkten Mauerumgebung gilt es schließlich zu beachten, dass hier besondere Bedingungen herrschen: geschützt und warm, aber häufig trocken und vor sonnigen, hellen Mauern zuweilen auch zu heiß (→ *Kleinklima*).

Mauerkrone

Die obere Fläche einer Mauer. Da hier Wasser durch die Fugen eindringen und bei Frost Sprengrisse verursachen kann, sollte sie entsprechend dicht verputzt oder durch Auflagen (Ziegel) gesichert werden. Ist die Mauerkrone breit genug, kann die Begrünung auch „von oben nach unten" erfolgen: In gut befestigte Kästen auf der Mauerkrone pflanzt man alle Arten von Stauden und Sträuchern mit hängenden oder kriechenden Trieben.

Etwas anders verhält es sich bei → *Trockenmauern*. Hier werden die Fugen der Krone gezielt als Pflanzenstandorte für kleine Stauden und herabwallende Polsterpflanzen genutzt.

Mauerpfeffer

Kleine Rasen bildende Stauden für sonnige Plätze
→ *Fetthenne*

Mauerraute

Zierlicher, sonnenverträglicher Farn, der in Ritzen und Fugen von Mauern wächst.
→ *Streifenfarn*

Mauerschatten

Der Bereich hinter einer Mauer liegt in mehrfachem Sinn „im Schatten". Je nach Exposition wirft die Sonne einen Schlagschatten, in dem nur Pflanzen gedeihen, die an extrem schattige Standorte angepasst sind. Da in unseren Breiten vor allem Westwinde den Regen bringen, wird die Erde auf der Ostseite einer Mauer kaum benetzt und liegt im so genannten Regenschatten. Auch nach Norden ausgerichtete Mauerplätze sind meist recht trocken und zudem dunkel. Die Bepflanzung gestaltet sich hier oft problematisch, da die meisten Schattenpflanzen Wäldern entstammen und entsprechend auf Boden-, teils auch Luftfeuchte angewiesen sind. Recht problemlos wachsen an solchen Plätzen Bergenien und einige Storchschnabelarten, auch Günsel, Kaukasusvergissmeinnicht und Schattengräser wie die Marbeln kommen damit ganz gut zurecht.

Humusanreicherung des Bodens (Kompostzufuhr) und etwas häufigeres Gießen vorausgesetzt, gedeihen hier z. B. auch Prachtspieren (Astilben), Frauenmantel, Elfenblumen, Immergrün und Taubnessel, unter den Gehölzen Buchs, Eibe, Lorbeerkirsche und Mahonie.

Maulbeerbaum (Morus nigra)

Maulbeerbaum, Schwarzer
MORUS NIGRA

In ihrer ostasiatischen Heimat werden Maulbeerbäume schon seit Jahrtausenden kultiviert, da man mit ihren Blättern die Seidenraupen füttert, wofür in erster Linie der Weiße Maulbeerbaum (*M. alba*) dient. Er ist allerdings ausgesprochen kälteempfindlich und nördlich der Alpen selten zu sehen. Ein wenig mehr Frosthärte zeigt der Schwarze Maulbeerbaum, doch selbst im milden Weinbauklima sollte man ihn in den ersten Jahren mit Winterschutz versehen. In solch begünstigten Regionen kann man sich an dem ansehnlichen kleinen Baum mit runder Krone erfreuen, der sehr langsam wächst und erst nach vielen Jahren mehr als 6 m Höhe erreicht. Die breit eiförmigen, dunkelgrünen, meist gelappten Blätter sind recht attraktiv, die sich im Frühsommer zeigenden Blüten unscheinbar. Ab dem Hochsommer erscheinen längliche, etwa 2 cm große Früchte, die an Himbeeren oder Brombeeren erinnern. Während der Reifung verändern sie ihre Farbe von gelbgrün über rot nach schwarzviolett. Sie schmecken angenehm süß-säuerlich und werden als Obst gegessen. Der Maulbeerbaum braucht einen gut durchlässigen Boden. Als Schnittmaßnahme genügt gelegentliches Auslichten.

Maulwurf

Innerhalb der Ordnung der Insektenfresser, zu der auch Igel und Spitzmaus zählen, bilden die Maulwürfe eine eigene Familie. Bei uns ist nur eine Art vertreten, der Europäische Maulwurf, zoologisch *Talpa europaea*. Mancher Gärtner würde liebend gerne vergessen, dass dieser Grabkünstler mit dem schwarzen Fell unter Naturschutz steht. Wo seine Hügel auf dem Rasen auftauchen, ist er im Untergrund tätig. Auch unter Beeten legt er seine weit verzweigten Gänge an. Anders als die ebenfalls unterirdisch lebende → *Wühlmaus* frisst er jedoch nicht an Wurzeln und anderen Pflanzenteilen. Er macht sich vielmehr durch Vertilgen von allerlei Gartenschädlingen und Insektenlarven nützlich, leider stehen aber auch Regenwürmer auf seinem Speiseplan.

Da eine Bekämpfung nicht zulässig ist, sollte man keinesfalls Wühlmausfallen in Maulwurfgängen aufstellen. Die wesentlich größeren Erdhaufen der Maulwürfe sind schon ein deutliches Anzeichen, wer unter der Erde am Wühlen ist. Aber auch die Form der Gangöffnungen stellt ein wichtiges Unterscheidungsmerkmal dar: Wühlmausgänge sind im Querschnitt hochoval (wie ein stehendes Ei), Maulwurfgänge dagegen queroval bis rundlich, wobei die Eingänge direkt unter den Erdhaufen liegen.

Ein altes Hausmittel, um Maulwürfe zu vergraulen, ist ein mit Petroleum getränkter Lappen, den man in seine Gänge legt; ein weiteres besteht aus einer Mischung aus Molke und Buttermilch, die man in die Gänge schüttet. Auf demselben Grundprinzip, nämlich der Duft- bzw. Gestanksabwehr, beruhen käufliche Vergrämungsmittel mit intensiv duftenden Inhaltsstoffen. Im Allgemeinen sind die Erfahrungen mit Methoden, die auf den Geruchssinn abzielen, deutlich besser als mit akustischen Vertreibungsgeräten.

Maulwurfsgrille

Werre oder Erdkrebs sind weitere Namen für dieses heimische Insekt, das in allen Böden vorkommen kann. Die bis 5 cm langen, braunen, oberseits schwärzlichen, fein behaarten Tiere halten sich fast ausschließlich unter der Erde auf, wo sie mit ihren Grabfüßen lange Gänge anlegen. Nur zur Paarungszeit im Frühsommer kommen sie an die Oberfläche und rufen schnurrend nach einem Partner. Nach der Paarung legen die Weibchen mehrere Hundert gelbliche Eier in faustgroße Erdhöhlen ab, die als Nester angelegt sind. Daraus schlüpfen anfangs helle, später braune Larven. Obwohl Maulwurfsgrillen vorwiegend auf unterirdische Tiere Jagd machen, auch auf Schädlinge, können sie selbst Schaden anrichten, weil sie beim Graben Wurzeln und Knollen zerstören. Besonders lästig werden sie im Frühjahr auf Gemüsebeeten,

Maulwurfsgrille

wo sie Jungpflanzen und Sämlinge zum Absterben bringen. Auch Knollenblumen und Rasenflächen können durch Maulwurfsgrillen Schaden erleiden.

Schadbild: Welken und Absterben oberirdischer Pflanzenteile durch Fraß an Wurzeln und Knollen; durch die Grabtätigkeit Anheben von Sämlingen und Setzlingen, die aufgrund des Abreißens von Wurzeln ebenfalls absterben.

Abhilfe: Aufgraben der Gänge und Zerstören der Nester; als Fallen glattwandige Gefäße ebenerdig eingraben; Einsatz spezieller Nematoden aus dem Fachhandel, die die Insekten parasitieren; auch Bekämpfung mit insektizidhaltigen Ködermitteln.

Maurandie

ASARINA BARCLAIANA
☼–☺ ☺

Das hübsche, kletternde Rachenblütengewächs aus Mexiko eignet sich bestens, um kurzfristig eine Mauer oder einen Zaun zu begrünen. Da sie die kalten europäischen Winter nicht übersteht, wird diese Staude als Einjährige gezogen.

Merkmale: Einjährige Kletterpflanze, 2 – 3 m hoch; Blätter efeuartig, behaart; Rachenblüten 4 – 7 cm lang, rosa bis lavendelblau, selten auch weiß.

Maulwürfe bekommt man selten zu Gesicht.

Maurandie (Asarina barclaiana)

Blütezeit: Juni – Oktober
Verwendung: Zum Begrünen von Zäunen, Rankgerüsten und Mauern; auch als Ampelpflanze.
Standort: Bevorzugt sonnig; jeder normale Gartenboden.
Kultur: Anzucht ab Februar (4 bis 5 Samen in Töpfchen auslegen), Pflänzchen früh stäben; nach Mitte Mai ins Freie pflanzen, 25 cm Pflanzabstand.
Pflege: Bei anhaltender Trockenheit gießen.
Hinweis: Sehr ähnlich ist die kleinere *A. scandens,* die stärker herzförmige, zugespitzte Blätter besitzt.

Maus
Während Haus- und Feldmäuse im Garten kaum Probleme machen, können → *Wühlmäuse* an Wurzeln und Knollen größere Schäden anrichten. → *Spitzmäuse* sind Nützlinge, die viele Insekten fressen.

Mausohrstadium
Stadium der Blütenentwicklung bzw. -entfaltung. Mit diesem plastischen Ausdruck beschreibt man das letzte Stadium der Knospenöffnung im Frühling: Kurz bevor sich die Knospenschuppen eines Gehölzes vollständig öffnen, drängen sich bereits die Blätter wie Mäuseöhrchen ins Freie. Darauf folgen das → *Ballonstadium* und schließlich die Vollblüte.

Solche Blütenentwicklungsstadien spielen vor allem im erwerbsmäßigen Obstbau eine Rolle, besonders als Termine für bestimmte Pflanzenschutzmaßnahmen.

Mauswiesel
Der kleinste Vertreter der heimischen → *Marder*

Mechanischer Pflanzenschutz
Umfasst Maßnahmen wie das Absammeln von Schädlingen und das Abspritzen mit Wasser, den Einsatz von mechanischen Barrieren (z. B. Schneckenzaun) und Fallen, Leimtafeln u. Ä.

Häufig ersparen einem solche eher „sanften" Methoden, die sich im Hausgarten gut einsetzen lassen, den Griff zu giftigen Mitteln.
→ *Pflanzenschutz*

Meconopsis
Aparte Staude mit blauen oder gelben Blüten für schattige Plätze
→ *Scheinmohn*

Meeresalgenkalk
Langsam wirkender Kalkdünger, der aus Meeresalgen hergestellt wird.
→ *Algenkalk*

Meerkohl
CRAMBE
Die Gattung, die zu den Kreuzblütengewächsen zählt, ist mit rund 20 Arten in trockenen Zonen von Europa, Kleinasien, Zentralasien und Afrika verbreitet. Obwohl die einzelnen Blüten nur millimetergroß sind, bilden sie doch attraktive, wolkenartige Blütenstände. Nach diesen wird die aus dem Kaukasus stammende Art *C. cordifolia* auch Riesenschleierkraut genannt. Der Weiße Meerkohl wächst an den Küsten West- und Nordeuropas, ist jedoch mittlerweile selten und steht unter Naturschutz. Früher wur-

Schneckenzäune gehören zum wirksamen Repertoire des mechanischen Pflanzenschutzes.

den seine Blätter und Stiele als Wildgemüse gesammelt, auch im Garten kultivierte man ihn hauptsächlich als Nutzpflanze. Junge Sprosse, Blattstiele und Blätter können blanchiert als Gemüse gegessen werden, sehr zarte, junge Blättchen sogar als Salat. Heute findet diese Art auch als Zierpflanze Verwendung.

Meerkohl, Riesenschleierkraut
CRAMBE CORDIFOLIA

Merkmale: Staude, aufrecht, ausladend wachsend, 150 – 200 cm hoch und breit; große, herzförmige Blätter mit ca. 35 cm Ø; zahlreiche weiße, duftende Blüten in Rispen.
Blütezeit: Juni – Juli
Verwendung: Als Solitärstaude, zu großen Strauchrosen.
Standort: Nährstoffreicher, lehmiger, kalkhaltiger Boden; kommt auch mit mageren, recht trockenen Standorten zurecht, nicht jedoch mit Staunässe.
Pflanzen/Vermehren: Pflanzung im Frühjahr oder Herbst; Vermehrung durch Teilung im Frühjahr, Wurzelschnittlinge ab Herbst oder Aussaat im Spätherbst (Kaltkeimer).
Pflege: Verblühtes entfernen, im Winter Rückschnitt bis kurz über dem Boden, gelegentlich im Frühjahr zum Austrieb düngen.

Weißer Meerkohl
CRAMBE MARITIMA

Merkmale: Staude, buschig aufrecht, 50 – 60 cm hoch; fleischige, oft blau bereifte, tief eingeschnittene Blätter, bis 30 cm lang; zahlreiche weiße Blüten in Dolden.
Blütezeit: Juni – Juli
Verwendung: Wie Meerkohl oder als Gemüsepflanze.
Standort: Wie Meerkohl.
Pflanzen/Vermehren: Wie Meerkohl; als Zierpflanze mit 30 – 40 cm Abstand pflanzen, als Gemüse mit 60 cm.

Meerkohl (Crambe maritima)

Pflege: Als Zierpflanze wie Meerkohl, jedoch kein Rückschnitt im Winter. Als Gemüse junge Pflanzen bis 25 cm hoch anhäufeln, damit die Stiele weiß bleiben; regelmäßig gießen; Blütenansätze ausbrechen; zur Treiberei Pflanzen im Herbst ausgraben, im Keller treiben lassen; im Frühling die Seitentriebe einpflanzen.
Ernte: Blätter und Stiele ab Juni; durch Treiberei gewonnene, bleiche Triebe im Winter und Frühjahr.

Meerlavendel
LIMONIUM SINUATUM

Der aus dem Mittelmeerraum stammende Meerlavendel gehört zur Familie der Bleiwurzgewächse. In seiner Heimat wächst er mehrjährig auf meist salzhaltigen Böden in Küsten-

Meerlavendel (Limonium sinuatum)

nähe, nach seinem natürlichen Vorkommen nennt man ihn auch Strandflieder. Ebenso wie einige verwandte Arten wird er bei uns nur einjährig kultiviert und vor allem als Schnittblume verwendet. Lediglich der zum Teil verholzende *L. latifolium* ist hinreichend winterhart und wird zuweilen als Staude auf Rabatten oder als Rosenbegleiter gepflanzt. Die etwa 60 cm hohe Pflanze entfaltet von Juli bis August violettblaue Blütchen in lockeren Rispen.
Merkmale: Einjährig kultivierte Staude, stark verzweigt, 25 – 90 cm hoch; Blätter länglich, in Rosetten; zahlreiche kleine Blüten in Rispen, blau, rosa oder weiß, mit violetten oder weißen Kelchblättern.
Blütezeit: Juli – September
Verwendung: Für Schnittblumenbeete; in gemischten Beeten in kleinen Gruppen zwischen niedrigen Sommerblumen; kein guter Partner für Stauden; gute Trockenblume.
Standort: Durchlässiger, kalkhaltiger, möglichst sandiger Boden.
Kultur: Anzucht ab Mitte März, etwa Mitte April pikieren, ab Mitte Mai mit 30 cm Abstand auspflanzen.
Pflege: Anspruchslos.
Hinweis: Ähnlich sind *L. bonduellii* (30 – 60 cm hoch, gelb blühend von August bis Oktober) und *L. suworowii* (heute als *Psylliostachys suworowii* bezeichnet, 40 – 80 cm hoch, rosa blühend von Juli bis September).

Meerrettich
ARMORACIA RUSTICANA

Als Wildpflanze kommt dieses Kreuzblütengewächs in Südosteuropa vor, wird aber schon seit dem 12. Jahrhundert auch in Mitteleuropa angebaut. Mit dem Rettich ist er verwandt, mit dem Meer hat er allerdings wenig zu tun; dieser Namensbestandteil leitet sich möglicherweise von der „Mähre" (Stute) ab, nach anderer Meinung von „Mehr-Rettich", bezugnehmend auf die besondere Schärfe.

Das österreichische Kren, das von dem slawischen „chren" abgeleitet ist, weist da schon besser auf die Herkunft hin. Die Wurzel enthält u. a. verschiedene Mineralstoffe, Senfölglycoside, die den scharfen Geschmack bestimmen, und Vitamin C. Sie wurde seit dem Mittelalter nicht nur als Gewürz, sondern auch als Heilpflanze genutzt. Meerrettich fördert die Verdauung und ist harntreibend; als Haarwuchsmittel, wie es mancher Kräuterkundiger vergangener Zeiten empfahl, hat er allerdings keine Karriere gemacht. Die Wurzel wird geschält, gerieben und möglichst frisch als Zutat zu Sahnesoßen gegeben (für Fleisch und Fisch), kann aber auch mit Quark oder Crème fraîche für Salatsoßen verwendet werden. Für den Hausgebrauch genügen 1 bis 2 Pflanzen, zumal man mit der Zeit oft Mühe hat, die wuchernde Staude einzugrenzen.

Merkmale: Staude, 60 cm hoch, mit den Blütenständen (ab dem 2. Jahr) bis 120 cm hoch; breite, gestielte, etwas runzelige Blätter; dicke, braune, innen weiße Wurzel, als Stange bezeichnet.
Blütezeit: Mai – Juli
Standort: Nährstoffreicher, humoser, tiefgründiger Boden.
Pflanzen/Vermehren: Die Vermehrung erfolgt über am unteren Wurzelende abgeschnittene, bleistiftdicke Seitenwurzeln, die so genannten Fechser. Diese kann man kaufen und später bei der Ernte für weitere Pflanzungen selbst schneiden; dabei oberes Ende durch geraden, unteres Ende durch schrägen Schnitt kennzeichnen, durch Reiben mit rauem Tuch in der Mitte von Seitenknospen befreien (Knospen an beiden Enden schonen!), über Winter in Sand einschlagen. Fechser im März/April mit dem Kopf-

Die Hauptwurzel des Meerrettichs nennt man Stange, Seitenwurzeln zur Vermehrung heißen Fechser.

ende nach oben schräg in die Erde legen, so dass das höher liegende Kopfende etwa 3 cm mit Erde bedeckt ist.
Pflege: Bei Trockenheit gießen, mulchen, gelegentlich organisch düngen; im Sommer Wurzeln mehrmals vorsichtig freilegen und Nebenwurzeln abreiben oder -schneiden, danach leicht anhäufeln.
Ernte: Ab dem Herbst, sobald die Blätter absterben, bei frostfreiem Boden auch den Winter über; die Stangen können über den Winter in Sand eingeschlagen bleiben (z. B. im Keller).

Mehlbeere

Kleiner Baum mit essbaren Früchten, der zur Gattung *Sorbus* gehört.
→ *Eberesche*

Mehlige Kohlblattlaus

Mehlig hellgraue Blattlaus, die an vielen Kohlarten und anderen Kreuzblütlern auftritt.
→ *Kohlschädlinge*

Mehlprimel

→ *Primel* mit rosa oder purpurnen Blüten und unterseits weißmehligen Blättern

Mehltau

Oberbegriff für Pilzkrankheiten, die mehlartige, grauweiße Beläge auf Blättern und anderen Pflanzenorganen hervorrufen. Grundsätzlich unterscheidet man dabei den Echten Mehltau, bei dem meist sowohl Blattober- als auch Blattunterseite mehlig überzogen sind, und den Falschen Mehltau, der nur auf der Blattunterseite zu grauweißem Überzug führt.
→ *Mehltau, Echter,* → *Mehltau, Falscher*

Mehltau, Echter

Es handelt sich um eine Gruppe verschiedener, eng miteinander verwandter Schlauchpilze, die oft auf bestimmte Arten oder Gattungen spezialisiert sind. So kennt man etwa den Rosenmehltau, den Stachelbeermehltau oder den Gurkenmehltau. Zahlreiche Pflanzen können von Echten Mehltaupilzen befallen werden, sie treten an Gehölzen ebenso auf wie an Gemüsepflanzen und Blumen.

Diese Mehltaupilze leben auf der Oberfläche der Pflanze, dringen mit speziellen Saugorganen (Haustorien) in die Zellen ein und entziehen ihnen Assimilate. Bei dem weißlichen Überzug handelt es sich um das Pilzgeflecht. Darauf werden Sommerfruchtkörper gebildet, mit denen sich der Pilz zügig ausbreiten kann. Zum Jahresende hin lassen sich oft die dunklen Winterfruchtkörper erkennen, die meist auf abgefallenen Blättern bzw. Pflanzenresten überwintern, an Gehölzen auch in den Knospen.

Hohe Stickstoffdüngung, zu dichte Pflanzung sowie starke Temperaturschwankungen fördern den Befall. Anders als sonstige Pilzkrankheiten breitet sich Echter Mehltau nicht bei feuchtem Wetter, sondern unter trockenwarmen Bedingungen am besten aus. Im Freien wird der stärkste Befall deshalb oft im Spätsommer und Frühherbst beobachtet.

Meister

Echter Mehltau an Begonie

Falscher Mehltau an Rose

Schadbild: Bei warmem Wetter schon ab Frühling zunächst weiße oder graue Flecken auf und unter den Blättern, später sind Blätter, Triebe, Knospen, Blüten und Früchte schimmelig-mehlig überzogen; Blätter rollen sich ein, Blüten öffnen sich nicht und die Pflanzen kümmern; mit der Zeit teils schmutzig graue oder bräunliche Verfärbung des Belags. Bei wenigen Pflanzen abweichende Symptome, Birkenmehltau z. B. nur mit weißen Belägen auf Blattunterseite.

Abhilfe: Vorbeugend nicht zu eng pflanzen, keine einseitige Stickstoffdüngung, widerstandsfähige Sorten wählen, bei entsprechendem Wetter (Temperaturschwankungen oder Hochdruckwetter) Pflanzenstärkungsmittel oder Knoblauchbrühe ausbringen. Infizierte Teile frühzeitig entfernen, ebenso Pflanzenreste und abgefallene Blätter; bei starkem Befall Fungizide einsetzen (bevorzugt nützlingsschonende Lecithinpräparate oder die relativ umweltverträglichen Schwefelmittel).

Mehltau, Falscher

Wie beim Echten Mehltau gibt es mehrere, eng verwandte Schaderreger, die an verschiedenen Pflanzen die als Falscher Mehltau bekannten Symptome hervorrufen. Abgesehen von Rosen und Weinrebe sind Gehölze kaum betroffen, sondern hauptsächlich krautige Pflanzen wie beispielsweise Nelken, Stiefmütterchen, Primeln, Levkojen, Salat, Spinat oder auch Gurken.

Die Erreger zählen zu den Algenpilzen. Im Gegensatz zu den Echten Mehltaupilzen leben sie zwischen den Zellen im Innern der Pflanzen. Ihre blattunterseits herausragenden Sporenträger bilden die mehligen Beläge. In Form von Dauersporen überwintern sie in befallenen Pflanzenteilen oder im Boden. Falscher Mehltau tritt vor allem in feuchten Sommern auf und wird darüber hinaus durch übermäßige Stickstoffgaben begünstigt.

Schadbild: Auf den Blattunterseiten weißlich grauer bis bräunlicher, samtiger Überzug, blattoberseits gelbe oder braune Flecken, teils auch auf Stängeln und Blüten; befallene Pflanzenteile sterben ab.

Abhilfe: Vorbeugung wie beim Echten Mehltau; bei starkem Befall notfalls spezielle Fungizide einsetzen, Blattunterseiten besonders gründlich behandeln; systemische über die Wurzeln und Blätter aufgenommene Mittel vorteilhaft.

Mehrjährige Pflanzen

Im Grunde alle Pflanzen, die im Gegensatz zu ein- und zweijährigen Pflanzen ihren Entwicklungszyklus nicht mit der Samenreife abschließen, sondern über mehrere Jahre immer wieder neu austreiben. Dies gilt für Stauden wie Gehölze. Man nennt sie auch → *ausdauernde Pflanzen*. Teils wird etwas detaillierter unterschieden, indem man relativ kurzlebige Pflanzen als Mehrjährige einstuft, langlebige Arten dagegen als Ausdauernde.

Mehrnährstoffdünger

→ *Dünger*, der wenigstens 2 bis 3 der mineralischen Kernnährstoffe (Stickstoff, Phosphor, Kalium) enthält; meist als so genannter Volldünger mit allen Hauptnährstoffen sowie Spurennährstoffen verwendet.

Meier

Anderer Name für → *Meister*

Meister

ASPERULA ORIENTALIS

Der Meister, ein naher Verwandter des heimischen Waldmeisters, ist ein Rötegewächs, das vom Kaukasus

Meister (Asperula orientalis)

über Syrien bis in den Iran und Irak seine natürliche Verbreitung hat.
Merkmale: Einjährig gezogene Staude, dicht, kompakt, 20 – 30 cm hoch; schmale Blätter in Quirlen; Blüten röhrenförmig, duftend (bis 1 cm lang), blau oder rosa.
Blütezeit: Juni – September
Verwendung: In Gruppen auf Sommerblumenbeeten, als Beeteinfassung; gute Schnittblume.
Standort: Jeder normale, humose Gartenboden.
Kultur: Ab März/April direkt aufs Beet säen, später auf 15 – 20 cm Abstand vereinzeln.
Pflege: Im Frühjahr mit Kompost oder Dünger versorgen.

Melanzani
Anderer Name für die → *Aubergine*

Melde
ATRIPLEX HORTENSIS

Die wilde Melde ist ursprünglich von Zentralasien bis Südeuropa verbreitet. Während die Römer und Griechen der Antike dieses bescheidene Gemüse aus der Familie der Gänsefußgewächse noch schätzten, wurde es bei uns durch den Spinat weitgehend verdrängt und von der Nutzpflanze zum „Unkraut" degradiert. Trotzdem findet sie als Gartenmelde in Kultursorten immer noch ihre Liebhaber und eignet sich gut als Randbepflanzung oder Lückenfüller im Gemüsebeet.
Merkmale: Einjährig, bis 120 cm hoch; untere Blätter fast herzförmig, mittlere eiförmig, je nach Sorte gelblich hellgrün, sattgrün oder karminrot.
Blütezeit: Juli – August
Standort: Möglichst humoser Boden; sonst sehr anspruchslos.
Kultur: Aussaat ins Freiland in Reihen von 25 – 30 cm Abstand ab dem zeitigen Frühling; später in der Reihe auf 5 – 10 cm vereinzeln; versetztes Aussäen (Folgesaaten) sorgt für lange andauernde Ernte.
Pflege: Bei Trockenheit gießen.
Ernte: Bei einer Höhe von 20 – 25 cm abschneiden oder bis vor der Blüte beständig junge Blätter und Triebspitzen ernten; Zubereitung wie Spinat.

Robustes Blattgemüse: Gartenmelde

Melioration
Anderer Begriff für → *Bodenverbesserung*

Melissa
Botanischer Gattungsname der Melisse. Im Kräuterbeet wird vor allem die → *Zitronenmelisse* gepflanzt.

Melone
CUCUMIS, CITRULLUS
Melonen, die zur Familie der Kürbisgewächse gehören, sind typische Pflanzen der Tropen und Subtropen. Sie stammen aus Afrika, werden heute aber erwerbsmäßig u. a. im Mittelmeerraum, in den USA oder auf dem Balkan angebaut. Da sie dank ihrer festen Schale gut zu transportieren sind, gehören sie zum regelmäßigen Angebot auf Märkten und in Gemüsegeschäften. In unserem Klima kann man Melonen nur in sehr milden Weinbaugebieten oder unter Glas ziehen. Besonders kälteempfindlich sind die Wassermelonen, die fast nur für den Anbau im Gewächshaus oder in einem großen Frühbeet infrage kommen.

Die Zuckermelonen gehören zur selben Gattung wie die Gurken und ähneln diesen in Wuchs und Pflege. Der Wassergehalt der Früchte kann bis zu 85 % betragen. Die Samen sitzen an der Innenseite des Fruchtfleischs und lassen sich daher leicht entfernen. Zuckermelonen enthalten u. a. Mineralstoffe und Vitamine der B-Gruppe. Sie werden frisch als Durstlöscher, zu Eis oder in Fruchtsalaten verzehrt. Zu den bekanntesten Formen gehören die glatten Melonen (z. B. Honigmelonen), die Netz- oder Muskatmelonen und die Cantalupmelonen oder Kantalupen. Für den Anbau im Garten spielen hauptsächlich Cantalup- und Netzmelonen eine Rolle, beide etwas kleiner als Honigmelonen und nicht ganz so süß, aber von angenehmem Geschmack.

Die äußerst wasserreiche Wassermelone (90 % Wassergehalt), die schon vor 4000 Jahren in Ägypten kultiviert wurde, ist besonders als erfrischender Durstlöscher geschätzt. Sie enthält wie die Zuckermelone Mineralstoffe und Vitamine der B-Gruppe. Da in den Anbauländern häufig neue Sorten gezüchtet werden, kommen Wassermelonen unter verschiedenen Sortennamen in den Handel. Das Fleisch der aufgeschnittenen Frucht wird frisch verzehrt.

Zuckermelone
CUCUMIS MELO

Merkmale: Einjährige, kriechende bis kletternde Pflanze mit Ranken; große, eingebuchtete Blätter; gelbe Blüten, männliche und weibliche ge-

Zuckermelonen der Sorte 'Benarys Zuckerkugel'

Wassermelonen

trennt an einer Pflanze; Früchte bis 4 kg schwer, Netzmelonen mit netzartig angeordneten Korkleisten auf der Fruchtschale und meist grünem Fruchtfleisch, Cantalupmelonen mit weißgrüner und stark gerippter Fruchtschale sowie orangefarbenem Fruchtfleisch.
Standort: Warm und geschützt, im Freiland nur in klimatisch begünstigten Regionen, sonst im Gewächshaus; humoser, nährstoffreicher, durchlässiger, und gut gelockerter Boden.
Kultur: Aussaat ab April unter Glas oder im Folientunnel (die Temperatur darf 12° C nicht unterschreiten; optimal sind 25° C) in kleinen Töpfen; Auspflanzen ab Mitte Mai (ca. 1 m² Platzbedarf), am besten in schwarze Mulchfolie; an Rankgitter, Draht oder Schnüren hochleiten.
Pflege: Hoher Wasserbedarf, bei Trockenheit mit angewärmtem Wasser gießen; mit Kompost oder organischem Dünger versorgen. Um einen besseren Fruchtansatz zu gewährleisten, müssen Haupt- und Seitentriebe nach 5 bis 6 Blättern entspitzt werden; je Pflanze sollten sich 4 bis 6 Früchte entwickeln dürfen. Im Gewächshaus Handbestäubung vornehmen, dazu am späten Vormittag mit einem feinen Pinsel die Pollen der männlichen Blüten auf die Narben der weiblichen Blüten übertragen.
Ernte: Je nach Sorte und Entwicklung zwischen August und Oktober; Erntereife, wenn Risse am Stielansatz sichtbar sind und die Früchte aromatisch duften.

Wassermelone
CITRULLUS LANATUS

Merkmale: Einjährige, kriechende bis kletternde Pflanze mit Ranken; tief gelappte Blätter; gelbe Blüten, männliche und weibliche getrennt an einer Pflanze; Früchte bis maximal 15 kg schwer, in der Regel aber deutlich weniger, mit dunkelgrüner oder hell- und dunkelgrün gestreifter Schale, rotes Fruchtfleisch, schwarze Samen im gesamten Fruchtfleisch verteilt.
Standort: Wie Zuckermelone, jedoch auch in warmen Regionen Gewächshausanbau zu bevorzugen.
Kultur: Wie Zuckermelone.

Honigmelone

Pflege: Wie Zuckermelone, Entspitzen nicht unbedingt erforderlich.
Ernte: Ab August; vollreife Früchte klingen hohl bzw. dumpf, wenn man mit dem Fingerknöchel darauf klopft.

Melonensquash
→ *Kürbis* mit rundlichen Früchten und leuchtend orangefarbenem Fruchtfleisch

Mentha
Botanischer Gattungsname der duftenden Minzen, die als Zier-, Gewürz- oder Heilpflanzen in Gärten zu finden sind.
→ *Pfefferminze*, → *Wasserminze*

Menyanthes
Niedrige, weiß oder rosa blühende Staude für den Flachwasser- und Randbereich von Teichen
→ *Fieberklee*

Mergel
Mergel ist ein → *Absatzgestein* mit wechselnden Anteilen von Ton und Kalk. Je nachdem, welcher Anteil dominiert, spricht man von Kalk- oder Tonmergeln. Mergel wird z. B. in der Zementindustrie verwendet, aber auch zu → *Kalkdüngern* verarbeitet.

Meristem

Teilungsgewebe der Pflanzen aus sehr kleinen, empfindlichen Zellen. Meristeme erzeugen durch Teilung jene Zellen, deren Wachstum ein pflanzliches Organ vergrößern. Daher finden sich Meristeme z. B. in allen Knospen, Trieb- und Wurzelspitzen oder an Blatträndern. Das wichtigste Meristem der Gehölze ist das → *Kambium* direkt unter der Rinde. Da die Meristeme frostempfindlich sind, werden sie im Winter durch Knospenschuppen geschützt.

Meristemkultur

Vermehrungsmethode, die nur in Spezialbetrieben bzw. Labors durchgeführt werden kann. Dazu wird eine winzige Gewebsmenge aus dem → *Meristem* der Sprossspitze entnommen und unter sterilen Bedingungen in einem Reagenzglas oder einem ähnlichen Glasbehälter auf Nährsubstrat kultiviert. Man nennt dies auch In-vitro-Vermehrung. Aus den höchstens 0,3 mm großen Meristemstücken wachsen komplette Pflanzen heran, die mit der Mutterpflanze absolut identisch und vor allem auch frei von Viren und Bakterien sind. Diese sehr aufwändige Methode findet fast nur Anwendung zur Erzeugung virusfreien Pflanzguts, etwa von Kartoffeln, Erdbeeren, Johannisbeeren und Himbeeren; außerdem, wenn Züchtungen wertvoller Pflanzen, z. B. Orchideen, anderweitig kaum sortenrein vermehrt werden können.

Mesembryanthemum

Gattung, zu der sowohl die prächtig blühende → *Mittagsblume* als auch das → *Eiskraut,* ein seltenes Gemüse, gehören.

Mespilus

Botanischer Gattungsname der → *Mispel,* ein kleiner Baum oder Strauch, der essbare Früchte trägt.

Messer

→ *Gartenmesser*

Metamorphit

Fachsprachlich für → *Umwandlungsgesteine* wie z. B. → *Marmor.* Durch Druck und Temperatur werden Gesteine verändert („Metamorphose") und können auf diese Weise andere Eigenschaften annehmen als das Ursprungsgestein.

Meterstamm

→ *Obstbaumform* mit etwa normal großer Krone, die auf einem kurzen Stamm sitzt; als Pflanzware mit 80 – 100 cm Stammhöhe; geläufiger unter der Bezeichnung → *Niederstamm.*

Microbiota

Zwergnadelgehölz mit flach ausgebreitetem Wuchs, das als → *Zwerglebensbaum* oder Fächerwacholder bekannt ist.

Miete

Bezeichnet allgemein eine Aufschüttung bzw. einen Erdhügel; im Garten gebräuchlich bei der Anlage von → *Kompost* und als Lagermöglichkeit für Gemüse (→ *Gemüselagerung und -konservierung*).

Mietergarten

Wer einen Garten oder ein Haus mit Garten mietet, ist zwar im rechtlichen Sinn Gartenbesitzer, muss aber stets die grundsätzlichen Rechte und Ansprüche des Eigentümers beachten. Der Mieter hat gewissermaßen nur Nutznießerrechte. Ob diese überhaupt bestehen, kann allerdings schon zu Streitfragen führen, wenn ein Haus mit Garten gemietet wird. Im Allgemeinen gilt: Sofern im Mietvertrag nichts anderes festgehalten ist, darf der Mieter den Garten in vollem Umfang nutzen und z. B. auch zu dem Grundstück gehörende Obstgehölze beernten. Dafür ist er grundsätzlich aber auch zur Gartenpflege verpflichtet. Dies umfasst üblicherweise nur einfache Maßnahmen, die weder besondere Fachkenntnisse noch außerordentliche Kosten voraussetzen. Für Art und Ausmaß der Pflege gilt in etwa der „ortsübliche Rahmen" als Maßstab.

Allerdings muss das z. B. nicht unbedingt die Nutzung als Naturgarten oder die Anlage einer Blumenwiese ausschließen. Wenn der Eigentümer dies als unduldbaren Wildwuchs ansieht, kann er nicht damit rechnen, dass jedes Gericht das genauso sieht. Denn prinzipiell beinhalten die Rechte des Mieters auch die Nutzung nach eigenen Vorstellungen. Eindeutige Grenzen gibt es jedoch dort, wo die Mietsache beschädigt oder gegen allgemeine → *Rechtsvorschriften* (z. B. Nachbarrecht, Verkehrssicherungspflicht) verstoßen wird.

Grundlegende Veränderungen sollte man als Mieter nur nach Abstimmung mit dem Eigentümer durchführen. Das gilt insbesondere für das Pflanzen von Gehölzen, denn mit dem Einpflanzen geht ein Gehölz als „wesentlicher Bestandteil" des Gartens

Virusfreie Himbeerjungpflanzen können durch Meristemvermehrung im Labor herangezogen werden.

in das Eigentum des Vermieters über. Das Gleiche gilt für permanente Baumaßnahmen. Umgekehrt darf der Mieter auch keine Einrichtungen des Gartens entfernen. Generell empfehlen sich bei allen Zweifelsfällen und möglichen Streitpunkten klare Absprachen und eventuell schriftliche Vereinbarungen. Die Nutzung, Pflege und Bearbeitung von reinen Mietgärten, z. B. in einer Kleingartenkolonie, wird in der Regel durch detaillierte Verträge geklärt.

Mignondahlie
Schlichte → *Dahlie* mit einfachem Kranz von Zungenblüten

Mikroklima
Anderer Ausdruck für das → *Kleinklima,* das im Garten z. B. durch Lage und Bepflanzung beeinflusst wird.

Mikroorganismen
Als Mikroorganismen bezeichnet man alle Lebensformen, die nur unter einem Mikroskop zu sehen sind, d. h. Bakterien, einzellige Algen und Pilze sowie tierische Protozoen. Auch die Viren, die zwischen lebender und toter Materie stehen, werden manchmal den Mikroorganismen zugerechnet. Für den Gärtner sind – neben den Krankheitserregern – vor allem die Mikroorganismen des → *Bodenlebens* von Bedeutung, da sie erheblichen Einfluss auf die Bodenfruchtbarkeit nehmen.

Milbe
Obwohl häufig als solche bezeichnet, zählen Milben nicht zu den Insekten. Vielmehr stellen sie mit ihren acht Beinen eine Ordnung der Spinnentiere dar – rund 10000 Arten mit großem Formenreichtum sind bekannt. Die kleinsten Arten werden nur 0,1 mm groß, die größten, nämlich eine vollgesogene Zecke, erreichen bis 3 cm. Die meisten Milben, die sich im Gar-

Samtmilben sind Räuber, die u. a. Jagd auf Blattläuse machen

Raubmilbe, die gerade beim Aussaugen von Insekteneiern ist.

ten aufhalten, treten kaum in Erscheinung. Manche erfüllen als Bestandteil des → *Bodenlebens* sowie beim Kompostieren ein wichtige Funktion, da sie organische Substanz zerlegen. Allerdings gibt es unter den Milben auch einige Säfte saugende Schädlinge, wie → *Spinnmilben* (z. B. die Rote Spinne), → *Weichhautmilben* (z. B. auf Erdbeeren und in Gewächshäusern), → *Wurzelmilben* oder → *Gall-*

milben. Ihre Gegenspieler sind die als Nützlinge geschätzten → *Raubmilben,* die vorwiegend andere Milben bzw. deren Eier aussaugen.

Milchglanzkrankheit
Andere Bezeichnung für die → *Bleiglanzkrankheit,* die durch einen Holz zerstörenden Pilz verursacht wird, der besonders an Obstgehölzen auftritt.

Milchstern
ORNITHOGALUM
Die Gattung aus der Familie der Liliengewächse ist mit zahlreichen Arten rund um das Mittelmeergebiet verbreitet. Trotz ihrer hübschen Blüten gehören Milchsterne nicht in allen Gärtnereien zum Standardangebot, lohnen aber die Suche. Beliebte Arten sind der Nickende und der Doldenmilchstern, beide teilweise in Mitteleuropa eingebürgert. Einige weitere attraktive Milchsterne seien nachfolgend kurz erwähnt, alle mit den charakteristischen weißen, sternförmigen Blüten:

■ *O. arabicum* hat 60 cm lange Blätter und im Frühsommer 3 cm breite, duftende Blüten in einer Schirmrispe.

■ *O. narbonense* bildet ab dem späten Frühling große, pyramidenförmige Trauben mit 2 cm breiten Blüten.

■ Von der Größe her fällt *O. magnum,* der Große Milchstern, mit 60–80 cm Höhe aus dem Rahmen; auch er schmückt sich mit weißen Blütensternen in Trauben.

■ Der dekorative *O. thyrsoides,* Chincherinchee genannt, ist im Unterschied zu den anderen Arten nicht winterhart, daher kommen die Zwiebeln erst im Mai in die Erde und werden im Herbst wieder herausgenommen. Im Allgemeinen vertragen sie alle Sonne wie Halbschatten, die diesbezüglichen Erfahrungen sind etwas unterschiedlich.

Mimulus

Doldenmilchstern (Ornithogalum umbellatum)

Nickender Milchstern
ORNITHOGALUM NUTANS
☼–◐ ☺ ✖

Merkmale: Zwiebelpflanze, grasartige, graugrüne Blätter; nickende, sternförmige Blüten auf 20 – 40 cm hohen Stielen, weiß mit kräftigen grünen Rückenstreifen, erscheinen erst, wenn die Blätter gerade verwelken.
Blütezeit: April – Mai
Verwendung: In Gruppen unter lichtem Gehölz; kann an geeigneten Standorten verwildern.
Standort: Jeder normale Gartenboden.
Pflanzen/Vermehren: Pflanzung im Herbst, 5 – 10 cm tief, mit 5 – 10 cm Abstand; Vermehrung durch Brutzwiebeln oder Samen (direkt nach der Ernte in den Boden).
Pflege: Nicht nötig.

Doldenmilchstern
ORNITHOGALUM UMBELLATUM
☼–◐ ☺ ✖

Ist auch als Stern von Bethlehem oder „11-Uhr-Blume" bekannt.
Merkmale: Zwiebelpflanze, grasartige Blätter; Blüten in Dolden auf 20 – 25 cm hohen Stielen, sternförmig, weiß mit grünen Rückenstreifen; Blüten öffnen sich erst bei einer Temperatur von etwa 15° C, d. h. über Mittag, deshalb die Bezeichnung „11-Uhr-Blume".
Blütezeit: April – Mai
Verwendung: In Gruppen im Steingarten, auf Blumenwiesen, am Gehölzrand.
Standort: Jeder normale Gartenboden, eher trocken.
Pflanzen/Vermehren: Wie Nickender Milchstern.
Pflege: Nicht nötig.

Mimulus
Hübsche Stauden für Teich- und Bachränder sowie feuchte Beete; zur Gattung gehören auch einjährige, oft zweifarbige, rot oder gelb gefleckte Hybriden für Beete und Pflanzgefäße.
→ *Gauklerblume*

Mineraldünger
Dünger, die die Nährstoffe als mineralische Verbindungen (vor allem als Salze) enthalten, also nicht in organisch gebundener Form.
Auch → *Dünger, Mineralische Dünger*

Minerale
Alle natürlich gebildeten, anorganischen, festen, chemisch und physikalisch einheitlichen Stoffe, aus denen die Erdkruste besteht. Sie sind in der Regel kristallin aufgebaut. Zu den Mineralen gehören z. B. Silikate wie Feldspat und Glimmer, Karbonate wie Kalkspat und Dolomit sowie die Tonminerale. Gesteine setzen sich aus verschiedenen Mineralen zusammen; Granit z. B. enthält im Wesentlichen die Minerale Quarz, Kalifeldspat, Oligoklas und Biotit. Die verschiedenen Mineralanteile bewirken die unterschiedliche Färbung der Gesteine. So sorgen etwa braune bis schwarze Minerale wie Biotit oder Serpentin für eine insgesamt dunklere Wirkung der Gesteine oder treten als dunkle Bänderungen hervor.

Im Zuge der → *Bodenbildung* und Verwitterung werden die einzelnen → *Mineralstoffe* aus dem Kristallgitter freigesetzt und bilden im Boden neue Verbindungen, die Pflanzen als Nährstoffe aufnehmen können.

Mineralien
Anderer Ausdruck für → *Minerale*

Mineralische Dünger
→ *Dünger, Mineralische Dünger*, auch → *Mineraldünger*

Mineralisierung
Das Freisetzen organisch gebundener Mineralstoffe, das im Boden und Kompost durch die Tätigkeit der Mikroorganismen bewirkt wird. Pflanzen nehmen die meisten → *Nährstoffe* in mineralischer Form aus dem Boden auf und bauen sie in ihre Körpersubstanz ein, wobei teils hoch komplexe chemischen Verbindungen entstehen.

Die anorganischen Mineralstoffe werden dadurch organisch gebunden (auch → *Assimilation*). Dasselbe geschieht, wenn sich Tiere (und Menschen) von Pflanzen ernähren; auch hierbei erfolgt ein Einbau der Mineralstoffe in die Körpersubstanz.

Im Boden oder Kompost werden organische Reste (Pflanzenreste und tote Bodentiere, Ausscheidungen wie z. B. auch Mist) von Kleintieren und Mikroorganismen wieder vollständig bis auf die Ebene der Mineralstoffe abgebaut und somit erneut pflanzenverfügbar. Der Vorgang der Mineralisierung schleust die Minerale also immer wieder neu in die Kreisläufe der Nährstoffe ein – ein nachhaltiges Recycling. Ein Teil der mineralisierten Stoffe wird allerdings dem Kreislauf entzogen, zumindest vorübergehend: Aus den schwerer zersetzbaren organischen Substanzen bauen Bodenorganismen den wertvollen → *Humus* auf.

Mineralöl
Mineralöle, vor allem bekannt als fossile, aus organischen Rückständen bestehende Energieträger, lassen sich auch als → *Ölpräparate* für den Pflanzenschutz verwenden.

Mineralsalze
In Mineraldüngern liegen die Nährstoffe überwiegend in Form von Salzen vor. Der mineralische Nährstoff, z. B. Kalium, ist dabei als → *Ion* an den Rest einer Säure, z. B. Schwefelsäure, gebunden. Salze der Schwefelsäure heißen Sulfate, also hat man es bei diesem Beispiel mit Kaliumsulfat zu tun (auch → *Kaliumdünger*). Weitere häufig vorkommende Düngesalze sind Karbonate, Chloride oder Nitrat. Salze sind wasserlöslich. Im Boden lösen sie sich rasch auf und stehen daher den Pflanzen unmittelbar zur Verfügung, können aber auch leicht ausgewaschen werden. Bei organischen Düngern dagegen müssen zunächst die Bodenorganismen für eine → *Mineralisierung* sorgen.

Mineralstoffe
Bezeichnung für sämtliche → *Nährstoffe*, die von den Pflanzen als mineralische, anorganische Stoffe aus dem Boden aufgenommen werden, also z. B. Stickstoff, Kalium, Phosphor, Eisen.

Miniatursonnenblume
Anderer Name für den → *Husarenknopf,* eine niedrig bis hängend wachsende Sommerblume mit kleinen gelben Korbblüten

Miniatursteingarten
→ *Mini-Steingarten*

Miniaturteich
→ *Miniteich*

Minierfliege
Die winzigen weiblichen Fliegen legen ihre Eier in den weichen Mittelteil von Blättern. Sobald die Larve schlüpft, frisst sie sich durch das Blatt. Ihr zerstörerischer Weg ist von außen als heller Gang zu erkennen: Er beginnt schmal und wird mit dem Wachstum der Larve immer breiter. Manche Arten verpuppen sich im, andere außerhalb des Blatts. Die Laven überwintern in den Fraßminen. Besonders häufig betroffen sind Stechpalmen (Ilex), aber auch andere Pflanzen können befallen werden, z. B. Heckenkirschen, Wicken, Chrysanthemen, Margeriten und Paprika. Nicht selten treten Minierfliegen auch an Kübel- und Zimmerpflanzen auf.

Schadbild: Auf den Blättern hellgelbe bis silbrige, geschwungene Fraßgänge („Minen") oder entsprechende Flecken; hält man die Blätter gegen das Licht, so lassen sich meist die Kotkrümel sowie die Fliegenlarven erkennen.

Minierfliegenschaden an Stechpalmenblatt

Abhilfe: Vorbeugend Schlupfwespen als natürliche Feinde fördern. Frühzeitig befallene Blätter absammeln und vernichten; notfalls geeignetes Insektizid verwenden, z. B. Neempräparate. Unter Glas und bei Topfpflanzen Bekämpfung auch mit leimbeschichteten Gelbstickern oder -tafeln möglich sowie durch im Fachhandel erhältliche, gezüchtete Schlupfwespen.

Minierfraß
Schädlingsfraß im Blattinnern, als linienartige Aufhellungen oder kreisrunde Flecken sichtbar; die Fraßgänge werden auch als Minen bezeichnet; charakteristisch für → *Minierfliege* und → *Miniermotte*.

Miniermotte
Obwohl die Fraßspuren im Blatt denen der → *Minierfliegen* gleichen, sind es hier die Raupen von Schmetterlingen, die sich Gänge durch die Blätter fressen. Die unscheinbaren hellgrauen bis bräunlichen Falter befallen verschiedene Gehölze, wobei sie jeweils auf bestimmte Arten spezialisiert sind. So gibt es z. B. die Lärchenminiermotte, die Wacholderminiermotte und die Obstbaumminiermotte, die ihre Eier besonders an Apfel und Kirsche ablegt. Auch an

Fraßgänge einer Minierfliege

Robinien und Lebensbäume treten Miniermotten recht häufig auf. Die → *Fliedermotte,* die verschiedene Ziersträucher befällt, ist gesondert beschrieben.

Viel Aufmerksamkeit erregte Ende des letzten Jahrhunderts die Kastanienminiermotte, die erst 1984 in Mazedonien entdeckt wurde und sich zunächst in Österreich, dann in ganz Mitteleuropa rasend ausgebreitet hat. Sie befällt hauptsächlich Rosskastanien, kann sich eventuell aber auf Strauchkastanien ausbreiten. Besonders Rosskastanien im städtischen Bereich wurden in manchen Jahren schwer geschädigt. Als „Fremdling" stieß die Kastanienminiermotte zunächst kaum auf den Widerstand heimischer Gegenspieler. Man rechnet jedoch damit, dass Schlupfwespen, sonst sehr wirksame Parasiten an Miniermotten, sich verstärkt auf diese neuen Beutetiere einstellen. Die Rosskastanien werden in heißen, trockenen Sommern besonders stark heimgesucht, erholen sich jedoch in der Regel wieder.

Schadbild: An Laubgehölzen teils schon ab Frühjahr schlangenlinienartige Miniergänge, an deren breiterem Ende sich kleine Raupen finden; teils auch fleckige Aufhellungen mit braunen Rändern, z. B. bei Rosskastanie, hier auch schnelle Braunfärbung und Blattabwurf. An Nadelgehölzen oft schon im Herbst Verbräunen oder Aufhellen der Blattspitzen, die – gegen das Licht gehalten – fast durchsichtig erscheinen; ab Frühjahr Welken der Nadelspitzen oder völliges Braunwerden; an den Nadeln oft sackartige Gebilde (Larven- bzw. Puppenhülle) erkennbar.

Abhilfe: Vorbeugend Schlupfwespen fördern; Kastanien in Trockenperioden ausreichend gießen. Frühzeitiges Entfernen betroffener Blätter oder Triebteile, bei Laubgehölzen reicht oft schon das Zerdrücken der Raupen in den Fraßgängen; auch abgefallene Blätter bzw. Falllaub im Herbst gründlich beseitigen. Notfalls Insektizide einsetzen.

Mini-Gewächshaus

Kunststoffschale mit durchsichtigem Deckel, die als → *Anzuchtgefäß* dient.

Minimum-Maximum-Thermometer

Thermometer, von dem man neben der aktuellen Temperatur auch die vorangegangene Höchst- und Tiefsttemperatur ablesen kann. In der Ausführung als normales Quecksilberthermometer hat es zwei Skalen samt zwei Quecksilbersäulen, an deren oberen Enden jeweils ein verschiebbarer Metallstift sitzt. Die eine Säule ist die Maximumskala, die dem üblichen Einfachthermometer entspricht. Die Minimumskala dagegen steht gewissermaßen auf dem Kopf: Hier steigt die Säule, wenn die Temperatur fällt. Die Metallstifte werden mit dem Steigen der Säulen hochgeschoben und bleiben auf dem Niveau der zuletzt gemessenen Höchst- oder Tiefstwerte hängen, auch wenn die Säulen – entsprechend der aktuellen Temperatur – fallen. Durch einen Knopfdruck kann man die Stifte wieder freigeben, nachdem die Werte abgelesen wurden. So erhält man z. B. Aufschluss über die nächtlichen Frosttemperaturen der letzten Tage oder darüber, wie hoch die sommerliche Gewächshaustemperatur im Extremfall ansteigt. Minimum-Maximum-Thermometer gibt es auch in elektronischer Ausführung.

Auch → *Wettermessung*

Minimumgesetz

Auch als „Gesetz vom Minimum" bekannt. Diese Regel besagt, dass das Pflanzenwachstum von demjenigen Wachstumsfaktor begrenzt wird, an dem der größte Mangel herrscht.

Auch → *Ertragsgesetze*

Mini-Steingarten

„Vollwertige" → *Steingärten,* die im Idealfall einen natürlichen Gebirgsstandort im Kleinen nachbilden, erfordern sowohl bei der Anlage wie bei der Pflege einen erheblichen Aufwand. Mit einem Mini-Steingarten genießt man den Vorzug typischer Steingartenpflanzen bei geringem Aufwand. Sie lassen sich auch problemlos auf Balkonen und Terrassen einrichten. Da typische Steingartenpflanzen trockene, wasserdurchlässige, magere Böden lieben, brauchen Mini-Steingärten eine gute Dränage. Das Prinzip ist recht einfach: Man füllt ein geeignetes Gefäß zu etwa einem Drittel mit grobem Kies oder Blähton und deckt diese Schicht mit einem Vlies ab. Darüber kommt das Substrat, das zu gleichen Teilen aus Sand, guter Gartenerde und Rindenkompost bestehen sollte. Möchte man Kalk liebende Pflanzen ziehen, muss der Säuregrad des Substrats mit Kalksteinen und Kalkdünger auf einen → *pH-Wert* über 7 eingestellt werden, während Alpenpflanzen, die auf Silikatgestein wachsen, meist einen sauren pH-Wert (deutlich unter 7) benötigen (auch → *Bodenreaktion*).

Mini-Steingarten

Bepflanzte Steinschalen

Gefäße

Grundsätzlich eignen sich alle Gefäße mit einem Abzugsloch, allerdings sollte man versuchen, den Stil des Kübels dem Thema des Steingartens anzupassen. Ein Terrakottatopf mit einer einzigen Rosettenpflanze oder mehrere, ansprechend arrangierte Töpfe und flache Tonschalen stellen die einfachsten Lösungen dar. Auch größere Holzkübel oder halbierte Fässer können Verwendung finden. Mehr Platz und damit erweiterte Möglichkeiten bieten Tröge, etwa alte Wasser- und Futtertröge aus Naturstein oder Ton bzw. deren viel preiswertere Nachahmungen.

Besondere, sehr reizvolle Bepflanzungsmöglichkeiten ergeben sich durch Nutzung von Dachziegeln (schräg stellen, damit sich kein Wasser staut), großen Wurzeln (Dränagelöcher bohren) oder Brocken aus Lavatuff. Teils weisen solche Tuffsteine bereits genügend Höhlungen auf, um kleine, anspruchslose Pflanzen einzusetzen. Meist erweitert man sie jedoch mithilfe eines Bohrers oder mit Hammer und Meißel, wobei die Löcher dann zur Steinmitte hin etwas schräg nach unten verlaufen sollten. Man füllt dann Substrat auf und setzt die Pflanzen ein. Die Oberfläche der Pflanzenballen verkeilt man am besten mit kleinen Steinen, damit sie nicht herausfallen. Für die kalkhaltigen Tuffsteine sollten nur kalkverträgliche Pflanzen verwendet werden.

Pflanzen und Dekoration

Grundsätzlich kommen alle Pflanzen infrage, die man auch für richtige Steingärten verwendet, sofern sie und besonders ihre Wurzeln keinen allzu großen Platzbedarf haben. Bevorzugt finden attraktive Kleinstauden und Winzlinge Verwendung, vor allem die verschiedenen Hauswurz- und Fetthennenarten. Wo Tröge im Steingartenstil bepflanzt werden, können auch Gräser und kleine Gehölze hinzukommen.

Zum Steingarten gehört freilich auch das Element „Stein". Dies kann im Mini-Steingarten Einzug halten, indem man die Substratoberfläche mit Kieseln abdeckt oder aus kleineren Steinen und Tuffbrocken eine Miniaturlandschaft gestaltet, zwischen der sich die Pflanzen ausbreiten.

Standort und Pflege

Da sich die ganze Schönheit der meist kleinen Steingartenpflanzen erst aus der Nähe erschließt, brauchen Mini-Steingärten einen exponierten Platz, an dem sie gut sichtbar sind. Viele der typischen Pflanzen sind auf direkte Sonne angewiesen. Steht nur ein halbschattiger Platz zur Verfügung, muss das Gefäß mit Arten bepflanzt werden, die damit zurechtkommen, z. B. Primeln, Glockenblumen oder Bärenfellschwingel.

Steingartenpflanzen sind bescheiden; etwas Wasser an heißen Sommertagen reicht fast immer aus. Vor allem beim Düngen sollte man unbedingt Zurückhaltung üben – wenn überhaupt, dann nur organische Langzeitdünger (z. B. Hornmehl) verwenden. Einige der empfindlicheren Arten brauchen allerdings Winterschutz (in Zweifelsfällen beim Kauf nachfragen). Bei kleineren, nicht zu schweren Gefäßen ist das ohnehin kein Problem; sie können im Herbst mitsamt Pflanzen an einen frostfreien, kühlen, hellen Überwinterungsplatz gebracht werden.

1. Bepflanzung eines Tuffsteins: Löcher so ausstemmen, dass sie schräg nach hinten verlaufen.

2. Beim Einsetzen der Pflanzen darauf achten, dass der Ballen fest sitzt, entsprechend Erde auffüllen.

3. Mit kleinen Steinen den Pflanzenballen an den Wandungen des Tuffsteins verkeilen.

Mini-Teich

Der Begriff Mini-Teich oder Mini-Wassergarten wird meist für Kleingewässer in Kübeln und anderen Pflanzgefäßen verwendet. Solche Mini-Teiche, auch als „mobile Teiche" bezeichnet, haben besondere Bedeutung auf Terrasse und Balkon. Beim Balkon muss vor Aufstellen größerer Tröge unbedingt die Tragfähigkeit geprüft werden. Mini-Teiche können aber auch Sitzplätze im Garten zieren oder als Blickpunkt an exponierter Stelle, z. B. im Rasen oder vor einer Mauer, platziert werden.

Kleine Teiche lassen sich im Garten freilich auch dauerhaft einbauen, besonders einfach mit Fertigbecken, wie man sie in größeren Abmessungen ebenso für „richtige" → Teiche verwendet. Was Bepflanzung und Pflege angeht, entsprechen solche kleinen Becken aufgrund der geringen Wassertiefe von etwa 40 cm eher den Kübelteichen. Natürlich kann man einen Teich dieser Art auch frei aus Teichfolie oder mit Beton anlegen.

Gefäße für mobile Teiche

Geeignete Holztröge, oft sechs- oder achteckig, werden des Öfteren in Bau- und Gartenmärkten angeboten, unter Bezeichnungen wie Terrassen-Teich o. Ä. Teils haben sie einen wasserdichten Einsatz, teils sind fertig zugeschnittene Folienstücke zum Abdichten mit dabei sowie Aluminiumleisten, die nach dem Antackern der Folie aufgeschraubt werden. Auf dieselbe Weise lassen sich andere Holzgefäße, etwa halbierte Fässer, mit Teichfolie abdichten. Alternativ kann auch ein wasserfester, pflanzenverträglicher Innenanstrich aufgetragen werden.

Folieneinlage oder Innenanstrich empfehlen sich unbedingt auch bei Metallgefäßen, da sie – je nach Material – pflanzenschädliche Stoffe ins Wasser abgeben könnten. Ebenso wird eine Abdichtung bei Ton- und Terrakottagefäßen nötig, sofern sie nicht innen glasiert sind. Solch ein Aufwand entfällt, wenn große Eimer, Bauwannen oder Mörteltröge verwendet werden. Da sie nicht gerade den schönsten Anblick bieten, kann man sie außen mit Palisadenhölzern verkleiden.

Bepflanzung

Je nach Größe der Gefäße bzw. Becken kommen Teichpflanzen der Sumpfzone (bis 20 cm Wassertiefe) und der Flachwasserzone (20 – 60 cm Wassertiefe) infrage, außerdem kleine Schwimmpflanzen. Die Pflanzen dürfen nicht zum Wuchern neigen und sollten auch nicht allzu breit wachsen.

Einige empfehlenswerte Arten: Froschlöffel, Blumenbinse, Sumpfdotterblume, Pfennigkraut, Sumpfvergissmeinnicht, Gauklerblume, Sumpfschwertlilien in niedrigen Sorten, Hechtkraut, Zwergbinse, Seekanne, Zwergseerosen. Gerade für kleinere Kübel, die an einen frostfreien Überwinterungsplatz gebracht werden können, bieten sich auch empfindliche Schönheiten an, neben manchen Seerosensorten z. B. die Insekten fressende Schlauchpflanze (*Sarracenia purpurea*).

Bei kleinen Teichen hängt die Wirkung stark von den ausgewählten Pflanzen ab. Man sollte daher nicht zu viele Arten kombinieren, sondern besser eine schöne Teichpflanze als Hautattraktion wählen, der man lediglich ein oder zwei passende Begleiter zugesellt. Die Pflanzen werden in Teichcontainern bzw. Wasserpflanzenkörben eingesetzt. Mithilfe von Ziegelsteinen kann man sie in unterschiedlichen Höhen aufstellen.

Standort und Pflegehinweise

Die meisten Teichpflanzen brauchen Sonne; allerdings ist eine Beschattung um die Mittagszeit und während des frühen Nachmittags sehr vorteilhaft, wenn sich ein entsprechender Platz findet. Das Wasser erwärmt sich im Hochsommer und besonders bei

Mini-Teiche können Terrasse, Balkon und den Garten zieren.

vollsonnigem Stand schnell. Das führt zu erhöhter Algenbildung und Trübung. Da sich in solchen Mini-Gewässern kaum ein biologisches Gleichgewicht einstellt, das Algenwuchs nachhaltig hemmt, sollte das Wasser häufiger gewechselt bzw. durch langsamen Zufluss vorgewärmten Nasses erneuert werden. Um einem allzu schnellen „Umkippen" vorzubeugen, empfiehlt es sich außerdem dringend, nur spezielle, nährstoffarme Wasserpflanzenerde und ausgewiesenen Wasserpflanzendünger zu verwenden, letzteren eher zurückhaltend.

In strengen Winter frieren kleinere Mini-Teiche leicht bis zum Boden zu, Gefäße können durch Frostsprengung zerplatzen. Man nimmt deshalb entweder die Pflanzen heraus, um sie in einem Eimer drinnen zu überwintern, und lässt das Wasser ab oder man überwintert das Gefäß komplett drinnen. Sofern es sich nicht um besonders Wärme bedürftige Exoten handelt, ist ein heller, kühler Platz (um 5° C) ideal. Robuste Pflanzen in größeren Trögen können den Winter auch draußen überstehen, sofern sie an einem etwas geschützten Platz stehen. Man muss dann aber die Außenwände der Behältnisse gründlich mit Styropor, Luftpolsterfolie und/oder einer Laubpackung abisolieren und eventuell Bretter auflegen.

Minze
Sammelbezeichnung der duftenden Zier-, Gewürz- oder Heilpflanzen
→ *Pfefferminze*, → *Wasserminze*

Mirabelle
Unterart der → *Pflaume* mit kleinen gelben bis orangegelben Früchten

Mirabilis
Sommerblume, die oft an einer Pflanze verschiedenfarbige Blüten trägt.
→ *Wunderblume*

Miscanthus
Attraktives, hohes Gras mit auffallenden, in Sorten auch panaschierten Blättern
→ *Chinaschilf*

Mischanbau
→ *Mischkultur*

Mischdünger
1) Bezeichnung für organisch-mineralische → *Dünger*. Sie bestehen aus einer organischen Komponente (z. B. Mist, Guano, Hornmehl), die ihre Nährstoffe langsam freigibt und löslichen Mineralsalzen, die den Pflanzen rasch zur Verfügung stehen. Somit vereinen sie die Vorteile beider Düngerformen.
2) Andere Bezeichnung für → *Mehrnährstoffdünger*.

Mischhecke
→ *Hecke*, die aus mehreren Gehölzarten zusammengestellt wird, z. B. aus verschiedenen Immergrünen und Laub abwerfenden Sträuchern.

Mischkultur
Gleichzeitiger Anbau verschiedener Gemüsearten auf einem Beet. Dabei werden die Gemüse nicht willkürlich kombiniert, sondern Arten gewählt, die miteinander verträglich sind oder sich sogar gegenseitig fördern.

Vorteile und Wirkungen
Ziel ist einmal, ähnlich wie bei der → *Fruchtfolge* die Nährstoffe im Boden möglichst gut auszunutzen. Dies erreicht man zum einen durch das Zusammenpflanzen von Stark- und Schwachzehrern (z. B. Kohl neben Erbsen), zum andern durch das Kombinieren tief und flach wurzelnder Arten (z. B. Tomaten neben Kopfsalat, Möhren neben Lauch).

Ein weiterer wichtiger Aspekt ist der gegenseitige Schutz vor Schädlingen und Krankheiten. „Klassisches" Beispiel dafür ist die altbewährte Möhren-Zwiebeln-Mischkultur: Die Möhren halten die Zwiebelfliegen fern, umgekehrt die Zwiebeln die Möhrenfliegen. Zwiebeln und Knoblauch sind für Pflanzen, mit denen sie sich vertragen, ohnehin gute Partner; ihr Geruch wird von manchen Schädlingen gar nicht geschätzt, außerdem bewirken sie eine gewisse Vorbeugung gegen Pilzkrankheiten, die man sich auch in → *Kräuterauszügen* zunutze macht.

Ähnliche Effekte gegen Schädlinge können Tomatenpflanzen mit ihrem recht strengen Geruch haben.

Einen wichtigen Beitrag zur Schädlingsabwehr leisten außerdem intensiv duftende Kräuter, die sich auf vielfache Weise in Mischkulturen mit Gemüse einbringen lassen. Einige Kräuter verstärken sogar das Aroma bestimmter Gemüse, etwa Bohnenkraut neben Bohnen oder Dill neben Gurken. Selbst manche Blumen, die gemäß der Tradition des → *Bauerngartens* zwischen Gemüse gesetzt werden, haben eine gewisse schädlingseindämmende Wirkung, besonders Studentenblumen (*Tagetes*) und Ringelblumen. Teils ziehen sie auch als → *Anlockpflanzen* die Schädlinge von den Gemüsen ab, z. B. Kapuzinerkresse. Abgesehen von solchen besonderen Wirkungen sind Mischpflanzungen generell weniger schädlings- und krankheitsanfällig, da sich die Schaderreger in einem einheitlichen Pflanzenbestand viel leichter ausbreiten können. Mischkulturen können freilich nicht komplett vor Schädlingen bewahren, stellen aber eine wichtige Vorbeugungsmaßnahme dar.

Gute oder schlechte Nachbarschaften von Pflanzen können schließlich auch auf Wurzelausscheidungen sowie auf in den Blättern gebildeten Stoffen beruhen, die durch den Regen in den Boden gewaschen wer-

MISCHKULTUR

Mischkultur mit Kopfsalat Porree und Mangold

Hinweise zur Praxis

Meist werden die verschiedenen Gemüse in Reihen nebeneinander gepflanzt, etwa abwechselnd eine Reihe Tomaten und Buschbohnen. Die Reihenabstände richten sich dann nach dem kleineren bzw. anspruchsloseren Partner, in dem Fall nach den Buschbohnen. Die Abstände würden dann einheitlich bei 40 cm liegen. Relativ kurzlebige Partner mit geringem Platzbedarf, z. B. Salat oder Radieschen, sät bzw. pflanzt man einfach zwischen die im jeweils empfohlenen Abstand gesetzten Hauptkulturen (z. B. Tomaten, Kohl). Bei breitwüchsigen Partnern oder solchen mit ausgedehntem Wurzelwerk gibt man bei den Abständen der Hauptreihen 10 – 20 cm Zuschlag. In der Praxis erweisen sich Pflanzen wie Gurken und Erbsen oft als schwierige Nachbarn, da sie sich mit ihren Ranken an den anderen Pflanzen festhaken, besonders wenn die Abstände zu klein gewählt werden. Zieht man sie an Gittern hoch, ist ebenso wie bei Stangenbohnen zu beachten, dass die Nachbarn je nach Lage zur Himmelsrichtung mehr oder weniger stark beschattet werden, was nicht alle Gemüsearten vertragen. Hier setzt man die Mischkulturpartner vor allem als Randbepflanzung ein.

Betreibt man Mischkulturen konsequent und vielfältig, kann auch die übliche Beeteinteilung aufgehoben werden. Statt dessen zieht man einfach über das ganze Gemüseabteil Reihen in 30 – 50 cm Abstand (auch → *Gemüsebeet*). Freilich kann man auch innerhalb der Reihen abwechseln, dies erschwert jedoch die einheitliche Bearbeitung und Düngung der jeweiligen Kulturen. Intensiver Mischkulturanbau verlangt schon einiges an Planung, wobei Aufzeichnungen und Beetbelegungspläne sehr hilfreich sind; auch → *Anbauplanung,* PRAXIS-SEITE Fruchtfolge und Fruchtwechsel im Gemüsegarten (S. 276/277).

den. Bekannt sind vor allem verschiedene Hemmstoffe. Durch ihre Abscheidung schützen sich manche Pflanzen vor unerwünschter Konkurrenz. Selbst Düfte bzw. ätherische Öle scheinen dabei eine Rolle zu spielen, wobei auch positive Auswirkungen auf Nachbarpflanzen bekannt sind.

Unter dem Fachbegriff Allelopathie werden solche Zusammenhänge auch wissenschaftlich erforscht. Einstufungen bestimmter Gemüse als gute oder schlechte Nachbarn, wie sie die Tabelle auf S. 563 zeigt, beruhen allerdings in erster Linie auf Erfahrungswissen. Dabei gibt es durchaus in manchen Fällen sehr unterschiedliche Einstufungen. Deshalb kann es durchaus lohnend sein, die Verteilung von Gemüse im eigenen Beet aufzuzeichnen und selbst zu beobachten, welche Kombinationen sich als günstig erweisen.

Da die Wurzeln verschiedener Gemüse in unterschiedliche Tiefen reichen, nutzen Mischkulturen die Nährstoffe optimal aus, ohne dabei in Konkurrenz zu treten.

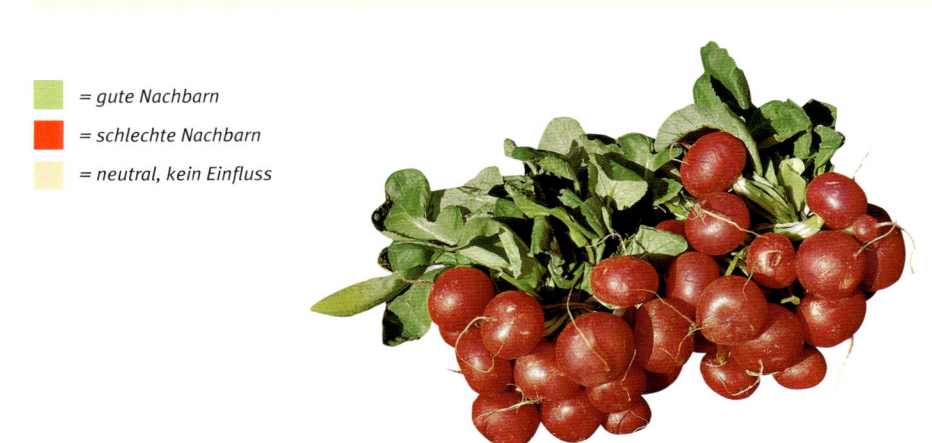

Mischkultur

Mischkultureignung im Überblick

	Bohnen	Chicoreé	Endivie	Erbsen	Erdbeeren	Fenchel	Gurken	Kartoffeln	Knoblauch	Kohlarten	Kohlrabi	Kopfsalat	Mangold	Möhren	Pflücksalat	Porree	Radieschen	Rettich	Rote Bete	Sellerie	Spinat	Tomaten	Zucchini	Zwiebeln
Bohnen				🟥		🟥			🟥							🟥								🟥
Chicoreé								🟥																
Endivie																				🟥				
Erbsen	🟥							🟥																
Erdbeeren										🟥														
Fenchel	🟥																					🟥		
Gurken																						🟥		
Kartoffeln		🟥		🟥		🟥					🟥					🟥				🟥				
Knoblauch										🟥	🟥													
Kohlarten					🟥				🟥															🟥
Kohlrabi									🟥													🟥		
Kopfsalat																						🟥		
Mangold																								
Möhren						🟥																		
Pflücksalat																				🟥				
Porree	🟥			🟥																				
Radieschen							🟥																	
Rettich							🟥																	
Rote Bete									🟥							🟥						🟥		
Sellerie			🟥							🟥									🟥					
Spinat																								
Tomaten				🟥		🟥	🟥	🟥																
Zucchini																								
Zwiebeln	🟥			🟥				🟥																

🟩 = gute Nachbarn
🟥 = schlechte Nachbarn
⬜ = neutral, kein Einfluss

Mispel

Die Mispel (Mespius germanica) war noch im Mittelalter ein bei uns weit verbreitetes Gehölz.

Mispel

MESPILUS GERMANICA
☼–◐ ☺

Der von Südeuropa bis Vorderasien verbreitete Baum oder Strauch hatte bei uns noch im Mittelalter einen festen Platz als Obstgehölz, wurde dann aber von anderen Obstarten wie Apfel und Birne verdrängt. In einigen wärmeren Regionen wachsen heute noch Nachkommen von aus früheren Pflanzungen verwilderten Mispeln; die Früchte werden als Wildobst gesammelt.

Die Mispel ist aber auch ein ansehnliches Ziergehölz für nicht allzu frostige Lagen, braucht allerdings wegen des ausladenden Wuchses viel Standraum. Erst nach Frosteinwirkung oder Lagerung werden die braunen, süßsäuerlich schmeckenden Früchte, die sich durch die erhalten gebliebenen Kelchblätter auszeichnen, essbar. Das mehlige Fruchtfleisch eignet sich für Marmeladen und Gelees sowie für die Herstellung von Mus, Saft, Most und Obstwein.

Merkmale: Strauch oder kleiner Baum, 3 - 6 m hoch, bis 5 m breit; große, lanzettliche bis ovale, unterseits graufilzige Blätter, braunrote bis gelbe Herbstfärbung; Blüten weiß, um 4 cm Ø; bräunliche, apfelähnliche Früchte mit rauer Schale und anhaftenden Blättern.
Blütezeit: Mai - Juni
Verwendung: Als kleiner Hausbaum, auf Wild- und Obstwiesen, passt sehr schön in Bauerngartenbereiche.
Standort: Durchlässiger, trockener bis frischer, neutraler bis kalkhaltiger Boden; Wärme liebend, verträgt gut Hitze.
Pflanzen/Vermehren: Pflanzung im Herbst oder Frühling; Vermehrung durch Pfropfung auf Weißdorn oder Birne.
Pflege: Anspruchslos; gelegentlich auslichten.
Ernte: Etwas Ende Oktober, Anfang November, sobald die Früchte weich und innen teigig sind, möglichst erst nach Frösten; Früchte einschichtig lagern.

Mist

Stallmist, ein Gemisch aus festen und flüssigen Ausscheidungen der Tiere sowie Stroheinstreu, war jahrhundertelang das wichtigste Düngemittel. Nach wie vor handelt es sich um einen wertvollen organischen → *Dünger*, der nicht nur für Nährstoffnachlieferung sorgt, sondern auch den Humusgehalt des Bodens verbessert.

Nährstoffe und Mistarten

Die Nährstoffgehalte variieren recht stark. Im Vergleich zu einem mineralischen Volldünger sind sie gering. Da man jedoch wesentlich höhere Mengen ausbringt, zeigt Mist eine deutliche Düngewirkung. Gegenüber normalem Gartenkompost liegt vor allem der Gehalt an schnell verfügbarem Stickstoff höher.

Durchschnittswerte von Stallmist: 0,5 % N (Stickstoff), 0,1 % P_2O_5 (Phosphat), 0,5 % K_2O (Kalium), 0,1 % MgO (Magnesium) sowie Spurennährstoffe; günstig ist außerdem das → *C/N-Verhältnis* von 15 – 20 : 1.

Wesentlich stärker konzentriert sind die Nährstoffe im Geflügelmist mit etwa 2,8 % N, 2,8 % P_2O_5 und 1,5 % K_2O.

Weiterhin unterscheidet man so genannten „hitzigen" Mist (Rinder-, Pferde-, Schaf-, Ziegen-, Kaninchen-, Geflügelmist), der sich beim Verrotten anfangs stark erwärmt, und „kalten" Mist (Schweinemist). Zum Aufheizen von → *Frühbeeten* (warmer Kasten) verwendete man früher regelmäßig frischen Pferdemist.

Herkunft und Bezugsquellen

Die „Pferdeäpfel" aus Reitställen stellen heute wohl diejenige Mistart dar, an die man als Hobbygärtner am leichtesten kommt. Dabei und besonders bei Stallmist aus der Landwirtschaft ist es von großem Vorteil, wenn man die Betriebe und die Haltungsbedingungen der Tiere kennt. Dung aus industriellen Großbetrieben ist für den Garten nicht empfehlenswert, ebenso wenig stark mit Antibiotika- und sonstigen Rückständen belasteter Mist.

Seit Ausbruch der Rinderkrankheit BSE ist auch die Verwendung von Rindermist in der Diskussion. Eine Übertragung des BSE-Erregers auf diesem Wege ist bislang nicht bekannt, nach Meinung von Wissenschaftlern aber nicht auszuschließen. Wer sich trotzdem entscheidet, Rindermist zu verwenden, sollte ihn auf jeden Fall zuvor sorgfältig kompostieren, wie es auch im Öko-Landbau meist geschieht. Es spricht einiges dafür, dass Hitzeentwicklung sowie Abbauprozesse während des Kompostierens das Risiko, sofern überhaupt vorhanden, vermindern. Erwähnt sei schließlich, dass BSE möglicherweise auch andere Tierarten befallen kann, so dass man sich vor Verwendung tierischer Dünger stets über den Sachstand auf dem Laufenden halten muss. Dies gilt auch für getrocknete Mistprodukte, die man fertig abgepackt im Fachhandel kaufen kann. Gerade für Gärten in der Stadt ist solcher Trockendung, der direkt aufs Beet gestreut werden kann, meist die einzig praktikable Möglichkeit einer Mistdüngung.

Ausbringung
Frischer Mist wird am besten nicht direkt auf die Beete aufgebracht, sondern zuvor kompostiert, oder man lässt ihn in dünnen Lagen anrotten. Die Ausbringung erfolgt üblicherweise im Herbst, auf leichten, sandigen Böden allerdings besser gegen Winterende, da hier die Gefahr der Stickstoff(Nitrat-)auswaschung groß ist. Auf schweren, tonhaltigen Böden wird er nur flach eingearbeitet, auf leichten etwas tiefer.

Nach dem Prinzip der traditionellen → *Fruchtfolge* bringt man Mist alle 3 Jahre aus, wobei direkt danach nur Starkzehrer angebaut werden. Keinesfalls sollten man gleich nach der Mistdüngung Wurzel-, Knollen- oder Zwiebelgemüse pflanzen; lediglich Kartoffeln machen hier eine Ausnahme.

Mistbeet
Klassische Form eines → *Frühbeets*, das durch eine Pferdemistpackung erwärmt wird.

Mistel
Die immergrünen Misteln mit ihren gabeligen Zweigen und den weißen, fast durchscheinenden Beeren kennen viele vor allem als floristischen Winterschmuck oder aus den populären „Asterix"-Heften, wo sie einen wichtigen Bestandteil für den Zaubertrank des Druiden Miraculix darstellen.

In der Natur, zuweilen auch im Garten, wachsen die Mispeln (*Viscum album*) als Aufsitzerpflanzen auf Bäumen. Anders als sonstige → *Epiphyten* entziehen sie ihrem Wirt Wasser und Nährstoffe, richten allerdings selten größeren Schaden an. Es gibt verschiedene Unterarten, die auf bestimmte Bäume spezialisiert sind, nämlich Laubholzmispel (meist auf Pappeln, Weiden und Apfelbäumen), Tannen- und Kiefernmispel und die nah verwandte, gelbfrüchtige Eichenmispel. Die Beeren werden gern von Vögeln gefressen, sind aber für Menschen giftig.

Um die Mistel, die den alten Kelten als heilig galten, ranken sich zahlreiche Bräuche und Mythen. Ihr Ruf, Unheil abzuwenden, hängt sicherlich auch damit zusammen, dass sie seit jeher als Heilpflanze dient, u. a. gegen Bluthochdruck. In der Naturheilkunde haben Mistelextrakte besondere Bedeutung als tumorhemmendes Mittel, teils werden sie selbst in der Schulmedizin zur ergänzenden Krebstherapie eingesetzt.

Misterde
Gut abgelagerter, vollständig vererdeter Mistkompost, der als gärtnerische → *Erde* genutzt wird.

Mistkompost
Aus Stallmist angesetzter → *Kompost*

Mittagsblume
DELOSPERMA, DOROTHEANTHUS
Bei den Mittagsblumen sind die botanischen Namen besonders wichtig, denn gleich drei verschiedene Gattungen tragen diese Bezeichnung: *Delosperma, Dorotheanthus* und *Lampranthus* (die ersten beiden wurden früher in der Gattung *Mesembryanthemum* zusammengefasst).

Namensgebend war die Eigenschaft der Blüten, sich nur bei Sonne zu öffnen und bei bedecktem Himmel wieder zu schließen. Auch der Volksname Sonnenblitzerli für *Delosperma* kann daher rühren, doch vielleicht nimmt er auch Bezug auf eine andere Besonderheit: Die mit Wasser gefüllten Zellen auf den Blättern lassen die Pflanzen in der Sonne glitzern; so auch beim nah verwandten → *Eiskraut,* einem Gemüse.

Die Familie der Mittagsblumengewächse hat ihren Verbreitungsschwerpunkt in Südafrika. Da Mittagsblumen am natürlichen Standort auf Sand oder Fels wachsen, eignen sie sich gut für Steingärten. Ausschließlich als Balkonblumen verwendet man die Arten von *Lampranthus,* die sich mit auffälligen, gänseblümchenartigen Blüten in vielen Rot- und Blautönen schmücken. *L. spectabilis* wird 30 cm hoch, dehnt sich aber sehr breit aus und hat rötliche Blüten (Juni bis September). Die Pracht sämtlicher Mittagsblumen kann leider in verregneten Sommern weitgehend ausfallen.

Sonnenblitzerli (Delosperma pruinosum)

Mittagsgold

Sonnenblitzerli
DELOSPERMA PRUINOSUM

Merkmale: Einjährig gezogener Halbstrauch, kriechender oder hängender Wuchs, 10 – 25 cm hoch; schmale, rundliche Blätter; lila, margeritenähnliche Blüten mit gelber Mitte.
Blütezeit: Mai – Oktober
Verwendung: Im Steingarten, in Balkonkästen und anderen Pflanzgefäßen.
Standort: Vollsonnig, auf dem Balkon regengeschützt; durchlässiger, nährstoffreicher Boden.
Pflanzen/Vermehren: Ab Mitte Mai mit etwa 20 cm Abstand auspflanzen; Vermehrung durch Stecklinge im Herbst aus unverholzten Trieben; in Blumenerde bewurzeln lassen (geschützter Platz ohne direkte Sonne); nach Bedarf umtopfen.
Pflege: Alle paar Wochen mit Flüssigdünger versorgen; bei anhaltender Trockenheit gießen; Überwinterung bei 5 – 8° C an hellem Ort möglich, die Pflanzen dann vorher zurückschneiden.

Mittagsblume; Lampranthus-Arten sind äußerst frostempfindlich.

Mittagsblume
DOROTHEANTHUS BELLIDIFORMIS

Merkmale: Einjährige Polsterpflanze, 10 – 15 cm hoch, bis 30 cm breit; schmale, fleischige Blätter; Blüten margeritenartig, 2,5 – 4 cm Ø, weiß, rosa, in Rottönen, orangefarben oder gelb.
Blütezeit: Juli – September
Verwendung: Im Steingarten; an Hängen, wo das Wasser rasch abfließt, auf trockenen Rabatten; in Balkonkästen und Schalen.
Standort: Wie Sonnenblitzerli, jedoch nährstoffarme Erde (ggf. mit Sand vermischen).
Kultur: Anzucht ab März/April in Töpfen (Anzuchterde mit Sand vermischen); nach den letzten Frösten mit 20 – 25 cm Abstand ins Freie pflanzen oder ab Mai direkt ins Freiland an Ort und Stelle säen.
Pflege: Fast trocken halten, nicht düngen; Verblühtes regelmäßig abschneiden.

Mittagsgold
Anderer Name für die gelb blühende → *Gazanie,* eine Sommerblume für Beet und Balkon

Mittelast
Bezeichnung für den zentralen, senkrecht nach oben wachsenden Ast einer Baumkrone
→ *Obstbaum, Kronenaufbau*

Mittelschwerer Boden
→ *Bodenart,* bei der weder sandige noch Tonanteile überwiegen; im Allgemeinen ein recht günstiger und gut zu bearbeitender Boden.

Mitteltrieb
Allgemein ein deutlich zentraler, meist aufrecht wachsender Spross, von dem die Seitentriebe abzweigen. Bei jungen Obstbäumen ist damit der spätere → *Mittelast* gemeint.

Mittelzehrer
Begriff aus dem Gemüseanbau: Pflanze mit mittlerem Nährstoffbedarf
→ *Fruchtfolge*

Mitwachsende Folie
Fein geschlitzte → *Folie,* die sich mit dem Wachstum der Pflanzen dehnt und dadurch länger als Schutz auf der Kultur verbleiben kann.

Mixed Border
Klassisches Gestaltungselement englischer Gärten, schlicht als „gemischte Rabatte" zu übersetzen. Solche Rabatten werden meist so angelegt, dass sie sanft ansteigen, ggf. durch Auftragen von Erde, sind häufig lang gestreckt und können sich z. B. doppelseitig entlang eines Weges ziehen. In den Rabatten werden kleinere Sträucher mit Stauden und einjährigen Sommerblumen kombiniert. Die Sträucher – geeignet sind vor allem Arten mit attraktiver Wuchsform und/oder Blüte, wie z. B. Rosen, Weigelien, Säckelblume, Bartblume, Johanniskraut – sorgen für Höhe, sie geben dem Beet Fülle und Struktur. Allerdings dürfen sie weder zu hoch noch zu ausladend sein, um nicht von den übrigen Pflanzen abzulenken. Stauden werden nach Wuchsform und Blüte ausgewählt; hier gibt es von den kriechenden Bodendeckern am Rand bis zu hohen, stattlichen Arten fast keine Einschränkung. Die Einjährigen schließlich dienen dazu, die Lücken zu füllen und blütenarme Perioden zu überbrücken.

Mobiler Garten
Bezeichnung für eine Gestaltung mithilfe von Pflanzgefäßen, auf Terrassen, in Höfen oder im Garten. Der Begriff spielt auf die Möglichkeit an, Pflanzen in Töpfen beliebig umzugruppieren und, falls erforderlich, zum Überwintern einzuräumen.

MOHN

In der meist sanft einsteigenden Mixed Border werden Stauden, Sommerblumen und kleine Sträucher kombiniert.

Auch → *Kübelpflanzen,* → *Mini-Steingarten,* → *Mini-Teich*

Mohn
PAPAVER

Der Mohn war namensgebend für die Familie der Mohngewächse. Er zeichnet sich durch große, auffällige Blüten mit vier Kronblättern und die kapselförmige Frucht aus, die ihre staubfeinen Samen bei trockenem Wetter durch Poren verstreut. Fast alle Mohnarten enthalten Milchsaft und sind giftig. Aus dem Milchsaft des Schlafmohns (*P. somniferum*) werden Morphium für medizinische Zwecke, aber auch Heroin und verwandte Drogen hergestellt. Sein Anbau ist genehmigungspflichtig. Das gilt selbst für morphinarme Sorten, von man die blauschwarzen Mohnsamen für Lebensmittelzwecke gewinnt.

Für den Garten stehen eine Reihe anderer attraktiver Mohnarten zur Verfügung. Der Weiße Alpenmohn kommt in den Nordalpen auf kalkhaltigen Böden vor, darf im Garten also keinesfalls in saure Böden gepflanzt werden. Besonders prachtvoll, wenn auch nur kurz blühend, präsentiert sich der Türkenmohn, eine Staude, die im Kaukasus, in der Nordosttürkei und im Nordiran zu Hause ist. Ebenfalls zu den Stauden zählt der Islandmohn, der allerdings bei uns meist nur ein- bis zweijährig kultiviert wird; er ist in der gesamten arktischen Tundrenregion verbreitet. Der heimische, einjährige Klatschmohn prägte früher das Bild reifender Getreidefelder, wächst heute jedoch aufgrund intensiver Unkrautbekämpfung eher auf Schuttplätzen und Böschungen sowie Ackerrandstreifen. Die kultivierten Gartenformen werden auch Seidenmohn genannt.

Weißer Alpenmohn
PAPAVER BURSERI

Merkmale: Halbimmergrüne, büschelige Staude, 15 – 20 cm hoch; Blätter mit schmalen Fiedern; Blüten weiß mit gelbem Zentrum (Staubblätter), 4 cm Ø.

Blütezeit: Juni – Juli
Verwendung: Im Steingarten, auf Trockenmauern aus Kalkstein, in Trögen.
Standort: Durchlässiger Boden, am besten mit Schotteruntermischung.
Pflanzen/Vermehren: Pflanzung im Frühjahr, Pflanzabstand 10 – 15 cm; Vermehrung durch Aussaat zwischen Februar und April oder Wurzelstecklinge ab dem Spätherbst; versamt sich oft von selbst.
Pflege: Anspruchslos; lediglich in sehr kalten Wintern mit Fichtenreisig abdecken.
Hinweis: Ähnlich sind der Gelbe (*P. kerneri*) mit gelben Blüten sowie der Rhätische Alpenmohn (*P. rhaeticum*) mit graugrünen Blättern und goldgelb bis orange gefärbten Blüten, beide blühen zur selben Zeit wie der Weiße Alpenmohn.

Islandmohn
PAPAVER NUDICAULE

Merkmale: Aufrechte Staude, meistens nur ein- oder zweijährig kultiviert, 20 – 50 cm hoch; Blätter gefie-

Islandmohn (Papaver nudicaule)

dert, behaart, blaugrün; Blüten weiß, gelb, orange, rosa, rot, bis 8 cm Ø.
Blütezeit: April – September
Verwendung: Im Steingarten, zwischen Gräsern, auf Rabatten, auch in Pflanzgefäßen; als Schnittblume; schön zu Glockenblumen, Vergissmeinnicht, Salbei und Kornblumen.
Standort: Durchlässiger, auch sandiger oder steiniger Boden, frisch bis mäßig trocken, bevorzugt kalkhaltig.
Pflanzen/Vermehren: Pflanzung im Frühjahr mit 20 – 25 cm Abstand; Vermehrung durch Wurzelstecklinge ab dem Spätherbst oder durch Aussaat im Juli; dann pikieren und frostfrei überwintern, ab dem Frühling ins Freiland setzen. Oft reichliche Vermehrung durch Selbstaussaat.
Pflege: Wie Weißer Alpenmohn; zur Verlängerung des Flors verblühte Stiele regelmäßig abschneiden.

Türkenmohn
Papaver orientale

Merkmale: Staude, aufrecht, horstartig, 30 – 100 cm hoch; gefiederte, behaarte Blätter; Blüten scharlachrot, rosa, weiß oder orange mit schwarzer Mitte, bis 20 cm Ø; zieht nach der Blüte ein und treibt erst im Herbst wieder aus.
Blütezeit: Mai – Juli
Verwendung: Einzeln oder in kleinen Gruppen als Leitstaude auf Beeten und Rabatten, sehr schön mit Rittersporn und Lupinen; als Bauergartenstaude, in naturnahen Bereichen.
Standort: Nährstoffreicher, durchlässiger Boden; verträgt keine nassen, schweren Böden.
Pflanzen/Vermehren: Pflanzung im Frühjahr, Abstand 50 – 80 cm; Vermehrung durch Wurzelstecklinge nach der Blüte bis zum Winter.
Pflege: Im Frühjahr mit Kompost versorgen, bei anhaltender Trockenheit gießen; Verblühtes zurückschneiden.
Hinweis: Da die verblühte Staude große Lücken hinterlässt, besser im Hintergrund pflanzen. Der Handel bietet eine Reihe von Sorten in unterschiedlichen Wuchshöhen und Blütenfarben an.

Klatschmohn
Papaver rhoeas

Merkmale: Einjährig, wenig verzweigt, 30 – 80 cm hoch; Blätter eingeschnitten bis gefiedert, behaart; Blüten scharlachrot mit schwarzer Mitte, weiß oder rosa, einfach oder gefüllt; bis 8 cm Ø.
Blütezeit: Mai – Juli
Verwendung: In Gruppen auf Beeten und Rabatten, für Blumenwiesen, naturnahe Gartenbereiche; „klassische" Partner sind Kornblume und Margeriten.
Standort: Wie Weißer Alpenmohn.
Pflanzen/Vermehren: Ab März/April am Standort aussäen, vereinzeln auf 20 – 25 cm Abstand.
Pflege: Gießen bei Trockenheit; Verblühtes entfernen.
Hinweis: Sorten werden vom Handel als „Seidenmohn" verkauft.

Möhre
Daucus carota ssp. sativus

Auch Mohrrübe; regional unter Namen wie Gelbe Rübe oder Wurzel bekannt. Die Kulturmöhre aus der Familie der Doldenblütler geht mit ihren zahlreichen Sorten auf eine Wildpflanze zurück, die sich auf Ödland am wohlsten fühlt und in ganz Europa und Asien verbreitet ist. Wenn man sie lässt, wächst die Möhre zweijährig und entfaltet im 2. Jahr ihren doldigen Blütenstand auf einem bis 1 m hohen Stängel. Die verdickte Primärwurzel der Möhre enthält nicht nur viel Beta-Karotin, die Vorstufe des Vitamin A, sondern auch Ballaststoffe, Mineralien und Spurenelemente. Um das fettlösliche Beta-Karotin besser aufnehmen zu können, sollten Möhren stets mit etwas Öl gegessen werden.

Die Sorten mit kleineren, rundlicheren Wurzelknollen werden gewöhnlich als (Pariser) Karotten bezeichnet. Sie gehören zu den frühen Sorten mit etwa zwölf Wochen Kulturdauer, während mittelfrühe 15 bis 20 Wochen und späte Sorten bis zu 26 Wochen brauchen. Bewährte Mischkulturpartner sind u. a. Zwiebeln, Porree, Salat und Erbsen. Zur Schädlings- und Krankheitsvorbeugung sollte man Möhren möglichst nur alle 4 Jahre an derselben Stelle säen.
Merkmale: Einjährig kultiviertes Wurzelgemüse; Blätter mehrfach gefiedert; Primärwurzel verdickt, orangegelb bis rötlich gefärbt, lang gestreckt oder rundlich.
Standort: Möglichst lockerer, tiefgründiger und nährstoffreicher Boden.
Kultur: Gestaffelte Aussaat ab Februar/März (frühe Sorten) bis Ende Juni (Wintersorten) in 3 cm tiefen Rillen (Reihenabstand 20 cm); da Möhrensamen langsam keimen (3 bis 4 Wochen), Radieschen als Markiersaat zugeben; auf 5 – 10 cm Abstand vereinzeln.

Türkenmohn (Papaver orientale)

Möhrenschädlinge

Gesund und schmackhaft: selbst angebaute Möhren

„Beinige" Möhre

Pflege: Jäten; regelmäßig und gleichmäßig gießen, sonst platzen die Wurzeln auf; mulchen und anhäufeln, damit die Wurzelspitzen nicht ergrünen.
Ernte: Je nach Sorte und Saattermin ab Ende Mai bis Oktober; noch junge, kleinere Möhren schmecken am intensivsten. Zum Ernten den Boden neben der Reihe vorsichtig mit Grabegabel oder Spaten lockern.

Möhrenkrankheiten

Möhren können von einer Reihe von Krankheiten mit unterschiedlichen Erregern befallen werden. Da die Diagnose nicht unproblematisch ist, sollte man zur Sicherheit Möhren mit Krankheitsanzeichen (samt Laub) einem Fachmann vorlegen und bestimmen lassen.

Eine direkte Bekämpfung dieser Krankheiten ist ohnehin schwierig, teils unmöglich. Eine weite Fruchtfolge, gut gelockerter, nicht zu nasser Boden und die Wahl resistenter Sorten, soweit vorhanden, sind die wichtigsten Vorbeugungsmaßnahmen. Befallene Exemplare sollten umgehend entfernt werden. Neben den nachfolgend aufgeführten Krankheiten kann auch Echter → *Mehltau* Probleme bereiten.

Als **Beinigkeit** bezeichnet man eine starke Verzweigung der Rübe. Sie kann durch → *Nematoden* hervorgerufen werden, nicht selten sind aber auch verdichtete, ungenügend gelockerte Böden, die die Rübenentwicklung hemmen, die Ursache.

Möhrenschwärze (*Alternaria*) ist eine Pilzkrankheit, die in zwei Formen auftritt. Die Wurzel-Alternaria äußert sich in dunklen Flecken auf den Wurzeln, schließlich kann die gesamte Pflanze verfaulen. Blatt-Alternaria verrät sich zunächst durch gelbbraune Flecken auf den Blättern, schließlich verdorrt die gesamte Pflanze. Da die Sporen der Pilze im Boden überleben, kann man mit einer drei- bis vierjährigen Anbaupause die Gefahr etwas vermindern. Abhilfe bringt auch ein größerer Pflanzabstand.

Auch der **Violette Wurzeltöter** (*Rhizoctonia*) ist ein Pilz, der allerdings direkt auf der Wurzel wächst und sich durch die namensgebenden violetten Pilzfäden auf der Möhre sowie etwas eingesunkene Flecken verrät. Nach Befall dürfen 3 Jahre lang an diesem Standort keine Möhren mehr gesät werden.

Die **Bakterielle Weichfäule** (*Erwinia carotovora*) zeigt sich im bräunlichen Blattansatz, das Laub verwelkt; befallen werden auch Lagermöhren. Gegen die Bakterien hilft nur ein regelmäßiger Fruchtwechsel.

Aufgehellte, vom Rand her rötlich verfärbte Blätter, bei denen jedoch die Blattadern grün bleiben, deuten auf die **Möhrenröte**, eine Virenkrankheit, hin. Der kann man lediglich durch Bekämpfung der Viren übertragenden Blattläuse sowie durch Entfernen von Unkräutern aus der Familie der Doldenblütler, besonders des Gierschs, vorbeugen.

Möhrenschädlinge

Möhrenfliege, -minierfliege und -blattfloh sind spezielle Schädlinge dieses Wurzelgemüses und treten teils auch an verwandten Doldenblütlern wie Sellerie und Petersilie auf. Außerdem muss man zuweilen mit grünen → *Blattläusen* sowie → *Erdraupen* rechnen. Gravierende Schäden können vor allem im Boden und an der Wurzel lebende → *Nematoden* verursachen. Sie verursachen Wachstumsstockungen und Missbildungen an den Rüben sowie an oberirdischen Pflanzenteilen. Wichtigste Vorbeugungsmaßnahme ist eine vielfältige, nicht zu enge Fruchtfolge, die auch den Befallsdruck durch andere Schädlinge herabsetzt.

Möhrenfliege

Die Flugzeit der um 5 mm kleinen, glänzend schwarzen Fliegen mit durchsichtigen Flügeln beginnt etwa Anfang Mai. Die Weibchen legen ihre Eier in den Boden neben die Pflanzen ab, die nach ca. einer Woche daraus schlüpfenden Maden fressen an und in der Wurzelrübe. Meist gibt es nur noch eine zweite Generation, die ab Ende Juli fliegt. Die Tiere überwintern als Maden in den Rüben oder als Puppen im Boden.

Mohrrübe

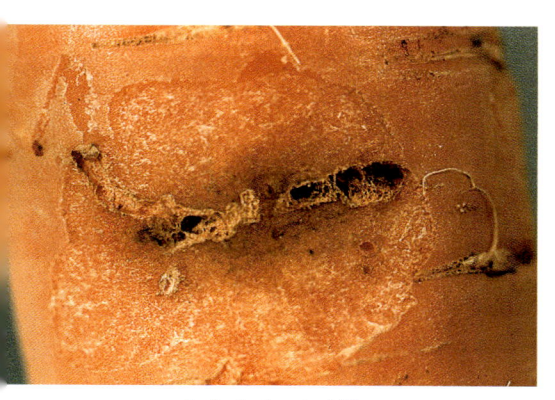

Fraßschaden der Möhrenfliege

Schadbild: Rötliche Verfärbung und schließlich Welken des Laubs; in den Möhren rostbraune Fraßgänge, anders als bei der Möhrenminierfliege vorwiegend im unteren Drittel; in den Gängen weißlich gelbe Maden oder dunkle Kotkrümel; häufig auch Fäulnisbildung im Bereich der Fraßstellen.
Abhilfe: Vorbeugend gering anfällige Sorten verwenden; sehr frühe Saat oder Aussaat erst Anfang Juni, um die erste Fliegengeneration zu umgehen; Mischkultur mit Zwiebeln, Porree oder Knoblauch; Beete gegen Ende April mit Kulturschutznetzen abdecken; gründlich ernten, keine Möhren im Beet lassen. Bei Befall nach Aufgehen der Saat käufliche Streumittel auf Kräuterbasis einsetzen oder notfalls chemische Mittel.

Möhrenminierfliege
Die stark behaarten Fliegen sind nur etwa halb so große wie die Minierfliegen. Sie fliegen ebenfalls ab Anfang Mai und legen die Eier an Blättern und Blattstielen ab; die Maden fressen sich von den Blättern in die Rübe durch. Von den jährlich zwei Generationen verursacht nur die erste größere Schäden. Die Puppen überwintern in den Möhren.
Schadbild: Ab Mai und später nochmals im August kleine Einstichlöcher in den Blättern und Stielen; vom oberen Ende der Möhre nach unten verlaufende Minierfraßgänge im Rübenkörper, anders als bei der Minierfliege allerdings nur im oberen Teil der Möhre.
Abhilfe: Wie Möhrenfliege.

Möhrenblattfloh
Bei Pflegearbeiten kann es vorkommen, dass plötzlich kleine, blassgelblich grüne Flöhe zwischen dem Laub aufspringen. Die Blattflöhe, die an Kiefern überwintern, sind etwa ab Mai unterwegs. Sie schaden ebenso wie ihre Larven durch Besaugen der Blätter.
Schadbild: Ab Frühsommer stark gekräuselte, teils auch rot gefärbte Blätter; schwach entwickelte Möhren; bei starkem Befall auch Absterben der ganzen Pflanze.
Abhilfe: Bei häufigem Auftreten vorbeugend sehr früh oder sehr spät säen; notfalls bei ersten Anzeichen von Blattkräuselungen Insektizide gegen saugende Insekten einsetzen.

Mohrrübe
Andere Bezeichnung für die → *Möhre*

Molch
Molche gehören zu den Schwanzlurche und damit zu den → *Amphibien*. Sie sind noch stärker als die → *Frösche* an Wasser gebunden. Ihr seitlich abgeflachter Schwanz unterscheidet sie von den eng verwandten, aber an Land lebenden und rundschwänzigen → *Salamandern*. Die Männchen sind gut 10 cm lang, die Weibchen etwas kleiner und weniger stark gefärbt. Etwa halb so groß werden die schlanken Larven mit den deutlichen Außenkiemen.

Der Teichmolch hält sich stets am oder im Wasser auf. Kehle und Bauch sind gelb-orange gefärbt, mit schwarzen Tupfen. Vor allem nachts geht er auf die Jagd nach Würmern und

Teichmolch

Kammmolch

Schnecken. Hauptsächlich in Gebirgsregionen kommt der farbenprächtige Bergmolch vor, mit schwarz marmoriertem Rücken, blauen seitlichen Bändern und orangefarbenem, ungeflecktem Bauch. Auf Westdeutschland und das Mittelland der Schweiz beschränkt sich die Verbreitung des zierlichen Fadenmolchs mit deutlich abgesetztem Faden am Schwanzende. Er ist hellbraun bis oliv gefärbt, mit verwaschenen dunklen Flecken. Der seltene Kammmolch (orangeroter Bauch mit dunklen, unregelmäßigen Flecken) trägt seinen namensgebenden Rückenkamm nur zur Paarungszeit – und dann auch nur das Männchen.

In ländlichen Regionen siedeln sich Teichmolche recht häufig in Gartenteichen an, in ihren jeweiligen

Verbreitungsgebieten auch Berg- und Fadenmolche; weitaus seltener dagegen der Kammmolch, der zu den gefährdeten Tierarten zählt. Doch auch die anderen Molche stehen unter Naturschutz. In stark mit Zierfischen besetzten Teichen stellen sich Molche kaum ein, und wenn, halten sie sich nicht lange, da Goldfische und manche andere Arten ihre Larven fressen.

Molinia
Dekoratives Ziergras mit hübscher Herbstfärbung
→ *Pfeifengras*

Molluskizid
→ *Pflanzenschutzmittel* zur Schneckenbekämpfung, in der Regel als Ködermittel

Molybdän
Chemisches Element mit der Abkürzung Mo; für Pflanzen ein unentbehrliches Spurenelement, das vor allem für den Stickstoff-Stoffwechsel eine wichtige Rolle spielt. Es fördert u. a. den Nitratabbau in der Pflanze und ist zudem lebensnotwendig für die → *Knöllchenbakterien* der Hülsenfrüchtler. Zu wenig Molybdän äußert sich in Missbildungen und Chlorosen der Blätter. Besonders empfindlich reagiert der Blumenkohl mit der so genannten Klemmherzigkeit (löffelartige Blätter oder nur Mittelrippe vorhanden); Hülsenfrüchtler wie Bohnen sind wegen Beeinträchtigung der Knöllchenbakterien im Wachstum gehemmt. Da Molybdän nur in sauren Böden (→ *Bodenreaktion*) zum Mangelfaktor werden kann, reichen Gaben langsam wirkender → *Kalkdünger* gewöhnlich aus.

Monarda
Hochwüchsige Staude mit großen, in Quirlen stehenden Lippenblüten
→ *Indianernessel*

Monatserdbeere
Kulturform der Walderdbeere, die bis in den Herbst hinein fruchtet.
→ *Erdbeere*

Mondviole
LUNARIA ANNUA
☼ – ◐ ☺

Die auch Judassilberling genannte Mondviole, ein Kreuzblütengewächs, stammt ursprünglich aus Südosteuropa, wird aber schon seit dem Mittelalter bei uns kultiviert. Wenn man die Pflanzen im Spätsommer schneidet, trocknet und die bräunlichen Hüllen der Schoten entfernt, werden die hübschen, silbrigen Scheidewände sichtbar, die als Trockenblumenzier dienen.

Merkmale: Ein- bis zweijährige Sommerblume, verzweigt wachsend, 40 – 120 cm hoch; herzförmige, zugespitzte Blätter; Blüten um 1 cm Ø, weiß, rosa, rot oder rotviolett, duftend; ab Spätsommer flache, rundliche, braune Fruchtschoten, innen mit silbriger Scheidewand.
Blütezeit: Mai – Juni
Verwendung: Auf Beeten, am Gehölzrand, unter lichten Gehölzen; als Trockenblume.
Standort: Normaler Gartenboden.
Kultur: Aussaat im Frühsommer ins Freiland (Blüte im Folgejahr); vereinzeln auf 30 – 40 cm; oder Aussaat ab April (Blüte im selben Jahr); sät sich an geeigneter Stelle selbst aus.
Pflege: Anspruchslos; bei sonnigem Stand öfter gießen.
Hinweis: Fruchtstände hübsch für Trockensträuße.

Mondviole (Lunaria annua)

Mongolische Waldrebe
Art der → *Waldrebe* mit gelben, bis 8 cm breiten Blüten und silbrigen Fruchtständen

Monilia
Die pilzlichen Erreger der Monilia-Krankheit treten hauptsächlich an Steinobst, besonders an Sauerkirschen, auf. Auch Kernobstarten, darunter vor allem Apfel, können befallen werden, seltener Ziergehölze. Es gibt zwei verschiedene Krankheitsbilder, die **Spitzendürre** oder Zweigmonilia, hervorgerufen von *Monilia laxa*, und die **Fruchtfäule**, verursacht durch *M. fructigena*. Häufig treten beide gemeinsam an einem Gehölz auf, beim Kernobst überwiegt allerdings die Fruchtfäule. Die Pilze überwintern in befallenen, vertrockneten Früchten, den so genannten Fruchtmumien, in Zweigspitzen und verwelkten Blütenbüscheln. Von dort aus kommt es im Frühjahr zur Neuinfektion, die über die Blüten erfolgt. Feuchtes, regnerisches Wetter fördert die Pilzausbreitung. Bei alljährlichem, starkem Befall können die Bäume recht schnell absterben.
Schadbild: Bei der **Spitzendürre** sitzt der Pilz im Holz; erste Symptome sind vertrocknete Blüten und Triebspitzen, danach werden die Blätter welk. Bei der **Fruchtfäule** bilden sich – ausgehend von kleinen Verletzungen der Frucht – ringförmige Schimmelringe. Das Pilzgeflecht „frisst" die Frucht regelrecht aus, bis nur noch eine trockene Hülle, die Fruchtmumie, übrig bleibt.
Abhilfe: Vorbeugend in gefährdeten Regionen nur gering anfällige Sorten pflanzen; Kronen durch regelmäßigen Schnitt licht

MONOKOTYLEN

Monilia-Spitzendürre

Monilia-Fruchtfäule an Kirschen

halten, um ein schnelles Abtrocknen nach Regen zu fördern. Befallene Triebe bis ins gesunde Holz zurückschneiden, spätestens im Winter vertrocknete Blütenbüschel und Fruchtmumien entfernen (keinesfalls auf den Kompost); Blütenspritzungen mit Meerrettichtee, notfalls mit einem bienenungefährlichen Fungizid.

Monokotylen
Fachausdruck für Pflanzen (z. B. Gräser), die nur mit einem Keimblatt austreiben.
→ *Einkeimblättrige Pflanzen*

Monokultur
Der mehrjährige Anbau von nur einer Pflanzenart/-sorte am selben Standort. Dieses Anbauverfahren bringt eine Reihe von Problemen mit sich: Der Boden wird einseitig belastet und ausgelaugt und muss daher stark und gezielt gedüngt werden. Vor allem aber können sich spezialisierte Schädlinge und Krankheiten leicht vermehren. Im Garten sollte man daher unbedingt den → *Fruchtwechsel* beachten sowie möglichst → *Mischkulturen* einsetzen. Sinngemäß gilt dies nicht nur für Gemüse, sondern auch für den Ziergarten (auch → *Bodenmüdigkeit*).

Montbretie
CROCOSMIA x CROCOSMIIFLORA

Die Montbretien stammen aus Südafrika, sind also an ein mittelmeerartiges Klima angepasst. Entsprechend müssen sie vor unseren winterlichen Frösten geschützt werden. Normalerweise reicht eine Abdeckung aus Laub und Fichtenreisig, in Gebieten mit kalten Wintern werden die Knollen entnommen und trocken im Keller bis zum nächsten Frühling gelagert. Montbretien gehören zu den Schwertliliengewächsen. Die am häufigsten gepflanzte Hybride *C.* x *crocosmiiflora* wurde bereits um 1880 in Frankreich gezüchtet.
Merkmale: Knollenpflanze; schmale, schwertförmige Blätter, 50 – 80 cm hoch; trichterförmige, 3 – 5 cm lange Blüten in reich blühenden Ähren, gelb, orange und rot, auch zweifarbig.
Blütezeit: Juli – September
Verwendung: Einzeln oder in kleinen Gruppen auf Beeten und Rabatten; als Schnittblume.
Standort: Möglichst geschützt; im Halbschatten schwächere Blüte; durchlässiger, nährstoffreicher Boden.
Pflanzen/Vermehren: Knollen im Frühjahr 5 – 10 cm tief setzen, Abstand 30 – 40 cm; Vermehrung durch Abnehmen und Neueinpflanzen der Brutknöllchen im Frühjahr.
Pflege: Nach dem Auspflanzen mit Kompost oder Langzeitdünger versorgen; bei Trockenheit gießen, hohe Sorten stützen. Bei Pflanzen, die im Beet überwintern, werden die oberirdischen Teile mit abgedeckt und erst im Frühling abgeschnitten.
Hinweis: Recht ähnlich, jedoch mit breiteren Blättern und dicht besetzten Blütenähren präsentiert sich *C. masoniorum*. Eine weitere attraktive Art ist *C. aurea* (bis 70 cm hoch, Blüten dunkelorange), die dieselben Ansprüche stellt.

Montbretie (Crocosmia x crocosmiiflora)

Montia
Botanischer Gattungsname des → *Winterportulaks*, eines spinatähnlichen Blattgemüses

Montmorillonit
Stark quellfähiges → *Tonmineral*, das in Böden die Nährstoff- und Wasserspeicherung verbessert; Hauptbestandteil des Tonmehls → *Bentonit*.

Moor
Naturlandschaft, die in verschiedenen Ausprägungen vorkommt; danach und je nach Region auch als Bruch, Venn, Filz oder Ried bezeich-

MOORBEET

Hochmoore mit ihren besonderen Pflanzengesellschaften sind über Jahrtausende hinweg entstanden.

net. Moore sind geprägt durch über 30 cm hohe Torfauflagen, durch beständige Feuchte bzw. Nässe sowie durch meist stark saure Böden (pH-Wert unter 5). Unter diesen Bedingungen hat sich eine spezialisierte Pflanzen- und Tierwelt entwickelt, deren Arten heute jedoch großteils vom Aussterben bedroht sind. Durch Entwässerung und Torfabbau wurden viele Moore unwiederbringlich zerstört. Als verantwortungsbewusster Gärtner sollte man daher auf den allzu leichtfertigen Gebrauch von → *Torf* verzichten. Manche der charakteristischen, oft sehr reizvollen Pflanzen werden in Gärtnereien kultiviert und können zum Anlegen von → *Moorbeeten* verwendet werden.

Moore sind durch extreme Vernässung des Untergrunds entstanden, ihre Entwicklung reicht viele Tausend Jahre zurück. Die grundsätzlichen Vorgänge, die zu ihrer Bildung geführt haben, laufen in intakten Moorlandschaften auch heute noch genauso ab. Der Luftmangel im nassen Boden und ein zunehmend niedriger pH-Wert unterbinden die Tätigkeit zersetzender Bodenorganismen. Dadurch werden Abbau und → *Mineralisation* von Pflanzenresten gehemmt, stattdessen kommt es zur Vertorfung des organischen Materials.

Man unterscheidet Nieder-, Übergangs- und Hochmoore. Niedermoore sind durch Verlandung flacher Gewässer entstanden und unterliegen dem Einfluss von Grund- und Oberflächenwasser. Der Torfbildung geht hier zunächst eine Versumpfung des Wassers voraus, bedingt durch absterbende Ufer- und Wasserpflanzen wie Schilf und Rohrkolben. In Niedermooren, die recht nährstoffreich sind, siedeln sich artenreiche Pflanzengesellschaften an. Durch Vertorfung ihrer abgestorbenen Reste schließt sich allmählich die Wasserfläche. Es bildet sich ein Übergangsmoor, geprägt von Seggen und feuchtigkeitsliebenden Gehölzen wie Erlen und Weiden. Stirbt dieser so genannte Bruchwald ab, kommt es zu einer weiteren Torfauflage, das Moor wächst dann gewissermaßen aus dem Einflussbereichs des Grundwassers heraus.

Im feuchten, niederschlagsreichen Klima ist die Weiterentwicklung zu Hochmooren möglich, bei denen der Einfluss des nährstoffreichen Grundwassers keine Rolle spielt. Hier wachsen nur noch wenige genügsame Arten. Charakterpflanze der durch Regenwasser gespeisten Hochmoore ist das Torfmoos (*Sphagnum*), das beim Absterben wiederum vertorft. Im Lauf der Jahrhunderte haben sich solche Hochmoore aufgrund der zunehmenden Torfauflagen im Zentrum oft mehrere Meter hoch gewölbt. Zum Rand hin, wo der Untergrund etwas trockener wird, treten Moorheiden und schließlich Birken auf.

Moorbeet

Moorbeete stellen eine interessante Alternative zum Gartenteich dar, denn sie haben eine der schönsten Zonen des → *Teichs* zum Thema – die Sumpfzone. Sie sind einfach zu konstruieren und auch für Kleinkinder ungefährlich: Eine flache Grube wird mit Teichfolie ausgelegt und mit Torf und Torfmoos (*Sphagnum*) gefüllt; das Substrat muss stets feucht gehalten werden (möglichst Regen- oder enthärtetes Wasser verwenden). Für größere Beete sollte man den Torf mit Ersatzstoffen strecken, etwa mit ungekalktem Rindenkompost oder Laubkompost, um nicht allzu viel Hochmoortorf einzusetzen, der ja schließlich echten Mooren entnommen wird. Ein vollsonniger Platz ist aufgrund des schnellen Austrocknens ungünstig, die meisten infrage kommenden Pflanzen vertragen oder bevorzugen sogar Halbschatten.

Zur Bepflanzung eignen sich alle Stauden und Gräser, die man auch in die Sumpfzone eines Teichs setzt, sofern sie sauren Boden vertragen. Besonders gut machen sich charakteristische Pflanzen wie Wollgras, Knabenkraut, kleine Binsen und Glocken-

Hübscher Kleinstrauch für Moorbeete: Torfmyrte (Gaultheria mucronata)

Moorboden

heide. Für besondere Akzente sorgen Insekten fressende Pflanzen, wie der Sonnentau oder das Fettkraut (→ *Fleisch fressende Pflanzen*). Eine stimmige Randbepflanzung ergeben kleine Sträucher oder Halbsträucher wie Moosbeere (*Vaccinium oxycoccos*), Torfmyrte (*Gaultheria mucronata*) sowie der etwas größere, aromatisch duftende Gagelstrauch (*Myrica gale*). Auch Lorbeerrosen, Rhododendren und kleine Birken passen gut in dieses Umfeld.

Moorboden

Durch Vertorfung entstandene besondere → *Bodenart* mit mindestens 30 % organischer Substanz. In Regionen, wo früher Moore trockengelegt und in Kultur genommen wurden, hat man manchmal auch im Garten mit solchen Böden zu tun. Meist sind sie schon durch die frühere Bewirtschaftung verändert und verbessert. Wenn sie ehemaligen Niedermooren entstammen, sind sie recht fruchtbar. Probleme gibt es vor allem durch Festlegung von Nährstoffen aufgrund der sauren → *Bodenreaktion*. Ein drastisches Aufkalken kann allerdings mehr Schaden als Nutzen anrichten. Da Verbesserungsmaßnahmen stark von der jeweiligen Ursprungsart des Moores abhängen, sollte man sich bei Schwierigkeiten unbedingt an regionale Gartenberatungsstellen wenden, die mit den örtlichen Verhältnissen vertraut sind.

Moos

An den niedrig wachsenden Vertretern dieser alten Pflanzengruppe scheiden sich die Geister: Während Moos in klassischen japanischen Gärten als wichtiges Gestaltungselement gezielt gefördert wird, investieren bei uns Gartenbesitzer viel Zeit und Mühe, um vermooste Stellen im Rasen zu beseitigen (auch → *Rasenpflege*). Moos, das Steine am Teich oder in einer beschatteten, naturnahen Gartenecken überzieht, sorgt für einen malerischen Anblick; auf Treppen kann es jedoch die Rutschgefahr vergrößern oder optisch stören. So hat Moos im Garten viele Gesichter. Torfmoos (*Sphagnum*) wird zudem in der Floristik eingesetzt und dafür eigens kultiviert.

Echte Moose – sehr urtümliche Pflanzen – durchlaufen in ihrem Lebenszyklus eine sexuelle Phase (allerdings ohne Blüten) und eine nichtsexuelle Phase, machen also einen Generationswechsel durch – damit unterscheiden sie sich von den als „Moos" bezeichneten Blütenpflanzen wie beispielsweise dem Sternmoos (*Sagina*).

Moos kann für stimmungsvolle Anblicke sorgen.

Torfmoos ist aus der Floristik nicht wegzudenken.

Moosbeere

Selten gepflanzter, kleiner, immergrüner Halbstrauch mit sauer schmecken roten Beeren, Liebhaberpflanze für → *Moorbeete*. Einer großfrüchtigen nordamerikanischen Verwandte entstammen die Kultursorten der → *Preiselbeere*.

Moosrose

Gruppe innerhalb der → *Rosen* mit drüsig behaarten Kelchblättern

Moossteinbrech

Gruppe unterschiedlicher → *Steinbrecharten*, die sich durch moosartige Blattpolster auszeichnen.

Morchel

Speisepilz, den man im Garten kultivieren kann.
→ *Pilzanbau*

Morelle

Sortengruppe der → *Sauerkirsche*

Morgensternsegge

Anspruchslose → *Segge* mit morgensternartigen Früchten

Morus

Wärme bedürftiger kleiner Baum oder Strauch mit essbaren Früchten
→ *Maulbeerbaum*

Mosaikkrankheit

→ *Viruskrankheiten*, die sich in mosaikartigem, gelbgrün gefleckter Laub äußern (auch → *Apfelkrankheiten*, → *Himbeerkrankheiten*). Seltener sind → *Bakterienkrankheiten* die Ursache solcher Symptome.

Moschuskürbis

Sorte des Gartenkürbisses
→ *Kürbis*

Moschusmalve

→ *Malve* mit großen, nach Moschus duftenden Blüten

Streuobstwiese mit Mostobstbäumen

Mostobst
Bestimmte Apfel- und Birnensorten, die früher vielfach an ungünstigeren Standorten oder auf Streuobstwiesen angebaut wurden. Ihre Früchte dienen nicht dem Frischverzehr, sondern werden gepresst und zu Most verarbeitet, also zu trübem, oft auch schon leicht angegorenem, gering alkoholhaltigem Saft. Dafür lässt sich auch das Fallobst nutzen.

Heute versucht man regional, die Tradition der ökologisch wie landschaftskulturell wertvollen Streuobstwiesen wiederzubeleben. Die robusten, meist aus Halb- oder Hochstämmen bestehenden Obstbestände brauchen wenig Pflege. Einige Mostsorten werden auch in kleineren Baumformen, die für Hausgärten geeignet sind, angeboten.

Motorgeräte
Mit Benzin- oder Elektromotoren betriebene → *Gartengeräte* wie Heckenscheren, Rasenmäher, Häcksler oder Vertikutierer

Motorsense
→ *Mähgeräte* wie Rasentrimmer oder Freischneider

Motte
In engerem Sinne ist damit die systematische Gruppe der Echten Motten (*Tineidae*) gemeint, obwohl der Begriff auch in weiterem Sinne auf alle Nachtfalter angewandt wird. Im Garten sind vor allem die Raupen bestimmter Mottenarten als Schädlinge gefürchtet.

→ *Fliedermotte,* → *Gespinstmotte,* → *Miniermotte*

Mottenkönig
Anderer Name für den Harfenstrauch oder Weihrauch (→ *Balkonbepflanzung*), der mit seinem kräftigen Duft Motten vertreiben soll.

Mottenschildlaus
Fachsprachliche Bezeichnung der → *Weißen Fliege;* ein Schädling, der vorwiegend Gewächshauspflanzen befällt, darüber hinaus aber auch im Garten oder auf dem Balkon auftreten kann.

Mücke
Mücken und → *Fliegen* bilden die Insektenordnung der Zweiflügler. Mücken haben stets vielgliedrige Fühler, ihre wurmförmigen Larven im Unterschied zu den Fliegenmaden stets einen Kopf.

Stechmücken können so manchen gemütlichen Sommerabend auf der Terrasse zunichte machen. Sie legen ihre Eier in kleinen „Flößen" auf dem Wasser ab. Die geschlüpften Jungtiere verbringen ihr Larven- und Puppenstadium im Wasser, ehe sie sich als Imago in die Luft erheben. Blut saugen übrigens nur die weiblichen Tiere. In gut angelegten, vielfältig belebten Gartenteichen kann es kaum zu der manchmal befürchteten Massenvermehrung der Plagegeister kommen. Viel bessere Brutstätten für die Schnaken sind wassergefüllte Behältnisse, z. B. Regenfässer, die man deshalb über Sommer stets abdecken sollte.

Die Wiesenschnaken gehören zu den größten heimischen Zweiflüglern, die hierzu zählende Riesenschnake erreicht 65 mm Flügelspannweite. Sie zeichnen sich durch lange, sehr dünne Beine und einen langen, kräftigen Hinterleib aus. Während die erwachsenen Tiere völlig harmlos sind, können ihre Larven Fraßschä-

Stechmückenlarven an der Wasseroberfläche

Mulchen

den an den Wurzeln von Gartenpflanzen verursachen. Hauptsächlich treten sie jedoch als → *Rasenschädlinge* in Aktion. Deutlich kleiner sind die → *Trauermücken,* deren Larven unter Blättern leben, während die Larven der → *Gallmücken* Pflanzen dazu veranlassen, artspezifische Gehäuse (Gallen) zu bilden. Zur Gruppe der Gallmücken zählen aber auch wichtige Nützlinge.

Mulchen

Das Abdecken der freien Bodenoberfläche zwischen Pflanzen; in erster Linie mit organischem, allmählich verrottendem Material, das dann als Mulch bezeichnet wird.

Eine Mulchdecke hat zahlreiche **Vorteile.** Sie hält als Isolationsschicht den Boden warm, umgekehrt verhindert sie bei starker Sonneneinstrahlung im Sommer eine Überhitzung. Das bekommt nicht nur den Pflanzen gut, sondern auch den Bodenlebewesen. Diese erhalten zudem durch den Mulch stets Nachschub an organischer Substanz, die sie zu → *Humus* umwandeln. So kann Mulchen auch nachhaltig den Boden verbessern. Beim Verrotten wird in Bodennähe beständig → *Kohlendioxid* frei, das den Pflanzen zugute kommt.

Weiterhin vermindert Mulch die Verdunstung des Bodenwassers und schützt die Erdoberfläche vor Verhärtungen, wenn kräftige sommerliche Regenschauer darauf prasseln. Schließlich wird auch das Auflaufen lichtkeimender Unkräuter unterdrückt.

Besonders hilfreich ist das Mulchen bei Flachwurzlern wie den Beerensträuchern, die keine intensive Bodenlockerung vertragen. Nicht zuletzt bietet Mulchen eine sehr sinnvolle, einfache Möglichkeit, Rasenschnitt u. Ä. zu „entsorgen".

Das Mulchen kann allerdings auch **unerwünschte Wirkungen** zeigen. Manche Schädlinge werden dadurch gefördert, insbesondere Schnecken sowie – bei Aufbringen zu hoher Lagen – Wühl- und andere Mäuse. In Frostnächten schützt die Mulchschicht zwar die Wurzeln; durch die verminderte Wärmeabstrahlung des Bodens sind oberirdische Pflanzenteile jedoch stärker gefährdet. Letzteres kann vor allem während der spätfrostempfindlichen Frühjahrsblüte von Obst- und anderen Gehölzen nachteilig sein. Deshalb ist es im Allgemeinen empfehlenswert, den als Winterschutz dienenden Mulch vor dem Knospen der Gehölze zu entfernen und erst ab Mitte Mai wieder eine neue Schicht aufzubringen. Ähnlich verhält es sich mit den Schnecken; denn Probleme damit gibt es hauptsächlich während der Frühjahrsfeuchte, danach überwiegen wieder die Vorteile des Mulchens.

Als **Mulchmaterial** kommen grundsätzlich alle im Garten anfallenden organischen Reste infrage, sofern sie nicht von kranken Pflanzen stammen: Rasenschnitt, Blattabfälle von Gemüse und Blumen, Herbstlaub von Gehölzen, gehäckselter Gehölzschnitt und – besonders günstig – abgeerntete Gründüngung. Selbst mit gejäteten Unkräutern kann gemulcht werden, sofern sie weder Samen noch vermehrungsfähige Wurzeln oder Ausläufer tragen. Weiterhin eignen sich Kompost, Rindenmulch und -humus sowie Stroh. Weniger gebräuchlich, aber durchaus möglich, ist das Mulchen mit Pappe, die ebenfalls verrottet. Besonderen Zwecken dienen → *Mulchfolie* oder *-vlies,* die mit den genannten Materialien nicht vergleichbar sind. Auch Steine, etwa auf der Oberfläche eines Staudenbeets verteilt, zeigen einige der günstigen Wirkungen des Mulchens, haben aber vorwiegend gestalterische Funktion (auch → *Kiesbeet*).

Beim **Ausbringen von Mulch** zwischen Jungpflanzen sollte man generell 8 – 10 cm Abstand zu den Pflanzen halten, den Mulch also nicht ganz an sie heranziehen. Zuvor wird der Boden nochmals gelockert, dann der Mulch gleichmäßig auf der Fläche verteilt. Bei Gehölzen bringt man das Mulchmaterial einfach auf die Baumscheibe auf. Die Schichthöhe hängt vom Material und den Pflanzen ab und liegt zwischen etwa 2 und 8 cm. Zum Vernässen oder Verkleben neigenden Mulch wie Rasenschnitt trägt man am besten nur dünn auf und erneuert dann die Bedeckung des Öfteren. Günstig ist auch ein Vermischen von Grasschnitt oder Laub mit Häckselgut.

Etwas Vorsicht ist bei gerbsäurehaltigen Materialien wie Häcksel und Rindenhumus sowie halbreifem Kompost geboten. Damit sollte man nur Gehölze und gut eingewachsene Stauden mulchen, auf Jungpflanzen können sie wachstumshemmend wirken. Halbreifer Kompost bzw. Frischkompost lässt sich auch zwischen gut entwickelten, nährstoffliebenden Gemüsen einsetzen; dabei den Kompost nicht ganz an die Stängelbasis

Gemulchtes Gemüsebeet

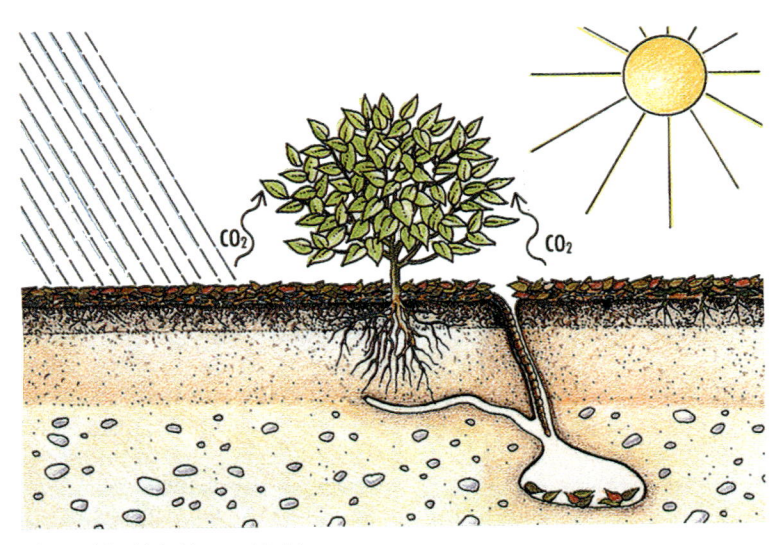

Eine Mulchschicht bietet zahlreiche Vorteile. So schützt sie vor ungünstigen Witterungseinflüssen, fördert den Pflanzenwuchs und das Bodenleben.

heranziehen. Halb verrotteter Kompost wird am besten noch mit Gras abgedeckt.

Mulcht man häufig mit Stoffen, die ein weites → *C/N-Verhältnis* haben (Stroh, Holzhäcksel, Rindenmulch, Pappe), wird ein Stickstoffausgleich, bevorzugt mit organischem Dünger, nötig. Ebenso muss man beachten, dass Rindenmulch, Laubkompost und einige andere Stoffe einen niedrigen → *pH-Wert* haben; sie eignen sich gut z. B. für Rhododendren und Heiden. Bei Pflanzen, die keinen sauren Boden wünscht, sollte man des Öfteren etwas Algenkalk o. Ä. mit zugeben.

Auch → *Flächenkompostierung*

Mulchfolie
Dunkle, meist schwarze Folie, auch als Vlies erhältlich; dient zur besseren Erwärmung des Bodens bei empfindlichen Kulturen sowie zur Unkrautunterdrückung.

→ *Folie, Folien zur Ernteverfrühung*

Multitopfplatte
Vorgeformte Anzuchtplatte aus Kunststoff mit töpfchenförmigen Vertiefungen für Einzelsamen
→ *Anzuchtgefäße*

Mumienbildung
Durch Pilzkrankheiten, hauptsächlich → *Monilia* verursachte Zerstörung von Früchten, bis nur noch eine vertrocknete Hülle übrig bleibt. Solche Fruchtmumien sollten unbedingt entfernt werden, da sie Quellen für weitere Infektionen darstellen.

Auch bei Rosen spricht man von Mumienbildung, wobei hier allerdings die Blüten gemeint sind. Sie werden zu „Mumien", wenn sich die Knospen bei nasskaltem Wetter nicht richtig entfalten können. Die Blütenblätter verkleben und wenn es dann weiterhin feucht bleibt, faulen die Blüten recht schnell. Hier bleibt einem nur noch das Entfernen der unansehnlichen Mumien.

Mummel
Alter Name der Gelben Teichrose, einer geschützten, heimischen Wasserpflanze mit kugeligen Blüten
→ *Teichrose, Gelbe*

Münzkraut
Anderer Name für eine mit Ausläufern kriechende Art des → *Felberichs*

Muscari
Botanischer Gattungsname der → *Traubenhyazinthe*, ein Liliengewächs mit blauen Blütentrauben

Muschel-Scheinzypresse
Form der → *Scheinzypresse* mit muschelförmig gedrehten Zweigen

Muskatellersalbei
Im Garten recht selten angebaute, da Wärme bedürftige Art des → *Salbeis*; im Gegensatz zu den bekannteren Salbeiarten hochwüchsig (bis 1,2 m) und großblättrig

Mutation
Dieser Begriff aus der Genetik bezeichnet die Veränderung des Erbgutes bzw. eines oder mehrerer Gene. Mutationen können spontan auftreten oder durch äußere Einflüsse verursacht werden. Immer jedoch wird dabei die Desoxyribonukleinsäure (DNS, englischsprachig DNA; auf ihr ist die genetische Information eines Organismus gespeichert) in ihrer chemischen Struktur verändert. Die DNS bildet zusammen mit Eiweißen die unter einem guten Mikroskop sichtbaren Chromosomen.

Was die Folgen solch einer Veränderung betrifft, muss man zunächst den **Ort der Mutation** unterscheiden. Tritt die Mutation in einer Körperzelle ein, bleibt sie gewöhnlich ohne größere Folgen: Der Schaden kann in gewissem Rahmen korrigiert werden, er bleibt auf eine Zelle beschränkt und selbst wenn die Mutation zum Absterben dieser Zelle führen sollte, wird dem Organismus kein Schaden zugefügt. Befindet sich diese Körperzelle jedoch zufällig in einem Teilungsgewebe (→ *Meristem*), so tragen alle Tocherzellen ebenfalls das

Mutterboden

Hängeformen von Bäumen, wie z. B. die Trauerbirke, sind häufig das Ergebnis von Mutationen.

mutierte Gen. Man bezeichnet einen Organismus, der in Teilen unterschiedliches genetisches Material besitzt, als Chimäre. In solchen Fällen kann die Auswirkung des Gens (z. B. eine Panaschierung von Blättern, Trauerformen von Zweigen) also sichtbar werden. In der praktischen Züchtung sind Chimären (auch „Sports" genannt) durchaus von Bedeutung, denn man kann ihre Eigenschaften über Stecklinge weiter vermehren.

Tritt die Mutation dagegen in der Keimbahn, d. h. den männlichen oder weiblichen Geschlechtszellen ein (generative Mutation), entsteht ein Nachkomme, der in allen seinen Zellen das veränderte Erbgut trägt. Bei ihm wird sich das mutierte Gen ausprägen und kann – je nach Ausmaß der Veränderung – eine geänderte Anpassung an die Umwelt bedeuten.

Mutationen können verschiedene **Ursachen** haben:

■ Natürliche Mutationen: Die meisten natürlich vorkommenden Mutation wirken sich kaum aus, da die Änderungen zu geringfügig bleiben. Dennoch sind solche Veränderungen des Erbgutes die Basis der biologischen Evolution, denn wenn sich ein mutierter Organismus (nach generativer Mutation) als leistungsfähiger erweisen sollte als die übrigen Mitglieder seiner Art, wird er sich stärker vermehren. Und damit werden seine Nachkommen letztlich – in sehr langen Zeiträumen – die Eigenschaften der Art verändern.

■ Induzierte Mutationen und Mutationszüchtung: Seit langem ist bekannt, dass bestimmte Umwelteinflüsse, physikalische (z. B. Röntgen- und Gammastrahlung) und zahlreiche chemische Agenzien (z. B. Colchizin, das Gift der Herbstzeitlose) Mutationen hervorrufen. Die Wirkung solcher „Mutagene" ist nicht gezielt, sondern unspezifisch, d. h., man kann die Art der Veränderung nicht vorhersagen (eine Ausnahme stellt nur die Gentechnologie dar, wo man mithilfe von Viren ein bestimmtes Gen in eine andere Zelle übertragen kann). Dennoch verwendet die Pflanzenzüchtung Mutagene, um neue Sorten zu züchten.

Die Züchter von Nutzpflanzen arbeiten dabei häufig mit der Vermehrung ganzer Chromosomensätze, um die Erträge zu steigern, während die Züchter von Zierpflanzen versuchen, durch eine zufällige Mutation die Eigenschaft einer Sorte zu verbessern. Im Detail handelt es sich dabei um einen ziemlich komplexen Vorgang, denn ein mutiertes Gen ist fast immer rezessiv, d. h., seine Auswirkungen sind in der ersten Tochtergeneration nicht sichtbar. Immerhin entstehen so aber zahlreiche neue Genotypen mit veränderten Eigenschaften. Aus der Kombination von Mutation und Kreuzung mit anderen Individuen entstehen jedoch neue Pflänzchen, die kultiviert und auf ihre Eigenschaften untersucht werden können. Stellt sich eine gewünschte Eigenschaft als stabil heraus, kann die Sorte vermehrt – und verkauft – werden. Typische Sorten, die ihre Eigenschaften einer Mutation verdanken, sind etwa Pflanzen mit panaschierten oder roten Blättern, hängenden Zweigen oder eine Reihe von Obstsorten.

Mutterboden

Im eigentlichen Sinn steht dieser Begriff für den ungestörten, natürlich gewachsenen Boden bis etwa 30 cm, maximal 60 cm Tiefe. Andere Namen dafür sind Oberboden, Krume oder A-Horizont (→ *Bodenhorizont*). In dieser dunkel gefärbten, humosen Bodenschicht finden zum allergrößten Teil die für die Pflanze wichtigen Prozesse statt.

Als Mutterboden oder Muttererde wird aber auch der Abraum bezeichnet, den Bauunternehmen vor dem Aushub einer Baugrube beiseite schaffen. Solcher Mutterboden wird häufig zum Verkauf angeboten, ist manchmal auch bei Abholung kostenlos. Er eignet sich gut, um auf Neubaugrundstücken oder auf ungünstigen Standorten schnell zu einem bepflanzbaren Boden zu kommen. Man trägt ihn einfach auf den vorher möglichst gut gelockerten Untergrund auf. Dies ist jedoch kein Allheilmittel. Bei sehr stark verdichteten oder vernässten Untergründen kann der Mutterbodenauftrag tiefer greifende Maßnahmen nicht ersetzen (auch → *Bodenverbesserung,* → *Dränage*). Hier wären gewaltige Mengen an „Neuboden" nötig, sofern nicht nur → *Flachwurzler* angebaut werden sollen. Schließlich sollte solcher Mutterboden vor dem Bezug genau geprüft werden. Die Qualität des angebotenen Materials ist sehr unterschiedlich und schlimmstenfalls kaum besser als der bereits vorhandene, eventuell mit Bauschutt durchmischte Boden.

Mutterkraut
Anderer Name für die Goldkamille, eine einjährig gezogene → *Margerite*

Mutterpflanze
Begriff aus der Züchtung. Die Mutterpflanze ist die Basis aller folgenden Generationen, ihre Nachkommen sind die Tochterpflanzen. Dabei können die Tochterpflanzen aus Samen (generative Fortpflanzung) oder aus Teilung bzw. Stecklingen entstehen. Nur im letzten Fall enthalten die Tochterpflanzen das identische Erbgut der Mutterpflanze. In der Praxis bezeichnet man allerdings auch jede Pflanze, von der man Stecklinge, Ausläufer, Brutknollen o. Ä. abnimmt, als Mutterpflanze.

Muttersorte
→ *Mutterpflanze* einer bestimmten Sorte, deren Eigenschaften auf die Tochterpflanzen übertragen werden sollen.

Mykoplasmen
Sehr ursprüngliche Lebensformen ohne feste Zellwand, aber anders als Viren zu selbständiger Vermehrung befähigt.

Sie treten teilweise als Krankheitserreger an Tieren auf; Schaderreger an Pflanzen nannte man früher „Mykoplasma-ähnliche Organismen" oder vereinfacht ebenfalls Mykoplasmen. Heute werden sie als → *Phytoplasmen* bezeichnet.

Mykorrhiza
Symbiose (Lebensgemeinschaft) zwischen Pilzen und Gehölzern, aber auch Pilzen und Orchideen, die vor allem auf nährstoffarmen Standorten von ökologischer Bedeutung ist. Die Hyphen (Pilzfäden) des Mykorrhizapilzes umspinnen die Feinwurzeln der Pflanze; sie vergrößern die Wurzeloberfläche um ein Vielfaches und versorgen „ihre" Pflanze, den so genannten Wirt, mit Wasser und mineralischen Nährstoffen. Im Gegenzug gibt die Pflanze Kohlenhydrate (Assimilate) an die Pilze ab.

Mykorrhizapilze leben z. B. an den Wurzeln von Kiefer, Tanne und Eiche, ebenso von Wacholder, Preiselbeere, Heide und Heidekraut. Häufig sind mehrere Pilzarten an so einer Lebensgemeinschaft beteiligt. Teils handelt es sich um oberirdisch unsichtbare Bodenpilze, teils um Pilze, die auffällige Fruchtkörper bilden, die bekannten Hutpilze. So siedeln sich beispielsweise Fliegenpilze gern unter Fichten an, Steinpilze unter Buchen, Birkenpilze sogar ausschließlich unter Birken.

Mykosen
Fachbegriff für → *Pilzkrankheiten* an Pflanzen

Myosotis
Botanischer Gattungsname des → *Vergissmeinnichts*

Myriophyllum
Botanischer Gattungsname des Tausendblatts, einer Sauerstoff erzeugenden → *Unterwasserpflanze*

Myrobalane
Andere Bezeichnung für die → *Kirschpflaume,* die hauptsächlich als Veredlungsunterlage für Steinobstbäume dient. Rotblättrige Zierformen sind als → *Blutpflaumen* bekannt.

Myrtenaster
Hochwüchsige, dicht verzweigte Aster mit weißen Blüten
→ *Aster, Herbstblüher*

Myzel
Bezeichnung für die Gesamtheit der Pilzfäden (Hyphen) eines Pilzes. Das Myzel, ein weit verzweigtes, meist gegliedertes Geflecht, ist der eigentliche Wachstumskörper höherer → *Pilze.* Es breitet sich im Boden, in Holz oder anderem Substrat aus. Bei etlichen Pilzgattungen gehen daraus sichtbare Fruchtkörper oder Sporenlager hervor.

Steinpilze sind Mykorrhizapilze verschiedener Waldbäume.

N

Nachbarrecht

Grenzbepflanzung, Rasenmäherlärm, überhängende Zweige – zwischen Gartennachbarn gibt es zahlreiche mögliche Konfliktpunkte. Freilich wäre alles so einfach, einigte man sich mit seinem Nachbarn. Prozesse kosten Zeit, Geld und Nerven, der Ausgang ist aufgrund der zahlreichen komplizierten Regelungen unsicher, die Rechtslage für den Laien kaum noch überschaubar.

Das private Nachbarrecht ist grundsätzlich in den landesweiten Bürgerlichen bzw. Zivilrechtbüchern geregelt (Deutschland: BGB, Österreich: ABGB, Schweiz: ZGB). In Deutschland und der Schweiz kommen dazu Detailregelungen und Ausführungsbestimmungen der Bundesländer bzw. Kantone. Auch kommunale Baubestimmungen und Umweltschutzregelungen spielen oft eine Rolle. Letztendlich sind häufig die aktuellsten Gerichtsurteile bzw. Präzedenzfälle ausschlaggebend.

Man kann vielen unnötigen Streitereien aus dem Weg gehen, indem man Grundsätzliches, das klar geregelt ist, beachtet und die dafür nötigen Informationen bei der Kreisverwaltung oder sonstigen zuständigen Behörden einholt.

Ein wichtiger Punkt ist der → *Grenzabstand* von Gehölzen und Baulichkeiten, der in Landes- und Gemeindeverordnungen geregelt ist. In diesem Zusammenhang ist auch das Überwachsen von Wurzeln zu sehen: Sie dürfen – sofern sie die Benutzung seines Grundstücks beeinträchtigen – vom Nachbarn in Eigenarbeit (nach einer Fristsetzung an den Nachbarn) entfernt werden. Das Gleiche gilt für überhängende Zweige. Ist der Besitzer des Gehölzes nicht bereit (Fristsetzung), die Äste abzuschneiden, darf dies der Nachbar selbst tun. Während herabfallendes Obst vom Nachbarn sicher gerne als „Tribut" erhoben wird (er darf die Früchte zwar bedingungslos behalten – aber nicht von den Zweigen ernten!), gibt es bei Laubfall eine sehr heterogene Rechtssprechung. D. h., hier wäre eine gütliche Einigung sicher die beste Lösung. Berücksichtigen sollte man auch, dass eine Begrünung von angrenzenden Nachbarwänden die Genehmigung des Eigentümers erfordert. Lärmbelästigung durch Rasenmäher und andere Geräte ist störend, daher sehen die Gemeindeverordnungen eindeutig geregelte Ruhezeiten vor. Laute Gartenfeste können auch vor 22 Uhr als Belästigung empfunden (und schlimmstenfalls geahndet) werden. Quakende Frösche (→ *Frosch*), krähende Hähne, bellende Hunde, nächtliche Lichtspiele (→ *Gartenbeleuchtung*), qualmender Grill oder auch stinkender → *Kompost* – hier eröffnet sich das weite Feld verwickelter Rechtsfälle, die sich mit etwas Rücksichtnahme und Toleranz wohl am leichtesten lösen lassen.

Ernsthaftere Probleme können entstehen, wenn man die Verkehrssicherungspflicht missachtet (→ *Haftpflicht*).

Nachdüngung

Auch Kopfdüngung genannt; Nährstoffergänzung während der Wachstumszeit, die eine vor Kulturbeginn verabreichte Grunddüngung ergänzt.

Auch → PRAXIS-SEITE Düngeverfahren und -methoden (Seite 174/175)

Nachfrucht
→ *Nachkultur*

Nachjahresschnitt
→ *Pflanzschnitt* bei im Herbst gesetzten Gehölzen, der erst im Frühjahr durchgeführt wird.

Nachkultur

Bei einer → *Kulturfolge* im Gemüsebeet die letzte, erst im Herbst, Winter oder darauf folgenden Frühjahr geerntete Gemüseart. Infrage kommen dafür spätsaatverträgliche Arten wie Spinat und Feldsalat sowie typische Wintergemüse, etwa Grünkohl oder Winterporree.

Nachreife

Sobald die Fruchtbildung eingesetzt hat, wird sie durch Pflanzenhormone innerhalb der Frucht gesteuert sowie besonders durch das gasförmige → *Ethylen,* das teils ebenfalls zu den Hormonen gerechnet wird. Bis zu einem gewissen Punkt wird die Frucht über ihren Stiel noch mit Nährstoffen versorgt, dann laufen die Reifungsprozesse jedoch autonom ab.

Viele Früchte können demnach auch nach der Ernte weiterreifen, so etwa Tomaten, wenn man sie an einem dunklen Ort aufbewahrt. Viele Apfelsorten erreichen erst durch das Nachreifen im Lager ihre eigentliche Genussreife.

Nachtkerze
OENOTHERA

Diese nordamerikanische Gattung (Familie Nachtkerzengewächse) hat sich inzwischen auch in Europa etabliert. Vor allem die Gewöhnliche Nachtkerze wächst wild auf humusreichen, aber trockenen Böden auf Ödland, an Wegrändern und Bahndämmen. Die Blüten, die von Nachtschmetterlingen bestäubt werden, öffnen sich abends und leben nur einen Tag. Da aber stets neue gebildet werden, blühen die Nachtkerzen über einen langen Zeitraum. Besonders Kinder dürften sich für den Öffnungsmechanismus der Blüten interessieren: Man braucht nur etwas Geduld, dann kann man zusehen, wie sich die duftenden Blüten innerhalb weniger Minuten in der Abenddämmerung entfalten.

In ihrer Heimat kennt man die Gewöhnliche Nachtkerze als Heilmittel gegen Durchfall. Heute wird jedoch vor allem das aus den Samen gepresste Öl verwendet, das bei Beschwerden in den Wechseljahren helfen soll. Die jungen Wurzeln sind essbar und ähneln in Geschmack und Zubereitung den Schwarzwurzeln, allerdings mit etwas mehr Schärfe. Tatsächlich war die Nachtkerze früher auch als Gemüsepflanze geschätzt und wird auch heute manchmal als seltenes Gemüse angeboten. Sie trägt dann Namen wie Rapontikawurzel oder – nach der Rotfärbung bei Kochen – Schinkenwurz. Die Wurzeln können vom Herbst bis zum Frühjahr geerntet werden.

Gewöhnliche Nachtkerze
OENOTHERA BIENNIS
☼–☼ ☺

Nach ihrer Verwendung als Gemüse auch Schinkenwurz oder Rapontikawurzel genannt.
Merkmale: Zweijährig, 80 – 100 cm hoch; Rosettenblätter im 1., lanzettförmige Blätter im 2. Jahr; Blüten im 2. Jahr, gelb, mit etwa 5 cm Ø in hohen Trauben.
Blütezeit: Juni – September
Verwendung: Auf Beeten und Rabatten oder in naturnahen Gartenbereichen, wo sie gut verwildern kann.
Standort: Durchlässiger, etwas humoser, bevorzugt sandiger Boden.
Kultur: Ab Juni am Standort aussäen, 1 – 2 cm hoch mit Erde bedecken; vereinzeln auf 20 – 25 cm Abstand oder an gewünschten Ort umpflanzen. Vermehrt sich an geeignetem Standort stark durch Selbstaussaat.
Pflege: Anspruchslos.
Hinweis: Die *Oenothera*-Hybriden, die der Handel anbietet, wurden aus verschiedenen Arten gezüchtet. Sie unterscheiden sich von den Arten vor allem in der Blattfarbe und der Höhe, die Blüten behalten ihren Gelbton.

Missouri-Nachtkerze
OENOTHERA MACROCARPA
☼–☼ ☺

Wird auch Teppich-Nachtkerze genannt; häufig noch unter dem alten botanischen Namen *O. missouriensis* geführt.
Merkmale: Staude, 15 – 20 cm hoch, bis 50 cm breit; Blüten mit 12 Ø cm, zitronengelb, teils auch tagsüber geöffnet.
Blütezeit: Juni – September
Verwendung: Im Steingarten, für Trockenmauern sowie Beeteinfassungen.
Standort: Warm, bevorzugt sonnig; durchlässiger, humoser, nicht zu feuchter Boden.
Pflanzen/Vermehren: Pflanzung im Frühjahr oder Herbst; Vermehrung durch Kopfstecklinge im Frühjahr, bei der reinen Art auch durch Aussaat.
Pflege: Im Frühling etwas Kompost oder organischen Dünger geben; Verblühtes regelmäßig entfernen; in kalten Regionen über Winter durch Reisigauflage schützen.

Gewöhnliche Nachtkerze (Oenothera biennis)

Missouri-Nachtkerze (Oenothera macrocarpa)

Hohe Nachtkerze
OENOTHERA FRUTICOSA SSP. GLAUCA
☼–☼ ☺

Oft auch unter dem botanischen Namen *O. tetragona* zu finden.
Merkmale: Staude, aufrecht wachsend, 40 – 70 cm hoch; Blüten kanariengelb gefärbt, in Büscheln, um 5 cm Ø, braunrote Knospen und Blütenstiele.
Blütezeit: Juni – August

Nachtschattengewächse

Verwendung: Einzeln oder in kleinen Gruppen in Beeten und Rabatten; auch in Naturgartenbereichen und an Hängen.
Standort: Wie Missouri-Nachtkerze.
Pflanzen/Vermehren: Wie Missouri-Nachtkerze; Vermehrung auch durch Teilung im Spätfrühling möglich.
Pflege: Wie Missouri-Nachtkerze.

Nachtschattengewächse

Mit wissenschaftlichem Namen *Solanaceae*; fast weltweit verbreitete Pflanzenfamilie mit Schwerpunkt in Mittel- und Südamerika. Neben zahlreichen Zierpflanzen wie Becherblume oder Petunie gehören zu dieser Familie auch mehrere Nutzpflanzen, nämlich Kartoffel, Tabak sowie die Fruchtgemüse Tomate, Aubergine und Paprika. Entsprechend ihrer oft südamerikanischen Herkunft sind viele der bei uns kultivierten Arten kälteempfindlich. Entsprechend werden besondere Schönheiten wie die Engelstrompete und der blau blühende Enzian- oder Kartoffelbaum als → *Kübelpflanzen* kultiviert.

In den zwittrigen, fünfzähligen Blüten der Nachtschattengewächse neigen sich die Staubgefäße säulenartig zusammen. Die Blütenblätter sind nicht selten zu einer Röhre verwachsen, so etwa bei Engelstrompete und Ziertabak. Zu den besonderen Kennzeichen zählen auch die häufig rot gefärbten Beeren oder Kapseln. Von den wenigen essbaren Fruchtgemüsen abgesehen, sind sie oft hochgiftig. Auch die anderen Pflanzenteile der meisten Arten enthalten giftige → *Alkaloide*. Das tödliche Gift mancher Arten (z. B. der Tollkirsche, *Atropa belladonna*) wird in winzigen Dosierungen medizinisch genutzt. Sie kommt bei uns ebenso wild vor wie der stark toxische, krautige Schwarze Nachtschatten (*Solanum nigrum*) und der Bittersüße Nachtschatten (*Solanum dulcamara*). Letzterer, ein kletternder oder kriechender Halbstrauch mit hübschen violetten Blüten, wird zuweilen auch im Garten als Gehölzvorpflanzung verwendet.

Der Enzianbaum (Lycianthes rantonnetii), eine hübsche, aber giftige Kübelpflanze

Nachtviole

HESPERIS MATRONALIS

Die Wildform dieses Kreuzblütlers ist aus West- und Mittelasien eingewandert und hat sich über ganz Europa verbreitet – nicht zuletzt, weil sie aus Gärten verwilderte. Ihren Weg in die Gartenkultur fand sie über die Bauerngärten. Sie zeichnet sich gegenüber vielen anderen Gartenpflanzen dadurch aus, dass ihre Blüten nur abends einen starken Duft verströmen, um Nachtschmetterlinge anzulocken.

Merkmale: Zweijährig, gelegentlich auch mehrjährig; aufrechter Wuchs, 60 – 120 cm hoch, einfache Blätter; Blüten 3 – 4 cm Ø, weiß oder violett in Trauben oder Rispen, veilchenartig duftend.
Blütezeit: Mai – Juni
Verwendung: Für naturnahe Beete, in Bauerngärten, unter locker wachsenden Sträuchern.
Standort: Nährstoffreicher, möglichst durchlässiger Boden; verträgt keine Staunässe.
Kultur: Aussaat an Ort und Stelle im Frühling, später auf 40 – 50 cm vereinzeln; etablierte Pflanzen säen sich selbst aus; Stecklingsvermehrung ist möglich.
Pflege: Verblühtes regelmäßig abschneiden, um eine reiche Zweitblüte zu fördern.

Nachtviole (Hesperis matronalis)

Nacktsamer

Die Nacktsamer (*Gymnospermae*) bilden zusammen mit den Bedecktsamern (*Angiospermae*) die systematische Abteilung der Samenpflanzen (auch → *System der Pflanzen*). Die Nacktsamer gliedern sich ihrerseits in die Nadelgehölze, viele fossile Formen und einige merkwürdige, seltene Vertreter wie die südafrikanische Welwitschie oder die tropischen Palmfarne (*Cycadeen*), die als „lebende Fossilien" gelten. Charakteristisch für alle Nacktsamer sind die nicht in einem Fruchtknoten geborgenen Samen. So liegen die Samen z. B. bei den Nadelgehölzen frei auf den Zapfenschuppen.

Durch Frost und Trockenheit verursachte Nadelbräune an einem Fichtenzweig

Nadelgehölze wie die Fichte (Picea glauca) sind oft besonders formenreich.

Nacktschnecken

Pflanzen fressende Weichtiere, die kein Gehäuse tragen.
→ *Schnecke*

Nadelblatt

Blatt der → *Nadelgehölze* mit charakteristischer, schmaler, im Querschnitt oft fast runder Form. Im Unterschied zu den Blättern der meisten Laubgehölze überdauern sie bis auf wenige Ausnahmen mehrere Vegetationsperioden. Die Ausprägung der Nadelblätter wird als besondere Anpassung an bestimmte Naturstandorte angesehen. Sie ermöglichen einigen Nadelgehölzen das Vordringen in kalte, arktische Bereiche und die Höhen der Gebirge, anderen Arten wiederum das Besiedeln extrem sommertrockener Regionen. Die Nadeln sind vor Wasserverlust (auch vor Frosttrocknis im Winter) durch ein dickes Abschlussgewebe und einen Überzug aus Wachs geschützt. Die Spaltöffnungen – sie dienen dem Gasaustausch und regeln die Wasserabgabe – liegen anders als bei Laubblättern nicht an der Blattoberfläche, sondern sind versenkt (auch → *Blatt*). Als Nadeln im weiteren Sinn gelten auch alle schuppenförmigen Blätter, z. B. beim Lebensbaum, die ähnliche Anpassungen zeigen.

Nadelbräune

Braune Verfärbungen bei Nadelgehölzen können sehr unterschiedliche Ursachen haben. Sofern keine sonstigen Anzeichen von Krankheitserregern oder Schädlingen feststellbar sind, sollte man zunächst mögliche Umwelteinflüsse oder Pflegefehler berücksichtigen. Nadelverbräunung kann insbesondere verursacht sein durch:

- anhaltende Trockenheit
- Frostschäden oder Frosttrocknis
- Magnesiummangel (→ *Magnesium*)
- übermäßige Bodenfeuchte
- unsachgemäßen Mineraldünger- oder Herbizideinsatz sowie Streusalz (besonders bei Hecken)

Ein Verbräunen von innen her samt kräftigem Nadelfall deutet oft auf die Sitkafichtenlaus hin, die mehrere Nadelbaumarten befallen kann (→ *Fichtenschädlinge*).

Ansonsten sind häufig Pilze am Werk. So etwa bei der Nadelbräune des Lebensbaums (*Thuja*), die sich in vergilbenden, braunen Nadeln und Zweigen äußert; schließlich sterben ganze Triebspitzen ab. Abhilfe schafft nur ein radikaler Rückschnitt und notfalls regelmäßiges Spritzen mit einem Pilzmittel. Ähnliches gilt für entsprechende Krankheiten an anderen Gehölzen. Da die Ursachen oft sehr schwer zu bestimmen sind, wendet man sich am besten an Pflanzenschutzdienste oder geschulte Fachverkäufer.

Auch → *Fichtenkrankheiten*, → *Kieferkrankheiten*, → *Tannenkrankheiten*

Nadelgehölze

Sammelbezeichnung für Bäume und Sträucher mit nadelförmigen Blättern. Arten mit schuppenförmigen Blättern (z. B. Scheinzypresse, Lebensbaum) werden ebenfalls den Nadelgehölzen zugerechnet, weil ihre Blätter nach dem Prinzip des → *Nadelblatts* aufgebaut sind. Fast alle Nadelgehölze sind immergrün, nur einige wenige, wie Lärche oder Sumpfzypresse, werfen im Herbst ihre Blätter ab. Die Zapfen bildenden Arten – und das sind nahe-

zu alle – heißen auch → *Koniferen*. Wegen der verwandtschaftlichen Zugehörigkeit (Blütenbau) zählt man übrigens auch das Laub abwerfende, „lebende Fossil" Ginkgo teils zu den Nadelgehölzen.
Auch → *Gehölze*

Nadelholzhecke
→ *Hecke* aus Nadelgehölzen, die auch im Winter noch Sichtschutz bietet.

Nadelholzreisig
Benadelte Zweige – meist von Fichten – die als Kälte- und Frostschutz auf bzw. um empfindliche Pflanzen gelegt werden. Ihr besonderer Vorteil ist die isolierende Wirkung bei gleichzeitiger Luftdurchlässigkeit. In Kombination mit einer Laub- oder Strohabdeckung bieten sie auch bei großer Kälte recht zuverlässigen Schutz.
Auch → *Winterschutz*

Nadelsimse
Kriechendes Riedgras für feuchte Standorte
→ *Sumpfsimse*

Nagetiere
Sehr artenreiche Ordnung der Säugetiere mit Vertretern wie Eichhörnchen, Biber, aber auch Meerschweinchen, → *Wühlmäusen*, Mäusen und Ratten. → *Hasen* und → *Kaninchen* haben zwar ebenfalls Nagezähne, gehören aber zur Ordnung der Hasentiere.

Nährelemente
→ *Nährstoffe*

Nährhumus
Leicht zersetzbares organisches Material, das im Boden recht schnell in pflanzenverfügbare Nährstoffe umgewandelt wird.
→ *Humus*

Nährsalze
Häufige Bezeichnung für → *Nährstoffe* in Mineraldüngern, da diese hier meist in Form von Salzen enthalten sind.
Auch → *Mineralsalze*

Nährstoffe
Pflanzen sind durch die Fähigkeit zur → *Photosynthese* in der Lage, lediglich aus Wasser und Kohlendioxid körpereigene Substanz, nämlich Kohlenhydrate, aufzubauen. Für das Wachsen, Blühen und Fruchten ist jedoch eine Vielzahl weiterer Nährstoffe nötig, die als mineralische Stoffe aus dem Boden aufgenommen werden. All diese Substanzen kommen in der Natur wie in Düngern kaum in Reinform vor, sondern in verschiedenen Verbindungen als Moleküle (Atomgruppen). Sofern es um die „Stoffe an sich" geht, z. B. Kalium oder Magnesium, handelt es sich um chemische Elemente. Streng genommen ist deshalb die Bezeichnung „Nährelemente" genauer. Der Einfachheit halber spricht man jedoch meist von Nährstoffen.

Die für Photosynthese und → *Atmung* unentbehrlichen Elemente sind **nichtmineralische Nährstoffe:**
- Kohlenstoff (C), wird als Kohlendioxid (CO_2) direkt aus der Luft aufgenommen.
- Wasserstoff (H), wird als Bestandteil des Wassers (H_2O) aus dem Boden aufgenommen.
- Sauerstoff (O), wird aus der Luft als O_2 aufgenommen, teils auch als Bestandteil des Wassers.

Zu den **mineralischen Nährstoffen** zählen Nichtmetalle (z. B. Stickstoff), Alkalimetalle (z. B. Kalium) und Schwermetalle (z. B. Eisen). Ihre Aufnahme erfolgt über die Wurzeln aus dem Bodenwasser, hauptsächlich in Form von → *Ionen* (elektrisch geladene Teilchen). Die Bezeichnung mineralisch deutet schon darauf hin, dass sie großteils bodenbildenden → *Mineralen* entstammen, aus denen sie allmählich durch Verwitterung freigesetzt werden. Eine weitere wichtige Quelle ist der → *Humus,* in dem die Nährstoffe organisch gebunden sind und durch die Tätigkeit der Mikroorganismen pflanzenverfügbar werden. Eine Besonderheit stellt der Stickstoff dar; er ist Hauptbestandteil der Luft und kann durch im Boden lebende Bakterien (→ *Azotobakter,* → *Knöllchenbakterien*) gebunden und pflanzenverfügbar gemacht werden.

Unzureichende bzw. durch Entzug, Auswaschung oder Festlegung verringerte Bodenvorräte werden durch → *Düngung* ausgeglichen. In geringen Konzentrationen vermögen die Pflanzen mineralische Nährstoffe auch über die Blätter aufzunehmen, was man sich bei der Blattdüngung zunutze macht.

Nach dem Mengenbedarf unterscheidet man in Haupt- und Spurennährstoffe, wobei auch die in sehr geringen Mengen benötigten Elemente essenziell, also unverzichtbar sind. Hauptnährstoffe werden in größeren Mengen für den Energiestoffwechsel und den Aufbau des Pflanzenkörpers verbraucht. Die Spurennährstoffe werden vorwiegend in → *Enzyme* eingebaut, die vielfältige Stoffwechselvorgänge steuern. Die Nährstoffe mit gebräuchlichen chemischen Abkürzungen:

- **Hauptnährstoffe** Stickstoff (N), Phosphor (P), Kalium (K), Magnesium (Mg), Kalk (Calcium; Ca), Schwefel (S). N, P und K nennt man auch Kernnährstoffe.
- **Spurennährstoffe** Eisen (Fe, teils auch als Hauptnährstoff angesehen), Mangan (Mn), Zink (Zn), Kupfer (Cu), Bor (B), Molybdän (Mo).

(Die wichtigsten Funktionen und Mangelerscheinungen sind jeweils unter eigenen Stichwortbegriffen beschrieben.)

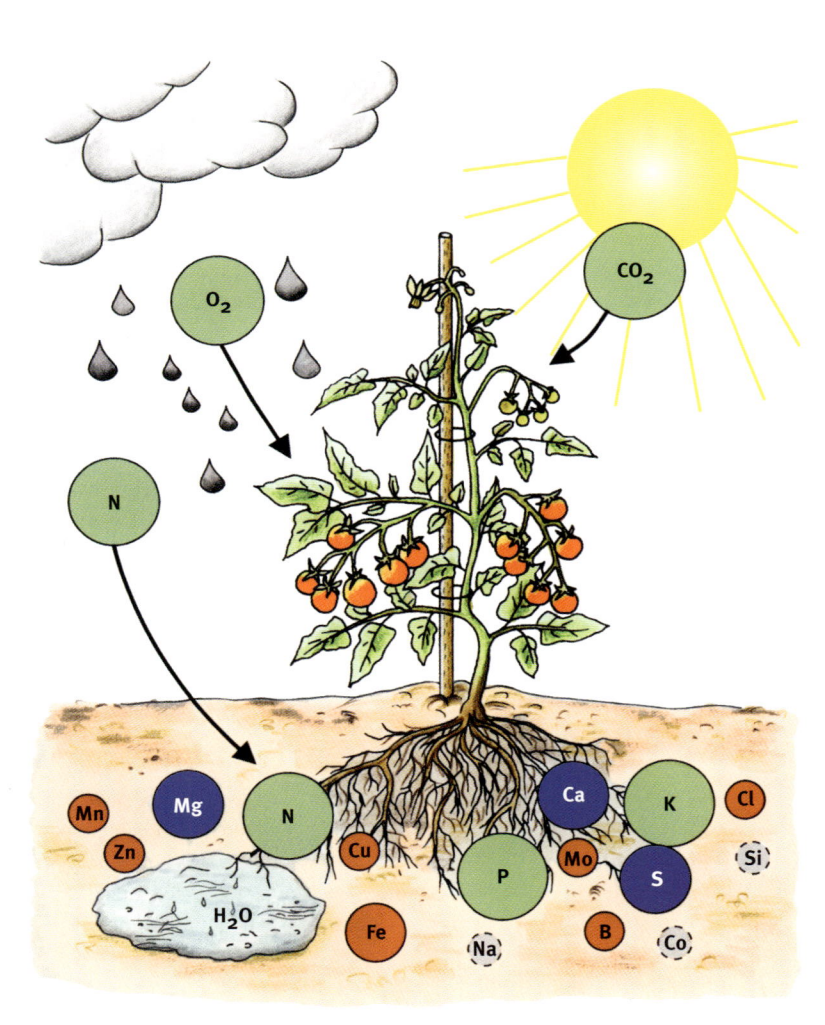

NÄHRSTOFFMANGEL

Alle unentbehrlichen Pflanzennährstoffe auf einen Blick. Für die Nährstoffaufnahme und -umsetzung sind Wasser und Sonnenenergie zwingend nötig.

Daneben gibt es einige nicht unbedingt lebensnotwendige, aber für manche Pflanzen förderliche, nützliche Elemente, nämlich Natrium (Na), Silizium (Si) und Cobalt (Co).

Unter den genannten essenziellen Nährstoffen kann keiner durch einen anderen ersetzt werden. Dies und weitere wichtige Zusammenhänge formulierte der Chemiker Justus von Liebig (1803 – 1873), Begründer der modernen Düngerlehre, in den → *Ertragsgesetzen*.

Auch → *Nährstoffmangel,* → *Nährstoffverfügbarkeit*

Nährstoffmangel

Während eine Pflanze durchaus in der Lage ist, kürzere „Notzeiten" zu überdauern, bilden sich bei dauerhaft fehlenden Bodennährstoffen schließlich Mangelkrankheiten aus, die man an äußeren Merkmalen erkennen kann. Eine Unterversorgung äußert sich bei fast allen Nährstoffen durch so genannte → *Chlorosen,* d. h. gelbliche Verfärbungen und Aufhellungen der Blätter bzw. von Blattpartien. Teils gehen sie dann in → *Nekrosen,* also Braunfärbung über, die Blätter sterben ab. Grundsätzliche Unterscheidungsmerkmale anhand von Blattveränderungen sind:

■ Chlorosen zuerst an den jüngeren Blättern: bei Mangel an Eisen, Schwefel, Kalk, Bor

■ Chlorosen zuerst an den älteren Blättern: bei Mangel an Stickstoff, Kalium, Magnesium, Mangan (auch an mittleren Blättern

■ dunkel- bis schmutziggrüne Verfärbung, teils rotbraun, bei starren kleinen Blättern: Mangel an Phosphor

■ verkrüppelte, verdrehte Blätter: Mangel an Bor oder Molybdän

Die weitere Ausprägung ist jeweils bei den einzelnen Nährstoffen beschrieben. Neben Blattverfärbungen treten häufig auch Wachstumsstockungen auf, teils auch Symptome an Früchten, wie etwa das Aufplatzen von Tomaten bei Kaliummangel.

Oftmals sind Mangelerscheinungen nicht die Folge fehlender Düngung, sondern zu einseitiger Nährstoffversorgung oder sogar übermäßiger Düngergaben. Gezielte Stickstoffgaben, ob mineralisch oder etwa in Form von Hornspänen, fördern zwar kräftig das Wachstum, für das dann aber z. B. auch mehr Kalium gebraucht wird. Gut gemeinte Kaliumdüngung wiederum kann u. a. die Aufnahme von Magnesium aus dem Boden verschlechtern, obwohl dieses in ausreichender Menge vorhanden ist. Übermäßige Kalkung führt ebenso zur Festlegung von Nährstoffen wie ein zu sauer Boden (→ *Bodenreaktion,* → *Nährstoffverfügbarkeit*).

Um solche Düngefehler zu vermeiden, ist eine gelegentliche → *Bodenuntersuchung* empfehlenswert, die Auskunft über die jeweiligen Nährstoffreserven sowie den → *pH-Wert* des Bodens gibt. Im Allgemeinen sind

NÄHRSTOFFVERFÜGBARKEIT

Bei Eisenmangel verfärben sich zuerst die jüngeren Blätter gelb.

organisch-mineralische Volldünger in Verbindung mit Kompost am besten geeignet, um Nährstoffmangel vorzubeugen. Speziell auf die Nährstoffbedürfnisse bestimmter Pflanzengruppen abgestimmte Dünger, etwa für Nadelgehölze oder Rhododendren, erleichtern einem die bedarfsgerechte Düngung.

Nährstoffverfügbarkeit

Von dem gesamten Nährstoffgehalt eines Bodens stehen den Pflanzen nur 0,2 % direkt zur Verfügung – so hoch ist der Anteil von Molekülen, die im Bodenwasser gelöst sind. Weitere 2 % sind physikalisch an Bodenbestandteile gebunden und können ins Bodenwasser übertreten: Die elektrisch geladenen Tonteilchen und Huminstoffe (organische Säuren) des Bodens halten die ebenfalls geladenen Nährstoffmoleküle fest (positive und negative Ladungen ziehen sich an, auch → *Ion*).

Je nachdem, welche → *Bodenart* und -bestandteile vorliegen oder welche Nährstoffe jeweils im Überschuss vorhanden sind, stellt sich ein labiles Gleichgewicht zwischen den freien und gebundenen Molekülen ein. Vor allem dem Boden-pH-Wert (→ *Bodenreaktion*) kommt eine entscheidende Rolle bei der Verfügbarkeit der Nährstoffe zu. Für die meisten Pflanzen sind die Nährstoffe auf schwach sauren bis neutralen Böden (→ *pH-Wert* zwischen 6,0 und 7,0) am besten verfügbar. Auf leichten Sandböden kann der Wert etwas niedriger liegen, auf schweren Lehm- und Tonböden etwas höher.

In schweren, tonhaltigen Böden sind die Nährstoffe häufig sehr fest gebunden, zudem verringern Nässe und Luftmangel die → *Mineralisation* organischer Substanz. Hier kann man durch nachhaltige Bodenverbesserung und gründliches Lockern die Nährstoffverfügbarkeit auf Dauer verbessern. Für die Aufnahme der im Wasser gelösten Nährstoffe ist freilich auch genügend Bodenfeuchte nötig.

Namen, Botanische

Eindeutige Benennung von Pflanzen mit einem international verständlichen, lateinischen Gattungs- und Artnamen
 → *Botanische Namen*

Namenia

Besonders ertragreiche Züchtung des Rübstiels
 → *Speiserübe*

Napfschildlaus

4 – 6 mm große → *Schildlaus* mit braunem Schild

Narbe

Verlängerung des Fruchtknotens in der → *Blüte*. Auf der meist klebrigen Narbe bleibt der Pollen haften.

Narcissus

Botanischer Gattungsname der → *Narzisse*

Narrentaschenkrankheit

Durch einen Pilz verursachte → *Pflaumenkrankheit,* bei der steinlose, flache Früchte gebildet werden.

Narzisse
NARCISSUS

Die Blüte der Narzissen besteht aus einem Kranz von Perigonblättern und einer Nebenkrone („Trompete"). Aus den rund 30 Arten dieses Amaryllisgewächses, die im Bereich des westlichen Mittelmeeres heimisch sind, haben fleißige Gärtner seit dem 19. Jahrhundert über 10 000 Sorten gezüchtet; und das herbstliche Angebot in den Gartencentern und Gärtnereien fügt Jahr für Jahr neue Züchtungen hinzu.

Um den Überblick nicht vollständig zu verlieren, hat man sich auf eine grobe Einteilung – Gartennarzissen und Botanische Narzissen – und eine feinere Gliederung in zwölf Klassen geeinigt. Nachfolgend werden diese Klassen mit einigen der wichtigsten Vertreter vorgestellt. Häufig sind die Klassen auf ein oder zwei Wildarten zurückzuführen.

Narzissen haben wie Tulpen oder Lilien ein so genanntes Perigon als Blütenhülle, d. h., Kelch- und Blüten-

Für Narzissen typisch – die „Trompeten"-Blüte

blätter sind einheitlich gefärbt. Sie bilden die sternförmige Hauptkrone, in deren Mitte eine teilweise andersfarbige Nebenkrone sitzt. Die Ausprägung der mehr oder weniger becherförmigen Nebenkrone ist eines der wichtigsten Unterscheidungsmerkmale zwischen den verschiedenen Narzissenklassen.

Narzissen sind Zwiebelpflanzen; sie werden Ende August/September des Vorjahres an den vorgesehenen Standort gesetzt. Als Faustregel für die Tiefe gilt die doppelte Zwiebelhöhe (Packungsangaben befolgen). Um eine natürliche Wirkung zu erzielen, sollten die Zwiebeln zu lockeren Gruppen arrangiert werden. Grundsätzlich bleiben sie nach der Blüte so lange ungestört, bis die Blätter völlig verwelkt sind. Niedrige Arten und Sorten eignen sich auch für Kästen und Schalen.

Alle Narzissen sind schwach giftig; die meisten Giftstoffe enthalten die Zwiebeln. Der Saft kann bei Allergikern zu Hautreizungen führen.

1. Trompetennarzissen oder Osterglocken

Diese wohl bekanntesten Frühblüher erscheinen zwischen März und April und zeichnen sich durch einfarbig weiße oder gelbe Blüten – eine je Stängel – und eine lange Nebenkrone aus. Die Gelbe Narzisse ist die Wildform der klassischen Osterglocke und kommt auch in Deutschland vor (selten und geschützt), wo sie auf humusreichen, feuchten aber durchlässigen Böden wächst.

Trompetennarzisse, Osterglocke
NARCISSUS PSEUDONARCISSUS

Merkmale: Zwiebelpflanze, bis 60 cm hoch; riemenförmige Blätter; Blüte mit 4 – 7 cm Ø, hellgelb mit langer Nebenkrone.
Blütezeit: März – April

Trompetennarzisse (Narcissus-pseudonarcissus-Hybride)

Verwendung: In Gruppen auf Blumenbeeten, am Gehölzrand, unter Laub abwerfenden Gehölzen.
Standort: Mäßig trockener bis feuchter, nährstoffreicher Boden.
Pflanzen/Vermehren: Pflanzung ab Frühherbst, 10 – 20 cm Abstand; kann am geeigneten Standort verwildern; Nebenzwiebeln nach der Blüte abtrennen.
Pflege: Bei Trockenheit während der Blütezeit gießen; alle 1 bis 2 Jahre zum Austrieb organisch düngen.
Hinweis: Die zahlreichen Hybridsorten blühen einfarbig (weiß oder gelb), unterscheiden sich von der Wildform aber durch etwas früher oder später einsetzender Blüte. Bekannte Sorten sind (Auswahl) 'King Alfred', 'Dutch Master', 'Cantatrice'.

2. Großkronige oder Schalennarzissen

Sie stellen fast die Hälfte aller Sorten im Angebot der Züchter. Auch sie sind einblütig, haben allerdings eine kürzere Trompete, die sich farblich oft von den Perigonblättern absetzt. Die kurze Nebenkrone ist deutlich sternartig ausgebreitet.

Schalennarzisse
NARCISSUS X INCOMPARABILIS

Merkmale: Zwiebelpflanze, bis 50 cm hoch; riemenförmige Blätter; Blüte mit über 10 cm Ø, Kranz weiß oder gelb, Nebenkrone gelb bis orange.
Blütezeit: März – April
Verwendung: Wie Trompetennarzisse.
Standort: Wie Trompetennarzisse.
Pflanzen/Vermehren: Wie Trompetennarzisse.
Pflege: Wie Trompetennarzisse.
Hinweis: Die Sorten unterscheiden sich in der Blütenfarbe und dem Beginn des Aufblühens. Bekannte Sorten sind u. a. 'Stainless', 'Ceylon'.

3. Kleinkronige oder Tellernarzissen

Die einzeln stehenden Blüten dieser Hybriden öffnen sich recht spät und haben eine Nebenkrone, die höchstens ein Drittel so lang wird wie ein Perigonblatt.

Narzisse

Tellernarzisse
NARCISSUS-HYBRIDEN
☼–◐ ☺ ✖

Merkmale: Zwiebelpflanze, bis 35 cm hoch; riemenförmige Blätter; Blüte um 10 cm Ø, Kranz weiß oder gelb, Krone gelb, orange oder rot.
Blütezeit: April – Mai
Verwendung: Blumenbeete.
Standort: Wie Trompetennarzisse (S. 587).
Pflege: Wie Trompetennarzisse.
Pflanzen/Vermehren: Wie Trompetennarzisse.
Hinweis: Bekannte Sorten sind u. a. 'Barret Browning', 'Birma, 'Limerick', 'La Riante'.

4. Gefüllte Narzissen
Die Cultivare dieser Gruppe hat nicht jedes Gartencenter im Angebot, da sie im Freiland nicht besonders standfest sind. Man kann sie aber im Zimmer vortreiben, so dass sie bereits ab Februar zu blühen beginnen. Charakteristisch sind die vermehrten Blätter von Kranz und Nebenkrone.

Gefüllte Narzisse
NARCISSUS-HYBRIDEN
☼–◐ ✖

Merkmale: Zwiebelpflanze, bis 40 cm hoch; riemenförmige Blätter; Blüte mit 10 – 12 cm Ø, Kranz weiß oder gelb, Nebenkrone gelb oder orange.
Blütezeit: April
Verwendung: Wie Trompetennarzisse (S. 587).
Standort: Wie Trompetennarzisse.
Pflanzen/Vermehren: Wie Trompetennarzisse.
Pflege: Wie Trompetennarzisse.
Hinweis:. Bekannte Sorten sind u. a. 'Acropolis', 'Tahiti', 'White Lion'.

5. Narcissus-Triandrus- oder Engelstränennarzissen
Diese Hybriden gehen auf die zierliche, mehrblütige *N. triandrus* zurück, die wild in Spanien und Portugal wächst. Die Sorten zeichnen sich durch zurückgebogene gelbe oder weiße Perigonblätter aus.

Engelstränennarzisse
NARCISSUS-HYBRIDEN
☼–◐ ☺ ✖

Merkmale: Zwiebelpflanze, bis 35 cm hoch, riemenförmige Blätter; 2 bis 6 Blüten mit 3 – 10 cm Ø, weiß oder gelb, meist duftend.
Blütezeit: April
Verwendung: Wie Trompetennarzisse (S. 587).
Standort: Wie Trompetennarzisse; doch eher neutrale bis saure Böden.
Pflanzen/Vermehren: Wie Trompetennarzisse; etwa 10 cm Abstand genügen.
Pflege: Wie Trompetennarzisse.
Hinweis: Bekannte Sorten sind u. a. 'Liberty Bell', 'Rippling Waters'.

6. Narcissus-Cyclamineus- oder Alpenveilchennarzissen
Hier stehen die einzelnen Blüten in einem spitzen Winkel vom Stiel ab. Auffällig sind die langen Nebenkronen und stark zurückgebogenen Perigonblätter. Die Ursprungsart, eine kleine Wildnarzisse, besiedelt auf der Iberischen Halbinsel feuchte bis moorige Standorte.

Alpenveilchennarzisse
NARCISSUS CYCLAMINEUS
◐ ☺ ✖

Merkmale: Zwiebelpflanze, bis 15 cm hoch; schmale, gekielte Blätter; Blüten um 4,5 cm lang, hellgelb mit zurückgeschlagenen Perigonblättern und langer, vorn gesägter Krone.
Blütezeit: März – April.
Verwendung: Passt am besten in den Randbereich eines Teiches oder in einen feuchten Steingarten; sonst wie Trompetennarzisse (S. 587).
Standort: Humoser, feuchter Boden; eher neutral bis sauer.
Pflanzen/Vermehren: Wie Trompetennarzisse; 10 cm Pflanzabstand.
Pflege: Wie Trompetennarzisse.
Hinweis: Die Hybriden gehören zu den besonders robusten Züchtungen und sind daher in vielen Sorten mit reingelben, weißen und zweifarbigen Blüten vertreten. Einige blühen erst ab April. Bekannte Sorten sind u. a. 'February Gold', 'Jack Snipe', 'Peeping Tom', 'Tête à Tête'.

7. Narcissus-Jonquilla- oder Duftnarzissen
Die meisten Sorten dieser Gruppe beginnen etwas später zu blühen; sie tragen pro Stiel 1 bis 5 duftende Blüten mit ausgebreitetem Perigon und flacher Nebenkrone. Die Zwiebeln einiger Sorten erfrieren in sehr kalten Wintern. Die zierliche Jonquille wächst wild in Spanien und Nordafrika.

Jonquille
NARCISSUS JONQUILLA
☼ ✖

Merkmale: Zwiebelpflanze, bis 30 cm hoch; Blätter sehr schmal bis zylindrisch, treiben im Spätwinter aus; Blüten goldgelb.
Blütezeit: April – Mai

Straußnarzisse (Narcissus-Tazetta-Hybride)

Verwendung: In Gruppen in Beeten und Rabatten, im Steingarten.
Standort: Bevorzugt warme, geschützte Plätze; schwach alkalischer Boden.
Pflanzen/Vermehren: Wie Trompetennarzisse (S. 587); 10 cm Pflanzabstand.
Pflege: Wie Trompetennarzisse; im Winter mit Fichtenreisig abdecken.
Hinweis: Die Sorten haben ein Perigon in verschiedenen Gelbtönen und gelbe bis orange Nebenkronen. Bekannte Sorten sind (Auswahl) 'Suzy', 'Sweetness', 'Baby Moon'.

8. Narcissus-Tazetta- oder Straußnarzissen

Die Vertreter dieser Gruppe entstammen Kreuzungen der empfindlichen, im Mittelmeerraum vorkommenden *N. tazetta* mit der robusteren Dichternarzisse (*N. poeticus*). Die Blüten fallen sehr unterschiedlich aus; bei kleinblütigen Sorten können bis zu 20 Blüten pro Trieb erscheinen, bei großblütigen sind es nur 3 bis 4. Alle Straußnarzissen sind gute Schnittblumen, die meisten duften.

Straußnarzisse
NARCISSUS-HYBRIDEN

Merkmale: Zwiebelpflanze, bis 35 cm hoch; relativ breite Blätter; Blüten in der Regel zweifarbig, gelbe bis orange und weiße Töne.
Blütezeit: April
Verwendung: Wie Jonquille.
Standort: Wie Jonquille.
Pflanzen/Vermehren: Wie Jonquille.
Pflege: Wie Jonquille.
Hinweis: Bekannte Sorten sind u. a. 'Geranium', 'Scarlet Gem', 'Silver Chimes'.

9. Narcissus-Poeticus- oder Dichternarzissen

Das Verbreitungsgebiet der Dichternarzisse reicht vom Mittelmeergebiet bis in die Schweiz und die Vogesen. Neben der Wildart werden auch mehrere Sorten dieser weiß blühenden Form mit dem sternförmigen Kranz angeboten.

Dichternarzisse
NARCISSUS POETICUS

Merkmale: Zwiebelpflanze, bis 30 cm hoch; Blätter riemenförmig; Blüte bis 7 cm lang, weiße Perigonblätter, kurze gelbe, rot gerandete Nebenkrone.
Blütezeit: Mai
Verwendung: Wie Trompetennarzisse (S. 587).
Standort: Feuchter, humoser Boden.
Pflanzen/Vermehren: Wie Trompetennarzisse; kann verwildern, sät sich selbst aus.
Hinweis: Die Sorten ähneln sehr der Wildart, besonders bekannt sind 'Actaea' (grüngelbe Nebenkrone mit rotem Rand) und 'Queen of Narcissi' (rote Nebenkrone).

10. Narzissen mit geschlitzter Nebenkrone

Zu dieser Klasse gehören unterschiedliche Sorten, die unter den Namen Schmetterlings-, Split-, Corona-, Kragen- oder Orchideennarzissen im Handel sind. Sie sind fast ausschließlich einblütig und haben Nebenkronen, die bis zur Hälfte ihrer Länge eingeschnitten sind. Bei den „Kragen"-Sorten überdecken sich Nebenkrone und Perigonblätter, bei den „Schmetterlings"-Sorten erinnert die Nebenkrone an Schmetterlingsflügel. Bekannte Sorten sind z. B. 'Broadway Star', 'Cassata' oder 'Chanterelle'. In Standort, Pflege und Verwendung entsprechen sie den Trompetennarzissen (S. 587), wobei man sie vorwiegend auf Frühlingsbeete pflanzt.

11. Wild- oder Botanische Narzissen

In diese Klasse gehören natürlich vorkommende Arten und Hybriden, die

Reifrocknarzisse (Narcissus bulbocodium)

oftmals recht spezielle Ansprüche an den Standort stellen. Verständlicherweise ist das Marktangebot in diesem Segment deutlich schmäler als bei den Gartennarzissen, obgleich es zahlreiche Liebhaberarten gibt. Stellvertretend seien hier zwei der häufiger zu findenden Wildnarzissen beschrieben. Im strengen Sinn gehören ebenfalls die Stammarten anderer Hybriden und Sorten (*N. pseudonarcissus*, *N. tazetta* usw.) zu den Wildnarzissen.

Reifrocknarzisse
NARCISSUS BULBOCODIUM

Merkmale: Zwiebelpflanze, bis 15 cm hoch; Blüte trichterförmig; Blüte um 3,5 cm Ø, mit schmalen, spitzen Perigonblättern, dunkelgelb.
Blütezeit: April – Mai
Verwendung: Wie Trompetennarzisse (S. 587); auch für feuchte Steingärten; gut für Kästen und Schalen geeignet.
Standort: Wie Trompetennarzisse; bevorzugt neutrale bis saure Böden.
Pflanzen/Vermehren: Wie Trompetennarzisse; Pflanzabstand 10 cm.
Pflege: Wie Trompetennarzisse.

Narzissenkrankheiten

Duftnarzisse
NARCISSUS X ODORUS
☼–◐ ☺ ✖

Diese Hybride ist eine Kreuzung aus *N. jonquilla* und *N. pseudonarcissus*.
Merkmale: Zwiebelpflanze, bis 25 cm hoch; Blätter bis 50 cm lang, riemenförmig, gekielt; 1 bis 2 Blüten pro Stiel, 4 cm Ø, goldgelb, stark duftend, schmale Perigonblätter, große Nebenkrone.
Blütezeit: März
Verwendung: Wie Trompetennarzisse (S. 587); auch für Frühjahrskästen und Schalen.
Standort: Wie Trompetennarzisse.
Pflanzen/Vermehren: Wie Trompetennarzisse.
Pflege: Wie Trompetennarzisse.

12. Gemischte Narzissen

In dieser Klasse werden alle sonstigen Sorten zusammengefasst, die sich nicht in die übrigen Kategorien eingliedern lassen. Hierzu zählen u. a. die unter 20 cm hohe 'Jumblie' mit mehreren Trieben und je drei orangegelben Blüten oder 'Quince' mit 1 bis 3 gelben Blüten und gefranster Nebenkrone.

Narzissenkrankheiten

In der Regel sind Narzissen wenig anfällig gegenüber Krankheiten, obgleich es eine Vielzahl möglicher Erreger gibt. Sie treten meist nur unter sehr ungünstigen Bedingungen auf, besonders auf zu feuchten Böden. Hier kann es z. B. zu Zwiebelfäule kommen (braune Stellen breiten sich von der Zwiebelbasis her aus) oder zum nachfolgend beschriebenen „Narzissenfeuer".

Weitere gelegentlich auftretende Krankheiten sind → *Rostpilze* (Chlorosen und farbige Pusteln auf Blättern, vertrocknende Blätter), Welkepilze (→ *Fusarium*, → *Verticillium*) oder unterschiedlichste → *Viruskrankheiten*.

Narzissenfeuer

Verursacht durch eine *Botrytis*-Art, die zu den Erregern des → *Grauschimmels* zählt. Während im fortgeschrittenen Stadium der typische mausgraue Schimmelbelag auftritt, äußert sich Anfangsbefall in auffälligen Flecken, weshalb man auch von Blatt- und Blütenfleckenkrankheit spricht.
Schadbild: Oft bereits deformierter Austrieb, auch Blätter verunstaltet und hell gefärbt; bräunliche Flecken auf Blättern, Stängeln und Blüten; später dann überzogen von stäubendem, grauem Pilzrasen; Absterben der Pflanze.
Abhilfe: Vorbeugend nicht zu eng pflanzen; nicht zu häufig, sondern seltener, aber durchdringend gießen (möglichst morgens). Befallene Pflanzen vollständig entfernen; notfalls mit geeignetem Fungizid spritzen; zu Maßnahmen auch → *Grauschimmel*.

Narzissenschädlinge

An Narzissen schaden zuweilen Wurzel- und Stängelälchen (→ *Nematoden*; gelbliche oder grünliche Beulen auf den Blättern, verfärbte Zwiebeln), Wurzel- und Zwiebelschalenmilben, aber auch die allgegenwärtigen → *Schnecken*. Ein spezialisierter Schaderreger ist die Narzissenfliege.

Narzissenfliege

Zwei Arten, die Kleine und Große Narzissenfliege, legen im Frühsommer, während das Laub abstirbt, ihre Eier an die Hälse der Zwiebeln ab. Daraus schlüpfen gelblich weiße Maden, die sich in die Blumenzwiebeln bohren, darin überwintern und das Innere auffressen. Im folgenden Frühjahr schlüpft aus befallenen Zwiebeln die nächste Fliegengeneration.
Schadbild: Gekrümmter, verkümmerter, gelblicher Blattaustrieb; Knospen entfalten sich nicht; Zwiebel innen durch Fraß zerstört.
Abhilfe: Vorbeugend Pflanzzwiebeln prüfen; bei Befall lassen sie sich an den Spitzen eindrücken, fühlen sich „pappig" an. Befallene Pflanzzwiebeln bzw. betroffene Narzissen umgehend entfernen und vernichten.

Naschbäumchen

Kleinwüchsiger Obstbaum, auch Duobäumchen genannt, auf dessen → *Unterlage* zwei verschiedene Sorten veredelt sind. Bei selbstunfruchtbaren Arten wie Apfel oder Birne stellen die beiden Sorten die gegenseitige Befruchtung sicher und liefern unterschiedliche Früchte.

Nashi
PYRUS PYRIFOLIA VAR. CULTA
☼

Die wörtliche Übersetzung des japanischen Namens bedeutet schlicht „Birne", bei uns wird dieses Kernobstgehölz auch als Apfelbirne oder Japanische Birne bezeichnet. Die Frucht ist knackig und säuerlich wie ein Apfel – die japanische Form sieht auch so aus –, hat aber das Aroma einer Birne. Die Nashi wird in Ostasien, aber auch in Kalifornien, Neuseeland und einigen südeuropäischen Ländern angebaut. Sie ist zwar recht robust, aber durch die frühe Blüte spätfrostgefährdet; ebenso wie bei der Birne bietet sich das Ziehen als Spalier an einer warmen Hauswand an. Beachten muss man außerdem, dass sie zu den durch → *Feuerbrand* gefährdeten Gehölzen zählt.

Die Nashi wird als Busch, Spindelbusch oder Halbstamm angeboten, ist selbstunfruchtbar und braucht einen Bestäubungspartner. Das kann eine andere Nashisorte sein oder auch eine Birnensorte mit guten Pollenspenderqualitäten, z. B. 'Williams Christbirne'. Es gibt verschiedene hellschalige und dunkelschalige Sorten, mittlerweile auch Kreuzungen zwischen Nashi und Birne.

Früchte der Nashi

Merkmale: Strauch oder kleiner Bäum, 2 – 2,5 m hoch und breit; große, ledrige Blätter; weiße, birnenähnliche Blüten; bereits ab dem 2. Standjahr fruchtend; Früchte birnenförmig (chinesischer Typ) oder apfelförmig (japanischer Typ).
Blütezeit: April
Standort: Warm, geschützt; humoser, nährstoffreicher, tiefgründiger, kalkfreier Boden.
Pflanzen/Vermehren: Pflanzung im Herbst; bei mehreren Bäumen mit 2,5 – 3 m Abstand.
Pflege: Baumscheibe lockern, mulchen; im Frühling organisch düngen; bei anhaltender Trockenheit durchdringend gießen. Junge Früchte bei dichtem Behang auf 1 bis 2 pro Fruchtstand ausdünnen, sonst bleiben sie ungenießbar; Ernte, wenn nötig, durch Netze vor Vögeln schützen. Triebe im 2. und 3. Standjahr um die Hälfte einkürzen; später regelmäßig auslichten.
Ernte: Je nach Sorte ab Ende August bis Ende September; Früchte vollreif ernten, aber nicht zu lange hängen lassen; für Lagerung (kühl und trocken bis zwei Monate) kurz vor Vollreife ernten.

Nasser Boden

Ein Boden, der unter der Erdoberfläche, im Bereich der Wurzeln, die meiste Zeit über wassergesättigt ist und höchstens in langen Trockenperioden abtrocknet. Regen- oder Gießwasser versickert kaum und bleibt oft in Pfützen stehen. Für die allermeisten Gartenpflanzen wird solch ein nasser Boden rasch zum Problem. Er ist nicht durchlüftet, verarmt an organischem Material, zeigt meist eine zunehmend saure → *Bodenreaktion* und macht die Wurzeln anfällig für Krankheiten und Schädlinge.

Ursachen für die Dauernässe können ein sehr hoher Tonanteil oder ein hoch anstehender Grundwasserspiegel sein. Häufig ist jedoch eine wasserundurchlässige Tonschicht im Untergrund für dieses Phänomen verantwortlich. Je nach Problemlage werden mehr oder weniger aufwändige Maßnahmen der → *Bodenverbesserung* erforderlich, bis hin zum Aufbrechen des Untergrunds mit Spezialmaschinen oder einer fachmännisch angelegten → *Dränage*. Bei räumlich begrenzten nassen Stellen im Garten ist es freilich wesentlich einfacher, sie für ein Sumpf- oder Moorbeet, eine Feuchtwiese oder einen ansprechenden Teich zu nutzen.

Nassfäule

Beschreibt allgemein ein Schadbild bei Pflanzen, das sich durch ausgesprochen nass verfaulendes Gewebe äußert. Nassfäulen sind häufig ein typisches Anzeichen für → *Bakterienkrankheiten*.

Nassfäule im engeren Sinn nennt man durch verschiedene *Erwinia*-Bakterien ausgelöste Krankheiten, die an unterschiedlichen Nutz- und Zierpflanzen auftreten können. Größte wirtschaftliche Bedeutung hat die Stängel- und Knollennassfäule (*Erwinia carotovora*) der Kartoffel, die weltweit enorme Schäden verursacht. Sie tritt besonders nach feuchten Erntebedingungen auf und befällt, ausgehend von kleinen Wunden, die Lagerkartoffeln. Durch infizierte Knollen, bei denen die Symptome noch nicht augenfällig sind, wird die Krankheit weiter verbreitet. Die durch die Fäule regelrecht verflüssigten Kartoffeln riechen modrigmuffig. Im Privatgarten spielt die Krankheit bislang allerdings eine wesentlich geringere Rolle als im Erwerbsanbau.

Anfällig für diesen oder verwandte Erreger sind auch andere Wurzelgemüse, wie Steckrüben und Pastinaken, oder Gemüsezwiebeln; selbst Knollen und Zwiebeln von Zierpflanzen bleiben nicht verschont. Da Bakterien nicht bekämpft werden können, bleibt als einzige akute Maßnahme das sofortige Entfernen und Vernichten sämtlicher befallener Pflanzen; zur Vorbeugung → *Bakterienkrankheiten*.

Ein häufiger Verursacher recht feuchter, jedoch nicht so ausgeprägt nasser Fäulen ist der → *Grauschimmel* (*Botrytis*).

Nasturtium

Ausdauernde Wasserpflanze mit scharf schmeckenden, würzenden Blättern
→ *Brunnenkresse*

Natrium

Chemisches Element mit der Abkürzung Na. Natrium ist ein Alkalimetall, das in normalen Böden in kleineren Mengen vorkommt. Für die meisten Pflanzen gehört es nicht zu den lebensnotwendigen Nährstoffen, doch besonders für einige Gemüsearten ist es förderlich. Hierunter zählen Rote Bete, Spinat, Sellerie und Kohl. Eine gezielte Natriumdüngung erfolgt jedoch nicht und könnte bei falscher Handhabung eher Schaden anrichten.

Dies kann man bei „Natriumgaben" in Form von winterlichem Streusalz beobachten, das meist aus Natriumchlorid (NaCl) besteht. In Gärten nahe der Straße bzw. an Hecken wird dies öfter zum Problem, denn das Natrium verdrängt die übrigen positiv geladenen Bodennährstoffe und trägt zur Zerstörung der Bodenstruktur bei. Bis auf wenige Spezialisten, die auf den Salzwiesen der Küste oder auf Böden wachsen, deren Grundwasser mit Salzlagerstätten in Verbindung steht, können Pflanzen kein überschüssiges Natriumsalz vertragen.

Natternkopf

ECHIUM
☼ ☺

Die Gattung besteht aus Pionierpflanzen, die Schuttplätze, Geröllhalden und auch trockene Wiesen besiedeln. Die Familienzugehörigkeit kann man an den Blättern ertasten: Der Natternkopf gehört zu den Raublatt- oder Borretschgewächsen. Seine Blüten erinnern in Seitenansicht an einen Schlangenkopf mit gespaltener Zunge, daher der gefährlich klingende Name.

Mit seiner bis zu 2,5 m langen Wurzel dringt der heimische Gewöhnliche Natternkopf in Tiefen vor, in denen selbst in den heißesten Sommern noch etwas Grundwasser zu finden ist. Der interessante Farbwechsel seiner Blüten geht auf einen geänderten pH-Wert in den Zellen zurück. Der Wegerichblättrige Natternkopf ist vom Mittelmeergebiet bis zum Kaukasus verbreitet. Er wird in mehreren, besonders reich und intensiv blühenden Sorten angeboten.

Gewöhnlicher Natternkopf
ECHIUM VULGARE
☼ ☺

Merkmale: Zweijährig; aufrechter Wuchs, 30 – 80 cm hoch; schmale Blätter in grundständiger Rosette, Blätter und Stängel borstig behaart; Blüten zunächst rötlich, später dunkelblau in 30 cm hohen Ähren, seltener auch weiß.
Blütezeit: Juni – Oktober
Verwendung: In Stein- oder naturnahen Wildblumengärten; an Wegen und Zäunen, im trockenen Gehölzsaum.
Standort: Warm; trockener, magerer, auch steiniger Boden.
Kultur: Im März/April direkt am Standort aussäen, später auf 30 – 40 cm Abstand vereinzeln; vermehrt sich durch Selbstaussaat.
Pflege: Keine besondere Pflege nötig; nicht düngen, sonst verstärktes Blattwachstum und verringerte Blüte.

Wegerichblättriger Natternkopf
ECHIUM PLANTAGINEUM
☼ ☺

Merkmale: Ein- bis zweijährig, 30 – 60 cm hoch, behaarte Blätter und Stängel; Blüten blau bis blauviolett, rosa oder weiß.
Blütezeit: Juni – August
Verwendung: In Gruppen für trockene Beete und Rabatten, für Steingarten und Naturgarten, gute Bienenweide.
Standort: Wie Gewöhnlicher Natternkopf.
Kultur: Wie Gewöhnlicher Natternkopf.
Pflege: Wie Gewöhnlicher Natternkopf.
Hinweis: Häufig werden um 30 cm hohe „Zwergsorten" angeboten, teils in Farbmischungen.

Natternkopf (Echium plantagineum)

Naturdünger

Gebräuchliche Bezeichnung für organische Handelsdünger, also gebrauchsfertige, käufliche Düngemittel aus verschiedenen organischen Stoffen. Das können z. B. Hornspäne oder Guano sein. Häufig haben die Hersteller ihre Spezialrezepte, nach denen sie unterschiedliche Komponenten mischen, etwa Hufmehl, getrockneten Dung, Pressrückstände von Pflanzenölen oder Algenkalk.

Im weiteren Sinne zählen alle organischen → *Dünger* wie Kompost und Mist zu den Naturdüngern. Auch aus mineralischen Lagerstätten gewonnene Kalium- oder Kalkdünger z. B. sind „reine Natur", solange sie nicht durch spezielle chemische Verfahren aufbereitet wurden.

Naturgarten

Auch Wildgarten oder naturnaher Garten genannt. Ein Garten, der sich in Anlage und Bepflanzung am Vorbild natürlicher Landschaften und Biotope orientiert und umweltschonend mit geringstmöglichen Eingriffen gepflegt wird – so etwa lässt sich die Grundidee des Naturgartens umreißen. Während es beim Bio-Garten bzw. → *Bio-Anbau* eher um die praktische Seite und den Nutzgarten geht, kann man den Naturgarten als besondere Form der → *Gartengestaltung* sehen.

Umstrittener Begriff

Über Definitionen und Abgrenzungen des Naturgartens lässt sich trefflich streiten. Schließlich ist jeder noch so naturorientierte Garten „künstlich", da von Menschenhand geschaffen. Und der Mensch will den Naturgarten ja auch genießen und in gewissem Grad nutzen, lässt also zwangsläufig die Natur vor der Haustür nicht unberührt. Deshalb spricht man teils etwas differenzierter vom naturnahen Garten.

Umgekehrt ist „die Natur", wie wir sie kennen, häufig durch frühere menschliche Tätigkeit geprägt und teils sogar erst entstanden, etwa durch Abholzen von Wäldern oder extensive Beweidung. Manche Wildblumen und -gräser, die heute als Inbegriff von Natur angesehen werden, sind typische Kulturfolger. D. h., sie wurden durch die Land- und Weidewirtschaft unserer Vorfahren gefördert und erst durch die spätere chemische Unkrautbekämpfung wieder zurückgedrängt. Schließlich waren auch nicht wenige unserer heimischen Pflanzen vor Jahrhunderten noch Fremdlinge. Bis zum Zerfall des Römischen Reichs gelangten unzählige neue Pflanzenarten über die Alpen, die ursprünglich in Südeuropa oder Asien beheimatet waren; die nächste große „Einwanderungswelle" gab es nach der Entdeckung anderer Kontinente im 15. und 16. Jahrhundert (auch → *eingebürgerte Pflanzen*). Auch die Bauerngärten, heute oft mit „Natürlichkeit" gleichgesetzt, nahmen alles auf, was Reisende aus fernen Ländern mitbrachten und sich ins Bild fügte.

Solche naturhistorischen Betrachtungen spielen bis in die Praxis des Naturgartens hinein. Häufig scheiden sich die Geister z. B. an der Frage, inwieweit fremdländische Pflanzen verwendet werden dürfen. Demnach gibt es – je nach Einstellung – verschiedene Abstufungen in der Naturorientierung. Wo nicht alles streng dem ökologischen Prinzip untergeordnet werden soll, ist freilich auch Platz z. B. für eine Magnolie. Viele Gartenbesitzer beschränken sich auch darauf, nur einzelne Gartenbereiche naturnah anzulegen. Ein sicherlich akzeptabler Kompromiss – sofern im Rest des Gartens nicht intensiv gespritzt wird oder größere „Umweltsünden" wie reichlicher Torfeinsatz an der Tagesordnung sind.

Anliegen und Grundprinzipien

Kleine Öko-Inseln inmitten gleichförmiger Garten- und Kulturlandschaften zu schaffen und die Umwelt durch das Gärtnern möglichst wenig zu beeinträchtigen: Das sind die Hauptanliegen jedes ernsthaft betriebenen Naturgartens. Doch sicherlich bietet er auch ein besonderes Gartenerlebnis, durch den schlichten Charme reizvoller Wildpflanzen ebenso wie durch die zahlreich zu beobachtenden Tiere, etwa Schmetterlinge, Vögel und Libellen. Schließlich spricht für Naturgärten und naturnahe Bereiche, dass sie besonders pflegeleicht sind.

Zu den grundsätzlichen Zielsetzungen von Naturgärten gehören:

- vielfältige Lebensräume für zahlreiche Pflanzen- und Tierarten
- Rückzugsmöglichkeiten insbesondere für Tiere, die es in ausgeräumten, zersiedelten Kulturlandschaften schwer haben.
- standortgerechte, vorwiegend landschaftstypische Bepflanzung mit heimischen und/oder züchterisch kaum bearbeiteten Arten
- Möglichst weitgehende Selbstregulierung der Lebensgemeinschaften, in denen sich ein annäherndes biologisches Gleichgewicht einstellen soll.
- Verzicht auf chemische Pflanzenschutzmittel, leicht lösliche Dünger und sonstige bedenkliche Hilfsstoffe (auch → *Bio-Anbau*)

Anlage und Bepflanzung

Mit „einfach alles wachsen lassen" ist es nicht getan. Schnell machen sich dann einige konkurrenzstarke Pflanzen breit, die man üblicherweise als „Problemunkräuter" einstuft. Auch sie sind freilich für vielerlei Kleintiere nützlich, doch zum Artenreichtum tragen sie nicht gerade bei. Und eine reine Gierschwiese oder ein Hahnenfußrasen erfreuen auch das

Naturgarten

Wildstauden – anmutiger Charme und reiches Nahrungsangebot für Insekten

In halbschattigen Bereichen sorgen Pflanzen wie die Gewöhnliche Akelei für naturnahes Flair.

Trockenmauern gehören sicherlich zu den besonders reizvollen Gestaltungselementen in einem Naturgarten.

Auge des Naturgärtners nicht unbedingt. Es bedarf schon des Ansiedelns bestimmter Pflanzengemeinschaften, denen man ähnlich wie Beetpflanzen geeignete Bedingungen schaffen muss. Dabei sind Wildpflanzen in ihrer Entwicklung noch viel unberechenbarer als Kulturgewächse, vor allem können sich die Pflanzengesellschaften auch mit der Zeit verändern. Etwas ökologisches Verständnis, gründliches Beobachten und sanftes Lenken gehören deshalb mit zum Naturgarten.

Die Zielrichtung bei der Pflanzenwahl ist klar: Man verwendet in der Hauptsache oder ausschließlich Arten, die in unseren Breiten auch wild vorkommen; diese in naturnahen Formen, also keine hoch gezüchteten Sorten. Das ist keine „Prinzipienreiterei", sondern beruht auf der Beobachtung, dass eine Wildpflanzenart für etwa zehn Tierarten als Nahrungsgrundlage dient. Schmetterlinge, Bienen, Hummeln und Kleininsekten ernähren sich vom Pollen der Wildblumen, der für sie – anders als bei gefüllt blühenden oder sterilen Ziersorten – frei zugänglich ist und in Fülle zur Verfügung steht. Manche Tierarten sind auch an ganz bestimmte Pflanzen gebunden, ein breites Wildpflanzenangebot vermag somit z. B. seltene Schmetterlinge anzulocken.

Die reiche Kleintierpalette wiederum zieht Vögel an. Fruchtende Wildgehölze bieten ihnen Herbst- und Winternahrung sowie geeignete Nistmöglichkeiten. Im Dickicht von Wildhecken finden Igel und andere Tiere Unterschlupf, Naturteiche und Feuchtbereiche ziehen Amphibien an, in Trockenmauern und Steinanlagen lässt sich zuweilen eine Eidechse blicken.

Solche Tierrefugien beinhalten schon einige der charakteristischen Lebensräume und Elemente eines Naturgartens. Hierzu gehören:

Wildrosenhecken sind zierende Einfriedung mit ökologischem Wert, brauchen aber etwas Platz.

■ Gehölzgruppen/Gebüsche und Naturhecken, z. B. mit Wildrosen, Haselnuss, Hainbuche, Eberesche und Holunder (auch → *Hecke*)

■ Gehölzunterpflanzung mit Schattenstauden sowie vielfältig bepflanzte Hecken- und Gehölzränder (Staudensäume)

■ bunte → *Blumenwiesen,* je nach Bodenverhältnissen als → *Feuchtwiese,* → *Magerwiese* o. Ä.

■ ein → *Naturteich* und andere Feuchtbereiche, etwa → *Sumpfbeet* oder → *Moorbeet*

■ naturnaher → *Steingarten* und → *Trockenmauer*

■ Ecken mit Wildwuchs, Stein- und Totholzhaufen, die besonders auch der → *Nützlingsförderung* dienen.

Freilich können und sollen nicht sämtliche möglichen Naturräume im Garten umgesetzt werden; man wählt eher das aus, was je nach vorhandenem Gartenstandort passt oder ohne allzu große Eingriffe umsetzbar ist. Und sicherlich müssen auch Zierbereiche nicht zu kurz kommen: Mit Wildstauden- und -blumen lassen sich attraktive Rabatten anlegen, heimische Gehölze wie Holunder, Felsenbirne, Eibe oder Seidelbast bieten fast das ganze Jahr über einen hübschen Anblick. Das Wohnhaus und andere Baulichkeiten können durch → *Fassadenbegrünung* und → *Dachbegrünung* in die Naturgartengestaltung eingebunden werden.

Für die verschiedenen Lebensräume gibt es jeweils ganz charakteristische Pflanzengesellschaften, die wiederum je nach Boden- und Lichtverhältnissen stark variieren.

Gerade beim Anlegen und beim Kombinieren von Pflanzen kann man so manchen grundlegenden Fehler begehen. Professionelle Hilfestellung bieten Fachbetriebe, die sich auf Naturgartenanlage und -gestaltung spezialisiert haben. Häufig führen sie auch Wildpflanzen aus gärtnerischer Vermehrung im Programm, die nach den Richtlinien des Öko-Anbaus angezogen worden sind und sich optimal für das regionale Klima eignen.

Wer sich für einen Naturgarten entschließt, muss allerdings damit rechnen, dass nicht alle Nachbarn erfreut sind. Klärende Gespräche vorab können oft unnötige Streitereien vermeiden. Mögliche Konfliktpunkte wie Samenflug oder Angst vor unkontrollierter Schädlingsvermehrung zählen zu den schwierigen Fällen des → *Nachbarrechts*. Hier ist die Rechtssprechung teils sehr unterschiedlich und stark auf den Einzelfall bezogen.

Naturgemäßer Anbau
Andere Bezeichnung für den → *Bio-Anbau*

Naturhecke
Locker gestaltete → *Hecke* aus vorwiegend heimischen Gehölzen

Naturkalender
Recht populäre Bezeichnung für den → *phänologischen Kalender*, der das Jahr nach der klima- und wetterbedingten Naturentwicklung in zehn verschiedene Phasen unterteilt. Diese natürlichen bzw. phänologischen Jahreszeiten werden durch das Austreiben, Blühen usw. bestimmter Kennpflanzen markiert.

Natürlicher Steingarten
→ *Steingarten,* der sich sowohl bei der Auswahl der Pflanzen als auch bei der gestalteten Kleinlandschaft an einen natürlichen Lebensraum anlehnt, etwa ein mit Kalkgestein angelegter Alpengarten, in dem die Pflanzen der Kalkalpen wachsen. Im weiteren Sinne alle Anlagen, in denen sich standortgemäße Pflanzen frei entfalten dürfen.

Naturschutz
Der Naturschutz umfasst durch Gesetze und Verordnungen geschützte Landschaften (Naturschutzgebiete), Einzelerscheinungen (Naturdenkmäler, wie besondere Bäume) sowie Pflanzen- und Tierarten (→ *Artenschutz* z. B. von Orchideen oder Fledermäusen).

Freilich sind gesetzliche Regelungen nur die eine Seite des Naturschutzes. Die andere besteht im Engagement vieler Menschen, bedrohte Lebensräume und Arten zu schützen oder ihnen Nischen für das Überleben zu schaffen. Hierzu kann man auch im Garten in bescheidenem Maßstab beitragen, wobei in jedem Fall die Anliegen des → *Artenschutzes* beachtet werden sollten. Tipps und Infos zum Thema, auch für den → *Naturgarten,* bieten beispielsweise die verschiedenen Naturschutzverbände.

Naturstein
Aus Steinbrüchen gewonnenes, im Verlauf der Erdgeschichte entstandenes Gestein, das für Gärten zu Blöcken oder Platten gebrochen wird. Natursteine wie Schiefer, Basalt, Granit oder Sandstein werden für Sitzplätze und Wege, unregelmäßige Blöcke auch für Trockenmauern ver-

Gartenweg mit Natursteinplatten

wendet. Natursteine fügen sich sehr schön in die Gartengestaltung ein. Sie sind allerdings recht teuer, in unregelmäßigen Formen zudem nicht ganz einfach zu verarbeiten bzw. verlegen. Als Alternative werden preiswertere Natursteinnachbildungen aus Beton angeboten.

Auch → *Pflaster*

Naturteich
Teichanlage, die nach Gestalt und Auswahl der Pflanzen einem natürlich vorkommenden Weiher nachempfunden ist. Ähnlich wie beim → *Naturgarten* bietet der Begriff Naturteich Anlass für Diskussionen grundsätzlicher Art. Tatsächlich versteht man in der Gewässerkunde unter einem Teich stets ein von Menschenhand angelegtes Gewässer bis 2 m Tiefe. Entsprechende natürlich entstandene Gewässer nennt man dagegen Weiher. Ein „Naturteich" ist deshalb streng genommen ein Widerspruch in sich, aber als vereinfachte Formulierung für den naturnahen Teich allgemein üblich.

Anlage und Bepflanzung
Grundsätzlich kann man sich nach dem richten, was allgemein für einen gut angelegten, belebten → *Teich* gilt.

Zu den unabdingbaren Kennzeichen eines Naturteichs zählen unregelmäßiger Umriss sowie der Einbau verschiedener Tiefenzonen. Wer die Naturnähe sehr streng auslegt, dichtet den Teich mit Ton oder Lehm bzw. → *Bentonit* ab. Dies verlangt allerdings einen recht großen Aufwand, wobei die Abdichtung nur bei äußerst sorgfältiger Verarbeitung auf Jahre hinaus dicht bleibt. Einfacher ist die Verwendung von Teichfolien. Bei allen Abdichtungen muss man berücksichtigen, dass es gerade unter den Wildpflanzen einige Arten mit besonders kräftigem Wurzelwachstum gibt. Schilf beispielsweise sollte man besser in geschlossenen Behältern pflanzen, damit die Wurzeln nicht mit der Zeit die Abdichtung zerstören.

Die Bepflanzung setzt sich vorwiegend oder gar ausschließlich aus heimischen Arten zusammen. Dem Naturgedanken entspricht es am ehesten, wenn man sich dabei an „halbwilden" Teichen (z. B. alten Dorfteichen) und Weihern in der Umgebung orientiert. Denn die gewässernahen Pflanzengemeinschaften in den Alpen unterscheiden sich z. B. von denen in der norddeutschen Tiefebene doch ganz erheblich. Durch die regionaltypische Bepflanzung fördert man schließlich auch die gewünschte Vernetzung mit Biotopen in der freien Landschaft. Entsprechend sind die Chancen groß, dass sich ein reichhaltiges Tierleben ansiedelt.

Tierleben und Standortwahl

Sofern überhaupt Tiere in den Teich eingesetzt werden, beschränkt man sich ebenfalls auf heimische Arten. Goldfische oder Kois beispielsweise passen nicht in einen Naturteich, stattdessen können u. a. Moderlieschen, Stichlinge und Bitterlinge verwendet werden. Weitere naturnahe Bereiche im Umfeld, etwa eine Naturhecke, ein Sumpfbeet oder eine Blumenwiese passen nicht nur optisch, sondern fördern auch erwünschte Gäste aus dem Tierreich.

Anders als beim üblichen Teich, bei dem der Zieraspekt im Vordergrund steht, ist man in der Standortwahl freier: Wo auf prächtige Seerosensorten und ähnliche sonnenliebende Pflanzen verzichtet wird, kann man Teiche auch im Schatten anlegen. In dem Fall dienen z. B. kleine Weiher im Wald oder an nordseitigen Gebirgshängen als Vorbild.

Ein naturnaher Teich bietet reichlich Gelegenheit, Tierleben direkt vor der Haustür zu beobachten. Dies setzt allerdings ein weitgehendes Ungestörtsein des Biotops voraus. Von daher wählt man besser einen etwas abgelegen Gartenplatz. Auch bei Pflegeeingriffen übt man Zurückhaltung, sobald sich die kleine Lebensgemeinschaft im Teich eingespielt hat. Übermäßigen Algenbewuchs im Sommer sowie abgestorbene Pflanzenteile sollte man jedoch auch hier entfernen.

Ein naturnaher Teich bringt Leben in den Garten.

Nebenblatt

Fachsprachlich Stipeln genannt; Nebenblätter sind blattartige Bildungen am Blattgrund, also dort, wo der Blattstiel dem Trieb ansitzt. Teils werden sie auch als „Öhrchen" bezeichnet. Häufig sehen sie wie kleine Fiederblättchen eines normalen Laubblatts aus. Man findet sie bei vielen Rosen- und Schmetterlingsblütengewächsen, Veilchen und zahlreichen anderen Pflanzen. Den Pflanzen dienen sie als Schutzblätter für den jungen Trieb, bei einigen Arten fallen sie nach der vollständigen Laubentfaltung ab. Teils sind die Nebenblätter als tütenförmige Schutzhüllen ausgebildet, etwa beim Rhabarber, teils zu Blattdornen umgebildet, z. B. bei der Robinie.

Auch → *Blatt*

Nebenknospe

Andere Bezeichnung für → *Beiknospe*, eine schwächer entwickelte Knospe, die die Hauptknospe begleitet.

Nebenleittrieb

Als Konkurrenz zum Leittrieb bildet sich bei Obstbäumen manchmal ein

NEKTARINE

Die Samen des Neembaums liefern ein hochwirksames natürliches Pflanzenschutzmittel. Beim herbstlichen Abbau des Blattgrüns treten die roten und gelben Farbstoffe hervor.

zweiter, ebenfalls senkrecht nach oben wachsender Leittrieb aus.
→ *Obstbaum, Kronenaufbau*

Nebenzwiebel
Aus der Zwiebel von Zwiebelpflanzen wachsen seitliche, kleine Tochter- oder Nebenzwiebeln aus, die man als → *Brutzwiebeln* zur Vermehrung benutzen kann.

Neempräparate
Neem, auch in der Schreibweise Niem bekannt, bereichert seit einiger Zeit die Palette pflanzlicher Schädlingsbekämpfungsmittel. Sie entstammen dem Neembaum (*Azadirachta indica*), der ursprünglich im tropischen Asien verbreitet ist und auch in Afrika und Amerika angesiedelt wurde.

In Indien nutzt man den Baum mit den eberescheähnlichen Blättern seit alters auf vielfache Weise. Er dient den Menschen dort mit seiner breiten Krone als Schattenspender und liefert Möbelholz, die Blätter und Presskuchen der Früchte werden als Dünger sowie als Viehfutter verwendet, aus dem ausgepressten Öl stellt man Seifen, Kosmetika oder auch Kerzen her. Früh schon hat die bäuerliche Bevölkerung in Asien und Afrika zudem festgestellt, dass der Neembaum Insekten abwehrt und eine fraßhemmende Wirkung hat.

Neeminsektizide werden als Extrakte aus den Samen gewonnen. Diese enthalten eine Vielfalt verschiedener Wirkstoffe, unter denen das fraßhemmenden Azadirachtin der wichtigste ist. Interessant ist der besondere Wirkungsmechanismus dieses Naturstoffs: Er wird nach dem Spritzen zum Teil auch über die Blätter aufgenommen und innerhalb der Pflanze transportiert (teilsystemisches Mittel); schon kurz nach der Ausbringung werden die Schädlinge inaktiviert und stellen ihre Nahrungsaufnahme ein. Nach einigen Tagen können sie sich nicht mehr richtig entwickeln und fortpflanzen und sterben schließlich ab. Obwohl nicht gleich ein Abtötungseffekt sichtbar wird, ist Neem also äußerst effektiv.

Neempräparate kommen zum Einsatz gegen verschiedene beißende und saugende Schädlinge, schonen jedoch die meisten Nützlinge und sind nicht bienengefährlich. Spezielle Neempräparate werden auch als Holzschutzmittel angeboten.

Nekrose
Absterben von Geweben, das sich in einer Braun- bis Schwarzfärbung der betroffenen Partien äußert; beispielsweise an Blättern bei Krankheitsbefall, großer Trockenheit oder Nährstoffmangel.

Nektar
Wässrige Zuckerlösung, die von Blüten gebildet wird, um bestäubende Insekten anzulocken. Während Hummeln, Bienen oder Schmetterlinge den Nektar aufsaugen, werden sie mit Pollen eingestäubt. Nektar ist die Basis des Bienenhonigs.

Nektarine
Saftreiche Steinfrucht; glattschalige Varietät des → *Pfirsichs*

Der Kleine Fuchs, ein Edelfalter, geht im Frühling schon zeitig auf Nektarsuche.

Nelke
DIANTHUS

Diese große, im Garten beliebte Gattung gab einer ganzen Familie, den Nelkengewächsen, ihren Namen. Da man näher verwandte Arten und die daraus entstandenen Kreuzungen gut miteinander kreuzen kann, entstanden zahllose Hybriden und Sorten, die sich in Blütenfarbe, -form und im Wuchs unterscheiden. Die Blütenstände sind familientypisch als so genannte Dichasien organisiert: Unterhalb einer Endblüte zweigen zwei gleichwertige Seitentriebe ab, die jeweils wieder in Endblüte und Seitentrieben enden. Während Wildnelken einfache Blüten mit 4 bis 5 Kronblättern haben, weisen viele Züchtungen mehrfarbige oder gefüllte Blüten auf. Die größeren Nelken eignen sich als Schnittblumen.

In der gärtnerischen Praxis wird die Gattung unterschiedlich eingeteilt. Zweckdienlich ist die Gliederung in ein- bis zweijährige Nelken, die als Sommerblumen Verwendung finden, und Staudennelken (ausdauernde Garten- und Wildnelken). Die so genannten Edelnelken des Blumenhandels spielen im Garten keine Rolle.

→ Nelke, Sommerblumen, → Nelke, Stauden

Nelke, Sommerblumen

Bei den Bart- und den Garten- bzw. Landnelken kann man zwischen zweijährigen Sorten, die erst im Jahr nach der Aussaat zur Blüte kommen, sowie raschwüchsigen einjährigen Züchtungen wählen. Kaisernelken werden stets einjährig gezogen. Sie wachsen ebenso wie die Bartnelken in ihrer Heimat als kurzlebige Stauden.

Die Bartnelke kommt wild in den Pyrenäen sowie von den Karpaten bis nach China vor. Als Gartenpflanze ist sie bei uns bereits seit dem Mittelalter nachgewiesen. Aus der wilden Garten- oder Landnelke, die aus der

Bartnelke (Dianthus barbartus)

Mittelmeerregion stammt, wurden zahlreiche Hybriden und Sorten gezüchtet – für jeden Geschmack etwas. Die Malmaisonnelken zeichnen sich etwa durch große, duftende Blüten aus, Chabaudnelken sind dank kräftiger Stiele gute Schnittblumen, während die Hängenelken speziell für Balkon- und Hängekästen und die niedrigen Gartennelken für den Beetrand gezüchtet wurden. Für Höhenlagen gibt es spezielle Sorten, die Gebirgshängenelken.

Chinesennelke, der Zweitname der Kaisernelke, verrät die Herkunft dieser Art, die häufig in Farbmischungen angeboten wird.

Bartnelke
DIANTHUS BARBATUS
☼

Merkmale: Ein- oder zweijährig; buschiger Wuchs, zur Blütezeit je nach Sorte 20 – 60 cm hoch; ca. 10 cm lange, lanzettliche, dunkelgrüne Blätter; zahlreiche weiße, rote, rosa oder zweifarbige, duftende Blüten in breiten, endständigen Blütenständen, Blüten einfach oder gefüllt.
Blütezeit: Mai – September (auch Oktober)
Verwendung: In Gruppen auf Beeten und Rabatten, im Bauerngarten; schön mit Stockmalven, Glockenblumen, Margeriten und Schleierkraut; niedrige Sorten für Pflanzgefäße, hohe als Schnittblumen.
Standort: Nährstoffreicher, durchlässiger Boden; eher trocken als zu feucht.
Kultur: Einjährige Sorten ab Februar im Haus aussäen, ab Mitte Mai ins Freiland, Abstand 20 – 25 cm. Zweijährige Sorten im Mai/Juni auf ein Saatbeet oder direkt am Standort aussäen; Ende Juli/Anfang August mit 20 – 25 cm Abstand aufs Beet pflanzen, Direktsaaten im Sommer entsprechend vereinzeln; über Winter mit Fichtenzweigen schützen. Gärtnereien bieten vorgezogene Bartnelken für „sofortige" Wirkung an.
Pflege: Im Sommer mäßig gießen; nur in nährstoffarmem Boden alle 4 bis 6 Wochen mit Volldünger versorgen.

Gartennelke, Landnelke
DIANTHUS CARYOPHYLLUS

Merkmale: Einjährig gezogene Staude, 40 – 80 cm hoch, hängende Sorten ca. 30 cm hoch, dann überhängend; schmale, graugrüne Blätter; gefüllte Blüten in lockeren Ständen an steifen Stielen, weiß, gelb, rosa oder rot, auch zweifarbig, 2 – 8 cm Ø.
Blütezeit: Mai – Oktober
Verwendung: Wie Bartnelke (S. 598).
Standort: Humus- und nährstoffreicher Boden; Hängenelken vertragen auch Halbschatten.
Kultur: Wie Bartnelke; von den Hängenelken kann man im Herbst Kopfstecklinge abnehmen.
Pflege: Mulchen, im Frühling Volldünger in die Pflanzfläche einarbeiten; im Sommer mäßig gießen; Nelken in Kästen brauchen Flüssigdünger; werden wenige, aber große Blüten gewünscht, müssen bis auf 1 bis 2 Blüten alle Knospen ausgebrochen werden; langstielige Sorten sicherheitshalber stützen.

Kaisernelke, Chinesennelke
DIANTHUS CHINENSIS UND HYBRIDEN

Einige Sorten sind auch als Heddewigsnelken im Handel.
Merkmale: Einjährig, buschig wachsend, 15 – 40 cm hoch; schmale, graugrüne Blätter; lockere Blütenstände mit bis zu 15 Blüten, Kronblätter tief eingeschnitten, rot, rosa, weiß oder zweifarbig, Zentrum der Blüte häufig mit dunklerem Saftmal, meist einfache, aber auch gefüllte Sorten.
Blütezeit: Juni – September
Verwendung: In Gruppen auf Beeten und Rabatten, als Beeteinfassung, in Kästen und Schalen.
Standort: Nährstoffreicher, durchlässiger Boden.
Kultur: Aussaat Ende Januar bis April im Zimmer; ab Mitte Mai ins Freiland pflanzen, Abstand 20 – 25 cm.

Pflege: Im Frühling Kompost oder Volldünger in die Pflanzfläche einarbeiten; gleichmäßig nur leicht feucht halten.
Hinweis: Die so genannte Carpet-Serie (z. B. 'Fire Carpet', 'Persian Carpet') hat ungefüllte Blüten, die sich über die teppichartig niedrigen Blätter erheben; zweifarbig blühen z. B. 'Parfait'-Nelken.

Nelke, Stauden

Anders als die prächtig blühenden ein- und zweijährigen Nelken haben sich die Staudennelken einen naturnahen Charme bewahrt, obgleich auch bei ihnen der Flor sehr reichlich ausfällt. Sie alle bevorzugen vollsonnige, eher trockene, nährstoffarme Standorte; auf schweren, feuchten Böden dagegen hat man wenig Freude an ihnen. In Steingartenbereiche passen sie besonders gut, an zusagenden Plätzen sind sie sehr pflegeleicht. Nach der Blütezeit lassen sich die Staudennelken in Spätblüher (Kartäuser- und Heidenelke) und Frühblüher (Pfingst- und Federnelke) unterteilen.

Die Heimat der Kartäusernelke sind die heißen, sonnigen Hänge Südeuropas, sie konnte aber auch nördlich der Alpen auf Trockenrasen, Heiden und in trockenen Wäldern Fuß fassen. Wie der Name bereits verrät, bevorzugt die Heidenelke trockene, durchlässige, kalkarme Böden, wie man sie in heideartigen Trockenwiesen, Kiefernwäldern und Sandflächen Europas und Nordamerikas findet. Die Pfingstnelke besiedelt in ihrer mitteleuropäischen Heimat vorwiegend felsige Trockenhänge, wo sie mit mageren Böden und starker Sonneneinstrahlung zurechtkommt. Die Heimat der Federnelke ist Mittel- und Osteuropa, wo sie auf Magerrasen und steinigen Hängen wächst. Im Garten überzeugt sie besonders mit ihren duftenden, tief zerschlitzen und dadurch luftig-fedrig wirkenden Blüten. Alle Arten stehen an ihren Wildstandorten unter Naturschutz.

Kartäusernelke
DIANTHUS CARTHUSIANORUM

Merkmale: Polster bildende Staude, zur Blütezeit ca. 25 cm hoch; grasartig schmale Blätter; Blüten intensiv purpurrot, 2 cm Ø, in lockeren Blütenständen.
Blütezeit: Juni – September
Verwendung: In kleinen Gruppen im Steingarten, in Trockenmauern mit Pflanztaschen, auf trockenen Beeten, in Naturgartenbereichen und Pflanztrögen; hübsch mit niedrigen Glockenblumen, Sonnenröschen, Steinkraut und Thymian.
Standort: Trockener bis frischer, gut durchlässiger, nährstoffarmer Boden (ggf. Steine und Sand untermischen).
Pflanzen/Vermehren: Pflanzung bevorzugt im Frühjahr, 10 – 20 cm Abstand; Vermehrung durch Teilung nach der Blüte, Kopfstecklinge im Sommer oder Aussaat bzw. Anzucht aus Samen im Frühjahr; kann sich an

Kartäusernelke (Dianthus carthusianorum)

Nelkenkrankheiten

Heidenelke (Dianthus deltoides)

geeigneten Standorten selbst aussäen.
Pflege: Für anhaltend kompakten Wuchs und reichen Flor alle paar Jahre nach der Blüte teilen; unerwünscht groß gewordene Polster an den Rändern abschneiden bzw. abstechen; keine Düngung.

Heidenelke
DIANTHUS DELTOIDES
☼ ☺

Auch als Sandnelke bekannt.
Merkmale: Polster bildende Staude, 15 – 20 cm hoch; kurze, grasartige Blätter; Blüten einzeln auf schwach verzweigten Stielen, um 2,5 cm Ø, je nach Sorte weiß, rot oder rosa, oft mit dunklerem Mal in der Mitte.
Blütezeit: Juni – September
Verwendung: Wie Kartäusernelke; auch auf Heidebeeten zusammen mit Besenheide.
Standort: Wie Kartäusernelke, jedoch unbedingt für kalkarmen Boden sorgen.
Pflanzen/Vermehren: Wie Kartäusernellke.
Pflege: Da ältere Polster leicht verkahlen, nach der Blüte zurückschneiden; sonst wie Kartäusernelke.

Pfingstnelke
DIANTHUS GRATIANOPOLITANUS
☼ ☺

Merkmale: Polster bildende Staude, 5 – 20 cm hoch; Blätter grasartig, bei einigen Sorten silbergrau oder blaugrün; zahlreiche Blüten mit gefransten Kronblättern, einzeln auf hohen Stielen, um 3 cm Ø, duftend, weiß, in Rosa- oder Rottönen, auch zweifarbige und gefüllte Sorten.
Blütezeit: Mai – Juli
Verwendung: Wie Kartäusernelke, auch auf Mauerkronen, von denen die Polster herabwallen, und in Lücken zwischen Pflastersteinen. Attraktive Partner sind u. a. Steinkraut, Schleierkraut und Glockenblumen.
Standort: Wie Kartäusernelke.
Pflanzen/Vermehren: Wie Kartäusernelke.
Pflege: Wie Heidenelke.

Federnelke
DIANTHUS PLUMARIUS
☼ ☺

Merkmale: Polster bildende Staude, dicht buschig, 20 – 30 cm hoch; blaugrüne, schmale, zugespitzte Blätter; mehrere Blüten an verzweigten Stängeln, weiß, rosa, rot, auch zweifarbig, fedrig zerschlitzt.
Blütezeit: Mai – Juli
Verwendung: Wie Kartäusernelke.

Pfingstnelke (Dianthus gratianopolitanus 'Warden Hybrid')

Federnelke (Dianthus plumarius)

Standort: Wie Kartäusernelke, verträgt etwas mehr Feuchte, keinesfalls jedoch Dauernässe.
Pflanzen/Vermehren: Wie Kartäusernelke.
Pflege: Wie Heidenelke.

Nelkenkrankheiten

Neben dem Echten → *Mehltau,* der die Blätter der Nelken mit einem hellen Belag überzieht, sind Nelken vor allem durch den nachfolgend ausführlicher beschriebenen Nelkenrost und die Nelkenschwärze bedroht. Es handelt sich dabei um Pilzkrankheiten. Die Nelkenschwärze äußert sich zunächst in dunklen, graubraunen Flecken auf den Blättern, dann sterben die Blätter ab und die Stängel knicken ein.

Auch eine pilzliche Stängelgrund- und Wurzelfäule kann auftreten, die sich in dunkler Verfärbung an der Stängelbasis, später im Absterben der Wurzeln äußert. In verregneten Sommern sowie auf zu nassen Standorten treten solche Krankheiten am häufigsten auf. Befallene Pflanzen sollten umgehend und vollständig entfernt werden. Dasselbe gilt bei einer Viruserkrankung, die durch

Nelkenrost

mosaikartige Verfärbung der Blätter sichtbar wird. Wo sie öfter vorkommt, sollte man vorbeugend Blattläuse und Spinnmilben bekämpfen, die das Virus übertragen.

Nelkenrost

Rostpilze tragen ihr Schadbild in Form rötlich brauner Flecken schon im Namen. Die Erreger des Nelkenrosts sind nur auf Pflanzen dieser Gattung spezialisiert. Bei feuchtwarmem Wetter werden besonders die ein- und zweijährigen Nelken häufig befallen, aber auch mehrjährige Arten bleiben nicht verschont.
Schadbild: Gelbliche bis rotbraune, später dunklere, pustelartige Sporenlager auf den Blattunterseiten.
Abhilfe: Vorbeugend nicht zu eng setzen, an befallsgefährdeten Stellen Nelken etwas weiter pflanzen; Pflanzenstärkungsmittel ausbringen, Gesteinsmehl dünn auf die Pflanzen streuen. Alle befallene Teile vollständig entfernen; notfalls geeignetes Fungizid einsetzen.

Nelkenschädlinge

Abgesehen von der Nelkenfliege, sind es vorwiegend „Allerweltsschädlinge", die sich an Nelken gütlich tun:
→ *Blattläuse* auf Stängeln, Blättern und Blütenstielen saugen Pflanzensaft und sondern Honigtau ab. → *Nematoden* (Älchen) können in die Blätter eindringen und erst das Blatt, dann die ganze Pflanze töten; eine Bekämpfung ist kaum möglich (Pflanze entfernen und neue an anderer Stelle pflanzen). Besonders an warmen Standorten treten des Öfteren auch → *Spinnmilben* und → *Thripse* auf.

Nelkenfliege

Von dieser Fliege werden vor allem Heide- und Federnelke geschädigt. Sie legt etwa ab Mitte August ihre Eier an die Pflanzen oder unmittelbar daneben in die Erde ab. Die daraus schlüpfenden gelblich weißen, nur gut 5 mm großen Maden fressen im Innern der Triebe.
Schadbild: Ab Spätsommer oder Frühherbst Vergilben und Verwelken der Blätter, die bei Feuchtigkeit schnell faulen; anders als bei Nematodenbefall deutliche Fraßgänge im Innern der Triebe, zuweilen mit den hellen Maden besetzt.
Abhilfe: Ab dem Zeitpunkt der Eiablage regelmäßig kontrollieren, befallene Pflanzen umgehend entfernen. Vorbeugend mit Brühen aus Rainfarn oder Wermut spritzen.

Nelkenwurz
GEUM

Die wilden Vertreter dieser Gattung, die zu den Rosengewächsen zählt, sind eher unauffällig. Sie wachsen mit rund 50 Arten im gemäßigten Klima in Wäldern und an Bächen und Flüssen der ganzen Welt. Der deutsche Gattungsname bezieht sich auf den bei manchen Arten rübenähnlich verdickten Wurzelstock, der nach Gewürznelken riecht und schmeckt. Entsprechend wurde die heimische, gelb blühende Echte Nelkenwurz (*G. urbanum*) früher häufiger als Wildgemüse bzw. -gewürz gesammelt. Weitere bei uns wild wachsende Arten sind die von April bis Juni rotgelb blühende Bachnelkenwurz (*G. rivale*) sowie die in den Alpen vorkommende Kriechende Nelkenwurz (*G. reptans*) mit gelben Blüten im Juli und August. Letztere wird selten als Wildstaude für den Steingarten angeboten, die Bachnelkenwurz als Uferpflanze für Teiche.

Mehr Bedeutung für den Garten haben jedoch fremdländische Arten, so die Chilenische Nelkenwurz und die Rote Nelkenwurz; die Zweite stammt aus Kleinasien und Südosteuropa, wo sie auf Bergwiesen und unter Gebüschen wächst. Die besonders farbenprächtigen Hybriden entstammen Kreuzungen zwischen Chilenischer und Roter Nelkenwurz.

Chilenische Nelkenwurz
GEUM CHILOENSE

Merkmale: Kurzlebige Staude, aufrecht bis leicht überhängend wachsend, 40 – 60 cm hoch; Blätter gefiedert, rundliche, gezähnte Teilblättchen, ganze Pflanze flaumig behaart; Blüten in verschiedenen Gelb-, Orange- und Rottönen; um 3 cm Ø, einfach oder halb gefüllt.
Blütezeit: Mai – Juli/August
Verwendung: In Gruppen auf Beeten und Rabatten, am lichten Gehölzrand, an Teichufern; sehr schön mit Kaukasusvergissmeinnicht, Flockenblume, Storchschnabel, Gemswurz.
Standort: Nährstoffreicher, frischer, durchlässiger Boden.
Pflanzen/Vermehren: Pflanzung im Frühling oder Frühherbst, 30 – 40 cm Abstand; Vermehrung durch Teilen vor oder nach der Blüte, bei einigen Sorten Aussaat möglich (Kaltkeimer).
Pflege: Gelegentlich vor der Blüte mit Kompost oder organischem Volldünger versorgen; Verblühtes regelmäßig entfernen; alle 3 Jahre teilen und neu einpflanzen.

Nematoden

Nelkenwurz (Geum coccineum)

Rote Nelkenwurz
GEUM COCCINEUM
☼–◐

Merkmale: Staude, aufrecht wachsend, 20–40 cm hoch; Blätter wintergrün, gefiedert, rundlich, gezähnt, großes nierenförmiges Endblättchen; Blüten orange bis zinnoberrot, bis 4 cm Ø.
Blütezeit: Mai – Juli, oft Nachblüte im Herbst
Verwendung: Wie Chilenische Nelkenwurz.
Standort: Bevorzugt halbschattig; nährstoffreicher, frischer bis feuchter Boden, am besten sandig-lehmig.
Pflanzen/Vermehren: Wie Chilenische Nelkenwurz; Abstand 20–30 cm.
Pflege: Wie Chilenische Nelkenwurz.

Nelkenwurz-Hybriden
GEUM-HYBRIDEN
☼–◐ ☺

Merkmale: Kurzlebige Staude, aufrecht bis leicht überhängend wachsend, 40–50 cm hoch; Blätter gefiedert, rundliche, gezähnte Teilblättchen; Blüten in verschiedenen Gelb-, Orange- und Rottönen; bis 4 cm Ø, einfach oder halb gefüllt.
Blütezeit: Ab April – August (je nach Sorte), oft Nachblüte im Herbst.
Verwendung: Wie Chilenische Nelkenwurz.
Standort: Wie Chilenische Nelkenwurz; empfindlich gegen anhaltende Winternässe.
Pflanzen/Vermehren: Wie Chilenische Nelkenwurz.
Pflege: Wie Chilenische Nelkenwurz; regelmäßige Teilung alle 2 bis 3 Jahre ist unbedingt erforderlich; in rauen Lagen Winterschutz (Reisig) nötig.

Nematoden

Nematoden, auch Älchen oder Fadenwürmer genannt, sind winzige, gerade mal 0,5 – 1,5 mm lange, durchscheinende Rundwürmer, die frei im Boden oder als Parasiten in Pflanzen und Tieren leben. Sie bewegen sich schlängelnd wie Aale fort, deshalb die Bezeichnung „Älchen". Obwohl man bei Erwähnung dieser Tiergruppe meist zuerst an Pflanzenschädlinge denkt, lebt die Mehrzahl der Nematoden völlig harmlos als Bestandteil des → *Bodenlebens* und erfüllt wichtige Aufgaben. Sie wirken mit bei der Zersetzung der organischen Substanz und ernähren sich in der Hauptsache von Pilzen, Algen und Bakterien. Einige Nematoden leben räuberisch und werden sogar gezielt zur Bekämpfung von Schaderregern eingesetzt; → *Nematodenpräparate*.

Nichtsdestotrotz gibt es aber auch eine Reihe gefürchteter **Pflanzenschädlinge** unter den Nematoden. Diese Tiere besitzen ein stachelartiges Mundwerkzeug, um Pflanzengewebe anzubohren und die Säfte zu saugen. Dabei können sie nicht nur durch ihren Speichel die Pflanzen schädigen und Zellwucherungen hervorrufen, sondern auch Viren übertragen. Gefährdet sind nahezu alle krautigen Pflanzen, also Sommerblumen, Stauden, Zwiebel- und Knollengewächse sowie Gemüse, Kartoffeln und Erdbeeren, mit je nach Art unterschiedlicher Anfälligkeit. Gelegentlich treten Nematoden auch an Rosen auf. Beim Obst spielen sie hauptsächlich eine Rolle als Überträger des Ringfleckenvirus bzw. der Pfeffinger Krankheit (→ *Himbeerkrankheiten*, → *Kirschenkrankheiten*). An Gehölzen im Garten sind diese Schädlinge sonst eher selten, während sie in Baumschulen des Öfteren zum Problem werden.

Grundsätzlich kann man bei den Pflanzenschädigern zwei Gruppen unterscheiden:

1) Unterirdisch schädigende Nematoden oder **Wurzelnematoden** leben frei im Boden und saugen die Wurzeln von außen an oder dringen ganz in die Wurzeln ein. Sie können auch die Bildung von Gallen oder Zysten auslösen, in denen sich ihre Larven entwickeln. Der Befall äußert sich zunächst in Kümmerwuchs. Die Pflanzen kommen nicht recht voran, bald schon vergilben oder welken die Blätter. An den Wurzeln stellt man dann

Wurzelnematoden (stark vergrößerte Aufnahme)

Schadbild von Stängelnematoden an Phlox

Schadbild von Blattälchen an Begonie

Missbildungen oder starke Verzweigung, dichte Wurzelbärte, gallenartige Wucherungen oder stecknadelgroße Zysten (Verdickungen) fest. Typisch gerade für Wurzelnematoden ist das häufig nesterweise Auftreten der Symptome in einem Beet. Durch die feinen Einstiche, die die Nematoden an Wurzeln anbringen, erfolgen teils auch Infektionen von Pilzen oder Bakterien. Wurzelnematoden zählen zu den Hauptursachen der so genannten → *Bodenmüdigkeit*.

2) Oberirdisch schädigende Nematoden leben in Blättern, Sprossachsen oder Blüten. **Blattnematoden** zeigen sich durch anfangs gelbe, später braune bis schwärzliche Flecken auf den Blättern, wobei die Verfärbungen anfangs scharf von den noch grünen Blattadern begrenzt sind. **Stängelnematoden** bewirken zunächst stockenden, kümmerlichen Wuchs. Der Stängel sieht aufgeschwollen und schwammig aus, schließlich stirbt er mitsamt den Blättern ab. **Blütennematoden** verursachen Verfärbungen und braune Flecken auf den Blütenblättern, bis zum völligen Absterben.

Nematoden überdauern in Pflanzenresten und im Boden. Besonders hartnäckig sind Wurzelnematoden, die kleine Zysten als schützende Hüllen für Eier und Larven ausbilden. Teils mehr als 10 Jahre können die Larven darin verharren, um dann bei geeigneten Bedingungen zu schlüpfen. Das Auftreten ist räumlich eng begrenzt, denn die kleinen Rundwürmer breiten sich nur langsam aus. Allerdings können sie durch Erde, die Geräten und Schuhen anhaftet, sowie durch Pflanzen verschleppt werden. Ihre natürlichen Gegenspieler sind vor allem räuberische Nematoden, Springschwänze, Milben, Pilze und Bakterien im Boden.

Abhilfe: Vorbeugend auf weite Fruchtfolge und regelmäßigen Fruchtwechsel im Gemüsegarten achten, ebenso auf häufigen Anbauwechsel bei Zierpflanzen; gute Humusversorgung der Böden, um die natürlichen Feinde zu fördern; widerstandsfähige Sorten wählen, soweit vorhanden. Betroffene Pflanzen umgehend entfernen und vernichten, bei Wurzelnematodenbefall mitsamt großem Erdballen (etwa zwei Spatenstiche breit und tief), danach das entstandene Loch mit kochendem Wasser übergießen.

Zur Vorbeugung wie Nachbehandlung sind so genannte Feindpflanzen empfehlenswert, die manche Wurzelnematoden eindämmen können. Dazu zählen Studentenblumen (*Tagetes patula*) sowie bestimmte nematodenresistene Ölrettich- und Senfsorten (Vorsicht, andere Sorten sind eher Nematoden fördernd). Auch Ringelblumen haben eine gewisse Nematoden hemmende Wirkung. Durch die Wurzelausscheidungen der Feindpflanzen werden die Larven im Boden zum Schlüpfen angeregt, gehen dann aber zugrunde, weil die genannten Arten für sie keine Nahrungspflanzen sind.

Chemische Bekämpfung in Form einer Bodenentseuchung ist im Privatgarten nicht möglich. Bei einem starken Besatz von Schadnematoden im Boden bleibt nur ein größerer Erdaustausch oder eine Bodendämpfung, mit der man eine Gartenbaufirma beauftragen muss.

Da verschiedene Pilzarten im Boden Nematoden parasitieren, ist auch eine biologische Bekämpfung durch gezielten Einsatz solcher Pilze möglich. Eventuell wird es hierfür in absehbarer Zeit praxistaugliche Verfahren geben.

Nematodenpräparate

Bestimmte → *Nematoden* (z. B. der Gattungen *Heterorhabditis* und *Steinernema*) lassen sich in spezieller Aufbereitung gegen Schaderreger einsetzen. Anwendungsreife Präparate gibt es im Fachhandel oder per Versand z. B. gegen die Larven von → *Dickmaulrüsslern* oder Maikäfern (→ *Engerlinge*), gegen → *Maulwurfsgrillen*, → *Schnecken* und → *Trauermücken*. Meist werden sie in Form von löslichen Präparaten angeboten, die man in Wasser gibt und auf den Boden ausgießt. Die Nematoden dringen in die Schädlinge bzw. ihre Larven oder Puppen ein und übertragen dabei ein Bakterium, das zum Tod der befallenen Tiere führt.

Nemesia

Reich blühende Sommerblume mit vielerlei Blütenfarben, wird meist in Farbmischungen gepflanzt.
→ *Elfenspiegel*

Nemophila

Halbschattenverträgliche Sommerblume mit hübschen himmelblauen Blüten
→ *Hainblume*

Neophyten

Fachsprachlich für → *eingebürgerte Pflanzen*

Nepeta

Botanischer Gattungsname der anspruchslosen → *Katzenminze* mit hübschen Lippenblüten und Blättern

Nerium

Botanischer Gattungsname des → *Oleanders*

Nessel

Kurzbezeichnung hauptsächlich für die → *Brennnessel*. Sehr ähnliche, nämlich eiförmig zugespitzte, gezähnte, deutlich geaderte Blätter haben die → *Taubnessel* und die mit ihr nah verwandte Goldnessel, die jedoch keine Brennhaare besitzen. Beide sind kleinwüchsige, attraktive Bodendecker für Halbschatten und Schatten.

Nestfichte

Flach wachsende, in der Mitte stets nestförmig vertiefte → *Fichte*

Netziris

Sehr früh blühende, kleine → *Iris* für Beetränder, Steingärten und Pflanzgefäße

Netzmelone

→ *Melone* mit netzartigen Korkleisten auf der Fruchtschale

Netzmittel

Zusatzstoffe von → *Pflanzenschutzmitteln*, die die Oberflächenspannung herabzusetzen und so eine bessere Benetzung der besprühten Pflanzenteile gewährleisten. Selbst hergestellten → *Kräuterauszügen* kann man zu diesem Zweck etwas Flüssigschmierseife zugeben, die zugleich das Anhaften der Spritzbrühe fördert.

Netzschwefel

Altbewährtes, recht umweltverträgliches Spritzmittel gegen Pilzkrankheiten, insbesondere Echten → *Mehltau*
Auch → *Schwefelpräparate*

Neuaustrieb

Neue Triebe entstehen aus → *Knospen* in den Blattachseln, neue Blätter aus Blattknospen, die in der vergangenen oder laufenden Vegetationsperiode angelegt wurden. Bei manchen Gehölzen sind die Blätter des Neuaustriebs besonders auffällig gefärbt, meist in Rottönen. In vielen Fällen lässt sich ein Neuaustrieb durch Rückschnitt älterer Sprossachsen bzw. Zweige anregen.

Neuguinea-Impatiens

Sortengruppe der als → *Fleißige Lieschen* bekannten Sommerblumen

Neuseeländer Spinat

TETRAGONIA TETRAGONIOIDES

☼

Die Wildform dieser Gemüsepflanze besiedelt die Küstenregionen von Neuseeland, Australien, Polynesien und Japan. Sie zählt wie das Eiskraut und die prächtigen Mittagsblumen zur Familie der Mittagsblumengewächse. Anders als echter Spinat schießt der Neuseeländer Spinat im Sommer nicht und liefert deshalb auch die heißen Monate über frisches, schmackhaftes Blattgemüse. Selbst wenn im Spätsommer die Blüte einsetzt, sind die jungen, nachwachsenden Blätter noch genießbar. Die Pflanze wächst anfangs recht langsam, bedeckt dann aber bei guter Weiterentwicklung mit ihren rankenden Trieben bald den Boden. In kühlen, nassen Sommern gedeiht der Neuseeländer Spinat allerdings schlecht. Passende Nachbarn für den Mischkulturanbau sind Tomaten, wobei die Beete schon vor der Pflanzung gut mit organischem Dünger versorgt

Neuseeländer Spinat (Tetragonia tetragonioides)

werden sollten, da beide Arten Starkzehrer sind.
Merkmale: Einjährige Gemüsepflanze mit bis zu 1 m langen, kriechenden bis aufsteigenden Sprossen, 50 cm hoch; pfeilförmige, fleischige, hellgrüne Blätter; unauffällige gelblich grüne Blüten.
Blütezeit: August – September
Standort: Warm; nährstoffreicher, humoser, bevorzugt leichter Boden.
Kultur: Anzucht ab Mitte Februar bis Anfang April, in kleinen Töpfen mit je 2 bis 3 Samen, diese zuvor in handwarmem Wasser einweichen; junge Pflanzen zur besseren Verzweigung entspitzen; ab Mitte Mai mit einem Abstand von 50 x 80 cm auspflanzen.
Pflege: Bei Trockenheit kräftig gießen, anfangs regelmäßig jäten und/oder mulchen, bis die Triebe den Boden bedecken; Düngung vor dem Auspflanzen, Nachdüngung im Juni.
Ernte: Ab Ende Juni bis zum Frosteinbruch fortlaufend junge Blätter und Triebspitzen pflücken.
Hinweis: Ein recht ähnliches Gemüse ist der → *Malabarspinat*.

Neutral
Benennt im Zusammenhang mit dem Boden dessen → *Bodenreaktion,* also den → *pH-Wert*. Ein pH-Wert um 7 wird als neutral bezeichnet und steht zwischen sauren (kleiner als 7) und basischen bzw. alkalischen (größer als 7) Werten. Für die meisten Gartenpflanzen sind neutrale bis schwach saure Böden gut geeignet.

Nichtparasitäre Krankheiten
Auch als abiotische Pflanzenkrankheiten bezeichnet. Während viele → *Pflanzenkrankheiten* durch Einwirkung von tierischen, pflanzlichen oder bakteriellen Erregern, also Parasiten, verursacht werden, kann eine Pflanze auch unter Umweltbedingungen leiden und erkranken. Auslöser solcher nichtparasitärer Krankheiten sind z. B. Schadstoffe in Luft, Wasser und Boden, aber auch außergewöhnliche Wetterlagen (Frost, Hitze) oder falsche Kulturmaßnahmen und Standortwahl (Überdüngung, Nährstoffmangel, unsachgemäßer Gebrauch von Pflanzenschutzmitteln, Bodenverdichtung, Staunässe).

Nicotiana
Botanischer Gattungsname des Tabaks, der in Form des attraktiv blühenden, meist einjährigen → *Ziertabaks* in Gärten Verwendung findet.

Niederblatt
Die ersten Blätter, die während der Keimung unmittelbar nach den Keimblättern – also vor den eigentlichen Laubblättern – gebildet werden, heißen Niederblätter. Allerdings sind diese Blättchen oft winzig und treten kaum in Erscheinung. Augenfälliger sind die gleichfalls als Niederblätter bezeichneten Knospenschuppen: Sie umhüllen in einer End- oder Seitenknospe schützend die nächste Generation der Blätter. Schließlich sind noch die schuppenförmigen Niederblätter von Erdsprossen (u. a. bei Maiglöckchen) zu nennen.

Niederschläge
Alle Formen von Wasser, die von der Atmosphäre an den Boden abgegeben werden, sind Niederschläge. In erster Linie denkt man dabei natürlich an Regen. Während Niesel- oder Landregen mit kleiner bis mittlerer Tropfengröße gut in den Boden einsickert, kann Gewitter- oder Platzregen mit großen Tropfen Schäden an Böden und Pflanzen anrichten. Bei niedrigen Temperaturen fällt der Regen in Form von Schnee. In sehr kalten Gewitterwolken wachsen die Eiskristalle durch mehrfaches Schmelzen und erneutes Gefrieren zu bis zu 5 cm großen Hagelkörnern heran – mit den entsprechenden Schadwirkungen. Regen, der erst in Bodennähe gefriert, wird als Graupel bezeichnet. Eine wichtige Form der Wasserversorgung ist auch der Tau; er entsteht in kühleren Bodenschichten durch Kondensation von Wasserdampf aus der Luft.

Auch der Tau zählt zu den Niederschlägen.

Mit dem Regenmesser wird die Niederschlagsmenge in mm ermittelt.

Die **Niederschlagsmenge** wird mithilfe von standardisierten Auffangbehältern gemessen, die man in einfachen Ausführungen als → *Regenmesser* auch im Garten einsetzen kann. Die Auffanggefäße haben eine Millimeterskala, gemäß der üblichen Niederschlagsmengenangabe in mm.

Dabei entspricht 1 mm Höhe auf der Skala 1 l Wasser je m² Bodenfläche. Bei kräftigen, anhaltenden Regenfällen können an einem Tag durchaus 50 mm und mehr gemessen werden.

Durchschnittliche jährliche Niederschlagsmengen bzw. Niederschlagssummen sind wichtige Kenngrößen des → *Klimas*. In Deutschland liegt der Durchschnitt bei 800 – 900 mm im Jahr, in Österreich um 1 200 mm, in der Schweiz um 1 400 mm. Dabei gibt es gewaltige Unterschiede zwischen den Regionen. Generell nehmen die Regenmengen von Ost nach West (zunehmender Atlantikeinfluss) und mit steigender Höhenlage zu. Recht gering, mit Werten um 500 – 600 mm, fallen die Niederschlagsmengen in Ostdeutschland aus, außerdem z. B. im Mainzer Becken sowie in manchen Alpentälern. Äußerst regenreich dagegen sind nicht nur Küstenregionen mit oft mehr als 1 200 mm, sondern vor allem auch das Voralpenland und manche Hochgebirgslagen, wo teils bis 2 500 mm fallen. Praktische Konsequenzen hat dies teils für die Pflanzenauswahl sowie freilich auch für Gießmenge und -häufigkeit. Außerdem spielt die Kenntnis der regionalen Niederschlagsmenge eine wichtige Rolle bei vorgesehener → *Regenwassernutzung*.

Auch → *Bewässerung*, → *Gießen*, → *Wettermessung*

Niederstamm
Baumform mittlerer Größe, die von den meisten Obstarten angeboten wird; auch Meterstamm genannt. Als Pflanzware haben Niederstämme eine Stammhöhe von 80 – 100 cm. Sie bleiben zwar niedriger als Hochstämme, haben aufgrund der ausgedehnten Krone aber trotzdem einen beachtlichen Platzbedarf. Je nach Art, Sorte und Wuchsstärke können dies durchaus 4 – 10 m² sein.

Auch → *Obstbaumformen*

Niem
Alternative Schreibweise für das natürliche Pflanzenschutzmittel
→ *Neem*

Nierembergia
Sommerblume mit posterartigem Wuchs und becherförmigen Blüten in verschiedenen Farbtönen
→ *Becherblume*

Nierenförmig
Beschreibung einer Blattform, die an die charakteristische Gestalt einer Niere erinnert.
→ *Blatt*

Nieswurz
HELLEBORUS

Die kleine Pflanzengattung von Stauden, die zu den Hahnenfußgewächsen gehört, bietet dem Gärtner eine Reihe unschätzbarer Vorteile: Ihre Arten blühen sehr früh und reichlich, zieren zumeist mit immergrünen Blättern auch über Winter, vertragen Halbschatten und wachsen am liebsten ungestört – allerdings sind alle Teile der Pflanzen giftig.

Die Wurzelstöcke von Nieswurzarten, vor allem der Christrose, verwendete man früher für verschiedene medizinische Zwecke, u. a. als Herzmittel, da sie wie der Fingerhut herzwirksame Glykoside enthalten. Die pulverisierte Wurzel diente als Schnupfenpulver, daher der Name Nieswurz.

Die Heckenschneerose oder -nieswurz ist im nordwestlichen Balkan sowie in Südeuropa zu Hause. Sie ergänzt das Angebot der heimischen Arten. Die Stinkende Nieswurz und die Christrose, auch Schwarze Nieswurz genannt, wachsen bei uns in lichten Wäldern und Gebüschen. Sie sind allerdings in freier Natur selten geworden und deshalb streng geschützt. Alle Wildarten besiedeln bevorzugt kalkhaltige Böden. Als

Stinkende Nieswurz (Helleborus foetidus)

Stammart der Hybriden, die als Frühlingsschneerosen oder Lenzrosen geführt werden, gilt *H. orientalis* aus Kleinasien. Die Hybriden sind ähnlich robust wie die Wildpflanzen, ihre besonders attraktiven Blüten erscheinen allerdings später als die der Christrosen.

Im Halbschatten bzw. unter im Frühjahr noch unbelaubten Gehölzen gedeihen die Nieswurzarten am besten. Man kann ihnen aber auch einen absonnigen oder gar schattigen Platz zuweisen, nur fällt die Blüte dann oft etwas spärlicher aus.

Heckenschneerose
HELLEBORUS DUMETORUM

Merkmale: Staude, lockerer Wuchs, bis 50 cm hoch; Blätter handförmig geteilt, mit 7 bis 11 Blättchen, bis 25 cm lang; schalenförmige Blüten, außen purpurn, innen grünlich gefärbt, 4 – 5 cm Ø, einzeln an den Stielen, nickend bzw. leicht hängend.
Blütezeit: Januar – März
Verwendung: Einzeln oder in kleinen Gruppen am Gehölzrand, unter lichten Gehölzen, auf Strauchbeeten, vor Mauern.

Christrose (Helleborus niger)

Standort: Humoser, durchlässiger Boden, weder zu trocken noch staunass, neutral bis basisch (kalkreich).
Pflanzen/Vermehren: Pflanzung im Spätfrühling oder Frühherbst, Pflanzabstand 40 – 50 cm; Vermehrung durch Teilen der Wurzelstöcke im Spätsommer oder Aussaat gleich nach der Samenreife (Kaltkeimer).
Pflege: Nur bei ausgeprägter Trockenheit im Winter und Frühjahr gießen; Mulchen vorteilhaft, ideal ist Laubmulch; nach der Blüte verwelkte Blätter entfernen.
Hinweis: Die Schneerose behält im Gegensatz zu den anderen Arten ihre Blätter nicht über Winter.

Stinkende Nieswurz
HELLEBORUS FOETIDUS

Merkmale: Immer- bis wintergrüner Halbstrauch, buschig, leicht hängend, 30 – 60 cm hoch; Blätter handförmig geteilt, mit 7 bis 10 lanzettlichen Blättchen, bis 23 cm lang; schmal glockenförmige, blassgrüne Blüten mit am Rand rot gesäumten Kelchblättern, in körbchenartigen Blütenständen, duftend; das Attribut „stinkend" bezieht sich auf die Wurzel.
Blütezeit: März – April
Verwendung: Wie Schneerose.
Standort: Wie Schneerose; verträgt auch schwerere Böden.
Pflanzen/Vermehren: Wie Schneerose; allerdings keine Teilung möglich.
Pflege: Wie Schneerose.
Hinweis: Ebenfalls fast reingrüne, jedoch schalenförmige Blüten haben die Grüne Nieswurz (*H. viridis*) und die Duftende Nieswurz (*H. odorus*). Beide werden gelegentlich für den Garten angeboten und blühen von Februar bis März.

Christrose
HELLEBORUS NIGER

Merkmale: Immer- bis wintergrüne Staude, horstartig, 15 – 30 cm hoch; ledrige Blätter, handförmig geteilt mit 7 bis 9 länglichen Blättchen; schalenförmige Blüten, weiß bis grünweiß, oft rosa überlaufen, mit 4 – 8 cm Ø, einzeln an den Stielen.
Blütezeit: Dezember – März
Verwendung: Wie Schneerose, kann durch Ausläuferbildung verwildern und größere Gruppen bilden; auch als Schnittblume.
Standort: Wie Schneerose; verträgt auch schwerere Böden und recht viel Schatten.
Pflanzen/Vermehren: Wie Schneerose, Pflanzabstand 20 – 30 cm.
Pflege: Wie Schneerose.
Hinweis: Am frühesten blüht die Sorte 'Praecox', die deshalb unter dem Namen „Weihnachtsschneerose" bekannt ist.

Frühlingsschneerose
HELLEBORUS-HYBRIDEN

Merkmale: Immer- bis wintergrüne Staude, horstartig, 25 – 40 cm hoch; Blätter handförmig geteilt, 7 bis 11 Blättchen; schalenförmige Blüten, je nach Sorte gelblich grün, purpurrot, rosarot bis fast blaurot, teils mit auffälliger mehrfarbiger Zeichnung, 5 – 8 cm Ø, einzeln an den Stielen.
Blütezeit: Februar – April
Verwendung: Wie Schneerose; auch als Schnittblume.
Standort: Wie Schneerose; verträgt fast alle Bodenarten.
Pflanzen/Vermehren: Wie Schneerose.
Pflege: Wie Schneerose.

Nigella
Naturnahe Sommerblume mit hübschen hellblauen Blüten und zierenden Fruchtständen
→ *Jungfer im Grünen*

Nikotin
Das in Tabakblättern enthaltene Alkaloid Nikotin, bekanntlich ein Nervengift, wurde früher vielfach als Hausmittel gegen Schädlinge eingesetzt. Selbst zu den Anfangszeiten des Bio-Anbaus empfahl man Nikotinspritzungen teilweise als natürliche Alternative zum Chemieeinsatz. Der einzige Vorteil der aus Zigarettentabak gewonnenen Spritzbrühen ist jedoch, dass sie sich nach der Ausbringung recht schnell abbauen. Ansonsten tötet das Nikotin, eines der gefährlichsten Naturgifte, nicht nur Blattläuse und andere Schadtiere, sondern auch sämtliche Nützlinge samt Bienen ab. Außerdem birgt der Gebrauch für den Anwender große Risiken, bei unbedachtem Umgang bis hin zu schweren Vergiftungen. Man sollte deshalb auf dieses bedenkliche Mittel besser verzichten.

Nisthilfen
Bei Nisthilfen im Garten denkt man zuallererst an Vögel. Doch auch bestimmte **Insekten,** die besonders als Gegenspieler von Schädlingen geschätzt werden, kann man durch geeignete Nistgelegenheiten unterstützen; ebenso bedrohte Arten, z. B. die Hummeln, die zugleich wichtige Be-

Nisthilfen

Verschiedene Nisthilfen für Hautflügler wie Hummeln, Schlupfwespen und Schwebfliegen

stäuber sind. Fast ganz auf die Hilfe der Gartenbesitzer sind die Solitärwespen angewiesen. Sie finden in einem Bündel aus Bambusrohren, Schilf oder Holunder (mit unterschiedlichen Querschnitten), das an einem stabilen Ast aufgehängt ist, sichere Brutplätze. Denselben Zweck erfüllt ein Holzklotz mit Bohrlöchern, den man an einem Baum befestigen kann. Solche Angebote schätzen auch wichtige Nützlinge wie Schlupfwespen und Schwebfliegen; auch → PRAXIS-SEITE Nützlinge ansiedeln und fördern (S. 614/615). Nisthilfen dieser Art kann man selbst herstellen oder über den Fachhandel bzw. Naturschutzverbände beziehen. Spezialisierte Anbieter haben außerdem Hummel- und Hornissen-Nistkästen im Programm sowie Nisthöhlen für **Fledermäuse**.

Zu den Nützlingen zählen auch die **Vögel**, obwohl manche Arten Schäden an Saaten, Jungpflanzen oder Früchten verursachen. Überwiegend ist ihre Anwesenheit im Garten jedoch von Vorteil und viele Gärtner erfreuen sich schlicht auch an ihrem Anblick. Vögel am Nistkasten zu beobachten ist nicht zuletzt eine wunderbare Erfahrung für Kinder, bei der sie lernen, die Natur zu schätzen.

Die Ansprüche der Vögel an die Nistgelegenheiten sind je nach Art sehr unterschiedlich. Am häufigsten werden die **Höhlenbrüter,** nämlich Meisen & Co. gezielt berücksichtigt. Entsprechende Nistkästen bzw. -höhlen kann man kaufen oder auch selbst bauen; → PRAXIS-SEITE Einfache Nistkästen für den Selbstbau (S. 610/611). Die dort beschriebenen Kriterien und Größenangaben sollten auch beim Kauf von Nistgeräten beachtet werden. Käufliche Nisthöhlen sind häufig aus dem bewährten Holzbeton oder Holz hergestellt, daneben finden sich brauchbare Tonnistgeräte.

Für weitere Arten gibt es vielerlei Spezialnisthöhlen, etwa für Wald- und Steinkäuze, Baumläufer oder Mauersegler. Wer solche Vögel fördern möchte, sollte sich am besten bei Natur- und Vogelschutzverbänden nach geeigneten Nisthilfen sowie Bezugsquellen oder Bauanleitungen erkundigen. Weniger diffizil sind Nistkästen für die **Halbhöhlenbrüter** oder Nischenbrüter sowie für Schwalben, beide ebenfalls auf der → PRAXIS-SEITE Einfache Nistkästen für den Selbstbau (S. 610/611) beschrieben.

Nistkästen und -höhlen müssen jährlich gereinigt werden; deshalb sind auch unbedingt aufklappbare Vorder- oder Seitenwände erforderlich. Bester Zeitpunkt dafür ist im September/Oktober. Man entfernt dann das alte Nistmaterial und säubert den Innenraum mit einer kräftigen Bürste, ggf. auch mit heißem Wasser. Wenn sich allerdings Feldsperlinge oder andere Vögel, Siebenschläfer oder Fledermäuse den Kasten als Winterquartier auserkoren haben, wartet man mit der Reinigung besser bis zum Frühjahr.

Manche der so genannten **Freibrüter** nehmen auch Halbhöhlen an; sie brüten jedoch bevorzugt in Gebüschen oder auch in Laub und Gras am Boden. Hierzu zählen u. a. Buch- und

Die Gartengrasmücke nistet in Hecken und Gebüschen.

Grünfink, Rotkehlchen, Bachstelze, Gartenrotschwanz, Singdrossel, Mönchsgrasmücke, Zaunkönig, Girlitz und Heckenbraunelle. Ihnen ist schon mit dichten → Hecken und → Gehölzgruppen im Garten viel geholfen, besonders mit frei wachsenden Naturhecken aus heimischen Sträuchern. Freilich muss dazu jeglicher Heckenschnitt in der Hauptbrutzeit, vom späten Frühjahr bis etwa Ende Juli, unterbleiben.

Neben Hecken und Gebüschen können auch einzeln stehende, gut entwickelte Sträucher als Nisthilfe dienen, wenn man sie etwa in halber Höhe zu einem „Bubiköpfchen" zusammenbindet. So entsteht ein Trichter, in den die Vögel gern ihr Nest bauen. Dabei sollten alle langen Zweige eingebunden werden, frei stehende Triebe könnten bei starkem Wind das Nest zerstören. Die Zweige darf man nicht zu fest binden, damit der Saftstrom der Gehölze nicht unterbrochen wird. Im Herbst zerschneidet man nach Entfernen alter Nester Bast oder Schnur und bindet die Zweige dann erst im nächsten Frühjahr neu zusammen.

Weitere spezielle Nisthilfen stellen 0,8 – 1 m lange Kiefern- oder Ginsterzweige dar, die man in Augenhöhe an Baumstämmen anbringt. Kiefernzweige kann man schlicht in der Mitte, mit den benadelten Teilen nach oben zusammenbinden; so entsteht ein Nistbüschel. Werden die Zweige oben und unten mit Draht befestigt und in der Mitte etwas vom Stamm abgezogen, erhält man eine Nisttasche, in der Freibrüter ihr Nest bauen können. Eine gute Nisthilfe bieten auch Reisigbündel mit 1,5 – 2 m Höhe und 1 – 1,5 m Ø. Solche Nisthaufen, z. B. aus Gehölzschnitt, werden einfach senkrecht aufgestellt und zusammengebunden; am besten an einem Baumstamm befestigen oder um ihn herum gruppieren.

Nisthilfen für Freibrüter:
1. Herstellen einer Nisttasche aus Ginsterzweigen
2. Einfaches Nistbüschel aus Kiefernzweigen

Nitrat

Bei Nitraten handelt es sich um Salze des Stickstoffs (N), die auch Bestandteil von Mineraldüngern sind und dann Salpeter genannt werden, z. B. beim Kalksalpeter. Der „aktive" Teil ist das negativ geladene Ion NO_3^-. Stickstoff gehört zu den wichtigsten → *Nährstoffen,* da er in alle Eiweiße eingebaut wird. Als Nitrat kommt er im Boden wie in der Pflanze vor, in dieser Form wird er von der Pflanze auch hauptsächlich aufgenommen.

Unter günstigen Bedingungen – genügend Licht für die → *Photosynthese,* genügend Wasser und Wärme – erfolgt der Umbau zu Aminosäuren und Eiweiß recht zügig. Andernfalls kann es zu einer Nitratanreicherung in den Pflanzen kommen, die bei Gemüsen als gesundheitsschädlich bekannt ist. Überhöhte Nitratwerte sind auch beim Trinkwasser ein Problem. Sie resultieren aus der Düngung: Im Boden liegt Nitrat frei gelöst im Bodenwasser vor, überschüssiges, d. h. nicht aufgenommenes, Nitrat gelangt ins Grundwasser.

Das Nitrat selbst ist zwar nicht gesundheitsschädlich, kann aber im menschlichen Stoffwechsel in Nitrit (NO_2^-) umgewandelt werden. Es bildet sich außerdem bei zu warmer Lagerung von Gemüsen. Nitrit behindert den Sauerstofftransport im Blut, wodurch vor allem Säuglinge stark gefährdet sind. Deshalb wird bei Babynahrung besonders großer Wert auf geringe Nitratgehalte gelegt. Für ältere Kinder und Erwachsene ist ein anderer Zusammenhang bedrohlich: Wenn Nitrit mit Körpereiweißen reagiert, entstehen die Krebs erregenden Nitrosamine. Daher sieht die Trinkwasserverordnung einen Grenzwert für den Nitratgehalt des Trinkwassers vor.

In der Gartenpraxis sollte man deshalb mit Stickstoffdüngern vorsichtig umgehen, um einerseits unnötige Nitratauswaschung, andererseits hohe Gehalte im Erntegut zu vermeiden. Dies betrifft nicht nur Nitrat- bzw. Salpeterdünger. Denn sämtliche Stickstoffformen – auch die schwerer löslichen in organischen Düngern – werden aufgrund der → *Nitrifikation* im Boden zu Nitrat umgesetzt.

Besondere Vorsicht ist allerdings bei leicht löslichen Mineraldüngern mit hohem Stickstoffanteil geboten. Diese sollte man – keinesfalls überdosiert – nur zu wachsenden Kulturen geben, die das Nitrat gleich verwerten können, am besten in kleineren Einzelgaben. Die Nitratfreisetzung aus organischen Düngern erfolgt wesentlich langsamer. Trotzdem sollte man solche Dünger mit höherem Stickstoffgehalt, z. B. Hornspäne, nicht schon lange vor der Pflanzung ausbringen, sondern erst kurz davor bzw. zum Wachstumsbeginn. Auf leichten, sandigen Böden, wo die → *Mineralisierung* schneller verläuft, bringt man darüber hinaus auch Mist und Frischkompost besser erst gegen Winterende statt im Herbst aus.

Als „Nitratspeicher" unter den Gemüsen sind vor allem Salat und Spinat bekannt. Doch auch andere Blattgemüse und Wurzelgemüse wie Rote Bete und Rettich können gesundheitsgefährdende Nitratmengen aufweisen. Fruchtgemüse wie Tomaten dagegen speichern ebenso wie Obst kaum Nitrat.

Besonders zurückhaltende Stickstoffdüngung ist beim Spät- und Frühanbau im Gewächshaus oder Frühbeet geboten. Hier bietet sich den Gemüsen zwar genügend Wärme für das Wachstum, doch das geringe Lichtangebot verlangsamt den Umbau von Nitrat zu Eiweißen. Im Allgemeinen ist auch die abendliche gegenüber der morgendlichen Ernte zu bevorzugen, nachdem tagsüber unter Lichteinfluss ein entsprechender Umbau stattgefunden hat.

Einfache Nistkästen für den Selbstbau

Artgerechte Nistkästen und -hilfen

Je nach Größe und Brutgewohnheiten der Vögel sind unterschiedliche Ausführungen geeignet. Der wohl am häufigsten genutzte und gebaute Nistkasten für **Höhlenbrüter** ist der Meisenkasten. Ihn beziehen neben den verschiedenen Meisenarten auch andere Kleinvögel, nämlich Feldsperling, Trauer- und Halsbandschnäpper, Gartenrotschwanz, Kleiber, zuweilen auch Haussperling und Wendehals. Besonders häufig werden sie von Kohlmeisen besetzt. Die hier vorgestellte Grundform der Viereckshöhle (es gibt für Meisen auch Dreieckshöhlen) lässt sich für andere Vogelarten variieren:

- mit denselben Maßen, jedoch mit kleinerem Flugloch von 2,6 cm Ø speziell für Kleinmeisen (Blau-, Hauben-, Tannen- und Sumpfmeise)
- mit größeren Abmessungen für Star, Wendehals und Wiedehopf: Rückwandhöhe 31 cm, Vorderwandhöhe 26 cm, Flugloch mit 4,6 – 5 cm Ø, Bodenplatte 14 x 14 cm, demnach mit aufgeschraubten Wänden 16 cm Breite und Tiefe

Zu den **Halbhöhlenbrütern** oder Nischenbrütern gehören Hausrotschwanz, Bachstelze, Grauschnäpper, Rotkehlchen und Zaunkönig. Sie bauen ihre Nester z. B. in Felsspalten und Mauerlöcher, nehmen aber auch gern künstliche Halbhöhlen an, wie sie die Abbildung auf S. 611 zeigt. Spezielle Nisthilfen benötigen auch **Schwalben**. Rauchschwalben bauen ihre Nester vorzugsweise im Innern von Gebäuden, z. B. in Stäl-

CHECKLISTE

Werkzeug für den Nistkastenbau:
- Fuchsschwanz oder Kreissäge
- Hand- oder elektrische Stichsäge
- Hammer
- Schraubendreher
- Schraubzwingen
- Holzschrauben oder Nägel
- Bohrmaschine, ggf. mit Schraub- und Lochbohrereinsatz

MASSE FÜR DEN MEISENKASTEN

Brettstärke	2 cm
Vorderwand	12 x 23 cm
Flugloch	3,2 – 3,4 cm Ø, (Fluglochmitte 4 cm unter der Oberkante)
Rückwand	16 x 28,5 cm
Seitenwände	15 x 25 x 28 cm
Boden	12 x 13 cm (mit zwei Ablauflöchern mit je 0,4 cm Ø)
Dach	19 x 25 cm
Aufhängeleiste	4 x 2 x 60 cm

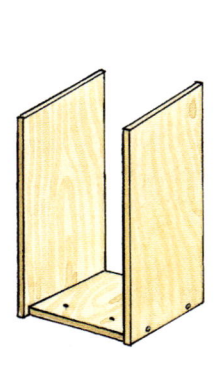

1. Seitenwände an die längeren Seiten des Bodens anschrauben, so dass sie vorn um 2 cm überstehen.

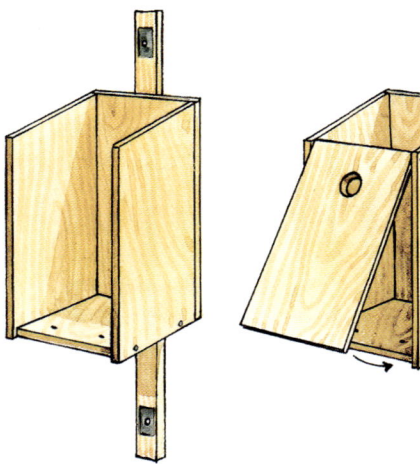

2. Aufhängeleiste an der Rückwand anbringen, Rückwand an Seitenwänden und Boden befestigen.

3. Fluglochwand so einsetzen, dass sie vorn mit den Seitenwänden bündig abschließt, dann oben an den Seitenwänden anschrauben.

4. Dach aufsetzen, so dass es vorn um 9 cm übersteht; an den Oberkanten von Rückwand und Seitenwänden festschrauben. Zum Fixieren der Fluglochwand kann man unten an der Seitenwand einen Haken anbringen.

Bau eines Meisenkastens

len und Scheunen, Mehlschwalben dagegen an Außenwänden, meist unter dem Dach. Bei den Schwalben empfiehlt es sich, breitere Bretter unterhalb der Nisthilfen anzubringen, die den herabfallenden Kot auffangen. Bei allen angegebenen Maßen handelt es sich um Mindestmaße.

Hinweise zum Material und Bau

Nistkästen werden aus massivem, rauem, also ungehobeltem Holz gebaut. Völlig ungeeignet sind Sperrholz und Spanplatten, ebenso Nadelholzbretter mit Harzgängen. Die Bretter sollten wenigstens 2 cm stark sein. Am besten imprägniert man die Außenseiten mit einem ungiftigen Mittel, z. B. Leinöl. Dessen Geruch muss jedoch verflogen sein, bevor die Kästen aufgehängt werden. Das Dach kann mit verzinktem Blech oder Dachpappe überzogen werden, allerdings kommt es darunter leicht zu Fäulnisbildung, so dass dieser Regenschutz letztendlich die Lebensdauer der Nistkästen verkürzt.

Die Fluglöcher schneidet man am einfachsten nach Bohren einer Ansatzstelle mit einer Stichsäge aus. Auf Anflugsleisten unterhalb der Fluglöcher sollte man verzichten, sie dienen eher Nesträubern zum Festhalten.

falsch richtig

MASSE FÜR DIE HALBHÖHLE

Brettstärke	2 cm
Vorderwand	16 x 8,5 cm
Rückwand	16 x 17 cm
Seitenwände	15 x 12,5 x 15 cm
Boden	16 x 15 cm
Dach	20 x 22 cm
Aufhängeleiste	4 x 2 x 45 cm

MASSE FÜR DIE MEHLSCHWALBENNISTHILFE

Brettstärke	2 cm
Rückwand	30 x 15 cm
Boden	30 x 20 cm
Dach	30 x 20 cm
Trennwand	15 x 16 cm

Aufhängung

Am günstigsten hängt man die Nisthilfen bereits im Herbst auf, dann überwintern teils schon Vögel darin. Die Kästen werden in 1,6 – 3 m Höhe kippstabil und windsicher an Wänden, Bäumen oder Pfosten befestigt; keinesfalls nach hinten geneigt, damit es nicht hineinregnen kann. Man wählt dafür einen eher schattigen Platz ohne direkte Sonneneinstrahlung. Das Flugloch sollte möglichst nach Südosten oder Osten zeigen, so dass es entgegen der Hauptwetterrichtung liegt. Um Bäume zu schonen, kann man die Kästen mit Drahtbügeln an kräftigen Ästen aufhängen und mit etwas dünnerem Draht seitlich fixieren. Beim Annageln darf man ausschließlich Alunägel verwenden, die den Baum nicht schädigen. Schutz vor Mardern und Katzen bieten Stachelkränze oder Blechmanschetten, die man unter- und oberhalb der Kästen um Baumstämme und Pfosten legt.

Der Kasten sollte nicht nach hinten, sondern leicht nach vorn geneigt oder senkrecht aufgehängt werden, mit dem Flugloch nach Südosten.

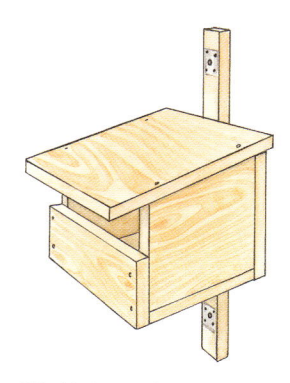

Halbhöhle für Nischenbrüter; Der Zusammenbau ist nach Zuschnitt der Einzelteile (vgl. Maße) einfach.

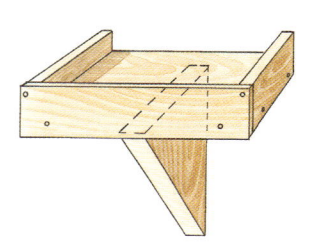

Nisthilfe für Mehlschwalben: Hiervon sollte man wenigstens zwei oder drei an der Hauswand anbringen, da die Schwalben gesellig brüten.

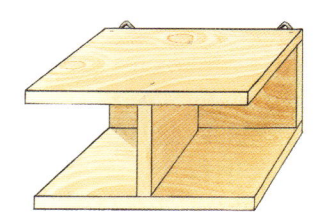

Nisthilfe für Rauchschwalben: Hier genügt ein Bodenbrett mit 15 x 15 cm. Vorder- und Seitenleisten sind 4 cm hoch.

Nitrifikation
Im Rahmen des Stickstoffkreislaufs wird das organische Material abgestorbener Tiere und Pflanzen von Bodenorganismen bis auf die Stufe von → *Ammoniak* abgebaut, das mit dem Bodenwasser zu → *Ammonium* reagiert. Ammonium ist das Substrat der nitrifizierenden Bakterien: Sie wandeln es in einer Abfolge chemischer Reaktionen zu → *Nitrat* um, das dann wieder als → *Nährstoff* von den Pflanzen aufgenommen wird.

Nitrit
Stickstoffverbindung mit der chemischen Abkürzung NO_2^-
 → *Nitrat,* → *Nitrifikation*

Nitrophoska
Bezeichnung für einen Mehrnährstoffdünger bzw. Volldünger, der Stickstoff (Nitro-), Phosphor (phos-) und Kalium (ka) enthält, außerdem Magnesium. „Blaudünger" enthalten wenig, „Rotdünger" viel → *Chlorid.*

Nitrosamin
Krebs erregendes Reaktionsprodukt von → *Nitrat*

Nodium
Mehrzahl Nodien; fachsprachliche Bezeichnung für den → *Blattknoten*

Noisetterose
Gruppe von zumeist kletternden Hybridrosen des 19. Jahrhunderts mit fein duftenden Blüten
 Auch → *Rose,* → *Alte Rosen*

Nomenklatur, botanische
Wissenschaftliche Benennung von Pflanzen (und Tieren) mit lateinischem Gattungs- und Artnamen
 → *Botanische Namen*

Nordmannstanne
Dekorative → *Tanne* aus dem Kaukasus mit regelmäßig aufgebauter Krone

Nothofagus
Kleiner Baum mit attraktiver Wuchsform und gelber Herbstfärbung
 → *Scheinbuche*

NPK-Dünger
Abkürzung für einen Mehrnährstoffdünger, der die Kernnährstoffe Stickstoff (N), Phosphor (P) und Kalium (K) enthält.

Nullerde
Gärtnerische Einheitserde ohne Nährstoffzusatz
 → *Erden, Substrate*

Nuphar
Botanischer Gattungsname der Gelben → *Teichrose,* eine hübsche Schwimmpflanze

Nuss
Fruchtform, bei der alle Teile der Fruchtwand verholzen. Da sich die Fruchtwand um den Samen nicht öffnet, sind Nüsse sowohl Trocken- wie Schließfrüchte. Während z. B. Haselnüsse, Bucheckern und Eicheln echte Nüsse darstellen, ist die Walnuss botanisch gesehen eine Steinfrucht, da die äußere Fruchtwand (die grüne Hülle um die „Nuss") fleischig bleibt.
 Auch → *Frucht*

Nüsslisalat
Andere Bezeichnung für den → *Feldsalat*

Nützlinge
In biologisch-ökologischer Sichtweise ist eine Unterscheidung zwischen nützlichen und schädlichen Tieren und Pflanzen sicher problematisch, für den Gärtner aber mehr als verständlich. Im Garten werden alle Tiere als Nützlinge eingestuft, die als Gegenspieler von pflanzenschädigenden Organismen auftreten: die so genannten natürlichen oder Fraß-

Eicheln gehören zu den echten Nüssen.

Auch Bucheckern zählen zu den echten Nüssen.

Haselnüsse sind für viele der Inbegriff für Nüsse.

feinde von Schädlingen. Des Weiteren gehören zweifellos Bienen und Hummeln als unentbehrliche Bestäuber zu den nützlichen Tieren.

Schließlich kann man auch die unzähligen Organismen des → *Bodenlebens* bei den Nützlingen einreihen, wobei hier neben Tieren wie dem Regenwurm auch Bakterien und Pilze eine wichtige Rolle spielen. Tatsächlich sind die Bodenorganismen auch im engeren Sinn als Nützlinge anzusehen, denn sie sorgen neben der Streuumsetzung dafür, dass Schadpilze und -tiere im Boden nicht überhand nehmen. Manche Bakterien und Pilze können zudem Schädlinge parasitieren und sind somit ebenfalls „echte" Nützlinge.

Manchmal zählt man auch bestimmte Pflanzen zu den Nützlingen, etwa Möhren, die gegen die Zwiebelfliege helfen (auch → *Mischkultur*) oder Studentenblumen, die Nematoden abwehren.

Wenn es gemeinhin um Nützlinge geht, sind allerdings in erster Linie verschiedene räuberisch lebende Tierarten im Blickpunkt. Nachfolgend die wichtigsten Tiergruppen (in Klammern jeweils die bevorzugte Nahrung):

■ **Säugetiere** wie Fledermäuse (nachtaktive Insekten), Igel (Schnecken, Larven, allerdings auch Würmer und Obst), Maulwürfe (unterirdisch lebende Insekten und ihre Larven und Puppen), Spitzmäuse (Schnecken, Insekten, Larven und Puppen)

■ **Vögel** (vor allem zur Brutzeit): Insekten, Larven, Puppen

■ **Kriechtiere und Lurche** wie Blindschleichen und Eidechsen (Schnecken, Würmer, Insekten), Frösche und Kröten (Schnecken, Würmer, Insekten)

■ **Insekten** wie die Larven von Schwebfliegen, Florfliegen und Marienkäfern (Blattläuse), Laufkäfer (verschiedene Insekten und ihre Larven und Puppen, Läuse, Milben), Ohrwürmer (Läuse), Schlupfwespen (Läuse, Motten, Raupen) und Wanzen (Milben, Blattläuse)

■ **Spinnentiere** wie Netze bauende Spinnen (Insekten), Raubmilben (Spinnen, Milben)

Die häufigsten Nützlinge sind jeweils unter eigenem Stichwort näher beschrieben.

An den in Klammern genannten Beutetieren erkennt man, dass manche Arten nur unter bestimmten Schädlingen „aufräumen", während andere einen breit gestreuten Speiseplan haben. Dabei unterscheiden z. B. Vögel oder Kröten nicht zwischen „nützlichen" und „schädlichen" Würmern. Bei solchen Allesfressern steht die regulierende Wirkung im Vordergrund, sie sorgen für ein gewisses Gleichgewicht, reduzieren aber freilich auch wirksam diverse Schädlinge. Durch Unterstützen von Nützlingen lässt sich der Befallsdruck durch Schädlinge deutlich vermindern und damit gleichzeitig auch der Einsatz von Spritzmitteln verringern; → PRAXIS-SEITE Nützlinge ansiedeln und fördern (S. 614/615).

Einen Schritt weiter geht man beim gezielten **Nützlingseinsatz,** der zur biologischen Schädlingsbekämpfung zählt. Da hierbei speziell gezüchtete Nützlinge unter kontrollierten Bedingungen ausgesetzt werden, lassen sich solche Verfahren vorrangig im Gewächshaus, Wintergarten oder Blumenfenster einsetzen. Großteils brauchen die gezüchteten Tiere auch recht hohe Mindesttemperaturen, damit sie schlüpfen bzw. fliegen und somit ihre Aufgabe erfüllen können. Einige Beispiele für käufliche, im Gewächshaus gezielt einsetzbare Nützlinge:

■ Schlupf- bzw. Erzwespen gegen Weiße Fliege

■ Schlupfwespen, Gallmücken und Florfliegen gegen Blattläuse

■ Australische Marienkäfer gegen Woll- und Schmierläuse

Bei der Spitzmaus stehen Schnecken und Würmer auf dem Speiseplan.

■ Raubmilben gegen Spinnmilben

■ Raubmilben und -wanzen gegen Thripse

■ Schlupfwespen gegen Minierfliege

Solche Nützlinge bestellt man bei den ersten Befallsanzeichen im Fachhandel oder bei spezialisierten Versendern. Sie werden z. B. als Eier auf Kartonrähmchen oder in streufähigem Material geliefert. Auf den Einsatz chemischer bzw. breit wirksamer Mittel sollte man am besten schon einige Woche vor dem Ausbringen der Nützlinge verzichten.

Eine praktikable Nützlingsverwendung im Freiland stellt vor allem der Einsatz von Nematoden gegen Dickmaulrüssler, Engerlinge und Schnecken dar.

Nymphaea
Botanischer Gattungsname der → *Seerose*

Nymphoides
Botanischer Gattungsname der gelb blühenden → *Seekanne*

Nützlinge ansiedeln und fördern

1. Schon ein wenig geduldeter Wildwuchs unterstützt und mehrt die Nützlingsschar im Garten.

2. In Reisighaufen finden Igel Unterschlupf, ebenso einige Vögel und räuberische Käfer.

3. Mit Steinhaufen fördert man besonders Eidechsen und Blindschleichen sowie manche Amphibien.

Naturnah ist Trumpf

Die einfachste und nachhaltigste Methode, → *Nützlinge* zu fördern, ist ein möglichst vielfältig angelegter Garten mit breitem Angebot an natürlichen Nischen. Je mehr der Garten in Richtung eines → *Naturgartens* gestaltet wird, desto mehr Kleintiere und Insekten siedeln sich an. Darunter finden sich sicher auch als Schädlinge eingestufte Tiere, doch ihre zahlreich vorhandenen Gegenspieler behalten sie in der Regel gut im Griff. Anders im besonders aufgeräumten, ordentlichen Garten mit hauptsächlich hoch gezüchteten oder exotischen Pflanzen und Kultursorten; hier können sich spezialisierte Schädlinge viel leichter ausbreiten und vermehren. Heimische Blumen und Gehölze, unauffällige Ecken mit geduldetem Wildwuchs, besondere Biotope wie Teich oder Trockenmauer – in solch einer Umwelt stellen sich Nützlinge gern ein und gehen bald ihrer Lieblingsbeschäftigung nach: dem Vertilgen von Blattläusen, Raupen, Schnecken & Co.

Spezielle Nützlingsangebote

Die meisten Nützlingshilfen lassen sich mit geringem Aufwand aus im Garten ohnehin vorhandenem Material bereitstellen. Sie dienen den Tieren als Unterschlupf- und Rückzugswinkel sowie als Schlaf-, Überwinterungs- und Nistplätze. Die wichtigsten Einrichtungen der Nützlingsförderung:

■ Reisig- und Totholzhaufen: Aus trockenen Zweigen und Ästen, morschen Baumstämmen oder Wurzelstrünken; an abgelege-

TIPP

Unschlagbare Nützlingsbiotope sind dichte Naturhecken in Kombination mit Wildblumen- oder Unkrautrandstreifen. Ein besonderer Rang gebührt dabei den Brennnesseln: Sie dienen über 100 Insekten als Nahrung. Sehr nützlingsfreundlich sind außerdem Korb- und Doldenblütler mit ungefüllten Blüten.

ner Gartenstelle locker aufschichten, Wildwuchs dulden oder auch mit heimischen Stauden und Kletterpflanzen (z. B. Waldrebe) verschönern. Laubhaufen mit untergemischtem Gehölzschnitt sind ebenfalls gut geeignet. Fördert u. a. Igel, Vögel, Spitzmaus, Kröten, Zauneidechse, Blindschleiche, Spinnen, Marienkäfer und andere Insekten.

■ Steinhaufen: Aus unterschiedlich großen Steinen so aufschichten, dass genügend Hohlräume als Unterschlupf entstehen. Einige der Lücken können auch mit heimischen Steingartenpflanzen besetzt werden. Beim Aufschichten an trockener, sonniger Stelle werden vor allem Eidechsen und Blindschleichen gefördert, ansonsten Spitzmaus, Kröten, Laufkäfer, Marienkäfer und Asseln.

■ Ohrwurmtöpfe: Tontöpfe mit der Öffnung nach unten in Bäumen und Sträuchern aufhängen und mit Holzwolle oder Stroh ausstopfen.

■ Nistmöglichkeiten: Verschiedene Nistangebote für Vögel und Insekten sind unter dem Stichwort → *Nisthilfen* beschrieben.

Neben käuflichen Nistgeräten bieten manche Firmen auch vorgefertigte, auf bestimmte Arten zugeschnittene Naturschutzprodukte an, wie etwa Florfliegenkästen, Ohrwurmröhren, Igelkuppeln und Fledermaushöhlen. Der Fachhandel oder Naturschutzverbände können beim Bezug weiterhelfen.

Reduzierter Pflanzenschutzmitteleinsatz

Die „chemische Keule", die radikal mit sämtlichen Schädlingen aufräumt, erwischt zwangsläufig auch viele Nützlinge. Das ist allerdings bei vielen als natürlich geltenden Mitteln wie Pyrethrum, Quassia, Ölpräparaten oder Seifenlauge nicht viel anders. Sie haben vor allem den Vorteil, dass sie sich bald wieder abbauen. Nicht selten geraten Nützlinge durch Spritzmittel auch deshalb ins Hintertreffen, weil sich die Schadorganismen schneller wieder erholen, zumal diese teils schon gegen bestimmte Wirkstoffe resistent sind. Zu beachten ist, dass auch manche Fungizide (Pilzmittel) Nützlinge beeinträchtigen können.

Zurückhaltender Pflanzenschutzmitteleinsatz ist demnach oberstes Gebot. Zudem machen sich die Nützlinge nur bei genügend Nahrungsangebot breit; wer jeden Anfangsbefall gleich bekämpft, entzieht ihnen somit die Grundlage. Freilich kann man nicht immer warten, bis die Nützlinge die Arbeit erledigt haben, aber etwas Vertrauen in die Selbstregulierung gehört schon dazu (vgl. auch entsprechenden Hinweis bei → *Marienkäfer*). Sofern es nötig ist, sollten bevorzugt selektiv wirkende, nützlingsschonende Insektizide zum Einsatz kommen sowie systemische, über die Wurzeln aufgenommene Mittel.

CHECKLISTE
Nützlingsbiotope im Überblick:
- Naturhecke
- Wildblumenwiese und -streifen
- Unkrautecken und -streifen
- Reisig-, Totholz- und Laubhaufen
- Stein- und Sandhaufen
- Trockenmauer
- naturnaher Teich

4. Nistblock für verschiedene Hautflügler wie Wildbienen, Wespen, Schlupfwespen oder auch Schwebfliegen

5. Florfliegenquartiere hängt man etwa in 1,5 – 2 m Höhe auf; die Tiere werden durch die rote Farbe angezogen.

6. Eine Fledermaushöhle sollte in 3 – 6 m Höhe aufgehängt werden.

O

Oberboden
Die oberste, humose Bodenschicht, auch Mutterboden, Krume oder A-Horizont genannt (→ *Bodenhorizont*). Sie reicht bis etwa 30 cm Tiefe, in langjährig bearbeiteten, gut mit Humus versorgten Böden auch bis 60 cm Tiefe. In dieser dunkel gefärbten Bodenschicht finden zum allergrößten Teil die für die Pflanze wichtigen Prozesse statt.

Oberhautgewebe
Andere Bezeichnung für das → *Abschlussgewebe* bzw. die Epidermis; Zellverband, der die Außenhaut der Pflanze bildet, oft durch Zellulose- und Kutineinlagerung verfestigt und durch Wachsüberzüge geschützt.

Oberkohlrabi
In manchen Regionen geläufige Bezeichnung für den → *Kohlrabi,* im Gegensatz zur → *Kohlrübe,* die als „Unterkohlrabi" bezeichnet wird.

Oberseitenförderung
Bevorzugter Austrieb an der Oberseite waagrecht stehender Zweige und Äste

Auch → *Ostbaumschnitt, Wachstums- und Schnittgesetze*

Obst
Sammelbegriff für mehr oder weniger roh essbare Früchte und Samen sowie auch für die Bäume, Sträucher oder Stauden, die dieses Erntegut liefern. Manche Fruchtgemüse werden zwar ebenfalls roh verzehrt (z. B. Tomaten, Gurken, Paprika), gelten aber traditionell nicht als Obst. Der Unterschied liegt hier auch in den geschmacksbildenden Stoffen begründet: Bei Obstfrüchten überwiegen, anders als beim Fruchtgemüse, Fruchtzucker und -säuren. Geschmacklich tendiert unter den Gemüsen noch am ehesten der Rhabarber in diese Richtung, dessen Stängel aber nicht zum Obst gerechnet werden. Frisches Obst ist reich an Vitaminen, Mineralstoffen und Spurenelementen und stellt daher einen wichtigen Bestandteil der menschlichen Ernährung dar.

In der rein botanischen Betrachtung von Früchten spielt der Begriff Obst überhaupt keine Rolle. Entsprechend gibt es auch keinen direkten Zusammenhang zwischen der botanischen Einteilung von Früchten (→ *Frucht*) und der praxisorientierten **Unterteilung** des Obstes. Hier unterscheidet man:

■ Kernobst (Apfel, Birne, Quitte, Nashi) mit essbarem Fruchtfleisch (hervorgegangen aus dem Blütenboden) und zahlreichen Samen im Innern eines Kerngehäuses

■ Steinobst (Kirsche, Pflaume, Pfirsich, Aprikose) mit essbarem Fruchtfleisch (hervorgegangen aus dem Fruchtknoten) und einem Samen, der von einer verholzten Schale umgeben wird.

■ Schalenobst (Haselnuss, Walnuss) mit essbarem Samen und verholzter Schale; bei der Walnuss – sie ist botanisch betrachtet eine Steinfrucht – wird diese Schale noch von einer ungenießbaren, fleischigen Hülle umgeben.

■ Beerenobst; hierzu zählen echte Beeren (z. B. Johannis-, Stachel-, Heidelbeeren, Kiwi, Weintraube), die aus essbarem Fruchtfleisch mit Samen bestehen. Erdbeeren, Himbeeren und Brombeeren dagegen sind Sammelfrüchte aus essbarer Blütenachse mit aufsitzenden winzigen Nüsschen bzw. Steinfrüchten.

Eine weitere geläufige Einteilung bezieht sich auf die **Wuchsform:**

■ Strauchobst umfasst alle strauchförmig wachsenden Arten wie Johannis- und Stachelbeeren und wird oft mit „Beerenobst" gleichgesetzt. Allerdings gehört hierzu auch die Haselnuss. Besondere Wuchsformen weisen die Klettersträucher Kiwi und Weinrebe auf.

■ Baumobst umfasst Kernobst, Steinobst sowie die Walnuss, also alle Arten, die als Bäume wachsen. Freilich gibt es auch hier wieder Sonderfälle: Quitte und Nashi können auch strauchförmig wachsen.

Ganz aus diesem Raster fällt die Erdbeere, eine Staude.

Schließlich kennt man noch eine weitere Kategorie, nämlich das **Wildobst.** Von Kornelkirsche, Felsenbirne, Holunder, Mehlbeere, Schlehe und anderen bei uns wild wachsenden Arten sammelt man seit jeher die Früchte, die jedoch teilweise erst nach Verarbeitung oder Frosteinwirkung genießbar sind.

Im Gegensatz zu den kultivierten Obstarten wurden sie züchterisch kaum bearbeitet. Einige freilich haben schon lange in großfrüchtigen Auslesen und Sorten auch den Weg in den Garten gefunden, z. B. Brombeere und Haselnuss sowie Mährische Eberesche.

OBSTBAUM

Mäßig stark wachsende Birnbäume sind meist auf Quittenunterlagen veredelt.

Obstbaum

Obst tragendes Gehölz mit einem Hauptstamm als durchgehender Achse und davon abzweigenden Ästen. Je nach Höhe des Stamms unterscheidet man verschiedene → *Obstbaumformen,* wobei die klein bleibenden Formen wie Busch und Spindel nicht mehr unbedingt dem typischen Bild eines Baums entsprechen. Dasselbe gilt für als Spaliere gezogene Bäume; → *Obstbaum, Spalierformen.*

Obstbäume der wichtigen Kulturarten (Kernobst, Steinobst) sind meist „zweiteilige", durch → *Veredlung* gewonnene Gehölze: Sie bestehen aus einer Unterlage, die Wurzelwerk und Stammfuß (seltener auch den ganzen Stamm) beiträgt, und der darauf veredelten Sorte, die nach Einsetzen von Trieben (Reisern) oder Augen mit der Unterlage verwächst. Als Unterlagen werden meist spezielle Auslesen robuster oder besonders schwachwüchsiger Gehölze verwendet; sie können auch artfremd sein, z. B. Quitte als Birnenunterlage. Die Unterlage bestimmt die Ansprüche sowie hauptsächlich auch die Wuchsstärke eines Obstbaums, die Edelsorte ist entscheidend für die Fruchtqualität, außerdem für die Wuchseigenschaften der Krone. Die Veredlungsstelle ist, meist etwa eine Handbreit über dem Boden, als Verdickung am Stamm zu erkennen. Bei so genannten Stammveredlungen befindet sie sich direkt unterhalb der Krone. Zuweilen bestehen Obstbäume sogar aus drei verschiedenen Teilen: Wenn sich die gewünschte Unterlage und die Edelsorte nicht vertragen, wird noch eine andere Unterlage als Zwischenveredlung eingesetzt.

Auch → *Obstbaum, Kronenaufbau,* → *Obstbaum, Kronenformen,* → *Obstbaumpflanzung,* → *Obstbaumschnitt*

Obstbaum, Kronenaufbau

Jeder Baum bildet im Lauf seiner Entwicklung eine ganz spezifische Kronenform aus, die durch sein Erbgut, den Standort und die Bodenverhältnisse bestimmt wird. Bei jungen Bäumen entstehen zunächst hauptsächlich stärker wachsende Langtriebe, deren Blätter/Blattpaare in größeren Abständen stehen. Später zweigen davon verstärkt Kurztriebe ab; bei ihnen stehen die Blätter sehr dicht und vielfach (besonders beim Kernobst) tragen nur sie Blüten und Früchte.

Die stärksten Langtriebe, die direkt dem Stamm entspringen, entwickeln sich mit der Zeit zu den tragenden Ästen der Krone, zu den so genannten Ästen oder Nebenachsen 1. Ordnung. Sie bilden das eigentliche Kronengerüst. Von ihnen können als Nebenachsen 2. Ordnung Kurz- und Langtriebe abzweigen. Die Kurztriebe stellen in der Hauptsache das → *Fruchtholz* dar, die Langtriebe können sich zu Nebenästen entwickeln, beide wiederum mit weiteren Verzweigungen 3. oder 4. Ordnung.

Durch den → *Obstbaumschnitt* wird diese Entwicklung von Beginn an gelenkt, wobei man einen lichten, klar gegliederten, gleichmäßigen Kronenaufbau anstrebt. Der natürlichen Baumkrone entspricht am ehesten die Pyramidenkrone (auch → *Obstbaum, Kronenformen*). Diese formiert sich um die senkrecht wachsende Stammverlängerung, den **Mittelast** bzw. Mitteltrieb oder Hauptast.

Seitlich am Stamm setzen dann – in unterschiedlicher Höhe abgehend – 3 bis 4, seltener 5 kräftige **Leitäste** an, auch Gerüstäste genannt. Von oben gesehen sollten sie möglichst gleichmäßig um den Mittelast verteilt

Obstbaum, Kronenformen

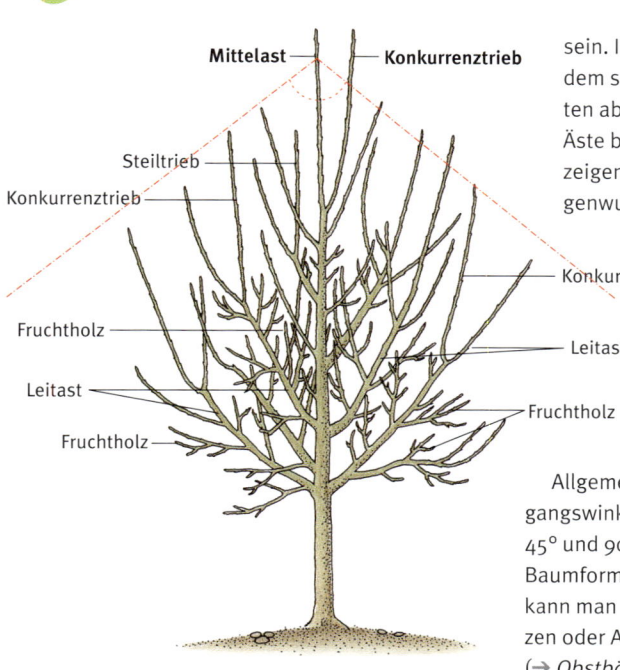

Obstbaum, Kronenaufbau: die wichtigsten Obstbaumteile an einem ungeschnittenen Baum. Rot eingezeichnet ist der anzustrebende Kronendachwinkel von etwa 120°.

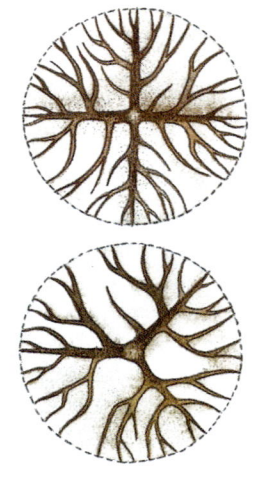

Kronenaufbau von oben: optimale Verteilung bei vier Leitästen (oben) und bei drei Leitästen (unten)

sein. Im Idealfall spreizen sie zudem stumpfwinklig nach den Seiten ab. Spitzwinklig stehende Äste brechen leichter, außerdem zeigen sie meist zu starken Längenwuchs und geringen Fruchtholzbesatz. Der Abgangswinkel hängt auch von der Obstart auf: Bei der Birne z. B. wachsen die Äste steiler als bei den meisten Apfelsorten. Im Allgemeinen strebt man einen Abgangswinkel der Leitäste zwischen 45° und 90° an, je nach Art und Baumform. Die Stellung der Leitäste kann man durch frühzeitiges Abspreizen oder Aufbinden beeinflussen (→ *Obstbäume formieren*).

Ebenfalls abhängig von Obstart und Baumform ist der wünschenswerte **Kronendachwinkel,** der sich zwischen Mittelastspitze und den Spitzen der Leitäste ergibt. Ein Richtwert liegt bei 120°, je nach Erfordernis kann er aber auch 90° und weniger betragen.

An den Leitästen lässt man üblicherweise die Bildung von je 2 bis 3 kräftigeren **Nebenästen** zu. Dies alles ergibt zusammen ein stabiles Gerüst für die Seitenzweige, die von Mittel-, Leit- und Nebenästen abgehen, das **Fruchtholz.**

Die Bäume sind allerdings von Natur aus bestrebt, vor allem im Spitzenbereich mehr Langtriebe zu bilden. So können immer wieder **Konkurrenztriebe** entstehen, besonders zum Mittelast, aber auch zu den Leitästen. Diese werden dann beim → *Obstbaumschnitt* ebenso entfernt wie ausgesprochene Steiltriebe, die durch ihre Stellung den Ästen eine unerwünschte Richtung geben. Teils kann man sie auch durch Abbinden in den Kronenaufbau einbeziehen (→ *Obstbäume formieren*).

Von diesem „Standardaufbau" der Krone gibt es die verschiedensten Abwandlungen, → *Obstbaum, Kronenformen* und → *Obstbaumformen*. Die stärkste Abweichung von der üblichen Kronenform findet man beim Kordon (→ *Obstbaum, Spalierformen*) sowie bei den Säulenformen, die vor allem als Kübelobst angeboten werden (Ballerina-Äpfel, Säulenkirschen etc.).

Obstbaum, Kronenformen

Unter dem Stichwort → *Obstbaum, Kronenaufbau* ist die **Pyramidenkrone,** eine häufige Form bei (Kernobst-) Bäumen, bereits beschrieben: Der Mittelast als Stammverlängerung, 3 bis 4 (oder 5) Leitäste mit kräftigen Nebenästen und zahlreichen Seitentrieben bilden eine relativ dichte Krone von etwa Pyramidenform. Sie finden sich vom Buschbaum bis zum Hochstamm (→ *Obstbaumformen*), wobei die ausladenden Kronen größerer Bäume sehr viel Platz beanspruchen.

Eine deutlich schmalere Alternative stellt die **Spindelkrone** dar. Sie wird häufig im Erwerbsobstbau für Apfel- und Birnbäume verwendet, da man sie leicht ernten kann, findet sich aber auch zunehmend im Angebot für den Privatgarten. Solche Bäume haben mehrere fast waagrechte, kurze Seitenäste, auf denen ab dem 2. Jahr das Fruchtholz gebildet wird. Die Seitenäste setzen dabei schon recht weit unten an, so dass sich kaum noch das Bild einer gewohnten Krone ergibt. Man unterscheidet dabei zwei verschiedene → *Obstbaumformen*, den kegelig aufgebauten Spindelbusch und die schlanke Spindel.

Einer Pyramidenkrone ohne Mittelast bzw. Stammverlängerung entspricht die **Hohlkrone,** ebenfalls mit 3 bis 5 Leitästen gezogen. Gelegentlich erzieht man auf diese Weise Apfelbäume, besondere Bedeutung hat sie jedoch beim Steinobst, und hier vor allem beim Pfirsich. Auch Aprikose, Sauerkirsche und Pflaume zieht man häufig mit einer Hohlkrone, wobei der Mittelast teils erst später entfernt wird. Sie bietet den Vorteil, dass mehr Licht einfällt und entsprechend die Früchte besser abreifen.

Wird der Mittelast früh und vollständig entfernt, wachsen die verbleibenden Leitäste steiler. Dieses ist insbesondere bei der Süßkirsche, teils auch bei der Sauerkirsche, nicht erwünscht. Hier belässt man häufig am Anfang den Mittelast und kürzt ihn erst etwa ab den 5. Standjahr stark ein. So entsteht die **kombinierte Krone.** Pflaumen zieht man auch des Öfteren mit Tellerkrone. Sie besteht aus mehreren Gerüstästen rund um einen 2,5 – 3 m hohen Stamm, dessen Spitzenwachstum man durch Kappen des Mittelasts unterbricht. Die Gerüstäste werden in eine flache Stellung formiert.

Eine Sonderform stellt die schmale **Dreiastkrone** oder Längskrone aus einem Stamm samt Verlängerung und zwei seitlichen Leitästen dar, die an einem Drahtgerüst erzogen wird. Sie eignet sich für → *Obsthecken* und → *Obstspaliere* (auch → *Obstbaum, Spalierformen*).

Obstbaum, Spalierformen

Als Spalier bzw. Spalierobst bezeichnet man Bäume, deren Seitentriebe in einer Ebene gezogen werden; sie stehen also nicht rundum, sondern nur links und rechts vom Stamm. So lassen sich die Bäume Platz sparend unterbringen, z. B. an einer Mauer. In der Regel zieht man sie hier an quer gespannten Drähten hoch. Die Pflanzung an einer besonnten Wand ist besonders vorteilhaft für Wärme liebende Arten wie Birne, Pfirsich und Aprikose. An stabilen Draht- oder Lattengerüsten kann man die Bäume auch als frei stehendes Spalier pflanzen, etwa an der Grundstücksgrenze.

Am häufigsten werden Apfel, Birne, Pfirsich und Aprikose als Spalierobst gezogen, zuweilen auch Sauerkirsche, recht selten dagegen Süßkirsche und Pflaume. Dabei sind jeweils nur bestimmte Sorten für diesen Zweck geeignet. Als Ausgangsmaterial für Spalierbäume dienen in der Regel Bäume auf schwach wachsenden Unterlagen (Buschbaum oder Spindel, → *Baumformen*). Die bei Obstbäumen üblichen Spalierformen finden teils auch bei der Erziehung von Weinreben Verwendung.

Es bedarf schon etwas Erfahrung und Schnittpraxis, um Spalierbäume aus einjährigen Veredlungen selbst heranzuziehen. Etwas einfacher gestaltet sich das Ganze, wenn man solche Formen bereits als vorgezogene Exemplare aus der Baumschule bezieht. Trotzdem ist gerade in den ersten Jahren der Aufwand recht groß. Die Triebe müssen ständig an der Wand oder am Gerüst in der gewünschten Wuchsrichtung angeheftet werden. Dies nimmt man vorzugsweise ab Mai bzw. im Sommer vor. Ein häufiger Schnitt ist nötig, um alles, was aus der Fläche bzw. der angestrebten Form herauswächst, zu entfernen. Teils wird auch ein regelmäßiges Einkürzen der Seitentriebe nötig, um eine stärkere Verzweigung zu erzielen. Für Einsteiger ist hierbei eine gute fachliche Beratung oder zumindest entsprechende Spezialliteratur empfehlenswert, besonders, wenn es um das Erziehen kunstvoller Spaliervarianten geht. Haben die Spaliere dann allerdings einmal ihre endgültige Form erreicht, ist der Pflegebedarf kaum noch höher als bei normalen Baumformen, zudem sind sie leicht zu beernten.

Beim **formlosen Spalier** werden einige kräftige Triebe ausgewählt und angeheftet, ohne eine bestimmte Form anzustreben. Nur den Mitteltrieb entfernt man meist oder bindet ihn zur Seite. Aus der Ebene wachsende Zweige werden abgeschnitten. Das verbreitet genutzte **Fächerspalier** ist recht einfach zu ziehen. Bei einjährigen Veredlungen wird der Stamm 50 – 60 cm über dem Boden oberhalb von drei Augen abgeschnitten, die später austreibenden Seitentriebe werden im Winkel von 45° an Stäben fixiert, so dass sie die Form eines Vs bilden. Bei bereits weiter entwickelter Pflanzware lässt man häufig den Mitteltrieb stehen und wählt ebenfalls nach beiden Seiten je

Aufbau einer einfachen Palmette, links im 2. Jahr (Schnitt durch rote Balken gekennzeichnet), rechts im 4. Jahr.

Obstbäume formieren

Fächerspalier

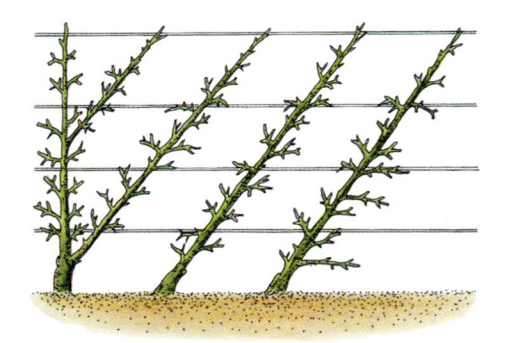

Schräger Kordon (Schnurbaum)

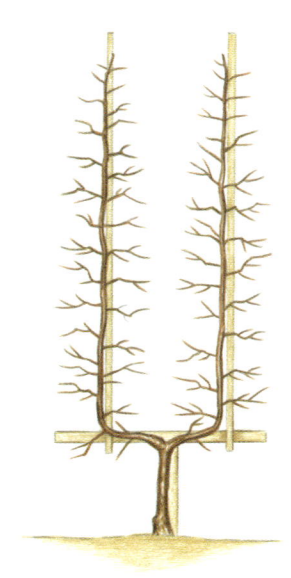

u-förmiges Spalier

Verrier-Palmette

einen Seitentrieb aus, der im 45°-Winkel angeheftet wird. Die Haupt- bzw. Leittriebe werden, nach kräftigem Rückschnitt im darauf folgenden Frühjahr, mit je vier, wenigstens drei Seitentrieben weiter gezogen, die Seitentriebe ebenfalls an Stäben fixiert. Leitäste und Seitentriebe, die sich in den folgenden Jahren zu kräftigen Nebenästen entwickeln, bilden die Speichen des Fächers. Sie werden regelmäßig entspitzt, die ihnen entspringenden Seitentriebe auf etwa 10 – 15 cm Abstand ausgelichtet und großteils eingekürzt. Mit der Zeit müssen ältere Fruchttriebe entfernt und durch Einbinden günstig stehender Neutriebe ersetzt werden. Je nach Obstart gibt es leichte Abwandlungen in der Fächerziehung.

Bei einer **Palmette** zweigen mehrere Seitenäste jeweils paarweise ab und werden waagerecht oder im Winkel von 45° erzogen. In der einfachsten Form zieht man sie mit nur zwei Seitentrieben als so genannte Dreiastkrone für Obsthecken. Ansonsten werden bei der einfachen Palmette mehrere, meist waagrechte Seitenastpaare als „Arme" etagenartig übereinander angeordnet. Dazu spannt man ein Drahtgerüst auf, wobei meist 4 bis 5 waagrechte Drähte im Abstand von 35 – 45 cm übereinander angebracht werden. Das erste geeignete Seitentriebpaar wird am untersten Spanndraht angeheftet, weitere Seitentriebe werden entfernt. Den Mitteltrieb bindet man an einem senkrechten Stab an, leitet ihn nach oben und entspitzt ihn etwa auf Höhe des nächsten Drahts oberhalb von drei gut entwickelten Knospen. Aus ihnen wächst die benötigte Mitteltriebverlängerung sowie das nächste Seitentriebpaar. So baut man Jahr für Jahr die Etagen des Spaliers auf. Die Nebentriebe an den horizontalen Armen werden im Sommer auf etwa drei Blätter oberhalb des untersten Blattbüschels zurückgeschnitten. Sobald die Palmette fertig aufgebaut ist, kürzt man den neuen Längenzuwachs an Mittel- und Seitenästen regelmäßig ein.

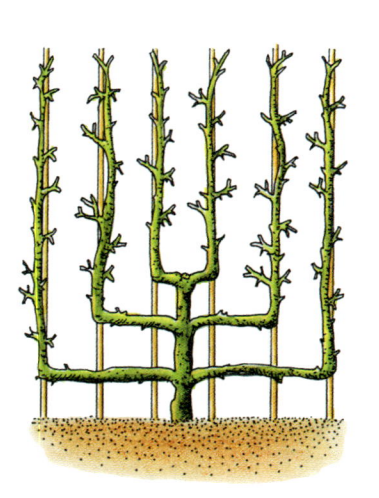

Erzieht man die Seitenäste zunächst waagerecht, dann senkrecht, entsteht die **Verrier-Palmette,** die einem klassischen Armleuchter aus ineinander geschachtelten Us gleicht.

Der **Kordon** oder Schnurbaum besteht nur aus einem Stamm ohne kräftige Seitentriebe, der senkrecht oder in einem Winkel von 45° an Drähten erzogen wird. Daneben gibt es einen waagrechten Kordon, der auch im Weinbau eingesetzt wird. Der Stamm wird dazu im Frühjahr nach der Pflanzung rechtwinklig abgebogen. Geläufiger, vor allem bei Apfel und Birne, sind jedoch senkrechter und schräger Kordon. Da man die Stämmchen mit nur 80 – 100 cm Abstand an einem Drahtgerüst pflanzt, kann man so gut mehrere, sich gegenseitig bestäubende Sorten auf kleinem Raum unterbringen. Die Seitentriebe werden regelmäßig auf wenige Augen zurückgeschnitten.

Das **u-förmige Spalier** gleicht zwei miteinander verbundenen Schnurbäumen. Statt eines Hauptstamms werden hier zwei geeignete Seitenäste entsprechend senkrecht formiert und hochgezogen.

Obstbäume formieren

Beim Formieren zwingt man die Triebe eines Obstbaums mechanisch in eine bestimmte Wuchsrichtung oder -stellung, ohne sie zu beschneiden. Sehr ausgeprägt bedient man sich dieser Methode bei der Erziehung von Spalierobst (→ *Obstbaum, Spalierformen*).

Doch auch bei den üblichen Baumformen lässt sich das Formieren vorteilhaft einsetzen. Die Leittriebe von Jungbäumen werden so in die gewünschte Schrägstellung mit annäherndem 45°-Winkel gebracht, etwa bei Birnbäumen und Apfelsorten mit recht steilem Wuchs. Besonders bei Spindelbüschen, die sich aus einer Vielzahl von Seitentrieben aufbauen, ist Formieren häufig erforderlich, damit die Triebe nicht zu unterschiedlich wachsen und sich nicht gegenseitig ins Gehege kommen. An älteren Bäumen mit ausgeprägter Steiltriebbildung (z. B. Pflaume, Süßkirsche) lassen sich störende Konkurrenztriebe durch Herunterbinden zu Fruchtholz bildenden Zweigen umwandeln oder als Ersatz für überalterte bzw. beschädigte Leitäste nutzen.

Die Auswirkungen des Formierens erklären sich aus dem Trieb- und Wachstumsverhalten der Bäume (→ *Obstbaumschnitt, Wachstums- und Schnittgesetze*). Steil stehende Triebe entwickeln sich gemäß der Spitzenförderung sehr stark. Durch das Herunterbiegen kann man ihr Wachstum bremsen und zugleich Astbruch vorbeugen, da sehr spitzwinklig ansetzende Äste leicht → *abschlitzen* (Astbruch mit starken Rinden- und Holzschäden). Umgekehrt werden zu flach wachsende Triebe durch Hochbiegen im Wuchs gestärkt. Bei

Formieren eines Spindelbuschs: Die Seitentriebe im unteren Bereich verlaufen häufig zu flach, im Spitzenbereich stehen sie oft sehr steil (Abbildung links). Durch Aufbinden bzw. Abspreizen bringt man sie in einen günstigeren Winkel (Abbildung rechts; der besseren Übersichtlichkeit wegen ohne Blätter dargestellt).

waagrecht stehenden Trieben entwickeln sich gemäß der Oberseitenförderung die oben liegenden Knospen besonders stark. Dies kann unerwünscht sein, wenn es sich um Holzknospen handelt, aus denen dünne, lange Neutriebe (Reitertriebe, Wasserschosse) wachsen. Häufig fördert die Waagrechtstellung jedoch, gerade an Nebenästen 2. Ordnung und Fruchtzweigen, die Bildung von Fruchtholz bzw. Blütenknospen.

Formieren kann man freilich nur recht junge und elastische Triebe bzw. den Neuzuwachs, Gewaltmaßnahmen bei älteren Ästen führen schnell zu Astbruch. Vorzugsweise werden solche Maßnahmen im Sommer durchgeführt, bei winterlicher Kälte ist das Holz oft zu spröde. Ein einfaches Hilfsmittel für das Herunter- wie Hochbiegen ist stabile Bast- bzw. Gärtnerschnur. Allerdings kann es hierbei zu Einschnürungen der Rinde kommen, da oft ein starker Zug bzw. Druck auf den Schnüren lastet.

Ähnliches gilt für das Anbinden von Gewichten (z. B. Steine) an die Jungtriebe. Deshalb behilft man sich häufig mit speziellen Spreizhölzern, Ästen mit Astgabeln auf beiden Seiten oder mit Baumklammern (→ *Abklammern*). Zum Hochbinden kann man Bänder mit breiter Auflage an beiden Seiten verwenden.

Obstbaumformen

Baumschulen bieten Obstbäume mit unterschiedlicher Stammhöhe und Kronengröße an. Dabei spielen für den Garten besonders die klein bleibenden Formen wie Busch und Spindelbusch eine Rolle, die auf schwach wachsende Unterlagen veredelt sind. Sie brauchen nicht nur deutlich weniger Platz, sondern sind durch die geringe Größe auch einfacher zu pflegen und zu beernten. Zudem setzen sie schon recht früh die ersten Früchte an, entsprechend altern sie aber auch schneller.

Immerhin beträgt die Lebensdauer eines Buschbaums noch gut 30 bis 40 Jahre (Halb- und Hochstamm: 60 bis 100 Jahre), die Hauptertragsphase ist jedoch deutlich früher beendet, sofern man nicht durch geeigneten Schnitt für eine Verjüngung sorgt. An die eindrucksvolle Zierwirkung und Bedeutung für die Vogelwelt der Halb- und Hochstämme rei-

OBSTBAUMKREBS

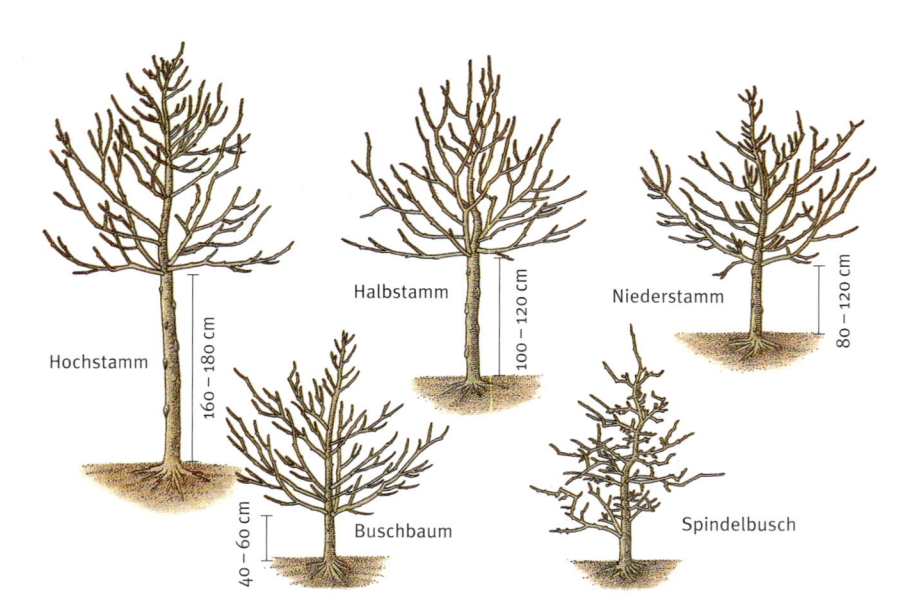

Obstbaumformen

chen die kleinen Baumformen freilich nicht ganz heran.

Das breiteste Angebot an Baumformen, gerade auch an klein bleibenden und Sonderformen, findet man bei Apfel und Birne. Ansonsten hat man häufig nur die Wahl zwischen Hoch-, Halbstamm und Buschbaum, sofern es sich nicht um Kübelobst handelt. Pfirsich und Aprikose gibt es des Öfteren auch als vorgezogene Spalierpflanzen. Bei der Walnuss findet man zuweilen Niederstämme als kleinstmögliche Baumform.

Hochstämme haben eine Stammhöhe von 150 – 180 cm und mehr. Meist werden sie als drei- bis fünfjährige Veredlungen angeboten. Sie entwickeln eine breite, natürliche Krone und wachsen zu stattlichen Bäumen heran, die weitgehend einem „wilden" Baum gleichen. Der Kronendurchmesser der im Alter 15 – 25 m hohen Bäume erreicht 8 – 12 m. Nach etwa 8 bis 10 Jahren beginnen Hochstämme, reichlich Früchte zu tragen. In Gärten üblicher Größe sind solche Bäume nur schwer unterzubringen. Falls überhaupt, dann pflanzt man sie im Garten einzeln, sofern man nicht gerade über eine weitläufige Wiese verfügt.

Halbstämme haben eine Stammhöhe von 100 – 120 cm, seltener bis 160 cm. Auch bei Halbstämmen können die Kronen sehr umfangreich werden (6 – 10 m Ø), die Einsatzmöglichkeiten im Garten sind deshalb ebenfalls beschränkt. Halbstämme erreichen nach 6 bis 8 Jahren ihre volle Ertragsreife.

Beim **Niederstamm,** auch Meterstamm genannt, setzt die Krone in 80 – 100 cm Höhe auf dem Stamm an. Sie kann 4 – 10 m Ø erreichen, die Haupttragsphase beginnt nach etwa 6 Jahren, je nach Art und Sorte. Niederstämme werden meist als zwei- bis dreijährige Veredlungen verkauft.

Buschbäume, kurz Büsche genannt, weisen als (meist zweijährige) Pflanzware nur 40 – 60 cm Stammhöhe auf. Auch mit den Jahren werden sie samt Krone nur etwa 2 – 2,5 m hoch, wobei auch der Kronendurchmesser mit etwa 4 m recht bescheiden bleibt. Sie kommen bereits nach 4 bis 5 Jahren ins Ertragsalter.

Die zierlichsten Formen frei wachsender Obstbäume sind die **Spindelbüsche** mit einer Stammhöhe von 40 – 60 cm (bei Birnen auch bis 80 cm) und einem Kronendurchmesser von 2 – 3 m. Bei diesen Bäumchen gehen rundum waagrechte, kurze Seitenäste ab, die von unten nach oben kürzer gehalten werden. Die kegelige Form erinnert an einen Tannenbaum. An den Seitenästen entwickelt sich direkt das Fruchtholz. Sie tragen bereits im 2. oder 3. Jahr Früchte, kauft man mehrjährige Veredlungen, sogar schon im 1. Jahr nach der Pflanzung. Auf besonders schwachwüchsigen Unterlagen werden die **schlanken Spindeln** herangezogen, mit durchgehend kurzen, oft gleich lang gehaltenen Seitenästen. Spindeln wie Spindelbüsche werden 2 – 2,5 m hoch. Sie brauchen zeitlebens einen Stützpfahl. Da man sie mit nur 1 – 3 m Abstand pflanzt, eignen sie sich gut für die Anlage von → *Obsthecken*.

Zu den **Sonderformen** gehören Bäume, die bereits als Spalierobst vorgezogen sind (→ *Obstbaum, Spalierformen*). Außerdem gibt es zuweilen so genannte → *Heister* für Hecken bzw. beim Walnussbaum auch für die Einzelpflanzung. Ähnlich wie bei der Spindel setzen die Seitentriebe ohne Leitäste direkt an einem durchgehenden Stamm an. Hauptsächlich für die Kübelobstkultur werden so genannte Säulenformen oder Superspindeln angeboten, etwa „Ballerina"-Äpfel oder Säulenkirschen. Teils eignen sie sich auch für die Freilandpflanzung. Bei ihnen setzt das Fruchtholz direkt am Stamm an.

Obstbaumkrebs

Der Obstbaumkrebs ist eine Pilzkrankheit, die vor allem in feuchtem Klima Apfel- und Birnbäume befällt.

Obstbaumkrebs; fortgeschrittene Rindenschäden mit Wundgewebsbildung

Er kann auch an einigen Ziergehölzen auftreten, z. B. an Zierapfel, Ahorn, Birke, Esche oder Weide. Die Infektion erfolgt häufig über Schnittwunden, Aststummel und Rindenverletzungen (z. B. durch Frostschäden), aber auch über Blatt- und Fruchtnarben oder Knospen. Die Krankheit kann sich über den gesamten Ast oder gar Stamm ausbreiten und besonders junge Bäume sogar ganz abtöten. Ältere Bäume schützen sich häufig durch einen ringartigen Wulst, der die Befallsstelle als Wundgewebe umgibt. Ähnliche Schadbilder können durch die → *Blutlaus* oder andere, seltenere Holzpilze verursacht sein, bei denen dieselben Maßnahmen wie beim Obstbaumkrebs empfehlenswert sind.

Schadbild: Zunächst unauffällige Verfärbungen der Rinde („Rindenfäule"), teils mit eingesunkenen Flecken; Rinde vertrocknet und reißt auf; Bildung roter Sporenpolster aus kugeligen Fruchtkörpern; schließlich krebsartige Wucherungen, oft in mehreren Ringen um eine ältere Wunde bzw. die anfängliche Befallsstelle; durch Folgeinfektion bräunliche Flecken an Früchten, die dann bei Lagerung faulen.

Abhilfe: Vorbeugend gering anfällige Sorten wählen; sämtliche Schnittwunden sauber nachschneiden, größere mit Wundverschlussmittel behandeln. Befallene Triebteile so früh wie möglich großzügig ausschneiden und vernichten bzw. zum Restmüll geben; Schnittwunden sorgfältig mit Wundverschlussmittel versiegeln. Befallenes Schnittgut unbedingt entfernen, da der Pilz noch auf totem Holz 2 Jahre überdauern kann.

Obstbaumminiermotte

Eine Reihe von Falterarten, die man zu den Miniermotten rechnet, legt Eier in die Blätter von Obstbäumen ab. Die daraus schlüpfenden Raupen fressen sich durch die Blätter und hinterlassen dabei anfangs schmale, später immer breitere Gänge. Häufig regeln Schlupfwespen, die Feinde der Miniermotten, den Befall auf natürliche Weise, ansonsten sollten befallene Blätter entfernt werden, notfalls kann man Insektizide einsetzen. Die Obstbaumminiermotte im engeren Sinn (*Lyonetia clerkella*) befällt Kernobstbäume sowie Kirschen und Pflaumen, bildet pro Jahr drei Generationen und überwintert im Falterstadium.

Auch → *Miniermotte*

Obstbaummüdigkeit

Gartenböden, in denen lange Zeit Obstgehölze gewachsen sind, können durch die einseitige Beanspruchung „ermüden". d. h., neu gepflanzte Obstgehölze erreichen nicht ihr volles Potenzial oder kümmern gar gleich von Anfang an. Mitursache ist häufig, wie bei der → *Bodenmüdigkeit* generell, die Anreicherung von Schädlingen (besonders → *Nematoden*) und Krankheiten. Sie machen sich meist bei den älteren, eingewachsenen Bäumen nicht allzu stark bemerkbar, können dann aber Junggehölze deutlich am Fortkommen hindern. Deshalb sollten Neupflanzungen möglichst an anderer Stelle angelegt werden; am besten dort, wo zuvor auch keine sonstigen Rosengewächse standen. Denn zu dieser Familie gehören nicht nur alle wichtigen Baumobstarten, sondern neben den Rosen auch mehrere Ziergehölze wie Zierkirsche, Blutpflaume, Zierquitte und Fingerstrauch.

Obstbaumpflanzung

Bei der Obstbaumpflanzung kann man sich an den grundsätzlichen Maßnahmen und Empfehlungen orientieren, die unter dem Stichwort → *Gehölzpflanzung* ausführlich beschrieben sind.

Die beste **Pflanzzeit** ist im Allgemeinen der Herbst, ab Mitte Oktober bis November; selbst für Containerpflanzen, die bei Herbstpflanzung am

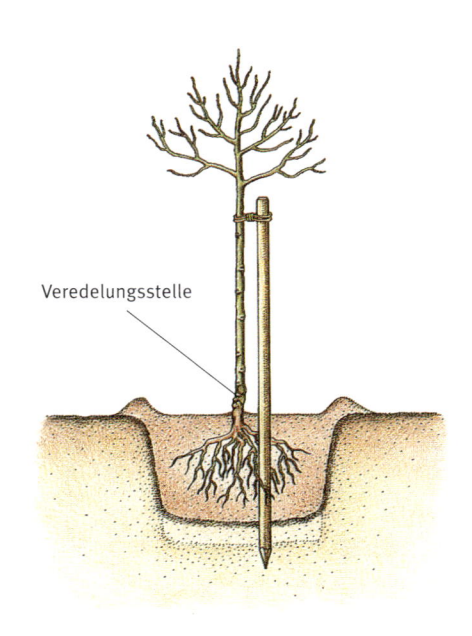

Obstbaumpflanzung: Die Pflanzgrube wird großzügig bemessen; die Veredlungsstelle sollte etwa 10 cm über der Erdoberfläche zu stehen kommen.

Obstbaumschnitt

besten anwachsen. Ausnahmen stellen Aprikose und Pfirsich dar, die zumindest in kälteren Lagen besser im Frühjahr gepflanzt werden. Will man mehrere Obstbäume pflanzen, richten sich die Abstände nach dem späteren Durchmesser der jeweiligen Baumform (→ *Obstbaumformen*). Dabei gibt es auch Unterschiede zwischen den einzelnen Arten, Sorten und Unterlagen zu beachten, nach denen man sich am besten beim Kauf in der Baumschule erkundigt. Dort sollte man auch nach geeigneten Befruchtersorten bzw. Pollenspendern fragen; denn Apfel-, Birnen- und manche Steinobstsorten sind nicht selbstfruchtbar. Falls keine anderen Sorten derselben Art mit gleicher Blütezeit in der näheren Umgebung wachsen, sollte man einen passenden Pollenspender dazu pflanzen.

Eine gründliche Bodenvorbereitung, wie bei der → *Gehölzpflanzung* beschrieben, ist gerade auch für Obstbäume anzuraten. Am besten gräbt man den Boden zuvor mit großzügig bemessenem Radius zwei Spatenstiche tief um. Auch die ausgehobene **Pflanzgrube** darf im Durchmesser großzügig bemessen sein (mindestens 0,6 m), damit das Erdreich später rund um die jungen Wurzeln recht locker ist. Die Größe richtet sich nach dem Wurzelballen, der bequem im Pflanzloch Platz finden muss. Sehr wichtig ist, dass die wulstige, verdickte Veredlungsstelle etwa eine Handbreit (ca. 10 cm) über der Erdoberfläche zu stehen kommt. Das Pflanzen führt man am einfachsten zu zweit aus; zum Pflanzvorgang → *Gehölzpflanzung*.

Sämtliche Obstbäume erhalten einen **Stützpfahl,** der bis kurz unter oder noch knapp in den Kronenansatz reicht, oder auch ein Stützgerüst aus drei Pfählen und Querlatten. Bei ballenlosen (wurzelnackten) Gehölzen schlägt man den Pfahl schon vor dem Pflanzen ein, bei Ballen- und Containerpflanzen erst nach Setzen und Ausrichten des Baums. Bei Spindelbüschen und schlanken Spindeln bleibt dieser Pfahl zeitlebens stehen, bei anderen Bäumen wird er entfernt, sobald sie gut eingewachsen sind.

Abschluss der Pflanzung, gründliches Angießen sowie Anlegen der → *Baumscheibe* erfolgen, wie bei der → *Gehölzpflanzung* beschrieben.

Bei Frühjahrspflanzung erfolgt gleich danach der Pflanzschnitt (→ *Obstbaumschnitt*), bei Herbstpflanzung kann man damit bis zum nächsten Frühling warten.

Obstbaumschnitt

Der sachgemäße Schnitt von Obstbäumen gehört zu den Fertigkeiten, die zuweilen fast in den Status einer Geheimwissenschaft erhoben werden. In der Tat ist es recht schwierig, den Schnitt ohne praktische Anschauung zu erlernen. Verschiedene Verbände, Vereine und Institutionen (z. B. Volkshochschulen, Gartenämter, örtliche Obstbau- und Kleingärtnervereine) bieten deshalb alljährlich Schnittkurse an, die in lokalen Zeitungen oder Anzeigenblättern angekündigt werden. Es ist sehr empfehlenswert, an solchen Kursen teilzunehmen. Denn die Praxis lässt sich nur begrenzt nach Büchern oder Zeitschriften nachvollziehen. Wenn man engagiert Obstbau im Garten betreiben will, ist zudem das Hinzuziehen von Spezialliteratur ratsam; im Rahmen dieses Lexikons können nur einige Grundlagen vermittelt werden.

Andererseits ist der Obstbaumschnitt an sich nicht so schwierig, wie es manchmal erscheint. Wenn man die wichtigsten Grundregeln beachtet, kann man nicht viel verkehrt machen. Etwas kompliziert wird die Materie dadurch, dass sich die Schnittdetails je nach Obstart, Baumform, Sorte und Wüchsigkeit sowie Altersstadium des Baums unterscheiden. Speziellere Kenntnisse verlangen insbesondere

- der Pflanzschnitt
- ein gezielter Fruchtholzschnitt im Rahmen des Erhaltungsschnitts
- die Erziehung von Bäumen als Spaliere (auch → *Obstbaum, Spalierformen*)

Gerade was den Pflanzschnitt und eventuelle Spaliererziehung angeht, sollte man sich unbedingt in der Baumschule nach speziellen Erfordernissen bei einem neu gekauften Baums erkundigen.

Grundsätzliche Schnittziele

Lässt man einen Obstbaum völlig ungeschnitten wachsen, dann bringt er anfangs lange Zeit nur Holztriebe hervor, verkahlt häufig schon früh an der Kronen- und Astbasis, während sich die Spitzen stark verzweigen. Später, im Ertragsalter, bildet er fast nur noch

Spitzenförderung

Oberseitenförderung

Scheitelpunktförderung

Spitzen- und Oberseitenförderung

Basisförderung

Gesetzmäßigkeiten der Triebförderung

Obstbaumschnitt

Fruchtholz, das allmählich zusammen mit nach innen wachsenden Holztrieben und Oberseitentrieben (Wasserschossen) die Krone verdichtet. Das Ergebnis sind viele kleine Früchte, die mangels Lichtzutritt oft nur unzureichend ausreifen. Der jährliche Fruchtansatz fällt sehr ungleichmäßig aus, das Vermögen der Trieb- und Fruchtbildung erschöpft sich früh.

Dieses „Horrorszenario" gilt allerdings für → Mostobst nur eingeschränkt. Die dafür verwendeten robusten Sorten entwickeln sich auch bei geringen Schnitteingriffen hinreichend, um lange Zeit brauchbares Obst zum Mosten zu liefern. Die üblichen Tafel- und Lagerobstsorten dagegen verlieren durch die geschilderte Entwicklung bei unterlassenem Schnitt bald an Wert und Ertragskraft.

Der Sinn des Obstbaumschnitts besteht somit im Allgemeinen darin,

- eine lichte Krone zu erhalten und zu bewahren.
- Triebwachstum und Fruchtholzbildung in Einklang zu bringen.
- eine regelmäßige, lang anhaltende Bildung von ausreichend Fruchtholz zu gewährleisten.
- einer Vergreisung des Baums vorzubeugen.

Das Lichthalten der Krone kommt nicht nur der Ausreife der Früchte zugute, sondern beugt auch aufgrund des schnelleren Abtrocknens Pilzkrankheiten vor.

Wachstums- und Schnittgesetze

Am Anfang fällt es schwer, abzuschätzen, welche Auswirkungen bestimmte Schnittmaßnahmen zeigen. Mit der Zeit lernt man darüber fast am meisten durch genaues Beobachten der Triebentwicklung. Doch auch dem Ungeübten hilft die Kenntnis des grundlegenden Wachstumsverhaltens bestimmter Triebpartien sowie der Reaktionen auf verschiedene Schnittstärken.

Ein starker Rückschnitt führt zu einem starken Neuaustrieb.

Schwacher Rückschnitt führt zu schwachem Neuaustrieb.

Ungleicher Rückschnitt fördert die höher stehenden Triebe.

Die allgemeinen **Wachstumsgesetze** erklären sich aus dem grundsätzlichen Wuchsverhalten eines Baums; anders als bei Sträuchern sind hier stets die höher stehenden Knospen in Austrieb und Wuchsstärke begünstigt:

- Spitzenförderung: Die Spitzenknospe entwickelt sich am stärksten und hemmt das Wachstum der nachgeordneten Seitenknospen.
- Oberseitenförderung: An mehr oder weniger waagrecht wachsenden Zweigen wird der Austrieb von Knospen auf der Trieboberseite begünstigt.
- Scheitelpunktförderung: Ein bogenartig überhängender Zweig treibt an seiner höchsten Stelle, dem Scheitelpunkt, die kräftigsten Triebe.
- Basisförderung: An nach unten hängenden Zweigen treiben die sonst schwach entwickelten Knospen der Triebbasis verstärkt aus; also dort, wo der Zweig am Ast entspringt. Durch den Hängewuchs, z. B. bei Sauerkirschen stehen solche Knospen an der höchsten Stelle und sind deshalb im Austrieb begünstigt. Der Begriff ist etwas verwirrend und nicht zu verwechseln mit der Basisknospenförderung bei Sträuchern (dort werden bodennahe Knospen eher gefördert).

Ebenfalls vom Wuchsverhalten der Bäume lassen sich grundlegende **Schnittgesetze** ableiten:

1) Starker Rückschnitt führt zu starkem Neuaustrieb, schwacher Rückschnitt zu schwachem Neuaustrieb.

Dies gilt sowohl für einzelne senkrecht stehende Triebe als auch für ganze Baumkronen, jedoch nur, wenn ein gleichmäßiger Rückschnitt erfolgt. Entsprechend schneidet man sehr wüchsige oder jüngere Bäume insgesamt eher schwach zurück, während man schwach wachsende und ältere Bäume durch kräftigen Rückschnitt zu verstärktem Neuaustrieb anregen kann.

2) Bei ungleichmäßigem Schnitt einer Krone kehrt sich die erste Regel um. Dann werden schwach zurückgeschnittene Partien stärker gefördert, da sie höher stehen und sich somit die Spitzenförderung auswirkt.

Grundsätzlich wird deshalb höher stehendes, stärker wachsendes Holz kräftiger zurückgenommen als tiefer stehende, schwächer wachsende Zweige und Äste.

Aus diesen Gesetzen erklärt sich auch die anzustrebende **Saftwaage**: Dies bedeutet, dass alle Leitäste (Hauptäste) möglichst auf gleiche

625

Obstbaumschnitt

Höhe geschnitten werden, unabhängig davon, wo sie am Stamm entspringen. So sind die „Säfte in der Waage", d. h., keiner der Äste wird übermäßig gefördert. Nur den Mittelast (die Stammverlängerung) lässt man über die Saftwaage hinauswachsen.

Grundlagen der Schnittpraxis

Auch für den Obstbaumschnitt gelten die grundlegenden Tipps und Ratschläge, die beim → *Gehölzschnitt* genannt sind (vgl. dort „Grundsätzliche Hinweise"); ebenso die Schnittregeln und Schnitttechniken auf der → PRAXIS-SEITE Gehölzschnitt im Ziergarten (S. 316/317). Hier zusammengefasst die für den Obstbaumschnitt wichtigsten Punkte:

- Stets scharfes, für die entsprechende Triebdicke geeignetes → *Schnittwerkzeug* verwenden; Scheren, Sägen und Messer nach Gebrauch gründlich reinigen, auch um eine Krankheitsverbreitung zu verhindern.
- Man findet gerade in der Literatur zum Obstbaumschnitt häufig genaue Hinweise zur Scherenhaltung, die teils recht hilfreich sind. Allerdings gibt es doch zahlreiche Unterschiede in der Triebstellung und im möglichen Ansatzwinkel, wobei die Haltung auch von der Art der Schere abhängt (auch → *Gartenschere*). Wichtig ist, dass man sich der Auswirkung der Scherenhaltung bewusst ist und jeweils den optimalen Ansatz sucht, der eine lockere, aber kraftvolle Handhabung der Schere ermöglicht. So lassen sich unnötige Rindenquetschungen und -risse vermeiden. Mittels einer stabilen Stehleiter lassen sich auch kleinere Baumformen oft bequemer schneiden und unnötige Verrenkungen der Schnitthand vermeiden.
- Ein Rückschnitt von Trieben erfolgt knapp über einer nach außen weisenden Knospe, und zwar schräg,

Kirschen schneidet man ebenso wie Beerenobst meist direkt nach der Ernte.

so dass die Schnittfläche von der Knospe weg nach unten zeigt.
- Ein Wegschnitt von Ästen oder Zweigen erfolgt stets vollständig bis auf den → *Astring*. Eine Ausnahme macht man teils bei stark zu → *Gummifluss* neigenden Arten wie der Süßkirsche, indem man zunächst kleine Stummel stehen lässt, die später ganz entfernt werden.
- Größere Äste werden in Etappen abgesägt, um ein Aufreißen der Rinde zu vermeiden, → PRAXIS-SEITE Gehölzschnitt im Ziergarten (S. 316/317).
- Unsaubere Schnittwunden und zerfranste Sägeschnittränder werden mit einem scharfen Messer bzw. einer → *Hippe* geglättet. Schnittwunden ab 2 – 3 cm Ø verstreicht man gründlich mit einem Wundverschlussmittel (nicht nur die Wundfläche, sondern auch den Rindenrand). Bei jungen Gehölzen, besonders nach dem Pflanzschnitt, empfiehlt sich das Versiegeln auch kleinerer Schnittwunden.

Schließlich sei hier noch auf zwei wichtige Grundtechniken hingewiesen, das → *Ableiten* und das → *Aufleiten*. Man schneidet dabei ungünstig stehende Triebe bis zu einem Seitentrieb oder einer Seitenknospe zurück, die wie gewünscht flacher bzw. steiler wachsen. Die Seitentriebe werden somit zur neuen Verlängerung des eingekürzten Asts oder Zweigs. Ähnliches erreicht man bei jungen Trieben ohne Schnitt durch das Ab- oder Aufbinden (→ *Obstbäume formieren*).

Zu Schnittdetails → PRAXIS-SEITE Obstbaumschnitt – Hinweise zum Kernobstschnitt (S. 628/629), → PRAXIS-SEITE Obstbaumschnitt – Hinweise zum Steinobstschnitt (S. 630/631)

Schnitttermine

Der optimale Schnittzeitpunkt gehört seit Gärtnergenerationen zu den üblichen Streitpunkten rund um den Obstbaumschnitt. Zum einen spricht manches dafür, dass ein Schnitt in der winterlichen Ruhephase weniger stark in die Lebensprozesse der Bäume eingreift. Zum andern aber verläuft die wichtige Wundverheilung im Sommer, wenn die Gehölze „im Saft stehen", wesentlich schneller. Der traditionelle Winterschnitt erklärt sich zum Teil auch aus den Verhältnissen im professionellen Obstbau, bei dem der Schnitt in die sonst arbeitsarme Zeit verlegt wird.

Grundsätzlich kann man, ohne mit Schäden rechnen zu müssen, im Sommer wie im Winter schneiden, sofern die Temperaturen nicht unter -5° C liegen. An unbelaubten Bäumen im Winter ist es allerdings einfacher, die Kronenstruktur zu überschauen. Der Spätwinter bis zum Knospenschwellen im zeitigen Frühjahr stellt von daher einen recht guten Schnittzeitraum dar. Schneidet man bereits im Spätherbst, droht die Gefahr, dass es durch starke Fröste zu Ausfall von Trieben kommt.

Wenn allerdings starkwüchsige Bäume etwas gebremst werden sollen, empfiehlt sich ein Schnitt im Sommer, denn dieser fördert eher den Blütenansatz als das Holzwachstum. Steinobstbäume werden ohnehin vorwiegend im Spätsommer nach der Ernte ausgelichtet, Walnussbäume schneidet man sogar ausschließlich im Juli/August, da sie bei Winterschnitt stark „bluten".

Schnittarten nach Baumalter

Obstbäume durchlaufen ein Jugendstadium, in dem die Bildung von Holztrieben überwiegt, das Ertragsstadium, in dem Holz- und Fruchttriebbildung ungefähr im Gleichgewicht sind, und kommen schließlich ins Altersstadium, in dem das Fruchtholz überwiegt, aber auch zunehmend unproduktiver wird. Diesen Altersstadien entsprechend gibt es verschiedene Schnittarten und -ziele. Die nachfolgenden Hinweise beziehen sich auf einen „Standardbaum" mit Pyramidenkrone (auch → Obstbaum, Kronenformen). Je nach Obstart und → Baumform ergeben sich verschiedene Abweichungen; Hinweise finden sich dazu auf den → PRAXIS-SEITEN zum Kern- und Steinobstschnitt (S. 628/629 und 630/631).

Pflanzschnitt: Im Frühjahr nach dem Pflanzen werden alle kräftigen Seitenäste bis auf 3 oder 4 Leittriebe entfernt. Die Leittriebe sollten möglichst rund um den Stamm in einem stumpfen Winkel ansetzen; ggf. muss man sie vom Stamm abspreizen bzw. hochbinden (→ Obstbäume formieren). Außerdem dürfen sie nicht auf gleicher Höhe vom Stamm abzweigen, sonst wird das spätere Wachstum des Stamms gehemmt. Einige dünnere, waagrecht wachsende Triebe können am Stamm bleiben, sie tragen die ersten Blüten und Früchte. Nun werden alle Leittriebe um ein Drittel bis zur Hälfte sowie der Mitteltrieb um 20 – 30 cm zurückgeschnitten. Die Schnittflächen sollten alle in etwa derselben Höhe stehen („Saftwaage"). Die aufgrund der → Oberseitenförderung austreibenden Zweige werden möglichst noch grün entfernt.

Erziehungsschnitt, auch Aufbauschnitt genannt: In den ersten 4 bis 8 Jahren nach der Pflanzung hilft der Erziehungsschnitt dem Baum, eine optimale Krone aufzubauen. Prinzipiell kommt es darauf an, dass sich ein stabiles, gut belichtetes Astgerüst mit günstig stehendem Fruchtholz entwickelt. Dazu werden alle Konkurrenztriebe und überzählige, nach oben (innen) wachsende Seitentriebe entfernt, mittellange Seitentriebe waagrecht gebunden. Schließlich kürzt man Mittelast und Leitäste ein. Dies ist die eigentliche Kunst, die man hauptsächlich durch Erfahrung und Beobachtung lernt: Schneidet man zu stark zurück, wachsen vor allem Holztriebe, die in den Folgejahren zu dicht werden und nur wenig Fruchtholz bilden. Schneidet man zu wenig ab, treiben nur die oberen Knospen aus, der Leitast bleibt kahl und bildet ebenfalls zu wenig Fruchtholz. Man kann dies allerdings schon nach dem 1. Jahr in etwa erkennen und durch erneuten Schnitt korrigieren. In der Phase des Erziehungsschnittes sollte man auch darauf achten, dass an den Leitästen

Beim Erziehungsschnitt müssen immer wieder Konkurrenztriebe zum Mittelast und den Leitästen entfernt werden. Brauchbare Seitentriebe bindet man herab.

Der Erhaltungsschnitt bewahrt das erwünschte Gleichgewicht von Frucht- und Triebbildung.

einige nach außen gerichtete Nebenäste gebildet werden.

Erhaltungsschnitt, auch Instandhaltungs- oder Pflegeschnitt: Sobald sich die Krone voll entwickelt hat, ist regelmäßiges Auslichten wichtig. Die Leitäste hält man durch Schnitt auf gleicher Höhe, der Saftwaage, die vom Mittelast überragt werden. Starke Verzweigungen an den Astenden dünnt man aus, ebenso zu dicht stehendes Fruchtholz. Ältere Fruchttriebe, die nach etwa 3 bis 4 Jahren im Ertrag nachlassen, werden auf jüngere Seitentriebe zurückgeschnitten, abgetragenes älteres Fruchtholz ohne Jungtriebbildung wird ganz entfernt.

Verjüngungsschnitt: Bei alten, innen verkahlten Obstbäumen kann es erforderlich werden, alle Äste bis weit ins alte Holz zurückzuschneiden. In den Folgejahren werden dann neue Triebe erzogen, für die die Praxis des Erziehungsschnitts gilt.

Obstbaumspinnmilbe

Eine vorwiegend Kernobst befallende → Spinnmilbe, die auch als Rote Spinne bezeichnet wird.

Obstbaumschnitt – Hinweise zum Kernobstschnitt

1. *Apfelspindelbusch, Pflanzschnitt:* Zunächst Stamm über dem Boden frei schneiden, Konkurrenztrieb entfernen, Mitteltrieb auf 5 bis 7 kräftige Knospen einkürzen. Obere Seitentriebe bis zu den gedachten Schenkeln des Kronenwinkels zurücknehmen.

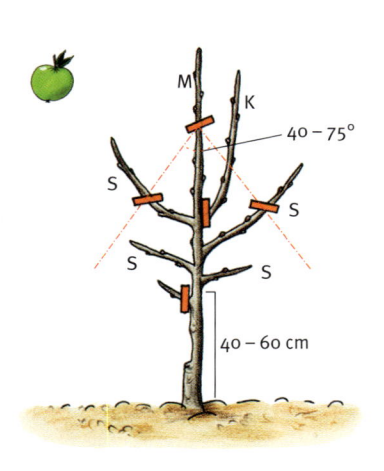

2. *Birnenbuschbaum, Pflanzschnitt:* Steile Leittriebe erst nach unten formieren, dann nicht allzu stark anschneiden; Mitteltrieb auf 5 bis 6 Knospen einkürzen. Ein herabgebundener Konkurrenztrieb kann zum Leittrieb werden, wenn zu wenig Seitentriebe vorhanden sind; anderenfalls ganz entfernen.

3. *Birnenbuschbaum, Erziehungsschnitt:* Mitteltrieb einkürzen, Konkurrenztrieb entfernen, Leitäste auf gleiche Höhe (Saftwaage) schneiden; steil stehende Triebe herunterbinden.

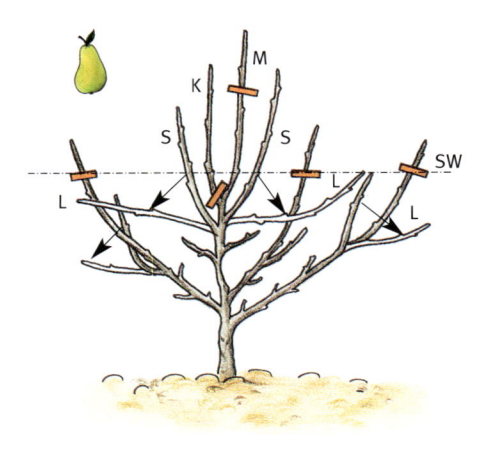

Apfel

Der Apfel wird im Garten meist als Buschbaum oder als Spindelbusch kultiviert, seltener als breitkroniger Nieder- oder Halbstamm. Auf die Buschbäume lassen sich die beim → *Obstbaumschnitt* (Schnittarten nach Baumalter) beschriebenen, grundsätzlichen Vorgehensweisen direkt übertragen. Des Weiteren kann man sich auch an den Abbildungen zum Birnenbuschbaum auf diesen Seiten orientieren.

Den Spindelbusch pflanzt man vorzugsweise als zweijährige Veredlung mit einjähriger Krone; Abbildung **1** demonstriert den Pflanzschnitt. Der anfängliche Kronenwinkel wird durch den Breitenwuchs der Ausgangskrone bestimmt; die Schenkel des Winkels (gestrichelte Linien) sollten die unteren Seitentriebe nicht kreuzen, so dass nur die Seitentriebe oben eingekürzt werden. Die gedachten Schenkel des Kronenwinkels sind dann auch bei allen nachfolgenden Schnitten maßgeblich für das Zurückschneiden.

Während des Erziehungsschnitts (4 bis 5 Jahre lang) kann man den Winkel allmählich etwas breiter anlegen, sobald die unteren Seitenzweige gut entwickelt sind. Ansonsten geht man beim Erziehungsschnitts wie beim Pflanzschnitt vor: Mitteltrieb auf 5 bis 7 Knospen über der vorjährigen Schnittstelle einkürzen, steile Konkurrenztriebe entfernen; ungünstig stehende Seitenzweige kann man binden oder klammern (→ *Obstbäume formieren*). Das von den Seitenzweigen abgehende → *Fruchtholz* bleibt ungeschnitten, steile Triebe im oberen Bereich werden je-

> **TIPP**
>
> Birnenspindelbüsche bringt man am schnellsten zum Fruchten, wenn man schon beim Pflanzschnitt die Seitentriebe samt Konkurrenztrieb weit unter die Waagrechte bogenförmig herunterbindet. Für den eigentlichen Spindelaufbau nutzt man später die älteren, seitlich abgehenden Fruchtzweige.

4. Fruchtholzschnitt: Ein abgetragener Fruchtbogen wird bis zu einem Oberseitentrieb zurückgeschnitten. In den Folgejahren biegt sich auch dieser durch das Gewicht der Früchte nach unten.

5. Schnitt an älterem Leistast: Der schräg nach oben wachsende Zweig wird zur neuen Leitastverlängerung, die alte, herabhängende zum Nebenast; noch brauchbares Fruchtholz schonen.

Einen wesentlich stumpferen Kronenwinkel von etwa 120° setzt man bei der Verjüngung an, die bei den schwach wachsenden, früh tragenden Spindelbüschen etwa nach 10 Jahren nötig wird, danach in fünfjährigen Abständen. Der Mittelast und damit die gesamte Krone wird dabei jeweils um ein Drittel zurückgenommen.

Birne

Wie beim Apfel hat man es bei der Birne meist mit Busch oder Spindelbusch zu tun, sofern sie nicht als Spalierobst gezogen wird (→ *Obstbaum, Spalierformen*). Abbildung 2 und 3 zeigen den Pflanzschnitt und den Erziehungsschnitt an einem jungen Birnenbuschbaum, den man mit 3 bis 5 Leitästen aufbaut. Grundsätzlich gelten die allgemeinen Ausführungen zum → *Obstbaumschnitt*.

Daneben muss man bei der Birne vor allem dem starken Steil- und Höhenwuchs entgegenwirken. Deshalb werden von Beginn an sowohl zu steil stehende Leit- als auch Nebentriebe an den Ästen heruntergebunden oder abgeklammert; störende Steiltriebe entfernt man ganz. Der Mittelast darf nicht allzu hoch werden, die Verlängerung wird jeweils auf 5 bis 6 Knospen zurückgeschnitten.

Schon beim Erziehungsschnitt und später dann auch beim Erhaltungsschnitt kann man den Mitteltrieb durch einen tiefer abgehenden Konkurrenztrieb ersetzen. Ansonsten werden die meist zahlreichen Nebentriebe im oberen Bereich des Mittelasts regelmäßig weggeschnitten. → *Fruchtholz* kürzt man nach 3 Jahren um die Hälfte ein bzw. schneidet es auf jüngere Verzweigungen zurück.

Quitte

Quitten werden üblicherweise mit Pyramidenkronen mit 3 bis 4 Leitästen gezogen. Der Pflanz- und Erziehungsschnitt erfolgt wie bei einem Apfelbuschbaum, wobei man die Haupttriebe jeweils nur mäßig anschneidet. Nach 2 bis 3 Jahren Erziehung ist kein Rückschnitt mehr nötig, nur noch gelegentliches Auslichten. Fruchtholz kürzt man nach dreimaligem Tragen ein.

doch entfernt oder nach unten gebunden. Ist die gewünschte Höhe von etwa 2 m erreicht, sorgt man mit dem Erhaltungsschnitt dafür, dass die Krone nicht mehr höher und breiter wird, schneidet also sämtliche Triebe dem Kronenwinkel gemäß zurück. Einen zu hoch strebenden Mittelast kann man durch einen tiefer stehenden Konkurrenztrieb ersetzen, zu steile oder flache Seitenzweige leitet man auf günstiger stehende Nebenzweige ab. Älteres Fruchtholz wird etwa um die Hälfte auf jüngere Verzweigungen zurückgeschnitten.

ABKÜRZUNGEN

M = Mitteltrieb bzw. Mittelast
K = Konkurrenztrieb
L = Leittrieb bzw. Leitast
LV = Leitastverlängerung
N = Nebenast
S = Seitentrieb
F = Fruchtholz, Fruchtzweig
SW = Saftwaage

Die Pfeile zeigen die Richtung des Abspreizens an.

Obstbaumschnitt – Hinweise zum Steinobstschnitt

1. *Pflaume, Erhaltungsschnitt:* Durch Waagrechtbinden von Mittelast und Konkurrenztrieben kann man den Höhenwuchs dämpfen; neu wachsende Steiltriebe dann ganz entfernen.

2. *Sauerkirsche, Ertragsschnitt:* Zum Einkürzen Leitastverlängerung auf Nebenast ableiten. Lange, abgetragene Peitschentriebe zurück- oder wegschneiden.

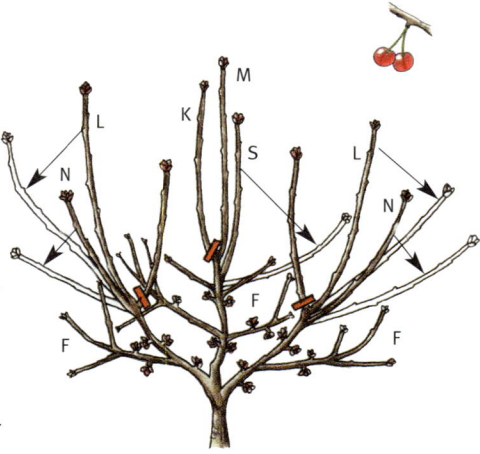

3. *Süßkirsche, Ertragsschnitt:* Mehr Licht kommt durch Herabbinden sowie Wegschnitt von Steiltrieben in die Krone; danach kann man die Bukettknospen an den Astspitzen entfernen.

Pflaume, Zwetsche, Mirabelle, Reneklode

Bei der Pflaume und ihren Unterarten bestimmen Halbstämme und in den Gärten vor allem Buschbaumformen das Bild. Bisweilen gibt es auch Spindelbüsche, die nach dem Vorbild des Apfelspindelbuschs geschnitten werden, → PRAXIS-SEITE Obstbaumschnitt – Hinweise zum Kernobstschnitt (S. 628/629). Die meisten Sorten wachsen recht steil. Für die Erziehung von Pyramidenkronen muss man dann schon beim Pflanzschnitt die 3 bis 4 Leitäste durch Abspreizen in einen Winkel von etwa 45° bringen; danach kürzt man sie etwa um ein Drittel ein. Sehr steile Kronen zieht man besser von Anfang an als Hohlkrone, wobei die 4 bis 5 Leittriebe stark (bis zu zwei Drittel) zurückgeschnitten werden.

In den folgenden 3 bis 4 Jahren (Erziehungsschnitt) kürzt man Leitäste und Mittelast jährlich ein. Beim Erhaltungsschnitt muss häufig ausgelichtet werden, vor allem an den Astspitzen. Abgetragene, vier- bis fünfjährige Fruchttriebe werden ganz entfernt. Den Höhenwuchs sollte man dann bremsen, indem der Mittelast ganz herausgenommen oder seine Spitze waagrecht gebunden wird (vgl. Abbildung **1**). Wenn die Äste stark aufkahlen, kräftig verjüngen.

Sauerkirsche

Sauerkirschen, oft als Busch oder Halbstamm gezogen, belässt man meist am Anfang den Mittelast und nimmt ihn dann, vor allem bei engen Kronen, nach 4 bis 5 Jahren vollständig heraus. Schnittdetails hängen hier stark von den verschiedenen Sortengruppen ab. Bei der 'Schattenmorelle' und ähnlichen Sorten, die zum Aufkahlen neigen, schneidet man die Leittriebe anfangs wesentlich stärker an als bei Sorten wie 'Morellenfeuer'. Wichtig ist generell ein häufiges Auslichten nach innen wachsender Zweige. Zudem müssen regelmäßig die bogenartig herabhängenden Seitentriebe (Peitschentriebe) entfernt oder auf basisnahe Verzweigungen zurückgeschnitten werden, nachdem sie 3 bis 4 Jahre getragen haben.

Süßkirsche

Dank der neueren schwachwüchsigen Unterlagen stehen Süßkirschen heute auch als Buschbäume mit zurückhaltendem Wuchs zur Verfügung. Man zieht sie wie Apfel- oder Birnbuschbäume (→ PRAXIS-SEITE Obstbaumschnitt – Hinweise zum Kernobstschnitt, S. 628/629), schneidet allerdings nur zurückhaltend bzw. kürzt die Gerüsttriebe nur schwach ein. Bei stärker wachsenden Formen werden die Leitäste nur anfangs etwas stärker zurückgeschnitten, schon ab dem 2. Jahr des Erziehungsschnitts aber nur noch die quirlartigen Spitzenknospen entfernt. Ansonsten ist neben dem regelmäßigen Auslichten im Kroneninnern das Herabbinden steiler Leitastverlängerungen und Nebentriebe sehr empfehlenswert. Den Mittelast starkwüchsiger Süßkirschen kürzt man am besten ab dem 5. Jahr in Etappen so weit ein, dass er auf oder gar unter dem Niveau der Leitäste endet. Überaltertes → Fruchtholz (vor allem Bukettzweige) wird an der Ansatzstelle weggeschnitten.

Pfirsich, Nektarine, Aprikose

Der Pfirsich, seine Varietät, die Nektarine, sowie die Aprikose finden als Spalierobst (→ Obstbaum, Spalierformen), Niederstamm oder Buschbaum Verwendung.

In der Baumform erzieht man den Pfirsich fast ausschließlich mit einer Hohlkrone (Abbildung 4), damit reichlich Licht ins Innere gelangt. Den Pflanzschnitt einjähriger Veredlungen (starker Rückschnitt aller vorzeitigen Triebe) lässt man sich am besten in der Baumschule erläutern. Beim darauf folgenden ersten Erziehungsschnitt wird der Mittelast samt Konkurrenztrieb entfernt, die Leitäste werden während der ersten 3 bis 4 Jahre stets kräftig (etwa um die Hälfte) zurückgeschnitten. Später ist regelmäßig auszulichten, die Astverlängerungen werden auf passende Nebenäste auf- oder abgeleitet. Die verschiedenen Triebarten (Holztrieb, falscher und wahrer Fruchttrieb) und ihr Schnitt sind eingehend beim → Pfirsich erläutert.

Die Aprikose wird als frei stehender Baum meist mit Pyramidenkrone erzogen, teils auch mit Hohlkrone. Beim Schnitt orientiert man sich weniger am Pfirsich, sondern besser an der Pflaume. Der Mittelast kann allerdings erhalten bleiben. Abgetragene Fruchttriebe nimmt man nach der Ernte etwa um die Hälfte zurück.

4. *Pfirsich, erster Erziehungsschnitt: Für eine Hohlkrone Mittelast und Konkurrenztrieb an der Ansatzstelle entfernen. Die Leittriebe werden gut um die Hälfte zurückgeschnitten.*

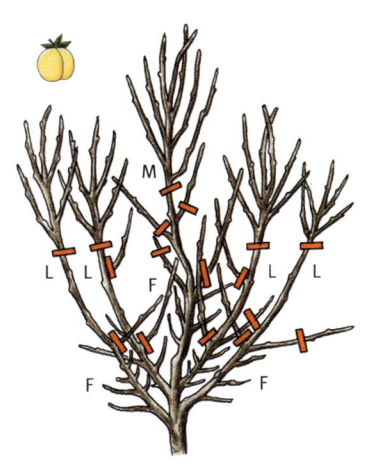

5. *Aprikose, Erziehungsschnitt: Die zahlreichen vorzeitigen Triebe an den Astspitzen wegschneiden, sofern sie oberhalb der Saftwaage stehen; sonst auf eine Knospe zurückschneiden.*

ABKÜRZUNGEN

M = Mitteltrieb bzw. Mittelast
K = Konkurrenztrieb
L = Leittrieb bzw. Leitast
LV = Leitastverlängerung
N = Nebenast
S = Seitentrieb
F = Fruchtholz, Fruchtzweig
P = Peitschentrieb
SW = Saftwaage
Die Pfeile zeigen die Richtung des Abspreizens an.

TIPP

Steinobstbäume, vor allem Süßkirsche und Pfirsich, neigen zu → Gummifluss. Besonders auf schweren Böden ist deshalb ein Schnitt im Sommer vorzuziehen, bei dem die Wunden schneller verheilen. Beim Rückschnitt stärkerer Äste kann man auch zunächst Stummel stehen lassen und diese erst im Folgejahr ganz entfernen.

OBSTHECKE

Brombeerhecken bieten die dichteste Abschirmung und eignen sich deshalb auch für Grundstücksgrenzen.

Obsthecke

Hecken aus Beerenobststräuchern oder klein bleibenden Bäumen bieten eine gute Möglichkeit, Obst nicht nur zu nutzen, sondern auch in der Gartengestaltung und -gliederung einzusetzen. Zugleich lässt sich Obst in dieser Form recht Platz sparend unterbringen und auch in kleinere Gärten integrieren. Obsthecken können je nach Gartensituation an der Grundstücksgrenze, z. B. zum Nachbarn hin, eingesetzt werden, oder zum Abtrennen von Gartenbereichen, etwa des Gemüsegartens. Eine kleine Hecke eignet sich auch gut zum Abteilen eines Sitzplatzes, wo die Ernte von Frischobst direkt vom Strauch oder Baum eine zusätzliche Attraktion darstellt.

Obsthecken können aus frei wachsenden Gehölzen bestehen, wofür besonders Beerensträucher wie Brombeere und Johannisbeere infrage kommen, oder spalierartig durch Drähte verspannt werden. Für ein solches Obstspalier eignen sich neben Sträuchern auch kleine Kernobstbäume, als Spindelbüsche oder schlanke Spindeln, mit Dreiastkronen oder als Spalierobst erzogen (→ *Obstbaumformen*, → *Obstbaum, Spalierformen*). Zwischengepflanzte Ziergehölze (etwa eine Zierjohannisbeere) erhöhen den Schmuckwert einer Obsthecke.

Obsthorde

Offene Holzkiste oder regalbrettartige Vorrichtung zum luftigen Lagern von Obst
→ *Horde*, → *Obstlagerung und -konservierung*

Obstlagerung und -konservierung

Ohne zusätzliche Aufbereitung sind nur Nüsse, Äpfel, Birnen und Quitten längere Zeit lagerfähig, außerdem die „Exoten" Kiwi und Nashi. Bei Äpfeln und Birnen muss man beachten, dass die Lagereignung sortenbedingt ist; früh reifende Sorten lassen sich meist nur kurzzeitig aufbewahren, während ausgesprochene Lagersorten nach der Ernte noch monatelang haltbar sind.

Ideal für die **Lagerung** ist ein lüftbarer, weder zu trockener noch allzu feuchter Kellerraum mit Temperaturen um 2 – 4° C. Geringere Ansprüche stellen Wal- und Haselnüsse; man lässt sie nach der Ernte flach ausgebreitet an einem warmen Ort unter mehrmaligem Wenden langsam trocknen. Danach sind sie an einem trockenen, kühlen Platz etwa 12 Monate haltbar.

Lagerobst muss jeweils zum richtigen Zeitpunkt gepflückt werden (→ *Erntereife*, auch → *Baumreife*). Eingelagert werden ausschließlich gesunde, unverletzte Früchte. Erntegut mit leichten Beschädigungen kann man vorübergehend aufbewahren; man sollte es aber unbedingt getrennt vom restlichen Lagerobst unterbringen, um eine eventuelle Ausbreitung von Fäulnis oder anderen Lagerkrankheiten zu vermeiden. Auch die einzelnen Obstarten lagert man nach Möglichkeit separat, zumindest nicht zu eng nebeneinander oder gar vermischt. Denn das Ausströmen von Reifegasen (→ *Ethylen*), besonders stark bei Äpfeln, kann die Haltbarkeit der anderen Früchte deutlich vermindern.

Die Früchte werden mit dem Stiel nach oben in einfacher Lage auf Lattenrostregale gelegt. Sehr praktisch sind flexibel anzuordnende Obsthorden oder -hürden mit Lattenrostböden oder flachen Schubregalen, die man aufeinander stapeln kann (auch → *Horde*). Für kleine Obstmengen bieten sich Holzsteigen (flache Kisten) an, die man beim Gemüsehändler bekommt. Zum Einlagern empfindlicher Früchte kann man sie mit trockenem Stroh oder Holzwolle auskleiden.

Vor der Vollreife geerntete Früchte lassen sich auch in großen Folien- bzw. Gefrierbeuteln lagern. Zur Anpassung an die Kellertemperatur und -feuchte bleiben die Tüten nach dem Einfüllen einige Tage offen; dann werden sie verschlossen und mit einigen Löchern versehen.

Seit alters beliebt: das Einkochen von Obst in Weckgläsern

Das Lagergut muss regelmäßig überprüft und jede faule Frucht sofort entfernt werden. Bei frostfreiem Wetter wird des Öfteren gelüftet. In trocken Räumen lässt sich die Luftfeuchtigkeit etwas erhöhen, indem man wassergefüllte Eimer oder Schalen aufstellt.

Unter den sonstigen Obstarten ist das Beerenobst am wenigsten haltbar, mit Ausnahme der Kiwi und der Weintrauben. Letztere lassen sich ebenso wie die meisten Steinobstarten luftig und kühl oder auch im normalen Kühlschrank einige Zeit aufbewahren. Für eine längerfristige **Konservierung** stellt die Gefriertruhe oder ein Gefrierfach die einfachste Lösung dar. Das Obst wird nach Säubern, Entfernen von Stiel- und Kelchblattresten sowie Beschriftung der Beutel (Obstart, Einfrierdatum) portionsweise eingefroren; dabei richtet man sich nach den Angaben des Herstellers, die dem Gefriergerät beiliegen.

Natürlich kann man Obst auch „klassisch" in Form von Kompott, Marmeladen oder Mus konservieren, es einkochen oder entsaften. Beim Erhitzen ist allerdings der Vitaminverlust groß. Schließlich bieten sich noch alkoholische Formen der Konservierung an, z. B. Rumtöpfe, aufgesetzte Schnäpse, Liköre oder Obstweine.

In Scheiben geschnittene Äpfel und Birnen sowie ganze, entsteinte Aprikosen und Pflaumen können zudem als Trockenobst konserviert werden. Dazu zieht man die Früchte auf Schnüre auf und lässt sie an der Luft trocknen. Zum schnellen Trocknen im Ofen sollte man allerdings spezielle Dörröfen verwenden, da die Temperatur von Backöfen fast immer zu hoch ist.

Obstmade

Als Maden bezeichnet man die Larvenstadien von Insekten, besonders von Fliegen; mit der Obst- oder Apfelmade ist allerdings in der Regel die

Obstpflücker

rötliche Raupe des Apfelwicklers (→ *Apfelschädlinge*) gemeint, die in den reifenden Früchten frisst.

Obstpflücker

Hilfsmittel zum Pflücken von hoch hängendem Kernobst. An einer langen Stange ist ein kronenartiger Kranz angebracht, mit dem die Früchte vom Fruchtholz getrennt werden. Die Frucht fällt weich in ein daran befestigtes Säckchen.

Obstspalier

Reihenpflanzung von Beerensträuchern oder klein- und schmalwüchsigen Obstbäumen, die an einem frei stehenden Gerüst hochgezogen werden; meist aus quer gespannten, an Pfosten befestigten Drähten. Solche Obstspaliere erlauben den Anbau mehrerer Obstgehölze auf begrenztem Raum und lassen sich auch gut als → *Obsthecken* einsetzen. Breitwüchsige Baumspalierformen, z. B. ein Apfel als Fächerspalier, können auch bei Einzelpflanzung ein Spaliergerüst ausfüllen.

Zuweilen werden auch die Gerüste selbst, die es in professionellen Ausführungen fertig zu kaufen gibt, als Obstspaliere bezeichnet. Für weitere

Obstspalier mit kleinem Birnbaum

Verwirrung sorgt manchmal die Gleichsetzung von „Obstspalier" mit der Erziehungsform eines Spalierobstbaums (→ *Obstbaum, Spalierformen*), der z. B. auch an einer Hauswand gepflanzt werden kann.

Ochsenzunge

ANCHUSA

Von dieser Gattung aus der Familie der Raublattgewächse finden eine Sommerblume sowie eine Staude im Garten Verwendung. *A. capensis* stammt aus Südafrika und wächst dort zweijährig, bei uns meist nur einjährig. Die mehrjährige *A. azurea* wächst wild vom Mittelmeerraum bis Vorderasien. Unter ungünstigen Bedingungen, vor allem auf schweren Böden, überdauert sie im Garten nur wenige Jahre.

Ochsenzunge, Hundszunge

ANCHUSA CAPENSIS
☼–◐ ☺

Wird auch Sommervergissmeinnicht genannt.

Merkmale: Ein- bis zweijährig, buschig, 25 – 50 cm hoch; schmale Blätter, borstig behaart; kleine schalenförmige Blüten in Rispen, in leuchten-

Ocimum

Ochsenzunge (Anchusa capensis)

dem Hellblau mit weißer Mitte, Sorten auch weiß.
Blütezeit: Juli – September
Verwendung: In Gruppen auf Beeten und Rabatten, niedrige Sorten als Einfassung sowie für Kästen und Schalen; als Schnittblume.
Standort: Durchlässiger, bevorzugt leichter, aber nährstoffreicher Boden.
Kultur: Anzucht im März/April drinnen oder im Frühbeet; Pflanzung im Mai mit 25 cm Abstand; auch Direktsaat aufs Beet von April bis Juni möglich.
Pflege: Bei anhaltender Trockenheit gießen; nach dem ersten Flor zurückschneiden, um Zweitblüte anzuregen.

Italienische Ochsenzunge
ANCHUSA AZUREA
☼

Merkmale: Kurzlebige Staude, je nach Sorte kompakt oder locker aufrecht, 40 – 120 cm hoch; breit lanzettliche, rau behaarte Blätter; schalenförmige Blüten in Rispen, leuchtend enzianblau bis tiefblau mit weißer Mitte.
Blütezeit: Juni – September
Verwendung: Je nach Größe einzeln oder in Gruppen in Staudenbeeten, hübsch z. B. mit Mohn, Sonnenbraut, Königs- und Nachtkerzen; auch für naturnahe Gartenbereiche und Kiesbeete.
Standort: Durchlässiger, bevorzugt sandiger, humoser, auch trockener Boden; kalkverträglich; versagt auf schweren, nassen Böden.
Pflanzen/Vermehren: Pflanzung im Herbst oder Frühjahr, je nach Sortengröße mit 30 – 50 cm Abstand; Vermehrung durch Wurzelschnittlinge im Herbst, teils auch durch Aussaat möglich.
Pflege: Direkt nach der Blüte, vor Bildung der Samenstände bis kurz über dem Boden zurückschneiden, dies verlängert die Lebensdauer; in kalten und nassen Wintern durch Reisigabdeckung schützen.

Ocimum
Botanischer Gattungsname des beliebten → *Basilikums*

Oenothera
Botanischer Gattungsname der gelb blühenden → *Nachtkerzen*, deren Blüten sich erst am Abend öffnen.

Öffnungsfrucht
Eine Frucht, die sich im reifen Zustand öffnet und den Samen frei gibt, z. B. die Hülse der Schmetterlingsblütler.
Auch → *Frucht, Einzelfrüchte*

Öhrchen
Anderer Begriff für → *Nebenblatt*; besonders bei stark ausgeprägten Nebenblättern spricht man von Öhrchen. Bei Gräsern bezeichnet man deutlich spitz auslaufende Enden der → *Blattscheiden*, die den Stängel umfassen, als Öhrchen.

Ohrweide
Strauchförmig wachsende, nur ca. 2 m hohe → *Weide*, benannt nach ihren großen Nebenblättern (→ *Öhrchen*).

Ohrläppchenkrankheit
Durch einen Pilz verursachte → *Rhododendronkrankheit*, die sich in rötlich oder gelblich verfärbten Verdickungen an den Blättern äußert.

Ohrwurm
Der Ohrwurm oder Ohrkneifer verdankt seinen Namen einem schlechten Ruf: Angeblich soll er Menschen nachts in die Ohren krabbeln und das Trommelfell durchbeißen. Ersteres kann – sehr selten – vorkommen, Trommelfellverletzungen beruhen jedoch nur auf Legenden.

Tatsächlich aber verbergen sich die nachtaktiven, entfernt mit Schaben und der Gottesanbeterin verwandten Insekten tagsüber gern in Spalten und Ritzen oder unter Steinen und Borken. Unter den sieben in Mitteleuropa verbreiteten Arten kommt in den Gärten hauptsächlich der Gemeine Ohrwurm (*Forficula auricularia*) vor. Der Körper ist schwärzlich, ebenso die sehr langen Antennen am Kopf, die Beine und die auffälligen, gekrümmten Hinterleibszangen sind rötlich braun gefärbt. Die Tiere können fliegen, bewegen sich aber meist krabbelnd fort.

Mit Holzwolle gefüllter Ohrwurmtopf

Gelegentlich knabbern Ohrwürmer leicht beschädigtes Obst, junges Gemüse oder Dahlienknospen u. Ä. an. Überwiegend kann man sie aber als Nützlinge einstufen, da sie auf ihren nächtlichen Streifzügen viele Blattläuse, andere Insekten und sogar Mehltaupilze vertilgen. Mit Holzwolle oder Stroh gefüllte Blumentöpfe, die mit der Öffnung nach unten an Äste gehängt werden, dienen den Ohrwürmern tagsüber als Unterschlupf. So kann man sie gezielt zum Schutz einzelner Obstbäume anlocken. Im spezialisierten Fachhandel sind auch vorgefertigte Ohrwurmröhren erhältlich.

Öko-Anbau

Kurzform für ökologischer Anbau; andere Bezeichnung für den → *Bio-Anbau,* die besonders im professionellen naturnahen Garten- und Landbau üblich ist. Der Begriff nimmt Bezug auf das Bemühen, die Anbaumethoden nach ökologischen Gesetzmäßigkeiten und Zusammenhängen auszurichten, statt der Natur entgegenzuarbeiten.

Auch → *Alternativer Anbau,* → *Anbauweise*

Ökologie

Im Sprachgebrauch wird „ökologisch" zwar häufig mit „natürlich" oder „gesund" gleichgesetzt; tatsächlich bezeichnet der Begriff der Ökologie jedoch einen komplexen Wissenschaftszweig innerhalb der Biologie. Ökologie ist die Lehre von den Beziehungen der Organismen untereinander und ihrer Abhängigkeit von den Umweltbedingungen. Die ökologische Forschung hat sich in eine Vielzahl von Fachgebieten aufgespalten, die aber alle nach den Wechselbeziehungen der Arten fragen und dabei biologische wie abiologische Faktoren berücksichtigen. Vieles, was heute an Wissen über die Zusammenhänge verschiedener → *Ökosysteme* und → *Biotope* bekannt ist, entstammt solchen Forschungen.

Wendet man ökologische Fragestellungen auf den Garten an, dann fragt man z. B. nach dem Wachstum der Pflanzen in Abhängigkeit von den Standortfaktoren, den „Schädlingen" und „Nützlingen" mitsamt ihrer wetterbedingten Populationsentwicklung, der Entnahme von Biomasse durch der Ernte usw. Dabei zeigt sich auch in der Praxis bald, dass vielfältige Wechselbeziehungen bestehen und die Änderung ein und desselben Wachstumsfaktors unter verschiedenen Umständen ganz andere Auswirkungen haben kann.

Ökosystem

Ein lokal begrenztes Beziehungsgefüge von Lebewesen untereinander und mit ihrem Lebensraum. Ökosysteme sind prinzipiell offen, d. h., sie werden durch äußere Einwirkungen verändert (dazu gehört z. B. auch der Eintrag von Nährstoffen). Innerhalb eines Ökosystems bilden sich regelhafte Strukturen und bestimmte Artzusammensetzungen heraus, die beeinflusst werden von den Umweltfaktoren (Lage, Angebot an anorganischen und organischen Nährstoffen) und den Nahrungsketten (Pflanzen → Pflanzen fressende Tiere → Fleisch fressende Tiere → abbauende Organismen). Prinzipiell kann man Ökosysteme unterschiedlichster Größen betrachten – vom faulenden Baumstamm über den Gartenteich oder eine Stadtlandschaft bis zum Wald.

Oktober-Silberkerze

Nach der Blütezeit im Herbst benannte hohe Schattenstaude
→ *Silberkerze*

Oktober-Steinbrech

Spät blühende Schattenstaude aus der Gattung der → *Steinbreche*

Okulation

Auch Okulieren, Augenveredlung oder Äugeln genannt; eine verbreitete Technik zur Veredlung von Rosen, Obst- und Ziergehölzen. Der Name nimmt Bezug auf das „Auge" (lat. oculus), d. h. die Knospenanlage eines Seitentriebs. Bei der Okulation setzt man das Auge einer Edelsorte in den t-förmigen Einschnitt einer Unterlage ein. Bei den Unterlagen handelt es sich um Selektionen nah verwandter Sorten oder Wildarten, bei der Rosenokulation z. B. um verschiedene Wildrosen. Nach dem Verwachsen des Auges wird das treibende Edelreis über die Wurzel der Unterlage mit Nährstoffen versorgt. So wächst die Edelsorte mit den gewünschten Blüten- oder Fruchteigenschaften heran, die nicht benötigten Sprossteile der Unterlage werden schließlich entfernt.

Wie die meisten Methoden der → *Veredlung* findet die Okulation vor allem dann Verwendung, wenn bestimmte Pflanzen über Samen nicht sortenrein oder überhaupt nicht vermehrt werden können.

Das genaue Vorgehen zeigt die PRAXIS-SEITE Okulation – Rosen selbst vermehren (S. 636/637) am Beispiel der Rosenokulation. Wird eine Okulation im Sommer mit „schlafenden" Augen durchgeführt, treibt die Knospe erst im nächsten Frühjahr aus; okuliert man mit treibenden Frühjahrsknospen, erfolgt der Austrieb des Edelreises bereits im selben Jahr.

Okuliermesser

Im Unterschied zu einfachen → *Gartenmessern* laufen Okuliermesser sehr spitz zu, um den T-Schnitt bei der → *Okulation* sauber durchführen zu können. Außerdem besitzen sie eine glatte, stumpfe Zunge (ausklappbar oder als Schneidenfortsatz), mit der die Rindenflügel des T-Schnitts abgehoben werden.

OKULATION –
ROSEN SELBST VERMEHREN

Vorbereiten der Unterlage

Für Rosenfreunde ist es eine interessante Unternehmung, bevorzugte Sorten wenigstens einmal selbst durch Okulation zu vermehren. Dazu braucht man zunächst Wildlingsunterlagen, die man sich im Herbst über eine Baum- oder Rosenschule oder direkt bei einem Spezialbetrieb besorgt. Die Unterlagen sind üblicherweise in größeren Stückzahlen gebündelt, mit etwas Glück kann man auch kleinere Mengen erhalten. Gleich nach dem Eintreffen schneidet man Triebe und Wurzeln der ballenlosen Pflanzen zurück und schlägt sie dann dicht an dicht im zuvor gelockerten Boden ein; nur die Triebspitzen schauen dann noch aus der Erde.

Im Frühjahr werden die Wildlinge auf ein Beet gepflanzt, am besten in eher leichten, sandigen Boden. Dort lässt man sie heranwachsen, bis ihr Wurzelhals Fingerdicke erreicht. Dies ist etwa im Juli oder August der Fall. Nun wird der Wurzelhals mit einem Tuch gesäubert und anschließend ein t-förmiger Einschnitt angebracht (horizontal etwa 2 cm breit, vertikaler Schnitt 2 – 4 cm).

Schnitt und Einsetzen des Auges

Schon vor dem Einschneiden der Unterlage kann man das Reis von der gewünschten Edelsorte schneiden. Man wählt dazu Zwei-

1. Im Sommer: T-Schnitt an der Wildlingsunterlage

2. Schnitt des Triebs von der Edelsorte

TIPP

Auf dieselbe Weise können Sie ebenfalls Stammrosen veredeln, indem Sie die Unterlagen stammförmig heranziehen und dann in 0,6 – 1 m Höhe Augen von Bodendecker-, Beet- oder auch Edelrosen einsetzen. Hierbei okuliert man in der Regel zwei Augen auf gegenüberliegenden Seiten des betreffenden Stämmchens.

3. Schnitt des Edelauges mit Schildchen

4. Einsetzen des Auges in die Unterlage

ge mit voll aufgeblühten oder schon verblühten Rosen. Hier sitzt hinter jedem Laubblatt in der Blattachsel ein Auge, das für die Okulation geeignet ist. Aus den Zweigen schneidet man 20 – 30 cm lange Triebstücke, die entblättert und entstachelt werden. Einen kurzen Rest der Blattstiele lässt man allerdings stehen, damit das dahinter befindliche Auge nicht beschädigt wird.

Nun führt man einen flachen Schnitt durch, um das Auge mitsamt einem länglichen Rindenplättchen herauszuschneiden. Dazu hält man das Triebstück mit dem oberen Ende zu sich hin und setzt das Messer etwa 2 cm unterhalb des Auges an, zieht also die Klinge auf sich zu. So schneidet man, ohne abzusetzen, bis 1 – 2 cm oberhalb des Auges. Ein geübter Veredler schafft es, das Rindenstück nur mit dem ringförmigen Kambium (teilungsfähiges Gewebe) unter dem Auge zu erwischen. Im Zweifelsfall ist es jedoch besser, etwas Holz mit herauszuschneiden, als durch zu flachen Schnitt das Auge zu verletzen. Das Holzschildchen an der Unterseite wird danach sehr vorsichtig abgezogen.

Anschließend löst man die durch den T-Schnitt entstandenen seitlichen Rindenflügel an der Unterlage und schiebt das Augenschildchen hinein, und zwar gemäß seiner vorherigen Wuchsrichtung am Edelreis, also mit dem unteren Ende voran. Der überstehende Teil wird dann nach dem Einsetzen oberhalb des Auges abgeschnitten. Zum Verbinden der Veredlungsstelle kann man einen so genannten Schnellverschluss (Okuliergummi) aus dem Fachhandel verwenden, oder man umwickelt den Triebabschnitt so mit Bast, dass das eigentliche Auge noch herausschaut. Ist die Veredlung geglückt, verwachsen Auge und Unterlage recht schnell (nach etwa vier Wochen), der anhaftende Blattstielrest fällt anschließend ab.

Von der Veredlung zur Rose

Nach erfolgreichem Anwachsen des Auges wird der Verband gelöst und im Herbst dann die Pflanze angehäufelt. Sobald sich im Frühjahr der Trieb aus der „Fremdknospe" gut entwickelt hat, wirft man die Krone der Unterlage ab, d. h., sämtliche Triebe oberhalb des Neutriebs der Edelsorte werden weggeschnitten. Im Sommer wird der Neutrieb mehrmals entspitzt (pinziert), damit sich die Pflanze gut verzweigt; auch die ersten Seitentriebe kürzt man ein. Knospen, die aus der Unterlage treiben, sind zu entfernen. Bis zum Herbst wächst dann die junge Rose herab, die man gleich oder im folgenden Frühjahr an die gewünschten Stelle pflanzt.

CHECKLISTE

Voraussetzungen für erfolgreiches Okulieren:

- Unbedingt scharfes Messer verwenden.
- Auf Sauberkeit achten, Kontakt von Schnittstellen, Werkzeug und Bindematerial mit Erde und sonstigen Verunreinigen meiden.
- Schnittfläche des Auges nicht mit den Fingern berühren.
- Auge nach dem Schnitt umgehend einsetzen und sofort verbinden bzw. Verschluss anlegen.

5. Verbinden mit Schnellverschluss

6. Im darauf folgenden Frühjahr: Abwerfen der Wildlingskrone oberhalb des Neutriebs

7. Im Sommer: Entspitzen des Neutriebs (Schnittstrich) und Entfernen von Unterlagenknospen

Öle, ätherische

Leicht flüchtige Substanzen, die den Blättern, Blüten, Wurzeln und Früchten vieler Pflanzen ihren charakteristischen Duft oder auch Geschmack verleihen.
→ *Ätherische Öle*

Oleander

NERIUM OLEANDER

Die Heimat dieses Strauchs, der zur Familie der Hundsgiftgewächse gehört, ist das Mittelmeergebiet, wo er wild vorwiegend an Wasserläufen wächst. Unsere Winter übersteht er im Freien nicht, deshalb wird er als Kübelpflanze gezogen und geschützt überwintert.

Merkmale: Immergrüner Strauch, 2 – 3 m hoch und breit, auch als Hochstämmchen gezogen; lanzettliche, ledrige Blätter, 10 – 15 cm lang; Blüten mit ca. 3 – 4 cm Ø, in Trugdolden, je nach Sorte rosa, weiß, rot oder gelb gefärbt, einfach oder gefüllt, teilweise duftend.

Blütezeit: Juni – Oktober

Verwendung: Kübelpflanze für Terrasse, Balkon und Wintergarten, im Garten als Blickpunkt z. B. auf dem Rasen oder am Sitzplatz.

Standort: Draußen möglichst regengeschützt aufstellen; in gute nährstoffreiche Kübelpflanzen- oder Einheitserde topfen.

Pflanzen/Vermehren: Anfangs jährlich, später alle 2 bis 3 Jahre im Frühjahr umtopfen; bei älteren Pflanzen keilförmiges Einscheiden des Wurzelballens und damit Versorgen mit frischer Erde möglich, ohne dass ein größerer Topf nötig wird; Pflanzen ab Mai nach draußen stellen, wenn keine Nachtfröste drohen; Vermehrung über Stecklinge von Juni bis September.

Pflege: Im Sommer reichlich gießen, kann auch im wassergefüllten Untersetzer stehen; von Mai bis Mitte August wöchentlich düngen; Verblühtes entfernen; im Sommer wie Winter regelmäßig auf Schildläuse (Blattunterseite) kontrollieren; im Herbst vor den ersten stärkeren Frösten einräumen, vorher zu lange Triebe einkürzen; hell bei 4 – 8° C überwintern, fast trocken halten; ab März etwas wärmer stellen.

Ölkürbis

Kugelförmiger → *Kürbis* mit essbaren, weichschaligen Samen

Ölpräparate

Schädlingsbekämpfungsmittel, die auf der Basis von Ölen hergestellt werden. Dabei kann der Rohstoff aus fossilen (Paraffinöl, Mineralöl) oder nachwachsenden Quellen stammen (Rapsöl). Unter dem beim Spritzen ausgebrachten Ölfilm ersticken die Schädlinge; die Pflanzen nehmen dadurch bei vorschriftsmäßigem Gebrauch keinen Schaden; empfindliche Arten können aber kurzzeitige Störungen zeigen. Ölpräparate lassen sich z. B. gut gegen Schild- und Wollläuse einsetzen, Rapsöl auch gegen zahlreiche andere Schädlinge. Außerdem verwendet man sie für → *Austriebsspritzungen* an Obstbäumen und anderen Gehölzen, um überwinternde Schädlingsstadien abzutöten. Bei gezielter und sachgerechter Anwendung gelten die Präparate als nützlingsschonend und bienenungefährlich.

Ölpräparate anderer Art werden aus → *ätherischen Ölen*, z. B. von Fenchel, Pfefferminze oder Kiefern, gewonnen. Sie haben in der praktischen Anwendung teils sogar gute Wirkungen gegen Pilzkrankheiten gezeigt und gewinnen möglicherweise noch an Bedeutung für den Pflanzenschutz.

Oleander (Nerium oleander)

Silberölweide (Elaeagnus commutata)

Ölrauke
Alte Salat- und Heilpflanze, die zu den Kreuzblütlern gehört.
→ *Salatrauke*

Ölrettich
Eine → *Gründüngungspflanze,* die ausgesät wird, um die Bodeneigenschaften zu verbessern. Manche Sorten wirken als Feindpflanzen gegen → *Nematoden.*

Ölweide
Elaeagnus
Die Ölweiden sind Namensgeber einer kleinen Pflanzenfamilie, zu der auch der Sanddorn gehört. Ihren Namen tragen die Sträucher oder Bäume nach den weidenartigen Wuchsformen und Blättern sowie aufgrund des Öls, das man früher aus ihren Früchten gepresst hat. Die meisten Arten wachsen selbst noch auf extrem trockenen, mageren, steinigen oder salzigen Böden und werden deshalb teils in der Landschaft als Pioniergehölze auf Ödland gepflanzt. Da es sich um durchaus zierende Gehölze handelt, kann man sie auch im Garten auf trockenen Standorten einsetzen. Angeboten werden mehrere Arten, u. a. auch die bedornte Schmalblättrige Ölweide (*E. angustifolia*), 5 – 8 m hoch, und die Wintergrüne Ölweide (*E. x ebbingei*). Zu den attraktivsten Ölweiden, die sich besonders für den Garten eignen, zählen die aus Nordamerika stammende Silberölweide sowie die Buntlaubige Ölweide, die ursprünglich aus Japan stammt.

Silberölweide
Elaeagnus commutata
Merkmale: Strauch, buschig, 2 – 4 m hoch, 1 – 3 m breit; treibt Ausläufer; eiförmige, bis 10 cm lange Blätter, ebenso wie die Zweige mit feinen Härchen bedeckt und dadurch silbrig glänzend; kleine trichterförmige, gelbe Blüten, stark duftend; braune, silbrig schimmernde Früchte ab August.
Blütezeit: Mai – Juni
Verwendung: Für Gehölzgruppen, Sicht- und Windschutzpflanzungen, zur Befestigung von Hängen und Böschungen.
Standort: Warm, durchlässiger, sandiger, auch trockener Boden, bevorzugt kalkhaltig; verträgt Stadtklima und Abgase.
Pflanzen/Vermehren: Pflanzung im Herbst oder Frühjahr; Vermehrung durch Abtrennen von Ausläufern, Stecklinge, Absenker oder auch Aussaat möglich.
Pflege: Gelegentlich auslichten.

Buntblättrige Ölweide
Elaeagnus pungens 'Maculata'
Merkmale: Immergrüner Strauch, buschig, 1 – 1,5 m hoch und breit; elliptische, bis 8 cm lange Blätter, in der Mitte gelb gefleckt oder gezeichnet; kleine silbrig weiße Blüten, duftend.
Blütezeit: Oktober – November
Verwendung: Einzeln oder in kleinen Gruppen als Zierstrauch, hübsch vor dunkelgrüner Nadel- oder Laubholzkulisse.
Standort: Warm, geschützte Lage; jeder normale Gartenboden; verträgt Stadtklima und Abgase.
Pflanzen/Vermehren: Pflanzung vorzugsweise im Frühjahr; Vermehrung über Stecklinge oder auch Absenker möglich.
Pflege: Nicht schneiden; in rauen Lagen Wurzelbereich über Winter schützen.

Omorikafichte
Mittelgroße, schlank kegelförmige
→ *Fichte*

Omorikasterben
Eine → *Fichtenkrankheit* speziell der Omorikafichte, die sich in Nadelverbräunungen äußert und insbesondere auf schweren, nassen Böden auftritt.

Omphalodes
Schattenverträgliche Bodendeckerstaude mit vergissmeinnichtähnlichen Blüten
→ *Gedenkemein*

Onopordum
Dekorative distelartige Zweijährige mit silbrigen Blättern und purpurroten Blüten
→ *Eselsdistel*

Orange
Die Wärme liebenden Orangenbäumchen werden wie die eng verwandten → *Zitrusbäumchen* als Kübelpflanzen gezogen.

Orchideen
Die umfangreiche Pflanzenfamilie der Orchideen ist mit rund 750 Gattungen und 18 000 Arten weltweit verbreitet. Für ihren „exklusiven" Ruf gibt es mehrere Gründe: Als die ersten Naturforscher durch die Welt reisten, brachten sie aus den tropischen

Orchideennarzisse

Marienfrauenschuh (Cypripedium calceolus)

Geflecktes Knabenkraut (Dactylorhiza maculata)

Urwäldern Blüten nach Europa, wie man sie nie gesehen hatte. Hinzu kam, dass die Zucht von exotischen Orchideen äußerst kompliziert und nur unter ganz speziellen Voraussetzungen möglich war und ist. Lange Zeit musste daher der Nachschub für die Kunden stets neu aus der Wildnis gesammelt werden. Erst später gelang es, zahlreiche Hybriden zu züchten. Inzwischen stehen Orchideen weltweit unter Schutz und ihr Handel wird durch Gesetze und Verordnungen reglementiert. Beim Betrachten tropischer Kostbarkeiten vergisst man leicht, dass unsere heimischen Orchideen ebenso eindrucksvoll sind. Auch sie sind durch den Verlust ihrer natürlichen Lebensräume stark bedroht und stehen komplett unter Schutz.

Besonders familientypisch sind die Blüten, die aus drei Kelch- und drei Kronblättern bestehen und den Schauapparat bilden. Das mittlere Kronblatt – die Lippe – kann erstaunliche Farben, Muster und Formen annehmen (etwa die Form eines mittelalterlichen Schuhs beim heimischen Frauenschuh) und bestimmt den Gesamteindruck der Blüte. Bei vielen Gattungen gelangt die Lippe durch Drehung des Fruchtknotens, der wie ein Blütenstiel aussieht, nach unten.

Alle Geschlechtsorgane sind in einem kompliziert aufgebauten Säulchen vereinigt. Die Form der Blüte und des Säulchens ist an einen ganz bestimmten Bestäuber angepasst, der die Pollenmenge in Form eines Paketes (Pollinium) mitnimmt und auf eine andere Blüte überträgt. Die heimischen Ragwurzarten (Ophrys) haben z. B. Blüten, die in Form und Oberfläche einer Biene, Hummel oder Fliege gleichen und so die Männchen der Tiere anlocken – denselben Trick benutzen auch tropische Arten. Sogar den spezifischen Duft nach Weibchen können manche Arten erzeugen.

Ökologisch haben Orchideen zwar fast alle Lebensräume besiedelt, man gliedert sie aber zumeist in terrestrische (im Boden wurzelnde) und epiphytische (aufsitzende) Arten. Die besonders auffälligen tropischen Orchideen wachsen durchweg epiphytisch. Sie haben Luftwurzeln und nehmen die Feuchtigkeit der Luft durch ein besonderes Organ (Velamen) auf; die notwendigen Nährstoffe entziehen sie dem Humus auf ihrer Unterlage, wobei ihnen eine Lebensgemeinschaft mit Pilzen hilft.

Die Arten der feuchten Tropen und ihre unzähligen Hybriden mit großen, spektakulären Blüten sind ganzjährig auf ein beheizbares Gewächshaus oder Blumenfenster angewiesen.

Für den Garten sollte man sich auf wenige, heimische Stauden beschränken, die man in manchen Gärtnereien bekommt, vor allem Arten der Gattung *Dactylorhiza* (Knabenkraut), die auf humusreicher, feuchter, leicht saurer Erde in Sonne oder Halbschatten wachsen oder *Cypripedium* (Frauenschuh), das sich unter lichten Gehölzen in humusreichem Boden wohl fühlt. Das von Mai bis September rosa bis hellviolett blühende Gefleckte Knabenkraut (*Dactylorhiza maculata*) eignet sich besonders für gewässernahe Bereiche, der im Frühsommer gelb blühende Marienfrauenschuh (*Cypripedium calceolus*) für naturnahe Gehölzmotive. Das Knabenkraut muss in trockenen Sommern gegossen werden, der Marienfrauschuh sollte etwas Winterschutz erhalten. Ansonsten lässt man sie ungestört (und ohne Düngung) wachsen.

Manchmal wird auch die exotische *Pleione* (Tibetorchidee) angeboten, die etwas mehr Aufwand verlangt. Gut mit unserem Klima kommt dagegen die Japanorchidee (*Bletilla striata*) zurecht, die Halbschatten und durchlässige, humusreiche Erde braucht.

Orchideennarzisse
Zuchtform der → *Narzisse* mit geschlitzter Nebenkrone

Orchideenprimel
Ungewöhnliche, aber etwas heikle → *Primel* mit ährenartigem, hohem Blütenstand

Ordnung

Kategorie bzw. Rangstufe im → *System der Pflanzen*, entsprechend auch bei den Tieren. Sie steht unterhalb der nächstgrößeren Einheit, der Klasse (z. B. Zweikeimblättrige) und fasst ähnliche → *Familien* zusammen. Zur Ordnung *Fagales* (Buchenartige) gehören z. B. die Familien der Buchen-, Birken-, Hainbuchen- und Haselstrauchgewächse.

Oregano
ORIGANUM VULGARE

Auch als Dost, Wilder oder Staudenmajoran sowie Zwergheidegünsel bekannt. Sein volles Aroma entwickelt der Oregano zwar nur am Mittelmeer, er kann aber problemlos auch nördlich der Alpen gezogen werden, wo er sich bis weit nach Norden ausgebreitet hat und verwildert ist. Der Lippenblütler gibt auch eine hübsche Zierstaude ab und lässt sich aufgrund seiner Standortvorlieben besonders gut in den Steingarten integrieren. Eine weitere Zierart ist *O. laevigatum* aus Zypern, 40 – 60 cm hoch, mit graublauen Blättern und je nach Sorte purpurrosa oder violetten Blüten.

Merkmale: Halbstrauch, 40 – 60 cm hoch, die Sorten auch niedriger (10 – 20 cm), Ausläufer bildend; eiförmig zugespitzte Blätter, aromatisch duftend; zahlreiche kleine Lippenblüten in Trugdolden, rosa bis rotviolett oder weiß.
Blütezeit: Juli – September
Standort: Volle Sonne, warm; durchlässiger, eher trockener und nährstoffarmer Boden (ggf. Sand beimischen).
Pflanzen/Vermehren: Pflanzung im Frühjahr mit 20 – 30 cm Abstand; Vermehrung durch Direktsaat oder Anzucht im Frühjahr sowie durch Teilung, Ausläufer und Stecklinge möglich.
Pflege: Anspruchslos; in rauen Lagen leichten Winterschutz geben, im zeitigen Frühjahr bodennah zurückschneiden.
Ernte: Ab dem späten Frühjahr bis zum Herbst fortlaufend Blätter in Triebspitzen pflücken; zum Trocknen während der Blüte abschneiden.

Organisch-biologischer Anbau

Eine → *Anbauweise*, die sich als Alternative zum konventionellen Anbau versteht und besonderen Wert auf die Bodenpflege legt.

Organische Substanz

Organisch im Sinne der Chemie sind höherwertige Kohlenstoffverbindungen (→ *Assimilate*, → *Kohlenhydrate*, Eiweiße), die in der Natur nur Pflanzen durch → *Photosynthese* „herstellen" können (einige Bakterien auch durch andere, sehr spezielle Prozesse) und Tieren als Nahrung dient. Organisch ist somit alles, was sich auf einen lebenden Organismus bzw. seine Ausscheidungen und Überreste zurückführen lässt. In der Gartenpraxis interessiert vor allem die organische Substanz des → *Bodens*.

Organischer Dünger

→ *Dünger* aus organischen Grundstoffen wie verrotteten Pflanzenresten oder Tierabfällen (Hornspäne, getrockneter Dung) mit langsamer Nährstofffreisetzung. Auch Kompost und Mist kann man dazu zählen.
Auch → *Naturdünger*

Organisch-mineralischer Dünger

Mischdünger aus einer organischen Komponente (z. B. Mist, Guano, Hornmehl), die ihre Nährstoffe langsam freigibt, und löslichen Mineralsalzen, die den Pflanzen rasch zur Verfügung stehen.
Auch → *Dünger*

Origanum

Botanischer Gattungsname des mehrjährigen → *Oreganos* und des einjährigen → *Majorans*

Ornithogalum

Im Frühling blühende Zwiebelblume mit sternartigen Blüten
→ *Milchstern*

Osmunda

Sehr stattlicher, attraktiver Farn, der auch etwas Sonne verträgt.
→ *Königsfarn*

Osteospermum

Pflanzengattung aus dem südlichen Afrika mit margeritenähnlichen Blüten
→ *Kapmargerite*

Osterglocke

Einfache → *Narzisse*, die auf die heimische Gelbe Narzisse zurückgeht.

Osterluzei

Anderer Name für die → *Pfeifenwinde*, eine Kletterpflanze mit großen herzförmigen Blättern

Oxalis

Botanischer Gattungsname des → *Sauerklees*, der wild in unseren Wäldern vorkommt und viel Schatten verträgt; im Garten als Bodendecker verwendet.

Würzkraut und Zierpflanze zugleich: der Oregano

P

Paarig gefiedert
Bestimmte Ausprägung eines aus Fiederblättchen zusammengesetzten Blatts; es hat eine gerade Anzahl von Fiederblättchen, paarig an der Blattspindel aufgereiht. Häufiger sind unpaarig gefiederte Blätter mit einer zusätzlichen Endfieder.
   Auch → *Blattformen*

Pacht
Mietverhältnis bzw. Mietzahlung für ein Gartengrundstück
   Auch → *Mietergarten*

Pachysandra
Schattenverträglicher, immergrüner Bodendecker mit fleischigen Blättern
   → *Ysander*

Paeonia
Botanischer Gattungsname der
→ *Pfingstrose*

Pak Choi
Ein eng mit dem → *Chinakohl* verwandtes Gemüse mit fleischigen weißen Blattstielen

Palerbse
Sortengruppe der → *Erbse* mit runden, glatten, mehlig werdenden Samenkörnern

Palmen
Sonnige Strände, Wärme, Urlaub – das sind verbreitete Assoziationen beim Gedanken an Palmen. Leider bedeutet dies auch, dass die meisten Palmen, die vorwiegend aus den Tropen stammen, bei uns kaum ganzjährig draußen zu kultivieren sind.

Hanfpalmen gedeihen mancherorts auch bei freier Auspflanzung.

Die charakteristisch schlanken Stämme der Palmen stellen eine botanische Besonderheit dar: Palmen gehören als einkeimblättrige Pflanzen in die weitere Verwandtschaft von Gräsern und haben damit eine gewisse Ähnlichkeit mit den ebenfalls verholzenden → *Bambussen*. Während „normale" Bäume über den Zuwachs an Jahresringen stetig im Umfang zunehmen, gibt es bei Palmen kein sekundäres → *Dickenwachstum* dieser Art. Ihr Stamm kann sich nur über ein kegelförmig eingesenktes → *Meristem* an der Spitze verlängern. Bevor er in die Höhe wächst, hat der Stamm daher bereits seine endgültige Dicke erreicht. Die Stämme bestehen aus vielen zähen, dicht gepackten Fasern. Charakteristisch sind auch die völlig verzweigungsfreie Wuchsform und die riesigen Blätter, die nur an der Spitze entstehen; danach werden die Palmen manchmal auch als Schopfbäume bezeichnet.

Die typischen Zimmerpalmen (z. B. *Chamaedorea, Chrysalidocarpus, Howeia, Washingtonia*) kann man in warmen Sommern durchaus auch als Terrassenzierde verwenden, der Aufenthalt im Freien bekommt ihnen in der Regel gut.

„Echte" → *Kübelpflanzen* unter den Palmen sollten sogar vorzugsweise den Sommer draußen verbringen, vertragen etwas mehr Kälte und werden dann drinnen meist kühl, aber frostfrei überwintert. Es handelt sich hauptsächlich um Arten, die in mediterranen Gefilden frei ausgepflanzt gedeihen. Neben der Zwergpalme (*Chamaerops humilis*), die als einzige europäische Palme im Mittelmeerraum beheimatet ist, sind das vor allem die Dattelpalmen (*Phoenix*-Arten), die noch Temperaturen um -8° C vertragen, sowie die Hanfpalme (*Trachycarpus fortunei*). Die in ostasiatischen Gebirgswäldern heimische Hanfpalme übersteht bis -17° C und wird mancherorts sogar erfolgreich als dekorative Gartenpalme kultiviert. Auch mit Zwergpalmen, die noch um -14° C aushalten, gelingt dies hier und da. Die selten angebotene Nadelpalme (*Rhapidophyllum hystrix*), die aus den Südstaaten der USA stammt, ist sogar noch robuster; sie bringt es auf eine Winterhärte von -25° C.

Wer im wintermilden Klima einen Freilandversuch mit solchen Palmen wagt, sollte zumindest in den ersten Jahren für Winterschutz im Wurzelbereich sorgen. Zu Ausfällen kann es allerdings auch durch sehr feuchtes Winterwetter kommen, ebenso durch pralle Wintersonne in Verbindung mit anhaltender Trockenheit.

Palmette
Erziehungsform von Obstbäumen mit paarweise abzweigenden Seitenästen
→ *Obstbaum, Spalierformen*

Palmlilie
YUCCA
Die Heimat dieser stattlichen Agavengewächse liegt im südlichen Nordamerika, in Mexiko sowie auf einigen karibischen Inseln. Die mächtigen, fleischigen Blätter bilden stets eine Rosette. Zur Blütezeit wächst aus der Rosette ein starker Schaft hoch, der an seiner Spitze einen spektakulären Blütenstand mit großen, glockenförmigen Blüten trägt. Die Holzgewächse unter den Palmlilien wachsen anfangs staudenartig und bilden erst mit den Jahren einen ausgeprägten Stamm, mit dem sie im Aussehen an die → *Palmen* erinnern. Anders als bei diesen kann sich ihr Stamm noch verzweigen.

Zwei Arten, die Südliche Palmlilie und die Blaugrüne Palmlilie, sind recht winterhart und können etwas exotisches Flair in den Garten bringen. In Gegenden mit sehr kalten Wintern zieht man sie jedoch ebenso wie andere Wärme bedürftige Yuccas als → *Kübelpflanzen*. Zur Blüte kommen sie erst nach einigen Jahren. Aus der Wurzel der Blaugrünen Palmlilie wird eine seifenartige Substanz (Saponin) gewonnen, die in vielen Shampoos enthalten ist.

Südliche Palmlilie
YUCCA FILAMENTOSA
☼

Merkmale: Fast stammlos wachsender, immergrüner Strauch mit Blattrosette, bis 150 cm breit; schwertförmige, steife, dunkelgrüne Blätter, bis 50 cm lang; nach 2 bis 3 Jahren gelblich weiße Glockenblüten in langen Rispen auf einem 100 – 150 cm hohen Schaft.
Blütezeit: Juli – August
Verwendung: Einzeln zwischen niedrigeren Stauden oder an exponierter Stelle, z. B. an der Terrasse oder auf dem Rasen; auch als Kübelpflanze geeignet.
Standort: Vollsonnig, geschützter Platz; tiefgründiger, sehr gut durchlässiger, kalkhaltiger Boden; am besten an etwas erhöhter Stelle, wo sich keine Winterfeuchte ansammelt.
Pflanzen/Vermehren: Ausschließlich als Containerpflanze angeboten, Pflanzung möglichst im Frühling; Vermehrung über Wurzelschnittlinge im Winter oder Aussaat.
Pflege: Mäßig gießen, zurückhaltend düngen; Schaft nach der Blüte abschneiden; vorm Winter leichte Reisigabdeckung, in kalten Regionen Schöpfe zusammenbinden und in trockenes Laub einpacken.
Hinweis: Der Handel bietet verschiedene Sorten mit gelb geränderten Blättern und etwas abweichenden Blüten an.

Blaugrüne Palmlilie
YUCCA GLAUCA
☼

Merkmale: Immergrüner Strauch, im Alter mit kurzem, gedrungenem Stamm; schwertförmige, steife, blaugrüne Blätter, bis 50 cm lang; erst nach mehreren Jahren cremeweiße, kugelige Glockenblüten in Rispen auf etwa 100 cm hohem Schaft.
Blütezeit: Juli – August
Verwendung: Wie Südliche Palmlilie.
Standort: Wie Südliche Palmlilie.
Pflanzen/Vermehren: Wie Südliche Palmlilie.
Pflege: Wie Südliche Palmlilie.

Palmwedelbambus
Niedrige, breit buschige Bambusart mit palmenartigen Blättern
→ *Bambus*

Palmlilie (Yucca filamentosa)

Pampasgras

Pampasgras
CORTADERIA SELLOANA
☼

Das Pampasgras mit seinen markanten Blütenständen wächst wild auf den namensgebenden Pampas Südamerikas. Da es sich zu einem mächtigen Horst entwickelt, braucht es im Garten viel Standraum.

Merkmale: Staudengras, dichte Horste bildend, 1 – 1,5 m hoch, zur Blütezeit bis 3 m, bis 2 m breit; schmale, über 2 m lange Blätter, überhängend; Blütenstände 45 – 90 cm lang, silbrig weiß, bei Sorten auch rosa bis purpurfarben.
Blütezeit: September – Oktober
Verwendung: Als Solitär im Rasen, am Sitzplatz, am Gartenteich oder im Vorgarten.
Standort: Durchlässiger, nährstoffreicher Boden; empfindlich gegen zu viel Winternässe.
Pflanzen/Vermehren: Pflanzung nur im Frühjahr; Vermehrung durch Teilung im Frühling.
Pflege: Bei anhaltender Trockenheit kräftig gießen; gelegentlich im Frühjahr mit Kompost versorgen. Im Spätherbst Blätter zu einem „Zelt" zusammenbinden, mit Reisig abdecken; vor anhaltendem Winterregen durch kurzzeitiges Abdecken mit Folie schützen; innen aufkahlende Exemplare teilen und neu verpflanzen.

Panaschierung

Blattfärbung, bei der bestimmte Bereiche kein Blattgrün enthalten. Panaschierte Blätter sehen daher grün-weiß bzw. grün-gelb gestreift oder gescheckt aus.
 Auch → *Buntblättrigkeit*

Pantoffelblume
CALCEOLARIA INTEGRIFOLIA
☼–◐

Diese hübsche Sommerblume aus der Familie der Rachenblütler stammt aus Chile, wo sie als Halbstrauch wächst.

Pampasgras (Cortaderia selloana)

Für Garten und Balkon wurden zahlreiche Hybriden gezüchtet, die nur als Einjährige verwendet werden. Die Sorten sind überwiegend → F_1-Hybriden. Namensgebend waren die gewölbten Blüten mit beutelartiger Unterlippe, deren Form entfernt an Pantoffeln erinnert. Unter demselben Gattungsnamen werden auch Hybriden als Zimmerpflanzen angeboten.

Pantoffelblume (Calceolaria integrifolia)

Merkmale: Einjährig gezogener Halbstrauch, buschig verzweigt, 25 – 50 cm hoch; Blätter länglich oval; zahlreich goldgelbe Blüten in kugeligen Rispen.
Blütezeit: Mai – September
Verwendung: In kleinen Gruppen auf Sommerblumenbeeten, auch zwischen Stauden; als Balkonblume.
Standort: Möglichst wind- und regengeschützt; humoser, durchlässiger, nicht zu nährstoffreicher Boden.
Kultur: Aussaat Dezember bis Februar bei etwas unter Zimmertemperatur (18° C); nach 4 bis 5 Wochen in Töpfchen pikieren; ab Mitte Mai auspflanzen, Abstand 30 – 40 cm; Vermehrung durch Kopfstecklinge ab Spätsommer möglich, diese bei 8 – 10° C hell überwintern.
Pflege: Regelmäßig gießen, Verblühtes entfernen, auf nährstoffarmen Böden etwa alle sechs Wochen schwach dosiert düngen; Überwinterung an hellem, kühlem Ort möglich, dann im Frühjahr um gut ein Drittel zurückschneiden.

Päonie
Eingedeutschter Gattungsname (*Paeonia*) der → *Pfingstrose*

Papaver

Botanischer Gattungsname des attraktiven → *Mohns,* zu dem ein- wie mehrjährige Arten zählen.

Paperpot

Preiswerte Variante, um große Mengen von Jungpflanzen aufzuziehen. Paperpots (Papiertöpfe) bestehen aus Papp- oder festen Papierstreifen, die zusammengefaltet angeboten werden. Zieht man sie auseinander, entstehen bodenlose, sechseckige „Waben". Sie werden gleichmäßig mit → *Anzuchterde* gefüllt, die Samen oder vorgezogene Sämlinge kommen dann einzeln in die Waben. Haben die Jungpflanzen die richtige Größe erreicht, werden sie mit Ballen herausgenommen oder mit ihrer Papphülle ins Beet gesetzt; die Pappe verrottet mit der Zeit.

Papierblume

Ein Korbblütler, den man sehr gut als → *Trockenblume* in Sträuße einbinden kann.

Pappel

POPULUS

Viele der rund 40 Pappelarten, die weltweit verbreitet sind, haben sich an die wechselnde Nässe von Auenlandschaften angepasst, während einige auch mit trockenen Böden vorlieb nehmen. Einige der Bäume bleiben allerdings auf sandigen oder sehr mageren Böden zurück und wachsen dann nur strauchförmig. Die Zugehörigkeit zur Familie der Weidengewächse erkennt man zur Blütezeit, wenn die hängenden Kätzchen austreiben – Pappeln sind zweihäusig, die Samen mit den langen, seidigen Haaren werden nur von weiblichen Exemplaren gebildet.

Vor der Entscheidung für eine Pappel sollte man stets bedenken, dass sie sich zu stattlichen Bäumen entwickeln können und ihre flach streichenden Wurzeln sehr weit ausbreiten. Die heimische Silberpappel (*P. alba*) mit ihren unterseits weißfilzigen Blättern wird bis 30 m hoch und bildet eine breite runde Krone. Sie eignet sich nur für ausgesprochen weitläufige Gärten, ebenso die Graupappel (*P. x canescens*), die Schwarzpappel (*P. nigra*) und die nordamerikanische Balsampappel (*P. balsamifera*) mit angenehm duftenden Blättern. Am ehesten kommen für den Garten Sorten der Birken- bzw. Simonspappel und der Zitterpappel infrage. Aus Nordchina stammt die Birkenpappel, die sich als Straßenbaum und selbst in Industriegebieten als äußerst robust erwiesen hat. Die lang gestielten Blätter der mitteleuropäischen Zitterpappel, Espe oder Aspe beginnen schon beim kleinsten Windstoß zu rascheln – daher stammt wohl ihr Name.

Birkenpappel
POPULUS SIMONII
☼

Merkmale: Baum, lockere, birkenähnliche, schmale Krone, 12 – 15 m hoch; Sorte 'Fastigiata' mit säulenförmiger Krone, nur 7 – 10 m hoch; verkehrt eiförmige Blätter, gesägt, oberseits dunkelgrün, unterseits weißlich hellgrün; kleine rötliche Kätzchen.
Blütezeit: März – April
Verwendung: Als Solitärbaum oder in kleinen Baumgruppen.
Standort: Verträgt noch leichte Beschattung; sehr geringe Bodenansprüche, trockenheits- und kalkverträglich, wächst aber auf nährstoffreichem, frischem, tiefgründigem Boden am besten; verträgt Stadtklima, rauchhart.
Pflanzen/Vermehren: Pflanzung in Herbst oder Frühjahr; Vermehrung durch Steckhölzer.
Pflege: Ältere, große Äste sind durch Windbruch gefährdet und sollten zur Sicherheit frühzeitig abgesägt werden; sonst kein Schnitt nötig; störende Wurzelausläufer entfernen.

Zitterpappel (Populus tremula)

Zitterpappel
POPULUS TREMULA
☼ ☺

Merkmale: Baum mit breiter Krone, oder Großstrauch, 10 – 30 m hoch; Sorte 'Erecta' mit schmälerer Krone, nur 8 – 15 m hoch; rundliche bis eiförmige Blätter, buchtig gezähnt, unterseits blaugrün; hängende, grauzottige Blütenkätzchen, 5 – 10 cm lang.
Blütezeit: März – April
Verwendung: Wie Birkenpappel.
Standort: Wie Birkenpappel, verträgt jedoch weder Kalk noch Trockenheit.
Pflanzen/Vermehren: Wie Birkenpappel.
Pflege: Wie Birkenpappel.
Hinweis: Auf schlechteren Böden wächst die Zitterpappel strauchartig und reich verzweigt.

Pappelschüppling

Für den → *Pilzanbau* im Garten geeigneter Speisepilz, der in der Natur an Pappelstrünken wächst und auf Holzstämmen gezogen werden kann.

Papptopf

Zusammenfaltbarer Anzuchttopf aus Pappe
→ *Paperpot*

Paprika

CAPSICUM ANNUUM
☼

Obwohl man den Paprika häufig mit den ungarischen Steppen in Verbindung bringt, stammt dieses Nachtschattengewächs aus dem tropischen Amerika und wurde von spanische Entdeckungsreisenden nach Europa gebracht. Die ursprüngliche Art war scharf wie Pfeffer („Spanischer Pfeffer") und wird noch heute als Gewürzpaprika oder Peperoni mit schmalen, länglichen, meist roten Früchten gepflanzt. Er ist nicht zu verwechseln mit dem verwandten Cayennepfeffer oder Chili (*C. frutescens*), der nur in den Tropen wächst und kleine, glänzend rote, spitzkegelige, sehr scharfe Früchte hervorbringt. Die Früchte beider Pflanzen erhalten ihre Schärfe durch das Alkaloid Capsicin. Wesentlich geringer ist dessen Gehalt beim mild schmeckenden Gemüsepaprika mit seinen größeren, breiteren Früchten, der bei uns am häufigsten kultiviert wird. Die „Paprikaschoten" sind im botanischen Sinn echte Beeren und enthalten sehr viel Vitamin C. Sie verfärben sich bei Reife je nach Sorte meist rot oder gelb, werden aber oft auch grün geerntet. Man kann den Paprika gut mit Tomaten und Gurken zusammenpflanzen, auch Radieschen, Schnitt- und Pflücksalat sind geeignete Nachbarn.

Merkmale: Einjähriges Fruchtgemüse, buschig wachsend, bis 80 cm hoch; ovale, zugespitzte Blätter, glänzend grün; Früchte je nach Sorte gelb, orange oder rot abreifend, bei manchen Züchtungen auch violett oder weißlich.

Standort: Vollsonnig, warm, am besten unter Glas oder Folie; tiefgründiger, nährstoffreicher, humoser Boden, frisch bis feucht, aber keinesfalls staunass; vor der Pflanzung mit Kompost und/oder organischem Dünger anreichern.

Kultur: Anzucht ab Februar bei hohen Temperaturen (22 – 25° C), Lichtkeimer; etwa 5 cm hohe Sämlinge einzeln in Töpfe pikieren; ab April ins Gewächshaus pflanzen, ab Anfang Mai unter Folientunnel oder ab Ende Mai an einen geschützten Platz im Freien; Pflanzabstand 50 x 50 cm, für hochwüchsige Sorten 75 x 45 cm.

Pflege: Nach dem Pflanzen anhäufeln, dies später mehrmals wiederholen; gleichmäßig feucht, aber nicht nass halten, am besten auch mulchen; Blütenabfall wird durch Trockenheit oder Kälte verursacht. An Stäben oder Schnüren stützen, nach dem ersten Fruchtansatz düngen.

Ernte: Ab etwa Ende Juli untere Früchte grün pflücken, damit die oberen besser ausreifen; Vollreife meist erst im Herbst.

Hinweis: Unter dem Namen „Zierpaprika" wird eine Zimmerpflanze verkauft, die ebenfalls zur Art *C. annuum* gehört.

Bunte Paprikafrüchte

Paprikafrüchte sind Vitamin-C-reich.

Paradeiser

Österreichische Bezeichnung für die
→ *Tomate*

Paradiesapfel

Alter Name für die → *Tomate;* so nannte man die Frucht, nachdem sie aus Amerika eingeführt wurde; anfangs diente sie nur als Zierpflanze.

Paraffinöl

Aus Erdöl hergestellter, zähflüssiger Kohlenwasserstoff, der u. a. zur Herstellung von Mitteln gegen Schildläuse, Gespinstmotten und Frostspanner verwendet wird.
   → *Ölpräparate*

Parasit

Auch als Schmarotzer bekannt; Bezeichnung für alle pflanzlichen und tierischen Lebewesen, die dauerhaft oder während einer bestimmten Phase ihres Lebenszyklus von anderen Organismen, den Wirten, leben. Diese Lebensweise nennt man auch heterotroph. Im Unterschied etwa zu Raubtieren töten Parasiten ihre Wirte aber nicht direkt ab, sondern entziehen ihnen nur die Nährstoffe, die sie zum Leben brauchen. Dennoch kann der Befall durch Parasiten einen Wirt maßgeblich schädigen.

Pflanzliche **Halbparasiten**, in unseren Breiten vor allem durch die → *Mispel* vertreten, haben noch grüne Blätter und können Photosynthese betreiben. Sie zapfen die Leitungsbahnen ihrer Wirte an und entziehen ihnen Wasser und Mineralsalze. **Vollparasiten** sind dagegen vollständig auf einen Wirt angewiesen. Sie entziehen ihm alles, was sie selbst benötigen. Einige Vollparasiten, die fakultativen Schmarotzer, können durchaus auch ohne einen Wirt leben und ernähren sich dann von totem, organischem Material. In diese Gruppe gehören Pilze wie etwa der → *Grauschimmel*. Obligate Parasiten sind dagegen vollständig von einem Wirt abhängig. Hierzu zählen neben der fadenförmig wachsenden Europäischen Seide (*Cuscuta europaea*), die z. B. Brennnesseln und Weiden umschlingt, viele Schadpilze wie → *Mehltau* oder → *Rostpilze*. Nach ihrem Aufenthaltsort unterscheidet man Ektoparasiten (sie leben auf der Oberfläche der Wirte) von Endoparasiten (sie leben im Innern der Wirte).

Ein von Gärtnern geschätzter Endoparasit aus der Tierwelt ist die Larve der Schlupfwespe: Sie schlüpft aus Eiern, die die Wespe mit ihrem Legestachel in Schädlingen (z. B. Blattläuse, Kohlweißling) ablegt und frisst diese dann von innen auf.

Parkrose
Einmal blühende Strauchrosen, die sich züchterisch meist auf eine Wildart oder eine alte Sorte zurückführen lassen.
Auch → *Rose*

Parrotia
Wärme liebender Baum mit herrlicher Herbstfärbung
→ *Eisenholzbaum*

Parthenocissus
Botanischer Gattungsname des → *Wilden Weins*, der auch als Jungfernrebe bekannt ist und durch seine Herbstfärbung besticht.

Parthenokarpie
Als → *Jungfernfrüchtigkeit* oder Parthenokarpie wird die Fähigkeit mancher Pflanzen (z. B. Gurken) bezeichnet, Früchte auch ohne Bestäubung auszubilden.

Pasaniapilz
Für den → *Pilzanbau* im Garten geeigneter Speisepilz, der meist unter der Bezeichnung Shii-Take bekannter ist.

Pastinaca
Botanischer Gattungsname der → *Pastinake*

Pastinake
PASTINACA SATIVA
☼ – ⊕ ☺

Die Wilde Pastinake, auch Pastinak, Hammel- oder Hirschmöhre genannt, ist ein Doldengewächs; sie kommt in ganz Mitteleuropa vor, wo sie Ödland und Wiesen besiedelt. Während die Wildform nur eine schmale Speicherwurzel ausbildet und im 2. Jahr gelbe Doldenblüten hervorbringt, hat die einjährig gezogene Gemüsepastinake eine kräftige, etwa rettichgroße Wurzel mit hohem Nährwert. Der aromatische, an Petersilienwurzeln erinnernde Geschmack wird durch ein ätherisches Öl geprägt. In Mischkultur gedeiht die Pastinake gut mit Radieschen und Salaten.
Merkmale: Einjährig kultiviertes Wurzelgemüse, 50–80 cm hoch; gefiederte Blätter; verdickte, gelbliche, innen weiße Pfahlwurzel.
Standort: Humoser, durchlässiger Boden.
Kultur: Aussaat ab Ende März bis Mai direkt ins Freiland (nur frisches Saat-

Lässt man einige Pastinaken zur Blüte kommen, kann man das Saatgut fürs Folgejahr leicht selbst gewinnen.

gut verwenden; Reihenabstand 35–45 cm, später dann in der Reihe auf 15 cm Abstand ausdünnen; keimt langsam, Radieschen als Markiersaat beigeben.
Pflege: Regelmäßig hacken, bei Trockenheit gießen.
Ernte: Ab Oktober bis zum folgenden Frühjahr, die Wurzeln sind frosthart; auch Verwendung fortlaufend gepflückter junger Blätter als Würze möglich.

Patentkali
Sulfathaltiger → *Kaliumdünger*, der auch Magnesium enthält.

Patisson
Varietät des → *Kürbisses*; wächst buschig ohne Ranken und bildet flache, tellerförmige Früchte („fliegende Untertassen") aus.

Paulownia
Sehr attraktiver, etwas frostempfindlicher Baum mit trichterförmigen, blauviolett gefärbten, duftenden Blüten
→ *Blauglockenbaum*

Pavillon

Ursprünglich ein überdachtes, seitlich offenes Gartengebäude, ähnlich einer abgedeckten → *Pergola*. Entsprechend werden auch heute einfache Konstruktionen, bis hin zu mit Markisenstoff bespannten Metallgerüsten als Pavillon bezeichnet. In der aufwändigeren Variante versteht man unter demselben Begriff im Umriss sechs- bis zwölfeckige oder runde Baulichkeiten mit Spitzdach, die auch auf allen Seiten umschlossen sein können.

Auch → *Gartenhaus*

Pechnelke

Die Pechnelke gehört zur Gattung der → *Lichtnelken;* ihren merkwürdigen Namen trägt sie, weil der Stängel unter den oberen Blättern dunkel und etwas klebrig ist.

PE-Folie

Relativ preiswerte und recycelbare → *Folie* aus Polyethylen zur Ernteverfrühung, in gehärteter Ausführung auch für Gewächshäuser und zur Teichabdichtung.

Peitschentrieb

Mehrjähriger, bogenartig herabhängender Fruchttrieb bei → *Sauerkirschen,* der nach 3 bis 4 Jahren unproduktiv und deshalb entfernt oder zurückgeschnitten wird.

Auch → PRAXIS-SEITE Obstbaumschnitt – Hinweise zum Steinobstschnitt (S. 630/631)

Pekingkohl

Andere, geläufige Bezeichnung für den → *Chinakohl*

Pelargonie

Große und sehr vielfältige Gattung beliebter, einjähriger Sommerblumen für die → *Balkonbepflanzung,* die häufig fälschlicherweise als „Geranien" bezeichnet werden.

Pelargonium

Botanischer Gattungsname der Pelargonien

→ *Balkonbepflanzung*

Pennisetum

Dekoratives Ziergras mit kerzenähnlichen, fedrigen Blütenständen

→ *Lampenputzergras*

Penstemon

Meist einjährig gezogene Blume mit glockenförmigen rosa bis lila Blüten

→ *Bartfaden*

Peperoni

Scharf schmeckende Gewürzvariante des → *Paprika* mit schmalen Früchten

Perenne

Auch perennierende Pflanzen genannt; fachsprachlich für mehrjährige, ausdauernde Pflanzen. Ausdauernd wachsen zwar auch → *Gehölze,* im engeren Sinn steht der Ausdruck „Perenne" meist nur für → *Stauden.* Diese überdauern mithilfe verdickter Wurzeln oder Wurzelstöcke (Rhizome), Zwiebeln oder Knollen. Im Gegensatz dazu steht die Lebensweise der → *Annuellen* (Einjahrs- und Zweijahrsblumen).

Pergola

Bautechniker definieren die Pergola als „offene Konstruktion zur Überspannung von Terrassen, Höfen usw.", was z. B. auch einen Carport mit einschließt. Unter dem Blickwinkel der Gartengeschichte ist unsere heutige Pergola jedoch ein Nachfolger historischer Laubengänge aus Holz oder gemauerten Pfeilern, die meist mit Klettergehölzen bewachsen waren. Die Funktion als Rankgerüst gehört also fast zwangsläufig dazu.

Besonders im italienischen Renaissancegarten waren Pergolen wichtige architektonische Gestaltungselemente. Doch ursprünglich verdanken wir diese Idee den alten Ägyptern, die nachweislich schon um 1400 v. Chr. den kühlenden Schatten unter einer Weinrebenpergola genossen.

Während eine Laube im klassischen Sinn als leichtes Gerüst völlig von Pflanzen überwachsen ist (z. B. Rosenlaube, Geißblattlaube), tritt bei der Pergola die Stützkonstruktion mehr in den Vordergrund und hat zusätzlich gestalterisches Gewicht.

Bei der Planung einer Pergola sollte man deshalb die Proportionen im Auge behalten. Eine sehr wuchtige Konstruktion mit kräftigen Holzbal-

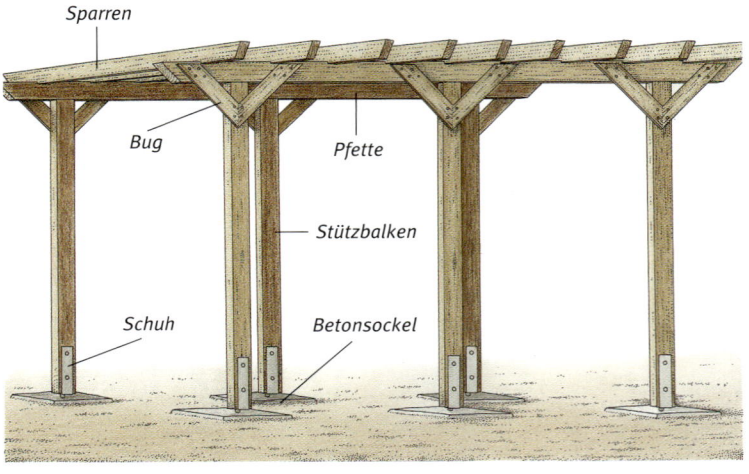

Bauteile einer Holzpergola

Für die Pergolabegrünung lassen sich auch Kiwipflanzen einsetzen.

ken wirkt im kleinen Garten schnell überladen, umgekehrt machen filigrane Gestelle über einer großen Terrasse vor einem massiven Haus wenig her. Pergolen gibt es in vielen Variationen, Abmessungen und unterschiedlichen Materialien in Baumärkten zu kaufen, meist aus kesseldruckimprägniertem Holz, aber z. B. auch aus weißem Metallgeflecht. Die Bausätze sind recht einfach zu errichten, geübte Heimwerker können freilich auch selbst die Einzelteile zusammenstellen und die Maße beliebig variieren. Für anspruchsvolle, maßgeschneiderte Konstruktionen wendet man sich am besten an eine Fachfirma, sofern man selbst nicht ausreichend handwerklich versiert ist. Eine Pergola bedarf in der Regel keiner baurechtlichen Genehmigung, je nach Platzierung sind jedoch ggf. → *Grenzabstände* zu beachten.

Übliche Höhen für eine Pergola liegen zwischen 2,1 und 2,5 m; Breite und Länge sind sehr variabel, ein gängiges Maß ist z. B. ca. 3 x 4 m. Besonders achten sollte man auf die Stärke der Stützbalken und die feste Verbindung von Pfetten und Sparren (vgl. Abbildung auf S. 648); denn die meisten Klettergehölze entwickeln mit den Jahren ein beachtliches Gewicht. Außerdem muss gewährleistet sein, dass die Stützbalken an der Basis nicht faulen. Eine häufige Lösung, dies zu verhindern: Die Balken kommen in einem so genannten Metallschuh zu stehen, der in einen wenigstens 80 cm tief reichenden Betonsockel einzementiert ist.

Bevorzugte Einsatzmöglichkeiten für eine Pergola sind die „luftige" Überbauung von Terrasse oder Sitzplatz. Sie kann aber auch nach dem Vorbild historischer Laubengänge den Garteneingang, einen Weg, ein Wasserbecken oder auch im Vorgarten den Hauseingang überspannen. Je nach vorgesehener Nutzung lässt sich durch Anbringen eines Glas- oder Plexiglasdachs der Schutz vor den Unbilden der Witterung wesentlich verbessern.

Unter Beachtung der jeweiligen Standortverhältnisse kommt für die Begrünung fast die ganze Palette der → *Klettergehölze* infrage. Wird Schatten unter einem dichten Laubdach gewünscht, bieten sich insbesondere Schlingknöterich und Pfeifenwinde an. Auch Glyzinen ergeben einen vergleichsweise dichten Bewuchs. Soll die Sonne mehr Zutritt haben, pflanzt man z. B. Hybridsorten der Waldrebe, Baumwürger, Kiwi oder regelmäßig geschnittene Geißblätter und Kletterrosen an.

Perianth
Fachsprachliche Bezeichnung für die Gesamtheit der Blütenhülle, die sich meist aus Kelch- und Kronblättern zusammensetzt.

Auch → *Blüte*

Perigon
Eine Blütenhülle, die aus einheitlich gestalteten Blättern besteht; die nicht grünen, sondern bunt gefärbten Kelchblätter lassen sich hier nicht von den Kronblättern unterscheiden. Solche gleichartigen Blütenblätter werden auch Tepalen genannt. Man findet sie z. B. bei Magnolien, Tulpen oder Lilien.

Perlite
Zerkleinertes vulkanisches Gestein, das durch starkes Erhitzen aufgeschäumt wird. Perlite ist sehr leicht und wird verdichteten Böden oder auch Topfsubstrat untergemischt, um sie luft- und wasserdurchlässiger zu machen.

Perlkörbchen
Andere Bezeichnung für das → *Perlpfötchen*

Perlmuttstrauch
Anderer Name für die → *Kolkwitzie*, die im Frühsommer überreich blüht.

Perlpfötchen
ANAPHALIS TRIPLINERVIS

Charakteristisch für diese Gattung, die zur Familie der Korbblütengewächse gehört, sind die perlmuttartig schimmernden, weißen Hochblätter an den Blütenkörbchen. Sie bleiben nach dem Verblühen noch lange erhalten, weshalb man sie gerne für Sträuße und Gestecke verwendet. Besondere Bedeutung als Trockenblume hat eine verwandte Art, die Silberimortelle (*A. margaritacea*), deren Blätter allseits hell graufilzig behaart sind. Im Garten breitet sie sich kriechend aus und lässt sich als Bodendecker für sonnige, trockene Plätze verwenden. Sie kommt in Nordostasien und Nordamerika vor, während die häufiger gepflanzte *A. triplinervis* im Himalaja beheimatet ist.

Permakultur

Perlpfötchen (Anaphalis triplinervis)

Merkmale: Staude, kompakter Wuchs, 20 – 40 cm hoch; breit lanzettliche Blätter, unterseits graufilzig; gelbe, durch die Hochblätter weiß wirkende Blütenkörbchen.
Blütezeit: Juli – September
Verwendung: In Gruppen auf Beeten und Rabatten, im Stein-, Heide- oder Naturgarten, als Rosenbegleiter; als Schnitt- und Trockenblume.
Standort: Vollsonnig, warm; gut durchlässiger, eher trockener, nährstoffarmer Boden, auch sandig oder steinig.
Pflanzen/Vermehren: Pflanzung im Herbst oder Frühjahr; Vermehrung durch Teilung oder Aussaat im Frühjahr, auch durch Stecklinge möglich.
Pflege: Anspruchslos; kann im Spätherbst zurückgeschnitten werden.

Permakultur

Die von australischen Ökologen und Landschaftsplanern entwickelte Permakultur erfreut sich unter naturnah orientierten Hobbygärtnern teils großer Beliebtheit. Es handelt sich dabei jedoch nicht um eine → *Anbauweise* im engeren Sinn, vielmehr um eine komplexe Form der ökologischen Garten- und Landschaftsgestaltung mit philosophischem Hintergrund. Angestrebt werden → *Ökosysteme,* die sich selbst erhalten und Erträge bei minimalem Pflegeaufwand liefern, wobei zugleich die natürlichen Ressourcen weitestgehend geschont werden sollen. Als Vorbilder dienen „werdende" Ökosysteme – besonders ein junger Wald –, die sich bereits selbst regulieren, aber noch beständig Zuwachs liefern.

In der Gartenpraxis finden sich viele Elemente des → *Bio-Anbaus,* z. B. Mulchen, Mischkultur und Bodenbearbeitung ohne Umgraben, sowie des → *Naturgartens,* etwa in Form der angestrebten Vielfalt. Das Schwergewicht liegt dabei aber auf Obst, Gemüse und Kräutern, wobei auch exotische Pflanzen keineswegs verpönt sind, solange sie ohne besonderen Energie- und Chemieeinsatz wachsen. Um das Prinzip des geringstmöglichen Aufwands umzusetzen, wird z. B. ein Gartengrundstück in verschiedene Zonen eingeteilt. Pflegeintensivere Pflanzen wachsen nur in Hausnähe, in der entferntesten Zone können sich z. B. Brombeeren oder Haselnusssträucher mitsamt benachbartem Wildwuchs entwickeln.

Perückenstrauch 'Royal Purple' (Cotinus coggygria)

Pernettya

Schattenverträglicher Kleinstrauch mit dekorativen weißen oder rosa Früchten
→ *Torfmyrte*

Perovskia

Aromatisch duftender, spät im Jahr blau blühender Halbstrauch
→ *Blauraute*

Perückenstrauch

COTINUS COGGYGRIA
☼ ☺

Seinen merkwürdigen Namen trägt dieser Strauch aus der Familie der Sumachgewächse wegen der rötlichen Fruchtstände, die im Sommer wie kleine Haarbüschel aussehen. Er ist von Südeuropa bis zum Himalaja verbreitet. Gern gepflanzt wird die Sorte 'Royal Purple', die vom Austrieb bis zum Herbst dunkel- bis schwarzrote Blätter hat.
Merkmale: Strauch, breit buschig, 3 – 5 m hoch und breit; Blätter oval, im Herbst prachtvoll gelborange bis scharlachrot verfärbt; Blüten unscheinbar, Fruchtstände mit langen Stielen und flaumigen Haaren; Flachwurzler.
Blütezeit: Juni – Juli
Verwendung: In Einzelstellung; benötigt viel Platz, nicht durch andere Sträucher einengen; passt gut zu Ziersträuchern wie Goldregen, Wolligem Schneeball und Kolkwitzie; schön vor dunkler Kulisse aus Koniferen.
Standort: Normaler Gartenboden, ideal sind trockene, kalkhaltige Böden; verträgt Stadtklima, rauchhart.
Pflanzen/Vermehren: Pflanzung im Herbst oder Frühjahr; Vermehrung durch Steckhölzer oder Absenker.
Pflege: Anspruchslos; kein Schnitt.

Pestizide

Anderer Ausdruck für → *Pflanzenschutzmittel* zum Abtöten von Schadorganismen

Pestwurz
PETASITES HYBRIDUS

Die heimische Gewöhnliche Pestwurz prägt mit ihren riesigen Blättern den sommerlichen Aspekt von feuchten Bachufern und Waldrändern. Im Frühling treibt das Korbblütengewächs zunächst nur seinen gestielten, kolbenförmigen Blütenstand aus, die Blätter erscheinen danach. Die Pflanze galt im Mittelalter als heilkräftig, sogar gegen die gefürchtete Pest; in der Tat enthält der Wurzelstock einen schmerzstillenden, schleimlösenden Wirkstoff. In größeren Mengen wirkt die auch in den Blättern enthaltene Substanz jedoch giftig.

Merkmale: Staude, dicht buschig, 50 – 100 cm hoch, bis 2 m breit; kräftiger, kriechender Wurzelstock; herzförmige Blätter bis 100 cm lang und 40 cm breit, unterseits weiß behaart; zahlreiche rosa Blütenköpfchen zu einem traubigen Blütenstand vereinigt, an rötlichen Stielen.
Blütezeit: März – Mai
Verwendung: Nur auf größeren Flächen am Teichrand, am feuchten Gehölzrand, auf naturnahen, feuchten Wiesen.
Standort: Bei genügend Luft- und Bodenfeuchte auch in der Sonne; tiefgründiger, humoser, feuchter Boden.
Pflanzen/Vermehren: Pflanzung im Herbst oder Frühjahr, mit wenigstens 50 cm Abstand zu Nachbarpflanzen; Vermehrung durch Teilung des Rhizoms im Frühjahr.
Pflege: Wuchernde Ausläufer bei Bedarf mit dem Spaten abstechen.
Hinweis: Eine weniger stark wuchernde Alternative ist die Duftende Pestwurz (*P. fragrans*) aus dem Mittelmeergebiet. Sie wächst nur etwa 1 m breit und entfaltet schon von Januar bis März nach Vanille duftende Blüten. In den ersten Jahren braucht die Art leichten Winterschutz; sie verträgt auch etwas trockeneren Boden.

Gewöhnliche Pestwurz (Petasites hybridus)

Petalen
Botanischer Fachausdruck für die Kronblätter der → *Blüte*

Petasites
Botanischer Gattungsname der → *Pestwurz*

Petersbart
Regional geläufiger Volksname für zwei durch silbrige Samenhaare gekennzeichnete Pflanzen unterschiedlicher Gattungen, nämlich → *Nelkenwurz* und → *Silberwurz*

Petersilie
PETROSELINUM CRISPUM

Die Petersilie aus der Familie der Doldenblütengewächse stammt wahrscheinlich aus dem Mittelmeergebiet, wird aber schon seit der Zeit von Karl dem Großen auch bei uns als Gewürzpflanze geschätzt. Den herbwürzigen Geschmack prägen verschiedene ätherische Öle. Weiterhin enthält die Petersilie reichlich Vitamin C und Mineralstoffe. Im Mittelalter wurden Blätter wie Wurzel auch als Heilmittel verwendet.

Man unterscheidet die Blattpetersilie, die nur dünne Wurzeln treibt, und die Wurzel- oder Knollenpetersilie (var. *tuberosum*) mit dicken, fleischigen Wurzeln, die sich ähnlich wie Sellerie nutzen lassen, z. B. für Gemüseeintöpfe und -suppen. Auch von der Wurzelpetersilie kann man die Blätter verwenden. Bei der Blattpetersilie gibt es kraus- und glattblättrige Sorten, wobei letztere aromatischer sind. Die Blätter werden stets frisch und roh verwendet, Mitkochen führt zu hohen Aroma- wie Vitaminverlusten. Petersilie sollte nicht neben Salat stehen; dagegen sind Tomaten, Rettiche, Radieschen, Zwiebeln und Porree gute Partner. Die Aussaat sollte frühestens alle 3 Jahre wieder an derselben Stelle erfolgen, da die Petersilie selbstunverträglich ist.

Klassisches Würzkraut: die Petersilie

Merkmale: Zweijährige Würzpflanze, einjährig kultiviert, 15 – 20 cm hoch; gefiederte Blätter, sortenabhängig glatt oder gekräuselt; Wurzelpetersilie mit kräftiger, fleischiger, heller Wurzel; spätestens bei Erscheinen der grünlich gelben Doldenblüten (im Jahr nach der Aussaat) nicht mehr verwendbar.
Standort: Durchlässiger, humoser, nährstoffreicher, frischer bis feuchter Boden.
Kultur: Aussaat ab Mitte März bis Ende Juli direkt aufs Beet, anfangs auch ins Frühbeet, Reihenabstand von

20 – 25 cm; Langsamkeimer, Radieschen oder Kresse als Markiersaat zugeben; Saat ständig gut feucht halten; Wurzelpetersilie nach Entwicklung der Sämlinge auf 12 – 15 cm Abstand vereinzeln.
Pflege: Feucht, aber nicht nass halten; regelmäßig hacken; am besten nur organisch bzw. mit reifem Kompost düngen; Spätsaaten bei Frost abdecken.
Ernte: Frische Blätter fortlaufend ernten, bei Spätsaaten bis in den Winter hinein; Wurzelpetersilie erst im Spätherbst ausgraben.
Hinweis: Man kann die Pflanzen auch im Spätherbst ausgraben und nach Rückschnitt des Krauts in Töpfe pflanzen; bei heller, warmer Aufstellung im Haus treiben während des Winters neue Blätter.

Petroselinum
Botanischer Gattungsname der als Würzpflanze bekannten → *Petersilie*

Petunia
Botanischer Gattungsname der beliebten Petunien
→ *Balkonbepflanzung*

Petunie
Äußerst formen- und sortenreiche Gattung lang blühender, oft hängewüchsiger Sommerblumen für die
→ *Balkonbepflanzung*

Pfaffenhütchen
EUONYMUS EUROPAEUS

Der Gattungsname steht für eine Gruppe von Gehölzen, die zur Familie der Spindelbaumgewächse gehören. Während die ostasiatischen Arten mit zierenden Blättern unter dem Namen → *Spindelstrauch* geführt werden, ist der heimische *E. europaeus* nach seinen auffälligen Früchten benannt: Die Kapselfrüchte erinnern nach dem Aufspringen an eine früher verbreitete Kopfbedeckung katholischer Pfarrer. Noch eindrucksvoller sind die attraktiven Pfaffenhütchen beim Großfrüchtigen oder Flachstieligen Pfaffenhütchen (*E. planipes*) ausgebildet. Sie stehen an langen Stielen, bei Reife hängen die Samen an Fäden aus den Kapseln heraus. Sonst ist diese in Japan und Korea heimische Art dem heimischen Pfaffenhütchen ähnlich, auch was die Anspruchslosigkeit betrifft. Das Wuchsbild präsentiert sich allerdings etwas harmonischer und geschlossener als bei der heimischen Art. Bei beiden Arten sind Früchte und Samen sowie alle anderen Pflanzenteile stark giftig.
Merkmale: Strauch oder kleiner Baum, reich verzweigt, sparrig wachsend, 1,5 – 3 m hoch, bis 2,5 m breit, selten größer; eiförmige bis lanzettliche, am Rand gesägte Blätter, attraktive orangefarbene bis scharlachrote Herbstfärbung; Blüten unscheinbar, gelbgrün; ab August karminrote, vierlappige Früchte, die bei Reife die Samen mit dem orangefarbenem Mantel freigeben.
Blütezeit: Mai – Juni
Verwendung: Für naturnahe Hecken und Gehölzgruppen.

Standort: In der Sonne mehr Fruchtansatz und intensivere Herbstfärbung als im Halbschatten; geringe Bodenansprüche, bevorzugt tiefgründigen, kalkhaltigen Untergrund, verträgt Stadtklima und Abgase.
Pflanzen/Vermehren: Pflanzung im Herbst oder Frühjahr; Vermehrung durch Absenker oder Steckhölzer aus grünem Holz.

Pfählen
Bezeichnung für das Anbringen eines starken Stützpfahls bei der → *Gehölzpflanzung*

Pfahlrohr
ARUNDO DONAX

Obwohl bei uns die rötlichen Blütenstände dieses südosteuropäischen Grases ausbleiben, handelt es sich um ein ausgesprochen dekoratives, eindrucksvolles Blattschmuckgewächs. Als größte europäische Grasart verlangt es allerdings reichlich Platz. Hoch sind auch die Ansprüche an Bodenfeuchtigkeit und Wärme. In Regionen mit häufigen, starken Frösten kann es trotz Schutzabdeckung zu Ausfällen kommen. Im Zweifelfall

Pfaffenhütchen (Euonymus europaeus)

Pfahlrohr (Arundo donax)

zieht man das Pfahlrohr besser im geschützt zu überwinternden Kübel. Dafür eignen sich besonders die etwas zierlicheren weiß gestreiften Sorten wie 'Versicolor' oder 'Variegata', die allerdings auch besonders frostempfindlich sind.

Merkmale: Ausdauerndes, Horste bildendes Gras mit kriechendem Wurzelstock (Rhizom), 1 – 4 m hoch, bis 1,5 m breit; kräftige Halme mit bis 70 cm langen, schmal lanzettlichen, graugrünen Blättern, die locker überhängen.

Blütezeit: Entfällt in Mitteleuropa ganz.

Verwendung: In Einzelstellung an großen Teichen, auf großen, bodenfeuchten Rabatten; im Kübel auf der Terrasse.

Standort: Möglichst warm und geschützt; nährstoffreicher, gut durchlässiger sowie frischer bis feuchter Boden.

Pflanzen/Vermehren: Pflanzung vorzugsweise im Frühjahr mit wenigstens 1 m Abstand zu den Nachbarpflanzen; Vermehrung durch Teilung im Frühjahr oder Abtrennen eines Rhizomstücks.

Pflege: Bei Trockenheit gründlich gießen; gelegentlich mit Kompost versorgen; Halme vor dem Winter zusammenbinden und in rauen Lagen mit Stroh- oder Schilfmatten bzw. durch Einpacken mit Reisig und trockenem Laub schützen; kann im Frühjahr handbreit über dem Boden zurückgeschnitten werden.

Pfahlwurzel

Kräftige Hauptwurzel einer Pflanze, die senkrecht nach unten in den Boden einwächst; typische Wurzelform der → *zweikeimblättrigen Pflanzen*, die sich aus der Keimwurzel entwickelt. An der Pfahlwurzel können sich Seitenwurzeln und weitere Verzweigungen ausbilden.

→ *Wurzelsystem*

Pfauenradfarn

Anderer Name für den Hufeisenfarn (→ *Frauenhaarfarn*), dessen Wedel fächerartig auseinander streben.

Pfefferkraut

Mit diesem Namen kann sowohl das → *Bohnenkraut* als auch die → *Kresse* gemeint sein.

Pfefferminze

MENTHA x PIPERITA

Während viele Hybriden bewusst von Züchtern geschaffen wurden, entstand dieser Artbastard zufällig aus in Europa vorkommenden Wildarten. Beteiligt waren die Ährige Minze (*M. spicata*) sowie die → *Wasserminze*, die sich als Sumpfstaude verwenden lässt. Nachgewiesen ist die Pfefferminze seit Ende des 17. Jahrhunderts in England, wo man auch die meisten Rezepte mit Pfefferminze kennt. Die ätherischen Öle dieses Lippenblütlers, unter denen das bekannte Menthol dominiert, werden seit jeher in der Heilkunde verwendet und dienen zur Bereitung von Tee, der gekühlt auch als Erfrischungsgetränk mundet. Die Verwendung als Würze zu Salaten, Gemüsen, Fleischgerichten und Milchprodukten ist besonders in der südosteuropäischen und orientalischen Küche verbreitet.

Neben der bewährten Hybride werden teils auch Arten wie die genannte Ährige Minze – auch als Spearmintminze für Kaugummis bekannt – oder die Rundblättrige Minze (*M. x rotundifolia*) angeboten. Bei ihnen sind die Inhaltsstoffe nicht ganz so stark konzentriert; dies kann bei häufigem Gebrauch, z. B. für Tees, Vorteile haben, da Menthol in größeren Mengen nicht für jeden verträglich ist.

Die Pfefferminze vermag mit ihrem intensiven Geruch so manche Schädlinge zu vertreiben, z. B. beim Kohl. Durch ihr Wuchern ist sie allerdings ein etwas problematischer Mischkulturpartner.

Merkmale: Ausdauernde Gewürzpflanze, buschig, 50 – 80 cm hoch, wuchert mit langen unterirdischen Ausläufern; kantige Stängel mit länglich eiförmigen, dunkelgrünen Blättern, bei der Sorte 'Mitcham' auch rötlich; rosaviolette Lippenblüten in ährenartigen Blütenständen.

Blütezeit: Juni – August

Standort: Humoser, lockerer, frischer bis feuchter Boden.

Pflanzen/Vermehren: Gekaufte Pflanzen oder abgetrennte Ausläufer im Frühjahr flach auspflanzen, ca. 30 cm Abstand; am besten in größeren Topf ohne Boden pflanzen, der in der Erde versenkt wird, um das Wuchern einzudämmen; Vermehrung anderer Arten auch durch Aussaat möglich.

Pflege: Bei anhaltender Trockenheit gießen; durch Abstechen der Ausläufer im Zaum halten; in sehr strengen Wintern durch Reisigabdeckung schützen; kann ganz radikal zurückgeschnitten werden, z. B. bei Befall mit Pfefferminzrost.

Ernte: Blätter fortlaufend nach Bedarf pflücken, zum Trocknen kurz vor der Blüte schneiden.

Die Pfefferminze ist eine altbewährte Heilpflanze.

Pfeffingerkrankheit

Viruskrankheit, die an Süßkirschen, als Ringfleckenvirus auch an Himbeeren auftreten kann.
→ *Kirschenkrankheiten,* → *Himbeerkrankheiten*

Pfeifenblume

Anderer Name für die → *Pfeifenwinde,* ein Klettergehölz

Pfeifengras

MOLINIA CAERULEA
☼–◐ ☺

Das ausdauernde Pfeifengras kommt in ganz Europa und Teilen Asiens vor. Am natürlichen Standort bevorzugt es die sauren Böden von Mooren und Heiden, das attraktive Gras gedeiht aber auch in normalen Gartenböden. Aus den dünnen, aber kräftigen Halmen fertigte man früher Besen, deshalb heißt das Gras auch Beseried.
Merkmale: Ausdauerndes Gras mit dichten, kompakten Horsten, mit Blüten bis 100 cm hoch, sonst 30 – 60 cm; schmale bläulich grüne Blätter, rötliche Herbstfärbung; Blüten in meist schmalen, purpurnen Ähren an langen, drahtigen Halmen.
Blütezeit: Juli – September
Verwendung: Einzeln oder in kleinen Gruppen für Staudenbeete, Heidegärten, naturnahe Pflanzungen, im Teichumfeld.
Standort: Jeder normale Gartenboden, mäßig trocken bis feucht.
Pflanzen/Vermehren: Pflanzung im Herbst oder Frühjahr; Vermehrung durch Teilung im Frühjahr oder Frühherbst.
Hinweis: Die Sorte 'Moorhexe' wird nur 90 cm hoch; 'Variegata' hat weiß panaschierte Blätter und dunkelbraune Ährchen. Wo genügend Platz ist, kann auch das Riesenpfeifengras (*M. arundinacea*) seine Zierwirkung entfalten; das bis 80 cm hohe, zur Blütezeit bis 250 cm aufragende Gras färbt sich im Herbst auffällig gelb.

Pfeifengras (Molinia caerulea)

Pfeifenstrauch

PHILADELPHUS

Der Pfeifenstrauch, auch Falscher oder Sommerjasmin genannt, zählt zu den beliebtesten Gartensträuchern. Das verwundert nicht, denn die Arten und Sorten dieses Steinbrechgewächses haben einen ansprechenden Wuchs und hübsche Blüten zu bieten, werden nicht allzu groß und sind ausgesprochen anspruchslos.

Der von Südeuropa bis zum Kaukasus verbreitete Gewöhnliche Pfeifenstrauch wird schon seit dem 16. Jahrhundert in Mitteleuropa kultiviert. Durch Kreuzungen mit anderen, oft nordamerikanischen Arten entstanden über die Jahrhunderte hinweg zahlreiche Hybriden, so etwa die Virginal-Hybriden (*P.* x *virginalis*) mit gefüllten, duftenden Blüten.

Bei vielen Hybriden, die der Handel heutzutage anbietet, lassen sich jedoch die Eltern nicht mehr bestimmen, sie werden schlicht als Pfeifenstrauch bzw. *Philadelphus*-Hybriden geführt und unterscheiden sich vor allem durch Größe und Art der Blüte, wobei nicht alle mit dem angenehmen Duft aufwarten können. Letzteres gilt auch für den besonders reich- und großblütigen Duftlosen Pfeifenstrauch (*P. inodorus* var. *grandiflorus*) aus Nordamerika.

Pfeifenstrauch (Philadelphus-Hybride)

Gewöhnlicher Pfeifenstrauch
PHILADELPHUS CORONARIUS
☼–◐ ☺

Auch als Bauernjasmin bekannt.
Merkmale: Strauch, steif aufrecht, ältere Zweige überhängend, 1 – 3 m hoch und breit; spitz eiförmige, gezähnte Blätter; rahmweiße Blüten in Trauben, meist einfach, bei Sorten auch gefüllt, stark duftend.
Blütezeit: Mai – Juni
Verwendung: Im Einzelstand oder in Blütenhecken, sehr schön mit Weigelien, Flieder oder Rosen.
Standort: Jeder normale Gartenboden; rauchhart, verträgt Stadtklima.
Pflanzen/Vermehren: Pflanzung in Herbst oder Frühjahr; Vermehrung durch Stecklinge oder Steckhölzer.
Pflege: Alle 2 bis 3 Jahre nach der Blüte auslichten, alte und störende Zweige bodennah herausschneiden, schwache Triebe um etwa ein Drittel zurückschneiden.

Pfeifenstrauch, Gartenjasmin
PHILADELPHUS-HYBRIDEN
☼–◐ ☺

Merkmale: Strauch, straff aufrecht, leicht überhängende Zweige, je nach Sorte 1 – 3 m hoch und maximal 2 m

breit; eiförmige Blätter; Blüten stets weiß, bis 5 cm Ø, einfach, halb gefüllt oder gefüllt, meist duftend.
Blütezeit: Mai – Juni
Verwendung: Wie Gewöhnlicher Pfeifenstrauch, eignen sich mit der Blütenfülle noch mehr für die Solitärpflanzung.
Standort: Wie Gewöhnlicher Pfeifenstrauch.
Pflanzen/Vermehren: Wie Gewöhnlicher Pfeifenstrauch.
Pflege: Wie Gewöhnlicher Pfeifenstrauch.

Pfeifenwinde
ARISTOLOCHIA MACROPHYLLA

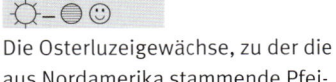

Die Osterluzeigewächse, zu der die aus Nordamerika stammende Pfeifenwinde zählt, bilden charakteristische Blüten aus, die an die Form einer Tabakspfeife erinnern. Ihr für uns unangenehmer Duft lockt Insekten an, die für die Bestäubung kurzzeitig in dieser „Kesselfalle" gefangen bleiben. Ansonsten fallen die Blüten kaum auf, da sie weitgehend vom dichten Blattwerk der anfangs recht langsam wachsenden Kletterpflanzen verdeckt sind.

Merkmale: Schlingstrauch, linkswindend – also gegen den Uhrzeigersinn, 4 – 10 m hoch; lang gestielte herzförmige Blätter, 10 – 30 cm lang und breit, die sich dachziegelartig überlappen, im Herbst lange haftend; gelbgrüne, aufwärts gekrümmte Blüten mit rotbraunem Saum, bis 8 cm lang.
Blütezeit: Juli – August

Pfeifenwinde (Aristolochia macrophylla)

Verwendung: Zur Begrünung von Pergolen und Lauben, mit Kletterhilfe auch für die Fassadenbegrünung.
Standort: Jeder normale, nicht zu trockene Gartenboden; bei sonnigem Stand bevorzugt auf frischen bis feuchten Böden.
Pflanzen/Vermehren: Pflanzung im Herbst oder Frühjahr; Vermehrung durch Absenker oder grüne Stecklinge im Sommer; auch Aussaat ist möglich.
Pflege: Bei anhaltender Trockenheit kräftig gießen; jährliche Kompostgaben im Frühjahr; junge Pflanzen mit leichtem Winterschutz versehen; Schnitt üblicherweise nicht erforderlich, aber möglich.

Pfeilbambus
Breit buschiger → *Bambus* mit großen, ledrig glänzenden Blättern

Pfeilginster
Anderer Name für den → *Flügelginster,* dessen Zweige breite, beidseitige Flügel tragen.

Pfeilkraut
SAGITTARIA

Die rund 20 Arten dieses Froschlöffelgewächses sind durchweg an ein Leben an oder im Flachwasser angepasst. Im Garten gedeihen sie an Teichen, wo sie mit ihren dekorativen Blättern und den hübschen Blüten für Abwechslung in der Sumpf- und Flachwasserzone sorgen. Das Gewöhnliche, Schmale oder Spitze Pfeilkraut ist eine heimische Pflanze, die durch die Reduzierung ihrer natürlichen Lebensräume im Bestand bedroht ist. Ihre Ausläufer „wandern" in tieferes Wasser, so dass die Blätter schließlich auf der Wasseroberfläche schwimmen. Wie alle Pfeilkrautarten bildet sie je nach Wasserstand unterschiedlich geformte Blätter aus. Das Breitblättrige Pfeilkraut stammt aus Nordamerika, konnte in Europa aber verwildern und ist z. B. im Oberrheingebiet verbreitet. Zuweilen werden in Wasserpflanzengärtnereien weitere Arten angeboten, die vorwiegend in Nord- oder Südamerika beheimatet sind.

Gewöhnliches Pfeilkraut (Sagittaria sagittifolia)

Gewöhnliches Pfeilkraut
SAGITTARIA SAGITTIFOLIA

Merkmale: Staude, 30 – 70 cm hoch; lange Ausläufer mit Überwinterungsknollen am Ende; über Wasser lang gestielte, schmal pfeilförmige Blätter, spatelförmige Schwimmblätter; weiße Blüten, teils mit rotem Innenfleck und mit purpurnen Staubgefäßen, etwa 2,5 cm Ø, in Trauben.
Blütezeit: Juni – Juli
Verwendung: Für die Flachwasser- und Sumpfzone von Gartenteichen und langsam fließenden Bachläufen.
Standort: In der Sonne reicher blühend; Sumpfboden, Wassertiefe 10 – 30 cm.
Pflanzen/Vermehren: Pflanzung im Frühjahr, zur Wuchsbegrenzung ggf. in Container; Vermehrung durch Teilung des Wurzelstocks im Frühjahr oder Herbst.
Pflege: Wuchernde Triebe herausziehen und abtrennen.

PFENNIGKRAUT

Breitblättriges Pfeilkraut
SAGITTARIA LATIFOLIA

Merkmale: Staude, 30 – 50 cm hoch; lange Ausläufer mit Überwinterungsknollen; über Wasser lang gestielte, breit oder schmal pfeilförmige Blätter, untere Blätter oft nierenförmig; weiße Blüten mit gelben Staubgefäßen, 3 – 4 cm Ø, in Trauben.
Blütezeit: Juni – Juli
Verwendung: Wie Gewöhnliches Pfeilkraut.
Standort: Wie Gewöhnliches Pfeilkraut.
Pflanzen/Vermehren: Wie Gewöhnliches Pfeilkraut.
Pflege: Wie Gewöhnliches Pfeilkraut.

Pfennigkraut
Bodendeckerstaude mit gelben Blüten für feuchte, sonnige bis schattige Plätze
→ *Felberich*

Pferdemist
→ *Mist* mit starker Wärmeentwicklung beim Verrotten, der zum „Heizen" von Mistbeeten (→ *Frühbeet*) genutzt werden kann.

Pfingstnelke
Ausdauernde, Polster bildende
→ *Nelke* mit rosa bis roten Blüten

Pfingstrose
PAEONIA
Die ca. 35 Arten der Gattung gehören einer eigenen Familie, den Pfingstrosengewächsen, an und kommen wild von Europa bis Ostasien und in Nordamerika vor. Im Garten werden sowohl Stauden- wie Gehölz-(Strauch-)päonien angepflanzt. Charakteristisch für alle Arten und Sorten sind die großen, rosenartigen Blüten und geteilten Blätter. Von den häufig gepflanzten Arten und Hybriden gibt es jeweils unzählige Sorten. Pfingstrosen erreichen ihre volle Schönheit erst nach mehreren Jahren, dafür sind sie auch als Stauden sehr langlebig. Sie sollten sich nach dem Pflanzen möglichst ungestört entwickeln können und nicht mehr umgesetzt werden. Alle Pfingstrosen enthalten Giftstoffe, die früher in schwacher Dosierung teils als Arzneimittel genutzt wurden.

So war auch die Bauernpfingstrose fast untrennbar mit den klassischen Bauerngärten verbunden, seinerzeit nicht nur Zier-, sondern auch Heilpflanze. Sie ist ursprünglich im südlichen Alpengebiet bis zum Westbalkan verbreitet und steht an ihren Wildstandorten unter Naturschutz.

Aus Ostasien dagegen stammen die Edelpfingstrosen, die in China schon vor über 1000 Jahren gezüchtet wurden und erst im 19. Jahrhundert nach Europa gelangten. Heute gehören sie mit ihren prachtvollen Blüten zu den wichtigsten Stauden des frühsommerlichen Gartenschauspiels. Die Geschichte der Strauchpäonien beginnt ebenfalls in China, wo sie zuerst kultiviert wurden, viele alte Züchtungen stammen aber auch aus Japan.

Pfingstrose (Paeonia lactiflora 'Bowl of Beauty')

Edelpfingstrose
PAEONIA LACTIFLORA UND HYBRIDEN

Merkmale: Staude, buschig, je nach Sorte 50 – 110 cm hoch; Blätter doppelt dreizählig gefiedert, manche Sorten mit roter Herbstfärbung; Blüten mit über 10 cm Ø, weiß, rosa oder in Rottönen, mit auffälligen gelben Staubgefäße, einfach bis gefüllt, nur bei manchen Sorten duftend.
Blütezeit: Mai – Juni
Verwendung: Einzeln oder in kleinen Gruppen auf Beeten und Rabatten, vor Gehölzen, im Bauerngarten; als Schnittblume.
Standort: Durchlässiger, humoser, nährstoffreicher, frischer Boden, eher neutral bis leicht sauer, keinesfalls verdichteter Boden; vor dem Pflanzen ausreichend mit Kompost oder anderem organischem Langzeitdünger versorgen.
Pflanzen/Vermehren: Pflanzung am besten im Frühherbst, etwa 50 cm Pflanzabstand; Vermehrung durch Teilung im Frühherbst (Teilstücke mit

Bauernpfingstrose (Paeonia officinalis)

mindestens drei Triebknospen) oder Wurzelschnittlinge im Winter.
Pflege: Vor allem bei Frühjahrs- und Frühsommertrockenheit gießen; im Frühjahr Kompost oder organischen Dünger geben, wenn nötig, im Sommer nachdüngen; Verblühtes abschneiden; hohe Sorten stützen; junge Pflanzen über Winter mit Reisigabdeckung schützen.

Bauernpfingstrose
PAEONIA OFFICINALIS

Merkmale: Staude, buschig wachsend, 40 – 100 cm hoch; knollig verdickter Wurzelstock; ledrige, doppelt dreizählig gefiederte Blätter; Blüten mit 10 – 13 cm Ø, einfach bis gefüllt, weiß oder in verschiedenen Rottönen, mit gelben Staubgefäße, duftend.
Blütezeit: Mai – Juni (etwa zwei Wochen früher als die Edelpfingstrosen)
Verwendung: Wie Edelpfingstrose.
Standort: Wie Edelpfingstrose; verträgt auch kalkhaltigen Boden, tiefgründig.
Pflanzen/Vermehren: Wie Edelpfingstrose.
Pflege: Wie Edelpfingstrose.

Hinweis: Die im Kaukasus beheimatete Netzblattpfingstrose (*P. tenuifolia*) hat fein zerschlitzte Blätter, wird 50 – 70 cm hoch und bringt ähnliche Blüten in verschiedenen Rottönen hervor.

Strauchpäonie
PAEONIA-SUFFRUTICOSA-GRP.

Merkmale: Strauch, aufrecht, wenig verzweigt, 0,8 – 1 m hoch, seltener 2 m, und ebenso breit; Blätter doppelt dreizählig gefiedert; Blüten mit 10 – 25 cm Ø, weiß, rosa, in Rottönen oder violett, selten auch gelb, manche Sorten duftend.
Blütezeit: Mai – Juni
Verwendung: Wie Bauernpfingstrose.
Standort: Wie Edelpfingstrose, möglichst etwas geschützt.
Pflanzen/Vermehren: Pflanzung im zeitigen Frühjahr oder Herbst (Veredlungsstelle muss etwa 10 cm unter der Erde liegen); die Hybriden können nur durch Veredlung vermehrt werden.
Pflege: Winterschutz durch Kompost- oder Laubschicht im Wurzelbereich und Reisig; keine tiefe Bodenbearbeitung, da flach verlaufende Wurzeln; kein Schnitt (bis auf erfrorene Triebspitzen).
Hinweis: Die Blüten der japanischen Sorten wirken zierlicher als die der europäischen Sorten, die häufig große, gefüllte Blüten besitzen.

Strauchpfingstrose (Paeonia-Suffruticosa-Hybride)

PFIRSICH

Pfirsich
PRUNUS PERSICA

Das Rosengewächs stammt ursprünglich aus China, gelangte während der Antike über Persien nach Griechenland und Rom, von dort schließlich in unsere Breiten. Im mitteleuropäischen Klima ist der Pfirsichbaum jedoch etwas heikel: Die schon ab März erscheinenden Blüten sind durch Spätfröste gefährdet, und auch der Baum selbst braucht einen warmen, geschützten Platz. Am besten gedeiht er in Regionen, in denen Weinbau betrieben wird. Häufig zieht man ihn als Spalierobst an einer warmen, sonnigen Wand.

Ansonsten bieten Baumschulen Pfirsiche als Buschbäume, Nieder- oder Halbstämme an. Sie werden meist mit Hohlkrone, d. h. ohne Mittelast, gezogen. Veredlungen auf Pfirsichsämlingen eignen sich für eher leichte, trockene Böden, während man auf schweren, etwas feuchteren Böden Pflaumenunterlagen (z. B. 'St. Julien', 'Brompton') bevorzugt.

Fast alle Sorten sind selbstfruchtbar, man braucht daher in der Regel keinen Bestäubungspartner. Nach der Erntereife unterteilt man in frühe, mittelfrühe und späte Sorten, wobei die bereits im Juli reifenden Sorten aufgrund der zeitigen Blüte am empfindlichsten sind (vgl. auch „Hinweis"). Des Weiteren kann man weiß-, gelb- und rotfleischige Sorten unterscheiden; im Hausgarten haben die relativ robusten weißfleischigen Sorten die größte Bedeutung. Die bekannteste rotfleischige Sorte ist der 'Rote Weinbergspfirsich', eine alte, in Weinbauregionen landschaftstypische Sorte, die heute wieder vermehrt angepflanzt wird. In den Regionen, in denen die Kräuselkrankheit (→ *Pfirsichkrankheiten*) häufig auftritt, sollte man nach gering anfälligen Sorten fragen.

Pfirsichkrankheiten

Die noch süßeren Früchte der **Nektarinen** (*P. persica* var. *nucipersica*), haben eine glatte Fruchtschale; die Bäume behandelt man wie Pfirsiche.
Merkmale: Baum mit oft ausladender, flacher Krone, je nach Unterlage, Sorte und Erziehung 2 – 6 m hoch (Halbstämme), 2 – 4 m breit; breit lanzettliche, scharf gesägte Blätter; hellrosa bis rotviolette Blüten, vor oder mit dem Laubaustrieb; 5 – 7 cm dicke, gelbrote Früchte mit leicht lösendem Stein, behaart (Pfirsiche) oder unbehaart (Nektarinen).
Blütezeit: März – April
Standort: Möglichst vollsonniger, warmer, geschützter Platz; durchlässiger, humoser, nährstoffreicher, nicht zu schwerer Boden, weder stark kalkhaltig noch staunass.
Pflanzen/Vermehren: Pflanzung im Frühjahr mit 3 – 5 m Abstand, je Baumform; Vermehrung nur durch Veredlung.
Pflege: Eventuell Mulchschichten zu Beginn der Blütezeit entfernen; nach der Blüte Ausbringen von Mulch sowie Kompost auf die Baumscheibe günstig, ebenso im Herbst, auch als Winterschutz; zur Blüte- und Fruchtzeit bei Trockenheit reichlich gießen; weißer Stammanstrich vor dem Winter empfehlenswert.

Zum grundsätzlichen Schneiden → *Obstbaumschnitt*; Pfirsiche brauchen regelmäßig einen kräftigen Schnitt, damit sich jährlich fruchttragende Langtriebe bilden. Bei den Langtrieben muss man drei Arten unterscheiden:

■ Wahre Fruchttriebe mit gemischten Knospen, d. h. sowohl Blütenknospen (rundlich) wie Blattknospen (spitz); oft stehen zwei Blütenknospen und eine Blattknospe beieinander.

■ Falsche Fruchttriebe mit ausschließlich rundlichen Blütenknospen; ihnen fehlen die Blätter, die später zur Ernährung der Früchte nötig sind.

■ Holztriebe mit spitzen Knospen, die nur Blätter hervorbringen.

Die wahren Fruchttriebe kürzt man im Frühjahr etwa um die Hälfte ein; die meist dünneren falschen Fruchttriebe werden auf 1 bis 2 Knospen, die Holztriebe auf 2 bis 3 Knospen eingekürzt. Günstig ist es, wenn man Holz- und wahre Fruchttriebe bereits im August zuvor entspitzt.

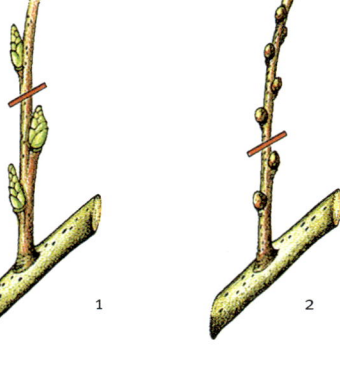

Triebarten des Pfirsichs:
1) Holztrieb, 2) falscher Fruchttrieb, 3) wahrer Fruchttrieb

Ernte: Je nach Sorte ab Juni bis Oktober; vollreif ernten, mehrmals durchpflücken.
Hinweis: Bewährte Sorten (Auswahl): 'Roter Ellerstädter' (Reife im September), 'Früher Roter Ingelheimer' (Reife im Juli), 'Halehaven' (Reife August/September), 'Nektarose' (Nektarine, Reife Ende August).

Pfirsichkrankheiten

Wie viele andere Pflanzen wird auch der Pfirsich gelegentlich von Echtem → *Mehltau* befallen. Ansonsten kann die ganze Palette an Krankheiten auftreten, die bei Steinobst verbreitet ist: Valsakrankheit (→ *Kirschenkrankheiten*), vor allem auf ungünstigen, schweren Böden der → *Gummifluss*, zuweilen die → *Verticillium-Welke* und zum Glück sehr selten die → *Monilia* sowie die meldepflichtige Scharkakrankheit. Bei dieser Viruserkrankung, die nicht bekämpft werden kann, zeigen die Früchte rötlich verfärbtes Fleisch und eine zerfurchte Oberfläche, während auf den Blättern im Sommer helle Ringe und an der Rinde Risse auftreten (auch → *Pflaumenkrankheiten*).

Am häufigsten bereitet jedoch die Kräuselkrankheit Probleme, außerdem die Schrotschusskrankheit (→ *Kirschenkrankheiten*). Diese ist an Pfirsichen gefährlicher als an Kirschen, da sie hier verstärkt das Holz

Der Pfirsichbaum ist eine der anspruchsvollsten Obstarten.

Kräuselkrankheit an Pfirsichblatt

Pfirsichblattläuse, unterstützt von Ameisen

angreift (dunkle Rindenflecken mit Gummifluss, krebsartige Wucherungen an Trieben) und sollte sorgfältig bekämpft werden.

Kräuselkrankheit
Sie wird durch einen Pilz (*Taphrina deformans*) hervorgerufen, der auf Trieben und an Knospenschuppen überwintert und die Blätter kurz nach dem Austrieb befällt. Bei nassem Frühjahrswetter findet der Pilz optimale Infektionsbedingungen. Im Frühsommer verbreitet er sich durch auf den Blättern gebildete Pilzsporen weiter. Die gelbfleischigen Pfirsichsorten gelten als besonders anfällig. Bei häufigem, starkem Befall können die Bäume ganz absterben.
Schadbild: Kräuselung der Blätter bald nach dem Austrieb; Befallsstellen verfärben sich rot oder gelb oder weisen beulenartige Schwellungen auf; schließlich weißer, samtiger Überzug auf den Blättern; bei starkem Befall verliert der Baum Blätter und Früchte.
Abhilfe: Vorbeugend gering empfindliche Sorten verwenden; auf ausgewogene Düngung achten. Bei Befall frühzeitig betroffene Triebspitzen und -partien wegschneiden. Tritt der Pilz häufig auf, ist besonders bei feuchtem Frühjahrswetter eine zweimalige Fungizidbehandlung ab dem Knospenschwellen ratsam.

Pfirsichschädlinge
Nach ihrem Winterwirt, dem Pfirsichbaum, ist die Grüne Pfirsichblattlaus benannt. Beim Pfirsich schädigt sie vor allem den Austrieb. Sie saugt ebenso wie einige andere Arten, z. B. die Schwarzgefleckte Pfirsichblattlaus oder die Mehlige Pflaumenlaus, nicht nur Pflanzensäfte, was sich in verkrümmten, gekräuselten Blättern äußert; vor allem kann sie auch durch Virusübertragung gefährlich werden; Weiteres → *Blattlaus*.

Die Napfschildlaus (→ *Schildlaus*) befällt meist nur geschwächte Bäume und ist an napfartigen Schildchen sowie Honigtau zu erkennen.

Des Weiteren treten an Pfirsichen verschiedene Schmetterlinge auf, deren Raupen Fraßschäden anrichten. Die häufigsten sind → *Frostspanner* sowie Apfel- und Schalenwickler (→ *Apfelschädlinge*). Selten tritt der Rindenwickler auf, der aber verheerende Schäden verursachen kann.

Rindenwickler
Besonders an jungen Pfirsichbäumen, gelegentlich auch an anderen Obstarten, kommt es manchmal zum Befall mit diesem Schädling, dessen ca. 2 cm langen, feuerroten Raupen den ganzen Stamm zum Absterben bringen können. Sie fressen in der Nähe von Wunden oder krebsartigen Wucherungen und verhindern die Heilung.
Schadbild: Auftreten der roten Raupen bzw. ihrer hellgelben bis bräunlichen Kotsäckchen an Wundpartien und Überwallungsringen an der Rinde; häufig starker Gummifluss (Austritt harziger Flüssigkeit)
Abhilfe: Wunden am Stamm sauber ausschneiden und mit Wundmittel versiegeln; notfalls im Sommer Mineralölpräparate einsetzen.

Pfitzerwacholder
Dicht buschige, breit ausladende, robuste → *Wacholder* der 'Pfitzeriana'-Sortengruppe

Pflanzabstand
Auch als Pflanzenabstand oder Pflanzweite bezeichnet. Damit sich eine Pflanze optimal entwickeln kann, braucht sie genügend Freiraum, d. h. einen artspezifischen Abstand zu ihrem nächsten Nachbarn. Dies ist vor allem bei Gehölzen von entscheidender Bedeutung, die ihre Endgröße erst nach vielen Jahren erreichen. Dem trägt ein geeigneter Pflanzabstand Rechnung; er gibt die Entfernung zwischen den Mittelachsen zweier Nachbarpflanzen an.

Entsprechende Angaben in cm oder m findet man teils am Verkaufsort, oft auf Verkaufsverpackungen bzw. den Pflanzen beigefügten Informationen. Hinweise dazu werden auch in den jeweiligen Pflanzenporträts im vorliegenden Gartenlexikon gegeben; dabei sind im Einzelnen Abweichungen je nach Sorte zu beachten. Für die Reihenpflanzung von Gemüse sind Angaben mit zwei Zahlen und „x"-Zeichen üblich, z. B. 40 x 20 cm. Dies steht im Allgemeinen für: Reihenabstand x Abstand in der Reihe.

Solche Zahlen gelten dann sowohl für Saat- wie für Pflanzabstände. Bei Gehölzen richtet man sich nach der zu erwartenden Kronen- bzw. Strauchbreite im Alter. Hier berechnet man – ebenso wie beim Nebeneinanderpflanzen zweier unterschiedlicher Arten – den Pflanzabstand als Mittelwert aus dem Enddurchmesser der Nachbarpflanzen. Für krautige Pflanzen, etwa Stauden, zu denen man keine Informationen über die Pflanzweite hat, lässt sich eine ganz einfache Faustregel anwenden: Pflanzabstand = halbe Wuchshöhe.

Bei ausgesprochen breitwüchsigen oder wuchernden Pflanzen sind entsprechende Zuschläge zu berücksichtigen. Sonderfälle stellen Hecken und Bodendecker dar, zum einen, weil man sie recht eng pflanzt, zum andern, weil hier keine reinen Abstandsangaben üblich sind. Richtwerte für Hecken findet man meist als Anzahl der Pflanzen je laufendem Meter (lfd. m); für Bodendecker als Stückzahl je m². Letzteres ist teils auch für größere Stauden und Sommerblumen üblich.

Das Einhalten empfohlener Pflanzabstände kommt nicht nur dem Wuchs der Einzelpflanzen zugute; zu enge Pflanzung bietet auch Pilz- und anderen Krankheiten optimale Voraussetzungen für die Ausbreitung. Dies nicht nur, weil so die Übertragung von Pflanze zu Pflanze einfacher ist, sondern auch, weil dichte Bestände langsamer abtrocknen. Für befallsgefährdete Arten bzw. Lagen empfiehlt sich deshalb ein weiter Abstand, der noch etwas größer gewählt wird als die allgemein empfohlenen Werte.

Pflanzdichte
Werden mehrere Pflanzen auf eine Fläche gepflanzt, benutzt man oft den Begriff Pflanzdichte statt → *Pflanzabstand;* insbesondere, wenn Angaben zur Bepflanzung in Stückzahlen pro m² erfolgen.

Pflanzen
Beim Blick in den Garten stellt sich kaum die Frage, bei welchen der dort vorkommenden Geschöpfe es sich um Pflanzen handelt. Jenseits vertrauter Erscheinungen mit zierenden Blüten und Blättern hört allerdings die Pflanzenwelt noch längst nicht auf. Bei den einfachen und oft wenigzelligen Organismen in der Natur beschäftigt Botaniker seit jeher die Abgrenzung zwischen Pflanzen und Tieren oder auch „sonstigen" Organismengruppen. Im Lauf der Geschichte wurden verschiedene Organismen dem Reich der Pflanzen zugesellt und wieder herausgenommen; dies betrifft besonders → *Bakterien* und → *Pilze,* die heute meist als gesonderte Reiche bzw. Großgruppen angesehen werden. Dies macht dann auch eine grundlegende Definition pflanzlichen Lebens einfacher, da man dann die wenigen verbleibenden Ausnahmefälle außen vor lassen kann.

Zum Reich der Pflanzen (*Plantae*) zählen demnach Organismen mit Zellen samt Zellkern, im Unterschied zu Tieren mit durch Zellulose verfestigten Zellwänden; in der Regel sind sie kaum zur Fortbewegung (Ortsveränderung) befähigt, haben kein Zentralorgan, das die einzelnen Körperteile beherrscht und entnehmen ihre Nahrungsstoffe aus Nährlösungen sowie aus der Luft. Vor allem aber verfügen sie über den wichtigen grünen Farbstoff → *Chlorophyll* und können dadurch mithilfe der → *Photosynthese* eigene Körpersubstanz aufbauen und die für das Leben erforderliche Energie direkt aus dem Sonnenlicht ge-

winnen. Tiere und fast alle sonstigen Organismen dagegen sind dazu direkt oder indirekt auf pflanzliche Nahrung angewiesen.

Selbst nach dieser Abgrenzung präsentiert sich das Pflanzenreich immer noch äußerst vielfältig. Nach ihrer Entwicklung, äußeren und genetischen Merkmalen werden die Pflanzen systematisch in Klassen, Ordnungen, Familien, Gattungen und Arten eingeteilt (auch → *System der Pflanzen*). Eine grundlegende Unterteilung ist jedoch ganz offensichtlich die in **höhere und niedere Pflanzen.** Alle Arten, die Samen bilden können, werden den höheren Pflanzen zugerechnet. Dazu gehören Nadelgehölze (Nacktsamer) und die Blütenpflanzen mit einem Fruchtknoten (Bedecktsamer). Niedere Pflanzen sind z. B. Algen, Moose, Bärlappe und die Farne – sie bilden Sporen zur Vermehrung aus. Als Zierpflanzen finden aus dieser Gruppe die Farne Verwendung. Besonders interessant ist unter diesen urtümlichen Gewächsen außerdem der Schachtelhalm, aus dem man → *Kräuterauszüge* zur Pflanzenstärkung gewinnen kann. Charakteristisch für alle höheren Pflanzen ist die Ausbildung von im Grundprinzip gleichartigen → *Pflanzenorganen*.

Darüber hinaus bieten sich für den praktischen Gebrauch eine Reihe anderer Gliederungsmöglichkeiten bzw. gärtnerischer Einteilungen an:

Ein- und zweikeimblättrige Pflanzen: Diese Unterteilung gilt nur für die Blütenpflanzen. Bei den einkeimblättrigen Pflanzen (z. B. Liliengewächse und Gräser) keimt der Samen mit einem einzigen Keimblatt aus, bei den zweikeimblättrigen mit zwei Keimblättern.

Nach der Lebensdauer unterscheidet man **Einjährige** (Annuelle), die innerhalb einer einzigen Vegetationsperiode auskeimen, Blüten und Samen bilden von den **Zweijährigen**

PFLANZENKRANKHEITEN

Das Reich der Pflanzen umfasst vielfältige Erscheinungen und Lebensformen: Algen (links), Farne (Mitte) und Blütenpflanzen wie die Edelrose (rechts)

(Bienne, Winterannuelle), die im 1. Jahr nur Blätter und im 2. Jahr Blüten und Samen bilden. **Mehrjährige** Pflanzen bleiben dagegen mehrere Jahre am Leben und bilden erst nach einigen Jahren Blüten und Samen. Allen Arten dieser drei Gruppen ist gemeinsam, dass sie krautig bleiben, d. h. nicht verholzen, und nur einmal im Leben blühen und fruchten.

Die Arten der vierten Gruppe können dagegen mehrfach blühen und Früchte bzw. Samen bilden sowie den Winter überdauern. Sie werden daher als **ausdauernde** Pflanzen bezeichnet. Dazu gehören einmal die Stauden als krautige, perennierende Pflanzen. Ihre oberirdischen Teile verholzen und sterben im Winter gewöhnlich ab. Im praktischen Sprachgebrauch bezeichnet man sie häufig ebenfalls als „mehrjährig". Bei den ausdauernden holzigen Pflanzen schließlich, also Bäumen und Sträuchern, bleiben die oberirdischen Teile im Winter erhalten.

Daneben gibt es für den Gärtner eine Reihe weiterer wichtiger Aspekte, um Pflanzen zu unterteilen, so etwa die Gliederung nach Lebensdauer der Blätter, d. h. in sommergrüne und immergrüne Arten, oder die Einteilung nach Wuchsformen (z. B. Polster bildende Pflanzen). Neben den Landbewohnern (terrestrische Pflanzen) spielen beim Teich die Wasserpflanzen mit an den feuchten Lebensraum angepassten Eigenschaften und Pflanzenorganen eine Rolle. Spezielle Anpassungen an ihre Naturlebensräume und damit auch besondere Ansprüche zeigen außerdem z. B. Heidepflanzen sowie die meist dem Wald entstammenden Schattenpflanzen. Freilich sind daneben im Garten auch gänzlich „unbotanische" Einteilungen wichtig, etwa die in Nutz- und Zierpflanzen.

Pflanzen
Vorgang der → *Pflanzung*

Pflanzenbrühe
Zubereitungsart von → *Kräuterauszügen*, die als Pflanzenstärkungs- und -schutzmittel dienen. Brühen lässt man anders als Jauchen nicht zur Gärung kommen.

Pflanzenernährung
→ *Düngung* bzw. die Versorgung mit → *Nährstoffen*. Vor allem in der Fachsprache üblicher Ausdruck, wenn die Nährstoffversorgung, -aufnahme und -umsetzung unter wissenschaftlichen Gesichtspunkten betrachtet wird.

Pflanzenfamilie
Begriff aus der Systematik: Gruppe von Gattungen, die vorwiegend aufgrund von Blütenmerkmalen zu einer → *Familie* zusammengefasst werden.

Pflanzenhormone
Von den Pflanzen gebildete, körpereigene Substanzen, die Stoffwechsel und Wachstum steuern.
  → *Phytohormone*

Pflanzenjauche
Als Flüssigdünger oder Stärkungsmittel verwendete → *Kräuterauszüge*, z. B. aus Brennnessel oder Beinwell. Sie werden nach Gärung und in der Regel stark verdünnt ausgebracht.

Pflanzenkrankheiten
Neben von Insekten und anderen Tieren verursachten Schäden (→ *Schädlinge*, → *Fraßschäden*) können an Pflanzen auch Krankheiten auftreten, deren Diagnose teils recht schwierig ist. Nach den Ursachen der Krankheit unterscheidet man abiotische sowie durch bestimmte Erreger hervorgerufene Krankheiten.

Bei den nichtparasitären oder **abiotischen Schäden** kommt eine Vielzahl von Ursachen infrage, die von Verunreinigungen in der Luft über Klimaschäden (z. B. Frost, Dürre, Lichtmangel) bis hin zu Bodenveränderungen (z. B. Versalzung, Nährstoffmangel, Überdüngung) und Pflegefehlern reichen. Da sich abiotische Schäden oft in Farbveränderungen oder dürren bzw. welken Blättern äußern, lassen sie sich schwer von parasitären Krankheiten unterscheiden. Weisen jedoch mehrere Pflanzen gleichzeitig ähnliche Symptome auf, spricht vieles für abiotische Schäden.

Auch → *Frostschäden,* → *Hitzeschäden,* → *Nährstoffmangel,* → *Trockenschäden,* → *Vernässung*

Ansonsten werden Schadsymptome, sofern nicht von Tieren verursacht, durch verschiedene **Krankheitserreger** bzw. Parasiten hervorgerufen. Sie treten zunächst meist isoliert auf, können sich dann aber sukzessive ausbreiten.

Dabei unterscheidet man je nach Erregergruppe → *Viruskrankheiten,* → *Bakterienkrankheiten,* → *Phytoplasmen* (früher Mykoplasmen) und → *Pilzkrankheiten*.

Wirksame Mittel, die die Erreger direkt angreifen und abtöten, gibt es bislang nur gegen viele der Pilzkrankheiten. Häufig ist frühzeitiges Entfernen befallener Teile oder der ganzen Pflanzen die einzige Bekämpfungsmöglichkeit. Dies kann man auch im Allgemeinen bei Krankheitssymptomen ohne identifizierbaren Schaderreger empfehlen; so lässt sich häufig einer Ausbreitung zuvorkommen. Im Zweifelsfall sollte man Fachleute um Rat fragen (Gärtnerei, Pflanzenschutzdienst, Beratungsstellen) und ihnen am besten befallene Pflanzenteile vorlegen. Dies empfiehlt sich ganz besonders bei Krankheiten an Gehölzen, die zu einem baldigem Absterben von Trieben oder deutlichen Holzschäden

Pusteblume, Kuhblume, Milchstock – für den Löwenzahn gibt es Dutzende verschiedener Volksnamen

führen; denn hierunter gibt es einige meldepflichtige Krankheitserreger, z. B. den → *Feuerbrand,* die auch in der weiteren Umgebung verheerende Schäden anrichten können.

Pflanzennährstoffe
→ *Nährstoffe*

Pflanzennamen

Für alle heimischen und die meisten eingeführten, fremdländischen Pflanzen gibt es einen oder mehrere deutsche Namen, die so genannten Volks- oder Trivialnamen. Gerade häufig vorkommende, überall verbreitete Arten wie etwa Löwenzahn, Klatschmohn oder Wegerich sind unter unzähligen regionalen Bezeichnungen bekannt. Solche teils sehr alte Namen sind häufig sehr anschaulich, nehmen Bezug auf bestimmte äußerliche Merkmale oder Heilwirkungen. Die Verständigung darüber, welche Art jeweils genau gemeint ist, gestaltet sich mit diesen Volksnamen freilich schwierig. Obwohl es in der botanischen Literatur Bestrebungen gibt, Trivialnamen einheitlich zu handhaben, sind solche Festlegungen nicht unbedingt verbindlich. Zur zweifelsfreien, auch international verständlichen Benennung dienen die → *botanischen Namen,* die trotz gelegentlicher Änderungen sehr hilfreich sind. Diese wissenschaftlichen, lateinischen Bezeichnungen bestehen jeweils aus einem groß geschriebenen Gattungsnamen und dem klein geschriebenen Artnamen, z. B. *Taraxacum officinale* für den Löwenzahn. Wichtig bei Gartenpflanzen ist zudem der Sortenname, der an den botanischen Namen angehängt und durch einfache Anführungszeichen gekennzeichnet wird, etwa *Picea abies* 'Echiniformis', die genaue Bezeichnung für die Igelfichte. Gerade bei Nadelgehölzen können die Namen der → *Sorten* für im Wuchs sehr unterschiedliche Pflanzen stehen.

Pflanzenorgane

Wie kompliziert eine Pflanze auch aufgebaut sein mag – bei den höheren → *Pflanzen* lassen sich alle Teile auf drei Grundorgane zurückführen, nämlich Wurzel, Spross und Blatt.

Die unterirdisch wachsende **Wurzel** verankert die Pflanze im Boden und versorgt sie mit Nährstoffen. Wurzeln können flach und weit ausgebreitet (z. B. Fichte, Gräser) oder senkrecht nach unten (z. B. Tanne, Löwenzahn) wachsen. Meist strebt eine ausgeprägte Hauptwurzel nach unten, von der mehrfach verzweigte Seitenwurzeln abgehen. An der Peripherie des Wurzelsystems stehen die Faserwurzeln mit mikroskopisch kleinen Wurzelhaaren, die Wasser und Minerale aus dem Boden aufnehmen. Knollen- oder rübenartig verdickte Wurzeln können auch als Speicherorgane dienen. Weitere Abweichungen vom üblichen Wurzeltyp stellen beispielsweise die Luftwurzeln der Orchideen oder die Haftwurzeln des Efeus dar; auch → *Wurzel,* → *Wurzelsystem.*

Der oberirdisch wachsende **Spross** mit seinen Verzweigungen bildet das Gerüst der Pflanze, an dem die Blätter ansitzen. Bei krautigen Pflanzen wird er als Stängel bezeichnet, bei verholzten Pflanzen entwickelt sich der stark verdickte Spross zum Stamm oder – bei Sträuchern – zu einem von mehreren Hauptästen. Zum Sprosssystem gehören auch die Seitentriebe, die aus Knospen in den Blattachseln hervorgehen. Durch die Blattknoten, an denen die Blattstiele und Seitentriebe entspringen, ergibt sich eine Untergliederung des Sprosses in Internodien (Knotenzwischenräume). Sprosse können aufrecht, kriechend oder kletternd wachsen. Es gibt zahlreiche Metamorphosen (Umwandlungen) von Sprossen oder Sprossteilen zu besonderen Organen, etwa zu Ausläufern, Rhizomen, Zwiebeln oder auch Sprossranken.

Auch → *Spross*.

Blätter, die in vielerlei Formen auftreten und als artspezifisches Merkmal dienen, sind die „Kraftwerke" der Pflanzen. Hier finden hauptsächlich → *Photosynthese* und → *Atmung* statt, die grundlegenden Prozesse für das Wachstum und viele Stoffwechselvorgänge. Bis auf wenige Ausnahmen (vor allem Nadelgehölze) weisen Blätter eine flächige Blattspreite mit oft deutlich sichtbaren Blattnerven auf, häufig auch einen Stiel, über den sie mit dem Spross verbunden sind. Die charakteristische grüne Farbe der Blätter beruht auf dem → *Chlorophyll,* dem Farbstoff, der die Energie des Sonnenlichtes in biologische Energie umsetzen kann. Ebenso wie bei Wurzel und Spross gibt es zahlreiche Metamorphosen, durch die Blätter zu „Sonderorganen" werden können, so etwa die Blattranken, Blattdornen oder bunt gefärbten Hochblätter mancher Pflanzen.

Auch → *Blatt*.

Die **Blüte** gehört nicht zu den Grundorganen; sie ist ursprünglich durch Umbildungen von Blättern und Spross entstanden; dies als entwicklungsgeschichtlich wichtigste Metamorphose, die höheren Pflanzen die generative Vermehrung über Samen ermöglicht. Den Kelch- und Kronblättern sieht man ihre Blattherkunft noch am ehesten an. Mit der Blüte endet das Wachstum eines Sprosses. Ebenso vielfältig wie die unterschiedlichen Blütenformen sind die **Früchte,** die aus verschiedenen Teilen der Blüte entstehen.

Auch → *Blüte,* → *Frucht*.

Pflanzenschädlinge

Sammelbegriff für alle tierischen Schaderreger, zu denen neben Insekten u. a. auch Milben, Schnecken und Nagetiere zählen.

→ *Schädlinge*

Pflanzenschutz

Wie alle Lebewesen werden auch Pflanzen von einer Vielzahl verschiedener Schaderreger und Parasiten (→ *Pflanzenkrankheiten,* → *Schädlinge*) bedroht. Alle Abwehrmaßnahmen fasst man unter dem Begriff Pflanzenschutz zusammen. Im weiteren Sinne zählt dazu auch die → *Unkrautbekämpfung.*

Mit Entwicklung chemischer, synthetisch hergestellter Giftstoffe lassen sich seit dem letzten Jahrhundert viele Schadorganismen sehr wirkungsvoll bekämpfen. Allerdings haben einige dieser Substanzen gewaltige Umweltprobleme verursacht. Nahrungsmittel waren zudem öfter mit Pflanzenschutzmittelresten belastet, es kam auch zu Vergiftungsfällen bei Anwendern. Die Beeinträchtigung von Bienen und Nützlingen sowie die zunehmende Resistenz von Schaderregern gegen viele Mittel sind weitere Probleme, die in den letzten Jahrzehnten immer deutlicher wurden. Gerade in Haus- und Kleingärten kamen chemische Mittel oft im Übermaß und nicht selten unsachgemäß zum Einsatz. Im Rahmen allgemein strengerer Pflanzenschutzmittelgesetze wurde deshalb die Verfügbarkeit chemischer bzw. hochgiftiger Mittel für Privatgärtner stark eingeschränkt. Zugleich hat seit einiger Zeit bei vielen Hobbygärtnern ein Umdenken stattgefunden, dass das Tolerieren kleinerer Pflanzenschäden und die Hinwendung zu umweltschonenden Methoden einschließt.

Damit haben nichtchemische Maßnahmen, angefangen mit dem vorbeugenden Pflanzenschutz, stark an

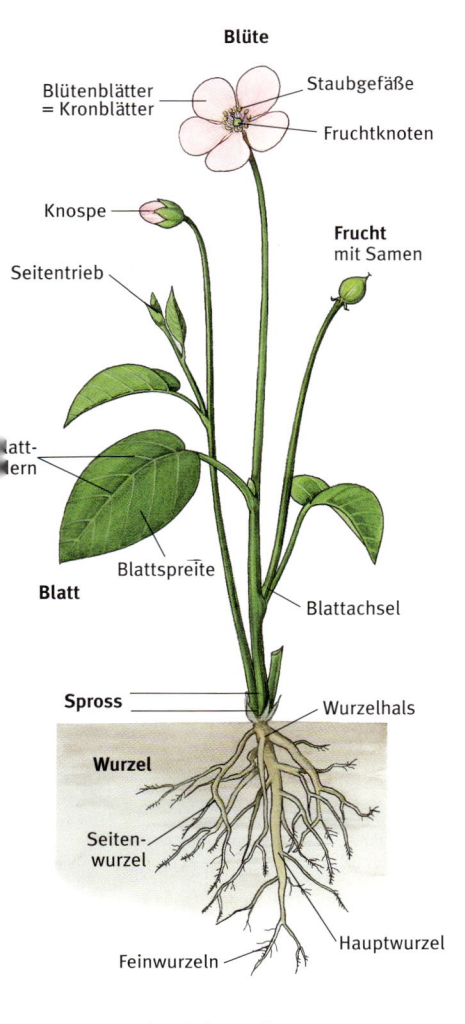

Grundsätzlicher Aufbau einer Blütenpflanze

Pflanzenschutz

Bedeutung gewonnen. Teils handelt es sich dabei um altbewährte Verfahren, die im → *Bio-Anbau* weiterentwickelt wurden. Zunehmend kann man aber auch auf ein breites Angebot des Fachhandels zurückgreifen, der sich auf die Nachfrage nach schonenden Mitteln eingestellt hat. So wird eine immer breitere Palette an wirksamen pflanzlichen Präparaten und biotechnischen Hilfen verfügbar, die den Pflanzenschutz im Haus- und Kleingarten vereinfacht.

Nach Herangehensweise und Art der eingesetzten Maßnahmen lassen sich die nachfolgend beschrieben Formen des Pflanzenschutzes unterscheiden.

Vorbeugender Pflanzenschutz

Hierzu zählt alles, was grundsätzlich für ein gesundes Wachstum sorgt, die Widerstandskräfte der Pflanze stärkt und die Befallsanfälligkeit herabsetzt: die Verwendung robuster bzw. gegen bestimmte Erreger resistenter Sorten, artgerechte Standortwahl, gute Bodenvorbereitung und -bearbeitung, Anbauwechsel bzw. bei Gemüse Fruchtfolge und Mischkultur, optimale Pflanzabstände, Schaffen eines günstigen Kleinklimas, ausgewogene Düngung, bedarfsgerechtes Gießen und sonstige Pflegemaßnahmen. Damit lässt sich schon ein Großteil potenzieller Schaderreger fernhalten, ein eventueller Befall breitet sich unter solchen Voraussetzungen nicht allzu stark aus.

Weiterhin sind die richtigen Saat- und Pflanzzeiten sehr wichtig für eine gute Pflanzenentwicklung, die einem Schädlingsbefall gerade im empfindlichen Jugendstadium vorbeugen kann. Zum Teil lässt sich auch durch besonders frühe oder späte Termine Schaderregern aus dem Weg gehen, beispielsweise durch Frühsaat von Möhren als Vorbeugung gegen die Möhrenfliege.

Zum „Arsenal" des vorbeugenden Pflanzenschutzes zählen außerdem → *Abwehrpflanzen,* → *Pflanzenstärkungsmittel* und → *Gesteinsmehle*. Eine vielseitige, abwechslungsreiche Bepflanzung mindert nicht nur im Gemüsebeet die Befallsausbreitung. Schließlich stellt die Förderung von → *Nützlingen* eine entscheidende Vorbeugungsmaßnahme dar, die man teils auch dem biologischen Pflanzenschutz zurechnet.

Mechanischer Pflanzenschutz

Die sehr technisch klingenden Begriffe „mechanischer" bzw. „physikalischer" Pflanzenschutz umfassen ein Bündel oft sehr einfacher, aber wirkungsvoller Maßnahmen, die größtenteils sehr geläufig sind: das Absammeln von Schädlingen oder das Abspritzen mit kräftigem Wasserstrahl, das Entfernen bzw. Wegschneiden befallener Pflanzenteile oder ganzer Pflanzen, der Einsatz von Schneckenzäunen, Kultur- und Vogelschutznetzen, von Leimringen und gefärbten Leimtafeln, Kohlkragen gegen Kohlfliegen und Fallen. Eine bei Gartenbesitzern nicht gerade beliebte mechanische Maßnahme ist das Entfernen von Pflanzen, die als Zwischenwirte für Krankheiten dienen, so etwa verschiedene Wacholderarten, auf denen die Erreger des Birnengitterrosts überwintern. Zu den mechanischen Mitteln kann man auch das Einstäuben taufeuchter Pflanzen mit Gesteinsmehl, Algenkalk oder Holzasche zählen, das die Widerstandskraft stärken soll. Ein „klassischer" Fall mechanischer Bekämpfung ist schließlich das Ausreißen, Hacken oder auch Abflammen von Unkräutern.

Biotechnischer Pflanzenschutz

Hierunter gruppiert man Maßnahmen, die natürliche Reaktionen von Schädlingen auf physikalische oder chemische Reize nutzen, um deren Populationen zu verringern. Bei Fallen und ähnlichen Vorrichtungen ist der Unterschied zum biotechnischen Pflanzenschutz nicht allzu groß bzw. Definitionssache. Gefärbte Leimtafeln und Leimringe werden teils ebenso unter diesem Begriff summiert wie Pheromonfallen mit Sexuallockstoffen. Die wichtigsten Anwendungsmöglichkeiten sind unter den Stichwörtern → *Falle* und → *Fanggürtel* beschrieben.

Abschreckungsmaßnahmen wie die Vogelscheuche oder in Bäume gehängte, flatternde Silberstreifen gehören ebenfalls in diese Kategorie, weiterhin Geräte wie die akustischen Wühlmaus- und Maulwurfvertreiber. Andere Vertreibungsmittel, so genannte Repellents, wirken über Duftstoffe. Bei solchen Vergrämungsmitteln ist teils die Wirksamkeit sehr umstritten, obgleich mit manchen Repellents gute Erfahrungen gemacht wurden.

Biologischer Pflanzenschutz

Dies ist der wohl am häufigsten fehlgedeutete Begriff im Bereich des Pflanzenschutzes. Fachsprachlich benennt er den gezielten Einsatz von Organismen gegen Schaderreger. Aus Pflanzen oder anderen Naturstoffen gewonnene Spritzmittel sowie → *Kräuterauszüge* gehören nicht dazu; im Grunde fallen sie bei der Einteilung der Pflanzenschutzmethoden in eine begriffliche „Grauzone", wobei giftige Naturmittel in der Fachliteratur dem chemischen Pflanzenschutz zugerechnet werden.

Im Hobbygarten ist der Einsatz von → *Bacillus-thuringiensis-Präparaten* das geläufigste und am einfachsten durchzuführende biologische Verfahren. Mit → *Nematodenpräparaten* gegen Dickmaulrüssler und einige andere Bodenschädlinge stehen ebenfalls leicht zu handhabende biologische Mittel zur Verfügung. Solche

Pflanzenschutzmittel

Lockstofffalle zum Fangen von Apfelwicklermännchen.

Leimbeschichtete Blautafeln ziehen Thripse an.

Präparate lassen sich einfach im Spritz- oder Gießverfahren ausbringen. Mehrere weitere Verfahren, Mikroorganismen oder Kleinsttiere, die Schädlinge parasitieren, entsprechend aufzubereiten, sind in Erprobung und teils schon praxisreif.

Ein besonderer Schwerpunkt der biologischen Bekämpfung liegt jedoch auf dem gezielten Einsatz von Insekten und Milben, die in der Natur als Fraßfeinde oder Parasiten von Schädlingen auftreten. Der gezielte Einsatz solcher Nützlinge – z. B. Schlupfwespen gegen Blattläuse, Raubmilben gegen Spinnmilben – ist weitgehend auf das Gewächshaus beschränkt. Die Förderung von Nützlingen im Garten kann man im weiteren Sinne ebenso zum biologischen Pflanzenschutz rechnen; hierzu sowie zum gezielten Nützlingseinsatz → *Nützlinge*.

Chemischer Pflanzenschutz

Wie eingangs erwähnt, können chemische Giftstoffe mit abtötender Wirkung allerhand unerwünschte Nebenwirkungen haben, vor allem bei unbedachtem Einsatz. Das gilt selbst für die mittlerweile eingeschränkte Auswahl, die für Haus- und Kleingärten zur Verfügung steht; ebenso für Naturstoffe mit deutlicher Giftwirkung (z. B. Pyrethrum, Quassia). Insofern empfiehlt sich der Einsatz nur dann, wenn andere Maßnahmen nicht mehr greifen oder nicht möglich sind. Dies ist dann – gerade wenn man selbst solchen Mitteln skeptisch gegenübersteht – auch Ermessenssache; etwa bei wertvollen und besonders geschätzten Pflanzen oder Obstbäumen. Vor dem Einsatz chemischer Präparate ist eine genaue Diagnose des Erregers besonders wichtig; Bekämpfung auf Verdacht bzw. vorbeugende Spritzung sollte im Hausgarten möglichst unterbleiben; zum praktischen Umgang damit → *Pflanzenschutzmittel*.

Pflanzenschutz im Hobbygarten

Wichtige Voraussetzung für alle gezielten Pflanzenschutzmaßnahmen ist die **Diagnose** der Schadursache, die gerade bei → *Pflanzenkrankheiten* oft nicht gerade einfach ist. Besondere Schwierigkeiten machen häufig auch → *Bodenschädlinge*, speziell → *Nematoden*, da man meist nur ein plötzliches Kümmern oder Absterben oberirdischer Teile feststellt. Nach Möglichkeit sollte man deshalb in Zweifelsfällen alle verfügbaren Beratungsangebote nutzen. Dies sind insbesondere die Pflanzenschutzdienste oder entsprechende Beratungsstellen der Länder bzw. Kantone. Auch in Gärtnereien oder durch Anfragen bei Gartenzeitschriften kann man häufig Hilfestellung bei der Diagnose und der Wahl geeigneter Pflanzenschutzmaßnahmen erhalten. Neben dem Identifizieren des Schaderregers ist das frühzeitige Erkennen eines Befalls und damit eine regelmäßige **Kontrolle** der Pflanzen von großer Wichtigkeit.

Für einen zeitgemäßen Pflanzenschutz, der zugleich Bedürfnissen wie Spaß am Garten, Naturgenuss und Umweltschonung gerecht wird, kann man sich mit Gewinn an professionelle Strategien anlehnen. Der **integrierte Pflanzenschutz** schließt den Einsatz von Chemie nicht ganz aus, stimmt aber im Vorfeld sämtliche Maßnahmen so ab, dass der Spritzmitteleinsatz weitgehend reduziert wird; Weiteres → *Integrierter Pflanzenschutz*. Beim **naturgemäßen Pflanzenschutz** verzichtet man völlig auf chemisch-synthetische Mittel. Hier finden ausschließlich Präparate auf Naturstoffbasis Verwendung; selbst im Ernstfall ist abzuwägen, ob etwa ein nützlingsschädigendes Pflanzenpräparat wie → *Pyrethrum* zum Einsatz kommen soll. Bei diesem sehr konsequenten Ansatz erhalten vorbeugende, mechanische und biotechnische Maßnahmen einen besonders hohen Stellenwert. Er verlangt besonders gute Kenntnisse von Schädlingen, Nützlingen und ihren Wechselwirkungen und setzt im Grunde auch den → *Bio-Anbau* voraus und damit im Zweifelsfall auch etwas aufwändigere Methoden und Pflegemaßnahmen.

Pflanzenschutzmittel

Auch Pestizide genannt; alle Stoffe, die dazu dienen, Pflanzen vor Schadorganismen und konkurrierenden Pflanzen (Unkräutern) zu schützen.

Pflanzenschutzmittel

Diese grundsätzliche Definition wird allerdings in den betreffenden gesetzlichen Bestimmungen um mehrere Punkte erweitert:

■ Neben Schutzmitteln fallen darunter auch Regulatoren für das Pflanzenwachstum (Wuchsstoffe, künstliche Pflanzenhormone) sowie Mittel zum Schutz von Erntegütern. Dagegen gehören → *Pflanzenstärkungsmittel* nicht zu den Pflanzenschutzmitteln im engeren Sinn.

■ Zu den Pflanzenschutzmitteln zählen nicht nur chemische Wirkstoffe, sondern auch Mikroorganismen einschließlich Viren und ähnliche Organismen.

Bei Letzteren handelt es sich um **biologische Pflanzenschutzmittel,** also etwa → *Bacillus-thuringiensis-Präparate* und → *Nematodenpräparate*. Mittel aus **Naturstoffen,** etwa → *Neempräparate,* → *Pyrethrum* und → *Ölpräparate,* gehören zu den **chemischen Pflanzenschutzmitteln,** sofern ihre chemische bzw. biochemische Beschaffenheit zum Abtöten von Schadorganismen führt; ansonsten fallen sie in die Kategorie → *Pflanzenstärkungsmittel.* Der Großteil chemischer Mittel wird allerdings synthetisch hergestellt. Neben den eigentlichen Wirkstoffen enthalten Pflanzenschutzmittel verschiedene Zusatzstoffe (Netz-, Haftmittel u. Ä.). Nach Aufbereitung und **Anwendungsform** kann man unterscheiden:

■ Spritz- und Sprühmittel, die mit einer Pflanzenspritze direkt auf die Pflanzen ausgebracht werden.

■ Gießmittel, die man auf den Boden um die befallenen Pflanzen herum ausgießt.

■ Streumittel, oft als körnige Granulate, die meist auf die Erde, seltener auf die Pflanzen gestreut werden.

■ Ködermittel, die man zwischen gefährdeten Pflanzen auslegt.

Daneben gibt es diverse Spezialformen, etwa Insektizidsticker für Topfpflanzen, Stäube- und Räuchermittel.

Man sollte möglichst nur sicherheitsgeprüfte Spritzgeräte verwenden.

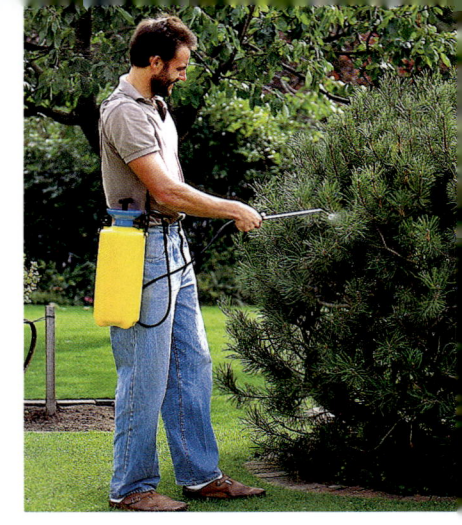

Die betroffene Pflanze gründlich von allen Seiten tropfnass spritzen.

Je nach Wirkung auf bestimmte **Schadorganismen** unterteilt man in: Insektizide (gegen Insekten), Akarizide (gegen Milben), Molluskizide (gegen Schnecken), Nematizide (gegen Nematoden), Rodentizide (gegen Nagetiere), Fungizide (gegen Pilze), Herbizide (gegen Unkräuter). Vergleichbare Mittel gegen Viren und Bakterien sind bisher nicht vorhanden. Einige der genannten Mittelgruppen stehen für den Privatgarten nur sehr eingeschränkt oder gar nicht zur Verfügung, etwa Herbizide und Nematizide.

Nach **Art der Aufnahme** und Wirkungsweise spricht man bei Mitteln gegen Schadtiere von Kontaktgiften (wirken bei direktem Kontakt nach Ausbringen auf die Pflanze oder auf den Schaderreger), Fraßgiften (werden beim Befressen oder Besaugen der Pflanzen aufgenommen) und Atemgiften (Aufnahme über die Atmungsorgane); zur Wirkungsweise auch → *Insektizide.* Eine Besonderheit stellen **systemische Mittel** dar, die es auch gegen Schadpilze, als Fungizide, gibt. Sie werden mit dem Gießwasser verabreicht und von der Pflanze über Wurzeln oder Blätter aufgenommen. Da die Stoffe im Gewebe verbleiben, wirken sie langfristig. Systemische Mittel können sowohl bereits geschädigte Pflanzen heilen als auch gesunde Exemplare vorbeugend schützen (z. B. vor fressenden und saugenden Insekten). Von systemischer Wirkung sind auch eine Reihe von → *Herbiziden.* Große Bedeutung für einen umwelt- und nützlingsschonenden Pflanzenschutz haben schließlich **selektive Mittel,** die sehr gezielt nur gegen einen bestimmten Schadorganismus oder eine Schaderregergruppe wirken. Im Gegensatz dazu stehen breit wirksame Präparate.

Regelungen und Kennzeichnungen

Die Zulassung und Anwendung von Pflanzenschutzmitteln unterliegt sehr

Gegen Blattläuse genügt auch ein Zerstäuber.

detaillierten, strengen Vorschriften, die durch Pflanzenschutzgesetze bzw. -verordnungen geregelt sind. Die nachfolgenden Ausführungen beziehen sich auf die deutsche Gesetzeslage; die Bestimmungen in Österreich und in der Schweiz sind ähnlich. Bevor ein Pflanzenschutzmittel in den Handel gelangt, wird es von der Biologischen Bundesanstalt für Land- und Forstwirtschaft (BBA) auf Wirksamkeit und Umweltverträglichkeit geprüft, bewertet und mit einer **Zulassung** versehen (Ährenschlange in einem Dreieck). Diese gilt in der Regel für 10 Jahre und kann nach einer erneuten Prüfung verlängert werden. Im Privatgarten sind ausschließlich Präparate erlaubt, die speziell für die Verwendung im Haus- und Kleingartenbereich zugelassen wurden. Die Zulassung – und damit die erlaubte Verwendung – gilt außerdem nur für die in der Gebrauchsanleitung angegebenen Anwendungsgebiete und -formen; d. h. beispielsweise, dass ein Spritzmittel gegen Blattläuse weder gegen andere Schädlinge noch als Gießmittel eingesetzt werden darf. Der **Verkauf** von Pflanzenschutzmitteln muss durch fachkundiges Personal erfolgen; die Verkäufer von Pflanzenschutzmitteln sind verpflichtet, den Erwerber über die Anwendung des Pflanzenschutzmittels, insbesondere über Verbote und Beschränkungen zu unterrichten.

Zur Kennzeichnung der Gefährlichkeit tragen Pflanzenschutzmittel **Gefahrensymbole,** die früheren Giftklassen entsprechen bzw. diese ersetzen (vgl. nebenstehende Abbildung). In Deutschland sind Mittel der Gefahrenstufen T+ und T (sehr giftig bzw. giftig) im Haus- und Kleingarten nicht mehr zugelassen. Eine weitere wichtige Kennzeichnung ist die der **Bienengefährlichkeit.** Diese wird durch die Kategorien B_1 bis B_4 angeben: Mittel mit Kennung B_1 sind bienengefährlich und dürfen niemals auf blühende Pflanzen gespritzt werden (auch nicht auf Unkräuter); B2 bei blühenden Pflanzen erst nach dem Bienenflug (wobei allerdings Hummeln auch bei abendlicher Spritzung gefährdet sind); B_3 ist bei korrekter Anwendung und B_4 gänzlich ungefährlich für Bienen. Unbedingt zu beachten ist außerdem die **Wartezeit** nach dem Spritzen von Gemüse, Kräutern und Obst, die man der Gebrauchsanleitung entnehmen kann. Sie gibt an, welcher Zeitraum zwischen Anwendung und Ernte liegen muss, um eine Gesundheitsgefährdung weitestgehend auszuschließen.

Hinweise zum Einsatz und zur Gefahrenvermeidung

Die nachfolgenden Punkte sind teils ebenfalls Bestandteil gesetzlicher Vorschriften und dienen dem Umwelt- wie dem Anwenderschutz:

- Möglichst selektive, nützlings- und bienenschonende Mittel mit geringer Giftigkeit für Warmblüter wählen.
- Gebrauchsanweisung genau befolgen und Mittel exakt nach Vorschrift dosieren.
- Pflanzenschutzmittel nur auf gärtnerisch genutzten Freiflächen ausbringen, also nicht auf befestigten Flächen wie Wege oder Garageneinfahrten (betrifft vor allem Unkrautbekämpfung).
- Pflanzenschutzmittel nicht in oder unmittelbar an Gewässern einsetzen; in der Gebrauchsanleitung genannte Abstände zu Gewässern (z. B. Gräben) unbedingt einhalten.
- Ausnahmslos nur bei windstillem Wetter spritzen.
- Zum Ausbringen nur einwandfreie, sicherheitsgeprüfte Spritz- und Sprühgeräte verwenden (z. B. mit GS-Sicherheitssiegel).
- Feste Kleidung (Schuhwerk, lange Hosen und lange Ärmel) samt Handschuhen tragen, auch Atemschutz und Sicherheitsbrille, wenn dies in der Gebrauchsanweisung steht.
- Beim Ausbringen nicht essen, nicht trinken und nicht rauchen.
- Blattober- und -unterseiten gründlich besprühen, in der Regel tropfnass, sofern die Gebrauchsanleitung nichts anderes besagt.

Spritzer von Pflanzenschutzmitteln, die auf die Haut oder in die Augen gelangen, sofort mit reichlich Wasser ab- und ausspülen. Falls während oder nach dem Spritzen Symptome wie Übelkeit, Kopfschmerzen, Schwindelgefühl oder Schweißausbrüche auftreten, sollte man sich unverzüglich an einen Arzt wenden und Packung oder Gebrauchsanleitung des verwendeten Mittels bereit halten.

Schließlich gilt:

- Mittel stets in der Originalverpackung aufbewahren, auf keinen Fall zusammen mit Lebens- oder Futtermitteln.
- Pflanzenschutzmittel von Kindern fernhalten, in einem abschließbaren Schrank o. Ä. verwahren.
- Pflanzenschutzmittelreste zum Sondermüll geben.

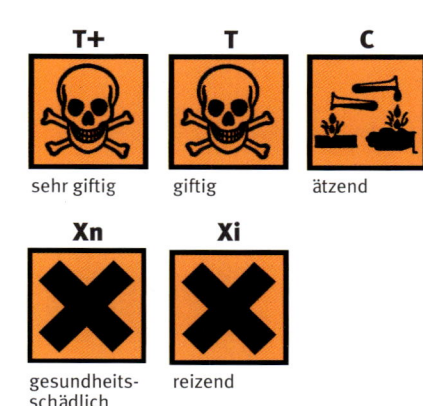

Gefahrensymbole bei Pflanzenschutzmitteln und anderen Gefahrstoffen

- T+ sehr giftig
- T giftig
- C ätzend
- Xn gesundheitsschädlich
- Xi reizend

P — Pflanzenstärkungsmittel

Der Ackerschachtelhalm – schon lange ein geschätzter Grundstoff für die Pflanzenstärkung

Pflanzenstärkungsmittel

Im Unterschied zu den Pflanzenschutzmitteln dienen diese Substanzen dazu, die generelle Widerstandsfähigkeit von Pflanzen zu erhöhen. Sie sind in aller Regel weder schädlich für Mensch und Tier noch für den Naturhaushalt. Hierzu gehören im Grunde viele der selbst herstellbaren → *Kräuterauszüge*. Der Fachhandel bietet mittlerweile auch eine große Palette an Fertigpräparaten an, die häufig auf Mischungen verschiedener Naturstoffe basieren, z. B. aus verschiedenen Pflanzen- und Algenextrakten, Fettsäuren, Gesteinsmehlen oder ätherischen Ölen. Einige dieser Mittel zeigen durchaus auch direkte Wirkung auf Schaderreger, indem sie z. B. die Ausbreitung von Pilzen eindämmen.

Pflanzenvermehrung

Um Pflanzen zu vermehren, gibt es zwei prinzipielle Möglichkeiten: Bei der → *Aussaat*, auch generative Vermehrung genannt, nutzt man die Samen, die im Zuge der sexuellen Fortpflanzung gebildet werden. Die → *vegetative Vermehrung* über Stecklinge, Schnittlinge usw. oder durch Teilung beruht dagegen auf dem Vermögen vieler Pflanzen, aus Teilstücken zu kompletten neuen Exemplaren heranzuwachsen. Eine besondere Form der Vermehrung stellt die → *Veredlung* dar.

Pflanzer

Kurzbezeichnung für → *Pflanzholz* oder → *Zwiebelpflanzer*

Pflanzerde

Meist mit Dünger angereicherte → *Erde* für Balkon- und Topfpflanzen
Auch → *Balkonbepflanzung*

Pflanzgefäß

Alle Arten von Behältern, die geeignet sind, Pflanzen und Erde aufzunehmen.
→ *Balkonbepflanzung,* auch → *Kübelpflanzen,* → *Topfgarten,* → *Trog*

Pflanzgut

Bezeichnung für jede Art von pflanzlichem Material, das in der Regel ohne weitere Zwischenschritte an den gewünschten Endstandort gepflanzt wird.

Bei einjährigen, krautigen Pflanzen wie Gemüse und Sommerblumen sind dies meist aus Samen vorgezogene Jungpflanzen; bei Stauden und mehrjährigen Gemüsen auch Wurzelstücke oder abgetrennte → *Rhizome* bzw. durch → *Teilung* oder Stecklinge gewonnene Tochterpflanzen sowie Zwiebeln und Knollen. Gehölze werden als vorgezogene Jungpflanzen in verschiedenen Stadien gepflanzt, wobei sie teils zuvor schon ein bis mehrere Jahre in einer Baumschule erzogen worden sind. Bei gekauftem Pflanzgut spricht man von → *Pflanzware,* die es in verschiedenen Angebotsformen gibt.

Pflanzholz

Auch Pflanzstock genannt; spitz zulaufendes, konisches Gerät mit Handgriff, nicht immer aus Holz, sondern teils auch aus Metall oder Kunststoff. Damit kann man schmale Pflanzlöcher in den Boden vorbohren, etwa für Gemüsejungpflanzen ohne Wurzelballen oder für kleine Blumenzwiebeln.

Pflanzkelle

Andere Bezeichnung für → *Pflanzschaufel*

Pflanzkorb

Pflanzkörbe aus Kunststoff oder Draht stellen eine praktische Möglichkeit dar, Zwiebeln und Knollen zu setzen und sie nach Einzug der Blätter komplett wieder zu entfernen. Zugleich erleichtern sie bei kleineren → *Zwiebelblumen* und → *Knollenblumen* die meist angestrebte Gruppenpflanzung und bieten außerdem etwas Schutz gegen Wühlmausfraß. Statt einzelne Pflanzlöcher zu graben, hebt man eine Grube aus, stellt den Pflanzkorb hinein und füllt ihn je nach empfohlener Pflanztiefe mit Erde auf. Für leichteres Einsetzen und besseren Bodenschluss empfiehlt es sich, die Grube etwas größer anzulegen und zum Teil mit etwas Sand oder mit Sand vermischter Erde aufzufüllen. Die Zwiebeln oder Knollen werden im nötigen Pflanzabstand im Korb verteilt und mit Erde abgedeckt. Nach der Blüte und vollständigem Welken des Laubs kann man den Korb ausgraben, die Zwiebeln oder Knollen abtrocknen lassen und an einem geeigneten Ort bis zur nächsten Pflanzung aufbewahren.

Pflanzkörbe anderer Art verwendet man beim Teich als → *Wasserpflanzenkörbe*. Eine spezielle Verwendung von Körben stellt das freie Auspflanzen der → *Engelstrompete* im Garten dar, das auch bei manchen anderen → *Kübelpflanzen* möglich ist.

PFLANZUNG

Tulpenzwiebeln im Pflanzkorb – eine praktische Möglichkeit, Zwiebeln zu setzen.

Eine Pflanzschaufel erleichtert einem das Graben kleinerer Pflanzlöcher.

Pflanzschaufel
Auch Pflanzkelle genannt; kleine Handschaufel mit kurzem Stiel. Eignet sich gut zum Graben kleinerer Pflanzlöcher, etwa für Stauden, Gemüse- und Sommerblumensetzlinge, sowie zum Wiederauffüllen der Erde.
Auch → *Gartengeräte*

Pflanzscheibe
Nach dem Pflanzen frei gehaltene, runde Fläche um den Stamm bzw. die Triebe eines Gehölzes
→ *Gehölzpflanzung*, → *Baumscheibe*

Pflanzschnitt
Rückschnitt und teils auch vollständiges Entfernen von Trieben bei jung gepflanzten Laubgehölzen. Man nimmt diesen Schnitt oft direkt nach dem Pflanzen, bei Herbstpflanzung teils erst im darauf folgenden Frühjahr vor. Mit dem Pflanzschnitt bestimmt man die spätere Wuchsform und das Verzweigungsmuster der wichtigsten Äste. Er dient auch dazu, die jungen Triebe zu stärkerem Austrieb anzuregen, was besonders nach der → *Heckenpflanzung* wichtig ist. Beim Pflanzen ballenloser Gehölze gleicht man durch den Pflanzschnitt zudem Verluste an Wurzelmasse aus (→ *Gehölzpflanzung*). Besondere Bedeutung hat dieser frühzeitige Eingriff beim → *Obstbaumschnitt*, da so der Grundstein für den gewünschten Kronenaufbau gelegt wird. An Nadelgehölzen ist ein Pflanzschnitt – abgesehen von leichtem Einkürzen der Spitzen bei Heckenpflanzung – nicht üblich und auch nicht empfehlenswert.

Es ist stets ratsam, sich beim Kauf nach dem jeweils erforderlichen Pflanzschnitt zu erkundigen. Teils werden die wichtigsten Maßnahmen schon vorab in der Baumschule durchgeführt.

Pflanzschnur
Stabile Gartenschnur, die zwischen zwei Pflöcken aufgespannt wird, um Pflanz- oder Saatreihen zu markieren und eine geradlinige Pflanzung zu erzielen.

Pflanzstock
Andere geläufige Bezeichnung für
→ *Pflanzholz*

Pflanztiefe
Die richtige Pflanztiefe ist mit entscheidend für den Erfolg einer Pflanzung. Setzt man Jungpflanzen, Zwiebeln oder Knollen zu tief, kommen sie nur schlecht oder gar nicht voran, nicht selten droht dann zusätzlich Fäulnis. Bei zu flachem Einsetzen wächst die Pflanze schlecht an, die Standfestigkeit leidet und über Winter kommt es leicht zum Auffrieren. Im Allgemeinen pflanzt man die Jungpflanzen so tief, wie sie vorher im Verkaufstopf oder Container bzw. Anzuchtgefäß standen. Ausnahmen, die tieferes Pflanzen empfehlenswert machen, finden sich vor allem bei Gemüse; → PRAXIS-SEITE Pflanzung von Blumen, Stauden und Gemüse (S. 672/673).

An Gehölzen mit und ohne Ballen lässt sich die ursprüngliche Lage der Erdoberfläche auch an der Verfärbung des Stamms erkennen. Bei Obst- und einigen Ziergehölzen ist zudem auf die Höhe der etwas verdickten Veredlungsstelle zu achten;
→ *Obstbaumpflanzung*, → *Gehölzpflanzung*.

Für Zwiebel- und Knollenblumen gibt es Faustregeln, nach denen man zwei- bis dreimal so tief pflanzt, wie die Zwiebeln bzw. Knollen groß sind. Allerdings muss man dabei zahlreiche Ausnahmen berücksichtigen, so dass man sich möglichst an die Packungsangaben hält. Angaben dazu finden sich auch in den jeweiligen Pflanzenporträts, wobei es bei einzelnen Sorten durchaus Abweichungen geben kann; auch → *Zwiebelblumenpflanzung*.

Pflanzung
Das Pflanzen, auch Setzen genannt, ist an und für sich ein sehr einfacher Vorgang. Sofern man nicht das Wurzelwerk stark beeinträchtigt und empfindliche Blattanlagen schont, wachsen gesunde Pflanzen fast im-

Pflanzware

Sorgfältiges Pflanzen verbessert die Startbedingungen für Setzlinge.

Gesunde Blumenzwiebeln sorgen für Blütenzauber im Frühjahr.

In Containern angezogene Pflanzen wachsen besonders gut an.

mer an. Voraussetzung ist freilich genügend Bodenfeuchtigkeit, nicht nur direkt nach dem Pflanzen, sondern auch in den folgenden Tagen bzw. Wochen.

Trotzdem lohnt es sich, etwas sorgfältiger an die Pflanzung heranzugehen. Zum einen legt man die Basis für das ganze weitere Wachstum; bei Stauden und Gehölzen also für viele Jahre, bei Sommerblumen und Gemüse zwar nur für eine recht kurze Spanne, in der sie aber reichlich Zuwachs bzw. Blüten bringen sollen. Zum andern ist ein guter Start sehr wichtig, damit die Pflanzen möglichst schnell dem für Krankheiten und Schädlinge besonders anfälligen Jugendstadium entwachsen.

Geeignete Standortwahl, gründliche Bodenvorbereitung, Einhalten der jeweils optimalen Pflanztermine sowie → *Pflanzabstände* und Verwendung von gesundem Pflanzgut sind die Rahmenbedingungen für eine erfolgreiche Pflanzung und Entwicklung. Dazu gehört auch, das Pflanzen während extremer Wetterlagen möglichst zu meiden: Frostperioden scheiden von vornherein aus; bei oder kurz nach starken Regenfällen ist der Boden für eine gesunde Wurzelentwicklung meist zu nass, umgekehrt stellen auch anhaltende Trockenheit und pralle Sonne ein besonderes Anwachsrisiko dar. Der eigentliche Pflanzvorgang ist auf der → PRAXIS-SEITE Pflanzung von Blumen, Stauden und Gemüse (S. 672/673) beschrieben; zu Details und Besonderheiten bei anderen Pflanzengruppen → *Gehölzpflanzung* und → *Zwiebelblumenpflanzung*.

Schließlich gehört auch die Nachsorge unbedingt zu einer gedeihlichen Pflanzung. Der Boden sollte – außer bei Knollen und Zwiebeln – stets gut feucht, aber nicht „klatschnass" gehalten werden, bis die Pflanzen vollständig eingewachsen sind. Konkurrierende Unkräuter müssen frühzeitig und regelmäßig entfernt werden. Abgesehen von ausgesprochenen Flachwurzlern empfiehlt sich häufiges, vorsichtiges Lockern in der Umgebung der Pflanzen. Einige Arten, besonders beim Gemüse, werden dann auch schon bald angehäufelt (→ *Anhäufeln*). Bei solch intensiver Anfangspflege fallen zudem frühzeitig Anzeichen von Schädlingen und Krankheiten auf, was bei Jungpflanzen besonders wichtig ist. Das Auflegen von → *Kulturschutznetzen* kann Gemüsejungpflanzen vor verschiedenen Schädlingen bewahren.

Pflanzware

Bezeichnung für käufliches bzw. verkaufsfertiges → *Pflanzgut*. Eine besondere Rolle spielt die Art der Pflanzware bei Bäumen und Sträuchern (→ *Gehölzpflanzung*). Dort sind ebenso wie bei Stauden bereits gut bewurzelte → *Containerpflanzen* eine häufige Angebotsform. Sie können, von Wetterextremen abgesehen, das ganze Jahr über gepflanzt werden. Sommerblumen und Gemüsejungpflanzen werden oft in Töpfen bzw. quadratischen Erdpresstöpfen vorgezogen und haben dann ebenfalls recht gut ausgebildete Wurzelballen.

Gerade das Wurzelwerk sollte man beim Pflanzenkauf nach Möglichkeit begutachten: Gesunde Wurzeln mit reichlich Faserwurzelbesatz, kräftige Durchwurzelung von Erdballen bzw. Containern – dies sind Anzeichen für sehr brauchbare Pflanzware. Die Wurzeln dürfen aber nicht völlig verfilzt sein oder bereits den Verkaufstopf bzw. Container sprengen. Leichter lassen sich die oberirdischen

Pflanzenteile auf eventuelle Krankheits- oder Schädlingsanzeichen untersuchen, wobei man auch die Blattunterseiten in Augenschein nehmen sollte. Jungpflanzen, besonders von Stauden und Sommerblumen, sollten buschig und kompakt wachsen; lange Abschnitte zwischen den Blättern können auf mangelnde Belichtung während der Anzucht hinweisen.

Zwiebeln und Knollen erhält man häufig in belüfteten Kunststoffbeuteln oder kleinmaschigen Säcken. Sie dürfen nicht vorgekeimt sein und weder faulige noch stark eingetrocknete Stellen aufweisen.

Pflanzweite
Andere, auch verwendete Bezeichnung für den → *Pflanzabstand*

Pflaster
Alle Arten von festen Unterlagen, die aus einzelnen Elementen zusammengesetzt sind. Zum Befestigen von Sitzplätzen, Wegen oder auch Zufahrten gibt es zahlreiche Möglichkeiten, Pflasterbeläge einzusetzen. Das Formen- und Größenangebot reicht vom 4 – 6 cm kleinen Mosaikpflasterstein bis hin zu Großplatten mit ca. 120 cm Kantenlänge oder unregelmäßigen Natursteinbruchplatten. **Pflastersteine,** oft rechteckig geformt, reichen üblicherweise bis 22 cm Länge. Sie wirken stark durch ihren Verband, wobei äußerst kunstvolle Verlegemuster möglich sind. Das versetzte Verlegen der Steine sorgt aber auch für Stabilität und Belastbarkeit. Besonders gut ist die Verzahnung bei Verbundpflaster, aus speziell geformten, sich ineinander fügenden Steinen. Bei **Platten** gibt es ein Standardmaß von 40 x 40 cm (Gehwegplatten), doch auch hier existiert eine große Variationsbreite in Form und Größe. Durch ihre flächige Ausbildung fallen Platten als Einzelelemente stärker ins Gewicht als Pflastersteine.

Sämtliche **Materialien** müssen für den Außenbereich geeignet, Platten für Zufahrten oder Stellplätze als befahrbar ausgewiesen sein. Grundsätzlich hat man die Wahl zwischen Betonformsteinen bzw. -platten, → *Klinker* und → *Naturstein,* wobei die Preise in der genannten Reihenfolge steigen. Eine Alternative stellt der ansprechende, fußwarme → *Holzbodenbelag* dar. Einer seiner Nachteile ist die erhöhte Rutschgefahr bei Nässe. Die kann jedoch auch – je nach Oberflächengestaltung – bei Steinbelägen auftreten, was man bei der Auswahl mit berücksichtigen muss. Besonders Mosaik- und kopfsteinartige Pflaster aus Naturmaterial werden teils nach Regen, besonders aber nach überfrierender Nässe sehr schlecht begehbar, ebenso glasierte Platten. Manche Klinker und Natursteinplatten überstehen zudem nicht jeden Winterfrost. Wo die Wahl auf den preiswerteren, robusten Betonstein fällt, muss das nicht unbedingt Abstriche bei der optischen Wirkung bedeuten: Betonpflaster- und -platten gibt es in den verschiedensten Farben und Formen, bis hin zu unregelmäßigen Natursteinimitationen.

Beim **Verlegen** lassen sich Steinmaterialien auf verschiedene Weise kombinieren, etwa Natursteinplatten mit Betonrandsteinen oder rote Klinker mit hellgrauem Betonpflaster. Auch die Zusammenstellung von Groß- und Kleinpflaster aus verschiedenen Steinarten kann sehr reizvoll sein. Auf kleinen Flächen wirkt ein bunter Material- und Farbenmix jedoch leicht überladen. Sofern man das Pflastern nicht ohnehin lieber einem Fachmann überlässt, sollte man zumindest für kompliziertere Verlegemuster professionelle Hilfe heranziehen. Ebenso verhält es sich mit unregelmäßigen (polygonalen) Natursteinplatten, die recht schwer zu einem größeren Verband zusammenzufügen sind. Sofern nicht nur einzelne Trittplatten verlegt werden sollen, braucht man für Pflaster wie Platten einen geeigneten Unterbau als Ausgleichs- und Dränageschicht sowie ein Sandbett als Verlege- bzw. Tragschicht; → PRAXIS-SEITE Pflaster und Platten selbst verlegen (S. 674/675).

Ein großer Nachteil geschlossener Pflasterflächen liegt darin, dass sie zur Flächenversiegelung beitragen. Gerade in dicht besiedelten Räumen sind dadurch Regenwasserabfluss und Grundwasserneubildung beeinträchtigt, die Reduzierung freier Grünflächen ist zudem ökologisch ungünstig. Deshalb sollte man überall, wo es infrage kommt, wasserdurchlässige Lösungen erwägen, die so genannten **Rasen- oder Sickerpflaster.** Beim Rasenfugenpflaster werden Natur- oder Betonpflastersteine mit 1 – 2 cm breiten Fugen verlegt, in die man Erde füllt und Gras aussät. Mehr Wasser lassen Rasengittersteine mit rechteckigen oder wabenförmigen Öffnungen passieren, durch die man Rasen wachsen lässt.

Das Verlegen von Steinplatten verlangt schon etwas Aufwand.

Pflanzung von Blumen, Stauden und Gemüse

Staudenpflanzung:
1. *Pflanzen in der vorgesehenen Anordnung und mit den nötigen Abständen auf der Fläche verteilen.*

2. *Den Ballen vorsichtig aus dem Topf nehmen; ggf. zuvor rundum die Wurzeln mit einem Messer von der Topfwand lösen.*

3. *Mit einer Pflanzschaufel hebt man das Loch so groß aus, dass der Ballen bzw. die Wurzeln darin gut Platz finden.*

4. *Die Pflanze wird üblicherweise so eingesetzt, dass der Ballenrand mit der Erdoberfläche abschließt.*

Pflanzzeiten

Bei den Einjährigen, nämlich **Sommerblumen** und **Gemüse,** gibt es zwei Hauptpflanzzeiten: Robustere Arten – die meisten Gemüse und z. B. Löwenmäulchen – setzt man im März/April, empfindlichere Pflanzen nach den letzten Spätfrösten Mitte/Ende Mai. In die letztere Gruppe fällt die Mehrzahl der Sommerblumen, außerdem Fruchtgemüse wie Tomaten, Gurken und Bohnen.

Im Sommer sind spezielle Sommersorten einiger Gemüse an der Reihe, ab Spätsommer die zweijährigen Sommerblumen wie Stiefmütterchen und Vergissmeinnicht, des Weiteren die Herbst- und Wintergemüse.

Hauptpflanzzeit für **Stauden** ist der Herbst, wobei sich für besseres Anwachsen bis zu den ersten Frösten der September besonders empfiehlt. Auch der Vorfrühling ist für die meisten Arten gut geeignet, gerade auch für frostempfindlichen.

Für die frühjahrsblühenden Stauden wie Gemswurz und Bergenie gelten dagegen Spätfrühling oder Frühsommer, direkt nach der Blüte, als beste Termine.

Mit → *Containerpflanzen* ist man freilich wesentlich flexibler, das ungefähre Ausrichten an den genannten Terminen sorgt jedoch auch hierbei für beste Pflanzenentwicklung.

Anordnung und Austopfen

Auf dem Gemüsebeet pflanzt man meist in parallelen Reihen, die mithilfe einer gespannten Pflanzschnur ausgerichtet werden. Eine Platz sparende Lösung, z. B. für Kohl, ist

> **TIPP**
>
> **Bei selbst angezogenen Pflanzen bestehen des Öfteren Unsicherheiten, ob sie schon pflanzreif sind. Im Allgemeinen ist dies bei zwei, besser drei gut entwickelten Laubblattpaaren über den Keimblättchen der Fall. Wenn schwächere Pflanzen jedoch im Haus wegen Lichtmangel immer staksiger werden, riskiert man besser eine frühere Pflanzung, sofern es die Witterung zulässt.**

PRAXIS

die → *Verbundpflanzung,* bei der die Setzlinge einer Reihe jeweils auf Mitte zwischen denen der Nachbarreihe stehen.

Blumen- und Staudenrabatten werden von hinten nach vorn bepflanzt; falls die höchsten Arten in der Mitte stehen sollen, geht man von innen nach außen vor. Am besten verteilt man sämtliche Pflanzen noch in Töpfen auf der Fläche und begutachtet die Anordnung, um sie bei Bedarf zu korrigieren.

Die Wurzeln, ebenso die zarten oberirdischen Pflanzenteile, sollten während des ganzen Setzvorgangs pfleglich behandelt werden. Lösen Sie die Pflänzchen behutsam aus den Töpfen; die beste Stelle zum Anpacken ist der Wurzelhals direkt über dem Ballen. Mitpflanzbare, verrottende Papp- oder Jiffy-Töpfe erhalten seitlich einige Einschnitte, damit das Wurzelwerk nicht behindert wird. Feuchten Sie alle etwas zu trockenen Ballen, Erdpress- oder Quelltöpfe vor dem Einsetzen nochmals gründlich an.

Das Einsetzen

Die Pflanzen setzt man in der Regel so tief, wie sie vorher standen. Dabei ist zu berücksichtigen, dass sich die Erde nach Andrücken und Angießen noch ein wenig setzt. Halten Sie deshalb beim Einsetzen besonders Pflanzen mit empfindlichem Herz, z. B. Kopfsalat, ein klein wenig höher an. Die wenigen Ausnahmefälle, die man etwas tiefer pflanzt, entsprechen in der Regel jenen Arten, für die auch → *Anhäufeln* empfohlen wird. Dazu zählen neben einigen Gemüsearten auch manche Stauden, etwa der Hohe Phlox.

Bei größeren Pflanzlöchern ist es günstig, wenn man den Aushub vor dem Wiedereinfüllen mit reifem Kompost vermischt. Von reiner Kompostauffüllung ist eher abzuraten, da sich dann häufig die Wurzelbildung auf diesen besonders „bequemen", nährstoffreichen Bereich im Pflanzloch beschränkt. Nach dem Einsetzen drückt man die Erde um die Pflanzen gut an. Wenn sich dabei oder nach dem Angießen tiefe Mulden um die Pflanzen bilden, sollten sie mit Erde aufgefüllt werden. Das – gründliche – Angießen erfolgt am besten mit Kanne oder Schlauch ohne Brauseaufsatz direkt in den Wurzelbereich. Nach dem Pflanzen lockert man alle durch Betreten verdichteten Stelle mit einer kleinen Handhacke oder einem Handkultivator; zur Vorbereitung und Nachsorge auch → *Pflanzung.*

CHECKLISTE

Wichtiges und hilfreiches Pflanzzubehör:
- Pflanzschaufel
- Pflanzholz
- Pflanzschnur mit Pflöcken
- Meter- oder Bandmaß zum Bestimmen der Pflanzabstände
- Brett zum Auftreten oder Hinknien zum Vermeiden von Bodenverdichtungen
- Gießkanne oder Schlauch ohne Brauseaufsatz
- Gesteinsmehl (fein in die Löcher oder um die Pflanzen streuen)

Kohl, Tomaten und Porree können unbeschadet etwas tiefer gesetzt werden. Dies fördert die frühzeitige Bildung von Adventivwurzeln an der Sprossbasis, beim Porree sorgt es für weiße Stangen.

Besonders bei Salat und Erdbeeren muss man zu tiefe Pflanzung unbedingt vermeiden. Das „Herz" mit den zarten jungen Blättern und Wachstumspunkten in der Mitte darf nicht unter die Erde kommen.

673

Pflaster und Platten selbst verlegen

Sandbett (3 – 5 cm) →
Unterbau (20 – 40 cm) →

1. Pflaster wird stets über einem Kies- oder Schotterunterbau in ein Sand- oder Feinschotterbett verlegt.

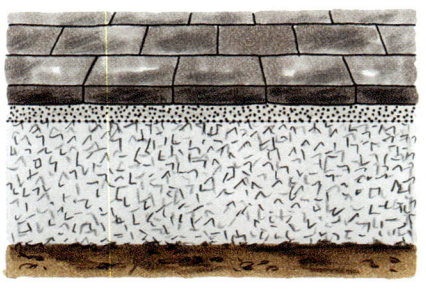

2. Über seitliche, im Gefälle ausgelegte Kanthölzer zieht man das Sandbett ab.

3. Eine Richtschnur ist für gerades Verlegen unentbehrlich. Die Steine werden etwa 1 cm über dem geplanten Pflasterniveau verlegt.

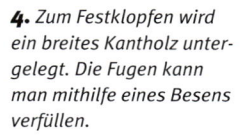

4. Zum Festklopfen wird ein breites Kantholz untergelegt. Die Fugen kann man mithilfe eines Besens verfüllen.

Untergrund und Unterbau

Als ersten Schritt markiert man die vorgesehene Fläche mit Pflöcken, die mit Schnüren verbunden werden. Dabei bleibt man ein Stück von den späteren Pflasterrändern weg; denn der Unterbau sollte allseits etwa 15 cm breiter angelegt werden als die Pflasterfläche, sofern keine Randsteine vorgesehen sind.

Danach geht es ans Ausschachten der Erde, je nach erforderlichem Unterbau etwa 30 – 60 cm tief. Der Untergrund sollte unbedingt wasserdurchlässig sein, muss aber ggf. mit einer Rüttelmaschine verdichtet werden. Schon beim Ausheben ist zu beachten, dass Pflasterflächen generell ein leichtes Gefälle von 1 – 2 % brauchen, damit kein Wasser stehen bleibt. Das Gefälle führt vom Haus weg, bei Wegen zu den Seiten hin.

Auf den schon mit entsprechendem Gefälle angelegten Untergrund wird der Unterbau, meist aus Grobkies oder Schotter bzw. Schottergemisch, ausgebracht. Man verfestigt ihn mit einem Handstampfer, einer schweren Walze oder Rüttelmaschine und achtet darauf, dass das Gefälle erhalten bleibt. Die Höhe des Unterbaus hängt vor allem von der vorgesehenen Belastung ab. Bei Wegen reichen 20 – 30 cm, für Sitzplätze und Terrassen je nach Nutzung 20 – 40 cm, für Zufahrten (Untergrund unbedingt verdichten) sollten es mindestens 50 cm sein. Bei der Tiefe des Aushubs muss man schließlich die etwa 5 cm dicke Verlege- bzw. Tragschicht aus Sand (oder feinem Splitt) dazurechnen.

Das Verlegen

Der locker aufgebrachte Sand wird eingeebnet, indem man ihn mit einer Latte in Richtung des Gefälles abzieht; Gefälle dabei mit einer Wasserwaage überprüfen. Beim Niveau des Sandbetts muss man berücksichtigen, dass sich die Steine nach dem Festklopfen noch 1 – 1,5 cm setzen. Um diese Differenz sollten sie dann oberhalb der Richtschnur zu liegen kommen, die nun zum eigentlichen Pflasterrand hin versetzt wird. Dort bzw. am besten im rechten Winkel dazu beginnt man mit dem Verlegen und arbeitet in Richtung des Gefälles. Da der Sand nicht betreten werden darf, geht man bei größeren Flächen in Teilstücken vor.

Wenn man keine Erfahrung mit dem Pflastern hat, sind bewährte, relativ einfache Verlegemuster wie Läuferverband (Abbildung **3** und **4**) oder Parkettverband (Abbildung **6**) empfehlenswert. Hierbei fällt auch nicht allzu viel Zuschnitt an, den man am besten mit einer ausgeliehenen Steinschneidemaschine bearbeitet, notfalls auch mit Hammer und Meißel. Die Steine legt man sich im Sandbett zurecht und klopft sie mit einem Pflasterhammer oder Fäustel und Auflageholz fest. Beim Verlegen der Steine ist es besonders wichtig, die nötigen Fugenabstände einzuhalten, je nach Steinform meist 3 – 5 mm. Betonsteine haben häufig schon entsprechende Abstandshalter an den Seiten. Bei Großpflaster sind auch etwas breitere Fugen möglich.

Nach dem Verlegen überprüft man am besten mit Hilfe von geraden Brettern, ob irgendwo noch Kanten überstehen, um die betreffenden Steine nochmals zu korrigieren. Danach werden die Fugen mit trockenem, fein gesiebtem Sand oder sehr feinem Splitt verfüllt. Dies muss man oft nochmals wiederholen, um eine gute Fugenfüllung zu gewährleisten. Überschüssigen Sand lässt man einige Tage auf der Pflasterfläche liegen.

Besonderheiten bei Platten

Zum Verlegen von Platten wird der grobe Unterbau häufig noch mit einer 5 – 10 cm dicken Lage Feinschotter überzogen, bevor man das Sandbett aufträgt. Oft verlegt man sie – zumindest die Randplatten – auch fest, d. h. in Magerbeton.

Unregelmäßige Natursteinplatten kann man ebenfalls in Magerbeton verlegen, ebenso in ein Sand- oder Feinsplittbett. Sie sollten mindestens 1/3 m² groß sein und keine allzu spitzen Winkel aufweisen, da diese leicht abbrechen. Die Arbeit erfordert viel Geduld, Umsicht sowie geeignetes Werkzeug zum Zuschneiden passender Teilstücke, falls benötigt. Auch hier sollten die Fugen nicht allzu groß werden.

CHECKLISTE

Unentbehrliches und hilfreiches Werkzeug:
- Pflöcke und Richtschnur
- Meter- und Bandmaß, Winkel
- Wasserwaage
- Richtlatten
- Pflasterhammer, Fäustel
- Kantholz zum Unterlegen
- Meißel
- Besen zum Fugenverfüllen

Im Baufachhandel kann man ausleihen:
- Rüttelmaschine oder Walze
- Steinschneidemaschine

TIPP

Natursteine weisen meist gewisse Farbschwankungen auf. Fachleute empfehlen deshalb, die Steine beim Verlegen immer aus verschiedenen Lagen und Paketen zu mischen.

5. Schon schwieriger ... das Fischgrät-Verlegemuster

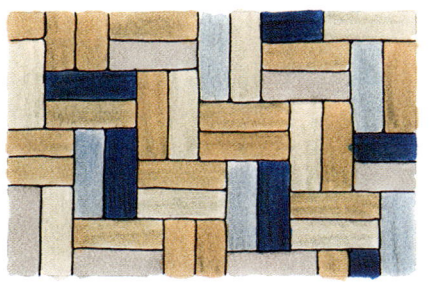

6. Das Parkett-Verlegemuster ist noch relativ einfach.

7. Polygonaler Natursteinverband

Pflaume

PRUNUS DOMESTICA

Die eigentliche Pflaume und ihre Unterarten Zwetsche, Reneklode, Mirabelle gehören zu den eher anspruchslosen Steinobstarten, besonders was den Boden betrifft. Die Wildform der Pflaume stammt aus Kleinasien, stellt aber in ihrer heutigen Form wahrscheinlich einen Bastard der Kirschpflaume mit der Schlehe dar. Nachgewiesen sind Pflaumen bereits in den Steinzeitsiedlungen am Bodensee – kultiviert werden sie wohl seit der griechischen Antike. Man unterscheidet die großen, blauvioletten, gelben oder rötlichen Rund- und Eierpflaumen, saftig, aber mit schwer lösenden Steinen; die mittelgroßen, meist blauen bis blauvioletten, länglichen Zwetschen (auch Zwetschgen, Zwetschken); die mittelgroßen bis großen, rundlichen, grüngelben oder rötlichen Renekloden (Reineclaude, Ringlotte, Ringlo) sowie die kleinen, kugeligen, gelben Mirabellen. Daneben gibt es halbwilde Sorten wie die 'Haferpflaume', aus der das Zwetschenwasser gebrannt wird.

Die Sorten lassen sich nach Blüte- und Erntezeitpunkt in frühe (spätfrostgefährdet), mittelfrühe und -späte sowie späte unterteilen. Sie sind nicht alle selbstfuchtbar, man braucht also ggf. eine geeignete Pollenspendersorte. Manche lassen sich als „wurzelechte" Bäume ohne Unterlage heranziehen, neigen dann aber zu starker Ausläuferbildung. Meist bevorzugt man Veredlungen auf Pflaumenunterlagen, vor allem 'St.-Julien'-Typen; auf trockenen, kargen Böden gedeihen die stärker wachsenden Myrobalane-Unterlagen besser. Einige der Unterlagen sind recht widerstandsfähig gegen Virus- und Bakterienkrankheiten (→ *Pflaumenkrankheiten*). Als Baumformen für den Garten findet man Buschbäume, Nieder- und Halbstämme, teils auch Spindelbüsche. Die Bäume werden mit Pyramiden- oder Hohlkrone erzogen, Spaliererziehung ist ebenfalls möglich.

Merkmale: Baum, oft steilwüchsig, im Alter breit ausladend, je nach Baumform und Unterlage 3 – 15 m hoch, 3 – 10 m breit; eiförmige, am Rand gesägte Blätter; weiße oder grünlich weiße Blüten vor oder mit dem Laubaustrieb; Fruchtgröße und -farbe je nach Unterart und Sorte.

Blütezeit: April – Mai

Standort: Bevorzugt warm und geschützt; akzeptiert noch ärmere Böden, gedeiht jedoch am besten auf mittelschwerem, humosem, durchlässigem, etwas feuchtem, kalkhaltigem Boden.

Pflanzen/Vermehren: Pflanzung im Herbst oder Frühjahr, je nach Baumform mit 3 – 6 m Abstand; Vermehrung wurzelechter Bäume durch Steckhölzer, sonst nur durch Veredlung möglich.

Pflege: Nach der Blüte Mulch auf die Baumscheibe ausbringen; zur Blüte- und Fruchtzeit bei Trockenheit reichlich gießen; alle 1 bis 2 Jahre Kompost oder Volldünger geben; Fruchtansatz vor allem an Kurztrieben, abgetragene Fruchttriebe nach etwa 4 Jahren entfernen; häufiges Auslichten empfehlenswert, auch → *Obstbaumschnitt*.

Ernte: Je nach Sorte ab Juli bis in den Oktober, mehrmals durchpflücken.

Hinweis: Einige bewährte Sorten aus dem breiten Angebot: Rund- und Eierpflaumen: 'Ontario' (gelbe, große Frucht), 'Sanctus Hubertus' (violettblaue, mittelgroße Frucht); Zwetschen: 'Zimmers Frühzwetsche' (reich tragend), 'Hauszwetsche' (robust); Renekloden: 'Opal' (rotviolette Frucht, reich tragend), 'Große Grüne Reneklode' (gelblich grün; braucht gute Böden); Mirabellen: 'Nancy-Mirabelle' (goldgelbe, kleine Frucht).

Mirabelle

Zwetschensorte 'Hauszwetsche'

Pflaumenkrankheiten

Neben Narrentaschen- und Scharkakrankheit treten eine Reihe weiterer Schaderreger an der Pflaume und ihren Unterarten auf. Den Pflaumen- oder Zwetschenrost erkennt man an kleinen gelben Blattflecken auf der Blattoberseite sowie rostbraunen, pelzigen Pilzrasen auf den Blattunterseiten. Frühjahrswirt dieses Pilzes sind Anemonen, deren Nachbarschaft zu Pflaumenbäumen fördert das Auftreten. Durch Wahl gering anfälliger Sorten, frühes Entfernen des Falllaubs sowie notfalls Fungizidspritzungen kann man der Krankheit begegnen; auch → Rostpilze.

Weitere Krankheiten sind → Bakterienbrand, → Bleiglanzkrankheit, Valsa- und Schrotschusskrankheit (→ Kirschenkrankheiten) sowie → Verticillium-Welke. Neben dem Scharkavirus kommt auch ein Bandmosaikvirus vor.

Narrentaschenkrankheit

Auch Taschenkrankheit genannt; die merkwürdige Taschenbildung wird durch einen Pilz verursacht, der hauptsächlich Zwetschen befällt. Er überwintert auf den Trieben, Neuinfektionen erfolgen über die Blüten, besonders bei kühl-feuchtem Frühjahrswetter.
Schadbild: Missgebildete, länglich flache Früchte ohne Kerne, die hellgrün bleiben und schließlich von weißlichem Pilzrasen überzogen werden.
Abhilfe: Vorbeugend gering anfällige Sorten verwenden. Befallene Früchte umgehend entfernen; bei häufigem Auftreten notfalls Spritzungen mit geeignetem Fungizid während und nach der Blüte.

Scharkakrankheit

Die meldepflichtige Scharka- oder Pockenkrankheit kann nur von Spezialisten eindeutig bestimmt werden; im Verdachtsfall die zuständige Behörde informieren und Früchte und Blätter einem Fachmann zeigen. Neben der Pflaume werden auch Pfirsich und Aprikose befallen. Die Übertragung erfolgt durch Blattläuse

Narrentaschenkrankheit

Scharkakrankheit

sowie bei Pfropfung zum Zwecke der Veredlung.
Schadbild: Ab Juni Blätter mit hellgrünen, verwaschenen Ringen und Bändern; an den Früchten anfangs pockenartige Einsenkungen, dann regelrechte Furchen, sehen oft marmoriert aus; rötlich verfärbtes Fruchtfleisch, Früchte fallen vorzeitig ab und schmecken bitter; Risse in der Rinde.
Abhilfe: Nur virusfreies Pflanzmaterial verwenden, vorbeugend Blattläuse bekämpfen. Befallene Bäume müssen komplett gerodet werden.

Pflaumenschädlinge

Von den Blattläusen, die Pflaumen befallen können, sind vor allem die Kleine (überträgt die Viren der Scharkakrankheit), Mehlige und Schwarze Pflaumenblattlaus zu nennen. Sie alle überwintern im Eistadium auf der Wirtspflanze; zu Schadbild und Bekämpfung → Blattlaus. Schalenwickler sind Kleinschmetterlinge, deren Raupen sich über Triebspitzen und Früchte hermachen. Vorbeugend sollte man befallene Früchte frühzeitig entfernen; notfalls Pyrethrumpräparate oder andere geeignete Spritzmittel einsetzen. Außer diesen und den nachfolgend beschriebenen Schädlingen können besonders → Frostspanner, → Spinnmilben und → Schildläuse auftreten.

Beutelgallmilbe

Gallmilben legen ihre Eier in Blätter und Früchte. Mithilfe einer hormonartigen Substanz bringen sie beim Besaugen die Pflanze dazu, Gallen zu bilden, in denen sich die Milben vermehren. Sie überwintern an Trieben und in Rindenritzen.
Schadbild: Ab Frühjahr oder Frühsommer beutelförmige kleine Gallen auf den Blattunterseiten, zunächst grün, dann rötlich; blattoberseits pockenartiges Bild, Blätter oft gekräuselt; Gallen auf den Früchten als unregelmäßige Krater.
Abhilfe: Vorbeugend Raubmilben fördern. Befallene Blätter frühzeitig entfernen; bei häufigem Auftreten notfalls mehrmalige Spritzungen ab dem Austrieb.

Pflaumensägewespe

Die Larven der um 5 mm langen Schwarzen Pflaumensägewespe, seltener einer gelb gefärbten Art, zerstören die jungen Früchte. Die Weibchen fliegen ab April und „sägen" mit ihrem Hinterleib kleine Löcher in die Blütenknospen, um darin ihre Eier abzulegen. Im Sommer frisst sich die weißliche, um 1 cm lange Larve mit braunem Kopf aus den abgefallenen Früchten und bildet im Boden einen Kokon zum Überwintern.

Pflegeschnitt

Schadbild der Beutelgallmilbe

Schadbild: Frühes Abfallen der meist noch grünen Früchte, an denen die kleinen Ausgangslöcher der Larven zu erkennen sind; in den abgefallenen Früchten schwarze Kotkrümel, in den noch am Baum hängenden teils die wanzenartig riechenden Larven.
Abhilfe: Ab dem Öffnen der Knospen weiße Leimtafeln im Baum aufhängen; befallene Früchte frühzeitig entfernen; bei starkem Befall mit möglichst selektiv wirkendem Mittel unmittelbar nach der Blüte bekämpfen.

Pflaumenwickler
Schädlich ist die anfangs weiße, später rötliche Raupe dieses graubraunen Schmetterlings, die sich durch die Früchte frisst. Sie überwintert meist unter der Borke. Im Mai/Juni fliegt die erste Generation. Ein Weibchen legt insgesamt bis zu 60 glasig wirkende Eier an die Früchte. Nach Zerfessen des Fruchtinnern verpuppen sich die Raupen im Boden; ab Juli fliegt dann eine zweite Generation, deren Raupen die reifenden Früchte zerstören.
Schadbild: Bläuliche Verfärbung und Abfallen junger Früchte, die ein kleines Loch aufweisen; im Innern Fraßgänge direkt am Stein, oft noch mit der Raupe samt Kotablagerungen.
Abhilfe: Vorbeugend Bäume im Winter kontrollieren und Larvennester abkratzen; befallene Früchte und Fallobst schnellstmöglich beseitigen, besonders auch die der ersten Generation. Ab Ende August Wellpappe-Fanggürtel um den Stamm anlegen, regelmäßig kontrollieren, im Herbst abnehmen und samt Larven vernichten; ab Mai bis August spezielle Lockstofffallen aufhängen. Spritzungen bei Anwendung der genannten Maßnahmen meist nicht nötig.

Pflegeschnitt
Schnittmaßnahmen, die Gerüst und Zuwachs eines Gehölzes in einem ausgewogenen Verhältnis erhalten.
→ *Erhaltungsschnitt*, → *Obstbaumschnitt*

Pflückreife
→ *Erntereife*, auch → *Baumreife*

Pflücksalat
→ *Salat*, bei dem nach und nach nur die jeweils äußeren Blätter geerntet werden.

Pfropfen
Methode der → *Veredlung* von Gehölzen; findet in etwas abgewandelter Weise auch zum Vermehren von Kakteen Verwendung. Beim Pfropfen wird der Trieb einer Edelsorte (Edelreis) mit einer robusten, bewurzelten Pflanze (Unterlage) verbunden. So erhält man von einem einzigen Exemplar einer Edelsorte zahlreiche Nachkömmlinge, die dank der bewurzelten, meist robusten Unterlage rasch und sicher anwachsen.
 Gehölze werden immer dann gepfropft, wenn das Edelreis dünner als die Unterlage ist; dies im Unterschied zur → *Kopulation*. Vor allem bei Obstbäumen gibt es mehrere Einsatzmöglichkeiten für das Pfropfen; z. B.

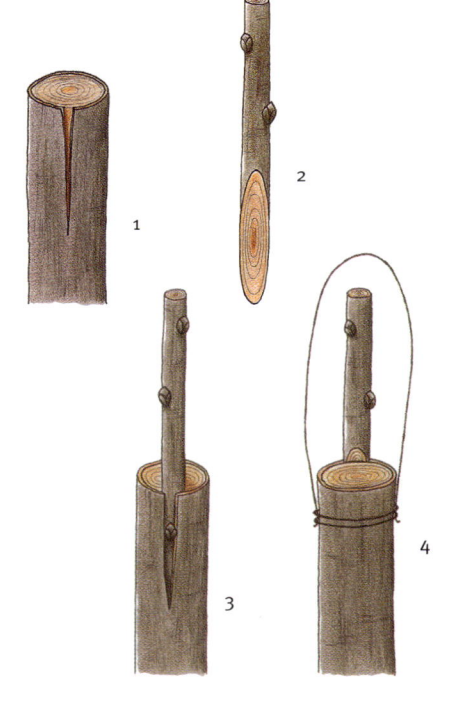

*Pfropfen hinter die Rinde:
1) Zurückgeschnittene Unterlage mit Rindeneinschnitt 2) Zurechtgeschnittenes Edelreis 3) Einsetzen des Edelreises in die Unterlage; 4) Rückseite der Veredlung mit halbmondförmigem Überstehen der Schnittfläche*

wenn die Baumkrone stark beschädigt ist oder eine neue Sorte aufveredelt werden soll. Man wirft dann die alte Krone ab, d. h., man sägt sie vollständig weg. Dadurch wird der Stamm zum Pfropfkopf, in den man das Edelreis der gewünschten Sorte einsetzt.
 Die Edelreiser schneidet man meist während der Vegetationsruhe, etwa 5 – 8 cm lang und mit 3 bis 5 Augen. Sie werden noch nicht angeschnitten (oberes Ende markieren). Dann lagert man sie kühl und dunkel oder schlägt sie im Garten in Sand ein, bis im April/Mai die Pfropfung erfolgt. Der Ast oder Stamm, der als Unterlage dient, wird zurückgesägt, die Schnittstelle danach mit einem scharfen Messer (Hippe) geglättet. Je nach verwendeter Technik des Einsetzens unterscheidet man:

■ **Pfropfen hinter die Rinde:** Hierbei schneidet man die Rinde der Unterlage längs ein (etwa 3 cm lang), löst die Rindenflügel leicht ab und schiebt das schräg angeschnittene Edelreis in die Öffnung. Dessen Anschnitt erfolgt am unteren Ende gegenüber einem Auge. Wenn die Schnittstelle des Edelreises nach dem Einsetzen noch halbmondförmig über die Unterlage hinausragt, ist dies für das Verwachsen förderlich.

■ **Pfropfen in den Spalt:** Bei sehr dünnen Edelreisern wird die waagrecht abgeschnittene Unterlage spaltförmig eingeschnitten, dann passt man zwei keilförmige Edelreiser so ein, dass sie guten Kotakt mit dem Kambium der Unterlage erhalten. Ein etwas schwierigeres Verfahren ist der genaue Zuschnitt von kräftigeren Edelreisern bei der → *Geißfußpfropfung*.

Nach dem Pfropfen werden die beiden Teile mit Bast fest verbunden und Sägefläche wie Veredlungsstelle mit Baumwachs versiegelt. Eine recht ähnliche Methode stellt das seitliche → *Anplatten* dar.

Pfropfkopf
Die waagrecht abgeschnittene Unterlage für das → *Pfropfen*

Phacelia
Botanischer Gattungsname einer blau blühenden → *Gründüngungspflanze* und wichtigen Bienenweide

Phänologische Jahreszeiten
→ *Phänologischer Kalender*

Phänologischer Kalender
Vereinfacht auch Naturkalender genannt. Der übliche Datumskalender teilt die Monate und Jahreszeiten „starr" nach astronomischen Gegebenheiten ein. Der phänologische Kalender dagegen orientiert sich an der Naturentwicklung im Jahreslauf, die je nach Region und Jahr sehr unterschiedlich sein kann. Dies macht sich gerade beim Frühling sehr deutlich bemerkbar: Zu dessen Beginn laut Kalender (meist 21. März) ist es manchmal schon fast frühsommerlich warm, während in anderen Jahren oder Gegenden noch kühle oder gar frostige Temperaturen herrschen. Entsprechend unterschiedlich entfaltet sich jeweils das Pflanzenwachstum. Weil dies eine flexible Terminierung von Saat-, Pflanz- und Pflegearbeiten mit sich bringt, ist der phänologische Kalender für Gärtner interessant und wird z. B. teils auch im Erwerbsobstbau beachtet.

Phänologie ist die Lehre von den (natürlichen) Erscheinungen. Sie befasst sich mit dem Ablauf von periodischen Entwicklungsstadien (Phänophasen), die stets aufeinander folgen; am Beispiel von Blüten: Winterruhe – Knospenaufbruch – grüne Spitzen – farbige Knospen – Aufblühen – Vollblüte – Abblühen – Fruchtbildung. Biologen und Meteorologen haben verschiedene, weit verbreitete Pflanzen ausgewählt, die mit bestimmten Phänophasen den Vegetationsverlauf übers Jahr markieren. Daraus wurden zehn größere, der Naturentwicklung angemessene Phasen abgeleitet, die **phänologischen Jahreszeiten**. Ihnen ordnet man eine bis mehrere Kennpflanzen in bestimmten Entwicklungsstadien zu, die jeweils den Eintritt der Jahreszeiten markieren:

1. Vorfrühling: Schneeglöckchen, Hasel (Blühbeginn)

2. Erstfrühling: Forsythie, Salweide (Blühbeginn), Stachelbeere (Blattentfaltung)

3. Vollfrühling: Apfel, Flieder (Blühbeginn)

4. Frühsommer: Schwarzer Holunder, Robinie, Gräser (Blühbeginn)

5. Hochsommer: Sommer- und Winterlinde (Blühbeginn)

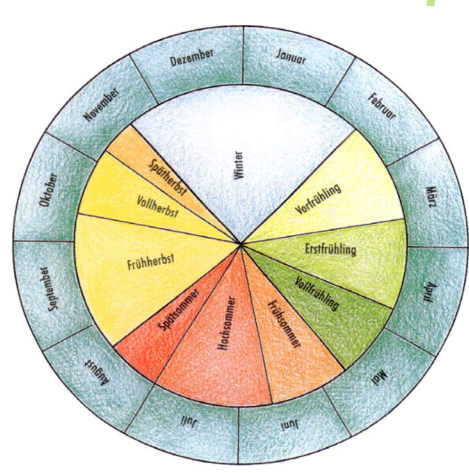

Phänologische Jahreszeitenuhr für den Rheingau

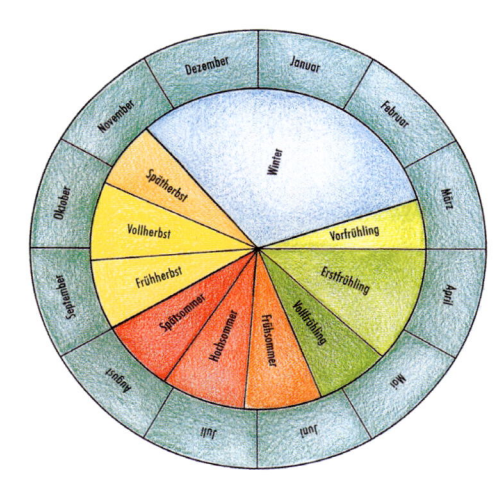

Phänologische Jahreszeitenuhr für Südbayern

6. Spätsommer: frühe Apfelsorten, Eberesche (erste reife Früchte)

7. Frühherbst: Schwarzer Holunder (erste reife Früchte)

8. Vollherbst: Rosskastanie (erste reife Früchte)

9. Spätherbst: Stieleiche, Rosskastanie (Blattverfärbung)

10. Winter: Auflaufen des Winterweizens, späte Apfelsorten (Blattfall)

Aus den langjährigen Durchschnittswerten der Eintrittsdaten lassen sich die phänologischen Jahreszeiten für eine geographische Region ermitteln. In einer so genannten „phänologischen Uhr" werden dann die pflanzlichen Entwicklungsstadien ins Verhältnis zu den astronomischen Monaten gesetzt. Auf S. 679 zeigen zwei solcher Jahreszeitenuhren, wie unterschiedlich dies je nach Regionalklima aussehen kann. Die Abweichungen können im Frühjahr und Herbst besonders groß ausfallen.

Phänologische Beobachtungen werden europaweit durchgeführt, die Kennpflanzen bzw. Phänophasen je nach landestypischer Vegetation etwas unterschiedlich gewählt.

Pharbitis
Früherer botanischer Gattungsname der → *Prunkwinde* (heute *Ipomoea*)

Phaseolus
Botanischer Gattungsname von Stangen-, Feuer- und Buschbohne
→ *Bohne*

Phazelie
Bekannte → *Gründüngungspflanze*, → *Phacelia*

Pheromonfalle
Mit weiblichen Sexualhormonen präparierte → *Lockstofffalle*, um männliche Schadfalter anzulocken.

Philadelphus
Gattung weiß blühender, oft duftender Sträucher
→ *Pfeifenstrauch*

Phlox
PHLOX
Die Beetpflanzen der Gattung Phlox, auch Flammenblume genannt, stammen aus Nordamerika und gehören zur Familie der Sperrkrautgewächse. Ihre Beliebtheit – Züchter haben seit dem 19. Jahrhundert zahllose Sorten entwickelt – beruht auf den attraktiven und sehr reich erscheinenden Blüten. Allerdings sind alle Formen anfällig gegenüber Echtem → *Mehltau* und Blattnematoden (→ *Nematoden*), weshalb sie nicht ständig an derselben Stelle gepflanzt werden sollten.

Sommerphlox
PHLOX DRUMMONDII
☼

Merkmale: Einjährige Sommerblume, buschig, kompakt bis locker verzweigt, je nach Sorte 10 – 50 cm hoch; lanzettlich zugespitzte Blätter; Blüten tellerförmig, geschlitzt oder sternförmig, um 2 cm Ø, in Trugdolden, rosa, Rottöne, violett, weiß, gelb, oft in Farbmischungen.
Blütezeit: Juli – September
Verwendung: In Gruppen für Rabatten, niedrige Sorten für Beetränder und Balkonkästen; als Schnittblume.
Standort: Humus- und nährstoffreicher, durchlässiger Boden.
Kultur: Anzucht März bis Mai, nach 3 bis 4 Wochen in Töpfe pikieren, 6 – 8 cm große Pflänzchen entspitzen; ab Mitte Mai auspflanzen, Abstand 20 – 25 cm, niedrige Sorten auch etwas enger.
Pflege: Bei Trockenheit gießen, nach der Pflanzung und bei Blühbeginn mit Kompost oder kalibetontem Dünger versorgen, Verblühtes regelmäßig entfernen.

Hoher Staudenphlox
PHLOX PANICULATA
☼

Merkmale: Aufrechte Staude, dicht buschig, 50 – 120 cm hoch; eirunde bis lanzettliche Blätter; tellerförmige Blüten mit 1,5 – 2,5 cm Ø in dichten kuppelartigen Trauben, rosa, Rottöne, violett, weiß, auch zweifarbig.
Blütezeit: Juni – September
Verwendung: Einzeln oder in Gruppen auf Beeten und Rabatten, schön mit Margeriten und Rittersporn; im Bauerngarten; als Schnittblume.

Hoher Staudenphlox (Phlox paniculata)

Polsterphlox (Phlox subulata)

Standort: Durchlässiger, humoser, nährstoffreicher, frischer bis feuchter Boden.
Pflanzen/Vermehren: Pflanzung im Herbst oder Frühjahr, 50 – 60 cm Abstand, etwas tiefer setzen, als die Pflanzen im Verkaufstopf standen; Vermehrung durch Teilung im Frühjahr oder Herbst, durch Stecklinge oder Wurzelschnittlinge.
Pflege: Hohe Sorten stützen und anhäufeln, bei Trockenheit gießen, Ver-

blühtes entfernen; in rauen Lagen leichten Winterschutz geben; kann nach der Blüte bis auf eine Handbreit über dem Boden zurückgeschnitten werden; im Frühjahr Kompost oder organischen Dünger geben.

Polsterphlox, Moosphlox
PHLOX SUBULATA UND HYBRIDEN

Merkmale: Polsterförmig wachsende Staude mit kriechenden Trieben, 5 – 15 cm hoch, über 50 cm breit; sternförmige Blüten, lilablau, violett, weiß, rosa, Rottöne.
Blütezeit: April – Mai
Verwendung: In Gruppen im Steingarten, auf Trockenmauern, als Beeteinfassung.
Standort: Trockener bis frischer Boden, durchlässig, nährstoffreich; auch kalkhaltig.
Pflanzen/Vermehren: Pflanzung im Frühsommer oder Herbst; Vermehrung durch Teilung oder Stecklinge im Sommer.
Pflege: Rückschnitt nach der Blüte, bringt oft nochmals Herbstflor; Jungpflanzen mit Winterschutz aus Reisig abdecken; gelegentlich etwas Kompost geben.
Hinweis: Der Douglas-Teppichphlox (*Phlox-Douglasii*-Hybriden) wächst noch etwas kompakter als der Polsterphlox, er blüht im Mai und Juni.

Phosphat
Salz der Phosphorsäure, die Form, in der → *Phosphor* meist gedüngt und dann als negativ geladenes → *Ion* von den Pflanzen aufgenommen wird.

Phosphor
Chemisches Element mit der Abkürzung P; für Pflanzen einer der unentbehrlichen Hauptnährstoffe, den sie in größeren Mengen benötigen. Phosphor hat mehrere wesentliche **Funktionen** für die Pflanze: Es wird vor allem in wichtige Enzyme und in die Erbsubstanz (DNS bzw. DNA) eingebaut sowie in das äußerst bedeutsame Molekül ATP, das als Speicher und Überträger der durch die → *Photosynthese* gewonnenen Energie dient. Außerdem fördert Phosphor die Blüten- und Fruchtbildung.

Bei **Phosphatmangel** zeigen die Pflanzen gehemmtes Wachstum, es werden weniger Blüten und Früchte gebildet und die Blätter verfärben sich intensiv dunkelgrün bis bräunlich violett (zuerst die älteren Blätter). Häufig stehen sie auch starr aufgerichtet. Unsere Böden sind allerdings meist gut mit Phosphor versorgt, zumal der Nährstoff kaum ausgewaschen wird. Es kann allerdings besonders in stark sauren Böden sowie bei stark alkalischer → *Bodenreaktion* zur Festlegung kommen, außerdem auf sehr tonhaltigen Böden. Durch allmähliches Regulieren der Bodenreaktion sowie durch regelmäßige Zufuhr von Kompost oder anderen organischen Stoffen lässt sich die Pflanzenverfügbarkeit verbessern. Ansonsten reicht üblicherweise die Phosphatversorgung mit mineralischen oder organischen Volldüngern, ja sogar mit Hornspänen oder phosphatreichen Gesteinsmehlen. Reine → *Phosphordünger* sollte man nur nach vorangegangener → *Bodenuntersuchung* einsetzen; ein **Überschuss** im Boden kann die Aufnahme von Stickstoff, Eisen und Zink beeinträchtigen.

Phosphordünger
Phosphordünger werden durch Vermahlen oder chemischen Aufschluss von Rohphosphaten aus natürlichen Lagerstätten hergestellt. Man unterscheidet wasserlösliche Dünger wie Superphosphat und säurelösliche wie Hyperphos. Die Gehaltsangaben auf den Verpackungen erfolgen in % P_2So_5. Der phosphatreichste organische Dünger, das → *Knochenmehl*,

Phosphormangel an Tomate

ist mittlerweile wegen der BSE-Problematik sehr umstritten. Relativ hohe Phosphorgehalte haben aber auch → *Guano* und anderer → *Mist*.

Photosynthese
Andere Schreibweise Fotosynthese. Durch die Befähigung zur Photosynthese sind Pflanzen in der Lage, energiereiche organische Körpersubstanz bzw. Nährstoffe selbst aufzubauen – sie sind autotroph und stehen damit am Anfang aller Nahrungsketten, da fast alle anderen Lebewesen ihre Energie nur durch Nahrung aufnehmen können.

Obwohl die Photosynthese im Detail eine sehr komplexe biochemische Reaktion mit vielen Zwischenschritten ist, lässt sie sich auf wenige grundsätzliche Vorgänge zurückführen:

Die Sonne strahlt riesige Energiemengen in Form von elektromagnetischen Wellen ab – wir spüren die Energie z. B. als Licht oder Wärme. Pflanzen können mithilfe des Blattgrüns (Chlorophyll) die Sonnenenergie einfangen, verwerten und in biochemisch nutzbare Energie verwandeln. Diese wird u. a. dazu genutzt, Wasser zu spalten. Dabei wird neben Wasserstoff auch Sauerstoff frei, den die Pflanze an die Luft abgibt. Ohne diesen Vorgang, der seit Milliarden von Jahren auf der Erde abläuft, gäbe es keinen Sauerstoff in der Erdatmosphäre. In einer Kaskade weiterer Reaktionen baut die Pflanze aus Kohlendioxid (CO_2), das sie aus der Luft aufnimmt, Traubenzucker, ein einfaches → *Kohlenhydrat,* auf. Der Zucker wiederum dient als Energielieferant für den Stoffwechsel der Zellen (bei Abbau durch die → *Atmung*) und als Rohstoff für alle übrigen organischen Verbindungen wie Kohlenhydrate, Eiweiße und Fette.

Die Nettogleichung der Photosynthese fasst die Gesamtheit aller Reaktionen zusammen:

$$6\ CO_2 + 6\ H_2O \xrightarrow{Energie} C_6H_{12}O_6 + 6\ O_2$$

Kohlendioxid   Wasser   Traubenzucker   Sauerstoff

Unbedingte Voraussetzung für diesen Prozess ist demnach neben ausreichend Wasser im Boden genügend → *Licht,* wobei die Pflanze hauptsächlich die blauvioletten und rotorangen Spektralanteile nutzt. Photosynthese findet in allen grünen Pflanzenteilen statt, vorrangig also in den Blättern. Sie ist jedoch beschränkt auf die → *Chloroplasten,* winzige Körperchen (Organellen) im Zellinnern; nur sie enthalten das Chlorophyll.

Phragmites

Botanischer Gattungsname des
→ *Schilfs*

pH-Wert

Messgröße für den Säuregrad bzw. Säuregehalt einer Flüssigkeit oder des Bodens. Der pH-Wert (von lateinisch potentia hydrogenii = Potenz des Wasserstoffs) gibt die Konzentration der Wasserstoffionen (H^+-Ionen) an, den chemisch reaktiven Teilen von Säuren. Reines Wasser enthält 10^{-7} g H^+-Ionen je l, die Hochzahl (Potenz) ohne Minuszeichen ergibt den neutralen pH-Wert 7. Durch diese Berechnungsweise (negativer dekadischer Logarithmus) enthält ein Medium um so mehr H^+-Ionen, je niedriger sein pH-Wert ist. Der pH kann zwischen 0 und 14 liegen:

- Ein niedriger pH-Wert von 0 – 6,9 bedeutet saure Reaktion.
- Ein hoher pH-Wert von 7,1 – 14 bedeutet alkalische bzw. basische Reaktion.
- Ein pH-Wert von 7,0 bedeutet neutral, also weder sauer noch alkalisch.

Da die extremen pH-Werte von starken Säuren oder Basen (→ *basisch*) im Boden nicht vorkommen, berücksichtigt man dort den Bereich zwischen 3,5 und 8,4; → *Bodenreaktion.* Der pH-Wert kann auch beim Wasser, etwa als Gieß- oder Teichwasser, interessieren. Man bestimmt ihn mit Indikatorpapier, chemischen Reaktionen oder einem elektronischen Messgerät. Für die Gartenpraxis gibt es einfache Test-Kits mit Anleitung.

Phyllostachys

Botanischer Gattungsname einiger hoch wachsender Bambusarten
→ *Bambus*

Physostegia

Beet- und Teichrandstaude mit rosa, violettroten oder weißen Blüten
→ *Gelenkblume*

Phyto

Aus dem Griechischen stammende Vorsilbe, die für „Pflanze" steht, oft Bestandteil fachsprachlicher Begriffe, z. B. Phytomedizin (Pflanzenschutz), Phytotoxin (Pflanzengift).

Phytohormone

Auch Pflanzenhormone oder Wuchsstoffe genannt. Ebenso wie Tiere und Menschen bilden auch Pflanzen Hormone aus, die Stoffwechselvorgänge und die Entwicklung steuern. Sie werden in den Zellen gebildet und regulieren Keimung, Blatt- und Sprosswachstum, Blüte, Fruchtreife oder Blattfall. Phytohormone wirken häufig im Zusammenspiel. Wichtige wachstumsfördernde Hormone sind Auxine, Gibberelline und Cytokinine. Als → *Hemmstoff* dagegen wirkt die Abscisinsäure, die u. a. winterliche Ruhephasen einleitet. Auch das Fruchtreifegas → *Ethylen* wird manchmal zu den Phytohormonen gerechnet. Synthetisch nachgebildete Phytohormone finden z. B. Verwendung als Bewurzelungsmittel für Stecklinge oder als → *Herbizide.*

Phytophthora

Gattung krankheitserregender Pilze, die Fäulen hervorrufen, darunter die Kraut- und Knollenfäule an Kartoffeln (→ *Kartoffelkrankheiten*).

Phytoplasmen

Phytoplasmen, früher Mykoplasmaähnliche Organismen (MLO) genannt, sind sehr kleine Organismen, die Pflanzenkrankheiten verursachen. Man bezeichnet sie auch als „zellwandlose Bakterien", da sie bis auf die fehlende feste Zellwand den Bakterien ähnlicher sind als den Viren und sich selbständig vermehren können. Als Schaderreger spielen sie vor allem bei Gehölzen, besonders Obst, eine Rolle; so etwa als Verursacher von → *Besenwuchs* (Apfeltriebsucht) und Birnenverfall (→ *Birnenkrankheiten*).

Phytoplasmen nisten sich im Siebteil der Leitgefäße ein, wo die organischen Nährstoffe transportiert werden. Wirksam bekämpfen kann man diese Organismen nicht, einige Obstbaumunterlagen sind jedoch widerstandsfähiger als andere. Befallene Pflanzen müssen entfernt werden; bei Befallsverdacht sollte man unbedingt das zuständige Pflanzenschutzamt informieren.

Picea

Botanischer Gattungsname der
→ *Fichte*

Pieris

Schattenverträglicher Strauch mit kleinen Glockenblüten
→ *Schattenglöckchen*

Pikieren

Wurde Pflanzensamen in Schalen ausgestreut (→ *Anzucht*), stehen die jungen Sämlinge nach der Keimung dicht an dicht. Beim Pikieren oder Vereinzeln werden die Pflänzchen in größerem Abstand wieder eingepflanzt. So erhält die einzelne Pflanze genügend Licht und Wurzelraum, um sich optimal zu entwickeln. Das Umsetzen beeinträchtigt zwar vorübergehend das Wurzelwachstum, durch die zwangsläufigen kleinen Verletzungen werden die Wurzeln jedoch zur verstärkten Bildung neuer Seiten- und Faserwurzeln angeregt.

Man pikiert die Sämlinge in der Regel, sobald sich über den Keimblättern das erste richtige Laubblattpaar entfaltet hat, meist etwa 3 bis 6 Wochen nach der Aussaat. Sie kommen dann entweder einzeln in kleine Töpfe oder in eine neue Anzuchtschale mit frischer Erde, normal große Sämlinge mit etwa 5 cm Abstand, schon sehr breitwüchsige mit etwa 10 cm. Am besten verwendet man spezielle Pikiererde oder Anzuchterde, praktisch ist ein kleines, zugespitztes Pikierholz. Man schiebt das Pikierholz vorsichtig neben dem Sämling in die Erde, lockert den Halt des Würzelchens und hebt den Sämling heraus. In die vorbereitete Erde wird mit dem Pikierholz ein Loch gebohrt, der Sämling eingepasst und die Erde vorsichtig angedrückt; danach gießen.

Pilliertes Saatgut

Durch eine Umhüllung z. B. aus Lehm, Ton oder Torf auf einheitliche Größe gebrachtes → *Saatgut* mit rundlicher Form; dies erleichtert die gleichmäßige Aussaat kleiner oder sehr unregelmäßig geformter Samen.

Pilzanbau

Mehrere Speisepilze können als wohlschmeckende und kalorienarme Mahlzeit das Angebot eines Nutzgartens erweitern. Sie brauchen je nach Art unterschiedliches organisches Substrat, auf dem sie wachsen können und dem sie ihre Nährstoffe entziehen. Das Grundmaterial für die Zucht wird in Form von Pilzbrut von spezialisierten Firmen angeboten (hier bekommt man auch genaue Kulturanleitungen).

■ **Pilze auf Holz:** Einige Speisepilze haben sich auf die Zersetzung von Holz spezialisiert; dazu gehört vor allem der Shii-Take, aber auch seltenere Arten wie Stockschwämmchen, Chinesische Morchel, Pappelschüppling oder Judasohr. Um sicherzustellen, dass das Substrat nicht bereits von anderen Holzpilzen besiedelt wird, braucht man frisch geschlagene, bis 50 cm dicke Laubholzstämme, für bestimmte Arten wie den Schwefelkopf Fichten- oder Kiefernholz. Unmittelbar vor dem Beimpfen wird an jedem Ende eine Scheibe abgesägt, um bereits etablierte Schadpilze zu entfernen. Die Pilzbrut wird direkt auf die frischen Schnittflächen, in Bohrlöcher oder Einschnitte aufgebracht und feucht gehalten (Plastiksack, feuchter Jutesack). Nach dem Anwachsen, das mehrere Monate dauert, zeigen sich die Myzelien (Pilzgeflechte) an den Stammoberflächen; danach wird die Abdeckung entfernt, der Stamm aber weiterhin feucht gehalten; am besten stellt man ihn dazu senkrecht auf, etwa durch Anlehnen an ein Gerüst. Ein gut durchwachsener Stamm liefert mehrere Jahre lang Pilze.

■ **Pilze auf Stroh:** Auf Stroh wachsen am besten die Braunkappe und der Austernpilz (Austernseitling). Ein gepresster Strohballen (das Stroh darf keinesfalls Fungizidreste aufweisen) wird mehrere Tage lang gründlich gewässert und dann mit Pilzbrut beimpft. Danach sollte der Ballen vor starker Sonneneinstrahlung und direktem Regen geschützt werden (z. B. durch einen Folientunnel). Aus einem Ballen erhält man mehrere Kilogramm Pilze; sobald das Stroh in sich zusammenfällt, sind seine Nährstoffe aufgebraucht.

Pikieren: 1) Sämlinge vorsichtig herausnehmen, dabei Wurzeln möglichst wenig beschädigen.

2) In 6- bis 10-cm-Töpfen hat der Sämling genügend Platz, um zur kräftigen Jungpflanze heranzuwachsen.

Professionelle Champignonzucht

■ **Pilze auf Humus (Kompost):** Neben dem Klassiker der Pilzzucht, dem Champignon, eignen sich ebenfalls Schopftintling, Parasol- und Strohpilz für eine Kompostkultur. Wer das Substrat (kompostiertes, verrottetes Stroh, Pferde- und Geflügelmist) nicht selbst herstellen mag, dem bietet der Fachhandel fertige Substratmischungen an. Das Substrat wird in Kisten oder Foliensäcken vorzugsweise im Keller, aber auch als Minihügelbeet ausgebreitet. Nach dem Beimpfen mit Pilzbrut deckt man das Substrat mit Deckerde (neutraler → *pH-Wert*; z. B. mit Kalk neutralisierter Torf) ab; die Ernte beginnt nach 3 bis 4 Wochen.

Pilze

Pilze wurden früher zu den → *Pflanzen* gezählt, heute sieht man sie jedoch als eigenes Organismenreich an. Sie kommen in vielerlei Lebensformen vor: Es gibt einzellige (z. B. Bier- oder Bäckerhefen), amöbenartige und mehrzellige Pilze. Alle mehrzelligen Arten bestehen aus einem Geflecht (Myzel) von Fäden, den so genannten Hyphen, das im oder auf dem Boden oder anderem Substrat wächst. Manche Arten verbringen ihr gesamtes Leben in dieser Form. Bei anderen, z. B. bei den Speisepilzen und bekannten Waldpilzen wie dem giftigen Fliegenpilz, vereinen sich die Myzelfäden zu bestimmten Zeiten zu sichtbaren Fruchtkörpern, den „Pilzhüten" samt Stiel.

Pilze bauen als einzige Organismen – außer Insekten und einigen kleineren Gruppen – Chitin in ihre Zellwände ein. Sie können keine → *Photosynthese* betreiben, sondern sind auf organische Nahrung angewiesen. Während die meisten Arten als so genannte Saprophyten auf faulenden Organismen leben, haben sich einige als → *Parasiten*, andere als → *Mykorrhizapilze* spezialisiert.

Alle Pilze vermehren sich über Sporen, das sind mikroskopisch kleine, einzellige Gebilde, die als Produkte einer sexuellen Fortpflanzung entstehen. Gelangen sie auf eine geeignete Unterlage, wachsen die Sporen zu neuen Myzelfäden aus. Bei vielen, im Gewebe ihrer Wirte lebenden, parasitischen Pilzen bekommt man nur diese Sporen zu Gesicht: Sie werden in Sporenlagern gebildet, die mit bloßem Auge erkennbar sind.

Pilzkrankheiten

Pilzkrankheiten oder Mykosen gehören zu den häufigsten Krankheiten von Zier- und Nutzpflanzen. In die Gruppe der fakultativen → *Parasiten* gehört der verbreitete → *Grauschimmel*. Die meisten Erreger sind jedoch obligate Parasiten, d.h., ihre Sporen keimen nur auf einem lebenden Wirt zum Myzel aus. Hierzu gehört z. B. der Echte → *Mehltau*. Weit verbreitet sind auch die → *Rostpilze*, die sich durch rostartige Blattverfärbungen und pustelartige Sporenlager verraten. Neben Blattflecken und -belägen verursachen Pilze häufig Fäulnis- und Absterbeerscheinungen an den verschiedensten Pflanzenteilen. Auch krebs- oder gallenartige Wucherungen können durch Pilze hervorgerufen worden sein.

Als vorbeugende Maßnahmen gegen Pilzbefall dienen an erster Stelle die standortgerechte Pflanzung, ausreichende → *Pflanzabstände* sowie gute Pflanzen- und Bodenpflege. Gesunde, kräftige Pflanzen sind weitaus weniger anfällig als angegriffene, schwächelnde Exemplare. → *Pflanzenstärkungsmittel*, → *Kräuterauszüge* und → *Gesteinsmehle* können zusätzlich die Widerstandskraft erhöhen. Einem Befall beugt auch morgendliches Gießen direkt in den Wurzelbereich vor, weil sich viele Pilze besonders gut ausbreiten, wenn Blüten und Blätter lange feucht sind. Häufig lässt sich einer weiteren Ausbreitung durch Entfernen befallener Pflanzenteile vorbeugen (nicht auf den Kompost geben). Eine direkte Bekämpfung ist mit pilztötenden → *Pflanzenschutzmitteln*, den Fungiziden möglich, die allerdings nicht gegen alle Schadpilze zur Verfügung stehen.

Pilzzucht
→ *Pilzanbau*

Pimpernelle
SANGUISORBA MINOR
☼ ☺

Die heimische Pimpernelle, ein Rosengewächs, ist auch als Pimpinelle, Bibernelle oder Kleiner Wiesenknopf bekannt. Sie wächst wild auf trockenen Wiesen und stellt im Garten wenig Ansprüche an den Boden. Ihre frischen, aromatischen Blätter werden seit langem als Gewürz verwendet, etwa in der bekannten „Frankfurter grünen Soße". Mit ihren hübschen Blättern und Blütenköpfchen passt sie auch in eine Wildstaudenwiese, ebenso wie der nah verwandte Große Wiesenknopf (*S. officinalis*) mit 40 – 100 cm Höhe und rostroten Blütenköpfchen. Für die hauptsächlich Nutzung als Würzpflanze werden jedoch die Blüten besser entfernt.

Pimpernelle (Sanguisorba minor)

Platanenallee

Merkmale: Kleine Staude mit kräftiger Pfahlwurzel, 30 – 50 cm hoch; Blätter gefiedert, Teilblättchen rundlich, gezackt; Blüten grünlich rot, winzig, in kugeligen Köpfchen auf fast blattlosen Stängeln.
Blütezeit: Mai – Juni
Standort: Trockener, kalkhaltiger, lockerer Boden.
Pflanzen/Vermehren: Aussaat ab April ins Freiland, auf 20 – 30 cm Abstand ausdünnen; alle 2 bis 3 Jahre neue Pflanzen säen; kann sich selbst aussäen.
Pflege: Bei großer Trockenheit gießen, für verstärkte Blattbildung Blütenstände frühzeitig abschneiden.
Ernte: Frische Blättchen fortlaufend nach Bedarf.

Pimpinella
Botanischer Gattungsname des würzigen → *Anis*

Pimpinelle
Andere geläufige Schreibweise für die → *Pimpernelle*

Pinie
Gelegentlich verwendeter Name für manche → *Kiefern*, besonders für nordamerikanische und mediterrane Arten

Pinus
Botanischer Gattungsname der → *Kiefer*

Pinzieren
Anderer Ausdruck für → *Entspitzen*

Pisum
Botanischer Gattungsname der → *Erbse*

Plantago
Botanischer Gattungsname des heimischen → *Wegerichs*

Platane
PLATANUS X HISPANICA

Das besondere Merkmal dieser Baumgattung aus der Familie der Platanengewächse ist die Rinde, die sich in breiten Platten vom Stamm löst und für interessante Effekte sorgt. Da Platanen sehr widerstandsfähig gegen Luftverschmutzung sind, findet man sie oft als Straßenbäume. Leider wird die Hybride, deren Herkunft nicht genau geklärt ist, sehr groß und eignet sich daher nur bedingt für den Garten. Die Bäume erreichen eine Höhe von 20 – 30 m und bilden eine ausladende Rundkrone. Man erhält sie in manchen Baumschulen auch als spezielle Erziehungsform mit breiter, dachartiger Krone. Die ahornartigen Blätter zeigen eine hübsche gelbe Herbstfärbung; das Laub verrottet übrigens sehr schlecht. Platanen sind anspruchslos, der Boden muss nur tiefgründig und durchlässig sein. Sie vertragen starken Schnitt, wachsen aber am schönsten ohne Eingriffe.

Platanus
Botanischer Gattungsname der → *Platane*

Plattenbelag
→ *Pflaster*

Platterbse
Name für → *Wicken* der Gattung *Lathyrus*, zu der die einjährige kletternde Duftwicke sowie Staudenwicken zählen.

Plectranthus
Botanischer Gattungsname des Harfenstrauchs oder Weihrauchs
→ *Balkonbepflanzung*

Pleioblastus
Buschig wachsender → *Bambus*

Poa
Botanischer Gattungsname des → *Rispengrases,* dessen Arten als Ziergräser sowie als → *Rasengräser* verwendet werden.

Pockenmilbe
→ *Gallmilbe,* die pockenartige Pusteln auf den Blättern hervorruft, hauptsächlich an Gehölzen.

Polemonium
Mittelgroße, blau blühende Staude für Sonne und Halbschatten
→ *Jakobsleiter*

Pollen

Der Pollen bzw. das einzelne Pollenkorn ist die männliche Geschlechtszelle einer höheren Pflanze. Die Pollen, auch als Blütenstaub bezeichnet, werden in den Staubbeuteln der → *Blüte* gebildet und bei der → *Bestäubung* auf die Narbe des Fruchtknotens übertragen.

Auch → *Befruchtung*

Pollenspender

Bei mehreren Obstarten vermag der Pollen auf Blüten derselben Sorte nicht zu keimen oder der Pollenschlauch wächst nicht rechtzeitig bis zum Fruchtknoten durch (→ *Befruchtung*). Unter den Obstbäumen gehören Apfel, Birne, Süßkirsche sowie einige Sauerkirsch- und Pflaumensorten zu diesen selbststerilen Pflanzen. Sie brauchen jeweils eine andere, zur selben Zeit blühende Befruchtersorte als Pollenspender. Wachsen in der Umgebung mehrere Bäume derselben Art, ist die Befruchtung meist gesichert. Andernfalls muss man zumindest zwei Bäume mit verschiedenen Sorten pflanzen; daneben gibt es die Möglichkeit, eine Zweitsorte in denselben Baum einzuveredeln (auch → *Duobäumchen*). Da die Pollenspendereignung der einzelnen Sorten sehr unterschiedlich ist, sollte man sich beim Kauf von Obstbäumen gründlich beraten lassen.

Polsterpflanze

Pflanzen, die eine flache, gedrungene, teils halbkugelförmige Wuchsform ausbilden, auch Kissenpflanzen genannt. Die dicht gepackten Blätter, die nur an der Außenseite des Polsters wachsen, stellen einen Schutz vor Witterungsextremen dar und ermöglichen solchen Arten, an Hochgebirgs- oder Trockenstandorten zu gedeihen. Entsprechend findet man darunter viele Polsterstauden, die sich für Steingärten, Hänge oder Mauerbepflanzung eignen. Auch manche Gehölze, z. B. die Polsterberberitze, und Sommerblumen, z. B. Duftsteinrich, zeigen diesen Wuchstyp.

Polsterphlox

Niedrige, polsterförmig wachsende Art des → *Phloxes*

Polsterschimmel

Fruchtschadbild bei → *Monilia*

Polsterstaude

→ *Polsterpflanze*

Polyantharose

Untergruppe der Beetrosen mit in Büscheln beisammenstehenden Blüten
→ *Rose*

Polygonatum

Halbschattenverträgliche, weiß blühende Staude für den Gehölzrand
→ *Salomonssiegel*

Polygonum

Früherer, heute teils noch gebräuchlicher Gattungsname des → *Knöterichs*

Polystichum

Gattung immer- und wintergrüner Farne mit attraktiv gefiederten Wedeln
→ *Schildfarn*

Pontederia

Blau blühende Sumpfstaude für Gartenteich und Bachlauf
→ *Hechtkraut*

Populus

Botanischer Gattungsname der
→ *Pappel*

Porree

ALLIUM PORRUM
☼–☼

Der Porree oder Lauch aus der Familie der Zwiebelgewächse ist eine alte Kulturpflanze mit mildem Zwiebelge-

Porree kann als Sommer- wie als Wintergemüse angebaut werden.

schmack. Während man beim → *Zierlauch* Wert auf die Blüte legt, wird diese beim zweijährigen Porree vermieden, indem man ihn nur einjährig kultiviert. Je nach Erntezeit unterscheidet man Sommer-, Herbst- und Winterporree. Abgesehen von Bohnen, Erbsen und Roten Beten harmoniert Porree mit vielen Nachbarpflanzen.

Merkmale: Einjährig gezogenes Zwiebel- bzw. Stangengemüse, 50–60 cm hoch; hellgrüner bis weißer Schaft mit breiten, flachen, blau- bis frisch grünen Blättern.

Standort: Frischer bis feuchter Boden, aber nicht staunass, nährstoffreich und tiefgründig.

Kultur: Anzucht von Sommerporree ab Februar, von Herbstporree ab Mitte März bis April, von Winterporree im April/Mai; Pflanzung ab Anfang April bis Juni, Winterporree spätestens bis Mitte August; Pflanzabstand 40 x 15–20 cm, kann recht tief in Löcher oder Furchen gesetzt werden, jedoch Blattansatz nicht bedecken. Auch Direktsaat aufs Beet ab April bis Ende Mai möglich, später dann vereinzeln.

Pflege: Für gleichmäßige Feuchtigkeit sorgen, häufige Bodenlockerung, aus dem Boden wachsende Schäfte anhäufeln, damit sie hell bleiben; zum Start reifen Kompost oder Voll-

dünger geben, Nachdüngung günstig; Winterporree bei starken Frösten abdecken.
Ernte: Je nach Saat- bzw. Pflanzzeit ab Juli bis zu Mai des folgenden Jahres; zuvor den umgebenden Boden vorsichtig mit der Grabegabel lockern.
Hinweis: Krankheiten und Schädlinge entsprechen weitgehend → *Zwiebelkrankheiten* und → *Zwiebelschädlingen*. Blätter, auf denen Rostflecke (→ *Rostpilze*) oder andere Blattflecken auftreten, sollten umgehend entfernt werden, später dann auch gründlich die Erntereste. Gegen Zwiebelfliegen und die gelblich weißen Raupen der Lauchmotte helfen Kulturschutznetze, notfalls spezielle Insektizide.

Portulak
PORTULACA OLERACEA VAR. SATIVA

Der Portulak gehört zur Familie der Portulakgewächse und stammt aus Vorderasien. Man nennt ihn auch Sommerportulak, um ihn vom nicht näher verwandten → *Winterportulak* zu unterscheiden. Das vitaminreiche Gemüse kann wie Blattspinat zubereitet oder roh und klein geschnitten zu Salaten und Quarkspeisen gegeben werden, wo sein säuerlicher Geschmack hervorragend zur Geltung kommt.
Merkmale: Einjähriges Blattgemüse, 30 – 40 cm hoch, rundliche, glänzende Blätter; gelbe Blüten.
Standort: Lockerer, etwas sandiger Boden.
Kultur: Aussaat im Freiland ab Mai bis August; Reihen mit 15 – 20 cm Abstand, Samen nur leicht abdecken.
Pflege: Regelmäßig gießen, unkrautfrei halten.
Ernte: Frische Blätter und junge Triebspitzen nach Bedarf; wächst nach.

Portulakröschen
PORTULACA GRANDIFLORA

Die Blüten dieses südamerikanischen Portulakgewächses öffnen sich nur bei Sonnenschein.
Merkmale: Einjährig gezogene Sommerblume, 10 – 15 cm hoch, Stängel niederliegend; Blätter nadelförmig, fleischig; schalenförmige Blüten mit 2,5 cm Ø, gelb, orange, rot oder lachsrot.
Blütezeit: Mai – August (September)
Verwendung: In Gruppen für Steingarten, Beetränder; in Kästen und Töpfen.
Standort: Möglichst regengeschützt; magerer, trockener und sandiger Boden, auf keinen Fall Staunässe.
Kultur: Anzucht im März, erst gegen Ende Mai ins Freiland pflanzen, Abstand 15 cm; alternativ überwintert man Mutterpflanzen bei 10 – 14° C und nimmt im März/April 5 cm lange Kopfstecklinge ab.
Pflege: Anspruchslos.

Porzellanblümchen
→ *Steinbrech* mit zierlichen weißen Blüten, auch Schattensteinbrech genannt.

Der Portulak ist ein anspruchsloses, gesundes Blattgemüse.

Portulakröschen (Portulaca grandiflora)

Postelein
Anderer Name für den → *Winterportulak* (*Montia*), seltener für den → *Portulak* (*Portulaca*)

Potentilla
Botanischer Gattungsname von → *Fingerkraut* und → *Fingerstrauch*

Prachtglocke
ENKIANTHUS CAMPANULATUS

Das aus Japan stammende Gehölz gehört zur Familie der Heidekrautgewächse. Wegen der feinen, direkt unter der Oberfläche wachsenden Wurzeln darf die Erde weder durch Betreten verfestigt noch zu intensiv geharkt werden.
Merkmale: Strauch, straff aufrecht, 2 – 3 m hoch und breit; Blätter elliptisch, rote oder gelbe Herbstfärbung; glockenförmige Blüten in hängenden Trauben, weißlich gelb, rot geadert.
Blütezeit: Mai – Juni
Verwendung: Für locker aufgebaute Gehölzgruppen, Heidegärten, als Rhododendronbegleiter oder in Einzelstellung.

PRACHTMISCHUNG

Prachtglocke (Enkianthus campanulatus)

Prachtscharte (Liatris spicata)

Standort: Frischer, kalkfreier Humusboden.
Pflanzen/Vermehren: Pflanzung im Herbst oder Frühjahr; Absenker oder Stecklinge.
Pflege: Anspruchslos.

Prachtmischung

Samenmischung bei Sommerblumen aus verschiedenen Sorten mit besonders üppigen, oft kräftig gefärbten und gefüllten Blüten
  Auch → *Farbmischung*

Prachtscharte

LIATRIS SPICATA

Auch außerhalb der Blütezeit bildet dieses nordamerikanische Korbblütengewächs einen interessanten Blickpunkt. Sobald jedoch die Blütenstände auf ihren Stängeln erscheinen, zeigt sich die Staude in ihrer ganzen namensgebenden Pracht.
Merkmale: Staude mit knolligem Wurzelstock, 40 – 90 cm hoch; Blätter grasartig; Blüten in Ähren (bis 50 cm lang), blühen von oben nach unten auf, je nach Sorte weiß bis rotviolett.
Blütezeit: Juli – September
Verwendung: In Gruppen auf Beeten und Rabatten, im Heidegarten; gute Schnittblume.
Standort: Durchlässiger, nährstoffreicher Boden.
Pflanzen/Vermehren: Pflanzung im Frühjahr oder Herbst; Vermehrung durch Teilung des Wurzelstocks im Frühjahr.
Pflege: Im Sommer regelmäßig gießen; im Winter vor Staunässe schützen; alle paar Jahre teilen und verpflanzen, gelegentlich Kompost geben.

Prachtspiere

Neben den krautigen → *Prachtspieren* oder Astilben werden auch die Blütensträucher → *Radspiere* und → *Spierstrauch* als Prachtspieren bezeichnet.

Prachtspiere

ASTILBE

Die Arten, Hybriden und Sorten der Prachtspiere oder Astilbe gehören zu den wenigen Stauden, die reichlich Blütenfarbe in dunkle Ecken bringen. Da sie auch beim Boden kaum Ansprüche stellen, haben sich diese Steinbrechgewächse aus Ostasien einen festen Platz in den Gärten erobern können. Die Einzelblüten sind winzig, erhalten aber durch die Anordnung in großen, fedrigen Blütenständen eine enorme Fülle. Übrigens lassen sich alle Prachtspieren auch in der Sonne pflanzen, brauchen dann im Sommer aber reichlich Gießwasser. Da die verschiedenen hochwüchsigen Prachtspieren in Ansprüchen und Pflege der Gartenprachtspiere gleichen und mit derselben Blütenfarbenpalette angeboten werden, sind sie dort kurz mit ihren wichtigsten Kennzeichen aufgeführt (vgl. Rubrik „Hinweis").

Gartenprachtspiere, Gartenastilbe

ASTILBE × ARENDSII

Merkmale: Staude, aufrecht, horstartig; 50 – 120 cm hoch; Blätter bis 70 cm lang, mehrfach gefiedert, eiförmige bis lanzettliche Fiedern; Blüten weiß, rosa oder rot in bis 45 cm langen, aufrechten Rispen.
Blütezeit: Je nach Sorte Juni/Juli, Juli/August oder August/September
Verwendung: In Gruppen vor oder zwischen Gehölzen, auf Beeten und Rabatten, im Teichumfeld; hübsch als Schnittblume.
Standort: Bevorzugt kühl und luftfeucht; Boden frisch bis feucht, nährstoffreich, lehmig.
Pflanzen/Vermehren: Pflanzung im Herbst oder Frühjahr; Vermehrung durch Teilen der Wurzelstöcke, auch durch Aussaat.
Pflege: Bei Trockenheit gießen und/oder besprühen, gelegentlich im Herbst oder Frühjahr mit Kompost versorgen; in rauen Lagen Wurzelbereich schützen; kann im zeitigen Frühjahr handbreit über dem Boden zurückgeschnitten werden.
Hinweis: Weitere hohe bis mittelgroße Prachtspieren:

■ Chinesische Prachtspiere (*A. chinensis* var. *taquetii*): 40 – 110 cm,

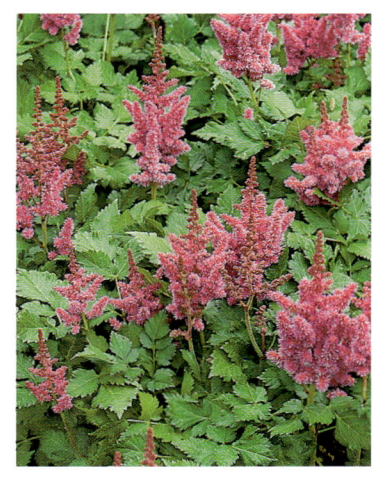

Chinesische Prachtspiere (Astilbe chinensis 'Visions')

Blüte Juli bis August, verträgt am meisten Sonne und Trockenheit.

■ Japanische Prachtspiere (*A. japonica* und Hybriden): 50 – 70 cm hoch, Blüte Juni bis Juli.

■ Simplicifolia-Prachtspiere (*A. simplicifolia* und Hybriden): Höhe 30 – 50 cm, Blüte Juli bis August, leicht überhängende Blütenrispen.

■ Waldastilbe (*A. thunbergii* und Hybriden): 90 – 120 cm hoch, Blüte Juli bis August, starkwüchsig, überhängende Blütenripen.

Zwergprachtspiere, Zwergastilbe
ASTILBE CHINENSIS VAR. PUMILA

Merkmale: Staude mit kriechenden Ausläufern, 15 – 30 cm hoch, 20 cm breit; mehrfach gefiederte Blätter; rosaviolette Blüten in dichten, aufrechten Rispen.
Blütezeit: August – September
Verwendung: Als Bodendecker, für Beeteinfassungen.

Preiselbeeren lassen sich zu einer schmackhaften Konfitüre verarbeiten.

Standort: Frischer, humoser Boden, möglichst ohne Kalk; verträgt mehr Sonne und Trockenheit als andere Astilben.
Pflanzen/Vermehren: Pflanzung im Herbst oder Frühjahr mit etwa 20 cm Abstand; Vermehrung über Ausläufer.
Pflege: Wie Gartenprachtspiere; störende Ausläufer abtrennen.

Prachtstaude
Prachtstauden, auch Beet- oder Rabattenstauden genannt, sind züchterisch bearbeitete → *Stauden*, die besonders reich und auffällig blühen.

Preiselbeere
VACCINIUM VITIS-IDAEA

Als Wildpflanze ist die Preisel-, Krons- oder Kranklbeere in ganz Mitteleuropa verbreitet. Sie gehört zur Familie der Heidekrautgewächse und fühlt sich auf leichten, sauren Böden wohl. Die Gartenpreiselbeere und ihre Sorten wurde aus europäischen Wildstämmen gezüchtet. Die Kulturpreiselbeere oder Cranberry dagegen stammt von der nordamerikanischen Großen Moosbeere (*V. macrocarpon*) ab und bringt besonders große Früchte hervor. Der Ansatz der herb aromatischen Beeren wird durch Setzen mehrerer Pflanzen bzw. Sorten verbessert.

Merkmale: Immergrüner Halbstrauch, kriechende, unterirdische Triebe, 10 – 15 cm hohe Polster; Pflanzen aus Stecklingen buschartig, 30 – 40 cm hoch; ledrige, ovale Blättchen; glockige, weiße bis rosa Blüten in Trauben; glänzend rote Beeren.
Blütezeit: Mai – August
Standort: Saurer Boden (pH 3 – 4,5), sehr locker, am besten humoser Sand.
Pflanzen/Vermehren: Pflanzung bevorzugt im Frühjahr, mit 20 – 30 cm Abstand; Vermehrung durch grüne Stecklinge im Juni.
Pflege: Bei Trockenheit gießen, regelmäßig jäten, Mulchdecke vorteilhaft; nur kalkarmes Wasser und kalkarmen Dünger/Kompost verwenden, außerdem chloridfreie Volldünger.
Ernte: Juli bis September/Oktober, mehrmals durchpflücken.

Primel
PRIMULA

Mit über 500 Arten sind die Primeln oder Schlüsselblumen, namensgebend für die Familie der Primelgewächse, auf der gesamten Nordhalbkugel verbreitet. Die heimischen Arten wie die Wiesenschlüsselblume (*P. veris*) stehen sämtlich unter Artenschutz. Fast alle Primeln wachsen in der Natur ausdauernd, im Garten verwendet man ausschließlich Staudenarten. Primeln sind im Allgemeinen genügsam und lassen sich vielfältig verwenden. Man muss sie jedoch an Plätzen pflanzen, wo sie nicht durch die Konkurrenz wüchsiger Blumen erdrückt werden. Obwohl sie nicht zu den gefährlichen Giftpflanzen zählen, enthalten sie Giftstoffe, die bei Allergikern durch Kontakt mit der Haut zu Problemen führen können. Zur Sicherheit sollten daher empfindliche Personen bei der Arbeit mit Primeln Gummihandschuhe tragen.

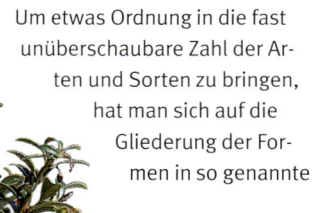

Um etwas Ordnung in die fast unüberschaubare Zahl der Arten und Sorten zu bringen, hat man sich auf die Gliederung der Formen in so genannte

Primel

Terrakottaprimel (Primula x bullesiana)

Wiesenschlüsselblume (Primula veris)

Kugelprimel (Primula denticulata)

Sektionen (z. B. Aurikula, Candelabra, Denticulata) geeinigt. Die Mitglieder einer Sektion zeichnen sich durch vergleichbares Aussehen (Blätter und Blüten) und Ansprüche aus. Allerdings wird das Angebot in Gärtnereien nur selten nach Sektionszugehörigkeit geordnet. Daher listet die Tabelle nur die wichtigsten Arten mit ihren Merkmalen und Ansprüchen auf.

Merkmale: Stauden, Blätter in grundständiger Rosette, gestielt, meist rundlich bis oval mit glattem, gezähntem oder eingeschnittenem Rand und häufig etwas runzlig; reine Arten oft immergrün bis halbimmergrün; Blüten erheben sich auf kurzen oder langen Stängeln über den Rosetten; Blüten meist mit flach ausgebreiteten Kronblättern, die sich nach unten zu einer schmalen Röhre verengen. Form und Größe des Blütenstandes (Einzelblüten, unterschiedlich ausgeprägte Dolden oder Quirle) bestimmen die Zugehörigkeit zu verschiedenen Primelgruppen (vgl. Tabelle):

■ Kissenprimeln: gedrungener, flacher, polster- bis teppichartiger Wuchs
■ Doldenprimeln: Blüten in Dolden
■ Kugelprimeln: Blüten in kugeligen Dolden auf langen Stielen
■ Glockenprimeln: Einzelblüten glockenförmig herabhängend, lang gestielte Blätter

Blütezeit: Abhängig von Art und Sorte, vgl. Tabelle

Verwendung: In kleinen oder großen Gruppen; im Vordergrund von Beeten und Rabatten, am Teichrand, vor Gehölzen, im Natur- und Steingarten; niedrige Arten und Sorten in Pflanzgefäßen, höhere auch als Schnittblumen.

Standort: Durchlässiger, nährstoffreicher, frischer bis feuchter Boden; zu Besonderheiten und Abweichungen vgl. Tabelle.

Pflanzen/Vermehren: Pflanzung im Frühjahr oder Herbst; niedrige Formen mit 15 – 20 cm Abstand, höhere mit etwa 30 cm; meist auch Aussaat möglich, im Frühjahr direkt am Standort (frostharte Arten sofort nach der Blüte); Stauden nach der Blüte teilen oder Wurzelschnittlinge während der Ruhezeit im Winter.

Pflege: Vor allem zur Zeit des Austreibens Schutz vor Schneckenfraß; bei längerer Trockenheit gießen, an sonnigen Plätzen regelmäßig; mäßige Gaben organischen Düngers, mit Kompost oder Laubhumus mulchen.

Primula

Botanischer Gattungsname der zahlreichen → *Primeln*

Prunkbohne

Anderer Name für die Feuerbohne → *Bohne*

Prunkwinde

IPOMOEA

Unter dem Gattungsnamen Ipomoea wurden in neuerer Zeit einige hübsche Kletterpflanzen zusammengefasst, die früher teils *Pharbitis* oder *Quamcolit* hießen: Dreifarbige Prunkwinde (*I. tricolor*), Trichterwinde (*I. purpurea*), Kaiserwinde (*I. nil*), Sternwinde (*I. lobata,* oft noch als *Quamcolit lobata* geführt). Diese Windengewächse wachsen in ihrer Heimat (tropisches Amerika, Mexiko, Kaiserwinde auch Afrika, Asien) ausdauernd, werden bei uns aber nur einjährig kultiviert. Ihre Samen sind sehr giftig, die Pflanzen selbst kaum.

Merkmale: Einjährig gezogene Schlingpflanzen, 2 – 3 m hoch, Sternwinde bis 6 m. Blätter und Blüten:
■ Dreifarbige Prunkwinde: große herzförmige Blätter, 4 – 10 cm lang;

Primeln im Überblick

Name	Wuchshöhe	Blüte / Blütezeit	Standort / Hinweise
Kissen-, Teppichprimeln			
Teppichprimel, *Primula juliae* und Hybriden	5 – 15 cm	violett, rot; in kurz gestielten Dolden März – April	◐
Kissenprimel, *Primula vulgaris* und Hybriden	10 – 20 cm	Art: gelb, Hybriden: fast alle Farben März – April	◐
Doldenprimeln			
Waldschlüsselblume, *Primula elatior* und Hybriden	15 – 25 cm	Art: schwefelgelb, Hybriden auch weiß, rosa, scharlachrot März – Mai	◐
Gartenaurikel, *Primula* x *pubescens*	10 – 20 cm	weiß, purpurn, rot, violett März – April	☼–◐
Rosenprimel, *Primula rosea*	20 – 30 cm	tiefrosa, rot März – April	◐; kalkarmer Boden, lehmig bis torfig
Sieboldsprimel, *Primula sieboldii*	20 – 30 cm	weiß, rosa, rot, violett, weißes Auge Mai – Juni	◐; kriechender Wuchs
Wiesenschlüsselblume, *Primula veris*	20 – 25 cm	goldgelb; duftend April – Mai	☼; verträgt trockenere Böden
Kugelprimeln			
Kugelprimel, *Primula denticulata*	bis 45 cm	purpurn, weiß, rosa, rot, gelbe Mitte März – Mai	☼–◐; kalkarmer Boden
Etagenprimeln			
Terrakottaprimel, *Primula* x *bullesiana*	40 – 60 cm	gelb, orange, rot, zarte Töne Juni – Juli	◐
Kandelaberprimel, *Primula bulleyana*	40 – 70 cm	orangegelb bis orangerot, zarte Töne Juni – Juli	◐
Japanische Etagenprimel, *Primula japonica*	50 – 70 cm	rosa, Rottöne, gelbe Mitte Mai – Juni	◐
Primula pulverulenta	70 – 80 cm	rot, rosa, Mitte dunkler Juni – August	◐
Glockenprimeln			
Alpenaurikel, *Primula auricula*	10 – 20 cm	dunkelgelb; duftend April – Juni	☼–◐; kalkhaltiger Boden
Mehlprimel, *Primula farinosa*	10 – 25 cm	purpurn, fliederrosa, gelber Schlund April – Mai	☼–◐; kalkarmer, lehmiger Boden,
Hängeglockenprimel, *Primula sikkimensis*	60 – 90 cm	gelb, weiß bemehlt Mai – Juni	◐; kalkarmer Boden
Andere Formen			
Tibetglockenprimel, *Primula florindae*	bis 120 cm	blassgelb, orange bis rot; Dolden mit bis zu 40 hängenden Blüten Juni – Juli	◐; kalkarmer Boden
Orchideenprimel, *Primula vialii*	30 – 60 cm	blauviolett, scharlachrot; in bis zu 15 cm langen Ähren Juni – August	◐; kalkarmer Boden, Liebhaberpflanze, etwas heikel

PRUNUS

Dreifarbige Prunkwinde (Ipomoea tricolor)

große trichterförmige Blüten, blau bis purpurn mit gelblich weißem Schlund, schließen sich schon nachmittags.

■ Trichterwinde: große, breit eiförmige Blätter; große trichterförmige Blüten, blau, purpurrot, rotviolett oder rosa, mit weißem Schlund, auch ganz weiß.

■ Kaiserwinde: große breit eiförmige bis dreilappige Blätter; trichterförmige Blüten, blau, purpurn oder rot mit weißem Schlund, auch gefüllte Sorten.

■ Sternwinde: dreilappige Blätter mit kleinen Nebenlappen; kleine röhrenförmige Blüten in dichten, aufrechten, bis 30 cm hohen Trauben, anfangs scharlachrot, später orange, dann gelblich weiß.

Blütezeit: Juli – September
Verwendung: Kletternd an Zäunen, Lauben, Pergolen, in Terrassenkästen; eignen sich als Sichtschutz.
Standort: Warm, geschützt, Kaiserwinde besonders kälteempfindlich, Trichterwinde recht robust; humoser, lockerer Boden, neutral bis leicht alkalisch.
Kultur: Aussaat ab Ende März in Anzuchtplatte oder Einzeltöpfe, nach vier Wochen in größere Töpfe pikieren (Kletterhilfe), entspitzen; ab Mitte Mai an den endgültigen Standort pflanzen.
Pflege: An senkrechten Stützen oder Klettergerüsten hochleiten; während der Blütezeit regelmäßige Kopfdüngung; bei anhaltender Trockenheit reichlich gießen, Sternwinde kann etwas trockener stehen.

Prunus
Botanischer Gattungsname einer großen Gruppe von Rosengewächsen: → Aprikose, → Blutpflaume, → Kirschlorbeer, → Kirschpflaume, → Mandelbäumchen, → Pflaume, → Pfirsich, → Sauerkirsche, → Schlehe, → Süßkirsche, → Traubenkirsche, → Zierkirsche

Pseudotsuga
Botanischer Gattungsname einer großen Konifere, der → Douglasie

Pteridium
Stattlicher Farn mit attraktiver Herbstfärbung der Wedel
→ Adlerfarn

Puffbohne
VICIA FABA
☼–◐

Acker-, Sau-, Pferde- oder Dicke Bohne sind weitere Namen für diese altbewährte Kulturpflanze, die wahrscheinlich aus Vorderasien stammt. Das mit Gründüngungs- und Futterwicken verwandte Gemüse mit den kräftig schmeckenden Kernen hat mit den anderen → Bohnen wenig gemein. Die robuste Pflanze kann sehr früh gesät werden, was auch empfehlenswert ist, um den fast immer auftretenden Schwarzen Bohnenläusen (→ Blattlaus) zuvorzukommen. Durch seine Symbiose mit Knöllchenbakterien reichert der Schmetterlingsblütler den Boden für Nachfrüchte mit Stickstoff an. Die Bohnen dürfen nur

Puffbohne (Vicia faba)

gekocht gegessen werden; roh enthalten sie einen Inhaltsstoff, der bei dafür empfindlichen Menschen zu gefährlichen allergischen Reaktionen führen kann.
Merkmale: Einjähriges Hülsengemüse, aufrecht, 60 – 120 cm hoch; paarig gefiederte Blätter ohne Ranken; weiße Blüten; dicke Hülsen mit großen, rundlich ovalen Samenkernen.
Standort: Genügsam, optimal sind lockere Lehmböden; kommt aber auch mit schweren Böden zurecht.
Kultur: Aussaat ins Freiland ab Anfang März, in günstigen Lagen schon Ende Februar, bis Anfang Juni; Samen etwa 5 cm tief säen, Horstsaat mit je 2 bis 3 Samen in 40 cm Abstand oder Einzelsaat mit Abstand 60 x 15 cm.
Pflege: Gleichmäßig leicht feucht halten, Boden lockern, mehrmals anhäufeln.
Ernte: Halbreife, grüne Hülsen ab Ende Mai, Samen kochen oder einfrieren; ganz ausgereifte Samen kann man zum Aufbewahren trocknen.

Pulsatilla
Botanischer Gattungsname einer unter Naturschutz stehenden Pflanze mit großen Blüten und seidigen Früchten, der → Küchenschelle

Purpurfetthenne
Herbstblühende Staude aus der großen Gattung der → Fetthennen

Purpurglöckchen
HEUCHERA-HYBRIDEN
☼–◐ ☺

Die robusten und genügsamen Stauden stammen aus Nordamerika. Sie gehören zur Familie der Steinbrechgewächse und zeichnen sich durch attraktives, in Polstern wachsendes Laub aus. Ihre Blüten stehen auf blattlosen Stielen in lockeren Rispen – von nahem betrachtet gleichen sie wirklich kleinen Glöckchen. Obwohl die Pflanzen am besten im Halbschatten gedeihen, vertragen sie auch Sonne (reichlicher gießen) und Schatten (die Blühfreude nimmt ab).
Merkmale: Polsterförmige Staude, 40 – 70 cm hoch; Blätter herzförmig, gelappt, sortenabhängig auch gezeichnet; zahlreiche kleine Blütenglöckchen, in langen, schmalen Rispen, rosa, in Rottönen oder weiß.
Blütezeit: Mai – Juli
Verwendung: Für halbschattige Staudenbeete, naturnahe Pflanzungen, unter Gehölzen; als Bodendecker.
Standort: Bevorzugt halbschattig und möglichst luftfeucht, gedeiht auch noch im Schatten, dort aber spärlichere Blüte; durchlässiger, humoser, frischer bis feuchter Boden.
Pflanzen/Vermehren: Pflanzung im Herbst oder Frühjahr, mit etwa 30 cm Abstand; Vermehrung durch Teilung nach der Blüte oder Kopfstecklinge im Frühsommer.
Pflege: Im Frühjahr mit Kompost versorgen, bei anhaltender Trockenheit gießen, verblühte Stängel entfernen; in sehr kalten Wintern mit Reisig abdecken; alle 3 bis 4 Jahre teilen und neu verpflanzen.
Hinweis: Gelegentlich werden weitere Arten angeboten, vor allem *H. micrantha,* 50 – 90 cm hoch, grau marmorierte Blätter, Blüten rosa oder weiß. Nur 30 – 40 cm hoch wird *H. sanguinea* mit kräftig roten oder weißen Blüten in kürzeren Rispen.

Puschkinia
Botanischer Gattungsname der → *Puschkinie*

Puschkinie
PUSCHKINIA SCILLOIDES
☼–◐ ☺

Die im Kaukasus und Vorderasien beheimatete Puschkinie gehört zur Familie der Liliengewächse. Ihre unscheinbaren Einzelblüten kommen am besten zur Geltung, wenn man stets mehrere Zwiebeln in einer Gruppe einsetzt.
Merkmale: Zwiebelpflanze, Höhe 10 – 15 cm, grasartige, starre Blätter; glockenförmig weiße Blüten mit 1 cm Ø in dichten Trauben.
Blütezeit: März – April
Verwendung: In Gruppen vor oder unter lichten Gehölzen, im Steingarten, auf Wiesen.
Standort: Jeder normale Gartenboden, trocken bis frisch.
Pflanzen/Vermehren: Pflanzung im Herbst, 5 – 8 cm tief; verwildert (Tochterzwiebeln) und sät sich selbst aus.
Pflege: Ungestört wachsen lassen.
Hinweis: Die Varietät *P. scilloides* var. *libanotica* hat blassblaue Blüten mit blauem Mittelstreifen.

Puschkinie (Puschkinia scilloides)

Pusteblume
Anderer Name des → *Löwenzahns*

PVC-Folie
Weiche oder harte → *Folie* aus Polyvinylchlorid; eingesetzt z. B. als Abdeckfolie oder als Teichfolie.

Pyracantha
Immergrüner Strauch mit zierenden roten bis gelben Früchten
→ *Feuerdorn*

Pyramidenkrone
Obstbaumkrone mit Mittelast und mehreren Leitästen
→ *Obstbaum, Kronenformen*

Pyrethroide
→ *Pyrethrum*

Pyrethrum
Pflanzenschutzmittel, das aus der Dalmatinischen Insektenblume (auch Insektenpulverpflanze; *Tanacetum cinerariifolium*) gewonnen wird. Diese u. a. in Südeuropa und Afrika großflächig angebaute Margeritenart erzeugt in ihren Blüten hochwirksame Giftstoffe, um Schädlinge abzuwehren. Daraus gewinnt man Extrakte, die als Spritzmittel gegen beißende und saugende Insekten eingesetzt werden. In normaler Dosierung sind sie für Menschen und andere Säugetiere, Vögel sowie Bienen unschädlich. Als breit wirksame Kontaktgifte gefährden sie allerdings einige Nützlinge wie Raubmilben und Schlupfwespen. Als Umweltvorteil gilt, dass sie sich rasch ohne gefährliche Rückstände abbauen. Anders verhält es sich mit den synthetischen Pyrethroiden, die dem Naturwirkstoff nachgebildet sind, aber eine ausgeprägte Langzeitwirkung zeigen.

Pyrus
Botanischer Gattungsname von
→ *Birne* und → *Nashi* (Asienbirne)

Q

Quamoclit
Früherer Gattungsname der Sternwinde
→ *Prunkwinde*

Quarz
Verbreitetes Silikatgestein, das je nach chemischer Zusammensetzung „einfache" Minerale, aber auch Bergkristalle, Rauchquarze und andere Edelsteine bildet. Der sehr feinkörnige Quarzsand wird als Fugenmaterial zwischen Terrassenfliesen verwendet, Quarzkies für Zierteiche und Aquarien.

Quassiaholz
Auch Fliegenholz genannt. Der tropische Quassiaholzbaum (*Quassia amara*) produziert eine Substanz, die Blattläuse und Blatt- bzw. Sägewespen abtötet. Das zerkleinerte Holz wird mit Wasser vermischt, kurz aufgekocht und direkt auf die Insekten gespritzt; teils unter Zugabe von Schmierseife. Es gibt auch Fertigprodukte, außerdem wird Quassia Vertreibungsmitteln zum Schutz vor Wildverbiss zugesetzt. Das Mittel gilt als für Menschen wenig giftig, bienenungefährlich und relativ nützlingsschonend. Allerdings besteht derzeit in Deutschland keine Zulassung für den Hausgarten.

Quecke
ELYMUS REPENS

Mit früherem Namen *Agropyron repens*. Der Artname *repens* besagt es schon: Dieses Gras breitet sich „kriechend" aus. Quecken gehören zu den Unkräutern, die Gärtner zur Verzweiflung bringen können. Die mehrjährigen Quecken treiben knapp unter der Oberfläche liegende, helle Ausläufer aus, aus denen beim Abbrechen neue Pflanzen entstehen. Es handelt sich dabei um kriechende Rhizome (Wurzelstöcke). Die einzige Möglichkeit, der Quecken Herr zu werden, ist die Entfernung aller Rhizomstücke. Dies kann durch konsequentes Ausgraben geschehen, immer dann, wenn sich ein neues Graspflänzchen zeigt, oder indem man radikal jegliches Wachstum für eine ganze Vegetationsperiode unterbindet – dazu wird die Fläche mit einer kräftigen schwarzen Folie überdeckt, die kein Hochkommen der Gräser erlaubt. In bereits vorhandenen Beeten hilft nichts außer regelmäßiges Jäten, möglichst bevor das Gras Samen ansetzen kann. Weder Wurzeln bzw. Ausläufer noch Samen dürfen auf den Kompost gelangen.

Zerkleinertes Quassiaholz

Lästiger Überlebenskünstler: Die Quecke vermag selbst aus kleinen Ausläuferstücken neue Pflanzen zu treiben.

Quellstein an einem Bachlauf

Quellstein
Durchbrochener Natur- oder künstlicher Stein, aus dessen Öffnung mithilfe einer Pumpe Wasser strömt. Quellsteine können in Verbindung mit Teich- oder Bachanlagen stehen oder Blickpunkte in → *Mini-Teichen* und Sprudelbrunnen bilden.

Quelltopf

→ *Anzuchtgefäß* aus gepresstem Torf, das bei Zufuhr von Wasser stark aufquillt.

Auch → PRAXIS-SEITE Anzucht aus Samen – Pflanzen selbst vermehren (S. 42/43)

Quellung

Allgemein eine Volumenvergrößerung durch Aufnahme von Wasser. Bei der Quellung nimmt ein Pflanzensamen große Mengen an Wasser auf; erst danach keimt er. Einige Samen keimen besser, wenn sie vor dem Einpflanzen gewässert werden; auch → *Keimförderung*.

Quendel

Anderer Name für den bei uns auch wild wachsenden Feldthymian
→ *Thymian*

Quercus

Botanischer Gattungsname der → *Eiche*

Quetsche

Regionale Bezeichnung für Zwetsche bzw. → *Pflaume*

Quickstick

Quicksticks sind Pappstäbchen mit je einem Samen, die im gewünschten Abstand in die Erde gesteckt werden und so sehr einfach gezieltes Säen erlauben.

Auch → PRAXIS-SEITE Aussaat im Freien – Direktsaat ins Beet (S. 70/71)

Quirlholz

Bei Laubgehölzen werden häufig an gestauchten Trieben direkt unterhalb der Spitzenknospe zahlreiche Knospen gebildet, die im nächsten Frühjahr dann beim Austreiben wie ein Quirl an den Zweigenden stehen. Durch häufigen schwachen Rückschnitt von Gehölzen kann es zu unerwünschter Quirlbildung kommen (→ *Besenwuchs*). Beim Kernobst bezeichnet man älteres, stark verzweigtes → *Fruchtholz* als Quirlholz.

Quirlständig

Form der → *Blattstellung,* bei der jeweils drei und mehr Blätter in derselben Höhe um den Spross stehen.

Quitte

CYDONIA OBLONGA
☼ ☺

Das ursprünglich in Westasien beheimatete Rosengewächs wurde vermutlich von den alten Römern nach Süd- und Mitteleuropa gebracht. Bei uns sieht man die recht frostempfindliche Pflanze nur gelegentlich in wärmeren Regionen. Sicher trägt dazu auch bei, dass man die Früchte nicht einfach vom Baum pflücken und essen kann – sie sind roh ungenießbar und müssen in Form von Kompotts, Gelees oder Marmeladen aufbereitet werden. Allerdings geben Quittenbäumchen durch ihre Wuchsform sowie die ansehnlichen Blätter und Blüten auch hübsche Ziergehölze ab.

Die eigentlich in Strauchform wachsenden Gehölze werden erst durch Veredeln auf Stämme zu Bäumen. Diese Unterlagen sind meist ebenfalls Quitten. Baumschulen bieten Quitten als Buschbäume oder Halbstämme an, die man mit Pyramiden- oder Hohlkrone erziehen kann.

Die Sorten gehören entweder zu den Apfelquitten (z. B. 'Konstantinopeler') mit rundlichen oder zu den Birnenquitten (z. B. 'Vranja') mit länglichen Früchten. Die üblichen Sorten gelten bis auf die 'Riesenquitte von Leskovac' als selbstfruchtbar, ein zweiter Baum wird aber häufig zur Verbesserung des Fruchtansatzes empfohlen. Dazu – wie auch zur Frostempfindlichkeit – lässt man sich am besten in der Baumschule beraten. Ein Quittenbaum beginnt erst ab dem

Quitte mit apfelförmiger Frucht

8. Jahr richtig zu tragen, kann dann aber bis zu 50 kg Früchte bilden.

Merkmale: Baum, 3 – 6 m (selten bis 8 m) hoch und breit, große, eiförmige Blätter, unterseits behaart; Blüten weiß bis rosa, bis 5 cm Ø; Früchte goldgelb, pelzig,.

Blütezeit: Mai – Juni

Standort: Warm und geschützt; kalkarmer Boden ohne Staunässe.

Pflanzen/Vermehren: Pflanzung bevorzugt im Frühjahr, 3 – 5 m Abstand halten; Vermehrung durch Veredlung.

Pflege: In den ersten Jahren Wurzelbereich über Winter mit Laub- und Reisigauflage schützen, bei anhaltender Trockenheit während der Blüte und Fruchtbildung gießen; alle 2 bis 3 Jahre im Frühjahr düngen; in der Ertragsphase gelegentlich auslichten und Fruchtholz, das dreimal getragen hat, einkürzen.

Ernte: Je nach Sorte Anfang bis Mitte Oktober vor den ersten Frösten; Zeitpunkt kurz vor der Vollreife günstig, können auch etwas härter geerntet werden und nachreifen.

R

Rabatte mit Kräutern und Buchseinfassung

Rabatte
Vergleichsweise schmale, oft lang gezogene Pflanzfläche für Stauden, Sommer- und Zwiebelblumen oder Klein- und Zwerggehölze, seltener auch mit Kräutern bestückt. Rabatten können sich an einer Hauswand entlang ziehen oder Wege, Gehölzgruppen, Rasenflächen, Terrassen und Sitzplätze säumen. In dieser rahmenden Funktion bezeichnet man sie auch als Randbeete. Anders als → *Beete* im engeren Sinn sind sie häufig nur von einer Seite zugänglich bzw. einseitig ausgerichtet. Meist werden Rabatten mit geraden Umrisslinien, also in lang gestreckter Rechteckform angelegt. Aber auch geschwungene Ränder oder ein insgesamt geschwungener Verlauf sind möglich und gestalterisch interessant.

Werden Rabatten als einseitig ausgerichtete Pflanzflächen angelegt, z. B. vor einer Mauer, muss man je nach Breite bzw. Tiefe an spätere Zugangsmöglichkeiten für die Pflege denken. Ab etwa 0,8 m Tiefe empfiehlt es sich, bei längeren Rabatten einige Trittplatten oder -steine einzusetzen, um die Pflanzen im Hintergrund gut erreichen zu können. Für Rabatten, die tiefer als 2 m sind, plant man am besten einen kleinen Pflegepfad an der Rückseite ein. Das Vorgehen beim Anlegen entspricht dem bei Beeten; → PRAXIS-SEITE Beete neu anlegen – Planung und Umsetzung (S. 98/99).

Beim Bepflanzen einseitig ausgerichteter Rabatten nimmt man meist eine deutliche Höhenstaffelung vor, von großwüchsigen Arten im Hintergrund über mittelhohe und niedrige Pflanzen bis hin zu kleinen polster- oder kissenförmigen Arten am vorderen Rabattenrand. Eine Ausnahme machen dabei Frühjahrsblüher, insbesondere Zwiebel- und Knollenblumen; diese setzt man bevorzugt weiter nach hinten, damit sie nach dem Verblühen von den Sommerblühern verdeckt werden. Auf lang gezogenen Rabatten wirkt es ansprechender, wenn man diese strikte Höhenstaffelung stärker variiert, so dass sich über den gesamten Verlauf hinweg „Berge" und „Täler" ergeben.

In England gehört die Gestaltung von Rabatten – dort als „Borders" bezeichnet – zur hohen Gartenkunst, etwa in Form der mit verschiedenen Pflanzengruppen geschmückten → *Mixed Borders*.

Radhacke
Von Hand betriebenes Hackgerät mit Stützrad und zwei langen Holmen
→ *Hacke*

Radi
Vor allem in Süddeutschland geläufige Bezeichnung für den → *Rettich*

Radiäre Blüte
Oft anzutreffende Form der → *Blüte*, bei der Blüten- bzw. Kronblätter strahlenartig rund um die Blütenachse angeordnet sind, wie z. B. bei der Tulpe.

Radicchio
CICHORIUM INTYBUS VAR. FOLIOSUM

Der Radicchio, auch Rote Endivie oder Roter Chicorée genannt, gehört mit → *Endivie* und → *Chicorée* zu den Zichoriensalaten, die eng mit der wild

Mit seinen Rottönen bringt der Radicchio Farbe aufs Gemüsebeet.

wachsenden, blau blühenden Wegwarte (Cichorium intybus) verwandt sind. Zur selben, ausschließlich in Kultur bekannten Art aus der Familie der Korbblütler ist neben dem Radicchio auch der → Zuckerhut (Fleischkraut) zu rechnen, allerdings hat ihm der Radicchio in der Beliebtheit weitgehend den Rang abgelaufen.

Radicchio zeichnet sich als sehr gut haltbarer, angenehm bitter schmeckender und überaus gehaltvoller Salat aus, wird aber auch als Gemüse verwendet. Bei den Sorten unterscheidet man Varianten mit sehr kompakten, kugeligen bis eher lockeren, länglichen Köpfen, deren Blätter durchweg weinrot, grünrot oder weißrot gefärbt sind. Ein weiteres, wesentliches Sortenmerkmal betrifft den Anbauzeitraum: Frühe Sommersorten werden noch im selben Jahr geerntet, späte Sorten sind dagegen frosthart und können bis zum Frühjahr stehen bleiben. Sie eignen sich besonders gut als Nachkultur. Als Mischkulturpartner passen z. B. Möhren, Rote Bete, Tomaten, Zwiebeln und andere Salate.

Merkmale: Ein- oder zweijährig kultivierte Pflanze mit ballonartigen bis spindelförmigen Köpfen aus kompakten Blattrosetten; Blätter je nach Sorte rot, grünrot oder rotweiß; kräftige Pfahlwurzel.
Standort: Am besten sonnig, im Halbschatten oft nicht so intensive Blattfärbung; lockerer, frischer, humoser Boden.
Standort: Aussaat früher Sorten von Mai bis Juni, späte Sorten im Juli in Reihen mit 30 cm Abstand; Sämlinge früher Sorten auf 25 – 30 cm, später Sorten auf 15 cm Abstand ausdünnen; unter Folienschutz oder im Gewächshaus auch frühere Saat ab März möglich. Radicchio keimt nur bei Temperaturen über 20° C gut. Man kann ihn zwar in der Wärme vorziehen, allerdings lassen sich die Jungpflanzen wegen der kräftigen Wurzel nur schwer versetzen.
Pflege: Saatbeet gut mit Kompost versorgen, andernfalls während der Kultur ein- bis zweimal düngen; gleichmäßig leicht feucht halten, Boden regelmäßig hacken; bei späten Sorten im September/Oktober Blattrosette bis auf 3 – 5 cm langen Strunk abschneiden, mit Stroh oder Folie abdecken.
Ernte: Frühe Sorten ab September, bei Unter-Glas-Kultur auch schon früher; späte Sorten im Frühling des Folgejahrs.

Radieschen
RAPHANUS SATIVUS
☼ ☺

Das Radieschen oder Radies, auch Monatsrettich genannt, ist wie der eng verwandte → Rettich ein Kreuzblütler. Der Ursprung des überaus beliebten und schnell reifenden Knollengemüses liegt vermutlich in Vorder- und Ostasien. Die pikant scharf schmeckenden, vitamin- und mineralstoffreichen Knollen gedeihen knapp unter der Erdoberfläche, sie sind je nach Sorte kugelig, zylindrisch oder kegelig und rot, seltener rosa oder purpurn, rotweiß oder nur weiß gefärbt. Neben sehr frühen Sorten zum Treiben unter Glas, so genannten Treibradies, gibt es frühe Freilandsorten zum Anbau im Frühjahr und Herbst sowie Sommersorten. Vor allem bei letzteren lohnt es sich, darauf zu achten, dass es sich um platzfeste Sorten handelt.

Radieschen eignen sich als Vor-, Zwischen- und Nachkultur. Da sie sehr rasch keimen, nutzt man sie oft als → Markiersaat. Zur Mischkultur eignen sich u. a. Bohnen, Erbsen, Salate, Mangold, Tomaten und Möhren, ungeeignete Nachbarn sind Gurken.
Merkmale: Einjährig kultiviertes Knollengemüse, 10 – 15 cm hoch; dunkelgrüne, rau behaarte, ovale Blätter; runde, ovale, walzenförmige oder spitzkegelige Knollen mit lang auslaufender Wurzelspitze.
Standort: Lockerer, frischer, humoser Boden; ungeeignet sind frisch mit Mist gedüngte Beete.
Kultur: Aussaat ab Februar unter Glas, ab März unter Folie, ab April ohne Schutz etwa 1 cm tief in Reihen mit 15 – 20 cm Abstand; Sämlinge auf 5 – 8 cm vereinzeln; Folgesaaten im Abstand von etwa drei Wochen.
Pflege: Für gleichmäßige Feuchtigkeit sorgen, bei krassem Wechsel der Wasserversorgung neigen die Knollen zum Platzen; je geringer die Bodenfeuchte, desto schärfer werden die Knollen; Boden regelmäßig lockern; Trockenheit und Oberflächenverdichtung fördern → Erdflöhe.
Ernte: Je nach Jahreszeit, Sorte und Entwicklung 3 bis 8 Wochen nach der Aussaat Radieschen aus dem Boden ziehen; zu spät geerntet werden sie schwammig, fade, holzig und pelzig.

Frisch aus dem Garten schmecken Radieschen am besten.

Radspiere (Exochorda racemosa)

Rainfarn (Tanacetum vulgare) ist nicht nur hübsch, sondern auch überaus nützlich.

Radspiere
EXOCHORDA RACEMOSA

Das üppig blühende Rosengewächs aus Ostchina wird auch Prunk- oder Prachtspiere genannt. Perlstrauch heißt es wegen der Winterknospen, die wie Perlen an den Trieben aufgereiht erscheinen.
Merkmale: Strauch mit trichterförmigem, oben leicht überhängendem Wuchs, 3 – 4 m hoch, bis 3 m breit; längliche, hellgrüne Blätter, sehr früher Austrieb; reinweiße, schalenförmige Blüten in langen Trauben; bräunliche Fruchtkapseln; Flachwurzler.
Blütezeit: Mai
Verwendung: Als Solitär, in Gehölzgruppen.
Standort: Durchlässiger, frischer, humoser, nährstoffreicher, unbedingt kalkarmer Boden.
Pflanzen/Vermehren: Pflanzung bevorzugt im Herbst; Vermehrung durch Stecklinge oder Aussaat (Kaltkeimer).
Pflege: Überlange Triebe immer wieder einkürzen; im Wurzelbereich nicht graben oder hacken; gelegentliche Kompostgaben.
Hinweis: *Exochorda* x *macrantha* 'The Bride' ist eine besonders reich blühende, kleinwüchsige Sorte, die nur 1 – 1,5 m hoch wird; sonst der beschriebenen Art sehr ähnlich.

Rahne
Anderer Name für die → *Rote Bete*

Rainfarn
TANACETUM VULGARE

Der heimische Korbblütler wird auch Wurmkraut genannt, man verwendete ihn früher als Heilmittel gegen Würmer. Er enthält jedoch in allen Teilen Giftstoffe und kann bei empfindlichen Menschen allergische Reaktionen auslösen. Nutzen lässt sich der Rainfarn gleich mehrfach. Getrocknete Stängel vertreiben Mücken und Motten, in Form von Tee oder Brühe wirkt er als Pflanzenschutzmittel, wehrt saugende und beißende Insekten ab (→ *Kräuterauszüge*). Zu Zierzwecken werden besonders attraktiv belaubte Sorten angeboten.
Merkmale: Buschig wachsende Staude, 60 – 120 cm hoch; graugrüne, fein zerteilte, farnwedelähnliche Blätter; goldgelbe, knopfartige Blütenköpfchen in schirmartigen Dolden; die ganze Pflanze riecht kampferartig.
Blütezeit: Juli – September
Verwendung: Wildstaude für naturnah gestaltete Beete, für Blumenwiesen, an Wegrändern; am Rand von Gemüsebeeten gepflanzt, hält der Rainfarn Schädlinge fern.
Standort: Lockerer, mäßig trockener, humoser, am besten auch kalkarmer Boden.
Pflanzen/Vermehren: Pflanzung im Frühjahr oder Herbst; Vermehrung durch Teilung oder Aussaat.
Pflege: Völlig anspruchslos.

Rainweide
Anderer Name für den → *Liguster*

Raketenwacholder
Wacholdersorte *Juniperus virginiana* 'Skyrocket', die sich durch besonders schmalen, säulenförmigen Wuchs auszeichnet.
→ *Wacholder*

Rambler-Rosen
Kletterrosen mit relativ dünnen, biegsamen, überhängenden Trieben, die häufig von der kletternden Wildrose *Rosa wichuriana* abstammen. Sie brauchen anders als die → *Climber-Rosen* eine Kletterhilfe und müssen aufgebunden werden.
→ *Rose*

Rande
Anderer Name für die → *Rote Bete*

Randpflanzung
Rahmende Gehölzpflanzung eines Grundstücks, in Form von → *Hecken* oder → *Gehölzgruppen*. Bei der Planung und Pflanzung sind die vorgeschriebenen → *Grenzabstände* zu beachten.

Ranke
Ranken sind dünne, lange Greiforgane, die zum Umschlingen stützender Gegenstände oder anderer Pflanzen dienen und somit den Ranken tragenden Pflanzen Kletterwuchs ermöglichen. Die Ranken reagieren auf Berührungsreize: Sobald sie eine geeignete Unterlage "ertasten", krümmen sie sich zu dieser hin und umwachsen sie spiralig.

Bei den Ranken handelt sich um arttypische Umwandlungen verschiedener Pflanzenorgane. Es gibt zum einen die Blattranken, die aus ganzen Blättern entstanden sind (z. B. Gurke), aus einzelnen Fiederblättchen (z. B. Erbse) oder aus Blattstielen (Waldrebe). Die Sprossranken dagegen sind umgewandelte Sprosse, so etwa die des Wilden Weins (*Parthenocissus*), von dem einige Sorten besonders ausgeprägte Haftscheiben am Ende der Ranken ausbilden.

Rankenspinat
Seltenes Blattgemüse mit langen kriechenden oder kletternden Trieben
→ *Malabarspinat*

Rankgerüst
→ *Kletterhilfen*

Rankpflanzen
→ *Kletterpflanzen*, die mithilfe von → *Ranken* hochklimmen, z. B. Waldrebe und Weinrebe. Sie lassen sich am besten an einer gitterartig strukturierten Unterlage hochziehen. Auch einige Gemüsearten zählen zu den Rank- bzw. Rankenpflanzen, nämlich Gurke, Kürbis und Erbse.

Ranunculus
Botanischer Name des → *Hahnenfußes*, zu dem sowohl verschiedene gelb oder weiß blühende Zierstauden als auch einige → *Unkräuter* gehören. Bei der zur selben Gattung zählenden → *Ranunkel* hat man den lateinischen Namen einfach eingedeutscht.

Ranunkel
RANUNCULUS ASIATICUS
☼

Die mit üppigen Blütenbällen in leuchtenden Farben aufwartenden Ranunkeln sind Hahnenfußgewächse. Die Stammart der Kulturformen ist im Mittelmeerraum beheimatet. Ranunkeln werden bereits seit dem 16. Jahrhundert in Mitteleuropa gezogen und gezüchtet und heute in zahlreichen Sorten angeboten.

Merkmale: Nicht winterharte Knollenpflanze mit buschigem Wuchs, 20 – 40 cm hoch; fleischige, mehrfach gefingerte Wurzelknollen, so genannte Klauen; mehrfach gefiederte Blätter; schalen- bis ballförmige, meist dicht gefüllte Blüten mit bis zu 12 cm Ø, Farben reichen je nach Sorte von Weiß über Gelb und Orange bis Rot.

Ranunkel (Ranunculus asiaticus)

Blütezeit: Je nach Kultur März – Juni
Verwendung: Leuchtkräftige Frühjahrsblüher für Beete und Rabatten, für Töpfe, Kästen und Schalen; gute Schnittblumen.
Standort: Warm und geschützt; sehr lockerer, frischer, humoser, nährstoffreicher Boden.
Pflanzen/Vermehren: Zum Antreiben unter Glas ab Februar bis April Knollen mit den „Klauen" nach unten flach in die Erde setzen, mit 20 – 25 cm Abstand, ab April ins Freie pflanzen; Vermehrung durch Knollenteilung oder Brutknöllchen nach der Blüte, einige Sorten auch durch Aussaat.
Pflege: Gleichmäßig feucht halten; während des Wachstums wöchentlich düngen; nach dem Verblühen und Vergilben des Laubs Knollen aufnehmen und kühl und trocken lagern.

Ranunkelstrauch
Anderer Name für die → *Kerrie*, ein kleiner Strauch mit gelben Blüten im Frühsommer

Raphanus
Botanischer Name von → *Radieschen* und → *Rettich* sowie des Ölrettichs, der zu den → *Gründüngungspflanzen* gehört.

Rapontikawurzel
Alter Name für die Gewöhnliche → *Nachtkerze*, deren Wurzeln früher häufiger als Gemüse genutzt wurden.

Raps
Der gelb blühende Raps (*Brassica napus*), ein nah mit dem Kohl verwandtes Kreuzblütengewächs, spielt im Feldbau eine wichtige Rolle als Öl- und Futterpflanze, wobei man je nach Anbauzeit Sommer- und Winterraps unterscheidet. Im Garten wird Raps nur als → *Gründün-*

gungspflanze eingesetzt. Eine Sondernutzung stellt der → *Schnittkohl* dar, bei dem es sich um eine als Gemüse genutzte Varietät des Rapses handelt.

Rapsöl

Das aus den Samen des → *Rapses* gewonnene Öl ist als Speiseöl wie als technisch genutztes Öl (Dieselersatz) bekannt. Des Weiteren findet es Verwendung als Grundstoff für → *Ölpräparate,* die sich gegen verschiedene Schädlinge einsetzen lassen.

Rapunzel

Anderer Name für den → *Feldsalat*

Rasen

Als dicht geschlossene, kurz gehaltene Dauergrasfläche ist der Rasen fast eine Selbstverständlichkeit, die in kaum einem Garten fehlt. Diese Art der Vegetationsdecke hat aber auch in der freien Natur ihre Entsprechung. In der Landschaftsökologie und Pflanzensoziologie kennzeichnet man als „Rasen" verschiedene Typen des natürlichen oder naturnahen Graslands. So gibt es etwa den alpinen Rasen, den Kalkmager- und Borstgrasrasen sowie weitere Formen des Trockenrasens. Wachsen solche Grasgesellschaften, die meist auch charakteristische Kräuter umfassen, auf feuchteren, nährstoffreicheren Untergründen, sprechen die Botaniker eher von Fluren oder Wiesen.

Für Wiesen im engeren Sinn ist allerdings das gelegentliche Mähen – also der menschliche Einfluss – ausschlaggebendes Kriterium. Unser gewohnter Rasen in Garten oder Park ähnelt somit am ehesten dem Biotoptyp einer häufig gemähten Wiese. Im Zweifelsfall regelt dann sogar eine Deutsche Industrienorm, die DIN 18917, was ein Rasen ist, nämlich „eine durch Wurzeln und Ausläufer mit der Vegetationstragschicht fest verwachsene Pflanzendecke aus Gräsern, die im Regelfall keiner landwirtschaftlichen Nutzung unterliegt." Je nach Verwendungszweck können neben Gräsern Leguminosen und sonstige Kräuter enthalten sein; somit darf z. B. auch eine Blumenwiese noch unter den Begriff Rasen fallen.

Die wichtigsten **Funktionen** des Rasens im Garten sind klar umrissen:

■ Als „grüner Teppich" stellt er einen lebendigen, angenehm begehbaren Bodenbelag dar, der mehr oder minder stark auch als Aufenthaltsfläche im Garten dient.

■ Das gleichmäßige, flächige Grün sorgt für einen optischen Ausgleich zur sonstigen Bepflanzung und bietet dem Auge einen Ruhepunkt. Zugleich bringt es die Blütenfarben und Formen anderer Pflanzen gut zur Geltung, ebenso unbelebte architektonische Gestaltungselemente, Plastiken oder andere Gartendekorationen.

Aufgrund dieser beiden Aufgaben stellt der Rasen häufig den unspektakulären, aber unverzichtbaren Mittelpunkt im Garten dar und beansprucht dabei einen großen Teil der Fläche. Nicht selten setzt man ihn aber auch als Verlegenheits- oder Übergangslösung an Stellen ein, die nicht anderweitig genutzt werden können oder sollen. Gerade in solchen Fällen sollte man allerdings Alternativen wie → *Bodendecker* oder eine → *Blumenwiese* in die Überlegungen mit einbeziehen. Umgekehrt ist an stark frequentierten und belasteten Plätzen zu erwägen, ob sich nicht → *Pflaster,* speziell in der Ausführung als wasserdurchlässiges, „halbgrünes" Rasenpflaster, besser eignet.

Im Vergleich zu einer geschlossenen Pflasterdecke werden jedoch auch die ökologischen Vorteile und Funktionen einer Rasenfläche deutlich: Sie ermöglicht Regenwasserabfluss und Grundwasserneubildung, vermindert die Nährstoffauswaschung, bewahrt den Boden vor Erosion, produziert Sauerstoff, reguliert

Ein ansprechender grüner Teppich setzt die Wahl einer geeigneten Rasenmischung voraus.

Verschiedene Rasentypen

Rasentyp	Anwendungsbereich	Eigenschaften	Pflegeansprüche	Vorherrschende Gräser
Zierrasen	hauptsächlich gestalterischer Einsatz, Repräsentationsgrün	dichte teppichartige Narbe aus feinblättrigen Gräsern, geringe Belastbarkeit	hoch bis sehr hoch	Straußgräser (*Agrostis*-Arten), Rotschwingel (*Festuca ruba*-Unterarten)
Gebrauchsrasen	normal genutzter Hausgartenrasen, öffentliches Grün	mittlere Belastbarkeit	mittel bis hoch	Straußgras (*Agrostis capillaris*), Rotschwingel (*Festuca ruba*-Unterarten), Wiesenrispengras (*Poa pratensis*)
Strapazier- oder Sportrasen	Sport- und Spielflächen, Liegewiesen, Parkplätze	hohe Belastbarkeit (ganzjährig)	mittel bis sehr hoch	Deutsches Weidelgras (*Lolium perenne*) und Wiesenrispengras (*Poa pratensis*)
Landschaftsrasen (Extensivrasen)	überwiegend extensiv genutzte und/oder gepflegte Flächen im öffentlichen und privaten Grün, wiesenähnliche Flächen	Rasen mit großer Variationsbreite je nach Standort und Begrünungszweck, z. B. Erosionsschutz, Widerstandsfähigkeit auf extremen Standorten, im Regelfall nicht oder nur wenig belastbar	gering bis mittel, in Sonderfällen sehr hoch	je nach Standort und Anwendungsbereich mit verschiedenen Gras- und teilweise zusätzlich Kräuterarten

durch die Verdunstung von Bodenwasser und Tau die kleinklimatischen Temperaturverhältnisse und spendet im Sommer Kühle und Luftfeuchte.

Rasen ist eine besondere Pflanzengesellschaft, die sich aus unzähligen einzelnen Graspflanzen zusammensetzt. Dabei werden in der Regel → *Rasengräser* mehrerer Arten und Sorten kombiniert. So erhält man je nach Wuchseigenschaften und Belastbarkeit der Gräser verschiedene **Rasentypen** für unterschiedliche Zwecke. In Anlehnung an die oben genannte DIN-Ausführung zum Thema „Rasen und Saatarbeiten" stellt die oben stehende Übersicht die hauptsächlichen Rasentypen vor. Man findet sie unter diesen oder ähnlichen Bezeichnungen als **Rasenmischungen** im Handel.

Empfehlenswert sind die so genannten Regel-Saatgut-Mischungen (RSM). Sie werden für verschiedene Anwendungsbereiche und Standortverhältnisse mit jeweils geeigneten Gräsern in genau festgelegten Mischungsanteilen zusammengestellt. Daneben gibt es mehrere Spezialmischungen, etwa für Parkplätze oder die → *Dachbegrünung*. Auch innerhalb der Hauptrasentypen findet man verschiedene Varianten; außerdem tragen Rasensamen nicht selten Bezeichnungen, die von denen des Regel-Saatguts abweichen und nicht exakt definiert sind.

Einige Hinweise zu den Rasentypen und -mischungen sowie ihrem Einsatz:

■ **Zierrasen:** Wird auch unter Bezeichnungen wie Luxus-, Exklusiv- oder Teppichrasen angeboten, teils auch als „Englischer Rasen". Das weiche, samtige, ansprechende Grün sollte nicht allzu intensiv genutzt und betreten werden, es dient in erster Linie optischen Zwecken.

■ **Gebrauchsrasen:** Er wird in Haus- und Kleingärten am häufigsten gesät und bildet eine etwas grober strukturierte, aber auch robustere Grasdecke als der Zierrasen. Freizeit-, Allzweck- oder Allroundrasen sowie Wohnrasen sind einige der Bezeichnungen für solche Rasenmischungen, die allerdings keine konkrete Aussage zur Belastbarkeit geben. Regel-Saatgut-Mischungen von Gebrauchsrasen dagegen werden zusätzlich z. B. als strapazierfähiger Spielrasen, als geeignet für eher feuchte oder für trockene Böden ausgewiesen. Dem Wunsch vieler Gartenbesitzer nach nicht allzu eintönigem Grün kommen gut begehbare, pflegeleichte Gebrauchsrasenmischungen mit Kräuteranteil entgegen.

■ **Strapazier- oder Sportrasen:** Solche Mischungen eignen sich für Rasenflächen, auf denen Kinderspielgeräte stehen, des Öfteren Ballspiele stattfinden oder die dauerhaft als Sitzplatz mit Gartenmöbeln genutzt werden. Wo es bei starker Inanspruchnahme zu Lücken in der Grasnarbe kommt, kann Sportrasen in Form des so genannten Regenerationsrasens nachgesät werden.

■ **Landschaftsrasen:** Hierbei handelt es sich um spezielle Gräsermischungen, die z. B. für extreme Trockenlagen oder für Staunässebereiche ausgelegt sind. Im Garten lassen sich damit vor allem Problempartien oder wenig genutzte Randbereiche begrünen. Landschaftsrasen sind auch mit Kräuteranteilen erhältlich. Da man sie recht selten und höchstens auf 5 – 10 cm Schnitthöhe mäht, ähneln sie eher einer Wiese.

■ **Schattenrasen:** Die meisten Rasengräser haben einen mehr oder weniger hohen Lichtbedarf. Selbst als Schattenrasen ausgewiesene Mischungen, die es als Gebrauchs- und als Landschaftsrasen gibt, bilden in der Regel nur im Halbschatten noch eine geschlossene Decke, die sich gegen Moos und andere Unkräuter durchsetzen kann. Lediglich einige recht teure Spezialzüchtungen erfüllen den hohen Anspruch, selbst an stärker beschatteten Plätzen zu gedeihen. Schattenrasen verträgt in der Regel keinen Kurzschnitt.

■ **Golfrasen:** Grasmischungen für Golfplätze erfreuen sich auch in Privatgärten zunehmender Beliebtheit, da man sich davon ein sattes, zierendes Grün bei gleichzeitig hoher Belastbarkeit verspricht. Dies setzt allerdings einen sehr hohen Pflegeaufwand voraus, vor allem muss das „Green" stets durch Schnitt kurz gehalten werden. Neben dem eigentlichen Green gehören zum Golfrasen auch robustere Mischungen für die Spielbahnen und die besonders stark beanspruchten Abschläge sowie als Begrenzung die so genannten Roughs bzw. Rauflächen, die eher dem Landschaftsrasen entsprechen.

Auch → *Rasen anlegen,* → *Rasenpflege*

Rasen anlegen

Vor dem Anlegen einer neuen Rasenfläche empfiehlt sich eine ebenso gründliche Planung und Vorbereitung wie bei jeder anderen Form der Bepflanzung. Denn der Rasen soll ja über Jahre einen sattgrünen, mehr oder weniger stark belastbaren Teppich bilden. Die ersten Schritte entscheiden darüber, ob er dies ohne allzu großen Pflegeaufwand oder ständiges Nachsäen erfüllen kann.

Wichtige Punkte, die bei der **Planung** zu beachten sind:

■ **Lichtanspruch:** Am besten gedeiht Rasen an sonnigen Stellen, lichter Schatten wird noch gut vertragen; auch einige Stunden mit stärkerer Beschattung tolerieren die üblichen Grasmischungen, solange nicht die Hälfte des Tages oder länger Dunkel herrscht. An sonnenarmen Plätzen kann man unter Umständen mit speziellem Schattenrasen (→ *Rasen*) Erfolg haben, der auf feuchtem Boden jedoch oft von Vermoosung bedroht ist. Wo noch flach verlaufende Baumwurzeln als Konkurrenz dazukommen, fährt man mit → *Bodendeckern* besser.

■ **Boden:** Die Ansprüche an den Boden sind nicht besonders hoch, zumal es sowohl Mischungen für feuchtere wie für trockene Standorte gibt. Optimal ist allerdings ein humoser, sandiger Lehmboden oder lehmiger Sandboden mit schwach saurer bis neutraler → *Bodenreaktion.* Extreme Böden, beispielsweise sehr schwere Tonböden, sollten im Vorfeld durch geeignete Maßnahmen der → *Bodenverbesserung* aufgewertet werden. Dies ist insbesondere auch auf Neubaugrundstücken nötig, wo nach Beseitigen von grobem Bauschutt u. Ä. eine gründliche Bodenbearbeitung, ggf. in Verbindung mit → *Gründüngung* und/oder dem Auftragen von Muttererde erfolgen muss. Eine frühzeitig durchgeführte → *Bodenuntersuchung* gibt genaue Auskunft über den Nährstoffzustand; eventuell erforderlicher Dünger kann dann gleich bei der Bodenvorbereitung mit ausgebracht werden.

■ **Form und Größe:** Wo sehr schmale Streifen begrünt werden sollen, ist zu überlegen, ob nicht Bodendecker oder eine Blumenwiese eine bessere Lösung darstellen; das Mähen solcher „Handtuchrasen" gestaltet sich oft recht schwierig. Ebenso verhält es sich mit den Rändern bei sehr unregelmäßig umrissenen Rasenflächen mit zahlreichen Ein- und Ausbuchtungen, die freilich ihre gestalterischen Reize haben. Hier sollte man sich schon beim Planen Gedanken über die Art der → *Rasenkanten* machen.

■ **Art des Rasens, Saatgut und Alternativen zum Säen:** Je nach vorgesehener Nutzung und Beanspruchung ist eine geeignete Rasenmischung (→ *Rasen*) zu wählen, wobei meist ein Gebrauchsrasen am ehesten infrage kommt. Am Saatgut sollte man nicht sparen; Billigrasenmischungen sind nicht selten Futtergräser untergemischt, die schnell wachsen, aber auch oft gemäht werden müssen und mit der Zeit von Unkräutern verdrängt werden.

Bei allen Bodenbearbeitungsgängen sollte man Unkräuter samt Wurzeln gründlich entfernen.

Einfacher und schneller kommt man mit **Roll- oder Fertigrasen** zum eigenen Grün. Dabei handelt es sich um etwa 2 cm dicke Rasensoden mit anhaftender, gut durchwurzelter Erde, die in Bahnen geschnitten und aufgerollt sind. Die gängige Breite der Rasenstücke liegt bei 40–45 cm, ausgerollt sind sie 2–2,5 m lang. Für große Flächen gibt es auch breitere Rollen. Die Rasenbahnen werden einfach teppichartig verlegt und sind schon nach einigen Wochen begehbar; → PRAXIS-SEITE Rasenneuanlage – Raseneinsaat und Rollrasen verlegen (S. 704/705). Das Verfahren kommt allerdings wesentlich teurer als eine Raseneinsaat.

Ebenfalls praktisch, aber nicht preiswert ist ein so genanntes **Rasenvlies**. Hier sind die Samen samt Startdüngung in eine Zelluloseschicht eingebettet. Das Vlies wird ausgerollt und nach Bedarf zugeschnitten, dann einige Wochen feucht gehalten.

■ Zeitplanung: Ausreichende Bodenwärme und -feuchtigkeit sind für den gleichmäßigen Samenaufgang entscheidend. Deshalb eignet sich der Zeitraum ab etwa Mitte April bis Anfang/Mitte Juni für die Raseneinsaat sehr gut; doch auch eine Aussaat von Ende August bis Mitte September ist möglich; wo keine frühen Fröste zu erwarten sind, sogar bis Oktober. Rollrasen kann man außer bei Frost und Hochsommertrockenheit fast das ganze Jahr über verlegen, am günstigsten ist jedoch ein Frühjahrstermin.

Die grundlegende Bodenbearbeitung und eine eventuell nötige Verbesserung sollten schon einige Zeit zuvor erfolgen, am besten bereits im Herbst oder zeitigen Frühjahr.

Bei der **Bodenvorbereitung** geht man ebenso gründlich vor wie bei neuen Beeten, indem die Fläche ggf. nach Abschälen einer alten Grasnarbe umgegraben und gut gelockert wird; auch → PRAXIS-SEITE Beete neu anlegen – Planung und Umsetzung (S. 98/99). Besonderes Augenmerk gilt bei der Rasenneuanlage den Unkrautwurzeln. Sie sollten sorgfältigst ausgelesen bzw. herausgezogen und entfernt werden. Bei starkem Besatz mit Wurzelunkräutern oder Quecken empfiehlt es sich, die Raseneinsaat noch etwas zu verschieben und die konkurrierenden Gräser oder Kräuter wenigstens ein Jahr lang durch Auflegen einer schwarzen Mulchfolie zu schwächen. Auch bei frischen Wiesenumbrüchen lohnt sich etwas Geduld, indem man vor dem Säen eine → *Gründüngung* oder eine Bepflanzung mit Kartoffeln einschaltet.

Nach dem Vorbereiten und Lockern des Bodens geht es um das Herrichten einer geeigneten Oberfläche. Diese wird durch Verteilen der Erde (Rechen, ggf. auch Schaufel) so plan wie möglich eingeebnet, so dass weder Mulden noch kleine Erhebungen verbleiben. Zugleich sollte die Fläche insgesamt ein leichtes Gefälle (etwa 1–2 %) vom Haus weg und zu benachbarten Pflanzflächen hin aufweisen. Eine solche Grobplanierung nimmt man schon einige Wochen vor dem Aussaattermin vor, damit sich die Erde bis dahin noch setzt. Auf diese Weise kann man auch die ersten auflaufenden Unkräuter nochmals problemlos jäten, ehe der Rasensamen in die Erde kommt. Alle anfallenden Arbeiten sollten nur bei einigermaßen trockenem Boden durchgeführt werden.

Das Ausbringen von Rasensamen oder Rollrasen ist auf der → PRAXIS-SEITE Rasenneuanlage – Raseneinsaat und Rollrasen verlegen (S. 704/705) beschrieben.

Rasendüngung
→ *Rasenpflege*

Raseneinsaat
→ *Rasen anlegen,* → PRAXIS-SEITE Rasenneuanlage – Raseneinsaat und Rollrasen verlegen (S. 704/705)

Ein Rasen macht den Garten „wohnlich" und unterstreicht die Wirkung der übrigen Bepflanzung.

Rasenneuanlage – Raseneinsaat und Rollrasen verlegen

1. Ein Streuwagen erleichtert das gleichmäßige Ausbringen des Rasensaatguts.

2. Nach der Saat werden die Grassamen mit dem Rechen oberflächlich eingearbeitet.

3. Wenn für das Andrücken keine Walze zur Verfügung steht, kann man sich mit Trittbrettern behelfen.

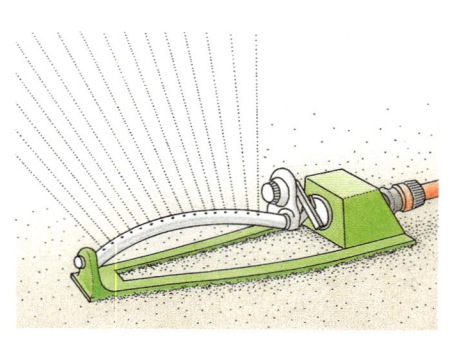

4. Nach der Saat beregnen; auch in den folgenden Wochen darf die Fläche auf keinen Fall austrocknen.

Die Aussaat

Die grundlegende, einige Wochen vor dem Säen durchzuführende Bodenvorbereitung ist unter dem Stichwort → *Rasen anlegen* beschrieben. Kurz vor der Aussaat wird nochmals oberflächlich gelockert, dann gleicht man letzte kleine Unebenheiten aus. Schließlich stellt man mit dem Rechen eine feinkrümelige Saatfläche her.

Für die gängigen Rasenmischungen werden meist 25 g Samen pro m² empfohlen, im Zweifelsfall sät man etwas dichter. Für die anzustrebende gleichmäßige Verteilung leiht man sich am besten im Fachhandel einen Säwagen mit einstellbarer Saatmenge aus. Bei dessen Verwendung müssen Sie nur noch darauf achten, dass keine Lücken zwischen den Saatbahnen entstehen und dass sich die Bahnen nicht überschneiden. Soll stattdessen mit der Hand gesät werden, vermischt man das Saatgut mit Sand; dies erleichtert das gleichmäßige Ausbringen, wobei das Saatgut breitwürfig ausgestreut wird.

Nach dem Ausbringen arbeitet man die Samen mit einem Rechen flach ein, so dass sie etwa 0,5 – 1,5 cm tief mit Erde bedeckt sind. Anschließend wird der Boden mit an die Schuhe gebundenen Trittbrettern oder einer leichten Walze etwas verdichtet.

Nach dem Säen

Bei trockenem Wetter müssen Sie nun ständig für ausreichende Bodenfeuchte sorgen, entweder mit dem Schlauch (Brauseaufsatz, nicht allzu starker Strahl) oder besser noch

---

T I P P

Bei der breitwürfigen Aussaat mit der Hand lässt sich die gleichmäßige Verteilung verbessern, indem man die Saatgutmenge halbiert und in zwei Etappen sät. Die zweite Hälfte wird dann quer zur Richtung des ersten Sägangs ausgestreut. Dabei empfiehlt es sich, zunächst die Portion für 1 m² abzuwiegen und probeweise auszustreuen, um ein Gefühl für die Menge zu erhalten.

mit einem Regner. Besonders wichtig ist dies in den ersten vier Wochen nach Aussaat, doch auch danach sollte man keine längere Trockenheit riskieren, bis die grüne Decke ganz geschlossen ist. Bis zum Auflaufen der Gräser, das unter günstigen Bedingungen 1 bis 2 Wochen dauert, beregnet man jeweils etwa 5 – 10 l/m², später 10 – 20 l/m².

Sobald die Gräser etwa 8 cm hoch sind, wird zum ersten Mal gemäht, und zwar auf 4 – 5 cm Schnitthöhe; danach den Grasschnitt vorsichtig abrechen. Die Messer des Rasenmähers müssen unbedingt gut scharf sein, damit die Pflänzchen nicht herausgerissen werden. Diesen Schnitt wiederholt man anfangs alle 1 bis 2 Wochen. Betreten sollten Sie die Rasenfläche in dieser Zeit noch so wenig wie möglich; voll belastbar ist sie erst nach einigen Monaten.

Rollrasen verlegen

Wesentlich schneller, nämlich schon etwa sechs Wochen nach dem Verlegen, kann man einen Roll- oder Fertigrasen bedenkenlos begehen. Die Bodenvorbereitung sollte nach Abholen bzw. Anliefern der Rollen vollständig abgeschlossen sein. Denn Rollrasen muss möglichst bald nach dem Schälen im Herstellungsbetrieb verlegt werden, am besten binnen 24 Stunden. Ist eine kurzfristige Zwischenlagerung erforderlich, rollt man die Bahnen an einem schattigen Platz ab und bewässert sie. Vor dem Auslegen wird die Bodenoberfläche etwas aufgeraut.

Beginnen Sie mit der ersten Reihe an einer geraden Kante, z. B. der Terrasse oder einer fixierten Richtlatte. Die einzelnen Bahnen müssen lückenlos aneinander anschließen, „zerfranste" Kanten sticht man am besten noch einmal sauber ab; umgekehrt sind Überlappungen unbedingt zu vermeiden. Drücken Sie jede Bahn nach dem Ausrollen mit der Rückseite des Rechens, einem Stampfer o. Ä. gleich an. Man verlegt benachbarte Bahnen stets gegeneinander versetzt, so dass die Querkante der neuen Bahn jeweils auf Mitte zur vorherigen zu liegen kommt. Betreten Sie die Bahnen während der Arbeit nur mithilfe aufgelegter Bretter, die das Gewicht besser verteilen, und auch dies nur so wenig wie nötig, damit die Rasenstücke nicht verrutschen.

Nach Verlegen der Gesamtfläche wird der Rasen angewalzt. Anschließend können an den Rändern überstehende Rasenstücke mit dem Spaten abgestochen werden. Für guten Bodenschluss sorgt dann das gründliche Angießen. Die ersten Schnitte erfolgen wie beim gesäten Rasen, wobei man anfangs schräg zur Verlegerichtung mäht.

CHECKLISTE

Termine für die Raseneinsaat:
- Mitte April bis Mitte Juni, bei günstigem Wetter auch etwas früher
- Ende August bis Mitte September, in wintermilden Lagen bis Oktober

Termine für den Rollrasen:
- Verlegen außer bei Frost fast ganzjährig möglich
- beste Verlegezeit März bis Mai
- trocken-heiße Perioden möglichst meiden

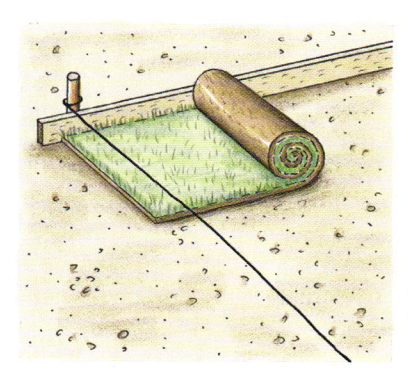

---

1. Die ersten Rollrasenbahnen richtet man an einer geraden Kante aus, z. B. einer Richtlatte.

2. Benachbarte Bahnen gegeneinander versetzt verlegen; nur mittels Brettern begehen.

3. Abschließend drückt man die Rasenstücke mit einer Walze an und bewässert gründlich.

Rasengräser

Rasengräser im Überblick

Gras	Wuchsform, Blatt	Eigenschaften, Verwendung
Hundsstraußgras (*Agrostis canina*)	Ausläufer bildend, feinblättrig	gering belastbar, wenig trockenheitsverträglich, tiefschnittverträglich, für Zierrasen
Rotes Straußgras (*Agrostis capillaris*)	Ausläufer und Horste bildend, feinblättrig	mäßig belastbar und trockenheitsverträglich, tiefschnittverträglich, für Zier- und Gebrauchsrasen
Flechtstraußgras (*Agrostis stolonifera*)	Ausläufer bildend, feinblättrig	gut belastbar, wenig trockenheitsverträglich, sehr tiefschnittverträglich, hauptsächlich für Zier- und Golfrasen
Schafschwingel (*Festuca ovina*)	Horste bildend, Blatt fein bis mittel	mäßig belastbar, sehr trockenheitsverträglich, gut geeignet für trockene, auch für magere Standorte
Rotschwingel (*Festuca rubra*)	je nach Unterart Ausläufer oder Horste bildend, feinblättrig	gering belastbar, trockenheitsverträglich, sehr gut schnittverträglich, für Gebrauchsrasen, tiefschnittverträgliche Sorten auch für Zierrasen
Deutsches Weidelgras (*Lolium perenne*)	Horste und kurze Ausläufer bildend, Blatt mittel bis breit	stark belastbar, trockenheitsverträglich, sehr regenerationsstark, wichtigstes Gras für Strapazierrasen
Wiesenlieschgras (*Phleum pratense*)	Horste und kurze Ausläufer bildend, breitblättrig	belastbar, trockenheitsempfindlich, regenerationsstark, für Gebrauchs- und Strapazierrasen auf feuchten Böden
Wiesenrispengras (*Poa pratensis*)	Ausläufer bildend, fein- bis breitblättrig	gut belastbar, trockenheitsverträglich, regenerationsstark, für Gebrauchs- und Strapazierrasen

Deutsches Weidelgras (Lolium perenne)

Rasengräser

Unter den zahlreichen → *Gräsern* erfüllen nur recht wenige die hohen Anforderungen, die bei einer Verwendung im Rasen an sie gestellt werden: schnelle Regenerationsfähigkeit nach Schnitt, Bildung einer gleichmäßigen Narbe mit ansehnlichen Blättern und feinen Halmen, möglichst gute Begehbarkeit und Belastbarkeit, geringe Verdrängung durch Unkräuter sowie nicht allzu hoher Wasserbedarf. Während die Auswahl für Landschaftsrasen noch relativ groß ist, kommen für den Gebrauchs- und Zierrasen (→ *Rasen*) nur einige wenige Gattungen und Arten aus der Familie der Süßgräser infrage. Von diesen gibt es allerdings zahlreiche Sorten, die speziell für die Rasennutzung geeignet sind. Diese unterscheiden sich im Wuchsverhalten deutlich z. B. von Futtergräsern; das Deutsche Weidelgras etwa kommt auch in Futtersorten auf den Markt, die für den Rasen keine Verwendung finden sollten. Die Anteile der einzelnen Gräser in einer Rasenmischung entscheiden über deren Einsatz und Ansprüche (→ *Rasen*). In der oben stehenden Übersicht sind die wichtigsten Rasengräser kurz vorgestellt.

Rasenkante

Der Rand einer Rasenfläche im Übergang zu angrenzenden Pflanzflächen oder einem Weg, manchmal auch zu Terrasse oder Sitzplatz. Dieses Rasendetail rückt immer wieder in den Blickpunkt, weil die Kanten unerfreulich viel Arbeit machen können.

Zum einen breitet sich von hier der Rasen in Beete und Rabatten aus, sofern man ihn nicht regelmäßig mit einem → *Kantenstecher* oder Spaten absticht. Eine befestigte Rasenkante, die einer → *Beeteinfassung* entspricht, erspart diese Maßnahme.

Zum andern sind die Ränder mit dem Mäher oft nicht zu erreichen, so dass man nach jedem Mähen nachschneiden muss. Dafür gibt es verschiedene Kantenscheren und -schneider, die den Aufwand gering halten (→ *Rasenpflegegeräte*). Vereinfacht wird das Ganze freilich, wenn man den Rasenrand mit Platten oder

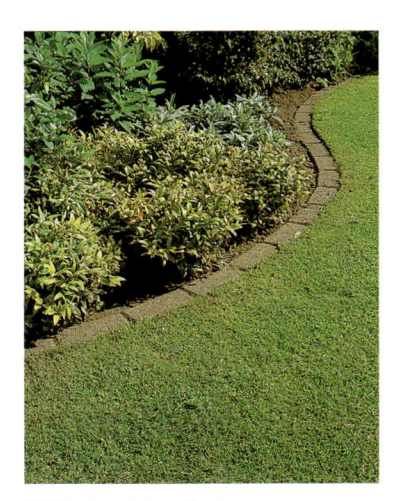

Mit Kantensteinen lässt sich ein sauberer Rasenabschluss erzielen.

Pflaster einfasst. Wenn diese so verlegt sind, dass sie mit der Erdoberfläche plan abschließen, lässt sich darauf gut die eine Seite des Rasenmähers ansetzen, so dass dieser auch die Kantengräser erfasst.

Rasenkantenschere

→ *Rasenpflegegeräte*

Rasenkrankheiten

An Rasengräsern bzw. auf der Rasenfläche kann eine ganze Reihe von Pilzkrankheiten auftreten. Die wenigsten richten allerdings schwere, nachhaltige Schäden an. Sie werden meist durch Feuchtigkeit begünstigt. Gründliche Vorbereitung und ggf. Verbesserung des Bodens vor der → *Rasenanlage* sowie die Wahl einer geeigneten Rasenmischung beugen Krankheitsproblemen ebenso vor wie gute → *Rasenpflege,* besonders regelmäßiges Vertikutieren und Belüften.

Blattfleckenkrankheiten

Verschiedene, miteinander verwandte Pilze verursachen dunkle Blattflecken an Rasengräsern, wovon speziell das Wiesenrispengras betroffen ist.

Schadbild: Vor allem in den Sommermonaten auf den Blättern ovale, dunkelbraune, später innen aufgehellte Flecken oder auch punktartige, dunkle, unregelmäßigen Flecken.
Abhilfe: Vorbeugend resistente Arten und Sorten wählen; nicht zu tief schneiden; zurückhaltende Stickstoffdüngung; oft vertikutieren, bei häufigem Befall Mähgut stets entfernen.

Dollar- oder Talerfleckenkrankheit

Gefährdet sind vor allem Straußgräser und Rotschwingel auf feuchten, schlecht durchlüfteten Böden.
Schadbild: Weißliche bis gelbe, rundliche Flecken auf der Rasennarbe, die bis 5 cm Ø erreichen können.
Abhilfe: Häufig vertikutieren und aerifizieren; keine Stickstoffdüngung im Spätsommer.

Hexenring

Die charakteristischen Hexenringe entstehen durch die Fruchtkörper von Ständerpilzen, z. B. von Feldschwindlingen, die kreisförmig aus dem Boden hervorwachsen. Sie können ganzjährig auf jeder Art von Rasenfläche auftreten; nicht alle schädigen die Gräser.
Schadbild: Ringförmiges Erscheinen von Pilzhüten, nachfolgend oft mit innerem dunkelgrünem Grasring, innerhalb dessen der Rasen ganz abstirbt (unterirdisches Pilzgeflecht behindert die Wasseraufnahme).
Abhilfe: Ausgewogene Düngung; häufige Bodenlüftung durch Vertikutieren und Aerifizieren.

Mehltau

Es handelt sich hierbei um den Echten → *Mehltau,* der auch an vielen anderen Gartenpflanzen vorkommt. Feuchtwarme Bedingungen, Schattenlagen und hohe Stickstoffversorgung fördern den Befall.
Schadbild: Blätter mit weißlich grauem Pilzüberzug.
Abhilfe: Rasen nicht zu hoch wachsen lassen; nicht zu häufig beregen; regelmäßig vertikutieren; zurückhaltende Stickstoffdüngung.

Schneeschimmel

Der Schneeschimmel, hervorgerufen durch den Pilz *Fusarium nivale,* breitet sich tatsächlich besonders unter Schneedecken auf dem Rasen aus und wird dann ab Frühjahr sichtbar. Symptome können aber auch schon im Herbst auftreten. Die typischen Gräser des Zierrasens (Straußgräser) und Strapazierrasens (Weidelgras, Rispengras) sind besonders anfällig.
Schadbild: Gelbe bis braune kleine Flecken auf der Rasenfläche, die auf Schadstellen mit bis zu 30 cm Ø zusammenwachsen; Gräser wirken wässrig schleimig; weißgrauer bis rötlicher Myzelüberzug.
Abhilfe: In gefährdeten Lagen vorbeugend nach Rasenmischungen mit gering anfälligen Sorten oder Arten erkundigen; ausgewogene Düngung, keine Stickstoffdüngung im Spätsommer; regelmäßig mähen, nicht zu tief schneiden; regelmäßig vertikutieren und aerifizieren.

Schwarzbeinigkeit

Von dieser Krankheit sind vor allem feinblättrige Arten des Zier- und Gebrauchsrasens (Straußgräser) betrof-

Hexenring

fen. Kalkhaltige und verdichtete Böden fördern den Befall.
Schadbild: Im Spätsommer, Herbst und Winter anfangs kleine, eingesunkene, bleiche bis bronzefarbene Flecken, die sich zu Schadstellen mit bis zu 1 m Ø ausweiten können; diese ähneln einem bronzefarbenen Ring, in dessen Innern die Gräser absterben.
Abhilfe: Für gute Durchlüftung sorgen; Bodenuntersuchung durchführen, bei → *pH-Wert* über 6 keine kalkhaltigen Düngemittel verwenden.

Rostkrankheiten
An Weidelgras und Wiesenrispengras sind die Sporenlager der Rostpilze (Braun-, Gelb-, Schwarz- oder Kronenrost) am häufigsten zu finden, vor allem nach Trockenperioden. Andere Wirtspflanzen bzw. Zwischenwirte sind u. a. Berberitze, Mahonie und Kreuzdorn; in Rasennähe fördern sie das Auftreten der Pilze.
Schadbild: Braune, orange oder gelbe stäubende Pusteln oder schwarze Streifen auf den Blättern; Symptome im Rasen anfangs nesterweise, später oft ganzflächig, meist ab Juli bis September.
Abhilfe: Ausreichend bewässern; regelmäßig mähen; zurückhaltende Stickstoffdüngung, mehr kalibetont düngen.

Rotspitzigkeit
Auch als „Herbstrot" bekannt; tritt vor allem an Schwingelarten (*Festuca*) auf, meist nach feuchtwarmer Witterung von Juni bis Oktober.
Schadbild: Anfangs watteartiges, rosafarbenes Myzel, dann korallenrote, hirschgeweihähnliche Auswüchse an Blättern und Stängeln, Blattspitzen sterben ab; runde, gelblich rötliche Flecken auf der Rasenfläche mit bis zu 1 m Ø.
Abhilfe: Nicht zu tief mähen; auf gute, ausgewogene Nährstoffversorgung achten.

Rasenlüfter
→ *Rasenpflegegeräte*

Rasenmäher
Zur Pflege von Wiesen und Landschaftsrasen können verschiedene → *Mähgeräte* herangezogen werden, von der Sense bis hin zum Balkenmäher. Für den gleichmäßigen, möglichst schonenden Schnitt eines Zier-, Gebrauchs- oder Strapazierrasens ist allerdings ein speziell dafür ausgewiesener Rasenmäher die beste Lösung.

Grundsätzlich gibt es bei Rasenmähern zwei unterschiedliche Schnittprinzipien:

■ **Sichelmäher:** Hier ist ein langes, breites Messer (nur die Enden sind scharf) an einer vertikalen Welle befestigt. Je nach Drehzahl des Motors rotiert es mit mehr oder weniger hoher Geschwindigkeit um die eigene Achse. Nach diesem Prinzip, das der Schnittweise einer Sichel ähnelt, arbeiten die meisten motorbetriebenen Mäher. Eine Sonderform davon stellen die **Mulchmäher** dar: Bei ihnen wird der Grasschnitt unter dem Mähdeck in einem Luftstrom gehalten und mehrfach zerkleinert. Das so entstehende kurze Mähgut verrottet wesentlich schneller und kann deshalb auf der Rasenfläche liegen bleiben. Allerdings sollte dann auch etwas häufiger gemäht werden.

■ **Spindelmäher:** Bei ihnen sitzen meist 5 bis 6 spiralartig angeordnete Messer auf einer Walze bzw. Spindel. Sie drücken die Gräser gegen ein feststehendes Gegenmesser (Untermesser) und schneiden sie dort ab. Die Funktionsweise entspricht etwa der einer Schere; der Schnitt erfolgt sehr exakt und sauber, zugleich recht schonend. Der perfekte „englische Rasen" wird deshalb in seinem namensgebenden Stammland nur mit Spindelmähwerken geschnitten. Motorbetriebene Spindelmäher sind allerdings teurer als Sichelmäher, in Form eines Handmähers dagegen recht preisgünstig.

Spindelmäher (links und oben) schneiden exakt wie eine Schere, Sichelmäher (rechts und Mitte) arbeiten mit rotierendem Messer ähnlich wie eine Sichel.

Elektrorasenmäher

Nach Antriebsart unterscheidet man:

■ **Handmäher:** Umweltfreundlich, wendig, einfach und sicher zu bedienen – bis etwa 200 m² Rasenfläche kann man durchaus die Anschaffung eines nur mit Muskelkraft betriebenen Handmähers erwägen, sofern man sich gern körperlich betätigt. Handmäher haben ein Spindelmesserwerk, das beim Vorwärtsschieben über die Antriebsräder gedreht wird und die Gräser abschneidet. Scharfe Messer und nicht allzu hohes Gras vorausgesetzt, hält sich der nötige Kraftaufwand in Grenzen, zumal bei Qualitätshandmähern, die eine optimale Kraftübertragung gewährleisten.

■ **Elektromäher:** Rasenmäher mit Elektromotor erfreuen sich in Privatgärten großer Beliebtheit. Sie sind leiser und leichter als vergleichbare Benzinmäher; außerdem recht einfach zu bedienen, abgasfrei und relativ preiswert. In der Leistungsstärke können sie jedoch mit Benzinmähern nicht ganz mithalten: Bei hohem, feuchtem Gras geraten die meisten Elektromäher an ihre Grenzen. Ihr Einsatz setzt freilich auch einen Stromanschluss im Garten voraus. Außerdem kann der Umgang mit dem Kabel lästig werden, besonders bei unregelmäßig geformten Rasenstücken und bei solchen, auf denen sich Sträucher, Beete, fest installierte Sitzbänke u. Ä. befinden. In jedem Fall ist eine auffällige Kabelfarbe (z. B. rot) vorteilhaft; sie mindert die Gefahr des versehentlichen Zerschneidens. Markengeräte weisen in der Regel einen hohen Sicherheitsstandard auf; freilich kann es nichts schaden, vor dem Kauf entsprechende Vergleichstests zu studieren. Eine gute Kabelführung am Mäher sowie Sicherheitsschalter und -bügel am Holm helfen, unnötige Risiken zu vermeiden. Besonders vorteilhaft sind Modelle mit automatischer Kabelaufwicklung. Die Steckdosen sollten beim Betrieb von Elektromähern unbedingt mit FI-Schutzschaltern für den Außenbereich versehen sein.

■ **Akkumäher:** Mit aufladbarem Akku betriebene Mäher bieten dieselben Vorteile wie die üblichen Elektromäher und ersparen zusätzlich jedes Kabelgewirr. Die Akkuladungen reichen jedoch nicht allzu weit, Flächenangaben der Hersteller werden oft nur bei niedrigem, völlig trockenem Gras erreicht. Somit kommen die Akkumäher hauptsächlich für kleinere bis mittlere Rasenflächen infrage. Die nötige Ladezeit beträgt meist 12 bis 24 Stunden, für leistungsfähigere Akkus auch deutlich mehr. Praktisch, aber nicht ganz preiswert ist eine zweite Batterie als Wechselakku. Manche Modelle lassen sich bei leerem Akku auch im Handbetrieb einsetzen.

■ **Benzinmäher:** Geräte mit Benzinmotor sind in der Regel leistungsstärker als Elektromäher; entsprechend ausgelegte Modelle schaffen sogar den Schnitt hoch gewachsener Wiesen. Unabhängig vom Stromnetz lassen sich mit Benzinmähern Flächen beliebiger Größe bewältigen. Hoher Betriebslärm und beachtliche Abgasentwicklung schlagen jedoch negativ zu Buche. Schwer bedienbare Seilzugstarter, ständig verrußte Zündkerzen und zugesetzte Vergaser, früher weitere Nachteile von Benzinmähern, machen einem heute allerdings nur noch selten zu schaffen. In diesem Bereich sind die modernen Benzinmäher deutlich bedienungsfreundlicher geworden. Teils arbeiten sie auch mit einem Elektrostarter, wofür eine Batterie, am besten samt Ladegerät, erforderlich ist. Gegenüber den Zweitaktmotoren, heute fast nur noch im Profibereich üblich, sind die Viertaktmotoren abgasärmer, manche Mäher werden zudem mit Katalysator angeboten. Für stark geneigtes bzw. hängiges Gelände sind die Viertaktmäher allerdings nicht geeignet. Auch auf dem Gebiet der Lärmreduzierung haben die Hersteller schon einiges erreicht; somit lohnt es sich, beim Kauf nach möglichst abgas- und lärmarmen Modellen Ausschau zu halten.

Neben den grundsätzlichen Bau- und Antriebsarten gibt es eine Reihe von Spezialausführungen. Dazu zählen Benzin- und Elektromäher **mit Radantrieb;** solche „selbstfahrenden" Mäher eignen sich vor allem für große Flächen sowie hängiges Gelände. Für stark abschüssige Flächen und Böschungen bieten sich besonders **Luftkissenmäher** an. Bei ihnen saugt ein Turbinenrad Luft an, so dass sich unter einem speziell geformten Mähdeck ein beständiges Luftkissen bildet. Auf diesem gleitet der Mäher mühelos vorwärts und ist dadurch besonders leicht zu handhaben, natürlich auch im ebenen Gelände.

Weiterhin werden für den Privatgarten zunehmend kleine **Aufsitzmäher** mit Benzin- oder Dieselmotor angeboten, mit deren Hilfe man den Rasenschnitt im Sitzen erledigen kann – für große Flächen mit regelmäßigem Umriss durchaus erwägenswert. In Ecken und der näheren

Aufsitzmäher

Umgebung von Bäumen, Sträuchern oder Rasenbeeten lässt sich damit jedoch weniger gut mähen, so dass ein zusätzlicher Handmäher oder Rasentrimmer (→ *Mähgeräte*) erforderlich wird. Den bequemsten Rasenschnitt schließlich ermöglichen die **automatischen Mäher** oder „Mähroboter". Es gibt Modelle mit Solar- und mit Akkuantrieb. Mit einem Begrenzungskabel oder -draht steckt man ihr „Revier" ab. Eine komplexe Elektronik mitsamt Sensoren und Stoßdetektoren steuert die Mäher, die dadurch völlig selbständig arbeiten und Hindernisse wie Bäume, ja sogar den Einflussbereich laufender Regner, umfahren. Solche automatischen Mäher sind freilich sehr teuer; die Elektronik funktioniert auch nicht immer störungsfrei, wird jedoch beständig überarbeitet und verbessert.

Wichtige **Kaufkriterien** für Rasenmäher sind möglichst geringe Lärmentwicklung, bei Benzinmähern niedrige Abgaswerte sowie Bedienungsfreundlichkeit. Die Schnitthöhe sollte einfach verstellbar sein (am besten zentral für alle vier Räder), das Messer bzw. Mähwerk leicht herausnehmbar, um regelmäßiges Schärfen zu erleichtern. Zur gehobenen Ausstattung gehören vorteilhafte Details wie Räder mit Rollen- oder Kugellager sowie ein höhenverstellbarer Griffbügel. Abgesehen von Mulch- und automatischen Mähern sowie manchen Handmähern sollten ein stabiler Grasfangsack oder eine Grasfangbox im Lieferumfang inbegriffen sein, diese jeweils leicht ein- und aushängbar sowie gut zu entleeren.

Die Schnittbreiten liegen je nach Rasenmähertyp etwa zwischen 30 und 52 cm (bei Aufsitzmähern über 70 cm). Bei der Wahl richtet man sich nach der Größe der Rasenfläche; hohe Schnittbreiten erlauben zwar zügigeres Mähen, machen das Gerät aber auch schwerer und unhandlicher.

Im Vordergrund sollte allerdings beim Kauf wie beim Rasenmähen der Aspekt **Sicherheit** stehen. Bei neueren Modellen ist ein Sicherheitsschalter Standard, der verhindert, dass der Rasenmäher nach Loslassen des Griffbügels allein weiterläuft. Auch die Messer sollten binnen kurzer Zeit zum Stillstand kommen. Auf spezielle Sicherheitsaspekte beim Elektromäher ist unter dessen Beschreibung hingewiesen. Akkumäher haben häufig eine Art Zündschlüssel, der zum Starten eingesteckt werden muss und als Kindersicherung dient.

Beim Umgang mit dem Rasenmäher muss man sich natürlich im Klaren darüber sein, dass die Messer verheerende Verletzungen hervorrufen können und höchste Vorsicht geboten ist. Feste Schuhe – am besten Sicherheitsschuhe – und Hosen sollten als Arbeitskleidung selbstverständlich sein. Bei jeglichen Arbeiten am Mähwerk, auch beim Beseitigen von Verstopfungen, muss der Motor abgestellt werden, beim Benzinmäher ist das Zündkabel abzuziehen, beim Elektromäher das Stromkabel aus der Steckdose zu ziehen. Schadhafte Kabel sollten unverzüglich ausgetauscht werden, als Verlängerungen kommen ausschließlich für den Außenbereich geeignete Stromkabel infrage. Nasses Gras birgt keine Risiken, wenn es sich um einen ordnungsgemäß konstruierten und gewarteten Elektromäher handelt; man sollte das Gerät jedoch nicht unnötig dem Regen oder einem Rasensprenger aussetzen und es keinesfalls mit dem Schlauch reinigen. Das Nachfüllen von Benzin oder Zweitaktgemisch bei Benzinmähern geschieht stets in sicherer Entfernung von offenem Feuer (z. B. Grill) und ohne brennende Zigarette; an heißen Sommertagen zudem möglichst im Schatten. Gestartet werden Rasenmäher stets auf ebener Fläche.

Zur **Wartung,** die Funktionsfähigkeit und Lebensdauer der Mäher verlängert, gehört das Befreien von Gras- und Erdresten nach jedem Mähen, insbesondere auch des Mähwerks und der Lüftungsschlitze. Bei Viertaktmotoren wird der Motorölstand regelmäßig überprüft, auch die Zündkerzen sollte man öfter reinigen und kontrollieren; ein Öl- und am besten auch Luftfilterwechsel wird jährlich fällig. Bei Elektromähern ist stets darauf zu achten, ob alle Kabel und Verbindungen in Ordnung sind. Empfehlenswert ist ein jährlicher Schliff des Rasenmähermessers, den man von einem Fachbetrieb durchführen lässt.

Akkus, ebenso Batterien von Elektrostartern, müssen über Winter frostfrei gelagert werden. Alle paar Jahre sollte man auch den Motor bzw. die Elektronik durchchecken lassen.

Rasenmischung
Zusammenstellung von → *Rasengräsern,* die sich für eine bestimmte Nutzungsart eignet, z. B. als Zier- oder Gebrauchsrasen.
→ *Rasen*

Rasennarbe
Die geschlossene, von den dicht an dicht wachsenden → *Rasengräsern* gebildete Vegetationsdecke

Rasenpflaster

Eine Pflasterfläche, die Rasendurchwuchs und zugleich das Versickern von Niederschlagswasser im Boden erlaubt, deshalb auch Sickerpflaster genannt. Es handelt sich dabei entweder um mit breiten Fugen verlegte Pflastersteine oder um spezielle Rasengittersteine, → *Pflaster*. In die Zwischenräume wird Rasen ausgesät, am besten Strapazierrasen.

Rasenpflege

Der Pflegebedarf für eine ansprechende, gleichmäßig sattgrüne Rasenfläche wird häufig unterschätzt. Zwar hält sich der Aufwand bei den einzelnen Maßnahmen in Grenzen, sie müssen jedoch in der gebotenen Regelmäßigkeit bzw. bedarfsgerecht je nach Wachstum und Witterung durchgeführt werden. Ergänzend zu den nachfolgenden Ausführungen bietet die PRAXIS-SEITE Rasenpflege rund ums Jahr (S. 714/715) Hinweise zum richtigen „Timing". Die richtige Pflege stellt zugleich eine wirksame Vorbeugung gegen → *Rasenkrankheiten* sowie unerwünschte Kräuter und Moos dar; zu speziellen Bekämpfungsmaßnahmen → *Rasenunkräuter*.

Mähen

Für eine dichte, einheitliche Grasnarbe ist regelmäßiges Mähen unerlässlich. Der Schnitt regt die Seitentriebbildung (Bestockung) der Gräser an und fördert beständigen Neuaufwuchs. Auf der anderen Seite wird bei jedem Schnitt ein großer Teil der Blattmasse weggenommen, den die Pflanzen für die → *Photosynthese* brauchen. Allgemein wird deshalb empfohlen, die Gräser höchstens um die Hälfte, besser nur um ein Drittel ihrer Höhe zurückzunehmen. Einen normalen Gebrauchsrasen schneidet man demnach bei 6 – 8 cm Höhe auf 3 – 5 cm, Schattenrasen nicht kürzer als 5 cm. Ein Zierrasen dagegen sollte nur bis 4 cm hoch wachsen, die übliche Schnitthöhe beträgt hier 2 – 3 cm. Bei anhaltender Trockenheit kann man die Gräser etwas höher stehen lassen; sehr hohen Rasen, z. B. nach dem Urlaub, setzt man besser in Etappen auf die übliche Schnitthöhe zurück, als ihn zu radikal einzukürzen.

Um den ganzen Rasen gleichmäßig zu erfassen und eine optisch ansprechende Grünfläche zu erzielen, empfiehlt sich ein gewisses „Mähschema", wie es die oben stehende Abbildung zeigt. Ein anderes geläufiges Verfahren ist, zunächst rundum den Randbereich zu schneiden und dann schlicht im Hin- und Hergehen einen Streifen nach dem andern zu mähen. Besonders bei dieser Methode ist es günstig, wenn man bei jedem Schnitt die Mährichtung wechselt, also einmal längs, beim nächsten Mal dann quer arbeitet. Verwendet man einen Elektromäher, beginnt man am besten in der Nähe des Stromanschlusses und arbeitet von diesem weg, damit man den größeren Teils des Kabel stets hinter sich hat. Zum Schnitt der Ränder → *Rasenkante* und → *Rasenpflegegeräte*.

Auf Zierrasenflächen sollte das Schnittgut in jedem Fall abgerecht bzw. mit Grasfang am Mäher gearbeitet werden. Auf Gebrauchsrasen kann man es zumindest gelegentlich liegen lassen – besonders in Trockenperioden –, sofern es nicht zu lang ist; hierbei erweisen sich so genannte Mulchmäher (→ *Rasenmäher*) als günstig, die das Schnittgut beim Abschneiden gleich noch zerkleinern.

Bewässern

Was allgemein für das → *Gießen* gilt, ist auch bei der Rasenbewässerung sehr empfehlenswert und verringert den Wasserverbrauch:

■ Besser alle paar Tage durchdringend bewässern, als im Sommer täglich den Regner anzustellen. Häufige Gaben kleinerer Wassermengen befeuchten nur die oberen paar Zentimeter des Bodens; das Wurzelwachstum konzentriert sich dann in dieser

Bewährtes Mähschema zum Erzielen eines gleichmäßigen Rasenschnitts

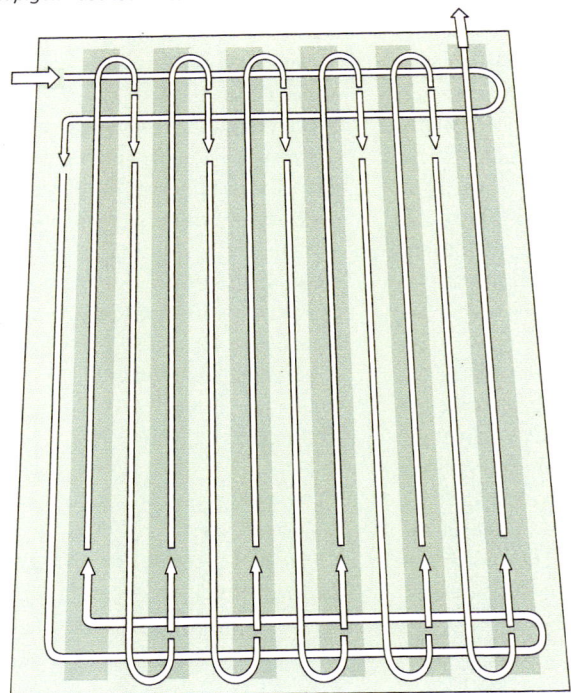

Schicht, statt sich nach unten auszudehnen; auf Dauer werden die Gräser so immer empfindlicher gegen Trockenheit. Bei jeder Bewässerung sollten möglichst 10 – 15 l je m² ausgebracht werden, das reicht dann selbst im heißen Sommer für einige Tage, auch wenn die Grasnarbe vorübergehend ihr frisches Grün verliert. Allgemein rechnet man im Sommer mit einem wöchentlichen Wasserbedarf von gut 25 l je m². Auf sandigem Boden und bei starken, austrocknenden Winden muss etwas häufiger bewässert werden, ebenso, wenn der Rasen noch recht jung ist.

■ Keinesfalls um die Mittagszeit bewässern; am günstigsten sind der frühe Vormittag oder der Abend.

Kleine Flächen lassen sich noch recht gut mit einem Schlauch samt Brauseaufsatz versorgen, das durchdringende Anfeuchten wird jedoch mit einem → *Regner* wesentlich vereinfacht.

Düngung

Mit dem unvermeidlichen Schnitt entzieht man der Rasenfläche über das Jahr hinweg recht beachtliche Nährstoffmengen. Zum Ausgleich eignet sich in der Regel ein handelsüblicher Rasendünger mit Langzeitwirkung am besten. Solche Dünger gibt es in mineralischer und organischer Form, die Gehalte an → *Nährstoffen* sind auf den Bedarf der Gräser abgestimmt. Eine gelegentliche → *Bodenuntersuchung* ist empfehlenswert, besonders wenn der Rasen trotz sonst guter Pflege nicht mehr das gewünschte Bild abgibt. Die Analysewerte für die Nährstoffe zeigen dann auf, ob z. B. Kalium gezielt nachgedüngt werden muss oder wegen allmählicher Bodenversauerung eine Kalkung nötig wird.

Die erste Düngergabe verabreicht man im Frühjahr, die zweite im Frühsommer. Teils wird noch eine dritte Düngergabe Mitte/Ende August empfohlen, die sollte dann aber stickstoffarm und kalibetont erfolgen.

Am einfachsten lässt sich der Dünger mit einem Streuwagen verteilen; beim Ausstreuen mit der Hand muss man sehr sorgfältig auf gleichmäßige Verteilung achten. Danach wird der Rasen etwa 60 min lang beregnet.

Vertikutieren und Belüften

Mit der Zeit bildet sich am Boden ein Filz aus Mähgutresten und abgestorbenen Pflanzenteilen, der die Durchlüftung, den Wasserhaushalt und die Nährstoffaufnahme der Rasenfläche beeinträchtigt. Hiergegen hilft das **Vertikutieren** mit einem motorbetriebenen Vertikutiergerät, auf kleineren Flächen auch mit einem Handvertikutierer (auch → *Rasenpflegegeräte*). Solche Geräte zerschneiden den Rasenfilz mit scharfen Messern und reißen ihn aus, das Grün „atmet" danach merklich durch. Üblicherweise genügt es, alle 1 bis 2 Jahre im späten Frühjahr oder Frühsommer zu vertikutieren; wenn man häufig das Mähgut auf der Fläche liegen lässt oder der Rasen schnell vermoost, führt man das Verfahren besser zweimal jährlich durch.

Vor dem Vertikutieren wird der Rasen gemäht und das Schnittgut entfernt. Den Vertikutierer führt man dann Bahn für Bahn in Längs- und Querrichtung über den Rasen und zwar nicht zu tief: Er soll nur den Filz zerschneiden, aber nicht die Wurzeln und den Boden zerschlitzen. Die herausgeschnittenen Pflanzenreste werden abgeharkt, sofern der Vertikutierer keinen Fangsack hat, und kommen auf den Kompost. Anschließend erfolgt am besten gleich eine Düngung samt nachfolgendem Wässern. Danach sollte der Rasen eine Zeit lang wenig betreten werden, bis er sich wieder deutlich regeneriert hat. Bleiben nach dem Vertikutieren

Belüften der Rasenfläche mit einer Aerifiziergabel

größere Lücken, sät man an diesen Stellen nach.

Auf tonreichem Boden, der zu Verdichtung neigt, sowie an Stellen, die durch häufiges Betreten strapaziert werden, empfiehlt sich zusätzlich alle 2 bis 3 Jahre das **Aerifizieren** (Belüften). Dies geschieht mit speziellen Aerifiziergeräten oder Hohlzinkengabeln, einer Stachelwalze oder – auf kleineren Flächen – mit einer Grabegabel. Dabei werden in gleichmäßigen Abständen von 10 – 15 cm Löcher durch die Grasnarbe in den Boden gebohrt. Um die so entstandenen Lüftungskanäle zu stabilisieren, füllt man sie mit Sand. Gelegentlich kann man auf schweren Böden auch die ganze Fläche dünn mit Sand überstreuen, um die Durchlässigkeit zu verbessern. Für dieses Besanden bzw. Absanden benötigt man 1 – 3 l Flusssand (Körnung 0 – 2 mm) je m².

Auch → *Rasenreparatur*

Rasenpflegegeräte

Neben dem → *Rasenmäher* erleichtern einige weitere Gerätschaften die → *Rasenpflege*.

Zum **Abrechen** von Grasschnitt und Laub eignet sich ein breiter Rasenre-

RASENPFLEGEGERÄTE

Rasenkantenschere mit Akkubetrieb

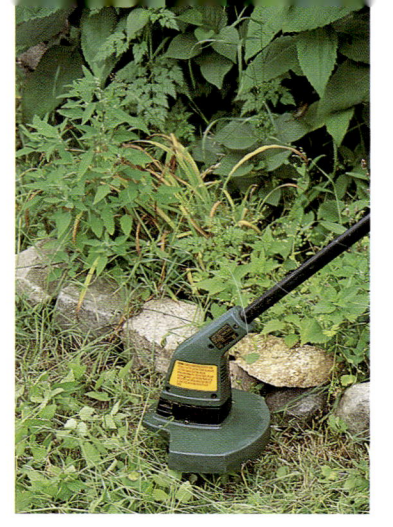

Günstig für größere Flächen: Kantenschneiden mit dem Rasentrimmer

chen mit Spezialzinken besonders gut, auch → *Fächerbesen* oder ein breiter Holzrechen sind geeignet. Im Vergleich zum normalen Metallrechen sind sie schonender.

Die preiswerteste Lösung für die schlecht mähbaren Gräser an der **Rasenkante** ist die handbetriebene Rasenkantenschere mit zwei langen Klingen, in aufwändigeren Ausführungen mit drehbarem Schneidkopf. Etwas bequemer geht es mit einer Akkukantenschere, die auch mit Verlängerungsstiel erhältlich ist, so dass man die Arbeit im Stehen bzw. Gehen erledigen kann. Solche Geräte haben – meist drehbare – Scherenköpfe mit mehreren kurzen, nebeneinander angeordneten Schneidzinken. Des Weiteren kommt ein Rasentrimmer bzw. eine Elektrosense mit rotierendem Faden (→ *Mähgeräte*) infrage; besonders für größere Flächen oder Streifen, die schlecht mit dem Mäher erreichbar sind. Der Stiel sollte sich leicht in der Länge verstellen lassen, praktisch sind außerdem Stielneigungsverstellung und drehbarer Schneidkopf.

Die Preise für motorbetriebene **Vertikutierer** bewegen sich etwa in Größenordnungen wie bei Rasenmähern. Hier will schon gründlich überlegt sein, ob man nicht lieber auf einen Handvertikutierer zurückgreift oder sich Motorvertikutierer bei Bedarf in Gartencentern ausleiht.

In der einfachsten Form ähnelt der Handvertikutierer einem Rechen mit fest stehenden Widerhakenmessern, vorteilhaft sind jedoch pendelnd gelagerte Messer und am besten arbeitet es sich mit Handgeräten, die mit Rädern versehen sind.

Motorvertikutierer werden meist durch einen Elektromotor angetrieben; hier gelten sinngemäß die Ausführungen zum Elektromäher (→ *Rasenmäher*), auch was die Sicherheit betrifft. Bei solchen Vertikutierern schneiden rotierende Federstahlmesser oder Federn senkrecht in den Rasenfilz. Meist gehört ein Fangsack mit zur Ausstattung, der sich allerdings sehr schnell mit den Pflanzenresten füllt und ständig entleert werden muss. Teils werden die Vertikutierer auch **Rasenlüfter** genannt, teils werden unter diesem Begriff Geräte mit dünnen, kräftigen Krallen angeboten, die sich besonders gut zur Moosentfernung eignen.

Mit den **Aerifizierern** verhält es sich ähnlich wie mit den Vertikutierern: Es gibt Hand- und Motorgeräte, wobei sich die Anschaffung letzterer in den seltensten Fällen lohnt. Allerdings findet man sie auch im Geräteverleih nicht so oft. Dann bleibt entweder das Ausleihen einer Stachelwalze, das Aerifizieren mit der Grabegabel oder der Kauf einer Aerifiziergabel. Diese sticht mittels Hohlzinken Löcher in den Boden und wirft dabei kleine Erdkegel auf, die man abrecht und auf den Kompost gibt.

Vertikutierer und ihre Arbeitsweise: 1) einfacher Handvertikutierer, 2) Handvertikutierer mit Pendelmessern, 3) mit Rädern, 4) Motorvertikutierer

Rasenpflege rund ums Jahr

1. Gerade im Sommer sollte der Rasen nicht allzu kurz geschnitten werden, regelbar über höhenverstellbare Messer.

2. Nacharbeit: Schnitt der Ränder mit der Rasenkantenschere

3. Zur gründlichen Durchfeuchtung lässt man den Regner etwa 30 min lang laufen.

Frühjahr

Solange im Erst- und Vorfrühling noch stärkere Nachtfröste drohen, sollte der Rasenmäher nicht zum Einsatz kommen. Bei frostfreiem, trockenem Wetter kann man dem Rasen aber schon etwas Gutes tun, indem man letzte Laubreste, Zweigbruchstücke u. Ä. abrecht sowie eventuelle Maulwurfshügel einebnet. Je nach Region stellt die Kälte zwar ab etwa Mitte/Ende März keinen Hinderungsgrund mehr für das Mähen dar, allerdings ist die Grasnarbe durch die angesammelte Winterfeuchte häufig noch zu nass. So fällt der eigentliche Startschuss oft erst im April. Wenn im Herbst kein später Schnitt mehr möglich war, ist das Gras bis dahin schon recht hoch. Setzen Sie den ersten Schnitt dann nicht zu tief an und mähen Sie besser in zwei Etappen auf die übliche Schnitthöhe (→ *Rasenpflege*).

Im Anschluss an das Mähen erfolgt die Frühjahrsdüngung – falls nötig kombiniert mit Moosvernichter –, danach wird bei Trockenheit gründlich beregnet. Mit steigenden Temperaturen und infolge der Nährstoffzufuhr legt das Gras nun kräftig zu, so dass man oft zweimal pro Woche mähen muss.

Nach einem späten Erstschnitt können Sie gleich – also noch vor der Frühjahrsdüngung – vertikutieren. Der Boden sollte dann allerdings schon oberflächlich abgetrocknet sein. Ansonsten verschiebt man diese Maßnahme besser auf den Frühsommer. Dann erholt sich die Grasnarbe schneller von dem Eingriff und Nachsaaten zur Lückenausbesserung wachsen zügig an.

> **TIPP**
>
> Nutzen Sie den Winterbeginn, um gleich den Rasenmäher gründlich zu säubern und zu warten. Vor allem ist dies auch der günstigste Zeitpunkt, um das Schärfen der Messer oder eine Inspektion in einem Fachbetrieb in Auftrag zu geben; ganz anders dagegen im Frühjahr, dann herrscht üblicherweise großer Andrang.

Sommer

Je nach Zeitpunkt der Erstdüngung bringt man die zweite Gabe Ende Mai bis Ende Juni aus. Zuvor wird, wenn nötig, vertikutiert. Nach wie vor zeigt der Rasen kräftiges Wachstum, zwei Mähgänge in der Woche können erforderlich sein. Nicht selten bremsen aber schon erste Trockenphasen vorübergehend die Wuchsfreude.

Den besten Anhaltspunkt für das Bewässern gibt das Aussehen der Gräser: Erst bei beginnender Blaufärbung, stumpfem Aussehen und leichtem Schlaffwerden der Blätter wird der Einsatz von Schlauch oder Regner nötig. Wenn man dann durchdringend wässert (auch → *Rasenpflege*), kommt man selbst im Hochsommer oft mit ein- bis zweimaligem Beregnen pro Woche hin (je etwa 30 min lang).

Solange Hitze und anhaltende Trockenheit herrschen, mindert außerdem ein zurückhaltender Schnitt – bei Gebrauchsrasen auf etwa 6 cm Höhe – die Verdunstung. Auch das Liegenlassen des Mähguts wirkt sich dann besonders vorteilhaft aus. Hat sich der Rasen nach sommerlicher Urlaubsabwesenheit zu einer Wiese entwickelt, dann schneiden Sie ihn am besten in mehreren Stufen – beginnend mit der höchsten Schnitteinstellung – auf das übliche Maß zurück.

Die Hauptwachstumszeit ist für eine Belüftung durch Aerifizieren günstig. Im August kann nochmals eine dritte Düngung durchgeführt werden.

Herbst und Winter

Ab Ende August bis September ist nochmals ein günstiger Zeitpunkt, um lückige Stellen nachzusäen. Bis Mitte September kann auch ein zweites Vertikutieren erfolgen, falls erforderlich, bis Oktober schließlich eine Moosbekämpfung mit Eisensulfat.

Im Lauf des Spätjahrs erschweren oft Regenfälle das Mähen, für das nun meist ein zweiwöchiger Rhythmus genügt. Der letztmögliche Termin, bevor die Kälte kein Nachwachsen der Gräser mehr erlaubt – meist um Mitte/Ende Oktober (ab Bodentemperaturen unter 5° C) – kann manchmal nicht mehr wahrgenommen werden, weil es schon zuvor anhaltend feucht ist. Trotzdem sollte man sich nicht verleiten lassen, „vorbeugend" radikal kurz zu schneiden; Grasnarbe und Wurzeln wären dann stark vom Frost bedroht.

Den herbst- und winterfeuchten Rasen sollte man dann auch nicht mehr unnötig strapazieren, etwa im Rahmen von Aufräumarbeiten im Garten. Das Herbstlaub recht man bei halbwegs trockenem Wetter möglichst gleich ab.

CHECKLISTE

Aufgrund von Lärmschutzvorschriften dürfen Rasenmäher zu bestimmten Zeiten nicht betrieben werden. Dies gilt:
- für Sonn- und Feiertage
- an Werk- und Samstagen für die Zeit von 19 bis 7 Uhr
- Ausnahme: Leisemäher bis 22 Uhr zulässig
- in vielen Kommunen zusätzlich für die Mittagszeit (meist 12 bis 14 Uhr)

4. Zielgenaue Düngerverteilung durch Einteilen der Fläche in Quadrate

5. Nicht befestigte Rasenkanten lassen sich mithilfe eines Bretts sauber abstechen.

6. Das Herbstlaub darf nicht zu lange auf dem Rasen liegen bleiben.

Rasenreparatur

Bei aller Sorgfalt während der → *Rasenanlage* und → *Rasenpflege* kann es zu unschönen Kahlflecken in der Grasnarbe kommen, z. B. witterungsbedingt, durch häufiges Betreten bestimmter Stellen oder durch → *Rasenkrankheiten*. Nicht ganz optimale Bodenverhältnisse, Beschattung und falsches Mähen tragen verstärkt dazu bei, dass der Rasen Lücken aufweist. Dort siedeln sich mangels Konkurrenz schnell Unkräuter und Moose an, die sich weiter ausbreiten.

Das Ausbessern kann durch Einsetzen neuer Rasensoden oder durch Nachsaat erfolgen, wie es die unten stehenden Abbildungen zeigen. Zuvor sticht man das kleinstmögliche Rechteck um die Schadstelle herum ab; durch Darunterfahren mit dem Spatenblatt wird es dann vorsichtig herausgehebelt.

Bester Zeitpunkt für das Ausbessern ist – wie bei der → *Rasenanlage* – April bis Juni sowie der September. Auch die Nachsorge erfolgt wie bei einer kompletten Neuanlage, dabei ist besonders das Feuchthalten wichtig.

Der Fachhandel bietet teils Fertigrasenplatten an, die sich zum Ausbessern gut eignen, ansonsten kann man die benötigten Stücke aus Rollrasen (→ *Rasenanlage*) herausschneiden. Für Nachsaaten gibt es spezielle, besonders dafür geeignete Rasenmischungen. Freilich muss darauf geachtet werden, dass die Mischung dem vorhandenen Rasentyp (z. B. Zier- oder Gebrauchsrasen) entspricht. Neben der kleinflächigen Nachsaat von Kahlstellen ist auch ein Nachsäen der gesamten Rasenfläche mit wesentlich geringerer Saatstärke möglich. Auch dafür werden eigens ausgewiesene Samenmischungen angeboten. Die Aussaat kann z. B. nach dem Vertikutieren (→ *Rasenpflege*) vorgenommen werden und fördert dichten, geschlossenen Neuaufwuchs.

Neben Kahlstellen machen sich im Rasen punktuelle Einsenkungen oder Buckel unangenehm bemerkbar und bewirken ungleiches Wachstum der Gräser. Sie entstehen z. B. durch Unachtsamkeit beim Anlegen, kleinflächige Bodenunterschiede oder Maulwurfstätigkeit. In diesem Fall kann man die Grasnarbe an der störenden Stelle mit einem Rasenkantenstecher oder Spaten kreuzweise einschneiden. Der Boden sollte für solche Arbeiten weder zu trocken noch zu nass sein. Dann löst man den Rasen entlang der Einschnitte vorsichtig ab und biegt die so entstehenden vier Flügel zur Seite. Die Unebenheiten lassen sich nun durch Auftragen bzw. Entfernen von Boden beseitigen. Um auf das gewünschte Niveau der umgebenden Rasenfläche zu kommen, muss man meist mehrmals nachprüfen; am besten nimmt man dafür eine gerades Brett und eine Wasserwaage zur Hilfe. Bei tiefen Mulden sollte der aufgefüllte, mit etwas Sand vermischte Boden leicht angedrückt werden, damit er sich später nicht mehr setzt. Schließlich klappt man die Sodenflügel wieder zurück, drückt sie fest und füllt die Fugen mit einer Erd-Sand-Mischung auf.

Sämtliche Ausbesserungsstellen sollten einige Wochen lang nicht belastet und vorsichtig mit etwas höherer Mähereinstellung geschnitten werden.

Rasensaatgut
→ *Rasenanlage*

Rasenschädlinge
Einige Tiere, die sich im Rasen bzw. Boden aufhalten, fallen eher in die Kategorie Lästlinge, da sie kaum

Rasenreparatur: **1.** Das Rasenstück mit der Kahlstelle mit dem Spaten abstechen und herausnehmen.

2. Der Boden wird mit einer Grabegabel gründlich gelockert. Danach muss die Oberfläche eingeebnet werden.

3. Das neue Rasensodenstück andrücken und die Fugen anschließend mit einem Erd-Sand-Gemisch ausfüllen.

4. Bei Nachsaat die Mulde nach dem Lockern mit geeignetem Boden auffüllen, bei Bedarf etwas Sand untermischen.

ernsthafte Schäden verursachen. Hierzu zählen Rasenameisen, Regenwürmer und Maulwürfe.

Rasenameisen benagen zwar auch Graswurzeln, aber selten so stark, dass es zu Ausfällen in der Grasnarbe kommt. Störender machen sich kleine, aber zahlreiche Erdbewegungen bemerkbar, die durch emsigen Nesterbau verursacht werden. Teils kann man sie mit Duftstoffmitteln vertreiben, notfalls die Nester mit kochendem Wasser zerstören (auch → *Ameisen*). Ansonsten hält der Fachhandel einige Mittel gegen Ameisen bereit.

Gegen die sonst ausgesprochen nützlichen **Regenwürmer** sollte man keine drastischen Maßnahmen ergreifen. In größerer Zahl erscheinen sie vor allem nach Regen und auf feuchten, schweren Böden. Wenn man sie absammelt und auf den Kompost oder auf Beete bringt, tragen sie dort zur Bildung fruchtbarer Erde bei. Ihre Kothäufchen kann man mit dem Rechen einebnen oder abharken und ebenfalls auf den Kompost bringen. Das Überhandnehmen von Regenwürmern im Rasen weist auf verdichteten, schlecht abtrocknenden Boden hin. In dem Fall sollte man die Fläche häufiger aerifizieren und besanden (→ *Rasenpflege*). Schlimmstenfalls wird eine Rasenneuanlage nach gründlicher Bodenlockerung und -verbesserung nötig.

Der **Maulwurf** hinterlässt seine bekannten Hügel, die man so bald wie möglich durch gleichmäßiges Verteilen mit dem Rechen einebnen sollte. Die durch den kleinen Wühler gelockerte Erde bekommt dann der Grasnarbe recht gut, kann aber auch abgetragen und auf Beete gebracht werden. Konsequentes Beseitigen der Hügel sowie regelmäßiges Mähen gefallen den Maulwürfen gar nicht, teils reicht dies schon, um sie zu vertreiben. Ansonsten gibt es spezielle Vertreibungsmittel (→ *Maulwurf*).

Um einen echten Rasenschädling handelt es sich dagegen bei der **Wühlmaus.** Sie kann nicht nur den Rasen mit ihren Gängen unterwühlen, sondern auch durch Wurzelfraß stellenweise zum Absterben bringen. Notfalls muss man sich mit geeigneten → *Fallen* behelfen; auch → *Wühlmaus*. Auch der **Feldmaus,** die seltener als Rasenschädiger auftritt, kommt man am ehesten durch Fallen bei.

Schwere Schäden verursachen die Larven der **Wiesenschnake.** Diese schlanke, um 30 mm große Mücke ist an Brust und Hinterleib grau bis braun gefärbt. Sie legt ihre Eier im Boden ab; ihre wurmähnlichen, graubraunen Larven fressen dann vor allem im April und Mai an den Graswurzeln und rufen bis zum Sommer größere gelbe bis braune Flecken auf der Rasenfläche hervor. Die Schnake überwintert als Larve im Boden. Zur Bekämpfung werden → *Nematodenpräparate* angeboten. Solche biologischen Mittel gibt es auch gegen die **Engerlinge** von Gartenlaub- und Dungkäfer sowie gegen **Drahtwürmer.** Beide verursachen durch Wurzelfraß ähnliche Schäden wie die Wiesenschnakenlarven; auch → *Engerling,* → *Drahtwurm*. Bei starkem Befall durch Engerlinge kann sich die Grasnarbe aufgrund des vollständigen Abfressens der Wurzeln stellenweise ganz ablösen.

Rasenschmiele

DESCHAMPSIA CESPITOSA
☼–☺ ☺

Dieses Süßgras ist auf der Nordhalbkugel weit verbreitet. Im Handel sind mehrere Sorten erhältlich, darunter kompakt wachsende Formen oder Auslesen mit besonders schön gefärbten Blüten wie etwa 'Bronzeschleier' mit goldbraunen Ährchen.

Die nah verwandte Drahtschmiele (*D. flexuosa*) treibt straff aufrechte Blütenstiele mit schlanken Blütenrispen über steifen, borstenartigen

Rasenschmiele (Deschampsia cespitosa)

Blättern. Sie bleibt mit 20–60 cm Höhe wesentlich niedriger als die Rasenschmiele, verträgt mehr Trockenheit und wird vorwiegend im Heidegarten verwendet.

Merkmale: Wintergrünes, ausdauerndes Ziergras, dicht buschiger, horstartiger Wuchs, 50–120 cm hoch; schmale, raue, dunkelgrüne Blätter; lange Blütenstängel mit reich verzweigten, sehr duftig wirkenden, grünlich, braun, purpurn oder auch silbrig gefärbten Blütenrispen.

Blütezeit: Juni–August

Verwendung: In Beeten und Rabatten, am Gehölzrand, an Gewässerufern; wirkt im Gegenlicht besonders malerisch.

Standort: Frischer bis feuchter, auch nasser, humoser sowie nährstoffreicher Boden.

Pflanzen/Vermehren: Pflanzung im Frühjahr oder Herbst; Vermehrung durch Teilung oder Aussaat, Sorten nur durch Teilung.

Pflege: Bei Trockenheit wässern; Blütenstände erst im Frühjahr zurückschneiden, dabei auch abgestorbene Blätter entfernen.

Rasenschnitt

Bezeichnet als Begriff zum einen die Tätigkeit des Mähens (→ *Rasenpflege*), zum andern das dabei anfallende Schnitt- oder Mähgut, also die abgeschnittenen Halme und Blätter der Gräser. Diese eignen sich gut zum → *Mulchen* oder können – in dünnen Lagen und mit gröberem Material durchmischt – kompostiert werden. Für einen Kompost nur aus Rasenschnitt sind einige besondere Vorkehrungen nötig.

→ *Kompost, Spezialkomposte*

Rasensode

Ein Stück abgestochenen bzw. abgeschälten Rasens mitsamt durchwurzeltem Erdreich

Rasentrimmer

Leichte Elektrosense, die das Gras mit schnell rotierendem Kunststofffaden abschneidet.

→ *Mähgeräte*, → *Rasenpflegegeräte*

Rasentyp

Grundsätzliche Nutzungsart eines Rasens, die jeweils eine darauf abgestimmte Zusammensetzung der Gräser bedingt.

→ *Rasen*

Rasenunkräuter

Die pflanzlichen Konkurrenten der Rasengräser reichen von ein- bis mehrjährigen, teils ansehnlichen Blühern bis hin zu sehr einfachen Pflanzen, den Moosen.

Moos macht sich besonders auf feuchten Böden sowie an beschatteten Stellen breit. Im Frühjahr, nachdem die Pflege zwangsläufig einige Monate ausgefallen ist und sich die Winterfeuchte noch in Boden und Grasnarbe hält, findet es besonders gute Bedingungen. Dies lässt sich durch eine „Frühjahrskur" mit Vertikutieren (→ *Rasenpflege*) und Ausbringen eines Düngers, kombiniert mit einem Moosbekämpfungsmittel, beheben. Solche Mittel enthalten in der Regel Eisen-II-Sulfat, das die Moose zum Absterben bringt. Wenn sie sich braunschwarz verfärbt haben, werden sie mit einem Rechen oder besser noch mit einem Vertikutierer entfernt.

Wo sich Moos hartnäckig auch im Sommer hält, liegt dies häufig an zu kurzem Mähen und nicht ausreichender Düngung, teils auch an unnötig häufiger Beregnung. Kommt Bodenverdichtung als Ursache hinzu, sollte regelmäßig aerifiziert und besandet werden. Im Schatten, z. B. unter Bäumen, reicht allerdings auch eine optimierte Pflege oft nicht aus, um die Moosausbreitung einzudämmen. Sofern hier auch ausgewiesener Schattenrasen versagt, kommen geeignete → *Bodendecker* wie Günsel infrage. Diese müssen allerdings auch regelmäßig eingegrenzt werden, sonst werden sie zu „Rasenunkräutern".

Unter sehr ähnlichen Bedingungen wie Moose gedeihen auch **Algen** im Rasen, die an Feuchtigkeit gebunden sind. Sie bilden schwärzlich grüne oder braune, schmierige Flecken zwischen den Gräsern. Die bei den Moosen genannten Pflegemaßnahmen helfen auch gegen Algen. Das Überstreuen der Rasenfläche mit grobem Sand ist dabei besonders förderlich, weil es für schnelleres Abtrocknen sorgt. Ausgetrocknete Algenkrusten sollte man entfernen; eine punktuelle Rasennachsaat samt vorhergehender Bodenlockerung trägt zur raschen Regeneration der Narbe bei.

Als **Unkräuter** im engeren Sinn werden krautige Pflanzen wie Löwenzahn, Klee, Gänseblümchen und Ehrenpreis angesehen. Dabei veranschaulichen sie recht gut, wie fragwürdig der Begriff „Un"-Kraut sein kann. Denn früher verpönt, werden heute Gänseblümchen & Co. von manchen Rasenbesitzern nicht nur geduldet, sondern sogar als blühende Bereicherung angesehen. Sie können auch als Ausgangspunkt für die Entwicklung einer → *Blumenwiese* dienen. Zu einem reinen Zierrasen passen solche Kräuter allerdings nicht. Außerdem muss man sich darüber im Klaren sein, dass sich stellenweise akzeptierter Blumenwuchs dauerhaft etabliert; ein Zurück zum einheitli-

Feuchte, Schatten und Bodenverdichtung begünstigen die Moosbildung im Rasen.

Das Entfernen von Löwenzahn mit dem Unkrautstecher sollte spätestens in der Blüte erfolgen.

chen Grün ist, falls erwünscht, nur durch Rasenneuanlage möglich.

Einem unerwünschten Ausbreiten von Unkräutern beugt man – wie allen Rasenschäden – am besten durch sachgemäße → *Rasenpflege* vor. Richtiger, nicht zu kurzer Schnitt, Düngen, Vertikutieren, flächiges Nachsäen – alles, was zu einer dichten, kräftigen Grasnarbe verhilft, hält den Kräuterbewuchs in Grenzen. Insbesondere der Weißklee (*Trifolium pratense*) ist ein Anzeichen für mangelnde Stickstoffversorgung und kann durch ausreichende Düngung zurückgedrängt werden.

Eine gezielte chemische Bekämpfung von Kräutern, die die Gräser schont, ist möglich, die zugelassene Palette von Rasenherbiziden für den Haus- und Kleingarten allerdings stark eingeschränkt. Das wichtigste Bekämpfungsverfahren stellt daher das manuelle Entfernen dar, wobei Unkrautstecher oder Unkrautgabeln mit zwei langen Zinken das Ausstechen samt Wurzeln erleichtern. Unkräuter, die sich stark durch Samen ausbreiten, z. B. Knopfkraut und Löwenzahn, sollten spätestens in der Blüte beseitigt werden. Wo sich Bestände Ausläufer bildender oder breitwüchsiger Pflanzen wie Kriechender Hahnenfuß, Wegerich oder Sauerampfer entwickelt haben, sät man nach dem Ausstechen gleich nach. Besondere Problemunkräuter im Rasen sind Ehrenpreisarten, vor allem der Fädige Ehrenpreis (*Veronica filiformis*), eine aus früheren Pflanzungen verwilderte Art, die im Kaukasus und in Kleinasien heimisch ist. Sie wächst kriechend, wobei sich die dem Boden aufliegenden Triebe an den Knoten bewurzeln können. So wurzeln auch die durch den Rasenschnitt zerkleinerten und verteilten Triebstücke schnell ein, das Mähen trägt damit zur Verbreitung bei. Den Ehrenpreis kann man am besten durch Vertikutieren bekämpfen.

Rasselblume
CATANANCHE CAERULEA
☼ ☺

Der hübsche Korbblütler stammt aus dem Mittelmeerraum. Seinen Namen verdankt er trockenen Hüllschuppen an den Blüten, die leise rasseln, wenn der Wind über die Pflanzen streicht.
Merkmale: Kurzlebige, oft nur einjährig gezogene Staude, buschig, leicht niederliegend, 40 – 60 cm hoch; schmale, fast grasartige Blätter; drahtige, wenig verzweigte Stängel; violettblaue, bei Sorten auch weiße, margeritenähnliche Blüten.
Blütezeit: Juni – September
Verwendung: In Gruppen auf Beeten und Rabatten, auf Trockenmauern, im Steingarten.
Standort: Vollsonnig und warm; durchlässiger, mäßig trockener bis frischer, möglichst nährstoffarmer, kalkhaltiger Boden.
Pflanzen/Vermehren: Pflanzung bevorzugt im Frühjahr, mit 25 – 30 cm Abstand; Vermehrung durch Aussaat im März/April.
Pflege: Anspruchslos; Verblühtes entfernen; den Winter über mit Reisig schützen.

Scharbockskraut-„Rasen"

Rasselblume (Catananche caerulea)

Raubkäfer
Artenreiche Familie meist kleiner → *Käfer,* nach den kurzen Flügeldecken, die den Hinterleib nicht bedecken, auch Kurzflügler genannt. Die 1 – 30 mm langen, unauffällig dunklen bis rötlich braunen Käfer halten sich im Garten bevorzugt unter Mulchdecken oder im Kompost auf. Aus Sicht des Gärtners sind sie Nützlinge, denn sie vertilgen je nach Art z. B. Larven von Gemüsefliegen, Kohlweißlingsraupen oder Blattläuse.

Raublattaster
Hochwüchsige Staudenaster mit großen roten, rosa, blauen, violetten oder weißen Blüten im Spätjahr
→ *Astern, Herbstblüher*

Raubmilbe
Verschiedene, nur um 0,5 mm große → *Milben,* die sich von anderen Milben, besonders den schädlichen → *Spinnmilben,* ernähren. Einige Arten kommen im Freien vor und leben hauptsächlich auf Obstbäumen. Bestimmte Raubmilbenarten werden gezüchtet und können im Gewächs-

haus gezielt als → *Nützlinge* gegen → *Spinnmilben* und → *Thripse* eingesetzt werden. Raubmilben sind sehr beweglich und bilden anders als die Spinnmilben keine Gespinste. Nachdem sie ihre Beutetiere oder auch deren Eier ausgesaugt haben, verfärben sich die meisten Arten auffallend rot.

Raubwanze

Flacher Körperbau, großes Halsschild, ledrige, oft bunt gemusterte Flügeldecken und lange, gebogene Saugrüssel sind typische Merkmale der → *Wanzen*. Viele treten als Pflanzenschädlinge auf, doch es gibt auch eine ganze Reihe von Arten, die sich räuberisch von anderen Tieren ernähren. Manche haben Stinkdrüsen, die bei Gefahr den unangenehmen Wanzengeruch verströmen. Mit den darin produzierten Sekreten können sie teils auch andere Insekten schädigen. Ihre Hauptwaffe ist jedoch der Stech- und Saugrüssel, mit dem sie die Beutetiere oder deren Eier aufspießen und aussaugen. Die räuberischen Wanzen überwintern als Ei oder Vollinsekt in Hecken und deren Unterpflanzung.

Die Familie der Raubwanzen (*Reduviidae*) im zoologischen Sinn spielt allerdings im Garten kaum eine Rolle; vielmehr meint man damit räuberisch lebende Wanzen aus verschiedenen anderen Familien.

Hierzu zählen die um 4 mm langen, schwarzbraunen **Blumenwanzen,** die sich gern auf Obstbäumen aufhalten und schon im Winter unter den Eiern von Blattläusen und Spinnmilben aufräumen. Sie sind mit ein Grund dafür, auf vorbeugende Winterspritzungen zu verzichten. Im Sommer reduzieren sie die erwachsenen Läuse und Milben sowie kleine Raupen. Gezüchtete Blumenwanzen der Gattung *Orius* können im Gewächshaus gegen Thripse eingesetzt werden.

Auch unter den braun oder rot gefärbten **Weichwanzen** gibt es einige Räuber mit einem ähnlichen Speiseplan, die des Öfteren an Brennnesseln zu finden sind. Sie lassen sich allerdings für den Laien kaum von den Pflanzen schädigenden → *Blattwanzen* unterscheiden.

Die bis 12 mm langen, schlanken, rötlich braunen **Sichelwanzen** halten sich bevorzugt an Stauden und Gräsern auf. Zu ihrer Beute gehören Blattläuse und Wicklerraupen, etwa des Traubenwicklers, teils auch Zikaden.

Rauchhärte

Kennzeichnet die Widerstandsfähigkeit bzw. Toleranz von Gehölzen gegenüber Luftschadstoffen; man spricht in dem Zusammenhang auch von „Industriefestigkeit". Dies umfasst jedoch nicht nur Schadstoffe aus Industrieanlagen, sondern auch Autoabgase und Luftbelastungen durch Heizungen, die gerade in Ballungszentren während des Winters beachtlich sein können.

Die diesbezügliche Empfindlichkeit der Gehölze ist sehr unterschiedlich. Im Allgemeinen kommen Laub abwerfende Gehölze mit Abgasen besser zurecht als Nadelgehölze, da sich durch die jährliche Erneuerung des Laubs weit weniger Schadstoffe auf und in den Blättern anreichern können. Ausgesprochene Rauchgasschäden werden deshalb am ehesten an Nadelgehölzen beobachtet. Sie können von verbräunten Partien bis zum Absterben des ganzen Baums reichen. Besonders empfindlich sind die meisten Fichten und Tannen, Eibe und Lebensbaum dagegen haben sich als sehr robust erwiesen. Auch die immergrünen Laubgehölze wie Buchs und Lorbeerkirsche sind aufgrund ihrer derben Blätter meist gut gegen Abgase gewappnet.

Wo an abgasbelasteten Standorten eine Gehölzpflanzung geplant ist, sollte man sich in einer Baumschule eingehend beraten lassen. Besonders Hecken, die das Grundstück zur Straße hin abschirmen, müssen einiges an Abgasen verkraften.

Auch → *Abgase,* → *Schadstoffe*

Raugras

Attraktives, mittelgroßes Ziergras für sonnige Plätze
→ *Silberährengras*

Rauke

Salatpflanze mit nussartigem bis scharfem Geschmack, heute oft als Rucola-Salat geführt.
→ *Salatrauke*

Raupe

Raupen nennt man die Larven der → *Schmetterlinge,* die sich über ein Puppenstadium zum ausgewachsenen Falter entwickeln. Die meist grünen, grüngelben oder auffällig und regelmäßig gemusterten Larven haben drei Beinpaare am Brustabschnitt, auf mindestens zwei beinfreie Segmente folgen dann höchstens fünf Bauchbeinpaare. Ihre kräftig ausgebildeten Fresswerkzeuge sind nach vorn gerichtet, am Kopf tragen sie beidseitig

Mahonien gelten als rauchhart.

Die Raupe des Schwalbenschwanzes frisst an Doldenblütlern, richtet aber an Gartenpflanzen kaum Schäden an.

je ca. fünf Punktaugen. Dies unterscheidet sie von den → *Afterraupen*, den Larven der Blattwespen, die zudem stets mehr als fünf Bauchbeinpaare aufweisen.

Die Raupen ernähren sich von Blättern, jungen Trieben, Blüten oder Früchten. Dabei sind viele Arten auf ganz bestimmte Futterpflanzen spezialisiert. Etliche treten im Garten als Schädlinge auf, z. B. der Kohlweißling oder die verschiedenen Wickler- und Spannerraupen an Obstgehölzen. Es gibt aber auch Arten, die Unkräuter fressen oder sich ausschließlich von Flechten ernähren.

Vögel, Schlupfwespen und Raupenfliegen sind die hauptsächlichen natürlichen Gegenspieler der Raupen; daneben reduzieren auch Spitzmäuse, Frösche, Kröten sowie manche Käfer und Wanzen die Raupenpopulationen.

Rebe
→ *Weinrebe*

Rebenkräuselmilbe
Bestimmte Gallmilbe, die Kräuselungen an jungen Weinrebenblättern verursacht.
→ *Weinrebenschädlinge*

Rebenpockenmilbe
Gallmilbe, die pockenartige Erhebungen auf den Blättern der Weinrebe hervorruft.
→ *Weinrebenschädlinge*

Rebhuhnbeere
Anderer Name für die → *Scheinbeere*, ein immergrüner, bodenbedeckender Zwergstrauch

Reblaus
Gefürchtete Blattlaus, die an Wurzeln und Blättern von Weinreben saugt.
→ *Weinrebenschädlinge*

Rebschere
Zweischneidige Schere mit Schwalbenschwanzklingen. Rebscheren ähneln den üblichen → *Gartenscheren*. Da sie im Weinbau für den anstrengenden Schnitt ganzer Rebzeilen eingesetzt werden, handelt es sich um professionell ausgelegtes Werkzeug mit besonderem Schnittkomfort, von dem man auch im Hobbygarten profitiert.

Rechen
Rechen, auch als Harke bekannt; gehört zur Grundausstattung an → *Gartengeräten*, auch → *Bodenbearbeitungsgeräte*.

Rechtsvorschriften
Es gibt eine ganze Reihe von Gesetzen und Verordnungen, die direkt oder indirekt die Gartenanlage und -nutzung betreffen. Manche davon sind landeseinheitlich geregelt, viele jedoch auf Bundesland- bzw. kantonaler, Kreis- oder Gemeindeebene festgelegt bzw. näher ausgestaltet. In Zweifelsfälle ist es deshalb stets ratsam, sich bei Ämtern und Behörden vor Ort zu erkundigen, etwa bei der Stadt- oder Kreisverwaltung und den zuständigen Ordnungsämtern.

Nachfolgend ein Überblick über die wichtigsten Rechtsvorschriften, die das Gärtnern betreffen; wesentliche Punkte sind jeweils unter eigenem Stichwort ausgeführt.

Beim Planen und Anlegen von Gärten sind besonders folgende Gesetze und Verordnungen zu beachten:

- Vorgaben zur Art der Einfriedung, Umpflanzung oder Zaunhöhe eines Grundstücks im Rahmen eines → *Bebauungsplans* oder Grünordnungsplans. Hierbei können auch weitere, örtlich festgelegte Gestaltungsvorschriften für Gebäude und Grundstücke maßgeblich sein.
- vorgeschriebene Grenzabstände von Gehölzen, Hecken und Baulichkeiten zum Nachbargrundstück; → *Grenzabstand*
- erforderliche Bauanzeigen oder Baugenehmigungen für Baulichkeiten wie Mauern und Gartenhäuser sowie Aufschüttungen oder Abgrabungen
- Rodungsverbot vorhandener Baumbestände durch eine → *Baumschutzverordnung*
- Gebot zur Grundstücksabsicherung bei Teichanlage oder anderen Gefahrenquellen, da Grundbesitzer bei Unfällen haftbar sind; auch → *Haftpflicht*.

Besondere Rahmenbedingungen bestehen bei

- Kleingärten: Hier regeln ausführliche Kleingartengesetze und -verordnungen u. a. Größe, Nutzung und Pachtverhältnisse.
- gemieteten Häusern oder Wohnungen mit Gartennutzung: Hier gelten Bestimmungen des Mietrechts und Ausführungen im Mietsvertrag, soweit gesetzlich zulässig und bindend; auch → *Mietergarten*.

Beim Anlegen wie beim Nutzen des Gartens spielt ein besonderer Gesetzeskomplex eine Rolle, das → *Nachbarrecht*. Das Beachten der wichtigsten Regelungen sowie das Einhalten der → *Grenzabstände* beugt unnötigen Streitigkeiten vor.

Im Zusammenleben mit den Gartennachbarn können vor allem auch Lärm- und Geruchsbelästigungen zum Streitfall werden. Das betrifft z. B. Rasenmäher- und Häckslerbetrieb, laute Gartenfeste, unangenehme Geruchsentwicklung durch Grillen oder unsachgemäßes Kompostieren. Teils kommen hier ebenfalls Regelungen des Nachbarrechts zum Zuge; den Rahmen setzen jedoch bundes- bzw. landesweite Vorschriften wie Lärmschutzverordnungen, die gesetzlich festgelegte Nachtruhe und Immissionsschutzgesetze.

Weitere Rechtsvorschriften, die die Gartennutzung betreffen können, sind:

- Verkehrssicherungspflicht: Danach ist ein Gartenbesitzer verpflichtet, Vorkehrungen zu treffen, damit Dritte keinen Schaden erleiden; auch → *Haftpflicht*.
- Pflanzenschutzmittelgesetz: Regelt nicht nur die Zulassung und den Verkauf von Pflanzenschutzmitteln, sondern auch die Anwendung im Haus- und Kleingarten; → *Pflanzenschutzmittel*.
- Meldepflicht bei Pflanzenkrankheiten: Unter den Krankheiten, die im Privatgarten auftreten können, betrifft dies in erster Linie den → *Feuerbrand* und die Scharkakrankheit (→ *Pflaumenkrankheiten*), unter den Schädlingen die San-José-Schildlaus (→ *Schildlaus*) und die Reblaus (→ *Weinrebenschädlinge*).
- Umweltschutz und Abfallentsorgung: Pflanzenschutzmittelreste und andere problematische Stoffe dürfen keinesfalls über die Kanalisation „entsorgt" werden, sondern gehören zum Sondermüll. Freilich müssen auch alle anderen im Garten anfallenden Abfälle ordnungsgemäß entsorgt werden. Das Verbrennen von (holzigen) Gartenabfällen ist meist auf Gemeinde- oder Kreisebene geregelt. Vielerorts wird es ganz untersagt, teils ist es zu bestimmten Jahres- und Tageszeiten zulässig.
- Natur- und Artenschutz: Hier kann der Gärtner mit dem Gesetz in Konflikt kommen, wenn er geschützte Wildpflanzen oder Tiere der Natur entnimmt, fremdländische Arten in freier Landschaft ansiedelt oder geschützte Tiere wie Maulwürfe oder Wespen tötet; auch → *Artenschutz*.
- Sortenschutz: Was die gesetzliche Absicherung von Pflanzenzüchtungen betrifft, sollte man wissen, dass registrierte, geschützte Sorten nicht für kommerzielle Zwecke weitervermehrt werden dürfen.

Schließlich sei erwähnt, dass beim Gärtnern nicht nur Regelungen und Verbote zu beachten sind, sondern dass es auch einige „positive" Rechtsvorschriften gibt; so z. B. die kommunale Förderung der Eigenkompostierung durch verringerte Müllgebühren oder die mancherorts gewährten Zuschüsse für die Dach- und Hausbegrünung.

Recyclingtopf

→ *Anzuchtgefäß* aus recyceltem Altpapier bzw. Pappe, das mit ausgepflanzt werden kann und dann im Boden verrottet.

Regenbogenschwingel

Ausdauerndes, flache Horste bildendes Ziergras mit grünen, bläulichen und rötlichen bis violetten Blättern
→ *Schwingel*

Regenmesser

Durch Ermitteln der Niederschlagsmengen erhält man gute Anhaltspunkte für das gezielte → *Gießen*. Für diesen Zweck eignet sich schon ein einfacher Regenmesser, der aus einem Plastikauffanggefäß mit aufgetragener Millimeterskala samt Halterung besteht. Man bringt ihn an einem etwa 1 m hohen Stab an, der an windgeschützter, nicht allzu sonniger Stelle im Garten platziert wird, wo weder starke Verdunstung noch Regen abhaltende Bäume oder Gebäude die Messergebnisse verfälschen. Meist sind solche Regenmesser mit einem Einstellungsring versehen, mit dem man den Stand der zuletzt abgelesenen Niederschlagsmenge festhalten kann. Über Winter werden die Behälter am besten entfernt, um ein Aufplatzen durch gefrorenes Wasser zu vermeiden.

Für höhere Ansprüche gibt es im Fachhandel verschiedene andere Ausführungen, vom standardisierten Regenmesser nach Dr. Hellmann (Metallbehälter mit skaliertem Kunststoffeinsatz) bis hin zum Funkregenmesser mit kabelloser Übertragung der gemessenen Niederschlagsmenge auf eine digitale Anzeige.

1 mm gemessene Niederschlagshöhe entspricht 1 l Regen, der pro m² Bodenfläche gefallen ist. Im Sommer sorgen erst Regenfälle ab ca. 10 mm dafür, dass der Boden gründlich durchfeuchtet wird, so dass man sich das Gießen einige Tage sparen kann.

Auch → *Niederschläge*

Regenwassernutzung

Als Faustzahl für den jährlichen Gießwasserverbrauch werden rund 6000 l pro 100 m² Gartenfläche angesetzt, das entspricht 6 m³ – ein beachtliches Volumen, das bei intensiver Gartennutzung und in trockenen Sommern noch wesentlich höher liegt. Deckt man diesen Bedarf über Trinkwasser aus der Leitung, schlägt sich dies deutlich auf der Wasser- und Ab-

Regenmesser

Regenwassernutzung

wasserrechnung nieder. Zugleich wird damit die knappe Ressource Trinkwasser unnötig vergeudet. Dies allein spricht schon für die Verwendung von Regenwasser für die Gartenbewässerung. Hinzu kommt, dass das weiche, also kalkarme Regenwasser besonders günstig für die Pflanzen ist, sofern nicht außerordentlich stark mit Luftschadstoffen belastet (auch → *Gießwasser*). Weiterhin wird bei starken Regenfällen die Kanalisation entlastet, wenn viele Haushalte das Nass in geeigneten Sammelanlagen zwischenspeichern. Voraussetzung, um Regenwasser in brauchbaren Mengen zu sammeln, ist allerdings ein Dach mit Regenrinne. In Kleingärten und auf sonstigen hausfernen Grundstücken kann ggf. das Dach eines Garten- oder auch Gerätehauses als Auffangfläche dienen.

Die einfachste und gebräuchlichste Lösung stellt die altbewährte **Regentonne** dar. Bei kleineren Dachflächen kann man das Fallrohr direkt in die Tonne leiten. Etwas eleganter geschieht dies mithilfe eines Klappabflusses, den man in das Fallrohr einsetzt; ist die Tonne voll, wird er hochgeklappt, das überschüssige Wasser läuft dann in die Kanalisation. Noch ausgefeilter lässt sich das Ganze allerdings mit einem Regensammler mit automatischem Überlaufstopp regeln.

Die üblichen Regentonnen fassen 200 l, es sind aber auch Tonnen oder stapelbare Säulen mit über 1000 l Volumen erhältlich. Eine andere Möglichkeit, mehr Wasser zu sammeln, bietet das Aneinanderkoppeln mehrerer Tonnen, für das teils spezielle Systeme angeboten werden. Zu den Regentonnen sollte nach Möglichkeit ein passender Deckel erhältlich sein; die Abdeckung bewahrt Kleintiere vor dem Ertrinken, hält im Herbst Falllaub fern und vermindert

Die Regentonne ermöglicht das Sammeln der Niederschläge ohne großen Aufwand.

Über eine verschließbare Fallrohrklappe lässt sich der Regenwasserzufluss einfach regulieren.

das Risiko, dass die Tonnen im Sommer zu Brutstätten für Stechmücken werden.

Im einfachsten Fall wird das Wasser mit Kanne oder Eimer aus der Tonne geschöpft. Raffiniertere Lösungen reichen von einem an der Fassseite eingebauten Zapfhahn bis hin zu so genannten Hauswasserautomaten, über die die Wasserverteilung samt Steuerung über verschiedene Stränge möglich ist. Mit solchen Geräten oder geeigneten Pumpen ist auch das Betreiben automatischer Bewässerungssysteme aus genügend großen Regentonnen möglich (auch → PRAXIS-SEITE Bewässerungsmethoden und -techniken, S. 108/109).

Besonders in längeren Trockenphasen können sich auf dem Dach Schmutz, Ruß- und Schadstoffpartikel ansammeln. Deshalb sollte man danach wenigstens eine Viertelstunde lang den ersten Regen ablaufen lassen und nicht verwenden. Es gibt auch Regenwassersammler mit Schmutzwasserablauf, die automatisch umschalten, nachdem das un-

reine Wasser in die Kanalisation abgeflossen ist. Das vielfältige Angebot an Zubehör umfasst außerdem Filtersysteme zur Grobreinigung, die in das Fallrohr eingesetzt werden bzw. im Regensammler integriert sind.

Wo ein größeres Dach als Regenauffangfläche zur Verfügung steht, kommt die Anschaffung eines **Regenwasserspeichers** infrage, entweder in Form eines oberirdisch aufgestellten Kunststofftanks oder in der Erde versenkt (spezielle Tanks, Betonzisterne). Der Erdeinbau hat den Vorteil, dass die Wassergüte durch die Kühle im Boden länger erhalten bleibt. Zur Abschätzung der benötigten Speichergröße ist es günstig, wenn man eine Zeit lang über den wöchentlichen Gießwasserverbrauch Buch führt. Um 2 bis 3 Wochen ohne Regen zu überbrücken, sind bei üblichen Gartengrößen Speicher mit 1000 – 1500 l voll ausreichend. Bei entsprechender Ausstattung mit Filtern und Pumpen oder Hauswasserautomat lässt sich die Wasserentnahme so einfach bewerkstelligen wie aus dem Leitungsnetz.

REGENWURM

Genauer rechnen muss man bei einer kompletten **Regenwassernutzungsanlage,** die neben dem Garten auch die Toilettenspülung und die Waschmaschine versorgt. Hierbei wird die Speichergröße nach möglichst exakter Ermittlung von Regenwasserertrag (Produkt aus örtlicher Niederschlagsmenge, Auffangfläche und Abflussbeiwert) und Regenwasserbedarf festgelegt. Bei der Planung einer solchen Anlage sollte man sich gründlich aus aktueller Spezialliteratur informieren oder gleich an eine Fachfirma wenden bzw. mehrere Angebote einholen. Es sind auch wesentlich mehr technische Details zu berücksichtigen als bei einer einfachen Gartenwasserspeicherung, außerdem gilt es Anzeige-, Genehmigungs- und technische Vorschriften zu beachten. Die Tanks können im Erdboden versenkt, im Keller, unter der Garage oder auch auf dem Dachboden eingebaut werden.

Mancherorts werden solche Regenwasseranlagen durch Zuschüsse gefördert, zumindest aber ist häufig eine Reduzierung der Abwassergebühren möglich. Dies gilt in begrenztem Umfang auch für die einfache Gartenwasserspeicherung. Näheres erfährt man bei der Gemeinde-, Stadt- oder Kreisverwaltung oder beim zuständigen Umweltamt.

Alle Entnahmestellen von Regenwasser müssen mit einem Schild mit der Aufschrift: „Kein Trinkwasser" gekennzeichnet werden.

Regenwurm

Die Regenwürmer gehören zoologisch zur Klasse der Gürtelwürmer und bilden eine eigene Familie, die *Lumbricidae.* Bei uns sind knapp 40 Arten heimisch. Der Familienname rührt von der Gattungsbezeichnung unserer häufigsten Regenwurmart her: Der Gewöhnliche Regenwurm heißt wissenschaftlich *Lumbricus terrestris.* Etwa 9 – 30 cm wird dieser dunkel fleischfarbene Wurm lang, wobei der Körper aus 110 bis 180 ringförmigen Segmenten besteht. Wie alle Regenwürmer bewegt er sich durch abwechselndes Zusammenziehen der Ring- und der Längsmuskulatur vorwärts.

Werden Regenwürmer durchschnitten, können sich ihre Vorderenden unter bestimmten, artabhängigen Bedingungen wieder regenerieren, indem neue Körperenden ausgebildet werden. Sie leben hauptsächlich in der humosen oberen Bodenschicht und sind empfindlich gegen Trockenheit sowie UV-Strahlung. In einem guten, belebten Boden kommen bis zu 400 Regenwürmer pro m² vor.

Regenwürmer spielen eine besondere Rolle bei der Bodenbildung und bei der Umwandlung organischer Stoffe im Boden und im Kompost. Sie ernähren sich von Pflanzenresten, die sich bereits im Zustand der Zersetzung befinden, außerdem von Algen, Pilzen und Bakterien. Zugleich nehmen sie ständig Bodenteilchen mit auf. In ihrem Darm kommt es zu einer gründlichen Durchmischung von organischen und mineralischen Teilchen; wenn im Boden Ton vorhanden ist, entstehen dabei die wertvollen → *Ton-Humus-Komplexe,* die Gewähr für eine optimale Krümelstruktur bieten. Die kleinen humus- und nährstoffreichen Kothäufchen der Regenwürmer werden als Wurmlosung bezeichnet. Günstig wirken sich auch die zahlreichen Regenwurmgänge im Boden aus, die für gute Durchlüftung sorgen.

Nur sehr selten, nämlich bei mangelndem Nahrungsangebot, ziehen Regenwürmer kleine Pflänzchen bzw. Sämlinge in ihre Gänge. Lästig können sie außerdem bei Massenauftreten auf Rasenflächen werden (→ *Rasenschädlinge*).

Gewöhnlicher Regenwurm

In Gärtnerkreisen kennt und schätzt man neben dem Gewöhnlichen Regenwurm vor allem den Kompost- oder Mistwurm (*Eisenia foetida*), der nur 6 – 13 cm lang und mit roter oder brauner Querbinde auf den Segmenten versehen ist. Er hat sich als besonders effektiver Reste- und Dungverwerter erwiesen und kann käuflich erworben werden, um speziellen Wurmkompost zu erzeugen (→ *Kompost, Spezialkomposte*). Obwohl er zu unseren heimischen Arten zählt, wird er teils als „Tennessee Wiggler" oder „Kalifornischer Regenwurm" angeboten.

Regenwurmhumus

Käuflicher → *Kompost,* dem Kompost- bzw. Mistwürmer (→ *Regenwurm*) zugesetzt sind. Er kann zum Verbessern von Böden mit geringer biologischer Aktivität verwendet werden oder auch zum Ansetzen von Wurmkompost (→ *Kompost, Spezialkomposte*).

Regner

Regner, auch Sprenger genannt, finden vorrangig Einsatz bei der Rasenbewässerung. Sie werden an einen Schlauch angeschlossen, der Wasserdruck sorgt dann für eine fortwährende, gleichmäßige Flächenbewässerung durch Bewegen der Düsen bzw.

Sprüharme. Bauartbedingt ergibt sich dabei jeweils eine typische Form der bewässerten Fläche, nach der man Viereck- bzw. Rechteckregner und Kreisregner unterscheidet.

Der rohrähnliche Sprüharm des **Viereckregners** wird hin und her geschwenkt und bewässert so – je nach Ausführung – eine rechteckige oder quadratische Fläche von etwa 150 – 300 m². Reichweite und Sprengbreite sollten regulierbar und einfach zu verstellen sein. Beim einfachen **Kreisregner** rotieren drei Sprüharme, die kreisförmige Beregnungsfläche kann 100 – 300 m² betragen; das entspricht einer Reichweite von etwa 10 – 20 m Ø, die meist einstellbar ist. Noch größere Flächen schaffen manche **Impulsregner,** die häufig ebenfalls als Kreisregner bezeichnet werden; bei ihnen bewegt sich der Sprüharm durch den Wasserdruck „impulsartig" im Kreis. Meist werden sie als **Sektorenregner** konstruiert, d. h., man kann statt eines Vollkreises auch kleinere Sektoren in verschiedenen Winkelgrößen einstellen. Da zugleich die Wurfweite regulierbar ist, kann mit diesen Regnern sehr zielgerichtet bewässert werden.

Diese „klassische" Produktpalette wird immer wieder durch Neuerungen ergänzt, etwa die so genannten Flächenregner, bei denen man die gewünschte Beregnungsfläche, z. B. Quadrat, Halbkreis, Kreis oder schmale Streifen, über eine Regnerscheibe auswählen kann. Ansonsten statten die Hersteller ihre Regner häufig mit Besonderheiten aus, die sich teils als sehr praktisch erweisen. Hierzu zählen u. a. Impulsregner, die mit Erdspießen („Spikes") in den Boden gesteckt werden und sich teils sogar in Serie miteinander verbinden und betreiben lassen, einstellbarer Zerstäubungsgrad des Wassers, integrierte Zeitschaltuhr sowie Regner mit Schmutzfilter.

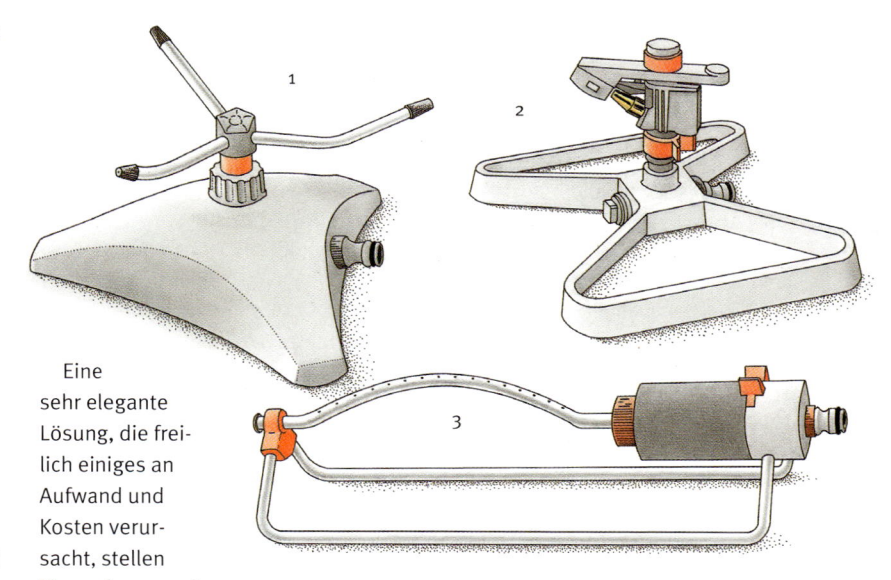

Eine sehr elegante Lösung, die freilich einiges an Aufwand und Kosten verursacht, stellen **Versenkregner** dar, auch als Sprinkler bezeichnet. Sie werden in den Boden eingesetzt und über ein Rohrleitungssystem mit Wasser versorgt. Bei Wasserzufuhr fahren die Regner, bei denen es sich um Kreis- oder Sektorenregner handelt, aus ihrer Ruheposition und beginnen mit der Bewässerung. Nach Abschalten der Wasserzufuhr kehren sie wieder in die Versenkposition zurück, stören also weder optisch noch beim Rasenmähen.

In der Regel werden die Regner über ein Steuergerät betrieben; zusätzliche Feuchtesensoren regulieren das Beregnen in Abhängigkeit von den Niederschlagsverhältnissen. Am wenigsten Aufwand macht das Verlegen der Rohre bzw. Schläuche vor der Rasenanlage, aber auch ein nachträglicher Einbau ist durchaus noch möglich. Der Rasen muss dann streifenweise abgestochen werden, um die Rohrgräben anzulegen, nach dem Einbau werden die Soden wieder eingesetzt.

Für die Beregnung von Beetpflanzen eignen sich besonders **Sprühregner,** die mit feinen Tröpfchen sehr schonend bewässern. Sie werden erhöht auf einem Stativ angebracht.

Regner-Grundtypen:
1) Kreisregner,
2) Impulsregner,
3) Viereckregner

Nachteil bei dieser Art der Bewässerung ist der geringe Wassernutzungsgrad, der je nach Besonnung, Luftfeuchte und Betriebsweise unter 50 % liegen kann, da ein größerer Teil des Wassers verdunstet, bevor es die Wurzelzone durchfeuchtet hat. Entsprechend lange müssen solche Regner dann auch laufen. Sie bieten sich besonders für Pflanzen an, die erhöhte Luftfeuchtigkeit verlangen.

Bei den so genannten **Perlregnern** dagegen gelangt das Nass mit minimalen Verlusten direkt in den Boden. Es handelt sich dabei um perforierte bzw. düsenbesetzte Perl- oder Tropfschläuche, die man zwischen den Pflanzenreihen oder unter Heckenzeilen verlegt. Schon bei geringem Druck ist hiermit eine gleichmäßige Wasserversorgung möglich. Sie werden meist mit einem automatischen Bewässerungssystem betrieben, auch → PRAXIS-SEITE Bewässerungsmethoden und -techniken, (S. 108/109).

Reife

Botanisch gesehen steht der Begriff Reife bei höheren Pflanzen stets im Zusammenhang mit der → *generativen Vermehrung*. Er bezeichnet zunächst die abgeschlossene Entwicklung der → *Geschlechtszellen*, die Voraussetzung für die → *Befruchtung* ist, und schließlich der Vermehrungsorgane, bei den Samenpflanzen also der Früchte und Samen. Reife Früchte fallen von den Pflanzen ab, lassen sich leicht durch Wind oder vorbeistreifende Tiere ablösen und verbreiten oder öffnen sich, um die Samen auszustreuen. Reife Samen enthalten einen voll ausgebildeten Embryo, meist samt Nährgewebe, weisen eine mehr oder weniger harte Schale auf und sind grundsätzlich keimfähig, auch wenn oft noch eine vorübergehende → *Keimruhe* nötig ist. Frucht- wie Samenreife gehen jeweils mit einer arttypischen Ausfärbung einher.

Abgesehen von einer beabsichtigten → *Samenernte* interessiert den Gärtner jedoch eher die → *Erntereife* bei Obst und Gemüse. Diese hat nur begrenzt mit der biologischen Reife zu tun – häufig auch gar nichts, da z. B. zarte Erbsen unreif geerntet werden oder Blätter und Wurzeln von Gemüsen oft schon bei Ausbildung der Blüten ungenießbar sind.

Im übertragenen Sinn spricht man ebenfalls bei Jungpflanzen sowie bei den Trieben von Gehölzen vom → *Ausreifen*, ebenso bei verholzenden → *Stecklingen*.

Reifegas

Andere geläufige Bezeichnung für das als gasförmiges Stoffwechselprodukt von reifenden Früchten freigesetzte → *Ethylen*

Reifekompost

Vollständig verrottetes, vererdetes Kompostmaterial
→ *Kompostreife*

Reifrocknarzisse

Kleine Wildnarzisse mit trichterförmiger Blüte und schmalen, spitzen Blütenblättern
→ *Narzisse*

Reihenhausgarten

Aufgrund der seit Jahrzehnten bevorzugten Reihenbauweise in Neubaugebieten gehört der Reihenhausgarten heute zu den häufigsten Gartenformen. Begrenzte Flächengröße und schmaler Zuschnitt gehören zu seinen typischen Eigenschaften, wovon es freilich auch Abweichungen gibt. Die übliche „Handtuchform" macht die Gestaltung solcher Grundstücke nicht ganz einfach, zumal Platz beanspruchende Elemente und Pflanzungen sehr bedacht eingesetzt werden müssen.

Unabhängig von der individuellen Gestaltung haben sich einige grundsätzliche Empfehlungen und Herangehensweisen bewährt:

- Schon beim Planen Überladen der Fläche vermeiden und klare Prioritäten (z. B. Terrasse, Teich, Pergola) setzen.
- Rasenfläche nicht zu stark durch Rabatten, Gehölze usw. zerstückeln, aus praktischen wie aus optischen Gründen.
- Bei allen Gartenelementen, z. B. bei einer Pergola, auf die Proportionen im Verhältnis zur Grundstücksgröße achten.
- Hoch- und breitwüchsige Gehölze auf ein Minimum reduzieren oder ganz darauf verzichten; den Anteil der Immergrünen auf etwa ein Drittel beschränken
- Prüfen, ob Hecken zu den Nachbargrundstücken hin nötig sind; wenn möglich, Platz sparende Lösungen wie Zaun, Rankgerüste oder Sichtschutzwände mit Kletterpflanzen bevorzugen. Bei guten – und erwünschten – Kontakten mit den Nachbarn kann eine Abgrenzung auch ganz entfallen oder sich z. B. auf eine Staudenrabatte oder eine kleine Obstspalierhecke beschränken.
- Quer bzw. schräg zum Grundstücksverlauf angeordnete „Raumteiler" einsetzen. Dies können kleine Strauchgruppen, Rabatten mit hohen Stauden oder Rankwände sein, die die Sicht in den hinteren Gartenteil versperren. Dadurch lässt sich eine großräumigere Wirkung erzielen, vor allem, wenn durch einen Weg angedeutet wird, dass es dahinter noch weitergeht.
- Bei der Flächengliederung und Wegeführung scheiden sich ein wenig die Geister: Im Allgemeinen lockern geschwungene Beet- und Rabattenbegrenzungen sowie Wegverläufe die streng rechteckige Grundstücksform auf. Andererseits kann man durch eine klare architektonische Gliederung mit geraden Verläufen das optische Überladen vermeiden und den Eindruck von Weite erwecken. Interessant wirken dabei Umrisse und Linienführungen, die diagonal zur Grundstücksrichtung verlaufen.
- Für optische Weite kann schließlich der bewusste Einsatz von → *Farbwirkungen* sorgen (auch → *Farbgestaltung*).
- Wo sich der Garten noch seitlich am Haus entlang zieht und mit einem Vorgarten in Verbindung steht, sollte man möglichst auf eine einheitliche Gestaltungslinie von Vor- und Hauptgarten achten.

Zum Gestalten auch → *Gartengestaltung*, → *Gartenplanung*.

Nicht nur für die Umwelt, sondern auch für das → *Kleinklima* im Garten ist es vorteilhaft, wenn so wenig Fläche wie möglich versiegelt wird. So sollte im Zweifelsfall Rasenpflaster (→ *Pflaster*) der Vorzug gegeben werden, durchgehend befestigte Wege lassen sich durch Trittplatten ersetzen.

Reinkultur

Reihenhausgärten, die sich zum Teil seitlich neben dem Haus erstrecken, sind zuweilen stark windgeplagt. Bei ungünstiger Anordnung vor allem zweigeschossiger Häuser wird der Wind in diesen Lücken geradezu kanalisiert. Eine eventuelle → *Windschutzpflanzung* sollte man unbedingt durch einen Fachmann planen lassen, da bei geringstmöglichem Platzbedarf größtmögliche Wirkung erreicht werden muss.

Reihensaat
Übliches Aussaatverfahren auf Beeten, bei dem die Samen in parallelen Reihen bzw. Saatrillen abgelegt werden; dies unter Beachtung der jeweils nötigen Reihenabstände.

Auch → PRAXIS-SEITE Aussaat im Freien – Direktsaat ins Beet, Band 1 (S. 70/71)

Reiherfedergras
Ausdauerndes, mittelhohes Ziergras mit langen, silbrig weißen, fedrigen Grannen
→ *Federgras*

Reineclaude
Unterart der → *Pflaume* mit mittelgroßen bis großen, rundlichen, grüngelben oder rötlichen Früchten; der Name geht ursprünglich auf die Königin (französisch „Reine") Claude, Gattin des französischen Königs Franz I., zurück. Wesentlich geläufiger ist jedoch die eingedeutschte Schreibweise Reneklode.

Reineklode
Unterart der → *Pflaume*; andere Schreibweise für → *Reineclaude* bzw. Reneklode

Reinkultur
Bezieht sich in erster Linie auf den Gemüseanbau und bezeichnet den Anbau nur einer Art oder Sorte auf einer bestimmten Anbaufläche; dies im Gegensatz zur → *Mischkultur*. Anders als bei der → *Monokultur,* dem alljährlichen Anbau der gleichen Pflanze auf derselben Fläche, geht es bei der Reinkultur nur um die jeweils aktuelle Wachstumsperiode. Reinkulturen können sich also auch in Form einer → *Fruchtfolge* abwechseln.

Auch wenn die Fläche noch so klein ist, kann selbst der Vorgarten eines Reihenhauses ansprechend gestaltet werden.

1) Wohnhaus
2) Terasse mit Natursteinbelag
3) Teich
4) Uferzone mit Kiesbelag und Staudenbepflanzung
5) Blumenesche (Fraxinus ornus)
6) Hundsrosen (Rosa canina)
7) Rasen
8) Rabatte mit Stauden und Sommerblumen
9) Zweitsitzplatz mit berankter Pergola
10) Hügel- und Hochbeete
11) Kompostplatz
12) Schwarzer Holunder (Sambucus nigra)
13) Eberesche (Sorbus aucuparia)
14) Falscher Jasmin (Philadelphus-Hybride)
15) Schattenstauden
16) Staudenrabatte

Reis

Laubholzreisig eignet sich gut zum Stützen von Erbsen.

Reis
Junger verholzter Trieb, den man zur → *vegetativen Vermehrung* verwendet; die Bezeichnung ist am geläufigsten für das → *Edelreis* einer bestimmten Sorte, die auf eine Unterlage veredelt wird (auch → *Veredlung*).

Reisig
Dünne Zweige oder Äste, die beim Gehölzschnitt oder als Bruchholz anfallen. Sie können nach Zerkleinern kompostiert oder zum → *Mulchen* verwendet werden. Als Reisighaufen aufgesetzt, erfüllen sie aber auch eine wichtige Funktion bei der Nützlingsförderung (→ PRAXIS-SEITE Nützlinge ansiedeln und fördern, S. 614/615). Besondere Bedeutung hat Nadelholzreisig – das teils eigens für diesen Zweck geschnitten wird – als vorteilhaftes Abdeckmaterial für den → *Winterschutz*.

Reitertrieb
Begriff aus dem Obstbau; dünner Seitentrieb, der am Scheitelpunkt eines nach unten gebogenen Asts entspringt und steil nach oben wächst; entspricht den → *Wasserschossen* auf gerade wachsenden Ästen. Normalerweise entfernt man Reitertriebe, sofern man sie nicht benötigt, um Fruchtholz zu ersetzen; in diesem Fall werden sie waagrecht gebunden. Auch → *Obstbaumschnitt*

Reitgras
Gattung von Gräsern, aus der hauptsächlich das stattliche, attraktive → *Gartensandrohr* als Ziergras Verwendung findet.

Rembrandt-Tulpe
Gruppe spät blühender → *Tulpen* mit großen, kontrastierend geflammten, gestreiften oder geaderten Blüten

Remontantrosen
Um 1837 in Frankreich entstandene Züchtungen, die als Bindeglied zwischen den → *Alten Rosen* und den modernen → *Rosen* gelten. Anders als bei den bis dahin gezüchteten Wildrosenabkömmlingen erstreckte sich ihre Blütezeit über den Frühsommer hinaus, indem auf die Hauptblüte im Juni ein Nachflor erfolgte (auch → *Remontieren*). Die bekannteste, heute noch gepflanzte Remontantrose ist die Sorte 'Frau Karl Druschki'.

Remontieren
Fähigkeit einer Pflanze, nach der Hauptblüte an neuen Trieben weitere Blüten hervorzubringen, den so genannten Nachflor, der dann meist etwas schwächer ausfällt. Solche Pflanzen – z. B. einige Stauden und die → *Remontantrosen* – blühen deutlich in mehreren Schüben mit zwischenzeitlichen Pausen. Teils wird der Nachflor erst durch einen Rückschnitt angeregt.

Ein besonders hübscher Vertreter der Reptilien – die Smaragdeidechse

Reneklode
Unterart der → *Pflaume* mit mittelgroßen bis großen, rundlichen, grüngelben oder rötlichen Früchten

Repellent
Substanz mit natürlichen oder synthetischen Duftstoffen, die Schädlinge und Lästlinge abwehrt bzw. vertreibt, auch Vergrämungsmittel genannt. Repellents gehören zum Repertoire des biotechnischen → *Pflanzenschutzes*. Mittel zur Abwehr von Stechmücken werden ebenfalls als Repellents bezeichnet.

Reptilien
Klasse wechselwarmer Wirbeltiere, gemeinhin als → *Kriechtiere* bezeichnet, zu der u. a. → *Blindschleiche* und → *Ringelnatter* zählen.

Reseda
Botanischer Gattungsname der → *Resede*

Resede
RESEDA ODORATA

Die Wohlriechende, Duft- oder Gartenresede ist ursprünglich in Nordafrika und im Mittelmeerraum beheimatet, wo sie ausdauernd wächst. Ihren angenehm süßlichen Duft, den sie auch nach Schnitt und Trocknung bewahrt, sollen schon die alten Ägypter geschätzt haben, die Resedenbüschel in die Grabkammern der Mumien legten. In Europa wird das Resedengewächs seit dem 18. Jahrhundert kultiviert. Bei einigen Sorten sind die Blüten durch Rot- oder Orangetöne etwas auffälliger, doch in erster Linie wird die Resede als Duftpflanze angebaut, die auch zahlreiche Bienen und Hummeln anzieht. Neben Gemüsebeete gepflanzt, kann sie Schädlinge durch ihren Duft ablenken und verwirren.

Merkmale: Meist einjährig als Sommerblume kultiviert, wächst ver-

Resede (Reseda odorata)

zweigt mit fleischigen, meist niederliegenden Trieben, 20 – 60 cm hoch; kleine, längliche, gelappte oder fiederteilige, dunkelgrüne Blätter; unscheinbare grünlich gelbe, grünbraune, rötliche oder orange Einzelblüten in dichten Trauben, besonders am Abend angenehm duftend.
Blütezeit: Juli – September
Verwendung: In Gruppen auf Beeten und Rabatten, wegen des Dufts bevorzugt in Haus- oder Sitzplatznähe; auch für Pflanzgefäße geeignet; als duftende Beigabe zu Sträußen und Trockengestecken.
Standort: Durchlässiger, nährstoffreicher, kalkhaltiger Boden, bevorzugt Lehmboden.
Kultur: Ab März vorziehen, ab Mitte Mai mit 25 cm Abstand ins Freie pflanzen, bei Kälte erst Ende Mai; auch Direktsaat aufs Beet ab Mitte April bis Mai möglich, später auf den genannten Abstand ausdünnen. Nicht selbstverträglich, jährlich neuen Pflanzplatz wählen.
Pflege: Bei Trockenheit gießen; frühzeitig auf → *Erdflöhe* achten; während der Wachstumszeit mehrmals nachdüngen. Geschützte Überwinterung an einem hellen Platz bei etwa 12° C möglich.

Reserveknospe
Wachstumsfähige → *Knospe,* die jedoch nur austreibt, wenn die Hauptknospe bzw. der Trieb geschädigt wird.
→ *Auge, schlafendes,* auch → *Beiknospe*

Reservestoffe
Die wichtigsten pflanzlichen Reservestoffe sind → *Kohlenhydrate,* in erster Linie Stärke, daneben Inulin, Zellulose und Glykogen. Auch pflanzliche Fette bzw. Öle sowie Eiweißvorstufen werden als Reservestoffe angelegt. In diesen Formen können die energiereichen → *Assimilate* gespeichert und bei Bedarf wieder für das Wachstum mobilisiert werden. Als Speicherorte dienen Knollen, Zwiebeln, Wurzeln und Samen, die teilweise aufgrund ihres Reservestoffgehalts von großer Bedeutung für die menschlichen Ernährung sind; so beispielsweise die Kartoffelknollen, die Getreidekörner und die Samen von Hülsenfrüchten. Gehölze lagern Reservestoffe außerdem in der Rinde und im Splintholz (→ *Holz*) ein.

Resistenz
Bezeichnet allgemein eine genetisch bedingte und damit vererbbare Widerstandsfähigkeit von Organismen gegen Krankheiten, Parasiten oder schädliche Umwelteinflüsse. Der Begriff spielt im → *Pflanzenschutz* eine große Rolle, und zwar aus zwei verschiedenen Blickwinkeln:

1) Resistenz von **Pflanzen bzw. Sorten** gegen Schaderreger: Viele Pflanzen verfügen von Natur aus über Abwehrmechanismen gegen Schädlinge oder Krankheiten. Dies reicht von behaarten, schwer infizierbaren Blattflächen über die Bildung krankheitshemmender Inhaltsstoffe bis hin zur Überempfindlichkeitsreaktion, bei der befallene Gewebeteile samt den Parasiten zum Absterben gebracht werden. Bei der Resistenzzüchtung werden gezielt Pflanzen ausgelesen, die solche Mechanismen in besonderem Maße zeigen. Dadurch entstehen → *Sorten* oder bei Obstgehölzen bestimmte → *Unterlagen,* die von bestimmten Erregern kaum befallen werden. Besonders wichtig sind solche resistenten Züchtungen gegen → *Viruskrankheiten,* die nicht direkt bekämpfbar sind. Doch die Resistenzen können mit der Zeit von neuen Schaderregergenerationen durchbrochen werden, so dass die Resistenzzüchtung oft einen Wettlauf darstellt.

Neben völlig resistenten Züchtungen gibt es die so genannten **toleranten** Sorten. Hier kann es zwar zu einer Infektion und Ausbreitung der Erreger in der Pflanze kommen, diese zeigt jedoch kaum eine Schädigung.

Von Resistenz spricht man weiterhin bei besonderer Widerstandsfähigkeit von Pflanzen gegen Frost, Trockenheit oder Schadstoffe. Hierzu zählt man im weiteren Sinn auch eine vorübergehend erhöhte Robustheit, etwa durch → *Kaliumdüngung,* die die Frost- wie die Krankheitsanfälligkeit von Pflanzen verringern kann.

Die Reservestoffe Stärke und Eiweiß machen die Kartoffel zur wertvollen Nahrungspflanze.

Rettich

Krankheitsresistente Apfelsorten ersparen chemische Bekämpfungsmaßnahmen.

2) Resistenz von Schaderregern gegen Gifte: Der Einsatz chemischer Bekämpfungsmittel kommt in vielen Fällen einem Ausleseprozess gleich: Einige wenige Schädlinge, Krankheiten oder Unkräuter sind etwas robuster und überstehen den Gifteinsatz.

Entsprechend vermehren sich die widerstandsfähigsten Individuen; mit der Zeit wird so ein Großteil der Population resistent, die eingesetzten Mittel zeigen dann kaum noch eine Wirkung.

Je häufiger ein bestimmter Wirkstoff angewendet wird, desto größer ist die Gefahr der Resistenzbildung. Komplexer wirkende Mittel, die z. B. in den Hormonhaushalt von Schädlingen eingreifen (auch → *Insektizide*), sind für die Schaderreger wesentlich schwerer zu „knacken". Auch bei biologischen Mitteln wie den *Bacillus-thuringiensis*-Präparaten wurden bislang kaum Resistenzen festgestellt; sie können allerdings auf Dauer nicht ausgeschlossen werden.

Rettich
Raphanus sativus

Rettiche oder Radis sind alte Kulturgemüse, die botanisch zu den Kreuzblütlern gehören. Der Name geht auf das lateinische Wort „radix", die Wurzel, zurück. Schon die alten Ägypter schätzten die würzig scharf schmeckenden, mineralstoff- und vitaminreichen Wurzelrüben. Sogar als Heilpflanze gegen Leber- und Gallenleiden hat sich der Rettich verdient gemacht, außerdem wird Rettichsaft mit Honig seit alters her gegen Husten verwendet. Die höchste Wirksamkeit soll dabei der Schwarze Rettich (*Raphanus sativus* var. *niger*) besitzen, eine Varietät mit außen brauner bis schwarzer, innen weißfleischiger Rübe. Als Varietät galt früher außerdem das → *Radieschen;* heute sieht man es jedoch teils nur noch als Sortengruppe an.

Bei der Gartenkultur des Rettichs ist die richtige Sortenwahl entscheidend. Man sollte auf geeignete Sorten für den jeweiligen Anbauzeitraum achten und schossfesten, nicht pelzig werdenden Sorten den Vorzug geben. Es gibt Treibsorten für den frühen Anbau unter Glas, Früh- oder Mairettiche, Sommersorten, Herbst- oder Winterrettiche sowie Sorten für den Ganzjahresanbau. Immer weitere Verbreitung erfahren auch asiatische Sorten, insbesondere sehr lange, schlanke japanische Rettiche mit ausgesprochen mildem, teils sogar süßlichem Geschmack.

Rettiche zieht man in Vor- oder Nachkultur, auch als Hauptkultur. Sie vertragen sich u. a. mit Salaten, Bohnen, Tomaten und Spinat, nicht dagegen mit Gurken.

Merkmale: Einjährig kultiviertes Wurzel- bzw. Knollengemüse, 15 – 20 cm hoch; lang eiförmige, rau behaarte, tief gekerbte Blätter; längliche, rundliche, kegelige oder zylindrische Rübenwurzel, je nach Sorte weiß, rosa, rot, violett, braun oder schwarz.

Standort: Lockerer, leichter bis mittelschwerer, frischer, humoser Boden; ungeeignet sind frisch gekalkte sowie frisch mit Mist gedüngte Böden.

Schwarzer Rettich (Raphanus sativus var. niger)

Rhabarber

Kultur: Bei Särettichen 1 – 3 cm tiefe Reihenaussaat mit einem Abstand von 20 – 25 cm, bei Japanrettichen mit 30 – 35 cm Abstand; unter Glas von Januar bis März bzw. von August bis September, frühe Sorten unter Folie ab März, Sommersorten von April bis Juni, Herbst- und Wintersorten von Juni bis August. Sämlinge auf 20 – 30 cm, Japanrettiche auf 30 – 40 cm vereinzeln, Folgesaaten nach etwa drei Wochen durchführen. Pflanzrettiche werden unter Glas vorgezogen und nach 2 bis 3 Wochen mit 25 x 25 cm, Japanrettiche mit 35 x 35 cm Abstand umgepflanzt.

Pflege: Für gleichmäßige Bodenfeuchte sorgen; Boden regelmäßig lockern; falls nicht vor der Saat reichlich gut ausgereifter Kompost eingearbeitet wurde, während der Kultur ein- bis zweimal düngen. Trockenheit und Oberflächenverdichtung fördern → *Erdflöhe*.

Ernte: Je nach Aussaattermin von Mai bis Dezember nach 8 bis 16 Wochen Kulturzeit ernten; am besten sind noch nicht vollends ausgewachsene Rüben ab einem Durchmesser von 1 – 2 cm, überständige Rüben werden holzig und hart; sofort verzehren, nur Winterrettiche können im Keller oder Einschlag einige Zeit gelagert werden.

Hinweis: Auf schweren, schlecht durchwurzelbaren Böden werden Rettiche häufig missgestaltet, Trockenheit und Hitze lassen die Rüben schnell fade schmecken, pelzig oder holzig werden oder sogar aufplatzen.

Rettichkrankheiten

Von Krankheiten ist der Rettich – teils auch aufgrund seiner Scharfstoffe – wenig geplagt. Gefährlich kann allerdings die → *Kohlhernie* werden. Hauptsächliche Bedeutung hat jedoch die Rettichschwärze. Sonstige Missbildungen der Rüben sind durch abiotische Faktoren bedingt; vgl. „Hinweis" bei → *Rettich*.

Rettichschwärze

Feuchter, schwerer und kalkhaltiger Boden fördert das Auftreten dieser Pilzkrankheit, von der weiße Sorten besonders betroffen sind. Die Pilzsporen überdauern im Boden.

Schadbild: Bläulich schwarze Flecken oder Streifen auf der Rübe, dann zunehmend sichtbare Längsrisse und Missbildungen; Rüben schließlich im Innern völlig morsch.

Abhilfe: Vorbeugend auf weite Fruchtfolge achten, auf kalkhaltigen Böden pH-Wert absenken (→ *Bodenreaktion*), weder frischen Mist noch unreifen Kompost einarbeiten. Befallene Pflanzen umgehend entfernen, nach Auftreten der Krankheit etwa 2 bis 3 Jahre keine Rettiche auf demselben Beet anbauen.

Rettichschädlinge

Die häufigsten Schädling an Rettichen und Radieschen sind **Erdflöhe,** die zahlreiche kleine Löcher in den Blättern hinterlassen; → *Erdfloh*. Seltener kommt es zu Blattfraß durch die Kohlmotte (→ *Kohlschädlinge*).

Zu den Schädlingen gehört weiterhin die Kleine **Kohlfliege,** die auch als Rettichfliege bezeichnet wird und Rettich wie Radieschen schädigt. Die weißlich gelben Maden fressen ihre Gänge vor allem im unteren Teil des Rübenkörpers. Näheres zu Schadbild und Bekämpfung → *Kohlschädlinge*.

Eher an Rettichen und Radieschen als an Kohl schadet der gelegentlich auftretende **Kohltriebrüssler,** ein kleiner blauschwarzer Käfer. Seine winzigen Larven fressen im Gegensatz zur Kohlfliege bevorzugt im oberen Bereich der Rüben bzw. Knollen und hinterlassen dort zahlreiche dünne Gänge. Wichtigste Vorbeugungsmaßnahmen: Auflegen von Kulturschutznetzen von April bis Juni, kein Kohlanbau neben Rettichen sowie Beseitigen aller Unkräuter aus der Familie der Kreuzblütler.

Rhabarber
Rheum

Die stattlichen Knöterichgewächse mit ihren großen Blättern stammen aus Asien. Ursprünglich brachten sie die Römer mit nach Westen und bezeichneten sie als „Wurzel der Barbaren", daher der Name Rhabarber.

In erster Linie kennt man die auch Rhapontik genannte Pflanze als Speiserhabarber (*R. rhabarbarum*), dessen fleischige Blattstiele für Kompott, Konfitüre oder Kuchen Verwendung finden. Sie enthalten wie alle anderen Pflanzenteile Oxalsäure. Verzehrt man sie roh und/oder in größeren Mengen, können sie insbesondere bei Kleinkindern giftig wirken und schwere Durchfälle hervorrufen. Diese abführende Wirkung macht man sich gezielt beim Arzneirhabarber (*R. officinale*) zunutze. In Maßen genossen ist Rhabarber jedoch ein sehr wohlschmeckendes Gemüse. Rotstielige und rotfleischige Sorten gelten als besonders mild und aromatisch, grünstielige und grünfleischige bringen dafür höhere Erträge. Man zieht die Staude als Dauerkultur, sie kann durchaus 8 bis 10 Jahre am selben Platz bleiben.

Wegen der ornamentalen Wirkung schätzt man die Großstaude aber auch als Zierpflanze, einige Arten werden rein dekorativ gezogen, allen voran der Chinesische oder Tangutische Rhabarber (*R. palmatum*).

Chinesischer Rhabarber
Rheum palmatum

Merkmale: Breit ausladende, buschige Großstaude, 150 – 250 cm hoch; große, gelappte, dunkelgrüne Blätter an kräftigen Stielen; reich verzweigter, rispiger Blütenstand mit cremefarbenen, bei Sorten auch karminroten Blüten, anfangs von auffälligem Hüllblatt umgeben; dekorativer Fruchtstand; zieht anschließend ein.

Chinesischer bzw. Tangutischer Rhabarber (Rheum palmatum)

Der Speiserhabarber (Rheum rhabarbarum) zählt zu den Gemüsen.

Irisarten für Feuchtstandorte überdauern mit unterirdischen Rhizomen.

Blütezeit: Mai – Juni
Verwendung: Als Blickfang auf Beeten, am Gehölzrand, an Gewässern.
Standort: Tiefgründiger, frischer bis feuchter, humoser, nährstoffreicher Boden.
Pflanzen/Vermehren: Pflanzung im Frühjahr oder Herbst, dabei die Triebknospen knapp unter die Erdoberfläche bringen, 150 x 150 cm Abstand; Vermehrung durch Teilung im Herbst, dazu den Wurzelstock mit einem scharfen Messer trennen, so dass sich glatte Schnittflächen ergeben und diese einige Zeit antrocknen lassen.
Pflege: Bei Trockenheit ausgiebig wässern; jährlich im Frühjahr oder Herbst düngen.

Speiserhabarber
RHEUM RHABARBARUM

Merkmale: Ausladend wachsende Staude, 100 – 150 cm hoch; große, am Rand gewellte, dunkelgrüne Blätter mit kantigen, fleischigen, grünen oder roten Stielen; gelblich weiße Blütchen in üppigen Rispen auf kräftigen Schäften.
Blütezeit: Mai – Juni

Standort: Vorzugsweise sonnig, im Schatten nur dünne Stiele; tiefgründiger, frischer bis leicht feuchter, humoser, nährstoffreicher Boden.
Pflanzen/Vermehren: Wie Chinesischer Rhabarber.
Pflege: Reichlich wässern; jährlich nach der Ernte düngen; zur Verfrühung ab Februar Kisten, Treibglocken oder Folien überstülpen; treiben nach Jahren nur noch kleine Blätter, durch Teilung verjüngen.
Ernte: Bei angetriebenen Pflanzen ab Mai, sonst ab Ende Juni die Blattstiele abdrehen, dabei jedoch immer mehrere Blätter stehen lassen; Stiele ohne Blattflächen sofort verarbeiten, kühlfeucht nur wenige Tage lagerfähig.
Hinweis: Legt man auf reiche Ernten Wert, sollten die Blütenstände zeitig entfernt werden, da sie der Pflanze sonst viel Kraft rauben. Die großen Blattspreiten eignen sich hervorragend zum Mulchen.

Rhamnus
Botanischer Gattungsname des → *Kreuzdorns,* ein robuster Großstrauch für Wildhecken; früher auch des nah verwandten → *Faulbaums*

Rhapontik
Andere gebräuchliche Bezeichnung für den → *Rhabarber*

Rheum
Botanischer Gattungsname des → *Rhabarbers*

Rhizom
Auch Wurzelstock oder Erdspross genannt; unterirdisches Speicher- und Überdauerungsorgan vieler ausdauernder Pflanzen, das waagrecht, schräg oder senkrecht knapp unter der Erdoberfläche verläuft. Es handelt sich dabei nicht um Wurzeln, sondern um umgewandelte, leicht bis stark verdickte, gestauchte, meist fleischige Sprossachsen. Sie tragen sprossbürtige Wurzeln und farblose, schuppenförmige Niederblätter, in deren Achseln Knospen ausgebildet werden; dies unterscheidet sie von echten Wurzeln. Aus den Rhizomen treiben während der Wachstumszeit die oberirdischen Sprosse, die zum Ende der Vegetationsperiode wieder absterben. Zugleich können die Rhizome beständig unterirdisch weiterwachsen.

Rhizome finden sich bei zahlreichen → *Stauden,* z. B. Buschwindröschen, Maiglöckchen, Iris, Bambus, Seerose, auch bei ausdauernden Nutzpflanzen wie Spargel und Erdbeere. Manchen unerwünschten Pflanzen wie der Quecke verhelfen sie zu ihrer kräftigen Ausbreitung. Bei Stauden können sie häufig durch → *Teilung* zum Vermehren verwendet werden.

Rhizomfäule
Pilzkrankheit der Erdbeere, bei der nach Welken der Blätter die ganze Pflanze abstirbt; → *Erdbeerkrankheiten.* Sonstige Fäulen an Rhizomen, z. B. bei Iris, sind meist durch → *Bakterienkrankheiten* verursacht.

Rhizomsperre
Die Rhizome mancher Pflanzen wuchern sehr stark bzw. treiben zahlreiche → *Ausläufer,* so etwa bei vielen Bambusarten oder Teichpflanzen wie dem Hechtkraut. Zur Eingrenzung des Wachstums gibt es im Fachhandel spezielle Rhizomsperren in Form kräftiger, nicht verrottender Folien, mit der die Wände des Pflanzlochs ausgekleidet werden. Denselben Zweck erfüllen Betonringe oder bei kleineren Pflanzen große, stabile Plastikeimer, bei denen man den Boden heraustrennt. Teichpflanzen werden teils auch in geschlossenen Töpfen oder Wasserpflanzenkörben eingesetzt, um das unerwünschte Wuchern einzudämmen.

Rhizomteilung
Häufig anwendbares Vermehrungsverfahren bei Stauden durch → *Teilung* der Rhizome mit anschließendem Einpflanzen der Teilstücke

Rhodochiton
Einjährig gezogene Kletterpflanze mit rosa oder violetten Blüten
→ *Rosenkelch*

Rhododendron
RHODODENDRON

Diese überaus artenreiche Gattung, zu der auch die als Azaleen bezeichneten Pflanzen gehören, zählt botanisch zu den Erikagewächsen. Zu den vielen schon sehr formenreichen Arten kommen unzählige Hybriden und Zuchtsorten. Allen gemeinsam sind prächtige, elegante Blüten in kräftig leuchtenden, intensiven oder zarten, pastelligen Farben, aus denen die langen, schwungvoll gebogenen Staubgefäße weit herausragen. Die glocken- oder trichterförmigen Blüten stehen in doldenartigen Schirmtrauben beisammen.

Die meisten Rhododendren sind immergrün, nur wenige Arten und Formen werfen ihr Laub vor dem Winter ab. Oft stehen die ledrigen, derben, oberseits glänzenden Blätter der Rhododendren gehäuft an den Zweigenden, in der Form eiförmig bis lanzettlich. Das attraktive Blattwerk trägt zur zierenden Wirkung – auch in der blütenlosen Zeit – bei.

Die Herkunftsgebiete erstrecken sich über die gesamte Nordhalbkugel, wobei die meisten Arten aus Ostasien stammen. In europäischen Gebirgen wachsen nur zwei Arten, die Rostblättrige oder Echte Alpenrose (*R. ferrugineum*) sowie die Bewimperte Alpenrose (*R. hirsutum*), auch Almrausch genannt. Beide stehen unter Naturschutz.

Der Handel, vor allem Spezialgärtnereien, bietet eine schier unüberschaubare Fülle der verschiedensten Rhododendren an. Die etwa 100 verschiedenen Arten werden um ein Vielfaches an Zuchtformen übertroffen. Reine **Wildarten** sind eher Pflanzen für Liebhaber, obwohl sich darunter einige sehr robuste und attraktive Formen finden, z. B. *R. russatum* und *R. impeditum* aus China, die wie ihre Sorten mit ihrem kissenartigen Wuchs und den blauen Blütenfarben auffallen. Auch der Vorfrühlingsrhododendron (*R.* x *praecox*), eine Hybride mit Wildcharakter, hebt sich aus der Fülle des Angebots heraus, weil er schon ab März blüht.

Die breite Masse der im Garten kultivierten Rhododendren sind jedoch **Hybriden,** durch Züchtung aus diversen Wildarten entstanden. Oft lässt sich die Abstammung gar nicht mehr eindeutig feststellen. Deshalb gruppiert man die Sorten zusätzlich nach ihrem Erscheinungsbild.

Wohl am weitesten verbreitet sind die Großblumigen Hybriden, stattliche, immergrüne Sträucher, die im Alter eine wirklich beeindruckende Größe erreichen können. Zierlichere, locker strauchige bis kissenartige Formen mit immergrünem Laub fasst man als Kleinwüchsige Hybriden zusammen.

Sommergrüne Azaleen wechseln jährlich ihr Laubkleid, ihre Blüten fallen durch eine ungewöhnliche Eleganz und Farbintensität auf. In der Gruppe der außergewöhnlich reich blühenden Japanischen Azaleen finden sich kompakte, kleine, mehr in die Breite als in die Höhe wachsende Sträucher. Die Übersicht auf S. 734 stellt diese Gruppen mitsamt ihren wichtigsten Merkmalen vor.

Alle Rhododendren enthalten Giftstoffe in Blättern und Blüten bzw. in den Pollen.

Standort: Rhododendren sind typische Moorbeetpflanzen, d.h., sie verlangen sehr gut durchlässigen, lockeren, leichten bis mittelschweren, stark humosen und vor allem sauren Boden (→ *pH-Wert* zwischen 4,5 und 5,5), der weder schnell austrocknen noch stetig nass sein darf. Auf schweren, kalkhaltigen Böden versagen die meisten Rhododendren. Vor dem Pflanzen sollte man den pH-Wert und Kalkgehalt seines Bodens kennen. Ggf. muss reichlich Rhododendron-

Rhododendron

erde oder Torf eingearbeitet werden. Neuerdings gibt es jedoch auch weniger anspruchsvolle Züchtungen, die keine so hohen Bodenansprüche stellen und selbst mäßig kalkhaltige Erde tolerieren.

Am besten wachsen Rhododendren im lichten Schatten unter großen, eingewachsenen Gehölzen, die ihnen auch Schutz vor Wind und großer Kälte sowie eine höhere Luftfeuchtigkeit gewähren. Tief wurzelnde Bäume wie Kiefern, Robinien oder Ginkgos eignen sich als Schutzbäume besonders gut. Absonnige Stellen sind nur geeignet, wenn ausreichend Bodenfeuchtigkeit vorhanden ist, im Schatten fällt die Blüte meist spärlich aus.

Pflanzen/Vermehren: Pflanzung bevorzugt im Frühjahr; Vermehrung am einfachsten durch Absenker; Stecklingsvermehrung möglich, aber schwierig.

Pflege: Pflegemaßnahmen halten sich in Grenzen, wenn der Standort optimal gewählt wurde. Wegen der flach unter der Erdoberfläche verlaufenden Wurzeln im Wurzelbereich nicht graben oder hacken. Bei Trockenheit ausgiebig wässern, möglichst mit kalkarmem Wasser; Abdeckung des Bodens mit sauer wirkendem Rindenmulch, Nadelstreu oder Torf günstig. Einmal pro Jahr, am besten zeitig im Frühjahr, gibt man Kompost zur Düngung oder verabreicht speziellen Rhododendrondünger. Verwelkte Blütenstände werden herausgebrochen, dabei dürfen jedoch die knapp darunter treibenden neuen Knospen nicht beschädigt werden. Normalerweise lässt man die Sträucher ungeschnitten, obwohl selbst radikaler Rückschnitt gut vertragen wird.

Rhododendren im Überblick

Rhododendrengruppe	Bekannteste Vertreter	Merkmale	Verwendung
Hochwüchsige, immergrüne Hybriden	Catawbiense-Hybriden Caucasicum-Hybriden	immergrüne Großsträucher, 1 – 5 m hoch, 1 – 4 m breit; üppige, kugelige Blütenstände aus großen Einzelblüten in allen Farben außer Blau; Blütezeit Mai – Juni	dominante Blütengehölze für Gruppenpflanzung; besonders schön in Kombination verschiedener Sorten; auch für frei wachsende Hecken geeignet; schön mit Magnolien, Blumenhartriegel oder Schneeglöckchenstrauch
Kleinwüchsige, immergrüne Hybriden	Repens-Hybriden Wardii-Hybriden Williamsianum-Hybriden Yakushimanum-Hybriden	immergrüne, kleine bis mittelgroße Sträucher, 0,4 – 3 m hoch, 0,5 – 2,5 m breit; üppige, kugelige Blütenstände aus großen Einzelblüten in Weiß, Gelb, Rosa, Rot oder Violett; Blütezeit April – Juni	prächtige Blütengehölze für Gruppen; unter lichtkronigen Bäumen, in weitläufigen Steingärten; auch für Gefäßkultur
Sommergrüne Azaleen	Genter-Hybriden Knap-Hill-Hybriden Mollis-Hybriden Occidentalis-Hybriden Pontica-Hybriden Rustica-Hybriden	Laub abwerfende, kleine bis mittelgroße Sträucher, 1 – 2,5 m hoch, 0,5 – 2 m breit; sehr reiche Blüte in allen Farben außer Blau und Violett; Blütezeit Mai – Juni	auffällige Blütengehölze für Einzelstand oder Gruppen; besonders schön vor dunklen Nadelgehölzen
Japanische Azaleen	Arendsii-Hybriden Diamant-Azaleen Kurume-Hybriden	halbimmergrüne bis immergrüne Kleinsträucher, 0,4 – 1,2 m hoch, 0,3 – 1 m breit; besonders reiche Blüte in Weiß, Rosa, Rot und Violett; Blütezeit Mai – Juni	elegante Blütengehölze, besonders attraktiv in Gruppen vor dunklem Hintergrund
Wildarten	R. ferrugineum R. hirsutum R. impeditum R. x praecox R. russatum	immergrüne Kleinsträucher, 0,3 – 1 m hoch, 0,4 – 1 m breit; eher kleinere, rosa, rote, lila oder blaue Blüten in sehr reicher Zahl; Blütezeit je nach Art März – Juli	bevorzugt in Steingärten; auch am Gehölzrand und in Gefäßen

Rhododendron

Wardii-Hybride 'Brasilia'

Wardii-Hybride 'Goldbukett'

Yakushimanum-Hybride 'Flava'

Yakushimanum-Hybride 'Morgenröte'

Gelb blühende Knap-Hill-Hybride

Mollis-Hybride 'Satan'

Bewimperte Alpenrose (Rhododendron hirsutum)

Rhododendronkrankheiten

Rhododendren sind leider recht häufig von Krankheiten geplagt, was hauptsächlich an ungeeigneten Standortverhältnissen liegt. Die Schwächung der Pflanzen, die mit solchen abiotischen Schädigungen einhergeht, macht sie schließlich anfälliger für parasitäre Erkrankungen.

Abiotische Schäden

Aufgrund ihrer speziellen Ansprüche zeigen Rhododendren nicht selten Krankheitsanzeichen, die aus mangelhaften Standortbedingungen resultieren. Sie alle lassen sich nachhaltig nur durch Bodenverbesserung und entsprechende Pflege beheben, notfalls durch Um- bzw. Neupflanzung. Verbreitete Schadbilder und -ursachen:

■ Chlorose (Vergilben) der Blätter bei grün bleibenden Blattadern durch Eisenmangel (an jüngeren Blättern beginnend) und/oder Magnesiummangel (an älteren Blättern beginnend). Ursache ist ein zu hoher Kalkgehalt des Bodens (→ *Bodenreaktion*). Gaben von Spezialdüngern (→ *Eisen*, → *Magnesium*) helfen kurzfristig; ansonsten Bodenverbesserung und Absenken des → *pH-Werts* durch Einarbeiten von Rhododendronerde, notfalls kompletter Erdaustausch.

■ Welkeerscheinungen: Treten recht oft im Spätwinter bzw. zeitigen Frühjahr an sonnigen Tagen auf, verstärkt bei gefrorenem Boden (→ *Frosttrocknis*); Abhilfe durch Schattieren (z. B. Sackleinen oder Fichtenreisig an einfachem Holzgestell) und Gießen bei frostfreiem Wetter.

Gravierender sind Welken im Sommer, sofern nicht durch mangelndes Gießen bedingt; sie zeigen oft Bodenverdichtung und Staunässe an. Schlimmstenfalls fault dann das Wurzelwerk, so dass die Pflanze schließlich abstirbt, oft durch die als Folgeerscheinung auftretende *Phytophtora*-Welke. Andere Ursachen sind Wurzelfraß durch Larven des → *Dickmaulrüsslers* oder → *Engerlinge* sowie die pilzliche Knospenbräune. Ob stattdessen die genannte Fäulnis Schuld ist, kann man nach Freilegen eines Teils der Wurzeln feststellen.

■ Kümmerwuchs, Wachstumsstörungen: Häufig ebenfalls Anzeichen der bei Chlorosen und Welken genannten Standort- und Pflegefehler, besonders von Bodenverdichtung und Nässe; die Blätter sind dann oft matt und glanzlos. Auch übermäßige Volldüngergaben können zu Wachstumsstörungen führen.

Blattfleckenkrankheiten

Verschiedene pilzliche Blattfleckenerreger sind typische Schwächeparasiten bei den vorgenannten Standort- und Pflegeproblemen.
Schadbild: Auf den Blättern hell- bis dunkelbraune Flecken, meist rot oder schwarz gerandet, klein und rundlich oder unregelmäßig.
Abhilfe: Vorrangig Standortbedingungen verbessern; notfalls geeignetes Fungizid einsetzen.

Knospenbräune

Rhododendronzikaden übertragen diesen Schadpilz, wenn sie im September ihre Eier in die Blütenknospen ablegen.
Schadbild: Blütenknospen öffnen sich im Frühjahr nicht und verfärben sich durch den Pilzbelag schwarzbraun; teils auch Befall von Blattknospen.
Abhilfe: Bekämpfung der Zikaden (→ *Rhododendronschädlinge*); frühzeitiges Ausbrechen aller befallener Knospen.

Ohrläppchenkrankheit

Diese Pilzkrankheit tritt besonders an Azaleen auf. Durch das Pilzwachstum in ihrem Innern schwellen die befallenen Pflanzenteile an, die Missbildungen erinnern entfernt an Ohrläppchen. Die Erreger überwintern in befallenen Pflanzenteilen, von dort aus erfolgt im Frühjahr bei feuchtem Wetter die Neuinfektion.

Ohrläppchenkrankheit

Schadbild: Ab Frühjahr bis zum Sommer zunächst gallenartige, fleischige Verdickungen an jungen Blättern, auch an Knospen und Blüten; hellgrüne, weiße oder rötliche Verfärbung der Gallen; im fortgeschrittenen Stadium weiße Sporenbeläge sichtbar, schließlich Absterben befallener Teile.
Abhilfe: Pflanzen ab April auf Krankheitsanzeichen kontrollieren; befallene Blätter und andere Teile sofort entfernen.

Phytophtora-Welke

Hier sind es wiederum Staunässe und Bodenverdichtungen, die das Auftreten der Schadpilze fördern. Verschiedene Arten verursachen Wurzel- oder Zweigschäden, die auch als Triebwelke bekannt sind. Verletzungen in der Rinde begünstigen den Eintritt der Erreger.
Schadbild: Bei der Welke fahlgrüne, dann absterbende Blätter; Rinde zeigt sich beim Anschneiden des Wurzelhalses rotbraun verfärbt; Wurzelwerk, teils auch die Sprossbasis, fault und

wird schließlich ganz zerstört, die Pflanze stirbt ab. Beim Zweigsterben eingerollte, sich graubraun färbende Blätter, die schließlich abfallen; Zweige welken und sterben ab.
Abhilfe: Von der Welke befallene Pflanzen umgehend und vollständig entfernen, 2 bis 3 Jahre keine Neupflanzung an derselben Stelle. Beim Zweigsterben Wegschnitt der befallenen Triebpartien, möglichst 15 – 20 cm bis in den gesunden Teil; Schnittwunden mit Wundverschlussmittel behandeln.

Rhododendronschädlinge
Die gefährlichsten Schädlinge sind → *Engerlinge* und die Larven der → *Dickmaulrüssler,* die an den Wurzeln fressen. Eingebuchtete Fraßstellen an den Blatträndern weisen auf ausgewachsene Dickmaulrüssler hin. Auch → *Blattläuse* und → *Weiße Fliegen* (Mottenschildläuse) können auftreten, dazu die nachfolgend beschriebenen Schädlinge.

Rhododendronwanze
Es handelt sich um zwei verschiedene, sehr ähnliche Wanzen von etwa 4 mm Größe mit langen, glasartigen Flügeln, die eine deutliche Netzstruktur zeigen. Sie sowie ihre gelblichen, dunkelbraun gefleckten Larven schaden durch Saugen an den Blättern, vor allem an spät blühenden, großblumigen Hybriden. Früher blühende sowie Sorten mit behaarter Unterseite werden hingegen nur selten befallen. An warmen, geschützten Plätzen ist der Befallsdruck besonders stark.
Schadbild: Ab Mai/Juni Blattoberseiten hellgrün oder gelblich gesprenkelt; an den Blattunterseiten Larven, im Sommer dann auch Wanzen sichtbar, daneben braunschwarze Krusten; die Sprenkelungen dehnen sich teils zu bräunlichen Flecken aus, Blätter fallen schließlich ab.
Abhilfe: Bei Befall wiederholt mit geeigneten Insektiziden, z. B. Neempräparaten, bekämpfen.

Rhododendronzikade
An ihren metallisch grünen Flügeln mit den orangeroten Streifen sind diese länglichen Zikaden gut zu erkennen. Sie halten sich an den Blattunterseiten auf, wobei ihre Saugtätigkeit kaum Schaden anrichtet. Gefürchtet sind sie jedoch als Verbreiter der Knospenbräune (→ *Rhododendronkrankheiten*). Zur Übertragung dieser Krankheit kommt es im September, wenn die Weibchen die jungen Knospen anstechen, um ihre Eier abzulegen.
Schadbild: Leichte Kräuselungen der Blätter.
Abhilfe: Ab Juni bis Anfang Oktober beleimte Gelbtafeln anbringen; bei sehr starkem Befall nützlingsschonende Präparate, z. B. Neem, spritzen.

Rhodotypos
Hübscher, anspruchsloser Strauch mit weißen Blüten im Frühsommer
→ *Scheinkerrie*

Rhus
Botanischer Gattungsname des → *Essigbaums,* der durch seine prächtig orangerote Herbstfärbung beeindruckt.

Ribes
Zur Gehölzgattung *Ribes* gehören → *Johannisbeere* und → *Stachelbeere* mitsamt zierenden Arten wie die → *Blutjohannisbeere*.

Ribisel
Vom botanischen Namen abgeleitete, besonders in Österreich übliche Bezeichnung für die → *Johannisbeere*

Ricinus
Botanischer Gattungsname des → *Wunderbaums,* ein tropischer Strauch mit großen, attraktiven, handförmig geteilten Blättern, bei uns einjährig oder als Kübelpflanze kultiviert.
Auch → *Rizinusschrot*

Geeignete Standortbedingungen beugen Krankheits- und Schädlingsbefall vor.

Riedgräser
Familie der → *Gräser,* auch Sauergräser (botanisch *Cyperaceae*) genannt.

Rieseln
Auch Verrieseln genannt; vorzeitiges Abfallen junger Früchte bzw. Fruchtansätze bei → *Johannisbeere* und → *Weinrebe,* kommt teils auch bei anderen Beerenobstarten vor. Ursache ist hauptsächlich eine mangelhafte → *Befruchtung* aufgrund ungünstiger Witterung während oder kurz nach der Blüte. Auch ungleichmäßige Wasserversorgung und unausgewogene Düngung können eine Rolle spielen. Die Neigung zum Rieseln ist sortenabhängig verschieden.

Riesenbärenklau
Anderer Name für die mächtige → *Herkulesstaude,* ein Doldenblütler, der starke Hautreizungen verursachen kann.

Riesenkürbis
→ *Kürbis* mit sehr großen Früchten, die im Herbst geerntet werden.

Riesenlauch
Stattlicher, bis 150 cm hoher → *Zierlauch* mit rosa Blütendolden

Rigolen
Verfahren zum Auflockern tief reichender Bodenverdichtungen. Man gräbt dazu drei Spatenstiche tief um. Diese aufwändige und recht anstrengende Methode wurde früher häufiger praktiziert; einfacher kann man solche Verdichtungen heute mit speziellen Motorgeräten beheben. Auf kleineren Flächen jedoch lässt sich das Rigolen per Hand durchaus sinnvoll einsetzen, zumal Maschinen für diese Zwecke nicht überall ausleihbar sind.

Beim Rigolen werden wie beim normalen Umgraben reihenweise Erdschollen abgestochen und gewendet; auch → PRAXIS-SEITE Bodenbearbeitung und Beetvorbereitung (S. 138/139). Da dies drei Spatenstiche tief geschieht, kommt es zu entsprechend tiefen Grabfurchen, die man in mehreren Etappen aushebt und wieder auffüllt. Dabei darf der humose Oberboden (erste Spatenstichtiefe) nicht mit dem weniger fruchtbaren Unterboden (zweite und eventuell dritte Spatenstichtiefe) vertauscht werden. Um dies zu vermeiden, rigolt man nach einer bestimmten Vorgehensweise, wie sie die nebenstehenden Abbildungen demonstrieren. Das zunächst kompliziert erscheinende Verfahren wird schnell einsichtig, nachdem man die ersten Schritte in die Praxis umgesetzt hat.

Rillensaat
Anderer Ausdruck für → *Reihensaat*

Rinde
Schützende Außenschicht von Trieben bzw. Sprossachsen. Das Rindengewebe bildet sich, wenn aufgrund des sekundären → *Dickenwachstums* das ursprüngliche → *Abschlussgewebe* (Epidermis, primäre Rinde) der Spross-achsen abplatzt, und besteht haupt-sächlich aus Bastfasern (→ *Bast*). Ein → *Kambium* in der Rinde gibt nach innen Bast-, nach außen Korkzellen ab. Ältere, abgestorbene Rinden- und Korkgewebe, die sich bei Gehölzen oft charakteristisch ablösen, werden als → *Borke* bezeichnet. Eine schützende Rinde bildet sich auch um die → *Wurzeln;* hier dient sie zudem zum Speichern von Reservestoffen.

Rindenbrand
Mit der Bezeichnung Rindenbrand ist zuweilen nicht eine bestimmte Krankheit gemeint, sondern ein spezielles Schadbild, nämlich eingesunkene, dunkel oder rötlich verfärbte Stellen an Obstbaumstämmen. Entsprechende Symptome können beispielsweise bei → *Bakterienbrand,* → *Obstbaumkrebs* oder der → *Valsakrankheit* (→ *Kirschenkrankheiten*) auftreten.

Rindenbrand im engeren Sinn ist eine Pilzkrankheit, die an Kernobst, besonders an Äpfeln, vorkommt. Von den Befallsstellen an der Rinde aus kann der Erreger heranwachsende Früchte infizieren. Dadurch hervorgerufene Schäden machen sich erst bei der Lagerung bemerkbar.

Schadbild: Längliche, eingesunkene Stellen auf der Rinde, teils krebsartige Wucherungen; bei starkem Befall Absterben junger Triebe. Bei Fruchtbefall braune Faulstellen auf gelagerten Früchten, die unangenehm bitter schmecken.

Abhilfe: Vorbeugend gering anfällige Sorten wählen; Schnittwunden sauber nachschneiden, größere mit Wundverschlussmittel behandeln. Befallene Triebteile so früh wie möglich großzügig ausschneiden und befallenes Schnittgut gründlich entfernen; erkrankte Früchte im Lager auslesen und entfernen.

Rindenerde
→ *Rindenprodukte*

Rindenfleckenkrankheit
Pilzkrankheit, die bräunlich rote Flecken auf Rosentrieben verursacht.
→ *Rosenkrankheiten*

Rindenhumus
→ *Rindenprodukte*

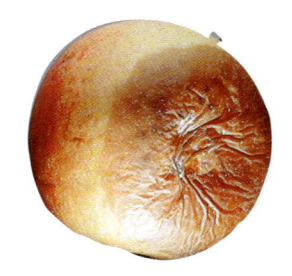

Der Rindenbrand greift bei Äpfeln oft auf die Früchte über.

RINDENPFROPFUNG

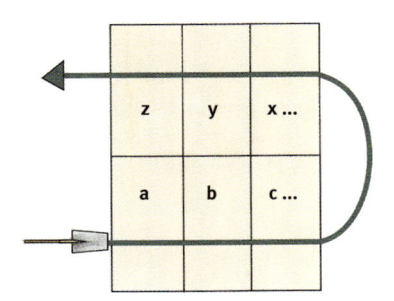

Rigolen: *Die zu bearbeitende Fläche von oben (Abbildung links); sie wird längs in zwei Hälften geteilt, die man in gegenläufiger Richtung bearbeitet. Die Buchstaben stehen für die einzelnen Grabfurchen. Hier wird das Grundprinzip nur an je drei Grabfurchen dargestellt, die Fläche kann beliebig lang sein.*

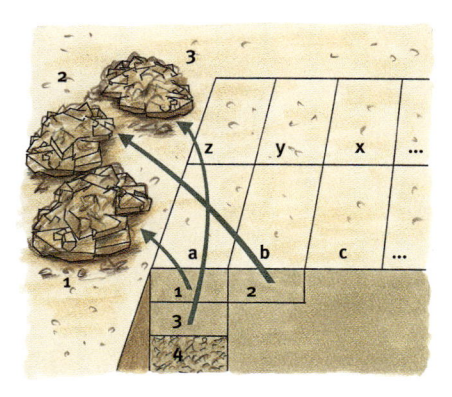

1. *Die oberste Schicht der ersten zwei Grabfurchen (a und b) ausheben und neben der Fläche lagern. Der Aushub wird zum Schluss gebraucht, um die letzten Gräben der zweiten Beethälfte aufzufüllen. Ebenso die zweite Spatenstichtiefe von a, diese jedoch getrennt ablegen. Nun ist die unterste Schicht von a freigelegt und kann gewendet oder mit der Grabegabel gelockert werden. Die Ziffern stehen für die Reihenfolge der Arbeitsschritte.*

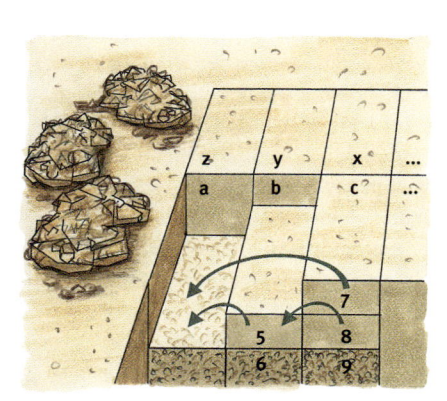

2. *Zweite Schicht von b abstechen und in Graben a wenden, unterste Schicht von b lockern. Dann mit gewendetem Oberboden von c Graben a auffüllen, zweiten Spatenstichtiefe von c nach b wenden, unterste Schicht von c lockern.*

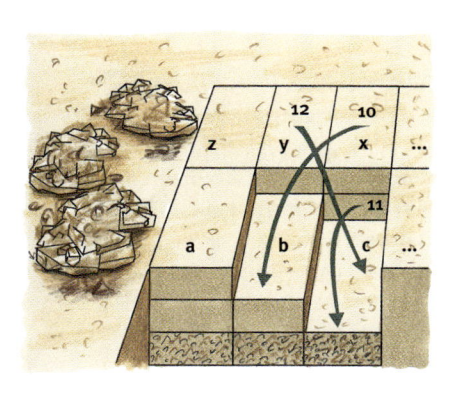

3. *Verfahren wie in Abbildung 2 bis zum Ende der ersten Beethälfte fortsetzen. Am Ende angelangt, müssen die letzten Gräben der ersten Beethälfte mit dem gewendeten Aushub der zweiten (im Bild der hinteren) Hälfte gefüllt werden: Letzter Graben der zweiten Hälfte (x) füllt vorletzten der ersten (b), zweite Schicht von x wird zur zweiten von c, Oberboden von y füllt schließlich c auf.*

4. *Entspricht in umgekehrter Arbeitsrichtung den Schritten in Abbildung 2.*

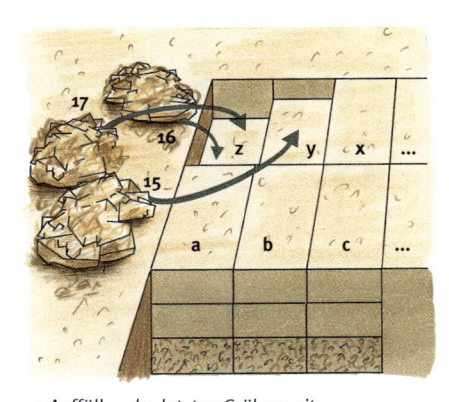

5. *Auffüllen der letzten Gräben mit der anfangs ausgehobenen Erde: Unterboden von a füllt die zweite Schicht von z, schließlich der Oberboden von a und b die letzten Gräben y und z.*

Rindenkompost
→ *Rindenprodukte*

Rindenkultursubstrat
→ *Rindenprodukte*

Rindenmulch
→ *Rindenprodukte*

Rindenpfropfung
Veredlungsmethode bei Gehölzen, die auch als Pfropfen hinter die Rinde bekannt ist.
→ *Pfropfen*

Rindenprodukte

Rindenmulch lässt sich gut als Wegbelag verwenden.

Rindenprodukte

Aus Baumrinde bzw. -borke werden unterschiedliche Gartenhilfsstoffe hergestellt und angeboten. Die Rinde fällt bei der Vorbereitung von Stämmen zur Holzverarbeitung an; meist entstammt sie Nadelbäumen wie Fichte und Kiefer. Die Rindenteile werden zerkleinert und nach unterschiedlichen Größen gesiebt (fraktioniert). Grundsätzlich sind folgende Produkte zu unterscheiden:

- Rindenmulch, auch Rindenschrot genannt: zerkleinerte, fraktionierte Rinde ohne Zusätze
- Rindenhumus, auch Rindenkompost genannt: zerkleinerte, fraktionierte und verkompostierte (fermentierte) Rinde mit oder ohne Nährstoffzusätze
- Rindenerde: Mischung aus Rindenhumus (80 – 50 % Anteil) und Grünkompost (20 – 50 % Anteil) mit oder ohne Nährstoffzusätze
- Rindenkultursubstrat bzw. Rindensubstrat: Rindenhumus unter Beimischung anderer Substratstoffe mit einem Rindenhumusanteil von etwa 30 – 60 %

Die Gütegemeinschaft der Substrathersteller garantiert durch ein Gütesiegel (RAL-Zeichen bzw. „Rinde für Pflanzenbau") nicht nur die entsprechende Zusammensetzung der Produkte, sondern überprüft sie auch auf eventuell vorhandene Insektizidrückstände, Nährstoffgehalte und andere Kriterien.

Rindenmulch, erhältlich in verschiedenen Körnungen zwischen 10 und 80 mm, lässt sich, wie der Name besagt, gut zum → *Mulchen* einsetzen. Er enthält jedoch von Natur aus wachstumshemmende Substanzen, z. B. Gerbstoffe. Deshalb unterdrückt er zwar hervorragend Unkräuter, sollte aber nicht zwischen Gemüse, Sommerblumen und frisch gepflanzten Stauden oder Bodendeckergehölzen ausgebracht werden. Haupteinsatzgebiete sind Beete und Rabatten mit gut eingewachsenen Stauden, Gehölzpflanzungen, die → *Baumscheiben* von Einzelgehölzen sowie Wege, auf denen Rindenmulch einen Unkraut unterdrückenden Belag abgibt. Die empfohlene Schichthöhe beim Ausbringen liegt bei 5 – 7 cm, für Wege bis zu 10 cm. Aufgrund seines weiten → *C/N-Verhältnisses* legt Rindenmulch beim Verrotten Stickstoff fest, so dass eine gelegentliche Aufdüngung mit geeigneten Düngern erfolgen sollte. In der Regel liegt auch der → *pH-Wert* im sauren Bereich; dies lässt sich bei dafür empfindlichen Pflanzen durch Gaben von Algenkalk o. Ä. ausgleichen.

Guter **Rindenhumus**, fein, mittel oder grob fraktioniert angeboten, enthält keine wachstumshemmenden Stoffe mehr und legt auch keinen Stickstoff fest. Er kann ebenso wie Kompost vielfältig eingesetzt werden und hat düngende wie bodenverbessernde Wirkung. Rindenhumus eignet sich auch zum Mulchen empfindlicherer Pflanzen. Dasselbe gilt für qualitätsgesicherte **Rindenerde.**

Fertige **Rindenkultursubstrate** (RKS), die meist einen Torfanteil und Zuschlagstoffe wie Ton enthalten, können als Topf- und Pflanzerde Verwendung finden. Sie werden mit unterschiedlichen Nährstoffgehalten (RKS 0, 1 und 2) angeboten.

Rindenschrot
→ *Rindenprodukte*

Rindensubstrat
→ *Rindenprodukte*

Rindermist
→ *Mist*

Ringelblume

CALENDULA OFFICINALIS

☼ ☺

Seit vielen Jahrhunderten wird der Korbblütler, der ursprünglich wohl aus dem Mittemeerraum stammt, in hiesigen Gärten gezogen. Bedeutsam ist nicht nur der Zierwert der Pflanze, die man auch Sonnwend- oder Goldblume nennt, sondern auch ihre Heilkraft. Sie wirkt entzündungshemmend und wundheilend. Im Handel werden mehrere Sorten angeboten, die sich in der Färbung, im Grad der Blütenfüllung sowie in der Wuchshöhe unterscheiden. Meist handelt es sich um Mischungen. Der Name Ringelblume rührt von den raupenartig geringelten Früchten her.

Merkmale: Ein- bis zweijährige Sommerblume mit leicht buschigem Wuchs, 30 – 60 cm hoch; kantige, wenig verzweigte Stängel mit ganzrandigen, elliptischen Blättern; an den Triebenden Blütenkörbe aus hellgelben, goldgelben oder orangefarbenen Zungenblüten und meist dunklerer Mitte; würzig duftend.

Blütezeit: Juni – Oktober

Verwendung: In Gruppen auf Beeten und Rabatten; niedrige Sorten auch für Pflanzgefäße; gute Schnitt- und Trockenblume.

Ringelblume (Calendula officinalis)

Standort: Frischer, mittelschwerer Boden.
Kultur: Anzucht ab März mit Auspflanzen Ende April/Mai oder ab April bis Juni direkt ins Freie säen; Pflanzabstand 20 – 30 cm. Vermehrt sich durch Selbstaussaat.
Pflege: Bei anhaltender Trockenheit gießen; Verblühtes entfernen, wenn keine Selbstaussaat gewünscht.

Ringelnatter

Wie alle → *Kriechtiere* (Reptilien) steht die Ringelnatter unter Naturschutz, kommt aber noch vergleichsweise häufig bei uns vor. Typische Merkmale dieser 1 – 2 m langen Schlange sind zwei mehr oder weniger deutlich getrennte gelbe, weiße oder orangefarbene Flecken am Hinterkopf. Allerdings gibt es auch Unterarten ohne diese Zeichnung. Die Körpergrundfarbe ist dunkelgrau bis schwarz. Ringelnattern besitzen zwar Giftdrüsen, sind jedoch für Menschen völlig ungefährlich. Meist flüchten sie schon bei Annäherung in einen Unterschlupf. Nur wenn man sie überrascht, kann es vorkommen, das sie mit lautem Zischen und Scheinbissen reagieren.

In Gärten finden die Ringelnattern teils Lebensräume, die ihnen in freier Natur verloren gegangen sind. In und an Gartenteichen halten sie sich besonders gern auf, auch in Kompost- und Laubhaufen, wo sie zwischen Juni und September ihre Eier ablegen. Die Schlangen sind tagaktiv – nebenbei auch gute Schwimmer – und machen Jagd auf Kaulquappen, Frösche und Kröten. Auch Insekten zählen zu ihrer Beute, weshalb man sie zu den Nützlingen rechnet.

Ringelspieß

Stark gestauchter, schlecht ernährter Fruchttrieb beim Kernobst
→ *Fruchtholz*

Ringelspinner

Schmetterling, dessen Raupen Obstbäume schädigen können.
→ *Spinner*

Ringfleckenvirus

→ *Viruskrankheit* der Himbeere (→ *Himbeerkrankheiten*), die in ähnlicher Form als Pfeffingerkrankheit an Süßkirschen auftritt (→ *Kirschenkrankheiten*).

Ringlo

Andere Bezeichnung für die Reneklode, eine Unterart der → *Pflaume* mit mittelgroßen bis großen, rundlichen, grüngelben oder rötlichen Früchten

Ringlotte

Weitere geläufige Bezeichnung für die Reneklode
→ *Pflaume,* → *Ringlo*

Rippenfarn

BLECHNUM SPICANT

Der auf der ganzen Nordhalbkugel heimische Rippenfarn aus der Familie der Rippenfarngewächse steht unter Naturschutz. Im Unterschied zu anderen heimischen Farnen entwickelt er neben Sporen tragenden Wedeln auch rein sterile, also sporenlose.

Merkmale: Immergrüner, dicht buschig wachsender, ausdauernder Farn, 30 – 70 cm hoch; tief gefiederte, kräftig grüne Wedel.
Verwendung: Unter Gehölzen, im Heidegarten.
Standort: Etwas geschützt; lockerer, frischer, humoser, schwach saurer Boden.
Pflanzen/Vermehren: Pflanzung im Frühjahr; Vermehrung durch Teilung, Abtrennen von Ausläufern oder auch über Sporenaussaat.
Pflege: Genügsam; insbesondere an sonnigeren Stellen den Winter über mit Laubdecke und Reisig schützen.
Hinweis: Sehr ähnlich, jedoch kleiner im Wuchs und sich teppichartig ausbreitend ist die Seefeder (*B. pennamarina*). Man verwendet sie vorwiegend im Steingarten und als Bodendecker.

Rippenmangold

Varietät des → *Mangolds,* von der die Blattstiele geerntet werden.

Rispe

Form des → *Blütenstands,* die sich aus mehrfach verzweigten Trauben

Rippenfarn (Blechnum spicant)

zusammensetzt, z. B. beim Flieder oder – namensgebend – beim Rispengras.

Rispengras
POA GLAUCA
☀ ☺

Fast auf der ganzen Welt kann man in gemäßigten und kühlen Zonen dieses Süßgras antreffen, das exakter auch Blaues oder Blaugrünes Rispengras heißt. Seinem natürlichen Vorkommen an steinigen Plätzen oder auf Schuttflächen gemäß ist es sehr genügsam und robust. Zur Gattung *Poa* gehören weiter wichtige → *Rasengräser*, wie das Wiesenrispengras (*P. pratensis*).
Merkmale: Ausdauerndes, dicht buschiges Ziergras, 10 – 40 cm hoch; längs gefaltete, steife, intensiv blaugrüne, weiß bereifte Blätter; schlanke, längliche Blütenrispen.
Blütezeit: Juni – Juli
Verwendung: In Beeten und Rabatten, im Steingarten.
Standort: Lockerer, auch sandiger oder steiniger, frischer bis mäßig trockener, karger Boden; im Schatten sowie auf nährstoffreichen Böden geht die blaue Färbung verloren.
Pflanzen/Vermehren: Pflanzung im Frühjahr oder Herbst; Vermehrung durch Teilung oder Aussaat.
Pflege: Im Frühjahr trockene Halme und abgestorbene Blätter auskämmen; werden die Horste unansehnlich, aufnehmen, in mehrere Stücke zerteilen und neu pflanzen.

Rispenhortensie
Hochwüchsige → *Hortensie* mit cremeweißen Blüten in kegelförmigen Doldenrispen

Rissling
Trieb bzw. → *Steckling*, den man mit einem Ruck von der Mutterpflanze abreißt. Dabei wird ein größerer Teil des → *Kambiums* freigelegt als beim Abschneiden, wodurch es bei Erdkon-

Rispengras (Poa pratensis)

takt zu besserer Wurzelbildung kommt. Angewendet wird dieses Verfahren z. B. bei der Vermehrung von Liguster, Eibe, Scheinzypresse und Fuchsien. Bei manchen Stauden reißt man die Triebe mitsamt eines Teils des Wurzelwerks ab.

Rittersporn
DELPHINIUM

Mit ihren opulenten Blütenkerzen in strahlendem Blau gehören Rittersporne gleichsam zum Adel der Blütenstauden. Die bekanntesten Vertreter dieser Hahnenfußgewächse sind ohne Zweifel die Hybridformen des Hohen Rittersporns (*D. elatum*). Die Stammart kommt wild von Europa und Asien vor und steht unter Naturschutz. Durch Einkreuzung anderer Arten und beständige Auslese sind viele Sorten entstanden, die in allen Schattierungen von Blau oder auch weiß blühen.

Mit lockereren, duftiger wirkenden Blütenrispen und filigranerem Laub präsentieren sich die Belladonna-Hybriden (*D.-Belladonna*-Grp.) mit Blüten in kräftigen Blautönen oder Weiß. Die längsten, üppigsten Blütenkerzen mit den größten Blüten entwickeln die Pacific-Hybriden (*D.-Pacific*-Grp.). Im Gegensatz zu den Hohen Rittersporn, die nur vegetativ vermehrt werden können, lassen sich die Pacific-Hybriden aus Samen ziehen. Die Blütenfarben der Sämlinge können daher etwas variieren.

Neben diesen Gruppen verbreiteter Stauden gibt es einige einjährige bzw. einjährig gezogene Rittersporne, die seltener Verwendung finden. Der 40 – 120 cm hohen Gartenrittersporn (*Consolida ajacis*), der wie der Feldrittersporn heute wieder in eine eigene Gattung gestellt wurde, ist den Staudenrittersporn ähnlich und hat blaue, violette, rosa, rote oder weiße Blüten in dichten Kerzen, oft in Prachtmischungen angeboten. Die Blütenstände des Feldrittersporns (*Consolida regalis*) dagegen sind locker verzweigt aufgebaut, die heimische, blau blühende Art erinnert etwas an Akeleien; Sorten zeigen dieselbe Farbpalette wie beim Gartenrittersporn. Um eine kurzlebige, meist einjährig kultivierte Staude handelt es sich beim 30 – 50 cm hohen Zwergrittersporn (*D. grandiflorum*) mit blauen Blüten. Die Ansprüche dieser von Juni bis August blühenden Arten ähneln denen der Staudenrittersporne, nach der Blüte erfolgt jedoch kein Rückschnitt.

Rittersporne enthalten Giftstoffe, vor allem in den Früchten.

Rittersporn-Belladonna-Hybriden
DELPHINIUM-BELLADONNA-GRP.
☀ ✖

Merkmale: Staude, aufrecht, buschig, 70 – 100 cm hoch; handförmig gelapptes Laub; lockere Blütenrispen mit lang gestielten, schalenförmigen Blüten in Blau oder Weiß.
Blütezeit: Juni – Juli, zweite Blüte August – Oktober
Verwendung: Auf Beeten und Rabatten; besonders schön zu Rosen, Taglilien und Türkenmohn; gute Schnittblumen.
Standort: Durchlässiger, frischer,

humoser, nährstoffreicher, nicht zu leichter Boden.
Pflanzen/Vermehren: Pflanzung bevorzugt im Frühjahr oder Herbst; Vermehrung durch Teilung im Herbst, einige Sorten auch durch Aussaat (Dunkelkeimer).
Pflege: Gleichmäßig feucht halten; bei Bedarf stützen; nach der ersten Blüte alle Triebe bis auf eine Handbreit über dem Boden zurückschneiden und düngen, um neuen Austrieb und zweite Blüte zu fördern; im Herbst erneut zurückschneiden; oft schneckengeplagt, insbesondere den Austrieb vor Schneckenfraß schützen.

Hoher Rittersporn
DELPHINIUM-ELATUM-GRP.

Merkmale: Staude, straff aufrecht, dicht buschig, 70 – 200 cm hoch; kräftige Stängel mit tief handförmig gelappten Blättern; endständig dichte Rispen aus schalenförmigen Blüten in Blau, Violett oder Weiß, vielfach mit kontrastierendem Auge.
Blütezeit: Juni – August, zweite Blüte September – Oktober
Verwendung: Dominante Leitstauden für Beete und Rabatten; besonders prächtig in Kombination mit roten Rosen und Lilien (Madonnenlilien); haltbare Schnittblumen.
Standort: Möglichst windgeschützt, aber doch luftig; gut durchlässiger, frischer, nährstoffreicher Boden.
Pflanzen/Vermehren: Pflanzung im Frühjahr oder Herbst; Vermehrung ausschließlich durch Teilung nach der Blüte oder durch grundständige Stecklinge im Frühjahr.
Pflege: Wie Rittersporn-Belladonna-Hybriden.
Hinweis: Unter den neuen Sorten finden sich einige, die gegen Mehltau resistent sind, etwa 'Augenweide' (hellblau mit hellem Auge).

Rittersporn-Pacific-Hybriden
DELPHINIUM-PACIFIC-GRP.

Merkmale: Staude, straff aufrecht, buschig, 70 – 180 cm hoch; handförmig gelappte Blätter; nicht ganz standfeste Triebe; üppige Blütenrispen aus schalenförmigen, teils halb gefüllten Blüten in Dunkelviolett, Blau, Rosa oder Weiß, oft mit kontrastierender Mitte.
Blütezeit: Juni – Juli, zweite Blüte September – Oktober
Verwendung: Prunkvolle Leitstauden für Beete und Rabatten; elegante Begleiter zu Rosen; gute Schnittblumen.
Standort: Wie Hoher Rittersporn; vorzugsweise Lehmböden.
Pflanzen/Vermehren: Pflanzung bevorzugt im Frühjahr; Vermehrung durch Aussaat (Dunkelkeimer), Teilung oder grundständige Stecklinge.
Pflege: Wie Rittersporn-Belladonna-Hybriden.

Rizinus
Eingedeutschter botanischer Name des *Ricinus communis*, der als Zier- und Blattschmuckpflanze unter dem Namen → *Wunderbaum* bekannt ist.

Rizinusschrot
Organischer Dünger, der den Samen der Rizinuspflanze bzw. des → *Wunderbaums* entstammt und als Pressrückstand bei der Herstellung von Rizinusöl anfällt. Rizinusschrot enthält die Hauptnährstoffe Stickstoff, Phosphor und Kalium sowie etliche Spurenelemente. Besonders geschätzt wird es wegen seines recht hohen Stickstoffgehalts von 5 – 6 %, wobei der Stickstoff schneller pflanzenverfügbar wird als etwa bei Hornspänen und anderen organischen Düngern. Außerdem trägt Rizinusschrot zur Aktivierung des Bodenlebens bei.

Blaue Delphinium-Hybriden (Elatum)

Weiße Pacific-Hybride

Rosafarbene Pacific-Hybride

Die Rizinussamen enthalten allerdings das hochgiftige Rizin, das nur durch ausreichendes Erhitzen des Schrots unschädlich gemacht werden kann. Da es in neuerer Zeit zu Vergiftungen von Hunden kam, die anscheinend Mischdünger mit Rizinusschrotanteil gefressen hatten, gilt der Dünger als umstritten. Nach Einschätzung von Experten geht allerdings von ordnungsgemäß behandeltem Rizinusschrot keine Gefahr aus.

Robinia
Botanischer Gattungsname der → *Robinie*

Robinie
ROBINIA PSEUDOACACIA

Die Robinie oder Scheinakazie, ein Schmetterlingsblütler aus Nordamerika, gilt heute in Europa als eingebürgert. Sie wird sehr häufig als Allee- und Parkbaum gepflanzt. Landläufig bezeichnet man sie als „Akazie", sie hat allerdings mit den echten Akazien (*Acacia*) nichts gemein. Bisweilen nennt man sie auch Silberregen wegen ihrer silberweißen, herabhängenden Blütentrauben.

Alle Teile der Pflanze, insbesondere Rinde und Früchte, enthalten Giftstoffe. Der Blütenstaub kann Heuschnupfen verursachen.

Merkmale: Baum mit zunächst breitrunder, später schirmförmiger Krone, 16 – 20 m hoch und 10 – 12 m breit, Sorten (vgl. „Hinweis") meist wesentlich niedriger; knorriger Stamm mit tief rissiger, stacheliger Rinde; hellgrüne, gefiederte Blätter, später Austrieb, gelbe Herbstfärbung; nach Honig duftende, weiße Schmetterlingsblüten in langen, üppigen Trauben; braune, bohnenartige Fruchthülsen, lange haftend.
Blütezeit: Mai – Juni
Verwendung: Die reine Art nur in großen Gärten; Sorten vorwiegend in Einzelstellung; rauchhart, für Stadtklima sehr gut geeignet.
Standort: Windgeschützt; auch absonnig; trockener bis frischer, auch karger Boden.
Pflanzen/Vermehren: Pflanzung bevorzugt im Herbst, dabei ist kräftiger Pflanzschnitt vorzunehmen, denn Robinien haben nur wenige Feinwurzeln und vertrocknen nach dem Einpflanzen leicht; Vermehrung der reinen Art durch Aussaat, auch durch Ableger, Sorten werden überwiegend veredelt.
Pflege: Rückschnitt wird gut vertragen, Kugel-, Kegel- und Säulenakazien können streng in Form geschnitten werden; sonst völlig anspruchslos.
Hinweis: Im Angebot findet sich eine stattliche Anzahl schöner Sorten. Durch besondere Wuchsformen zeichnen sich Kugelakazie (Sorte 'Umbraculifera'), Kegelakazie (Sorte 'Bessoniana'), Säulenakazie (Sorte 'Pyramidalis') und Korkenzieherakazie (Sorte 'Tortuosa') aus. Die Goldakazie (Sorte 'Frisia') ist ein kleiner Baum mit goldgelbem Laub. Rosafarbene Blüten tragen *R. hispida* 'Macrantha' sowie die Sorte 'Casque Rouge', beides Sträucher.

Roden
Komplettes Entfernen von Gehölzen samt Wurzelwerk

Rodentizid
Giftiges → *Pflanzenschutzmittel* gegen Nagetiere wie → *Wühlmäuse*, in der Regel als Köder aufbereitet.

Rodgersia
Eindrucksvolle Blattschmuckstaude für Halbschatten und Schatten
→ *Schaublatt*

Rohhumus
Bodenauflage aus organischen Abfällen wie Laub oder Nadelstreu, die sich sehr schlecht zersetzt; ungünstige Form des → *Humus*.

Rohkompost
Noch nicht vollständig verrotteter → *Kompost*, wird auch Frischkompost genannt.

Rohr
Anderer Name für das → *Schilfrohr*

Röhrenblüte
Dient teils allgemein als Beschreibung für → *Blüten* mit röhrenförmig verwachsenen, schmalen Kronblättern. Röhrenblüten im engeren Sinn sind charakteristisch für die → *Korbblütengewächse*.

Röhrenlaus
Die Röhrenläuse sind eine große Insektenfamilie, zu der die → *Blattläuse* und die Sitkafichtenlaus (→ *Fichtenschädlinge*) zählen.

Röhrenwurm
Andere Bezeichnung für den Rosentriebbohrer, der die Triebe der Pflanzen aushöhlt.
→ *Rosenschädlinge*

Robinie (Robinia pseudoacacia)

Breitblättriger Rohrkolben (Typha latifolia)

Rosen haben Stacheln und keine Dornen.

Rohrkolben
TYPHA LATIFOLIA

Die eigentümliche Gestalt des Blütenstandes gab sowohl der Art wie auch der Gattung, selbst der Familie den Namen. Diese wird auch durch die Bezeichnungen Lampenputzer, Zylinderbürste oder Samtstecken beschrieben. Die am weitesten verbreitete Art ist *T. latifolia*, der Breitblättrige Rohrkolben, der auf der ganzen Nordhalbkugel vorkommt. Für die Gartenkultur eignen sich viele weitere Arten, die dem hier ausführlich beschriebenen Breitblättrigen Rohrkolben recht ähnlich sind: Der Schmalblättrige Rohrkolben (*T. angustifolia*) bleibt gewöhnlich etwas kleiner und trägt schmale Blätter; Laxmanns Rohrkolben (*T. laxmannii*) zeichnet sich durch eiförmige Blütenstände aus; Shuttleworths Rohrkolben (*T. shuttleworthii*) hebt sich mit seinen grauen Kolben von den übrigen Arten ab. Der Kleine oder Zwergrohrkolben (*T. minima*) schließlich wird nur etwa 70 cm hoch und zeichnet sich durch fast kugelförmige Blütenkolben aus.
Merkmale: Horstartige Staude, straff aufrecht, 100 – 200 cm hoch; schmale, schilfähnliche Blätter; schlanke, braune Blütenkolben; neigt zum Wuchern.
Blütezeit: Juli – August

Verwendung: In Flachwasserzonen von stehenden Gewässern; Blütenkolben für die Vase und zum Trocknen.
Standort: Schlammiger, nährstoffarmer und möglichst auch kalkarmer Boden; bis 50 cm Wassertiefe.
Pflanzen/Vermehren: Pflanzung im Frühjahr; um Wuchern zu verhindern in Pflanzkübel setzen; Vermehrung durch Teilung der Rhizome.
Pflege: Anspruchslos; im Frühjahr abgestorbene Halme und Blätter knapp oberhalb der Wasseroberfläche abschneiden.

Rollrasen
In Bahnen geschnittene, aufgerollte Rasenstücke
→ *Rasenanlage*

Romanasalat
Anderer Name für den → *Römersalat*
→ *Salat*

Römersalat
Schlanke Köpfe bildender → *Salat* mit länglich ovalen Blättern

Rondini
Form des Gartenkürbisses
→ *Kürbis*

Roquette
Andere Bezeichnung für die → *Salatrauke*

ROSE

Rosa
Botanischer Gattungsname der
→ *Rose*

Rose
ROSA

Keine andere Gehölzgruppe erreicht auch nur entfernt die Bedeutung, die Rosen für die Gartenkultur haben. Über 100 Arten sind in der Gattung *Rosa* zusammengefasst und kennzeichnend für die Familie der Rosengewächse; die Zahl deutet schon an, welche Mannigfaltigkeit hier herrscht. Rosen spielten in allen geschichtlichen Epochen seit der Antike eine bemerkenswerte Rolle, beeinflussten viele Kulturen und prägten Kunst wie auch das tägliche Leben. Unzählige Mythen, Geschichten und künstlerische Darstellungen in Wort und Bild belegen dies. Und schon sehr früh wurden sie zu den unbestrittenen „Königinnen der Blumen" erkoren.

Merkmale
Rosen sind samt und sonders Laub abwerfende Sträucher. Ihre starren oder weichen, schwach bis dicht verzweigten Triebe tragen mehr oder weniger viele, sehr unterschiedlich ausgeprägte, oft hakenförmig nach unten gebogene → *Stacheln* (keine → *Dornen* im botanischen Sinn). Ihre Blätter sind stets unpaarig gefiedert, jedes Blatt besteht aus fünf oder sieben, bei manchen Formen auch neun oder mehr Fiederblättchen.

Die Blüten, stets markant gefärbt und auffällig, aber von sehr unterschiedlicher Gestalt, stehen einzeln oder aber in Büscheln an den Triebenden. Die Hauptblütezeit liegt im Juni, dem „Rosenmonat". Der Rosenflor insgesamt beginnt jedoch schon im Mai und dehnt sich bis weit in den Herbst hin aus. Manche Rosen, vor allem Wildrosen und alte Kulturformen, blühen nur kurz, dafür aber mit

Rose

Teehybride 'Ernest Morse'

Floribundarose 'Escapade'

Floribundarose 'Amber Queen'

Zwergrose 'Amulett'

Kletterrose 'Bobby James'

Beetrose 'Sommermärchen'

Strauchrose 'Feuerwerk'

Englische Rose 'Abraham Darby'

Bourbonrose 'Zigeunerknabe'

verschwenderischer Fülle, andere treiben dagegen über Monate hinweg immer wieder neue Knospen. Das Farbenspektrum reicht von reinem Weiß über Gelb und Orange bis hin zu tiefem Rot, allein reines Blau und Schwarz fehlen. Viele Sorten blühen mehrfarbig bzw. die Färbung ihrer Blüten ändert sich mit der Zeit. Die Farbausprägung hängt wesentlich von den Wuchsbedingungen sowie von Beleuchtung und Witterung ab, so dass sich die Blütenfarben kaum objektiv und exakt wiedergeben lassen. Berühmt ist zudem der Duft vieler Rosen, wobei Duftnote und -intensität durch Art und Sorte sowie einige andere Faktoren bedingt sind.

Viele Gartenrosen, vor allem gefüllt blühende Zuchtformen, bilden keine Früchte mehr aus, sie sind steril. Wildrosen und einfach blühende Kulturformen schmücken sich jedoch teils schon ab Spätsommer mit meist rot oder orange gefärbten Früchten, den Hagebutten. Sie bestehen aus einem fleischigen Kelchbecher, der zahlreiche, meist behaarte Nüsschen umschließt. Das Fruchtfleisch der Hagebutten ist wohlschmeckend und sehr vitaminreich, man bereitet Konfitüren, Kompott, Sirup oder sogar Wein daraus.

Rosenvielfalt

Die natürlichen Verbreitungsgebiete der Wildarten erstrecken sich über alle gemäßigten Zonen, viele stammen aus Ostasien. In Europa sind etwa 40 Arten heimisch, darunter z. B. Bibernellrose (*R. spinosissima*), Weinrose (*R. rubiginosa*) und Mai- oder Zimtrose (*R. majalis*), von denen viele herrliche Sorten die Gärten zieren, sowie die weit verbreitete Hundsrose (*R. canina*).

Jahrhundertelange Züchtung und Auslese hat die Zahl der Zuchtformen schier ins Unendliche steigen lassen. Schon in der Antike schätzte man Rosen so sehr, dass sie erwerbsmäßig kultiviert und vermehrt wurden. Die Römer zogen Rosen in Treibhäusern, um zu jeder Jahreszeit in frischen, duftenden Blüten schwelgen zu können. Im Mittelalter gehörten Rosen als begehrte Heilpflanzen in jeden Klostergarten. Mit Beginn der Neuzeit beschleunigte sich der Siegeszug der Rosen in die Gärten. Vor allem die Einführung fernöstlicher Rosen wirkte sich entscheidend auf die ständige Ausweitung des Rosensortiments aus. Um 1867 brach mit den Teehybriden dann die Ära der modernen Rosen an. Viele Züchter stellten Rosen in den Mittelpunkt ihrer Bemühungen, die Sortenfülle nahm beständig zu.

Bis heute ist das Bestreben nach immer neuen Formen, Farben und Eigenschaften ungebrochen, jährlich kommen viele neue Rosensorten auf den Markt. Viele alte Sorten stehen als Klassiker in der Beliebtheitsskala nach wie vor ganz oben, auch zahlreiche modernere Züchtungen haben Weltruf erlangt und sind bis heute gefragt, z. B. die berühmte Teehybride 'Gloria Dei'.

Rosenklassen

Um Übersicht in die enorme und so vielfältige Palette an Wildarten, Hybriden und Sorten zu bringen, teilt man Rosen nach ihrem Erscheinungsbild wie auch nach dem Verwendungszweck in verschiedene Klassen ein:

1. Wildrosen sowie ihre Abkömmlinge:

Hier sind alle natürlich vorkommenden Arten und deren Abkömmlinge, die sich weitgehend noch ihren ursprünglichen Charakter bewahrt haben, versammelt. Vom Habitus her handelt es sich meist um stark und breit wachsende Strauchrosen. Die Übersicht auf S. 751 stellt einige gern gepflanzte Wildrosen vor.

2. Beetrosen:
Gemäß der Titulierung finden sich in dieser Klasse Rosen, die vorwiegend in Beeten und Rabatten gepflanzt werden. Sie bleiben eher kompakt und dicht buschig, wachsen selten mehr als 100 cm hoch und bilden über einen längeren Zeitraum immer neue Blüten, oft ab Juni bis zu den ersten Frösten.

■ Stets mehrere Blüten dicht beieinander bilden die Büschelblütigen Rosen, unter denen man heute Floribunda- und Polyantha-Hybriden zusammenfasst. Zwischen diesen beiden Gruppen haben sich die Unterschiede durch rege Züchtung inzwischen verwischt. Ihre Blüten können einfach, halb gefüllt oder gefüllt sein, sie bilden meist reich verzweigte, dicht buschige kleine Sträucher.

3. Edelrosen

Die edelsten dieser Blütensträucher sind die so genannten Teehybriden oder Edelrosen mit straff aufrechtem Wuchs und einzeln stehenden, großen und in der Regel dicht gefüllten Blüten. Sie werden als gesonderte Gruppe neben den anderen Beetrosen geführt.

4. Zwergrosen

Sie wirken wie Kleinstausgaben der übrigen Vertreter dieser Klasse, blühen reich mit anmutigen, kleinen Blüten und werden selten mehr als 40 cm hoch. Zwergrosen können auch in Gefäßen gezogen werden.

5. Bodendeckerrosen:
Sorten, die sich mit langen Trieben flächig über den Boden ausbreiten und damit zur Begrünung größerer Bereiche eignen, werden Bodendeckerrosen oder auch Flächenrosen genannt. Ihre Wuchsform ist je nach Sorte recht verschieden, es gibt nur 30 cm hohe, flach niederliegend, breit buschig wachsende sowie Formen mit weit überhängenden Trieben, die bis 100 cm hoch werden. Stets sind sie sehr dicht belaubt, ihre Blüten zeigen dagegen sehr variable Gestalt.

Rose

6. Strauchrosen:
Die sehr umfangreiche Klasse der Strauchrosen umfasst Rosen, die mehr in die Höhe wachsen und so üppig ausladende Sträucher bilden.

■ Moderne Strauchrosen sind Sorten, die in neuerer Zeit entstanden sind. In dieser Gruppe finden sich sehr unterschiedliche Typen, mit Blüten in verschiedensten Farben und Formen, mit schlank aufstrebendem, breit ausladendem oder eher niedrig buschigem Wuchs. Anhand ihres Blühverhaltens lassen sie sich nochmals in einmal blühende und öfter blühende Sorten unterteilen.

8. Unter der Bezeichnung Alte Rosen versteht man im Allgemeinen Züchtungen, die vor den ersten Teehybriden, also vor Mitte des 19. Jahrhunderts entstanden sind. Weiterhin fallen unter diesen Begriff aber auch Rosen jüngerer Entstehungszeit, sofern sie eine deutliche Ähnlichkeit mit den eigentlichen historischen Rosen aufweisen. Hierunter zählen die Alba-, Bourbon-, Damaszener-, Gallica-, Noisette-, Remontant- und Moos-Rosen sowie Chinarosen, Teerosen und Zentifolien. Sie warten mit üppiger Pracht, verschwenderisch gefüllten Blüten in wunderbar sanften Farben und oft intensivem Duft auf, bieten aber bis auf die nachblühenden Remontantrosen nur einen Flor im Juni, teils noch bis Juli.

8. Englische Rosen vermitteln zwischen den Alten und Modernen Rosen und vereinen die Vorzüge beider Gruppen in sich. Nostalgischer Charme, weiche Farbtöne und unvergleichlicher Duft paaren sich mit außergewöhnlich robustem und gesundem Wuchs. Im Gegensatz zu vielen Alten Rosen blühen sie ununterbrochen von Juni bis in den späten Herbst.

9. Kletterrosen:
Diese Klasse umfasst Rosen, die als so genannte Spreizklimmer ihre langen Triebe mithilfe der Stacheln zwischen Streben eines Klettergerüsts oder Ästen anderer Pflanzen verspreizen und so in die Höhe klettern. Unter ihnen gibt es einmal und öfter blühende Sorten, mit großen, einzeln stehenden sowie mit kleinen, in üppigen Büscheln zusammengefassten Blüten. Nach der Wuchsform können zwei Gruppen unterschieden werden:

■ Climber haben kräftige, steife, aufrechte Triebe mit starker Bestachelung. Sie können teilweise sogar ohne Kletterhilfe in die Höhe wachsen. Beispiel: 'Coral Dawn'.

■ Rambler verfügen dagegen über dünne, biegsame Triebe mit weniger ausgeprägter Bewehrung. Ohne Stütze wachsen sie niederliegend, finden sie Halt, können sie bemerkenswerte Wuchshöhen erreichen. Beispiel: 'Bobby James'.

Verwendung

Bereits aus der Einteilung der Rosenklassen sind die hauptsächlichen Verwendungszwecke der Rosen im Garten ersichtlich. Für alle Gelegenheiten, für alle Winkel und für alle Gestaltungsstile lassen sich die passenden Rosen finden.

Die edlen Blütensträucher werden wohl am häufigsten in Beeten und Rabatten eingesetzt. Als markante Leitpflanzen setzen aber nicht nur Beetrosen Blickpunkte, auch Strauchrosen, Kletterrosen und Wildrosen können Beete bereichern. Als Königinnen steht ihnen ein Hofstaat zu, der aus kleinen Gehölzen, stattlichen Stauden, Polsterpflanzen, Sommerblumen, Ziergräsern oder auch Zwiebel- und Knollenpflanzen bestehen kann. Klassische Begleiter zu Rosen sind z. B. Lavendel, Rittersporn oder Lilien. Zwergrosen nutzt man auch zur Beeteinfassung.

Als Solitäre machen insbesondere Strauchrosen und Kletterrosen auf

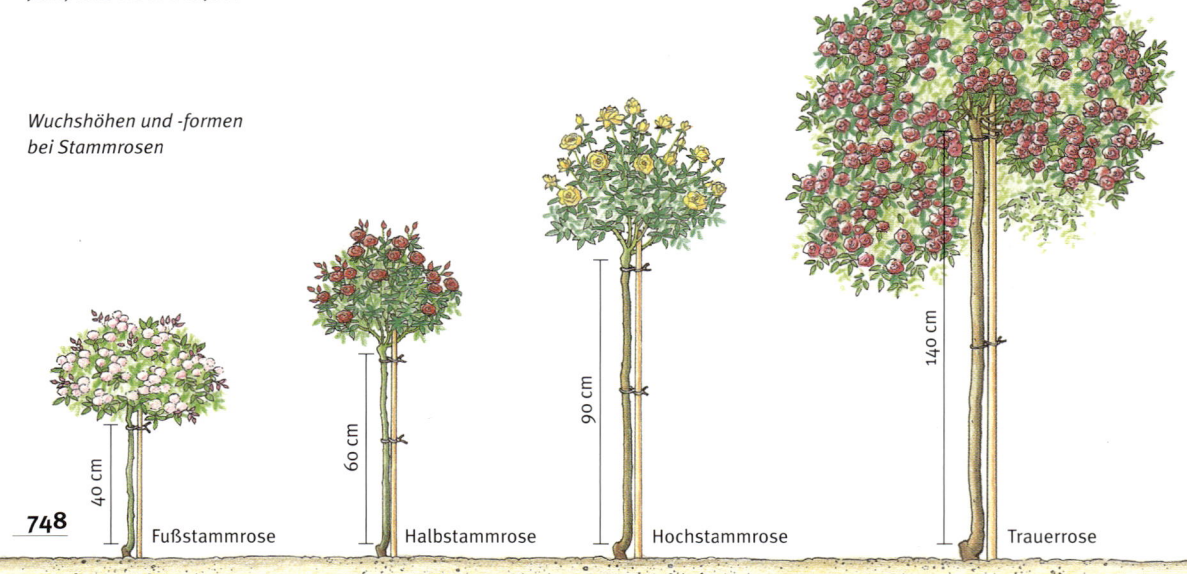

Wuchshöhen und -formen bei Stammrosen

| Fußstammrose (40 cm) | Halbstammrose (60 cm) | Hochstammrose (90 cm) | Trauerrose (140 cm) |

Strauchveronika (Hebe × andersonii) als Rosenbegleiter

sich aufmerksam. Für diese Verwendungsart sind auch Stamm- und Trauer- oder Kaskadenrosen zu erwähnen: Bei ersteren sind Sorten vor allem von Beetrosen auf einen Stamm veredelt, bei letzteren hauptsächlich Kletterrosen und Bodendeckerrosen.

Für Gehölzgruppen oder frei wachsende Hecken eignen sich in erster Linie Wildrosen. Mit ihrer natürlichen Anmut setzen sie nicht nur zur Blütezeit Akzente und fügen sich doch harmonisch ein. In Kombination mit anderen Gehölzen machen sich auch Strauchrosen gut. Bisweilen werden prächtige Sorten von Wildrosen und naturnah wirkende Strauchrosen als so genannte Parkrosen angeboten. Parkrosen verwendet man bevorzugt in Gemeinschaft mit Nadelgehölzen und Großsträuchern in weitläufigen Gartenbereichen.

An Böschungen, auf größeren Flächen, aber auch punktuell kommen Bodendeckerrosen zum Einsatz. Sie können ihre Triebe auch malerisch über Mauerkronen hängen lassen.

An Pergolen, Rosenbögen und Wandspalieren werden vorwiegend Kletterrosen eingesetzt. Rambler mit ihren eleganten Trieben lässt man auch in die Kronen alter Bäume wachsen.

In Kübeln und Kästen zieht man schließlich Rosen mit kleinem, schwachem Wuchs. Neben Zwergrosen kommen dafür auch manche Beetrosen infrage, die im Handel teils als Patio-Rosen angeboten werden. In geräumigen Kübeln lassen sich aber auch Kletterrosen, Strauchrosen und Stammrosen halten.

Standortansprüche

Rosen sind allgemein Sonnenanbeter, nur bei ausreichender Belichtung können sie sich in ihrer ganzen Pracht entfalten. Manche Zuchtformen geben sich jedoch auch mit weniger besonnten, halbschattigen Stellen zufrieden, vor allem Wildrosen gelten als weniger lichtbedürftig. Der Pflanzplatz sollte jedoch immer auch luftig, aber nicht zugig sein. Insbesondere für Kletterrosen, die an einer Hauswand gezogen werden, ist die Luftbewegung wichtig. Von Regen und Tau benetzte Blätter trocknen dort schnell ab, die Gefahr von Krankheitsbefall wird so deutlich gemindert.

Optimale Wuchsbedingungen finden Rosen auf mittelschweren, durchlässigen, tiefgründigen, humosen und nährstoffreichen Böden mit neutraler Reaktion. Wiederum sind es vor allem einige Wildrosenarten, die auch auf weniger günstigem Untergrund gut gedeihen.

Pflanzung

Rosensträucher werden in verschiedenen Qualitäten angeboten. Eher selten bezieht man wurzelnackte Pflanzware, diese Rosen müssen vor der Pflanzung gründlich gewässert werden und sollten zusätzlich unmittelbar vor dem Einsetzen noch in eine dickflüssige Lehmbrühe getaucht werden. Häufiger erhält man Rosen als Containerware. Dieses Pflanzgut verfügt über einen kompakten Wurzelballen (auch → *Gehölzpflanzung*, Pflanzware).

Rosen werden von gut sortierten Markenanbietern meist auch in zwei verschiedenen Güteklassen gehandelt. Pflanzen der Güteklasse A besitzen ein gut ausgebildetes Wurzelwerk und mindestens drei kräftige Triebe, Rosen der Güteklasse B brauchen nur zwei starke Triebe aufzuweisen. Wesentliches Augenmerk sollte man bei der Rosenauswahl der Robustheit und Gesundheit der Sträucher widmen. Besonders widerstandsfähige und wenig krankheitsanfällige Rosensorten werden später kaum Probleme bereiten. Weltweit werden Rosen Prüfungen unterzogen, bei denen verschiedenste Eigenschaften kritisch beurteilt werden. In Deutschland gibt es mit der „Allgemeinen Deutschen Rosenneuheitsprüfung" (ADR) eine der strengsten Bewertungen. Mit dem Prädikat → *ADR-Rose* hat man bei modernen Rosen die Gewähr, besonders gesunde, robuste und auch schöne Pflanzen zu erwerben.

Die beste Pflanzzeit für Rosen liegt im Oktober und November, aber auch Frühjahrspflanzung ab Mitte März bis Mai ist möglich, in rauen Lagen sogar vorteilhaft. Vor der Pflanzung wird der Boden tiefgründig gelockert und bei Bedarf verbessert. Wurzelnackte Ware stellt man vor dem Pflanzen mit den Wurzeln über Nacht in einen Eimer mit Wasser oder legt die Pflanzen gar komplett in ein Wasserbad, bei Frühjahrspflanzung bis zu 24 Stunden. Zudem erhalten sie einen Pflanzschnitt; Containerware wird dagegen ohne weitere Vorbereitung eingesetzt. Je nach Wuchsverhalten der Rose sollte man ausreichenden Abstand zu den Nachbarn einhalten. Veredelte Rosen setzt man so ein, dass die Veredlungsstelle etwa 5 cm tief unter der Erde liegt. Beetrosen pflanzt man je nach Wuchshöhe mit 30 – 50 cm, Zwergrosen mit 25 – 30 cm, Bodendeckerrosen gemäß Wuchsform und -stärke mit 40 – 100 cm Abstand.

Rose

Im Sommer schneidet man bei den öfter blühenden Rosen die verwelkten Blüten weg.

Ab Austriebsbeginn sollte man aus der Unterlage wachsende Wildtriebe ständig entfernen.

Pflege

Rosen sind Tiefwurzler, man muss sie nur bei anhaltender Trockenheit wässern. Vor allem Beetrosen haben einen hohen Nährstoffbedarf, man düngt am besten im Herbst mit reichlich Kompost und verabreicht zusätzlich im Frühjahr nochmals eine Düngergabe.

Um über viele Jahre vital und blühfreudig zu bleiben, müssen Rosen immer wieder geschnitten werden. Je nach Wuchsform fällt der Schnitt unterschiedlich aus. Während Wildrosen und Strauchrosen in der Regel nur ausgelichtet werden, ist bei den übrigen Rosen ein schärferer Rückschnitt erforderlich. Beste Zeit zum Schneiden ist das Frühjahr; auch → PRAXIS-SEITE Rosenschnitt – Hinweise und Tipps (S. 752/753).

Während des Sommers ist Verwelktes laufend herauszuschneiden, dabei nimmt man die verwelkten Blüten samt einem oder zwei darunter liegenden, voll entwickelten Laubblättern weg. Erscheinen bei veredelten Rosen Wildtriebe, müssen diese aufgegraben und an der Austriebsstelle abgerissen werden.

Gartenrosensorten brauchen einen Winterschutz. Am frostempfindlichsten ist die Veredlungsstelle. Im Spätherbst häufelt man die Rosen etwa 20 cm hoch mit lockerer Erde, reifem Kompost oder Rindenmulch an. Locker um die Sträucher gestecktes Fichtenreisig schützt zusätzlich. Frühestens in der zweiten Märzhälfte bzw. zu Beginn der Forsythienblüte wird wieder abgehäufelt und das Reisig entfernt. Die Triebe der Kletterrosen sollten ebenfalls wärmend mit Reisig oder Sackleinen eingebunden werden. Stammrosen benötigen besonders guten Schutz, man bindet die Kronen locker in Reisig ein, umwickelt sie zusätzlich mit Leinen und verschnürt dieses unterhalb der Veredlungsstelle, die sich am Kronenansatz befindet; zusätzlich häufelt man den Stammfuß an. Vom früher häufig empfohlenen Herunterbiegen der Stämmchen wird heute meist abgeraten, da es dabei leicht zu Holzverletzungen kommen kann.

Auch → *Rosenkrankheiten*, → *Rosenschädlinge*

Vermehrung

Sorten werden in der Regel durch → *Okulation* auf Wildrosenunterlagen veredelt. Neue Pflanzen kann man aber auch im Sommer durch weiche Stecklinge oder Absenker gewinnen. Stecklingsvermehrte Teehybriden und Zwergrosen sind allerdings oft extrem frostempfindlich. Von einigen Wildrosen kann man Ausläufer zur Vermehrung nutzen. Rosen, die Hagebutten bilden, lassen sich auch aus Samen nachziehen, allerdings ist dies langwierig.

Die Kartoffelrose (Rosa rugosa 'Alba') zählt zu den Wildrosen.

Stacheldrahtrose (Rosa sericea ssp. omeiensis fo. pteracantha)

Beliebte Wildrosen im Überblick

Name	Wuchs	Blüte, Blütezeit	Frucht	Hinweise
Hundsrose (*Rosa canina*)	breit buschig, etwas kletternd, 2 – 3 m hoch	rosa, einfach, duftend Juni – August	länglich, orangerot	wächst auch auf kargen Böden; wichtige Veredlungsunterlage
Fuchsrose (*Rosa foetida*)	locker buschig, 1 – 1,5 m hoch	goldgelb, einfach, streng duftend Juni	kugelig, ziegelrot	einige schöne Sorten, z. B. 'Bicolor' mit zweifarbigen Blüten
Essigrose (*Rosa gallica*)	aufrecht, sehr dicht verzweigt, bildet Ausläufer, 0,3 – 1 m hoch	rosarot bis dunkelpurpurn, halb bis dicht gefüllt, intensiv duftend Juni – Juli	kugelig bis eiförmig, braunrot	verschiedene Sorten, z. B. 'Versicolor', Blüten rosaweiß gestreift
Hechtrose (*Rosa glauca*)	locker aufrecht, 2 – 3 m hoch	rosa mit weißem Auge, einfach Juni – Juli	klein, kugelig, rot	rötlich grüne, blau bereifte Laubblätter
Moschusrose (*Rosa moschata*)	locker, kletternd, wenig bestachelt, 3 – 5 m hoch	weiß, einfach, intensiv duftend August – Oktober	rundlich, rot	einige Sorten mit gefüllten Blüten
Mandarinrose (*Rosa moyesii*)	straff aufrecht, sparrig, 2 – 3 m hoch	purpurrot, einfach Juni	flaschenförmig, rot	mit Sorten wie 'Marguerite Hilling', rosa, 'Nevada', cremeweiß
Vielblütige Rose (*Rosa multiflora*)	breit buschig, bogig überhängend, teils kletternd, 1,5 – 3 m hoch	weiß, klein, einfach, in dichten Büscheln, leicht duftend Juni – Juli	klein, kugelig, rot	wichtige Veredlungsunterlage; sehr gut für Wildhecken geeignet
Weinrose, Schottische Zaunrose (*Rosa rubiginosa*)	aufrecht, später überhängend, 2 – 2,5 m hoch	hellrosa, einfach, intensiv nach Äpfeln duftend Juni – Juli	eiförmig, orangerot	viele Sorten, z. B. 'Fritz Nobis' mit gefüllten, lachsrosa Blüten
Kartoffelrose (*Rosa rugosa*)	aufrecht, breit buschig, sehr dicht verzweigt, 1 – 2 m hoch	rosa- bis violettrot, selten weiß, einfach duftend Juni – September	sehr groß, flach kugelig, orange bis ziegelrot	viele Sorten, z. B. 'F. J. Grootendorst' (Nelkenrose) mit halb gefüllten, karminroten Blüten, 'Conrad Ferdinand Meyer' gefüllt, silberrosa, 'Robusta' einfach blutrot
Stacheldrahtrose (*Rosa sericea* ssp. *omeiensis* fo. *pteracantha*)	breit ausladend, Ausläufer treibend, 2 – 3 m hoch	weiß, klein, einfach Mai – Juni	klein, rot	sehr auffallende, leuchtend rote, breite und flache Stacheln
Bibernellrose, Dünenrose (*Rosa spinosissima*)	aufrecht, überhängend, Ausläufer treibend, 0,3 – 1 m hoch	hellgelb, einfach, leicht duftend Mai – Juni	kugelig, bräunlich bis dunkel purpurn	viele Sorten, z. B. 'Maigold' mit halb gefüllten, goldgelben Blüten
Chinesische Goldrose (*Rosa xanthina* fo. *hugonis*)	breit buschig, leicht überhängend, 1,5 – 2,5 m hoch	hellgelb, einfach Mai – Juni	kugelig, schwarzrot	gut frosthart, wächst auch auf trockenen Böden

Essigrose (Rosa gallica)

Rosenschnitt – Tipps und Hinweise

1. *Edel- und Beetrosen: Nach Entfernen abgestorbener und störender Triebe schneidet man die verbliebenen Haupttriebe auf 20 – 30 cm zurück.*

2. *Kletterrosen: Das Einkürzen der Seitentriebe auf 2 bis 5 Augen fördert die Verzweigung und den Blütenansatz.*

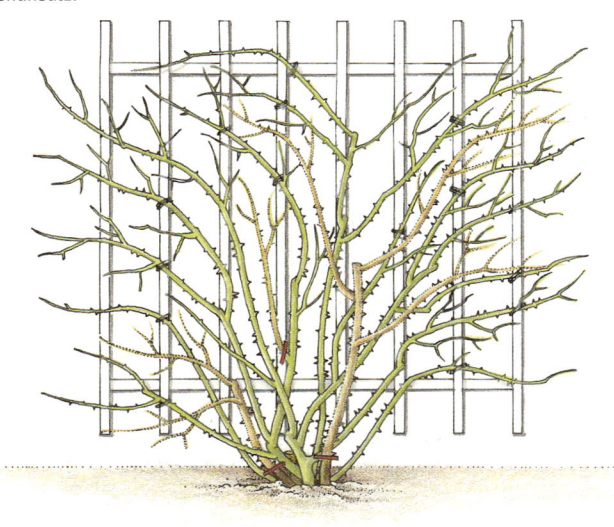

Beet-, Edel- und Zwergrosen

Bester Zeitpunkt für den Schnitt ist im Frühjahr, zusammen mit dem Abhäufeln. Bei einem starken Rückschnitt schon im Herbst oder Winter besteht die Gefahr, dass das gekürzte Strauchgerüst durch Frost noch weiter reduziert wird. Im Herbst kann man allerdings bei Beetrosen schon die verbliebenen Blütenstände entfernen und dabei die Triebe auf 50 – 60 cm Höhe zurückschneiden, was Arbeiten im Beet wie das Anhäufeln erleichtert.

Im Frühjahr nimmt man zuerst alle abgestorbenen und erfrorenen Triebe bodennah heraus, dann schwache, zu dicht stehende und deutlich überalterte Triebe. Dabei belässt man den Stöcken wenigstens vier, höchstens acht kräftige Triebe. Diese schneidet man recht radikal auf 20 – 30 cm Höhe bzw. etwa vier Augen zurück. Am stärksten kürzt man schwach wachsende Triebe und Sorten ein (bis auf 2 bis 3 Augen), damit sie zum Austrieb langer, kräftiger Stiele angeregt werden. Bei ohnehin sehr stark wachsenden Trieben kann man bis zu sechs Augen belassen.

Zwergrosen werden nach demselben Prinzip, allerdings nur um etwa ein Drittel, zurückgeschnitten.

Kletterrosen

Die öfter blühenden Kletterrosen kommen wie Beetrosen im Frühjahr an die Reihe. Zunächst wird Abgestorbenes entfernt, die Langtriebe an der Basis, Seitentriebe bis zur nächsten Ansatzstelle mit noch gesundem Holz. Schließlich kann man zu dicht stehen-

---

TIPP

Durch Entspitzen (Pinzieren) des Neuaustriebs kann man langstielige Edelrosen zu stärkerer Verzweigung und damit buschigerem Wuchs anregen. Man kürzt dazu junge, noch krautige Triebe über dem dritten Laubblatt ein. Auf dieselbe Weise lässt sich auch mit sparrigen Hochstämmchen verfahren.

de, ältere Seitentriebe etwas ausdünnen, sehr schwache ganz entfernen; die verbleibenden schneidet man auf 2 bis 5 Augen zurück.

Auslichten wird nur zuweilen bei älteren, schon sehr dichten Kletterrosen erforderlich, wobei man die ältesten Triebe herausnimmt. Die Langtriebe kann man nach Bedarf etwas einkürzen, dies sollte aber nicht zu häufig erfolgen.

Einmal blühende Kletterrosen werden im Prinzip genauso geschnitten, der Zeitpunkt hängt aber davon ab, ob man sich noch an den Hagebutten erfreuen möchte. In dem Fall gilt der Frühjahrstermin; ansonsten schneidet man direkt nach der Blüte im Sommer und entfernt dabei alles Verwelkte.

Stammrosen

Hauptziel ist hier eine schöne, gleichmäßig aufgebaute Krone. Bei normalen Stammrosen mit aufveredelten Beet- oder Edelrosen bzw. Zwergrosen (Fußstämme) kürzt man die Triebe um ein Drittel bis zur Hälfte bzw. auf 20 – 40 cm ein. Abgestorbene und nach innen wachsende Triebe werden entfernt. Trauer- oder Kaskadenrosen mit aufveredelten Kletterrosen muss man lediglich durch Entfernen überalterter Triebe auslichten, wenn die Krone zu dicht wird.

Strauch-, Wild- und Bodendeckerrosen

Bei den öfter blühenden Strauchrosen beschränkt man sich auf das jährliche Entfernen abgestorbener und störender Triebe sowie das bodennahe Herausnehmen überalterter Haupttriebe alle 3 bis 4 Jahre. Man kann sie dann auch noch etwas in Form schneiden, indem man die Haupttriebe um etwa ein Drittel einkürzt, die schwachen etwas stärker.

Die einmal blühenden Sorten (Parkrosen) sowie Wildrosen braucht man lediglich alle 4 bis 6 Jahre auszulichten, zwischendurch kommt natürlich auch hier Abgestorbenes und Störendes unter die Schere.

Mit Bodendeckerrosen kann man es sich einfach machen, indem man sie alle 3 bis 4 Jahre im Frühling auf 10 – 20 cm zurückschneidet. Etwas schöner wachsen und blühen jedoch Polyantha-Abkömmlinge wie 'The Fairy', 'Snow Ballet' oder 'Swany', wenn sie alljährlich wie Beetrosen geschnitten werden.

CHECKLISTE

Schnittgrundregeln:
- Nur scharfe, für diesen Zweck geeignete Schere verwenden.
- Der Rückschnitt erfolgt stets ca. 5 mm über einer nach außen wachsenden Knospe, etwas schräg abfallend zur gegenüberliegenden Seite hin.
- Beim Wegschnitt von Seitentrieben und Verzweigungen keine Stummel stehen lassen.

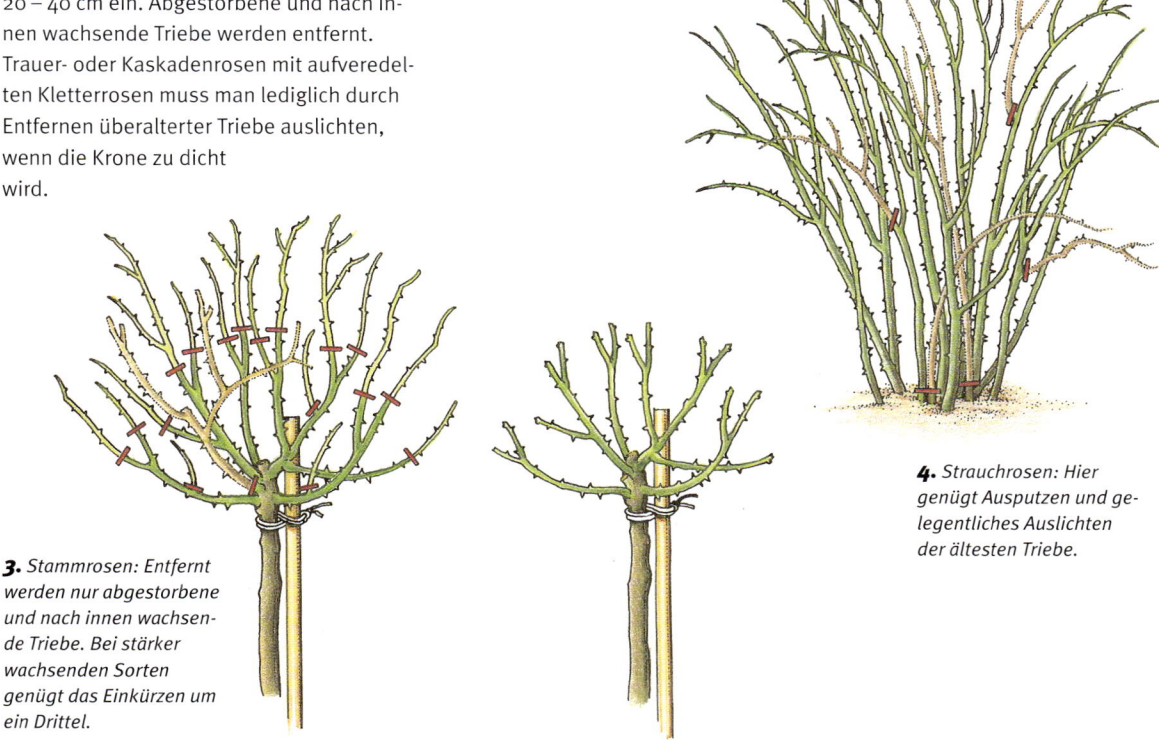

3. Stammrosen: Entfernt werden nur abgestorbene und nach innen wachsende Triebe. Bei stärker wachsenden Sorten genügt das Einkürzen um ein Drittel.

4. Strauchrosen: Hier genügt Ausputzen und gelegentliches Auslichten der ältesten Triebe.

Rosenbogen, bewachsen mit der Kletterrose 'American Pillar'

Roseneibisch (Hibiscus syriacus)

Rosenblattrollwespe
→ *Rosenschädlinge*

Rosenbogen
Als Durchgang dienendes Rankgerüst, im Querschnitt meist in Bogenform, aber auch mit dachartigem Abschluss; Seitenflächen mit Gitterstruktur. Rosenbögen sind aus Metall, Holz oder Kunststoff erhältlich. Die übliche Höhe liegt zwischen 220 und 250 cm, die Breite zwischen 140 und 160 cm, die Seitenflächen sind um 40 cm tief. Daneben gibt es verschiedene Spezialgrößen, Holz- wie Metallbetriebe bieten zudem beliebige Sonderanfertigungen an. Mit Baukastensystemen lassen sich auf einfache Weise ganze Laubengänge errichten. Bei der Größenwahl sollte man bedenken, dass zu kleine Durchgänge bei Bewuchs mit stachelbewehrten Kletterrosen unangenehm zu passieren sind.

Rosenbögen stellen eine attraktive Gestaltungsmöglichkeit dar, etwa als dekorative Umrahmung eines Eingangs oder zum Überspannen von Gartenwegen, ob einzeln oder als Laubengang aus mehreren Bögen.

Rosendeutzie
Blütenstrauch mit sternförmigen rosa Blüten im Frühsommer
→ *Deutzie*

Roseneibisch
HIBISCUS SYRIACUS

Das auch Straucheibisch genannte Malvengewächs ist entsprechend seiner Herkunft aus Indien und China Wärme liebend und etwas frostgefährdet. Hat der Roseneibisch allerdings das Jugendstadium heil überstanden, kommt er mit unseren Wintertemperaturen ganz gut zurecht, abgesehen von gefüllt blühenden Sorten, die als besonders empfindlich gelten. Diese zieht man besser als attraktive Kübelpflanzen, die sich bei Gefäßkultur sicher im Haus überwintern lassen.

Unter dem Namen Roseneibisch bzw. Chinesischer Roseneibisch wird auch *H. rosa-sinensis* mit zahlreichen, attraktiven Sorten geführt. Diesen noch wärmebedürftigeren Strauch kultiviert man in erster Linie als Kübelpflanze.

Merkmale: Strauch, straff aufrecht, 1,5 – 2 m hoch, bis 1,5 m breit; gelappte, grob gezähnte Blätter; trichterförmige Blüten mit 5 – 10 cm Ø, weit herausragender, von der Staubblattröhre umgebener Griffel, Farbe nach Sorte weiß, rosa, purpurrot oder blauviolett, oft mit andersfarbigem Fleck in der Mitte.

Blütezeit: Juli – September

Verwendung: Einzeln, etwa an Terrasse und Sitzplatz, oder in kleinen Gehölzgruppen mit anderen Sträuchern; als Kübelpflanze.

Standort: Warm und geschützt; durchlässiger, nährstoffreicher, mäßig trockener bis frischer Boden; rauchhart, verträgt Stadtklima.

Pflanzen/Vermehren: Pflanzung bevorzugt im Frühjahr; Vermehrung durch Stecklinge oder Steckhölzer.

Pflege: Bei Trockenheit gießen; jährlich mit Kompost versorgen, Kübelpflanzen alle 2 bis 3 Wochen düngen; im Jugendstadium Wurzelbereich und

ROSENKOHL

Stängelbasis vorm Winter gut abdecken, später genügt dicke Bodenauflage aus Laub; erfrorene Triebe nach dem Winter entfernen, restliche Zweige alle 2 bis 3 Jahre im zeitigen Frühjahr um ein Drittel zurückschneiden. Kübelpflanzen hell bei ca. 15° C überwintern.

Rosenkelch
RHODOCHITON ATROSANGUINEUM
☼ ☺

Das Braunwurzgewächs kommt aus Mexiko. Wegen seiner hübschen, rosenroten und glockigen Rachenblüten nennt man es auch Rosenkleid oder Purpurglockenwein.
Merkmale: Meist einjährig gezogene, teilweise verholzende Kletterpflanze mit rankenden Blatt- und Blütenstielen, 2 – 3 m hoch; herzförmige Blätter; röhrenförmige, vorn glockig erweiterte, je nach Sorte rosafarbene, rote oder violette Blüten mit purpurnen Tragblättern, die lange zieren.
Blütezeit: August – Oktober
Verwendung: Zur Begrünung von Spalieren, Pergolen oder an Klettergerüsten in Gefäßen.
Standort: Geschützt; lockerer, humoser, nährstoffreicher Boden.

Pflanzen/Vermehren: Pflanzung im Frühjahr; Vermehrung im Sommer durch Stecklinge, die überwintert werden, auch durch Aussaat, aber langwierig.
Pflege: Regelmäßig gießen; Kletterhilfe geben, bei Bedarf daran aufleiten; mehrmals düngen; im Spätherbst zurückschneiden und anschließend im Haus hell und kühl bei 5 – 10° C überwintern.

Rosenkleid
Anderer Name für den → *Rosenkelch*

Rosenkohl
BRASSICA OLERACEA GEMMIFERA-GRP.
☼

Nicht nur einen Kohlkopf, sondern deren gleich viele in Miniaturformat liefert der Rosenkohl, auch Sprossenkohl, Brüsseler Kohl oder Rosenwirsing genannt. Er zählt wie alle Kohlgemüse zu den Kreuzblütlern. Diese nur in Kultur bekannte Form des Gemüsekohls ist als zartes, mineralstoff- und vitaminreiches Herbst- und Wintergemüse beliebt. Geerntet werden die Seitenknospen, also die sich in den Blattachseln entwickelnden, festen, runden Röschen.

Es gibt frühe bis späte Sorten, letztere sind gut frosthart und können bis weit in den Winter hinein geerntet werden. Frosteinwirkung lässt die Rosen süß und aromatisch werden, allerdings ist dann der Vitamingehalt niedriger. Wegen seiner langen Entwicklungszeit zieht man Rosenkohl als Hauptkultur. Für den Mischanbau eignen sich Spinat, Salate, Endivie, Rote Bete, Porree oder auch Kartoffeln.
Merkmale: Aufrecht wachsende, einjährig gezogenes Gemüsepflanze mit kräftigen Strünken, 60 – 100 cm hoch; dunkelgrüne, gestielte Blätter; in den Blattachseln Röschen aus kompakt geschichteten Blättern.
Standort: Lockerer, frischer, nährstoffreicher Boden.
Kultur: Breitwürfige Aussaat von April bis Mai direkt ins Freiland oder Anzucht ab April; Sämlinge von Mitte Mai bis Ende Juni ausdünnen bzw. verpflanzen; 60 x 50 cm Abstand, dabei die Setzlinge möglichst tief einpflanzen, um bessere Standfestigkeit zu erzielen.
Pflege: Boden regelmäßig hacken; auf reichliche Wasserversorgung achten; mehrmals düngen. Wenn die untersten Röschen etwa 1 cm groß sind, können die Pflanzen entspitzt werden, um die Entwicklung der oberen Rosen zu fördern; bei späten Sorten und zu spätem Entspitzen dadurch allerdings Minderung der Frosthärte möglich.
Ernte: Frühsorten ab September, sonst ab November von unten nach oben mehrmals durchpflücken.
Hinweis: In milden Gegenden kann Rosenkohl den Winter über auf dem Beet stehen bleiben, ggf. leichten Schutz durch Vliese geben. In rauen Gebieten schlägt man die Pflanzen samt der Wurzeln in Stroh oder Holzwolle ein, wickelt sie noch in Lochfolie ein oder deckt sie mit Reisig ab und lagert sie an schattiger, windgeschützter Stelle, um bei Bedarf die restlichen Röschen zu ernten.

Rosenkelch (Rhodochiton atrosanguineum)

Geschätztes Herbst- und Wintergemüse: der Rosenkohl

Rosenkrankheiten

Verbreitete Pilzkrankheiten an Rosen sind Echter → *Mehltau* mit weißlichen Belägen auf Blättern, Trieben und Blütenknospen sowie Falscher → *Mehltau,* der sich durch braunrote bis violette Flecken auf den Blattoberseiten äußert. Gelegentlich kommt es auch zum Befall der Knospen oder Blüten mit → *Grauschimmel*. Unter den nachfolgend beschriebenen, rosenspezifischen Krankheiten tritt der Sternrußtau am häufigsten auf. Die dort sowie beim Rosenrost genannten Maßnahmen helfen auch gegen Mehltaupilze.

Wuchshemmungen bzw. -störungen können auf den Wurzelkropf hindeuten, eine Bakterienkrankheit, die Geschwulste an den Wurzeln hervorruft. Eine andere Ursache sind → *Nematoden,* die an den Wurzeln saugen. In beiden Fällen bleibt nur, erkrankte Pflanzen zu entfernen. Dasselbe gilt bei gelblichen Mosaikflecken, Ringen oder Bändern auf den Blättern, die auf → *Viruskrankheiten* hindeuten.

Nicht selten treten an den Blättern → *Chlorosen* aufgrund von Eisenmangel auf, verursacht durch zu kalkhaltigen und/oder verdichteten, dauerfeuchten Boden. Hier kann auf Dauer nur eine Bodenverbesserung für Abhilfe sorgen.

Rindenfleckenkrankheit

Auch als Brandflecken, Rindenbrand oder Stammkrebs bekannt. Milde Winter fördern den Befall mit dieser Pilzkrankheit. Schlecht ausgereiftes Holz, etwa aufgrund später Düngung mit hohem Stickstoffanteil, ist besonders anfällig.
Schadbild: Hell- oder dunkelbraune, rötlich umrandete, eingesunkene Flecken auf den Trieben; Rinde vertrocknet und reißt auf, Triebe sterben schließlich ab.
Abhilfe: Befallene Triebe bis ins gesunde Holz zurückschneiden;

Rindenfleckenkrankheit

Schnittstellen mit Wundverschlussmittel verschließen.

Rosenrost

Der Pilz überwintert mit schwärzlichen Sporen auf dem Falllaub, teils auch in befallenen Trieben. Im Frühjahr erfolgt die Neuinfektion, für die Ausbreitung – besonders bei feuchter Witterung – sorgen dann Sommersporen, die in den gelben Pusteln auf den Blattunterseiten gebildet werden. Durch den starken Blattverlust werden die Pflanzen bei häufigem Befall deutlich geschwächt.
Schadbild: Ab Mai zahlreiche gelbliche bis rötliche Flecken auf den Blattoberseiten; auf den Unterseiten anfangs rötliche bis gelbe, später rotbraune, im Herbst schließlich dunkle Pusteln; vorzeitiger Blattabfall.
Abhilfe: Vorbeugend Wahl gering anfälliger Sorten; Rosen regelmäßig schneiden bzw. auslichten; ausgewogene Düngung, kalibetont, keine übermäßigen Stickstoffgaben; Falllaub im Herbst sorgfältig entfernen, ebenso befallene Blätter im Sommer; im Frühjahr mehrmals Pflanzenstärkungsmittel oder Schachtelhalmbrühe spritzen; nicht abends gießen, Blätter möglichst wenig benetzen. Bei

Sternrußtau

häufigem Befall mit geeigneten Fungiziden behandeln, die teils auch gegen Mehltau und Sternrußtau wirken.

Sternrußtau

Auch dieser Pilz überwintert auf abgefallenen Blättern und infiziert von dort aus im Frühjahr die Rosen, besonders Strauchrosen, gefördert durch nasskaltes Wetter. Auf den befallenen Blättern werden im Sommer weitere Pilzsporen produziert, mit denen sich die Krankheit schnell ausbreitet. Alljährlicher Befall kann die Pflanzen stark beeinträchtigen.
Schadbild: Ab Mai, teils schon ab April, meist kleine, runde, braune bis schwarze Flecken mit strahligem Rand; Vergilben der Blätter und vorzeitiger Blattfall; selten auch dunkle Rindenflecken.
Abhilfe: Vorbeugend resistente Sorten wählen; sonst wie bei Rosenrost.

Rosenlauch

Mittelhoher → *Zierlauch* mit zartrosa Blüten

Rosenmüdigkeit

Bezeichnet die Erscheinung, dass neu gepflanzte Rosen schlecht auf Flächen wachsen, auf denen schon zuvor über Jahre hinweg Rosen gestanden haben. Die möglichen Ursachen dafür sind vielfältig, → *Boden-*

müdigkeit. Teils wird auch ein spezieller, noch nicht erkannter Erreger vermutet, der zur Rosenmüdigkeit führt. Eine Wartezeit von wenigen Jahren reicht in der Regel nicht aus. Wenn keine Möglichkeit besteht, die Anbaufläche zu wechseln, sollte ein tief reichender Bodenaustausch vorgenommen werden. Auch die Bodenentseuchung durch ein Fachunternehmen kann eine Verbesserung bringen.

Rosenprimel
Doldenprimel mit rosa oder roten Blüten
→ *Primel*

Rosenprüfung
Aufgrund der großen Beliebtheit der Rosen als Zierpflanzen und zur Beurteilung der gewaltigen Sortenfülle werden in vielen Ländern Rosenprüfungen durchgeführt. Dabei testet man die Züchtungen unter verschiedenen Wachstumsbedingungen, um robuste und zugleich attraktive Sorten zu ermitteln. Einen sehr guten Ruf genießt die strenge „Allgemeine Deutsche Rosenneuheitsprüfung"; ausgezeichnete Sorten erhalten das Gütesiegel → *ADR-Rose*.

Rosenschädlinge
→ *Blattläuse* (in Form der Großen Rosenblattlaus), → *Blattwanzen,* → *Dickmaulrüssler,* → *Gallwespen* (verursachen die auffälligen, behaarten „Rosenäpfel"), Raupen von → *Wicklern* und → *Nematoden* gehören neben den nachfolgend beschriebenen Erregern ebenfalls zu den Rosenschädlingen. Abgeknickte Blütenknospen sind Anzeichen, das der Erdbeer- oder Himbeerblütenstecher (→ *Erdbeerschädlinge*) am Werk war. Besonders an warmen Standorten, etwa vor einer südseitigen Hauswand, können auch → *Spinnmilben,* → *Schildläuse* und → *Thripse* schaden.

Bei den hier beschriebenen Schädlingen handelt es sich hauptsächlich um Wespen, deren wichtigste Gegenspieler Vögel und Schlupfwespen sind.

Rosenblattrollwespe
Die um 4 mm langen, schwarzen Wespen mit durchsichtigen Flügeln legen ihre Eier im Frühsommer an die Blattränder ab. Der Larvenfraß führt zum Einrollen der Blätter. Gegen Ende Juni verlassen die Larven ihre „Hülle" und bauen im Boden einen Kokon, in dem sie überwintern.
Schadbild: Ab Mai/Juni röhrenförmiges Einrollen der Blätter, darin häufig hellgrüne Larven mit dunklerem Kopf; Blätter werden gelb und fallen ab.
Abhilfe: Frühzeitig zusammengerollte Blätter abschneiden und vernichten; notfalls Insektizidspritzungen im Mai/Juni.

Rosenblattwespe
Die erwachsenen Tiere sind für den Laien kaum von den Rosenblattrollwespen zu unterscheiden. Sie fliegen ebenfalls ab Mai, nachdem sich die im Boden überwinternden Larven verpuppt haben. Aus den auf den Blättern abgelegten Eiern schlüpfen schneckenartige, bis 10 mm große, gelblich grüne Larven mit grünem Kopf.

Die Larven der schwarzen Rosenblattwespe (und anderer Arten) befressen die Blätter derart, dass entweder nur die Blattadern skelettartig oder aber die dünnen, farblosen Blattober- oder -unterhautgewebe („Fensterfraß") zurückbleiben. Die Rosenblattwespe selbst ist etwa 4,5 mm lang, glänzend schwarz und legt ihre Eier von Frühjahr bis Sommer auf der Unterseite der Blätter ab. Im Spätsommer wandern die Larven zur Verpuppung und Überwinterung in den Boden.

Schadbild: Im Sommer typischer Fensterfraß an den Blättern, so dass nur die Außenhaut der Blätter pergamentartig stehen bleibt.
Abhilfe: Larven absammeln und vernichten; bei starkem Befall notfalls geeignete Insektizide einsetzen.

Rosentriebbohrer
Hierbei handelt es sich ebenfalls um schwärzliche Blattwespen mit hellen Flügeln, die 5 – 10 mm groß sind. Man unterscheidet dabei zwei Arten: Der Abwärtssteigende Triebbohrer legt seine Eier an Triebspitzen ab, der Aufwärtssteigende Triebbohrer an Blattstiele, beide etwa Mitte April bis Mai. Die um 12 mm langen, gelblichen Larven mit braunem Kopf, auch als Röhrenwürmer oder Afterraupen bekannt, fressen sich dann je nach Art abwärts oder aufwärts durch die Triebe. Ab Ende Juni bohren sie sich nach draußen, um im Boden zu überwintern.
Schadbild: Welkende, verdorrende Triebe; bei Aufschneiden Larven sichtbar, die im Mark fressen.
Abhilfe: Rückschnitt befallener Triebe bis ins gesunde Holz; bei häufiger Schädigung notfalls chemische Bekämpfung.

Larve des Rosentriebbohrers

Rosenzikade

Rosenzikade
Die nur 3 mm großen grünlichen Zikaden legen ihre Eier im Herbst in Rindenritzen junger Rosentriebe ab. Ab Mitte Mai schlüpfen die ebenso kleinen Larven, die sich noch im Sommer zu erwachsenen Tieren entwickeln. Diese wechseln teils auf Obstbäume, -sträucher oder Erdbeeren über, um später zur Eiablage zurückzukehren. Oft folgt bis Oktober eine zweite Generation. Vor allem Rosen an warmen, trockenen Plätzen sind gefährdet.
Schadbild: Auf den Blättern zahlreiche winzige, weißliche bis gelbliche Einstiche; blattunterseits winzige grünlich gelbe Larven oder Zikaden, die bei Annäherung wegspringen bzw. auffliegen; bei starken Saugschäden Blattfall; teils auch Schäden an Knospen.
Abhilfe: Vorbeugend Nützlinge wie Raub- und Laufkäfer sowie Spinnen fördern. Bei Befall Rückschnitt junger Triebe im Herbst; notfalls Pyrethrumpräparat einsetzen.

Rosenscharte
Anderer Name für die → *Prachtscharte,* eine mittelhohe Staude mit weißen bis rotvioletten Blütenähren

Rosenschere
Gebräuchliche Bezeichnung für Gartenmehrzweckscheren, → *Gartenschere.* Spezielle Profischeren für den Rosenschnitt bieten besonderen Schnittkomfort, sind aber auch etwas teurer.

Rosenschule
Vermehrungs- und häufig auch Verkaufsbetrieb für Rosen. Rosenschulen verpflichten sich in der Regel zur Einhaltung besonderer Qualitätsnormen, wie sie von den Baumschulverbänden (→ *Baumschule*) festgelegt werden und bieten so Gewähr für gute Pflanzware.

Rosentriebbohrer
Wespe, deren Larve die Triebe von Rosen aushöhlt.
→ *Rosenschädlinge*

Rosenwirsing
Anderer Name für den mineralstoff- und vitaminreichen → *Rosenkohl*

Rosetten-Dickblatt
Ansprechende Blattschmuckpflanze mit fleischigen Blättern, die als → *Kübelpflanze* kultiviert wird.

Rosettenpflanze
Bei Rosettenpflanzen sitzen oder stehen die Blätter quirlartig angeordnet an sehr kurzen bzw. stark gestauchten Stängeln. So ergibt sich das Bild meist grundständiger Blattrosetten (auch → *Blattstellung*), über denen sich dann ein oft unbeblätterter oder wenig beblätterter Blütenstängel erhebt.
Diese Wuchsform findet sich nicht selten bei den → *Stauden,* z. B. bei Primeln, Katzenminze, Steinbrech und Wegerich. Hauswurzarten bieten mit ihren dicht gedrängten, symmetrischen Rosetten aus kleinen fleischigen Blättern einen besonders reizvollen Anblick. Recht häufig ist die Rosettenbildung bei → *zweijährigen Pflanzen* wie Königskerze und Gänseblümchen.

Rosettensteinbrech
Immergrüne Kleinstaude mit grau- bis silbergrünen Blattrosetten
→ *Steinbrech*

Rosettentrieb
Andere Bezeichnung für den Buketttrieb, eine beim Steinobst vorkommende Form des → *Fruchtholzes*

Rosmarin
ROSMARINUS OFFICINALIS
☼

Der Lippenblütler, der im Mittelmeerraum heimisch ist, gehört mit zu den ältesten Heil- und Gewürzpflanzen. Schon im 1. Jahrhundert n. Chr. soll er über die Alpen in die Gärten gekommen sein. Liebevoll wird er als Rosemarie tituliert, doch der Name Rosmarin bedeutet eigentlich so viel wie Meertau, da die Pflanze im Gischtbereich der Meeresküsten besonders gut gedeiht. Heilkundlich nutzt man den Rosmarin vor allem wegen seiner ausgleichenden, aber auch anregenden Wirkung. Ein Rosmarinbad z. B. macht aktiv, ein Tee lindert Völlegefühle, Rosmarinwein stärkt bei niedrigem Blutdruck. Ebenso geschätzt wird die vielseitige Würzkraft, die Zweige verwendet man sogar zum Räuchern oder als Spieße für Grillfleisch.
Rosmarin ist aber keine reine Nutzpflanze, mit seiner hübschen Erscheinung zieht er auch alle Blicke auf sich. Da er nicht besonders frosthart ist, kultiviert man ihn häufig als Kübelpflanze.
Merkmale: Immergrüner, buschiger Strauch, 30 – 150 cm hoch; kantige, stark verzweigte Triebe mit schmalen, nadelartigen, graugrünen Blättern; blassblaue bis violette, selten weiße Blüten in Quirlen an den Triebspitzen; ganze Pflanze stark aromatisch duftend.
Blütezeit: Mai – Juni
Verwendung: Im Gemüsegarten, im Kräuterbeet, in Beeten und Rabatten,

Rosmarin (Rosmarinus officinalis)

als Kübelpflanze; besonders attraktiv zu Rosen.
Standort: Warm und geschützt; durchlässiger, trockener, auch sandiger oder steiniger, karger Boden.
Pflanzen/Vermehren: Pflanzung im Frühjahr; Vermehrung durch Kopfstecklinge im August, auch Aussaat ist möglich, aber sehr langwierig.
Pflege: Bei anhaltender Trockenheit leicht wässern; nicht düngen; im Frühjahr alle Triebe um etwa ein Drittel einkürzen und den Strauch dabei in Form bringen; Winterschutz geben, in rauen Lagen am besten eintopfen und hell und kühl bei etwa 5° C im Haus überwintern.

Rosmarinheide
ANDROMEDA POLIFOLIA

Das Erikagewächs ist auf der gesamten Nordhalbkugel in Mooren heimisch. In Mitteleuropa sieht man das auch Gränke oder Lavendelheide genannte Zwerggehölz nur selten, sehr häufig jedoch in Skandinavien. In gut sortierten sowie in spezialisierten Gärtnereien erhält man eine ganze Reihe anmutiger Sorten, die in verschiedenen Rosaschattierungen blühen. Die Rosmarinheide enthält in Blättern und Blüten starke Giftstoffe.
Merkmale: Immergrüner Zwergstrauch mit niederliegendem bis aufrechtem Wuchs, 10 – 30 cm hoch; dünne, rötliche Triebe; schmale, nadelartige Blättchen, oberseits dunkelgrün, unterseits hell blaugrün; weißrosa bis rosafarbene, kugelige Glöckchenblüten in lockeren Dolden an den Triebspitzen.
Blütezeit: Mai – August
Verwendung: In Sumpf-, Heide- und Moorbeeten, an Gewässerrändern; schön als Ergänzung zu anderen Heidearten.
Standort: Feuchter bis nasser, sehr humoser bis mooriger, nährstoffarmer Boden.
Pflanzen/Vermehren: Pflanzung bevorzugt im Frühjahr; Vermehrung durch Stecklinge.
Pflege: Am richtigen Standort anspruchslos; alle 2 bis 3 Jahre etwas zurückschneiden.

Rosmarinseidelbast
Immergrüner Zwergstrauch mit rosa Blüten im April und Mai, wird auch Heideröschen genannt.
→ *Seidelbast*

Rosmarinus
Botanischer Gattungsname des
→ *Rosmarins*

Rosmarinheide (Andromeda polifolia)

Rosskastanie
AESCULUS

Die Gattung umfasst zahlreiche Arten und ist namensgebend für die Familie der Rosskastaniengewächse. Wegen ihrer prachtvollen Blütenkerzen, ihres charakteristischen Laubs und der igelartigen Früchte mit den dicken, braunen Samenkernen zählen Rosskastanien zu den bekanntesten und beliebtesten Parkbäumen, insbesondere die Gewöhnliche Rosskastanie aus Südosteuropa und Vorderasien. Daneben findet man häufig auch die rot blühende und nur selten fruchtende Rote Rosskastanie (*A. x carnea*), auch Purpur- oder Blutkastanie genannt. Bis auf ihre rosaroten Blütenkerzen und ihre deutlich bescheidenere Wuchsgröße (10 – 15 m hoch, 8 – 12 m breit) sieht sie der Gewöhnlichen Rosskastanie täuschend ähnlich. 'Briotii' prunkt mit besonders intensiv rosaroten Blüten. Ein Vorteil dieser Art (mit ihrer Sorte) ist, dass sie kaum von der Kastanienminiermotte (→ *Miniermotte*) befallen wird. Die amerikanische Strauchkastanie bildet keinen Stamm aus und ist für Gärten normaler Größe am ehesten geeignet.

Die Früchte der Rosskastanien enthalten Giftstoffe.

Gewöhnliche Rosskastanie
AESCULUS HIPPOCASTANUM

Merkmale: Großbaum mit breit pyramidaler Krone, 16 – 20 m hoch und 15 – 18 m breit, Sorten bleiben kleiner; fünf- bis siebenzählig gefingerte Blätter, Herbstfärbung gelb bis braun; weiße, rot und gelb gefleckte Blüten in aufrechten Rispen; große, grüne, igelartige Früchte mit glänzend braunen Samen.
Blütezeit: April – Mai
Verwendung: Die reine Art nur in weitläufigen Gärten und Parks, Sorten in Einzelstellung oder in großen

Rosspappel

Rote Rosskastanie (Aesculus x carnea)

Strauchkastanie im Topf (Aesculus parviflora)

Gehölzgruppen; sehr guter Schattenspender.
Standort: Auch absonniger Stand möglich; durchlässiger, tiefgründiger Boden; rauchhart, für Stadtklima geeignet; verträgt kein Streusalz.
Pflanzen/Vermehren: Pflanzung bevorzugt im Herbst; Vermehrung durch Aussaat, Sorten werden veredelt.
Pflege: Anspruchslos; am besten ungeschnitten lassen.
Hinweis: Die Sorte 'Baumannii' trägt gefüllte Blüten. 'Pyramidalis' ist eine Sorte, die mit 8 m Höhe und 4 – 6 m Breite vergleichsweise zierlich bleibt und eine formschöne, pyramidale Krone bildet.

Strauchkastanie
AESCULUS PARVIFLORA

Merkmale: Breit ausladender Strauch mit bogig aufstrebenden Trieben, 3 – 4 m hoch und 4 – 5 m breit; hellgrüne, gefingerte Blätter, im Austrieb bronzefarben, im Herbst gelb; gelblich weiße, schlanke Blütenkerzen; runde, unbestachelte Früchte, werden jedoch nur selten gebildet; stark Ausläufer treibend.
Blütezeit: Juli – August

Verwendung: In Einzelstellung, im Vordergrund größerer Gehölzgruppen.
Standort: Durchlässiger, frischer, humoser Boden; rauchhart, für Stadtklima geeignet; verträgt kein Streusalz.
Pflanzen/Vermehren: Pflanzung bevorzugt im Herbst; Vermehrung durch Aussaat.
Pflege: Anspruchslos; verträgt auch kräftigen Rückschnitt; ungezügelte Ausbreitung durch Abstechen der Ausläufer verhindern.

Rosspappel
Anderer Name für die Wilde → *Malve*

Rostpilze
Sommer- und Zwiebelblumen, Stauden, Gemüse, Obstgehölze, Nadelbäume – in jeder Pflanzengruppe gibt es etliche Arten, die von Rostpilzen befallen werden können. Ihren Namen haben sie von den oft rötlichen feinen Pusteln, die dicht an dicht an den Blattober- oder -unterflächen infizierter Pflanzen erscheinen. Neben solchen rostroten Belägen kommen jedoch auch andersfarbige Pusteln vor. Bei diesen handelt es sich um die Sporenlager der Pilze, die oft in verschiedenen Formen mit unterschiedlicher Färbung ausgebildet werden, grob unterteilbar in Frühjahrs-, Sommer- und Wintersporen. Mithilfe der massenweise gebildeten Sporen können sich die Schaderreger schnell ausbreiten. Die im Innern der Blätter lebenden Pilze entnehmen den Pflanzenzellen Nährstoffe, durch das Herausbrechen der Sporen wird der Verdunstungsschutz der Blätter zerstört, schließlich vermindern die Beläge die Assimilationsfläche der Pflanzen.

Trotz sehr ähnlicher Schadbilder sind Rostpilze meist gattungs- bzw. artspezifisch, d. h., es gibt z. B. Rosen- oder Bohnenrost, der jeweils nur verwandte Arten befällt. Einige Rostpilze brauchen für ihre Entwicklung verschiedene Wirtspflanzen. So wechselt der Birnengitterrost zum Überwintern auf Wacholderarten über, der Getreiderost nutzt Berberitzen als Neben- bzw. Zwischenwirt.

Bedeutende Rostkrankheiten sind ergänzend zu dieser zusammenfassenden Vorstellung jeweils bei den einzelnen Pflanzen beschrieben.
Schadbild: Anfangs gelbe, rote oder bräunliche Flecken auf den Blattoberseiten, dann Bildung rötlicher, orangeroter, gelblicher, weißlicher oder schwarzer Pusteln; Pusteln stäuben bei Trockenheit; Vertrocknen und vorzeitiger Abwurf der Blätter.
Abhilfe: Vorbeugend gering anfällige Sorten wählen, bei wirtswechselnden

Rostbefall an Stockrose

Rostarten keine Zwischenwirte pflanzen (z. B. bei Johannisbeeranbau keine fünfnadeligen Kiefernarten, → Johannisbeerkrankheiten, → Kiefernkrankheiten), genügend weite Pflanzabstände, ausgewogene Düngung, nur morgens gießen, Blätter möglichst wenig benetzen, Pflanzenstärkungsmittel oder Gesteinsmehl über die Blätter ausbringen, befallene Teile entfernen, auch abgefallene Blätter beseitigen; je nach Pflanzenart stehen teils Fungizide zur Verfügung.

Rotbuche
Bei uns heimische Art der → *Buche*

Rotdorn
Sorte des → *Weißdorns* mit zahlreichen karminroten, gefüllten Blüten

Rote Bete
BETA VULGARIS

Die Urahnen dieses Gänsefußgewächses stammen aus dem Mittelmeerraum. Es gehört zur selben Art wie Mangold, Zucker- und Runkelrübe und bildet Wurzelknollen mit kräftig purpurrot gefärbtem Fleisch und hohem Mineralstoffgehalt. Die Bezeichnung „Bete" leitet sich vom Gattungsnamen *Beta* ab, hat also mit Beeten nichts zu tun, obwohl man häufig auch die Schreibweise „Rote Beete" findet. Weitere Namen sind Rote Rübe, Salatrübe, Rahne oder Rande. Unter den Sorten finden sich Formen, die runde, plattrunde oder länglich zylindrische Knollen ausbilden, außerdem die so genannten Baby-Beets, besonders frühzeitig reifende, sehr zarte und mild schmeckende Sorten. Eher selten zieht man Weiße Bete, Sorten mit weißem Fleisch, die auch nicht färben.

Die Rote Bete wird als Haupt- oder Nachkultur angebaut. Für Mischkultur kommen u.a. Pflücksalat, Bohnen, Zwiebeln oder Kohlrabi infrage, ungeeignet sind Porree und Spinat.

Merkmale: Einjährig gezogenes Knollengemüse mit buschigem Blattschopf, 20 – 30 cm hoch; ovale, rot geäderte Blätter mit roten Stielen; runde bis walzenförmige Knollen mit dunkelrotem Fleisch.
Standort: Lockerer, frischer, humoser, mittelschwerer Boden.
Kultur: Direktsaat ab Mitte April bis Mai aufs Beet, 2 – 3 cm tief in Reihen mit 25 – 30 cm Abstand, die Samen sorgfältig andrücken; Sämlinge auf 5 – 8 cm vereinzeln; für Lagergemüse Aussaat Mitte Juni.
Pflege: Regelmäßig hacken; für gleichmäßige Feuchtigkeit sorgen.
Ernte: Etwa 9 bis 15 Wochen nach Aussaat laufend Rüben aus dem Boden ziehen, Baby-Beets ab 5 cm Knollendurchmesser; Blätter nicht vollends entfernen, Herzblätter sollen stehen bleiben, sonst bluten die Knollen aus; sofort verarbeiten oder kühl und feucht lagern.
Hinweis: Beim normalen Saatgut der Roten Bete handelt es sich um Samenknäuel aus 4 bis 5 Einzelsamen, die dicht an dicht aufgehen. Für eine gute Knollenentwicklung müssen die Sämlinge deshalb unbedingt verzogen werden. Es wird aber auch Monogerm- oder Einzelkornsaatgut angeboten, hier kann gleich im richtigen Abstand gesät werden, ein Ausdünnen entfällt.

Rote Liste
Rote Listen sind Verzeichnisse ausgestorbener, verschollener und gefährdeter Tier- und Pflanzenarten, Pflanzengesellschaften sowie Biotoptypen. Solche Listen, die von Fachwissenschaftlern erstellt werden, existieren in vielen Ländern, so auch in Deutschland, Österreich und der Schweiz. Eine weltweite Rote Liste wird von der Internationalen Union zum Schutz der Natur und der natürlichen Ressourcen (IUCN) geführt, auch auf Europaebene erarbeitet man entsprechende Verzeichnisse. Neben diesen übergreifenden Roten Listen gibt es jeweils Listen der Bundesländer bzw. Kantone, die die regionalen Gegebenheiten stärker berücksichtigen können. Die Pflanzen und Tiere werden in solchen Listen nach Gefährdungskategorien erfasst, in Deutschland z. B. lauten diese: ausgestorben oder verschollen, vom Aussterben bedroht, stark gefährdet, gefährdet, Gefährdung anzunehmen. Etwa 40 % aller Tiere und Pflanzen stehen in Deutschland auf der Roten Liste, in die Kategorien „vom Aussterben bedroht" und „stark gefährdet" fallen etwa 14 % der heimischen Flora. Rote Listen stellen die Grundlage für den → *Artenschutz* dar.

Rote Rübe
Anderer Name für die → Rote Bete

Rote Spinne
Verbreitete Bezeichnung für die → *Spinnmilben*, die Bezug auf die Rotfärbung überwinternder Tiere nimmt; eine bedeutende Gruppe von Schädlingen, besonders an warmen Standorten wie in Gewächshäusern.

Rote Bete, Sorte 'Palla Rossa'

Durch die Rotte entsteht aus Pflanzenresten wertvoller Kompost.

Rote Wurzelfäule
Schadpilz, der Erdbeerpflanzen zum Absterben bringen kann.
→ *Erdbeerkrankheiten*

Röteln
Abfallen von halbreifen Kirschen im Stadium beginnender Rotfärbung; ein Problem, das besonders bei manchen Sorten der → *Süßkirsche* auftritt. Ursachen sind hauptsächlich mangelhafte Befruchtung (nasskaltes Frühjahrswetter) oder unausgewogene Nährstoffversorgung.

Rotfichte
Bezeichnung der Gewöhnlichen → *Fichte,* von der im Garten vor allem kleine und Zwergformen Verwendung finden.

Rotkohl
→ *Kopfkohl*

Rotkraut
Andere geläufige Bezeichnung für den Rotkohl
→ *Kopfkohl*

Rotschwingel
→ *Schwingel,* der zu den wichtigsten → *Rasengräsern* zählt.

Rottanne
Etwas verwirrende Bezeichnung für die Rotfichte
→ *Fichte*

Rotte
Auch Verrottung oder Verwesung genannt; Zersetzung organischer Abfälle unter genügend hoher Sauerstoffzufuhr, bei der Mikroorganismen und Kleintiere das Ausgangsmaterial in → *Humus* umwandeln. Besonders rasch und konzentriert, unter zeitweilig hoher Wärmeentwicklung, läuft der Rottevorgang im → *Kompost* ab, wobei man Abbau-, Umbau- und Reifephase unterscheidet.

Rotzeder
Anderer Name für den Virginischen → *Wacholder,* eine formenreiche Ziergehölzart

Rübe
Verdickte Hauptwurzel, die den Pflanzen als → *Speicherorgan* dient, etwa bei Möhre, Rettich und Schwarzwurzel. An der Rübenbildung ist stets auch das → *Hypokotyl* (ursprüngliches Keimstängelchen) beteiligt. Dieser obere Rübenanteil trägt keine Seitenwurzeln und neigt bei mangelnder Erdabdeckung oft zum Vergrünen. Neben → *Reservestoffen* wie Kohlenhydrate und → *Mineralstoffe* sind in Rüben häufig auch → *ätherische Öle* und ähnliche Substanzen eingelagert. Sie tragen dazu bei, dass als Gemüse genutzte Rüben spezielle Geschmacksqualitäten entfalten.

Rübe, Gelbe
Anderer Name für die → *Möhre*

Rübe, Rote
Anderer Name für die → *Rote Bete*

Rübstiel
Nutzungsform der → *Speiserübe* als Blatt- bzw. Blattstielgemüse

Rubus
Botanischer Gattungsname von
→ *Brombeere* und → *Himbeere*

Rückenspritze
Umhängbares Spritzgerät mit bis zu 20 l Inhalt zum Ausbringen von → *Pflanzenschutzmitteln,* → *Pflanzenstärkungsmitteln* oder selbst hergestellten, zuvor abgesiebten → *Kräuterauszügen.* Der nötige Druck zum Spritzen wird mechanisch über einen Pumphebel oder durch einen Motor aufgebaut. Beim Kauf sollte man auf amtlich geprüfte Geräte achten (etwa mit GS-Sicherheitssiegel).

Rückschnitt
Einkürzen von Trieben bzw. von Stängeln, Stielen, Zweigen oder Ästen, vom leichten Zurücknehmen um wenige Zentimeter bis hin zum bodennahen Entfernen der Stängel, wie bei vielen Stauden oder Gräsern praktiziert.

Ein Rückschnitt kann zum Eindämmen des Triebwachstums erfolgen. Dies stellt jedoch beispielsweise bei zu groß gewordenen Gehölzen auf Dauer nur eine Notlösung dar, erfordert oft regelmäßiges Nachschneiden oder führt teils gar nicht zum gewünschten Erfolg. Denn grundsätzlich fördert ein Zurückschneiden meist den Neuaustrieb, je weiter eingekürzt wird, desto stärker. Tatsächlich wird ein Rückschnitt am häufigsten eingesetzt, um gerade die Triebneubildung anzuregen. Dies kann je nach Pflanze und Ausführung auf verstärkte Blüten- und Fruchttriebbildung abzielen, auf bessere Verzweigung oder einen Neuaufbau des gesamten Sprossgerüsts. Das Zurückschneiden nach der ersten Blüte begünstigt bei manchen Sommerblumen, Stauden und Gehölzen eine zweite Blühphase, den so genannten Nachflor. Sofern nicht insgesamt ein dichterer Wuchs angestrebt wird, schneidet man vorzugsweise auf nach außen weisende Knospen oder Seitentriebe zurück, um z. B. das Innere von Baumkronen oder Sträuchern licht zu halten.

Auch → *Gehölzschnitt,* → *Obstgehölzschnitt,* → *Kübelpflanzen,* → *Stauden*

Rucola
Aufgrund ihrer Verwendung in der geschätzten italienischen Küche ein heute geläufiger Name für die → *Salatrauke* mit ihrem nussartigen bis scharfen Geschmack

Rudbeckia
Botanischer Name des → *Sonnenhuts,* eine Gattung, die hauptsächlich mit prächtig gelb blühenden Stauden in den Gärten vertreten ist.

Rudbeckie
Eingedeutschter botanischer Name des → *Sonnenhuts*

Ruhendes Auge
Wachstumsfähige → *Knospe,* die jedoch nur austreibt, wenn die Hauptknospe bzw. der Trieb geschädigt wird.

→ *Auge, schlafendes*

Rumex
Botanischer Gattungsname des → *Sauerampfers*

Rundknospenkrankheit
Angeschwollene Knospen bei Johannisbeeren, verursacht durch die Johannisbeergallmilbe.

→ *Johannisbeerschädlinge*

Ruprechtskraut
GERANIUM ROBERTIANUM
Die auch Stinkstorchschnabel genannte Art steht im Gegensatz zu

Ruprechtskraut (Geranium robertianum)

ihren nächsten Verwandten, den dekorativen Vertretern der Gattung → *Storchschnabel* (*Geranium*), nicht besonders hoch in der Gärtnergunst. Die einjährige Pflanze ist häufig als Unkraut anzutreffen, zudem verströmt sie einen unangenehmen Geruch. Unsere Altvorderen wussten sie jedoch als Heilpflanze gegen Blutungen, Entzündungen sowie bei Wasser- und Gelbsucht zu schätzen. Ihre drahtigen Stängel, dicht mit roten Drüsenhaaren besetzt, tragen fein gefiedertes Laub und karminrosa gefärbte Blütchen, aus denen sich schnabelförmige Springfrüchte entwickeln. Aus ihnen werden die Samen explosionsartig fortgeschleudert, weshalb die Pflanze denn auch bald an allen möglichen Stellen auftaucht, wenn man sie erst einmal im Garten hat. Als typisches Samenunkraut bekämpft man sie, indem man sie noch vor der Fruchtreife konsequent jätet.

Rüsselkäfer
Artenreiche Familie der → *Käfer*. Bei diesen 1 – 20 mm großen, oft braun bis schwarz gefärbten Käfern ist das Kopfende zu einem langen Rüssel ausgezogen. Käfer und Larven der meisten Arten ernähren sich von Pflanzen, so dass sich hierunter eine ganze Reihe von Schädlingen findet, z. B. → *Dickmaulrüssler,* Erdbeerblüten- und -stängelstecher (→ *Erdbeerschädlinge*), Haselnussbohrer (→ *Haselnussschädlinge*) oder → *Kohlgallenrüssler* (→ *Kohlschädlinge*). Zu ihren natürlichen Feinden gehören u. a. Igel, Spitzmaus, Schlupfwespen, Vögel, räuberische Nematoden sowie einige parasitäre Pilze.

Rußtau
Von Pilzen gebildeter schwärzlicher Belag auf Blättern; die Rußtau- oder Schwärzepilze siedeln sich auf dem → *Honigtau* z. B. von → *Blattläusen* und → *Schildläusen* an. Sie schädigen die Pflanzen nicht direkt, beeinträchtigen jedoch die → *Photosynthese* der Blätter stark.

Auf dem Honigtau von Läusen machen sich oft Rußtaupilze breit.

Ruta
Dekorativer Halbstrauch mit blaugrünen Blättern, die als Würze verwendet werden können.

→ *Weinraute*

Rute
Bezeichnung für lange, dünne, biegsame, meist wenig verzweigte Triebe von Gehölzen; so z. B. die zur Korbflechterei genutzten Triebe der Weide. Auch die Schösslinge der Brombeeren und Himbeeren kennt man als Ruten.

Rutenkrankheit
Durch Schadpilze verursachtes Triebsterben bei Himbeeren

→ *Himbeerkrankheiten*

S

Saat

Kurzform für → *Aussaat;* diese kann als Direktsaat aufs Beet bzw. an der vorgesehenen Stelle erfolgen oder als geschützte → *Anzucht* in Gefäßen mit späterem Verpflanzen.

Als Saat oder Einsaat wird außerdem die Gesamtheit ausgestreuter Samen auf einer bestimmten Fläche bzw. für einen bestimmten Zweck bezeichnet; etwa in Begriffen wie keimende Möhrensaat, Gründüngungs- oder Zwischensaat.

Saatbeet

Für die Aussaat hergerichtete Fläche im Freien, Frühbeet oder Gewächshaus. Wichtig sind gründliche Bodenlockerung, Entfernen von Unkräutern sowie Herstellen einer gleichmäßigen, ebenen Oberfläche. Ein frisch tiefgründig gelockertes Saatbeet sollte man vor dem Säen noch 1 bis 2 Wochen setzen lassen.

Auch → PRAXIS-SEITE Aussaat im Freien – Direktsaat ins Beet (S. 70/71)

Saatgut

Reife Samen, die zur gezielten → *Aussaat* verwendet werden und entsprechend aufbereitet sind. Sie können eigener → *Samenernte* entstammen, in der Regel verwendet man jedoch käufliches, fertig abgepacktes Saatgut in Portionstüten. Um bei der großen Zahl an Anbietern und Produkten Enttäuschungen zu vermeiden, empfiehlt es sich, beim Einkauf einige Punkte zu beachten. Qualitätssaatgut von renommierten Zuchtbetrieben ist zwar teurer, dafür halten preiswerte Sonderangebote manchmal nicht, was der Aufdruck verspricht. Wichtige **Kaufkriterien** sind:

■ einwandfreie, unbeschädigte Verpackung, vorteilhaft als Keimschutzpackung mit Innenhülle (z. B. aus aluminiumbeschichtetem Papier)

■ Aufdruck eines Haltbarkeitsdatums, also einer Keimgewähr, oder zumindest des Abfülldatums (teils mit Großbuchstaben kodiert, auf Erläuterungen am Kaufort achten)

■ Präzise Bezeichnung der → *Art* und am besten auch der → *Sorte,* sowie Hinweise zu Ansprüchen und kurze Kulturanleitung; Sorten, die als resistent oder tolerant (→ *Resistenz*) gegen bestimmte Erreger ausgewiesen sind, sollte man den Vorzug geben.

Verkaufsständer mit Samentüten, die in der prallen Sonne oder an einem feuchten Ort platziert sind, sollten misstrauisch machen: Dies kann trotz guter Verpackung die → *Keimfähigkeit* beeinträchtigen. Auch zu Hause bewahrt man Saatgut möglichst kühl (zwischen 0 und 5° C), trocken und dunkel auf, angebrochene Packungen am besten in Schraub- oder Einmachgläsern. Wie lange Samen ihre Keimfähigkeit behalten, ist je nach Art unterschiedlich; bei älterem Saatgut oder angebrochenen Tüten führt man im Zweifelsfall eine → *Keimprobe* durch.

Es gibt eine ganze Reihe verschiedener **Qualitäten:**

■ Normalsaatgut ist frei von Verunreinigungen, ansonsten nicht weiter

Das Angebot an Saatgutqualitäten und -formen ist sehr vielfältig.

aufbereitet und entspricht gewissen Mindestqualitätsnormen.

■ Standardsaatgut, üblich bei Gemüsesamen, muss sortenrein sein und wird auf bestimmte Anforderungen hin kontrolliert.

■ Zertifiziertes Saatgut (Z-Saatgut) entstammt behördlich geprüfter Saatguterzeugung und muss hohe Qualitätskriterien erfüllen.

■ Bei → F_1-*Hybriden* handelt es sich, unabhängig von der Saatgutaufbereitung, um besonders hochwertige Züchtungen.

■ Echtes Bio-Saatgut wird ohne jeden Chemieeinsatz erzeugt, stammt aus kontrolliert ökologischem Anbau und ist entsprechend gekennzeichnet.

Darüber hinaus unterscheidet man verschiedene **Saatgutformen:**

■ Kalibriertes oder Präzisionssaatgut wird abgesiebt und weist so eine einheitliche Größe auf. Es keimt dadurch sehr gleichmäßig und ist außerdem ideal für Sämaschinen geeignet.

■ Pilliertes bzw. Pillensaatgut wird durch ein Hüllmaterial auf einheitliche Größe gebracht und ist kugelig geformt. Dies erleichtert gleichmäßiges Ausbringen mit Sämaschinen, aber auch mit der Hand, wenn die eigentlichen Körner sehr klein oder unregelmäßig sind.

■ Granuliertes Saatgut: Mehrere, sehr feine Samen (Gemüse, Zierpflanzen, Rasensaatgut) werden in längliches Granulat eingegossen, was eine gleichmäßige Aussaat ermöglicht.

■ Inkrustiertes Saatgut ist mit einer dünnen Umhüllung versehen, die Nährstoffe und/oder Pflanzenschutzmittel enthält.

Schließlich bietet der Handel auch einige Lösungen an, Samen einfach im richtigen Endabstand auszubringen und so das spätere arbeitsintensive → *Ausdünnen* überflüssig zu machen. Dazu zählen Saatbänder aus zwei Spezialpapierstreifen, zwischen denen die Samenkörner eingeschlossen sind, sowie die Quicksticks oder Saatstecker mit je einem Samen, → PRAXIS-SEITE Aussaat im Freien – Direktsaat ins Beet (S. 70/71). Nach dem Prinzip der Saatbänder gibt es auch ganze Saatteppiche für flächige Aussaat sowie rechteckige oder runde Saatplatten für Anzuchtschalen und -töpfe, die das → *Pikieren* ersparen.

Verschiedene Saatgutformen: 1) gewöhnliches Saatgut, 2) pillierte Samen, 3) Saatband

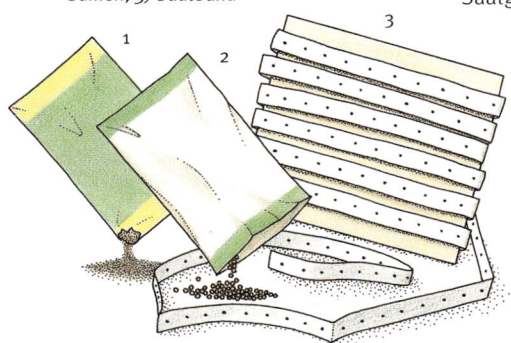

Saatgutbeizung

Samen werden häufig bereits im Erzeugungsbetrieb gebeizt, d. h., ihre Oberfläche trägt einen Film aus Pflanzenschutzmitteln. Diese schützen die auflaufenden Sämlinge vor Pilzerregern in Boden oder Anzuchterde, z. B. vor der → *Umfallkrankheit*. Teils sind in den Beizen auch Insektizide enthalten, etwa gegen → *Drahtwürmer* oder → *Gemüsefliegen*.

Nicht gebeiztes Saatgut (z. B. selbst gesammelte Samenkörner) kann man bei Bedarf mit einem handelsüblichen, meist pulverförmigen Mittel (Trockenbeize) auch einfach selbst mit solch einem Schutz versehen. Die Verfügbarkeit chemischer Beizmittel wird jedoch für Hobbygärtner zunehmend eingeschränkt. Der Fachhandel bietet deshalb teils auch so genannte „Naturbeizen" an, etwa auf Kräuterextraktbasis, sowie Saatgut, das entsprechend chemiefrei behandelt ist.

Manche Gärtner stehen den chemisch gebeizten Samen, gerade bei Gemüse, ohnehin skeptisch gegenüber; diese passen außerdem nicht zu einem konsequenten → *Bio-Anbau*. So findet man auch immer häufiger ungebeiztes Saatgut im Handel. Gute Qualität ist hier recht teuer, da verstärkter Kontroll- und Aufbereitungsaufwand beim Erzeuger nötig ist.

Um hochwertiges ungebeiztes Saatgut handelt es sich auch bei ausgewiesenem, geprüftem Bio-Saatgut (→ *Saatgut*).

Saatstärke

Bei breitwürfiger → *Aussaat*, z. B. von Rasensaatgut, die Zahl bzw. Gewichtseinheit der Samen pro Fläche, die zumeist in g/m² angegeben wird. Ein anderer Ausdruck dafür ist Saat- bzw. Aussaatdichte.

Säckelblume (Ceanothus-Hybride)

Säckelblume

CEANOTHUS × DELILIANUS
☼

Ceanothus-Arten stammen aus den USA und gehören zu den Faulbaum- oder Kreuzdorngewächsen. Gezogen werden hauptsächlich Hybridformen, von der hier beschriebenen die Sorte 'Gloire de Versailles'. Ihr sehr ähnlich ist *C*. × *pallidus* 'Marie Simon', die rosarot blüht.

Merkmale: Buschiger Kleinstrauch, 1–1,5 m hoch und ebenso breit; elliptische, zugespitzte, dunkelgrüne, unterseits filzig behaarte Blätter; dunkelblaue bis violette Blütchen in reichblütigen, fliederähnlichen Rispen.

Blütezeit: Juli – Oktober

Verwendung: In Beeten und Rabatten; schöner Begleiter zu Rosen; als Herbstschmuck in Kübeln.

Standort: Warm und geschützt, verträgt auch absonnigen Stand; lockerer, durchlässiger, frischer, humoser, möglichst kalkhaltiger Boden.

Pflanzen/Vermehren: Pflanzung bevorzugt im Frühjahr; Vermehrung durch Stecklinge.

Pflege: Verblühtes entfernen; im Frühjahr zurückschneiden; für guten Winterschutz sorgen bzw. in rauen Gebieten besser kühl im Haus überwintern.

Sadebaum

Eine recht giftige Art des → *Wacholders*, mit je nach Sorte flach ausgebreitetem oder säulenförmigem Wuchs

Safrankrokus

Im Herbst blühender → *Krokus* mit schieferblauen Blüten

Saftwaage

Begriff aus dem → *Obstbaumschnitt*: Die seitlich abgehenden Leittriebe sollten in auf dieselbe Höhe geschnitten werden. So werden sie gleichmäßig mit „Saft", d. h. mit in Zellsaft bzw. Wasser gelösten → *Assimilaten* und → *Nährstoffen* versorgt. Hält man diese Saftwaage nicht ein, treiben die höher liegenden Knospen stärker aus als die tieferen – der Baum entwickelt eine asymmetrische Krone.

Säge

Sägen sind wichtige → *Schnittwerkzeuge*, um Zweige und Äste zu kürzen, bei denen → *Gartenscheren* keinen sauberen Schnitt mehr ermöglichen. Grundsätzlich unterscheidet man Bügel- und Baumsägen mit spannbarem Sägeblatt sowie ungespannte Ast- oder Schwertsägen ohne Bügel.

Spannbare Sägen erlauben präzisen Schnitt mit relativ dünnen Sägeblättern. Die handlichen Baumsägen eignen sich für die meisten Arbeiten im Garten; ein verstellbares Sägeblatt ermöglicht es, in spitzen Astwinkeln zu schneiden, über Spannhebel oder Stellschraube erfolgt das Nachstellen. Starke Äste schafft man damit jedoch nicht, hierzu bedarf es großer Bügelsägen. Nach der Arbeit sollten die Sägen stets wieder entspannt werden.

Für Zweige und kleinere Äste reicht auch eine Astsäge mit fuchsschwanzartigem, schmalem oder leicht gebogenem Sägeblatt. Da hier kein Bügel stört, lassen sie sich selbst in stark verzweigten Kronen oder Sträuchern optimal ansetzen. So genannte Klappsägen haben einklappbare Sägeblätter. Für manche Astsägen gibt es Verlängerungs- bzw. Teleskopstiele, mit deren Hilfe man hoch ansetzende Äste ohne Leiter erreichen kann.

Man sollte möglichst nur ausgewiesene Baum-, Ast- bzw. Gartensägen verwenden, da die Zähnung der Blätter speziell für diesen Zweck beschaffen ist. Bei allen Modellen sollten die Sägeblätter einfach auszutauschen sein. Zudem ist ein gut in der Hand liegender, rutschfester Griff wichtig, der auch bei größeren Aktionen keine Blasen verursacht.

Bequemer geht das Schneiden mit motorisierten, leistungsstarken Astsägen, die mit Teleskopstiel erhältlich sind. Hier entscheidet der jährliche Anfall an Schnittarbeiten, ob sich eine solche Anschaffung lohnt. Elektrisch oder benzinbetriebene Kettensägen schließlich können bei sehr kräftigen Ästen oder ganzen Stämmen zum Einsatz kommen. Nach Kettensägeneinsatz an Ästen sollte ein besonders sorgfältiges Nachschneiden und Glätten der Schnittstellen (→ *Wundpflege*) erfolgen. Motorbetriebene Sägen stellen stets Gefahrenquellen dar. Man sollte deshalb auf sicherheitsgeprüfte Geräte mit automatischem Schnellstopp bzw. mit Rückschlagbremse achten und beim Umgang damit entsprechende Vorkehrungen treffen.

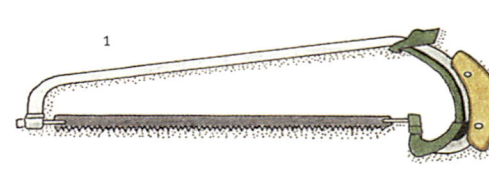

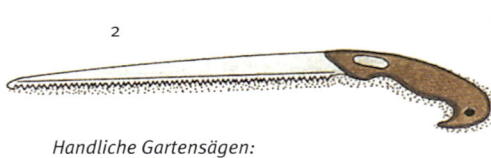

*Handliche Gartensägen:
1) Baumsäge mit Spannbügel, 2) Astsäge*

Seltener Gartengast: Feuersalamander mit Jungen

Sagittaria

Botanischer Gattungsname des → *Pfeilkrautes*

Salamander

Salamander sind Land bewohnende Schwanzlurche und zählen wie alle heimischen → *Amphibien* zu den streng geschützten Tierarten. Nördlich der Alpen kommt ausschließlich der schwarze, gelb gefleckte Feuersalamander vor, bei dem es unzählige Spielarten bezüglich der Fleckenmuster gibt. In Gärten stellen sich die Tiere zuweilen in der Umgebung eines Teichs ein, in den die Weibchen im Frühjahr ihre Larven absetzen. Als Unterschlupfmöglichkeiten schätzen die Feuersalamander Steinhaufen oder große Baumwurzeln.

Salat

LACTUCA SATIVA

Die vielen zu *L. sativa* gehörenden Varietäten und Formen werden als so genannte Lattichsalate von den Zichoriensalaten (Gattung *Cichorium*) abgegrenzt; zu letzteren gehören u. a.

→ *Endivie* und → *Chicorée*. Bei allen handelt es sich um Korbblütengewächse.

Gartensalat, Grüner Salat oder Gartenlattich wird bereits seit etwa 2500 Jahren gezogen. Die Herkunft ist unbekannt, man vermutet den Ursprung der vielen heutigen Formen in Nordostafrika oder Westasien. Typisch für die eigentlich zweijährig wachsende Art sind die mehr oder weniger dicht gedrängt stehenden Blattrosetten an extrem gestauchten Sprossen, die sich im 1. Jahr aus den Samen bilden. Im Folgejahr würde sich der Spross strecken, als dicht beblätterter Trieb empor schieben und viele kleine, vierzählige, gelbe Blüten entfalten. Bisweilen erlebt man dieses unerwünschte Hochwachsen, wenn der Salat „schießt". Salat ist eine so genannte Langtagpflanze, bei der warme, lange Sommertage den Impuls zur Blütenbildung geben. Es wurden jedoch viele tagneutrale Sorten gezüchtet, die auch im Sommer problemlos angebaut werden können.

Salat gibt es in sehr vielen Sorten. Immer beliebter werden rot oder bräunlich gefärbte Spielarten, weil sie nicht nur Farbe in den Gemüsegarten, sondern auch in die Salatschüssel bringen. Bei der Auswahl muss man darauf achten, dass man Sorten nimmt, die sich für den gewünschten Anbauzeitraum eignen. Außerdem zahlt es sich aus, gegen Läuse und Krankheiten wie Mehltau resistente Sorten zu bevorzugen.

Alle Salate wachsen sehr rasch und werden als Vor-, Zwischen- oder Nachkultur sowohl im Freiland wie auch unter Glas im Gewächshaus und Frühbeet gezogen. Sogar auf dem Balkon kann man Salat anbauen. Für Mischkultur eignen sich beispielsweise Radieschen, Rettiche, Spinat, Zwiebeln, Lauch, Möhren und Tomaten.

Man unterscheidet folgende **Wuchsformen** bzw. Varietäten:

■ Kopfsalate (*L. sativa* var. *capitata*): Die bekanntesten Salate bilden dicke, runde Köpfe aus dicht gepackten Blättern. Neben dem altbekannten feinblättrigen Kopfsalat, auch Häuptel-, Butter- oder schlicht Grüner Salat genannt, gehören hierzu der dickblättrige Eis-, Eisberg-, Krach- oder Knacksalat sowie der Bataviasalat.

■ Pflück- und Schnittsalate (*Lactuca sativa* var. *crispa*): Salate, die keinen fest geschlossenen Kopf, sondern mehr oder minder lockere Blattrosetten bilden. Die Blätter können je nach Sorte dabei sehr verschieden aussehen. Beim Pflück- oder Rupfsalat erntet man nach und nach einzelne Blätter, beim Schnittsalat werden die Pflanzen komplett abgeschnitten. Durch immer neue Zuchtformen ist dieser Unterschied jedoch heute weitgehend verloren gegangen. Auch eine Abgrenzung von Schnittsalat zu Kopfsalat kann nicht immer eindeutig gezogen werden. Bekannte Vertreter der Pflücksalate sind z. B. 'Salad Bowl', der Schnittsalate z. B. 'Lollo rosso' (auch Blattbatavia genannt) und 'Lollo bianco' (auch 'Lollo', 'Lollo bionda') mit ihren fein gekrausten, roten bzw. gelbgrünen Blättern. Häufig wird auch Eichblatt- oder Eichenlaubsalat gezogen, dessen gebuchtete Blätter an das Laub von Eichen erinnern.

■ Römersalat (*L. sativa* var. *longifolia*): Steif aufrechte, länglich ovale Blätter, die einen schlanken Kopf formen, zeichnen den Römer-, Binde- oder Romanasalat aus, der auch als Sommerendivie bekannt ist.

Kopfsalat, Eissalat, Bataviasalat
LACTUCA SATIVA VAR. CAPITATA
☼–◐ ☺

Merkmale: Einjährig gezogene Pflanze; kugeliger bis flach runder Kopf aus dicht geschichteten, großen Blättern; dicke Pfahlwurzel; Kopfsalat hat

Roter Kopfsalat 'Neckarriese'

Knackige Blätter: Eissalat

weiche, grüne, bei einigen Sorten auch rötlich überlaufene Blätter; Eissalat hat dicke, knackige, ganzrandige oder auch fein zerschlitzte, grüne oder rötlich angehauchte Blätter; Bataviasalat hat etwas weichere, dickfleischige, gewellte, grün-rote Blätter.
Standort: Vorzugsweise sonnig; lockerer, frischer, humoser Boden.
Kultur: Ab Februar bei 10 – 15° C anziehen, über 20° C ist Keimhemmung möglich; Sämlinge in Töpfchen pikieren, ab Anfang März mit 30 x 30 cm Abstand auspflanzen; ab April auch Aussaat direkt ins Freie, Sämlinge auf 30 x 30 cm Abstand vereinzeln; Setzlinge stets hoch pflanzen, der Wurzelhals soll über der Erde bleiben.

Salatgurke

Pflege: Frühe und späte Pflanzungen mit Vlies oder Folie schützen; gleichmäßig feucht halten; Boden regelmäßig hacken oder mulchen; bei Früh- und Spätanbau unter Glas Vorsicht mit Stickstoffdüngung, → Nitrat.
Ernte: Kulturdauer je nach Anbauzeit und Sorte 5 bis 10 Wochen; Köpfe komplett vom Strunk schneiden; im Kühlschrank nur kurz lagerfähig, Eissalat hält mehrere Tage.

Schnitt- und Pflücksalat
LACTUCA SATIVA VAR. CRISPA

Merkmale: Einjährig gezogene Pflanze; lockere bis dichte Rosetten aus länglichen bis breiten, glatten oder gekrausten, ganzrandigen, gebuchteten oder gekräuselten, grünen, rötlichen oder bräunlichen Blättern.
Standort: Wie Kopfsalat.
Kultur: Anzucht ab Januar, Direktsaat im Gewächshaus oder Frühbeet ab März, Direktsaat ins Freiland ab April; in Reihen mit 25 cm Abstand, in der Reihe bei Schnittsalat auf 25 – 30 cm, bei Pflücksalat auf 10 – 15 cm Abstand vereinzeln.
Pflege: Wie Kopfsalat.
Ernte: 4 bis 7 Wochen nach der Aussaat bei Pflücksalat nach und nach äußere Blätter pflücken, bei Schnittsalat ganze Pflanze vom Strunk schneiden.

Römer- oder Bindesalat
LACTUCA SATIVA VAR. LONGIFOLIA

Merkmale: Einjährig gezogene Pflanze; schlanke, meist lockere Köpfe aus ganzrandigen, grünen oder rötlich gefleckten Blättern mit dicker Mittelrippe.
Standort: Wie Kopfsalat; gut wasserhaltender, lehmiger, humoser Boden vorteilhaft (möglichst kein Sandboden).
Kultur: Anzucht von Februar bis März bei 10 – 15° C, ab April mit 30 x 35 cm Abstand auspflanzen; von April bis Juni Direktsaat ins Freie in Reihen mit 30 cm Abstand, Sämlinge auf 35 cm Abstand vereinzeln.
Pflege: Gleichmäßig feucht halten; Boden hacken oder mulchen; fallen die Köpfe auseinander, mit Gummiringen oder Schnur zusammenbinden, damit das Innere hell und zart bleibt.
Ernte: 6 bis 10 Wochen nach Saat bzw. Pflanzung ganze Köpfe vom Strunk schneiden; sofort verarbeiten.
Hinweis: Bei einigen Sorten, z. B. 'Kasseler Strünkchen', verwendet man die fleischigen Strünke ähnlich wie Spargel.

Salatchrysantheme
CHRYSANTHEMUM CORONARIUM

Die Salat- oder Esschrysantheme, ein Korbblütler, stammt ursprünglich aus dem Mittelmeerraum. Als Gold- oder Kronenwucherblume wird sie seit dem 16. Jahrhundert in hiesigen Gärten zur Zierde gezogen, als Nutzpflanze erlangte sie vor allem in Ostasien Bedeutung. Die Blüten taucht man in Teig und bäckt sie in Fett aus, die jungen, noch blütenlosen Triebe werden ähnlich wie Spargel zubereitet, die Blätter kocht man wie Spinat oder verfeinert mit ihnen Speisen. Saatgut wird auch unter dem Namen Shungiku angeboten.
Merkmale: Einjährige, buschig wachsende, reich verzweigte Pflanze, 60 – 80 cm hoch; fleischige, mehrfach geteilte Blätter; margeritenartige, gelbe Blütenköpfe.
Blütezeit: Juni – September
Verwendung: Als Zierpflanze in Beeten und Rabatten; als Nutzpflanze im Gemüsegarten.
Standort: Gut durchlässiger, leichter, humoser Boden.
Kultur: Anzucht ab März, Pflanzung ab Mitte Mai mit 25 cm Abstand; ab April Direktsaat in Freiland.
Pflege: Gleichmäßig feucht halten.
Ernte: Junge Triebe und Blätter, solange die Pflanze noch nicht blüht, mit der Blüte werden vor allem die Triebe bitter; Blüten, sobald sie voll erblüht sind.

Salatgurke
Sorten der → Gurke, die für den rohen Verzehr geeignet sind.

Römersalat 'Little Leprechaun' mit rötlich gefleckten Blättern

Salatchrysantheme (Chrysanthemum coronarium 'Primrose Gem')

Salatkrankheiten

Die frischen Blätter von Salaten mit ihren großen Oberflächen sind leider anfällig für eine Reihe von Krankheiten. → *Grauschimmel* und → *Falscher Mehltau* befallen neben Salat auch andere Pflanzen.

Salatfäulen

Vor allem, wenn die jungen Salatpflänzchen zu tief gesetzt werden, kann es zu Fäulnis durch Pilzbefall kommen. Salatfäule tritt je nach Erreger in zwei Formen auf, als Schwarzfäule oder Sklerotinia-Fäule.
Schadbild: Schwarzfäule: Blätter beginnen von innen nach außen zu welken, ohne dass der Strunk angegriffen wird; gespinstartige Pilzfäden an den Befallsstellen; dem Boden aufliegende Blätter verfärben sich braun bis schwarz. Sklerotinia-Fäule: Blätter beginnen von außen nach innen zu welken und zu faulen; lockeres, weißes Pilzgeflecht an den Befallsstellen.
Abhilfe: Vorbeugend nicht zu tief pflanzen, Setzlinge nicht zu feucht halten; nach dem Pflanzen Spritzung mit Pflanzenstärkungsmitteln oder Ausstreuen von Gesteinsmehl; regelmäßiger Fruchtwechsel. Befallene Salatköpfe komplett entfernen; bei häufigem Auftreten, z. B. im Gewächshaus, ggf. Erde austauschen.

Salatmosaikvirus

Dieses Virus kann durch Blattläuse sowie über infiziertes Saatgut übertragen werden. Gelb- bzw. hellgrüne, zartblättrige Sorten sind im Allgemeinen anfälliger, da von den übertragenden Blattläusen bevorzugt.
Schadbild: Teils schon bei Jungpflanzen Blätter hell-dunkel gefleckt oder gescheckt; Blätter kräuseln sich oder weisen dunkle Flecken auf; bei Frühbefall Wachstumsstockung, keine Kopfbildung.
Abhilfe: Vorbeugend nur hochwertiges, sicher virusfreies Saatgut verwenden; Blattläuse bekämpfen. Befallene Salatpflanzen umgehend entfernen.

Salatfäule

Salatrauke
Eruca sativa

Das Kohlgewächs, dessen Heimat der Mittelmeerraum ist, zählte vor noch nicht allzu langer Zeit zu den seltenen Gemüsen. Unter dem Namen Rucola haben es jedoch mittlerweile zahlreiche Liebhaber der italienischen Küche schätzen gelernt. Die Blätter der Pflanze mit dem feinen, nussartigen Geschmack, auch Rauke, Ruka oder Roquette genannt, verwendet man als Salat oder Salatbeigabe. Bei Sommeranbau, später Ernte sowie mangelnder Bewässerung tritt allerdings recht schnell ein scharfer Geschmackston in den Vordergrund, der nicht unbedingt als Genuss empfunden wird. Der Anbau erfolgt in Vor-, Zwischen- oder Nachkultur oder ganzjährig im Gewächshaus, Salatrauke kann man auch in Gefäßen kultivieren.
Merkmale: Einjährig gezogene, eigentlich zweijährige Pflanze mit üppigen Blattrosetten, 10 – 20 cm hoch; dunkelgrüne, je nach Sorte gelappte

Salatrauke

oder tief gekerbte, längliche Blätter; gelbe, vierzählige Blüten.
Blütezeit: Mai – Juni
Standort: Am besten sonnig bis absonnig; lockerer, frischer bis leicht feuchter, humoser Boden.
Kultur: Aussaat ab April bis September in Reihen mit 20 cm Abstand oder breitwürfig, Samen nur ganz knapp mit Erde abdecken; mehrere Folgesätze im Abstand von etwa 4 bis 6 Wochen sichern eine anhaltende Ernte.
Pflege: Anspruchslos; bei Trockenheit wässern, Staunässe jedoch unbedingt vermeiden; keine Stickstoffdüngung, da die Pflanze viel → *Nitrat* aufnimmt.
Ernte: 3 bis 5 Wochen nach der Aussaat, vorzugsweise junge, zarte Blätter; pflückt man einzelne Blätter, kann mehrmals geerntet werden; Blüten ebenfalls essbar.
Hinweis: Als Rauke oder Rucola wird eine weitere Art, die Wilde Rauke (*Diplotaxis tenuifolia*) angeboten. Sie wächst langsamer, hat feinere, stark gezähnte bis fiederteilige Blätter und kann mehrjährig gezogen werden. Ansonsten kultiviert man sie wie die Salatrauke. Die Blätter schmecken etwas würziger.

Salatrübe
Andere Bezeichnung für → Rote Bete

Salatschädlinge
Die frischen, grünen Blätter des Salats sind ein Leckerbissen für viele Schädlinge, insbesondere für → Schnecken, → Blattläuse, → Drahtwürmer und → Erdraupen. Als „Spezialist" kommt die Salatwurzellaus hinzu.

Salatwurzellaus
Die knapp 3 mm großen, gelblichen Läuse vermehren sich vor allem in trockenen Sommern massenhaft. Den Herbst und Winter verbringen sie im Eistadium auf Pappeln, auf Salat, Endivie oder Chicorée wechseln sie erst ab Frühsommer über.
Schadbild: Welkende, sich gelb verfärbende Blätter; Wurzeln meist dicht mit hellen Larven der Läuse besetzt, die von mehligen Ausscheidungen umgeben sind.
Abhilfe: Vorbeugend natürliche Feinde wie Schlupfwespen und Raubwanzen fördern; bei Trockenheit stets ausreichend gießen; zur Flugzeit ab Anfang Juni silbrige Alufolienstreifen zwischen die Reihen legen oder auf Stöckchen anbringen, dies schreckt die anfliegenden Läuse ab. Direkte Bekämpfung der Larven an den Wurzeln schwierig, befallene Pflanzen entfernen.

Salatzichorie
Anderer Name für → Radicchio und den als Salat genutzten → Chicorée

Salbei
SALVIA

Vertreter der artenreichen Gattung *Salvia* sind auf der ganzen Welt zu finden. Im Garten werden hauptsächlich Formen aus Europa und den USA gezogen. Die auch als Salvien bekannten Lippenblütler präsentieren sich dabei äußerst vielseitig, neben einjährigen Arten gibt es Stauden sowie Halbsträucher; letztere sind bei uns meist nicht winterhart und werden daher vor allem als Kübelpflanzen gehalten.

Herausragende Bedeutung unter den Salbeiarten hat freilich der Gewürz-, Garten- oder Edelsalbei (*S. officinalis*). Er ist nicht nur als Küchenkraut beliebt, sondern auch eine geschätzte Heilpflanze mit desinfizierender, beruhigender, krampflösender Wirkung. Die Art sieht darüber hinaus noch so attraktiv aus, dass sie auch als Zierpflanze verwendet wird, insbesondere Sorten mit extravagant gefärbten und gemusterten Blättern, etwa der Purpursalbei ('Purpurea') oder der dreifarbige – graugrün, rosa und violett – Buntlaubsalbei ('Tricolor').

Ähnlich wie der Gewürzsalbei lässt sich auch der Muskatellersalbei (*S. sclarea*) nicht nur als grazil blühende Bereicherung für Beete nutzen, sondern auch als intensiv nach Muskateller duftendes Gewürz zur Aromatisierung von Wein, Desserts oder Marmeladen sowie für Duftsträuße.

Der Sommer- oder Ziersalbei (*S. nemorosa*) bietet mit seinen üppigen Blütenkerzen leuchtendes, tiefes Blau für den Sommergarten. Viele Sorten erweitern das Farbspektrum auf alle möglichen Blautöne. Unter den kurzlebigen Arten stehen Feuer- oder Prachtsalbei (*S. splendens*), Mehliger Salbei (*S. farinacea*) und Buntschopfsalbei (*S. viridis*) im Mittelpunkt. Von allen drei Arten gibt es wiederum zahlreiche Sorten, die eine breite Farbpalette abdecken.

Wegen der eleganten Blüten und der oft aromatisch duftenden, formschönen Belaubung werden noch viele weitere Salbeiarten angeboten. Sie alle bevorzugen sonnige Plätze, die meisten mäßig trockenen Boden. Erwähnt seien hier nur der zweijährige Silberblattsalbei (*S. argentea*), 100 – 120 cm hoch, mit dicht silbrig behaarten Blättern; der Lavendelsalbei (*S. lavandulifolia*), ein bis 50 cm hoher Halbstrauch mit blauen Blüten im Juni und Juli; schließlich der heimische, ausdauernde Wiesensalbei (*S. pratensis*), 50 – 80 cm hoch, mit violettblauen Blüten von Juni bis August, der sich sehr schön auf Wildstaudenbeeten und Blumenwiesen macht.

Mehliger Salbei
SALVIA FARINACEA

Merkmale: Einjährig gezogene Staude oder Halbstrauch, straff aufrecht, horstartig, 60 – 80 cm hoch; flaumig weiß behaarte Stängel; schmale, glänzend grüne Blätter; je nach Sorte blaue, violette oder weiße Blüten in schlanken Kerzen.
Blütezeit: Mai – Oktober
Verwendung: In Gruppen auf Beeten und Rabatten, in Kübeln und Kästen.
Standort: Lockerer, frischer, humoser, nährstoffreicher Boden.
Kultur: Anzucht ab März bei 20° C, ab Mitte Mai mit 20 – 30 cm Abstand auspflanzen; Entspitzen fördert buschigen Wuchs.
Pflege: Gleichmäßig leicht feucht halten; mehrmals düngen; Verblühtes entfernen.

Schaden durch Salatwurzelläuse

Sommersalbei
SALVIA NEMOROSA
☼ ☺

Merkmale: Staude, straff aufrecht, buschig, 40–60 cm hoch; schmale, filzige Blätter; intensiv gefärbte Lippenblüten in üppigen, schlanken Kerzen, je nach Sorte in Dunkelblau, Blauviolett oder Rosarot.
Blütezeit: Mai – Juli, zweite Blüte im September
Verwendung: In Gruppen auf Beeten und Rabatten, besonders attraktiv zu Rosen; gute Schnittblume.
Standort: Durchlässiger, frischer, humoser, nährstoffreicher und leicht kalkhaltiger Boden.
Pflanzen/Vermehren: Pflanzung bevorzugt im Frühjahr, mit 30 cm Abstand; Vermehrung im Frühsommer durch Kopfstecklinge oder nach der Blüte durch Teilung.
Pflege: Nach der ersten Blüte kräftig zurückschneiden und mit Kompost versorgen, um Nachblüte anzuregen.

Gewürzsalbei, Gartensalbei
SALVIA OFFICINALIS
☼ ☺

Merkmale: Halbstrauch, locker buschiger Wuchs, 50–80 cm hoch; wintergrüne, länglich ovale, graugrüne, stark duftende Blätter; hell blauviolette Lippenblüten in mehreren, übereinander stehenden Quirlen.
Blütezeit: Juni – August
Verwendung: Als Blatt- und Blütenschmuck in Beeten und Rabatten, in Pflanzgefäßen; besonders attraktiv zu Rosen; im Kräuter- und Steingarten.
Standort: Vollsonnig, warm und geschützt; durchlässiger, mäßig trockener, kalkhaltiger, eher kargen Boden.
Pflanzen/Vermehren: Pflanzung bevorzugt im Frühjahr, mit 30–40 cm Abstand; Vermehrung im Frühsommer durch Kopfstecklinge, auch Aussaat im späten Frühjahr möglich.
Pflege: Anspruchslos; bei Bedarf nach der Blüte zurückschneiden; nicht oder nur sehr sparsam düngen; in strengen Wintern mit Reisig schützen.
Ernte: Blätter können ganzjährig geerntet werden; Triebe zum Trocknen kurz vor der Blüte schneiden. Die Blüten sind ebenfalls essbar.

Muskatellersalbei
SALVIA SCLAREA
☼–◐ ☺

Merkmale: Zweijährig, manchmal auch länger lebende Pflanze mit aufrecht buschigem Wuchs; 80–120 cm hoch; große, länglich herzförmige Blätter; weißrosa Lippenblüten in langen, rispenartigen Blütenständen; stark duftend.
Blütezeit: Juni – August
Verwendung: Charmanter Blütenschmuck für naturnah gestaltete Beete, am Gehölzrand, im Kräutergarten.
Standort: Wie Gewürzsalbei
Kultur: Direktsaat im Juli.
Pflege: Anspruchslos.

Feuersalbei
SALVIA SPLENDENS
☼ ☺

Merkmale: Einjährig gezogene Staude oder Halbstrauch, dicht buschig, 30–60 cm hoch; ledrige, gespitzte Blätter; feuerrote, röhrenförmige Blüten in üppigen, pyramidalen Rispen, bei Sorten auch violett oder rosa.
Blütezeit: Mai – September
Verwendung: Wie Mehliger Salbei.
Standort: Wie Mehliger Salbei.
Kultur: Wie Mehliger Salbei.
Pflege: Wie Mehliger Salbei.

Buntschopfsalbei
SALVIA VIRIDIS
☼ ☺

Merkmale: Einjährig gezogene Staude, locker buschig, 50–60 cm hoch; hellgrüne, schmale Blätter; unscheinbare Blütchen, umgeben von auffälligen weißen, rosafarbenen oder roten Hochblättern.
Blütezeit: Juni – September

Gewürzsalbei (Salvia officinalis)

Buntschopfsalbei (Salvia viridis)

Verwendung: Wie Mehliger Salbei.
Standort: Wie Mehliger Salbei; Blütenstände auch als Trockenschmuck.
Kultur: Wie Mehliger Salbei.
Pflege: Wie Mehliger Salbei.

Salix
Botanischer Gattungsname der
→ *Weide*

Salomonssiegel

Salomonssiegel (Polygonatum multiflorum)

Salomonssiegel
POLYGONATUM MULTIFLORUM

Der Volksname „Maiglöckchen unterm Dach" beschreibt anschaulich das Aussehen des von Europa bis Asien vorkommenden Maiglöckchengewächses. Der Name Weißwurz bezieht sich auf das weiße, kriechende Rhizom.

Im Gegensatz zu dieser Art, die stets 3 bis 5 Blüten in den Blattachseln trägt und deshalb auch Vielblütige Weißwurz genannt wird, bildet die Wohlriechende Weißwurz (*P. odoratum*) stets nur eine oder höchstens zwei Blüten, die intensiv duften. Aus der Kreuzung dieser beiden Arten ist *P. x hybridum* hervorgegangen, bei der immer vier Blüten zusammenstehen. Sie wächst üppiger, wird etwa 90 cm hoch und blüht schon früh im Mai.

Alle Teile dieser Pflanzen enthalten Giftstoffe.

Merkmale: Staude mit eintriebigem Wuchs, lockere Bestände bildend, 50 – 60 cm hoch; schlanke, längs geaderte Blätter, die wie bei einer Leiter hintereinander am bogig überhängenden Stängel aufgereiht sind; an den Blattansatzstellen jeweils 3 bis 5 schlank röhrenförmige, weiße, an den Spitzen grüne, herabhängende Blüten; blauschwarze Beerenfrüchte.

Blütezeit: Mai – Juni

Verwendung: Eleganter Blüten- und Fruchtschmuck für den Gehölzrand; am schönsten in größeren Gruppen, gemeinsam mit Farnen, Glockenblumen, Anemonen oder Fingerhut.

Standort: Vorzugsweise halbschattig, im vollen Schatten spärlichere Blüte; lockerer, frischer, humoser, am besten leicht kalkhaltiger Boden.

Pflanzen/Vermehren: Pflanzung bevorzugt im Herbst; Vermehrung durch Teilung nach der Blüte, durch Rhizomschnittlinge oder auch durch Aussaat, aber langwierig (Kaltkeimer).

Pflege: Anspruchslos.

Salpeter
Sammelbezeichnung für Salze der Salpetersäure (HNO_3)
→ *Nitrat,* → *Stickstoffdünger*

Salvia
Botanischer Gattungsname des
→ *Salbeis*

Salvie
Andere Bezeichnung für den → *Salbei,* teils vor allem für die einjährigen Arten gebräuchlich

Salweide
Robuste heimische → *Weide,* von der es mehrere ansprechende Sorten gibt.

Sambucus
Botanischer Gattungsname des
→ *Holunders*

Samen
Samen bzw. Samenkörner dienen allen → *Samenpflanzen* zur Vermehrung und Verbreitung. Bei den → *Bedecktsamern* entstehen sie nach → *Befruchtung* im Fruchtknoten und sind bis zur Reife in einer → *Frucht* eingeschlossen. Bei den meisten Nadelgehölzen, den wichtigsten Vertretern der → *Nacktsamer,* liegen sie, oft schuppenartig geformt und geflügelt, frei in den Zapfenschuppen. Bis zur Reife werden sie durch die zusammengepressten Schuppen und häufig auch durch Harz geschützt.

Reife Samen sind im Grunde schon komplette, lebendige Pflanzen in sehr kompakter Form und von einer Hülle geschützt. Sie enthalten einen Embryo (Keimling), der aus Keimwurzel, Keimspross und Keimblättern besteht, und Nährgewebe, das später den auskeimenden Embryo versorgt.

Zum Abschluss der Samenreife entsteht eine feste Samenschale, und der Samen trocknet fast vollständig aus. In diesem Zustand kann er ein bis mehrere Jahre überdauern (den Rekord halten Kartoffeln, Lotosblume, Hahnenfuß und Klee, die mehrere hundert Jahre überleben sollen). Das Nährgewebe, meistens aus Stärke, Fetten oder Eiweißen bestehend, macht die Samenkörner beispielsweise von Getreide oder Bohnen zu wertvollen Nahrungsmitteln für den Menschen.

Auch → *Keimung,* → *Saatgut*

Samenanlage
Die Samenanlagen einer → *Blüte* enthalten die weiblichen Eizellen und befinden sich bei den → *Bedecktsamern* im Fruchtknoten, bei → *Nacktsamern* frei zugänglich z. B. zwischen Zapfenschuppen. Nach → *Befruchtung* durch die männlichen Geschlechtszellen der Pollen entstehen daraus die → *Samen.*

Samenbeizung
Behandlung von Samen mit Pflanzenschutzmitteln; → *Saatgutbeizung*

Samenernte

Das Gewinnen eigenen Saatguts macht Spaß und kann dazu dienen, sehr seltene, im Handel kaum noch erhältliche Sorten weiter zu vermehren. Man lernt dabei aber auch, die Arbeit der professionellen Samenvermehrer zu schätzen; denn was die Keimfähigkeit und den gleichmäßigen Aufgang der Sämlinge betrifft, kann die eigene Ernte oft nicht mit hochwertigem Handelssaatgut mithalten.

Voraussetzung sind freilich Pflanzen, die überhaupt Früchte und Samen ausbilden, was bei stark durchgezüchteten Sorten, z. B. mit gefüllten Blüten, sowie bei → *eingeschlechtigen* Pflanzen nicht immer der Fall ist. Vermehrt man → *F_1-Hybriden* selbst, kann es zu interessanten Überraschungen kommen, da die Nachkommen aufspalten und Blumen z. B. wieder die verschiedenen Blütenfarben ihrer „Großeltern" zeigen.

Samenernte von Klatschmohn: Die braunen, deutlich rasselnden Kapseln werden vorsichtig zerdrückt, die Samen in einer Tüte aufgefangen.

Zur Samengewinnung wählt man die wüchsigsten bzw. attraktivsten Exemplare aus, die keinerlei Anzeichen von Krankheiten aufweisen dürfen. Die mit fortschreitender Entwicklung meist braun werdenden, eintrocknenden Früchte bzw. Samenstände sollten so lange wie möglich an den Pflanzen verbleiben, damit die Samen voll ausreifen können. Streufrüchte wie Kapseln und Schoten (→ *Frucht*) öffnen sich teils sehr plötzlich und schleudern dann ihre Samen aus, so z. B. bei Stiefmütterchen. Man umwickelt sie deshalb mit Pergamentpapier oder feinmaschigem Vliesgewebe, das man unterhalb der Samenstände zusammenbindet. Geerntet wird stets nur bei trockenem Wetter.

Samen in fleischigen Früchten, etwa von Tomaten, Gurken und Kürbissen, müssen von anhaftendem Fruchtfleisch gereinigt werden. Bei Kleinmengen genügt dazu das Herausschälen und Abspülen der Samen. Für größere Samenernten entfernt man die Fruchtschalen und lässt das Mark kurz in Wasser gären. Dabei dürfen sich jedoch keine allzu hohen Temperaturen entwickeln. Unmittelbar nach Verflüssigen des Fruchtfleischs wird es über ein Sieb abgegossen. Man spült dann die Samen ab, breitet sie aus und lässt sie bei 20 – 30° C trocknen.

Nur bei einigen wenigen Stauden, besonders bei → *Kaltkeimern*, kann man die Samen gleich nach Gewinnung wieder aussäen. Ansonsten ist meist eine Lagerung bis zum Beendigen der → *Keimruhe* erforderlich, zumal ohnehin in der Regel erst im Frühjahr gesät wird. Bevor die Samen in – genau beschrifteten – Tüten oder Behältnissen gelagert werden, müssen sie unbedingt vollständig abgetrocknet sein. Die optimalen Lagerbedingungen sind unter → *Saatgut* genannt.

Blüten und Samen, oft in Früchten eingeschlossen, kennzeichnen die Samenpflanzen.

Samenpflanzen

Auch Blütenpflanzen genannt, fachsprachlich Spermatophyten; große Abteilung des Pflanzenreichs, der die allermeisten unserer Gartenpflanzen angehören. Sie werden mit den so genannten höheren Pflanzen gleichgesetzt, im Gegensatz etwa zu Moosen und Farnen. Kennzeichnend und namensgebend ist die Vermehrung über Samen, die häufig aus mehr oder weniger auffälligen Blüten hervorgehen. Letzteres gilt allerdings nur für die → *Bedecktsamer* (z. B. alle „Blumen" und Laubgehölze); die → *Nacktsamer*, bei uns hauptsächlich durch Nadelgehölze vertreten, brauchen keine attraktiven Blütenhüllen, da sie auf Windbestäubung setzen und keine Insekten anlocken müssen.

SAMENRUHE

Erdbeeren sind Sammelfrüchte, die aus vielen winzigen Nussfrüchten bestehen.

Samenruhe
In der Samen- oder → *Keimruhe* verharrt der fast völlig ausgetrocknete Embryo in einer Art Wartezustand. Erst wenn die Rahmenbedingungen (Tageslänge, Feuchte, Temperatur) stimmen, keimt er aus.

Samenunkräuter
Einjährige → *Unkräuter,* die sich über Samen verbreiten.

Samenvermehrung
Ausdruck für die → *Aussaat* bzw. → *generative Vermehrung* über Samen

Sämling
Bezeichnung für eine aus dem Samen auskeimende Pflanze; sobald sich über den einfach gestalteten → *Keimblättern* die ersten arttypischen Laubblätter zeigen, nennt man die Keimpflanze Sämling.

Sämlingsunterlage
Bei der → *Veredlung* eines Gehölzes wird das Edelreis oder Auge einer Sorte auf eine → *Unterlage* gepfropft bzw. okuliert. Sämlingsunterlagen werden aus Samen angezogen. Sie sind meist recht robust, aber auch starkwüchsiger als Unterlagen aus → *vegetativer Vermehrung.*

Sammelfrucht
Eine → *Frucht,* die aus einer Einzelblüte mit mehreren Fruchtblättern entsteht und sich dadurch aus oft zahlreichen kleinen Einzelfrüchten zusammensetzt. Je nach Art der Einzelfrüchtchen spricht man dann z. B. von Sammelnussfrüchten (Erdbeere, Rose) oder Sammelsteinfrüchten (Himbeere, Brombeere).

Samtblume
Anderer Name für die → *Studentenblume* oder Tagetes

Samthortensie
→ *Hortensie* mit samtig behaarten Blättern und schirmförmigen, rötlichen oder bläulichen Blütenständen

Sand
In der Bodenkunde versteht man unter Sand alle mineralischen Bodenteilchen mit Korngrößen zwischen 0,06 und 2,0 mm Ø (→ *Bodenart,* auch → *Boden*). Er ist damit grobkörniger als die beiden anderen Größenfraktionen, nämlich Schluff und Ton. Aufgrund ihrer Größe bilden sich zwischen zusammengelagerten Sandkörnern entsprechend weite Zwischenräume bzw. Poren, weshalb → *Sandboden* besonders locker, luft- und wasserdurchlässig ist. Sand eignet sich dadurch auch gut, um stark tonhaltige, schwere, zu Verdichtung und Staunässe neigende Böden zu verbessern und ihr Porenvolumen zu erhöhen. Da die Sandteilchen andererseits kaum Nährstoffe anlagern, lassen sich durch Sandzugabe auch Böden → *abmagern,* etwa für Blumenwiesen oder spezielle Steingartenpflanzen.

Als Zuschlagstoff für Böden, aber auch z. B. für Zement (etwa zum Platten verlegen oder Mauern) ist Sand im Baustoffhandel oder direkt von Kieswerken erhältlich. Hier wird die Korngrößeneinteilung etwas anders gehandhabt als in der Bodenkunde (auch → *Körnung*). → *Flusssand* besteht aus abgerundeten, Quarzsand (→ *Quarz*) aus kantigen Teilchen. Scharfer oder Lotsand enthält besonders feine Sandteilchen.

Sandbirke
Anderer Name für die heimische Weißbirke, die vorzugsweise in niedrigen Sorten als Gartenbaum Verwendung findet.
→ *Birke*

Sandboden
→ *Bodenart* mit über 75 % Anteil an Sand, also groben Bodenteilchen mit Korngrößen zwischen 0,06 und 2,0 mm Ø. Man unterscheidet hierbei reine Sandböden (ab 90 % Sandanteil), anlehmigen Sand (80 – 90 %) und lehmigen Sand (75 – 80 %).

Sandböden lassen sich leicht anhand einer Fingerprobe identifizieren: Eine angefeuchtete Probe mit hohem Sandanteil lässt sich nicht formen, fühlt sich körnig an und haftet nicht in den Fingerrillen.

Sandböden sind leicht zu bearbeiten, deshalb auch die Bezeichnung „leichter Boden", tief durchwurzelbar, gut durchlüftet und wasserdurchlässig, erwärmen sich schnell, kühlen aber auch schnell aus. Aufgrund der geringen Wasserspeicherkraft handelt es sich um trockene Böden, nachteilig ist zudem die schlechte Nährstoffspeicherung. Weiterhin wird der → *Humus* aufgrund der guten Sauerstoffversorgung ziemlich schnell abgebaut. Während lehmiger Sand für viele Kulturen noch einen recht guten Boden darstellt, eignen sich reine Sandböden für die meisten Gemüse und anspruchsvollere Zierpflanzen wenig. Eine Verbesserung erfolgt am besten durch beständige Kompostzufuhr und häufige → *Gründüngung* sowie durch Untermischen tonhaltiger → *Gesteinsmehle.*

Sandstein

Sanddorn (Hippophae rhamnoides)

Sanddorn
Hippophae rhamnoides
☼ ☺

Sanddorn oder Stranddorn, ein Ölweidengewächs aus Europa und Vorderasien, wird als Ziergehölz wie auch als Wildobstlieferant, etwa für Säfte, geschätzt. Die Beeren schmecken nicht nur gut, sie sind auch überaus reich an Vitaminen. Weil der Sanddorn zweihäusig ist, muss man zu den weiblichen Sträuchern immer auch mindestens eine männliche Pflanze setzen, um in den Genuss eines reichen Fruchtansatzes zu kommen. Besonders üppige Ernten kann man von Auslesen wie 'Leikora' oder 'Hergo' erwarten.
Merkmale: Großstrauch mit breit ausladendem, sparrig verzweigtem Wuchs, 2 – 5 m hoch und 2 – 3 m breit; Zweige mit dornigen Kurztrieben; schmale, graugrüne, unterseits silbrig oder kupfrig gefärbte Blätter; unscheinbare, grünlich braune, nach Honig duftende Blüten; ab Juli etwa erbsengroße, orangefarbene Beeren.
Blütezeit: März – April
Verwendung: In frei wachsenden Hecken, an Böschungen und Hängen, auch an Gewässerufern; fruchtbesetzte Zweige als Vasenschmuck.
Standort: Gedeiht noch in absonniger Lage; trockener bis leicht feuchter, aber nicht staunasser Boden; salzverträglich, rauchhart, für Stadtklima geeignet.
Pflanzen/Vermehren: Pflanzung bevorzugt im Herbst; Vermehrung durch Wurzelausläufer, Absenker oder Stecklhölzer; zu Zierzwecken auch durch Aussaat.
Pflege: Anspruchslos; verträgt selbst radikalen Rückschnitt.
Hinweis: Sehr wertvolles Vogelschutz- und -nährgehölz.

Sanden
Überstreuen der Rasenfläche mit Sand, um verdichteten, zu feuchten Boden zu lockern und die Durchlüftung zu verbessern.
→ *Rasenpflege*

Sandkraut
Arenaria montana
☼ ☺

Das anmutige Nelkengewächs ist in Südwesteuropa und Nordwestafrika heimisch. Ähnlich, wenn auch mit kleineren Blüten präsentiert sich *A. grandiflora*.
Merkmale: Kleine Polsterstaude, flach ausgebreitet wachsend, 5 – 10 cm hoch; zierliche, nadelige Blättchen; breit glockige, weiße Blüten.
Blütezeit: Mai – Juli
Verwendung: Hübscher Bodendecker für Steingärten, Trockenmauern, Tröge und Plattenfugen.
Standort: Gut durchlässiger, mäßig trockener, humoser Sandboden.
Pflanzen/Vermehren: Pflanzung bevorzugt im Frühjahr; Vermehrung durch Teilung und Aussaat.
Pflege: Anspruchslos; im Winter vor allzu viel Nässe durch Folienhaube schützen.

Sandstein
→ *Ablagerungsgestein* (Sedimentgestein) aus feinkörnigem Material, vorwiegend aus Quarzsanden, das durch Verdichtung während verschiedener Perioden der Erdgeschichte entstanden ist. Da Sandstein unterschiedliche Mineralien als Beimischungen enthält, kommt er in zahlreichen, oft sehr ansprechenden Farbtönen vor. Im Gartenbereich werden Sandsteine in

Sandkraut (Arenaria montana)

S

Sandthymian

Sandstein im Garten: bepflanzte Mauer aus Buntsandstein

Steingärten, für Trockenmauern, als Material für Pflanzgefäße wie Tröge sowie für Platten verwendet. Als weiches Gestein lässt sich Sandstein gut bearbeiten, ist aber auch weniger robust und witterungsbeständig als etwa Granit. Die Belastbarkeit reicht aber für übliche Verwendungszwecke im Garten völlig aus. Man muss jedoch bei Sandsteinen, die Feuchtigkeit ausgesetzt sind, mit der Bildung einer „Patina", u. a. aus Algen, rechnen. Wenn dies stört, wird des Öfteren eine Reinigung, z. B. mit Hochdruckreinigern, nötig. Keinesfalls dürfen säurehaltige Reinigungsmittel eingesetzt werden, sie greifen die Steine an.

Sandthymian
Polsterartig wachsender → *Thymian* für Steingärten und Trockenmauern, wird auch Wilder Thymian, Feldthymian oder Quendel genannt.

Sanguisorba
Botanischer Gattungsname der → *Pimpernelle,* eine Würzpflanze und Wildstaude, die auch als Wiesenknopf bekannt ist.

San-José Schildlaus
Im Obstbau gefürchtete → *Schildlaus,* die vorwiegend Obstgehölze in warmen Regionen befällt. Ihr Auftreten ist meldepflichtig.

Santolina
Immergrüner, aromatisch duftender Zwergstrauch mit silbergrauen Blättchen und goldgelben, kugeligen Blütenständen.
→ *Heiligenkraut*

Sanvitalia
Niedrige Sommerblume mit kleinen gelben Blüten, die an Sonnenblumen erinnern.
→ *Husarenknopf*

Saponaria
Gattung meist Polster bildender, oft rosa blühender Stauden
→ *Seifenkraut*

Saprophyt
So genannte „Leichenzersetzer" oder Fäulnisbewohner, die von abgestorbener organischer Substanz leben. Hierzu zählen viele → *Pilze* sowie → *Bakterien.* Sie spielen als Bestandteil des → *Bodenlebens* eine wichtige Rolle. Mit wenigen Ausnahmen, zu denen der → *Grauschimmel* gehört, greifen sie keine lebenden Pflanzengewebe an.

Sasa
Bambusgattung, die sich über Ausläufer stark verbreiten kann; bekanntester Vertreter ist der Palmwedelbambus.
→ *Bambus*

Satureja
Botanischer Gattungsnahme des → *Bohnenkrauts*

Saubohne
Andere Bezeichnung für die → *Puffbohne*

Sauerampfer
RUMEX
Die Gattung *Rumex* aus der Familie der Knöterichgewächse umfasst zahlreiche Arten, die auf der gesamten Nordhalbkugel verbreitet sind. Während viele davon, z. B. Stumpfblättriger Ampfer (*R. obtusifolius*) oder Kleiner Sauerampfer (*R. acetosella*), als lästige Wurzel- und Samenunkräuter in schlechtem Licht stehen, hat sich der Gartensauerampfer als Feingemüse und Würzkraut einen Namen gemacht. Die Blätter schmecken würzig säuerlich und enthalten viel Vitamin C und Eisen. Man verwendet sie roh oder kocht mit ihnen Suppen und Soßen. In gleicher Weise können auch die ähnlichen Arten Gartenampfer oder Englischer Spinat (*R. patientia*), Gemüseampfer (*R. longifolius*) sowie Schild- oder Römischer Ampfer (*R. scutatus*) verwendet werden.

Der Gartensauerampfer, ein Abkömmling des wilden Großen Sauerampfers (*R. acetosa*), wird heute als eigenständige Kulturart angesehen. Er hat einen nur noch geringen Oxalsäuregehalt. In einigen wild wach-

Der Große Sauerampfer (Rumex acetosa) gilt als Stammpflanze des Gartensauerampfers, der in der Küche verwendet wird.

senden Ampfearten dagegen ist diese gesundheitsschädliche Substanz reichlich enthalten; insbesondere der häufig in Wiesen und Weiden vorkommende Krause Ampfer (*R. crispus*) gilt deshalb als giftig. Bei allen Ampferarten können die Blütenpollen bei empfindlichen Personen Heuschnupfen hervorrufen.

Gartensauerampfer
RUMEX RUGOSUS
☼-◐ ☺

Merkmale: Staude mit büscheligem Wuchs, 20–30 cm hoch; dünne, stark verästelte Pfahlwurzel; große, pfeilförmige, lang gestielte, frisch grüne Blätter; bis 80 cm hoher Blütenstängel mit vielen kleinen, rötlich weißen Blüten.
Blütezeit: Mai – August
Standort: Frischer bis feuchter, humoser Boden.
Kultur: Im März/April bzw. im August Aussaat 1 cm tief in Reihen mit 25 cm Abstand, Sämlinge auf 10–15 cm vereinzeln; gekaufte, vorgezogene Pflanzen können durch Teilung vermehrt werden.
Pflege: Stets gut feucht halten; Blütentriebe rechtzeitig entfernen.
Ernte: Fortlaufend zarte, junge Blätter pflücken, die sofort verwendet werden sollten.

Sauerdorn
Andere Bezeichnung für die → *Berberitze*, eine große Gattung mit vielen anspruchslosen, gartentauglichen Sträuchern

Sauergräser
Im Unterschied zu den Süßgräsern kommen die Sauer- oder Riedgräser (*Cyperaceae*) fast ausschließlich an feuchten Standorten vor. Im Garten können diese → *Gräser* ihren Standortvorteil daher vorwiegend als naturnahe Teichrandbepflanzung ausspielen.

Sauerkirsche (Prunus cerasus)

Sauerkirsche
PRUNUS CERASUS
☼-◐ ☺

Sauerkirschen oder Weichseln gehören wie die → *Süßkirschen* (*P. avium*) und viele andere Obstarten zu den Rosengewächsen. Die Wildart ist in Europa, Kleinasien und im Kaukasus beheimatet, der Ursprung heutiger Sorten nicht ganz geklärt. Wie die wild vorkommende Art stammen wahrscheinlich auch die Kulturformen von Kreuzungen der Süßkirsche mit der Steppenkirsche (*P. fruticosa*) ab.

Sauerkirschen gelten als anspruchslose Obstbäume mit gut winterhartem Holz. Ihre Blüten zeigen sich gegen Spätfröste weniger empfindlich als die der Süßkirschen. Die kalorienarmen, vitamin- und mineralstoffreichen Steinfrüchte verwendet man wegen des säuerlich herben, eher strengen Geschmacks vorzugsweise für die Zubereitung von Konfitüren, Gelees, Kompotten, Säften oder auch Wein.

Anhand der Früchte teilt man die Sorten verschiedenen Gruppen zu:

■ Weichselkirschen, die beliebtesten Sorten, zu denen z. B. die bekannte 'Schattenmorelle' gehört, tragen dunkle, weichfleischige Kirschen mit färbendem Saft.

■ Amarellen haben gelbe bis gelbrote Kirschen mit farblosem Saft.

■ Bastardkirschen, die durch Kreuzungen zwischen Süß- und Sauerkirschen entstanden sind, bringen süßere, weniger herb schmeckende Früchte hervor. Sie lassen sich wiederum unterteilen in Süßweichseln oder Morellen mit färbendem und Glaskirschen mit nichtfärbendem Saft.

Die meisten Sorten sind selbstfruchtbar oder zumindest teilweise selbstfruchtbar, nur wenige brauchen eine zusätzliche Befruchtersorte. Dafür kommen andere Sauerkirschsorten, aber auch Süßkirschen infrage. Zu den häufigsten Krankheiten der Sauerkirsche zählt die Spitzendürre durch → *Monilia*. Gerade in Gegenden, in denen diese Obstart vielfach angebaut wird, sollte man auf gering anfällige Sorten achten (vgl. auch Sortenübersicht auf Seite 88).

Sauerkirschsorten im Überblick (Auswahl)

Name	Wuchs	Frucht	Reife	Hinweise
'Gerema'	schwach, pyramidal	mittelgroß bis groß, schwarzrot, mild süßsäuerlich	5. bis 6. Kirschwoche (Mitte Juli – Anfang August)	selbstfruchtbar, moniliaresistent
'Karneol'	stark, breit ausladend	groß, dunkel- bis braunrot, angenehm süß	5. bis 6. Kirschwoche (Mitte Juli – Anfang August)	nur teilweise selbstfruchtbar, wenig anfällig
'Köröser Weichsel'	stark, hoch pyramidal	sehr groß, glänzend rotbraun, mild süßsäuerlich	5. bis 6. Kirschwoche (Mitte Juli – Anfang August)	selbstunfruchtbar, gute Befruchtersorte
'Morellenfeuer'	mittelstark, breit pyramidal	mittelgroß bis groß, dunkelrot bis schwarzrot, süßsauer, mildes Aroma	5. bis 6. Kirschwoche (Mitte Juli – Anfang August)	selbstfruchtbar, gute Befruchtersorte
'Morina'	mittelstark, breit	groß, braunrot, aromatisch	5. bis 6. Kirschwoche (Mitte Juli – Anfang August)	nur teilweise selbstfruchtbar, wenig anfällig
'Schattenmorelle'	mittelstark, kugelförmig, neigt zum Verkahlen	mittelgroß bis groß, braunrot, herb-sauer, kräftiger Geschmack	5. bis 7. Kirschwoche (Mitte Juli – Mitte August)	selbstfruchtbar, gute Befruchtersorte, anfällig für Krankheiten

Bei der Auswahl stellt sich weiterhin die Frage nach geeigneten Unterlagen, da die Sorten stets veredelt sind. Auf Steinweichsel veredelte Sauerkirschen sind besonders wuchsschwach und gedeihen auf eher trockenen Böden. Vogelkirsche ist die beste Unterlage für feuchtere, Steppenkirsche für trockene, kalkhaltige Standorte. Als gängige → *Obstbaumformen* findet man Buschbäume und recht niedrig bleibende Halbstämme. Häufig erzieht man Sauerkirschen mit einer Hohlkrone (→ *Obstbaum, Kronenformen*); um übermäßigen Steilwuchs zu vermeiden, wird der Mittelast jedoch häufig erst nach 4 bis 5 Jahren entfernt. Daneben eignen sie sich außerdem für eine Spaliererziehung, etwa als Fächerspalier (→ *Obstbaum, Spalierformen*).

Merkmale: Baum mit breit ausladender oder pyramidaler Krone, je nach Erziehung 1,5 – 15 m hoch; zugespitzte, leicht gezähnte Blätter; schalenförmige, weiße Blüten; rote, bei manchen Sorten auch gelbrote Steinfrüchte.

Blütezeit: April – Mai

Standort: Vorzugsweise sonnig, warm und geschützt; durchlässiger, frischer, humoser, nährstoffreicher Boden.

Pflanzen/Vermehren: Pflanzung bevorzugt im Herbst; Sorten werden veredelt.

Pflege: Baumscheibe von Februar bis nach der Blüte offen halten, dann am besten mulchen; bei anhaltender Trockenheit gründlich wässern; einmal pro Jahr düngen; jährlich schneiden, dabei besonders Peitschentriebe (lange, durchhängende Zweige) stark einkürzen (auch → PRAXIS-SEITE Obstbaumschnitt – Hinweise zum Steinobstschnitt, S. 630/631); auch → *Kirschenkrankheiten*, → *Kirschenschädlinge*.

Ernte: Reifezeit Juni bis Juli, wird bei den Sorten in → *Kirschwochen* angegeben; Kirschen von Hand mit Stiel pflücken oder abschneiden; sofort verarbeiten, kaum lagerfähig.

Hinweis: Der Name 'Schattenmorelle' weist keineswegs auf besondere Schattenverträglichkeit hin; es handelt sich vielmehr um eine Eindeutschung des französischen „Château du Morelle", nach einem Schlossgarten, wo sie möglicherweise schon im 16. Jahrhundert kultiviert wurde.

Sauerklee

OXALIS ACETOSELLA

Das auf der Nordhalbkugel weit verbreitete Sauerkleegewächs trägt seinen Namen nach den kleeartigen, säuerlich schmeckenden Blättern. Die Waldpflanze faltet Blättchen und Blüten nachts wie auch bei schlechtem Wetter zusammen. Manche Köche schätzen die erfrischend sauren Blättchen als Würze und Salatbeigabe; allerdings haben diese, wie im Namen *Oxalis* wiederzufinden, einen hohen Oxalsäuregehalt. Bei Aufnah-

Sauerklee (Oxalis acetosella)

me großer Mengen bzw. Dauergenuss muss man diese gesundheitsschädliche Säure als Gift einstufen.

Neben der beschriebenen heimischen Art, dem Waldsauerklee, werden gelegentlich fremdländische *Oxalis*-Arten angeboten, besonders für den Steingarten. Erwähnt sei hier stellvertretend der südafrikanische *O. depressa* mit blaugrünen, dreiteiligen Blättern und rosafarbenen Blüten aus kleinen Knollen. Er braucht einen sonnigen, warmen Platz. Im Winter sollte man ihn vor Nässe und Kälte schützen.
Merkmale: Kleine Knollenpflanze mit buschigem Wuchs, Rasen bildend, 5 – 15 cm hoch; hellgrüne, dreiteilige Blätter; weiße Blüten.
Blütezeit: April – Mai
Verwendung: Als Bodendecker und zur Unterpflanzung von Gehölzen, vorwiegend in naturnahen Bereichen.
Standort: Am besten schattig und kühl; frischer bis leicht feuchter, humoser und saurer Boden.
Pflanzen/Vermehren: Pflanzung der Knöllchen im Herbst 5 cm tief und mit 5 – 10 cm Abstand; Vermehrung durch Brutknöllchen oder Aussaat.
Pflege: Am richtigen Standort anspruchslos; bei Trockenheit durchdringend gießen.

Sauerkraut
Entsteht aus in feine Streifen geschnittenem Weißkohl (→ *Kopfkohl*) durch Milchsäuregärung, unter Zugabe von Salz, Wein oder Äpfeln und Gewürzen. Mit geeignetem Zubehör, etwa einem speziellen Sauerkrauttopf, der kühl aufgestellt wird, kann man auf diese Weise Kohl auch selbst konservieren.
Auch → *Einsäuern*

Sauerstoff
Chemisches Element mit der Abkürzung O, ohne Bindung an andere Elemente hauptsächlich als Molekül O_2 vorkommend. Während die Uratmosphäre der Erde frei von Sauerstoff war, besteht die atmosphärische Luft, die uns heute umgibt, zu rund 21 % aus Sauerstoff. Dies verdanken wir frühen Formen pflanzlichen Lebens, die erstmals dieses lebensnotwendige Gas durch die → *Photosynthese* erzeugten. Menschen und Tiere wie Pflanzen verbrauchen Sauerstoff bei der → *Atmung,* die der Energiegewinnung dient. Dabei entsteht wiederum → *Kohlendioxid,* einer der Grundstoffe für die Photosynthese. Da die Pflanzen mehr Sauerstoff erzeugen, als sie selbst verbrauchen, bleibt der Sauerstoffgehalt der Luft in etwa konstant. Sauerstoff zählt zu den unentbehrlichen nichtmineralischen → *Nährstoffen* der Pflanze. Da die Atmung in allen lebenden Pflanzenteilen stattfindet, brauchen auch die Wurzeln unbedingt Sauerstoff. Deshalb ist eine gute Durchlüftung des Bodens so wichtig. Unter normalen Umständen kommt es zu **Sauerstoffmangel** nur im Wurzelbereich, und zwar aufgrund von stark verdichtetem, staunassem Boden – mit der Folge, dass die Wurzel und schließlich die ganze Pflanze abstirbt. Auch die nützlichen → *Bodenlebewesen* sind auf Sauerstoff angewiesen.

Sauerstoff kann auch als Molekül mit drei Atomen auftreten (O_3). Dabei handelt es sich um das **Ozon,** das weit oben in der Atmosphäre einen schützenden Schirm gegen UV-Strahlung bildet. Bei Entstehung in Erdnähe im Zuge von Luftverschmutzungen wird es dagegen zum → *Schadstoff*.

Sauerwurm
Bezeichnung für die Raupen des Traubenwicklers, die das Ausreifen von Weintrauben verhindern.
→ *Weinrebenschädlinge*

Säulenrost
Durch Rostpilze mit säulchenförmigen, braunen Fruchtkörpern verursachte → *Johannisbeerkrankheit*

Säulenwacholder
Zuchtformen des → *Wacholders* mit schmal säulenförmigem Wuchs

Saurer Boden

Boden mit einem → *pH-Wert* unter 7, was in der Regel mit einem geringen Kalkgehalt einhergeht. Nach zunehmendem Säuregrad und damit abnehmendem pH-Wert unterscheidet man folgende Bereiche:

- 6,9 – 6,5: schwach sauer
- 6,5 – 5,5: schwach sauer bis sauer
- 5,5 – 4,5: sauer bis stark sauer
- 4,5 – 3,5: stark bis sehr stark sauer

Die Mehrzahl der Gartenböden hat einen pH-Wert im schwach sauren bis neutralen Bereich – hier fühlen sich die meisten Pflanzen wohl. Saure Böden unter pH 6 können einigen Arten, besonders den Kalk liebenden, schon zu schaffen machen, lassen sich aber durch → *Kalkung* einfach regulieren. Stark saure Böden schließlich eignen sich nur für Spezialisten wie Rhododendren und andere Heidekrautgewächse bzw. Moorbeetpflanzen.

Auch → *Bodenreaktion*

Sauzahn

→ *Bodenbearbeitungsgerät* mit nur einem gebogenen Zinken, das zum Bodenlockern verwendet wird.

Saxifraga

Botanischer Name der artenreichen Gattung → *Steinbrech*

Scabiosa

Botanischer Gattungsname der → *Skabiose*

Schabefraß

Typisches Fraßbild von → *Schnecken*, die teils mit ihrer rauen Zunge die Oberflächen von Blättern und Stängeln abraspeln.

Auch → *Fraßschäden*

Schachbrettblume

Art der → *Kaiserkrone* mit schachbrettartig gescheckten Blütenblättern

Schachtelhalm

EQUISETUM

☼ – ◐ ✖

Der Name Schachtelhalm verrät bereits viel über das Aussehen dieser Gewächse, die eng mit den Farnen verwandt und damit keine Samen-, sondern Sporenpflanzen sind. Aus ausdauernden Rhizomen schieben sie Sprosse empor, die deutlich in regelmäßige Abschnitte gegliedert und gleichsam ineinander geschachtelt sind. Bei den meisten spreizen sich etagenweise Seitenäste in dichten Quirlen ab. An den Sprossspitzen entwickeln sich bei fruchtbaren Stängeln ährenartige Sporenstände.

Die Oberfläche der Triebe ist mit einer rauen Silikatschicht überzogen. Früher wurden sie zum Reinigen von Metallgegenständen verwendet, insbesondere von Zinngeschirr, weshalb man die Pflanzen auch Zinnkraut nennt. Allerdings enthalten Schachtelhalme auch Giftstoffe.

Die Schachtelhalme stellen die einzige Gattung in der Familie der Schachtelhalmgewächse und kommen weltweit vor. Bekanntester heimischer Vertreter ist der Ackerschachtelhalm (*E. arvense*). Auf sandigen, kalkarmen Böden kann er gelegentlich lästig werden, wenn er sich ungehemmt ausbreitet. Ähnlich fällt auch schon einmal der Winterschachtelhalm (*E. hyemale*) auf, allerdings wächst er an feuchten, schattigen Stellen. Durch konsequentes Abschneiden der Halme bis zum Boden bekommt man das Problem jedoch gut in Griff. Zu Zierzwecken werden bisweilen einige winterharte Arten an Gewässern eingesetzt, etwa der Sumpfschachtelhalm (*E. palustre*) oder auch der Teichschachtelhalm (*E. fluviatile*).

Besondere Bedeutung haben die Gewächse im → *Bio-Anbau* als Rohstoff für Pflanzen schützende und stärkende Schachtelhalmbrühen, -tees oder -jauchen. Ihr hoher Silikat- bzw. Kieselsäuregehalt (Silikate sind die Salze der Kieselsäure) kräftigt nach dem Spritzen die Zellen an den Blattoberflächen der behandelten Pflanzen. Dies macht sie wider-

Ackerschachtelhalm (Equisetum arvense)

standsfähiger gegen Pilzkrankheiten, wenn man sie ab Wachstumsbeginn regelmäßig mit Schachtelhalmbrühe behandelt.

Man verwendet dafür am besten im Hochsommer geerntete Triebe des Ackerschachtelhalms. Zum Herauslösen der Kieselsäure ist etwas intensivere Behandlung nötig als bei anderen → *Kräuterauszügen*. Für die Herstellung der Brühe werden die Pflanzenteile (1 – 1,5 kg frische Triebe oder 200 g getrocknetes Kraut) einige Tage in 10 l kaltem Wasser eingeweicht, dann 30 min lang gekocht und schließlich abgeseiht. Vor dem Ausbringen verdünnt man die Brühe im Verhältnis 1 : 5 mit Wasser. Vergorene Schachtelhalmjauchen lassen sich gegen Blattläuse und Spinnmilben einsetzen.

Schachtelhalmbrühe
→ *Schachtelhalm*

Schädlinge
Als Schädlinge werden alle tierischen Organismen bezeichnet, die durch ihre Tätigkeit Pflanzen schädigen oder sogar abtöten. Schäden verursachende Pilze und andere Mikroorganismen fasst man dagegen unter den → *Pflanzenkrankheiten* zusammen. Der Begriff Schädlinge – oder noch drastischer „Ungeziefer" – ist aus der menschlichen Blickrichtung geprägt. Unter natürlichen Bedingungen stehen diese Tiere, ihre Nahrung und ihre Feinde (für uns die → *Nützlinge*) in einem Gleichgewicht, so dass keine der Gruppen die Oberhand gewinnen kann. Im Garten jedoch steht den Pflanzenfressern ein besonders attraktives Angebot zur Verfügung. Wenn dann die Bepflanzung noch recht einseitig ist und ihre Gegenspieler keine geeigneten Lebensbedingungen vorfinden, können sich Schädlinge viel leichter ausbreiten. Freilich will und kann man auch nicht immer das Einstellen eines Gleichgewichts abwarten; etwa wenn bis dahin die meisten Salatköpfe zerfressen oder Rosenblätter abgefallen sind. Ein optimaler → *Pflanzenschutz* berücksichtigt all diese Gegebenheiten und erlaubt auch mit geringem oder ganz ohne Chemieeinsatz ein Kurzhalten der Schädlinge.

Nach ihrer Zugehörigkeit zum zoologischen System unterscheidet man folgende Gruppen von Schädlingen, die jeweils unter einem eigenen Stichwort ausführlicher beschrieben sind:

■ Nematoden, auch Fadenwürmer oder Älchen, sind winzige, einfach gebaute Rundwürmer, die meist im Boden leben. Sie schaden durch Saugen an Wurzeln und anderen Pflanzenteilen und können dabei auch Viren übertragen. Man unterscheidet Wurzel-, Blatt-, Stängel- und Blütennematoden. Die Diagnose ist bei ihnen oft ebenso schwierig wie die Bekämpfung.

■ Schnecken: Die Weichtiere zählen zu den „Allerweltsschädlingen", die sich in feuchten (Früh-)Jahren massenhaft vermehren und immer wieder verheerende Schäden anrichten. Dabei handelt es sich in erster Linie um verschiedene Nacktschnecken ohne Gehäuse. Ihre Wege kann man anhand der Schleimspuren verfolgen.

■ Milben gehören in die Verwandtschaft der Spinnen. Neben den bekannten Spinnmilben (Rote Spinne) schaden Weichhaut-, Wurzel- und Gallmilben durch Saugen an Pflanzen. Obwohl Milben zahlreiche Feinde haben, können sie sich dank ihrer enormen Vermehrungsrate sehr stark ausbreiten.

■ Insekten stellen die zahlenmäßig größte und damit auch vielfältigste Gruppe der Schädlinge dar. Nach Art der Schädigung unterscheidet man beißende und saugende Insekten.

Blattläuse sind neben Schnecken geradezu ein Synonym für Schädlinge.

Beißende Insekten richten oft charakteristische → *Fraßschäden* an und fressen die grünen Pflanzenteile teils vollständig ab. Die wichtigsten Schaderreger hierunter sind die Raupen von Schmetterlingen (z. B. Spanner-, Wicklerraupen, Kohlweißling), außerdem verschiedene Käfer und ihre Larven. Fraßschäden verursachen außerdem die Larven mancher Fliegen und Wespen.

Saugende Insekten haben ihre prominentesten Vertreter in den Blattläusen, von denen es zahlreiche Arten gibt; teils wenig wählerisch, teils auf bestimmte Pflanzengruppen spezialisiert. Mit mehreren Generationen im Jahr und dem Vermögen der so genannten Stammmütter und Jungfern, lebende Junge zu gebären, vermehren sie sich trotz zahlreicher Feinde enorm. Dazu kommen weitere Familien und Gattungen von Läusen, so etwa Schild-, Woll- und Wurzelläuse, die als Weiße Fliegen bekannten Mottenschildläuse oder die Blattflöhe. Durch Saugtätigkeit schaden weiterhin z. B. Thripse, Zikaden und Blattwanzen. Soweit die Tiere selbst nicht sichtbar sind, erkennt man die Verursacher häufig an kleinen, punktförmigen Einstech- oder Saugstellen oder am starken Kräuseln bzw. Einrollen von Blättern. Zu Schädigungen kommt es teils nicht nur durch das Entziehen von Pflanzensäften, sondern auch durch das Absondern giftiger Speichelsekrete. Noch gravierender wirkt sich die Übertragung von Viren beim Saugen aus, etwa durch Blattläuse und Zikaden.

■ Säugetiere: Hierunter sind Wühlmäuse mitsamt den verwandten Feldmäusen die am meisten gefürchteten Schädlinge. In feld- bzw. waldnahen Gärten spielen gelegentlich auch Kaninchen, Hasen oder Rehe eine Rolle. Der Maulwurf, der mit seinen manchmal störenden Erdhaufen eher zu den Lästlingen als zu den Schädlingen zählt, darf nicht bekämpft werden.

■ Vögel sind überwiegend als Nützlinge einzustufen und wertvolle Helfer beim Regulieren von Insekten. Sie können jedoch durch Fraß an Saaten und Jungpflanzen ebenso unangenehm auffallen wie als „Mitesser" bei der Obsternte.

Das Beispiel der Vögel zeigt zum einen, dass es in jeder Schädlingsgruppe auch zahlreiche → *Nützlinge* gibt; zum andern, dass manchmal das Nahrungsangebot darüber entscheidet, ob Tiere eher zur einen oder anderen Gruppe gehören. Ähnlich verhält es sich z. B. mit den Ohrwürmern oder den zu den Krebstieren zählenden Asseln.

Schädlingsbekämpfung
→ *Pflanzenschutz*

Schadstoffe
Als Schadstoffe werden alle Bestandteile von Boden, Wasser und Luft bezeichnet, die den Pflanzenwuchs und/oder über den Verzehr auch Mensch und Tier schädigen bzw. die Gesundheit beeinträchtigen. Hauptquellen sind Abgase aus Industrie, Privathaushalten (Heizung, Motorgeräte) und KFZ-Verkehr; außerdem so genannte „Altlasten" aus unsachgemäßer Entsorgung von Giftmüll, darunter auch Pflanzenschutzmittelreste. In manchen Gartenböden finden sich noch Reste von Pestiziden und Düngern, wenn frühere Generationen allzu unbedacht damit umgingen. Schadstoffe in Böden und Wasser entstammen schließlich oft auch der intensiv betriebenen Landwirtschaft. Die wichtigsten Schadstoffgruppen sind:

■ Luftschadstoffe: Die Problematik ist unter dem Stichwort → *Abgase* beschrieben. Durch hohe Luftschadstoffgehalte bewirkte Pflanzenschäden äußern sich oft recht unspezifisch durch Vergilben, Welken oder Absterben von Pflanzenteilen, Blattfall oder Kümmerwuchs. Vor allem in Abgasen enthaltene Schwermetalle (vgl. Bodenschadstoffe) belasten Obst und Gemüse manchmal so stark, dass von einem Verzehr abzuraten ist. Auch bodennahes Ozon (→ *Sauerstoff*) kann als so genannter Sommersmog Pflanzen beeinträchtigen. Schadbilder sind punktförmige Ausbleichungen (Chlorosen) und Gewebezerstörungen (Nekrosen), die zu größeren dunklen oder rötlichen Flecken zusammenwachsen. Da Ozon beim Menschen schwere Herz- und Kreislaufschädigungen verursachen kann, sollte man bei entsprechenden Warnungen (Nachrichten) anstrengende Gartenarbeiten unbedingt unterlassen.

■ Bodenschadstoffe: Am häufigsten finden sich angereicherte Schwermetalle (z. B. Blei, Cadmium, Kupfer, Mangan, Quecksilber, Thallium, Zink), die aus den unterschiedlichsten Quellen stammen können. Einige der Elemente sind in kleinsten Mengen für die Pflanzen sogar als Spurenelemente lebensnotwendig, schädlich wirken sie erst in höheren Konzentrationen. Häufig beeinträchtigen sie auch das → *Bodenleben* und zerstören damit letztendlich Bodenstruktur und -fruchtbarkeit. Ähnlich verhält es sich mit organischen Schadstoffen (z. B. chlorierte Kohlenwasserstoffe aus Insektenmitteln). Sie können nach Anreicherung ebenso wie Schwermetalle nicht mehr aus dem Boden entfernt werden. Manche dieser Stoffe nehmen die Pflanzen aus dem Boden auf, Gemüse und Obst können deshalb belastet sein, ebenso Pilze.

■ Schadstoffe im Wasser: Sie spielen, etwa in Form von → *Nitrat* oder Pflanzenschutzmittelresten, vor allem bei Wasser aus → *Brunnen* eine Rolle. In Gegenden mit hoher Luftschadstoffbelastung kann auch die sonst so vorteilhafte → *Regenwassernutzung* infrage gestellt sein.

Gegen den Eintrag von Schadstoffen kann man recht wenig tun; am ehesten helfen noch Schutzpflanzungen aus robusten Gehölzen gegen Abgase. Freilich sollte man auch selbst jegliche Schadstoffbelastung der Umwelt vermeiden, gerade im Hinblick auf Pflanzen- und Holzschutzmittel, Dünger und Abgas produzierende Motorgeräte. Bei Verdacht auf Schadstoffbelastungen bzw. entsprechenden Gegebenheiten empfiehlt sich unbedingt eine spezielle Bodenuntersuchung, ggf. auch eine Analyse des Wassers und geernteter Gemüse.

Nach katastrophenartigen, punktuellen Belastungen (Chemieunfälle, Unfälle mit Gefahrstofftransportern u. Ä.) sind natürlich besondere Vorsichtsmaßnahmen und das Beachten behördlicher Empfehlungen geboten. In diesem Zusammenhang seien auch radioaktive Verunreinigungen erwähnt, die nach dem Reaktorunfall von Tschernobyl (1986) erst richtig ins Blickfeld gerückt sind. Sie gehören zu den besonders heimtückischen Schadstoffen, da sie aufgrund der langen Halbwertszeiten jahrzehntelang strahlen können. Bei entsprechendem Verdacht müssen hier in jedem Fall eingehende Untersuchungen veranlasst und auf Nutzpflanzenanbau vorerst verzichtet werden.

Schafgarbe
ACHILLEA

Kompakte, meist schirmartige Blütenstände aus zahlreichen kleinen Blüten sind ebenso charakteristisch für diese Gattung der Korbblütler wie ihre mehr oder weniger zart gefiederten Blätter.

Die Gewöhnliche oder Wiesenschafgarbe (A. millefolium) trifft man fast weltweit in den gemäßigten Zonen an. Die Wildart trägt weiße Blüten und ist eine alte Heilpflanze mit vielfachen, wohltuenden Wirkungsweisen. Mit Blüten in schönen Rottönen fallen dagegen vor allem die Hybridformen ins Auge. Bis zu handtellergroße Blütenschirme in sattem Goldgelb präsentiert die Goldgarbe (A. filipendulina) aus Asien, von der es mehrere Sorten und Hybridformen in verschiedenen Gelbtönen gibt. Die in Europa heimische Sumpfschafgarbe (A. ptarmica), auch Bertramsgarbe oder Weißer Dorant genannt, fällt ein wenig aus der Reihe, da sie kleine ballförmige Blüten bildet. Bevorzugt werden reich- und großblütige Sorten angepflanzt.

Nur wenig bekannt sind einige weitere Liebhaberarten, die vor allem in Steingärten Verwendung finden. Mit nur 10 cm Wuchshöhe bleibt beispielsweise die Filzige Schafgarbe (A. tomentosa) aus Südosteuropa, bei der sattgelbe Blüten über grauwolligen Laubpolstern stehen, eher zwergig. Hübsche Blätter mit kammartiger Fiederung zeigen Dalmatiner Silbergarbe (A. ageratifolia) und Griechische Silbergarbe (A. umbellata), beide mit weißen Blüten.

Goldgarbe (Achillea filipendulina)

Goldgarbe, Edelgarbe
ACHILLEA FILIPENDULINA

Merkmale: Staude, horstartig, 60 – 120 cm hoch; kräftige, straff aufrechte Stängel mit fein gefiedertem, dunkel- bis graugrünem Laub; bei der Art goldgelbe, bei Sorten auch hell- oder schwefelgelbe, lachsrosa oder feuerrote Blütenstände.
Blütezeit: Juni – September
Verwendung: Als Leit- und Begleitstauden für Beete und Rabatten, schön zu hohen Sommerblühern und zu Rosen; exzellente Schnitt- und Trockenblumen.
Standort: Vollsonnig bis absonnig; lockerer, frischer, humoser, nährstoffreicher Boden.
Pflanzen/Vermehren: Pflanzung bevorzugt im Frühjahr mit 30 – 40 cm Abstand; Vermehrung durch Teilung nach der Blüte, bei der reinen Art sowie einigen Sorten auch durch Aussaat (Lichtkeimer).
Pflege: Bei Bedarf stützen; auf mageren Böden gut mit Kompost versorgen; Verblühtes entfernen, um den Nachflor anzuregen; alle 3 bis 5 Jahre durch Teilung verjüngen.
Hinweis: Sehr ähnlich sind die Clypeolata-Hybriden, die sich durch besonders große Blütenschirme auszeichnen und oft edel silbriges Laub tragen.

Gewöhnliche Schafgarbe
ACHILLEA MILLEFOLIUM

Merkmale: Staude, horstartig bis buschig, 40 – 90 cm hoch; straff aufrechte Stängel mit fein gefiedertem, graugrünem Laub; bei der Art weiße, bei Sorten vorwiegend rot getönte Blüten in lockeren, schirmartigen Blütenständen.
Blütezeit: Juni – September
Verwendung: Die reine Art in Wildblumenwiesen, die Sorten als Begleitstauden in Beeten und Rabatten, am besten in Gruppen; schön zu Astern, Lupinen und Salbeiarten; gute Schnittblume, zum Trocknen geeignet.
Standort: Mäßig trockener bis frischer, nährstoffreicher, nicht zu leichter Boden.

Schafmist

Schafgarbe (Achillea millefolium 'Lachsschönheit')

Pflanzen/Vermehren: Wie Gewöhnliche Schafgarbe.
Pflege: Wie Gewöhnliche Schafgarbe.

Sumpfschafgarbe
ACHILLEA PTARMICA
☼ ☺

Merkmale: Staude, locker buschig, je nach Sorte 30 – 100 cm hoch; dünne Stängel mit dunkelgrünem, wenig gefiedertem Laub; weiße, knopf- bis ballförmige Blütenstände in sehr reicher Zahl.
Blütezeit: Juni – September
Verwendung: Begleitstaude in Beeten und Rabatten, hübsch zu Rosen; sehr gute Schnittblume.
Standort: Frischer bis feuchter, nährstoffreicher Boden.
Pflanzen/Vermehren: Wie Goldgarbe, niedrige Sorten mit ca. 20 cm Abstand pflanzen.
Pflege: Anspruchslos; auf gleichmäßige Wasserversorgung achten; bei Bedarf stützen und aufbinden; alle paar Jahre durch Teilung verjüngen.

Schafmist
→ *Mist*

Schafschwingel
Genügsames, Horste bildendes Zier- und → *Rasengras*
→ *Schwingel*

Schafskälte
Kühle Großwetterlage mit Nordwestwinden und oft mit Regenschauern, die recht häufig etwa in der zweiten Juniwoche auftritt. Der Name rührt daher, dass um diese Zeit die Schafe geschoren werden und dann unter der Kälte leiden.

Schaft
Dieser Begriff begegnet dem Gärtner in zwei völlig unterschiedlichen Zusammenhängen:
  1) Bezeichnung für einen blattlosen, einen Blütenstand tragenden Stängel, z. B. beim Löwenzahn oder Wegerich.
  2) Bei Gartengeräten wie Schaufel oder Spaten sitzt der hohle Schaft dem Blatt an und dient dazu, den Stiel aufzunehmen.

Schalenblüte
Häufige → *Blütenform* bei strahlig (radiär) angeordneten, breiten Blütenblättern. Die Blütenblätter sind dann zur Spitze hin rundum leicht nach oben gewölbt, so dass sie einer Porzellanschale ähneln.

Schalenobst
Haselnuss, Walnuss und Mandel werden als Schalenobst zusammengefasst, da ihre Samen durch eine Schale aus verholzten Zellen geschützt sind. Botanisch zählen Walnuss und Mandel zu den Steinfrüchten (verholzte Samenschale von weichem Fruchtfleisch umgeben), die Haselnuss ist eine echte Nuss (äußere Fruchtwand ist verholzt).

Schalenwickler
Gruppe von kleinen, bräunlichen Schmetterlingen, deren Larven vor allem Apfelbäume (→ *Apfelschädlinge*), aber auch Birne, Pflaume, Aprikose und verschiedene Laubgehölze befallen. Obwohl die Raupen der einzelnen Arten unterschiedlich aussehen, sind alle etwa 2 cm lang und bewegen sich bei Berührung auffallend ruckartig schnell nach rückwärts. Aus den im Mai/Juni abgelegten Eiern schlüpft zunächst eine Sommergeneration, später folgt eine Herbstgeneration, die in Gespinsten überwintert und dann schon im Frühjahr durch Fraß schadet.
Schadbild: Fraßspuren an den Blättern, teils Skelettierfraß; Einrollen der jüngsten Blätter an den Triebspitzen; auf reifen Früchten vernarbte Mulden oder nebeneinander liegende Löcher; Gespinste an Blättern und Früchten.
Abhilfe: Entfernen aller sichtbaren Gespinste und befallener Triebe/Früchte; von Mai bis August Lockstofffallen aufhängen; eine direkte Bekämpfung der Raupen ist mit *Bacillus-thuringiensis*-Präparaten möglich.

Schalerbse
Sortengruppe der → *Erbse* mit runden, glatten, mehlig werdenden Samenkörnern

Schälgurke
Sortengruppe der → *Gurke* mit dicken, um 50 cm langen Früchten, die auch Senfgurken genannt werden.

Schalotte
Varietät der → *Zwiebel*, bei der sich um eine Hauptzwiebel mehrere kleine Nebenzwiebeln entwickeln.

Scharbockskraut
Im Frühjahr gelb blühende Art des → *Hahnenfußes*, die sich als Bodendecker für Gehölzränder und Teichufer eignet; wird teils auch als Unkraut lästig.

Scharfer Sand
Durch seine geringe Korngröße definierter → *Sand*

Scharkakrankheit
Von Viren verursachte, meldepflichtige → *Pflaumenkrankheit*, die pockenartige Einsenkungen an den Früchten verursacht.

Scharlachdorn
Großer Strauch oder kleiner Baum mit scharlachroten Früchten und gelboranger Herbstfärbung, der zur Gattung → *Weißdorn* gehört.

Scharlachlobelie
Intensiv rot blühende Sommerblume → *Lobelie*

Schatten
An Sitzplätzen und anderen sommerlichen Aufenthaltsorten im Garten ist Schatten häufig erwünscht bzw. wird gesucht. Abgesehen vom flexiblen Einsatz von Sonnenschirmen und -segeln gibt es dafür im Wesentlichen zwei gestalterische Lösungen: Bäume, vorzugsweise Laub abwerfende mit breiter Krone (auch → *Hausbaum*) oder eine → *Pergola* mit einem Kletterpflanzendach. Auf einem etwas größeren, voll der Sommersonne ausgesetzten Grundstück kann man schließlich auch die Pflanzung einzelner oder weniger hoher, schlanker Bäume direkt in Südrichtung erwägen, die den Einfall der prallen Mittagssonne abmildern. Allerdings dauert es etwa 10 bis 15 Jahre, bis z. B. hochwüchsige Birken, Pappeln oder Fichten die dafür nötige Höhe erreicht haben. Zudem muss man bedenken, dass es sich bei diesen und manch anderen großen Bäumen um Flachwurzler handelt. Nur wenige Pflanzen kommen sowohl mit dem Schattenwurf als auch mit der Wurzelkonkurrenz der Bäume zurecht.

Gewisse Einschränkungen sind mit Schattenpartien generell verbunden, häufig werden sie eher als Nachteil angesehen. Schon bei halbtägiger starker Beschattung fallen Flächen für viele beliebte Gartenbereiche bzw. -pflanzen aus: Gemüse, Obst, Rosen, Prachtstauden- und bunte Sommerblumenbeete, Teiche mit Seerosen – dies alles ist bei deutlich eingeschränktem Lichtgenuss kaum möglich. Das muss man bereits bei der → *Gartenplanung* berücksichtigen, wobei es sich empfiehlt, den Schattenwurf durch Gebäude und bereits vorhandene Bäume nicht nur im Tages-, sondern auch im Jahresverlauf zu beobachten. Umgekehrt sollte man bei allen Planungen und Pflanzungen an die spätere Höhe und Breite der Gehölze denken. Nicht selten resultiert unerwünschter Schatten aus unbedachtem Einsatz von Bäumen und Sträuchern, die mit den Jahren immer größere Gartenteile verdüstern.

Schattenarten und Lichtangebot
Die übliche Unterteilung lichtreduzierter Plätze in schattig (in Katalogen etc. mit ausgefülltem Kreissymbol gekennzeichnet) und halbschattig (halb ausgefülltes Kreissymbol) bietet nur einen groben Anhaltspunkt. Wenn man mit beschatteten Plätzen im Garten zu tun hat und sich intensiv mit Bepflanzungsmöglichkeiten beschäftigt, wird man bald feststellen, dass es zahlreiche feine Abstufungen gibt, auf die manche Pflanzen ganz unterschiedlich reagieren. Zudem wandert der Schatten im Tages- wie im Jahresverlauf, was je nach Lage zur Himmelsrichtung wiederum zu verschiedenen Verhältnissen führen kann. Die Übersicht auf S. 786 zeigt eine differenzierte Untergliederung von Schattenstandorten.

Da die Pflanzen für die → *Photosynthese* nicht nur direkt, sondern auch durch Streuung diffus einfallendes Licht nutzen können, gedeihen in den ersten vier Kategorien („lichter Schatten" bis „Halbschatten ab der Mittagszeit") teils auch für Sonne ausgewiesene Pflanzen recht gut. Helle Elemente, etwa Kiesflächen oder weiß gestrichene Mauern, erhöhen durch

Bei der Schattengestaltung kommt Blattschmuckpflanzen wie Funkien besondere Bedeutung zu.

Schatten

Schattenstandorte im Überblick

Schattenart	Standortbeispiele	Bepflanzung nach Lichtanspruch
lichter Schatten	in der Nachbarschaft von Laubgehölzen mit hoch ansetzender Krone und dünnen Blättern oder heller, Licht reflektierender Rinde (Paradebeispiel: Birke)	(☼), ☼–◐, ☼–◉
Streuschatten	unter Gehölzen mit lichter Krone oder lockerer Belaubung und kleinen Blättern; keine durchgehenden Schattenflächen	(☼), ☼–◐, ☼–◉
Halbschatten am Vormittag oder ab spätem Nachmittag	bei Beschattung gegen Osten oder Südwesten/Westen, z. B. im Einflussbereich großer, dichtlaubiger Gehölze oder direkt unter einer kleinen Mauer	(☼), ☼–◐, ☼–◉
Halbschatten ab der Mittagszeit	bei Beschattung gegen Süden und Südwesten; voller Sonnenschutz während der Mittagszeit, ggf. ab dem späten Nachmittag noch etwas Sonne	☼–◐, ◐, ☼–◉
Halbschatten durch ganztägig leichte Beschattung oder Wechselbeschattung	am Schattenrand großer, dicht belaubter Gehölze, unter mäßig dichtkronigen Bäumen, zwischen locker gepflanzten Gehölzgruppen	◐, ◐–◉, ☼–◉, (◉),
mäßiger Schatten	weitgehend im Schattenbereich von dichtlaubigen Gehölzen; fast ganztägig im Schatten heller Mauern oder Gebäude	◉, (☼–◉),
tiefer Schatten	im Bereich von Gehölzgruppen, bei Beschattung von mehreren Seiten, z. B. zwischen Gebäude und Baum, in dunklen Innenhöfen	(◉)

Reflexion der Strahlen das Angebot an diffusem Licht. Sie hellen so nicht nur optisch auf, sondern verbessern die Voraussetzungen für das Pflanzenwachstum (auch → *Absonnig*).

Hinweise zur Bepflanzung

Für die verschiedenen Nuancen des Halbschattens steht immer noch eine gewaltige Auswahl ansprechender Pflanzen zur Verfügung, einige beliebte Gewächse wie Rhododendren, Hortensien oder Funkien gedeihen unter diesen Bedingungen sogar am besten. Doch auch bei weniger Lichtgenuss bis hin zum mäßigen Gehölzschatten lassen sich mit Schattenstauden und Farnen ansprechende Pflanzungen von ganz besonderem Reiz anlegen. Prachtspieren (Astilben), Silberkerzen, Waldgeißbart, Eisenhut und Waldglockenblume zählen zu den wichtigsten Arten für solche Staudenarrangements, die sich in lockerer, naturnah wirkender Anordnung am Gehölzrand entlang ziehen können oder an lichten Stellen inmitten von Gehölzgruppen für Blickpunkte sorgen. Dazu können seltene Schönheiten wie Salomonssiegel und Scheinmohn gesellt werden, Winter- und Frühjahrszierden wie Christrose und Buschwindröschen und ansprechende Bodendecker, etwa Taubnessel oder Schaumblüte. Dabei dürfen auch Farne nicht fehlen, deren Palette vom kleinen Tüpfelfarn bis zum majestätischen, bald 2 m hohen Königsfarn reicht. Sehr schön fügen sich schattenverträgliche Seggen und Marbeln in solche Pflanzungen ein.

Auch Gehölze wie Schattenglöckchen, Stechpalme, Eibe oder Skimmie können lichtarme Plätze zieren. Besonders für schattige Terrassen oder Innenhöfe kommen als attraktive Blüher zudem Fleißige Lieschen, Fuchsien und Knollenbegonien infrage.

Im Bereich des Tiefschattens gedeihen allerdings nur noch ausgesprochene Waldpflanzen wie Haselwurz, Waldsauerklee, Bärlauch, Efeu und verschiedene Farne. Der Begriff „Vollschatten" wird meist mit dem tiefen Schatten gleichgesetzt, obwohl man darunter im engeren Sinn einen noch stärker lichtreduzierten Standort versteht, an dem kaum Pflanzenwuchs möglich ist, von Moosen und Flechten einmal abgesehen.

Besonders schwierige Schattenbereiche sind außerdem der trockene → *Mauerschatten* sowie Partien unter flach wurzelnden Bäumen und Nadelgehölzen. Mit dem Wurzeldruck eingewachsener Bäume und der sauren Streu unter Nadelgehölzen kommen am ehesten Mahonie, Efeu, Gundermann, Waldsauerklee und Ysan-

Schattenecke mit Frühlingsplatterbsen und Christrosen

Schattenblume (Smilacina stellata)

der zurecht, an etwas helleren Plätzen auch Günsel und Storchschnabelarten. In der näheren Umgebung von Nadelgehölzen gedeihen z. B. auch Eisenhut und Waldmarbel.

Schattenbambus
Kleiner schattenverträglicher → *Bambus* mit großen Blättern

Schattenblume
SMILACINA RACEMOSA

Wegen der Ähnlichkeit des Wurzelstocks mit dem des → *Salomonssiegels* (*Polygonatum*) nennt man das anmutige Maiglöckchengewächs aus Nordamerika auch Falsches Salomonssiegel oder Duftsiegel. Eine sehr ähnliche Art ist *S. stellata*.
Merkmale: Staude, buschig mit kriechenden Rhizomen, 70 – 90 cm hoch; hellgrüne, ovale, zugespitzte Blätter; stark duftende, weiße Blütchen in üppigen Rispen; beerenartige, rote Früchte.
Blütezeit: Mai – Juni
Verwendung: Am Gehölzrand, unter eingewachsenen Gehölzen mit lichten Kronen; sehr schön mit Farnen und Prachtspieren (Astilben) zu Rhododendren.
Standort: Gut durchlässiger, feuchter, humoser, saurer bis neutraler Boden.
Pflanzen/Vermehren: Pflanzung im Frühjahr; Vermehrung durch Teilung im Herbst.
Pflege: Anspruchslos, am besten ungestört wachsen lassen.

Schattenfrucht
Früchte, die aufgrund des Standorts oder innerhalb einer zu dichten Baumkrone zu wenig Sonne bekommen, bleiben meist kleiner, haben einen geringeren Zuckergehalt und zeigen keine sortentypische Ausfärbung. Die Schattenfrüchte des Apfels eignen sich nicht für die Lagerung.

Schattengare
Der vorteilhafte Zustand einer → *Bodengare* mit guter Krümelstruktur wird durch Beschattung der Bodenoberfläche gefördert und bewahrt. Dies lässt sich insbesondere durch → *Mulchen* und das Einschalten einer → *Gründüngung* auf vorübergehend freien Flächen erreichen. Eine ständige Bedeckung mindert die negativen Einflüsse von praller Sonne, Winden oder kräftigen Regenfällen auf die Oberflächenstruktur.

Schattenglöckchen
PIERIS JAPONICA

Das aus Japan stammende Erika- oder Heidekrautgewächs wird auch Lavendelheide genannt. Interessant wirken vor allem die Sorten, deren Laub weiß gefleckt oder im Austrieb intensiv rot gefärbt ist.
Merkmale: Immergrüner Strauch, locker buschig bis breit aufrecht, 2 – 3 m hoch und breit, Sorten meist niedriger; lanzettliche, glänzend grüne Blätter, im Austrieb bronzefarben bis rötlich; cremeweiße Glöckchenblüten in üppigen Rispen, bei Sorten auch rosa; graubraune Fruchtkapseln.
Blütezeit: März – Mai
Verwendung: In Gehölzgruppen, besonders schön zu Rhododendren.
Standort: Frischer, humoser, unbedingt saurer Boden.
Pflanzen/Vermehren: Pflanzung bevorzugt im Herbst; Vermehrung durch Stecklinge.

Schattengrün

Schattenglöckchen (Pieris japonica)

Schaublatt (Rodgersia aesculifolia)

Schaumblüte (Tiarella cordifolia)

Pflege: Jährlich mit organischem Dünger versorgen, mineralischer Dünger wird nur schlecht vertragen; möglichst ungeschnitten lassen.
Hinweis: Noch etwas üppiger blüht die 1,5 – 2 m hohe *P. floribunda*.

Schattengrün
Anderer Name für den → *Ysander*, ein immergrüner Bodendecker mit fleischigen Blättern

Schattensteinbrech
Anderer Name für das Porzellanblümchen, ein → *Steinbrech* mit zierlichen weißen Blüten

Schaublatt
RODGERSIA PODOPHYLLA

Schaublätter oder Rodgersien sind stattliche, in Ostasien heimische Blattschmuckstauden aus der Familie der Steinbrechgewächse. Neben der hier näher vorgestellten Art empfehlen sich einige weitere für den Garten, die ebenso zu pflegen und zu verwenden sind: *R. aesculifolia* kann mannshoch werden und trägt Blätter, die an überdimensionierte Rosskastanienblätter erinnern; *R. pinnata*, bis 120 cm hoch, besticht durch dunkelgrün glänzendes, sechs- bis neunteiliges Laub; bei *R. sambucifolia* sehen die gefiederten Blätter wie beim Holunder aus, auch sie wird etwas über 100 cm hoch.
Merkmale: Großstaude, dicht buschig, 90 – 160 cm hoch; sehr große, drei- bis fünfteilige, tief gezähnte Blätter, im Austrieb bronzefarben, im Herbst dunkelrot; gelblich weiße Blütchen in lockeren Rispen.
Blütezeit: Juni – Juli
Verwendung: Imposanter Blattschmuck für den Gehölzrand und an Gewässerufern; sehr attraktiv zu Rhododendren und großen Waldstauden wie Glockenblumen oder Silberkerzen.
Standort: Am besten halbschattig, bei sehr guter Wasserversorgung auch sonnig; durchlässiger, frischer bis feuchter, aber nicht nasser, humoser Boden.
Pflanzen/Vermehren: Pflanzung bevorzugt im Frühjahr; Vermehrung durch Teilung nach der Blüte oder durch Rhizomschnittlinge (→ *Wurzelschnittlinge*) im Spätherbst, reine Art auch durch Aussaat.
Pflege: Bei Trockenheit durchdringend gießen; zum Austrieb mit Kompost düngen; Austrieb vor Schnecken schützen.

Schaufel
Die Schaufel ist ein fast unentbehrliches → *Bodenbearbeitungsgerät* zum Bewegen und Verteilen etwa von Erde oder Kompost. Neben den üblichen Schaufeln mit langem Stiel und breitem Blatt (abgerundet oder spitz zulaufend) zählen auch kleine Hand- oder → *Pflanzschaufeln* zur Grundausstattung an Gartengeräten.

Schaumblüte
TIARELLA CORDIFOLIA

Das Steinbrechgewächs aus Nordamerika trägt seinen Namen völlig zu Recht, schmückt es sich doch im Frühjahr mit duftigen Wogen aus unzähligen weißen Blüten.
Merkmale: Wintergrüne, buschige Staude mit kriechendem Rhizom, durch Ausläufer bald dichte Teppiche bildend, 20 – 30 cm hoch; sattgrüne, rundlich herzförmige, am Rand gesägte Blätter, im Winter bronze- bis kupferfarben; kleine weiße Sternblüten in aufrechten, schlanken Rispen.
Blütezeit: April – Mai
Verwendung: Als Bodendecker am Gehölzrand und unter eingewachsenen Gehölzen, auch in großen Stein-

gartenanlagen; schön zu Rhododendren und Elfenblumen.
Standort: Am besten schattig; lockerer, frischer, humoser, nährstoffreicher Boden.
Pflanzen/Vermehren: Pflanzung bevorzugt im zeitigen Frühjahr, für flächige Verwendung 8 bis 10 Pflanzen pro m²; Vermehrung durch Teilung oder Abtrennen von Ausläufern im Frühjahr, auch Aussaat möglich.
Pflege: Anspruchslos.
Hinweis: Gelblich grün blüht die ansonsten sehr ähnliche Art *T. wherryi,* die jedoch keine Ausläufer bildet.

Schaumkraut
Feuchtigkeit liebende, halbschattenverträgliche Staude mit weißen bis blass violetten Schalenblüten
→ *Wiesenschaumkraut*

Schaumzikade
Der Name rührt von den schaumigen Gebilden („Kuckucksspeichel") auf Pflanzenstängeln her, in denen die Larven dieser → *Zikaden* leben.

Scheinakazie
Anderer Name für die → *Robinie,* ein kleiner Baum mit breitrunder Krone und gefiederten, akazienähnlichen Blättern

Scheinaster
BOLTONIA ASTEROIDES

Der nordamerikanische Korbblütler stellt eine wertvolle Bereicherung des Asternsortiments dar. Im Angebot sind einige Sorten sowie die wüchsige Varietät *latisquama,* die 180 cm hoch wird und zur Blüte im September/Oktober völlig unter einen Schleier weißer Sternchenblüten zu verschwinden scheint.
Merkmale: Staude, horstartig wachsend, 80 – 120 cm hoch; schmale Blätter; sternförmige Blütchen, je nach Sorte in Weiß oder Rosa.

Scheinaster (Boltonia asteroides)

Blütezeit: August – Oktober
Verwendung: In Beeten und Rabatten, am Gehölzrand; als schöne Ergänzung zu Astern sowie zu Sonnenhut und Sonnenblumen.
Standort: Durchlässiger, frischer, humoser Boden.
Pflanzen/Vermehren: Pflanzung bevorzugt im Frühjahr; Vermehrung durch Teilung im Frühjahr.
Pflege: Anspruchslos; bei Bedarf aufbinden; gelegentlich mit Kompost versorgen.

Scheinbeere
GAULTHERIA PROCUMBENS

Die aus Nordamerika stammende Scheinbeere, manchmal auch Rebhuhnbeere genannt, zählt bei uns zu den wichtigsten Bodendeckern. Der deutsche Name weist darauf hin, dass die kleinen runden Früchte des Heidekrautgewächses tatsächlich keine echten Beeren, sondern fleischig vergrößerte Blütenkelche sind. Die Pflanze gilt als leicht giftig.
Merkmale: Immergrüner Zwergstrauch mit horstartigem Wuchs und unterirdischen Ausläufern, 10 – 20 cm hoch; Blätter breit elliptisch, dunkel-

Scheinbeere (Gaultheria procumbens)

grün und glänzend, im Austrieb rötlich; krugförmige Blüten meist einzeln, weiß bis hellrosa, Früchte rot, aromatisch riechend.
Blütezeit: Juni – August
Verwendung: Bodendecker für den Heidegarten, auch als Gehölzunterpflanzung, z. B. unter Rhododendren.
Standort: Frischer, sandiger, saurer, humoser Boden; empfindlich gegen Bodenverdichtung; rauchhart, aber für innerstädtisches Klima nur bedingt geeignet.
Pflanzen/Vermehren: Pflanzung bevorzugt im Herbst; Vermehrung durch Teilung und Aussaat.
Pflege: Anspruchslos; Boden wegen der empfindlichen oberflächennahen Wurzeln nicht bearbeiten.

Scheinbuche
NOTHOFAGUS ANTARCTICA

Die Vertreter der Gattung Scheinbuchen sind alle auf der Südhalbkugel heimisch, weshalb sie auch als Südbuchen bezeichnet werden. Auch wenn der Name anderes vermuten lässt, gehören sie ebenso wie die → *Buchen (Fagus)* zu den Buchengewächsen. *N. antarctica,* die als einzige Art bei uns im Handel ist, stammt aus den Bergwäldern Chiles. Während der Baum zu Hause eine stattli-

Scheinbuche (Nothofagus antarctica)

Scheincalla (Lysichiton americanus)

Scheinerdbeere (Duchesnea indica)

che Höhe von 35 m erreicht, bleibt das Gehölz in unseren Gefilden wesentlich kleiner.
Merkmale: Laubgehölz mit aufrechtem, meist strauchartigem, bizarr anmutendem Wuchs, 5 – 7 m hoch und 4 – 6 m breit; junge Triebe fein behaart; dunkelbraune bis schwarze Borke; Blätter frisch grün, eiförmig, unregelmäßig gekerbt mit gewelltem Rand, jung mit intensivem Zimtduft, Herbstfärbung goldgelb; unscheinbare männliche und weibliche Blüten, Früchte ähneln Bucheckern.
Blütezeit: April – Mai
Verwendung: Sowohl als Solitär als auch in Gruppen, zur Innenhofbegrünung und Pflanzung in großen Trögen.
Standort: Unbedingt warm und geschützt; frischer, durchlässiger, humoser Boden, möglichst kalkarm; empfindlich gegen Trockenheit und Hitze; für Stadtklima nur bedingt geeignet.
Pflanzen/Vermehren: Pflanzung bevorzugt im Herbst; Vermehrung durch Stecklinge.
Pflege: Bei jungen Pflanzen Wurzelbereich im Winter abdecken; Rückschnitt nicht empfehlenswert; bei Trockenheit wässern.

Scheincalla
LYSICHITON AMERICANUS

Zur Blütezeit wird deutlich, dass die aus Nordamerika stammende Pflanze eng mit der heimischen → *Schlangenwurz* (*Calla palustris*) verwandt ist und wie diese zu den Aronstabgewächsen zählt. In ihrer Heimat nennt man sie Stinktierkohl, denn sie riecht nicht gerade angenehm.
Merkmale: Staude, horstartig wachsend, 30 – 50 cm hoch; blaugrüne, bis 30 cm große Blätter, die erst nach der Blüte erscheinen; kolbenförmiger Blütenstand, umschlossen von leuchtend gelbem Hochblatt.
Blütezeit: April – Mai
Verwendung: An Gewässerufern, im Sumpfbeet; sehr attraktiv in Begleitung von Rosenprimeln.
Standort: Vorzugsweise halbschattig, aber auch absonnig oder schattig; feuchter bis nasser, nährstoffreicher Boden; verträgt zeitweilig bis 5 cm Wassertiefe.
Pflanzen/Vermehren: Pflanzung im Herbst oder Frühjahr; Vermehrung durch Aussaat.
Pflege: Am besten ungestört wachsen lassen.

Scheinerdbeere
DUCHESNEA INDICA

Die Schein- oder Trugerdbeere, ein Rosengewächs aus Ostasien, ähnelt den heimischen Walderdbeeren (→ *Erdbeere*). Anhand des Laubs könnte man die Pflanzen leicht verwechseln, allerdings blüht die auch Indische Erdbeere genannte Art gelb und ihre roten Früchte sind zwar essbar, schmecken aber fad.
Merkmale: Kleinstaude, buschig, Ausläufer treibend, 5 – 15 cm hoch; dreiteilige, gezähnte Blätter; fünfzählige, gelbe Schalenblüten; beerenartige, rote Früchte.
Blütezeit: Mai – August
Verwendung: Als Bodendecker am Gehölzrand, unter eingewachsenen Gehölzen, in großen Steinanlagen oder an Gewässerrändern.
Standort: Warm und geschützt; durchlässiger, frischer bis leicht feuchter, humoser, nährstoffreicher Boden.
Pflanzen/Vermehren: Pflanzung bevorzugt im Frühjahr, für flächige Verwendung 8 bis 14 Pflanzen pro m²; Vermehrung durch Abtrennen von Ausläufern sowie durch Aussaat.

SCHEINMOHN

Scheinhasel (Corylopsis pauciflora)

Scheinkerrie (Rhodotypos scandens)

Pflege: Zum Austrieb mit Kompost überziehen; in rauen Lagen den Winter über mit Reisig schützen.

Scheinhasel
CORYLOPSIS PAUCIFLORA

Schon früh im Jahr, wenn viele andere Gehölze noch auf das Frühlingserwachen warten, öffnen die aus Ostasien stammenden Schein- oder Glockenhaseln bereits ihre Blüten. Mit der Gattung der → *Haselnüsse* (*Corylus*) haben die Pflanzen aber nichts zu tun, denn sie gehören einer ganz anderen Familie an, nämlich den Zaubernussgewächsen. Sparriger und bis 2 m hoch wächst die Hohe Scheinhasel (*C. spicata*), die etwas später blüht. Sie ist zudem kalkverträglicher.
Merkmale: Strauch, locker aufrecht, breit buschig, Zweige leicht überhängend, 1–1,5 m hoch, bis 1,5 m breit; Blätter eiförmig, hellgrün, im Austrieb mit rötlichen Rändern, Herbstfärbung goldgelb; auffällige glockenförmige, gelbe Blüten mit deutlich sichtbaren, roten Staubgefäßen, stehen in kleinen, hängenden Ähren; angenehmer Duft; Flachwurzler.
Blütezeit: April

Verwendung: In Einzelstellung im Rasen, in Rabatten, für Gehölzgruppen, im Frühlingsbeet mit anderen Frühjahrsblühern; auch für Gefäßkultur geeignet.
Standort: Geschützte Lage; sandig humoser, frischer Boden, schwach sauer bis neutral und kalkarm; nicht ganz rauchhart.
Pflanzen/Vermehren: Pflanzung möglichst im Herbst; Vermehrung durch Stecklinge und Absenker, auch Aussaat möglich.
Pflege: Vor allem in der Jugend und in rauen Gegenden vor Spätfrösten schützen; Boden nach der Pflanzung einige Jahre offen halten; im Wurzelbereich nicht graben; möglichst kein Rückschnitt.

Scheinkerrie
RHODOTYPOS SCANDENS

Wie die echte → *Kerrie* stammt dieser Strauch, der auch als Rosenkerrie geführt wird, aus Ostasien und gehört zu den Rosengewächsen. Allerdings ist er außerhalb der Blütezeit nur mäßig ansprechend, so dass er meist nur als Gruppengehölz Verwendung findet.
Merkmale: Strauch, aufrecht, locker verzweigt, 1–2 m hoch und breit; eiförmige, doppelt gesägte Blätter; weiße Schalenblüten mit 4–5 cm Ø; glänzend schwarzbraune Steinfrüchte, lange haftend.
Blütezeit: Mai–Juni
Verwendung: In Gehölzgruppen.
Standort: Jeder nicht zu feuchte, durchlässige Boden; sehr frosthart, verträgt Trockenheit; rauchhart, für Stadtklima geeignet.
Pflanzen/Vermehren: Pflanzung im Herbst oder Frühjahr; Vermehrung durch Stecklinge oder Absenker.
Pflege: Anspruchslos; bei Bedarf auslichten.

Scheinmohn
MECONOPSIS BETONICIFOLIA

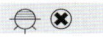

Die von manchen als das schönste Blau im Pflanzenreich gepriesene Blütenfarbe hat dem aus Ostasien stammenden Mohngewächs zu seiner Beliebtheit verholfen. Die Liebhaberpflanze gilt als wahrer Edelstein, ist aber auch sehr anspruchsvoll und oft nur kurzlebig. Die gleichfalls etwas heikle Art *M. grandis* blüht ebenso herrlich blau und bleibt niedriger. Als robuster erweist sich der in Westeuropa heimische Waldscheinmohn (*M. cambrica*), der nur 30–40 cm hoch wird und gelbe bis orangefarbene Blüten entfaltet.

Alle Arten enthalten Giftstoffe.

Scheinmohn (Meconopsis betonicifolia)

Merkmale: Großstaude, locker horstartig, 80–120 cm hoch; behaarte, elliptische Blätter in grundständiger Rosette; große, azur- bis hellblaue Schalenblüten, bei Sorte 'Alba' weiß, auf hohen Stängeln.
Blütezeit: Juni–Juli
Verwendung: Auffällige Leitstaude für den Gehölzrand, sehr attraktiv zu Rhododendren.
Standort: Halb- bis lichtschattig, luftfeucht und kühl sowie unbedingt windgeschützt; gut durchlässiger, frischer, humoser, nährstoffreicher, saurer Boden.
Pflanzen/Vermehren: Pflanzung im Frühjahr; Vermehrung durch Teilung nach der Blüte oder durch Aussaat (Kaltkeimer).
Pflege: Während der Wachstumszeit gleichmäßig leicht feucht halten; zum Austrieb mit Kompost versorgen; Verblühtes entfernen; im Winter vor Nässe schützen, der Boden sollte eher trocken sein.

Scheinquitte
Anderer Name für die → Zierquitte, eine Gattung frühjahrsblühender Sträucher mit essbaren Früchten

Scheinzypresse
CHAMAECYPARIS
Auf der Beliebtheitsskala der Gartengehölze stehen die Scheinzypressen weit oben. Von diesen Zypressengewächsen werden bei uns vorwiegend die amerikanischen Arten Lawson-Scheinzypresse (C. lawsoniana) und Nutka-Scheinzypresse (C. nootkatensis) sowie die ostasiatischen Arten Hinoki- oder Muschelscheinzypresse (C. obtusa) und Fadenscheinzypresse (Chamaecyparis pisifera) kultiviert. Den Scheinzypressen gemeinsam sind ihr kegelförmiger Wuchs mit überhängenden Triebspitzen, abgeflachte Zweige mit meist schuppenförmigen Blättern und kleine, kugelige Zapfen. Die reinen Arten werden wegen ihrer Höhe, die über 50 m betragen kann, zwar kaum gepflanzt, da sie aber relativ einfach zu züchten sind, gibt es inzwischen viele unterschiedliche Formen, die sich in Wuchsform und Blattfärbung unterscheiden. Von 10–15 m hohen Bäumen für den Einzelstand bis zu kleinen, nur 50 cm großen Zwergformen für Tröge und Steingärten ist jede erdenkliche Variation dabei. Da viele Züchtungen stärkeren Schnitt vertragen, werden sie auch gern für Hecken verwendet. Zudem sind die Gehölze pflegeleicht und kommen mit nahezu allen Gartenböden zurecht. Außer den gelbblättrigen Sorten, die unter starken Winden und Frösten leiden können, sind fast alle gut winterhart. Beachten muss man, dass die Pflanzen in allen Teilen giftig sind.

Lawson-Scheinzypresse
CHAMAECYPARIS LAWSONIANA
Merkmale: Immergrüner Baum, in der Jugend säulenförmiger, später kegelförmiger Wuchs mit deutlich nickender Spitze, je nach Sorte 1–20 m hoch und 1–5 m breit; Äste kurz, waagrecht abstehend, dicht mit schuppenförmigen, dunkelgrünen, unterseits deutlich helleren Nadeln besetzt; Zapfen kugelig, hellbraun; beliebte 5–10 m hohe säulenförmige Sorten sind z. B. 'Alumii' (graublau), 'Columnaris Glauca' (silbergrau), 'Golden Wonder' (goldgelb), 'Ellwoodii' (nur bis 3 m hoch, blaugrün); niedrig und kissenförmig bleibt z. B. 'Minima Glauca' (0,5–1 m, blaugrün).
Blütezeit: April
Verwendung: Säulenförmige Sorten für Hecken und Einzelstand, niedrige für Steingärten, Beete oder Gefäßkultur; je nach Sorte für frei wachsende wie für streng geschnittene Hecken.
Standort: Am besten luftfeucht und windgeschützt; durchlässiger, frischer, humoser Boden; rauchhart und für Stadtklima gut geeignet.

Lawson-Scheinzypresse (Chamaecyparis lawsoniana 'Ellwoodii')

Pflanzen/Vermehren: Pflanzung im Frühherbst; Vermehrung durch Absenker oder Stecklinge.
Pflege: Anspruchslos; überwiegend gut schnittverträglich; Solitäre möglichst nicht schneiden.

Nutka-Scheinzypresse
CHAMAECYPARIS NOOTKATENSIS
Merkmale: Immergrüner Baum, schlank kegelförmig, je nach Sorte 5–15 m hoch und bis 6 m breit; deutlich überhängende Äste und Zweige mit einheitlich dunkelgrüner, dicht anliegender, schuppenförmiger Benadelung; Zapfen etwas größer, bräunlich bereift, höckerige Schuppen; beliebte Sorten sind z. B. 'Glauca' (blaugrau, kegelförmig, 10–15 m), 'Pendula' (dunkelgrün, weit abstehende Äste mit schlaff herunterhängenden Zweigen, 10–15 m).
Blütezeit: April
Verwendung: 'Glauca' für Gehölzgruppen und im Einzelstand, 'Pendula' am besten als Solitär.
Standort: Möglichst luftfeuchte Lage; durchlässiger, frischer Boden; rauchhart, für Stadtklima geeignet.

SCHILDBLATT

*Muschelscheinzypresse
(Chamaecyparis obtusa
'Nana gracilis')*

Pflanzen/Vermehren: Pflanzung im Frühherbst; Vermehrung durch Absenker oder Stecklinge.
Pflege: Kaum Pflege nötig; bei starker Trockenheit wässern.

Muschelscheinzypresse
CHAMAECYPARIS OBTUSA

Merkmale: Immergrüner, kegelförmiger Baum, je nach Sorte 1 – 5 m hoch und bis 3 m breit; Zweigspitzen hängend, abgeflacht, dicht mit dicken, fest anliegenden Schuppennadeln besetzt und in ihrer Form ähnlich wie Muschelschalen; dunkelgrün, unterseits deutliche weiße Linien; Zapfen orangebraun; bekannteste Sorte ist 'Nana Gracilis' (dunkelgrün, kugel-, später kegelförmig, 1,5 – 2 m, Zweige deutlich muschel- bis tütenförmig gedreht).
Blütezeit: April
Verwendung: Art im Handel kaum angeboten; Sorten wie 'Nana Gracilis' sowohl im Einzelstand als auch für Steingärten, Rabatten, japanische Gärten und Gefäßkultur.
Standort: Halbschattig bis absonnig, verträgt keine pralle Sonne; hohe Luft- und Bodenfeuchtigkeit; durchlässiger, frischer, humoser Boden; rauchhart, für Stadtklima nur bedingt geeignet.
Pflanzen/Vermehren: Pflanzung im Frühherbst; Vermehrung durch Absenker oder Stecklinge.
Pflege: Anspruchslos; möglichst nicht schneiden.

Fadenscheinzypresse
CHAMAECYPARIS PISIFERA

Merkmale: Immergrüner Baum, schmal kegelförmig, je nach Sorte 1 – 10 m hoch und bis 5 m breit; Äste waagrecht abstehend, Zweige überhängend, Nadeln scharf zugespitzt und anliegend, oberseits dunkelgrün, unterseits weiß gezeichnet; Zapfen zu mehreren zusammen, braun; beliebte kegelförmige, 6 – 10 m hohe Sorten sind z. B. 'Plumosa' (grün), 'Plumosa Aurea' (goldgelb), 'Squarrosa' (silbergrau), alle mit moosartig gekräuselten Nadeln; halbkugelige, niedrige Sorten sind u. a. 'Filifera Nana', (frisch grün, 0,5 – 1,5 m); 'Filifera Aurea Nana' (goldgelb, 2,5 – 3 m), beide mit fadenförmigen, fontänenartig überhängenden Zweigen.
Blütezeit: April
Verwendung: Hohe Sorten für Gehölzgruppen und Einzelstand, geschnittene und ungeschnittene Hecken; kleine, buschige Sorten auch in Rabatten und für Gefäßkultur geeignet.
Standort: Eher feuchte und kühle Lagen; durchlässiger, frischer, humoser Boden; meist rauchhart, die Sorten vertragen Innenstadtklima unterschiedlich gut.
Pflanzen/Vermehren: Pflanzung im Frühherbst; Vermehrung durch Absenker oder Stecklinge.
Pflege: Im Halbschatten völlig anspruchslos, an sonnigen Standorten bei Hitze und Trockenheit jedoch gut wässern.

Scheitelpunktförderung
Wachstumsgesetz, das beim → *Obstbaumschnitt* zu beachten ist: Neigt sich ein Zweig durch sein Eigen- und Fruchtgewicht nach unten, wird das Wachstum der Triebe an seinem höchsten Punkt, dem Scheitelpunkt, besonders stark gefördert.

Schere
→ *Gartenschere,* auch → *Schnittwerkzeug*

Scherkohl
Rapsspielart, die als Gemüse genutzt wird.
→ *Schnittkohl*

Schermaus
Andere Bezeichnung für die Große
→ *Wühlmaus*

Schiefblatt
Andere Bezeichnung für die große Gattung der → *Begonien*

Schierlingstanne
Anderer Name für die → *Hemlocktanne,* ein immergrüner, breit kegeliger Nadelbaum, von dem es auch kleinwüchsige Formen für den Garten gibt.

Schießen
Vorzeitige Blütenbildung bei Gemüsepflanzen
→ *Schossen*

Schildblatt
DARMERA PELTATA

Die stattliche Blattschmuckstaude wächst wild in den westlichen USA. Man nennt sie dort treffend Indianischer Rhabarber oder Regenschirmpflanze. Sie gehört botanisch zu den Steinbrechgewächsen und wird bisweilen auch unter ihrem alten Namen *Peltiphyllum peltatum* geführt.
Merkmale: Großstaude, 80 – 120 cm hoch; im Frühjahr zunächst nur kräfti-

Schildfarn

Schildblatt (Darmera peltata)

Borstiger Schildfarn (Polystichum setiferum)

ge blattlose Triebe mit rosafarbenen Blüten in Dolden; anschließend dunkelgrüne, schildförmige Blätter, die bis 60 cm Ø erreichen.
Blütezeit: April – Mai
Verwendung: Dekorative Blattschmuckpflanze für das Gewässerufer.
Standort: Feuchter, zeitweilig auch nasser und bis 5 cm hoch überfluteter, nährstoffreicher Boden.
Pflanzen/Vermehren: Pflanzung im Frühjahr oder Herbst, dabei reichlich Abstand zu Nachbarpflanzen lassen; Vermehrung durch Teilung im Frühjahr oder Aussaat (Lichtkeimer).
Pflege: Vor dem Austrieb altes Laub entfernen.

Schildfarn
Polystichum setiferum

Schild- oder Schwertfarne gehören botanisch zur Familie der Wurmfarngewächse. Ihr Name leitet sich einerseits von den Sporenhaufen her, die als schildartige Gebilde auf der Unterseite fruchtbarer Wedel ordentlich aufgereiht stehen, zum anderen von der Schwertform der Fiederblättchen. Die Gattung umfasst viele verschiedene Arten, die auf der gesamten Nordhalbkugel zu finden sind.

In Europa heimisch ist die wohl bekannteste Art, der Borstige Schildfarn (*P. setiferum*), auch Weicher oder Südlicher Schildfarn genannt. Die Art steht unter Naturschutz, im Garten werden vor allem Sorten gezogen, die es in reicher Zahl gibt. Gegen Ende des 19. Jahrhunderts brach in England ein regelrechter Farn-Boom aus, man zählte fast 400 verschiedene Sorten des Borstigen Schildfarns. Davon sind heute nur vergleichsweise wenige in Kultur, insbesondere solche der so genannte Proliferum-Gruppe. Sie bilden Brutknospen und tragen filigran gefiederte Wedel, weshalb man sie Brutknospen-Filigran- oder kurz nur Filigranfarne nennt. Bekannte Sorten sind z. B. 'Proliferum' (Schmaler Filigranfarn), 'Proliferum Plumosum Densum' (Flaumfeder-Filigranfarn), 'Proliferum Herrenhausen' (Herrenhäuser Filigranfarn) oder 'Proliferum Dahlem' (Dahlemer Schildfarn). Spezialisierte Gärtnereien bieten für Liebhaber dieser Farne noch weitere Sorten, bisweilen mit bizarrem Aussehen, etwa mit Wedeln, die wie Troddeln wirken.

Von den weiteren Schildfarnarten, alle mit sehr ähnlichen Ansprüchen, seien hier noch der Glanzschildfarn (*P. aculeatum*) und der Lanzenschildfarn (*P. lonchitis*) genannt. Der wintergrüne Glanzschildfarn wird 30 – 100 cm hoch und hat glänzend dunkelgrüne, schmale, doppelt bis dreifach gefiederte Wedel, überhängend oder aufrecht; der Lanzenschildfarn begnügt sich mit 20 – 50 cm Höhe und bildet glänzend dunkelgrüne, schmale, einfach gefiederte Wedel aus, die erst aufrecht stehen, später weit überhängen; er braucht einen geschützten Standort und leichten Winterschutz.
Merkmale: Wintergrüner, große Trichter bildender Farn, 30 – 100 cm hoch; frisch grüne, doppelt gefiederte Wedel, Stiele und Mittelrippen mit rötlichen bis hellbraunen Spreuschuppen besetzt.
Verwendung: In Gruppen am Gehölzrand, unter eingewachsenen Gehölzen, im Steingarten, in Beeten, Sorten auch für Einzelstand.
Standort: Luftfeucht und kühl; frischer bis feuchter, humoser, schwach saurer Boden.
Pflanzen/Vermehren: Pflanzung bevorzugt im Frühjahr, Rhizome dabei senkrecht in den Boden setzen; Vermehrung durch Sporenaussaat (schwierig und langwierig), Teilung kaum möglich; Vermehrung bei den Filigranfarnen aus Brutknospen, dazu entsprechende Wedel im Herbst abschneiden, flach auf Anzuchtsubstrat befestigen, an hellem Platz bei 18° C aufstellen und leicht feucht halten, die sich aus den Brutknospen entwickelnden Farne pikieren, wenn sie drei Wedel gebildet haben.
Pflege: Für gleichmäßige Bodenfeuchtigkeit sorgen; alle 3 bis 4 Jahre im Frühjahr Kompost geben; in rauen Lagen leichter Winterschutz nötig, insbesondere vor Sonne schützen.

Schildlaus

Die bis 6 mm großen, meist jedoch kleineren Schildläuse gehören wie die mit ihnen verwandten → *Blattläuse* zu

Schildläuse

den Pflanzensaugern. Während die winzigen Männchen keine Nahrung aufnehmen, stechen die Weibchen ihre Rüssel in Triebe, Blattstiele oder Blätter befallener Pflanzen und beginnen zu saugen.

Der namensgebende feste, wachsartige Schild mit 1 – 2 mm Ø, unter dem sich die Weibchen verbergen, dient dem Schutz vor Fressfeinden. Je nach Form des Schilds unterscheidet man die flacheren Deckelschildläuse (Schild mit Nadel abhebbar) von den hoch gewölbten Napfschildläusen (Schild mit Rückenhaut der Laus verwachsen). Die Schilde sind oft braun oder rötlich, je nach Art auch gelb oder schwärzlich. Die länglichen, leicht gekrümmten Schutzdeckel der Kommaschildläuse (schaden an Obstbäumen) zeigen eine hellgraue Färbung. Eng verwandt mit den Schildläusen sind Schmier- oder → *Wollläuse,* die sich nicht unter festen Deckeln, sondern unter weißlichen Wachsausscheidungen verbergen.

Unter den Schilden sind nicht nur die Weibchen geschützt, sondern auch die Eier und Larven. Ein einziges befruchtetes Weibchen kann darunter bis zu 1000 Eier legen, dann stirbt es. Die schlüpfenden Larven sind beweglich, sie suchen sich einen freien Platz, setzen sich fest und beginnen zu saugen. In einem Sommer wachsen 2 bis 3 Generationen heran, bei manchen Arten und in warmen Jahren auch mehr. Ihre Schilde dienen ihnen als Überwinterungsschutz.

Die verschiedenen Schildlausarten kommen an Obst- und Ziergehölzen sowie an hartlaubigen Zierpflanzen und Sukkulenten mit dickfleischigen Blättern vor. Bevorzugt werden bereits geschwächte Pflanzen befallen, günstige Bedingungen finden sie bei trocken-warmem Wetter. An Kübelpflanzen wie Oleander können Schildläuse auch im Winterquartier auftreten. Sie schwächen die Pflanzen durch ihre Saugtätigkeit, einige Arten übertragen dabei auch → *Viruskrankheiten.*

Als besonders gefährlich gilt die aus Kalifornien eingeführte **San-José Schildlaus,** die sich anfangs in Mitteleuropa ohne natürliche Feinde ausbreiten konnte. Sie befällt vorwiegend Apfel und Johannisbeere, aber auch andere Obst- und Ziergehölze. Bei Massenauftreten kann sie die Gehölze zum Absterben bringen. Durch nachträgliches Einführen einer amerikanischen Zehrwespe (Schlupfwespe), die sich auf diesen Schädling spezialisiert hat, konnte die San-José-Schildlaus, die nur in warmen Regionen auftritt, schließlich eingedämmt werden. Trotzdem zählt sie nach wie vor zu den meldepflichtigen Schädlingen.

Schadbild: Je nach Art kleine deckel- oder napfförmige, pustelähnliche Schilde auf Zweigen, Trieben, Blattstielen oder Blättern, oft in den Triebachseln, meist dicht an dicht, in krustenartigen Belägen; klebrige Honigtauausscheidungen; Wachstumshemmungen und Verkrüppelungen. San-José-Schildlaus: Aschgraue Schildkrusten, Schilde rund oder länglich, gelbbraun bis schwarzgrau; befallene Rinde oft rissig, Gewebe unter der Rinde rot verfärbt, rote Flecken um den Stielansatz der Früchte.

Abhilfe: Vorbeugend natürliche Feinde wie Schlupfwespen, Marienkäfer und Ohrwürmer fördern. Schilde von befallenen Zweigen und Trieben abbürsten (Zahnbürste), im Winter Rindenreinigung mit Drahtbürste oder Baumkratzer; Spritzungen mit Ölpräparaten (Paraffinöl, Rapsöl); die Läuse ersticken unter dem Ölfilm.

Schilf

Allgemeine Bezeichnung für grasartige Röhrichtpflanzen im Randbereich von Gewässern, z. B. Simsen (*Scirpus*), Rohrkolben (*Typha*) und Igelkolben (*Sparganium*); im engeren Sinn ist damit das → Schilfrohr (*Phragmites*) gemeint.

Schilfrohr

PHRAGMITES AUSTRALIS

Das Schilfrohr ist ein weltweit verbreitetes Süßgras, das oft die Röhrichtzonen, die Schilfgürtel, von Gewässern prägt. Mit den Namen Schilfrohr, Schilf, Rohr, Ried oder Reet bezeichnet man nicht nur die hier beschriebene Art, sondern ganz allgemein hochwüchsige Gräser und grasartige Pflanzen der Gewässerufer. Die robusten, kräftigen Halme des Schilfrohrs verwendet man seit jeher zum Dachdecken oder zur Herstellung von Rohrmatten. Da die langen, spitzen Ausläufer Teichfolien durchstoßen können, sollte man Schilfrohr an Folienteichen mit einer tief reichenden Wurzelsperre versehen.

Merkmale: Gras, üppige Horste und durch kriechende Rhizome bald Dickichte bildend, 1 – 3 m, selten bis 4 m hoch; hohle Halme mit schmalen, graugrünen Blättern; bräunliche bis purpurne, fahnenartige Blütenstände; rötlich braune Herbstfärbung.

Schillergras

Schilfrohr (Phragmites australis)

Schillergras (Koeleria glauca)

Blütezeit: Juli – September
Verwendung: Für die Röhrichtzonen naturnaher, großflächiger Teiche, als Hintergrundpflanzung für Sumpfbereiche; sehr gut als Vasenschmuck und zum Trocknen geeignet.
Standort: Am besten sonnig; tiefgründiger, feuchter bis nasser, zeitweilig auch staunasser, nährstoffreicher Boden.
Pflanzen/Vermehren: Pflanzung im Herbst oder Frühjahr, dabei am besten gleich 1 m tief reichende Wurzelsperre mit einbringen (Zylinder aus kräftigem Kunststoff oder verrottungsfestem Gummi, Betonring); Vermehrung durch Abtrennen von Rhizomstücken im Frühjahr.
Pflege: Anspruchslos; abgestorbene Halme im Frühjahr zurückschneiden; Ausbreitung regelmäßig durch Abstechen eindämmen.
Hinweis: Im Schilfrohrdickicht finden vielerlei Tiere Unterschlupf, Nistmöglichkeiten und Schutz. Die Halme sorgen für eine natürliche Belüftung des Teichs im Winter. Trockene Schilfhalmbündel, an geschützter Stelle aufgehängt, ergeben hervorragende Nisthilfen für nützliche Insekten.

Schillergras
Koeleria glauca
☼ ☺

Das Süßgras ist von Mitteleuropa bis Südsibirien in mageren Wiesen und Kiefernwäldern beheimatet. Nach seinen leicht glänzenden Blütenähren trägt es den Namen Schillergras, nach deren kammartiger Form wird es auch Kammschmiele genannt.
Merkmale: Wintergrünes, kompakte Horste bildendes Gras, 20 – 60 cm hoch; an der Basis verdickte Halme mit eingerollten, grau- bis meergrünen Blättern; grünlich gelbe, breit gefächerte Ährenrispen.
Blütezeit: Juni – Juli
Verwendung: In kleinen Gruppen für Steingärten, Heide- oder Steppenbeete; hübsch zu Kleingehölzen und Nelken.
Standort: Vollsonnig, warm; sehr gut durchlässiger, am besten sandiger, trockener bis frischer, humoser, nicht zu nährstoffreicher Boden.
Pflanzen/Vermehren: Pflanzung bevorzugt im Frühjahr; Vermehrung durch Teilung oder Aussaat im Frühjahr.
Pflege: Anspruchslos; nicht düngen, sonst geht die Blattfärbung verloren.

Schimmelfichte
Amerikanische Art der → *Fichte*, auch Weißfichte genannt (*Picea glauca*), von der im Garten nur kleinere Formen wie die Igelfichte gepflanzt werden.

Schimmelpilze
Schimmelpilze haben vorrangig Bedeutung als Lagerkrankheiten. Sie treten an geerntetem Gemüse oder Obst auf, manchmal auch an gelagerten Blumenzwiebeln oder Kartoffelknollen. Es handelt sich um verschiedene Pilzarten, die vorrangig von totem organischem Material leben und es mit einem weißen bis grauen, teils auch schwärzlichen, samtigen, wolligen oder staubigen Schimmelrasen überziehen. Man beugt ihnen durch sachgemäße, kühle, nicht zu feuchte Aufbewahrung von Erntegut vor. Verschimmeltes Obst und Gemüse darf nicht verzehrt werden, da es Krebs erregende Stoffe enthalten kann.

Doch Schimmelpilze kommen nicht nur an schlecht gelagerten Nahrungsmitteln oder feuchten Wänden vor – sie gehören zu den natürlichen Mikroorganismen des Bodens, wo sie mit für die Zersetzung sorgen, und ihre Sporen sind allgegenwärtig. Sichtbare Schimmelrasen bilden sich zuweilen auf zu feucht gehaltener Erde in Töpfen und anderen Pflanzgefäßen.

Einige wenige Arten, die man ebenfalls zu den Schimmelpilzen rechnet, siedeln sich auch auf lebenden Pflanzen an. Hierzu zählen Fusarium-Pilze (→ *Fusarium*-Krankheiten), von denen ein Vertreter den Schneeschimmel auf Rasen (→ *Rasenkrankheiten*) verursacht. Bei sonstigen schimmelähnlichen Bildungen auf Gartenpflanzen handelt es sich allerdings meist um → *Grauschimmel*.

Schinkenkraut
Volksname für die Gewöhnliche → *Nachtkerze*, bezieht sich auf die essbaren, beim Kochen rot färbenden Wurzeln.

Schirmbambus
Beliebte Bambusgattung mit schirmartig überhängendem Wuchs, die kaum Ausläufer bildet.
→ *Bambus*

Schizanthus
Sommerblume mit prächtigen Blüten in vielen verschiedenen Tönen
→ *Spaltblume*

Schlafendes Auge
Knospe im Ruhezustand, die unter bestimmten Bedingungen (z. B. Schnitt des darüber liegenden Triebabschnitts) austreibt.
→ *Auge, schlafendes*

Schlaghacke
Sammelbegriff für verschiedene → *Hacken* mit kräftigem Blatt (Unkraut- und Blatthacke, Haue), mit denen man „schlagend" und meist vorwärts gehend den Boden bearbeitet.

Schwarzer Schlangenbart (Ophiopogon planiscapus 'Nigrescens')

Schlangenbart
OPHIOPOGON JAPONICUS

Auf den ersten Blick erscheint diese in Ostasien heimische Pflanze wie ein Gras, es handelt sich aber um ein Maiglöckchengewächs, das sich schnell zu dichten Rasen aus üppigen Blattbüscheln entwickelt.

Eine außergewöhnliche Blattschmuckstaude ist der Schwarze Schlangenbart (*O. planiscapus* 'Nigrescens'), der durch sein fast schwarzes, grasartiges Laub eigenwillige Farbkontraste setzt, auch in Kübeln und Kästen. Er blüht rosaweiß und bildet später schwarze Früchte.

Merkmale: Wintergrüne, dicht buschige, durch Ausläufer Teppiche bildende Kleinstaude, 15 – 30 cm hoch, Sorte 'Minor' nur 5 – 20 cm; dunkelgrüne, grasartig schmale, ledrige Blätter; unscheinbare, weiße Blütchen; leuchtend blaue, beerenartige Früchte.

Blütezeit: Juli – August

Verwendung: Als Blattschmuckpflanze und Bodendecker unter Gehölzen, für Einfassungen und in asiatisch gestalteten Gartenteilen; sehr attraktiv zu Rhododendren; als Unterpflanzung in kühlen Wintergärten.

Standort: Vorzugsweise halbschattig und kühl; durchlässiger, frischer, humoser, saurer Boden.

Pflanzen/Vermehren: Pflanzung bevorzugt im Frühjahr, für flächige Verwendung etwa 6 bis 8 Pflanzen pro m²; Vermehrung durch Teilung.

Pflege: Am richtigen Standort anspruchslos; in rauen Lagen und an sonnigen Stellen Reisigabdeckung im Winter empfehlenswert.

Schlangengurke
Anderer Name für die bekannten langen Salatgurken, die sich nur für Gewächshausanbau eignen.
→ *Gurke*

Schlangenhautkiefer
Der Name dieser bis 7 m hohen, breitkronigen → *Kiefer* bezieht sich auf die schuppenartig gefelderte Borke der Zweige.

Schlangenwurz
CALLA PALUSTRIS

Sumpfcalla, Drachenwurz und Schweinsohr sind weitere Namen für dieses Aronstabgewächs, das wild in Europa, Nordasien und Nordamerika vorkommt. Es wächst in feuchten Auwäldern, Erlenbrüchen und Heidemooren und steht bei uns unter Naturschutz. Ihren Namen erhielt die Sumpfstaude aufgrund des schlangenartig gewundenen Rhizoms. Wie beim verwandten → *Aronstab* sind alle Pflanzenteile, besonders die Beeren, giftig. Die Berührung der Blätter kann Hautreizungen verursachen. Mit dem Aronstab hat die Schlangenwurz auch den Insekten anlockenden Aasgeruch der Blüten gemeinsam.

SCHLANKE SPINDEL

Schlangenwurz (Calla palustris)

Merkmale: Sumpfstaude mit kriechendem Rhizom, 15 – 30 cm hoch; Rosette aus lang gestielten, breit herzförmigen, ledrigen Blättern; grünlich bis gelblich weißer Blütenkolben mit großem, auffälligem, weißem Hüllblatt; leuchtend rote Beeren.
Blütezeit: Mai – August
Verwendung: Im Sumpfbereich von Teichen und langsam fließenden Bachläufen, im Sumpfbeet; schön z. B. mit Fieberklee und Sumpfdotterblume.
Standort: Stets feuchter, sumpfiger Boden, bis 10 cm Wassertiefe.
Pflanzen/Vermehren: Pflanzung im Frühjahr, am einfachsten durch Einsetzen von Rhizomen; Vermehrung durch Teilen der Rhizome im Frühjahr.
Pflege: Anspruchslos; wuchernde Rhizome bei Bedarf einkürzen bzw. abstechen.

Schlanke Spindel

→ *Obstbaumform* mit sehr kurzen Seitentrieben, an denen direkt das Fruchtholz steht.
   Auch → *Obstbaum, Kronenformen*

Schlauch

→ *Gartenschlauch*

Schlauchwaage

Einfache Methode zur Prüfung des Niveaus bei der → *Teichanlage* oder zum Bestimmen eines Gefälles, etwa beim → *Bachlauf*. In die Enden eines normalen Gartenschlauchs werden durchsichtige Röhrchen gesteckt und der Schlauch mit Wasser gefüllt. Da die Wasserspiegel an beiden Enden nach dem Prinzip „kommunizierender Röhren" stets gleich hoch sind, zeigt ein Abgleich mit Markierungen an Pfosten, die z. B. auf gegenüberliegenden Seiten einer Teichgrube eingeschlagen wurden, ob beide Pfostenmarkierungen in der Waagrechten sind oder ob ein Höhenunterschied besteht.

Schlehe

PRUNUS SPINOSA
☼ ☺

Die Schlehe, auch als Schleh- oder Schwarzdorn bezeichnet, ist von Europa bis Kleinasien und Nordafrika verbreitet und besiedelt gern trockene, steinige Stellen. Mit seinen dornigen Trieben bildet das Rosengewächs undurchdringliche Gestrüppe,

Schlehe (Prunus spinosa)

weshalb es gerade im Naturgarten hervorragend als Heckengehölz eingesetzt werden kann. Noch vor dem Blattaustrieb besticht die Schlehe mit einer Blütenwolke, aus der sich bis zum Spätherbst essbare Früchte entwickeln. Da sie sehr herb schmecken, genießt man sie nur verarbeitet, etwa in Form von Likören, Schnäpsen oder als Beigabe zu Konfitüren. Man erntet die Steinfrüchte erst nach Frosteinwirkung.
Merkmale: Großstrauch, sparrig, reich verzweigt mit langen, spitzen Dornen, 1 – 3 m, selten bis 5 m hoch, bis 3 m breit; elliptische, fein gesägte, matt dunkelgrüne Blätter, gelbe Herbstfärbung; zahlreiche kleine weiße, duftende Blüten, erscheinen meist vor dem Laub; blauschwarze, bereifte Steinfrüchte; kräftiges, weit reichendes Wurzelwerk, bildet Ausläufer und Schösslinge.
Blütezeit: April – Mai
Verwendung: Für Wildhecken und naturnahe Strauchgruppen, wichtiges Bienennähr- und Vogelschutzgehölz, als Wildobst; auch als Pioniergehölz zur Besiedlung roher Böden oder in Hanglagen.
Standort: Gedeiht am besten auf frischem, nährstoffreichem, kalkhaltigem Boden, kommt aber auch mit sehr kargen, rohen und trockenen Standorten gut zurecht; rauchhart und für Stadtklima geeignet.
Pflanzen/Vermehren: Pflanzung am besten im Herbst; Vermehrung durch Aussaat, aber auch Stecklinge sind möglich.
Pflege: Anspruchslos; Schnitt (Auslichten) nach Bedarf.

Schleierkraut

GYPSOPHILA

Die Nelkengewächse sind von Mitteleuropa bis Westsibirien heimisch und schmücken sich mit zwar winzigen, dafür aber unzähligen Blüten, so dass sie von der Ferne wie duftige Schleierwolken wirken. Der Zweitname Gipskraut rührt von der Vorliebe her, auf gipshaltigem Boden zu wachsen.

Die Gattung umfasst mehrere Arten, von denen drei Bedeutung als Zierpflanzen haben. Einjährig wächst das Sommerschleierkraut (G. elegans), das häufig in Sträuße eingebunden wird, um sie fülliger zu machen. Von ihm gibt es einige Sorten, darunter gefüllt blühende und rosafarbene. Das ausdauernde Riesenschleierkraut oder Rispengipskraut (G. paniculata) formt im Alter mächtige Büsche. Man kann zwischen mehreren Sorten wählen, die sich in Wuchshöhe und Blütenform unterscheiden. Lockere, niemals wuchernde Teppiche bildet das ebenfalls ausdauernde, niedrig bleibende Kriechende Schleierkraut (G. repens; vgl. „Hinweis" beim Riesenschleierkraut). Aus Kreuzungen beider Arten gingen Hybriden hervor, die schöne Büsche bilden und auch gefüllte oder rosafarbene Blüten tragen.

Sommerschleierkraut
GYPSOPHILA ELEGANS

Merkmale: Sommerblume, locker buschig, 40 – 100 cm hoch; dünne, reich verzweigte Stängel; schmale Blättchen; sternförmige weiße Blüten.
Blütezeit: Mai – September
Verwendung: In Gruppen auf Beeten und Rabatten, Kästen und Kübeln; als Schnittblume und zum Trocknen.
Standort: Warm und geschützt; durchlässiger, mäßig trockener bis frischer, nicht zu nährstoffreicher, kalkhaltiger Boden.
Kultur: Anzucht von März bis Mai bei 15° C, nach 3 bis 4 Wochen pikieren und kühl bei 10° C weiterkultivieren, ab Mai auspflanzen; auch Direktsaat ab März möglich, Sämlinge auf 30 – 40 cm Abstand vereinzeln.
Pflege: Bei Bedarf abstützen und aufbinden.
Hinweis: Wer auf eine besonders frühe Blütezeit Wert legt, kann das Schleierkraut auch schon im Herbst aussäen. Ein anhaltender, reicher Flor ist garantiert, wenn man ab März mehrere Folgesätze im Abstand von 2 bis 3 Wochen sät.

Riesenschleierkraut
GYPSOPHILA PANICULATA

Merkmale: Staude, dicht buschig, je nach Sorte 30 – 120 cm hoch; dünne, drahtige, reich verzweigte Stängel mit kleinen, lanzettlichen, graugrünen Blättern; kleine, weiße, sternförmige Blüten, bei Sorten ebenfalls gefüllt möglich.
Blütezeit: Juni – August
Verwendung: Als Begleitpflanze auf Beeten und Rabatten, sehr hübsch zu Rosen; sehr gute Schnittblume, zum Trocknen hervorragend geeignet.
Standort: Warm; gut durchlässiger, mäßig trockener bis frischer, auch magerer und steiniger, kalkreicher Boden.
Pflanzen/Vermehren: Pflanzung bevorzugt im Frühjahr, hohe Sorten mit ca. 60 cm, niedrige mit 30 cm Abstand; Vermehrung durch Kopfstecklinge im Frühjahr, die reine Art und einige Sorten auch durch Aussaat.
Pflege: Anspruchslos; möglichst nicht düngen.
Hinweis: Das 10 – 25 cm hohe, Teppiche bildende Kriechende Schleierkraut (G. repens) und die 30 – 40 cm hohen Schleierkraut-Hybriden (G.-Hybriden) haben dieselben Standort- und Pflegeansprüche wie das Riesenschleierkraut. Sie entfalten größere Einzelblüten und werden vorwiegend in Steingärten, auf Trockenmauern und im Beetvordergrund verwendet, die Hybriden auch als Begleitstauden auf Rabatten.

Schleifenblume
IBERIS

Ihren Namen erhielten diese Kreuzblütler nach einer Eigenart der Blüten: Je zwei der vier Kronblätter sind bedeutend größer als die beiden anderen, so dass die einzelne Blüte wie aus einem Schleifenband geknüpft wirkt. Im Garten finden einjährige und ausdauernde Arten Verwendung, von denen nachfolgend jeweils der wichtigste Vertreter ausführlicher beschrieben ist. Einjährig wachsen Doldige (I. umbellata) und Bittere Schleifenblume (I. amara), beide stammen aus dem Mittelmeerraum. Erstere blüht weiß, in Sorten auch rosa, rot oder violett. Letztere trägt von Mai bis August stark duftende, reinweiße Blütendolden, die zuerst schirmförmig sind, sich aber zunehmend in die Länge strecken. Sie enthält in allen Teilen, vor allem in den Samen Giftstoffe. Oft als Stauden eingestufte Halbsträucher sind Immergrüne Schleifenblume (I. sempervirens) und Felsenschleifenblume (I. saxatilis), beide in Südeuropa heimisch. Da die einander recht ähnlichen Gewächse zur Blütezeit fast völlig unter strahlend weißem Flor verschwinden, werden sie auch Schneekissen genannt.

Kriechendes Schleierkraut (Gypsophila repens)

SCHLEPPENFICHTE

Die Bittere Schleifenblume (Iberis amara) hat dieselben Ansprüche wie die Doldige Schleifenblume.

Immergrüne Schleifenblume
IBERIS SEMPERVIRENS
☼ ☺

Merkmale: Immergrüner Halbstrauch, dicht buschig, kissenförmig, 15 – 30 cm hoch; schmale, ledrige, dunkelgrüne Blätter; reinweiße Blüten in halbkugeligen, üppigen Dolden.
Blütezeit: März – Juni
Verwendung: Als Polsterpflanze für Steingärten, Trockenmauern sowie in Beeten und Rabatten; auch für Troggärten.
Standort: Vollsonnig, warm und geschützt; durchlässiger, trockener bis frischer, nährstoffreicher Boden.
Pflanzen/Vermehren: Pflanzung bevorzugt im Frühjahr mit 20 – 30 cm Abstand; Vermehrung durch Kopfstecklinge nach der Blüte sowie durch Aussaat gleich nach der Samenreife.
Pflege: Nach der Blüte Pflanzen um ein Drittel zurückschneiden und in Form bringen; den Winter über mit Reisig vor intensiver Sonne schützen.

Doldige Schleifenblume
IBERIS UMBELLATA
☼ – ◐ ☺

Merkmale: Sommerblume, dicht buschig wachsend, flache Kissen bildend, 20 – 40 cm hoch; schmale, dunkelgrüne Blättchen; schirmförmige Dolden aus vielen Einzelblüten in Weiß, Rosa, Rot oder Violett.
Blütezeit: Juni – August
Verwendung: In kleinen Gruppen für Beete und Rabatten, Einfassungen, Steingärten sowie für Gefäße; auch als Schnittblumen.
Standort: Vorzugsweise sonnig; durchlässiger, frischer, kalkhaltiger Boden.
Kultur: Direktsaat (Lichtkeimer) von März bis Mai, Sämlinge auf 20 cm Abstand vereinzeln.
Pflege: Anspruchslos; Rückschnitt nach der ersten Blühphase bewirkt üppige Nachblüte.

Schleppenfichte
Anderer Name für die Mähnenfichte, eine 10 – 15 m hohe → *Fichte* mit dekorativ von den Ästen herabhängenden Zweigen

Schließfrucht
Bleiben die Samen im reifen Zustand innerhalb der → *Frucht* eingeschlossen, spricht man von einer Schließfrucht (z. B. Beeren, Nussfrüchte, Steinfrüchte).

Schlingpflanzen
Auch Windepflanzen oder kurz Schlinger genannt; → *Kletterpflanzen*, die sich mit langen Sprossachsen um die Unterlage nach oben winden, z. B. Geißblatt, Schlingknöterich, Hopfen oder Stangenbohne. Sie benötigen senkrechte Stützen als Kletterhilfen.

Schlingknöterich
FALLOPIA BALDSCHUANICA
☼ – ◐ ☺

Kaum eine andere Kletterpflanze kann sich in puncto Wuchsfreudigkeit mit diesem „Klettermaxe" messen. Seine rechts- wie linkswindenden Triebe vermögen innerhalb eines Sommers mehrere Meter in die Länge zu wachsen und z. B. ein Gartenhäuschen schon nach wenigen Jahren völlig zu überwallen. Das aus Zentralasien stammende Knöterichgewächs, das inzwischen in weiten Teilen Europas als eingebürgert gilt, trägt vielerlei Namen, z. B. Kletterkatze, Chinesischer Knöterich, Russischer Wein oder Silberregen. Die botanische Zuordnung hat sich auch immer wieder geändert; die früher als eigenständige Arten geführten *F. aubertii* und *F. baldschuanica* werden heute als ein und dieselbe Art angesehen. Bisweilen finden sich noch die alten Gattungsnamen *Polygonum*, *Bilderdykia* oder *Reynoutria*.
Merkmale: Überaus rasch wüchsiges Klettergehölz, 8 – 15 m hoch; herzförmige Blätter; duftende, weiße bis rosafarbene Blütchen in hängenden Rispen; rötliche, geflügelte Nussfrüchtchen.
Blütezeit: Juli – Oktober

Schlingknöterich (Fallopia baldschuanica)

Verwendung: Zur Begrünung von Mauern, Wänden, Pergolen, Gartenhäuschen und hohen Zäunen sowie zur Kaschierung unschöner Fassaden.
Standort: Im Schatten nur spärliche Blüte; frischer bis leicht feuchter Boden; rauchhart, für Stadtklima gut geeignet.
Pflanzen/Vermehren: Pflanzung bevorzugt im Frühjahr; Vermehrung durch Stecklinge oder Steckhölzer, auch durch Aussaat (langwierig).
Pflege: Stabile, tragkräftige Kletterhilfe in Form von Spanndrähten oder Holzgerüsten geben; störende oder abgestorbene Triebe im Frühjahr herausnehmen, auch radikaler Rückschnitt ist möglich; Dachrinnen, Fallrohre u. Ä. regelmäßig freischneiden. Durch kompletten Rückschnitt alle 3 bis 5 Jahre kann man die Wuchsfreude bremsen und sorgt außerdem dafür, dass der Kletterstrauch nicht von unten und innen her verkahlt.

Schlitzast

Ast, der in einem sehr spitzem Winkel vom Stamm oder Hauptast abgeht; solche Äste neigen dazu, im Alter sowie bei Sturmwind abzubrechen. Dabei hinterlassen sie eine lange, schwer heilende Wunde (auch → *Abschlitzen*). Die Bildung von Schlitzästen kann man verhindern, indem man die unter der Endknospe stehen-de Seitenknospe herausbricht. Hat sich bereits ein konkurrierender, spitzwinklig ansetzender Seitentrieb gebildet, wird er entfernt.

Schlitzfolie

Diese Folienart ist auch als „mitwachsende" → *Folie* bekannt; sie wird von zahlreichen Schlitzen durchbrochen, die sich mit dem Wachstum der Pflanze ausdehnen.

Schlotte

Als Schlotten bezeichnet man die runden, hohlen Blätter der Speisezwiebel
→ *Zwiebel*

Schlottenzwiebel

Bezeichnung für Arten und Formen der Speisezwiebel, von denen man nicht die Zwiebeln, sondern die Blätter erntet; in erster Linie sind damit die Lauch- oder Bundzwiebeln gemeint, teilweise auch die Winterheckzwiebeln.
→ *Zwiebel*

Schluff

Feinkörnige mineralische Bodenteilchen mit Korngrößen zwischen 0,002 und 0,06 mm Ø. Schluff liegt in der Korngröße zwischen Ton und Sand; bei hohem Schluffanteil handelt es sich in der Regel um eine recht günstige → *Bodenart*. Versucht man, aus einer angefeuchteten Bodenprobe eine dünne Wurst zu rollen, gelingt dies mit schluffigem Boden zwar einigermaßen, das Ergebnis zerbröckelt jedoch leicht. Bei solch einer Fingerprobe kann man Schluff auch daran erkennen, dass er sich mehlig anfühlt und in den Fingerrillen haften bleibt.

Schlupfwespe

Schlupfwespen, die wie Bienen und Hummeln zur Ordnung der Hautflügler gehören, sind wichtige Nützlinge. Bei uns kommen zahlreiche Arten vor, deren Larven verschiedene andere Insekten, darunter viele Schädlinge, parasitieren. Die zierlichen, oft 5 – 10 mm großen Tiere (je nach Art 0,2 – 50 mm Länge) zeigen im Körperbau die typische schlanke „Wespentaille" und haben durchscheinende, dunkle Flügel sowie lange, sehr bewegliche Fühler. Häufig sind sie unauffällig schwarz oder dunkelbraun gefärbt, teils mit roten Flecken bzw. Streifen; bei manchen Arten ähneln die Männchen in der Zeichnung den → *Wespen*.

Die weiblichen Schlupfwespen verfügen über einen kurzen oder langen Legestachel, mit dem sie ihre Eier in den Körper von Insekten, seltener von Spinnentieren ablegen; je nach Schlupfwespenart z. B. in Blattläuse, Schildläuse, Kohlweißlings- und andere Schmetterlingsraupen, Blattwespen- oder Fliegenlarven. Im Innern der Wirtstiere schlüpfen die Larven, häufig verpuppen sie sich dort auch. Bis dahin fressen sie den Wirt von innen her auf. Nach dem Verpuppen schneidet die junge Wespe ein Loch in die Rückenhaut ihres Wirts, um zu schlüpfen, daher der Name dieser Tiergruppe. Parasitierte Insekten, z. B. Blattläuse, sind oft deutlich aufgebläht und braun bis schwarz verfärbt. Man sollte sie unbedingt an den Pflanzen belassen, da in ihnen eine neue Nützlingsgeneration heranwächst.

Ein weitgehender Verzicht auf giftige, breit wirksame Pflanzenschutzmittel sowie „wilde" Ecken ermöglichen es den Schlupfwespen, sich im Garten in großer Zahl einzustellen und beständig Schädlinge zu reduzieren, auch → PRAXIS-SEITE Nützlinge ansiedeln und fördern (S. 614/615). Teils überwintern sie als Larven oder Puppen in den Mumien parasitierter Tiere, teils als befruchtete Weibchen, die sich gern in Grasbüscheln und Baumstubben, unter

SCHLÜSSELBLUME

Schlupfwespe (Apanteles glomeratus) parasitiert an Kohlweißlingsraupen.

Moos oder loser Rinde verkriechen. Die erwachsenen Schlupfwespen, die sich hauptsächlich von Nektar ernähren, schätzen besonders ein breites Anbebot an Doldenblütlern. Für die gezielte biologische Schädlingsbekämpfung, vor allem im Gewächshaus oder Wintergarten, bietet der Fachhandel spezielle, gezüchtete Schlupfwespen an, z. B. gegen Weiße Fliegen und Minierfliegen.

Sehr nah verwandt sind die → *Zehrwespen* oder Erzwespen, die oft durch metallischen Glanz auffallen und zu den Schlupfwespen im weiteren Sinne zählen.

Schlüsselblume

Deutscher Name für die → *Primel,* besonders für die heimischen Arten; er geht auf die Form des Blütenstands zurück, der in Seitenansicht an einen alten Schlüssel erinnert.

Schmarotzer

Andere Bezeichnung für → *Parasiten,* d. h. Lebewesen, die auf Kosten anderer Pflanzen oder Tiere leben.

Schmetterling

Schmetterlinge stellen innerhalb der Insekten eine eigene Ordnung dar, von der in Mitteleuropa rund 3 000 Arten bekannt sind. Die oft sehr auffällige, schillernde Färbung der Schmetterlingsflügel entsteht vor allem durch die Lichtbrechung der Schuppen, weniger durch „echte" Farben bzw. Farbpigmente.

Schmetterlinge machen eine vollständige Verwandlung durch: Aus dem Ei entwickelt sich eine Raupe, die sich mehrfach häutet und schließlich verpuppt. In diesem Ruhestadium verwandelt sie sich in den erwachsenen Schmetterling (Imago, Falter), der je nach Art am Tag (Tagfalter) oder nachts (Nachtfalter, „Motte") auf Nahrungssuche geht. Während die Imagos fast ausschließlich Nektar durch einen langen, einrollbaren Rüssel saugen und damit eine wichtige Funktion als Bestäuber übernehmen, ernähren sich die Raupen von Pflanzen.

Da bei vielen Arten auch Gartenpflanzen auf dem Speiseplan stehen, zählen zahlreiche Schmetterlingsraupen (z. B. Spanner-, Wickler-, Gespinstmotten-, Miniermotten-, Kohlweißlingraupen) zu den Schädlingen; teils zu den besonders gefürchteten, da sie oft innerhalb kurzer Zeit die Blätter kahl fressen. Schädlinge unter den Schmetterlingen sowie ihre Bekämpfung sind jeweils unter ihrem Namen bzw. bei den befallenen Pflanzen beschrieben.

Andererseits gibt es aber auch zahlreiche Schmetterlinge, die sich kaum an Kulturpflanzen „vergreifen" und durch ihren hübschen Anblick eine Bereicherung des Lebens im Garten darstellen, so etwa Admiral, Tagpfauenauge, Kleiner Fuchs, Schwalbenschwanz oder Kaisermantel. Naturbewusste Gärtner können solche zarte Schönheiten, die in freier Landschaft immer weniger geeignete Lebensräume finden, unterstützen. Grundsätzlich kommt jede Gestaltung und Bepflanzung, die in Richtung → *Naturgarten* geht, den Bedürfnissen der Schmetterlinge entgegen. Bei breitem Angebot an vorzugsweise heimischen Pflanzen finden die Falter reichlich Nektar; Blumenwiesen, Wildstaudenrabatten und Kräuterbeete werden während der Blütezeit zum Tummelplatz für zahlreiche Arten. Für Wiesen gibt es im Handel auch spezielle Samenmischungen unter dem Namen „Schmetterlingswiese".

Ausgesprochene **Schmetterlingspflanzen** sind außerdem „Unkräuter" wie Brennnessel, Spitzwegerich, Klee und Wildes Stiefmütterchen; sie dienen den Raupen vieler hübscher Arten als Nahrungspflanzen, ebenso Wildgehölze wie Weißdorn oder Felsenbirne. Als attraktive Nektarlieferanten gelten neben dem Schmetterlingsstrauch u. a. Goldrute, Herbstastern, Indianernessel, Katzenminze, Kugeldistel, Phlox, Prachtscharte, Purpurfetthenne, Salbei, Sonnenhut und Spornblume. → *Duftpflanzen,* die erst mit Einbruch der Dämmerung intensiven Wohlgeruch verströmen, locken Nachtfalter an, so z. B. Geißblatt, Levkoje, Nachtkerze und Ziertabak.

Schmetterlingsblume

Anderer Name für die → *Spaltblume,* eine Sommerblume mit prächtigen, orchideenartigen Blüten in vielen verschiedenen Tönen. Sie gehört allerdings nicht zu den Schmetterlingsblüten-, sondern zu den Nachtschattengewächsen.

Kleiner Fuchs

SCHMIERLAUS

Schiffchen, Flügel und Fahne kennzeichnen die Schmetterlingsblüten.

Schmetterlingsblütengewächse

Kurz Schmetterlingsblütler; wissenschaftlich *Fabaceae* (früher *Papilionaceae, Leguminosae*); artenreiche Pflanzenfamilie, zu der mehrere Zier- und Nutzpflanzen gehören. Prominente Vertreter sind Bohne, Erbse, Lupine, Wicke, Glyzine, Goldregen, Ginster und Robinie. Sie alle entfalten die charakteristischen Schmetterlingsblüten: Zwei der fünf Blütenblätter sind zu einem kielförmigen Schiffchen verwachsen, zwei stehen als Flügel seitlich ab, das fünfte Blütenblatt schließlich bildet die hochgewölbte Fahne (auch → *Blüte, Blütenformen*). Typisch für diese Blütenform sind außerdem die zu einer Röhre verwachsenen Staubblätter.

Alle Arten haben zudem – oft gefiederte – Blätter mit Nebenblättern, viele bilden auch Ranken aus oder wachsen schlingend. Weiteres gemeinsames Merkmal sind die Hülsenfrüchte (→ *Hülse*), bei manchen Arten essbar, bei vielen aber hochgiftig. Zusammen mit zwei bei uns weniger verbreiteten Familien bilden die Schmetterlingsblütler die Ordnung der → *Hülsenfrüchtler,* mit denen sie oft gleichgesetzt werden. Zu den besonderen Eigenschaften zählt schließlich auch das Vermögen, mit → *Knöllchenbakterien* eine Lebensgemeinschaft einzugehen, die den Pflanzen die Verwertung von Luftstickstoff ermöglicht.

Schmetterlingsstrauch
BUDDLEJA DAVIDII
☼

Seinen Namen trägt der Schmetterlingsstrauch völlig zu Recht, sind die Blüten doch ein wahrer Magnet für allerlei Falter. Die auch als Buddleien oder Sommerflieder bezeichneten Gehölze stammen aus China und zählen zu den schönsten Sträuchern in unseren Gärten. Als Characterarten geben sie auch der Familie der Schmetterlingsstrauchgewächse den Namen.

B. davidii, die in China beheimatet ist, wird als reine Art zwar sehr selten angeboten, dafür sind im Handel viele Hybriden in Farben von Weiß über Rosa und Purpur bis zu Dunkelviolett erhältlich. Die duftenden Blüten stehen in langen Rispen und erinnern ein wenig an Flieder.

Bei *B. alternifolia* öffnen sich im Frühsommer unzählige violette Blüten, die kaskadengleich in dichten Büscheln an langen, bogig herabhängenden Trieben stehen und ebenfalls verschwenderisch duften. Da die Pflanze am zweijährigen Holz blüht, sollte sie ungeschnitten bleiben, man lichtet den Strauch im Bedarfsfall nur aus.

Merkmale: Strauch, aufrecht, breit ausladend, meist mit überhängenden Zweigen, 2 – 3 m hoch, bis 3 m breit; Blätter lanzettlich, stumpfgrün bis graugrün, unterseits graufilzig behaart; violette Blüten in Büscheln, Sorten auch weiß, rosa oder purpur; Wurzelsystem ausgebreitet, oberflächennah.
Blütezeit: Juli – Oktober

Schmetterlingsstrauch (Buddleja davidii)

Verwendung: Für Einzelstellung oder zusammen mit unauffälligen Pflanzen, auch in Gruppen, in frei wachsenden Blütenhecken, als Hintergrund im Staudenbeet; Kultur auch in großen Kübeln und auf Dachgärten möglich.
Standort: Etwas geschützt; keine besonderen Ansprüche an den Boden, wenn er nur durchlässig und kalkhaltig ist; verträgt auch Trockenheit und Hitze; für Stadtklima gut geeignet.
Pflanzen/Vermehren: Pflanzung am besten im zeitigen Frühjahr, bei Herbstpflanzung Winterschutz erforderlich; Vermehrung durch Sommerstecklinge.
Pflege: Im Spätwinter oder zeitigen Frühjahr stark zurückschneiden, um Flor zu fördern, da die Sträucher am diesjährigen Holz blühen; im Wurzelbereich nicht graben, den Boden am besten mit Mulch abdecken, vor allem über Winter.

Schmierlaus
Die Schmierläuse zählen zu den → *Schildläusen* im weiteren Sinne, bilden aber keine festen Deckel, son-

Schmierseifenlösung

Schmierläuse

dern scheiden weiße Wachsfäden aus, unter denen sie sich mit ihren Eiern verbergen. Nach diesen wattebauschartigen Überzügen kennt man sie meist als → *Wollläuse*, „schmierig" sind die besonders starken Honigtauausscheidungen der Läuse.

Zuweilen wird auch die → *Blutlaus* aufgrund ihrer Saft- und Wachsausscheidungen als Schmierlaus bezeichnet.

Schmierseifenlösung

Leicht selbst herzustellendes, altbewährtes Schädlingsbekämpfungsmittel gegen Blattläuse, teils auch wirksam gegen andere saugende Schädlinge wie Spinnmilben. Man sollte dafür nur reine Kali-Schmierseife (→ *pH-Wert* nicht über 10) aus der Apotheke oder einer Drogerie verwenden, keinesfalls Haushaltsseife. Zum Ansetzen löst man 15 – 30 g Schmierseife pro l heißem Wasser auf und spritzt die Flüssigkeit dann nach dem Abkühlen unverdünnt.

Die Schmierseifenlösung baut sich recht schnell auf natürliche Weise ab – dies macht bei starkem Befall aber auch eine mehrmalige Behandlung nötig. Sie muss unbedingt zielgerichtet ausgebracht werden, denn sie kann nicht nur die Atmungs- und Fortbewegungsorgane der Schädlinge verkleben, sondern auch die von Nützlingen. Unerwünschte, wenn auch schwache Nebenwirkungen, wurden in Versuchen gegenüber Raubmilben und Zehrwespen festgestellt.

Fertigpräparate auf Kali-Seifen-Basis sind als Mittel gegen Blattläuse, Spinnmilben, Weiße Fliegen und andere saugende Schädlinge zugelassen. Sie dürfen nicht in der Nähe von Gewässern ausgebracht werden und erfordern dieselben Sicherheitsvorkehrungen wie andere → *Pflanzenschutzmittel*. Dies sollte man auch beim Verwenden selbst hergestellter Lösungen beachten.

Schmuckkörbchen
Cosmos bipinnatus
☼ ☺

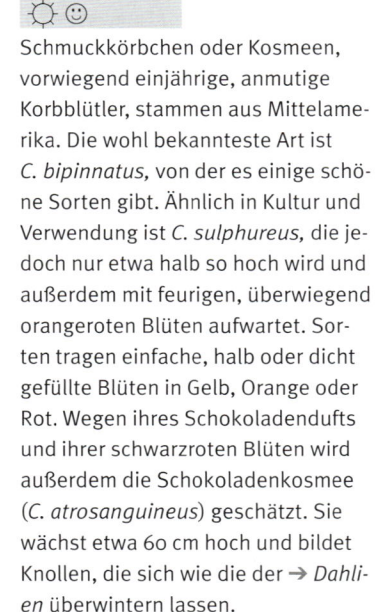

Schmuckkörbchen oder Kosmeen, vorwiegend einjährige, anmutige Korbblütler, stammen aus Mittelamerika. Die wohl bekannteste Art ist *C. bipinnatus*, von der es einige schöne Sorten gibt. Ähnlich in Kultur und Verwendung ist *C. sulphureus*, die jedoch nur etwa halb so hoch wird und außerdem mit feurigen, überwiegend orangeroten Blüten aufwartet. Sorten tragen einfache, halb oder dicht gefüllte Blüten in Gelb, Orange oder Rot. Wegen ihres Schokoladendufts und ihrer schwarzroten Blüten wird außerdem die Schokoladenkosmee (*C. atrosanguineus*) geschätzt. Sie wächst etwa 60 cm hoch und bildet Knollen, die sich wie die der → *Dahlien* überwintern lassen.

Merkmale: Sommerblume, aufrecht, locker buschig, 100 – 120 cm hoch, manche Sorten auch niedriger; zarte, fein zerschlitzte Blätter; große, anemonenartige Korbblüten mit gelber Mitte und weißen, rosafarbenen bis purpurroten Zungenblüten.
Blütezeit: Juli – Oktober
Verwendung: In Gruppen auf Beeten und Rabatten, für große Gefäße; gute Schnittblume.

Schmuckkörbchen (Cosmos bipinnatus)

Standort: Durchlässiger, frischer, nährstoffreicher Boden.
Kultur: Direktsaat (Lichtkeimer) im Mai, Sämlinge auf 30 – 40 cm Abstand vereinzeln; oder Anzucht im März/April, dann Mitte Mai auspflanzen.
Pflege: Bei Trockenheit gießen; bei Bedarf abstützen und aufbinden; auf mageren Böden mehrmals düngen; Verblühtes entfernen.

Schmucklilie

Ein bei uns nicht winterhartes Liliengewächs mit hübschen Blüten und schmalen, bandförmigen Blättern → *Kübelpflanzen*

Schnecke

Schnecken (zoologisch *Gastropoda*) bilden eine eigene Klasse innerhalb des Stamms der Weichtiere (Mollusken). Obgleich man bei dem Stichwort Schnecken zuallererst an abgefressene Jungpflanzen und durchlöcherte Blätter denkt, sind längst nicht alle dieser Tiere schädlich. Teichbesitzer wissen den Algen- und Restefraß von Wasserschnecken zu schätzen (auch → *Teichtiere*); viele Landschnecken leisten als Aasfresser und Abfallzerkleinerer ebenfalls einen nützlichen Beitrag. Weiterhin gibt es räuberische Arten, die teils sogar andere Schnecken oder deren Eier fressen.

Schnecke

Bei den Landschnecken unterscheidet man Gehäuseschnecken und Nacktschnecken ohne schützendes Schneckenhaus. Der Weichkörper der Tiere besteht aus einem muskulösen Kriechfuß, der nach hinten meist schwanzartig verlängert ist, aus einem abgesetzten Kopf sowie dem Mantelsaum, der den Eingeweidesack enthält. Am Kopf sitzen zwei Paar Fühler, am Ende des längeren Fühlerpaars befinden sich die Augen; charakteristisch ist zudem die Raspelzunge, mit der die Pflanzenfresser das Grün schichtweise abschaben. Die Schnecken bewegen sich mithilfe des Kriechfußes wellenförmig und „stemmschiebend" über eine selbst erzeugte Schleimschicht. Auch ihr Körper ist von Schleim bedeckt. Da Schnecken – sie bestehen zu etwa 85 % aus Wasser – in der Sonne austrocknen, kommen sie nur nachts oder bei feuchtem Wetter aus ihren Verstecken.

Schnecken sind Zwitter, die sich bei komplizierten Liebesspielen gegenseitig befruchten. Die befruchteten, weißen Eier legen sie in Erdhöhlen und -ritzen ab, im Garten auch im Kompost. Man findet sie meist in größeren, knäuelartigen Gelegen. Aus den Eiern schlüpfen nach einigen Wochen direkt kleine Jungschnecken. Die Überwinterung erfolgt in Form von Eiern, Jung- oder ausgewachsenen Schnecken im Boden oder Kompost.

Die gefürchteten Fraßschäden an ober- und teils auch unterirdischen Pflanzenteilen werden vor allem durch Nacktschnecken verursacht. Ihre Jungschnecken schlüpfen hauptsächlich im Frühjahr und tun sich dann an Sämlingen und Jungpflanzen gütlich. Gefährlichste Art ist die aus Südeuropa eingeschleppte Spanische Wegschnecke oder Kapuzinerschnecke, rötlich braun bis ziegelrot, 8–10 cm lang, mit um 1 cm langen, auffallend bunt gebänderten Jungschnecken. Ihr stellen wenige heimische Schneckenfresser nach, da sie besonders viel Schleim absondert; mit Gelegen von bis zu 400 Eiern ist sie außerdem sehr vermehrungsfreudig. Weitere schädliche Nacktschnecken: Rote Wegschnecke (12–16 cm lang; rot, orange, braun oder schwarz), Schwarze Wegschnecke (10–13 cm; schwarz, dunkelrot, dunkelbraun oder gelb), Gartenwegschnecke (2,5–3 cm, graugelb bis schwarz), Ackerschnecken (3–6 cm; hell- bis dunkelgrau, die Genetzte Ackerschnecke gestrichelt, gefleckt, marmoriert oder genetzt), Große Egelschnecke (10–20 cm; schlank, schwarz, grau oder weißgrau). Unter den Gehäuseschnecken schaden in erster Linie die kleinen Hain- oder Schnirkelschnecken mit den kugelförmigen, um 2 cm breiten, unregelmäßig dunkel gebänderten Gehäusen. Sie kriechen vor allem bei Regenwetter an Bäumen und Sträuchern hoch und fressen an den Blättern, wobei sich die Verluste meist in Grenzen halten. Die großen Weinbergschnecken mit bis zu 5 cm Gehäusedurchmesser sind recht selten geworden, die meisten Arten stehen sogar unter Naturschutz. Sofern sie im Garten auftauchen, fressen sie zwar gern Salat und anderes saftiges Grünfutter, sie vertilgen aber auch die Eigelege von Nacktschnecken.

Schadbild: Oberflächlich abgeraspelte Blatt- und Stängelteile oder auch Früchte (Erdbeeren); buchtiger Randfraß oder Lochfraß an älteren Blättern, oft Totalfraß an Jungpflanzen; teils auch Fraß an Blüten und Wurzeln; sichere Kennzeichen: glänzende Schleimspuren und graugrüne Kothäufchen.

Abhilfe: Einfachste Bekämpfungsmethode ist sicherlich die Verwendung von **Schneckenködern** mit chemischen Giftstoffen („Schneckenkorn", Wirkstoffe meist Metaldehyd oder Methiocarb). Sie werden nach Gebrauchsanleitung zwischen den Pflanzen ausgestreut, wobei maximal zwei Anwendungen je Befall erlaubt sind. Die Mittel wirken als Kontakt- und/oder Fraßgifte; sie führen zu einer totalen Entwässerung der Tiere und schädigen ihr Nervensytem. Nicht ganz auszuschließen ist, dass die Präparate (je nach Wirkstoff) Nützlinge und Regenwürmer im Boden beeinträchtigen. Ob auch Igel und Vögel durch Fraß vergifteter Schnecken gefährdet werden, gilt als umstritten; unter normalen Praxisbedingungen kommt dies wahrscheinlich kaum vor. Alternativ zu Ködern sind auch so genannte Schneckenbänder zum Auslegen erhältlich.

Als harmloser werden Schneckenköder mit dem Wirkstoff Eisen-III-Phosphat eingestuft. Die Präparate zerfallen mit der Zeit in ihre ungefährlichen, zu den Pflanzennährstoffen zählenden Ausgangssubstanzen. Bei den Schnecken bewirken die Köder innerhalb kurzer Zeit einen Fraßstopp. Sie ziehen sich bald in Verstecke im Erdboden zurück und verenden dort.

Doch selbst wenn man solche Ködermittel – die heute meist recht regenstabil sind – verwendet, kommt

Weinbergschnecken richten recht selten Schaden an und fressen Eier der Nacktschnecken.

man damit starken Schneckenplagen, besonders in feuchten Frühjahren, nur begrenzt bei. Deshalb empfehlen sich so oder so verschiedene **Vorbeugungsmaßnahmen:**

■ Förderung natürlicher Feinde, das sind insbesondere Igel, Vögel, Spitzmaus, Maulwurf, Kröten, Frösche und Laufkäfer.

■ Bei der Bodenbearbeitung und beim Kompost umsetzen auf Schneckeneier achten und diese gründlich entfernen. Nach starken Befallsjahren Boden spät umgraben, damit die nach oben gebrachten Eigelege und Tiere in der Kälte absterben.

■ Bodenoberfläche oft bearbeiten, feinkrümelig halten.

■ In feuchten (Früh-)Jahren auf Mulchen ganz verzichten oder nur trockenes Material sehr dünn ausbringen.

■ Vorzugsweise morgens gießen, nicht abends.

Ergänzend können verschiedene **Abwehrmaßnahmen** hinzu kommen:

■ Schutzstreifen mit Bohnenkraut, Kamille, Salbei, Thymian, Lavendel und anderen intensiv duftenden Kräutern säen bzw. pflanzen.

■ Abgeschnittene Farnwedel, Fichtenzweige oder Tomatenkraut als Duft- und Kriechbarrieren um die Beete legen; trockenes Sägemehl, Sand, Gesteinsmehl oder Holzasche als Schutzstreifen ausstreuen (nach Regen erneuern). Diese Maßnahmen gelten allerdings nur als eingeschränkt wirksam.

■ Sehr empfehlenswert ein Schneckenzaun, also ein rundum führender, tief eingegrabener Streifen aus Blech, Kunststoff, Draht oder Dachpappe (ca. 20 cm über die Erdoberfläche reichend, mit scharf nach außen umknickendem Rand). Der Fachhandel bietet verschiedene Fertigschneckenzäune an; Elektrozäune haben sich bislang als zu störanfällig erwiesen. Bereits vorhandene

Schneckenzaun aus Draht

Schnecken innerhalb der Zäune müssen gründlich bekämpft bzw. abgelesen werden.

Für die **direkte Bekämpfung** gibt es, abgesehen von Schneckenkorn, folgende Möglichkeiten:

■ Bretter, flache Steine, Dachziegel oder feuchte Säcke als künstlichen Unterschlupf auslegen, Schnecken morgens oder abends darunter absammeln. Als am schnellsten wirkende und damit am wenigsten qualvolle Tötungsmethoden gelten Übergießen mit kochendem Wasser oder Zerteilen mit dem Spaten. Das Ausbringen in der freien Landschaft erspart diese unangenehme Arbeit, ist aber zumindest bei den Spanischen Wegschnecken ökologisch nicht gerade sinnvoll.

■ Bierfalle: Käufliche Lochfallen mit Deckel oder auch einfache Kunststoffbecher werden ebenerdig in den Boden eingegraben und zur Hälfte mit Bier gefüllt. Dessen Duft lockt die Schnecken an, sie fallen in die Behälter, aus denen sie nicht mehr entkommen können. Allerdings gibt es viele Hinweise, dass das bei Schnecken beliebte Gebräu auch Artgenossen aus der näheren Umgebung anlockt.

■ Erprobte biologische Schneckenbekämpfer sind Hühner und Enten, besonders Indische Laufenten; deren Einsatz erfordert allerdings einiges an Aufwand, auch zum Schutz der Pflanzen. Eleganter ist das Ausbringen spezieller → *Nematodenpräparate,* die bislang hauptsächlich gegen Ackerschnecken zur Verfügung stehen.

Schneckenkorn
Giftiger Schneckenköder
→ *Schnecke*

Schneckenzaun
Mechanische Barriere gegen
→ *Schnecken*

Schneeball
VIBURNUM

Die verschiedenen Schneeballarten gehören zu den schönsten und beliebtesten Gehölzen in den Gärten. Die sehr artenreiche Gattung, die zu den Geißblattgewächsen zählt, ist in den gemäßigten bis subtropischen Zonen der Nordhalbkugel heimisch und umfasst sowohl sommer- als auch immergrüne Sträucher. Allen gemeinsam sind die auffälligen, weißen bis rosa Blütenstände, je nach Art flach ausgebreitet, gewölbt oder kugelig, die sich teilweise schon im Winter entfalten. Manche besitzen nur sterile Blüten, bei anderen sind wie bei den → *Hortensien* die fruchtbaren Blüten von unfruchtbaren umgeben. Viele Arten schmücken sich zudem mit beerenartigen Steinfrüchten, die sehr gern von Vögeln gefressen werden. Für Menschen sind sie jedoch häufig ungenießbar, manche auch giftig.

Stellvertretend werden nachfolgend der Gewöhnliche Schneeball (*V. opulus*) für die sommergrünen und der Immergrüne Zungenschneeball (*V. rhytidophyllum*) für die immergrünen Arten behandelt, da Ansprüche und Verwendung innerhalb dieser beiden Gruppen sehr ähnlich sind. Die anderen für den Garten wichtigen Arten sind in der Übersicht auf S. 808 vorgestellt. Eine Besonderheit stellt der Mittelmeerschneeball (*V. tinus*) dar, auch als Laurustinus oder Lorbeerschneeball bekannt. Der immergrüne Strauch wird vorwiegend als Kübelpflanze kultiviert, nur in sehr milden Klimaregionen kann man ihn auch auspflanzen. Seine in der Knospe rosafarbenen, später weißen, duftenden Blüten erscheinen teils schon im Herbst, in einem Wintergarten den ganzen Winter über bis zum Frühjahr.

Gewöhnlicher Schneeball
VIBURNUM OPULUS

Merkmale: Strauch, straff aufrecht mit leicht überhängenden Zweigen, 3 – 4 m hoch und breit; hellgrüne, ahornartig gelappte Blätter, Herbstfärbung orange bis rot; Blütenschirme cremeweiß, die inneren Blüten glockig und fruchtbar, die äußeren sternförmig und steril; leuchtend rote kleine Steinfrüchte, ungenießbar.
Blütezeit: Mai – Juni
Verwendung: Sowohl für Einzelstand als auch in Gehölzgruppen oder in frei wachsenden Hecken.
Standort: Durchlässiger, humoser, eher feuchter Böden; rauchhart, für innerstädtisches Klima nur bedingt geeignet.
Pflanzen/Vermehren: Pflanzung möglichst im Herbst; Vermehrung durch Aussaat (Kaltkeimer), Stecklinge oder Absenker.
Pflege: Regelmäßig auslichten, bei starker Trockenheit wässern, sonst keine weitere Pflege nötig. In manchen Jahren kann es im Früh- und/oder im Spätsommer zu starkem Befall mit → *Blattkäfern* kommen, die die Blätter radikal abfressen.
Hinweis: Die altbekannte, beliebte Sorte 'Roseum' trägt große, schneeweiße Blütenbälle, die sich später rosa färben.

Immergrüner Zungenschneeball
VIBURNUM RHYTIDOPHYLLUM

Wird auch Runzelblättriger Schneeball genannt.
Merkmale: Immergrüner Strauch, straff aufrecht, 3 – 4 m hoch und breit; Zweige im Alter teilweise gekrümmt und bogig überhängend; dunkelgrüne, länglich eiförmige Blätter, oberseits runzlig, unterseits filzig behaart und bräunlich, werden bei starkem Frost abgeworfen, allerdings dann rasch wieder erneuert; doldenähnliche, cremeweiße Blütenstände; Früchte zuerst rot, später schwarz, ungenießbar.
Blütezeit: Mai – Juni
Verwendung: Wie Gewöhnlicher Schneeball.
Standort: Bevorzugt absonnig bis halbschattig; frischer, humoser Boden; mäßig rauchhart, für innerstädtisches Klima geeignet.

Gewöhnlicher Schneeball (Viburnum opulus)

Pflanzen/Vermehren: Wie Gewöhnlicher Schneeball.
Pflege: Wie Gewöhnlicher Schneeball; bei Wintertrockenheit an frostfreien Tagen gießen, sonst keine weitere Pflege nötig.

Burkwoods Schneeball (Viburnum burkwoodii)

Schneebeere, Gewöhnliche

Beliebte Schneeballarten im Überblick (Auswahl)

Name	Wuchs, Höhe	Blüten	Besonderes
Winterschneeball (*Viburnum* x *bodnantense*)	aufrecht, sparrig verzweigt; 2 – 3 m hoch und breit	rosa in kleinen Büscheln, duftend; November – Dezember und Februar – März	Sorte 'Dawn' mit großen, kräftig rosa Blüten
Burkwoods Schneeball, Osterschneeball (*Viburnum* x *burkwoodii*)	locker aufrecht, leicht überhängend; 2 – 3 m hoch und breit	rosa, später weiße Dolden, duftend; März – April	wirft nur in strengen Wintern das Laub ab
Viburnum x *carlcephalum*	breit buschig, locker aufrecht; 2 – 3 m hoch und breit	weiße, fast kugelige Dolden, duftend; April – Mai	in manchen Jahren orange bis rote Herbstfärbung
Koreanischer Schneeball (*Viburnum carlesii*)	breit buschig, locker, etwas sparrige Zweige; 1 – 1,5 m hoch und breit	rosa, später weißlich in halbkugeligen, dichten Dolden; April – Mai	Sorte 'Aurora' mit rosa, später weißen, stark duftenden Blüten
Immergrüner Kissenschneeball (*Viburnum davidii*)	flach ausgebreiteter, immergrüner Zwergstrauch; 0,3 – 0,5 cm hoch, 1 – 1,5 m breit	hellrosa bis weißlich in breiten, flachen Dolden; Mai – Juni	dunkelblaue, weiß bereifte, giftige Früchte
Duftschneeball (*Viburnum farreri*)	steif aufrecht, in der oberen Hälfte locker verzweigt; 2 – 3 m hoch und breit	weiß bis rosa in kleinen rispenähnlichen Blütenständen; November – Dezember und Februar – März	rote, später schwarze, giftige Früchte; manchmal auch unter *V. fragrans* geführt
Wolliger Schneeball (*Viburnum lantana*)	straff aufrecht, Spitzen leicht überhängend; 3 – 4 m hoch und breit	weiße, schirmartig gewölbte Blütenstände; Mai – Juni	rote, später schwarze, giftige Früchte
Japanischer Schneeball (*Viburnum plicatum*)	straff aufrecht, breit ausladend, etagenartig; 2 – 3 m hoch und breit	weiße, schirmförmige Blütenstände; Mai – Juni	Sorte 'Mariesii' mit großen, weißen, tellerförmigen Blütenständen

Schneebeere, Gewöhnliche
SYMPHORICARPOS ALBUS VAR. LAEVIGATUS

Die Gewöhnliche Schneebeere gehört, wie die anderen Arten der Gattung auch, zu den robustesten und anspruchslosesten Gehölzen in unseren Breiten. Ursprünglich stammt das Geißblattgewächs, das früher unter dem Namen *S. racemosus* geführt wurde, aus Nordamerika. Inzwischen hat es schon häufig die hiesigen Gartengrenzen überwunden und ist ausgewildert. Ihren Namen trägt die Pflanze nach den schneeweißen beerenartigen Steinfrüchten, die bis in den Winter hinein an den Zweigen bleiben. Sie sind bei Kindern besonders beliebt, da sie beim Hinwerfen mit einem lauten Knallgeräusch zerplatzen. Allerdings enthalten diese „Knackebeeren" oder „Knallerbsen" Giftstoffe, können Hautreizungen hervorrufen und beim Verzehr Vergiftungserscheinungen auslösen. In einem Garten mit Kindern oder an Spielplätzen haben Schneebeeren deshalb nichts verloren.

Neben der Gewöhnlichen Schneebeere sind noch einige weitere Arten und Kreuzungen im Handel, die sich vor allem in der Farbe ihrer Früchte unterscheiden, sonst jedoch recht ähnlich sind. Die Purpurbeere (*S.* x *chenaultii*) hat Früchte, die auf der Lichtseite rot, auf der Schattenseite dagegen weiß und rot gesprenkelt sind. Von ihr gibt es die Sorte 'Hancock', ein nur 0,5 – 0,8 m hoher Bodendecker mit roten „Beeren". Die Früchte der Korallenbeere (*S. orbiculatus*) leuchten dagegen purpurrot.

Gewöhnliche Schneebeere (Symphoricarpus albus var. laevigatus)

SCHNEEGLÖCKCHEN

Merkmale: Strauch mit vielen aus der Basis austreibenden Grundtrieben, 2 – 3 m hoch und bis 4 m breit; in der oberen Hälfte dicht verzweigt, meist bogig überhängend; eiförmige, grüne bis graugrüne, lange an den Zweigen haftende Blätter; Blüten klein, weiß bis rosa, in Büscheln; beerenartige Steinfrüchte, weiß.
Blütezeit: Juni – August
Verwendung: In frei wachsenden Hecken, Gehölzgruppen, als Unterpflanzung unter hohen Bäumen, zum Begrünen größerer Flächen.
Standort: Gedeiht sowohl in praller Sonne und Hitze als auch im Schatten auf jedem Gartenboden; rauchhart und auch für innerstädtisches Klima bestens geeignet.
Pflanzen/Vermehren: Pflanzung im Herbst; Vermehrung am besten durch Steckhölzer, die reinen Arten auch durch Aussaat.
Pflege: Rückschnitt im Spätwinter, wenn die Pflanze zu sehr wuchert, sonst alle paar Jahre auslichten; keine weitere Pflege nötig.
Hinweis: Die Pflanze breitet sich durch Ausläufer sehr rasch aus und neigt zum Wuchern. Im Wurzelbereich sollte man nicht graben, da dies die Ausläuferbildung und damit den Ausbreitungsdrang fördert.

Schneeflockenstrauch
CHIONANTHUS VIRGINICUS

Leuchtend weiße, duftende Blütenkaskaden, die tatsächlich an Schneeflocken erinnern, sind das Merkmal dieses hübschen Ölbaumgewächses. Während das Gehölz in seiner nordamerikanischen Heimat meist baumartig wächst, entwickelt es sich bei uns in der Regel zu hohen, oft kurzstämmigen Großsträuchern. Beim Kauf sollte man fragen, um welche Ware es sich handelt. Zum einen werden nämlich Pflanzen aus Samen gezogen, zum andern auf Eschen veredelt. Die veredelten Exemplare sind wuchskräftiger und blühen früher.
Merkmale: Laubgehölz mit strauchigem, breit buschigem Wuchs, 3 – 4 m hoch und breit; junge Triebe fein behaart, olivgrün bis grau und deutlich punktiert; elliptische, dunkelgrüne, glänzende Blätter, gelbe Herbstfärbung; reinweiße Blüten in langen, überhängenden Rispen, angenehm duftend; blauschwarze Steinfrüchte.
Blütezeit: Juni
Verwendung: Im Einzelstand.
Standort: Möglichst etwas geschützt, auch absonnig; frischer, sandiger, humoser, nährstoffreicher Boden; relativ rauchhart, für Stadtklima geeignet.
Pflanzen/Vermehren: Pflanzung am besten im Herbst; Vermehrung durch Aussaat oder Okulation auf Esche (*Fraxinus excelsior* oder *F. ornus*).
Pflege: Nach der Pflanzung und in rauen Gegenden Winterschutz geben; bei veredelten Exemplaren auf Wildtriebe achten und diese entfernen; kein Rückschnitt im Frühjahr, da an vorjährigen Trieben die Blüten erscheinen, nur bei Bedarf gleich nach der Blüte auslichten.

Schneeflockenstrauch (Chionanthus virginicus)

Schneeglöckchen
GALANTHUS NIVALIS

Als anmutiger Bote des Vorfrühlings wird das heimische, streng geschützte Amaryllisgewächs alljährlich freudig begrüßt. Nach der Blüte senken sich die Früchte zu Boden, die Samen werden von Ameisen verschleppt und fassen an zusagenden Stellen im Garten Fuß. Schneeglöckchen enthalten in allen Teilen Giftstoffe.
Merkmale: Kleine, eintriebige Zwiebelpflanze, 10 – 20 cm hoch; schmale, riemenförmige Blätter; nickende, rahmweiße Glockenblüten mit grüner Zeichnung; Sorten auch mit gefüllten Blüten.
Blütezeit: Februar – März
Verwendung: In Gruppen am Gehölzrand und unter Gehölzen, vor Hecken und in lückigen Wiesen, im Steingarten; besonders schön mit anderen früh blühenden Zwiebelblumen wie Krokussen, Buschwindröschen oder Winterlingen, aber ebenfalls mit Nieswurz.

Schneeglöckchenbaum

Schneeglöckchen (Galanthus elwesii)

Standort: Am besten im Schatten sommergrüner Gehölze, die zur Blütezeit, noch unbelaubt, viel Sonne durchlassen; durchlässiger, frischer bis leicht feuchter, im Sommer auch mäßig trockener, humoser Boden.

Pflanzen/Vermehren: Pflanzung der haselnussgroßen, schalenlosen Zwiebeln im September 5 – 8 cm tief mit 10 – 15 cm Abstand, Zwiebeln trocknen sehr rasch aus, deshalb nur pralle, saftige Ware kaufen und umgehend in den Boden bringen; Vermehrung durch Teilung größerer Bestände oder Abnahme von Brutzwiebeln nach der Blüte, auch durch Aussaat, dazu die reifen Früchte einfach in den Boden drücken.

Pflege: Am zusagenden Standort anspruchslos; nicht düngen und ungestört wachsen lassen.

Hinweis: Insgesamt sehr ähnlich, aber kräftiger und großblütiger ist *G. elwesii*. Gut sortierte Gärtnereien bieten noch weitere Liebhaberarten an, z. B. *G. reginae-olgae,* das erst im Herbst blüht.

Schneeglöckchenbaum
HALESIA CAROLINA

Von ganz besonderem Reiz ist der Schneeglöckchenbaum, gelegentlich auch Maiglöckchenbaum genannt. In seiner Heimat Nordamerika entwickelt sich das Storaxgewächs zu mächtigen, bis 25 m hohen Bäumen, in hiesigen Gefilden bleibt es jedoch wesentlich kleiner und wächst häufig strauchartig. Sehr ähnlich, mit etwas größeren Blüten und höherem Wuchs, ist *H. monticola*.

Merkmale: Kleiner Baum mit kegelförmiger Krone oder Großstrauch mit breit buschigem Wuchs, 3 – 5 m hoch und 2 – 4 m breit; eiförmige Blätter, Herbstfärbung gelb; Blüten weiß, hängend, in kleinen Büscheln; Früchte braun, geflügelt, lange haftend.

Blütezeit: Mai

Verwendung: Auffälliges Blüten- und Fruchtgehölz, deshalb am besten in Einzelstellung im Rasen oder vor grüner Gehölzkulisse

Standort: Geschützt, möglichst luftfeucht; tiefgründiger, frischer, humoser Boden, kalkarm und leicht sauer; Flachwurzler, empfindlich gegen Oberflächenverdichtung; für Stadtklima nicht geeignet.

Pflanzen/Vermehren: Pflanzung am besten im Herbst; Vermehrung durch Aussaat, Stecklinge von weichen Trieben oder Absenker.

Pflege: Bei lange anhaltender Trockenheit wässern; im Wurzelbereich nicht graben; blüht am mehrjährigen Holz, deshalb kein Rückschnitt im Frühjahr, nur im Bedarfsfall auslichten; bei geschütztem Standort anspruchslos, völlig winterhart und frei von Krankheiten.

Schneeglöckchenbaum (Halesia monticola)

Schneeheide
Im Winter und Frühjahr blühender Zwergstrauch
→ Heide

Schneekissen
Anderer Name für die → *Schleifenblume,* der auf die überreiche weiße Blüte Bezug nimmt.

Schneemarbel
Immergrünes Ziergras mit hübschen weißen Blütenrispen und am Rand silbrig behaarten Blättern
→ Marbel

Schneerose

Die Schneerose, die zur Gattung → *Nieswurz* gehört, entfaltet ihre großen Blüten mitten im Winter.

Schneeschimmel

Durch einen Schimmelpilz verursachte → *Rasenkrankheit,* die sich unter der winterlichen Schneedecke oder bei sehr feuchtem Herbstwetter entwickelt.

Schneestolz

CHIONODOXA LUCILIAE

☼–☺

Die Hyazinthengewächse aus Kleinasien gehören mit Schneeglöckchen und Krokussen zu den zuverlässigsten Frühlingsboten. Von der bekanntesten Art, *C. luciliae,* auch Schneeglanz oder Schneeruhm genannt, werden vor allem Formen der *Gigantea*-Grp. gezogen, die durch besonders große, weiße, blaue oder rosafarbene Blüten auffallen, bis 20 cm hoch werden und wie Minihyazinthen wirken.

Sehr ähnlich geben sich auch die weiteren Arten der Gattung. Die Sternhyazinthen genannten *C. forbesii* und *C. sardensis* blühen im April leuchtend blau.

Merkmale: Kleine, eintriebige Zwiebelpflanze, 10 – 15 cm hoch; schmale Blätter; Blütenschaft mit einer lockeren Traube aus sternförmigen, am Grund weißen, zu den Spitzen immer dunkler blau werdenden Blüten.
Blütezeit: März – April
Verwendung: In kleinen Gruppen am Gehölzrand, im Steingarten, in lückigen Wiesen, im Vordergrund von Beeten; mit anderen Zwiebelblühern.
Standort: Bevorzugt halbschattig; gut durchlässiger, am besten sandiger, im Frühjahr leicht feuchter Boden.
Pflanzen/Vermehren: Pflanzung der Zwiebelchen im Herbst 5 – 8 cm tief und mit 10 cm Abstand; Vermehrung durch Teilung größerer Bestände, Abnahme von Brutzwiebeln oder durch Aussaat.
Pflege: Anspruchslos.

Schnellkäfer

Kleine Käfer, meist etwa 1 cm lang, mit dunkel gefärbte Flügeldecken. Sie vermögen sich aus der Rückenlage mit einem klickenden Geräusch bis 30 cm hoch in die Luft zu schnellen, daher der Name. Schädlich sind vor allem ihre im Erdboden lebenden Larven, die → *Drahtwürmer.*

Schneestolz (Chinodoxa luciliae)

Blüten besuchender Schnellkäfer

Schnitt

→ *Rückschnitt,* → *Auslichten,*
→ *Gehölzschnitt,* → *Heckenschnitt,*
→ *Obstbaumschnitt,* → *Formschnitt,*
auch → *Schnittwerkzeug*

Schnittblumen

Grundsätzlich eignen sich alle Blumen mit kräftigen Stängeln und hübschen, haltbaren Blüten für den Schnitt.

Gern erfreut man sich an ersten Frühlingssträußen, in denen Zwiebelblumen wie Tulpen und Narzissen die Hauptrolle spielen, unterstützt durch zweijährige Sommerblumen wie Vergissmeinnicht und Gänseblümchen. Unter den Zwiebelgewächsen geben später im Jahr z. B. Holland-Iris und Lilien herrliche Schnittblumen ab. Vor allem aber die reich blühenden, einjährigen Sommerblumen sind ideal für die Vase – wer gern und häufig Sträuße bindet, kann sie in speziellen Schnittblumenbeeten mitsamt Pflanzen für dekoratives Beiwerk (z. B. Schleierkraut, Frauenmantel, Farne, Ziergräser) zusammenfassen. Auch unter den Stauden finden sich zahlreiche attraktive Schnittblumen, etwa Rittersporn, Margeriten, Schafgarbe und manche Glockenblumen. Auf besondere Eignung für diesen Zweck wird bei den Pflanzenporträts jeweils unter der Rubrik „Verwendung" hingewiesen. Freilich dürfen Rosen nicht unerwähnt bleiben; als langstielige, großblumige Edelrosen wirken sie schon einzeln in schmalen Glasvasen, ansonsten kombiniert man sie zu mehreren, auch mit anderen Schnittblumen oder dekorativen Zweigen, zu Sträußen oder Gestecken. Die normalen Gartenrosen halten sich allerdings nicht ganz so lange wie die im Blumenhandel erhältlichen Schnittrosensorten.

Nicht nur prächtig blühende Rosen, Stauden und Sommerblumen machen in der Vase etwas her; be-

S SCHNITTHECKE

Lilien sind besonders edle Schnittblumen.

sonderen Charme können auch bescheidenere Arten in Wildblumensträußen entfalten. Zum Spätjahr hin lässt sich z. B. mit Arrangements aus Sonnenblumen, Chrysanthemen, Herbstastern und Goldrute Herbstflair in die Wohnung bringen. Für Blütenschmuck im Winter und darüber hinaus sorgen schließlich → *Barbarazweige* und → *Trockenblumen.*

Für die Schnittblumenernte wählt man Triebe mit eben geöffneten Knospen aus, bei denen man gerade die erste Blütenfarbe sieht, und schneidet möglichst früh am Tag; Stängel ohne Verzweigungen und mit ungeöffneten Seitenknospen blühen länger. Eine Ausnahme machen Arten wie Chrysanthemen, Margeriten: Sie schneidet man im aufgeblühten Zustand.

Die abgeschnittenen Stängel sollten rasch ins Wasser gestellt werden; vorher alle unteren Blätter entfernen und mit einem scharfen Messer schräg anschneiden (etwa 1 cm lange Schnittfläche), um die Wasseraufnahme zu verbessern. Besonders harte Stängel (z. B. Nelken, Lilien, Chrysanthemen) versieht man mit einem 3 – 5 cm langen Schrägschnitt, Rosen und andere verholzte Triebe 5 – 8 cm lang. Lediglich Tulpen werden gerade angeschnitten. Narzissen sollte man einige Stunden in einem separaten Gefäß „ausschleimen" lassen, bevor sie ins Wasser kommen. Versorgt man die Blumen alle 2 bis 3 Tage mit frischem Wasser und schneidet sie jedes Mal wieder frisch an, halten sie sich am längsten. Auch handelsübliche Frischhaltemittel sowie der Zusatz einer Prise Zucker ins Wasser verbessern die Haltbarkeit.

Schnitthecke
→ *Hecke,* die durch regelmäßigen Schnitt in Form gehalten wird.

Schnittknoblauch
Schnittlauchähnliches Würzkraut mit kräftig würzigem Geschmack
→ *Knoblauchschnittlauch*

Schnittkohl
BRASSICA NAPUS
☼–☀

Als Schnittkohl werden zuweilen Sorten des → *Grünkohls* oder des Butterkohls (→ *Kopfkohl, Wirsing*) bezeichnet. Der eigentliche Schnittkohl, auch als Bremer Scherkohl bekannt, ist jedoch eine essbare Form des Winterrapses, die teils als Rapsvarietät mit Bezeichnungen wie var. *pabularia* oder var. *arvensis* betrachtet wird. Das früher im norddeutschen Raum häufiger angebaute Gemüse wird heute gelegentlich von Samenversendern als Rarität angeboten. Schnittkohl hat wie die Stammart Raps mit einer wachsartigen Schicht überzogene, unregelmäßig gebuchtete bis gesägte Blätter, die meist glatt oder nur leicht gewellt sind.

Das anspruchslose, schnellwüchsige Blattgemüse wird im März/April oder im August/September breitwürfig oder besser in Reihen mit 20 cm Abstand ausgesät. Nach 5 bis 7 Wochen kann man die jungen, 5 – 8 cm langen Blätter ernten, die man als gedünstetes Gemüse isst. Eine Saat liefert jeweils 2 bis 3 Ernten. Der Kreuzblütler kann in Mischkultur mit Salat, Spinat, Erbsen oder Bohnen angebaut werden. Die Pflege beschränkt sich auf Gießen bei Trockenheit, Hacken zwischen den Reihen und das Achten auf die üblichen → *Kohlschädlinge,* bei Frühjahrsanbau besonders auf → *Erdflöhe.*

Schnittlauch
ALLIUM SCHOENOPRASUM
☼–☀ ☺

Neben → *Petersilie* zählt der Schnittlauch, ein naher Verwandter der → *Zwiebeln,* zu den gebräuchlichsten Küchenkräutern. Das Lauchgewächs ist auf der gesamten Nordhalbkugel wild zu finden. Schon früh im Jahr treiben die röhrenförmigen Blätter, die man jederzeit ernten kann. Sie enthalten neben vielen Vitaminen und Mineralstoffen appetitanregende, verdauungsfördernde und für die Würze verantwortliche Senföle.
Merkmale: Staude, dichte Horste bildend, 20 – 40 cm hoch; feine, runde,

Vom Schnittlauch können auch die Blüten in der Küche Verwendung finden.

röhrenförmige Blätter; an kräftigen Schäften halbkugelige bis kegelige Dolden aus dicht gedrängt stehenden, hell violetten Blüten.
Blütezeit: Mai – Juli
Verwendung: Als Küchenkraut im Gemüse- und Kräutergarten; auch als Zierpflanze in Beeten und Rabatten, in Form von kleinen „Schnitthecken" als Beeteinfassung; für Gefäßkultur geeignet.
Standort: Frischer bis leicht feuchter, nährstoffreicher, am besten auch kalkreicher Boden.
Kultur: Aussaat ab Februar unter Glas oder Folie, ab März im Freien in Reihen oder Horsten mit 10 cm Abstand; Sämlinge in Büscheln zu je 10 bis 20 Stück mit 20 x 20 cm Abstand verpflanzen; ältere Bestände im Frühjahr oder Herbst durch Teilung vermehren.
Pflege: Gleichmäßig feucht halten; alle 2 bis 3 Jahre durch Teilung verjüngen; Ausbrechen der Blütenstände kommt zwar der Blattentwicklung zugute, ist aber nicht unbedingt erforderlich.
Ernte: Fortlaufend ganz nach Bedarf frisches Grün abschneiden, auch die Blüten sind essbar; möglichst nur frisch verwenden.
Hinweis: Schnittlauch kann im Herbst eingetopft und über den Winter auf der Fensterbank weiterkultiviert werden.

Schnittlauchknoblauch
Schnittlauchähnliches Würzkraut mit kräftig würzigem Geschmack
→ *Knoblauchschnittlauch*

Schnittmangold
Sorten des → *Mangolds,* von denen man die spinatartig schmeckenden Blätter als Gemüse nutzt.

Schnittsalat
Varietät des → *Salats,* die keine geschlossenen Köpfe bildet.

Schnittsellerie
Varietät des → *Selleries,* bei der die aromatischen Blätter als Würze geerntet werden.

Schnittstauden
Mehrjährige Pflanzen, die sich als → *Schnittblumen* eignen.

Schnittwerkzeug
Zum Schnittwerkzeug zählen alle Gerätschaften, die sich für das Einkürzen bzw. Entfernen von Trieben, Zweigen und Ästen sowie Blattwerk eignen. Hierfür sollte nur speziell dafür ausgewiesenes Werkzeug Verwendung finden. Scheren und Sägen z. B. für den Haushalts- oder Handwerkerbedarf erschweren oft nur unnötig die Arbeit oder hinterlassen Schnittwunden, die schlecht verheilen.

Zur Grundausstattung gehören Gartenmesser (am besten mehrere), Gartenscheren (handliche Gartenmehrzweck- bzw. Rosenschere, für den Gehölzschnitt zusätzlich hochwertige Baumschere), Baumsäge mit verstellbarem Sägeblatt sowie eine Hand- oder Elektroheckenschere, wo Schnitthecken das Grundstück oder Gartenteile einfassen. Bei größerem Gehölzbestand, insbesondere mit Obstbäumen, lohnt sich zusätzlich die Anschaffung von Astscheren mit langen Bügeln sowie einschneidigen, eventuell gar motorisierten Astsägen.

Gängige Modelle sowie Auswahlkriterien sind im Einzelnen unter den jeweiligen Stichwörtern genannt: → *Gartenmesser,* → *Gartenschere,* → *Säge,* → *Heckenschere.* Schließlich fallen auch Rasenkantenschere (→ *Rasenpflegegeräte*), im weiteren Sinne → *Mähgeräte* und → *Rasenmäher* in die Kategorie Schnittwerkzeug.

Allgemein sollte man beim Kauf der Geräte stets auf Sicherheit (z. B. Arretierbarkeit der Klingen, Handschutz und Sicherheitsabschaltung bei elektrischen Modellen usw.) und

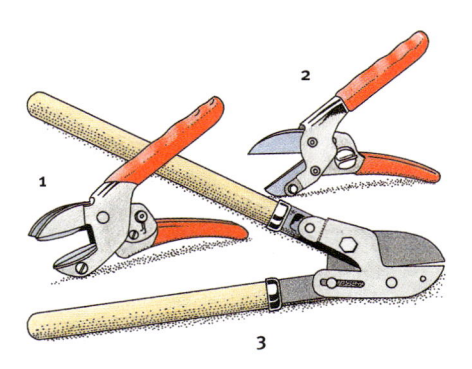

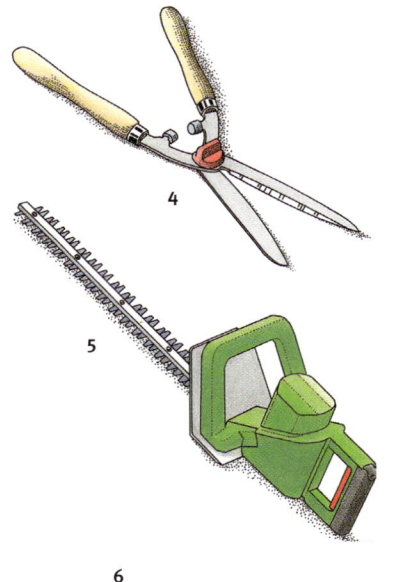

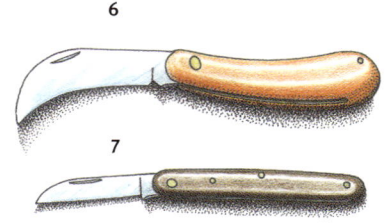

Schnittwerkzeug:
1) Ambossschere
2) zweischenklige Schere
3) langschenklige Schere
4) Handheckenschere
5) Motorheckenschere
6) Hippe
7) einfaches Gärtnermesser

SCHNURBAUM

hohe Qualität achten. Auch einfache Handhabung und Schnittkomfort mit optimaler Kraftübertragung und damit geringer Anstrengung spielen eine große Rolle.

Schnittwerkzeug sollte stets gut geschärft sein, wobei man das Nachschärfen in den meisten Fällen am besten einem Fachbetrieb überlässt. Obgleich hochwertige Gerätschaften rostarme bzw. -freie Klingen bzw. Schneiden haben, lässt man sie am besten nicht unnötig im Freien liegen, sondern bewahrt sie an einem trockenen Ort auf. Nach Gebrauch reinigt und trocknet man die Schneiden mit einem Tuch. Wurde an möglicherweise erkrankten Pflanzen geschnitten, empfiehlt sich das Desinfizieren z. B. mit Alkohol; dies auch bei allen Schnittwerkzeugen, die für Vermehrungs- und Veredlungsarbeiten Verwendung finden.

Schließlich ist beim Umgang mit solchen Gerätschaften stets zu beachten, dass sie eine Gefahrenquelle darstellen. Sie müssen deshalb auch unbedingt kindersicher untergebracht werden.

Schnurbaum
Andere Bezeichnung für den → *Kordon,* bei dem die Fruchttriebe als kurzes Seitenholz direkt an der Mittelachse stehen.

Auch → *Obstbaum, Spalierformen*

Schnurbaum, Japanischer
SOPHORA JAPONICA

Der Japanische Schnurbaum – ursprünglich nicht aus Japan, sondern aus China und Korea stammend – hat bei uns eher Bedeutung als Gehölz im öffentlichen Grün denn als Gartenbaum. Trockenheits-, hitze- und abgasverträglich – mit diesen Eigenschaften bietet sich der robuste Schmetterlingsblütler als Straßen- und Stadtbaum geradezu an. Wer ihn

Japanischer Schnurbaum (Sophora japonica)

im Garten pflanzen möchte, braucht viel Platz: Der kurzstämmige Baum mit seiner rundlichen Krone wird 12 – 20 m hoch und 10 – 16 m breit. Seine gelblich weißen, duftenden Blüten entfaltet er – erst ab etwa zwölf Standjahren – im August, somit ist er der einzige Spätsommerblüher unter den bei uns kultivierten Bäumen. Ab Oktober trägt er dann perlschnurartige, zwischen den einzelnen Samen eingeschnürte Hülsenfrüchte, denen er seinen Namen verdankt. Bis dahin ziert der Baum nur durch seinen Wuchs und die großen gefiederten Blätter. Der Schnurbaum gedeiht auf jedem normalen, durchlässigen Boden. In den ersten Jahren nach der Pflanzung sollte man in rauen Lagen den Wurzelbereich über Winter mit Laub und Reisig schützen.

Schoenoplectus
Botanischer Gattungsname der → *Teichsimse,* einer hübschen grasartigen Teichrand- und Flachwasserpflanze

Schöllkraut
CHELIDONIUM MAJUS

Das Schöll-, Gold-, Schwalben-, Teufelsmilch- oder Warzenkraut, ein heimisches Mohngewächs, ist an Wegrändern, entlang von Zäunen und Mauern häufig zu finden, wobei es auch noch im Schatten anzutreffen ist. Die Staude kann über 100 cm hoch werden und fällt mit ihren von Mai bis Oktober erscheinenden goldgelben Blüten sofort ins Auge. Alle Teile enthalten einen orangegelben Milchsaft, der stark giftig ist. Seit alters verwendet man die Pflanze zu Heilzwecken, sie hilft gegen Magen-, Darm- und Gallebeschwerden. Der Milchsaft wurde früher vielfach gegen Warzen eingesetzt.

Im Garten wird das Schöllkraut trotz seiner hübschen Blüten allerdings als Unkraut angesehen. Aus den Blüten entwickeln sich nämlich zweiklappige Schoten, die aufspringen und zahlreiche Samen freigeben. Diese tragen ein weißes Anhängsel, das Ameisen gern fressen. Die Tiere verschleppen den Samen dabei über weite Strecken. Durch regelmäßiges Jäten (unbedingt Handschuhe tragen und danach Hände waschen), spätestens während der Blüte, lässt sich das Schöllkraut leicht eindämmen.

Schönauge
Anderer Name für das → *Mädchenauge,* eine Gattung mittelhoher, gelb blühender Stauden

Schöllkraut (Chelidonium majus)

Schönfrucht
CALLICARPA BODINIERI
☼

Das aus China stammende Eisenkrautgewächs wird vor allem wegen seines attraktiven Fruchtschmucks gezogen. Auch der Name Liebesperlenstrauch deutet darauf hin, denn die lila bis purpurfarbenen Früchte sitzen dicht an dicht wie Perlen aufgereiht an den Zweigen und leuchten während des Winters, wenn das Laub gefallen ist, weithin sichtbar. Pflanzt man mehrere Sträucher nahe zusammen, wird durch die so mögliche Fremdbestäubung ein besserer Fruchtansatz gewährleistet.

Merkmale: Strauch, breit buschig, etwas sparrig, 2 – 3 m hoch und 2 m breit; elliptische, stumpfgrüne Blätter, gelbe bis orange Herbstfärbung; unscheinbare, lila Blüten; sehr zahlreiche beerenartige, glänzend lila bis purpurn gefärbte Früchte, die lange haften.

Blütezeit: Juli – August

Verwendung: Am schönsten in Einzelstellung, auch in Gehölzgruppen, besonders attraktiv in Gemeinschaft mit Nadelgehölzen; zum Schnitt für Floristikzwecke geeignet.

Standort: Geschützt, auch absonnig; durchlässiger, frischer bis leicht feuchter, humoser Boden.

Pflanzen/Vermehren: Pflanzung bevorzugt im Frühjahr; Vermehrung durch Stecklinge oder Aussaat.

Pflege: Den Winter über vor allem im Bodenbereich mit Laub und Reisig schützen; erfrorene Triebe im Frühjahr herausschneiden, ansonsten ungeschnitten lassen.

Schönmalve
ABUTILON-HYBRIDEN
☼-◐

An den samtig seidigen Blüten erkennt man die Zugehörigkeit der Schönmalve zu den Malvengewächsen. Verbreitet sind vor allem Kulturformen, die aus Kreuzungen verschiedener Arten entstanden sind. Die Arten selbst sind in Brasilien heimisch. Die Schönmalve trägt vielerlei Namen, so nennt man sie z. B. auch Samtpappel, Samtmalve oder Zimmerahorn. Neben den Hybriden haben zwei Arten Bedeutung: Das Rio-Grande-Abutilon (*A. megapotamicum*) mit lampionförmigen, gelb-roten Blüten sowie *A. pictum* mit kleinen, glockigen Blüten in Orange oder Rot.

Merkmale: Immergrüner bis halbimmergrüner Strauch, aufrecht, etwas sparrig, je nach Kultur 0,5 – 3 m hoch; samtige, grob gelappte, ahornähnliche, hellgrüne Blätter, bei manchen Sorten gelbgrün gescheckt; einfache schalen- bis glockenförmige, bei Sorten auch gefüllte, nickende Blüten, weiß, gelb, orange, rosa oder rot.

Blütezeit: April – Oktober

Verwendung: Hauptsächlich als Kübelpflanze, besonders attraktiv als Hochstämmchen; den Sommer über auch ausgepflanzt in Beeten.

Standort: Am besten sonnig, jedoch vor praller Mittagssonne geschützt; gut durchlässige, frische, humose, nährstoffreiche Erde.

Pflanzen/Vermehren: Pflanzung ins Beet sowie bei Kübelpflanzen das Ausräumen ab Mitte Mai; Vermehrung durch Aussaat ab Februar unter Glas bei 18° C oder durch Kopfstecklinge im Frühjahr.

Pflege: Gleichmäßig leicht feucht halten; alle 2 bis 3 Wochen düngen; bei Bedarf stützen; Rückschnitt im Spätherbst oder im Frühjahr; hell und kühl bei 5 – 10° C überwintern.

Schönranke
ECCREMOCARPUS SCABER
☼

Die Schön- oder Prachtranke, ein Bignonien- oder Trompetenbaumgewächs aus Chile, zählt mit zu den attraktivsten Kletterpflanzen.

Merkmale: Einjährig kultivierter, immergrüner Kletterstrauch, 2 – 4 m hoch; dünne, reich verzweigte Triebe mit zierlichen, gefiederten, in Ranken auslaufenden Blättern; röhrenförmige, orangerote, gelbe oder dunkelrosa Blüten in üppigen Trauben.

Blütezeit: Juli – Oktober

Verwendung: Zur Begrünung von Pergolen, Kletterspalieren oder Wänden sowie für Kübel und Kästen auf Balkon und Terrasse.

Schönfrucht (Callicarpa bodinieri var. giraldii)

Schönmalve (Abutilon-Hybride) als Kübelpflanze

Schopflilie

Schönranke (Eccremocarpus scaber)

Schopflilie (Eucomis bicolor)

Standort: Warm und geschützt, auch absonnig; gut durchlässiger, frischer, humoser, nährstoffreicher Boden.
Kultur: Anzucht ab Februar, Auspflanzen ab Mitte Mai.
Pflege: Kletterhilfe geben, am besten in Form von Gittern mit dünnen Streben; ausreichend feucht halten; in Gefäßen alle 2 bis 3 Wochen düngen.
Hinweis: In Kübel gezogene Schönranken kann man auch überwintern. Dazu im Spätherbst kräftig zurückschneiden und dann hell und kühl (5 – 10° C) stellen.

Schopflilie
EUCOMIS BICOLOR
☼–◐

Dass die Zwiebelblume aus tropischen Wäldern Südafrikas zu den Hyazinthengewächsen gehört, eröffnet sich schon auf den ersten Blick. Der Blütenstand erinnert stark an eine → *Hyazinthe,* er wird jedoch noch von einem Blattschopf gekrönt. Von weitem mutet dies an wie eine Ananas, deshalb auch der Name Ananasblume. Sehr ähnlich erscheint die Art *E. comosa,* sie wird 50 – 70 cm hoch und trägt duftende, cremeweiße, rötlich gerandete Blüten.
Merkmale: Eintriebige Zwiebelblume, 30 – 50 cm hoch; riemenförmige, am Rand leicht gewellte Blätter; kräftiger Blütenschaft mit üppiger Traube aus gelbweißen bis lindgrünen, violett gesäumten und getupften Sternblüten, endständiger Schopf aus kurzen Blättern.
Blütezeit: Juli – August
Verwendung: In Beeten und Rabatten, zwischen bunten Sommerblumen und mit anderen sommerlichen Zwiebel- und Knollengewächsen; auch für Gefäßkultur geeignet.
Standort: Gut durchlässiger, frischer, humoser, nährstoffreicher Boden.
Pflanzen/Vermehren: Zwiebeln zwischen Mitte April und Anfang Mai 15 – 20 cm tief und mit 20 – 30 cm Abstand einpflanzen; Vermehrung durch Brutzwiebeln oder Aussaat.
Pflege: Auf gleichmäßige Wasserversorgung achten; bei Bedarf zu Blütenbeginn nachdüngen; verwelkte Blütenschäfte abschneiden; in milden Gebieten über Winter mit Laub und Reisig abdecken, in rauen Gegenden Zwiebeln im Herbst aufnehmen und kühl und trocken aufbewahren.

Schorf
Von Pilzen verursachte → *Apfelkrankheit* auf Blättern und Früchten

Schossen
Unerwünschte, vorzeitige Blütenbildung bei Blatt-, Wurzel-, Zwiebel- und Knollengemüsen wie Kopfsalat, Spinat oder Kohl. Die normalerweise geernteten Pflanzenteile verlieren dadurch stark an Geschmack oder werden ganz ungenießbar. Zu diesem Schossen oder „Schießen" kommt es besonders bei so genannten Langtagspflanzen wie Salat und Spinat, die ab einer bestimmten Tageslänge (um 14 Stunden) Blüten anlegen (auch → *Blüteninduktion*). Hohe Sommertemperaturen zählen ebenfalls zu den Blühauslösern; manchmal kommt es bei anhaltender Trockenheit auch zu einer vorzeitigen „Notblüte". Durch Wahl für den jeweiligen Anbauzeitraum ausgewiesener Sorten (z. B. Sommer-, Früh-, Spätsorten) sowie schossfester Züchtungen beugt man dieser Erscheinung am besten vor.

Schote

→ *Frucht* der Kreuzblütengewächse; sie besteht aus zwei Fruchtblättern und einer so genannten falschen Scheidewand. Reife Schoten reißen rundum auf, die Samen bleiben an der Scheidewand stehen. Die „Paprikaschoten" haben damit nichts zu tun, denn sie sind botanisch gesehen Beeren.

Schraubel

Zusammengesetzter → *Blütenstand,* bei dem unterhalb einer Endblüte ein Seitentrieb aus der Blattachsel entspringt. Dieser Seitentrieb schließt wieder mit einer Endblüte ab; darunter steht wieder ein Seitentrieb usw. Die Blüten befinden sich dadurch alle auf einer Seite entlang des Blütenstands, so z. B. bei Taglilie und Johanniskraut.

Schredder

Motorbetriebener → *Häcksler* zum Zerkleinern von Zweigen und Ästen

Schrotsägeförmig

Beschreibt die Ausprägung eines Blattrands mit großen Zähnen bzw. Ausbuchtungen, die wiederum fein gezähnt oder gesägt sind.
 → *Blatt*

Schrotschusskrankheit

Pilzkrankheit an Steinobst, die vor allem an Kirschen auftritt. Nach Ausbrechen der anfangs rötlichen Blattflecken wirkt das Laub wie durchsiebt.
 → *Kirschenkrankheiten*

Schuffel

→ *Hacke* mit schmal rechteckigem, rundum scharfem Blatt, um Unkräuter zu entfernen. Sie wird auch als Stoßhacke bezeichnet.

Schuppenblatt

Steht für zwei ganz unterschiedliche Formen von Blättern:

1) Kleine, grüne oder farblose, schuppenartige Blätter an unterirdischen Sprossumbildungen wie → *Rhizomen* und Sprossknollen (z. B. Kartoffeln, auch → *Knolle*); ähnliche, oft derbe Schuppenblätter schützen viele → *Knospen*. Bei manchen Pflanzen treten sie im Zuge der Keimung als so genannte → *Niederblätter* auf.

2) Flache, kurze, dicht aneinander gelagerte Nadelblätter z. B. von Scheinzypresse oder Lebensbaum. Auch bei manchen Laubgehölzen finden sich solche Blattformen, etwa bei Heidekraut und Tamariske.

Schüttekrankheit

Diese → *Kiefernkrankheit* wird durch einen Pilz verursacht; an befallenen Bäumen werden die Nadeln braun und fallen schließlich ab.

Schutznetz

Feinmaschiges → *Kulturschutznetz* zum Abdecken von Beeten als Schutz gegen Gemüsefliegen und andere Schädlinge

Schwachzehrer

Begriff aus dem Gemüseanbau: Pflanzen mit geringem Nährstoffbedarf; in einer → *Fruchtfolge* werden sie als letzte gepflanzt bzw. gesät.

Schwaden

Dekoratives Teichrand- und Sumpfgras
 → *Wasserschwaden*

Schwalbenschwanzschere

→ *Gartenschere* mit gebogenen Klingen. Dank der schmalen Klingenform kann man mit Schwalbenschwanzscheren auch in Astgabeln schneiden. Anders als bei → *Ambossscheren* sind meist beide Klingen als Schneiden gearbeitet; dann zeichnet sich dieser Scherentyp durch äußerst glatte Schnitte mit nachfolgend guter Verheilung der Wundfläche aus.

Schwammspinner

Schmetterlingsart, deren Raupen in warmen Jahren und Regionen Wald- und Obstbäume völlig kahl fressen können.

Schwanenblume

Anderer Name für die → *Blumenbinse,* eine Sumpfstaude mit rosa Blüten

Schwarzäugige Susanne

THUNBERGIA ALATA

☼ ☺

Der rasch wachsende Schlinger aus Südostafrika gehört zu den Akanthusgewächsen und ist eigentlich ein immergrüner Kletterstrauch. Bei uns wird er jedoch überwiegend einjährig gezogen. Die oft sehr auffällige dunkle Blütenmitte verlieh der Schwarzäugigen Susanne ihren Beinamen. Eine recht aristokratisch anmutende Verwandte ist die Himmelsblume (T. grandiflora). Der starkwüchsige, bis 4 m hohe Schlingstrauch prunkt mit exotischen, blauen Blüten, die einen gelben Schlund haben.

Merkmale: Überwiegend einjährig gezogener, rasch wachsender Schlin-

Schwarzäugige Susanne (Thunbergia alata)

ger, 1–1,5 m hoch; sattgrüne, schlank herzförmige Blätter; tellerförmig ausgebreitete, oft gelbe Blüten mit meist schwarzem bis bräunlichem Schlund; Farbspektrum der Sorten reicht von cremefarben bis dunkel orangegelb.
Blütezeit: Mai – Oktober
Verwendung: Zur Begrünung von Mauern, Pergolen, Rankgerüsten oder an frei stehenden Klettergerüsten, auch in Gefäßen; wächst ohne Kletterhilfe hängend.
Standort: Warm und geschützt; durchlässiger, frischer, humoser, nährstoffreicher Boden.
Kultur: Anzucht ab Februar; Pflanzung ins Freie ab Mitte Mai mit mindestens 30 cm Abstand.
Pflege: Gleichmäßig feucht halten; Kletterhilfe in Form von senkrechten Schnüren oder Stäben geben; bei Bedarf mehrmals schwach nachdüngen.

Schwarzbeinigkeit

Die „Beine" im Namen dieser Krankheit stehen für den Stängelgrund, der sich schwarz verfärbt. Es handelt sich um eine typische → *Keimlingskrankheit,* die auch als Umfallkrankheit bekannt ist.

Auch unter den → *Rasenkrankheiten* gibt es ein Schadbild, das als Schwarzbeinigkeit bezeichnet wird.

Schwarzdorn

Andere geläufige Bezeichnung für die → *Schlehe*

Schwarze Bohnenblattlaus

Anders als der Namen vermuten lässt, befällt dieser → *Bohnenschädling* auch andere Nutz- und Zierpflanzen. Wie alle → *Blattläuse* saugt sie Pflanzensaft.

Schwarzer Rettich

Varietät des → *Rettichs* mit außen dunkelbraun bis schwarz gefärbter Rübe

Schwarzer Unrund

Anderer Name für den → *Schwarzrohrbambus*

Schwarzfäule

Bezeichnung für verschiedene Pilzkrankheiten bzw. ihr Schadbild, das durch dunkel bis schwarz verfärbte, welkende oder faulende Pflanzenteile gekennzeichnet ist. So kennt man z. B. eine bestimmte Salatfäule als Schwarzfäule (→ *Salatkrankheiten*), ebenso eine → *Weinrebenkrankheit,* die alle grünen Pflanzenteile mit dunklen Flecken überzieht und auch die Trauben schädigt.

Die Möhrenschwärze (→ *Möhrenkrankheiten*) läuft auch manchmal unter Schwarzfäule. Sie wird durch *Alternaria*-Pilze hervorgerufen, von denen manche auch lagerndes Gemüse wie Tomaten, Paprika, Sellerie und Zwiebeln befallen. Sie verursachen dunkelbraune, weiche Stellen, die allmählich von schwärzlichem Pilzgeflecht überzogen werden. Schwarzfäule an lagerndem Obst dagegen ist eine Folge des Befalls mit → *Monilia.* Um eine Ausbreitung solcher Lagerfäulen zu unterbinden, muss das Erntegut regelmäßig auf Schadstellen kontrolliert und konsequent aussortiert werden.

Schwarzrohrbambus

Hochwüchsiger, stark Ausläufer bildender → *Bambus* mit anfangs dunkel gepunkteten, später glänzend schwarzen Halmen

Schwarztorf

Schwarz gefärbter → *Torf* aus Hochmooren (→ *Moor*); er bildet die untere, stärker zersetzte Lage unter dem Weißtorf.

Schwarzwurz

Alter Name für den → *Beinwell;* wird manchmal auch als Kurzform für die → *Schwarzwurzel* verwendet.

Schwarzwurzel

SCORZONERA HISPANICA

Der auch Winterspargel genannte Korbblütler stammt ursprünglich aus Südeuropa, Wildvorkommen stehen unter Naturschutz. Schwarzwurzeln wachsen ausdauernd und bilden etwa 30 cm lange, fingerdicke, walzenförmige Wurzeln mit namensgebender schwarze Rinde. Bei Verletzung geben sie einen gelblich weißen Milchsaft frei, der sich an der Luft sofort braun verfärbt. Damit das angenehm mild schmeckende, reinweiße Wurzelinnere weiß bleibt, muss man die Wurzeln nach dem Schälen umgehend in Milch oder Essigwasser legen. Die Wurzeln enthalten reichlich Vitamine und Mineralstoffe, sie sind als Magen- und Darmschonkost ebenso geeignet wie – aufgrund ihres Inulingehalts – als Gemüse für Diabetiker. Mit ihrem Gesundheitswert und dem angenehmen Geschmack sind sie sicherlich nicht nur der „Spargel des kleinen Mannes", wie Schwarzwurzeln früher genannt wurden. Al-

Auch blühende Schwarzwurzeln können noch geerntet werden.

lerdings macht das Schälen sehr viel Arbeit; damit es sich rentiert, sollte man besonders auf gute Bodenvorbereitung und Pflege achten, um die Bildung kräftiger Wurzeln zu fördern. Für eine Mischkultur eignen sich z. B. Salate, Porree oder Kohlrabi.
Merkmale: Einjährig kultiviertes Wurzelgemüse; lange, schmale Blätter; fingerdicke, 20 – 40 cm lange Wurzeln mit schwarzer Rinde; ab dem 2. Jahr im Juni/Juli gelbe Korbblüten.
Standort: Tiefgründiger, gut gelockerter, frischer, mittelschwerer bis leichter Boden.
Kultur: Aussaat im März/April in Reihen mit 25 – 30 cm Abstand, 2 – 3 cm tief, Sämlinge auf 5 – 7 cm Abstand vereinzeln; bisweilen sehr verzögerte Keimung, nur ganz frisches Saatgut verwenden.
Pflege: Gleichmäßig feucht halten; Boden regelmäßig (und vorsichtig) hacken und lockern; nur mit gut ausgereiftem Kompost oder kalibetontem Volldünger düngen; bereits im 1. Jahr erscheinende Blütenstände müssen nicht ausgebrochen werden.
Ernte: Ab Ende Oktober, wenn das Laub welkt, bis zum Frühjahr Pflanzen mit Grabegabel sorgfältig lockern und Wurzeln vorsichtig herausziehen, da sie leicht brechen. Die Wurzeln schmecken umso besser, je später sie geerntet werden. Die jungen Blätter ergeben einen vorzüglich schmeckenden Salat.

Schwebfliege

Schwebfliegen, mit die wichtigsten → *Blattlausfeinde,* gehören wie andere Fliegen sowie Mücken zur Insektenordnung der Zweiflügler. In Mitteleuropa kommen gut 300 Arten vor. Meist nur zwischen 5 und 10 mm, seltener 25 mm groß, sind die Schwebfliegen trotz oft auffälliger Färbung recht unscheinbar. Viele ahmen mit gelb- oder orange-schwarzer Zeichnung stachelbewehrte → *Hautflügler*

Schwebfliege

nach, um sich vor Fressfeinden zu schützen. Da auch ihre Hinterleibsform wespenähnlich ist, sehen sie öfter aus wie „Miniwespen". Dass sie anders als Hautflügler nur zwei statt vier Flügel haben, lässt sich nicht immer so einfach feststellen. Am sichersten erkennt man die Schwebfliegen am Zickzackflug und ihrer Fähigkeit, wie ein Kolibri in der Luft zu stehen. Die erwachsenen Fliegen ernähren sich von Nektar und Pollen. Da sie nur kurze Rüssel haben, sind sie auf ein reiches Angebot leicht zugänglicher Blüten angewiesen. Mit Doldenblütlern, einfachen Korbblütlern und Hahnenfußgewächsen sowie *Phacelia* (Bienenfreund) kann man sie am besten anlocken; unterstützen lassen sie sich zudem auch mit speziellen Nisthilfen, auch → PRAXIS-SEITE Nützlinge ansiedeln und fördern (S. 614/615).

Dies lohnt sich – denn die madenartigen, oft grünlichen, je nach Art sehr unterschiedlich gestalteten Larven vertilgen während ihrer Entwicklung von etwa zwei Wochen bis zu 700 Blattläuse. Manche Angaben nennen sogar einen „Tagesverbrauch" von 80 bis 100 Läusen. Auch → *Blutläuse* gehören zu den Beutetieren.

Schwefel

Chemisches Element mit der Abkürzung S; für Pflanzen einer der Hauptnährstoffe, den sie in größeren Mengen benötigen. Schwefel erfüllt wie alle unentbehrlichen Nährstoffe wichtige **Funktionen:** Er wird in Eiweißverbindungen eingebaut und fördert als Bestandteil von Enzymen verschiedene Stoffwechselvorgänge.

Im Boden liegt Schwefel hauptsächlich in organischen Verbindungen vor und wird nach → *Mineralisierung* durch Schwefelbakterien von den Pflanzen als Sulfat (SO_4^{2-}; Salz der Schwefelsäure) aufgenommen. Sie können den Nährstoff aber auch zum kleineren Teil über die Spaltöffnungen in den Blättern als Schwefeldioxid (SO_2) aus der Luft aufnehmen.

Bei **Schwefelmangel** ist die Eiweißbildung gestört; als Folge vergilben die Blätter vom Rand her, und zwar zuerst die jüngeren, wobei die Blattadern anfangs noch grün bleiben. Das Pflanzenwachstum wird beeinträchtigt, eiweißhaltige Samen, etwa von Bohnen und Erbsen, erreichen nicht die übliche Größe. Während der letzten Jahrzehnte waren solche Mangelerscheinungen kein Thema. Denn Schwefelverbindungen waren aufgrund der Verbrennung von Öl, Kohle und Benzin teils überreichlich in der Atmosphäre enthalten und gelangten mit den Niederschlägen in den Boden, schlimmstenfalls in Form des sauren Regens. Das ist heute immer noch der Fall, in belasteten Regionen auch nach wie vor mit möglichen Pflanzenschäden durch das Schwefeldioxid, das im Übermaß zu → *Nekrosen* an Blättern führt (auch → *Schadstoffe*).

Doch alles in allem ist es gelungen, den Schwefeldioxidgehalt der Luft deutlich zu reduzieren – mit der Folge, dass gebietsweise schon Schwefelmangel an Pflanzen festgestellt wurde. Bei regelmäßiger organischer

Düngung besteht normalerweise kein Defizit; schon Kompost enthält meist ausreichend Schwefel, tierische Dünger wie Guano oder Mist haben einen besonders hohen Gehalt. Schwefel in Form von Sulfat (SO_4^{2-}) ist außerdem Bestandteil vieler mineralischer Dünger (auch → *Mineralsalze*). Schwefelmangel tritt am ehesten auf sehr sandigen sowie auf extrem tonhaltigen, nassen, biologisch inaktiven Böden auf. Eine entsprechende → *Bodenverbesserung* samt regelmäßiger Humuszufuhr trägt nachhaltig zur Behebung bei. Gezielte Schwefeldüngung – am besten mit organischen Düngern – sollte nur nach einer entsprechenden → *Bodenuntersuchung* erfolgen.

Schwefelkopf
Für den → *Pilzanbau* im Garten geeigneter Speisepilz

Schwefelpräparate
→ *Schwefel* ist nicht nur Pflanzennährstoff, sondern kann in hoher Dosierung und entsprechender Aufbereitung auch als Pflanzenschutzmittel gegen Echten → *Mehltau* und Apfelschorf (→ *Apfelkrankheiten*) eingesetzt werden. Am häufigsten findet er dafür Verwendung als feinst zermahlener, gut wasserlöslicher Netzschwefel. Solche Präparate sind bienenungefährlich, der „Naturstoff" Schwefel hinterlässt auch keine umweltbelastenden Rückstände. Allerdings können Schwefelpräparate so manche Nützlinge schädigen, besonders Schlupf- und Zehrwespen. Bei höherer Dosierung wirken sie zwar gegen Spinnmilben, doch zugleich auch gegen deren natürlichen Feinde, die Raubmilben.

Schwerer Boden
→ *Bodenart* mit hohem Tonanteil. Solche Böden speichern gut Wasser und Nährstoffe, neigen aber zu Verdichtung und Vernässung. Der damit verbundene Sauerstoffmangel kann Wurzelwachstum und Bodenleben beeinträchtigen.

Schwerkeimer
Pflanzen, deren Samen aufgrund besonders widerstandsfähiger Schalen oder eingelagerter Hemmstoffe unter normalen Bedingungen (Feuchtigkeit, Wärme) nur sehr langsam oder gar nicht keimen. Dazu zählen viele Gehölze oder z. B. auch Bohnen und Tomaten. Durch verschiedene Verfahren der → *Keimförderung* kann man ihre natürliche Keimhemmung durchbrechen.

Schwertfarn
Andere Bezeichnung für die Gattung der → *Schildfarne* (*Polystichum*). Den gleichen Namen trägt auch der Zimmerfarn *Nephrolepis*.

Schwertlilie
Anderer Name für die Gattung → *Iris*, der vor allem für deren rhizombildende Arten, weniger für die Zwiebeliris geläufig ist.

Schwimmblattpflanzen
→ *Schwimmpflanzen*, die im Boden wurzeln und deren Blätter flach auf der Wasseroberfläche schwimmen.

Schwimmpflanzen
Wichtige Wasserpflanzengruppe für den → *Teich*. Im Unterschied zu den → *Unterwasserpflanzen* ragen ihre Blätter zumindest teilweise aus dem Wasser heraus. Sie schwimmen als Ganzes (die eigentlichen Schwimmpflanzen) oder mit ihren großflächigen Blättern (Schwimmblattpflanzen) auf der Wasseroberfläche. Dazu verhilft ihnen ein schwammiges, luftgefülltes Gewebe, um Auftrieb im Wasser zu gewinnen (→ *Aerenchym*). Die Blätter sind meist mit wachsartigen, Wasser abstoßenden Überzügen versehen oder dicht mit Härchen besetzt. Anders als bei den Landpflanzen befinden sich die dem Gasaustausch dienenden Spaltöffnungen nicht auf der Blattunterseite (auch → *Blatt*), sondern oberseits. Über die Unterseiten vermögen die Pflanzen statt dessen Nährstoffe aus dem Wasser aufzunehmen. Die meisten Arten bilden jedoch zusätzlich Wurzeln aus. Diese entnehmen bei den ganz frei treibenden Schwimmpflanzen ihre Nährstoffe ebenfalls direkt aus dem Wasser. Bei den Schwimmblattpflanzen dagegen reichen die Wurzeln bis in den Bodenschlamm, wo sie die Pflanzen auch verankern. Häufig besitzen die Schwimmblattpflanzen noch anders geformte Unterwasserblätter.

Die beliebtesten Arten für den Teich zählen zu den Schwimmblattpflanzen, so etwa See- und Teichrose. Echte „Freischwimmer" dagegen sind Krebsschere, Wasserlinsen, Algenfarn, Muschelblume und Wasserhyazinthe. Es gibt auch Übergangsformen wie den Froschbiss, der nur im flachen Wasser im Boden wurzelt. Bei sehr niedrigem Wasserstand wurzeln auch Wasserhyazinthe und Muschelblume ein. Als Grenzgänger kann man

Wasserhyazinthe (Eichhornia crassipes)

SCHWIMMPFLANZEN

BELIEBTE SCHWIMM- UND SCHWIMMBLATTPFLANZEN IM ÜBERBLICK

Name	Licht / Wassertiefe	Schwimmblätter; Blüte	Hinweise
Algenfarn, Feenmoos (*Azolla caroliniana*)	☼–◐ / ab 10 cm	kleine, schuppige Blätter in dichten Teppichen, rötliche Herbstfärbung; (keine Blüte)	oft starke Ausbreitung, ggf. eindämmen (abfischen); kaum winterhart, hell und kühl überwintern
Wasserstern (*Callitriche palustris*)	☼–◐ / 10–60 cm	kleine Rosetten aus hellgrünen, linealischen Blättchen, wintergrün; Blüten unscheinbar	Hauptteil der Pflanze lebt untergetaucht; wertvoller Sauerstofflieferant
Wasserhyazinthe (*Eichhornia crassipes*)	☼ / 10–50 cm	rundliche, hellgrüne, glänzende Blätter; bis 20 cm hohe, hellviolette Blütenähren, Juli – September	nicht winterhart; helle Überwinterung bei 15 – 20° C möglich, aber schwierig
Wasserfeder (*Hottonia palustris*)	☼–◐ / 10–50 cm	kammförmige, fiederspaltige, wintergrüne Unterwasserblätter; über Wasser ca. 20 cm lange Schäfte mit quirlständigen weißrosa Blüten, Mai – Juli	verträgt kein kalkhaltiges Wasser; konkurrenzschwach, etwas separat pflanzen
Froschbiss (*Hydrocharis morsus-ranae*)	☼–◐ / 10–50 cm	kreisrunde Blätter mit herzförmigem Einschnitt; weiße Blüten, Juli – August	→ Froschbiss
Wasserlinse (*Lemna*-Arten)	☼–◐ / ab 5 cm	kleine, linsenförmige Blatt-Spross-Glieder in dichten Teppichen; Blüten unscheinbar	Algenhemmer; starke Ausbreitung, häufig abfischen
Gelbe Teichrose (*Nuphar lutea*)	☼–◐ / ab 40 cm	ledrige, runde, herzförmig eingeschnittene Blätter; kugelige, goldgelbe Blüten, Juni – August	→ Teichrose
Seerose (*Nymphaea*-Arten)	☼ / ab 10 cm, je nach Sorte	runde bis herzförmige, glänzend grüne Blätter; gefüllte, schalen- bis ballförmige Blüten in vielen Farben, Juni – September	→ Seerose
Seekanne (*Nymphoides peltata*)	☼ / ab 10 cm	runde bis herzförmige Blätter; trichterförmige, goldgelbe Blüten, Juli – September	→ Seekanne
Wasserknöterich (*Persicaria amphibia*)	☼–◐ / 20–80 cm	lang gestielte, länglich eiförmige Blätter; aufrechte rosa Blütenähren, Juni – September	starke Ausbreitung, abgrenzen oder in Gefäßen pflanzen
Muschelblume, Wassersalat (*Pistia stratiotes*)	☼ / 10–25 cm	spatelförmige, bläulich bis hellgrüne, samtig behaarte Blätter in runden Rosetten; Blüten unscheinbar	nicht winterhart; hell überwintern bei 15 – 20° C
Laichkraut (*Potamogeton natans*)	☼–◐ / 20–100 cm	länglich eiförmige, frisch grüne Blätter; kleine weißliche Blütenähren, Juni – August	starke Ausbreitung, abgrenzen oder in Gefäßen pflanzen; guter Sauerstofflieferant
Wasserhahnenfuß (*Ranunculus aquatilis*)	☼–◐ / 5–100 cm	nierenförmige Blätter (selten); lang gestielte weiße Blüten, Juni – August	hauptsächlich untergetaucht mit wintergrünen Unterwasserblättern; Sauerstofflieferant
Krebsschere, Wasseraloe (*Stratiotes aloides*)	☼–◐ / ab 30 cm	lange, schwertförmige, bestachelte Blätter in trichterförmigen Rosetten; weiße Blüten, Mai – Juli	verträgt kein kalkhaltiges Wasser; überwintert am Teichgrund
Wassernuss (*Trapa natans*)	☼–◐ / 30–60 cm	rautenförmige, gebuchtete Blätter in Rosetten, rote Herbstfärbung; Blüten unscheinbar	starke Ausbreitung, ggf. eindämmen; überwintert mit nussartigen, dunkelbraunen Früchten

SCHWIMMTEICH

Krebsschere (Stratiotes aloides)

Badevergnügen ohne Chlor bietet der Schwimmteich.

den Wasserstern ansehen, der bei mehr als 60 – 80 cm Wassertiefe komplett untergetaucht lebt. Da er seine Blüten stets unter Wasser entfaltet, wird er meist als → Unterwasserpflanze eingestuft. Die Wasserfeder dagegen erhebt sich nur zur Blütezeit über den Wasserspiegel.

Schwimmpflanzen, die als ausdauernde Gewächse zu den Stauden zählen, haben nicht nur wegen ihres Zierwerts Bedeutung. Sie entziehen dem Wasser Nährstoffe, versorgen den Teich mit Sauerstoff und bewahren ihn im Sommer vor übermäßiger Erwärmung, was einem Überhandnehmen von → Algen vorbeugt. Allerdings breiten sie sich mit der Zeit mehr oder weniger stark aus und müssen gelegentlich ausgelichtet werden. Die Wasseroberfläche sollte höchstens zu zwei Drittel mit Pflanzen bedeckt sein. Die meisten Arten eignen sich auch für langsam fließende → Bachläufe.

In der Übersicht auf S. 821 werden gern verwendete Schwimmpflanzen kurz vorgestellt. Auf ausführlichere Einzelporträts der beliebtesten Arten ist in der Hinweisspalte verwiesen. Die exotischen, nicht winterharten Pflanzen setzt man erst ab Mai in den Teich.

→ *Teichbepflanzung*, → *Teichpflege*

Schwimmteich

Großer Naturteich, der zum Baden bzw. Schwimmen dient, wobei die Wasserklärung biologisch durch Pflanzenbewuchs erfolgt. Zu diesem Zweck ist der gesamte Schwimmteich in zwei Bereiche unterteilt:

- Die Schwimm- oder Badezone nimmt etwa zwei Drittel der Gesamtfläche ein und wird meist zwischen 1,6 und 2 m tief angelegt, zur guten Flächenausnutzung oft mit steilen Wänden. Um wenigstens ein paar Schwimmzüge machen zu können, muss sie mindestens 15 m² groß sein.
- Die Pflanzen- oder Klärzone, das unbedingt erforderliche restliche Drittel der Fläche, ist zur Schwimmzone hin 0,8 – 1 m tief und steigt dann zum Rand hin sanft an, um über einen Flachwasser- in einen Sumpfbereich überzugehen (auch → *Teichanlage*). Bei der Bepflanzung haben Gewächse, die effektiv das Wasser sauber halten, höchste Priorität. Das sind z. B. Schilfrohr, Binsen, Rohrkolben und Teichsimse, Schwimmpflanzen und vor allem auch Unterwasserpflanzen. Freilich können auch einige besonders zierende Pflanzen dazugesellt werden.

Abgetrennt werden die beiden Zonen durch eine Mauer, andere Möglichkeiten sind z. B. Sandsackwall, Erdwall oder Holzpalisaden, die letzten beiden jeweils mit kräftiger Teichfolie überdeckt. Die Barriere sollte nur bis etwa 30 cm unter die Wasseroberfläche reichen, um einen beständigen Austausch ungeklärten und geklärten Wassers zu ermöglichen.

Im oben genannten Minimum, das eher Baden als richtiges Schwimmen erlaubt, besteht demnach ein Platzbedarf von ca. 23 m². Für einen komfortabel nutzbaren Schwimmteich muss man schon rund 50 m² veranschlagen, wobei zusätzlich etwas Fläche für eine passende Ufergestaltung vorgesehen werden sollte. Ein Standort mit rund 6 Stunden Sonne an einem Sommertag gilt als ideal.

Die Abdichtung erfolgt in der Regel mit einer besonders stabilen Teichfolie, die am besten direkt vor Ort verschweißt wird. Wegen der besonderen Belastung und der wuchskräftigen Ausläufer von Schilf &. Co. müssen spezielle Unterleg- und Wurzelschutzvliese eingebaut werden, das Ganze am besten in einem 5 – 10 cm starken Sandbeet. Bei genügend großen Teichen kann man Wandungen z. B. mit Böschungs- oder Rundsteinen auskleiden. Als Zugang zum Wasser fügen sich Holzstege oder befestigte Uferzonen mit Unterwassertreppen gut ein.

Obwohl im Prinzip das meiste einer normalen, sorgfältigen → *Teichanlage* entspricht, ist es unbedingt empfehlenswert, eine Fachfirma hinzuziehen. Dieser sollte man zumindest die genaue Planung sowie die heikelsten Arbeiten überlassen. Besonders die Gestaltung und Bepflanzung der Klärzone verlangt einiges an Know-how. Manche Firmen bieten auch zusätzliche natürliche Filtersysteme an, die die Pflanzenklärung ergänzen.

Schließlich muss man schon bei der Planung bedenken, dass alle Schwimmteiche aufgrund der großen Wassertiefe für kleine Kinder äußerst gefährlich sein können. Ggf. wird ein hoher, stabiler Zaun um die Anlage herum nötig. Ein gut abgegrenzter Flachbereich kann schließlich auch als „Plantschzone" dienen.

Schwingel
FESTUCA

Die Gattung aus der Familie der Süßgräser umfasst zahlreiche Arten, die auf der ganzen Nordhalbkugel verbreitet sind. Schwingel fallen zum einen durch ihre dichten, meist wintergrünen Horste aus oft eingerollten oder gefalteten und daher sehr fein wirkenden Blättern auf, zum andern durch ihre lockeren und duftigen Blütenstände.

Die Gräser besiedeln die unterschiedlichsten Lebensräume. Viele findet man auf Wiesen und Weiden, so etwa den verbreiteten Wiesenschwingel (*F. pratensis*), ein wertvolles Futtergras, aber ohne Zierwert im Garten, oder den Schafschwingel (*F. ovina*), der auf Magerrasen wächst. Von Letzterem gibt es mehrere schön gefärbte Gartensorten, Bedeutung hat er aber auch als → *Rasengras;* ebenso der Ausläufer treibende Rotschwingel (*F. rubra*), der mit seinen zahlreichen, stets feinhalmigen Zuchtformen in fast jeder Rasenmischung enthalten ist.

Für die Verwendung als Ziergras kommt eine ganze Reihe von Schwingelarten infrage. Stellvertretend sind nachfolgend die zwei wohl am häufigsten gepflanzten Arten ausführlicher beschrieben: der im südlichen Mitteleuropa heimische Blauschwingel sowie der Bärenfellschwingel, ursprünglich aus den Pyrenäen, wo er auf kargen Böden, Schotterflächen und in Felsspalten gedeiht. Von ihm bietet der Handel besonders kompakt wachsende Sorten an.

Andere, gelegentlich angebotene *Festuca*-Arten teilen in der Hauptsache die Vorliebe des Blauschwingels für sonnige, warme Stellen und durchlässigen, eher trockenen, kargen Boden. Sie finden deshalb bevorzugt in Stein- und Heidegärten Verwendung.

Als Ausnahme muss der 50 – 80 cm hohe, mit Blütenhalmen bis 150 cm erreichende Riesenschwingel (*F. gigantea*) erwähnt werden. Als Waldgras fühlt er sich nur im Halbschatten und Schatten wohl, auf frischen bis feuchten, humosen und nährstoffreichen Böden. Vorwiegend verwendet man ihn einzeln oder in Gemeinschaft mit hohen Schattenstauden am Gehölzrand. Er bildet lockere Horste aus breiten, glänzend dunkelgrünen Blättern und sehr große blassgrüne Blüten an meist überhängenden Halmen.

Ähnlich groß wird nur der Atlasschwingel (*F. mairei*), eine elegant wirkende Art für Sonnenplätze mit leicht überhängenden, graugrünen Blättern. Die sonst üblichen Standortwünsche – vollsonnig, warm, trocken – zeigt schließlich auch der Regenbogen- oder Amethystschwingel (*F. amethystina*). Seinen Namen verdankt das 20 – 40 cm, zur Blüte bis 70 cm hohe Gras den überaus zierenden, feinen, meergrünen, bläulichen, kupfrigen und violetten Blättern. Diese Art sollte möglichst vor Dauerregen und Schnee geschützt werden.

Blauschwingel
FESTUCA CINEREA
☼ ☺

Merkmale: Wintergrünes, ausdauerndes Gras, dichte, halbkugelige Horste bildend, 15 – 40 cm, zur Blüte bis 80 cm hoch; straff aufrechte, an den Spitzen teils leicht überhängende, schmale, graublaue Blätter, im Winter oft vergrünend; feine Halme mit silbrig grauen, kleinen Ährchenblüten in lockeren Rispen.

Blütezeit: Mai – Juni

Verwendung: Vorwiegend in Heide- und Steppenbeeten sowie in Steingärten, meist in kleinen Gruppen; bedingt auch in Beeten und Rabatten, sofern der Boden nicht zu nährstoffreich ist; sehr elegant zu grau- und silberlaubigen Gewächsen wie Kugeldisteln oder Hornkraut sowie zu blau blühenden Kleinstauden.

Standort: Vollsonnig und warm, möglichst auch regengeschützt; durchlässiger, mäßig trockener bis frischer, karger Boden.

Pflanzen/Vermehren: Pflanzung bevorzugt im Frühjahr; Vermehrung durch Teilung im Frühjahr, die reine Art auch durch Aussaat.

Pflege: Anspruchslos; möglichst nicht düngen, sonst geht die blaue Bereifung der Horste verloren; nach Wunsch Verblühtes entfernen; im Frühjahr abgestorbene Blätter und Halme auskämmen.

Scilla

Bärenfellschwingel
FESTUCA GAUTIERI

Merkmale: Wintergrünes, ausdauerndes Gras, breit polsterförmige, fellartig wirkende Horste, 10 – 20 cm, zur Blüte bis 30 cm hoch; frisch bis dunkel grüne, haarähnliche Blätter; straff aufrechte Halme mit schlanken, grünlich gelben Blütenrispen.
Blütezeit: Juni – August
Verwendung: Im Steingarten, im Heidegarten, am Gehölzrand, auch entlang von Wegen, stets in Gruppen.
Standort: Halbschattig bis absonnig; sehr gut durchlässiger, frischer, eher humus- und nährstoffarmer, auch sandiger, kiesiger und schottriger Boden.
Pflanzen/Vermehren: Pflanzung stets mit Ballen, bevorzugt im Frühjahr und mit mindestens 40 cm Abstand; Vermehrung durch Teilung im Frühjahr.
Pflege: Kaum nötig; wenn die Horste von innen her zu verkahlen beginnen, durch Teilung verjüngen.

Scilla
Kleine Zwiebelpflanze mit namensgebenden blauen Blütensternchen
→ *Blaustern*

Scirpus
Früherer botanischer Gattungsname der → *Teichsimse*, eine grasartige Teichrand- und Flachwasserpflanze

Scorzonera
Botanischer Gattungsname der → *Schwarzwurzel*

Scutellaria
Gattung anspruchsloser Stauden mit helmartigen, violett getönten Blüten
→ *Helmkraut*

Sedimentgestein
Fachsprachlich für → *Absatzgesteine* wie Sandstein, Grauwacke und Kalkgestein

Bärenfellschwingel (Festuca gautieri)

Sedum
Botanischer Name der Gattung → *Fetthenne*, die zahlreiche Arten mit meist fleischigen, sukkulenten Blättern umfasst – von der hochwüchsigen Purpurfetthenne bis hin zum Rasen bildenden Mauerpfeffer.

Seekandel
Anderer Name für die Gelbe → *Teichrose* mit kugeligen Blüten, deren Schwimmblätter stark an Seerosen erinnern.

Seekanne
NYMPHOIDES PELTATA

Das heimische Fieberkleegewächs steht unter Naturschutz und gehört in die Gruppe der Schwimmblattgewächse.
Merkmale: Überwiegend unter Wasser wachsende Staude, 80 – 150 cm hoch, bis 10 cm über die Wasseroberfläche ragend; runde bis herzförmige Schwimmblätter; trichterförmige, an den Rändern fein zerfranste, goldgelbe Blüten.
Blütezeit: Juli – September
Verwendung: Für Tiefwasserzonen von Teichen oder langsam fließenden Bächen; als Ergänzung zu anderen Schwimmblattpflanzen wie Seerosen.
Standort: Warm, in ruhigen Gewässern mit nährstoffreichem Schlammboden; ab 10 cm Wassertiefe.
Pflanzen/Vermehren: Pflanzung vorzugsweise im Frühsommer, am besten in einem speziellen Pflanzkorb; Vermehrung durch Teilung des Rhizoms oder Abtrennen von bewurzelten Ausläufern.
Pflege: Vor Überwuchern durch andere Pflanzen bewahren; jährlich im Frühjahr düngen, dazu festen Langzeitdünger mit Lehm verkneten und in kleinen Portionen ins Substrat neben die Pflanze drücken oder speziellen Wasserpflanzendünger verwenden.

Seekanne (Nymphoides peltata)

Seerose
NYMPHAEA-HYBRIDEN

Die Königinnen der Wasserpflanzen, namensgebend für die Familie der Seerosengewächse, schmücken stehende Gewässer mit ihren ebenmäßigen Schwimmblättern und krönen sie mit unvergleichlichen, duftenden Blüten. Am häufigsten wächst bei uns die Weiße Seerose (*N. alba*), die an Naturstandorten wie alle heimischen Arten unter Schutz steht. Gärtnerisch vermehrte Exemplare werden wegen ihrer Wuchsstärke recht selten in Tei-

Seerose

che eingesetzt; weitaus häufiger finden jedoch die unzähligen, sich in Pracht und Blütenschönheit gegenseitig überbietenden Hybridsorten Verwendung.

An der Entstehung der Sorten waren verschiedene Arten beteiligt, neben der Weißen Seerose z. B. Glänzende Seerose (*N. candida*), Duftende Seerose (*N. odorata*), Zwergseerose (*N. tetragona*) sowie viele weitere, auch tropische Arten. Letztere sind dafür verantwortlich, dass manche Hybriden nicht winterhart sind. Bei der Auswahl sollte man sich eingehend über Eignung und Ansprüche der jeweiligen Sorten informieren, auch was die benötigte bzw. geduldete Wassertiefe betrifft.

Seerosen enthalten in allen Teilen Giftstoffe.

Merkmale: Überwiegend unter Wasser wachsende Schwimmblattstauden, 20 – 200 cm hoch, Wasserfläche nur mit Schwimmblättern und Blüten überragend; runde bis herzförmige, glänzend grüne, ledrige Schwimmblätter, je nach Sorte mit 5 – 30 cm Ø; gefüllte, schalen- bis ballförmige Blüten mit gelbem Staubblattbüschel im Zentrum, Sorten in Weiß, Gelb, Orange, Rosa oder Rot, nicht winterharte Zwergseerosenabkömmlinge auch blau.

Blütezeit: Juni – September

Verwendung: Für Tiefwasserzonen von Teichen; einige Sorten auch für Flachwasser sowie für Gefäße.

Standort: Voll- bis absonnig; in ruhigem Wasser auf humosen, nährstoffreichen Teichböden; optimale Wassertiefe je nach Sorte verschieden, zwischen 10 und etwa 120 cm.

Pflanzen/Vermehren: Pflanzung der Rhizome zwischen April und Juni, dazu die Rhizome am besten leicht schräg in mit Teicherde gefüllte Wasserpflanzenkörbe setzen, auf den Gewässergrund absenken und dort verankern bzw. mit Steinen abdecken; Vermehrung durch Teilung der Rhizome im Frühjahr.

Pflege: Jährlich im Frühjahr düngen, dazu festen Langzeitdünger mit Lehm verkneten und in kleinen Portionen ins Pflanzsubstrat drücken oder speziellen Wasserpflanzendünger verwenden; im Frühjahr abgestorbene Teile entfernen. Bei zu starker Ausbreitung im Sommer vorsichtig auslichten; vergilbte Blätter und solche mit Krankheitsanzeichen oder Fraßspuren regelmäßig entfernen; auf Schädlinge wie Blattläuse, kleine Raupen und dunkelbraune Käfer (Seerosenblattkäfer) achten, bei Befall abstreifen bzw. ablesen, keinesfalls giftige Mittel einsetzen.

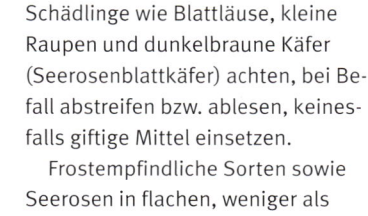

Frostempfindliche Sorten sowie Seerosen in flachen, weniger als 50 cm tiefen Gewässern im Herbst aus dem Teich holen, in eine große Wanne setzen, hell und kühl im Haus überwintern, dabei stets nass halten.

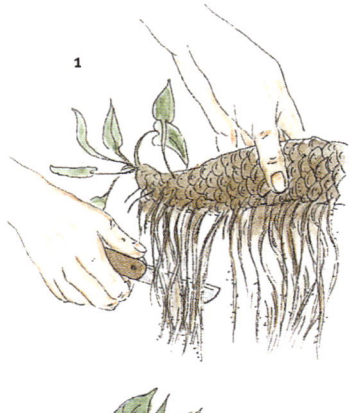

Zwergseerose (Nymphaea-Hybride 'Helvola')

Seerose (Nymphaea-Hybride 'Ellisiana')

Seerosenpflanzung in Wasserpflanzenkorb: 1) Wurzeln des Rhizoms auf Handbreite kürzen. 2) Korb zu zwei Dritteln mit Erde befüllen, Rhizom etwas schräg einsetzen. 3) Nur mit wenig Erde bedecken, leicht andrücken, dann gründlich durchnässen.

Segge
CAREX

Die überaus artenreiche und sehr vielgestaltige Gattung aus der Familie der Sauer- oder Riedgräser trägt ihren Namen nach den „sägenden", oft schneidend scharfen, dreikantigen Halmen. Seggen sind weltweit verbreitet, sie wachsen vorwiegend an feuchten Standorten, manche besiedeln aber auch trockene, steinige oder sandige Plätze.

Für den Garten empfehlen sich vielerlei Arten, von denen im Folgenden drei beliebte Seggen näher beschrieben werden – stellvertretend für die drei charakteristischen Einsatz- bzw. Lebensbereiche, nämlich eher sonnige Freiflächen, Gewässerrand sowie Gehölzrand.

Weitere, ebenso zu verwendende Arten sind jeweils kurz unter „Hinweis" genannt. Von einigen gibt es außerdem Sorten mit weiß- oder gelbbunten Blättern. Für die Auswahl aus dieser Vielfalt ansprechender Ziergräser, die nicht alle leicht erhältlich sind, empfiehlt sich das eingehende Studium von Katalogen gut sortierter Staudengärtnereien.

Die wegen ihrer sehr auffälligen Fruchtstände wohl bekannteste Seggenart ist die Morgensternsegge (*C. grayi*) aus Nordamerika, sie gedeiht wie so viele andere auch am besten an Gewässerrändern und feuchten Stellen.

Nicht nur unter den Seggen für den Gehölzrand und unter Gehölzen gilt die Japansegge (*C. morrowii*) als besonders attraktiv. Kultiviert wird fast ausschließlich die Sorte 'Variegata' mit ihren elegant weiß gerandeten Blättern.

Auch auf sonnigen Freiflächen und in Steingärten kann man einige Seggen pflanzen; die Fuchsrote Segge (*C. buchananii*) aus Neuseeland sticht mit ihrer feurigen Laubfärbung besonders ins Auge.

Fuchsrote Segge
CAREX BUCHANANII

Merkmale: Gras mit dichten, immergrünen Horsten, 40 – 50 cm hoch; lange, feine, locker überhängende, an den Spitzen oft gekräuselte oder eingerollte Blätter mit rostroter bis kupfriger Färbung; unscheinbare, hellbraune Blütenstände.
Blütezeit: Juni – Juli
Verwendung: In Steingärten, auf Beeten und Rabatten, in Steppen- oder Heidebeeten.
Standort: Durchlässiger, frischer, humoser und nährstoffreicher Böden.
Pflanzen/Vermehren: Pflanzung bevorzugt im Frühjahr; Vermehrung durch Teilung im Frühjahr oder durch Aussaat.
Pflege: Anspruchslos; Rückschnitt im Frühjahr bis knapp über den Boden.
Hinweis: Weitere Seggen für Freiflächen und Steingärten sind z. B. Polstersegge (*C. firma*), wintergrün, kissenförmig, 5 – 10 cm, zur Blüte bis 20 cm hoch, glänzend dunkelgrüne Blätter; Bergsegge (*C. montana*), dichte, flache Horste, 10 – 20/30 cm hoch, dunkelbraune Blütenstände. Beide Arten bevorzugen kalkhaltigen Boden.

Morgensternsegge
CAREX GRAYI

Merkmale: Horste bildendes Gras, 25 – 50 cm, zur Blüte bis 60 cm hoch; kräftig grüne, relativ breite, überhängende Blätter; grünliche, igelige Blüten- und Fruchtstände.
Blütezeit: Juni
Verwendung: Am Ufer von Gewässern, in Sumpfbeeten, bei reichlicher Bodenfeuchte auch für Staudenbeete; am schönsten in kleinen Gruppen; sehr gut zum Schnitt und zum Trocknen geeignet.
Standort: Am besten absonnig bis halbschattig; frischer bis feuchter, humoser, nährstoffreicher Boden.

Morgensternsegge (Carex grayi)

Pflanzen/Vermehren: Wie Fuchsrote Segge.
Pflege: Anspruchslos; im Frühjahr abgestorbene Halme entfernen.
Hinweis: Für den Teich- oder Bachrand eignen sich außerdem Palmwedelsegge (*C. muskingumensis*), 40 – 80 cm, zur Blüte 90 cm hoch, palmwedelartig angeordnete, grazile Blätter; Steife Segge (*C. elata*), 40 – 60/120 cm hoch, dichte, graugrüne Horste; Scheinzypergrassegge (*C. pseudocyperus*), 30 – 50/100 cm hoch, hellgrüne, relativ breite Blätter, wuchert. Die beiden letztgenannten vertragen bis 20 cm Wassertiefe.

Japansegge
CAREX MORROWII

Merkmale: Gras mit immergrünen, formschönen Horsten, 20 – 40 cm, zur Blüte bis 50 cm hoch; dunkelgrüne, bei der Sorte cremeweiß gerandete, übergebogene Blätter; unscheinbare, bräunliche Blütenstände.
Blütezeit: April – Mai
Verwendung: Am Gehölzrand, unter eingewachsenen Gehölzen, auch in Beeten und Rabatten; schön zu Rhododendren, Funkien und Farnen.

SEIFENKRAUT

Japansegge (Carex morowii 'Variegata')

Standort: Vorzugsweise halbschattig und geschützt; frischer bis mäßig feuchter, humoser, am besten lehmiger Boden.
Pflanzen/Vermehren: Pflanzung bevorzugt im Frühjahr; Vermehrung durch Teilung im Frühjahr.
Pflege: Bei Trockenheit wässern; im Frühjahr mit Kompost düngen; den Winter über mit Laub und Reisig abdecken, vor allem an exponierten Stellen.
Hinweis: Das Seggenangebot für den Gehölzrand ist besonders groß. Hier kommen u. a. noch infrage: Vogelfußsegge (*C. ornithopoda*), 10 – 15 cm, zur Blüte 20 cm hoch, wintergrün, gelb bis braun und grün gescheckte Blüten- und Fruchtstände; Breitblattsegge (*C. plantaginea*), flache, immergrüne Horste, 15 – 20/30 cm hoch, frisch grüne, sehr breite Blätter, gut als Bodendecker geeignet; Schattensegge (*C. umbrosa*), 20 – 40 cm hoch, erst aufrecht, später überhängend bis niederliegend wachsend; guter Bodendecker; Riesen-, Pendel- oder Hängesegge (*C. pendula*), mächtige, wintergrüne Horste, 50 – 80/150 cm hoch, lange rotbraune, hängende Blütenähren, auch für nasse Böden.

Seidelbast
Daphne mezereum

Das von Europa bis Sibirien verbreitete Seidelbastgewächs, auch Kellerhals genannt, steht unter Naturschutz und zählt zu den stärksten einheimischen Giftpflanzen. Kommt der Pflanzensaft mit der Haut in Kontakt, kann er Entzündungen und Blasenbildung hervorrufen. Den höchsten Giftgehalt haben die Samen, die in scharlachroten Früchten reifen. Für Zierzwecke empfehlen sich neben der Art auch zwei Sorten, 'Alba' mit weißen und 'Rubra' mit dunkelroten Blüten. Die Art *D.* x *burkwoodii*, von der vor allem die Sorte 'Somerset' gezogen wird, nennt man wegen ihrer späten, von Mai bis Juni währenden Blüte Maienseidelbast. Diese Form fruchtet kaum, ist aber ebenso giftig.

Insbesondere für Steingärten eignet sich der Rosmarinseidelbast oder das Heideröschen (*D. cneorum*). Der polsterförmig wachsende, immergrüne Zwergstrauch präsentiert im April und Mai duftende, rosa Blüten.
Merkmale: Kleinstrauch mit sparrigem Wuchs, 50 – 120 cm hoch und 100 – 120 cm breit; stark duftende, rosafarbene Blüten in dichten Büscheln an den Zweigenden, noch vor dem Laubaustrieb; schmale, stumpfgrüne Blätter, gelbe Herbstfärbung; eiförmige, rote Früchte.
Blütezeit: März – April
Verwendung: Für Einzelstellung, in Stein- und Heidegärten, in Beeten; sehr gut rauchhart, für Stadtklima jedoch ungeeignet.
Standort: Absonnig bis halbschattig; durchlässiger, frischer bis leicht feuchter, humoser, nährstoffreicher, kalkhaltiger, sandiger bis lehmiger Boden.
Pflanzen/Vermehren: Pflanzung bevorzugt im Herbst, lässt sich wegen der tief reichenden, fleischigen Wurzeln nur schwer verpflanzen, deshalb Containerware bevorzugen; Vermehrung durch Stecklinge, die reine Art auch durch Aussaat (Kaltkeimer).
Pflege: An zusagenden Standorten anspruchslos; stets ungeschnitten lassen.
Hinweis: Beim Umgang mit Seidelbast unbedingt Handschuhe tragen und Hautkontakt vermeiden.

Seidenmohn
Bezeichnung für Gartenformen des heimischen Klatschmohns
→ *Mohn*

Seifenkraut
SAPONARIA OCYMOIDES

Deutscher wie botanischer Name beziehen sich auf die reichlich in diesen Nelkengewächsen enthaltenen, giftigen und schleimhautreizenden Saponine, die wie Seife in Wasser kräftig schäumen. Das heimische Echte Seifenkraut (*S. officinalis*), eine stattliche, oft wuchernde Staude mit duftenden, hellrosa Blüten, wird kaum gärtnerisch verwendet, allenfalls für feuchte Wiesen oder naturnahe Uferränder.

Rosmarinseidelbast (Daphne cneorum)

Viel häufiger pflanzt man kleine, Teppiche oder Polster bildende Formen, vor allem das hier ausführlicher beschriebene Rote Seifenkraut (*S. ocymoides*) aus Süd- und Südosteuropa. Ähnlich sieht *S.* x *lempergii* aus, sie blüht im Spätsommer leuchtend dunkelrosa. *S. lutea* fällt mit gelben Blüten etwas aus dem Rahmen.

Merkmale: Kleinstaude mit teppichartigem Wuchs, 10 – 20 cm hoch; niederliegende Triebe mit kleinen Blättern; sternförmige, rosa, bei Sorten auch weiße oder rötliche Blüten.
Blütezeit: Juni – Juli
Verwendung: In Steingärten, auf Trockenmauern, an Böschungen und Hängen, auch als Bodendecker.
Standort: Durchlässiger, frischer, auch zeitweilig trockener, kalkhaltiger Boden.
Pflanzen/Vermehren: Pflanzung bevorzugt im Frühjahr; Vermehrung durch Kopfstecklinge.
Pflege: Anspruchslos; nach der Blüte um ein Drittel zurückschneiden.
Hinweis: Im Gegensatz zu manchen Sorten neigt die reine Art zum Wuchern und sollte nur mit wuchsstarken Partnern wie etwa → *Hornkraut* kombiniert werden.

Rotes Seifenkraut (Saponaria ocymoides)

Seitenknospe
Auch als Achselknospe bezeichnet; → *Knospe,* die in der Blatt- oder Sprossachsel (Winkel zwischen Spross und Blatt oder Seitenspross und Hauptspross) angelegt wird. Nur aus solchen Knospen wachsen Seitensprosse bzw. -triebe, die den verzweigten Aufbau von Pflanzen bewirken. Aus Seitenknospen können auch Blüten bzw. Blütenstände hervorgehen, die dann achselständig genannt werden.

Seitenspross
Spross, der sich aus einer Seitenknospe in der Blattachsel entwickelt; dieser wird auch als Achselspross, Seitensprossachse oder -trieb bezeichnet.
Auch → *Sprossachse*

Seitentrieb
In der gärtnerischen Praxis geläufiger Ausdruck für → *Seitensprosse* jeglicher Art, insbesondere für junge Seitensprosse von Gehölzen

Seitenwurzel
Verzweigung einer → *Wurzel,* ähnlich dem oberirdischen → *Seitenspross.* Allerdings wachsen Seitenwurzeln nicht aus Achselknospen, sondern aus dem inneren Wurzelgewebe und durchbrechen die Wurzelrinde. Seitenwurzeln bilden sich zunächst an der Hauptwurzel und verzweigen sich dann meist weiter, wodurch ein oft art- oder gattungstypisches → *Wurzelsystem* entsteht.

Sekundäres Dickenwachstum
Allmähliche, oft lebenslange Zunahme des Durchmessers von Sprossachsen und Wurzeln nach Abschluss des Jugendwachstums. Dazu sind nur zweikeimblättrige Pflanzen und Nadelgehölze durch ihr → *Kambium* befähigt, nicht jedoch z. B. Gräser.
→ *Dickenwachstum, sekundäres*

Beim Wein erfolgt die Befruchtung innerhalb einer Blüte.

Selbstbefruchtung
Ein Begriff, der in Botanik und Gartenbau teils etwas unterschiedliche Bedeutung hat:

1) Botanik: Hier spricht man häufig – nach dem der Befruchtung vorangehenden Vorgang – auch von Selbstbestäubung. Der Pollen einer Blüte bestäubt die eigene Narbe, die → *Befruchtung* erfolgt innerhalb einer Blüte. Da das Wesen der sexuellen Fortpflanzung in der Vermischung genetischen Materials liegt, kommt Selbstbefruchtung nur recht selten vor. Beispiele sind die Sommerblüten der heimischen Veilchen, Erbsen, Bohnen, aber auch Tomaten, Walnuss oder Wein sowie einige einjährige Unkräuter.

2) Gartenbau bzw. Obstbau: Hier bedeutet Selbstbefruchtung, dass die Befruchtung innerhalb einer Sorte möglich ist, also keine zweite Sorte als sogenannter Pollenspender benötigt wird, etwa bei Pfirsich, Aprikose und den meisten Sauerkirschensorten.
Auch → *Bestäubung,* → *Fremdbefruchtung*

Selbstbestäubung
→ *Selbstbefruchtung,* 1) Botanik; auch → *Bestäubung*

Selbstfertilität

Fachsprachlich für die Fähigkeit zur
→ *Selbstbefruchtung*

Selbstklimmer

→ *Kletterpflanzen,* die mittels Haftscheiben ohne Kletterhilfen hochwachsen können, so Arten bzw. Sorten des Wilden Weins.

Selbststerilität

Fachsprachlicher Ausdruck für
→ *Selbstunfruchtbarkeit*

Selbstunfruchtbarkeit

Die Unfähigkeit von Pflanzen zur
→ *Selbstbefruchtung,* die oft von Natur aus gewollt ist, um Inzucht zu vermeiden. Bei Kulturpflanzen bzw. -sorten, z. B. bei Obstgehölzen, ist die Selbstunfruchtbarkeit teils auch eine Begleiterscheinung der Züchtung bzw. der → *Mutationen,* die zur Entstehung der Sorten führten.

Selektion

Fachbegriff aus der Evolutionsbiologie für die natürliche → *Auslese,* die diejenigen Individuen einer Art begünstigt, die am besten an die jeweiligen Umweltbedingungen angepasst sind.

Eine gezielte Selektion nimmt der Mensch schon seit Jahrtausenden durch die Auslesezüchtung von Pflanzen vor. Ein Ergebnis von Selektion ist auch die → *Resistenz,* sowohl die gewollte von Pflanzensorten gegenüber Schaderregern als auch umgekehrt die unerwünschte von Schaderregern gegenüber Pflanzenschutzmitteln.

Sellerie

APIUM GRAVEOLENS

Die Gartenformen des Selleries stammen vom Wilden oder Echten Sellerie ab, der in Europa, Asien und Nordafrika heimisch ist und zu den Doldenblütlern gehört. Man zieht drei Unterarten, von denen unterschiedliche Teile als Gemüse verwendet werden: Beim Knollen- oder Wurzelsellerie sind es die Knollen, eigentlich Rüben aus den untersten Sprossabschnitten, beim Stangen-, Stauden-, Stiel- oder Bleichsellerie die Blattstiele und beim Schnitt- oder Blattsellerie die Blätter. Letzterer ist eine ausdauernde Staude, die beiden anderen wachsen zweijährig, werden aber nur einjährig kultiviert.

Gemeinsam ist allen der würzige, sehr aromatische Geschmack, ihr Reichtum an ätherischen Ölen und der Gehalt an Vitaminen und Mineralstoffen. Sellerie wirkt harntreibend und gilt als Aphrodisiakum. Den deftigen Knollensellerie nimmt man vor allem für Suppen und Eintöpfe, den zarteren Stangensellerie auch für Rohkost oder als Feingemüse, der Schnittsellerie liefert hauptsächlich kräftige Würze für Suppen, Salate und Saucen.

Angeboten werden jeweils verschiedene Sorten, bevorzugen sollte man widerstandsfähige Züchtungen gegen Blattfleckenkrankheit und Schorf. Vom Stangensellerie gibt es heute überwiegend so genannte selbstbleichende Sorten, deren Blattstiele ohne weitere Maßnahmen hell und zart bleiben.

Aufgrund ihrer langen Wachstumszeit werden sie als Hauptkultur angebaut. Für Mischanbau eignen sich u. a. Porree, Bohnen und Kohl, ungeeignet als Nachbarn sind Kartoffeln und Salate.

Stangensellerie

APIUM GRAVEOLENS VAR. DULCE
☼-☼ ☺

Merkmale: Einjährig gezogenes Stängelgemüse, 40 – 50 cm hoch; gut daumendicke, kräftige, fleischige Blattstiele mit frisch grünen, gefiederten Blättern.
Standort: Vorzugsweise sonnig; durchlässiger, frischer, humoser

Die meisten Stangenselleriesorten sind heute selbstbleichend.

sowie nährstoffreicher, mittelschwerer bis schwerer Boden.
Kultur: Anzucht ab Mitte März bei mindestens 16° C; ein-, besser zweimal pikieren, bei 14 – 18° C halten, sonst besteht später die Gefahr des Schossens; ab Mitte Mai selbstbleichende Sorten mit 30 x 30 cm, sonst mit 40 x 40 cm Abstand auspflanzen, dabei die Setzlinge nicht zu tief einpflanzen.
Pflege: Besonders im Spätsommer und Herbst für reichlich Feuchtigkeit sorgen; regelmäßig hacken bzw. mulchen; nach Bedarf mehrmals mit kali- und borhaltigen Düngern versorgen; Pflanzen leicht anhäufeln und vor Nachtfrösten durch Vlies oder Folie schützen. Bei nicht selbstbleichenden Sorten die Stangen 2 bis 3 Wochen vor der Ernte zusammenbinden und mit mehreren Lagen Papier oder schwarzer Folie ummanteln, die Blätter müssen dabei jedoch unbedeckt bleiben.
Ernte: Ab August einzelne Blattstiele abdrehen oder ganze Pflanze aus dem Boden ziehen.

Knollensellerie
APIUM GRAVEOLENS VAR. RAPACEUM
☼–◐ ☺

Merkmale: Einjährig kultiviertes Knollengemüse, 30 – 40 cm hoch; runde bis dick kegelige, grünlich braune Knollen, die halb aus der Erde herauswachsen; dunkelgrüne, gefiederte Blätter mit langen, kräftigen Stielen.
Standort: Vorzugsweise sonnig; frischer, humus- und nährstoffreicher, am besten schwerer Boden mit neutraler bis basischer Reaktion.
Kultur: Anzucht ab Mitte März bei mindestens 16° C; Sämlinge ein-, besser zweimal pikieren, bei 14 – 18° C halten, sonst besteht später Gefahr des Schossens (vorzeitige Blütenbildung auf Kosten des Knollenwachstums); ab Mitte Mai mit 40 x 40 cm Abstand auspflanzen, dabei die Setzlinge nicht zu tief einpflanzen.
Pflege: Wie Stangensellerie, jedoch entfällt das Anhäufeln und der Schutz vor Nachtfrösten, da die Knollen leichte Fröste bis maximal -4° C vertragen.
Ernte: Ab Ende Oktober ernten; Knollen mit der Grabegabel lockern, herausziehen und Wurzeln und Laub grob wegschneiden.

Schnittsellerie
APIUM GRAVEOLENS VAR. SECALINUM
☼–◐ ☺

Merkmale: Ausdauerndes, dicht buschiges Gewürzkraut, 30 – 40 cm hoch; kräftige, bleistiftdicke, gerillte Stängel mit feinem, mehrfach gefiedertem Laub.
Standort: Wie Stangensellerie.
Kultur: Anzucht ab März, Sämlinge pikieren und ab Anfang Mai mit 30 – 40 cm Abstand auspflanzen.
Pflege: Regelmäßig hacken oder den Boden mulchen; bei Trockenheit gießen.
Ernte: Blätter laufend nach Bedarf abschneiden; gut zum Trocknen und Einfrieren geeignet.

Blattfleckenkrankheit durch Septoria-Pilze

Selleriekrankheiten
Vermeidet man alljährlichen Sellerieanbau auf demselben Beet, lässt sich dem Befall mit Pilzen recht gut vorbeugen. Besonders wichtig ist hier außerdem gesundes Saatgut sowie die Wahl gering empfindlicher Sorten.

Blattfleckenkrankheit
Der Pilz *Septoria apiicola* gehört zu den häufigsten Krankheitserregern beim Sellerie, ob Knollen-, Stangen- oder Blattvarietät. Er gelangt über das Saatgut oder den Boden in die Selleriekulturen und breitet sich insbesondere bei Regenwetter stark aus.
Schadbild: Ab Sommer gelblich braune Flecken mit dunklen kleinen Punkten auf Blättern und Stängeln; Blätter werden welk und sterben ab; die Knollen sind deutlich kleiner als sonst üblich.
Abhilfe: Vorbeugend auf weiten Fruchtwechsel achten, nur gesundes Saatgut verwenden, bei häufigerem Auftreten bevorzugt gebeiztes; Pflanzen nicht zu eng setzen, beim Gießen Befeuchten der Blätter vermeiden, Pflanzenstärkungsmittel ausbringen. Jungpflanzen auf die anfangs noch sehr kleinen Flecken überprüfen, befallene Exemplare entfernen, ebenso später erkrankte Blätter; in Befallsjahren Beete nach der Ernte gründlich von Resten säubern; notfalls Fungizide einsetzen.

Bormangel
Die ebenfalls als Herz- und Knollenbräune bekannte Erscheinung resultiert aus mangelnder Versorgung mit dem Spurenelement Bor, das auf leichten Böden schnell ausgewaschen und auf sehr kalk- oder tonhaltigen festgelegt wird, so dass es nicht mehr pflanzenverfügbar ist. Trockenheit und ungünstige Witterung verstärken noch die Auswirkungen des Bormangels.
Schadbild: Absterben junger Blätter; verkorkte Stellen an Blattstielen; im Fleisch der Knolle dunkle bis schwarze Flecken, teils auch Löcher, die wie Fraßspuren aussehen.
Abhilfe: Kurzfristig durch Boden- oder Blattdüngung mit Bordünger (Borax), längerfristig durch Bodenverbesserung, bei kalkhaltigen Böden pH-Wert-Absenkung (→ *Bodenreaktion*) auf neutralen Wert; Verwendung borhaltiger Volldünger.

Sellerieschorf
Dieser Pilz besiedelt ausschließlich Sellerie und wird fast immer mit infiziertem Saatgut übertragen. In feuchter Erde fühlt sich der Pilz besonders wohl.
Schadbild: Aufgeraute, rissige Partien auf den Knollen; Knollen im Boden oder im Lager faulen durch Eindringen von anderen Pilzen.
Abhilfe: Vorbeugend weiter Fruchtwechsel, Sellerie und andere Doldenblütler wie Möhren höchstens alle 4 Jahre auf einem Beet anbauen. Erkrankte Pflanzen entfernen; noch nicht gefaulte Knollen können nach Schälen (Reste nicht zum Kompost geben) gegessen werden.

Sellerieschädlinge

Nicht nur die spezialisierten Sellerieblatt-Minierfliegen, sondern auch Möhrenfliegen (→ *Möhrenschädlinge*) können an Sellerie auftreten. Weitere Schädlinge sind → *Blattläuse* und die gefürchteten → *Nematoden*. Missgebildete Blätter mit unregelmäßigen Löchern weisen auf einen Befall durch Wiesenwanzen hin, der zum Absterben der inneren Herzblätter führen kann, so dass die Pflanze nicht mehr weiterwächst (→ *Blattwanzen*).

Sellerieblatt-Minierfliege

Im späten Frühjahr legen die um 5 mm großen, rötlich Fliegen ihre Eier auf den Blattunterseiten ab. Die schlüpfenden, weißlich grünen Maden fressen Gänge in die Blätter. Schon bis Ende Juni/Anfang Juli sind sie zu einer zweiten Fliegengeneration herangereift, deren Maden nochmals Schäden anrichten können. Sie verpuppen sich dann im Boden und überwintern dort. Auch andere Doldenblütler gehören zu den Wirtspflanzen.
Schadbild: Breite, wie helle Flecken aussehende Miniergänge in den Blättern; bei starkem Befall sterben die Blätter ab.
Abhilfe: Vorbeugend Schlupfwespen als natürliche Feinde fördern; Jungpflanzen mit Kultuschutznetzen abdecken. Früh entdeckte Maden in den Blättern zerquetschen, ansonsten befallene Blätter entfernen.

Sempervivum

Botanische Bezeichnung der Gattung → *Hauswurz*, die sich durch hübsche Blattrosetten aus fleischigen Blättern auszeichnet.

Senecio

Botanischer Gattungsname des → *Silberblatts,* eine ansprechende Blattschmuckpflanze

Senf
Sinapis alba

Der Kreuzblütler, Weißer oder Gelbsenf genannt, ist von Europa bis Asien und in Nordafrika heimisch. Er trägt gezähnte, rau behaarte Blätter an kantigen Stängeln und bringt im Sommer schwefelgelbe Blüten in Doldentrauben hervor. Daraus entstehen die kleinen Schotenfrüchte mit den bei Reife gelben bis hellbraunen, scharf schmeckenden Samenkörnern. Sie finden vor allem als Gewürz für sauer eingelegte Gemüse wie etwa Gurken Verwendung. Gemahlen dienen sie als Grundlage für Senf oder Mostrich, dazu mischt man dann häufig auch noch die schärferen Samen des Schwarzen Senfs (*Brassica nigra*) hinzu.

Im Garten hat der Senf vorrangig als schnellwüchsige → *Gründüngungspflanze* Bedeutung, die man ab Mitte März bis September säen kann. Mit seinen reich verzweigten Wurzeln sorgt er für eine feinkrümelige Bodenstruktur, die reichlich gebildete Blattmasse beschattet den Boden und kommt beim Verrotten der Humusbildung zugute. Senf sollte als Gründüngung jedoch nicht vor Kohl oder anderen Kreuzblütlern eingesetzt werden. Wer ihn als Gewürz verwenden möchte, sät ihn am besten an vollsonnigem Platz in Reihen mit 15 – 20 cm Abstand oder breitwürfig aufs Beet; später werden die reifen Schoten abgepflückt und getrocknet, dann liest man die Samen heraus. Auch die jungen Blätter kann man als Würze verwenden. Die Samen lassen sich außerdem ähnlich wie Kresse als → *Keimsprossen* ziehen.

Ein wilder Verwandter des Weißen Senfs, der Ackersenf (*S. arvensis*), gilt als Unkraut, das durch reichliche Samenproduktion lästig werden kann. Er ist dem Weißen Senf sehr ähnlich, hat etwas derbere Blätter und blüht je nach Samenaufgang von Mai bis Oktober. Wie die Kulturart bevorzugt er kalkhaltige, nährstoffreiche Böden. Den Ackersenf kann man als Wildgemüse bzw. -gewürz ebenso nutzen wie den Weißen Senf.

Weißer Senf (Sinapis alba)

S | SENFGURKE

Sicheltanne (Cryptomeria japonica 'Elegans Aurea')

Senfgurke
Sortengruppe der → *Gurke* mit dicken, um 50 cm langen Früchten, die auch Schälgurken genannt werden.

Sense
→ *Mähgeräte*

Sepalen
Botanischer Fachausdruck für die Kelchblätter einer → *Blüte*

Setzling
Pflanzreife, vorgezogene Jungpflanze mit ausgebildetem Wurzel- und Blattwerk

Shii-Take
Japanischer Hutpilz, der besonders gut für den → *Pilzanbau* geeignet ist.

Sichel
→ *Mähgeräte*

Sichelmäher
Funktionsweise der meisten → *Rasenmäher*, bei denen lange Messer um die eigene Achse rotieren und so die Gräser abschlagen.

Sicheltanne
CRYPTOMERIA JAPONICA

Der in Japan ausgedehnte Wälder bildende Nadelbaum gehört zu den Sumpfzypressengewächsen. Die reine Art wird aufgrund ihrer Wuchshöhe bis 30 m kaum in Gärten gepflanzt, man greift vielmehr auf die wesentlich schwächer wachsenden, teils zwergigen Sorten zurück.
Merkmale: Immergrüner Nadelbaum, je nach Sorte mit sehr unterschiedlichem Wuchs, 1 – 10 m hoch und 0,5 – 3 m breit; rotbraune, sich fetzenartig ablösende Rinde; dichte, waagrecht abstehende oder aufsteigende Äste; steife, spiralig angeordnete Nadeln, im Winter häufig bronzefarben bis rötlich getönt; Blüte unscheinbar.
Blütezeit: Februar – März
Verwendung: Höhere Sorten vorwiegend für Einzelstellung oder als Ergänzung in Nadelgehölzgruppen; kleinere Sorten für Beete und Rabatten, in Gefäßen.
Standort: Warm, geschützt und bei hoher Luftfeuchtigkeit; durchlässiger, frischer, nährstoffreicher Boden.
Pflanzen/Vermehren: Pflanzung bevorzugt im Frühjahr; Vermehrung durch Stecklinge.
Pflege: Ungeschnitten lassen; bei Trockenheit reichlich gießen; im Winter leichte Schattierung ratsam.

Siebenschläfertag
Eine alte Wetterregel, die besagt, dass bei Regen am 27. Juni (Siebenschläfertag) sieben Wochen lang Regen folgt. Berücksichtigt man, dass dieser allgemeine Prognoseversuch ursprünglich schon vor der Kalenderreform von 1582 entstanden ist, dann verschiebt sich dieser Stichtag um eine gute Woche nach hinten (auch → *Bauernregeln*). Der „aktualisierte" Siebenschläfertag müsste dann je nach Zeitpunkt seiner Entstehung zwischen dem 4. und 7. Juli liegen. Tatsächlich stellt sich um diese Zeit häufig eine recht stabile Großwetterlage ein – manchmal sonnig, nicht selten regnerisch –, die mehrere Wochen anhält.

Siegwurz (Gladiolus communis ssp. byzantinus)

Siegwurz
GLADIOLUS COMMUNIS

Die Siegwurz, ein Schwertliliengewächs, ist eine Wildgladiole, die in Südeuropa vorkommt und selten sogar in Deutschland anzutreffen ist. Sie steht unter Naturschutz. Wie die in Gärten häufig gepflanzten großblumigen → *Gladiolen* hat sie elegante, jedoch zart gefärbte Blütenrispen. Farbintensiver präsentiert sich die Unterart *byzantinus*.
Merkmale: Eintriebige Knollenpflanze, 50 – 80 cm hoch; schwertförmige Blätter; an kräftigem Stängel mehrere rosarote Trichterblüten, die alle in eine Richtung weisen.
Blütezeit: Mai – Juni
Verwendung: Am Gehölzrand, in lückigen Wiesen; schön in Gemeinschaft mit anderen Wildstauden.

Standort: Vollsonnig, geschützt und warm; gut durchlässiger, frischer, eher nährstoffarmer Boden.
Pflanzen/Vermehren: Pflanzung der von einer netzartigen Hülle umgebenen Knollen im Oktober 5 – 10 cm tief und mit 15 – 20 cm Abstand; Vermehrung durch Brutknollen.
Pflege: Am richtigen Standort pflegeleicht; ungestört wachsen lassen.

Silberährengras
STIPA CALAMAGROSTIS
☼ ☺

Das zu den Süßgräsern zählende, im Mittelmeerraum heimische und mit den → *Federgräsern* verwandte Gras wird oft auch unter *Achnatherum calamagrostis* geführt. Es trägt viele wohlklingende deutsche Namen, die auf seine Zierwirkung hinweisen; so nennt man es auch Silberhaariges Raugras oder Diamantgras.
Merkmale: Ausdauerndes Ziergras, dichte Horste bildend, mit leicht überhängendem Wuchs, 60 – 90 cm, zur Blüte bis 120 cm hoch; sehr schmale Blätter; weißliche bis cremefarbene, je nach Lichteinfall reflektierende Blütenrispen mit kleinen, behaarten und begrannten, oft violett überhauchten Ährchen.
Blütezeit: Juni – September
Verwendung: In Beeten und Rabatten; sehr attraktiv in Gemeinschaft mit Wildstauden oder auch mit Lilien.
Standort: Warm; durchlässiger, frischer, am besten kalkhaltiger Boden.
Pflanzen/Vermehren: Pflanzung bevorzugt im Frühjahr; Vermehrung durch Teilung im Frühjahr, auch durch Aussaat, keimt aber nur wenig.
Pflege: Anspruchslos; bei Trockenheit wässern; Halme im zeitigen Frühjahr zurückschneiden.

Silberblatt
SENECIO CINERARIA
☼ ☺

Der Schmuckwert des aus dem Mittelmeerraum stammenden Kreuzblütlers beruht auf dem schön geformten, dicht von weißlichem bis silbergrauem Filz überzogenen Laub. Danach wird die Pflanze auch Aschenpflanze genannt. Die gelben Körbchenblüten werden bei der üblichen einjährigen Kultur nicht ausgebildet.
Merkmale: Meist einjährig kultivierter Halbstrauch, buschig, 15 – 40 cm hoch; tief gelappte, geschlitzte oder gebuchtete Blätter, völlig mit dichtem, weißlichem bis grauem Haarfilz überzogen, dadurch silbrig wirkend.
Verwendung: Als Blattschmuck in Beeten und Rabatten, als Strukturpflanze in Kästen und Kübeln; beste Wirkung in kleinen Gruppen oder in rhythmischer Wiederholung.
Standort: Am besten vor Regen geschützt; durchlässiger, frischer, nährstoffreicher Boden.
Kultur: Anzucht ab Februar bei 16 – 18° C; pikieren und kühler bei etwa 10° C weiterziehen, dabei eher trocken halten, sonst vergrünt das Laub; ab Mitte Mai auspflanzen.
Pflege: Anspruchslos; bei Bedarf etwas gießen und düngen.

Silberbusch
Andere Bezeichnung für die → *Blauraute,* ein hoher, silberblättriger, lilablau blühender Halbstrauch

Silberdistel
CARLINA ACAULIS SSP. SIMPLEX
☼ – ◐ ☺

Zweifellos gehört dieser heimische, unter Naturschutz stehende Korbblütler zu den auffälligsten Gewächsen von Magerrasen. Die auch Große Eberwurz genannte Pflanze mutet auf den ersten Blick wie eine Distel an, sind doch ihre Blätter und Stängel stark stechend. Die großen Blütenkörbe mit ihren silbrigen Randblüten öffnen sich nur bei schönem Wetter, daher auch der Name Wetterdistel.
Merkmale: Staude, breit ausladend, buschig, 10 – 30 cm hoch, bisweilen auch höher; tief gekerbte, stachelige Blätter; große Blütenkörbe mit silbrigen, strohigen Randblüten und bräunlicher Mitte.
Blütezeit: Juli – September
Verwendung: In Steingärten, in Steppenbeeten, in naturnahen Trockenbereichen; auch für Troggärten geeignet; gute Trockenblume.

Silberährengras (Stipa calamagrostis)

Silberblatt (Senecio cineraria)

Silberfahnengras

Silberdistel (Carlina acaulis)

Standort: Vorzugsweise vollsonnig, im Halbschatten spärlichere und weniger intensiv gefärbte Blüte; gut durchlässiger, trockener, karger, stets jedoch kalkhaltiger Boden.
Pflanzen/Vermehren: Pflanzung bevorzugt im Frühjahr; Vermehrung durch Aussaat unmittelbar nach Samenreife.
Pflege: Am richtigen Standort anspruchslos; ungestört wachsen lassen, verpflanzen wegen der tief reichenden Pfahlwurzel nicht ratsam.

Silberfahnengras

Stattliche Art des → *Chinaschilfs* mit markanten, silbrig weißen Blütenständen

Silberglanzkrankheit

Andere, geläufige Bezeichnung für die → *Bleiglanzkrankheit* an Gehölzen, die sich in silberweiß verfärbten Blättern äußert.

Silberkerze

CIMICIFUGA RACEMOSA

Diese stattliche und doch graziös wirkende Staude stammt aus Nordamerika und gehört botanisch zu den Hahnenfußgewächsen. Nach ihrer Blütezeit nennt man sie auch Julisilberkerze. Bei der Lanzensilberkerze (*C. racemosa* var. *cordifolia*) erscheinen die Blüten erst ab August, sie stehen in straff aufrechten, schlanken Blütenständen. In Pracht und Wüchsigkeit stehen einige andere, jedoch aus Ostasien stammende Arten den bereits genannten Formen nicht nach. Die Septembersilberkerze (*C. ramosa*) lässt ihre langen Blütentrauben kurz vor der Oktobersilberkerze (*C. simplex*) erstrahlen, beide Arten zeichnen sich durch eine attraktive Belaubung aus. Abgesehen von der Blütezeit sind all diese Arten in Erscheinung, Pflege und Verwendung recht ähnlich.

Silberkerzen enthalten Giftstoffe, der Pflanzensaft kann auf der Haut Rötungen und Blasenbildung hervorrufen.
Merkmale: Staude, aufrecht buschig, 120 – 200 cm hoch; dunkelgrüne, gefiederte Blätter; schlanke, weiße bis hellgelbe Blütenkerzen.
Blütezeit: Juli – August
Verwendung: Dominierende Prachtstauden für Beete, am Gehölzrand; besonders ausdrucksstark vor dunkler Kulisse, z. B. vor Nadelgehölzen.
Standort: Bei sehr guter Wasserversorgung auch absonnig; durchlässiger, frischer bis leicht feuchter, humoser Boden.
Pflanzen/Vermehren: Pflanzung bevorzugt im Frühjahr; Vermehrung durch Teilung im Frühjahr oder durch Aussaat (Kaltkeimer) direkt nach Samenreife, schwierig und langwierig.
Pflege: Anspruchslos; am besten ungestört wachsen lassen.

Silberling

LUNARIA ANNUA

Silberling, Silberblatt, Silbergroschen, Papstmünze, Judastaler, Mondviole – all diese Namen des Kreuzblütlers, der aus Südeuropa stammt, beziehen sich auf die auffälligen Früchte. Denn in den runden, flachen Schoten verbergen sich unter dünnen braunen Wänden silbrig schimmernde, pergament-

Silberkerze (Cimicifuga ramosa 'Atropurpurea')

Silberling (Lunaria rediviva)

artige Scheidewände. Sie sind als Trockenschmuck sehr begehrt. Die Pflanze ist sehr kurzlebig, sät sich aber selbst aus. Ausdauernd wächst dagegen der sehr ähnliche, heimische Silberling (*L. rediviva*), dessen Fruchtschoten jedoch nicht rund, sondern zugespitzt sind.
Merkmale: Ein- bis zweijährig, locker buschig, 40 – 120 cm hoch; herzförmige Blätter; duftende, violette, bisweilen auch rosa oder weiße Blüten in endständigen Trauben; runde, bräunliche Schoten mit silbriger Scheidewand und bräunlichen Samen.
Blütezeit: April – Juni
Verwendung: Am Gehölzrand, in entlegenen Gartenecken, in naturnahen Bereichen; Früchte als sehr dekorativer, haltbarer Trockenschmuck.
Standort: Bei guter Wasserversorgung auch absonnig; leicht feuchter, nährstoffreicher Boden.
Kultur: Aussaat ab April, entweder direkt oder in Aussaatschalen, dann Sämlinge später umpflanzen.
Pflege: Anspruchslos; versamt sich reich.

Silberölweide
Anspruchsloser Strauch für trockene Plätze mit silbrig glänzenden Blättern und Zweigen
→ *Ölweide*

Silberpappel
Hochwüchsige → *Pappel* mit unterseits weißfilzigen Blättern

Silberraute
Andere Bezeichnung für die → *Blauraute,* ein hoher, silberblättriger, lilablau blühender Halbstrauch

Silbertanne
Sorte der Edeltanne mit blauweißer Benadelung
→ *Tanne*

Silberweide
Heimische, hochwüchsige → *Weide* mit silbergrauem Laub

Silberwurz
DRYAS OCTOPETALA
☼ ☺
Das anmutige Rosengewächs, das man in Gebirgen der nördlichen Hemisphäre antrifft, gilt als eine der langlebigsten Pflanzen – sie kann mehr als 100 Jahre alt werden. Für den Garten empfiehlt sich neben der Art die Hybride *D.* x *suendermannii,* die besonders üppig blüht.
Merkmale: Immergrüner, kriechender Zwergstrauch, mit der Zeit breite Teppiche bildend, 5 – 15 cm hoch; dunkelgrüne, unterseits weißfilzige, ovale Blätter; große, anemonenartige, strahlend weiße Blüten mit gelber Mitte; flaumige Fruchtschöpfe.
Blütezeit: Mai – Juni
Verwendung: In Steingärten, auf Trockenmauern, an Böschungen; sehr attraktiv in Kombination mit Polsterstauden.
Standort: Möglichst nicht prallsonnig; gut durchlässiger, mäßig trockener bis frischer, humoser und kalkhaltiger Boden.
Pflanzen/Vermehren: Pflanzung bevorzugt im Frühjahr; Vermehrung durch Teilung nach der Blüte oder durch Kopfstecklinge im Spätsommer, die am besten flach und schräg in die Erde gesteckt werden, sowie durch Aussaat (Kaltkeimer).
Pflege: Am richtigen Standort anspruchslos.

SILIKATGESTEIN

Silberwurz (Dryas octopetala)

Silberzwiebel
Sehr kleine → *Zwiebel,* die dicht gesät und zum Einlegen verwendet wird.

Silicium
Fachsprachliche Schreibweise für → *Silizium*

Silikatgestein
Die wichtigste und umfangreichste Gesteinsgruppe der Erde, die in der gesamten Erdkruste vorhanden ist. Zu den Silikatgesteinen gehören z. B. Feldspat, Glimmer und Quarz sowie als Neubildungen im Zuge der Verwitterung u. a. Quarzsand und die → *Tonminerale,* die bei der Entstehung von gärtnerisch nutzbaren Böden eine entscheidende Rolle spielen. Kernelement der Silikatgesteine ist das Silizium, um das Sauerstoffatome in Tetraederform angeordnet sind. Diese Grundeinheiten gruppieren sich zu verschiedenen, oft sehr stabilen Gitterstrukturen. Die Säure, auf die sich die Silikate als Salze zurückführen lassen, ist als Kieselsäure bekannt.

Silizium

Chemisches Element mit der Abkürzung Si. Silizium und seine Verbindungen bilden den häufigsten mineralischen Bestandteil der Erdkruste (→ *Silikatgestein*). Für Pflanzen ist es kein lebensnotwendiger Nährstoff, aber ein nützliches Element. Es festigt die Gewebe und erhöht somit Standfestigkeit und Widerstandsfähigkeit der Pflanzen. Dies macht man sich bei der Anwendung von → *Kräuterauszügen* und → *Pflanzenstärkungsmitteln* aus silikat- bzw. kieselsäurereichen Pflanzen, besonders Schachtelhalm, zunutze.

Simse

Hohes, dichte Bestände bildendes Sauergras für Teichränder und Ufer
→ *Teichsimse*

Sinapis

Botanischer Gattungsname des
→ *Senfs*

Sirundinaria

Botanischer Gattungsname der Schirmbambusse
→ *Bambus*

Sitkafichte

Hochwüchsige, breit kegelförmige
→ *Fichte*

Sitkafichtenlaus

Blattlaus, die an Fichten und anderen Nadelgehölzen das Verbräunen und Abfallen von Nadeln verursacht.
→ *Fichtenschädlinge*

Sitzplatz

→ *Gartensitzplatz*, → *Terrasse*

Skabiose

SCABIOSA

Skabiosen gehören zur Familie der Kardengewächse und haben ihre Heimat hauptsächlich im Mittelmeerraum. Die meisten wachsen ausdauernd, einige wenige sind nur kurzlebig und werden bei uns einjährig gezogen.

Unter den einjährigen gilt die Purpurskabiose (*S. atropurpurea*) als eine der schönsten Arten. Ebenfalls einjährig und ebenso zu kultivieren ist die Sternskabiose (*S. stellata*), bei der nicht die weißen Blütenköpfe, sondern die Fruchtstände die eigentliche Attraktion bilden: Die kugeligen Gebilde setzen sich aus kleinen, sternförmig gefransten Tüten zusammen und eignen sich sehr gut zum Trocknen.

Die größten Blütenköpfe bildet die ausdauernde Kaukasusskabiose (*S. caucasica*), auch Fächerblume genannt, mit blauen oder weißen Blüten. Das hellgelbe Pendant dazu stellt die Gelbe Skabiose (*S. ochroleuca*) dar. Lilablaue Blüten und nur 20 cm Wuchshöhe kennzeichnen *S. japonica* var. *alpina*, ein zierliches Gewächs für Steingärten. Daneben gibt es eine Reihe weiterer, jedoch selten gepflanzter Arten, vorwiegend für Steingärten, etwa die rosa bis violett blühende Glänzende Skabiose (*S. lucida*).

Purpurskabiose
SCABIOSA ATROPURPUREA
☼ ☺

Merkmale: Einjährig, bisweilen zweijährig, locker buschig, 40 – 90 cm hoch; gefiederte, behaarte Blätter; halbkugelige, dicht gefüllte Blütenköpfe, je nach Sorte in Weiß, Rosa, Rot, Purpur, Blau, Lila bis fast Schwarz.
Blütezeit: Juli – Oktober
Verwendung: In kleinen Gruppen auf Beeten und Rabatten; niedrige Sorten auch in Gefäßen; gute Schnittblume.
Standort: Mäßig trockener bis frischer, kalkhaltiger Boden.
Kultur: Anzucht ab März, ab Mitte Mai mit 20 – 30 cm Abstand auspflanzen; auch Direktsaat ab Ende April.
Pflege: Anspruchslos; Verblühtes regelmäßig entfernen.

Purpurskabiose (Scabiosa atropurpurea)

Kaukasusskabiose
SCABIOSA CAUCASICA
☼ ☺

Merkmale: Staude, locker buschig, 60 – 80 cm hoch; wenig verzweigte Stängel mit gefiederten, behaarten Blättern; tellerförmige Blütenköpfe mit etwas zerknittert wirkenden, je nach Sorte blauen oder weißen Randblüten und knopfartigen, gelben Innenblüten.
Blütezeit: Juni – September
Verwendung: Prachtstaude für Beete und Rabatten; gute Schnittblume.
Standort: Vollsonnig und warm; durchlässiger, mäßig trockener bis frischer, nährstoffreicher, nicht zu schwerer Boden.
Pflanzen/Vermehren: Pflanzung im Frühjahr oder Herbst; Vermehrung durch Teilung oder Aussaat.
Pflege: Bei Bedarf aufbinden; Verblühtes entfernen; jährlich zum Austrieb düngen.

Skelettierfraß

→ *Fraßschaden*, bei dem die Blätter bis auf die Adern abgefressen werden, typisch z. B. für Schmetterlingsraupen wie die des Kohlweißlings.

Skimmia

Botanischer Gattungsname der → *Skimmie*

Skimmie

SKIMMIA JAPONICA

Dieses lorbeerähnliche Rautengewächs stammt aus Japan. Während die reine Art ein dekoratives Fruchtschmuckgehölz ist, warten Sorten überwiegend mit prachtvollen Blüten auf, setzen allerdings kaum Früchte an.
Merkmale: Immergrüner Kleinstrauch, dicht buschig, 50 – 150 cm hoch und bis 200 cm breit; glatte, ledrige Blätter; duftende, weißrosa Blüten; kugelige rote Steinfrüchte.
Blütezeit: April – Mai
Verwendung: In Einzelstellung, für Gehölzgruppen, zur Unterpflanzung größerer Gehölze, vor allem Rhododendren; auch für Gefäßkultur.
Standort: Etwas geschützt; durchlässiger, leicht feuchter bis frischer, humoser Boden.
Pflanzen/Vermehren: Pflanzung bevorzugt im Frühjahr; Vermehrung durch Stecklinge.
Pflege: Bei Trockenheit ausgiebig wässern; Boden unter den Sträuchern mulchen; leichter Winterschutz empfehlenswert; möglichst ungeschnitten lassen.

Skimmie (Skimmia japonica)

Skorbutkraut

Alter Name für das → *Löffelkraut,* der Bezug auf den hohen Vitamin-C-Gehalt der Blätter nimmt, die selbst noch im Winter und zeitigen Frühjahr geerntet werden können. Um diese Zeit litten früher viele Menschen unter der Vitaminmangelkrankheit Skorbut.

Sockenblume

Anderer Name für die → *Elfenblume,* eine Blattschmuckstaude für Schattenplätze

Solanum

Botanischer Name einer Gattung von → *Nachtschattengewächsen,* zu der beispielsweise die → *Kartoffel,* die → *Aubergine* und der heimische, hochgiftige Bittersüße Nachtschatten gehören.

Solidago

Hochwüchsige, sonnenliebende Staude mit goldgelben Blütenrispen → *Goldrute*

Solitär

Bezeichnung aus der Gartengestaltung für eine einzeln stehende bzw. ohne direkte Pflanzennachbarn zu verwendende Art. Solitäre finden sich in erster Linie unter den Gehölzen und Stauden, inklusive ausdauernder Ziergräser wie Chinaschilf oder Pampasgras. Auch stattliche zweijährige Arten, wie beispielsweise Königskerze und Stockrose, werden auf diese Weise verwendet.

Als Solitäre geeignete Pflanzen zeichnen sich durch markante Wuchsform, besonders hübsche Blätter, Blüten und/oder Früchte aus. Man setzt sie deshalb im Garten gezielt als Blickpunkte und Akzente ein, etwa im Rasen, an Terrasse oder Sitzplatz, an einer Wegabzweigung, im Vorgarten oder im Beethintergrund. Der Verzicht auf Pflanzpartner, die ihnen die Schau stehlen könnten, ist häufig schon durch die Wuchseigenschaften bedingt: Oft handelt es sich um hoch- und vor allem auch breitwüchsige Arten, wie etwa das Mammutblatt, eine gewaltige Blattschmuckstaude. Bei ansehnlichen Zierbäumen mit breiter Krone ergibt sich die Solitärstellung ohnehin von selbst. Aber auch kleine Gehölze mit attraktiver Wuchsform, z. B. die Kugelberberitze, fallen unter die Kategorie Solitäre.

Eine leichte Abwandlung erfährt der Begriff teils bei Baumschulpflanzen: Als „Solitäre" werden hier Gehölze angeboten, die im Einzelstand aufgezogen und mehrfach umgepflanzt wurden. Freilich eignen sie sich dadurch auch besonders für gestalterische Solitärverwendung.
Auch → *Einzelpflanzung*

Solitärstaude für den Schatten: der Waldgeißbart

Sommeraster

CALLISTEPHUS CHINENSIS

☼

Die ursprünglich aus China stammende Sommeraster gehört wie die eigentlichen → *Astern* zu den Korbblütlern. Im Gegensatz zu diesen sowie zu den auch Winterastern genannten → *Chrysanthemen* ist sie jedoch einjährig. Bei der Auswahl aus der gewaltigen Sortenvielfalt sollte man neben Unterschieden in Wuchs, Blütenfarbe und -form auch eine weitere Eigenschaft beachten: Manche Züchtungen sind resistent gegen eine recht häufig auftretende Welkekrankheit (→ *Fusarium-Krankheiten*).

Merkmale: Einjährige Sommerblume, wenig verästelt bis dicht buschig, straff aufrecht bis polstrig wachsend, je nach Sorte 15 – 100 cm hoch; schmale, dunkelgrüne Blätter; üppige Blütenköpfe, einfach bis dicht gefüllt mit zungenförmigen bis nadelig schmalen Einzelblüten in Weiß, Gelb, Rosa, Rot, Blau oder Violett.

Blütezeit: Juni – Oktober

Verwendung: Am schönsten in Gruppen aus verschiedenen Sorten in Beeten und Rabatten; niedrige Sorten auch in Gefäßen; gute Schnittblumen.

Sommeraster (Callistephus chinensis)

Standort: Durchlässiger, frischer, humoser, vorzugsweise sandiger Boden.

Kultur: Relativ kühle Anzucht ab Februar bei 15° C, Sämlinge pikieren und bei 12° C weiterziehen, ab April auspflanzen, je nach Wuchshöhe 20 – 40 cm Abstand; ab April auch Freilandsaat möglich.

Pflege: Bei Trockenheit gießen; hohe Sorten bei Bedarf aufbinden; Verblühtes entfernen; auf nährstoffarmen Böden und in Gefäßen alle 3 bis 4 Wochen mit Volldünger versorgen.

Sommerazalee

Anderer Name für die Atlasblume, eine prächtig blühende Sommerblume, die zu den → *Mandelröschen* zählt. Auch gebräuchlich als verkürzte Bezeichnung für die sommergrünen Azaleen oder → *Rhododendren*.

Sommerblumen

Obwohl auch unzählige → *Stauden* im Sommer ihren Flor entfalten, fasst man unter dem Begriff Sommerblumen nur die kurzlebigen Blüher zusammen, die alljährlich neu gepflanzt werden. Sie wachsen meist sehr rasch und blühen häufig mit verschwenderischer Pracht. Abgesehen von eigentlich ausdauernden, aber bei uns nur einjährig gezogenen Arten entsprechen die Sommerblumen der Pflanzengruppe der → *Annuellen*. Nach dem Wachstumszyklus unterscheidet man:

Einjährige Sommerblumen, Einjahresblumen oder Sommerannuelle: Die Samen keimen im Frühling aus und entwickeln sich bis zum Sommer zu blühenden Pflanzen. Die Blüten werden bestäubt und bilden in der Natur Früchte mit Samen (was bei den gezüchteten Formen nicht immer möglich oder erwünscht ist). Damit ist die Entwicklung abgeschlossen, die Pflanzen sterben ab. Die Samen bleiben bis zum nächsten Frühjahr im Boden (bzw. in der Samentüte) liegen.

Hierzu zählen viele der im Garten verwendeten Sommerblumen, z. B. Bechermalve, Duftsteinrich, Kokardenblume, Kornblume, Ringelblume, Sommeraster, Gewöhnliche Sonnenblume und Zwergmargerite. Bis auf einige etwas robustere Arten zieht man sie gewöhnlich im Haus bzw. unter Glas vor oder kauft sie als Jungpflanzen, um sie dann frühestens ab Mitte Mai ins Freie zu setzen. Sie blühen dann meist ohne Unterbrechung den ganzen Sommer lang, teils bis zu den ersten Frösten im Herbst.

Zweijährige Sommerblumen, auch Zweijahrsblumen, Winterannuelle oder Bienne: Aus den oft erst im Sommer keimenden Samen entstehen während des 1. Jahrs nur Blätter, meist in grundständiger Rosette, die in der Regel grün überwintern. Erst im 2. Jahr bilden diese Pflanzen Blütenstände, Früchte und Samen.

Typische Zweijährige sind z. B. Goldlack, Gänseblümchen, Stiefmütterchen oder Vergissmeinnicht. Da ihre im 2. Jahr einsetzende Blüte häufig schon im Frühjahr beginnt, sind sie beliebte Partner für Zwiebelblumen. Oft reicht ihr Flor noch bis in den Frühsommer hinein, so dass sie vortrefflich die Lücke zwischen Frühlings- und Hochsommerblüte füllen. Manche blühen sogar den ganzen Sommer lang, z. B. die Bartnelke, oder nochmals im Herbst, z. B. Stiefmütterchen. Man sät sie meist im Sommer auf einem etwas beschatteten Beet oder zieht sie in Anzuchtgefäßen vor. Robustere Arten werden schon im Spätsommer/Herbst an Ort und Stelle gepflanzt und erhalten später eine Reisigabdeckung; empfindlichere setzt man in Töpfe und überwintert sie an einem geschützten Platz.

Eine andere Gruppe unter den Zweijährigen wächst häufig zu eindrucksvollen Pflanzengestalten heran und wird teilweise den Stauden zugerechnet, so etwa Fingerhut, Königs-

Sommerfuchsie

Auch Zäune lassen sich mit den bunten Blüten von Sommerblumen rasch verschönern.

kerze und Stockmalve. Diese Pflanzen sorgen oft durch reiche Selbstaussaat für ihren Fortbestand oder wachsen unter Umständen auch mehrjährig. Die Blütezeit fällt hier wie bei den Einjährigen hauptsächlich in den Hochsommer.

Einjährig kultivierte Sommerblumen: Hierbei handelt es sich um mediterrane, subtropische oder tropische Arten, die in ihrer Heimat als Stauden oder Halbsträucher, teils sogar als Sträucher wachsen. Da sie unsere Winter kaum überstehen, zieht man sie nur einjährig. Teils kann man sie vor Einbruch der ersten Fröste ins Haus holen, um sie nach entsprechender Überwinterung (in der Regel hell und kühl) im nächsten Mai wieder auszupflanzen. In diese Gruppe gehören z. B. Bartfaden, Fleißiges Lieschen, Fuchsie und Löwenmäulchen, Pelargonien und Petunien.

Die **Verwendung** im Garten wird teils schon aus den Beschreibungen der drei Gruppen ersichtlich. Ausgezeichnet durch einen besonders üppigen Flor mit Schwerpunkt im Sommer bieten sie sich für farbenfrohe Beete und Rabatten geradezu an. Zahlreiche Sommerblumen haben außerdem besondere Bedeutung für die → *Balkonbepflanzung* sowie als → *Schnittblumen*. Aufgrund des schnellen Wachstums lassen sich vorgezogene Sommerblumen auch sehr gut als Lückenfüller einsetzen, etwa in Staudenbeeten. Vorzugsweise pflanzt man sie gruppenweise zusammen, damit die jeweiligen Blütenfarben optimal zur Geltung kommen. Bei der Zusammenstellung der oft sehr intensiven Töne empfiehlt es sich, die wichtigsten Grundlagen der → *Farbgestaltung* zu beachten.

Die Kurzlebigkeit der Pflanzen bietet den Vorteil, dass alljährlich neue Zusammenstellungen erprobt werden können; allerdings muss man auch den damit verbundenen Aufwand bedenken. Anders als bei Staudenbeeten muss in jedem Frühjahr neu gesetzt und in jedem Herbst das Beet geräumt werden. Da sie innerhalb kurzer Zeit viel Blattmasse und reichlich Blüten hervorbringen, brauchen Sommerblumen auch vergleichsweise intensive Pflege.

Eine Ausnahme machen diesbezüglich wildblumenähnliche Arten wie Kornblume, Kornrade, Gauchheil oder die erwähnten selbstversamenden Zweijährigen wie Fingerhut und Königskerze. Sie passen oft besser in naturnahe Bereiche als in üppig bepflanzte Beete mit großblumigen Züchtungen. Einfachere, züchterisch nicht allzu stark bearbeitete Formen prägen auch das Bild von → *Bauerngärten* und → *Cottagegärten*. Eine beliebte Sondergruppe der Sommerblumen stellen schließlich die einjährigen → *Kletterpflanzen* dar.

Zur Sommerblumenpraxis auch → *Anzucht*, → *Aussaat*, → *Pflanzung*

Sommerbohnenkraut
Einjährige Art des → *Bohnenkrauts*

Sommerendivie
Andere Bezeichnung für den Römer- oder Bindesalat, der nicht in den Verwandtschaftskreis der → *Endivie* gehört, sondern zum Kopf- bzw. Lattichsalat.
→ *Salat*

Sommerflieder
Anderer Name für den üppig blühenden → *Schmetterlingsstrauch*

Sommerfuchsie
Anderer Name für die Atlasblume, eine prächtig blühende Sommerblume, die zu den → *Mandelröschen* zählt.

839

Sommergrün

Als sommergrün bezeichnet man Pflanzen, insbesondere Gehölze, die im Herbst ihr Laub verlieren, im Gegensatz zu den → *immergrünen Pflanzen*.

Sommerhyazinthe

GALTONIA CANDICANS

Das Hyazinthengewächs aus Südafrika wird auch Kaphyazinthe oder Riesenhyazinthe genannt.
Merkmale: Eintriebige Zwiebelpflanze, straff aufrecht, 100 – 150 cm hoch; blaugrüne, riemenförmige Blätter; kräftiger Schaft mit lockeren Trauben aus 20 bis 40 duftenden, weißen, glockigen Blüten.
Blütezeit: Juli – August
Verwendung: Stattliche Leitpflanze für Beete und Rabatten; besonders attraktiv in Gemeinschaft mit hohen Zierlaucharten oder auch Gladiolen und Dahlien.
Standort: Vollsonnig, warm und geschützt; sehr gut durchlässiger, humoser, nährstoffreicher, im Winter möglichst trockener Boden.

Sommerhyazinthe (Galtonia candicans)

Pflanzen/Vermehren: Zwiebeln im Frühjahr flach mit 40 – 50 cm Abstand einsetzen, so dass die Zwiebelspitze nur gerade eben mit Erde bedeckt ist; Vermehrung durch Aussaat im Frühjahr, Samen nur dünn mit Erde abdecken.
Pflege: Zum Austrieb und bei Blütenansatz düngen; Verblühtes entfernen; in milden Gebieten den Winter über dick mit Laub und Reisig abdecken, in rauen Gegenden Zwiebeln besser aus dem Boden nehmen und genau wie → *Dahlien* frostfrei überwintern.

Sommerjasmin
Anderer Name für den weiß blühenden, duftenden → *Pfeifenstrauch*

Sommerknotenblume
Im Frühsommer weiß blühende Zwiebelblume für feuchte Plätze
→ *Knotenblume*

Sommerlinde
Heimische → *Linde*, die zu einem mächtigen Baum heranwächst und sich für Gärten kaum eignet.

Sommermargerite
Hochwüchsige, großblumige, ausdauernde → *Margerite*

Sommerphlox
Reich blühende, einjährige Art des → *Phloxes* mit zahlreichen Sorten in verschiedenen Blütenfarben

Sommerportulak
Anspruchsloses Blattgemüse mit fleischigen Stängeln und Blättern, das nicht mit dem → *Winterportulak* verwandt ist.
→ *Portulak*

Sommersalbei
Beliebte, ausdauernde Zierart des → *Salbeis* mit intensiv blauen Blüten in üppigen, schlanken Kerzen

Sommerschnitt
Zusammenfassender Begriff für Schnittmaßnahmen an Gehölzen, die man bevorzugt im Sommer durchführt. Bei Kernobstbäumen verstand man darunter früher vor allem spezielle Maßnahmen wie das heute selten durchgeführte → *Entspitzen* sowie das Formieren (→ *Obstbäume formieren*). Sonstige Schnittmaßnahmen im Sommer bieten oft Anlass für Diskussionen, wobei dieser Termin durchaus Vorteile hat (→ *Obstbaumschnitt, Schnitttermine*). Beim Steinobst ist ohnehin das Schneiden gleich nach der Ernte verbreitet.

Ob bei Ziersträuchern im Sommer geschnitten wird, hängt von der jeweiligen Art und ihrem Blühverhalten ab (→ *Gehölzschnitt*). Bei → *Rosen* wird das Entfernen verwelkter Blütenstände als Sommerschnitt bezeichnet.

Sommersteckling
Krautiger oder nur halb verholzter → *Steckling*, den man im Sommer von Gehölzen zur Vermehrung schneidet; bei manchen Arten, z. B. Schmetterlingsstrauch oder Schneeball, bewurzeln sich solche „halbreifen" Stecklinge besser als → *Steckhölzer*.

Sonnenauge

HELIOPSIS HELIANTHOIDES VAR. SCABRA

Reicher Flor, gepaart mit Wuchsfreude, zeichnet diesen recht anspruchslosen Korbblütler aus, der in den nordamerikanischen Prärien beheimatet ist.
Merkmale: Staude, aufrecht, locker buschig, 70 – 170 cm hoch; rau behaarte, eiförmige Blätter; je nach Sorte einfache, halb gefüllte oder dicht gefüllte Korbblüten in verschiedenen Gelbtönen.
Blütezeit: Juli – September
Verwendung: Einzeln oder in kleinen Gruppen auf Beeten und Rabatten;

SONNENBLUME

Sonnenauge (Heliopsis helianthoides var. scabra)

Sonnenblume (Helianthus annuus)

schön z. B. mit Herbstastern und hohen Ziergräsern; gute Schnittblume.
Standort: Vollsonnig, warm; frischer, humoser, nährstoffreicher Boden.
Pflanzen/Vermehren: Pflanzung im Frühjahr oder Herbst mit 60 – 70 cm Abstand; Vermehrung durch Teilung oder grundständige Stecklinge.
Pflege: Bei Trockenheit durchdringend wässern; bei Bedarf aufbinden; nach der Blüte bis auf eine Handbreit über dem Boden zurückschneiden; jährlich im Frühjahr düngen bzw. mit Kompost versorgen.

Sonnenblitzerli

Volkstümliche Bezeichnung für die → *Mittagsblume* (*Delosperma*)

Sonnenblume

HELIANTHUS

Die auffälligen Korbblütler aus Nordamerika gehören zu den beliebtesten Gartenblumen überhaupt, vor allem die einjährige Gewöhnliche Sonnenblume mit ihren großen Blütenköpfen und ihrer enormen Wuchsleistung. In vielen Gegenden sieht man sie gleich massenweise auf Feldern, weil sie als wertvoller Öl- und Futterlieferant landwirtschaftlich genutzt wird. Für den Garten empfehlen sich zahlreiche Sorten, die sich in der Wuchshöhe sowie in Blütenfarbe und -form unterscheiden. Darunter gibt es auch halbhohe und niedrige, ja sogar zwergige Sorten. Über viele Jahre kann man sich an der nachfolgend beschriebenen Staudensonnenblume erfreuen. Auch die Schwarzaugensonnenblume (*H. atrorubens*) wächst ausdauernd, an ihren rötlich überlaufenen Stängeln prunken goldgelbe Blütenköpfe mit purpurner Mitte.

Sonnenblumen wenden ihre Blüten stets der Sonne zu. Sie bieten Insekten reiche Nahrung, mit ihren Fruchtständen finden vor allem Vögel einen reich gedeckten Tisch.

Gewöhnliche Sonnenblume
HELIANTHUS ANNUUS
☼ ☺

Merkmale: Eintriebige Sommerblume, je nach Sorte 40 – 300 cm hoch; kräftige, markgefüllte Stängel mit großen, herzförmigen, rauen Blättern; bis 50 cm Ø erreichende, radförmige Blütenköpfe mit dunkler Mitte und einem Kranz aus gelben, roten, braunen oder auch mehrfarbigen Strahlenblüten; manche Sorten mit dicht gefüllten, pomponartigen Blütenständen; Fruchtstände mit zahlreichen, regelmäßig in Spiralen auf dem Blütenboden angeordneten, schwarzen, teils weiß gestreiften Samenkernen.
Blütezeit: Juli – Oktober
Verwendung: Am schönsten in Gruppen, in Beeten und Rabatten, entlang von Zäunen oder Mauern, als Sichtschutz; niedrigere Sorten auch in Gefäßen; gute Schnittblumen.
Standort: Warm und möglichst windgeschützt; durchlässiger, frischer, humoser und nährstoffreicher Boden.
Kultur: Anzucht ab März bei 20° C, am besten je zwei Samen pro Topf ausbringen, ab Mitte Mai mit 40 – 50 cm Abstand auspflanzen; oder jeweils 3 bis 6 Samen zusammen ab April direkt aufs Beet säen, die schwächeren später ausdünnen.
Pflege: Anspruchslos; bei Bedarf aufbinden; mehrmals düngen.

Staudensonnenblume
HELIANTHUS DECAPETALUS
☼ ☺

Merkmale: Großstaude, straff aufrecht, buschig, 120 – 200 cm hoch; reich verzweigte Stängel mit breiten, rauen Blättern; an den Triebspitzen goldgelbe Korbblüten, bei manchen Sorten dicht gefüllt.
Blütezeit: August – Oktober
Verwendung: Einzeln oder zu wenigen auf Beeten und Rabatten, attraktiv mit Herbstastern, Sonnenbraut, Sonnenhut und hohen Ziergräsern.
Standort: Wie Gewöhnliche Sonnenblume.
Pflanzen/Vermehren: Pflanzung im Frühjahr oder Herbst mit 60 – 70 cm Abstand; Vermehrung durch Teilung, grundständige Stecklinge oder durch Aussaat.
Pflege: Bei Bedarf aufbinden; Verblühtes entfernen; nach der Blüte bis auf eine Handbreit über dem Boden zurückschneiden; jährlich im Frühjahr düngen.

Sonnenbraut

Sonnenbraut (Helenium-Hybride 'Moerheim Beauty')

Sonnenflügel (Acroclinium roseum)

Sonnenhut (Rudbeckia fulgida var. sullivantii 'Goldsturm')

Sonnenbraut
HELENIUM-HYBRIDEN

Mit ihren farbenfrohen Blüten bringen die Korbblütler, deren Ursprungsarten in Nordamerika beheimatet sind, im Hochsommer sonnige Akzente in den Garten.
Merkmale: Großstaude, reich verzweigt und dicht buschig, 70–150 cm hoch; schmal ovale, dunkelgrüne Blätter; je nach Sorte gelbe, rote bis bräunliche, oft zwei- oder mehrfarbige Blütenköpfe mit aufgewölbter Mitte.
Blütezeit: Juli–Oktober
Verwendung: Prachtstauden für Beete und Rabatten; schön in Gruppen aus verschiedenen Sorten, zusammen mit Indianernesseln, Phlox oder Herbstastern; gute Schnittblumen.
Standort: Durchlässiger, frischer bis leicht feuchter, humoser, nährstoffreicher Boden.
Pflanzen/Vermehren: Pflanzung im Frühjahr oder Herbst mit 40–70 cm Abstand; Vermehrung durch Teilung oder grundständige Stecklinge.
Pflege: Bei Trockenheit durchdringend wässern; insbesondere hochwüchsige Sorten aufbinden; nach der Blüte bis auf eine Handbreit über dem Boden zurückschneiden; jährlich im Frühjahr düngen.

Sonnenflügel
ACROCLINIUM, HELIPTERUM

Bezeichnung für verschiedene einjährige Korbblütler der Gattungen *Acroclinium* und *Helipterum*. Sie ähneln in Aussehen, Ansprüchen und Kultur den → *Strohblumen,* wachsen aber höchstens 50 cm hoch. Bedeutung haben die Sonnenflügel vor allem als → *Trockenblumen,* dies aufgrund ihrer papierartigen und matt glänzenden, rosa- bis cremefarbenen oder auch goldgelben Blütenköpfchen. Man kann sie gesondert für die Trockenblumengewinnung anbauen oder in Sommerblumenbeete einbauen. Sie brauchen gut durchlässigen, mäßig trockenen, kalkarmen Boden an einem sonnigen, warmen Platz.

Sonnenhut
RUDBECKIA FULGIDA

Die gelb blühenden Sonnenhüte, Korbblütengewächse aus Nordamerika, werden oft auch als Rudbeckien bezeichnet. Wie eine rotblütige Form dieser hübschen Stauden wirkt der Rote Sonnenhut, der jedoch der Gattung *Echinacea* angehört (→ *Sonnenhut, Roter*). Die bekanntesten Rudbeckien sind zweifellos zwei Varietäten von *Rudbeckia fulgida,* nämlich var. *sullivantii* und var. *deamii,* die sich sehr ähneln. Von der ersteren schmückt insbesondere die Sorte 'Goldsturm' unzählige Gärten, sie gilt als eine der pflegeleichtesten und reich blühendsten Stauden überhaupt. Doch auch andere *Rudbeckia*-Arten überzeugen durch üppige Blütenfülle, z. B. Formen von *R. laciniata* mit goldgelben, gefüllten Blütenbällen oder die ebenfalls gelb blühenden Sorten von *R. nitida,* der Fallschirmrudbeckie, deren Zungenblüten herabgeschlagen sind.

Schließlich gibt es noch eine einjährige Art, *R. hirta,* der hier beschriebenen Rudbeckie in Aussehen und Ansprüchen ähnlich, aber auch in nur 30 cm hohen Sorten erhältlich. Man zieht sie ab März vor und pflanzt sie ab Mitte Mai nach draußen.
Merkmale: Staude, dicht buschig, Ausläufer treibend, 60–100 cm hoch; dunkelgrüne, zugespitzte Blätter; Körbchenblüten mit goldgelben Zungenblüten um eine schwarzbraune Mitte.
Blütezeit: Juli–September
Verwendung: Leitstaude für Beete und Rabatten, auch für Einzelstel-

SORBUS

lung; schön z. B. mit Astern, Feinstrahl und Sommersalbei; gute Schnittblume.
Standort: Vollsonnig und warm; frischer, humoser, nährstoffreicher Boden.
Pflanzen/Vermehren: Pflanzung bevorzugt im Frühjahr mit mindestens 50 cm Abstand; Vermehrung durch Teilung, die reine Art sowie die Sorte 'Goldsturm' auch durch Aussaat (Kalt- und Lichtkeimer).
Pflege: Bei Trockenheit gut wässern; bei Bedarf aufbinden; wird Verblühtes laufend entfernt, verlängert sich die Blütezeit, aber auch die Fruchtstände können eine hübsche Winterzierde sein; deshalb Rückschnitt oft erst im Frühjahr; jährlich im Frühjahr düngen.

Sonnenhut, Roter
ECHINACEA PURPUREA

Der stattliche Rote oder Purpursonnenhut aus Nordamerika zieht mit seinen herrlichen Blütenköpfen nicht nur sämtliche Blicke auf sich, sondern auch unzählige Bienen und andere Insekten an. Vor allem aus den Wurzeln des Korbblütlers gewinnt man einen Extrakt, der vorbeugend gegen Erkältungskrankheiten wirkt, das Echinacin.
Merkmale: Staude, dicht buschig bis horstartig, 70 – 100 cm hoch; straff aufrechte, rötlich überlaufene Stängel mit schmalen Blättern; große Blütenköpfe mit einem Kranz purpurner Zungenblüten um eine kegelig aufgewölbte, braunrote Mitte; Sorten auch mit weißem oder karminrotem Flor.
Blütezeit: Juli – September
Verwendung: Einzeln oder in Gruppen auf Beeten und Rabatten; sehr attraktiv in Kombination mit Herbstastern und hohen Ziergräsern; gute Schnittblume.
Standort: Durchlässiger, frischer, humoser und nährstoffreicher Boden.

Roter Sonnenhut (Echinacea purpurea)

Pflanzen/Vermehren: Pflanzung bevorzugt im Frühjahr oder Herbst; Vermehrung durch Teilung, Wurzelschnittlinge oder Aussaat.
Pflege: Anspruchslos; nach der Blüte eine Handbreit über dem Boden zurückschneiden; alle 2 bis 3 Jahre durch Teilung verjüngen.

Sonnenröschen
HELIANTHEMUM-HYBRIDEN

Die Gartenformen dieser Zistrosengewächse stammen u. a. vom heimischen Gewöhnlichen Sonnenröschen (*H. nummularium*) ab. Ihre zarten Schalenblüten, die wie aus Seide gewirkt erscheinen, öffnen sich nur für einen Tag, doch immer neue Knospen sorgen für einen anhaltenden, sehr reichen Flor. Liebhaber greifen gern auf verschiedene, stets gelb blühende Arten zurück, z. B. das Graue Sonnenröschen (*H. canum*), dessen Wildvorkommen unter Naturschutz stehen; es ähnelt stark dem Gewöhnlichen Sonnenröschen.
Merkmale: Immergrüner Halbstrauch, locker buschig, polsterförmig bis teppichartig, 15 – 30 cm hoch; schmale, je nach Sorte grüne, graue oder bronzefarbene Blätter; einfache oder gefüllte Schalenblüten in Weiß, Gelb, Orange, Lachs, Rosa oder Rot.

Sonnenröschen (Helianthemum-Hybride)

Blütezeit: Mai – August, gefüllte Sorten bis Oktober
Verwendung: In Steingärten, auf Trockenmauern, an Wegrändern sowie als Beeteinfassung.
Standort: Vollsonnig; durchlässiger, mäßig trockener, kalkhaltiger, magerer Boden, kann auch sandig oder steinig sein.
Pflanzen/Vermehren: Pflanzung bevorzugt im Frühjahr mit ca. 30 cm Abstand; Vermehrung durch Kopfstecklinge im Sommer.
Pflege: Nach der Blüte um ein Drittel zurückschneiden und dabei in Form bringen; insbesondere grau- und bronzelaubige Sorten den Winter über mit Reisig abdecken; nicht düngen.

Sonnentau
Kleine, → *Fleisch fressende Pflanze*, mit roten, klebrigen Fangarmen. Der heimische Sonnentau ist eine hübsche Pflanze für das → *Moorbeet*.

Sophora
Ansehnlicher, sehr robuster, allerdings auch recht stattlicher Zierbaum
→ *Schnurbaum, Japanischer*

Sorbus
Artenreiche Gehölzgattung mit mehreren, heimischen Vertretern
→ *Eberesche*, → *Speierling*

Sorte

Fachsprachlich Cultivar; Züchtung bzw. Auslese innerhalb einer → *Art* mit besonderen Merkmalen. Die Pflanzen einer Sorte zeigen einheitlich spezielle, genetisch verankerte Eigenschaften und geben sie unverändert an ihre Nachkommen weiter (mit gewissen Einschränkungen z. B. bei Hybridsorten; auch → *Sortenecht*).

Umgangssprachlich werden die Begriffe Art und Sorte häufig durcheinander geworfen. Man spricht zum Beispiel von „Obstsorten" und meint damit verschiedene Arten wie Apfel, Birne oder Pfirsich. Eine Obstsorte gemäß dem korrekten Sprachgebrauch wäre z. B. die Apfelsorte 'James Grieve'. Sie hebt sich nicht nur durch eine bestimmte Fruchtfarbe und ihren Geschmack von anderen Sorten wie etwa 'Gravensteiner' ab, sondern zeichnet sich auch durch hohe Erträge aus, ist aber besonders anfällig für Blutläuse. Um sich international darüber zu verständigen, dass es genau um diese Apfelsorte geht, benennt man sie als *Malus domestica* 'James Grieve'.

Der Sortenname wird also zum Bestandteil bzw. zur Ergänzung des → *botanischen Namens*. Man fügt ihn an die zweiteilige lateinische Bezeichnung, die Gattung und Art benennt, an, üblicherweise in einfachen Anführungsstrichen oben und stets mit großem Anfangsbuchstaben. Die Bezeichnung cv. (Abkürzung für Cultivar) kann, aber muss dem Sortennamen nicht vorangestellt sein. Der Sortenname wird vom Züchter ausgewählt; für eine allgemeine Anerkennung ist eine offizielle Registrierung nötig, wobei neue Sorten nur anerkannt werden, wenn sie sich wenigstens in einem Merkmal deutlich von den bisherigen Sorten unterscheiden. Zur Absicherung ihrer Arbeit können Züchter Sortenschutz – eine Art Patentschutz – beantragen.

Es steckt also einiges an strengen Regelungen und Vorschriften hinter den oft sehr „blumigen" Sortennamen. Dies zum einen, weil die Züchtung einer neuen Sorte viel Aufwand verlangt; zum andern, um beim Verkauf zu gewährleisten, dass es sich exakt um die gewünschte Pflanze handelt. Man sollte deshalb möglichst auch den Sortennamen Beachtung schenken. Denn Sorten ein- und derselben Art können sich nicht nur in der Blüten- und Fruchtfarbe, sondern auch im Wuchs oder sogar in den Standortansprüchen unterscheiden.

Besonderes Augenmerk sollte dem Sortennamen beim Einkauf von Gehölzen, insbesondere Nadelgehölzen, gelten. Denn hinter den Bezeichnungen verbergen sich oft völlig unterschiedliche Wuchsgrößen und -formen. Häufig sind sie schon beschreibend im Namen enthalten, etwa bei 'Fastigiata' (Säulenform), 'Nana' (Zwergform), 'Pendula' (Hängeform) oder 'Globosa' (kugelig). Solche lateinischen Benennungen finden sich jedoch nur bei älteren Sorten; sie sind schon seit einiger Zeit für Neuzüchtungen nicht mehr zulässig, um Verwechslungen mit botanischen Namen auszuschließen.

Sortenecht

Auch sortenrein oder -treu; Bezeichnung für Pflanzensorten, die „erbrein" aus Samen nachgezogen werden können. Die Tochterpflanzen weisen dann unverändert alle Eigenschaften der Elternpflanzen auf. Bei manchen Kreuzungen sowie vielen Obstsorten, die auf → *Fremdbefruchtung* angewiesen sind, ist dies nicht der Fall. Hier erhält man sortenreine Nachkommen nur durch → *vegetative Vermehrung* bzw. → *Veredlung*. Auch → F_1-*Hybriden* lassen sich nicht sortenecht nachsäen; hier muss stets der exakte Kreuzungsvorgang wiederholt werden, um einheitliche Nachkommen zu erhalten.

Sp.

Abkürzung für Species bzw. Spezies, der fachsprachliche Ausdruck für die → *Art*. Steht das Kürzel hinter einem Gattungsnamen, dann heißt dies, dass sämtliche bzw. verschiedene Arten der Gattung gemeint sind; *Dianthus* sp. bedeutet demnach „Nelkenarten".

Spaghettikürbis

Rundlicher → *Kürbis* mit an Nudeln erinnerndem, faserigem Fruchtfleisch

Spalier

Der Begriff ist zuweilen missverständlich, denn entsprechend seinen Ursprungsbedeutungen (Wandbehang, Lehne, Geländer) wird er ganz unterschiedlich verwendet:

1) Flaches Gerüst bzw. → *Kletterhilfe* für Zier- oder Nutzpflanzen, die daran entweder hochklimmen oder mit ihren Trieben festgebunden werden. Klassische Spaliere bestehen aus schmalen, in Rechteck- oder Rautenform miteinander verbundenen Holzlatten; preiswertere Ausführungen sind aus Kunststoff. Den gleichen Zweck erfüllen auch Drahtspaliere (Drähte, die zwischen Stützpfosten gespannt sind). Wandspaliere werden mit Abstandshaltern an einer Mauer befestigt, frei stehende Spaliere an stabilen Stützen oder Pfosten. Letztere setzt man z. B. als Raumteiler, Sichtschutz, Maueraufsätze oder dekorative Elemente im Garten ein.

2) Sträucher und Bäume, deren Triebe man nur nach zwei Seiten wachsen lässt, so dass sie sich lediglich in einer Ebene, also „zweidimensional", entwickeln. Diese Platz sparende Erziehung wird vor allem bei Obstgehölzen praktiziert, beim so genannten Spalierobst; → *Obstbaum, Spalierformen*. Dazu wird meist ein Gerüst zum Anheften benötigt, eben das unter 1) genannte Spalier.

Verwirrend kann hier wiederum der Begriff → *Spalierstrauch* sein, der ebenfalls in zwei verschiedenen Bedeutungen verwendet wird.

Spalierobst
→ *Spalier, 2)*, → *Obstbaum, Spalierformen*

Spalierstrauch
Begriff, der im Gartenbau und in der Botanik oft unterschiedlich verwendet wird:

1) Gärtnerisch: Ein aufrecht wachsender, buschiger Strauch, z. B. Stachelbeere oder Brombeere, der schmal entlang eines Gerüsts gezogen wird (→ *Spalier, 2)*).

2) Botanisch und teils auch gärtnerisch: Flach über den Boden kriechender Zwergstrauch. In der Natur besiedeln Spalierstäucher ökologische Grenzbereiche, z. B. im Hochgebirge oberhalb der Baumgrenze, wo sie ihr flacher Wuchs vor starkem Wind und die winterliche Schneebedeckung vor Frost schützt. Oft wächst ihr größter Teil unter der Erde. Solche kriechenden Gehölzformen sind vielfach in Kultur genommen worden, da sie sich gut als Bodendecker eignen wie beispielsweise verschiedene → *Zwergmispeln*.

Spaltblume
SCHIZANTHUS × WISETONENSIS
☼

Eine überschäumende Fülle exotisch anmutender Blüten bringt dieses Nachtschattengewächs hervor. Aufgrund des herrlichen Flors nennt man die Hybriden, deren Ursprungsarten in Südamerika heimisch sind, auch Schmetterlingsblumen oder „Orchideen der kleinen Leute".

Merkmale: Einjährige Sommerblume, buschig, 30 – 50 cm, selten bis 100 cm hoch; fein gefiederte Blätter; trichterförmige, vom Saum her tief gespaltene Blüten, oft im Schlund ge-

Spaltblume (Schizanthus-Wisetonensis-Hybride)

fleckt oder gezeichnet; Blütenfarben von Weiß über Gelb, Lachs, Rot bis hin zu Purpur und Violett, meist in Mischungen angeboten.

Blütezeit: Juli – September
Verwendung: In Beeten und Rabatten, in Kästen und Kübeln.
Standort: Vollsonnig, warm und geschützt; durchlässiger, frischer, humoser, nährstoffreicher und kalkhaltiger Boden.
Kultur: Recht kühle Anzucht bei 13 – 15° C, Sämlinge pikieren und bei 10° C weiterziehen, ab Mitte Mai mit mindestens 30 cm Abstand auspflanzen; auch Direktsaat ab April möglich, dann jedoch später einsetzende Blüte. Die eigene Anzucht erweist sich oft als schwierig, ggf. besser Jungpflanzen kaufen.
Pflege: Reichlich gießen, dabei nie die Blätter benetzen; bei Bedarf mehrmals düngen.

Spaltfrucht
Typische → *Frucht* der Doldengewächse (hier auch Achänen genannt), aber auch des Ahorns. Bei dieser Schließfrucht weichen die Fruchtblätter zur Fruchtreife auseinander und geben jeweils einsamige Teilfrüchte frei. Bei Doldenblütlern wie Anis sieht man diese oft als Samen an.

Spaltöffnungen
Mikroskopisch kleine, aktiv verschließbare Poren auf der Unterseite des → *Blatts*, die aus zwei Zellen und einem dazwischen liegenden Spalt bestehen. Über die veränderliche Spaltgröße werden Gasaustausch (Kohlendioxid, Sauerstoff) und Wasserabgabe des Blatts geregelt.

Sparganium
Botanischer Gattungsname des → *Igelkolbens*, eine Sumpfstaude mit zierenden Fruchtständen

Spargel
ASPARAGUS OFFICINALIS
☼

Wild wächst das früher zu den Liliengewächsen gezählte Spargelgewächs im Mittelmeerraum und Vorderasien. Die Staude treibt aus einem Wurzelstock fingerdicke, fleischige Sprosse, die so genannten Stangen, die unterirdisch cremeweiß bleiben. Sobald sie ins Licht kommen, färben sie sich bläulich bis rötlich, um schließlich zu ergrünen. Beim Bleich- oder Stangenspargel zieht man die Pflanzen unter Erdwällen, so dass sie lange, durchwegs weiße Triebe bilden. Die Kultur des sehr anspruchsvollen Feingemüses ist aufwändig und erfordert einige Erfahrung. Einfacher gestaltet sich das Ziehen von Grünspargel im Flachbeet. Hier erntet man die jungen, grünen, etwas kräftiger schmeckenden Spargeltriebe.

Bleichspargel (links) und Grünspargel

845

Spargelerbse

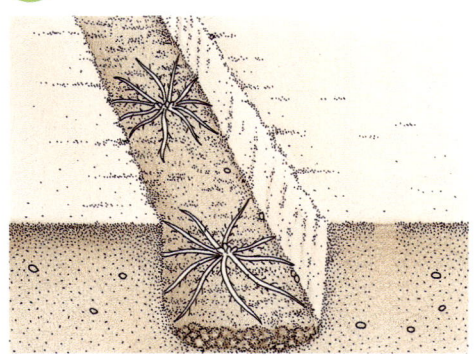

Bleichspargelanbau: **1.** Die Pflanzen setzt man in einen ca. 30 cm tiefen und 50 cm breiten Graben.

2. Danach werden sie 5 – 10 cm hoch mit Erde abgedeckt und gründlich gegossen.

3. Die Gräben werden erst im März des 2. Jahrs aufgefüllt, die Wälle im 3. Jahr aufgehäuft.

Spargel ist eine Dauerkultur, die bis zu 15 Jahre auf dem Beet verbleibt. In den ersten 2 bis 3 Jahren nach der Pflanzung erntet man nicht, damit die Stauden Kraft sammeln können. Dann jedoch steigern sich die Erträge von Jahr zu Jahr. Pflanzgut besorgt man sich bei speziellen Jungpflanzenanbietern. Dort sollte man sich auch hinsichtlich der Sortenwahl beraten lassen. Qualitativ hochwertige Setzlinge müssen über 5 bis 6 kräftig entwickelte Triebknospen und 10 bis 12 einwandfreie Wurzeln verfügen.

Merkmale: Staude mit fleischigen Wurzeln, die vorwiegend in nur eine Richtung wachsen; fingerdicke Sprosse, am Kopf dicht mit schuppenförmigen Blättchen besetzt, sonst in weiten Abständen; 120 – 150 cm hohe Triebe mit nadeligen Seitentrieben; gelbliche Blütchen, zweihäusig; rote, kugelige, giftige Beeren.

Standort: Warm; sehr gut durchlässiger, tiefgründiger, sandiger, humoser und nährstoffreicher, leicht saurer Boden; Grünspargel auch auf mittelschweren Böden.

Kultur: Pflanzfläche im Herbst tief reichend umgraben und Boden mit reichlich Kompost und/oder Mist anreichern; im März/April 30 – 40 cm tiefe und 45 – 50 cm breite Pflanzgräben in Nord-Süd-Richtung ausheben, Untergrund nochmals mit Kompost oder verrottetem Mist aufbessern. Im Abstand von 40 cm im Graben kleine Hügel aufschichten, auf die die Setzlinge kommen, dabei Knospenanlagen längs in Richtung des Grabens ausrichten und Wurzeln nach allen Seiten ausbreiten; Setzlinge 5 – 10 cm hoch mit Erde bedecken und sorgfältig einschlämmen. Gräben im 1. Jahr offen lassen, im 2. Jahr auffüllen; nur für Bleichspargel werden im 3. Jahr 40 – 50 cm hohe und ebenso breite Erdwälle aufgehäuft.

Pflege: Beete unkrautfrei halten; bei kühler Frühlingswitterung transparente Folien auflegen; bei Trockenheit wässern. Beim Bleichspargel nach der Ernte Wälle einebnen und im Frühjahr wieder aufschichten; jährlich nach der Ernte düngen, am besten mit Kompost oder Mist; vergilbtes Spargelkraut im Herbst abschneiden, zerkleinern und in den Boden einarbeiten.

Ernte: Je nach Region und Witterung ab Mitte April bis Ende Juni, klassischer Termin für die letzte Ernte ist der Johannistag am 24. Juni. Bleichspargel frühmorgens und abends stechen, wenn sich in der fest geklopften Erde der Wälle Risse zeigen, dann Stange vorsichtig ausgraben und mit Spargelmesser abschneiden, danach Wall wieder schließen und Oberfläche fest klopfen. Beim Grünspargel 10 – 20 cm hohe Triebe möglichst tief abschneiden; sofort verarbeiten, in ein feuchtes Tuch eingeschlagen kühl einige Tage lagerfähig.

Spargelerbse

Anderer Name für die → *Flügelerbse,* eine Gemüserarität mit attraktiven roten Blüten. Sie entwickelt spargelähnlich schmeckende Hülsen.

Sparrig

Wuchsform bei Gehölzen; durch geringe Verzweigung und/oder gerade abstehende Seitentriebe ergibt sich hier keine geschlossene, buschige Wirkung.

Spaten

Unentbehrliches → *Bodenbearbeitungsgerät* mit stabilem Blatt zum Umgraben, Ausheben von Pflanzgruben, Abstechen von wuchernden Pflanzenteile oder Rasenkanten; vorzugsweise mit T-Griff

Auch → *Gartengeräte*

Spätfrost

→ *Frost,* der nach Frühlingsbeginn, im April bis Mitte/Ende Mai, auftritt und daher bereits geöffnete Blüten-, Blatt- und Triebknospen schädigen kann.

Species

Fachsprachliche Bezeichnung für die → *Art,* abgekürzt sp.

Speichergewebe

Pflanzliche Gewebe mit großen Zellen, in denen Reservestoffe (Stärke, Eiweiße, Fette) für die Überwinterung und andere Notzeiten gespeichert werden. Neben speziellen Speicherorganen wie Knollen oder Rüben besitzen Pflanzen auch kleinere, lokale Speichergewebe in Spross, Samen und Wurzeln.

Speierling
SORBUS DOMESTICA

Der Speierling oder Sperbenbaum ist in Europa und Kleinasien beheimatet. Auf den ersten Blick sieht das Rosengewächs der nahe verwandten → Eberesche (*Sorbus aucuparia*) sehr ähnlich. Seine kleinen apfel- bis birnenförmigen Früchte schmecken überaus herb, sind reich an Gerbsäuren und in größeren Mengen sogar unbekömmlich. Erst nach Frosteinwirkung oder durch Verarbeitung werden sie mürbe und mild süßlich. Man verwendet sie vor allem als so genannte Würze bei der Apfelweinherstellung und für andere Obstweine bzw. -moste, weil sie den Getränken eine besonders aromatische Note verleihen. Auch zu Konfitüren kann man sie geben. Der Speierling ist außerdem ein sehr wertvolles Vogelschutz- und -nährgehölz.

Merkmale: Baum mit ovaler bis rundlicher Krone, 10 – 15 m hoch und bis 10 m breit; graubraune, rissige Rinde; unpaarig gefiederte, mattgrüne, weichfilzig behaarte Blätter, gelbe bis orangefarbene Herbstfärbung; weiße Blüten in schirmförmigen Dolden; kugelige bis birnenförmige, erst grüne, bei Vollreife gelbe bis bräunliche, rotwangige und hell gepunktete Früchte.
Blütezeit: Mai – Juni
Verwendung: Für Einzelstellung oder in großen Gehölzgruppen.
Standort: Geschützt und warm; durchlässiger, mäßig trockener, humoser, basischer Lehmboden.
Pflanzen/Vermehren: Pflanzung bevorzugt im Frühjahr; Vermehrung durch Absenker, wird vielfach auf Eberesche, Quitte oder auch Weißdorn veredelt.
Pflege: Anspruchslos.

Speierling (Sorbus domestica)

Speiserübe
BRASSICA RAPA VAR. RAPA

Unter die Sammelbezeichnung Speiserübe fallen eine Reihe verschiedener Rüben, deren Ursprung nicht ganz geklärt ist. Man nennt sie auch Weiße Rüben oder Wasserrüben. Die Kreuzblütler sind zweijährige Gewächse, die stets einjährig kultiviert werden, da die Blütenstandsbildung nicht erwünscht ist. Sie wachsen sehr rasch, stellen wenig Ansprüche und liefern sehr gesunde Kost mit etwas an Rettiche erinnerndem, aber sehr mildem Aroma.

Mairüben (*B. rapa* var. *rapa* subvar. *majalis*) werden hauptsächlich im Frühjahr als Vorfrucht angebaut, können aber auch bis zum Herbst gezogen werden. Sie liefern runde oder plattrunde, weiße, gelbe oder violette Rüben. Herbst- oder Stoppelrüben (*B. rapa* var. *rapa* subvar. *rapifera*) zieht man im Sommer meist als Zwischenfrucht. Sie werden teils auch der Art *B. napus* subsp. *rapifera*, der

Mairübe; bei enger Saat nutzt man die Blätter als Stielmus.

→ *Kohlrübe,* zugeordnet und haben längliche bis kegelförmige, weiße Rüben mit gelben oder violetten Köpfen. Teltower Rübchen (*B. rapa* var. *rapa* subvar. *pygmaea*) tragen 3 – 4 cm dicke und 5 – 8 cm lange, weiße oder gelbe Rüben. In der Regel kultiviert man sie als Nachfrucht.

Die rheinländische Spezialität Stielmus oder Rübstiel, ein Blatt- und Blattstielgemüse, erhält man, wenn die Pflanzen sehr dicht gesät werden und dann vorwiegend Blattmasse, aber nur winzige Rüben bilden. Die Sorte 'Namenia' bleibt rübenlos.

Für Mischkultur kommen Bohnen, Erbsen, Mangold oder Salate infrage.
Merkmale: Einjährig gezogenes Wurzel- bzw. Blattgemüse, 10 – 30 cm hoch; je nach Sorte und Kultur runde bis längliche, weiße, graue, gelbe oder violette Rüben, teils mit andersfarbigen Köpfen; frisch grüne Blätter mit kräftigen, fleischigen Stielen.
Standort: Durchlässiger, frischer Boden, Teltower Rübchen nur auf sandigem Untergrund.
Kultur: Aussaat 2 cm tief in Reihen mit 25 – 30 cm Abstand; Mairüben ab Mitte März bis August in Folgesätzen,

auf 10 – 12 cm Abstand ausdünnen; Herbstrüben im Juli und August, auf 20 cm vereinzeln; Teltower Rübchen im August, auf 8 – 10 cm ausdünnen; Stielmus von März bis Mai, dicht säen und nicht ausdünnen.
Pflege: Bei Trockenheit gießen; regelmäßig hacken.
Ernte: Rüben etwa acht Wochen nach Aussaat; Stielmus nach 5 bis 6 Wochen, nach Bedarf bodennah abschneiden.

Speisezwiebel
→ *Zwiebel*

Spermatophyten
Fachsprachlich für → *Samenpflanzen*

Spezies
Fachsprachliche Bezeichnung für die → *Art,* abgekürzt sp.

Sphagnum
Botanischer Name des Torfmooses. Dieses → *Moos* spielt eine wichtige Rolle bei der Bildung von Hochmooren und wird teils auch für Floristikzwecke kultiviert.

Spierstrauch
SPIRAEA
Spiersträucher, Spieren oder Spireen gehören zu den Rosengewächsen. Man schätzt sie als besonders robuste, pflegeleichte und überreich blühende Ziersträucher. Das recht umfangreiche Sortiment lässt sich in Frühlingsblüher und Sommerblüher unterteilen. Unter den Frühjahrsblühern ist die Braut- oder Schneespiere (*S.* x *arguta*) wohl am weitesten verbreitet. Es gibt mehrere recht ähnliche Arten und Hybriden, die sich vor allem in der Wuchshöhe unterscheiden (vgl. „Hinweis" bei Brautspiere).

Die Sommerblüher präsentieren sich dagegen überwiegend in Rosatönen, hier werden vor allem die Sorten des Japanischen Spierstrauchs (*S. japonica*) gepflanzt. Besonders beliebt sind hierunter die Bumalda-Hybriden, die man früher als eigene Art ansah und die heute teilweise noch als *S.* x *bumalda* geführt werden.

Brautspiere, Schneespiere
SPIRAEA X ARGUTA
☼–◐ ☺
Merkmale: Strauch, breit buschig, 1,5 – 2 m hoch und ebenso breit; lange, überhängende, drahtige Zweige mit frisch grünen Blättern, früher Austrieb, gelbliche Herbstfärbung; stark süßlich duftende, reinweiße Blütchen in Trugdolden am vorjährigen Holz.
Blütezeit: April – Mai
Verwendung: In frei wachsenden Hecken, in Gehölzgruppen, für Einzelstellung; auch als Hintergrund für Beete und Rabatten.
Standort: Vorzugsweise sonnig, im Halbschatten spärlichere Blüte; am besten durchlässiger, frischer, humoser, nährstoffreicher Boden, gedeiht aber auch auf trockenem, eher kargem Boden; mäßig rauchhart, für Stadtklima bedingt geeignet.
Pflanzen/Vermehren: Pflanzung bevorzugt im Herbst; Vermehrung durch Stecklinge, Steckhölzer oder auch durch Teilung.
Pflege: Anspruchslos; jährlich nach der Blüte alle abgeblühten Triebe bis zum Ansatz zurückschneiden oder alle 2 bis 3 Jahre den Strauch auslichten; treibt auch nach radikalem Rückschnitt wieder durch.
Hinweis: Weitere Frühjahrsblüher unter den Spiersträuchern (alle mit Blühbeginn etwa zwei Wochen nach der Brautspiere) sind u. a.: *S. betulifolia,* nur 0,6 – 1 m hoch, bildet Ausläufer, guter Bodendecker; *S. nipponica,* 0,5 – 1,5 m; *S. prunifolia,* 2 – 2,5 m, orange bis rotbraune Herbstfärbung; *S. thunbergii,* 1 – 1,5 m; gelbe bis orangerote Herbstfärbung; *S.* x *vanhouttei,* 2 – 2,5 m.

Japanischer Spierstrauch (Spiraea japonica, Bumalda-Hybride)

Japanischer Spierstrauch
SPIRAEA JAPONICA
☼–◐ ☺
Merkmale: Strauch, breit buschig, 50 – 150 cm hoch und 50 – 120 cm breit; je nach Sorte hell- bis dunkelgrüne, teils gelbbunte Blätter, früher, oft rötlicher bis bronzefarbener Austrieb; rosafarbene bis rote, selten weiße Blütchen in flachen, schirmförmigen Trugdolden.
Blütezeit: Juni – September
Verwendung: In frei wachsenden Hecken, in Gehölzgruppen; sehr kleinwüchsige Sorten auch für flächige Pflanzungen sowie für Gefäßkultur.
Standort: Frischer, humoser, nährstoffreicher Boden; rauchhart und für Stadtklima geeignet.
Pflanzen/Vermehren: Pflanzung bevorzugt im Herbst; Vermehrung durch Stecklinge, Steckhölzer oder durch Teilung.
Pflege: Anspruchslos; jährlich im Frühjahr etwas einkürzen, um Blütenbildung zu fördern.
Hinweis: Ein weiterer recht ansehnlicher Sommerblüher ist *S.* x *billardii* 'Triumphans', ein bis 2 m hoher und

ebenso breiter Strauch mit kerzenförmige Blütenrispen in einem warmen Rosarot.

Spießweide
Kleinwüchsige → Weide mit silberweißen Kätzchen

Spinacia
Botanischer Gattungsname des → Spinats

Spinat
SPINACEA OLERACEA
☼–◐ ☺

Das rasch wachsende Gänsefußgewächs aus dem Vorderen Orient wurde wahrscheinlich von Kreuzrittern und Arabern im frühen Mittelalter nach Spanien gebracht und hat sich von dort bald über ganz Europa verbreitet. Spinat bildet eine dicke Pfahlwurzel, gegessen werden die Blätter. Als Langtagspflanze „schießt" er bei zunehmender Tageslänge, d. h., er bildet Blüten, die Blätter werden dann sehr bitter und ungenießbar. Beim Saatgutkauf muss man deshalb auf geeignete Sorten für den geplanten Anbauzeitraum achten. Diesbezüglich unterscheidet man Frühjahrsspinat, Sommer- oder Herbstspinat, der die höchsten Erträge bringt, bzw. Winterspinat, der über den Winter kultiviert wird und im folgenden Frühjahr schnell viel Blattmasse bildet. Herbst- und Winterspinat wird gern unter Glas oder Folie gezogen; hier ist jedoch bei der Düngung besondere Vorsicht geboten, denn bei unzureichender Belichtung kann sich in den Blättern → Nitrat in gesundheitsschädlichen Mengen anreichern.

Das früh über dem Boden geschnittene, noch sehr junge und glatte Laub kennt man als Blattspinat. Viel gehaltvoller und weniger nitratreich ist der so genannte Wurzelspinat mit etwas derberen, deutlich geäderten, großen, dunkelgrünen Blättern, bei dem man die ganzen Pflanzen samt Wurzelansatz knapp unter der Erdoberfläche erntet. Beim Spinat gibt es rein männliche, rein weibliche sowie auch zwittrige Pflanzen. Bevorzugt werden monözische, d. h. einhäusige, rein weibliche Pflanzen, da sie nicht so schnell schossen. Man sollte zudem Sorten bevorzugen, die gegen Krankheiten wie Falscher → Mehltau und → Viruskrankheiten resistent sind.

Der früher gerühmte, außerordentlich hohe Eisengehalt des Spinats resultierte aus einem Berechnungs- bzw. Übertragungsfehler. Trotzdem enthält Spinat im Vergleich zu anderen Gemüsen recht viel Eisen, außerdem weitere wichtige Mineralstoffe und Vitamine. Er ist deshalb – sofern nicht nitratbelastet – ein wertvolles Herbst-, Winter- und Frühjahrsgemüse.

Im Garten zieht man Spinat als Vor-, Zwischen- oder Nachkultur. In Mischkultur kann er mit vielerlei anderen Gemüsen angebaut werden, z. B. mit Bohnen, Tomaten, Salaten, Radieschen oder Kohl, jedoch besser nicht mit anderen Gänsefußgewächsen wie Roten Beten.

Spinat eignet sich aufgrund seiner schnellen Flächenbedeckung gut als Zwischenkultur.

Merkmale: Einjähriges Blattgemüse, 10 – 30 cm hoch; rundliche bis schildförmige, von eingesenkten Blattadern durchzogene, lang gestielte Blätter.
Standort: Durchlässiger, humoser, nicht zu sandiger Boden; nie direkt nach einer Stallmistdüngung oder nach Stickstoff speichernden Gründüngungspflanzen (Hülsenfrüchtlern) anbauen.
Kultur: Direktsaat von frühen Sorten ab März, von Sommersorten zwischen August und September, von Herbstsorten ab Ende September, unter Glas auch ganzjährig außer im Hochsommer; 3 – 4 cm tief in Reihen mit 25 – 35 cm Abstand; Keimtemperatur mindestens 5° C.
Pflege: Regelmäßig gießen; ab und zu Boden lockern.
Ernte: 6 bis 7 Wochen nach Aussaat entweder einzelne, äußere Blätter ernten oder ganze Pflanzen abschneiden.

Spindelbusch
Kleine → Obstbaumform mit lediglich 40 – 60 cm Stammhöhe, bei der das Fruchtholz direkt an tannenbaumähnlich angeordneten Seitenästen steht.

Spindelkrone
Schmale Kronenform bei Obstbäumen, bei der auf ein Gerüst aus starken Leitästen verzichtet wird. Die Früchte tragenden Triebe werden an kurzen Seitenästen gebildet, die schon recht weit unten ansetzen und über die ganze Stammlänge verteilt sind.
→ *Obstbaum, Kronenformen*

Spindelmäher
Funktionsweise von → *Rasenmähern*, bei denen mehrere Messer spiralartig an einer Spindel bzw. Walze sitzen; übliches Mähwerk bei Handrasenmähern, seltener bei Motormähern, schneidet besonders schonend und exakt.

Spindelstrauch
EUONYMUS

Die Arten dieser Gattung aus der Familie der Spindelbaumgewächse erweisen sich als recht vielgestaltig, jedoch wachsen alle als Sträucher. Die meisten gelten als giftig, insbesondere die Früchte enthalten starke Giftstoffe. Die wohl bekannteste, weil in Europa und Asien weit verbreitete Art ist das → *Pfaffenhütchen* (*E. europaeus*), auch Gewöhnlicher Spindelstrauch genannt. Im Garten werden vor allem üppig fruchtende Sorten gezogen, denn die leuchtend karminroten Kapseln, die bei Vollreife aufspringen und den Blick auf orangefarbene Samen freigeben, machen die eigentliche Attraktion des Gehölzes aus. Noch ausgeprägter ist diese Zierde beim ostasiatischen, etwas höher wachsenden Großfrüchtigen Pfaffenhütchen (*E. planipes*). Ganz im Gegensatz zu diesen großen Sträuchern bilden die vielen Sorten der ostasiatischen Art *E. fortunei* kriechende bis aufsteigende Kleinsträucher, außerdem sind sie immergrün. Man nennt sie Kriech- oder Kletterspindel, wobei sich als Kletterstrauch die Varietät *radicans* besonders hervortut. Mithilfe ihrer Haftwurzeln kann sie rasch auch größere Flächen begrünen.

Kriechspindel (Euonymus fortunei 'Silver Queen')

Kriechspindel, Kletterspindel
EUONYMUS FORTUNEI

Merkmale: Immergrüner Strauch, buschig aufrecht, niederliegend oder kletternd, 40 – 100 cm hoch, var. *radicans* mit Haftwurzeln bis 300 cm hoch kletternd; eiförmige, lederige Blätter, je nach Sorte reingrün oder andersfarbig gemustert, im Winter oft rosarot bis purpurn überhaucht; unscheinbare, grüngelbe Blüten; bei einigen Sorten gelbe, weiße oder rote Kapselfrüchte.
Blütezeit: Mai – Juni
Verwendung: Bodendecker, unter Gehölzen, in Gefäßen; zum Bewachsen von Mauern, Baumstämmen o. Ä.; rauchhart, Stadtklima geeignet.
Standort: Vollsonnig bis tiefschattig auf nahezu allen Böden.
Pflanzen/Vermehren: Pflanzung bevorzugt im Herbst, jedoch oft zögerliches Anwachsen; Vermehrung durch Stecklinge.
Pflege: Anspruchslos; frisch gesetzte Pflanzen am besten mulchen; möglichst ungeschnitten lassen, vor allem ältere Pflanzen treiben danach nur schlecht wieder aus.

Spinne

Die Spinnen oder Spinnentiere sind eine eigene Klasse im Tierreich. Zu ihnen gehören auch die → *Milben* inklusive → *Spinnmilben*. Die gemeinhin als „Spinnen" bezeichneten Tiere bilden darin die Ordnung der Echten Spinnen, die sich durch vier Beinpaare, einen in Hinter- und Vorderkörper geteilten Leib und kräftige Mundwerkzeuge auszeichnen; in Mitteleuropa kommen rund 800 Arten vor.

Alle Spinnen sind Raubtiere, die ihre Opfer mit den Mundwerkzeugen packen und ein Gift injizieren. Im Naturhaushalt – auch des Gartens – halten Spinnen die Vermehrung der Insekten in Grenzen. Sie gehören deshalb zu den → *Nützlingen* und sollten unbedingt geschont werden, selbst wenn sie einem nicht ganz „sympathisch" sind. Viele Arten bauen kunstvolle Fangnetze, deren Konstruktion ein arttypisches Merkmal darstellt. Auch die übrigen Spinnen besitzen Spinndrüsen, um damit Fang-, Sicherheits- und Flugfäden zu erzeugen.

Beim Netzebau tun sich besonders die Radnetz- oder Kreuzspinnen hervor, die zu den geschützten Arten zählen. Unter den bei uns vorkommenden Spinnen werden sie sowie die dunklen Wolfsspinnen teils wegen ihrer Bisse gefürchtet. Solche Ängste sind jedoch unbegründet; die Wirkung ihrer Bisse ähnelt schlimmstenfalls – und nur bei zarter Haut – der eines Wespenstichs.

Spinnenpflanze
CLEOME HASSLERIANA

Das Kapergewächs aus Südamerika trägt seinen Namen nach den weit aus den Blüten herausragenden Staubfäden, die langen Spinnenbeine ähneln.
Merkmale: Einjährige Sommerblume, aufrecht, dicht buschig wachsend, 80 – 100 cm hoch; handförmig geteilte, drüsig behaarte, leicht klebrige Blätter; weiße oder rosafarbene, seltener rote bis violette Blüten in langen Trauben, von unten nach oben aufblühend.
Blütezeit: Juli – Oktober
Verwendung: Einzeln oder in kleinen Gruppen auf Beeten und Rabatten.
Standort: Vollsonnig, warm; durchlässiger, mäßig trockener bis frischer, nährstoffreicher Boden.
Kultur: Anzucht ab März, ab Mitte Mai mit 40 – 50 cm Abstand auspflanzen.
Pflege: Anspruchslos; bei Bedarf mehrmals düngen.

Spinnmilbe

Die Spinnmilben – wie alle → *Milben* keine Insekten, sondern Spinnentiere – tragen ihren Namen nach einem feinen Gespinst, mit dem sie häufig

Spinnmilben an Bohne

Pflanzenteile überziehen. Ihre Spinnfäden dienen ihnen zur Fortbewegung, außerdem können sie sich in den Netzen mithilfe des Winds weiter verbreiten lassen. Die Tiere sind nur wenige Millimeter groß und werden oft erst anhand der Gespinste oder ihrer Saugschäden entdeckt. Interessanterweise hängt die Färbung der Milben nicht nur von der jeweiligen Art, sondern auch von Jahreszeit und Wirtspflanze ab; sie können gelbgrün, bräunlich oder kräftig rot getönt sein.

Zwar leben die Milben nur wenige Wochen, sie sind jedoch äußerst vermehrungsfreudig und bringen je nach Art und Witterung im Sommer bis zu neun Generationen hervor; im warmen Gewächshaus oder Blumenfenster vermehren sie sich sogar ganzjährig. Wärme und Trockenheit begünstigen die Entwicklung, geschwächte Pflanzen werden bevorzugt befallen. Die Pflanzenschäden entstehen sowohl durch das Saugen als auch durch die Ausscheidung eines giftigen Speichels, außerdem können Viren übertragen werden. Hauptsächlich halten sich die Milben und ihre ebenfalls saugenden Larven an den Blattunterseiten auf.

Von Bedeutung sind drei Arten:

■ Die Gemeine Spinnmilbe, auch Bohnenspinnmilbe oder Rote Spinne, befällt über 150 vorwiegend krautige Pflanzen, darunter viele Gemüsearten, außerdem Rosen. Die Winterweibchen nehmen eine sehr auffällige rote Färbung an. Sie überwintern in Schlupfwinkeln unter Laub, im Gras, in Mauer- oder Baumritzen, im Gewächshaus auch zwischen Verstrebungen und Stellagen.

■ Die Obstbaumspinnmilbe tritt an Obstgehölzen sowie Zierbäumen und -sträuchern auf, seltener an Kräutern. Trotz ihres Namens bildet sie kaum Gespinste, wird aber aufgrund ihrer großen Ähnlichkeit mit der Gemeinen Spinnmilbe in diese Gruppe eingeordnet. Ihre Weibchen sind mehr oder weniger rötlich gefärbt. Die Überwinterung erfolgt in Form von roten Eiern, die – oft in Knospennähe – an Ästen und Zweigen abgelegt werden.

■ Die Nadelholzspinnmilbe, die ebenfalls im Eistadium überwintert, saugt vor allem an Fichte und Wacholder sowie an weiteren Nadelgehölzen und verrät sich durch graue Gespinste.

Schadbild: Ab dem Frühjahr zahlreiche, winzige, helle Pünktchen (Saugmale) auf den Blättern, Blätter erscheinen gesprenkelt; Saugstellen wirken durch eindringende Luft silbrig, verschmelzen später zu hellgrauen bis bronzefarbenen Flecken, schließlich fallen die Blätter – oft nach Einrollen – ab; bei starkem Befall häufig Überzug aus feinen Gespinsten. Durch Nadelholzspinnmilbe graugrüne Verfärbung der Nadeln, die meist eingesponnen sind.

Abhilfe: Vorbeugend Raubmilben, Raubwanzen und Laufkäfer als wichtige Gegenspieler fördern; bei Trockenheit ausreichend gießen und mulchen, Gewächshaus und Frühbeet häufig lüften; Bohnen- und andere Stützstangen nach Gebrauch gründlich säubern (können als Winterstecke dienen). Befallene Blätter entfernen; notfalls Raubmilben schonende Insektizide (z. B. auf Rapsölbasis) einsetzen; bei Obstgehölzen Austriebs- oder Vorblütenspritzung, wenn zahlreiche Eier entdeckt wurden; im Gewächshaus gezielter Einsatz von käuflichen Raubmilben möglich.

Spinnwebhauswurz

Attraktive → *Hauswurz* für den Steingarten mit auffallenden, weißen Haaren, die an ein Spinnennetz erinnern.

Spiraea

Botanischer Gattungsname des → *Spierstrauchs*

Spiree

Eingedeutschter botanischer Gattungsname des → *Spierstrauchs*

Spitzahorn

Heimischer → *Ahorn* mit mehreren klein bleibenden Gartenformen

Spitzenförderung

Auch als Spitzendominanz oder fachsprachlich als Akrotonie bekannt. Die jeweilige Wuchsform von Pflanzen basiert auf im Erbgut festgelegten Verzweigungs- und Entwicklungsmustern. Pflanzen, bei denen die Spitzenförderung vorherrscht, treiben bevorzugt aus höher stehenden Knospen aus, dieser Austrieb wird auch am stärksten gefördert, gleichzeitig der Neuaustrieb an der Basis gehemmt. Charakteristisch ist dieses Wuchsverhalten für Bäume, die dadurch ihr typisches Erscheinungsbild mit Stamm und Krone zeigen. Beim → *Obstbaumschnitt* gehört die Spitzenförderung zu den Wachstumsgesetzen, die ausschlaggebend für zielgerichtete Schnittmaßnahmen sind.

Spitzenknospe

→ *Knospe* an der Spitze einer Sprossachse, ob Haupt- oder Seitentrieb. Aus Spitzenknospen entwickeln sich häufig Triebverlängerungen, es können aber auch Blütenknospen sein.

Spitzkohl
Weißkohlsorten mit länglich zugespitzten Köpfen
→ *Kopfkohl*

Spitzmaus
Spitzmäuse sind kleiner als die bekannten Hausmäuse und an ihrer beweglichen, ausgeprägt spitzen Schnauze zu erkennen, deren scharfes Gebiss sie als Raubtiere ausweist. Tatsächlich gehören sie nicht in die Verwandtschaft von Mäusen und Wühlmäusen, sondern wie Igel und Maulwurf zur Ordnung der Insektenfresser. Die Feldspitzmaus hat einen dunkelbraunen Rücken, die Seiten sind heller, der Bauch zeigt eine deutlich abgesetzte weißlich graue Färbung. Hausspitzmaus sowie die etwas kleinere Gartenspitzmaus sind graubraun mit gelblich weißer Seite.

Die tag- wie nachtaktiven Spitzmäuse fangen Schnecken, Insekten und ihre Larven, darunter Drahtwürmer und Engerlinge, allerdings auch Spinnen und Regenwürmer. Da sie pro Tag eine Nahrungsmenge aufnehmen, die etwa ihrem eigenen Körpergewicht entspricht, gehören sie zu den wichtigsten Nützlingen im Garten. Mit dichten Gebüschen, Steinhäufchen, Laubhaufen oder Zweigstapeln, unter denen sie ihre Verstecke einrichten, kann man sie im Garten unterstützen.

Sporen
Verbreitungseinheiten von Pilzen sowie von niederen Pflanzen, die der Funktion nach den → *Samen* der höheren Pflanzen entsprechen.

Aus den Sporen der → *Pilze* keimt ein Myzel aus, ein Geflecht aus Fäden, das ihren eigentlichen Wachstumskörper darstellt. Die bekannten „Hüte" von Speisepilzen sind Fruchtkörper, die der Sporenverbreitung dienen, ebenso sichtbare Beläge etwa von → *Rostpilzen*, bei denen es sich um Sporenlager handelt. Zu den Sporenpflanzen gehören → *Farne*, → *Moose* und Bärlappe. Ihre mikroskopisch kleinen Sporen wachsen entweder direkt über einen Vorkeim zu den Pflänzchen heran (bei den Moosen) oder zunächst zu eigenständigen Vorkeimen (bei den Farnen). Die Sporenlager der Farne sind teilweise deutlich an den Unterseiten der Wedel erkennbar. Zu den Sporen bildenden Pflanzen zählt auch der → *Schachtelhalm*.

Spornblume
CENTRANTHUS RUBER

Das Baldriangewächs stammt aus dem Mittelmeerraum. Gezogen werden hauptsächlich zwei Sorten, 'Coccineus' mit himbeerroten und 'Albus' mit weißen Blüten.
Merkmale: Staude, buschig, breit ausladend, 50 – 80 cm hoch; blaugrüne, lanzettliche Blätter; kleine rosarote oder weiße Blüten in doldenartigen Blütenständen.
Blütezeit: Juni – September
Verwendung: In naturnahen Wildstaudenbeeten, in Steingärten, auf Trockenmauern, auf Böschungen.
Standort: Durchlässiger, mäßig trockener bis frischer, kalkhaltiger, magerer, steiniger oder sandiger Boden.
Pflanzen/Vermehren: Pflanzung im Frühjahr oder Herbst; Vermehrung durch Aussaat, durch Stecklinge oder durch Teilung; versamt sich selbst.
Pflege: Anspruchslos; Rückschnitt um ein Drittel nach der ersten Hauptblüte im Juli fördert kräftigen Nachflor; im Herbst handbreit über dem Boden zurückschneiden.

Spreizklimmer
→ *Kletterpflanzen*, die sich mit langen, kräftigen Trieben an einer Unterlage hochschieben und meist mithilfe von Stacheln u. Ä. festhalten; z. B. Kletterrosen und Brombeeren.

Spornblumen (Centranthus ruber)

Sprenger
Anderer Ausdruck für → *Regner*

Spritzmittel
→ *Pflanzenschutzmittel*

Spross
Neben → *Blatt* und → *Wurzel* ist der Spross eines der drei Hauptorgane einer Pflanze. Er stellt gewissermaßen die Verbindung zwischen den Wasser und Nährstoffe aufnehmenden Wurzeln sowie den assimilatbildenden Blättern her, sorgt für die Weiterleitung dieser Stoffe und bildet das Gerüst der Pflanze. Im engeren botanischen Sinn bezeichnet man den eigentlichen Sprosskörper (z. B. einen Stängel samt Seitenverzweigungen) als Sprossachse, der Spross umfasst dann als Oberbegriff Sprossachse samt Blättern und Knospen. Manchmal (eher im gärtnerischen Sprachgebrauch) wird der Begriff „Spross" auch für eine ausgetriebene Knospe verwendet und entspricht damit einem → *Trieb*.

Doch auch die Botanik bzw. die Pflanzenwelt machen es einem nicht ganz einfach, da es zahlreiche Sprossabweichungen und -umwandlungen gibt. Der „idealtypische" Spross wächst oberirdisch, oft aufrecht, aber auch niederliegend, kriechend oder kletternd. Die Sprossachse geht direkt aus der Wurzel hervor. Sie ist in Knoten (Nodien) und Internodien (Stängelglieder zwischen den Knoten) gegliedert. An den Knoten setzen die Blätter an – teils mit, teils ohne Blattstiele –, in deren Achseln stehen die Knospen für Seitentriebe, auch Seitensprosse genannt. Der Hauptspross endet mit einer Terminalknospe (End- oder Spitzenknospe), aus der sich im Folgejahr die Sprossverlängerung entwickelt, ebenso verhält es sich mit den Seitensprossen. Aus den Blattachseln der Seitensprosse können wiederum neue Seitensprosse 2. Ordnung, bei diesen Sprosse 3. Ordnung usw. entstehen – so entwickelt die Pflanze ihre ganz arttypische Verzweigung. Am Ende des Hauptsprosses und/ oder seiner Seitentriebe entstehen früher oder später die Blüten als umgewandelte Blattorgane. Mit der Bildung der Blüten stellt ein Sprossabschnitt sein Wachstum ein. Bei mehrjährigen Pflanzen übernehmen dann andere Sprossabschnitte das weitere Wachstum.

Wenn die Hauptsprossachsen verholzt sind, nennt man sie Stamm. Halb verholzte Sprosse finden sich bei → *Halbsträuchern* wie dem Lavendel. Bei grünen, krautigen Sprossachsen unterscheidet man den Stängel (beblättert, verzweigt oder unverzweigt), den bei Rosettenpflanzen häufigen Schaft (unbeblättert, unverzweigt, trägt die Blüte) und den Halm der Gräser (innen hohl, verdickte Blattknoten). Die Sprossachsen der zweikeimblättrigen Pflanzen sowie der Nadelgehölze sind zum so genannten sekundären → *Dickenwachstum* befähigt.

Umwandlungen, die die ursprüngliche Sprossachse nur noch ansatzweise erkennen lassen, sind oberirdische Ausläufer und Sprossknollen sowie die so genannten Erdsprosse, nämlich Rhizome, Zwiebeln, unterirdische Sprossknollen und Ausläufer.

Sprossachse
→ *Spross*

Sprossen
Die noch nicht ergrünten Sprossen oder → *Keimsprossen* wachsen als erstes aus einem keimenden Samen aus.

Sprossenkohl
Anderer Name für den → *Brokkoli*

Sprossknolle
Speicherorgan, das durch stärkeres Gewebewachstum aus dem Spross hervorgeht. Eine charakteristische Sprossknolle bildet die Kartoffel, zu den Sprossknollen zählen aber auch z. B. die Zwiebelknollen der Krokusse oder die Begonienknollen.
→ *Knolle*

Sprossranke
Umgewandelter Spross(abschnitt), der sich bei Kletterpflanzen um eine Unterlage windet, z. B. bei der Weinrebe oder beim Wilden Wein. Bevor sie Halt finden, winden sich fast alle Sprossranken mit freien Suchbewegungen durch die Luft. Jedes Hindernis, an das sie stoßen, wird in einer festgelegten Richtung (mit oder gegen den Uhrzeigersinn) umwunden.

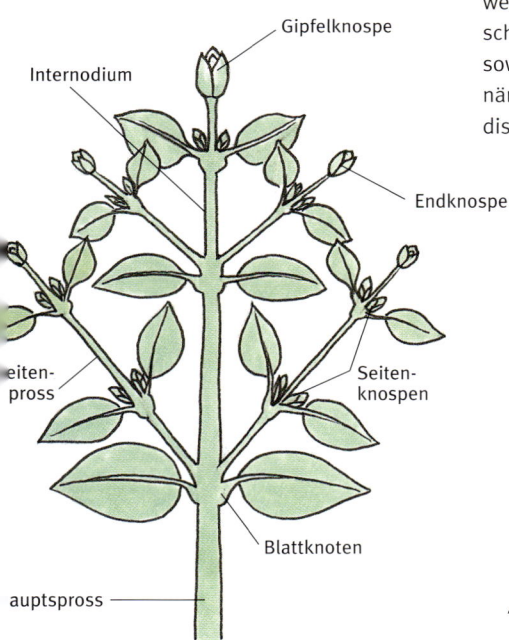

Aufbau einer verzweigten Sprossachse

Sprossachsen krautiger Pflanzen

Sprühfleckenkrankheit
Durch einen Pilz verursachte → *Kirschenkrankheit*

Spurenelemente
→ *Spurennährstoffe*

Spurennährstoffe
Nährstoffe (chemische Elemente), die von den Pflanzen nur in kleinsten Mengen benötigt werden, aber dennoch unverzichtbar sind. Zu den Spurennährstoffen gehören Eisen (Fe, teils auch als Hauptnährstoff angesehen), Mangan (Mn), Zink (Zn), Kupfer (Cu), Bor (B) und Molybdän (Mo). Spurennährstoffe sind in den üblichen Volldüngern sowie aus vielseitigem Material gewonnenem Kompost meist in ausreichenden Mengen enthalten. Zu Mangelerscheinungen kommt es hauptsächlich bei extremen pH-Werten (→ *Bodenreaktion*) sowie auf stark verdichteten Böden.
Auch → *Nährstoffe*

Ssp.
Abkürzung für Subspecies, also für die → *Unterart*

Stachel
Spitzer, meist verholzter Auswuchs aus Spross oder Blatt; Stacheln schützen die Pflanze vor Tierfraß. Im Unterschied zu den → *Dornen,* die aus umgewandelten Organen (Wurzeln, Spross, Blatt) entstehen, wachsen die Stacheln als Fortsätze der äußeren Zellschichten aus und lassen sich recht leicht abbrechen. Bei den sprichwörtlichen „Dornen" der Rose handelt es sich tatsächlich um Stacheln, ebenso bei den Brombeer-„Dornen".

Stachelbeere
RIBES UVA-CRISPA

Von der wild in Europa und Asien vorkommenden Stachelbeere, die Charakterart für die Familie der Stachelbeerengewächse ist, stammt die Mehrzahl der Sorten dieser Beerenobststräucher ab. Durch Einkreuzung anderer Arten entstanden neue Sorten, insbesondere solche, die gegen den gefürchteten Stachelbeermehltau resistent sind. Außerdem gibt es mittlerweile auch stachellose Sorten. Neben diesen Eigenschaften sowie der sortentypischen Fruchtgröße und -farbe spielt bei der Auswahl auch die etwas unterschiedliche Wuchsstärke der Züchtungen eine Rolle.

Meist zieht man Stachelbeeren als wurzelechte, frei wachsende Büsche oder als auf Goldjohannisbeere (*Ribes aureum*) oder → *Jostabeere* veredelte Hochstämmchen, seltener als Spalier an Drahtrahmen. Sämtliche Sorten sind zwar selbstfruchtbar, doch lässt sich der Fruchtansatz merklich steigern, wenn man mehrere verschiedene Sorten nebeneinander anbaut. Die Sträucher tragen am zwei- bis dreijährigen Holz am reichsten.

Man schätzt die Beeren wegen ihres typischen, aromatischen und erfrischend säuerlichen Geschmacks, sie enthalten aber auch reichlich Vitamin C, Mineralstoffe und gesunde Fruchtsäuren.

Merkmale: Strauch, buschig, leicht sparrig, je nach Erziehung 1 – 1,5 m hoch, oft als Hochstämmchen gezogen; Flachwurzler; knorrige Äste, oft bestachelt; rundliche, mehrfach gelappte und gezähnte Blätter; unscheinbare, grünliche, krugförmige Blüten; grüne, gelbe oder rote, runde bis ovale Beeren mit derber Haut sowie mit Flaum, kurzen Borsten oder auch Reif überzogen.
Blütezeit: April – Mai
Standort: Möglichst vor Spätfrösten geschützt; durchlässiger, frischer, humoser, nährstoffreicher, mittelschwerer Boden.
Pflanzen/Vermehren: Pflanzung im Herbst oder im Frühjahr noch vor dem Austrieb mit 1 – 2 m Abstand; anders als → *Johannisbeeren* nicht tiefer, als sie vorher in der Baumschule standen; Vermehrung durch Absenker oder Stecklinge, Hochstämmchen durch Veredlung.
Pflege: Auf gleichmäßige Wasserversorgung achten; Pflanzscheibe mulchen; Boden nicht hacken, um die Wurzeln nicht zu verletzen; jährlich im Frühjahr mit Kompost düngen, bei Bedarf zusätzlich salzarmen, chloridfreien Volldünger verabreichen; Pflegeschnitt nach der Ernte, dabei abgetragene, mehr als 3 Jahre alte Äste herausnehmen; bei Mehltaubefall (→ *Stachelbeerkrankheiten*) Triebspitzen abschneiden.
Ernte: Mehrmals durchpflücken, je nach Verwendung ab Ende Mai bis Juli mit unterschiedlichen Reifegraden: unreif zum Einkochen und als Kuchenbelag; hartreif für Konfitüren und Gelees; ab Mitte Juli vollreif und dann vor allem für den Frischverzehr geeignet.
Hinweis: Als mehltauresistent gelten u. a. die Sorten 'Invicta Grün' (hellgrüne Früchte) und 'Remarka Rot' (dunkelrot), als wenig anfällig 'Grüne Hansa' (weißlich grün), 'Reflamba' (tiefgrün), 'Reveda Rot' (purpurot). Manche geschätzte Sorten wie 'Gelbe Triumph' und 'Grüne Kugel' sind dagegen recht anfällig.

Sehr beliebt sind die rotfrüchtigen Stachelbeersorten.

Stachelbeerkrankheiten

Neben dem Stachelbeermehltau, der wichtigsten Krankheit, tritt des Öfteren die Blattfallkrankheit (→ *Johannisbeerkrankheiten*) auf, zuweilen auch → *Bleiglanzkrankheit* und → *Verticillium-Welke*.

Amerikanischer Stachelbeermehltau

Diese gefürchtete Pilzkrankheit tritt nicht nur an Stachelbeeren, sondern auch an Johannisbeeren auf. Da der Erreger in den Knospen der Triebspitzen überwintert, kommt es immer wieder zu Neuinfektionen, der die Sträucher mit der Zeit stark schwächt. Wärme sowie manche Kulturfehler fördern Befall und Ausbreitung.
Schadbild: Junge Triebspitzen mit weißfilzigem Belag, der auf die Beeren übergreift; schließlich färben sich die Beeren braun; Triebe gestaucht und teils verkrüppelt; besenartige Ersatztriebbildung.
Abhilfe: Gering anfällige Sorten wählen; Sträucher nicht zu eng pflanzen; regelmäßig gut auslichten, dabei verdächtige, auffällig dunkle Triebspitzen abschneiden; zurückhaltende Stickstoffdüngung. Befallene Triebspitzen bis ins gesunde Holz zurückschneiden, Schnittgut und erkrankte Beeren entfernen; notfalls mit Fungizid (z. B. Netzschwefel) behandeln.

Stachelbeerschädlinge

Neben den nachfolgend beschriebenen Schädlingen können → *Blattläuse*, → *Schildläusen* und → *Spinnmilben* auftreten.

Stachelbeerblattwespe

Die etwa 7 mm großen, gelblichen weiblichen Wespen schneiden Löcher in die Blattunterseiten und legen ihre Eier dort ab. Daraus schlüpfen fast 2 cm groß werdende, hellgrüne, raupenartige Larven mit dunklen Punkten, die sich in drei Generationen von Mai bis September über die Blätter

Blattwespenschaden an Stachelbeere

hermachen. Die der letzten Generation überwintern im Boden.
Schadbild: Zunächst Löcher in den Blättern, dann Kahlfraß, der den ganzen Strauch betreffen kann.
Abhilfe: Blätter ab Mai auf Larven und weiße Eigelege kontrollieren, diese absammeln und vernichten; bei starkem Befall mehrmals mit Schmierseifenlösung oder Insektizid spritzen.

Stachelbeerspanner

Es handelt sich um einen hübschen weißen Falter mit bogenförmigen, schwarzen Punktreihen und einer gelben Binde auf den Vorderflügeln; die bis 4 cm lange Spannerraupe weist dieselben Farben und Muster in Längsreihen auf. Sie überwintern häufig unter Laub und fressen ab Frühjahr an den Pflanzen.
Schadbild: Fraßschäden an Knospen und Blättern, teils Skelettierfraß; im Frühsommer Gespinste mit sich verpuppenden Raupen an den Pflanzen.
Abhilfe: Vorbeugend Nützlinge fördern und Fallaub entfernen. Raupen frühzeitig absammeln, im Sommer die gelben Eigelege zerquetschen; bei starkem Befall helfen Neem- oder *Bacillus-thuringiensis*-Präparate.

Stachelnüsschen (Acaena microphylla)

Stachelnüsschen

ACAENA MICROPHYLLA
☼-☀ ☺

Das Rosengewächs aus Neuseeland fällt vor allem durch seine igeligen Früchte auf. Die Sorte 'Kupferteppich' trägt kupfrig braunrotes Laub.
Merkmale: Immergrüne Kleinstaude mit teppichartigem Wuchs, 5 - 10 cm hoch; zierliches, gefiedertes, bräunlich grünes, im Winter oft metallisch rotbraun schimmerndes Laub; unscheinbare, bräunliche Blüten; ab Juli kugelige, rundum dicht mit feinen Stacheln besetzte, braunrote Früchte.
Blütezeit: Juni – Juli
Verwendung: Bodendecker für Stein- und Heidegärten, für Böschungen, an Wegrändern.
Standort: Durchlässiger, mäßig trockener, auch steiniger oder kiesiger, möglichst magerer Boden.
Pflanzen/Vermehren: Pflanzung bevorzugt im Frühjahr, als Bodendecker 7 bis 9 Exemplare pro m²; Vermehrung im Frühjahr durch Teilung, Kopfstecklinge, Ausläufer oder Aussaat.
Pflege: Sehr anspruchslos; je karger der Boden, desto intensiver die Laubfärbung; im Winter mit Reisig abdecken.

Stamm

Bezeichnung für den mehr oder weniger senkrecht wachsenden, verholzten → *Spross* eines → *Baums*; im botanischen Sprachsinn auch für die gleichrangigen, verholzten Haupttriebe von → *Sträuchern*.

Stammpflege

Hierzu gehören besonders zwei Maßnahmen, um vor allem bei Obstbäumen Holzschäden und Schädlingen vorzubeugen:

Durch kräftiges **Abbürsten** älterer Bäume mit einer Drahtbürste oder einem Rinden- bzw. → *Baumkratzer* lösen sich lockere Rindenschuppen, hinter denen sich Blutläuse und andere Schädlinge verbergen. Auf diese Weise entfernt man auch Moose und Flechten. Am besten legt man zuvor um den Stamm herum Papier aus und beseitigt später die herabgefallenen Pflanzenteile samt Eiern, Larven oder Puppen. Allerdings entfernt man mit dieser Maßnahme häufig auch überwinternde Nützlinge, so dass man sie besser nur selten und nach Jahren mit starkem Blutlausbefall durchführt.

Ein **Stammanstrich** nach traditioneller Art dient vor allem der Vermeidung von → *Frostschäden* bei sonnigem Winter- und Vorfrühlingswetter. Der helle Anstrich, oft auf Kalkbasis, reflektiert die Sonnenstrahlen und verhindert so übermäßige Erwärmung, die im Wechsel mit nächtlichen Frösten starke Rindenschäden verursachen kann. Die selbst angerührten Gemische aus Kalk, Lehm oder Molke werden heute meist durch Fertigpräparate („Weißanstrich" o. Ä.) ersetzt. Neben aufhellendem Kalk enthalten sie z. B. auch Kieselsäure, Spurenelemente, Kräuterextrakte, Neemextrakte oder Gesteinsmehl. Solche Pflegemittel gelten zugleich als → *Pflanzenstärkungsmittel*. Lockere und oder stark vermooste Rindenteile werden zuvor mit der Drahtbürste entfernt, dann trägt man die Mittel mit einem großen Pinsel über die ganze Stammlänge bis in den unteren Kronenbereich hinein auf. Am besten behandelt man die Bäume so schon im Spätherbst und wiederholt den Anstrich, wenn nötig, gegen Winterende.

Stammrosen

→ *Rosen*, die durch Hochveredlung wie kleine Bäume erscheinen.

Stauden

Stauden sind ausdauernde (perennierende), krautige, d. h. nicht verholzende Pflanzen. Ihre oberirdischen Pflanzenteile sterben nach der Blüte oder im Winter ab; man sagt auch, sie ziehen ein. Denn die → *Assimilate* werden in unterirdischen Organen, wie kräftigen Wurzeln, Rhizomen, Knollen oder Zwiebeln, gespeichert, mit denen die Pflanzen überdauern und aus denen sie im nächsten Jahr wieder neu austreiben. Es gibt allerdings auch einige immergrüne Stauden, die zumindest in milden Wintern präsent bleiben. Manche Arten sind recht kurzlebig, z. B. die Nelkenwurz, andere können an die 80 Jahre alt werden, so die Pfingstrosen. Zu den Stauden zählt man auch die → *Knollenblumen* und → *Zwiebelblumen*, ausdauernde → *Gräser* sowie → *Farne*. Gärtnerisch gruppiert man zudem viele → *Halbsträucher* (z. B. Salbei) und einige Zwergsträucher (z. B. Heide) zu den Stauden. Schließlich gibt es noch die so genannten → *Halbstauden* wie den Fingerhut.

Mit ihren vielfältigen Erscheinungs- und Lebensformen stellen die Stauden die größte Gruppe unter den Gartenpflanzen. Entsprechend gibt es zahlreiche verschiedene **Unterteilungen**. Zunächst kann man die züchterisch recht stark bearbeiteten, reich blühenden Pracht- oder Beetstauden von den Wildstauden unterscheiden, die viel von ihrem natürlichen Charakter bewahrt haben. Nach der Wuchsform gibt es Kategorien wie Horste bildende, Polster-, Rosetten- oder Teppichstauden. Die Standortansprüche schlagen sich in Begriffen wie Sonnen- und Schattenstauden oder Sumpfstauden nieder. Da die Fülle der Stauden bei weitem nicht nur Beete oder Rabatten zieren kann, wird schließlich auch in Steingarten-,

Staudenbeete sind besonders schön, wenn sie in einem Farbton gehalten werden.

Verschiedene Speicherorgane von Stauden: 1) Zwiebel (Lilie), 2) Zwiebelknolle (Krokus), 3) Rhizom (Pfingstrose), 4) fleischige Wurzeln (Funkie), 5) Pfahlwurzel (Lupine)

Teichrand-, Bodendeckerstauden usw. unterteilt. Viele dieser Aspekte sind in der Einteilung nach **Lebensbereichen** nach Prof. Dr. J. Sieber vereint. Hier werden acht Lebensräume im Garten unterschieden: Gehölz, Gehölzrand, Freiflächen (z. B. heide- oder steppenartig), Steinanlagen, Alpinum, Beet, Wasserrand und Wasser. Bei Beachtung der jeweiligen Standortansprüche erweisen sich die meisten Stauden als pflegeleicht.

Stechpalme

ILEX AQUIFOLIUM

Andere Namen für dieses heimische, unter Naturschutz stehende Stechpalmengewächs sind Hülse oder schlicht Ilex. Da das Gehölz zweihäusig ist, muss neben weibliche Exemplare mindestens ein Pollenspender gesetzt werden, damit die dekorativen Früchte erscheinen. Zu beachten gilt außerdem, dass Stechpalmen giftig sind.
Merkmale: Immergrüner Großstrauch oder kleiner Baum, je nach Sorte kegelförmig, breit buschig oder schmal aufrecht, 1 – 10 m hoch und 1 – 6 m breit; glänzend grüne, bei Sorten auch weiß oder gelb gemusterte, ledrige, stachelig gezähnte Blätter; unscheinbare, weiße Blüten; erbsengroße, rote oder orangegelbe Beerenfrüchte.
Blütezeit: Mai – Juli
Verwendung: In Gehölzgruppen, in frei wachsenden Hecken, zur Unterpflanzung größerer Gehölze, für Einzelstellung; kleinwüchsige Sorten auch für Gefäßpflanzung.
Standort: Am besten halbschattig und geschützt; durchlässiger, mäßig trockener bis frischer, humoser, sandiger oder lehmiger Boden; rauchhart, für Stadtklima geeignet.
Pflanzen/Vermehren: Pflanzung bevorzugt im Frühjahr; Vermehrung durch Stecklinge im Sommer oder durch Aussaat (Kaltkeimer).
Pflege: Schnitt nach Bedarf, bei Hecken möglichst die einzelnen Zweige mit einer Schere gezielt einkürzen; junge Sträucher den Winter über dick mulchen, bei sonnigem Stand schattieren; im Herbst kräftig gießen.

Steckholz

Mithilfe von Steckhölzern lassen sich viele Gehölzarten verlässlich vermehren. Die Steckhölzer werden im Spätherbst von einjährigen, verholzten Trieben geschnitten und im darauf folgenden Frühjahr gepflanzt, deshalb auch die Bezeichnung Frühjahrsstecklinge. Man schneidet sie an frostfreien Tagen von geraden, etwa bleistiftstarken Trieben, die einen guten Besatz mit Augen zeigen. Als Faustregel gilt eine Länge von rund 20 cm. Um Spross- und Wurzelpol zu markieren, wird das obere Ende kurz über einem Auge gerade, das untere Ende kurz unter einem Auge schräg abgeschnitten. Anschließend bündelt man die Steckhölzer und überwintert sie an einem geschützten Platz, entweder draußen in einem gut abgedeckten Erdeinschlag oder z. B. in einem kühlen Keller, hier am besten aufrecht in einem mit feuchtem Sand gefüllten Becher (gut zur Hälfte mit Sand bedecken).

Im März oder April des nächsten Jahres werden die Steckhölzer direkt in die Erde oder große Blumentöpfe gepflanzt, unbedingt mit den schrägen Schnittenden nach unten. Das obere Ende sollte mit zwei Augen aus der Erde ragen. Nun drückt man die Steckhölzer gut an und hält sie regelmäßig leicht feucht. Der Austrieb von Laubblättern zeigt die erfolgreiche Bewurzelung an, die Jungpflanzen können dann umgesetzt werden.

Steckling

Stecklinge sind von der Mutterpflanze abgetrennte Teile, die zum Bewurzeln gebracht werden. In erster Linie verwendet man dafür Triebstücke (die im Unterschied zu den → *Steckhölzern* sofort nach dem Schneiden gesteckt werden), aber auch aus Blättern, Knospen (→ *Augenstecklinge*) oder Wurzeln (→ *Wurzelschnittlinge*) las-

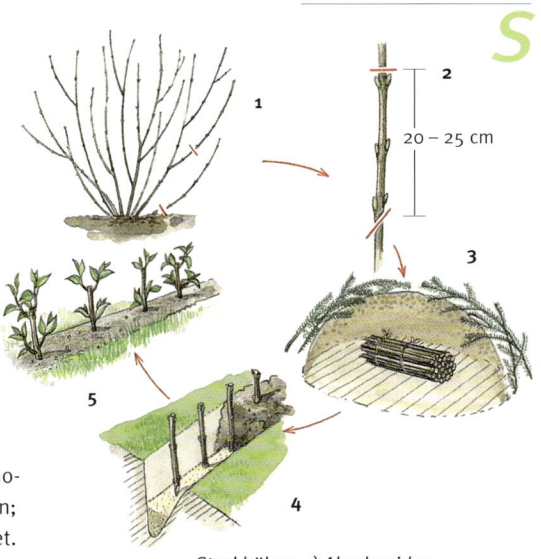

Steckhölzer: 1) Abschneiden der vollständig verholzten Zweige, 2) Zuschnitt von jeweils 20 – 25 cm langen Triebstücken, 3) Einschlag mit Winterschutz, 4) Pflanzung in ein Vermehrungsbeet, 5) Sind die ersten kräftigen Laubblätter da, kann man umsetzen.

Stechpalme (Ilex aquifolium)

Steinbrech

Schnitt und Eintopfen eines Stammstecklings

sen sich Stecklinge gewinnen. **Blattstecklinge** haben in erster Linie Bedeutung bei Zimmerpflanzen wie Usambaraveilchen, auch Begonien, Dickblatt oder Fetthenne können so vermehrt werden. Mit einem scharfen Messer trennt man dazu im Spätsommer oder Frühherbst ein Blatt mitsamt eines Stielstücks aus dem Spross ab. Der Steckling wird so tief in Anzuchterde gesteckt, dass nur das Blatt herausschaut; Erde und Pflänzchen feucht halten (mit Verdunstungsschutz abdecken).

Wesentlich mehr Arten können durch **Spross- oder Triebstecklinge** vermehrt werden, sowohl viele Gehölze als auch krautige Pflanzen. Man unterscheidet dabei Kopfstecklinge, von den Triebspitzen geschnitten, und Teil- oder Stammstecklinge, aus der Triebmitte entnommen. Seltener verwendet man direkt an der Basis geschnittene Grundstecklinge.

Gewöhnlich schneidet man etwa 5 – 20 cm lange Stecklinge, wobei man sie mit sauberem Schnitt direkt unterhalb eines Knotens abtrennt. Der optimale Zeitpunkt und die Frage, ob krautig, halb oder ganz verholzt, hängt von der jeweiligen Art ab. Im Allgemeinen ist der Frühsommer ein günstiger Schnitttermin. Die Mutterpflanzen müssen gesund und wüchsig sein.

Vor dem **Stecken** entfernt man die unteren Blätter; dann kommen die Stecklinge (mit dem ursprünglich basalen Teil nach unten) in Töpfe oder Schalen mit Anzuchterde. Zuvor kann man sie in ein handelsübliches Bewurzlungsmittel eintauchen. Nach dem Stecken sollte mindestens ein Auge aus der Erde herausschauen. In der Folgezeit ist hohe Luftfeuchtigkeit wichtig, weshalb man die Stecklinge z. B. mit einer Plastikhaube als Verdunstungsschutz versieht. Nach Entfaltung neuer Blätter werden sie umgetopft oder ausgepflanzt.

Steinbrech
Saxifraga

Die Gattung ist eine der umfangreichsten in der Pflanzenwelt und namensgebend für die Familie der Steinbrechgewächse. So groß die Artenzahl ist, so vielfältig sind auch die Erscheinungen der immergrünen Gewächse. Neben den beiden hier exemplarisch beschriebenen, beliebten Arten müssen als Besonderheiten Oktobersteinbrech (*S. cortusifolia*) und Herbststeinbrech (*S. fortunei*) genannt werden. Beide blühen erst im September und Oktober und entfalten ihre weißen Blütchen selbst im Schatten.

Moossteinbrech
Saxifraga x arendsii

Merkmale: Immergrüne Kleinstaude mit teppichartigem Wuchs, 5 – 25 cm hoch; zierliche Blattrosetten aus nadeligen Blättchen; kleine rosenähnliche Blüten an langen Stängeln, je nach Sorte weiß, rosa, rot oder gelb.
Blütezeit: April – Mai
Verwendung: Für Steingärten, auf Mauern, an Wegrändern.
Standort: Auch absonnig; gut durchlässiger, frischer, humoser, kalkhaltiger, auch steiniger Boden.
Pflanzen/Vermehren: Pflanzung bevorzugt im zeitigen Frühjahr; Vermehrung durch Teilung oder Abnahme von Rosettenstecklingen.
Pflege: Stets für ausreichende Bodenfeuchtigkeit sorgen, auf trockenem Untergrund blühfaul und nur kurzlebig; von innen heraus verkahlende Polster durch Teilung verjüngen.

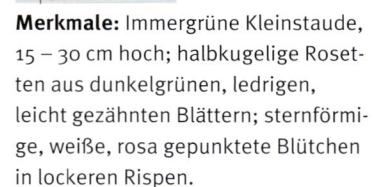

Porzellanblümchen
Saxifraga umbrosa

Merkmale: Immergrüne Kleinstaude, 15 – 30 cm hoch; halbkugelige Rosetten aus dunkelgrünen, ledrigen, leicht gezähnten Blättern; sternförmige, weiße, rosa gepunktete Blütchen in lockeren Rispen.
Blütezeit: Juni – Juli
Verwendung: In Steingärten, an Böschungen, auf Trockenmauern, als Beeteinfassung, an Wegrändern, auch im Vordergrund von Staudenbeeten.
Standort: Durchlässiger, frischer, humoser Boden.
Pflanzen/Vermehren: Pflanzung im Frühjahr oder Herbst; Vermehrung durch Abnahme von Tochterrosetten.
Pflege: Anspruchslos.

Porzellanblümchen (Saxifraga umbrosa)

Steingarten

Steingärten zeichnen sich durch eine Kombination aus dekorativen Steinsetzungen und vorwiegend Trockenheit liebenden Pflanzen aus. Obwohl die meisten Anlagen für einen sonnigen Standort geplant werden, kann man Steingärten bei geeigneter Pflanzenwahl auch als Schattengarten einrichten.

Anders als ein „normales" Beet, das sich problemlos zwischen Gehölzen und Rasenflächen einfügen lässt, sind Steingärten stets in sich geschlossene Gartenbereiche von eigenem Wert. Es kommt daher entscheidend darauf an, sie in den Garten zu integrieren, sonst wirken sie wie Fremdkörper. An natürlichen Hängen – zwischen Trockenmauern in terrassierten Bereichen oder in freier Schräge – im Übergang von höher gelegenen Terrassen zur Gartenebene oder in eine Wegbiegung geschmiegt, fügen sie sich gewöhnlich am besten ein. Schrägungen und Hänge bringen die meist polsterförmig oder niedrig wachsenden Pflanzen eines Steingartens optimal zur Geltung. In flachen Steinanlagen sorgen Steine unterschiedlicher Größe sowie eventuell auch Bodenmodellierungen für die notwendige Abwechslung.

Vor der Neuanlage muss der Boden vollständig von Unkrautresten befreit werden. Um einen guten Wasserabzug zu gewährleisten, bringt man in 20 – 30 cm Tiefe eine rund 20 cm dicke Dränageschicht aus grobem Schotter und Kies ein. An Hängen kann diese Schicht flacher ausfallen, in flachen Bereichen ruhig etwas stärker. Welches Substrat man verwendet, richtet sich nach der Art des geplanten Steingartens bzw. der Bepflanzung. Die meisten Pflanzen kommen mit normaler, leicht saurer Gartenerde zurecht; einige Spezialisten sind jedoch auf kalkhaltigen Untergrund angewiesen und außerdem auf basisches Gestein, andere auf mageren, kargen Boden. Schwere Erde wird mit Sand und Kompost aufbereitet.

Die Steine – vorrangig unbearbeitete Natursteine – bestimmen als Dekorationselement maßgeblich die Wirkung eines Steingartens.

Sie sollten sparsam, aber in markanten Gruppen verteilt werden. Steine von unterschiedlicher Größe und Form lockern die Anlage auf und sorgen für Spannung. Ein gut geplanter Steingarten sieht schon ohne Pflanzen attraktiv aus – es lohnt sich also, sie vor der Bepflanzung so lange umzugruppieren, bis das Ergebnis überzeugt. Die verwendeten Steine sollten von gleicher Art sein: Kalkstein neben Schiefer oder Granit neben Buntsandstein wäre verfehlt. Ideal sind Steingruppen, die einer natürlichen Situation nachempfunden werden, etwa ein „Fluss" aus grobem Schotter und Geröll, der einen Hang herabfließt und von Polsterpflanzen durchsetzt ist.

Auch → *Trockenmauer*

Steinkraut
ALYSSUM MONTANUM
☼ ☺

Steinkraut, auch Steinrich, Steinkresse oder Berggold genannt, gehört zu den Kreuzblütlern. Es stammt aus den europäischen Gebirgen und steht unter Naturschutz. Sehr ähnlich, jedoch mit ca. 30 cm etwas höher, erscheint das Felsensteinkraut, noch vielfach als *Alyssum saxatile* bekannt, derzeit aber unter *Aurinia saxatilis* geführt.

Merkmale: Immergrüner Halbstrauch mit gedrungen halbkugeligem bis polstrigem Wuchs, 10 – 20 cm hoch; spatelförmige, von silbrigem Flaum überzogene Blätter; kleine, duftende, goldgelbe Blüten in üppigen Dolden.
Blütezeit: April – Mai
Verwendung: In Steingärten, auf Trockenmauern, auch in Beeten und Rabatten.

Felsensteinkraut (Aurinia saxatilis)

Standort: Durchlässiger, mäßig trockener, humoser, nicht zu nährstoffreicher und am besten sandiger Boden.
Pflanzen/Vermehren: Pflanzung im Frühjahr oder Herbst, spätere Verpflanzung wegen langer Pfahlwurzeln nicht ratsam; Vermehrung durch Aussaat oder Grundstecklinge.
Pflege: Im Herbst um ein Drittel zurückschneiden und dabei in Form bringen.

Steppenkerze
EREMURUS-HYBRIDEN
☼

Mit ihren prachtvollen, monumentalen Blütenkerzen gehören diese Affodilgewächse zweifellos zu den beeindruckendsten Frühsommerblühern. Man nennt sie auch Steppenlilien, Lilienschweife oder Kleopatranadeln.
Merkmale: Knollenpflanze, straff aufrecht, 100 – 200 cm hoch; riemenförmige Blätter; kräftiger Blütenschaft mit glöckchenförmigen Blüten, je nach Sorte weiß, gelb, orange oder rosa.
Blütezeit: Juni – Juli
Verwendung: Als Leitpflanze für Beete und Rabatten, am Gehölzrand oder in großen Steingärten.

STERNRUSSTAU

Steppenkerze (Eremurus-Hybride)

Standort: Warm; sehr gut durchlässiger, mäßig trockener bis frischer, humoser, nährstoffreicher Boden.
Pflanzen/Vermehren: Im September 20 – 30 cm tiefes, sehr breites Pflanzloch ausheben, die seesternartigen, leicht brüchigen Wurzelknollen auf einer Dränageschicht aus Sand, feinem Splitt oder Kies ausbreiten und mit Erde bedecken; Vermehrung durch Teilung der Wurzelknollen im August.
Pflege: Staunässe unbedingt vermeiden; Austrieb vor Spätfrösten schützen; Verblühtes entfernen, den Winter über mit Laub und Reisig abdecken.

Sternrußtau
Von Pilzen verursachte → *Rosenkrankheit* mit strahlenförmigen dunklen Flecken

Stickstoff
Chemisches Element mit der Abkürzung N; für Pflanzen einer der unentbehrlichen Hauptnährstoffe mit sehr wichtigen **Funktionen:** Stickstoffverbindungen sind nicht nur prägende Bestandteile aller Eiweiße, sondern werden auch ins Erbgut (DNA) und das → *Chlorophyll* eingebaut. Ohne eine ausreichende Stickstoffversorgung stirbt die Pflanze ab.

Bei **Stickstoffmangel** verlagern die Pflanzen den restlichen Stickstoff aus den älteren in die jüngeren, wachsenden Blätter, da das Chlorophyll dort dringender gebraucht wird. Die älteren Blätter werden gelb und sterben schließlich ab. Letztlich kümmert die Pflanze und geht ein. Ein **Überschuss** an Stickstoff ist jedoch fast ebenso schädlich. Zwar wächst die Pflanze stärker, hat auch dunkelgrüne, scheinbar gesunde Blätter, doch ohne ausreichendes Festigungsgewebe. Blätter und Sprosse werden schlaff, die Gewebe schwammig und anfälliger gegen Pilze und Insekten; der überschüssige Stickstoff wird als → *Nitrat* in den Blättern gespeichert.

Stickstoff (N_2) ist mit ca. 78 % Hauptbestandteil der Luft, kann von dort durch Bakterien im Boden gebunden werden, gelangt zudem in Form von Pflanzen- und Tierresten sowie Ausscheidungen in die Erde. Unterschiedliche Mikroorganismen bewirken hier den Einbau in die organische Bodensubstanz sowie den umgekehrten Prozess, die → *Mineralisierung*. Es ergibt sich so ein komplexer Kreislauf, wobei das gasförmige Abbauprodukt Ammoniak (NH_3) wieder in die Luft entweichen kann; das ebenfalls dabei gebildete Nitrat (NO_3^-) wird recht leicht ausgewaschen. Dadurch ist der Gehalt an Bodenstickstoff, den die Pflanzen hauptsächlich als Nitrat aufnehmen, sehr veränderlich. Eine schnell wirksame mineralische Düngung kann deshalb leicht des Guten zuviel sein.

Stickstoffdünger
Im so genannten Haber-Bosch-Verfahren wird aus Luftstickstoff und Wasserstoff Ammoniak, das Ausgangsprodukt mineralischer Stickstoffdünger, gewonnen. Je nach Stickstoffform unterscheidet man Ammoniumdünger, Nitrat-(Salpeter)-dünger und Amiddünger (Harnstoff und Kalkstickstoff). Spezielle Stickstoffdüngung ist jedoch bei Verwendung von Volldüngern kaum nötig, da diese den Nährstoff in ausreichenden Mengen enthalten.

Interessanter für den Hobbygärtner sind Depotdünger, die Stickstoff langsam abgeben und damit die Gefahr der Überdüngung und Auswaschung reduzieren. Das gleiche gilt für organische Stickstoffdünger wie z. B. Guano. Auch vielseitig zusammengesetzter Kompost versorgt den Boden mit Stickstoff, ebenso eine Gründüngung mit Hülsenfrüchtlern.

Stiefmütterchen
VIOLA x WITTROCKIANA

Kulturformen dieses Veilchengewächses, die im Wesentlichen vom heimischen wilden Stiefmütterchen (*V. tricolor*) mit seinen kleinen, dreifarbigen Blüten abstammen, gibt es in einer sehr breiten Auswahl. Zudem sind Kreuzungen der zweijährigen Stiefmütterchen und der ausdauernden Hornveilchen (*V. cornuta*) (→ *Veilchen*) auf dem Markt, die meist stark kontrastierend gefärbte Blüten tragen.

Stiefmütterchen (Viola x wittrockiana)

Merkmale: Zweijährige, dicht buschige Pflanze, 15 – 30 cm hoch; kantige Stängel mit ovalen, am Rand leicht gekerbten Blättern; Blüten aus fünf Kronblättern, in nahezu allen Farbtönen zwischen Weiß und fast Schwarz, meist mehrfarbig mit Flammung, Streifen oder Flecken; groß- und kleinblumige Sorten.
Blütezeit: September – November und März – Mai, manche Sorten auch fast durchgehend im Winter bzw. den Sommer über
Verwendung: In Gruppen oder flächig in Beeten und Rabatten, in Gefäßen, zur Unterpflanzung.
Standort: Durchlässiger, frischer, humoser, nährstoffreicher Boden.
Kultur: Aussaat zwischen Juni und August bei 15 – 18° C, Saat abdecken (Dunkelkeimer) und gleichmäßig feucht halten; nach der Keimung schattieren, Sämlinge pikieren und möglichst kühl bei 10 – 15° C weiterziehen; Auspflanzen ab Mitte August.
Pflege: Gleichmäßig leicht feucht halten; bei Bedarf düngen; Verblühtes entfernen; in rauen Lagen den Winter über mit Reisig abdecken.

Stockmalve
→ *Stockrose*

Stockrose
ALCEA ROSEA

Dieses Malvengewächs stammt vermutlich von Kreuzungen mehrerer Arten aus Südosteuropa und Südwestasien ab. Man nennt die stattliche Schönheit auch Stockmalve, Rosenpappel oder Bauernrose. Nicht gefüllte Sorten versamen sich oft selbst.
Merkmale: Ein- bis zweijährige, bisweilen auch länger überdauernde Pflanze, straff aufrecht, 120 – 200 cm hoch; kräftige Stängel mit großen, rauen, handförmig gelappten Blättern; an den Stängelenden von unten nach oben aufblühend, einfache, halb oder dicht gefüllte Blüten in Weiß, Gelb, Rosa oder Rot bis Schwarzrot.
Blütezeit: Juli – September
Verwendung: Klassische Bauerngartenpflanze, in Beeten und Rabatten, vor Zäunen und Mauern.
Standort: Windgeschützt; durchlässiger, tiefgründiger, frischer, humoser und nährstoffreicher Boden.
Kultur: Aussaat je nach Sorte von März bis Juni direkt an Ort und Stelle oder auf einem Saatbeet, die Samen 2 – 3 cm tief ausbringen und gleichmäßig feucht halten; Sämlinge vereinzeln bzw. pikieren, kräftig entwickelte Jungpflanzen mit 40 – 50 cm Abstand auspflanzen.
Pflege: Für ausreichende Bodenfeuchte sorgen; bei Bedarf düngen; an hohen Stangen anbinden; auf
→ *Malvenrost* achten.

Stockrosen (Alcea rosea)

Storchschnabel
GERANIUM

Ausgesprochen zahlreich sind die Vertreter dieser Gattung, die der Familie der Storchschnabelgewächse ihren Namen gab. Die Stauden stammen aus verschiedenen Lebensbereichen, hauptsächlich aus Europa und Asien.

Daneben stehen viele Hybriden und Sorten für den Garten zur Auswahl. Sie wachsen mehr oder weniger buschig, alle weisen im Umriss rundliche bis handförmige Blätter auf. Ihre Blüten sind stets fünfteilig, meist ragen die Staubblätter weit aus den Kelchen heraus. Aus ihnen entwickeln sich schlanke, lang gestreckte Früchte, die an einen Storchschnabel erinnern. Aus der Fülle der Arten und Hybriden sind hier kurz einige der beliebtesten Storchschnäbel vorgestellt.

Wiesenstorchschnabel (Geranium pratense)

Für den Gehölzrand, Bodendecker:
- Rosa Storchschnabel (*G. endressii*): 20 – 40 cm hoch, sehr wuchsstark, teils wintergrün; Blüte leuchtend rosa; Mai – Juni
- Balkanstorchschnabel (*G. macrorrhizum*): 20 – 30 cm, wintergrün, durch Ausläufer Matten bildend; Blüte zartrosa, Mai – Juli
- Prachtstorchschnabel (*G. × magnificum*): 40 – 60 cm hoch, Ausläufer bildend, Blüte violettblau, Mai – Juli; bevorzugt im Halbschatten, auch für Beete
- Wiesenstorchschnabel (*G. pratense*): 30 – 80 cm hoch, Blüte blauviolett, weiß oder blassblau, Juni – August, am meisten Feuchtigkeit nötig

Für den Steingarten, Bodendecker:
- Himalajastorchschnabel (*G. himalayense*), 30 – 60 cm hoch, wintergrün; Blüte leuchtend blau; Juli – September; auch für Gehölzränder

Stratifikation

■ **Blutstorchschnabel** (*G. sanguineum*), 10 – 30 cm hoch, rote Herbstfärbung; Blüte karminrot, rosa; Mai – September; gut trockenheitsverträglich
Standort: Durchlässiger, mäßig trockener bis frischer, humoser, nährstoffreicher Boden.
Pflanzen/Vermehren: Pflanzung im Frühjahr oder Herbst, als Bodendecker mit 8 bis 9 Exemplaren pro m²; Vermehrung durch Teilung, teils auch durch Aussaat möglich.
Pflege: Anspruchslos; Rückschnitt nach der Blüte, bringt bei einigen Arten nochmals Nachflor.

Stratifikation

Eine gärtnerische Methode, um die Keimhemmung aufzuheben (→ *Keimförderung*). Das Saatgut wird schichtweise zwischen Sand, Torf oder Gemische gelegt und feucht und warm gehalten („feuchtwarme Stratifikation"). Während dieser Zeit schließen Mikroorganismen die schützende Schicht um die Samen auf. Für → *Kaltkeimer* wählt man dagegen die „kalte Stratifikation" bei 0 – 5° C.

Strauch

→ *Gehölz*, das im Unterschied zum → *Baum* keinen Hauptstamm ausbildet, sondern sich vom Boden aus mit mehreren gleichrangigen Stämmen bzw. Haupttrieben entwickelt.

Strauchkastanie

Strauchige, breitwüchsige Art der → *Rosskastanie*

Strauchrose

Strauchförmige, oft stark und hoch wachsende → *Rosen*

Straußfarn

Matteucia struthiopteris

Seine charakteristische Wuchsform trug diesem Wimpernfarngewächs,

Straußfarn (Matteucia struthiopteris)

das von Europa bis Ostasien beheimatet ist, die Namen Straußfarn, Straußenfarn, Trichterfarn und Becherfarn ein. Die Art ist geschützt.
Merkmale: Spät austreibender Farn, trichterförmig wachsend, 80 – 130 cm hoch; einfach gefiederte, hellgrüne Wedel; kriechendes Rhizom, wächst mit der Zeit aus dem Boden heraus und bildet dabei kleine „Stämmchen" aus.
Verwendung: Zur flächigen Begrünung größerer Partien vor und unter Gehölzen, am Gewässerrand.
Standort: Auch absonnig; geschützt und luftfeucht; feuchter, humoser, lehmiger Boden.
Pflanzen/Vermehren: Pflanzung bevorzugt im Frühjahr; Vermehrung durch Abtrennen von Ausläufern oder durch Sporenaussaat.
Pflege: Anspruchslos; einmal jährlich mit Kompost oder Humus versorgen.

Streifenfarn

ASPLENIUM TRICHOMANES

Die Gattung, kennzeichnend für die Familie der Streifenfarngewächse, umfasst zahlreiche Arten. Die wohl am häufigsten im Garten verwendete Art ist der hier näher beschriebene, weltweit verbreitete Braune Streifenfarn, auch Steinfeder genannt. Eine weitere beliebte Art ist die Mauerraute (*A. ruta-muraria*), mit immergrünen, zwei- bis dreifach gefiederten Wedeln und hübschen rautenförmigen Blättchen. Sie verträgt mehr Sonne und braucht kalkhaltigen Boden.
Merkmale: Meist wintergrüner Farn, 5 – 30 cm hoch; Rosetten aus strahlig ausgebreiteten, einfach gefiederten Wedeln; zarte, hellgrüne, rundliche Fiederchen.
Verwendung: Auf Trockenmauern, in Mauerspalten, in Steingärten.
Standort: Absonnig bis halbschattig und luftfeucht auf leicht feuchten, lehmigen Böden.
Pflanzen/Vermehren: Pflanzung bevorzugt im Frühjahr; Vermehrung durch Teilung oder Sporenaussaat.
Pflege: Am richtigen Standort anspruchslos.

Strohblume

HELICHRYSUM BRACTEATUM

Die bekanntesten Vertreter dieser Korbblütlergattung sind die aus Australien stammenden, relativ großblumigen Strohblumen, die gern als Trockenblumen verwendet werden.
Merkmale: Einjährig kultivierter Halbstrauch, horstartig, je nach Sorte

Brauner Streifenfarn (Asplenium trichomanes)

30 – 100 cm hoch; wenig verzweigte Stängel mit länglichen, leicht klebrigen Blättern; kugelige, später breit schalenförmige Blütenköpfe in Weiß, Gelb, Orange, Rosa, Rot, Braunrot oder Purpur mit gelber Mitte.
Blütezeit: Juli – September
Verwendung: In Gruppen in Beeten und Rabatten, niedrige Sorten auch in Gefäßen; sehr gute Trockenblumen.
Standort: Vollsonnig, warm und geschützt; sehr gut durchlässiger, eher trockener und karger Boden.
Kultur: Anzucht ab März, ab Mitte Mai auspflanzen.
Pflege: Höhere Sorten bei Bedarf stützen; Verblühtes entfernen.

Studentenblume
TAGETES

Die unkomplizierten, sehr üppig blühenden Korbblütler, deren Urformen aus Mexiko stammen, sind allseits bekannt und werden in unzähligen Sorten gepflanzt. Man nennt sie auch Samt- oder Sammetblumen oder schlicht Tagetes. Gezogen werden drei Arten bzw. deren Abkömmlinge.

Die größten Blüten bilden die pompösen Formen von *T. erecta,* deren üppige Köpfe dicht gerüscht, oft nelkenartig erscheinen und je nach Sorte verschiedene Tönungen von Gelb und Orange bis Rot annehmen. Die kleinsten, stets nur einfachen Blütenköpfe entfalten die zierlich wirkenden Sorten von *T. tenuifolia;* sie blühen sehr reich, überwiegend gelb, aber auch orange bis rotbraun. Manche Sorten zeichnen sich durch einen intensiven, sehr angenehmen Duft aus. Eine Zwischenstellung nimmt gewissermaßen *T. patula* ein, mit halb bis stark gefüllten Blütenköpfen, die sich einfarbig oder mehrfarbig in schönen Gelb-, Orange- und Rottönen präsentieren.

Alle Studentenblumen enthalten speziell in ihren Blättern Substanzen, die auf der Haut unter Lichteinwirkung Reizungen hervorrufen können.
Merkmale: Einjährige, dicht buschige Sommerblumen, je nach Art und Sorte 15 – 100 cm hoch; fein gefiederte Blätter; einfache, schalenförmige bis gefüllte, kugelige Blütenköpfe in Gelb, Orange oder Rot, teils mehrfarbig.
Blütezeit: Mai – Oktober
Verwendung: Stets in Gruppen auf Beeten und Rabatten, in Kästen und Schalen; gute Schnittblumen.

Strohblume (Helichrysum bracteatum 'Goldbush')

Studentenblume (Tagetes patula)

Standort: Am besten sonnig, im Halbschatten oft spärlichere Blüte; durchlässiger, mäßig trockener bis frischer, humoser, nährstoffreicher Boden.
Kultur: Ab Januar bei 18 – 24° C anziehen (Dunkelkeimer), Sämlinge pikieren und bei 12 – 14° C weiterziehen, im Mai auspflanzen; auch Direktsaat ins Freie ab Mitte April möglich.
Pflege: Gleichmäßig leicht feucht halten; bei Bedarf düngen; Verblühtes entfernen; hohe Sorten stützen, wenn nötig.
Hinweis: Studentenblumen gelten als hervorragende Bodenverbesserer. Bestimmte Sorten wirken gegen → *Nematoden* und können als Bodenkur flächig kultiviert werden.

Subsp.
Abkürzung für Subspecies, also die → *Unterart*

Substrat
Als Substrat bezeichnet man allgemein einen nährstoffhaltigen Untergrund, auf oder in dem Organismen wachsen können. Im gärtnerischen Sinn versteht man darunter spezielle → *Erden*.

Sukkulenten
Pflanzen, bei denen Wurzeln, Spross oder Blätter fleischig verdickt sind und als Wasserspeicher dienen. Dank dieser Fähigkeit können Sukkulenten Trockengebiete, z. B. in Hochgebirgen oder Wüsten, besiedeln.

Sumpfbeet
Ein Sumpfbeet bietet auf kleinem Raum den Vorteil einer Teichrandzone (auch → *Teich*), die durch attraktive Sumpfpflanzen wie Blutweiderich, Primel, Felberich, Gauklerblume, Iris-Arten, Mädesüß oder Sumpfdotterblume ihr besonderes Flair entfaltet.

Ein Sumpfbeet braucht weder tief zu sein – 30 – 40 cm reichen völlig aus – noch besonders groß. Nachdem die Grube ausgehoben wurde, kommt eine Teichfolie oder ein flaches Fertigbecken hinein. Einige Löcher im oberen Bereich verhindern, dass sich Oberflächenwasser staut. Das Sumpfbeet kann mit normaler, lehmiger Gartenerde befüllt werden; Rindenkompost und Bimskies oder Tonmehl erhöhen die Wasserspeicherkapazität. Vor allem bei heißem Wetter muss ein Sumpfbeet regelmäßig gegossen werden.

Sumpfcalla

Anderer Name für die → Schlangenwurz, eine dekorative Sumpfpflanze mit leuchtend roten Beeren

Sumpfdotterblume

CALTHA PALUSTRIS

Die in Europa über Asien bis Nordamerika weit verbreitete Art zählt zu den Hahnenfußgewächsen. Sie enthält in allen Teilen Giftstoffe, außerdem kann der Pflanzensaft die Haut reizen.
Merkmale: Staude, buschig wachsend, 20 – 40 cm hoch; herz- bis nierenförmige, glänzend grüne Blätter; dottergelbe, schalenförmige Blüten mit dichtem Staubblattbüschel, Sorten auch weiß oder gefüllt.

Sumpfdotterblume (Caltha palustris)

Blütezeit: März – Mai
Verwendung: An Gewässerufern, im Sumpfbeet, hübsch mit Primeln und Vergissmeinnicht.
Standort: Feuchter bis nasser, nährstoffreicher Boden; verträgt Wassertiefen bis 10 cm.
Pflanzen/Vermehren: Pflanzung bevorzugt im Frühjahr; Vermehrung durch Teilung nach der Blüte, reine Art auch durch Aussaat (Kaltkeimer).
Pflege: Anspruchslos.

Süßgräser

Zu dieser Pflanzenfamilie zählen die meisten → Gräser, die entweder als Ziergräser oder als → Rasengräser Verwendung finden.

Süßkirsche

PRUNUS AVIUM

Wie → Sauerkirschen gehören Süßkirschen zu den Rosengewächsen. Die Ursprungsart, die Vogelkirsche, stammt ursprünglich aus Kleinasien, hat sich aber bereits in der Jungsteinzeit bis nach Europa ausgebreitet. Die zahlreichen Kultursorten lassen sich anhand der Fruchteigenschaften in zwei Gruppen unterteilen: Herz- oder Fleischkirschen haben weiches Fruchtfleisch, das sich nur schwer vom Stein löst, und einen intensiv gefärbten Saft enthält. Herzkirschen erweisen sich in der Regel als platzfest, halten sich jedoch nur sehr kurze Zeit.

Im Gegensatz dazu sind Knorpelkirschen, auch Knupper, Kracher oder Bigarreau genannt, festfleischig, knackig und enthalten hellen Saft, sie können einige Zeit gelagert werden. Allerdings platzen sie bei Regen leicht auf. Bei beiden Gruppen finden sich Sorten mit typisch roten bis schwarzroten, aber auch gelben oder rotgelben Früchten, einige neuere Sorten stehen zwischen diesen beiden Gruppen.

Süßkirsche 'Basler Adler'

Süßkirschen bilden normalerweise mächtige Bäume, dank entsprechender Unterlagen ('Weiroot'-Typen, 'Colt', 'GiSelA 5') können sie jedoch auch in kleineren Hausgärten gezogen werden, als Buschbäume oder Spindelbüsche. Im Allgemeinen zieht man Süßkirschen in Form von Halb- oder Niederstämmen, schwachwüchsige Sorten auch als Spindelbüsche.

Bis auf wenige Ausnahmen sind die Sorten selbstunfruchtbar, als Pollenspender kommen sowohl andere Süßkirschensorten wie auch Sauerkirschen infrage.
Merkmale: Je nach Unterlage und Sorte kleine bis große Bäume mit breit ausladender Krone, 3 – 10 m hoch und 2 – 10 m breit; ovale, zugespitzte, gezähnte Blätter; schalenförmige, weiße Blüten; schwarzrote bis gelbe, kugelige bis herzförmige Steinfrüchte an langen Stielen.
Blütezeit: April – Mai
Standort: Warm und geschützt, da spätfrostgefährdet; durchlässiger, frischer, humoser, nährstoffreicher, mittelschwerer bis leichter Boden.
Pflanzen/Vermehren: Pflanzung bevorzugt im Herbst, dabei Pflanzabstand entsprechend Baumform und Wuchsstärke bemessen; Vermehrung durch Veredlung.
Pflege: Großzügige Baumscheibe anlegen, die während der Blüte offen

gehalten, sonst gemulcht wird; bei anhaltender Trockenheit während der Fruchtreife gründlich wässern; jährlich im Frühjahr mit Kompost düngen, bei Bedarf zusätzlich stickstoffarmen Volldünger verabreichen; regelmäßig Pflegeschnitt durchführen; auch → PRAXIS-SEITE Obstbaumschnitt – Hinweise zum Steinobstschnitt (S. 630/631); auch → *Kirschenkrankheiten,* → *Kirschenschädlinge.*
Ernte: Reifezeit Juni bis August, wird bei den Sorten in → *Kirschwochen* angegeben; Kirschen von Hand mit Stiel pflücken oder abschneiden.
Hinweis: Aufgrund der Spätfrostempfindlichkeit sind die Blüten „mittelfrüher" Sorten (Ernte 1. bis 2. Kirschwoche) oft gefährdet. Hierzu zählen z. B. 'Burlat' (dunkelrote Knorpelkirsche, platzempfindlich), 'Kassins Frühe Herzkirsche' (braunrot, wenig platzempfindlich, resistent gegen Kirschfruchtfliege); 'Büttners Rote Knorpelkirsche' (gelbrot, nur gering frostempfindlich). Mittelspät sind u. a. 'Sam' (rotbraune Knorpelkirsche, platzfest) und die selbstfruchtbare 'Lapins' (dunkelrote Knorpelkirsche, recht platzfest), sehr spät ist z. B. 'Regina' (rotbraune Knorpelkirsche, sehr platzfest).

Symbiose
Lebensgemeinschaft von mindestens zwei Arten zum wechselseitigen Nutzen, z. B. zwischen → *Hülsenfrüchtlern* und → *Knöllchenbakterien*

Syringa
Botanischer Gattungsname des → *Flieders*

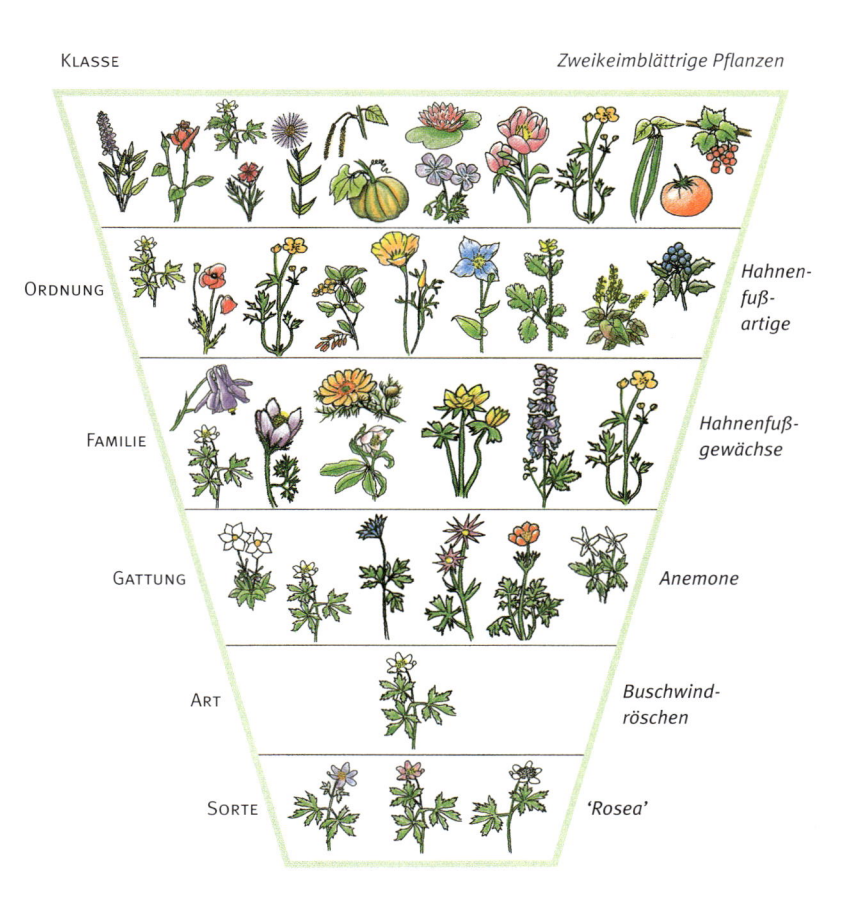

System der Pflanzen
Im 18. Jahrhundert legte der schwedische Naturforscher und Arzt Carl von Linné (1707 – 1778) den Grundstein für eine systematische Einordnung der Pflanzen nach ihren Verwandtschaftsbeziehungen. Dadurch entstand ein System mit verschiedenen Rangstufen, vom riesigen Reich aller Pflanzen bis hin zur → *Gattung* mit eng verwandten, sehr ähnlichen → *Arten.*

Dieses System wurde vielfach überarbeitet und in den letzten Jahrzehnten vor allem auf den ganz hohen Rangstufen infrage gestellt. So sieht man heute z. B. die → *Pilze* nicht mehr als Abteilung der Pflanzen, sondern als eigenes Reich an.

Hier die systematische Klassifizierung am Beispiel eines Buschwindröschens (vgl. auch nebenstehende Zeichnung):
Reich: Pflanzen (*Plantae*) – Andere Reiche sind Tiere, Pilze, Einzeller.
Abteilung: Samenpflanzen (*Spermatophyta*) – Andere sind z. B. Farnpflanzen, Moospflanzen.
  Unterabteilung: Bedecktsamer (*Magnoliophytina*) – Andere sind z. B. Nadelblättrige Nacktsamer.
  Klasse: Zweikeimblättrige (*Dicotyledonae*) – andere Klasse: Einkeimblättrige, z. B. Liliengewächse, Gräser
  Ordnung: Hahnenfußartige (*Ranunculales*) – nah verwandte Ordnung: Mohnartige
  Familie: Hahnenfußgewächse (*Ranunculaceae*) – nah verwandte Familie: Berberitzengewächse
  Gattung: Anemone (*Anemone*) – verwandte Gattungen: z. B. Eisenhut, Rittersporn, Winterling, Akelei
  Art: Buschwindröschen (*Anemone nemorosa*) – verwandte Art z. B. Herbstanemone
Unterhalb der Art gibt es Rangstufen wie → *Varietät,* → *Unterart* und → *Form,* bei Kultupflanzen die → *Sorte,* in unserem Beispiel *Anemone nemorosa* 'Rosea'.

T

Tafelblatt (Astilboides tabularis)

Tabak

Tabak kann einem im Garten in zwei verschiedenen Zusammenhängen begegnen: Zum einen als attraktiv blühender → *Ziertabak,* der einjährig für Blumenbeete gezogen wird; zum anderen in Form des Rauchtabaks als Rohstoff für selbst hergestellte Schädlingsbekämpfungsmittel, wie früher oft propagiert. Da → *Nikotin* jedoch hochgiftig ist und zudem viele Nützlinge abtötet, muss von dessen Verwendung für Spritzbrühen mittlerweile abgeraten werden.

Tafelblatt

ASTILBOIDES TABULARIS

Früher zählte man das Steinbrechgewächs aus Nordasien zur Gattung *Rodgersia,* und tatsächlich erinnert die Blattschmuckstaude an Rodgersien bzw. → *Schaublätter.* Mit Bezug auf die Blattform nennt man das feuchtigkeitsliebende Gewächs auch Schildschaublatt. Der botanische Gattungsname schließlich deutet auf die Ähnlichkeit der Blütenstände mit denen der → *Prachtspieren* hin.

Merkmale: Großstaude mit gewaltigen Blattrosetten, 70–100 cm, Blütenstände bis 150 cm hoch; knollige Rhizome; Blätter lang gestielt, schildförmig, bis 50 cm Ø, am Rand unregelmäßig gebuchtet, frisch grün; kleine cremeweiße Blüten in dichten Rispen.

Blütezeit: Juni – Juli

Verwendung: Eindrucksvoller Blattschmuck an Gewässer- und Gehölzrändern; attraktiv mit Farnen und schattenverträglichen Gräsern.

Standort: Bei genügend Wasserversorgung auch sonnig oder absonnig im Mauerschatten; durchlässiger, humoser, feuchter Boden, nicht jedoch staunass oder überflutet.

Pflanzen/Vermehren: Pflanzung im Frühjahr oder Herbst, mit genügend Abstand zu anderen großen Stauden; Vermehrung durch Aussaat oder Teilung der Wurzelstöcke im Frühjahr.

Pflege: Bei anhaltender Trockenheit durchdringend gießen; zum Austrieb mit Kompost versorgen; verblühte Stiele im Herbst oder Frühjahr zurückschneiden.

Tagblume

COMMELINA TUBEROSA

Mit Blüten in herrlichem Blau wartet die Tagblume oder Kommeline auf. Entsprechend seiner Herkunft aus dem tropischen Mittelamerika ist das Knollengewächs bei uns nicht ausreichend winterhart. Man findet die Art im Handel teils auch als *C. coelestis.*

Merkmale: Nicht winterharte Knollenblume, 60–80 cm hoch; knollige Rhizome; länglich lanzettliche, gewellte Blätter; blaue Blüten mit drei ausgebreiteten Kronblättern, öffnen sich jeweils nur einen Tag, durch ständige Knospenbildung jedoch Dauerblüte.

Blütezeit: Juni – September

Verwendung: In kleinen Gruppen auf Beeten und Rabatten; schön mit Taglilien, Gladiolen, Indischem Blumenrohr und farblich abgestimmten Sommerblumen; auch in Pflanzgefäßen.

Standort: Warm und geschützt; gut durchlässiger, aber nicht zu trockener Boden.

Pflanzen/Vermehren: Knollen im Mai 5–8 cm tief pflanzen, mit 25–30 cm

Tagblume (Commelina tuberosa)

Abstand; Vortreiben der Knollen ab März möglich, dann früherer Blühbeginn; Vermehrung durch Aussaat im Frühjahr oder Knollenteilung im zeitigen Frühjahr oder Herbst.
Pflege: Stets leicht feucht halten, am besten mit Mulchdecke versehen; bei Bedarf an Stäben aufbinden. Im Herbst vor den ersten Frösten Knollen aus dem Boden nehmen und genauso wie → *Dahlien* kühl überwintern; die Einlagerungsschicht (Sand, Torf) nicht ganz austrocknen lassen. In wintermilden Regionen kann man unter Umständen eine Überwinterung draußen mit dicker Laub- und Reisigabdeckung riskieren (gilt als frosthart bis -5° C).

Tagetes
Botanischer Gattungsname der anspruchslosen und blühfreudigen → *Studentenblumen*

Taglilie
HEMEROCALLIS-HYBRIDEN

Bei den Taglilien, die auch der Pflanzenfamilie der Taglieliengewächse ihren Namen gaben, öffnet sich jede Blüte tatsächlich nur für einen Tag. Doch unzählige Knospen sorgen dafür, dass die Stauden stetig in üppigem Flor stehen; das selbe Blühprinzip findet sich z. B. bei der → *Tagblume*. Die Blüten der Hybridformen zeigen sich überaus vielgestaltig, mit den unzähligen Sorten wird eine sehr breite Farbenpalette von Weiß bis Dunkelviolett abgedeckt, nicht wenige sind auch mehrfarbig. Je nach Blütengröße teilt man die Sorten drei Gruppen zu, den miniaturblütigen, den kleinblütigen und den großblütigen Taglilien. Unter allen finden sich elegant sternförmige Blüher mit schmalen Blütenblättern bis hin zu Varianten mit glocken- bis schalenförmigen Blüten mit sehr breiten Blütenblättern.

Die Zuchtsorten stammen von Wildarten ab, die allesamt in Ostasien heimisch sind. Einige der züchterisch nur mäßig bearbeiteten Stammformen schätzt man als anmutige und pflegeleichte Gartenpflanzen, allen voran die Braunrote Taglilie (*H. fulva*). Ihren volkstümlichen Namen Bahnwärter-Taglilie trägt die anpassungsfähige Art mit den braunroten Blüten, weil sie sogar entlang von Bahndämmen prächtig gedeiht, inzwischen gilt sie bei uns als eingebürgert. Gelb ist dagegen die Blütenfarbe einiger weiterer empfehlenswerter Wildarten; dazu zählen die Zitronen- oder Dufttaglilie (*H. citrina*), die Kleine Taglilie (*H. minor*) und die Gelbe Taglilie (*H. lilioasphodelus*). Letztere gedeiht nicht nur auf Beeten, sondern auch auf schütteren Wiesenflächen.
Merkmale: Staude, dicht buschig bis horstartig, je nach Sorte 30 – 120 cm hoch; frisch grüne, schwungvoll überhängende, schmale Blätter; kräftige Stängel mit lockeren Blütentrauben, die von unten nach oben aufblühen; Blüten je nach Sorte stern- bis trichterförmig, weiß, gelb, orange, rosa, rot, violett bis fast schwarz, oft mit kontrastierender Zeichnung oder auch mehrfarbig.
Blütezeit: Mai – September
Verwendung: Einzeln oder in Gruppen auf Beeten und Rabatten, in Kombination mit Prachtstauden wie mit Wildarten, sowie an Gewässerrändern; kleine Sorten auch für Gefäßkultur geeignet.
Standort: Am besten sonnig bis absonnig, im Halbschatten etwas spärlichere Blüte; durchlässiger, frischer bis feuchter, nährstoffreicher Boden.
Pflanzen/Vermehren: Pflanzung im Frühjahr oder Herbst, dabei reichlich Abstand zu den Nachbarpflanzen lassen, bei hohen Sorten mindestens 80 – 100 cm; Vermehrung durch Teilung vor oder nach der Blüte.

Taglilie (Hemerocallis-Hybride)

Pflege: Bei Trockenheit wässern; abgeblühte Triebe und verwelkte Blätter entfernen; im Frühjahr mit Kompost versorgen.
Hinweis: Die Blüten der Taglilien sind essbar, sie schmecken knackig frisch und würzig und eignen sich zur Garnierung von Salaten oder Suppen.

Tagwasser
Anderer, vor allem in Österreich geläufiger Ausdruck für Staunässe

Talerfleckenkrankheit
→ *Rasenkrankheit*, die sich in hellen, rundlichen Flecken in der Grasnarbe äußert.

Tamariske
TAMARIX

Zwei Arten dieser Tamariskengewächse finden als Ziergehölze Verwendung und sind jeweils nach ihrer Blütezeit benannt, zu der sie sich in rosa Wolken hüllen: die Frühlingstamariske (*T. parviflora*) und die Som-

Tamariskenwacholder

Frühlingstamariske (Tamarix parviflora)

mertamariske (*T. ramosissima*). Beide wachsen wild in Südeuropa, Afrika und Asien, zeigen bei uns jedoch ausreichende Winterhärte. Abgesehen von der Blütezeit sind sie recht ähnlich, sowohl im Habitus als auch in ihren bescheidenen Ansprüchen. Von der Sommertamariske gibt es einige besonders üppig und farbintensiv blühende Sorten.

Merkmale: Großsträucher oder kleine Bäume mit ausladendem Wuchs, 3 – 5 m hoch und breit; schuppenförmige, graugrüne Blätter, eng den überhängenden Zweigen anliegend; hell- bis dunkelrosa Blütchen in üppigen Trauben; tief und stark in die Breite reichendes Wurzelwerk.
Blütezeit: Frühlingstamariske April – Mai; Sommertamariske dagegen Juli – September
Verwendung: Für Einzelstellung oder Gehölzgruppen; zur Begrünung von Böschungen, Hängen, Schotterflächen oder Dachgärten; passen gut zu Perückenstrauch oder Ölweide.
Standort: Durchlässiger, trockener bis frischer, möglichst kalkhaltiger Boden; tolerieren selbst extreme Trockenheit, Hitze und sehr karge Böden; rauchhart und für Stadtklima gut geeignet.
Pflanzen/Vermehren: Pflanzung bevorzugt im Herbst, am besten nur Containerware einsetzen, da die Tamarisken nur zögerlich einwurzeln und sich auch kaum verpflanzen lassen; Vermehrung durch Steckhölzer oder Stecklinge.
Pflege: Sehr anspruchslos und genügsam; gelegentlich etwas auslichten oder überlange Triebe einkürzen, radikaler Rückschnitt wird nicht vertragen; Wurzelbereich der Sommertamariske im Jugendstadium mit Winterschutz versehen.

Tamariskenwacholder
Teppichartig wachsende Sorte des Sadebaums, bei dem es sich um eine Wacholderart handelt.
→ *Wacholder*

Tamarix
Botanischer Gattungsname der
→ *Tamariske*

Tanacetum
Botanischer Gattungsname verschiedener Korbblütengewächse, nämlich der Goldkamille (→ *Margerite, Sommerblumen*), der Bunten Margerite (→ *Margerite, Stauden*) und des Rainfarns

Tanne
Abies

Mit Tannen verbindet man häufig das Idealbild von Nadelbäumen. Die zu den Kieferngewächsen zählenden Koniferen kommen in den gemäßigten Zonen der nördlichen Hemisphäre vor. In Mitteleuropa ist einzig die Weißtanne (*A. alba*) heimisch, ein wichtiger Forstbaum, der jedoch zunehmend durch die Umweltbelastung gefährdet ist. Zu den bekanntesten Arten zählt außerdem die bis 30 m hohe Nordmannstanne (*A. nordmanniana*) aus dem Kaukasus, allerdings eher als in Plantagen gezogener Weihnachtsbaum denn als Gartengehölz. Bei der „Blautanne", ebenfalls ein populärer Christbaum, handelt es sich dagegen um eine → *Fichte*. Tatsächlich werden die gewöhnlich sehr regelmäßig wachsenden Tannen oft mit Fichten verwechselt. Bei den Tannen jedoch stehen die Zapfen, anders als bei den Fichten, aufrecht. Sie werden zudem bei Reife nicht komplett abgeworfen, sondern zunächst nur die Schuppen; die Zapfenspindel bleibt noch lange an den Zweigen erhalten. Ein weiteres Unterscheidungsmerkmal, das man nicht erst bei der Zapfenbildung erkennt: Abgerissene oder abgefallene Nadeln hinterlassen bei Fichten einen deutlichen Höcker (Blattkissen), an Tannenzweigen dagegen nur runde

Nordmannstanne (Abies nordmanniana)

Tannen für den Garten (Auswahl)

Name	Wuchshöhe und -form	Nadelfarbe; Hinweise
Mittelhohe bis hohe Bäume		
Weißtanne (Abies alba 'Pendula')	20 – 30 m hoch, schlanke Säulenform mit lang herabhängenden Ästen	glänzend dunkelgrün
Koloradotanne, Grautanne (Abies concolor)	20 – 25 m hoch, kegelförmig, anfangs schlank, später bis 10 m breit	blau- bis graugrün; rötliche, später hellbraune Zapfen
Nikkotanne (Abies homolepis)	15 – 25 m hoch, kegelförmig, etagenartig abstehende Äste, bis 10 m breit	glänzend grün, unterseits silbrig, starr; violette, später dunkelbraune Zapfen
Koreatanne (Abies koreana)	5 – 10 m hoch, kegelförmig, 3 – 5 m breit	dunkelgrün, unterseits silbrig; schon früh violette Zapfen; Sorte 'Silberlocke' nur bis 5 m hoch, lockig gedrehte, silbrige Nadeln
Nordmannstanne (Abies nordmanniana 'Pendula')	10 – 20 m hoch, Hängeform, bis 8 m breit	glänzend dunkelgrün
Spanische Tanne (Abies pinsapo)	15 – 20 m hoch, kegelförmig, locker, bis 7 m breit	dunkelgrün, weiß gestreift; mehrere Sorten, z. B. 'Glauca' (langsam wachsend, blaugrün), 'Kelleriis' (blaugrün), 'Aurea' (gelb)
Edle Tanne, Silbertanne (Abies procera 'Glauca')	in Kultur nur bis 20 m hoch, kegelförmig, bis 7 m breit	blauweiß silbrig; sehr große Zapfen
Veitchs Tanne (Abies veitchii)	15 – 25 m hoch, kegel- bis säulenförmig, bis 6 m breit	dunkelgrün, unterseits silbrig; bläulich rote Zapfen; Sorte 'Pendula' kegelig, mit hängenden Zweigen
Zwergformen		
Zwerg-Balsamtanne (Abies balsamea 'Nana')	0,5 – 1 m hoch, kissenförmig, flach kugelig, bis 2 m breit	dunkelgrün; Sorte 'Hudsonia' kegelförmig, sehr langsam wachsend
Zwerg-Koloradotanne (Abies concolor 'Compacta')	1,5 – 2 m hoch und breit, gedrungen, dicht beastet	blau bereift
Zwerg-Koreatanne (Abies koreana 'Dark Hill')	0,3 m hoch, nestartig, bis 0,6 m breit	sattgrün
Zwerg-Felsengebirgstanne (Abies lasiocarpa 'Compacta')	1,5 – 3 m hoch und breit, kegelförmig	blaugrün, im Austrieb silbrig
Zwerg-Felsengebirgstanne (Abies lasiocarpa 'Green Globe')	0,8 m hoch und breit, kugelig	graugrün
Zwerg-Silbertanne (Abies procera 'Blaue Hexe')	um 0,3 m hoch und breit, flach kugelig	bläulich

Narben. Außerdem charakteristisch für Tannennadeln: Durch den verdrehten Wuchs an der Ansatzstelle zeigt ihre glänzende, oft auch weiß gestreifte oder silbrige Unterseite nach oben. Trotz ihres Namens gehören → Hemlocktanne und → Sicheltanne nicht zum näheren Verwandtschaftskreis der Gattung Abies.

Tannen verlangen zum Gedeihen optimale Standortbedingungen, ebenmäßiger Wuchs ist nur bei freiem Stand an windgeschützten Stellen zu erwarten. Die meist sehr mächtigen Wildarten spielen im Garten kaum eine Rolle, man bevorzugt vielmehr sehr langsam bzw. zwergig wachsende Formen, hauptsächlich

Koreatanne (Abies koreana)

Tannenkrankheiten

Balsamtanne (Abies balsamea 'Hudsonia')

von nordamerikanischen und ostasiatischen Tannen. Die Übersicht auf S. 9 stellt einige wichtige Arten und Sorten für den Garten vor. In Ansprüchen und Pflege sind sie – trotz teilweise gewaltiger Unterschiede im Aussehen – recht ähnlich.

Merkmale: Immergrüne Nadelgehölze, Wuchshöhen und -formen siehe Übersicht; Nadeln sehr regelmäßig schraubig an den Zweigen angeordnet, an der Ansatzstelle verdreht, unterseits oft mit zwei auffälligen weißen Streifen; Blütenstände meist nur im Spitzenbereich der Krone, männliche Blüten unauffällig, weibliche in Form kleiner Zapfen; reifende Zapfen stehen aufrecht, sind anfangs oft zierend violett gefärbt, später hell- bis dunkelbraun.

Blütezeit: Mai – Juni

Verwendung: Hohe Arten als Solitärbäume; Zwergformen für Beete, Vorgärten, teils für Stein- oder Heidegärten, in Pflanzgefäßen.

Standort: Am besten absonnig, in der Jugend schattenverträglich; kühl, luftfeucht und windgeschützt; tiefgründiger, frischer, nährstoffreicher Lehm- oder Tonboden; empfindlich gegen Rauchgase, für Stadtklima ungeeignet.

Pflanzen/Vermehren: Pflanzung bevorzugt im Herbst; Vermehrung durch Stecklinge, reine Arten auch durch Aussaat, Sorten sind in den meisten Fällen veredelt.

Pflege: Ungestört wachsen lassen, nicht schneiden.

Tannenkrankheiten

Obwohl Tannen in Bezug auf ihren Standort zu den anspruchsvolleren Nadelgehölzen gehören, sind sie nicht besonders anfällig. Neben den nachfolgend beschriebenen Krankheiten treten gelegentlich auch → *Rostpilze* auf, die sich ab Mai an gelblich weißen Pusteln auf den Nadeln zeigen. Die Nadeln werden gelb und fallen im Herbst ab. Vorbeugend sollte man die Nebenwirte dieser Pilze, nämlich Weidenröschen und Preiselbeeren, nicht in der Nähe von Tannen pflanzen.

Seltener hatte man in Gärten bislang mit dem Tannenkrebs zu tun, einer Pilzkrankheit, die vor allem an Forstbäumen eine Rolle spielt. Sie ruft Verdickungen an Ästen hervor sowie → *Besenwuchs* („Hexenbesen") und verursacht schließlich krebsartige Wucherungen an der Rinde. Der Pilz kann nur durch Entfernen befallener Partien bekämpft werden.

Grauschimmel

Botrytis-Pilze, die die Erreger des → *Grauschimmels* sind, können an Tannen ein besonders ausgeprägtes, spezifisches Schadbild hervorrufen.

Schadbild: Junge Nadeln braun verfärbt, an den Triebspitzen rotbraun und herabhängend; Triebspitzen sterben ab, bei feuchtem Wetter Bildung eines grauweißen Schimmelbelags auf den Blättern.

Abhilfe: Bei der Neupflanzung auf ausreichende Abstände achten. Befallene Triebe bzw. Triebspitzen frühzeitig entfernen; bei wiederkehrendem Befall im Frühjahr mehrmals mit einem Pilzmittel spritzen.

Nadelbräune

Oft hervorgerufen durch einen Schadpilz, der vor allem auch Lebensbäume (*Thuja*) befällt. Da die Triebspitzen auch aufgrund von Umwelteinflüssen welken und absterben können, ist eine Diagnose nicht immer eindeutig zu stellen. Im Zweifelsfall sollte man daher betroffene Zweige einem Fachmann vorlegen.

Schadbild: Nadeln junger Triebe vergilben, werden schließlich braun und fallen ab; die betroffenen Jungtriebe sterben an den Spitzen völlig ab.

Abhilfe: Zweige großzügig abschneiden und vernichten; eine chemische Bekämpfung ist nur erfolgreich, wenn Spritzungen mit entsprechenden Mitteln regelmäßig durchgeführt werden.

Tannenschädlinge

Trotz ihrer robusten Nadeln sind auch Tannen durch die saugende Tätigkeit von Blattläusen bedroht. Zwei verschiedene Arten haben sich auf diese Nadelbäume spezialisiert.

Tannentrieblaus

Diese etwa 1 mm großen, dunklen Blattläuse wurden aus dem Kaukasus nach Europa eingeschleppt und schaden besonders an der ebenfalls von dort stammenden Nordmannstanne. Die Überwinterung erfolgt an den Bäumen, bei mildem Wetter beginnen die Läuse bereits im Winter zu saugen. Jährlich entwickeln sich mehrere Generationen. Starker, häufiger Befall kann den Bäumen stark zusetzen.

Schadbild: Junge Nadeln krümmen sich ein und vergilben; teils Anschwellen der Triebe und Absterben der Triebspitzen; weißliche, wachsartige Ausscheidungen auf Zweigen und Stämmen.

Abhilfe: Vorbeugend Blattlausfeinde fördern. Im Mai/Juni mit ölhaltigem Austriebsmittel behandeln; bei starkem Befall auch Bekämpfung im Sommer und Herbst mit nützlingsschonendem Präparat.

Weißtannentrieblaus

Gelbgrün und um 2 mm groß sind diese Blattläuse, die an allen Tannenarten auftreten. Sie saugen nur im Frühjahr und Frühsommer und legen schon im Juni ihre Eier an jungen Trieben ab, die dort bis zum nächsten Frühjahr überdauern.
Schadbild: Nadeln der Jungtriebe krümmen sich nach oben ein, sehen vertrocknet aus; Triebspitzen sterben ab; klebriger Honigtau an den Zweigen, der häufig von Rußtaupilzen besiedelt wird.
Abhilfe: Wie bei Tannentrieblaus, jedoch nur eine Austriebsspritzung im Mai/Juni.

Tannenwedel
HIPPURIS VULGARIS

Die einzige Art der Gattung, kennzeichnend für die Familie der Tannenwedelgewächse, ist auf der nördlichen Halbkugel weit verbreitet. Der deutsche Name lässt auf die Gestalt schließen, tatsächlich sehen die über das Wasser aufragenden Teile der Wasserpflanze wie kleine Tännchen aus.
Merkmale: Ausdauernde Wasserpflanze, ragt 10 – 50 cm über die Wasseroberfläche; kriechender Wurzelstock, schnell größere Bestände bildend; wächst meist amphibisch, d. h. teils untergetaucht, teils über dem Wasser, kann aber auch völlig als Unterwasserpflanze oder als reine Landform vorkommen; untergetaucht weiche, schlaffe Blätter an dünnen Trieben, über dem Wasser aufrechte Triebe mit quirlig angeordneten, schmalen, dunkelgrünen Blättern; nur bei Landformen unscheinbare Blüten.
Blütezeit: Mai – August
Verwendung: In stehenden wie fließenden Gewässern, am besten in der Sumpfzone von Teichen oder langsam fließenden Bächen.
Standort: Vorzugsweise sonnig bis halbschattig in möglichst kalkhaltigem Wasser, optimale Wassertiefe zwischen 5 und 20 cm.
Pflanzen/Vermehren: Pflanzung bevorzugt im Frühjahr oder Frühsommer, in Pflanzcontainern lässt sich unkontrolliertes Wuchern vermeiden; Vermehrung durch Ausläufer im Herbst.
Pflege: Anspruchslos; kann nach Bedarf geschnitten bzw. ausgedünnt werden.

Taraxacum
Botanischer Gattungsname des weltweit verbreiteten → *Löwenzahns*

Taschenkrankheit
→ *Pflaumenkrankheit*, auch als Narrentaschenkrankheit bekannt; äußert sich in verunstalteten, hellgrün bleibenden Früchten.

Taubheit
Volkstümliche Bezeichnung für eine Fehlentwicklung bei Blüten und Früchten. Eine „taube" Haselnuss z. B. enthält keinen Samen in ihrer Schale, „tauben" Blüten fehlen die Geschlechtsorgane.

Taubnessel, Gefleckte
LAMIUM MACULATUM

Taubnesseln weisen vom Blattwerk her verblüffende Ähnlichkeit mit → *Brennnesseln* (Urtica) auf, besitzen aber keinerlei Brennhaare. Außerdem entfalten sie quirlig in den Blattachseln stehende Lippenblüten, die bevorzugte Nahrungsquellen für Bienen und andere Insekten sind. Die bei uns weit verbreitete Weiße Taubnessel (*L. album*) sowie die Rote Taubnessel (*L. purpureum*) werden im Garten eher weniger gern gesehen, wobei es sich um recht harmlose Unkräuter handelt, die man in manchen Ecken durchaus dulden kann.

Sehr geschätzt dagegen ist die ebenfalls in Europa heimische, aber seltenere Gefleckte Taubnessel. Insbesondere die schönen Sorten des Lippenblütlers überzeugen durch ihre zarte Farbgebung, denn vor allem das meist weiß bis silbrig gezeichnete Laub macht den Reiz dieser Pflanze aus. In den letzten Jahren eroberte sich die Gefleckte Taubnessel sogar die Balkonkästen, wo sie als anmutige Strukturpflanze für Ruhe im sonst bunten Bild der Sommerblumen sorgt. 'White Nancy' mit silbrig überhauchten Blättern sowie 'Silbergroschen' mit silberweißem, grün gesäumtem Laub sind die bekanntesten Sorten.

Die Großblütige Taubnessel (*L. orvala*), auch Nesselkönig genannt, wirkt insgesamt ähnlich, wächst jedoch wesentlich höher und buschiger, außerdem ziert sie sich mit blassroten, braunrot gezeichneten Blüten.

Tannenwedel (Hippuris vulgaris)

Tausendblatt

Goldnessel (Lamium galeobdolon)

Rote Taubnessel (Lamium purpureum)

Weiße Taubnessel (Lamium album)

Die Goldnessel (*L. galeobdolon*), oft noch unter ihrem früheren Namen *Lamiastrum galeobdolon* geführt, bildet das gelbbunte Gegenstück zur Gefleckten Taubnessel; ihre Blätter sind dunkelgrün mit zartgelber Zeichnung, die Blüten goldgelb. Auch von dieser sehr anspruchslosen Art gibt es eine Reihe schöner Sorten.

Merkmale: Kleinstaude, buschig, durch Ausläufer größere Teppiche bildend, 15 – 30 cm hoch; ovale, zugespitzte, am Rand gezähnte Blätter in Etagen an kantigen Stängeln, bei der reinen Art grün, bei Sorten weiß bis silbern gemustert; in den Blattachseln Quirle aus weißen Lippenblüten.

Blütezeit: Mai – Juli

Verwendung: Am Gehölzrand und unter eingewachsenen Gehölzen, in naturnahen Gartenpartien; hübsch in Kombination mit Astilben, Storchschnäbeln oder Salomonssiegel; als Bodendecker sowie auch für Gefäßpflanzungen.

Standort: Am besten halbschattig, verträgt bei guter Wasserversorgung auch absonnige Lage; lockerer, frischer bis leicht feuchter, nährstoffreicher, humoser Boden.

Pflanzen/Vermehren: Pflanzung im Frühjahr oder Herbst, bei flächiger Verwendung 8 bis 10 Pflanzen pro m²; Vermehrung durch Teilung nach der Blüte oder durch Kopfstecklinge, die sich leicht bewurzeln.

Pflege: Anspruchslos; wo die Pflanzen wuchern, kann man sie durch Abstechen gut im Zaum halten.

Tausendblatt

Gattung wichtiger → *Unterwasserpflanzen*, die das Teichwasser mit Sauerstoff anreichern.

Tausendfüßer

Diese Tiergruppe (Gliederfüßer) kann zwar nicht mit den namensgebenden 1000 Füßen aufwarten (der Rekord steht bei rund 240 Beinpaaren), ist aber an den immerhin zahlreichen Beinchen – je zwei pro Körpersegment – leicht zu erkennen. Sie bilden einen wichtigen Bestandteil des → *Bodenlebens*.

Tausendschön

Einer der vielen Volksnamen des → *Gänseblümchens*, wird vor allem für die gefüllt blühenden Zuchtformen verwendet.

Taxus

Botanischer Gattungsname der immergrünen → *Eibe*

Tazette

Gruppe der → *Narzissen* mit klein- wie großblütigen Sorten, die auf Kreuzungen mit der zierlichen *Narcissus tazetta* zurückgehen.

Teefenchel

Andere Bezeichnung für den Gewürzfenchel, dessen getrocknete Früchte in Heilkräutertees Verwendung finden.
→ *Fenchel*

Teehybride

Großblumige, klassische Edelrosen, die am Ende ihres langen Stiels nur eine oder wenige Blüten tragen.
→ *Rose*

Teerose

Eine der Stammeltern der modernen Teehybriden (→ *Rose*), botanisch *Rosa × odorata*, mit kletterndem Wuchs und duftenden weißen, gelblichen oder hellrosa Blüten. Von diesen in China schon lange kultivierten Naturhybriden wurde 1809 eine Form mit halb gefüllten Blüten nach England eingeführt. Man hatte sie in der chinesischen Gärtnerei Fa-Ti (bei Kanton) entdeckt. Möglicherweise wurde aus der „Ti-Rose" im Englischen die „tea-rose", also Teerose; vielleicht bezieht sich der Name aber auch auf den Duft dieser Rose, die ‚Hume's Blush Teascented („nach Tee duftend") China' getauft wurde.

Teestrauch
Andere Bezeichnung für die großblumigen → *Kamelien;* sie sind tatsächlich mit den Sträuchern, die der Gewinnung von Schwarz- oder Grüntee dienen, eng verwandt.

Teich
Im Allgemeinen versteht man unter einem Teich ein künstlich angelegtes Gewässer mit höchstens 2 m Tiefe. Ihm entspricht als natürliches Gewässer der Weiher; ein Tümpel dagegen ist deutlich flacher und fällt zeitweise trocken. Teiche können trotz der Einstufung als Kleingewässer beachtliche Wasserflächen aufweisen, man denke etwa an historische Dorfteiche. Im Garten dagegen muss man sich meist mit kleineren Wasserflächen begnügen. Abgesehen von → *Wasserbecken* oder → *Mini-Teichen* in Kübeln liegt die Untergrenze für eine halbwegs tragfähige Gartenteichgestaltung bei 3–4 m² (auch → *Teichanlage*).

Bei den Gartenteichen lassen sich grundsätzlich verschiedene **Typen** bzw. Nutzungen unterscheiden:

■ Zierteich: Hier dominieren auffällig blühende Teich- und Wasserpflanzen; teils werden auch exotische Arten eingebracht, die man im Herbst herausnehmen und geschützt überwintern muss. Nicht selten kommen Wasserspiele, z. B. Springbrunnen, hinzu. Solche Teiche können schon mit kleinen Grundflächen Wirkung entfalten, der Pflegebedarf ist jedoch vergleichsweise hoch.

■ Naturnaher Teich, vereinfacht Naturteich genannt: Durch Gestaltung und Bepflanzung nach dem Vorbild heimischer Dorfteiche oder Weiher stellt sich hier schon wenige Jahre nach dem Anlegen ein recht stabiles Gleichgewicht ein, das den

Zierteich mit Seerosen und Goldfische

Pflegeaufwand gering hält. Zwingend ist die Berücksichtigung der verschiedenen → *Teichzonen,* die möglichst sanft abfallend ineinander übergehen sollen. Ein richtig „funktionierender" Naturteich lässt sich kaum auf einigen wenigen Quadratmetern Grundfläche anlegen – hier gilt: je größer, desto besser. Außerdem sollte nach Möglichkeit auch die nähere Umgebung in die naturnahe Gestaltung mit eingebunden werden; auch → *Naturteich.*

■ Kombination von Zier- und Naturteich: Als solche kann man den Typ Gartenteich einstufen, der sich in den letzten Jahrzehnten hauptsächlich durchgesetzt hat. Die meist eingeschränkten Grundstücksgrößen erlauben selten das Anlegen ausgedehnter Gewässer, zudem möchte man oft nicht ganz auf prächtig blühende Zuchtformen, etwa von Seerosen, verzichten. Bei sachgemäßer → *Teichanlage* und vielfältiger Bepflanzung hält sich der Pflegeaufwand sehr in Grenzen.

■ Schwimm- oder Badeteich: Wie bei einem Naturteich sorgen hier Pflanzen für die Wasserklärung. Dazu bedarf es einer eigenen Pflanz- oder Klärzone, die durch eine Mauer o. Ä. im Teich von der Schwimmzone abgetrennt ist. Für die Gesamtanlage muss man im Minimum etwa 25 m² veranschlagen; auch → *Schwimmteich.*

■ Zierfischteich: Der Teich dient hier gewissermaßen als Freilandaquarium, z. B. für auffällige Kois, Goldfische, Schleierschwänze oder Goldorfen. Es wird recht viel Aufwand und technisches Zubehör (Filter, Pumpen) nötig, um das Wasser klar und hinreichend sauerstoffreich zu halten. Außerdem muss gelegentlich der Fischbesatz reduziert werden. Empfindliche Fischarten brauchen zudem ein geeignetes, geschütztes Winterquartier. Bei mindestens 10, besser 15 m² Teichfläche und 100 cm Tiefe kann sich am ehesten ein Gleichgewicht einstellen, das mit relativ wenig Eingriffen des Teichbesitzers auskommt. Dabei hilft außerdem eine eher naturnahe Bepflanzung mit

Teichabdichtung

Ein zulaufender Bach bringt Bewegung und damit Sauerstoff ins Teichwasser.

hohem Anteil klärender Unterwasser- und Schwimmpflanzen.

Eine weitere Unterteilung ergibt sich nach Art der → *Teichabdichtung,* wobei Folienteiche und Fertigteiche aus Kunststoffschalen die meistbevorzugten Lösungen darstellen.

Die **Vorteile** eines Teichs liegen für viele Gartenbesitzer auf der Hand: Das Element Wasser bereichert jede Gartengestaltung, die damit verbundene Pflanzwelt hat einen ganz eigenen Charme und umfasst viele attraktive Arten. Zudem wird ein Gartenteich bei halbwegs naturgerechter Anlage bald zum lebendigen Biotop und lockt zahlreiche Tiere an, von badenden Vögeln über Libellen bis hin zu Amphibien. Nicht unterschätzen sollte man außerdem die Wirkung auf das → *Kleinklima:* Schon ein mittelgroßer Teich macht sich an heißen Sommertagen durch das Erhöhen der Luftfeuchtigkeit sehr angenehm bemerkbar. All diese Vorzüge lassen sich noch verstärken, wenn man einen Teich mit anderen Feuchtbereichen kombiniert, etwa mit einem → *Bachlauf* oder → *Sumpfbeet.*

Stets muss man jedoch auch die **Risiken** bedenken, die ein Teich mit sich bringt. Schon relativ flache Teiche oder Bachläufe können für kleine Kinder lebensgefährlich werden, um so mehr gilt dies für tiefe Gewässer oder gar Schwimmteiche. Immer wieder kommt es zu tödlichen Unfällen. Das Beaufsichtigen spielender Kinder sowie das frühzeitige Aufklären über die am Wasser drohenden Gefahren sollten selbstverständlich sein. Darüber hinaus ist in jedem Fall eine gute Absicherung des Teichs empfehlenswert, zumal auch zufällige Besucher wie etwa Nachbarkinder bedroht sind. Neben einer sicheren Umzäunung kommt auch das feste Installieren eines Baustahlgitters unter der Wasseroberfläche infrage; → *Kinder und Garten.*

Im Vergleich mit solchen Gefahren, die von einem Teich ausgehen können, erscheinen andere „Risiken" unerheblich. Hierzu zählt die oft befürchtete Stechmückenplage. Diese tritt jedoch – wenn überhaupt – meist nur in den ersten Jahren auf. In einem gut eingewachsenen, belebten Teich gibt es genügend Wassertiere, für die die Stechmückenlarven einen Leckerbissen darstellen. Zu möglichen Risiken zählen schließlich auch verärgerte Nachbarn, die sich durch lautes Froschquaken gestört fühlen (auch → *Frosch*) oder z. B. durch ständig plätschernde Springbrunnen. Es empfiehlt sich, das Vorhaben einer Teichneuanlage mit den Nachbarn abzusprechen, auch um eventuelle Befürchtungen gleich zu Beginn auszuräumen.

Auch → *Teichanlage,* → *Teichpflege,* → *Teichzonen*

Teichabdichtung

Sofern nicht gerade ein zeitweise austrocknender Tümpel geplant ist oder der Boden aus fast reinem Ton besteht, muss eine Teichgrube abgedichtet werden. Dafür gibt es prinzipiell zwei Möglichkeiten: Die Verwendung eines Fertigbeckens mit vorgegebener Form oder die freie Gestaltung mit Dichtungsmaterialien wie etwa Folie, Ton o. Ä.

Fertigbecken bestehen aus widerstandsfähigen, verrottungsfesten Kunststoffen, meist aus glasfaserverstärkten Polyesterharzen (GFK) oder Polyethylen (PE). Geeignete Teichbecken oder -schalen haben unregelmäßige, natürlich wirkende Umrisse sowie verschiedene Pflanzstufen, die in etwa den → *Teichzonen* entsprechen, und sind dunkel eingefärbt. Trotz ihrer Stabilität sind die Becken relativ leicht und damit gut zu transportieren. Fertigbecken eignen sich für kleine bis mittlere Teichgrößen. Mit Modellen, die nach einem Baukastensystem kombinierbar sind, lassen sich aber auch ganze Teichlandschaften anlegen oder Verbindungen zu einem → *Bachlauf* herstellen.

Teichabdichtung

Zu den wichtigsten Punkten bei der Auswahl gehört die Tiefe: In flachen Teichschalen erwärmt sich das Wasser im Sommer sehr schnell, im Winter friert es leicht bis zum Bodengrund durch. Man wählt deshalb möglichst ein wenigstens 60 cm – bei geplantem Fischbesatz 80 cm – tiefes Becken (auch → *Teichanlage*). Einen weiteren Anhaltspunkt gibt folgende Faustregel: pro m² Wasseroberfläche mindestens 400 l Wasser bzw. Fassungsvermögen. Weitere Auswahlkriterien:

- Herstellergarantie von wenigstens 10 Jahren
- Wulstartige Begrenzungen der Pflanzzonen, um ein Abrutschen von Pflanzkörben und Bodengrund zu vermeiden.
- Möglichst sanft abfallende Ränder, da steile Wandungen für Teichgäste wie Igel oder Vögel leicht zu Todesfallen werden.

Die **Teichfolie** erlaubt das Anlegen beliebiger Größen und Formen. Allerdings ist man bei Teichen unter 5 m² mit Becken meist besser beraten. Denn das Modellieren entsprechender Tiefenzonen und das Anpassen der Folie wird auf so geringem Raum recht schwierig.

Selbstverständlich dürfen als Abdichtung nur spezielle Teichfolien zum Einsatz kommen. Solche Folien sind dehn- und reißfest, verrottungsbeständig, unempfindlich gegen Mikroorganismen, weitgehend wurzelfest, beständig gegen Kälte, Hitze und UV-Strahlung, freilich auch völlig dicht und schweißnahtbeständig, des Weiteren unschädlich für Pflanzen und Tiere. Sie bestehen aus sehr stabilen, aber relativ weichen, dunkel eingefärbten Kunststoffen, meist PVC (Polyvinylchlorid), gehärtetem PE (Polyethylen) oder synthetischem Kautschuk (EPDM). Belastbarkeit und gute Verarbeitbarkeit steigen üblicherweise in der Reihenfolge PE – PVC – Kautschuk. Allerdings gibt es auch besonders hochwertige, sehr stabile PE-Folien; sie lassen sich jedoch – anders als die aus PVC – beim Verlegen nicht verkleben. Wie bei Teichbecken sollte man bei allen Folien auf eine Mindestgarantie der Hersteller von 10 Jahren achten, außerdem – besonders bei PVC-Folien – auf eine spätere Rücknahme- und Entsorgungsgarantie.

Die üblichen Folienstärken liegen zwischen 0,5 – 1,5 mm. Für kleine Teiche mit unproblematischem Untergrund genügen dünnere Folien, bei größeren, tieferen Gewässern muss man das höhere Wassergewicht bedenken und entsprechend Stärken von 1 mm oder mehr wählen. Für besondere Belastungen, beispielsweise in → *Schwimmteichen*, gibt es noch kräftigere Folien mit mehr als 2 mm Stärke. Mit Rollenware zwischen 2 und 8 m, teils sogar 10 m Breite, kann man die benötigte Foliengröße oft schon „von der Stange" kaufen (zur Ermittlung der Größe → *Teichanlage*). Andernfalls bieten Hersteller auch Sondergrößen an bzw. liefern fertig verschweißte Folien mit dem gewünschten Zuschnitt. Um die Bahnen selbst zusammenzufügen, benötigt man je nach Folienmaterial Zubehör wie Quellschweißmittel, Heißluftschweißgerät oder Spezialkleber, wobei die kritischen Nähte ein besonders sorgfältiges Verarbeiten erfordern. Es empfiehlt sich im Allgemeinen, dies dem Hersteller zu überlassen, zumal sich die Händlergarantie dann auch auf die Schweißnähte erstreckt. Bei sehr großen Teichen werden die Folien jedoch unhandlich und sind schwer zu verlegen, so dass das Verbinden der Bahnen am besten vor Ort durch eine Fachfirma erfolgt.

Mit Teichfolie lassen sich Grundriss und Teichprofil fast beliebig gestalten. Wichtig ist stets ein ausgewogenes Verhältnis von Oberfläche und Teichtiefe sowie das Herstellen verschiedener Tiefenzonen.

Trotz ausgewiesener Stabilität sind Teichfolien nicht gegen sämtliche Dauer- und Sonderbelastungen gefeit. Man verlegt sie daher nicht nur in ein ausgleichendes Sandbett, sondern bringt stattdessen oder zusätzlich noch ein **Teichvlies** unter der Folie ein. Solche Spezialvliese aus verrottungsfestem, leichtem, aber sehr stabilem Gewebe schützen vor Steinen und Wurzeln im Untergrund und lassen sich auch an steilen Stellen und Randbereichen gut einsetzen.

Eine bislang recht selten praktizierte, da teure und aufwändige Lösung ist die Abdichtung mit Kunstharz. Wie bei manchen Fertigbecken handelt es sich um Polyesterharz plus Glasfasern, weshalb man hier auch von GFK-Teichen spricht. Dabei wird entweder das flüssige **Kunstharz** auf Glasfasermatten aufgetragen oder unter Einsprühen von Glasfaserhärter verspritzt. Abschließend folgt eine naturnahe Einfärbung mit einer gelartigen Schicht. Sobald der Kunststoff ausgehärtet ist, entsteht eine äußerst stabile und sehr dichte Schale, die sich allen Unebenheiten des Bodens anpasst. Das Verfahren kann nur von Fachfirmen durchgeführt werden und setzt unbedingt trockenes Wetter voraus. Soll der Teich später einmal beseitigt werden, ist das Entfernen der Dichtungsschicht recht mühsam.

Ebenfalls größeren Aufwand erfordert ein Abdichten mit **Ton,** auch mineralische Teichdichtung genannt. Hier gibt es zwei Möglichkeiten:

■ Das Auskleiden der Grube mit vorgefertigten Tonplatten. Die angefeuchteten Tonplatten werden überlappend verlegt, mit einer Rüttelmaschine verdichtet und auf diese Weise nahtlos ineinander verzahnt.

■ Das Einfräsen von → *Bentonit,* einem Tonmehl mit besonders hoher Quellfähigkeit, in den Grubenboden. Dabei werden zumeist zwei je etwa 20 cm hohe Schichten eingebracht, fest verdichtet und schließlich nochmals mit einer mindestens 15 cm starken Erdschicht abgedeckt.

Solche sehr naturnahen Abdichtungen sollte man unbedingt einer Firma überlassen, die nicht nur über geeignetes Gerät, sondern auch über hinreichend Erfahrung mit Tondichtungen verfügt. Bei sachgemäßer Verarbeitung erweisen sich Tonplattenteiche als sehr dicht. Bezüglich der Bentoniteinarbeitung gibt es allerdings unterschiedliche Einschätzungen; hier kann der Wasserstand recht stark schwanken. Solche mineralischen Dichtungen eignen sich nur für sanft abfallende Teichprofile, da an steilen Wandungen keine ausreichende Verfestigung mit Maschinen möglich ist.

Teichbecken aus **Beton** sind weitgehend aus der Mode gekommen, da sie recht starr wirken und beim Herstellen ebenso wie ggf. bei einem späteren Entfernen viel Arbeit machen. Wo allerdings ein Teich auf sehr steinigem Untergrund angelegt werden soll, bietet sich Beton als recht gute Lösung an. Die Abdichtungen werden aus wasserdichtem Beton mit Armierung (Baustahlmatten) hergestellt. Um Risse zu vermeiden, sollten Ränder und Boden verschalt und in einem Zug gegossen werden, dies bei anhaltend trockener Witterung. Das Hinzuziehen von Fachleuten empfiehlt sich auch bei dieser Art von Abdichtung. Da auf Dauer Kalk und eventuell Schadstoffe ins Wasser gespült werden können, muss das Betonbecken mit einer Kunstharzschicht oder einer Folienauskleidung versehen, zumindest aber vor Inbetriebnahme mehrmals gründlich ausgespült werden. Um Risse durch frierendes Wasser zu vermeiden, sollte man die Becken im Winter teilweise entleeren oder eine Teichheizung einbringen.

Teichanlage

Selbst wenn nur ein kleiner Teich angelegt werden soll, ist es ratsam, das Ganze gut zu planen, vorzubereiten und sehr sorgfältig durchzuführen. Ständige Wasserverluste oder übermäßige Algenbildung sind typische Teichprobleme, die keine rechte Freude am Kleingewässer aufkommen lassen. Durch richtige Anlage lässt sich solchen unerwünschten Erscheinungen weitgehend vorbeugen.

Planung

Am Anfang steht die Frage nach dem **Standort.** Viele Wasserpflanzen, darunter die beliebten Seerosen, brauchen etwa 5 bis 6 Stunden Sonne am Tag. Andererseits sollte die Wasserfläche im Sommer möglichst nicht ganztägig besonnt werden, vor allem eine Beschattung um die Mittagszeit ist wünschenswert. Das Wasser erwärmt sich sonst zu stark, als Folge nimmt sein Sauerstoffgehalt ab. Darunter leiden vor allem die Tiere im Teich, außerdem kann es bei anhaltendem Sauerstoffmangel zur Bildung von Faulschlamm am Teichgrund kommen. Wenn sich kein Platz findet, der die genannten Voraussetzungen erfüllt, sollte man eine Rand- und Uferbepflanzung mit hochwüchsigen Stauden und Röhrichtpflanzen einplanen, die im Sommer einen Teil der Teichfläche beschatten. Auch Sträucher oder kleine Bäume am Teichufer können diese Funktion übernehmen. Man muss allerdings bedenken, das der herbstliche Blattfall Laub abwerfender Gehölze die Gewässer belastet. Deshalb meidet man nach Möglichkeit auch die Nähe großer Bäume; andernfalls muss das Laub im Herbst ständig herausgefischt werden. Bei entsprechenden Vorkehrungen (z. B. Laubschutznetzüberspannung im Herbst) und angepasster Bepflanzung kann freilich auch ein naturnaher Schattenteich angelegt werden, der sich am besten am Vorbild von Weihern im Wald orientiert.

Die Frage nach dem Standort hängt weiterhin mit dem vorgesehenen Teichtyp (auch → *Teich*) zusammen. Einen Zierteich, bei dem es einem vorrangig auf attraktive Bepflanzung und eventuell auffällige Fische ankommt, legt man am besten in der Nähe einer Terrasse oder eines Gartensitzplatzes an. Ein Naturteich, an dem sich vielfältiges Leben einstellen soll, braucht dagegen etwas Ruhe; direkt an einem Sitzplatz, auf dem häufig Garten- und Grillfeste stattfinden, oder an viel genutzten Wegen ist dies nicht gegeben.

Zum Einschätzen des Teichstandorts, auch unter gestalterischen Gesichtspunkten, gibt es eine bewährte Methode: Man legt am vorgesehen Platz mit einem dicken, gut sichtbaren Seil oder einem Gartenschlauch die Umrissform des Teichs auf dem Boden aus. So kann man nicht nur die Lichtverhältnisse im Tagesverlauf gut beobachten, sondern auch Größe und Form festlegen sowie – mit etwas Phantasie – die Gesamtwirkung im Garten überprüfen.

Zuweilen muss man eventuelle Vorbehalte der Nachbarn berücksichtigen (auch → *Teich*) und sollte dann das Gewässer nicht unbedingt nahe der Grundstücksgrenze anlegen. Auch an die beim Stichwort → *Teich* genannten besonderen Risiken für Kinder muss man bei der Standortwahl denken; in einem frei zugänglichen Gartenbereich werden ggf. besondere Sicherheitsvorkehrungen nötig.

Gut bedacht sein müssen außerdem **Größe und Tiefe** des Gewässers, im Zusammenhang damit auch die Form. Wenn tatsächlich nur eine Wasserfläche von kaum mehr als 3 m² angelegt werden kann, sind eventuell einfache geometrische Formen, die in Richtung → *Wasserbecken* tendieren, zu bevorzugen. Ein formaler Zierteich mit gut ausgewählten Pflanzen sieht im räumlich begrenzten Garten oft besser aus als ein zu klein geratener „Naturteich". Man muss stets berücksichtigen, dass die Schwimmblätter von Wasserpflanzen sowie vom Rand in den Teich einwachsende Röhricht- und Sumpfpflanzen die freie Wasserfläche ohnehin noch einschränken. Im Allgemeinen gilt: je größer der Teich, desto unproblematischer und pflegeleichter (eine entsprechende Tiefe vorausgesetzt). Die Temperaturschwankungen sind in einem großen Teich geringer, der Sauerstoffgehalt liegt höher, die Möglichkeit einer vielfältigen Bepflanzung fördert die Einstellung eines biologischen Gleichgewichts, bei dem sich die Lebensvorgänge im Teich weitgehend selbst regulieren.

Besonders wichtig ist die Relation zwischen Größe und Tiefe (bezogen auf die eigentliche Tiefwasserzone, → *Teichzonen*). Hierzu gibt es Richtwerte je nach Wasseroberfläche in m²:

- 3 – 5 m²: 60 – 80 cm Tiefe
- 5 – 15 m²: 80 – 100 cm Tiefe
- über 15 m²: 100 cm und tiefer

Die Mindesttiefe von 60 cm ist ratsam, weil dann der Teich im Winter kaum durchfrieren kann. Sollen Fische im Teich schwimmen, braucht man eine Wassertiefe von wenigstens 80 – 100 cm – lieber etwas mehr, denn im Lauf der Jahre sammelt sich organisches Material (Mulm) am Boden. Fische brauchen solche Tiefen, um sich bei großer Hitze und im Winter zurückzuziehen. Teiche sollten stets mit verschiedenen Tiefenzonen angelegt werden (bei Fertigteichen durch die Stufen bereits vorgegeben), so dass die an bestimmte Wassertiefen angepassten Pflanzen einen optimalen Lebensraum vorfinden; → *Teichzonen*. Außerdem empfehlen

1) Eingesetztes Fertigbecken: Das Becken darf keinesfalls verkanten und muss mehrmals auf waagrechten Sitz überprüft werden.

2) Bei geeigneter Teichrandgestaltung wirkt der Fertigteich schon im 1. Jahr nicht mehr wie ein Fremdkörper.

3) Spätestens ab dem 3. Jahr lassen Seerosen und üppige Randbepflanzung das Kunststoffbecken nicht mal mehr erahnen.

sich unbedingt zum Teichinnern hin flach abfallende Ränder. Zum einen können dann Tiere wie z. B. Igel, die beim Trinken ins Wasser rutschen, leicht wieder aussteigen; zum anderen wird sich so im Winter gefrorenes Wasser nach den Seiten ausdehnen, statt gegen die Abdichtung zu drücken und diese eventuell sogar zu zerstören.

Spätestens im Zusammenhang mit Größe und Form stellt sich schließlich die Frage nach dem **Material** der gewünschten → Teichabdichtung. Dann beginnt schon die sehr konkrete Planungsphase, in der auch überlegt sein will, ob Fachfirmen hinzugezogen werden sollen. Dies empfiehlt sich ganz besonders für Teiche in Hanglage, da hier spezielle Befestigungs- und Stützeinrichtungen erforderlich sind.

Auch über die Verwendung des **Aushubs**, der mehrere Kubikmeter betragen kann, sollte man sich vorher im Klaren sein. Er kann z. B. für die Gestaltung eines bepflanzten Uferwalls Verwendung finden, die obere, humose Schicht auch über Beete verteilt werden. Der nährstoffarme Unterboden lässt sich unter Umständen als Bodengrund für den Teich einsetzen, sofern nicht zu kalkreich.

Schließlich ist zu überlegen, ob eventuell besondere **Einrichtungen** nötig werden:

■ Überlauf: Starke Regenfälle verursachen manchmal regelrechte Teichüberschwemmungen, die zuweilen auch Schäden in der Umgebung anrichten. Deshalb ist es günstig, wenn man in Teichnähe eine Sickergrube mit Betonringen anlegt, die mit grobem Kies befüllt wird. Zu diesem Überlauf führt dann ein mit leichtem Gefälle verlegtes Abflussrohr oder einfach ein Stück Dachrinne. Das Abflussstück wird mit größeren Kieselsteinen beschwert und zugleich ka-

Am feuchten Teichrand gedeihen viele attraktive Sumpfstauden.

schiert. Wo die Möglichkeit besteht, eine hinreichend große Sumpfzone anzulegen, kommt man meist ohne zusätzlichen Überlauf aus.

■ Zulauf: Normalerweise genügt ein Wasseranschluss im Garten, der mit dem Schlauch erreichbar ist. Ein direkt am Teich installierter Zulauf wird lediglich bei stark besetzten Zierfischteichen nötig, wo häufig frisches Wasser zugeführt werden muss. Besonders ansprechend und vorteilhaft ist die Wasserzufuhr über einen → Bachlauf.

■ Stromanschlüsse: Diese können in Teichnähe sehr nützlich sein, etwa für den Betrieb von Teichpumpen oder eine stimmungsvolle Beleuchtung. Man sollte die nötigen → Elektroinstallationen gerade im feuchten und damit gefährlichen Umfeld von einem Fachmann ausführen lassen; dies schon vor den eigentlichen Teichbauarbeiten. Den Verlauf der Leitungen hält man am besten genau in einem Plan fest.

Daneben sind je nach Teichnutzung, vorhandenem Platz und persönlichen Vorlieben eine Reihe von Ergänzungen möglich, die schon in die Planung mit einbezogen werden sollten. Als natürlich wirkende „biologische Kläranlage" lässt sich ein → Filterteich mit dem Teich kombinieren. Der Gartenteich kann zudem als Ausgangspunkt für einen regelrechten Wassergarten dienen, indem er durch einen → Bachlauf erweitert wird. Schön macht sich an größeren Teichen z. B. auch ein stabiler Holzsteg, der die Wasserfläche überbrückt.

Vorarbeiten und Durchführung

Die günstigste **Zeitspanne** für das Anlegen eines Teichs liegt zwischen etwa Mitte April und Juni. Die meisten Wasser- und Teichrandstauden können dann gleich eingesetzt werden und sich bis zum Winter gut entwickeln. Ein Fertigbeckeneinbau ist bei entsprechendem Wetter schon im März gut möglich. Teichfolien jedoch sind bei kühlen Temperaturen starr und spröde (Ausnahme Kautschukfolien) und lassen sich deshalb am

TEICHANLAGE

Mit Folie lassen sich sanfte Übergänge zum Uferbereich gestalten.

besten im späten Frühjahr oder Frühsommer verarbeiten. Mit dem Herstellen der Grube kann man freilich schon früher oder sogar im Herbst beginnen. Bei großen, tiefen Teichen ist zu überlegen, ob man eine Firma heranzieht; denn das Ausheben mit Spaten, Schaufel und ggf. mit einem Pickel zum Aufbrechen macht vor allem bei dichtem oder steinigem Untergrund einige Mühe. Grassoden werden zuvor abgestochen und entweder kompostiert oder bei der Teichrandgestaltung eingesetzt.

Fertigbecken stellt man an der vorgesehen Stelle auf und zeichnet den Umriss mit Pflöcken oder einfach durch Einritzen mit dem Spaten auf dem Boden an. Die Grube wird in der Form des Beckens ausgehoben, nach allen Seiten hin 10 – 20 cm breiter, nach unten 10 cm tiefer, als das Becken hoch ist. Dann große Steine und Wurzeln aus der Grube entfernen und die Wandungen glätten. Eine 10 cm starke Sandschicht auf dem Untergrund einbringen und feststampfen. Nun wird das Becken eingesetzt und mithilfe einer Wasserwaage (bei größerem Beckendurchmesser auf eine gerade Latte auflegen) so ausgerichtet, dass die Oberkante waagrecht steht. Auch bei allen folgenden Schritten muss die Lage immer wieder mit der Wasserwaage überprüft werden. Das Becken darf keinesfalls verkanten oder mit hohem Kraftaufwand in die richtige Lage gedrückt werden. Bei Schwierigkeiten holt man es besser wieder heraus und gräbt an der problematischen Stelle nochmals Erde ab.

Nachdem das Becken richtig sitzt, füllt man es zu etwa einem Drittel mit Wasser. Anschließend werden die Hohlräume zwischen Becken und Grube ringsum mit Sand aufgefüllt. Dabei schon während des Einfüllens den Sand beständig mit Wasser einschlämmen. Zum Schluss den oberen Rand von außen mit Erde abdecken oder mit Kieseln und Steinen kaschieren. Dann kann – ggf. nach Einbringen von nährstoffarmem Bodengrund und/oder Kies – die → *Teichbepflanzung* und das (langsame) Einfüllen des restlichen Wassers erfolgen.

Bei einem **Folienteich** – wie auch bei anderen → *Teichabdichtungen* für die freie Gestaltung – gibt erst der Aushub Form und Tiefenstufen vor, d. h., er muss sehr genau geplant und abgesteckt werden. Beim Umriss hilft wiederum die bereits erwähnte Schnur oder ein Schlauch, womit die gewünschte Form auf dem Boden festgelegt wird. Die weiteren Schritte sind auf der PRAXIS-SEITE Teichanlage mit Folie – die wichtigsten Schritte (S. 880/881) beschrieben.

Sofern nicht im Vorfeld ein sehr exakter Plan mitsamt den genauen Abmessungen aller Tiefenzonen angefertigt wird, ist es am sichersten, die **Foliengröße** anhand der der fertig gestellten Grube zu ermitteln. Dafür gibt es zwei Möglichkeiten:

■ Je eine Schnur der Länge und der Breite nach durch die Teichgrube legen; darauf achten, dass die Schnüre überall dem Teichprofil anliegen. Mit einem Zuschlag von 40 – 50 cm an jedem Schnurende (Überlappungsreserve) erhält man die benötigte Folienlänge und Breite.

■ Länge und Breite des Teichprofils von Uferrand zu Uferrand abmessen (jeweils an den längsten Distanzen). Dann errechnen sich die Folienmaße nach folgender Formel:

Folienlänge = $L + 2 \times T + 2 \times R$
Folienbreite = $B + 2 \times T + 2 \times R$

(L und B = gemessene Länge und Breite; T = tiefste Stelle im Teich, R = Randzuschlag von 40 – 50 cm)

Größere Folienreste bewahrt man am besten auf, um sie notfalls für **Reparaturen** einzusetzen. Falls später trotz aller Vorsichtsmaßnahmen die Folie beschädigt wird, kann man sie mit Reststücken und einem Spezialklebers flicken. Dazu das Wasser bis zum Leck ablassen, die beschädigte Stelle reinigen und vor Auftragen des Klebers gut abtrocknen lassen.

Teichanlage mit Folie – die wichtigsten Schritte

1. Die Ränder müssen immer wieder auf waagrechte Lage überprüft werden.

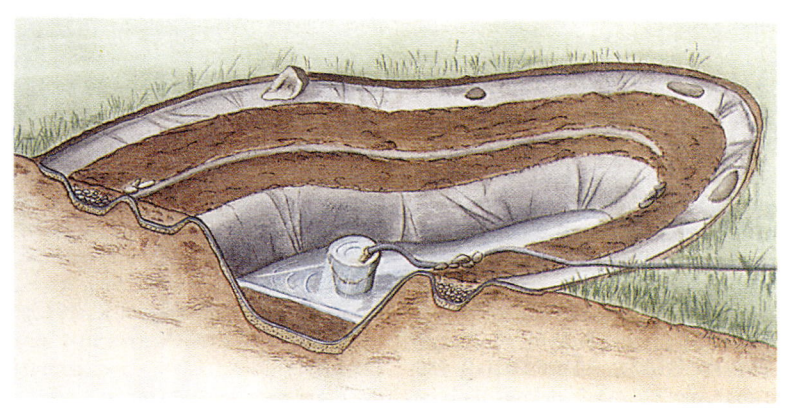

2. Wasser langsam und vorsichtig, am besten über einen Eimer, einlassen.

Die Folienränder werden zuerst umgeschlagen und dann ganz zum Schluss nach Einfüllen des Wassers gestaltet.

Vorbereitung der Teichgrube

Nach sorgfältiger Standortwahl und Planung (→ *Teichanlage*) steckt man den vorgesehenen Umriss (einschließlich der bodenfeuchten Randzone) rundum mit Holzpflöcken ab. Zur vorgesehenen Wassertiefe in den einzelnen → *Teichzonen* sollten beim Ausheben großzügige Zuschläge kommen. Einberechnen muss man die Auflage- und Folienschutzschicht aus Sand (5 – 10 cm stark) und eventuell Teichvlies sowie den späteren Bodengrund auf der Folie (10 – 20 cm), in der Tiefenzone außerdem die allmähliche Bildung einer Mulmschicht (bis 10 cm). Rechnet man jeweils Wassertiefe plus 30 – 40 cm, hat man abschließend genügend Spielraum, um die einzelnen Stufen ganz nach Belieben zu modellieren.

Zunächst wird der humose Oberboden bis etwa 25 cm Tiefe abgetragen und gesondert abgelegt. Dann kommt der Bereich der Flachwasserzone an die Reihe (auch dessen Umriss zuvor markieren). Man hebt den Boden in diesem Bereich je nach vorgesehener Größe und Gesamttiefe 30 – 60 cm tief aus, wobei man schon in etwa das Gefälle zur tiefen Wasserzone hin berücksichtigt. Diese wird schließlich, je nach Teichgröße, mindestens 80 – 90 cm tief ausgehoben.

Schon während der Grabarbeiten sollte man immer wieder die Uferränder auf waagrechte Lage prüfen, in jedem Fall aber nach Abschluss des Grobaushubs und dann wiederum nach Modellieren der Teichränder. Bei kleineren Teichen geht das recht gut mit einer Wasserwaage auf einer geraden Latte bzw. einem dünnen Kantholz, das man in möglichst vielen verschiedenen Richtungen diagonal über das Teichprofil legt. Die Umrissmarkierungspflöcke können zum Anzeichnen der korrekten Ausrichtung dienen; je nach Bedarf wird dann an den Rändern Erde aufgefüllt oder abgegraben. Größere Teichgruben lassen sich mithilfe einer → *Schlauchwaage* überprüfen.

Der Untergrund muss äußerst sorgfältig von scharfkantigen Steinen und kräftigen Wurzeln befreit werden. Dann modelliert

PRAXIS

man die Tiefenzonen und stampft alle Flächen fest. Nun wird die gesamte Grube am besten mit einer Sandschicht ausgepolstert und/oder zumindest an kritischen Stellen mit einem Teichvlies (→ *Teichabdichtung*) ausgelegt.

Verlegen der Folie

Schon kleine Folien verlegt man am besten wenigstens zu zweit, bei großen Teichen werden mehrere Helfer benötigt. Im Bereich der vorbereiteten Teichgrube sollte man sich nur auf Brettern bewegen, um modellierten Untergrund und Sandschicht nicht mehr zu beeinträchtigen. Dabei beachten: Häufig ist die Folienunterseite glatt, die rauere Seite muss nach oben weisen. Nach dem Auslegen drückt man die Folie in Winkeln, Ecken und Einbuchtungen etwas an und glättet so weit wie möglich Falten, die sich allerdings kaum ganz vermeiden lassen.

Nun werden die Ränder wieder auf gleiche Höhe überprüft, um im Bereich der Folienränder, wenn nötig, nochmals zu korrigieren (Erde unterfüttern oder abgraben). Anschließend fixiert man die umgeschlagenen Folienränder am Ufer vorläufig mit Steinen. Sie werden erst zum Schluss fertig gestellt und gestaltet.

Befüllen und Bepflanzen

Wer es ganz genau nimmt, lässt zuerst einmal langsam Wasser einlaufen und pumpt es nach einigen Tagen wieder ab, um zu überprüfen, ob alles in Ordnung ist. Nun kann auf der Teichsohle Bodengrund (vgl. Checkliste) für Seerosen und andere Schwimmblattpflanzen eingebracht werden sowie eventuell eine Abdeckung mit feinem Kies, auch auf den höheren Pflanzstufen. Anschließend erfolgt Stufe für Stufe die → *Teichbepflanzung,* vorzugsweise mittels Pflanzkörben. Nach Bepflanzung jeder Tiefenzone füllt man langsam mit Wasser auf (auch → *Teichwasser*), am besten indirekt, indem das Schlauchende in einen aufgestellten Eimer gelegt wird. So lässt sich das Aufwirbeln von Bodengrund verhindern. 2 bis 3 Tage nach Bepflanzen und Befüllen der Sumpfzone kann man sichergehen, dass die Folienränder nicht mehr nachrutschen. Durch senkrechtes Hochziehen des letzten Folienstücks und Abschneiden kurz über der Erdoberfläche entsteht eine → *Kapillarsperre,* die das Absaugen von Wasser durch angrenzendes Erdreich verhindert. Noch besser ist es, wenn man um den Teich herum einen flachen Graben zieht, diesen ganz mit der Randfolie auslegt, den Folienüberstand außerhalb des Grabens in der Erde befestigt und die so entstehende Rinne mit groben Kieseln füllt.

CHECKLISTE

Anforderungen an den Bodengrund:
- unbedingt nährstoffarm
- kein hoher Kalkgehalt
- eher grobkörnig als zu weich

Bevorzugt eignen sich:
- nährstoffarmer Aushub, je nach Konsistenz mit Sand oder Lehm vermischt
- Sand-Lehm-Gemisch im Verhältnis 2 : 1
- spezielle Wasserpflanzenerde

Teichranddetail: Die Folie wird über einen Wulst geleitet, kleidet dann die Feuchtzone aus und dient schließlich, senkrecht hochgezogen, als Absaugsperre.

TIPP

Wenn Sie sich die Arbeit erleichtern wollen, dann legen Sie die Folie vor dem Einbauen möglichst einige Stunden in die Sonne. Da sie durch die Erwärmung weicher wird, lässt sie sich anschließend wesentlich leichter verarbeiten.

Teichbepflanzung

Beim Bepflanzen von Gartenteichen orientiert man sich grundsätzlich an natürlichen Vorbildern. In einem Weiher z. B. siedeln sich in den verschiedenen Tiefenbereichen jeweils bestimmte Pflanzengesellschaften an. Dies ahmt man mit den → *Teichzonen* nach; selbst kleinere Fertigteiche bieten dazu mittels der vorgefertigten Pflanzstufen entsprechende Möglichkeiten. Demgemäß unterteilt man die → *Teichpflanzen* in verschiedene Gruppen, je nach Ansprüchen bzw. Verträglichkeit in Bezug auf die Wassertiefe. Zur **Pflanzdichte:** Es ist ratsam, die Erstbepflanzung eher etwas zurückhaltend vorzunehmen und später dann bei Bedarf zu ergänzen. Anfangs als spärlich empfundene Bepflanzungen entwickeln sich häufig schon nach 1 bis 2 Jahren zu dichtem Bewuchs. Im Sumpf- und Flachwasserbereich genügen meistens 3 bis 5 Pflanzen pro m². Man sollte stets darauf achten, dass die Wasserfläche höchstens zu zwei Dritteln überwachsen wird; bei einem kleinen Teich reicht deshalb häufig schon eine Seerose, bei mehr als 10 m² Fläche genügen in der Regel 3 oder 4 Exemplare, je nach Wuchsstärke der Sorten. Für einen ausreichenden Besatz mit Unterwasserpflanzen empfehlen sich 2 bis 3 Exemplare pro m² Wasserfläche.

Meistens werden Teichgewächse als → *Containerpflanzen* angeboten, so dass man sie fast das ganze Jahr über einsetzen kann. Besonders günstig ist allerdings gerade für die eigentlichen Wasserpflanzen ein **Termin** im April/Mai; empfindliche, exotische Arten sollten erst nach Mitte Mai gepflanzt werden. Etwas anders verhält es sich mit den robusten, sommerblühenden Stauden, die den Teichrand zieren. Sie kommen am besten im September oder im zeitigen Frühjahr in die Erde, Frühjahrsblüher dagegen nach der Blüte, also meist im Frühsommer.

Steile Ränder lassen sich gut mithilfe von Böschungstaschen begrünen.

Wasserpflanzenkörbe aus Kokosfasergeflecht

Der **Pflanzvorgang** bei den Teichrand-, Sumpf- und Flachwassergewächsen entspricht dem üblichen Vorgehen bei Stauden, → PRAXIS-SEITE Pflanzung von Blumen, Stauden und Gemüse (S. 672/673).

Allerdings gibt es gerade unter den Arten für Sumpf und Flachwasser so einige, die man am besten in speziellen Pflanzkörben oder -containern einsetzt, da sie zu kräftigem Wuchern neigen.

Hierzu zählen z. B. Hechtkraut, Binsen, Rohrkolben und Schilfrohr. Man kann sie auch durch Einbringen einer Rhizom- oder Wurzelsperre begrenzen; als solche bietet der Fachhandel kräftige, nicht verrottende Folien an, mit denen man das Pflanzloch auslegt. In den Boden eingelassene Betonringe oder große, stabile Kunststoffeimer mit herausgetrenntem Boden lassen sich ebenfalls als Wurzelsperren verwenden.

Eine besonderen Pflanzhilfe für steile Teichränder und Böschungen stellen → *Böschungsmatten* und -taschen dar.

Sumpf-, Flachwasser- sowie auch → *Schwimmblattpflanzen* wurzeln in einem Weiher direkt im schlammigen Boden. Wird auf den Tiefenstufen des Gartenteichs geeignetes Substrat ausgebracht, kann man auch hier in den **Bodengrund** pflanzen. Der muss nährstoff- und möglichst kalkarm sein; humose Gartenerde oder gar Kompost eignen sich dafür nicht. Infrage kommt dagegen der Aushub aus den tieferen Bodenschichten, der bei der → *Teichanlage* anfällt; je nach Beschaffenheit verbessert man ihn mit Zuschlagsstoffen wie Sand und feinem Kies bzw. Lehmboden/Ton oder etwas ungedüngtem Torf. Auch Flusssand-Lehm-Mischungen im Verhältnis 2 : 1 bis 3 : 1 werden für diesen Zweck empfohlen. Käufliche Teich- bzw. Wasserpflanzenerde kann ebenfalls Verwendung finden, bei großen Teichen wird dies allerdings recht teuer.

Da sich wüchsige Wasserpflanzen oft unerwünscht ausbreiten und andere, empfindlichere Vertreter überwuchern, hat sich anstelle des freien Auspflanzens vielfach das Einsetzen in **Wasserpflanzenkörben** bewährt. Außerdem kann man so nicht winterharte Wasserpflanzen einfach aus dem Teich nehmen und ins Winterquartier bringen. Nicht ganz so empfindliche Arten lassen sich vor Wintereinbruch mitsamt den Körben in tiefere Wasserbereiche schieben, wo sie vor Frost besser geschützt sind. Die Körbe werden teils auch als Container bezeichnet; im Gegensatz zu Pflanzcontainern, in denen man die Jungpflanzen erhält, müssen sie jedoch durchlässig sein, um Gasaustausch und das Hindurchwachsen von Feinwurzeln zu ermöglichen. Häufig finden feinmaschige Gitterkörbe Verwendung, die man vor Einfüllen der Erde mit Wasserpflanzentüchern, dünnen Kokosfasermatten oder Zeitungen auslegt, um das Ausspülen von Substrat zu verhindern. Alternativen sind Kokosfaserkörbe sowie Wasserpflanzentüten aus Kunststoffgeflecht.

Solche Behältnisse werden mit Wasserpflanzenerde – keinesfalls mit Blumenerde oder Kompost – befüllt, dann setzt man die Pflanzen bzw. Rhizome (auch → *Seerose*) ein. Kieselsteine auf der Oberfläche der Körbe dienen als Beschwerung und verhindern, dass die Erde ausgeschwemmt wird.

Die fertig bepflanzten Körbe stellt man auf die entsprechenden Tiefenstufen. In kleinen Teichen gelingt dies problemlos vom Rand aus; zur Not legt man sich auf den Bauch, um die Körbe an Ort und Stelle unterzubringen. In größeren Teichen legt man ein stabiles Brett quer über den Teich und lässt die Körbe von dort an langen Haken ins Wasser. Befestigt man einen stabilen Henkel aus Draht am Korb, kann man ihn auch am langem Stock wie mit einer Angel in den Teich setzen und entsprechend für Pflegemaßnahmen später leicht wieder entnehmen.

Unterwasserpflanzen, die man in wassergefüllten Kunststoffbeuteln erhält, sollten möglichst bald aus diesen Transportbehältnissen befreit werden. In Flachwasserbereichen kann man sie direkt in den Bodengrund setzen. Ansonsten werden sie an einem Stein befestigt und einfach ins Wasser geworfen.

Teichbinse
Andere Bezeichnung für die → *Teichsimse*

Teichfilter
Bei guter → *Teichanlage,* hinreichender Gewässergröße und ausreichendem Besatz mit Unterwasserpflanzen ist der Einsatz eines Teichfilters nicht unbedingt erforderlich. Kommen jedoch verschiedene „Stressfaktoren" zusammen (auch → *Teichpflege*), können Teichfilter dazu beitragen, die Verhältnisse im Wasser zu stabilisieren. Besonders bei Besatz mit Fischen, die den Bodengrund aufwirbeln, z. B. Goldfischen und Kois, sind sie nahezu unentbehrlich.

Teichfilter saugen das Teichwasser über eine Pumpe ein und leiten es durch eine mechanisch wirkende Filteranlage, in der Algen, Schwebstoffe und kleinste Schmutzteilchen zurückgehalten werden. Verbreitete Filtermedien sind Kies, Naturstein- oder Torfgranulate, Schaumstoffe sowie Kunstfaser- oder Kokosmatten; Mehrkammersysteme bieten häufig noch eine Vorreinigung mit Filterbürsten. Bei vielen Modellen durchströmt das Wasser eine zusätzliche biologische Stufe, in der Bakterien belastende Substanzen festlegen oder in Nährstoffe für die Teichpflanzen umwandeln. Das gereinigte Wasser wird in den Teich zurückgepumpt. Dadurch kommt auch etwas Bewegung ins Oberflächenwasser, was den Sauerstoffgehalt erhöht.

Da die eigentlichen Filter bzw. Filtermedien von Zeit zu Zeit gereinigt oder ausgetauscht werden müssen, platziert man Filteranlagen möglichst gut zugänglich. Man sollte sie nicht tiefer als 50 cm einsetzen, dies auch,

Teichfilter

um die tieferen, kühleren Wasserschichten nicht ständig nach oben zu pumpen. Im Winter nimmt man die Filter aus dem Teich heraus und lagert sie frostfrei.

Neben den Unterwasser- bzw. Saugfiltern sind auch Druck- sowie Schwerkraftfiltersysteme im Angebot, die außerhalb des Teichs installiert werden und so wesentlich einfacher zu reinigen sind. Eine weitere „externe" Lösung, die mit geringer Pumpenleistung auskommt, ist ein vorgeschalteter → *Filterteich* in Form eines Fertigbeckens.

Beim Kauf von Filtersystemen muss man in jedem Fall darauf achten, dass Wasserdurchsatz und Pumpenleistung für die vorhandene Teichgröße ausreichen.

Teichfolie
Speziell für diesen Zweck gefertigte, stabile Folien aus verschiedenen Kunststoffen, → *Teichabdichtung*. Sonderausführungen sind mit kleinen Steinen beschichtet („Steinfolie") oder als so genannte Schwimmteichfolien durch eine Gewebeeinlage verstärkt.

Teichheizung

Teichheizungen werden in erster Linie in Fischteichen mit Kois eingesetzt, für die keine Überwinterungsmöglichkeit im Haus besteht. Da diese farbenprächtigen, kälteempfindlichen Zierfische nicht unbedingt eine Winterruhe brauchen, installieren manche Koifreunde am Teich regelrechte Heizungssysteme nach dem Wärmetauscherprinzip. Diese werden dann an die Zentralheizung angeschlossen und halten die Wassertemperaturen über Winter bei 10 – 18° C.

Einfacher als solche Installationen, die Beratung durch eine Fachfirma erforderlich machen, ist der Einsatz eines so genannten Teichheizers. Dabei handelt es sich um einen an einer Styroporplatte befestigten Heizstab, der auf dem Wasser schwimmt. Er wird üblicherweise nur bei gefrorener Wasserfläche eingesetzt, um ein Loch von ca. 50 cm Ø für den Gasaustausch freizuhalten.

Abgesehen von Koiteichen ist der Einsatz solcher Geräte umstritten. Andere Fischarten überwintern am besten in tieferen Bereichen des Teichs bei etwa +4° C. Durch die Wärme des Teichheizers werden sie nach oben gelockt. Das Unterbrechen der Ruhephase zur Unzeit kann zu einem Fischsterben im Winter oder darauf folgenden Frühjahr führen.

Teichpflanzen

Zu den Teichpflanzen rechnet man neben den eigentlichen Wasserpflanzen auch die Landpflanzen des feuchten Uferbereichs. Ihre Untergliederung ergibt sich gemäß der verschiedenen → Teichzonen:

■ Der **Teichhintergrund** kann als erweiterte, wasserferne „Teichzone" angesehen werden. Hier pflanzt man hohe Stauden oder auch kleine Gehölze, bevorzugt zur Südseite hin, um dem Gewässer über Mittag etwas Schatten zu verschaffen. Zugleich rahmen sie den Teich auf passende Weise und bilden einen harmonischen Übergang zum restlichen Garten. Schön machen sich hier naturnahe Stauden mit Tendenz zum feuchten Standort, z. B. Akeleien, Anemonen, Blutweiderich, Felberich oder Fingerhut. Zwischen ihnen lässt sich gut ein Stein- oder Totholzhaufen platzieren, der Teichtieren als Unterschlupf und Überwinterungsquartier dient. Für etwas exotisches Flair können Bambus oder Chinaschilf und Taglilien sorgen. Unter den Gehölzen bieten sich beispielsweise kleine Ahornarten, Felsenbirne, Eibe und Rhododendren an. Die Gestaltung eines ausgeprägten Teichhintergrunds ist freilich eine Platzfrage, bei beengten Verhältnissen muss er oft ganz entfallen.

■ Am feuchten, aber nicht wasserüberfluteten **Teichrand** wachsen zahlreiche Stauden und Gräser, auf der wasserabgewandten Seite des Uferstreifens auch Knollen- und Zwiebelblumen. Es handelt sich vielfach um Arten, die man sonst gern an den Gehölzrand pflanzt. Häufig bevorzugen sie Halbschatten, gedeihen bei ständiger Bodenfeuchte oft aber auch in der Sonne. Typische Vertreter sind u. a. Primeln, Frauenmantel, Trollblume und Sibirische Schwertlilie (*Iris sibirica*). Eine besondere Rolle spielen hier Teppiche bildende Pflanzen wie Pfennigkraut und Günsel, die unschöne Ränder und überstehende Folienreste schnell bedecken.

■ In der meist überfluteten **Sumpfzone** fühlen sich Pflanzen wohl, die mit dem schlammigen, sauerstoffarmen Substrat zurecht kommen, etwa Blumenbinse, Fieberklee, Froschlöffel, Kalmus, Mädesüß, Sumpfvergissmeinnicht, Seggen und Binsen. Man rechnet sie bereits zu den Wasserpflanzen; manche gedeihen auch im tieferen Wasser bis 30 oder 40 cm, teils ebenso im feuchten, aber nicht nassen Randbereich.

Fieberklee – hübsche Sumpfpflanze, die zum Wuchern neigt.

Ansprechende Schwimmblattpflanze: die Wassernuss

Wasserlinsen müssen des Öfteren aus dem Teich abgefischt werden.

Die Sumpfschwertlilie verträgt bis 30 cm Wasserstand.

Der Wasserhahnenfuß lebt zum Großteil untergetaucht.

Seltene Schönheit: Seerose (Nymphaea caerulea) 'Blue Lotus'

■ Bei den Pflanzen des **Flachwassers** sind Wurzeln und untere Sprossteile ständig von Wasser bedeckt. Charakteristisch für diese Zone und den Übergang zum Sumpfbereich sind Röhrichtpflanzen wie Rohrkolben und Igelkolben. Interessant wirken hier z. B. auch urtümlich anmutende Gewächse wie Schachtelhalme oder Tannenwedel. Schöne Blüher für diesen Bereich sind Hechtkraut, Pfeilkraut und Sumpfschwertlilie. Gerade in dieser Pflanzengruppe gibt es viele Arten, die kräftig wuchern, wenn man nicht schon beim Pflanzen entsprechende Vorkehrungen trifft (→ *Teichbepflanzung*).

■ Im Übergang vom Flach- zum **Tiefwasser** befindet sich der bevorzugte Bereich vieler im Boden wurzelnder Schwimmblattpflanzen, z. B. Wassernuss und Froschbiss. Die eigentlichen Beherrscher des tiefen Wassers sind jedoch die Seerosen oder auch Gelbe Teichrose und Seekanne mit großen, dekorativen Schwimmblättern und auffälligen Blüten. Dazu gesellen sich die nicht im Boden verankerten → *Schwimmpflanzen* wie Krebsschere und die teils lästig werdenden kleinen Wasserlinsen. Die meisten Schwimmpflanzen sind allerdings nicht unbedingt auf tiefes Wasser angewiesen, sondern entwickeln sich schon bei 20 – 30 cm Wasserstand recht gut.

Unauffällig, aber für die Wasserklärung und Sauerstoffversorgung unentbehrlich sind schließlich → *Unterwasserpflanzen*, etwa Hornblatt und Tausendblatt. Manche davon können als „Grenzgänger" bei niedrigem Wasserstand auch eine Landform entwickeln, so etwa Nadelsimse und Tannenwedel; andere leben halb untergetaucht, halb über der Wasseroberfläche, z. B. Wasserstern und Wasserfeder, die man deshalb oft als Schwimmpflanzen einstuft.

Teichpflege

Grundsätzlich gelten Gartenteiche als pflegeleicht – sofern richtig angelegt und bepflanzt sowie nicht zu stark mit Fischen besetzt. Aufwändige und oft auch unangenehme Arbeiten fallen vor allem dann an, wenn das Gleichgewicht im Wasser gestört ist und die Selbstreinigungskräfte versagen. Dies stellt allerdings nicht unbedingt den seltenen Ausnahmefall dar. Gartenteiche sind – zwangsläufig – oft recht klein; das geringe Wasservolumen macht das ganze „Ökosystem" recht anfällig für Störungen. Oft muss man zudem bei der Standortwahl (→ *Teichanlage*) Kompromisse eingehen, auch sonstige Faktoren können nicht immer optimal gestaltet werden.

Das Hauptaugenmerk liegt deshalb auf der Vorbeugung und notfalls Behebung von Teichproblemen. Hierzu zählen in erster Linie starker Algenwuchs und Sauerstoffmangel im Wasser, wodurch auch Pflanzen, Fische und andere Teichbewohner in Mitleidenschaft gezogen werden.

Wassertrübung und Algenvermehrung sind bis zu einem gewissen Grad normale, vorübergehende Erscheinungen. Vor allem im Frühjahr kommt es oft zu Wassertrübung, bei warmem Wetter häufig auch zu verstärktem Auftreten von Fadenalgen. Das reguliert sich in gut eingewachsenen Teichen meist nach einigen Wochen, wenn alle Lebensprozesse in Gang gekommen sind, von selbst. Unter normalen Umständen be-

Teichpflege

kommt man auch eine kurzzeitige Algenblüte (Massenvermehrung) im Hochsommer durch regelmäßiges Entfernen in den Griff. Anhaltende Wassertrübung und übermäßiger Algenwuchs weisen jedoch auf grundlegende Störungen hin. Hauptursache ist meist ein zu hoher Nährstoffgehalt im Wasser, teils auch ein hoher → *pH-Wert*, der die Algenvermehrung begünstigt. Sofern die Gründe nicht ohnehin offensichtlich sind, gibt ein Wassertest (Beauftragung über den Fachhandel) Aufschluss. Ein enger Zusammenhang besteht schließlich auch mit dem nachfolgend beschriebenen Sauerstoffmangel, der den mikrobiellen Nährstoffab- und -umbau behindert und wiederum durch Algenbeläge verschärft wird. Im schlimmsten Fall kommt es zum gefürchteten „Umkippen" des Gewässers (auch → *Eutrophierung*). Dann hilft nur eine Neuanlage des Teichs.

Neben den bereits bei der → *Teichanlage* erwähnten Punkten hier die wichtigsten Vorbeugungs- und Gegenmaßnahmen:

- Nährstoffarmen Bodengrund und spezielle Wasserpflanzenerde verwenden.
- Hartes Leitungswasser vor Verwendung als → *Teichwasser* unbedingt aufbereiten.
- Teichwasser durch Einhängen von Torfbeuteln etwas ansäuern.
- zurückhaltende Düngung der Teichpflanzen, nur mit dafür geeignetem Wasserpflanzendünger
- Einschwemmen von nährstoffreichem Gartenboden verhindern.
- Genügend Unterwasserpflanzen einsetzen, die durch Nährstoffentnahme direkt aus dem Wasser klärend und algenhemmend wirken; gilt teils auch für Schwimmpflanzen.
- Algen fressende Wasserschnecken wie Posthornschnecken einsetzen.
- Durch Entfernen von abgestorbenen Pflanzenteilen und Herbstlaub Belastung mit verwesendem organischem Material verringern.
- Gelegentlich Schlamm am Teichgrund entfernen (mit der Hand oder einem Schlammsauger).
- Fischbesatz gering halten bzw. reduzieren (da Nährstoffanreicherung durch Ausscheidungen und bei manchen Arten durch Gründeln, d. h. Aufwühlen des Teichgrunds).
- Fische sachgemäß und zurückhaltend füttern.
- Verwendung von → *Teichfiltern*
- wiederholte, vorsichtige Frischwasserzufuhr
- Algen frühzeitig und regelmäßig abfischen.

Von chemischen Algenbekämpfungsmittel ist unbedingt abzuraten; sie beeinträchtigen auch andere Lebewesen im Teich, ein Gleichgewicht kann sich so nicht einstellen.

Sauerstoffmangel tritt zum einen im Sommer bei starker Erwärmung des Teichwassers auf, zum anderen im Winter unter zugefrorener Oberfläche. Er beeinträchtigt zunächst einmal Fische und andere Teichtiere, die im Extremfall sterben, auf Dauer auch die Pflanzen und Mikroorganismen im Teich. In der Folge bilden sich verstärkt Faulschlamm auf dem Teichboden sowie giftige, entsprechend übel riechende Faulgase im Wasser.

Auch hier beugt wiederum die richtige → *Teichanlage* mit hinreichend Wasservolumen und -tiefe am besten vor, außerdem eine Beschattung um die Mittagszeit. Die Erwärmung der tieferen Wasserschichten wird zudem durch Schwimmblattpflanzen etwas herabgesetzt. Wenigstens ein Drittel der Wasseroberfläche muss jedoch frei bleiben, damit die wichtigsten Sauerstoffproduzenten, die Unterwasserpflanzen, genügend Licht erhalten.

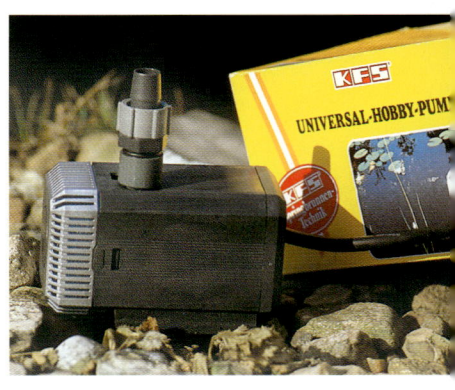

In Teichen dürfen nur speziell dafür ausgewiesene Pumpen mit entsprechenden Sicherheitssiegeln Verwendung finden.

Schließlich sorgt auch bewegtes Wasser (z. B. Zulauf aus Bach oder Sprudelstein, Umwälzung durch Pumpen/Filter) für erhöhten Sauerstoffgehalt. Akute Maßnahmen, um in heißen Sommern ein Fischsterben zu verhindern, sind die häufige, aber langsame Zufuhr von Frischwasser sowie das Einbringen von Sauerstofftabletten.

Vielfach empfohlen wird der so genannte Oxidator (auch in der Schreibweise Oxydator). Es handelt sich um ein Keramikgefäß, das mit einer Wasserstoffperoxid-Lösung befüllt und im Teich aufgestellt wird. Es führt dem Teichwasser beständig reinen Sauerstoff zu, wobei die erzeugte Menge in Abhängigkeit von der Wassertemperatur steigt. Das stromunabhängige Gerät funktioniert durch chemische Umsetzung mithilfe der Spezialkeramik und sorgt selbst im Winter für eine ausreichende Sauerstoffversorgung im Wasser.

Die Kombination Oxidator plus → *Eisfreihalter* gilt schließlich auch als eine der besten Lösungen, um im **Winter** bei zugefrorener Eisfläche einerseits den nötigen Sauerstoffgehalt, andererseits den Abzug von Kohlendioxid und Faulgasen zu gewährleisten. Vorteilhaft sind diesbezüglich auch Halme und Stiele von Sumpf- und Wasserpflanzen, die man über Winter stehen lässt. Sie sorgen für kleine Luftkanäle in der Eisschicht. Kurzfristig helfen das vorsichtige Schmelzen eines Lochs mit heißem Wasser sowie der Einsatz einer Teich- bzw. Aquariumluftpumpe.

Von früher öfters empfohlenen Lösungen wie dem Einstellen von Stroh- oder Schilfbündeln sowie dem Aufhacken von Löchern wird heute allgemein abgeraten. Sie zeigen nicht nur wenig Wirkung; das Aufhacken kann auch Fische im Teich gefährden.

Neben solchen grundlegenden Vorkehrungen und Arbeiten fallen einige allgemeine **Wartungsmaßnahmen** an. Dazu zählt das regelmäßige Reinigen von Pumpen und Filtern, die man meist im Winter aus dem Teich nehmen muss, sowie das gelegentliche Nachfüllen von Wasser. Dieses verdunstet im Sommer direkt über die Wasseroberfläche bzw. durch Transpiration über die Blätter der Pflanzen. Daher sollte der Wasserstand regelmäßig kontrolliert und ggf. ausgeglichen werden. Die Befüllung erfolgt stets langsam und mit geringem Wasserdruck, zum einen, um keine Teicherde aufzuwirbeln, zum andern, um krasse Temperaturänderungen durch kaltes Leitungswasser zu vermeiden. Übermäßige Wasserverluste freilich deuten auf gravierende Probleme hin: Entweder wird aufgrund fehlender Kapillarsperre Wasser abgesaugt (→ PRAXIS-SEITE Teichanlage mit Folie – die wichtigsten Schritte, S. 880/881), oder die Abdichtung weist ein Leck auf (auch → Teichanlage).

Bei der **Pflanzenpflege** sind regelmäßiges Auslichten sowie das Entfernen abgestorbener, kranker oder von Schädlingen befallener Teile die wichtigsten Maßnahmen. Giftige Pflanzenschutzmittel sollten am und im Teich auf keinen Fall eingesetzt werden. Eine Düngung erfolgt, wie erwähnt, eher sparsam und stets nur mit speziellem Wasserpflanzendünger. Zu groß gewordene Pflanzen werden im Frühjahr herausgenommen und geteilt, die reduzierten Teilstücke neu eingesetzt; aus Pflanzkörben herausgewachsene, verfilzte Wurzeln zuvor behutsam abtrennen. Die Feuchte liebenden Teichrand- und Uferpflanzen müssen in trockenen Sommern gründlich gegossen werden.

Röhrichtpflanzen werden erst im Frühling oberhalb des Wasserspiegels zurückgeschnitten, da in ihren Stängeln einige Tiere überwintern; außerdem sorgen sie für Gasaustausch bei zugefrorenem Teich. Nicht frostharte Seerosen werden mit ihrem Pflanzkorb aus dem Wasser gehoben, dann kühl und hell in wassergefüllten großen Eimern oder Becken überwintert. Bei nicht ganz so empfindlichen Sorten genügt es, wenn man die Körbe in wenigstens 60 cm Wassertiefe rückt. Exotische → Schwimmpflanzen wie die Muschelblume brauchen dagegen Überwinterungstemperaturen von wenigstens 15° C.

Auch → PRAXIS-SEITE Gartenteich – Pflegemaßnahmen im Jahreslauf (S. 888/889)

Teichrose
NUPHAR LUTEA
☼–◐ ☺

Die Schwimmblattpflanze, die auch als Gelbe Teichrose, Mummel oder Seekandel bekannt ist und unter Naturschutz steht, besiedelt Gewässer in Europa und Asien. Das Seerosengewächs trägt zweierlei Blätter: dünne, salatartige unter Wasser sowie derbe, runde Schwimmblätter an der Oberfläche.

Gelegentlich wird auch die ebenfalls heimische und geschützte Kleine Teichrose oder Zwergmummel (N. pumila) für Gartenteiche angeboten. Sie bleibt in allen Teilen zierlicher. Die Amerikanische Teichrose (N. advena) ähnelt der Gelben Teichrose, ihre Blätter ragen jedoch an kräftigen Stängeln über die Wasserfläche empor. Die Japanische Teichrose (N. japonica) bildet dagegen pfeilförmige Blätter.

Merkmale: Ausdauernde Schwimmblattpflanze; den Winter überdauernde, dünne, gewellte, hellgrüne Blätter unter Wasser, schwimmende, ledrige, runde, tief herzförmig eingeschnittene Schwimmblätter; kugelige, goldgelbe Blüten, an dicken Stängeln über die Wasserfläche aufragend.

Blütezeit: Juni – August

Verwendung: Für stehende und langsam fließende Gewässer.

Standort: In nährstoffreichen Gewässern, bei mindestens 40 cm Wassertiefe.

Pflanzen/Vermehren: Pflanzung bevorzugt im Frühsommer; dabei das fleischige Rhizom waagrecht in den Bodengrund bzw. einen mit Substrat befüllen Pflanzenkorb legen, so dass die Blattansätze nach oben ragen; Vermehrung durch Abtrennen von Seitenverzweigungen des Rhizoms im Frühjahr oder Herbst.

Pflege: Anspruchslos; wuchernde Bestände ausdünnen.

Gelbe Teichrose (Nuphar lutea)

Gartenteich – Pflegemassnahmen im Jahreslauf

1. Nach Rückschnitt der Halme im Frühjahr lässt sich die Sumpfzone gut mit einem Handrechen säubern.

2. Etwa alle 3 bis 4 Jahre werden starkwüchsige Sumpfpflanzen durch Teilung reduziert und neu eingepflanzt.

3. Algen sollten im Sommer des Öfteren entfernt werden.

Frühjahr

Das Teichjahr beginnt mit dem „Frühjahrsputz": Gräser, Schilf, Binsen und andere Röhrichtpflanzen zurückschneiden, abgestorbene Teile von Wasserpflanzen wegzupfen oder -schneiden, Laubreste aus dem Teich, ggf. auch aus Ablaufrohr und Sickergrube entfernen.

Teichpumpen und Filter, sofern in Verwendung, werden überprüft und nach den letzten stärkeren Frösten in Betrieb genommen.

Am Teichrand können Stauden gepflanzt werden. Neupflanzungen im Wasserbereich kommen etwas später, ab Ende April, an die Reihe. Dann kann man auch zu groß gewordene Pflanzen teilen und neu einsetzen.

Im Haus überwinterte, exotische Schwimmpflanzen setzt man erst wieder ab Mitte Mai in den Teich, ebenso empfindliche Fische, die den Winter in einem geschützten Aquarium verbracht haben.

Eine vorübergehende Frühjahrstrübung des Wassers ist ein üblicher Vorgang und absolut kein Grund zur Besorgnis. Wenn sie jedoch etliche Wochen anhält, muss man dann schon besondere Maßnahmen ergreifen (→ *Teichpflege*).

Sommer

Ausgesprochen warme, sonnige Tage können nun schon zur ersten starken Algenvermehrung führen, außerdem zu Sauerstoffmangel im Wasser. Unter ungünstigen Umständen hat man mit solchen Problemen den ganzen Sommer über zu tun. Die Algen fischt

> **TIPP**
>
> **Molche und manche anderen Teichtiere überwintern außerhalb des Wassers. Mit Laub- und Steinhaufen im Uferbereich kann man ihnen geeignete Quartiere bieten.**

PRAXIS

man am besten regelmäßig ab, gegen Sauerstoffmangel können vorsichtige Frischwasserzufuhr oder auch ein Oxidator helfen (auch → Teichpflege). Frisches Wasser muss im Sommer ohnehin gelegentlich in den Teich kommen, um die normale Verdunstung auszugleichen. Dieses sollte man stets langsam und mit nur geringem Druck zulaufen lassen.

Mit Wachstumsstart und an den jungen Blättern zeigt sich recht deutlich, ob manche Pflanzen unter Nährstoffmangel leiden. Dem hilft man mit Wasserpflanzendünger ab.

Wuchernde Wasserpflanzen werden nun behutsam durch Abtrennen einzelner Triebe ausgelichtet, gelbe und kranke Blätter regelmäßig entfernt, überhand nehmende Wasserlinsen abgefischt.

Herbst

Neupflanzungen robuster Arten sind bis etwa Mitte September möglich. Wasserpflanzen in Körben können noch bis Oktober umgetopft und dabei geteilt werden.

Damit der Teich gut in und über den Winter kommt, entfernt man möglichst gründlich alles belastende organische Material: abgestorbene Seerosen- und andere Wasserpflanzenblätter, ggf. nochmals Algen, später dann regelmäßig und sorgfältig das Herbstlaub von Gehölzen, notfalls großes Laubschutznetz über die Wasseroberfläche spannen; Halme von Binsen und Schilf sowie anderen Teichpflanzen sollte man jedoch stehen lassen.

Wenn die ersten Fröste drohen, nimmt man nicht winterharte Pflanzen aus dem Teich, um sie geschützt zu überwintern. Kälteempfindliche Fische kommen in ein Überwinterungsaquarium bzw. -becken im Haus.

Pumpen und Filter werden gereinigt und an einen frostfreien Ort gebracht, Unterwasserpumpen in Eimern mit möglichst kalkarmem Wasser überwintert.

Winter

Wurden im Herbst entsprechende Vorbereitungen getroffen, kann dem Teich und seinen Bewohnern im Winter nur noch eins zu schaffen machen: eine vollständig zugefrorene Wasseroberfläche, die keinen Sauerstoff mehr durchlässt. Hat man Halme und Stiele von Sumpf- und Wasserpflanzen stehen gelassen, sorgen diese für kleine Luftkanäle. Ansonsten haben sich, selbst bei starken Frösten, → Eisfreihalter und Oxidator bewährt (→ Teichpflege).

Regelmäßig sollte man nach den im Haus überwinternden Pflanzen und Fischen sehen und überprüfen, ob hier alles in Ordnung ist.

CHECKLISTE

Besondere Punkte bei Fischhaltung:

- Fische im Frühjahr genau beobachten, bei merkwürdigem Verhalten Wassertest beauftragen.
- Erst wieder ab etwa 10° C Wassertemperatur füttern.
- Im Sommer wie im Winter bei Sauerstoffmangel sofort für Abhilfe sorgen.
- Im Frühherbst gründlich auf Krankheitsanzeichen kontrollieren und ggf. spezielles Aufbaufutter verabreichen.
- Bei sinkenden Temperaturen (unter 8 – 10° C) Fütterung ganz einstellen.

4. Eine Teichzange ist ein äußerst praktisches Hilfsmittel zum Auslichten.

5. Gelbe oder von Schädlingen befallene Blätter zupft man vorsichtig ab.

6. Ein Laubschutznetz muss straff gespannt sein, sonst kann es zur Falle für Kleintiere werden.

7. Zum nötigen Luftaustausch im Winter notfalls Löcher ins Eis schmelzen.

Teichsimse

Waldsimse (Scirpus sylvaticus)

Teichsimse

SCHOENOPLECTUS LACUSTRIS
☼–◐ ☺

Das weltweit in Röhrichtzonen von Gewässern verbreitete Sauergras, auch Seebinse genannt, ist eins der „Opfer" neuerer botanischer Namensgebungen: Früher ordnete man es schlicht der Gattung *Scirpus* und damit den Simsen zu. Die Art *S. tabernaemontani*, vormals als Varietät der Teichsimse aufgefasst, bleibt in allen Teilen zierlicher; ihre Sorte 'Zebrinus', die Zebrasimse, wächst zudem nicht so kräftig und zeigt Halme mit gelbweißer Querbänderung.

Eine weitere Alternative stellt die Waldsimse (*Scirpus sylvaticus*) dar, die man früher in die direkte Verwandtschaft rechnete. Sie hat flache, süßgrasartige Blätter, bildet luftige Rispen und wuchert weniger stark als die Teichsimse.

Merkmale: Gras, straff aufrecht wachsend, breitet sich durch Rhizome zu großen Beständen aus, 60–300 cm hoch; dunkelgrüne, runde, sich nach oben verjüngende Halme; an den Halmspitzen rotbraune Blütenstände.

Blütezeit: Juni–August

Verwendung: Im Ufer- und Flachwasserbereich naturnah gestalteter, großzügiger Gartenteiche; die Zebrasimse auch in kleineren Teichen.

Standort: Humoser, nährstoffreicher, am besten schwach saurer Untergrund, Wassertiefen von 5–30 cm.

Pflanzen/Vermehren: Pflanzung bevorzugt im Frühjahr und Frühsommer, um unerwünschtes Wuchern einzudämmen, am besten in stabile Gefäße setzen und samt diesen im Teich einsenken; Vermehrung durch Abtrennen von Ausläufern, Aussaat erweist sich als schwierig.

Pflege: Anspruchslos.

Teichtiere

Selbst das kleinste Gartengewässer lockt unterschiedlichste Wildtiere an, deren Beobachtung zu den Freuden eines Teichbesitzers gehört. Allerdings ist es nicht möglich, solche Tiere gezielt auszusetzen. Sie dürfen nicht aus der Natur gefangen werden, und wer sich über dieses Verbot hinwegsetzt, wird feststellen müssen, dass Zwangsansiedlungen meist misslingen. Die Tiere suchen sich ihren Teich selbst aus und bleiben nur bzw. kommen wieder, wenn ihnen das Umfeld zusagt. Eine solche „Wahlfreiheit" haben Fische freilich nicht; wer sie einsetzt, muss dafür sorgen, dass sie artgerechte Bedingungen vorfinden. Gezieltes Einsetzen ist außerdem bei manchen Wasserschnecken und Muscheln möglich.

Doch zunächst zu den Wildtieren. Grundsätzlich sollte jeder Teich über zumindest eine flach auslaufende Uferregion verfügen, besser noch rundum über sanft abfallende Ränder, damit sich ins Wasser gefallene Tiere (z. B. Igel, Vögel, Mäuse) retten können. An steilen Ufern befestigt man am besten Bretter mit Querleisten, die den Tieren als Ausstieg dienen. Im Röhricht können sich Tiere verstecken – einige überwintern in den Halmen; hier häuten sich auch die aus dem Wasser steigenden Libellenlarven. Reisig-, Stein- und Laubhaufen im Teichumfeld sind besondere „Serviceangebote", die als Unterschlupf und zum Überwintern genutzt werden. Je naturnäher der Garten angelegt wird, desto größer sind die Chancen, dass sich auch Wassertiere einstellen (auch → *Naturgarten*).

Flache Steine oder Äste in Ufernähe werden gern von **Vögeln** genutzt, die von hier aus trinken oder zum Baden ins Wasser steigen. Sie

Solch ein Ausstieg an steilen Teichufern kann Igel und andere Tiere vor dem Ertrinken retten.

sind oft die ersten auffälligen Gäste an einem neuen Teich und machen sich nebenbei durch Insektenfang nützlich (auch → *Vögel*). Anders als Singvögel werden teichbesuchende Enten oft mit gemischten Gefühlen betrachtet. Ein großer, gut bepflanzter Teich vermag den vorübergehenden Aufenthalt eines Entenpärchens meist noch gut zu verkraften. Enten zeigen jedoch oft einen gewaltigen Hunger, sowohl auf Teichpflanzen als auch auf Fisch- und Amphibienlaich. Vor allem aber können sie durch ihre Ausscheidungen und das Wühlen im Teichgrund die Gewässer sehr stark belasten. Im Zweifelsfall ist es besser, die Tiere zu vertreiben.

Unter den **Säugetieren** sind besonders → *Igel* willkommene Gäste, die sich gern in Teichnähe aufhalten und dort u. a. Schnecken vertilgen, aber auch Molche oder junge Frösche. Eichhörnchen kommen zuweilen zum Trinken an den Teich, ebenso Mäuse, darunter harmlose, teils sogar nützliche Arten wie die Zwergmaus. Schaden dagegen kann die zu den → *Wühlmäusen* zählende Erdmaus anrichten.

Die zoologische Begriff **Amphibien** ist Hobbygärtnern heute wohl vor allem durch das verbreitete Interesse am Gartenteich vertraut. Dieser Tiergruppe und ihren häufigsten Vertreten sind eigene Stichwörter gewidmet, → *Amphibien,* auch → *Frosch,* → *Kröte,* → *Molch,* → *Salamander,* → *Unke*. Amphibien finden sich vor allem in etwas größeren, üppig bewachsenen Teichen ein, besonders in ländlicheren Gegenden. Vergleichsweise häufig siedeln sich Molche, Gras- und Teichfrösche am Gartenteich an, seltener Kröten und Unken. Wo diese Tiere auftreten, sollte man möglichst keine Fische einsetzen, da diese oft die Amphibienbrut vertilgen.

Reptilien bzw. → *Kriechtiere* werden im Teichumfeld durch → *Blindschleiche* und → *Ringelnatter* repräsentiert. Besonders die für Menschen harmlosen, behände schwimmenden Ringelnattern lieben das feuchte Milieu. Ihre Beutetiere sind Insekten sowie verschiedene Amphibien.

Zu den beeindruckendsten **Insekten** im Umkreis eines Gartenteichs gehören die prachtvoll gefärbten Libellen. Sie legen ihre Eier im Teich ab, dort verbringen die Larven ihre ersten Jahre; schließlich steigen sie aus dem Wasser, um sich an Pflanzenstängeln ein letztes Mal zu häuten. Hauptsächlich im Wasser hält sich der ebenfalls auffällige, um 3 cm große → *Gelbrandkäfer* auf. Sein namensgebender gelber Rand, der das Halsschild deutlich umfasst, unterscheidet ihn vom sonst recht ähnlichen Gaukler. Etwas kleiner sind Furchenschwimmer (ca. 1,5 cm), die man an der v-förmigen Kopfzeichnung erkennt. Daneben kommt eine ganze Reihe weiterer Wasserkäfer vor. Die meisten leben räuberisch von anderen Wassertieren bzw. ihren Larven, teils räumen sie auch unter Tier- oder Pflanzenresten auf. Einige, darunter der genannte Furchenschwimmer, tun sich gern an Mückenbrut gütlich und dämmen so die lästigen Stechmücken (auch → *Mücke*) ein. Eine weitere verbreitete Insektengruppe sind die Wasserwanzen, zu denen Arten mit interessanten, im Namen beschriebenen Fortbewegungsweisen zählen, so der langbeinige Wasserläufer, der Rückenschwimmer oder die Ruderwanze. Wer sich näher mit dem Kleingetier im Teich beschäftigt, wird eine faszinierende Vielfalt entdecken. Neben den zahlreichen Insekten kommen auch **Spinnen** vor, unter denen die Wasserspinne die einzige Art ist, die sich vollständig an ein Leben unter Wasser angepasst hat. Nahezu allgegenwärtig sind kleine Krebstiere wie Wasserflöhe und Hüpferlinge sowie die größere Wasserassel, die durch Fraß abgestorbener Pflanzenteile einen wertvollen Beitrag zum Gewässergleichgewicht leistet.

Häufig vorkommende Libelle: die Mosaikjungfer

Wasserfrösche

Wasserschnecken, alle mit mehr oder weniger stark gewundenem Gehäuse ausgestattet, sind mit verschiedenen Arten in nahezu jedem Gartenteich vertreten. Ihre Namen geben oft einen Hinweis auf die Gehäuseform, so z. B. bei den flachen Posthornschnecken (um 3 cm Ø) und Tellerschnecken (1 – 1,5 cm Ø). Die Spitzhornschnecken haben bis 6 cm lange, hoch gewölbte, spitz ausgezogene Gehäuse. Letztere fressen gelegentlich zarte Blätter von Zierpflanzen an, ansonsten spielen sie jedoch wie die anderen Wasserschnecken eine wichtige Rolle als „Gesundheitspolizei". Vertilgt werden abgestorbene

Teichwasser

Posthornschnecke

Pflanzen- und teils sogar Tierreste sowie vor allem auch Algen. Wo der Besatz an Schnecken tatsächlich ungenügend sein sollte, etwa in Fischteichen, kann man sie im Zoohandel erwerben und einsetzen. Dies gilt auch für **Muscheln,** als Weichtiere enge Verwandte der Schnecken. Sie sind wertvolle Teichbewohner, da sie Schwebstoffe aus dem Wasser filtern.

Vor dem Einsetzen von **Fischen** sollte man sich gründlich über deren Ansprüche und Lebensgewohnheiten informieren sowie im Zoofachhandel beraten lassen. Ein Teich kann nur eine begrenzte Menge dieser Tiere verkraften, je nach Größe und eingesetzten Arten. Dabei ist zu berücksichtigen, dass sich Fische unter geeigneten Bedingungen oft munter vermehren, so dass es nach einiger Zeit nötig wird, einen Teil davon wieder aus dem Teich zu entfernen. Weiterhin muss beachtet werden, dass sich nicht alle Arten miteinander vertragen. Fische belasten durch ihre Ausscheidungen das Wasser, was durch das in kleinen Teichen erforderliche Fischfutter noch verstärkt wird. Maßnahmen gegen Wassertrübung, Algenvermehrung und Sauerstoffmangel (→ *Teichpflege*) sind deshalb bei Fischbesatz besonders wichtig. Man sollte ausschließlich geeignetes Trockenfutter aus dem Fachhandel verwenden.

Will man das Gewässer vorrangig als Zierfischteich nutzen, muss der Teich schon entsprechend geplant und angelegt werden (auch → *Teich*, Hinweise zum Zierfischteich). Generell sollte der Teich mindestens 80 cm tief sein, wenn Fische darin leben (auch → *Teichanlage*); für die attraktiven, auch wegen ihrer Zutraulichkeit geschätzten Kois sind wenigstens 150 cm Tiefe nötig.

Die Haltung exotischer Zierfische wie Kois und Schleierschwänze erfordert einen recht hohen Aufwand und entsprechendes Fachwissen. Da sie unsere kalten Winter nicht vertragen, braucht man entweder große Überwinterungsaquarien bzw. -becken oder eine → *Teichheizung*.

Wesentlich robuster sind die ursprünglich aus China stammenden Goldfische. Doch sie erweisen sich oft als problematisch, nicht nur aufgrund ihrer Vermehrungsfreudigkeit. Sie gehören zu den Fischen, die ausgeprägt gründeln, d. h. bei der Nahrungssuche den Boden aufwühlen, was das Wasser belastet. Außerdem sind sie Allesfresser und verzehren die Nachkommenschaft anderer Teichtiere. Als verträglicher Ersatz bieten sich die orangeroten, etwas helleren Goldorfen an. Unter den größeren Fischen kann auch die unauffälligere Karausche Verwendung finden. Wegen starken Gründelns oder räuberischer Lebensweise weniger geeignet sind Forellen, Hecht, Karpfen, Schleie oder Sonnenbarsch. Bachforellen benötigen außerdem sehr klares, sauerstoffreiches Wasser, ebenso die kleinen Elritzen.

Am unproblematischsten sind heimische Kleinfischarten wie Moderlieschen, Stichling, Ukelei und Bitterling.

Goldfische

Teichwasser

Als „nasses Element", von dem das ganze Teichleben abhängt, steht das Wasser im Mittelpunkt des Interesses. Im günstigsten Fall ist es:

- sauerstoffreich
- schadstofffrei und nährstoff- bzw. salzarm, nicht allzu kalkhaltig
- nicht zu hart, mit einer → *Wasserhärte* zwischen 8 und 12° dH (Schweiz: 15 – 24° fH)
- schwach sauer bis schwach alkalisch (pH-Wert zwischen 6,5 und 7,5)

Leitungswasser, das üblicherweise zur Erst- und Nachbefüllung von Teichen verwendet wird, kann all diesen Anforderungen nicht immer genügen. Häufig ist es hart und kalkreich; die genauen Werte kann man bei seinem Wasserversorger erfragen. Mit Wasseraufbereitungsmitteln aus dem Teich- oder Zoofachhandel lässt es sich entsprechend verbessern.

Das kalkarme, weiche Regenwasser kann als Teichwasser problematisch sein. Es enthält oft verschiedene Substanzen und organische Partikel, die im Teich nachteilige Wirkung als Nährstoffe für Algen entfalten, teils auch Schadstoffe. Das häufig leicht saure Nass hemmt zwar vorübergehend den Algenwuchs; ein zu niedriger pH-Wert kann jedoch auch andere Teichorganismen und somit das ganze Gleichgewicht beeinträchtigen. Regenwasser verwendet man deshalb am besten nur zum gelegentlichen Auffüllen oder vermischt es mit Leitungswasser. Es sollte möglichst zuvor einen Filter durchlaufen. Gut gefiltertes, mit einem Wassertest geprüftes Nass aus einer Regenwassernutzungsanlage kann freilich auch für eine komplette Teichfüllung verwendet werden. Wasser aus Brunnen sollte ebenfalls vor Verwendung im Teich unbedingt getestet werden.

Untersuchungen dieser Art überlässt man entsprechend ausgerüsteten Labors (Branchenbuch oder Beauftragung über Fachhandel); ebenso Wassertests bei schwerwiegenden Teichproblemen (auch → *Teichpflege*). Um jedoch ab und an zu überprüfen, ob das Wasser in Ordnung ist oder frühzeitig drohende Belastungen zu erkennen, reicht ein einfaches Testset aus dem Zoofachhandel für eigene Untersuchungen aus.

Die Wasserqualität im Teich hängt natürlich nur zu einem kleineren Teil von der Ausgangsbefüllung ab. Es bestehen vielfältige Wechselwirkungen mit dem Bodengrund sowie den Lebensprozessen von Teichtieren und -pflanzen; außerdem ist insbesondere der Sauerstoffgehalt auch von den Temperaturen abhängig. Dadurch sind die Wasserkennwerte keine festen Größen.

Teichzonen

Bei der Gestaltung eines Gartenteichs versucht man im Allgemeinen, die Tiefenzonen eines natürlichen Gewässers nachzubilden. Auf diese Weise erhält man eine Abfolge von Kleinstbiotopen, in die man die jeweils passenden Pflanzen setzt. Die Tiefenangaben zu den Wasserpflanzen, etwa im Gartencenter, beziehen sich bei Korbpflanzung auf die Oberkante der Erde, d. h., man rechnet: Tiefe der Stufe - Höhe des Pflanzkorbes = Wassertiefe.

Das grundlegende Konzept der wassertiefengerechten Bepflanzung ist schon im Zusammenhang mit den → *Teichpflanzen* beschrieben. Hier sollen nur kurz die einzelnen Zonen vorgestellt werden, die auch bereits bei der → *Teichanlage* eine wichtige Rolle spielen. Es sei darauf hingewiesen, dass die Tiefenangaben zu den einzelnen Zonen in Gartenliteratur und -prospekten teils stark voneinander abweichen, besonders was Sumpf und Flachwasser betrifft. Dies erklärt sich hauptsächlich aus einer „stillschweigenden" Anpassung der Verhältnisse in einem Naturteich an den oft begrenzten Platz im Garten; zum Teil auch an die nicht immer optimalen Tiefen der Fertigteiche.

Von außen zum Wasser hin unterscheidet man folgende Bereiche:

■ Der Teichhintergrund hat keine direkte Verbindung zur Wasserfläche und vermittelt zwischen Teich und dem restlichen Garten.

■ Die Teichrand- oder Feuchtzone liegt noch im Bereich des Abdichtungsmaterials, ist stets bodenfeucht, steht aber nur bei Überschwemmung kurzzeitig unter Wasser.

■ Die Sumpfzone ist bis 20 cm hoch mit Wasser bedeckt, kann aber vorübergehend trocken fallen.

■ Der Flachwasserbereich lässt sich nochmals unterteilen. Bei etwa 40 cm liegt die „kritische Tiefe", bis zu der sich teils noch Sumpf- und Röhrichtpflanzen ausdehnen. Zur Tiefenzone hin werden diese zunehmend durch Schwimmblattpflanzen abgelöst.

■ In der Tiefwasserzone wurzeln Seerosen und andere Schwimmpflanzen, daher wird sie auch als Seerosen- oder Schwimmblattzone bezeichnet. Hier leben zudem die wichtigen Unterwasserpflanzen.

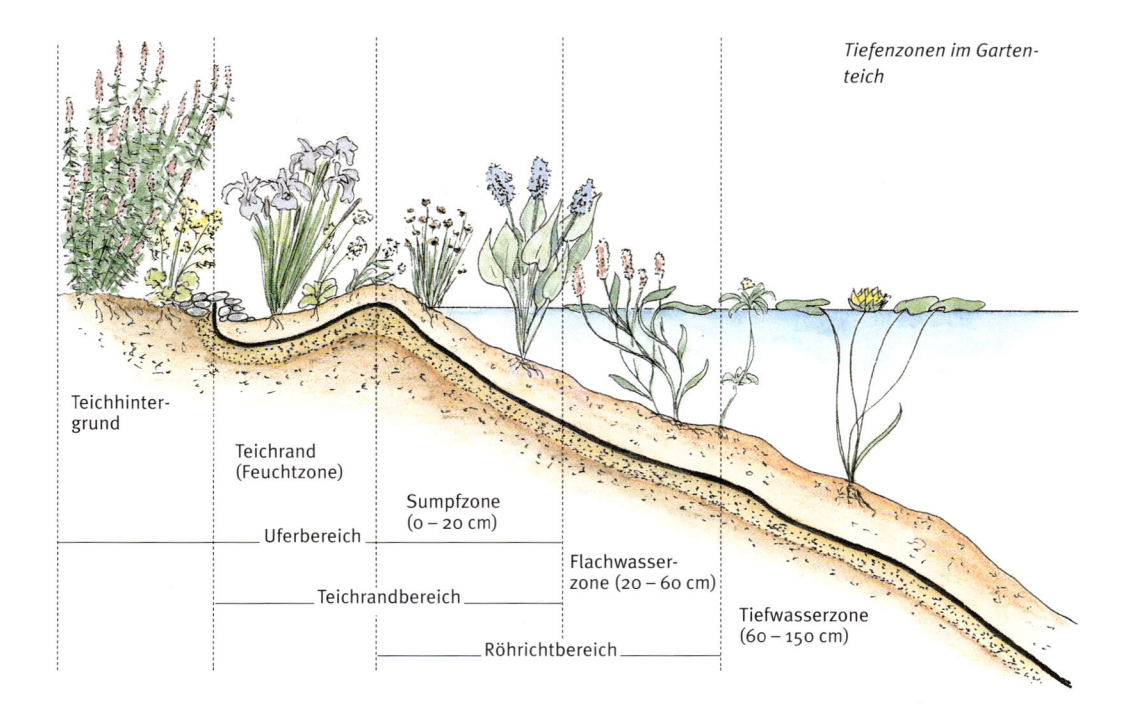

Tiefenzonen im Gartenteich

- Teichhintergrund
- Teichrand (Feuchtzone)
- Uferbereich
- Sumpfzone (0 – 20 cm)
- Teichrandbereich
- Flachwasserzone (20 – 60 cm)
- Röhrichtbereich
- Tiefwasserzone (60 – 150 cm)

Teilblättchen

Das einzelne Element eines zusammengesetzten bzw. gefiederten Blatts, wird auch als Fiederblättchen oder Blattfieder bezeichnet.
Auch → *Blattformen*

Teilsteckling

→ *Steckling*, der aus dem Mittelteil eines Sprosses geschnitten wird.

Teilung

Einfache Methode der → *vegetativen Vermehrung*, die sich vor allem bei zahlreichen Stauden einsetzen lässt; außerdem bei Gräsern, Farnen, Knollen- und Zwiebelblumen, mehrjährigen Kräutern und Gemüsen (z. B. Schnittlauch, Oregano, Rhabarber) sowie einigen Gehölzen.

Meist zertrennt man dazu ganze Pflanzen samt Wurzelwerk der Länge nach in Teilstücke. Da die Pflanzenteile anders als z. B. → *Stecklinge* bereits bewurzelt sind, kann man sie gleich am gewünschten Platz wieder einsetzen, wo sie schnell anwachsen.

Teilung von Gehölzen: Das Wurzelwerk wird im Frühjahr teilweise freigelegt. Mit einem scharfen Spatenblatt sticht man Teilstücke mit mehreren Trieben und Triebknospen ab.

Möglich ist diese Art der Teilung nur bei Pflanzen, die mehrtriebig wachsen und über ein verzweigtes oder büscheliges Wurzelwerk bzw. entsprechende Wurzelstöcke verfügen. Umgekehrt betrachtet bedeutet dies, das sich die meisten Stauden auf diese Weise teilen lassen, besonders gut solche mit breit horstigem, teppich- oder polsterartigem Wuchs. Ausgenommen sind in erster Linie Arten, die Pfahlwurzeln bilden und/oder mit einzelnen Blattrosetten wachsen.

Bei Stauden dient das Teilen nicht nur zur Vermehrung, sondern häufig auch zum Eindämmen des Breitenwachstums und vor allem zur Verjüngung. Viele Stauden teilt man deshalb regelmäßig alle paar Jahre, spätestens aber dann, wenn die Blühfreude nachlässt oder Horste bzw. Polster von innen her aufkahlen. Oft kann man so zudem die Lebensdauer kurzlebiger Arten verlängern.

Auf dieselbe Weise lassen sich auch manche Gehölze teilen, die ein dichtes, wurzelstockartiges Wurzelwerk bilden und direkt aus diesem zahlreiche Sprosse treiben. Hierzu zählen z. B. Buchs, Berberitzen, Kerrie, Mahonie Spiersträucher, Schneebeere und Strauchkastanie. Die Teilung erfolgt am besten im Frühjahr.

Bei einigen Stauden mit stark verdickten → *Rhizomen* wie Bartiris oder Seerosen erfolgt die Teilung, indem man diese unterirdischen Speicherorgane zerschneidet und die Teilstücke neu einsetzt. Auch viele Bambusarten lassen sich durch Rhizomteilung vermehren.

Die Teilung bei Zwiebel- und Knollenblumen schließlich besteht im Auseinanderpflücken oder -brechen der unterirdischen Klumpen, die bei vielen Arten durch reichliche Bildung von Nebenzwiebeln bzw. -knollen entstehen. Der Begriff → *Knollenteilung* ist in diesem Zusammenhang etwas missverständlich, da das Auseinanderschneiden einzelner Knollen (z. B. bei Begonien) eher dem Prinzip von → *Stecklingen* oder → *Wurzelschnittlingen* entspricht.

→ PRAXIS-SEITE Teilung von Stauden, Staudenrhizomen und Zwiebel- und Knollenblumen (S. 896/897)

Teilungsgewebe

Andere Bezeichnung für → *Bildungsgewebe* oder → *Meristem;* alle Gewebe einer Pflanze, in denen Zellteilungen stattfinden können und die damit zu weiterem Wachstum befähigt sind.

Tellerkraut

Anderer Name für den → *Winterportulak,* ein spinatähnliches Gemüse

Tellerkrone

Kronenform, mit der man vor allem Pflaumenbäume erzieht; die Stammverlängerung hält man kurz, die Leitäste werden fast horizontal formiert.
→ *Obstbaum, Kronenformen*

Tellernarzisse

Gruppe kleinkroniger → *Narzissen* mit einzeln stehenden Blüten

Tellerwurzler

Pflanzen, deren → *Wurzelsystem* nicht aus einer tief reichenden, verzweigten Hauptwurzel, sondern aus flach im Oberboden ausgebreiteten Wurzeln besteht; auch → *Flachwurzler* genannt. Den tellerähnlichen Aufbau des Wurzelsystems kann man gut an Fichten sehen, die durch einen kräftigen Sturm entwurzelt wurden.

Teltower Rübchen

Eine Untervarietät der → *Speiserübe* mit kleinen und besonders zarten Rüben, die ursprünglich aus dem Umkreis von Berlin stammt.

Temperiertes Gewächshaus

Für die Winteranzucht und Überwinterung empfindlicher Pflanzen ver-

TEPPICHWACHOLDER

Die gleich gestalteten Blütenblätter von Lilien heißen fachsprachlich Tepalen.

wendetes Gewächshaus; es wird ab Herbst auf 12 bis höchstens 18° C beheizt.
→ *Gewächshaus, Gewächshaustypen und -nutzung*

Tepalen
Sind → *Kelchblätter* und → *Kronblätter* einer Blüte völlig gleich gestaltet, werden sie als Tepalen bezeichnet; so etwa bei Tulpen, Lilien, Magnolien und Waldreben. Die Blüte nennt man dann → *Perigon*.

Teppichbildner
Pflanzen, die im Lauf der Jahre die ihnen zugedachte Fläche teppichartig überziehen. Im Unterschied zu den → *Polsterpflanzen* wachsen sie flach und nicht kuppelförmig aufgewölbt, daher stellen sie gute Bodendecker dar. Die Übergänge zu den Polster, Matten oder Rasen bildenden Pflanzen sind jedoch oft fließend, die Wuchsformen werden in der Praxis meist nicht allzu streng voneinander abgegrenzt.

Zu den Teppichbildnern gehören Zwerggehölze mit kriechenden, der Erde aufliegenden Zweigen, z. B. die oft verwendete Teppichzwergmispel, sowie Stauden mit kriechenden Sprossen oder Ausläufern, darunter Teppichphlox, Teppichhartriegel, Leberblümchen und Pfennigkraut. Häufig tragen solche Pflanzen den Artnamen „repens" oder „reptans" (lateinisch für kriechend), so z. B. *Ajuga reptans*, der Günsel. Zur guten Flächenbedeckung verhilft ihnen zum einen die starke Verzweigung ihrer Triebe oder Ausläufer, zum andern häufig die Fähigkeit, sich an den → *Knoten* zu bewurzeln und sich so mittels zahlreicher zusammenhängender Tochterpflanzen auszubreiten.

Teppichgünsel
Andere Bezeichnung für den kriechenden → *Günsel*, ein anspruchsloser Bodendecker für Halbschatten und Schatten

Teppichhartriegel
Kriechend wachsender → *Hartriegel* mit zierenden weißen Hochblättern, anders als die sonstigen Hartriegel kein Gehölz, sondern eine Staude; Bodendecker für den Halbschatten

Teppichknöterich
Anderer Name für den Schlangenknöterich, ein rosa blühender Bodendecker für Sonne und Halbschatten
→ *Knöterich*

Teppichmispel
Verkürzter Name der → *Teppichzwergmispel*

Teppichphlox
Bezeichnung für mehrere niedrige Arten und Sorten des → *Phloxes* (Polsterphlox, Douglas-Teppichphlox), die polster- bis teppichartig wachsen und sich gut für Steingärten eignen.

Teppichprimel
Kleinwüchsige → *Primel* mit violetten bis roten Blüten im Frühjahr (*Primula*

Polsterphlox wächst meist teppichartig.

Teppichbildner für feuchte Plätze: das Pfennigkraut

juliae); die Bezeichnung wird teils auch als Sammelbegriff für niedrig wachsende Kissen- und Polsterprimeln verwendet.

Teppichschleierkraut
Anderer Name für das sonnenliebende Kriechende → *Schleierkraut*

Teppichwacholder
Kriechende Art des → *Wacholders* mit mehreren Sorten in unterschiedlicher Nadelfärbung

895

Teilung von Stauden, Staudenrhizomen und Zwiebel- und Knollenblumen

1. Wurzelballen rund um die Pflanze abstechen und mit der Grabegabel aus der Erde heben.

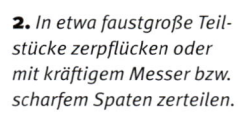

2. In etwa faustgroße Teilstücke zerpflücken oder mit kräftigem Messer bzw. scharfem Spaten zerteilen.

3. Die Teilstücke werden gleich wieder eingepflanzt, angedrückt und gründlich gegossen.

Teilung bei verzweigtem Wurzelwerk und Wurzelstöcken

Das grundsätzliche Vorgehen ist denkbar einfach: Pflanzen vorsichtig ausgraben bzw. mit der Grabegabel aus der Erde heben, dabei Wurzelwerk möglichst wenig verletzen, in zwei oder mehrere Teilstücke zertrennen und diese gleich wieder einpflanzen. Wie bei jedem normalen Pflanzvorgang wird danach die Erde angedrückt und kräftig gewässert.

Man muss nur darauf achten, dass jedes der Teilstück mehrere Blätter oder wenigstens eine Triebknospe sowie genügend Wurzeln aufweist. Soweit es möglich ist, trennt man etwa faustgroße Teilstücke ab, vorzugsweise aus dem jüngeren Zuwachsbereich der Wurzeln bzw. Wurzelstöcke.

Manche Arten lassen sich einfach mit den Händen auseinander ziehen, z. B. Maiglöckchen. Bei vielen anderen benötigt man schon ein stabiles, scharfes Messer, für ältere Stauden mit kräftigen Wurzelstöcken einen Spaten mit scharfem Blatt. Unsaubere Trennstellen sollte man mit dem Messer nachschneiden, angerissene und verletzte Pflanzen- und Wurzelteile entfernen, damit sich keine Angriffstellen für Krankheiten bieten.

Rhizomteilung

Stark verdickte unterirdische Rhizome bilden z. B. manche Irisarten (u. a. Bartiris) und Fackellilien. Diese gräbt man entweder gleich nach der Blüte oder erst nach Einziehen der Blätter aus und befreit sie gründlich von anhaftender Erde. Dann trennt man ältere Rhizome ab und zerschneidet die jüngeren in Teilstücke mit mindestens einer Triebknospe.

Wird gleich nach der Blüte geteilt, muss man vor dem Einpflanzen dem Rhizom ansitzende Blätter stark einkürzen, um die Verdunstung zu reduzieren. Bei Irisrhizomen mit beidseitig angeordneten Wurzelsträngen kann man die Erde im Pflanzloch zur Mitte hin etwas anhäufeln. Das Rhizom sitzt dann leicht erhöht, die Wurzeln liegen in den seitlichen Furchen. Durch Zerteilen der Rhizome lassen sich auch Schwimmblattpflanzen wie Seerosen vermehren.

> **TIPP**
>
> Sehr hilfreich ist das Markieren von Pflanzen, z. B. mit Pflanzetiketten (Plastikschildern). Zum einen kann man so die kräftigsten, am schönsten blühenden Exemplare kennzeichnen, um sie später bevorzugt zu vermehren. Zum anderen empfiehlt es sich, einziehende Stauden für die Frühjahrsteilung zu markieren, damit man sie später dann auch wiederfindet. Auch neu verpflanzte Rhizomstücke und Zwiebelklumpen sollte man kennzeichnen, um sie bei anfallenden Gartenarbeiten nicht aus Versehen zu beschädigen.

PRAXIS

Teilung von Zwiebel- und Knollenklumpen

Ähnlich wie Stauden kann man Zwiebel- und Knollenblumen teilen, die durch Entwicklung zahlreicher Nebenzwiebeln bzw. -knollen horstartige Bestände sowie unterirdisch regelrechte Klumpen oder Kolonien bilden. Hierzu zählen z. B. Narzissen, Tulpen, Krokusse und Herbstzeitlosen sowie die kleinen Frühjahrsblüher, die sich von selbst ausbreiten, etwa Blausterne, Schneeglöckchen und Traubenhyazinthen.

Nach der Blütezeit, wenn das Laub fast verwelkt ist, hebt man solche Trupps mit der Grabegabel vorsichtig aus dem Boden, schüttelt die Erde ab und bricht sie dann behutsam zu kleineren Klumpen auseinander. Diese werden dann ebenso wie Teilstücke von Stauden am gewünschten Ort wieder eingepflanzt.

Wieder austreibende Teilstücke lassen sich auch aus den büschelartigen Knollen der Dahlien gewinnen. Man zerschneidet sie nach dem Überwintern mit einem scharfen Messer zu Teilstücken, die mindestens eine, besser 2 bis 3 Triebknospen an den oberen Spindelenden aufweisen müssen.

Zwiebel- und Knollenkolonien bricht man vorsichtig zu kleineren Klumpen auseinander.

Knollenteilung bei Dahlien: Die Knollenbüschel werden in Teilstücke mit je mindestens einem Auge zerteilt.

CHECKLISTE

Wichtige Termine für die Teilung:
- bei den meisten Stauden, Gräsern und Farnen im zeitigen Frühjahr
- bei Frühjahrsblühern direkt nach der Blüte
- Rhizomteilung gleich nach der Blüte oder nach Einziehen der Blätter; bei Bambussen im Frühjahr
- Zwiebel- und Knollenblumen nach weitgehendem Welken des Laubs
- bei Dahlien nach der Überwinterung

Rhizomteilung bei Iris

1. Rhizomklumpen aus der Erde holen und jungen Rhizomteil zur Vermehrung abtrennen.

2. Blätter der Rhizomteilstücke zurückschneiden und überlange Wurzeln einkürzen.

3. Rhizom waagrecht einsetzen, dann bis zum Blattansatz mit Erde abdecken, andrücken und gießen.

Teppichzwergmispel
Flach wachsende, meist immergrüne Art der → Zwergmispel mit roten Früchten, die häufig als robuster Bodendecker für Sonne und Halbschatten Verwendung findet.

Terminalknospe
→ Knospe an der Spitze einer Sprossachse, ob Haupt- oder Seitentrieb. Aus Spitzenknospen entwickeln sich häufig Triebverlängerungen, es kann sich aber auch um Blütenknospen handeln.

Terrakottaprimel
Etagenprimel mit mittelhohem Wuchs, die im Sommer Blüten in pastelligen Tönen entfaltet.
→ Primel

Terrasse
Das aus dem Französischen stammende Wort bedeutet ursprünglich „Erdaufhäufung". Von daher erklärt sich die Verwendung des Begriffs für Erdstufen bzw. Absätze bei einer → Terrassierung. Die dem Gartenbesitzer weit geläufigere Bedeutung als Sitzfläche am Haus lässt sich aus der Gartengeschichte herleiten: Als Terrassen bezeichnet man auch die großzügig angelegten Plattformen früherer Schlossanlagen, teils gepflastert, teils bepflanzt, die mithilfe umfangreicher Erdbewegungen errichtet wurden. Bescheidenere Terrassen, die unseren heutigen ähneln, gab es allerdings schon in den Landvillen und Stadthäusern der alten Römer.

Das Prinzip der Erdstufe findet sich in der oft rampenartigen Anlage von Terrassen mit gegenüber dem Garten leicht erhöhtem Niveau wieder. Anstelle der üblichen (nahezu) ebenerdigen Terrasse dient in manchen Gebäuden eine Dachterrasse als „grüner" Aufenthaltsort (→ Dachgarten). Als terrassenähnliche, geschützte Einrichtung wird der → Wintergarten

Terrassen werden gern als „grüne Wohnzimmer" bezeichnet und entsprechend ausgestattet.

genutzt, der auch durch Überbauung und Verglasung einer bereits vorhandener Terrasse entstehen kann.

Die häufigste Form der Terrasse ist freilich der Freisitz am Haus, üblicherweise von der Gebäuderückseite aus zugänglich und mit befestigter Bodenfläche. Als Richtwert für die **Größe** einer intensiv, von einer ganzen Familie genutzten Terrasse gelten 30 – 40 m². Freilich ist dies oft genug aufgrund begrenzter Gesamtflächen nicht realisierbar bzw. geht stark zu Lasten des eigentlichen Gartens. Doch allein für einen größeren Tisch und 4 Stühle muss man wenigstens 15 m² veranschlagen, wenn noch etwas Bewegungsfreiheit bleiben soll.

Da sich der Erdboden bei Neubauten gewöhnlich noch senkt, erfolgt das **Anlegen** befestigter Terrassen besser erst nach einer gewissen Wartezeit. Das Niveau der Terrasse ist in der Regel durch die Unterkante des Erdgeschosses bzw. der zum Garten führenden Tür vorgegeben. Eine leichte Erhöhung gegenüber dem Garten ergibt sich daher oft von selbst. Bei geringem Höhenunterschied genügen flache Stufen oder ein sanft abfallender Weg als Verbindung zum Garten, andernfalls muss eine → Treppe mit eingeplant werden. Fällt das Bodenniveau von der Terrasse zum Garten sehr stark ab, sollte man vor Anlegen einen Architekten hinzuziehen, um Probleme bei der Statik zu vermeiden. Damit keine Feuchtigkeit ins Haus dringen kann, werden Terrassen mit leichtem Gefälle zum Garten hin angelegt; sinnvoll ist auch eine wasserdichte Trennschicht zwischen Hauswand und Terrasse.

Für die **Bodenbefestigung** gibt es verschiedene Möglichkeiten. Bei allen muss die Fläche zunächst für einen Unterbau ausgekoffert oder aber – bei deutlich tieferem Gartenniveau – zunächst mit einer Aufschüttung versehen werden. Für betonierte Terrassen dient als Unterbau eine Schotterschicht, auf die der Beton nach dem Verschalen gegossen wird. Ist

TERRASSE

Mit einem in den Boden eingelassenen Mini-Teich lässt sich eine Terrasse schön dauerhaft begrünen.

eine Befestigung mit Bodenbelägen vorgesehen, benötigt man als Unterbau eine 20 – 40 cm hohe Schicht aus Grobkies oder Schotter, darüber kommt eine 5 cm dicke Verlegeschicht aus Sand. Zu den einzelnen Schritten, auch beim Herstellen des Unterbaus, → PRAXIS-SEITE Pflaster und Platten selbst verlegen (S. 674/ 675).

Als Bodenbeläge kommen Platten oder Pflastersteine aus verschiedenen Materialien infrage, wie unter → *Pflaster* beschrieben, oder auch ein → *Holzbodenbelag,* für Terrassen meist als Holzdeck aus Außendielen oder in Form großer Holzfliesen. Für sonnige Terrassen eignet sich Holz sehr gut; in schattigen Bereichen, wo es langsamer abtrocknet, droht bei Feuchte erhöhte Rutschgefahr, die durch gerippte Oberflächen vermindert wird. Mithilfe von Holzdecks lassen sich auch bereits bestehende Terrassen auf einfache Weise vergrößern.

Neben praktischen Kriterien, z. B. Stabilität, Kosten, gute Verlegbarkeit (→ *Pflaster,* → *Holzbodenbelag*), sollten **gestalterische Gesichtspunkte** nicht ganz vernachlässigt werden. Struktur und Farbe des Belags müssen in erster Linie zum Haus passen. Sind weitere architektonische Elemente (etwa kleine Mauern) im Garten geplant oder vorhanden, macht sich auch hier eine Materialabstimmung positiv bemerkbar, ebenso bei gepflasterten Wegen. Wie der Terrassenbelag verlegt wird, trägt maßgeblich zur Wirkung des Sitzplatzes bei: Längs vom Haus wegführende Linien lassen die Terrasse größer, parallel zur Hauswand verlaufende Linien gedrungener erscheinen. Mehrfarbige oder in Mustern verlegte Beläge (z. B. Pflaster in Bögen, schräg verlaufende Holzbohlen) sind interessant und ansprechend. Doch gerade bei großen Terrassen und verhältnismäßig kleinen Gartenflächen kann es dadurch zu einer optischen Überladung kommen, besonders wenn auch die umgebende Bepflanzung sehr vielfältig und farbenfroh ist.

Die **Einrichtung** der gern als „grünes Wohnzimmer" bezeichneten Terrasse kann sich ganz schlicht auf geeignete Möbel beschränken; auf südseitigen Terrassen kommt am besten noch eine Markise hinzu. Eine beliebte Gestaltungs- und Bepflanzungsmöglichkeit bieten so genannte Rankblumenkästen, bei denen ein großer Pflanzkasten mit einem hohen Gitter kombiniert ist. In den Kasten gesetzte Kletterpflanzen sorgen für Sichtschutz, der sich notfalls sogar umplatzieren lässt. Pflanzentreppen erlauben das Unterbringen mehrerer Topfpflanzen und Blumenkästen auf verschiedenen Etagen. Zu den besonders geschätzten Einrichtungen, die etwas mehr Aufwand erfordern, gehört die → *Pergola;* bei großen Terrassen auch möglich als Teilüberdachung, so dass im Sommer ein besonnter und ein beschatteter Bereich zur Verfügung steht. Daneben gibt es ganz nach Belieben eine Reihe weiterer baulicher Elemente, die die Terrasse und das Terrassenleben verschönern können: z. B. gemauerte Hochbeete, rundum laufende Geländer, an denen man Blumenkästen anbringen kann oder gar ein gemauerter Kamin. Schließlich lohnt es sich, schon bei der Planung an eine geeignete Beleuchtung zu denken (→ *Gartenbeleuchtung*).

Bei der **Bepflanzung** spielen → *Kübelpflanzen* eine ganz besondere Rolle. Wo die Möglichkeit besteht, Blumenkästen oder → *Ampeln* bzw. → *Hanging Baskets* anzubringen, kann man mit Balkonpflanzen jeglicher Art aus dem Vollen schöpfen (auch → *Balkonbepflanzung*). Ansonsten lässt sich die Terrasse mit allem zieren, was in Töpfen, Kübeln oder Trögen wächst bzw. machbar ist, z. B. mit → *Mini-Teichen,* → *Mini-Steingärten* oder auch Kübelobst und Kräutern in Pflanzgefäßen. Kletterpflanzen, ob einjährig oder mehrjährig, an einer Pergola, an der Hauswand oder an Rankgittern, gehören ebenfalls zu den Terrassenspezialitäten, zumal sie Sichtschutz und teils auch Beschattung gewährleisten.

An die Terrasse angrenzende Beete oder Pflanzstreifen im Übergang zum Garten können natürlich auf jede erdenkliche Weise angelegt werden. Bei erhöhter Terrasse und abfallender Beetfläche bietet sich z. B. eine steingartenähnliche Gestaltung mit Polsterstauden an. Schön wirkt auch eine Einfassung mit niedrigen Hecken, etwa aus Spiersträuchern. Vor allem aber sollte man einige seiner Lieblingspflanzen, ob Rosen oder bestimmte Stauden und Sommerblumen, in Terrassennähe setzen, denn hier hat man sicher am meisten davon. Ebenso von Duftpflanzen, dazu zählen auch aromatische Würzkräuter, die bei Pflanzung als Terrassenbegleiter zudem auf kürzestem Weg in die Küche gelangen.

Terrassierung

Umformung von Gelände mit starkem Gefälle durch Schaffen von Erdstufen bzw. Absätzen mit ebener Oberfläche.

Gärten in → *Hanglage* lassen sich oft besser gestalten und nutzen, wenn die Hangschräge mithilfe von Palisaden, Trockenmauern, Betonelementen o. Ä. terrassiert wird.

Tetragonia

Botanischer Gattungsname des einjährigen → *Neuseeländer Spinats*, ein spinatähnliches Gemüse, das sich für den Sommerbau eignet.

Tetragonolobus

Botanischer Gattungsname eines sehr ausgefallenen Hülsenfruchtgemüses
→ *Flügelerbse*

Teucrium

Kleiner immergrüner Halbstrauch mit rosa Blüten
→ *Gamander*

Teufelskralle

PHYTEUMA ORBICULARE

Das heimische Glockenblumengewächs wird nach seiner Blütenform auch Kopfige oder Kugelige Teufelskralle genannt. Bisweilen werden von Spezialgärtnereien auch die recht ähnliche, reinblau blühende Scheuchzers Teufelskralle (*P. scheuchzeri*) und die Ährige Teufelskralle (*P. spicatum*) mit gelblich weißen, ährigen Blütenständen angeboten.
Merkmale: Staude, locker buschig, 20 – 40 cm hoch; schmale, dunkelgrüne Blätter in grundständiger Rosette und an den Stielen; kugeliger Blütenstand aus violettblauen, selten weißen, schlanken, krallenartig gekrümmten Blüten.
Blütezeit: Mai – Oktober
Verwendung: In Steingärten, in Pflanztrögen.

Teufelskralle (Pyteuma orbiculare)

Standort: Durchlässiger, frischer, humoser Sandboden.
Pflanzen/Vermehren: Pflanzung bevorzugt im Frühjahr, späteres Umpflanzen wegen der rübenartigen Pfahlwurzeln meist sehr schwierig; Vermehrung durch Aussaat im Herbst oder durch Abtrennen von Nebenrosetten.
Pflege: Möglichst ungestört wachsen lassen.

Thalictrum

Hochwüchsige, buschige Staude mit fedrig wirkenden Blütenbüscheln
→ *Wiesenraute*

Thermokomposter

Geschlossener → *Kompostbehälter* mit Isolierschicht, in dem die organischen Abfälle unter günstigen Bedingungen schnell verrotten.

Thermometer

Gerät zur Messung der Temperatur in Grad Celsius (° C). Die altbekannten **Flüssigkeitsthermometer** mit Quecksilber- oder Alkoholsäule im Steigröhrchen nutzen den physikalischen Effekt, dass sich Flüssigkeiten bei Erwärmung ausdehnen und bei Kälte zusammenziehen. Entsprechend steigt oder sinkt die Säule, die Werte lassen sich an der daneben aufgetragenen Gradskala ablesen. Quecksilberthermometer gelten als besonders genau; Quecksilber ist jedoch hochgiftig und verlangt bei eventuellem Zerbrechen der Röhrchen höchste Vorsicht (Entsorgung über Sondermüll). Für den Außenbereich gibt es zahlreiche, teils sehr dekorative Modelle, oft unter der Bezeichnung „Gartenthermometer" angeboten. Sehr empfehlenswert ist eine Ausführung als → *Minimum-Maximum-Thermometer,* von dem man nicht nur die aktuelle Temperatur, sondern auch den vorangegangen Höchst- und Tiefststand ablesen kann.

Elektrische oder **Digitalthermometer** mit numerischer LED-Anzeige haben Messfühler bzw. -spitzen, die Temperaturänderungen über Änderungen des elektrischen Widerstands (Widerstands-, Halbleiterthermometer) oder einer Spannungsänderung in ihrem Stromkreis (Thermoelemente) registrieren. Auch elektrische bzw. Digitalthermometer werden in den verschiedensten Ausführungen angeboten. Besonders empfehlen sich hier wiederum Minimum-Maximum-Modelle.

Bei Digitalthermometern, die außen angebracht werden sollen, muss man darauf achten, dass sie dafür ausgelegt sind und spritzwassergeschützte Gehäuse haben. Die Stromversorgung erfolgt durch Batterien bzw. Knopfzellen. Manche Modelle werden auch mit Außensensoren an langen Kabeln angeboten – luxuriöse Funkthermometer sogar kabellos

Für die Wetterbeobachtung im Garten ist ein Thermometer eines der wichtigsten Geräte.

– und können so geschützt im Haus oder Geräteschuppen aufgehängt werden. Bei allen technischen Feinheiten sollte man als Auswahlkriterium die Lesbarkeit der Anzeige nicht vergessen, die bei solchen Thermometern nicht immer optimal ist.

Durch die digitalen Geräte etwas verdrängt wurden die **Bimetallthermometer** mit zwei verklebten Metallstreifen, die sich bei Wärme unterschiedlich stark ausdehnen. Man findet sie meist als Zeigerthermometer mit runden Anzeigescheiben, vor allem in kleinen Gartenwetterstationen, die außerdem noch ein → *Barometer* und ein → *Hygrometer* umfassen.

Für die **Platzierung** der Thermometer oder Außensensoren gilt: möglichst im Schatten und in ca. 2 m Höhe, etwas windgeschützt, am besten frei aufgestellt an einem Pfosten und mit einem kleinen Dach versehen. Nur so sind Einflüsse, die die Temperaturmessung verfälschen können, weitgehend ausgeschaltet und die Ergebnisse in etwa mit den Werten der Meteorologen vergleichbar.

Zum **Spezialbedarf** für Gärtner gehören Bodenthermometer, die in die Erde gesteckt werden, um z. B. den besten Aussaattermin im Freiland zu bestimmen. Mit ihnen lässt sich auch die Temperaturentwicklung im Kompost überprüfen. Des Weiteren findet man im Fachhandel besondere (Kompost-)Mieten- und Frühbeetthermometer.

Thomasphosphat

Kaum wasserlöslicher → *Phosphordünger* mit etwa 15 % P_2O_5, der am besten in sauren Böden wirkt; Nebenprodukt der Stahlherstellung.

Thrips

Zur Insektenordnung der Thripse, Blasenfüße oder Fransenflügler gehören etliche Arten, deren Zahl sehr unterschiedlich beziffert wird.

Thripsschaden an Gladiolen

Das dürfte u. a. auch daran liegen, dass die oft nur 1 – 2 mm kleinen, entfernt fliegenähnlichen Tiere im Einzelnen schwer zu identifizieren sind. Man braucht schon eine gute Lupe, um allein die haarig gefransten Flügel und Haftblasen an den Füßen zu erkennen. Mancher kennt sie vielleicht besser unter ihrem volkstümlichen Namen Gewittertierchen oder -fliegen, da sie an schwülwarmen Tagen häufig in großen Mengen ausschwärmen.

Einige Thripse gelten als Nützlinge, weil sie Milben und Blattläuse fressen. Die meisten jedoch ernähren sich durch Saugen von Pflanzensaft, viele treten als Schädlinge an Zier- und Nutzpflanzen auf. Betroffen sind u. a. Dahlien, Gladiolen, Nelken, Bohnen, Erbsen, Porree, Zwiebeln, Tomaten sowie Obstgehölze. Wie andere saugende Insekten können Thripse auch Viren übertragen. Sie stechen die Oberflächenzellen an und saugen sie aus; die Zellen füllen sich mit Luft und reflektieren dann wie winzige Spiegel das Licht. Dadurch kommt es zum typischen Silberglanz befallener Teile.

Während der Erbsenblasenfuß nur eine Generation im Jahr hervorbringt, haben die meisten anderen Thripsarten eine Generationsdauer von nur wenigen Wochen. Teils legen die Weibchen bei warmem Wetter alle 2 bis 3 Wochen bis zu 200 Eier. Besonders günstige Bedingungen finden sie in Gewächshäusern. Manche bevorzugen feuchtwarme, andere eher trockene Bedingungen. Sie überwintern im Boden oder an Pflanzenresten.

Schadbild: Saugschäden an Blättern, Blüten und Früchten, die sich als silbrige Pünktchen bzw. Flecken äußern; Wachstumshemmung junger Pflanzenteile; verkrüppelte und vertrocknende, schließlich braune Blätter, Triebspitzen, Blüten und Früchte; schwärzliche Kotflecken an den Pflanzenteilen.

Abhilfe: Vorbeugend natürliche Feinde wie Florfliegen, Raubmilben, Marienkäfer und Spinnen fördern; Boden mulchen; Erbsen und Zwiebeln früh säen; nach einem Befallsjahr Pflanzenreste gründlich entfernen, umgraben. Bei Befall Schmierseifenlösung oder nützlingsschonendes Präparat einsetzen; im Gewächshaus biologische Bekämpfung mit käuflichen Raubmilben, Raubwanzen und Florfliegen möglich; beleimte Blautafeln, an denen die Thripse hängen bleiben, ermöglichen Befallskontrolle und dienen auch zur Bekämpfung.

Thuja

Botanischer Gattungsname des → *Lebensbaums*

Thuja-Miniermotte

Die Raupen dieser → *Miniermotte* (Argyresthia thuiella) fressen sich durch die Nadeln von Lebensbäumen und führen zum Verbräunen der Spitzen.

Thujopsis

Anspruchsloser kleiner Nadelbaum oder -strauch mit kegelförmiger Krone und fächerförmigen Zweigen
→ *Hiba-Lebensbaum*

Thunbergia
Einjährig gezogene Schlingpflanze mit gelben Blüten und auffälliger dunkler Blütenmitte
→ *Schwarzäugige Susanne*

Thunbergs Berberitze
Mittelgroße Art der → *Berberitze* mit oranger bis roter Herbstfärbung

Thymian
THYMUS

Die Gattung der Lippenblütler setzt sich vorwiegend aus polsterförmig wachsenden Stauden oder Halbsträuchern zusammen. Sie bieten gleich mehrfachen Nutzen: Zum einen sind es anmutige, problemlose Zierpflanzen, die hübsch blühen und kräftig aromatisch duften, zum andern dienen ihre Blätter als Würze für die Küche, und nicht zuletzt handelt es sich um bewährte Heilpflanzen bei Bronchial- und Magenleiden.

Die bekannteste Art ist der vor allem in Südosteuropa vorkommende Echte Thymian (T. vulgaris), auch Feldkümmel oder Demut genannt. Bei uns findet man dagegen den sehr ähnlichen Sandthymian, Feldthymian oder Quendel (T. serpyllum). Zierend und würzend wird vielfach auch der Zitronenthymian (T. x citriodorus) verwendet, von dem es mehrere Sorten, auch mit weiß- oder gelbbuntem Laub, gibt. Seine Blätter und Blüten duften intensiv nach Zitrone, insbesondere beim Zerreiben. Gut sortierte Gärtnereien führen eine erstaunliche Fülle von weiteren, meist kleinwüchsigen Arten und Sorten sowie Hybridformen. Diese werden vorwiegend als Zierpflanzen gezogen. Früh blühender Thymian (T. praecox) und Arzneithymian (T. pulegioides), beides heimische Arten, sowie der graugrüne T. doerfleri aus Albanien und der silbrig filzige T. villosus aus Spanien sind die wohl bekanntesten Vertreter.

Echter Thymian (Thymus vulgaris)

Zitronenthymian (Thymus x citriodorus)

Echter Thymian
THYMUS VULGARIS
☼ ☺

Merkmale: Wintergrüner Halbstrauch mit polstrigem Wuchs, 10 – 40 cm hoch; reich verzweigt; schmale, dunkelgrüne Blättchen; duftende, rosa bis violette Blütchen in üppigen Scheinquirlen.
Blütezeit: Mai – Oktober
Verwendung: Im Steingarten, auf Trockenmauern, in Plattenfugen, in Trögen, im Kräuterbeet.
Standort: Warm auf gut durchlässigem, mäßig trockenem bis frischem, sandigem, am besten leicht saurem Boden.
Pflanzen/Vermehren: Pflanzung bevorzugt im Frühjahr mit 20 – 30 cm Abstand; Vermehrung durch Stecklinge, auch eine Aussaat (Lichtkeimer) ist möglich.
Pflege: Anspruchslos; im Frühjahr oder nach der Hauptblüte um ein Drittel zurückschneiden.
Ernte: Nach Bedarf einzelne Zweige oder Büschel vom Frühjahr bis zum Herbst abschneiden; eignet sich hervorragend zum Trocknen, dazu einfach ganze Stängel kurz vor der Blüte schneiden.

Thymus
Botanischer Gattungsname des → *Thymians*

Tiarella
Bodenbedeckende Staude für Schattenplätze mit schaumartig leicht wirkenden Blütenrispen
→ *Schaumblüte*

Tibetorchidee
→ *Orchideen* der Gattung *Pleione*, die an günstigen, geschützten Standorten sogar im Freiland gezogen werden können.

Tiefengestein
Tiefengesteine, fachsprachlich Plutonite genannt, zählen zu den → *Erstarrungsgesteinen* mit vulkanischem Ursprung. Entstanden aus der flüssigen Gesteinsschmelze, dem Magma, sind sie langsam im Erdinnern aufgestiegen und in der Erdkruste erstarrt. Erst durch Verwitterung der Deckschichten oder Faltungsvorgänge gelangen sie an die Erdoberfläche. Tiefengesteine sind besonders hart und widerstandsfähig; zu ihnen gehören neben Gabbro, Syenit und Diorit der → *Granit*, der einen Großteil der Erd-

kruste des Festlands bildet und durch hohe Anteile an → *Feldspäten* eine entscheidende Rolle bei der → *Bodenbildung* spielt.

Tiefenzonen

Als Tiefen- oder → *Teichzonen* werden verschiedene Wassertiefenbereiche bezeichnet, an die die → *Teichpflanzen* jeweils unterschiedlich angepasst sind.

Tiefgefrieren

Verbreitete und schonende Konservierungsmethode für Gemüse und manche Kräuter
  → PRAXIS-SEITE Gemüse lagern und haltbar machen (S. 324/325),
  → PRAXIS-SEITE Kräuter verarbeiten und konservieren (S. 492/493)

Tiefgründiger Boden

Bis in tiefere Schichten recht lockerer → *Boden* ohne Barrieren aus Ton oder Gestein, der leicht von Pflanzenwurzeln durchdrungen wird. Neben einer tief reichenden Bodenbearbeitung (z. B. durch → *Rigolen*) kann auch eine gezielte → *Gründüngung* mit → *Tiefwurzlern* wie z. B. Lupinen diese Eigenschaft fördern.

Tiefwurzler

Sehr tief reichende Hauptwurzeln (Pfahlwurzeln) findet man häufig bei Pflanzen trockener Standorte, die durch ein solches → *Wurzelsystem* in der Lage sind, Wasservorräte aus dem Untergrund zu nutzen. Löwenzahn oder Natternkopf beispielsweise sind krautige Tiefwurzler, ebenso Lupinen und Ölrettich, die als → *Gründüngungspflanzen* den Boden tief reichend lockern. Unter den Gehölzen gehören hierzu u. a. Rosen, Sanddorn, manche Tannenarten, Eibe, Wacholder sowie Tamarisken, deren Wurzeln in Trockengebieten bis 30 m tief reichen können.

Als Tiefwurzler zählt die Gelbe Lupine zu den besten Gründüngungspflanzen.

Tigerblume
TIGRIDIA PAVONIA

Die mittelamerikanische Schönheit trägt ihren Namen nach der ungewöhnlichen Musterung ihrer Blüten, nach der sie auch Pfauenblume heißt. Von dem Irisgewächs werden verschiedene Sorten angeboten, die sich in der Blütenfarbe unterscheiden.
Merkmale: Ausdauernde, aber nicht winterharte Zwiebelblume, 40 – 60 cm hoch; schwertförmige Blätter; große, flach schalenförmige Blüten aus je drei großen und drei kleinen Blütenblättern, orange- bis scharlachrot, auch weiß, gelb, rosa oder lila mit lebhafter, kontrastierender Zeichnung in der Mitte.
Blütezeit: Juli – September
Verwendung: In Beeten und Rabatten, stets in kleinen Gruppen; schön zu Blumenrohr oder Sommerhyazinthen.

Tigerblume (Tigridia pavonia)

Standort: Vollsonnig und warm; durchlässiger, frischer, humoser, nährstoffreicher, mittelschwerer bis schwerer Boden.
Pflanzen/Vermehren: Pflanzung der Zwiebeln ab Mitte April etwa 10 cm tief mit 20 cm Abstand; Vermehrung durch Abnahme von Brutzwiebeln oder durch Aussaat.
Pflege: Gleichmäßig leicht feucht halten, ab September jedoch trocken; im Oktober Zwiebeln aufnehmen, reinigen, trocken und kühl bei 10 – 15° C lagern, in sehr klimagünstigen Gebieten ist auch eine Überwinterung im Freien unter einer Reisigdecke möglich.

Tigridia

Botanischer Gattungsname der → *Tigerblume*

Tilia

Botanischer Gattungsname der → *Linde*

TKS

Abkürzung für Torfkultursubstrate
  → *Erden, Substrate*

Tochterknolle

Junge Knolle, die sich an der Basis der Mutterknolle entwickelt, z. B. bei Gladiolen und Krokussen.
  → *Brutknolle*

Tochterpflanze

In manchen Pflanzenfamilien bilden die Mutterpflanzen aus Seitentrieben an ihrer Basis bereits lebensfähige, vollständig entwickelte Tochterpflanzen oder → *Kindel* aus. Dies ist besonders typisch bei Zimmerpflanzen wie Bromelien oder Brutblatt (*Bryophyllum*). Man kann sie einfach ablösen und zur Vermehrung verwenden, indem sie lediglich eingepflanzt werden.

Tochterrosette

Rosettig wachsende → *Kindel,* die von den Mutterpflanzen gebildet werden, z. B. bei der Hauswurz.

Tochterzwiebel

Junge Zwiebel, die sich an der Basis der Mutterzwiebel entwickelt, z. B. bei Tulpen und Narzissen. Solche → *Brutzwiebeln* können bei manchen Arten auch am Stängel angelegt werden, etwa bei Lilien (→ *Bulbillen*) oder Knoblauch.

Tomate

LYCOPERSICON ESCULENTUM

Wie so viele Nachtschattengewächse, die als Nutzpflanzen von großer Bedeutung sind, stammen auch die Tomaten oder Paradeiser aus Südamerika. Das Wärme liebende, vielfach züchterisch bearbeitete Fruchtgemüse gibt es in großer Vielfalt: Die größten Früchte, die botanisch gesehen Beeren sind, tragen Fleischtomaten, die kleinsten haben Kirsch- oder Cocktailtomaten (*L. esculentum* var. *cerasiforme*), manchmal auch als Obsttomaten bezeichnet. In der Fruchtgröße dazwischen stehen die Stabtomaten, hochwüchsige Formen, die an Pfählen aufgeleitet werden, sowie die buschig wachsenden Busch- oder Balkontomaten und die Ampel- oder Hängetomaten. In all diesen Gruppen finden sich Sorten mit Früchten in klassischem Tomatenrot, aber ebenso gelbe oder gar bunt gestreifte. Auch die Gestalt variiert je nach Sorte, neben den typischen kugelrunden Früchten gibt es längliche (Eier- oder Flaschentomaten), gerippte oder birnenförmige.

Bei der Sortenwahl sollte man solche bevorzugen, die platzfest und gegenüber den wichtigsten → *Tomatenkrankheiten* wie Kraut- und Braunfäule, Blattflecken und Virosen widerstandsfähig oder resistent sind. Neu-

Tomaten gehören im Hausgarten zu den am häufigsten angebauten Gemüsen.

erdings werden auch auf Wildtomatenkreuzungen veredelte Sorten angeboten, die von Welkekrankheiten, teils auch Viruskrankheiten, verschont bleiben und außerdem früher und reicher fruchten.

Während unreife, noch grüne Tomaten das giftige Solanin enthalten und deshalb nicht zum Verzehr geeignet sind, stellen vollreife Früchte eine sehr gesunde, vitamin- und mineralstoffreiche, dabei aber kalorienarme Kost dar. Unbedenklich ist die Grünfärbung dagegen bei bestimmten Sorten, z. B. grün gestreiften. Man kann sie frisch genießen oder aber auf vielfältige Weise verarbeiten.

Die sehr durstigen und hungrigen Tomatenpflanzen werden stets als Hauptkulturen gezogen. Für eine Mischkultur eignen sich u. a. Salate, Spinat, Radieschen, Kohlrabi, Porree sowie viele Kräuter, z. B. Petersilie oder Basilikum.

Merkmale: Einjährig kultiviertes Fruchtgemüse; je nach Sorte hochwüchsig, wenig verzweigt und bis 2 m hoch oder niedrig, dicht buschig verzweigt und nur 20 – 50 cm hoch; dunkelgrüne, fleischige, grob gefiederte, leicht klebrige Blätter; sternförmige bis glockige, gelbe Blüten in mehr oder weniger reichblütigen Trauben; erst grüne, zur Reife rote, gelbe oder mehrfarbige Beerenfrüchte; alle Teile verströmen einen intensiven, würzig herben Geruch.

Blütezeit: Ab Mai

Standort: Vollsonnig und warm; gut durchlässiger, gleichmäßig feuchter, stark humoser und sehr nährstoffreicher Boden; auch in großen Kübeln und Kästen.

Kultur: Anzucht ab März, bei genügend Licht auch ab Ende Februar; sehr

hell und recht feucht bei 18 – 20° C halten; Keimung nach 1 bis 2 Wochen; Sämlinge in Einzeltöpfe pikieren, dabei möglichst tief einsetzen, damit sie zusätzliche Wurzeln schlagen. Ab Mitte Mai ins Freie auspflanzen (zuvor gut → *abhärten*), Pflanzabstand je nach Sorte und Wuchsform 40 x 60 cm bis 60 x 80 cm, dabei bis zum untersten Blattansatz in den Boden setzen; außer bei Buschtomaten Stützstab neben die Pflanzen stecken und anbinden; Kultur im Gewächshaus ab Februar möglich.
Pflege: Regelmäßig durchdringend wässern und mehrfach, etwa alle vier Wochen düngen, dabei die Blätter nicht benetzen; Mulchen sehr vorteilhaft; bei Stab- und Fleischtomaten immer wieder Geiztriebe aus den Blattachseln entfernen (→ *Ausgeizen*), nach Entwicklung von 5 bis 6 Fruchtständen den Haupttrieb kappen; bei Anbau unter Folie oder im Gewächshaus blühende Pflanzen leicht schütteln, damit Selbstbestäubung stattfindet. Bei schlechtem Wetter im Spätsommer und bei kaltem Frühherbst Früchte mit Folienhauben schützen, jedoch stets für genügend Luftzufuhr sorgen.
Ernte: Ab Juli vollreife Früchte laufend abpflücken; im Spätherbst noch nicht ausgereifte Früchte an warmem, dunklem Ort nachreifen lassen.
Hinweis: Der Pflanzplatz sollte – entgegen früheren Empfehlungen – jährlich gewechselt werden, da nach neueren Erkenntnissen der Erreger der Kraut- und Braunfäule auch im Boden überdauern kann (→ *Tomatenkrankheiten*). Auch die bakterielle Tomatenwelke lässt sich durch einen Fruchtwechsel am besten vermeiden. Stützpfähle sollten nach Gebrauch und dann nochmals im Frühjahr stets gründlich gereinigt werden, da an ihnen Krankheitserreger überdauern können. Von daher sind Stäbe aus Metall am besten geeignet.

Tomatenkrankheiten
In erster Linie sind es Pilzkrankheiten, die bei nassem Wetter im Sommer und Herbst den Pflanzen zu schaffen machen und den Gärtner oft um die Ernte bringen. Geschützter bzw. überdachter Anbau kann dem teils vorbeugen; andererseits werden manche Pilze gerade durch feuchtwarme Bedingungen und mangelnde Belüftung gefördert. So auch der → *Grauschimmel*, der neben den üblichen Symptomen (graue Schimmelbeläge) bei Tomaten auch kleine Flecken mit blasser Umrandung auf den Früchten hervorrufen kann.

Zur Vorbeugung gegen die recht häufig auftretenden Pilzkrankheiten empfehlen sich allgemein: ausreichender Pflanzabstand, ausgewogene Düngung, gleichmäßiges Gießen (bevorzugt morgens), Mulchen des Bodens, Ausbringen von Pflanzenstärkungsmitteln, bei Stabtomaten ausschließlich saubere Stützen und stets neues Bindematerial verwenden.

→ *Viruskrankheiten*, meist mit mosaikartiger Blattaufhellung, können an Tomaten ebenfalls auftreten. Raucher sollten sich vor Kulturarbeiten an Tomaten gründlich die Hände waschen, da das äußerst überlebensfähige und sich leicht ausbreitende Tabakmosaikvirus auch Tomaten befällt.

Aufplatzen
Diese Erscheinung liegt nicht an Krankheitserregern, sondern zeigt meist einen Mangel an. Mögliche Ursachen sind eine unregelmäßige Wasserversorgung sowie Kaliummangel. Im Herbst können auch starke Temperaturunterschiede zwischen Tag und Nacht zum Aufplatzen großfrüchtiger Sorten führen.
Schadbild: Klaffende Risse in der Haut der Früchte.
Abhilfe: Vorbeugend regelmäßig gießen, Boden mulchen; bei häufigem Auftreten Bodenuntersuchung beauftragen und ggf. mit chloridfreiem → *Kaliumdünger* aufdüngen; im Herbst abends Folienhauben über die Fruchtstände ziehen.

Blattfleckenkrankheit
Verursacher ist ein Pilz der Gattung *Septoria*. Er überdauert auf Pflanzenresten und im Boden und breitet sich schon ab Frühjahr besonders bei kühlem, feuchtem Wetter aus.
Schadbild: Anfangs kleine wässrige Flecken auf den unteren Blättern; später Ausdehnung zu größeren, unregelmäßigen, dunklen Flecken mit hellem Rand.
Abhilfe: Vorbeugung und Bekämpfung wie bei der Kraut- und Braunfäule (S. 906); nach Befall Pflanzenreste gründlich entfernen.

Blüten-, Fruchtendfäule
Die Symptome dieser nichtparasitären Krankheit treten an der Frucht auf, und zwar an der ursprünglichen Blütenansatzstelle; deshalb die etwas verwirrende Bezeichnung Blütenendfäule. Es handelt sich um einen so genannten physiologischen Calciummangel (→ *Kalk*), d. h., die Früchte werden unzureichend mit diesem Nährstoff versorgt, obwohl in der Regel genug Kalk im Boden vorhanden ist. Die Aufnahme kann beispielsweise blockiert sein, weil der Boden zu nass oder zu trocken ist oder weil sie durch zu hohen Kalium- oder Magnesiumgehalt gestört wird. Auch starkes, schnelles Trieb- und Blattwachstum und zu hohe Luftfeuchtigkeit zählen zu den Ursachen, daher tritt die Krankheit insbesondere an Gewächshaustomaten auf. Zudem sind die Sorten unterschiedlich anfällig.
Schadbild: Eingesunkene, dunkelbraune bis graue Flecken auf der Unterseite der Früchte, mit verhärtetem Gewebe.

Tomatenkrankheiten

Blüten- bzw. Fruchtendfäule

Kraut- und Braunfäule

Abhilfe: Vorbeugend regelmäßig und gleichmäßig gießen, aber nicht zu nass halten; ausgewogene Düngung mit mäßigem Stickstoffanteil; bei starkem Wachstum untere Blätter entfernen; im Gewächshaus häufig lüften. Tritt die Erscheinung häufig auf, Bodenuntersuchung durchführen und ggf. saure Böden aufkalken und Gaben anderer Nährstoffe (z. B. Kalium) reduzieren.

Dürrfleckenkrankheit

Hervorgerufen durch einen Schadpilz, der im Boden, auf Pflanzenresten, an den Tomatenstützen sowie in infizierten Samen überdauern kann. Mit der Krankheit hat man hauptsächlich in warmen Regionen sowie bei Gewächshausanbau zu tun. Sie befällt auch Kartoffeln und andere Nachtschattengewächse.

Schadbild: Auf Blättern, Blattstielen und später den Früchten braune Flecken, die aus konzentrischen Kreisen und gelber Außenzone bestehen; gelegentlich auch vorzeitiger Blütenabwurf.

Abhilfe: Vorbeugung und Bekämpfung wie bei der Kraut- und Braunfäule; außerdem nach Befall Pflanzenreste gründlich entfernen, Tomatenstützen sorgfältig reinigen bzw. mit Alkohol desinfizieren, kein Saatgut aus eigener Vermehrung verwenden.

Kraut- und Braunfäule

Erreger dieser weit verbreiteten Krankheit ist der Pilz *Phytophthora infestans,* der auch die Kraut- und Knollenfäule, eine → *Kartoffelkrankheit,* verursacht. Er überdauert zum einen in befallenen Kartoffelknollen, aber auch in der Erde. Seine Sporen werden vom Wind übertragen. Gelangen sie auf die Blätter, keinem sie unter feuchtwarmen Bedingungen in großer Zahl aus. Ärgerlicherweise tritt die Krankheit häufig gerade dann auf, wenn die meisten Früchte reif werden, besonders nach Regenperioden.

Schadbild: Teils schon ab Sommer anfangs graugrüne, dann braunschwarz werdende Flecken auf den unteren Blättern, später auch auf den Stängeln; Blattunterseiten von weißlichen Schimmelrasen bedeckt; Blätter sterben schließlich oft ganz ab; Früchte mit braunen, eingesunkenen Flecken, meist in der Umgebung des Stielansatzes; bei Spätbefall zuerst Symptome an den Früchten.

Abhilfe: Vorbeugend widerstandsfähige Sorten wählen; nicht in die Nähe von und nicht nach Kartoffeln pflanzen; jährlich das Beet wechseln; nicht zu eng pflanzen; bevorzugt morgens gießen, Blätter nicht benetzen; bei wachsenden Pflanzen die unteren und zu dicht stehenden Blätter entfernen. Bei Anfangsbefall erste Früchte mit Flecken umgehend entfernen, notfalls mit kupferhaltigem Präparat spritzen.

Samtfleckenkrankheit

Der Name bezieht sich auf den weichen Schimmelrasen, zu dem dieser Pilz auswächst. Der vorwiegend im Gewächshaus und unter Folie auftretende Erreger überdauert im Boden und auf Pflanzenresten.

Schadbild: Zunächst nur an den unteren Blättern gelbliche, später braune, unscharf begrenzte Flecken auf den Oberseiten, blattunterseits samtiger, grünlicher graubrauner Pilzrasen.

Abhilfe: Vorbeugend resistente Sorten verwenden; nur morgens gießen, Blätter nicht benetzen, Gewächshaus häufig lüften. Befallene Blätter entfernen, später Pflanzenreste gründlich beseitigen.

Tomatenstängelfäule

Dies ist wiederum ein typischer Schadpilz verregneter, kühler Jahre. Er hält sich im Boden, auf Stützpfählen und überdauert sogar in Samen erkrankter Pflanzen.

Schadbild: Braunschwarze Verfärbung am Stängelgrund, Befallsstellen wirken leicht eingeschnürt; Stammgrund verfärbt sich dunkel; Blätter beginnen zu welken, Pflanzen sterben oft ganz ab; bei Spätbefall dunkle Flecken mit konzentrischen Kreisen auf den Früchten.

Abhilfe: Vorbeugung und Bekämpfung wie bei der Kraut- und Braunfäule bzw. Dürrfleckenkrankheit; kranke Pflanzen vernichten, keinesfalls auf den Kompost geben.

TONBODEN

Die Tomatenwelke kann mehrere Ursachen haben.

Welkekrankheiten

Welkende Tomatenpflanzen geben Grund zur Besorgnis – denn wenn es nicht gerade am ungenügenden Gießen liegt, sind oft sehr hartnäckige Schaderreger am Werk, die sich nur schwer identifizieren lassen. Häufig welken zunächst nur einzelne Triebteile, später stirbt meist die ganze Pflanze ab. Mögliche Verursacher (mit ihren wichtigsten Kennzeichen) sind:

■ Bakterien: Gelblicher Bakterienschleim in den Stängeln, Leitungsbahnen sind gelbbraun verfärbt; auf Früchten kleine weiße Flecken mit dunkler Mitte.

■ *Fusarium*-Pilze: oft schlagartiges Welken und Absterben der Pflanzen; auch → *Fusarium-Krankheiten*

■ *Verticillium*-Pilze: Anfangs häufig nur Trockenschäden an den Blatträndern; Pflanzen können sich vorübergehend erholen; auch → *Verticillium-Welke*.

■ Korkwurzelkrankheit (Schadpilz): Verdickte Stängelbasis, Wurzeln sind korkig und aufgerissen, Fasern- und Seitenwurzeln abgestorben.

■ Nematoden: Tierische Schaderreger, verursachen Missbildungen und Wucherungen an den Wurzeln; auch → *Nematoden*.

Die genannten Pilzkrankheiten, sämtlich Bodenpilze, treten vor allem bei Gewächshausanbau auf.

Abhilfe: Da die Ursachen oft schwer festzustellen und die genannten Erreger ohnehin kaum direkt bekämpfbar sind, gilt vor allem: befallene Pflanzen umgehend entfernen, nach der Ernte Reste gründlich beseitigen, mindestens 4 Jahre keine Tomaten (und andere Nachtschattengewächse) mehr an derselben Stelle anbauen; außerdem unbedingt auf Hygiene achten, d. h., Stützstäbe und Messer nach Gebrauch desinfizieren, bevor andere Tomaten berührt werden (etwa beim Ausgeizen), Hände gründlich waschen. Tritt das Problem trotzdem öfter auf, sollte man mithilfe von Fachleuten, z. B. vom Pflanzenschutzdienst, genau die Ursache bestimmen und möglichst eindämmen; außerdem veredelte Jungpflanzen verwenden.

Tomatenschädlinge

Im Allgemeinen bleiben Freilandtomaten weitgehend von Schädlingen verschont. Recht gravierend wirkt sich allerdings ein Auftreten von → *Nematoden* aus (auch → *Tomatenkrankheiten* unter Welkekrankheiten). Gelegentlich fressen die → *Erdraupen* von Gemüseeulen oder Kartoffelkäfer (→ *Kartoffelschädlinge*) an jungen Pflanzen. Am geschützten, warmen Platz allerdings und besonders im Gewächshaus hat man recht häufig mit → *Weißen Fliegen* und → *Blattläusen* zu tun, teils auch mit → *Spinnmilben*, → *Thripsen* und → *Minierfliegen*.

Ton

Umfasst die kleinsten mineralischen Bodenteilchen mit Korngrößen von weniger als 0,002 mm Ø. Ton ist nicht nur aufgrund seiner winzigen, eng aneinander gelagerten Teilchen sehr dicht und recht undurchlässig; dazu tragen auch die bei Feuchtigkeit stark aufquellenden → *Tonminerale* bei. Dies hat oft Nachteile (→ *Tonboden*), lässt sich aber beispielsweise für natürliche → *Teichabdichtungen* gut nutzen; ebenso in Form von → *Tonmehl* wie Bentonit zum Verbessern leichter Böden.

Tonboden

→ *Bodenart* mit über 40 % Anteil an Ton, also sehr feinen Bodenteilchen mit Korngrößen unter 0,002 mm Ø. Besteht der restliche Anteil hauptsächlich aus Sand, spricht man von sandigem Ton; kommt stattdessen ein merklicher Anteil an Schluff (mittlere Körnchengröße) hinzu, von lehmigem Tonboden. Der reine Tonboden beginnt ab etwa 65 % Tonanteil. Lehmboden, im allgemeinen Sprachgebrauch oft mit Ton gleichgesetzt, ist dagegen ein Gemisch mit etwa gleichen Anteilen von Ton, Schluff und Sand.

907

Ton-Humus-Komplexe

Mit welcher Bodenart man es im eigenen Garten zu tun hat, zeigt schon ungefähr eine Fingerprobe: Eine angefeuchtete Bodenprobe mit hohem Tonanteil lässt sich gut formen und bleistiftstark ausrollen, der Ton bleibt deutlich an den Fingern haften. Das gilt auch mehr oder weniger für einen Lehmboden. Reibt man das Material zwischen den Fingern, fühlt sich Tonboden jedoch eher schmierig seifig an und hinterlässt stark glänzende Reibflächen, während man beim Lehmboden die Sandkörnchen noch deutlich spürt.

Die → *Tonminerale* als Hauptbestandteile des Tonbodens sorgen an und für sich für sehr günstige Eigenschaften, nämlich hohe Nährstoff- und Wasserspeicherung sowie Ausgleich von Nährstoff- und → *pH-Wert-Schwankungen*. Doch zwischen den winzigen, dicht gepackten Körnchen sind auch die Zwischenräume, die so genannten Poren, sehr klein. Außerdem halten die feinsten Poren das Wasser fest, statt es durchsickern zu lassen oder an die Pflanzen abzugeben. So ergeben sich eine Reihe ungünstiger Eigenschaften: schlechte Wasserführung, Neigung zu Staunässe, Verdichtung und Sauerstoffmangel. Weiterhin lassen sich Tonböden nur schwer bearbeiten („schwerer Boden") und sind schlecht durchwurzelbar. Wenn der Boden im Sommer austrocknet, wird er hart und rissig. Tonböden gelten zudem als kalte Böden, da sie sich nur langsam erwärmen; dann kühlen sie aber auch erst wieder allmählich ab.

Abgesehen von einigen Standortspezialisten sagen solche Bedingungen den wenigsten Pflanzen zu. All diese Faktoren, besonders die geringe Durchlüftung, beeinträchtigen auch das → *Bodenleben*. Die Umsetzung organischen Materials wird gehemmt, ebenso die → *Mineralisierung* von Nährstoffen. Gerade ein biologischer untätiger Tonboden kann daher mit der Zeit versauern, d. h., der → *pH-Wert* sinkt ab, wobei dann die Tonminerale dies schließlich nicht mehr abzupuffern vermögen. Als Folge tritt Nährstoffmangel, besonders bei Spurennährstoffen, auf. Auch der Hauptnährstoff Phosphor ist in stark tonhaltigen Böden schlecht pflanzenverfügbar.

Verbesserungsmaßnahmen bestehen im Untermischen von Sand, feinem Kies oder speziellen Zuschlagsstoffen wie Bimskies, Lavakörnchen, Styromull oder notfalls Torf; außerdem in häufiger und tiefer Bodenlockerung. Wichtig ist weiterhin eine gute Humusversorgung durch Kompostgaben und Gründüngung. Organisches Material, z. B. auch Mist, darf jedoch keinesfalls tief untergegraben werden, da es im Tonboden nur schlecht verrottet. Besonders günstig wirkt sich hingegen regelmäßiges Mulchen aus.

Ton-Humus-Komplexe

Locker zusammengelagerte, etwa 1 – 10 mm große Verbindungen aus verklebten → *Tonmineralen* und Humuspartikeln, die dem Boden eine sehr günstige Krümelstruktur verleihen. In einem guten, gesunden Gartenboden tragen vor allem die → *Regenwürmer* reichlich zur Entstehung der wertvollen Ton-Humus-Komplexe bei: Sie nehmen kleine Erdportionen auf; diese durchlaufen den Darm – dabei entzieht der Wurm organische Nährstoffe – und werden als kleine Krümel wieder ausgeschieden. Auch andere Bodenlebewesen, darunter Mikroorganismen mit schleimigen Stoffwechselprodukten, sorgen für die Bildung solcher Krümel, die zudem durch die feinen Wurzelhaare der Pflanzen zusammengehalten werden.

Krümelige Böden mit hohem Anteil an Ton-Humus-Komplexen sind strukturstabil, gut durchlüftet, können leicht durchwurzelt werden und haben einen günstigen Wasser- und Wärmehaushalt. Was Nährstoffspeicherung und -abgabe für die Pflanzen angeht, vereinen diese Krümel die Vorzüge von → *Tonmineralen* und → *Humus*. Sie sind die Grundlage dessen, was man als → *Bodenfruchtbarkeit* bezeichnet.

Auch → *Boden, Bodenstruktur*

Regenwürmer leisten bei der Bildung von Ton-Humus-Komplexen einen wichtigen Beitrag.

Tonkinstab

Tonkinstäbe gelten als besonders hochwertige Pflanzenstützen. Einerseits sind sie ausgesprochen witterungsbeständig und stabil, andererseits dabei sehr leicht und elastisch. Hergestellt werden sie aus gespaltenen Sprossen einer speziellen Bambusart, die aus der vietnamesischen Region Tonkin stammt und heute hauptsächlich in Küstenregionen Chinas angebaut wird.

Tonmehl

Fein gemahlener Ton, der zur Verbesserung von sandigen Böden verwendet wird. Tonmehle wie beispielsweise → *Bentonit* erhöhen die Fähigkeit eines Bodens, Wasser und Nährstoffe zu speichern.

Auch → *Gesteinsmehl*

Tonmineral

Bodenteilchen mineralischen Ursprungs, die kleiner als 0,002 mm sind. Sie entstanden im Zuge der → *Bodenbildung* aus → *Silikatgesteinen* wie Feldspat, Glimmer und Quarz und enthalten Silikate zusammen mit anderen Elementen in wechselnder chemischer Zusammensetzung.

Man kann sich diese Tonminerale wie winzige, übereinander gelagerte Plättchen vorstellen. Tatsächlich bestehen sie meist aus mehreren Schichten, wobei die Oberflächen elektrisch geladen sind. Sie vermögen deshalb sowohl außen als teils auch zwischen den Schichten Nährstoffionen und Wasser pflanzenverfügbar anzulagern (auch → *Ion*). Bei mangelnder Düngung kann es allerdings auch zur Nährstofffestlegung, z. B. von → *Kalium,* kommen, da dann die Ionen sehr fest in die Zwischenschichten eingebaut werden. Verbreitete Tonminerale sind z. B. Vermiculit, Kaolinit und das besonders quellfähige → *Montmorillonit.*

Topfgarten

Ein Topf- oder „mobiler" Garten bietet sich überall dort an, wo wenig Platz zur Verfügung steht (Balkone, Innenhöfe, Durchgänge) oder Abwechslung gefragt ist (Terrassen, Sitzplätze, Eingangsbereiche). Selbst auf Rasenflächen und in Beeten kann man mit Schönheiten in Pflanzgefäßen Akzente setzen.

Prinzipiell lassen sich fast alle Gartenpflanzen in Töpfen oder Kübeln ziehen, von großen Bäumen und Arten mit sehr ausladendem Wurzelwerk einmal abgesehen. Voraussetzung ist ein hinreichendes Erdvolumen im Gefäß, für Sträucher, Obstbäumchen oder Klettergehölze können mit den Jahren bis zu 40 oder 50 l nötig werden. Außerdem sollte man gerade für größere, anspruchsvollere Pflanzen unbedingt ein hochwertiges Substrat wählen (auch → *Erden*). Sofern keine ausgesprochenen Feuchtpflanzen oder ein → *Mini-Teich* das Pflanzgefäß zieren soll, muss es unbedingt ein Wasserabzugsloch an der Unterseite haben. Für größere Töpfe und Kübel ist zudem eine leicht erhöhte Aufstellung, etwa auf Rosten oder so genannten Kübelfüßchen (Fachhandel) empfehlenswert.

Zu Gartenpflanzen – bevorzugt in kleineren, für Topfhaltung ausgewiesenen Sorten – kommen als besondere Attraktionen mediterrane oder exotische → *Kübelpflanzen*. Für die braucht man jedoch einen geeigneten Überwinterungsort. An unser Klima angepasste, ausdauernde Gartengewächse kommen dagegen mit etwas Winterabdeckung und Isolierung recht gut draußen über die kalte Jahreszeit, sofern die Töpfe groß genug sind (kein Durchfrieren des Ballens) und an einem geschützten Platz aufgestellt werden. Natürlich können auch sämtliche beliebten Balkonpflanzen wie Pelargonien oder Petunien (→ *Balkonbepflanzung*) in die Gestaltung mit einbezogen werden, ja sogar Frischluft liebende → *Kakteen* und → *Palmen,* die dann im Herbst wieder ins Haus kommen. Darüber hinaus eignen sich Kräuter und Duftpflanzen besonders gut für Topfgärten.

So lässt sich ein Topfgarten äußerst abwechslungsreich und variabel gestalten. Man kann etwa von einer oder wenigen dominierenden Pflanzen ausgehen (z. B. Strauch, Prachtstaude, Kübelpflanze) und dann je nach Jahreszeit andere Topfpflanzen hinzustellen. Dies zählt zu den besonderen Vorteilen des Topfgartens: Pflanzen können nahezu beliebig kombiniert und bei Bedarf immer wieder umgruppiert werden.

Um das Gesamtbild zu unterstreichen, wählt man die Pflanzgefäße am besten einheitlich (z. B. orientalischer Stil, mediterraner Stil, ländlicher Stil usw.). Für experimentierfreudige Gärtner bieten etwa auch selbst bemalte Terrakottatöpfe ein kreatives Betätigungsfeld. Allerdings muss man aufpassen, dass die Behältnisse in der Wirkung nicht zu stark mit den Pflanzen konkurrieren, oder man bestückt auffällige Gefäße vorzugsweise mit dezenten Blattschmuckgewächsen. Neben optischen Gesichtspunkten sollten bei der Gefäßwahl stets auch die praktischen Erfordernisse berücksichtigt werden: Stabilität und Witterungsbeständigkeit, bei Überwinterung draußen auch Frostverträglichkeit, Gewicht (an eventuell nötige Transporte denken), Standfestigkeit (z. B. bei schmalen Amphoren) sowie die erwähnten Wasserabzugslöcher (auch → *Balkonbepflanzung*).

Besondere Wirkung entfaltet ein Topfgarten, in dem eine Farbe – wie hier das Blau – dominiert.

Topinambur

Topinambur
HELIANTHUS TUBEROSUS

An den Blüten erkennt man deutlich die Zugehörigkeit dieses nordamerikanischen Korbblütlers zur Gattung der → *Sonnenblumen*. Im Vordergrund steht hier jedoch weniger die Blütenpracht, vielmehr die Nutzung der kartoffelartigen Knollen, nach denen die Pflanze auch Erdbirne heißt. Sie enthalten reichlich Eiweiß, Vitamine und Mineralstoffe, vor allem aber Inulin, eine für Diabetiker gut verträgliche Fruchtzuckerart. Die Knollen eignen sich zum Rohverzehr wie zum Dünsten, Braten, Kochen oder Panieren.

Als winterharte Staude überdauert Topinambur viele Jahre, bisweilen kann er durch ungehemmte Ausbreitung sogar zur Plage werden. Aus jeder noch so kleinen Knolle, die man nicht aus der Erde holt, wächst im nächsten Jahr eine neue Pflanze. Deshalb sollte immer sorgfältig geerntet werden,

Merkmale: Ausdauerndes Knollengemüse, horstartig wachsend, straff aufrecht, 2 – 3 m hoch; raue, herzförmige, gezähnte, dunkelgrüne Blätter; hellgelbe bis bräunlich gelbe Korbblüten; an den Wurzeln unregelmäßig geformte, hellbraune, rötlich weiße bis violette Knollen.
Blütezeit: August – Oktober
Standort: Durchlässiger, frischer bis mäßig trockener, nährstoffreicher Boden.
Kultur: Knollen ab Mitte April im Abstand von 20 x 20 cm etwa 5 cm tief auslegen.
Pflege: Anspruchslos; nur bei anhaltender Trockenheit gießen.
Ernte: Ab November, nach Absterben der oberirdischen Teile Knollen entsprechend des Bedarfs nach und nach mit der Grabegabel aus dem Boden holen; nicht lagerfähig, umgehend verarbeiten.

Topinambur liefert nicht nur schmackhafte Knollen, sondern blüht auch ansprechend.

Torf

Ein Bodenmaterial, das aus → *Mooren* gewonnen wird und allmählich durch unvollständige Zersetzung von Pflanzenresten unter nassen, luftarmen und sauren Bedingungen entstanden ist. Man unterscheidet den helleren, weniger zersetzten, grobfasrigen Weißtorf, der den oberen Schichten von Hochmooren entstammt, sowie den stärker zersetzten, dunkleren Schwarztorf aus unteren Schichten.

Für Gartenzwecke findet bevorzugt Weißtorf **Verwendung,** der fast ausschließlich aus den Überresten von Torfmoosen besteht. Er ist sehr strukturstabil, mit einem → *pH-Wert* von ca. 2,5 – 3,5 sauer und enthält kaum Nährstoffe. Aufgrund seiner Beschaffenheit vermag er außerordentlich gut Wasser zu speichern und bleibt dabei trotzdem gut durchlüftet. Zudem besitzt er ein gutes Nährstoffspeichervermögen. Diese Eigenschaften machen ihn zu einem geeigneten Bodenverbesserungsmittel sowohl für sandige wie für Tonböden, ebenso zu einem wichtigen Mischungsanteil gärtnerischer → *Erden* und Substrate. Besonders gut eignet er sich für → *Anzuchterden*, da nährstoff- und salzarm sowie nahezu steril. Für die meisten Zwecke muss jedoch der niedrige pH-Wert durch Kalkzugaben erhöht werden, sofern keine Säure liebenden Pflanzen kultiviert werden sollen (auch → *Bodenreaktion*). Außerdem sind Torfprodukte – von Anzuchterden abgesehen – meistens aufgedüngt. Nicht jedoch Weißtorf mit der irreführenden Bezeichnung „Düngetorf" (auch als Torfmull bekannt): Er hat keinerlei düngende Wirkung.

Schwarztorf ist je nach Herkunft oft etwas nährstoffreicher und hat einen höheren pH-Wert (um 5 – 6). Anders als Weißtorf neigt er zum Verdichten; in der Qualität als vorbehandelter „durchfrorener" Torf zeigt er bessere Strukturstabilität. Er wird meist für Bodenverbesserungszwecke und zur Substratherstellung mit Weißtorf vermischt.

Vor dem Ausbringen im Garten muss Torf, in der Regel in Säcken zusammengepresst, aufgelockert und angefeuchtet werden. Torfeinarbeitung in den Boden verbessert nicht nur die Bodeneigenschaften, sondern führt auch Humus zu, der allerdings äußerst langsam umgesetzt wird. Das früher in vielen Gärten alljährliche Einarbeiten von Torf hat mancherorts schon fast zu einer „Vertorfung" von Böden geführt. Besonders wenn regelmäßige Kalkgaben zum Ausgleich vergessen werden, kann eine solche Praxis ins Gegenteil umschlagen und die Bodenstruktur auf Dauer eher verschlechtern. Außerdem zeigt Torf, vor allem in Pflanzgefäßen, bei Austrocknung eine sehr nachteilige Eigenschaft: Er wird hart und spröde und lässt sich nur mit sehr hohen Wassergaben allmählich wieder anfeuchten.

Hauptproblem bei der Torfverwendung ist jedoch die **Zerstörung der Moore.** Zur Torfgewinnung werden diese entwässert. Dadurch verlieren viele spezialisierte Pflanzen- und Tierarten ihren Lebensraum. Wenn man bedenkt, dass allein in Deutschland (vor allem in Niedersachsen) bisher alljährlich etwa 8 Millionen m³ Torf für gärtnerische Zwecke abgebaut wurden, kann man sich das Ausmaß dieser Zerstörung ein wenig vorstellen. Verantwortungsvolle Torflieferanten und -verarbeiter nutzen deshalb nach Möglichkeit Torflagerstätten, die bereits früher trockengelegt wurden und investieren in die Renaturierung bereits abgebauter Moore. Naturschützer merken jedoch zu Recht an, das die Torfschicht in Mooren jährlich nur um etwa 1 mm anwächst; um die 1000 bis 7000 Jahre alten Hochmoore zu ersetzen, braucht es wenigstens einige Jahrhunderte. Noch wesentlich unbedachter geht man mit den Reserven in Skandinavien und besonders Osteuropa um, von wo ein Teil des hier verwendeten Torfs importiert wird.

Da Hobbygärtner – vor allem durch Kauf von Blumenerden – mit etwa einem Drittel am Torfverbrauch beteiligt sind, kann jeder einen Umweltbeitrag leisten, indem er so weit wie möglich → *Torfersatzstoffe* verwendet.

Torfersatzsstoffe

Zur Bodenverbesserung bieten sich anstelle von Torf vor allem → *Kompost* und Rindenhumus (→ *Rindenprodukte*) an. Gerade der selbst hergestellte Kompost ist weit mehr als ein Ersatz: kostenlos, reich an günstigen Humusformen und Nährstoffen in ausgewogenem Verhältnis stellt er einen optimalen Zuschlagstoff für jeden Gartenboden dar. Wo eine Strukturverbesserung nötig ist, verwendet man Kompost oder Rindenhumus in Mischung mit Sand, Kies o. Ä. (→ *Bodenverbesserung,* → *Tonboden*). Auch eine gewünschte Ansäuerung des Bodens lässt sich mit Rindenprodukten, Spezialkomposten oder käuflicher Nadelerde erreichen. Im Bereich der Pflanz- bzw. Topferden werden zunehmend torffreie bzw. torfarme Substrate auf Holz- oder Kokosfaserbasis angeboten (→ *Erden, Substrate*). Eigener, sehr gut ausgereifter bzw. abgelagerter Kompost kann bei Mischung mit solchen Materialien, mit Sand und/oder so genannten → *Atmungsflocken* ebenfalls Verwendung finden. Lediglich bei → *Anzuchterden* erweist sich der Torfersatz als recht schwierig.

Torfkultursubstrat

Abkürzung TKS; Weißtorf, der durch Zugabe von Kalk und Dünger aufbereitet wurde.
→ *Erden*

Torfmyrte

GAULTHERIA MUCRONATA

Das Erikagewächs aus Chile ist vielfach noch als *Pernettya mucronata* bekannt. Aufmerksamkeit zieht es vor allem durch seinen reichen, lange haltbaren Fruchtschmuck auf sich, weshalb man das Gehölz gern zur herbstlichen Dekoration von Balkon, Terrasse oder auch Gräbern einsetzt. Eine üppige Fruchtbildung wird durch Pflanzung von mindestens einer männlichen Pflanze zwischen weibliche gesichert, da Torfmyrten zweihäusig sind. Als Befruchter für die Sorten eignet sich die reine Art am besten. Alle Pflanzenteile enthalten Giftstoffe.

Merkmale: Immergrüner, dicht buschiger Zwergstrauch, 50 – 80 cm hoch und ebenso breit; eiförmige, glänzend dunkelgrüne Blätter, die in eine dornige Spitze auslaufen; nickende, krugförmige, weißliche bis rosafarbene Blütchen; kugelige, leuchtend rosa, rote oder weiße Beerenfrüchte, sehr lange haftend.
Blütezeit: Mai – Juni

Torfmyrte (Gaultheria mucronata

Verwendung: Einzeln oder in Gruppen in Heidegärten und Moorbeetpflanzungen; schön zu Rhododendren; für Gefäßbepflanzung.
Standort: Am besten absonnig bis halbschattig, warm und geschützt; lockerer, frischer bis feuchter, stark humoser und unbedingt saurer Boden.
Pflanzen/Vermehren: Pflanzung bevorzugt im Frühjahr; Vermehrung durch Stecklinge.
Pflege: Stets gleichmäßig leicht feucht halten; alle 2 bis 3 Jahre um ein Drittel zurückschneiden, das fördert kompakten Wuchs und Fruchtansatz; sehr guten Winterschutz geben, in rauen Gegenden besser aus dem Boden nehmen, eintopfen und kühl bei 5 – 10° C im Haus überwintern.

Torfpresstopf

Torfpresstöpfe, hauptsächlich unter dem Markennamen → *Jiffy-Pots* im Handel, bestehen aus gepresstem Torf und Zellulosefasern. Sie eignen sich gut als → *Anzuchtgefäße* und verrotten nach dem Einpflanzen im Boden, können also mitgepflanzt werden.

Torfquelltopf

→ *Anzuchtgefäß* aus sehr klein gepresstem Torf, das bei Zufuhr von Wasser stark aufquillt.
    Auch → PRAXIS-SEITE Anzucht aus Samen – Pflanzen selbst vorziehen (Band 1, S. 42/43)

Totholzhaufen

Locker aufgeschichteter Haufen aus größeren und kleineren Zweigen und Ästen, in dessen Hohlräume Nützlinge sichere Verstecke finden.
    → PRAXIS-SEITE Nützlinge ansiedeln und fördern (S. 614/615)

Tracht

Der mittelalterlich anmutende Begriff stammt aus Zeiten, als die Gemüsegärten noch ausschließlich mit Mist gedüngt wurden. Frisch gedüngte Beete der ersten Tracht „tragen" Starkzehrer, danach stehen in der zweiten Tracht die Mittelzehrer, schließlich – vor erneuter Mist- oder Düngergabe – die Schwachzehrer der dritten Tracht.
    → *Fruchtfolge*

Trachycarpus

Botanischer Gattungsname der Hanfpalme, eine recht kälteverträgliche → *Palme*, die jedoch meist als → *Kübelpflanze* gezogen wird.

Tradescantia

Anspruchslose, reich blühende Staude für feuchte Plätze
    → *Dreimasterblume*

Tragast

Andere Bezeichnung für → *Fruchtholz*

Tränendes Herz
DICENTRA SPECTABILIS

Aus dem ostasiatischen Raum stammen viele exquisite Gartenpflanzen; eine der außergewöhnlichsten ist sicher dieses Erdrauchgewächs. Erst Mitte des 19. Jahrhunderts kam das nach seiner Blütenform benannte Tränende Herz nach Europa, ziert aber seitdem unzählige Gärten. Vor allem im Wurzelstock sind Giftstoffe enthalten. Weniger ausgefallen in der Blüte, aber nicht minder reizvoll sind die übrigen, ebenfalls giftigen Arten der Gattung. Die Zwerg- oder Farnherzblume (*D. eximia*) aus den USA lässt über filigran gefiedertem Laub rosarote, schlanke Glöckchenblüten tanzen. Sehr ähnlich, doch in allen Teilen größer präsentiert sich *D. formosa* ssp. *oregana*. Beide Arten blühen den ganzen Sommer über, bleiben bis zum Winter hin grün; anders als das Tränende Herz ziehen sie nach der Blüte nicht ein.

Tränendes Herz (Dicentra spectabilis)

Merkmale: Staude, locker buschig, 60 – 80 cm hoch; lange, wenig verzweigte, leicht brechende Stängel mit blaugrünem, grob gefiedertem Laub; rosafarbene, herzförmige Blüten mit weißer, tropfenförmiger Spitze, aufgereiht an gebogenen Stielen.
Blütezeit: April – Juni
Verwendung: Auf Beeten, vor Gehölzen, im Steingarten; besonders wirkungsvoll zusammen mit Akeleien, Pfingstrosen, Vergissmeinnicht und Farnen; gute Schnittblume.
Standort: Absonnig bis halbschattig und geschützt; durchlässiger, frischer, humoser, nährstoffreicher Boden.
Pflanzen/Vermehren: Pflanzung bevorzugt im Frühjahr, dabei die fleischigen Wurzelstöcke eher flach einsetzen; Vermehrung durch grundständige Stecklinge, Wurzelschnittlinge oder Aussaat (Kaltkeimer).
Pflege: Bei Trockenheit wässern; im zeitigen Frühjahr düngen, am besten mit Kompost; vor Spätfrösten schützen; möglichst ungestört wachsen lassen.
Hinweis: Da die Staude nach ihrer frühen Blüte einzieht, sollte man sie mit breit buschigen, stark belaubten Nachbarn kombinieren, um die ver-

bleibende Lücke im Sommer zu kaschieren.

Tränenkiefer
→ *Kiefer* mit kegeliger Krone und langen, herabhängenden Nadeln

Transpiration
Die dampfförmige Wasserabgabe der Pflanzen über die Spaltöffnungen in den Blättern wird als Transpiration bezeichnet. Durch diesen Vorgang, vereinfacht oft „Verdunstung" genannt, entsteht ein Sog, der als treibende Kraft beim Wassertransport in der Pflanze wirkt: Je stärker die Transpiration, desto mehr Wasser wird von den Wurzeln aufgenommen und in der Sprossachse zu den Blättern befördert. Auf diese Weise werden die oberirdischen Pflanzenteile nicht nur mit Wasser, sondern auch mit den darin gelösten Nährstoffen versorgt.

Aus physikalischen Gründen tritt aus den winzigen Spaltöffnungen ein Vielfaches der Wassermenge (als Wasserdampf) aus, die von einer gleich großen, freien Wasserfläche verdunsten würde. Die Transpiration erhöht sich mit zunehmender Wärme und Lichtintensität, ebenso bei starker Luftbewegung. Herabgesetzt wird sie dagegen bei hoher Luftfeuchtigkeit, wenn die Umgebung bereits mit Wasserdampf gesättigt ist. Dann können Pflanzen das Wasser in Form kleiner Tröpfchen abgeben; diese so genannte Guttation sorgt dafür, dass weiterhin ein Wassernachschub erfolgt.

Pflanzen regeln die Transpiration, indem sie die Spaltöffnungen aktiv öffnen und schließen. An sehr heißen Tagen sind sie dabei in einem „Dilemma": Offene Spaltöffnungen bedeuten starke Transpiration mit hohem Wasserverlust; bei geschlossenen Spaltöffnungen wäre aber kein Gasaustausch und damit keine → *Photosynthese* mehr möglich. Vor allem die Pflanzen heißer Standorte verfügen daher über eine Reihe von Anpassungen, um den Wasserverlust auf ein Minimum zu reduzieren.

Trapa
Botanischer Gattungsname der Wassernuss, eine → *Schwimmpflanze* mit hübschen, im Herbst rot gefärbten Blättern

Traube
Im allgemeinen Sprachgebrauch eine Bezeichnung für die Früchte der Weinrebe, benennt der Begriff in der Botanik einen speziellen → *Blütenstand*, der bei vielen Pflanzen vorkommt, z. B. Maiglöckchen, Lupine oder Bartfaden. An einer unverzweigten Achse sitzen hier gestielte Einzelblüten mit (geschlossene Traube) oder ohne Endblüte (offene Traube). Sind die Einzelblüten nur zu einer Seite hin gerichtet, handelt es sich um eine einseitswendige Traube, so etwa beim Roten Fingerhut.

Auch die Fruchtstände zeigen häufig noch deutlich das Bild der Traube, beispielsweise bei Tomaten und Johannisbeeren. Die Blüten- und Fruchtstände der Weinrebe dagegen sind Rispen, die sich aus kleinen „traubigen" Teilständen zusammensetzen.

Träubel
Volkstümlicher Name der → *Traubenhyazinthe*

Traubeneiche
Heimische Art der → *Eiche*, die zu einem mächtigen Baum heranwächst und sich daher eher für Parks als für Hausgärten eignet.

Traubenholunder
Art des → *Holunders* mit traubenähnlichen Blütenrispen und scharlachroten Früchten

Traubenhyazinthe
MUSCARI ARMENIACUM

Die Gattung *Muscari* aus der Familie der Hyazinthengewächse umfasst eine Reihe von Arten, die wegen ihrer schönen blauen Blüten als hübsche Frühlingsblumen geschätzt werden. Die meisten in Gärten gepflanzten Arten stammen aus dem Mittelmeerraum oder Vorderasien. *M. botryoides* jedoch, eine beliebte Zierart, wächst auch bei uns wild und zählt an den Naturstandorten wie alle Traubenhyazinthen zu den geschützten Arten. Sie ähnelt der gern gepflanzten, hier beschriebene *M. armeniacum*, ebenso wie *M. aucheri* und *M. azureum*. Die Weinbergs-Traubenhyazinthe (*M. neglectum*) trägt duftende, von hellnach tief dunkelblau changierende Blüten. Bei der Schopfigen Traubenhyazinthe (*M. comosum*) bilden die Blütenstände einen fedrig wirkenden Schopf. Die Breitblättrige Traubenhyazinthe (*M. latifolium*) erkennt man an ihrem ungewöhnlich breiten Laub. Von fast allen Arten werden auch Sorten angeboten, die in verschiedenen Blautönen bzw. in strahlendem Weiß blühen. Die Pflanzen sind leicht giftig.

Lupinen haben einen charakteristischen Blütenstand in Form einer Traube.

Traubenkirsche

Traubenhyazinthe (Muscari armeniacum)

Traubenkirsche (Prunus padus)

Merkmale: Ausdauernde Zwiebelblume, bald stattliche Bestände bildend, 15 – 30 cm hoch; schmale, grasartige Blätter, die schon im Herbst erscheinen und den Winter überdauern; krugförmige, blaue Blüten mit weißem Saum in üppigen Trauben.
Blütezeit: April – Mai
Verwendung: Stets in Gruppen auf Beeten und Rabatten, am Gehölzrand oder im Steingarten; besonders hübsch unter Forsythien und zu Narzissen sowie Tulpen; auch für Gefäßkultur und zur Treiberei geeignet; schöne Schnittblumen.
Standort: Gedeihen noch im Schatten, dort jedoch spärliche Blüte; durchlässiger, frischer Boden.
Pflanzen/Vermehren: Zwiebeln trocknen leicht aus, deshalb sofort nach Erwerb im September 5 – 10 cm tief und mit 10 cm Abstand einsetzen; Vermehrung durch Teilung größerer Bestände, durch Abnahme von Brutzwiebeln oder durch Aussaat im Frühsommer möglich.
Pflege: Anspruchslos; ungestört wachsen lassen.

Traubenkirsche
Prunus padus

Das von Europa bis Ostasien anzutreffende Gehölz, das zu den Rosengewächsen zählt, fällt besonders zur Blütezeit im Frühjahr deutlich ins Auge. Dichte Trauben mit kleinen, duftenden Kirschblüten öffnen sich in Hülle und Fülle und werden nicht nur von Bienen umschwärmt. Im Hochsommer leuchten dann schwarzrote Früchte zwischen dem Laub hervor, die Vögeln einen reich gedeckten Tisch bieten. Die kleinen Steinfrüchte sind sauer und bitter, sie wirken abführend. Gekocht bzw. vergoren verlieren sie diese Wirkung weitgehend, aus dem Fruchtfleisch kann man also durchaus Konfitüre oder Wein herstellen. Rinde, Blätter und Samen enthalten jedoch Giftstoffe. Die Rinde verströmt, wenn sie verletzt wird, einen sehr unangenehmen Geruch.

Eine der Trauben- oder Ahlkirsche recht ähnliche Art ist *P. serotina,* die man Späte Traubenkirsche nennt, da sie etwa zwei Wochen später blüht. Sie stammt aus Nordamerika, trägt derbere, glänzend dunkelgrüne Blätter und hat schwarze, erbsengroße Steinfrüchte, nach Verarbeitung ebenfalls essbar. Ansonsten gilt auch diese Art als giftig.

Merkmale: Baum oder Großstrauch, meist mehrstämmig mit breit ausladender Krone, 3 – 12 m hoch und 4 – 8 m breit; schwarzgraue Rinde; ovale, zugespitzte, mattgrüne Blätter, orange- bis scharlachrote Herbstfärbung; weiße Blüten in meist überhängenden Trauben; kleine, schwarzrote Steinfrüchte.
Blütezeit: April – Mai
Verwendung: Für Einzelstellung oder in Gehölzgruppen, in raumgreifenden Hecken oder Windschutzpflanzungen, zusammen mit anderen Wildgehölzen; zur Begrünung von Böschungen, Hängen oder Ödland.
Standort: Tiefgründiger, nährstoffreicher Boden, verträgt zeitweilig Trockenheit; rauchhart, für Stadtklima geeignet.
Pflanzen/Vermehren: Pflanzung bevorzugt im Herbst; Vermehrung durch Stecklinge oder Aussaat (Kaltkeimer).
Pflege: Anspruchslos; bei Bedarf auslichten.

Hinweis: Nicht selten werden Traubenkirschen im Frühsommer von → *Gespinstmotten* völlig kahl gefressen, davon erholen sie sich jedoch rasch wieder.

Traubenwickler
Die Raupen dieses Schmetterlings ernähren sich in zwei Generationen von den Fruchtständen der Weintraube.
→ *Weinrebenschädlinge*

Trauerbirke
Sorte der → *Birke* (Weißbirke) mit herabhängenden Zweigen

Trauerform
Als Trauerformen bezeichnet man → *Mutationen* von Gehölzen, deren Triebe nicht aufrecht bzw. waagrecht wachsen, sondern mehr oder weniger herabhängen. Da sie nicht unbedingt als „traurig", sondern als attraktiv und zierend angesehen werden, hat man einige dieser Formen ausgelesen und als Sorten weiterkultiviert. Solche Sorten sind z. B. von Ahorn, Birke, Buche, Eiche, Esche, Hainbuche, Lärche, Pappel, Ulme und Weide

Trauerform der Blutbuche (Fagus sylvatica 'Atropurpureum')

bekannt. Häufig tragen sie die Sortenbezeichnung 'Pendula'. Sie bieten oft auch den Vorteil, dass sie aufgrund der hängenden Äste und Zweige weniger Platz beanspruchen als die aufrechten und sich nach den Seiten ausdehnenden Arten und Sorten.
Auch → *Hängeform*

Trauermücke
Die erwachsenen, etwa 4 mm langen, dunkel gefärbten Trauermücken, die manchmal beim Gießen auffliegen, sind zwar keine Gefahr für Pflanzen. Dennoch sollte man aufmerksam auf sie achten, denn aus ihren Eiern schlüpfen um 6 mm lange, durchscheinende, weißliche Larven mit schwarzem Kopf, die Schäden an Pflanzen anrichten können. Sie dringen über kleine Wunden oder die Wurzeln in Pflanzen ein. Gefährdet sind vor allem Sämlinge und Jungpflanzen, auch die frischen Schnittstellen von Stecklingen. Die Maden, die ansonsten vor allem an faulenden Pflanzenresten im Boden leben, dienen zudem als Überträger von Bakterien und Pilzen. Ernsthafte Schäden verursachen sie in der Regel aber nur bei Anzuchten in Gewächshaus und Frühbeet, seltener an Topfpflanzen am warmen Standort.
Schadbild: Fraßschäden, Wachstumsstörungen; da die Larven im Innern der Pflanzen leben, fallen sie kaum auf.
Abhilfe: Vorbeugend natürliche Feinde wie Spinnen und Raubmilben fördern; Jungpflanzen nicht zu feucht halten. Bei gefährdeten Anzuchten Gelbtafeln aufhängen, die die Mücken fangen; Larven können mit parasitären Nematoden (so genannten SF-Nematoden) bekämpft werden.

Trauerrose
Hochstammrose mit aufveredelter Kletterrose, deren Triebe malerisch herabhängen; wird gelegentlich auch

Trauermücke

Kaskadenrose genannt.
Auch → *Rose,* → *Hochstamm*

Trauerweide
Ansprechende Hängeform der Silberweide, die allerdings für Gärten üblicher Größe zu ausladend wächst (bis 20 m breit).
Auch → *Weide*

Treiberei
In unseren Breiten legen fast alle Pflanzen eine Winterruhe ein, die jedoch künstlich unterbrochen werden kann. Beim → *Antreiben* werden Knollen, Zwiebeln (→ *Zwiebelblumen*), aber auch abgeschnittene Zweige im Spätwinter/Vorfrühling ins Zimmer gestellt und beginnen, vorzeitig zu treiben bzw. ihre Knospen zu öffnen.

Als Treiberei im engeren Sinn bezeichnet man Maßnahmen, die eine Pflanze in der Schlussphase ihrer Vegetationsruhe („Nachruhe") vorzeitig erwecken, z. B. durch warmes Wasser, tiefe oder hohe Temperaturen.

Treibgemüse
Bezeichnet zum einen Gemüse, das durch verschiedene Verfahren der → *Ernteverfrühung* zu zeitigerem Keimen und schnellerem Wachstum ver-

anlasst wird, in erster Linie durch Anbau im → *Gewächshaus* oder → *Folientunnel*. Zum andern steht der Begriff für Gemüse, die nach Vortreiben im Warmen gebleicht werden; diese Praxis ist hauptsächlich beim → *Chicorée* üblich.

Treibglocke

Glockenförmige Abdeckungen aus Ton, Keramik oder Glas (heute auch aus Kunststoff) sind die historischen Vorgänger der → *Folientunnel* und Kleinstgewächshäuser. Besonders in England, wo sie „Forcers" genannt werden, nutzt man sie heute noch des Öfteren. Von dort stammen auch sehr attraktive Terrakotta- und Glasglocken, die bei uns im spezialisierten Fachhandel angeboten werden. Die Treibglocken werden im Frühjahr über die Pflanzen gestülpt, sorgen für ein wärmeres Mikroklima, schützen vor Insekten und Schnecken und halten die Unbilden des Wetters ab. Besonders für Rhabarber und andere Gemüse, die gebleicht werden sollen, verwendet man Tonglocken, ansonsten sind lichtdurchlässige Glasglocken die bessere Wahl. Man muss freilich den dekorativen Wert solcher Glocken schätzen, denn im Vergleich zur Folienabdeckungen sind sie recht unpraktisch, sofern man nicht die leichteren, unzerbrechlichen Kunststoffglocken verwendet.

Treibzichorie

Andere Bezeichnung für den → *Chicorée*, von dem man die gebleichten, zarten Sprosse erntet.

Treppe

Treppen im Garten dienen einerseits dazu, Höhenunterschiede zu bewältigen, andererseits sind sie auch dekorative Elemente. Zur Notwendigkeit werden Treppen ab etwa 8 % Gefälle im Gelände, d. h. bei einem Höhenunterschied von 8 cm auf 1 m Länge.

Auf einzelne Stufen sollte man möglichst verzichten; sofern diese nicht durch Material und Farbe sehr auffällig sind, werden sie leicht zu Stolperfallen. Für geringe Höhenunterschiede eignen sich besser 3 oder 4 flache Stufen bzw. Platten. Ab drei Stufen mit normaler Höhe ist im Allgemeinen ein Handlauf bzw. Geländer (in 90 – 110 cm Höhe über den Auftrittsflächen) empfehlenswert.

Kleinere Treppen kann man durchaus selbst bauen, wenn man über etwas handwerkliches Geschick und entsprechendes Werkzeug verfügt. Für lange Treppen, insbesondere in → *Hanglage*, sollte man jedoch eine Firma oder zumindest einen Architekten zur Planung hinzuziehen.

Maße und Richtwerte

Für die bequeme und sichere Begehbarkeit müssen bestimmte Maße und Verhältnisse zwischen den Stufenflächen beachtet werden. Zu schmale Stufenbreiten oder Auftritte und zu hohe Steigungen provozieren ebenso Unfälle wie plötzliche Wechsel in den Steigungshöhen. Die beiden relevanten Stufenflächen sind der waagrechte Auftritt und die senkrechte Steigung. Die Breite des Auftritts – und damit der ganzen Treppe – sollte 50 cm nicht unterschreiten. Je sanfter das Gefälle ist, um so breiter wählt man die Stufen, jedoch höchstens bis zu 250 cm. Für Auftritttiefe sowie Steigungshöhe findet man teils recht unterschiedliche Empfehlungen. Sie hängen ab von der Größe des Benutzers und damit von der für ihn als angenehm empfundenen Schrittlänge, die zwischen 60 und 67 cm liegt. Als ideale Steigungs- bzw. Stufenhöhe gelten 10 – 18 cm, als Mindesttiefe für den Auftritt 30 cm. Die optimale Auftrittstiefe lässt sich nach der Stufenformel errechnen:

Auftritt = Schrittlänge – 2 x Steigungshöhe

Bei angenommener Schrittlänge von 65 cm und 15 cm Steigung ergibt sich demnach eine Auftrittstiefe von 35 cm. Für lange Treppen sollte nach jeder fünften oder siebten Stufe ein wenigstens doppelt so tiefer Absatz bzw. ein Podest eingeplant werden. Zu beachten ist außerdem, dass die Stufen grundsätzlich mit 0,5 – 1 cm Gefälle eingebaut werden müssen, damit das Regenwasser ablaufen kann. Schließlich sei angemerkt: Das sehr genaue Arbeiten mithilfe von Zollstock, Bandmaß, Wasserwaage und eventuell Richtschnüren gehört zu den unerlässlichen Voraussetzungen für jeden Treppenbau.

Materialien und Stufentypen

Besonders harmonisch fügen sich Treppen ein, wenn man für die Stufen bzw. die Verblendung zumindest ähnliche Materialien wählt wie für befestigte Wege, Terrassen und Sitzplätze. Wo Holz verwendet werden soll, muss man berücksichtigen, dass die Auftritte bei Nässe leicht rutschig werden. In dem Fall ist ein Geländer entlang der gesamten Treppe besonders wichtig.

Am häufigsten werden Gartentreppen aus vorgefertigten Stufen gebaut. Dabei unterscheidet man:

Glastreibglocken lassen sich zum Verfrühen der Zwiebelblumenblüte einsetzen.

H + A + H = 65 cm

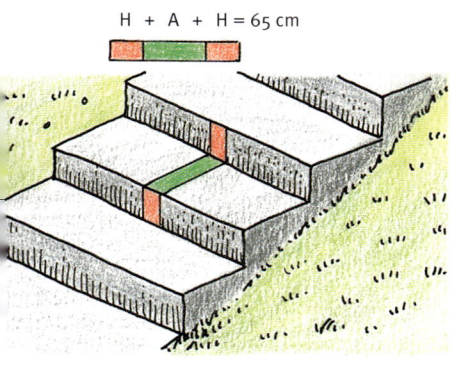

Mit der Stufenformel lässt sich die ideale Auftrittstiefe berechnen: Auftritt (A) = Schrittlänge (z. B. 65 cm) - 2 x Steigungshöhe (H).

- **Blockstufen:** Massive, sehr stabile Bauteile, z. B. Beton- oder Natursteinquader oder kräftige Holzbohlen. Diese verlegt man für beste Stabilität so, dass die jeweils nächsthöhere Stufe die vorherige um 2 cm überlappt. Diesen Überstand muss man beim Ermitteln der optimalen Auftrittstiefe mit einberechnen. Zur Verlegung von bis zu vier Stufen reicht als Unterbau eine 20 – 30 cm starke, verfestigte Grobschicht (Schotter, Kies), darüber kommt eine 3 – 5 cm hohe Verlegschicht aus Sand oder feinem Splitt. Wird die Treppe länger, sollte zumindest die untere Stufe ein Betonfundament erhalten und in Mörtel verlegt werden.
- **Legstufen:** Flache, plattenähnliche Bauteile aus Naturstein oder Beton mit 3 – 8 cm Dicke; teils mit Unterlegplatten verbunden (so genannte Winkelstufen). Man verlegt sie am besten über einem Betonfundament in eine 3 – 5 cm hohe Mörtelschicht.
- **Stellstufen:** Hier bilden senkrecht gestellte Steinplatten, Kantensteine oder Hölzer (Bretter, Palisaden) die Steigung bzw. Sichtfläche. Die Auftrittsflächen werden dann entweder gepflastert oder mit losem Belag (Kies, Splitt) über einer verfestigten Unterbauschicht aufgefüllt. Solche Stellstufen bieten eine gute Möglichkeit, um die Treppe mit demselben Belag zu gestalten wie die Wege. Sie sollten wenigstens 25 cm hoch sein, damit man sie gut 10 cm tief in die verdichtete Tragschicht einbauen kann; noch besser ist ein Stabilisieren durch Beton. Diese Lösung eignet sich nur für Treppen mit wenigen Stufen. Eine „rustikale" Variante der Stellstufen, z. B. für Naturgärten, sind unregelmäßige Holzbohlen- bzw. schwellen oder Rundhölzer, wobei die Auftrittsflächen mit Schotter, Kies oder Rindenmulch aufgefüllt werden.

Für große Treppen ist ein Betonfundament immer empfehlenswert, das bis in die frostfreie Tiefe (ab 80 cm) reicht. Dann kann man freilich auch erwägen, ob man nicht gleich die ganze Treppe bzw. die Stufen ausbetoniert und nach Belieben mit Klinkern, Natur- oder Kunststeinpflaster verkleidet. Mit Fertigbeton, der in eine Verschalung gegossen wird, lassen sich zudem Treppen jeder Geländeform anpassen. Ist zur Sicherheit ein Geländer geplant, dürfen die Verankerungen der Streben im Beton nicht vergessen werden.

Gestaltung

Die Gestaltung der Treppe selbst ist zunächst einmal eine Frage der im vorherigen Abschnitt angesprochenen Materialwahl. Bei langen Treppen kommt der Aspekt der Linienführung hinzu: Leicht geschwungene oder im Bogen geführte Treppen, die hinter Pflanzen zu verschwinden scheinen, wirken ansprechender als Stufen in gerader Linie, bei denen die Funktionalität überwiegt. Die erwähnten Podeste lockern lange Treppen ebenfalls auf und lassen sich als Stellplätze für Topfpflanzen nutzen.

Einen bescheidenen, aber sehr reizvollen Pflanzenschmuck erhält man, wenn man Ritzen zwischen Platten und Steinen mit kriechenden Steingartenpflanzen füllt. Mehr ins optische Gewicht fällt eine rechts und links der Stufen verlaufende Stauden- oder Strauchrabatte. Sie lenkt den Blick von der eigentlichen Treppe ab und integriert diese stärker in das Gartenbild. Schön macht sich auch ein typisches Gestaltungselement klassischer Gärten: Paarweise rechts und links der Treppenflucht gepflanzte, säulenförmige oder kugelig beschnitte Sträucher rahmen den Aufgang wie ein Tor. Eine ähnliche Wirkung lässt sich mit Blumenkübeln beidseits der Treppe erzielen oder auf besonders noble Weise mit einem Rosenbogen.

Unbelebte, dekorative „Wegbegleiter", die zugleich und vor allem dem sicheren Begehen im Dunkeln dienen, sind geeignete Lampen und Leuchten, → *Gartenbeleuchtung*.

Eine Holztreppe wirkt mit üppiger Randbepflanzung besonders naturnah.

Triandrus-Narzissen
Gruppe der → *Narzissen,* die von der zierlichen, mehrblütige *Narcissus triandrus* abstammen.

Trichterfarn
Anderer Name für den stattlichen → *Straußfarn,* der Bezug auf dessen trichterförmige Anordnung der Wedel nimmt.

Trichtermalve
MALOPE TRIFIDA

Das Malvengewächs stammt aus dem westlichen Mittelmeerraum und ähnelt der → *Bechermalve* (*Lavatera*).
Merkmale: Einjährige Sommerblume, dicht buschig, 60 – 100 cm hoch; frisch bis dunkelgrüne, gelappte Blätter; trichterförmige, seidig glänzende, rosafarbene oder weiße Blüten, meist dunkler geadert.
Blütezeit: Juli – Oktober
Verwendung: Dauerblüher für Beete und Rabatten; gute Schnittblume.
Standort: Durchlässiger, frischer, mäßig nährstoffreicher Boden.
Pflanzen/Vermehren: Pflanzung ab Mitte Mai mit 40 – 50 cm Abstand; Vermehrung durch Aussaat, Anzucht von März bis Mai bei etwa 15° C oder Direktsaat ab April ins Freie.
Pflege: Gleichmäßig feucht halten; Verblühtes entfernen; an windigen Stellen stützen; nur auf nährstoffarmen Standorten zurückhaltend mit Kompost versorgen, bei reichlicher Düngung vermehrt Blattbildung auf Kosten der Blüte.

Trichterwinde
Einjährige Kletterpflanze mit großen, trichterförmigen Blüten in Rot- und Blautönen, die zur Gattung der → *Prunkwinde* gehört.

Tricyrtis
Mittelgroße Staude für den Halbschatten mit aparten, orchideenähnlichen Blüten
→ *Krötenlilie*

Trieb
Ein gebräuchlicher Begriff, der je nach Verwendung und Zusammenhang etwas unterschiedliche Bedeutungen haben kann:
 1) Im botanischen Sinn Sprossteile, die aus einer Knospe auswachsen, im 1. Jahr ihrer Entstehung.
 2) Im allgemeinen bzw. gärtnerischen Sprachgebrauch oft gleichbedeutend mit → *Spross,* womit also auch ältere Sprossteile eingeschlossen sind. Gerade bei Gehölzen spricht man oft von Trieben, wobei man streng (botanisch) genommen zwischen „echten" Trieben (jung, unverholzt), Zweigen, Ästen und Stämmen differenzieren müsste.
 3) Der Vorgang des Austreibens bzw. die Gesamtheit aller zu einem bestimmten Zeitpunkt gebildeten Triebe, z. B. in Wortverbindungen wie Neutrieb oder → *Johannistrieb.*

Triebausschlag
Andere Bezeichnung für → *Wildlinge,* die bei veredelten Gehölzen aus den Wurzeln oder der Stammbasis der Unterlage austreiben.

Triebbohrer
→ *Rosenschädling,* der die Triebe der Pflanzen aushöhlt.

Triebknospe
Auch Blatt- und bei Gehölzen Holzknospe genannt; → *Knospe,* aus der sich ein Laubspross oder eine Triebverlängerung entwickelt; dies im Gegensatz zur Blütenknospe.

Trifolium
Botanischer Name des echten Klees (Rot-, Weißklee), der im Garten hauptsächlich als → *Gründüngung* oder → *Rasenunkraut* vorkommt.

Trimmen
Älterer, aus dem Englischen abgeleiteter Fachausdruck (to trim = beschneiden, in Ordnung bringen); steht für das präzise, strenge Stutzen pflanzlicher Oberflächen, wie es beim → *Formschnitt* erforderlich ist, auf andere Weise auch beim Rasenschnitt (→ *Rasenpflege*).

Trimmer
Ein → *Mähgerät,* das die Grashalme mit einem rotierenden Nylonfaden abschlägt.

Tripmadam
Heimische, polsterartig wachsende → *Fetthenne* mit gelben Blüten

Trittplatte
Im strengen Sinn sind Trittplatten regelmäßig geschnittene Elemente aus Naturstein, Beton oder Holz. Im wei-

Trichtermalve (Malope trifida)

Trittplatten, hier aus Naturstein, genügen, um stets trockenen Fußes über den Rasen zu gehen.

teren Sinn werden damit jedoch alle größeren, flachen Auftrittselemente bezeichnet, die man nicht zusammenhängend, d. h. mit gewissem, meist regelmäßigem Abstand zueinander verlegt. Kleinere Formen nennt man auch Trittsteine. Trittplatten und -steine wirken lockerer als durchgängig befestigte → *Wege* und bieten zudem den Vorteil, das nicht ganz so viel Fläche versiegelt wird.

Haupteinsatzgebiete sind Rasenflächen, Teichufer, schmale Pfade, z. B. am Gehölzrand, sowie große Beete oder Rabatten. Trittplatten in Beeten verschwinden fast zwischen den Pflanzen und erlauben daher einen unauffälligen Zugang, um die Pflanzen zu pflegen. Hier können sie auch unregelmäßig – ganz nach Bedarf – verlegt werden und müssen nicht allzu groß sein.

Wo Trittplatten dagegen feste Wege ersetzen, empfehlen sich Größen von ca. 40 x 40 cm, die mit 60 – 65 cm Abstand von Plattenmitte zu Plattenmitte verlegt werden, also im angenehmen Schrittmaß. Kommt es einem auf das gleichmäßige Niveau der Platten nicht so genau an, kann man sie einfach in den flach ausgehobenen Boden verlegen; besser jedoch in ein 3 – 5 cm hohes Bett aus Sand oder feinem Splitt.

Ansonsten lohnt sich für große Trittplatten, gerade für wertvolle Natursteinplatten, ein regelrechter Unterbau, → PRAXIS-SEITE Pflaster und Platten selbst verlegen (S. 674/675). Im Rasen verlegte Trittplatten sollten etwas tiefer liegen als die Rasenfläche, damit der Mäher glatt darüber hinwegläuft.

Trittstein
→ *Trittplatte*

Trockenblumen

Prinzipiell lassen sich alle Blumen trocknen; bei den meisten jedoch verblasst die Blütenfarbe oder sie werden auf andere Weise unansehnlich. Es gibt aber einige ein- und mehrjährige Arten, die getrocknet noch sehr reizvoll erscheinen und ihre dekorative Wirkung oft über viele Monate behalten. Man bezeichnet sie deshalb auch als Immortellen, abgeleitet vom lateinischen Wort für unsterblich.

Einige bewährte und beliebte Trockenblumen sind in der Übersicht auf S. 920 aufgeführt. Man kann darüber hinaus ruhig kreative Experimente wagen; unter den Korbblütengewächsen z. B. bleiben viele Arten nach Trocknung ansehnlich. Neben Blüten tragenden „Blumen" im engeren Sinn trocknet man auch Pflanzen mit hübschen Fruchtständen sowie attraktive Gräser, Farnwedel, dekorative Zweige oder Efeutriebe. Sie ergänzen Trockensträuße und -gestecke, geben ihnen Struktur, bieten teils aber auch ohne Blütenpartner einen schönen Anblick. Unter den Gräsern mit zierenden Blütenständen eignen sich besonders Hasenschwanzgras (*Lagurus ovatus*), Zittergras (*Briza*-Arten), Lampenputzergras (*Pennisetum alopecuroides*), Federgras (*Stipa*-Arten) und Pampasgras (*Cortaderia selloana*).

Damit die Blumen in einem optimalen Zustand sind, werden sie an einem trockenen Tag gepflückt – ideal sind meist gerade voll erblühte Pflanzen –, fast völlig entblättert und in Sträußen von 15 bis 20 Stück mit den Blüten nach unten aufgehängt. Der Platz sollte luftig, trocken und warm sein, darf aber nicht in der direkten Sonne liegen. Noch länger halten Blüten, wenn sie in so genanntem Trockensalz (Granulat, Silikagel) aus dem Fachhandel getrocknet werden. Vor allem Zweige und Fruchtstände von Gehölzen werden auch durch Glyzerin aus der Apotheke haltbar gemacht (Einlegen in Glyzerin-Wasser-Gemisch im Verhältnis 1 : 2). Doch Vorsicht beim Umgang mit solchen Hilfsmitteln, es handelt sich um nicht immer harmlose chemische Substanzen. Nützliches Zubehör zum Stabilisieren ist außerdem Blumendraht, den man z. B. bei Strohblumen durch die Blüten zieht.

Bei der Zusammenstellung der Sträuße geht man wie bei frischen Schnittblumen vor: Wenige große oder besonders attraktive Blüten bilden den zentralen Blickpunkt, andere werden – farblich abgestimmt – dazugesellt. Zum Abrunden und zur Unterstützung der Blüten dienen Strukturbildner wie die erwähnten Gräser, interessante Zweige (z. B. die spiralig gedrehten der Korkenzieherhasel) oder auch Getreidehalme und bunte Maiskolben für typische Herbststräuße. Dazu kommt nach Belieben Dekorationsmaterial wie Bast, farbiges Band oder Moos. Was Zubehör angeht, wird man nicht nur im Garten- und Floristikfachhandel fündig, sondern auch in Bastel- und Hobbyläden. Trockensträuße kann man in eine Vase stellen oder in eine Schale bzw. einen flachen Korb legen.

Trockenblumen

Beliebte Trockenblumen im Überblick

Name	Blütezeit/Sammelzeit	Blütenfarbe; Hinweise
Goldgarbe (*Achillea filipendulina*)	Juli – September	gelb, rosa, rot; knospig schneiden
Sonnenflügel (*Acrolinium, Helipterum*)	Juni – September	rosa, weiß, gelb
Papierknöpfchen (*Ammobium alatum*)	Juni – August	orangegelb
Perlpfötchen (*Anaphalis*-Arten)	Juli – September	weiß, teils mit silbrigen Blättern; knospig schneiden
Silberdistel (*Carlina acaulis*)	Juli – September	silbrig
Margeriten (*Coleostephus, Leucanthemum, Tanacetum*)	ab Juni	weiß, Rottöne
Rittersporn (*Delphinium*-Arten)	ab Juni	Blautöne, weiß
Kugeldistel (*Echinops bannaticus*)	Juli – August	blau
Edeldistel (*Eryngium alpinum*)	Juli – August	blau, violett
Schleierkraut (*Gypsophila elegans*)	Mai – September	weiß
Strohblume (*Helichrysum bracteatum*)	Juli – September	weiß, gelb, rosa, Rottöne
Meerlavendel, Statice (*Limonium*-Arten)	Juli – September	blau, violett
Silberling (*Lunaria annua*)	Früchte ab August	silbrige Fruchtscheidewände, braune Fruchthäute entfernen
Vergissmeinnicht (*Mysosotis*-Hybriden)	April – Juni	blau, violett, rosa, weiß
Jungfer im Grünen (*Nigella damascena*)	Juni – September	blau, weiß, rosa
Lampionblume (*Physalis alkekengi*)	Früchte im Herbst	orange- bis ziegelrot
Sonnenhut (*Rudbeckia*-Arten)	Juli – September	gelb
Papierblume (*Xeranthemum annuum*)	Juli – September	weiß, Rottöne

Gut zum Trocknen geeignet: Lampionblume (Physalis alkekengi), Silberdistel (Carlina acaulis) und Strohblume (Helichrysum bracteatum)

Trockenmauer

Mauer aus ohne Mörtel (= trocken) aufgesetzten Steinen. Traditionelle Vorbilder der Trockenmauern finden sich in der Landwirtschaft und im Weinbau. Früher nutzten mancherorts die Bauern störende Steine in den Feldern, indem sie diese nach dem Aufsammeln zu lockeren Mäuerchen (Lesesteinmauern) aufschichteten. Die Wälle markierten Grenzen, schützten die Felder und hielten den Wind ab. Bei starkem Gefälle bzw. in terrassiertem Gelände dienten und dienen sie noch heute dazu, Hänge abzustützen, besonders häufig zu sehen in Weinbauregionen. Im trockenen, heißen Milieu solcher Mauern siedelten sich spezialisierte Pflanzen und Tiere an; wo sie heute noch bestehen, handelt es sich um wertvolle Biotope.

Im Garten können Trockenmauern auch heute noch immer den praktischen Zweck einer Hangstütze erfüllen (auch → *Hanglage*). Häufig werden sie jedoch zum Ausgestalten kleinerer Höhenunterschiede, etwa von der Terrasse zum Garten, eingesetzt. Doch längst haben sie auch auf völlig ebenen Grundstücken Einzug gehalten, als ansprechende, natürlich wirkende Gliederungs- und Zierelemente. Besonders reizvoll an Trockenmauern ist die Möglichkeit, sie attraktiv mit Steingartenpflanzen zu bestücken. Weiterhin dienen sie ebenso wie in der Landschaft kleinen Tieren, darunter auch → *Nützlingen*, als Unterschlupf.

Als **Material** eignen sich alle Arten von Natursteinen sowie passend geformte Natursteinimitationen. Sofern man Feldsteine von Landwirten oder Abbruchmaterial aus alten Häusern beziehen kann, ist man nahe an den historischen Vorbildern. Allerdings erfordern sehr unregelmäßig geformte und ungleich große Steine besonderen Aufwand; meist müssen sie mit geeignetem Werkzeug bearbeitet

Sandsteintrockenmauer, bepflanzt mit Hauswurz, Blaukissen, Enzian und anderen Steingartenschönheiten

werden. In dem Fall sollte man unbedingt auf weiches Gestein (z. B. Sandstein, Kalkstein, Schiefer) zurückgreifen. Mit flach behauenen oder halbwegs vorgeformten Steinen hat man weniger Mühe. Am harmonischsten fügen sich Trockenmauern ins Bild des Gartens ein, wenn sie aus ähnlichem Material bestehen wie Weg- und Terrassenbeläge.

In engem Zusammenhang mit der Steinauswahl- bzw. form steht die Art des **Mauerwerks.** Man unterscheidet:

■ Bruchmauerwerk: Aus Steinbrocken sehr verschiedener Größe und Form; die Fugen verlaufen zum größten Teil schräg und unregelmäßig. Wirkt sehr lebendig, verlangt aber besonders viel Sorgfalt beim Aufsetzen, um die Stabilität zu gewährleisten. Die Steine werden verzahnt angeordnet, so dass sie sich gegenseitig verkeilen. Größere Hohlräume verkeilt man mit kleinen Steinen („Zwickeln").

■ Regelmäßiges Schichtmauerwerk: Hier werden die Steine dank annähernd platten- oder quaderartiger Form in Lagen aufgesetzt und sind jeweils innerhalb der Lagen gleich hoch. Die Lagerfugen (zwischen den Steinlagen) verlaufen waagrecht. Übereinander liegende Steine zweier Lagen müssen sich unbedingt jeweils um ein Drittel ihrer Längen überlappen; man nennt dies Überbindung.

■ Wechselmauerwerk (unregelmäßiges Schichtmauerwerk): Die regelmäßige, waagrechte Schichtung wird hier durch so genannte Wechsler unterbrochen; das sind höhere, größere Steine. Sie werden so eingebaut, dass keine der waagrechten Lagerfugen länger als 2 m läuft, und verleihen der Mauer besondere Stabilität. Sind die einzelnen Lagen dann noch unterschiedlich hoch, wirkt das ganze Mauerwerk interessant verschachtelt. Für die oberste Lage müssen gleich hohe Steine gewählt werden.

Unbedingt zu vermeiden sind bei allen Trockenmauerwerken Kreuzfugen, also Stellen, an denen vier Stei-

Trockenmauer

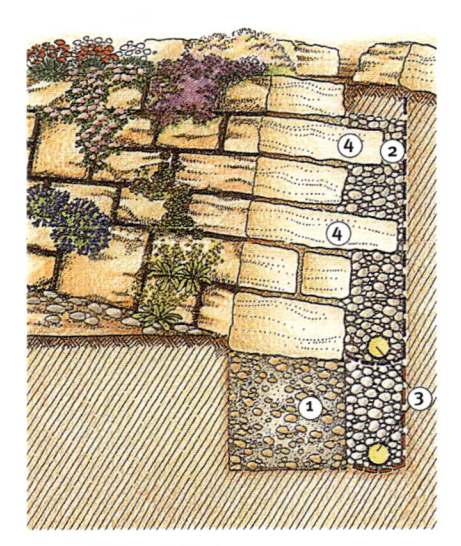

Stützende Trockenmauer:
1) Schotterfundament
2) Hinterfütterung (Kies, Schotter), 3) Dränagerohre (gelb; in regenreichen Regionen), 4) Binder

Ein Trockenmauerwall setzt sich aus zwei Mäuerchen zusammen. 1) Schotterfundament (40–50 cm tief) 2) Kern aus Steinresten, Schotter, Kies

ne eine gemeinsame senkrechte sowie waagrechte Fuge haben. Die mangelnde Überbindung an solchen Stellen beeinträchtigt die Stabilität.

Im Allgemeinen werden die Trockenmauern nur als „Mäuerchen" bis 100, höchstens 120 cm **Höhe** angelegt. Für höhere Konstruktionen muss man wegen der komplizierten Statik fachliche Hilfe zu Rate ziehen. Ab 100 cm Höhe wird zudem ein **Fundament** aus Beton (bis in 80 cm frostfreie Tiefe) nötig, bei instabilem Untergrund auch für kleinere Mauern. Ansonsten genügt ein labiles Fundament aus einer 40–50 cm hohen Schotterschicht bzw. einem Kies-Schotter-Gemisch. Die Grube schachtet man hingegen 10–20 cm tiefer aus, denn der Sockel der ersten Steinlage sollte in den Boden eingebunden sein. Mäuerchen bis 40 cm Höhe brauchen gar kein Fundament; man trägt den Boden nur flach ab und verdichtet dann den Untergrund.

Je nach Einsatz und Gelände sind verschiedene Mauertypen möglich:

Stützende, einseitige Trockenmauern, die häufigste Lösung, werden an einem Hang bzw. an einer Böschung errichtet. Zwischen Hangerde und Steine kommt eine wenigstens 20 cm starke Hinterfütterung aus Grobmaterial (Kies, Schotter), die als Dränage dient. Man schüttet sie während des Hochziehens der Steine auf. In sehr niederschlagsreichen Gebieten kann zusätzlich ein Dränagerohr eingebaut werden. Man schichtet die Steine mit leichter Neigung zum Hang hin auf; bei einer Höhe über 50 cm ist eine Neigung von 10–20 % empfehlenswert.

Das Verhältnis von Mauerfuß (Querschnitt) zu Mauerhöhe sollte etwa ein Drittel betragen, wobei die Fußbreite 30 cm keinesfalls unterschreiten darf. In der Praxis mit höchstens 100 cm Selbstbauhöhe bedeutet das: Für die unterste Reihe braucht man Steine mit einer Breite (Seitenlänge) von 30–40 cm; sie sollten zudem recht hoch und lang, also möglichst massiv sein. Außerdem benötigt man für die höheren Lagen noch einige breitere Steine, die als so genannte Binder oder Durchbinder weit in die Hinterfütterung oder gar in die Hangerde hineinreichen (etwa ein Drittel bis ein Viertel aller Steine).

Frei stehende Trockenmauern werden im Prinzip ebenso geschichtet, wobei sie sich nach oben hin verjüngen, also im Querschnitt eine Trapezform aufweisen. Da der stützende Hang fehlt, muss man die Steine noch sorgfältiger auswählen und aufschichten, damit sie sich gegenseitig stabilisieren. Die Neigung sollte auf beiden Seiten ungefähr 20 % betragen, die Höhe 100 cm nicht überschreiten. Es empfiehlt sich, mit gespannten Richtschnüren zu arbeiten. Auch hier müssen Binder eingesetzt werden, die über die ganze Breite der Mauer reichen, am besten in halber Höhe und jeweils einen pro Meter Mauerlänge. Der obere Abschluss, die Mauerkrone, kann für eine Bepflanzung offen bleiben oder mit flachen Platten belegt werden, um die Stabilität zu erhöhen.

Auch der **Trockenmauerwall** ist frei stehend, allerdings breiter und stabiler. Im Grunde handelt es sich um zwei Trockenmauern, die links und rechts eines Kerns aus Schotter und Steinresten (z. B. auch Bauschutt) hochgezogen werden. So ein Wall kann am Fuß bis 2 m, oben bis 1 m breit sein, die empfohlene Neigung der Mauern zur Mitte hin liegt bei wenigstens 15 %. Den oberen Bereich des Kerns füllt man mit abgemagerter Erde auf. So bietet sich eine hervorragende Pflanzfläche.

Besonders schön wirken längere frei stehende Mauern und Wälle, wenn sie nicht schnurgerade, sondern in etwas geschwungener Linienführung angelegt werden. Für die Ecken verwendet man bei allen Mauern möglichst große Steine.

Die **Bepflanzung** der Fugen kann man teils schon während des Aufschichtens vornehmen. In jedem Fall aber füllt man beim Aufsetzen der Steine bereits Substrat für die Fugenpflanzen mit ein (mit Splitt abgemagerte Gartenerde, ggf. mit etwas gut abgelagertem Kompost vermischt). Etliche der kleinen, Polster bildenden Steingartenpflanzen kommen mit dem bescheidenen Erdvorrat in den Fugen und Ritzen aus, so etwa Steinkraut, Hornkraut und Schleierkraut. Weitere Pflanzflächen bieten sich am Mauerfuß sowie oben auf der Mauerkrone, wo sich viele Steingartengewächse ansiedeln lassen, bis hin zu Zwerggehölzen.

Weist die Mauerfläche gen Süden, Südosten oder Südwesten, steht die große Palette sonnenliebender Steingartenpflanzen zur Verfügung. Für nordseitige Mauern und sonnenabgewandte Mauerflächen dagegen ist die Auswahl gering. Hier wachsen z. B. noch Zimbelkraut, kleine Steinbreche und Farne, unter Umständen auch Bitterwurz und manche Glockenblumen. Wenn Kalksteine verwendet werden, muss man beachten, dass nicht alle Pflanzen das basische Milieu (auch → *Bodenreaktion*) vertragen. Umgekehrt gedeihen Kalk liebende Gewächse in sauren Silikatgesteinen schlecht.

Trockenschäden

Grüne Pflanzen enthalten im Schnitt zu 80 – 90 % Wasser. Es ist für sie ein unentbehrlicher Baustoff (→ *Photosynthese*), wichtiges Transport- und Lösungsmittel für Nährstoffe und hält den Innendruck der Zellen aufrecht. Kein Wunder also, dass sich mangelnde Wasserversorgung so gravierend auswirkt. Schnell werden die Blätter schlaff. Hält die Trockenheit länger an, beginnen sie zu welken und vom Rand her abzusterben. Die Pflanze kümmert und stellt ihr Wachstum ein, bei dauerndem Wassermangel stirbt sie schließlich ab. Weniger drastische Trockenschäden hinterlassen oft Spuren in Form brauner Blattspitzen, Nadelgehölze werfen einen Teil ihrer Nadeln ab. Früchte bleiben klein oder reagieren auf vorübergehenden Wassermangel mit Aufplatzen, wie etwa bei Tomaten.

Sofern nicht die Wurzeln schwerwiegend beschädigt sind (z. B. durch Schädlinge oder Krankheiten) resultieren Trockenschäden meist aus Gießfehlern (auch → *Gießen*). Eine andere Ursache bei immergrünen Gehölzen ist die → *Frosttrocknis*.

Trog

Alle Pflanzkübel aus Stein, Beton oder Keramik, die in ihrer Form an einen alten Wasser- oder Futtertrog erinnern. Da echte Tröge häufig kein Abzugsloch für das Wasser haben, wird unter der Pflanzerde eine Schicht aus Scherben oder Steinen eingefügt, um Staunässe zu unterbinden. Tröge werden wie normale Pflanzkübel bepflanzt und müssen – sofern sie dauerhaft der Witterung ausgesetzt sind – frostfest sein.

Auch → *Mini-Steingarten*

Trollblume
Trollius europaeus

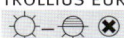

Die goldgelben, ballförmigen Blüten des heimischen Hahnenfußgewächses sind heute selten geworden, es steht daher auch unter Naturschutz. Im Gegensatz zur europäischen Trollblume, bei der die Blütenblätter das Blüteninnere vollständig verbergen, öffnen sich die Blüten der Chinesischen Trollblume (*T. chinensis*) zu Schalen, so dass ein Büschel aus zahlreichen Staubgefäßen sichtbar wird. Aus der Kreuzung dieser beiden sowie teils weiterer Arten sind Hybriden hervorgegangen, die ebenfalls als herrliche Zierpflanzen geschätzt werden. Ihre Blüten können ball- oder schalenförmig sein, die Blütenfarben variieren zwischen verschiedenen Gelbtönen bis hin zu leuchtendem Orange. Alle Trollblumen enthalten Giftstoffe.

Chinesische Trollblume (Trollius chinensis)

Merkmale: Straff aufrecht wachsende Staude, 50 – 90 cm hoch; dunkelgrüne, handförmig geteilte Blätter; goldgelbe, ballförmige Blüten; zieht nach der Blüte ein.
Blütezeit: Mai – Juni
Verwendung: In naturnah gestalteten Gärten, auf Feuchtwiesen, an Gewässerrändern, in Sumpfbeeten, aber auch auf Beeten und Rabatten; besonders schön zu Iris, Mädesüß und Kaukasusvergissmeinnicht; gute Schnittblume.
Standort: Sonnig nur bei guter Wasserversorgung; frischer bis feuchter, zeitweilig auch nasser, humoser, leicht saurer bis neutraler Boden.
Pflanzen/Vermehren: Pflanzung im Frühjahr oder Herbst; Vermehrung durch Teilung nach der Blüte oder durch Aussaat (Kalt- und Dunkelkeimer).
Pflege: Bei Trockenheit gut wässern; im Frühjahr mit Kompost versorgen.
Hinweis: Schneidet man die Stauden sofort nach der Blüte komplett zurück und düngt sie mit etwas Kompost, blühen sie oft im Herbst noch einmal, wenn auch nicht mehr so üppig.

Trollius

Botanischer Gattungsname der
→ Trollblume

Trompetenbaum
CATALPA BIGNONIOIDES
☼ ✖

Als Trompetenbaum wird gelegentlich auch die → Engelstrompete (*Datura*) bezeichnet. *Catalpa bignonioides* jedoch ist ein echter, stattlicher Baum, mit auffälligen, an → Rosskastanien erinnernden Blütenkerzen. Namensgebend war die trompetenartige Form der Einzelblüten. Man nennt das Bignoniengewächs aus den USA aber auch Zigarrenbaum, weil sich aus den Blüten bis 30 cm lange, schotenförmige Früchte entwickeln. Die großen Blätter, die beim Zerreiben unangenehm riechen, verliehen ihm noch einen weiteren Namen, nämlich Elefantenbaum. Für Gärten eignen sich statt der reinen Art besser die Sorten. 'Aurea', der Goldtrompetenbaum, trägt gelbgrünes, im Herbst goldgelbes Laub und wird 6 – 8 m hoch sowie 4 – 6 m breit. 'Nana', der Kugeltrompetenbaum, behält zeitlebens eine wohlgeformte kugelige Krone bei, die 4 – 5 m breit und hoch wird. Allerdings blüht und fruchtet diese kleine Sorte kaum. Alle Pflanzenteile enthalten Giftstoffe.

Merkmale: Baum mit breit aufgewölbter, ausladender Krone, 10 – 15 m hoch und 10 – 12 m breit, Sorten kleiner; bogenförmig aufsteigende Äste; sehr große, ei- bis herzförmige, frisch grüne Blätter, hellgelbe Herbstfärbung, früher Laubfall; leicht duftende, glockige, weiße, innen gelb und purpurn gemusterte Blüten in aufrechten, kegeligen Rispen; hängende, schlanke, bohnenförmige, erst grüne, später braune Früchte, bis weit in den Winter hinein haftend.
Blütezeit: Juni – Juli
Verwendung: Als Solitär für größere Gartenanlagen; Sorte 'Nana' auch für kleine Gärten sowie für Gefäßpflanzung geeignet.
Standort: Auch absonnig; warm und geschützt; durchlässiger, tiefgründiger, frischer, humoser, nährstoffreicher Boden; rauchhart, vor allem Sorte 'Nana' für Stadtklima gut geeignet.
Pflanzen/Vermehren: Pflanzung bevorzugt im Frühjahr; Vermehrung durch Aussaat bei hoher Wärme und Luftfeuchtigkeit; die Sorten sind veredelt.
Pflege: Besonders in den ersten Jahren für ausgeglichene Bodenfeuchte sorgen; Baumscheibe den Winter über dick mulchen; möglichst ungeschnitten lassen, Schnitt wird jedoch vertragen.
Hinweis: Das Gehölz ist in der Jugend recht frostempfindlich, deshalb sollte man unbedingt einen gut geschützten Standort wählen.

Trompetenblume
CAMPSIS RADICANS
☼

Die Verwandtschaft mit dem → *Trompetenbaum* zeigt sich bei diesem nordamerikanischen Klettergehölz an den großen Blüten in tropischer Üppigkeit. Die langen Triebe des Bignoniengewächses, auch als Klettertrompete bekannt, klammern sich mit Haftwurzeln an ihrer Unterlage, z. B. einer Mauer, fest. Ab gut 2 m Höhe ist jedoch ein Klettergerüst empfehlenswert, zumal ältere Exemplare recht schwer werden. Wuchsfreudiger und ebenfalls überreich blühend präsentiert sich die Hybride *C.* x *tagliabuana;* von ihr wird vor allem die Sorte 'Madame Galen' angeboten. Sie trägt größeres, glänzend grünes Laub und hat orangerote Trompetenblüten.
Merkmale: Klettergehölz, schwach schlingend, Haftwurzeln bildend, 5 – 10 m hoch; gefiedertes, frisch grünes Laub; an den Triebenden Trugdolden mit großen, orangefarbenen Trichterblüten, Sorten auch orangerot oder gelb.
Blütezeit: Juli – September
Verwendung: Zur Begrünung von Rankgerüsten, Spalieren oder Pergo-

Trompetenbaum (Catalpa bignonioides)

Trompetenblume (Campsis radicans)

len sowie an Mauern und Wänden.
Standort: Warm und windgeschützt; durchlässiger, frischer, humoser, nährstoffreicher Boden.
Pflanzen/Vermehren: Pflanzung bevorzugt im Frühjahr; Vermehrung durch Absenker oder Steckhölzer; Sorten sind meist veredelt.
Pflege: In den ersten Jahren Triebe aufbinden oder mit Haken fixieren; spätestens ab 2 – 3 m Höhe Klettergerüst anbringen; im Frühjahr mit Kompost versorgen; bei Trockenheit wässern; nach der Blüte abgeblühte Triebe auf 2 bis 4 Augen zurückschneiden, auch → PRAXIS-SEITE Klettergehölze – Hinweise zum Schnitt (S. 462/463); Wurzelbereich mulchen oder mit Schatten spendenden Gewächsen bepflanzen; junge Pflanzen mit Winterschutz versehen.

Trompetennarzisse
Sehr umfangreiche Gruppe von → *Narzissen* mit nur einer großen Blüte pro Stängel, sind auch als Osterglocken bekannt.

Tropaeolum
Botanischer Name der einjährig gezogenen → *Kapuzinerkresse,* die aufrecht oder kletternd wächst und in warmen Farbtönen blüht.

Tropfbewässerung
Durch die Tropfbewässerung werden den Pflanzen kleine Wassermengen direkt und kontinuierlich zugeführt. Dafür gibt es Systeme mit direkt neben den Pflanzen angebrachten Tropfstellen und Verteilerschläuchen oder auch perforierte Tropf- bzw. Perlschläuche, die man in den Beeten zwischen den Reihen verlegt. Ein großer Vorteil der Tropfbewässerung, die sich gut mit einer automatischen Steuerung betreiben lässt, ist der geringe Wasserverlust durch Verdunsten und Versickern.

Auch → PRAXIS-SEITE Bewässerungsmethoden und -techniken (S. 108/109)

Trugdolde
Auch Scheindolde genannt; zusammengesetzter → *Blütenstand,* bei dem die Einzelblüten in einer Ebene stehen. Im Unterschied zur echten → *Dolde,* bei der die gleich langen Blütenstiele einem Punkt entspringen, baut sich die Trugdolde aus verschiedenen langen Stielen auf, die in Nebenachsen angeordnet sind und in unterschiedlicher Höhe ansetzen. Dadurch ergibt das gleichmäßige Bild, das einer Dolde ähnelt, z. B. bei der Bergenie oder der Trompetenblume.

Trugerdbeere
Anderer Name für die → *Scheinerdbeere,* ein schattenverträglicher Bodendecker, der an Walderdbeeren erinnert.

Tsuga
Botanischer Gattungsname der → *Hemlocktanne,* ein immergrüner, breit kegeliger Nadelbaums mit kleinwüchsigen Gartenformen

Tuff
Dieser Begriff kann zwei Bedeutungen haben:

1) Geschlossene Pflanzgruppe aus niedrigen Gewächsen derselben Art und meist auch Sorte, die so am besten Wirkung entfalten. In Tuffs pflanzt man z. B. Zwiebelblumen im Rasen oder Polsterstauden im Beet. Üblicherweise wählt man für solche Tuffs ungerade Stückzahlen, also z. B. drei, fünf oder sieben Exemplare.

2) Kurzform für → *Tuffstein.*

Tuffstein
Tuffsteine für den Gartengebrauch stammen aus Vulkanbrüchen und kommen meist unbehandelt und in bizarren Formen in den Handel. Je nach mineralischer Zusammensetzung sehen sie rötlich bis grauweiß aus. Da sie sehr porös und von Klüften durchzogen sind und sich leicht bearbeiten lassen, kann man sie gut mit kleinen Steingartengewächsen bepflanzen. Zum Vorgehen bei der Bepflanzung → *Mini-Steingarten.*

Tulipa
Botanischer Gattungsname der
→ *Tulpe*

Tulpe
TULIPA
Neben → *Rosen* und → *Rhododendren* gehören diese Zwiebelblumen zu den wohl prächtigsten und am weitesten verbreiteten Gartengewächsen überhaupt; ein Frühjahr ohne die zuweilen pompös wirkenden Liliengewächse ist kaum denkbar. Das ursprüngliche Hauptverbreitungsgebiet der zahlreichen Arten liegt in Asien. Schon vor 1000 Jahren zierten edle Zuchtformen die paradiesischen Gärten der persischen Sultane. Von dort gelangten sie Mitte des 16. Jahrhunderts nach Europa und erregten ungeheures Aufsehen, das in einer wahren „Tulpomanie" gipfelte. Vor allem in Holland, bis heute führend in der Tulpenzüchtung und -zwiebelproduktion, wurden die eleganten Blüher zum Spekulationsobjekt – ähnlich wie auf Aktien riskierte man für eine einzelne Zwiebel ein ganzes Vermögen. Der vollkommen überhitzte Markt brach bald zusammen, das gärtnerische Interesse an den Pflanzen schwand jedoch keineswegs.

Die einzigartige, bewegte Geschichte der Tulpen spiegelt sich bis heute im schier unermesslichen Sortiment wieder. Der Markt bietet eine unglaubliche Fülle von Sorten in den unterschiedlichsten Formen und Farben, immer wieder kommen neue Zuchtformen dazu.

Grob lassen sich sämtliche Tulpen drei übergeordneten **Großgruppen** zuordnen:
- Gartentulpen, d. h. reine, nur in Kultur bekannte Züchtungen
- Botanische Tulpen, das sind Hybridformen bestimmter Wildarten
- Wildtulpen, also reine, natürlich vorkommenden Arten und deren unmittelbare Abkömmlinge

Die größte Vielfalt findet sich unter den **Gartentulpen.** Um die Übersicht zu behalten, teilt man sie nach der Blütezeit in drei Gruppen und diese wiederum in mehrere Klassen ein:
- Die Gruppe der Frühen oder Früh blühenden Gartentulpen umfasst die Klassen der Einfachen Frühen und der Gefüllten Frühen Tulpen. Sie kommen als erste der Gartentulpen in Flor und zeichnen sich durch einfache bzw. dicht gefüllte Blütenkelche auf kurzen, kräftigen Stielen aus.
- In der Gruppe der Mittelfrühen oder Mittelfrüh blühenden Gartentulpen finden sich die Klassen Triumph-Tulpen, mit ebenmäßig becherförmig gestalteten Blüten; Darwin-Hybrid-Tulpen, mit den größten und leuchtkräftigsten Blüten; Mendel-Tulpen, mit meist einfarbigen Blüten auf kürzeren Stängeln.
- Zur Gruppe der Späten oder Spät blühenden Gartentulpen gehören folgende Klassen: Einfache Späte Tulpen (auch Cottage- oder Landhaustulpen genannt) mit schlanken Blüten; Gefüllte Späte Tulpen (Päonienblütige Tulpen) mit pfingstrosenartigen Blüten; Lilienblütige Tulpen mit schmalen, spitz zulaufenden und nach außen umgeschlagenen Blüten; Gefranste oder Crispa-Tulpen mit zart gefranstem Blütensaum; Viridiflora-Tulpen mit grün gestreiften oder geflammten Blüten; Papagei-Tulpen mit bizarr geschlitzten oder gekräuselten, oft kontrastierend geflammten Blüten; Rembrandt-Tulpen (Chamäleon-Tulpen) mit kugeligen, in mehreren Schattierungen einer oder mehrerer Farben changierenden Blüten.

Die eigenwilligen Flammungen und Musterungen der Blüten, insbesondere bei Rembrandt- und Papagei-Tulpen, gingen früher auf einen Virusbefall zurück, der für die Pflanzen selbst bis auf die Farbveränderung folgenlos blieb. Heute werden jedoch fast ausschließlich die so genannten Rembrandt-Mix-Sorten angeboten, deren ähnlich aparte Zeichnungen auf züchterischem Wege entstanden sind.

Als weitere, von den Gartentulpen abgetrennte Großgruppe fasst man die **Botanischen Tulpen** oder Wildtulpen-Hybriden auf:
- Kaufmanniana- oder Seerosen-Tulpen stammen von *T. kaufmanniana* ab. Sie öffnen ihre sternförmigen Blüten schon im März.
- Fosteriana-Tulpen, Abkömmlinge von *T. fosteriana,* entfalten die größten Blütenkelche unter den Tulpen.
- Greigii-Tulpen, mit *T. greigii* als Urahn, kommen als letzte dieser Gruppe in Flor. Ihre glockigen, kontrastierend längs gestreiften Blüten prunken über gewellten, graugrünen, stets braun oder violett gemusterten Blättern.

In der dritten Großgruppe sind schließlich die vielen **Wildtulpen** versammelt, von denen nur wenige auch in Europa vorkommen, so etwa die Weinbergtulpe (*T. sylvestris*). In freier Natur wachsende Tulpen stehen samt und sonders unter strengem Naturschutz. Die Arten weisen eine ähnliche Vielfalt wie die Gartenformen auf, die Palette reicht von hochwüchsigen Gestalten mit eleganten Blüten bis zu zwergigen mit anmutigen Kelchen, ebenso gibt es Vertreter mit mehreren Blüten pro Stiel. Wildtulpen sind gewöhnlich weniger anspruchsvoll als Gartentulpen, sie wachsen auch auf kargen und mehr kalkhaltigen Böden und brauchen nicht alle paar Jahre verpflanzt zu werden. Ansonsten gelten die Pflegehinweise bei den Gartentulpen. Einen Überblick über häufiger gepflanzte Wildtulpen gibt die Tabelle auf S. 928.

Beachten sollte man, dass Tulpen in allen Teilen Giftstoffe enthalten. Der Saft, insbesondere der der Zwiebeln, kann bei empfindlichen Personen Allergien auslösen bzw. zu Hautschädigungen führen.

Tulpe

Gelb-rot blühende
Greigii-Tulpen

Rembrandt-Tulpen mit
kugeligen Blüten

Triumph-Tulpen 'Meißner
Porzellan'

Wildtulpen (Tulipa praes-
tans 'Füsilier')

Gefranste Tulpen
'Aleppo'

Lilienblütige Tulpen
'Elegant Lady'

Papagei-Tulpen
'Texas Flame'

Viridiflora-Tulpen
'Spring Green'

Greigii-Tulpen
'China Lady'

Tulpe

Gartentulpen
TULIPA-HYBRIDEN
☼ ✖

Merkmale: Ausdauernde, winterharte, eintriebige Zwiebelpflanzen, je nach Sorte 20 – 70 cm hoch; breite, zugespitzte, parallel geaderte Blätter; aufrechte, kelch- bis glockenförmige Blüte aus sechs, bei gefüllten Sorten aus zahlreichen Blütenblättern; nahezu alle Blütenfarben, teils mehrfarbig.
Blütezeit: April – Mai
Verwendung: Stets in Gruppen auf Beeten und Rabatten; schön mit Unterpflanzung aus Vergissmeinnicht, Stiefmütterchen, Maßliebchen oder anderen kleinen Zwiebelblühern; für Gefäßkultur; gute Schnittblumen, viele Sorten auch zur Treiberei geeignet.
Standort: Auch absonnig; durchlässiger, frischer, im Sommer auch trockener Boden, humos, nährstoffreich, möglichst kalkarm, neutral bis leicht sauer, am besten sandig-lehmig.
Pflanzen/Vermehren: Pflanzung der Zwiebeln im September/Oktober, in milden Gebieten bis November, 10 – 15 cm tief mit 15 – 20 cm Abstand; Vermehrung durch Abtrennen von Nebenzwiebeln bzw. Teilung.
Pflege: Im Frühjahr auf gleichmäßige Wasserversorgung achten; Verblühtes entfernen; Laub stehen lassen, bis es vollständig vergilbt ist; zum Austrieb mit schnell wirkendem Volldünger versorgen; alle 2 bis 3 Jahre Zwiebeln nach Einziehen des Laubs aufnehmen und an anderer Stelle neu pflanzen.

Botanische Tulpen
TULIPA-HYBRIDEN
☼ ◐ ☺ ✖

Merkmale: Ausdauernd wachsende, frosthärte, eintriebige Zwiebelpflanzen, 15 – 40 cm hoch; breit lanzettliche, meist graugrüne Blätter, oft gemustert; Blütenkelche aus sechs Blütenblättern, tagsüber sternförmig ausgebreitet, je nach Sorte weiß, gelb, rosa, orange oder rot, häufig mehrfarbig.
Blütezeit: März – April
Verwendung: Stets in Gruppen, auf Beeten und Rabatten, in Steingärten; Kaufmanniana-Tulpen auch in lückigen Rasenflächen; für Gefäßkultur; zur Treiberei geeignet.
Standort: Wie Gartentulpen.
Pflanzen/Vermehren: Pflanzung im September/Oktober 8 – 10 cm tief mit 15 cm Abstand; Vermehrung wie Gartentulpen.
Pflege: Wie Gartentulpen.

Tulpenkrankheiten
Verwendung ausschließlich gesunder, fester Pflanzzwiebeln sowie häufiger Standortwechsel sind die wichtigsten Vorbeugungsmaßnahmen gegen Pilzkrankheiten. In feuchten Böden kann man die Dränage verbessern, indem man eine Sandschicht in das Pflanzloch einbringt. Neben den nachfolgend beschriebenen können noch weitere Pilzkrankheiten, vor allem in zu feuchter Erde, auftreten, bei denen es ebenfalls das Beste ist, die befallenen Zwiebeln schleunigst herauszunehmen und über den Hausmüll zu entsorgen. Dasselbe empfiehlt sich bei → *Viruskrankheiten,* die sich in scheckigen Flecken oder Vergilbungen entlang der Blattadern äußern.

WILDTULPEN IM ÜBERBLICK (AUSWAHL)

Name	Blütenfarbe Blütezeit	Wuchshöhe	Hinweise
Horntulpe (*Tulipa acuminata*)	gelb-rot; April	30 – 40 cm	bizarre Blüten aus schmalen, spitz zulaufenden, verdrehten Blütenblättern
Tulipa biflora	innen weiß, außen rot-grün; März – April	5 – 15 cm	sehr zart wirkend
Damentulpe (*Tulipa clusiana*)	rahmweiß-rosarot; April	15 – 30 cm	angenehm duftend
Tulipa humilis	violett; März – April	5 – 15 cm	kugelige, duftende Blüten
Tulipa linifolia	scharlachrot; April – Mai	10 – 15 cm	grasartige, gewellte Blätter
Tulipa praecox	scharlachrot; März – April	40 – 50 cm	elegante Blütenform
Tulipa praestans	scharlachrot; April – Mai	30 – 40 cm	mehrere Blüten pro Stiel
Weinberg- oder Wilde Tulpe (*Tulipa sylvestris*)	goldgelb; April – Mai	20 – 50 cm	grasartig schmale Blätter
Tulipa tarda	gelb-weiß; März – April	10 – 15 cm	oft unter *Tulipa dasystemon* geführt
Tulipa undulatifolia	scharlachrot; April – Mai	20 – 30 cm	oft unter *Tulipa eichleri* geführt

Graufäule
Diese Krankheit wird von Pilzen der Gattung *Sclerotium* verursacht. Sie befallen die Zwiebeln vom Boden aus, in dem sie auch dank hartnäckiger Sporenlager über Jahre überdauern.
Schadbild: Zwiebeln treiben im Frühjahr nicht aus; am Zwiebelhals braune, faule Stellen, zwischen denen weißes Myzel erkennbar wird; auch zwischen den Zwiebelschalen weißes, watteartiges Geflecht mit kleinen schwarzen Sporenlagern; Inneres der Zwiebeln rötlich grau verfärbt.
Abhilfe: Befallene Zwiebeln herausnehmen und entfernen; an derselben Stelle wenigstens 5 Jahre keine Tulpen und andere Zwiebelblumen mehr pflanzen.

Tulpenfeuer, Grauschimmel
Der verbreitete → *Grauschimmel*, verursacht durch den Erreger *Botrytis*, ruft an Tulpen besonders ausgeprägte Symptome hervor und ist hier auch als Tulpenfeuer oder -brand bekannt. Als Schwächeparasit befällt er vorwiegend verletzte, zu eng oder zu feucht stehende Tulpen.
Schadbild: Verdrehte, graubraune Blätter, teils violett verfärbt, Blattspitzen welken und weisen Löcher auf; junge Triebe kümmern und faulen, Blüten mit glasig dunklen, graubraunen Flecken; schließlich grauer Pilzbelag auf allen Pflanzenteilen, an den Zwiebeln außerdem kleine schwarze Dauerkörper.
Abhilfe: Zwiebeln beim ersten Auftreten der Symptome herausnehmen und entfernen; Standort wechseln; auch → *Grauschimmel*.

Tulpenmagnolie
Beliebte Art der → *Magnolie* mit großen, tulpenartigen Blüten

Tulpenschädlinge
Die großen, nährstoffreichen Zwiebeln der Tulpen ziehen → *Wühlmäuse* an, während sich → *Schnecken* eher für den jungen, zarten Austrieb interessieren. → *Blattläuse* finden sich in der Zeit vor der Blütenbildung ein. Verkümmerte oder verformte Blätter (Längsrisse) sowie gekrümmte Blütenstiele deuten auf Stängelälchen (→ *Nematoden*) hin.

Tüpfelfarn
POLYPODIUM VULGARE

Der heimische Farn, auch Engelsüß genannt und charakteristisch für die Tüpfelfarngewächse, wächst entweder flach über den Boden streichend oder als → *Epiphyt* auf Bäumen. Sehr ähnlich, aber etwas größer präsentiert sich der Gesägte Tüpfelfarn (*P. interjectum*), für den ein leichter Winterschutz ratsam ist.
Merkmale: Ausdauernder, wintergrüner Farn; lang gestielte, schmal dreieckige, fein gefiederte, ledrige, sattgrüne Wedel in lockerer, flach ausgebreiteter Rosette, bis 40 cm hoch. Auf den Wedelunterseiten runde, gelbliche Sporenhaufen (Tüpfel) in regelmäßigen Reihen.
Verwendung: Im Steingarten, in Mauerritzen und Felsfugen; auf Trockenmauern; unter Gehölzen; außerdem in Rindenspalten alter Baumstämme.
Standort: Durchlässiger, frischer, humoser, leicht saurer, gern auch karger Boden.
Pflanzen/Vermehren: Pflanzung bevorzugt im Frühjahr, als Epiphyten zunächst mit Draht fixieren; Vermehrung durch Teilung der Rhizome, die reine Art auch durch Sporenaussaat.
Pflege: Gleichmäßig feucht halten; jährlich im Frühjahr mit reifem Kompost versorgen; von wuchsstarken Nachbarpflanzen frei halten.

Türkenbundlilie
→ *Lilie* mit rosa bis purpurnen, hoch gebogenen Blütenblättern

Türkenmohn
Ausdauernde Art des → *Mohns* mit großen, prächtigen Blüten

Tussilago
Botanischer Gattungsname des → *Huflattichs*, eine alte Heilpflanze

Typha
Botanischer Gattungsname des → *Rohrkolbens*

Tulpenfeuer

Tüpfelfarn (Polypodium vulgare)

U

Überhang
Als Überhang werden im → *Nachbarrecht* Zweige bezeichnet, die auf ein Nachbargrundstück hinüberragen.

Überfall
Fallen Früchte vom Baum eines Nachbarn auf das eigene Grundstück, benutzt das → *Nachbarrecht* den martialischen Ausdruck Überfall. Fallobst gehört dem, auf dessen Boden es liegt – Nachhelfen in Form von Schütteln ist aber verboten, denn die am Baum hängenden Früchte gehören dessen Besitzer.

Überwachungsschnitt
Andere Bezeichnung für den → *Erhaltungsschnitt* an Obstbäumen. Er dient dazu, Form und Aufbau der Krone zu erhalten und einen Ausgleich zwischen Fruchtholzbildung und Triebzuwachs zu schaffen.
Auch → *Obstbaumschnitt*

Überwallung
Vorteilhafte und erwünschte Reaktion von Gehölzen an Wundstellen. Nach Verletzungen, etwa durch Schnittmaßnahmen – wächst aus dem stets teilungsfähigen → *Kambium* ein Wundverschlussgewebe, der so genannte → *Kallus* heran, der die Wundfläche von den Rändern her zu verschließen beginnt. Diese wulstartige Überwallung dient dem Schutz vor Pilz- und anderen Infektionen und kann durch → *Wundpflege* unterstützt werden.

Überwinterung
Die Überwinterung der meisten Stauden und Gehölze gestaltet sich unproblematisch. Selbst die zahlreichen (ost)asiatischen und nordamerikanischen Arten, die unsere Gärten zieren, stammen oft aus ähnlichen Klimaverhältnissen, legen im Winter eine Ruhepause ein und vertragen recht viel Frost. Freilich gibt es darunter – je nach Herkunftsgebiet – einige Ausnahmen, die besonderen → *Winterschutz* brauchen. Dies gilt vor allem auch für viele Pflanzen, die ursprünglich in Südeuropa oder Südamerika heimisch sind. Besonderes Augenmerk verlangen empfindlichere Arten zumindest im Winter bzw. im Jahr nach der Pflanzung, häufig auch während des ganzen Jugendstadiums.

Ein Ausgraben empfindlicher Arten mit nachfolgender Überwinterung im Haus ist nur in Ausnahmefällen möglich, besonders bei kleineren Pflanzen mit kompaktem Wurzelwerk. Üblicher und einfacher ist das Herausnehmen bei Teichpflanzen, die in Wasserpflanzenkörben eingesetzt werden (auch → *Teichbepflanzung*, → *Teichpflege*).

Mit recht geringem Aufwand lassen sich auch nicht winterharte Zwiebel- und Knollenpflanzen wie → *Dahlien* über die kalte Jahreszeit bringen, da man einfach nach Rückschnitt der oberirdischen Teile ihre Speicherorgane ausgraben und am geschützten Platz überwintern kann.

Bei vielen mediterranen, subtropischen oder gar tropischen Pflanzen ist die Haltung im Pflanzgefäß von vornherein die beste Lösung, sofern man über ein geeignetes Winterquartier verfügt; → *Kübelpflanzen*, → *Einräumen*, auch → PRAXIS-SEITE

Winterschutz an Gehölzen

Balkonpflanzenpflege und -überwinterung (S. 84/85). Falls man die Überwinterungsansprüche im Einzelnen nicht kennt, empfiehlt sich in der Regel ein frostfreier, aber kühler und heller Platz, an dem man über Winter den Topfballen nur gerade etwas feucht hält. Heimische bzw. an unser Klima angepasste Pflanzen, die man in Töpfen kultiviert, können meist an einem geschützten Platz draußen überwintert werden (auch → *Topfgarten*), ggf. mit etwas Abdeckung (Laub, Reisig) der Substratoberfläche und Isolierung der Pflanzgefäße (auch → *Winterschutz*).

Ulme
ULMUS
Ulmen oder Rüster, kennzeichnende Arten für die Familie der Ulmengewächse, sind überwiegend sehr statt-

Ulmensterben

liche Großbäume. Doch viele Zuchtformen bleiben im Wuchs deutlich bescheidener. Ulmen tragen Blätter, die sehr an das Laub der → *Hainbuche* (*Carpinus betulus*) erinnern. Aus den unscheinbaren Blüten gehen kleine, rundum geflügelte Nussfrüchte hervor.

Die Bergulme (*U. glabra*) wächst in Europa in Laubmischwäldern, wo sie durchaus 40 m hoch wird. Im Garten zieht man vor allem die Lauben- oder Hängeulmen *U. glabra* 'Camperdownii' und 'Pendula' (auch als 'Horizontalis' im Handel) mit schirmförmiger Krone. Von der Feldulme (*U. minor*), ebenfalls eine heimische, bis 30 m hohe Art, gibt es die meist strauchförmige Sorte 'Jacqueline Hillier', die nur 2 – 3 m hoch wird; außerdem die 8 – 10 m hohe Goldulme 'Wredei', die erst schmal säulenartig, später kegelförmig wächst und bis 5 m breit wird. Sie hat sattgelbe Blätter mit grünlichem Schimmer. Die Ansprüche entsprechen denen der nachfolgend ausführlicher vorgestellten Ulmen.

Natürlich entstandene Hybriden zwischen Berg- und Feldulme fasst man unter *U.* x *hollandica* zusammen. Diese zeigen sich überaus verschieden, es gibt Formen mit kegeliger, ovaler, kugeliger und auch säulenförmiger Gestalt, weiterhin Varianten mit goldgrünem Laub. Eine rundliche Krone, die bis weit in den Herbst hinein belaubt bleibt, zeichnet die etwa 10 m hohe Japanische oder Chinesische Ulme (*U. parviflora*) mit ähnlichen Standortansprüchen aus.

Laubenulme, Hängeulme

ULMUS GLABRA 'CAMPERDOWNII', 'PENDULA'

Merkmale: Strauch oder kleiner Baum mit schirmförmiger Krone, 2 – 5 m hoch, 4 – 6 m breit; weit herabhängende Zweige; eiförmige, spitz zulaufende Blätter, gelbe Herbstfärbung; rötliche Blüten, unscheinbar; ringsum geflügelte Nussfrüchtchen.
Blütezeit: März – April
Verwendung: Für Einzelstellung; schön als natürliche Bedachung eines Sitzplatzes; 'Pendula' auch für Dachgärten und Gefäßpflanzung geeignet.
Standort: Frischer bis feuchter, nährstoffreicher Boden, am besten kalkhaltig; wenig rauchhart, nur bedingt für Stadtklima geeignet.
Pflanzen/Vermehren: Pflanzung bevorzugt im Herbst; Vermehrung nur durch Veredlung.
Pflege: Anspruchslos; am besten ungeschnitten lassen, ein radikaler Rückschnitt ist nur bei jungen Bäumen möglich.

Holländische Ulme

ULMUS x HOLLANDICA

Merkmale: Baum, je nach Sorte mit sehr unterschiedlicher Wuchsform und Kronengestalt, 6 – 20 m hoch und 3 – 10 m breit; eiförmige, spitz zulaufende Blätter, je nach Sorte hell- bis graugrün oder auch gelb; Blüte unscheinbar; ringsum geflügelte Nussfrüchtchen.

Laubenulme (Ulmus glabra 'Camperdownii')

Blütezeit: März – April
Verwendung: Für Einzelstellung in größeren Gärten.
Standort: Wie Laubenulme; wenig rauchhart, bis auf einzelne Sorten wie etwa 'Commelin' für Stadtklima nicht geeignet.
Pflanzen/Vermehren: Wie Laubenulme.
Pflege: Wie Laubenulme.
Hinweis: Die meisten Sorten der Holländischen Ulme gelten als widerstandsfähig gegen das gefürchtete → *Ulmensterben*.

Ulmensterben

Seit etwa 1920 hat sich in Mitteleuropa diese Krankheit ausgebreitet, die bis heute ganze Ulmenbestände hinweggrafft. Verantwortlich dafür sind Pilze der Gattung *Ceratocystis,* die von Ulmensplintkäfern übertragen werden. Sie siedeln sich im Holz an, verstopfen die Leitungsbahnen und unterbrechen dadurch die Wasserversorgung. Zudem scheiden sie Giftstoffe aus. Den Züchtern gelingt es zunehmend, widerstandsfähige oder gar völlig resistente Sorten zu entwickeln.

Goldulme (Ulmus minor 'Wredei')

Schadbild: Ab Frühsommer Welken und Einrollen oft noch grüner Blätter, meist an einzelnen äußeren Ästen; bräunliche Blattverfärbung, schließlich Blattfall; erst Absterben von jungen Trieben, später von ganzen Kronenteilen; mit der Zeit stirbt der gesamte Baum, bei Jungbäumen besonders rasch.
Abhilfe: Vorbeugend widerstandsfähige Sorten pflanzen; erkrankte Bäume ganz entfernen und entsorgen bzw. verbrennen.

Ulmus
Botanischer Gattungsname der → *Ulme,* die auch als Rüster bezeichnet wird.

Umfallkrankheit
Pilzkrankheit, die Stecklinge, Sämlinge und Jungpflanzen befällt; sie wird nach ihren typischen Anfangssymptomen (dunkle, oft eingeschnürte Stellen an der Stängelbasis) auch Schwarzbeinigkeit genannt. Schließlich knicken die Pflänzchen ab und fallen um. Haupterreger sind meist Pilze der Gattung *Phytium,* die vom Boden bzw. der Anzuchterde aus die Pflanzen infizieren. Daneben können weitere Pilze oder auch Bakterien beteiligt sein.

Vorbeugungsmaßnahmen bei der üblichen Anzucht in Gefäßen sind unter → *Keimlingskrankheiten* genannt. Sofern die Krankheit auch im Freien bzw. im Frühbeet auftritt, sollten auf den betroffenen Flächen einige Jahre keine Aussaaten mehr durchgeführt werden. Nach gründlicher Bodenbearbeitung, -durchlüftung und ggf. -verbesserung kann man stattdessen Versuche mit kräftigen Jungpflanzen wagen. Notfalls werden längere Anbaupausen, Einarbeiten von → *Kalkstickstoff,* notfalls auch ein Bodenaustausch im Frühbeet nötig. Ähnliche Symptome verursachen → *Fusarium-Krankheiten.*

Umfriedung
Andere Bezeichnung für → *Einfriedung* eines Grundstücks mit Hecken, Zäunen oder Mauern

Umgraben
Spatentiefes Abstechen und Wenden von Bodenschollen. Früher galt das herbstliche Umgraben von Beeten mit dem Spaten als unerlässlich für die → *Bodenbearbeitung und -lockerung;* man baute außerdem auf die → *Frostgare,* die die sauber in Schollen abgelegte Erde fein zerkrümelt. Heute tendieren viele Gärtner eher zur nicht wendenden Bearbeitung mit der Grabegabel, die weniger in das → *Bodenleben* eingreift und auf eine dauerhafte → *Bodengare* durch stabile Krümelstruktur abzielt (auch → *Ton-Humus-Komplexe*).

Es gibt jedoch mehrere Fälle, in denen ein Umgraben immer noch empfehlenswert ist:

■ bei Erstanlage neuer Beetflächen auf rohen Böden (Baugrundstücke) oder bei vorherigem Rasen- bzw. Wiesenbewuchs, auch → PRAXIS-SEITE Beete neu anlegen – Planung und Umsetzung (S. 98/99)

■ bei sehr schweren, tonhaltigen Böden (durch nachhaltige Verbesserung und Humuszufuhr kann allmählich die Häufigkeit des Umgrabens reduziert werden)

■ bei starker Verunkrautung

■ nach Jahren mit großen Schneckenproblemen

■ nach Befall der Kulturen mit → *Bodenpilzen* oder anderen → *Bodenschädlingen*

Zum praktischen Vorgehen beim Umgraben → PRAXIS-SEITE Bodenbearbeitung und Beetvorbereitung (S. 138/139)

Umkippen
Dieser umgangssprachliche Ausdruck bezeichnet eine ökologische Katastrophe, die bei Gartenteichen

Zu viele Nährstoffe im Wasser können zum „Umkippen" von Teichen führen.

im Kleinformat stattfinden kann: Ist das Wasser zu nährstoffreich, vermehren sich die Algen überproportional stark, das Gewässer wird zunehmend trübe. Dadurch ist eine Photosynthese in tieferen Zonen kaum noch möglich, Wasserpflanzen und Algen sterben ab und sinken zu Boden. Auf den nun reichlich vorhandenen Pflanzenleichen vermehren sich zersetzende Organismen, bis der Sauerstoff des Wassers verbraucht ist und sich am Teichgrund Faulschlamm anhäuft; schließlich sterben auch die Wassertiere. Übrig bleiben nur die vom Sauerstoff unabhängigen Fäulnisbakterien: Faulgase steigen auf, der Teich beginnt zu stinken – jegliches Leben ist vernichtet.

Auch → *Teichpflege*

Umpflanzen
Nicht selten wird es erforderlich, eine bereits gut eingewachsene Staude oder ein Gehölz auszugraben und an anderer Stelle neu einzupflanzen. Gründe gibt es genug: Zu wüchsige Stauden passen nicht mehr an die vorgesehene Stelle, ein Beet soll umgestaltet, eine Lücke gefüllt, ein „un-

Umveredlung

passender" Strauch ausgetauscht oder an einen besseren Platz versetzt werden. Bei einigen Stauden ist zudem das gelegentliche Umpflanzen, ggf. verbunden mit einer → *Teilung*, förderlich für neue Blütenpracht, z. B. beim Blaukissen. Es gibt allerdings auch Arten wie Pfingstrose oder Tränendes Herz, die ein Umsetzen schlecht verkraften. Im Allgemeinen lassen sich zudem Pflanzen mit ausgeprägter, nicht verzweigter Pfahlwurzel kaum verpflanzen, so etwa Lupine, Silberdistel oder Steinkraut.

Stauden pflanzt man am besten im Herbst oder zeitigen Frühjahr um, Frühjahrsblüher auch direkt nach der Blüte. Man hebelt sie vorsichtig mit einer Grabegabel aus dem Boden, teilt ggf. den Wurzelstock und setzt sie wie beim Einpflanzen in ein vorbereitetes Loch an die neue Stelle; danach kräftig gießen.

Bei **Sträuchern und Bäumen** kommt man zwangsläufig ab einer gewissen Größe an die Grenze der Machbarkeit. Außerdem verspricht ein tief reichendes Wurzelsystem älterer Gehölze (→ *Tiefwurzler*) wenig Aussichten auf Erfolg. Sträucher und Bäume, die erst einige Jahre an ihrem Platz stehen, lassen sich meist noch recht gut verpflanzen, von einigen Ausnahmen wie Schmetterlingsstrauch oder Feuerdorn abgesehen.

Gehölze werden während der Vegetationsruhe umgesetzt, am besten bei leicht feuchtem Boden, weil dann der Wurzelballen besser zusammenhält. Die neue Pflanzgrube sollte bereits vorbereitet sein (auch → *Gehölzpflanzung*). Wird sie entsprechend groß angelegt und mit reichlich lockerer Erde aufgefüllt, bilden sich nach dem Einpflanzen rasch neue Faserwurzeln.

Zum Herausnehmen hebt man den Boden rings um den Stamm bzw. um die Basistriebe herum im Abstand von ca. 30 cm aus und sticht große, überstehende Wurzeln mit dem Spaten ab. Dann löst man den Wurzelballen vorsichtig mit Spaten und Grabegabel und trennt, falls erforderlich, auch lange Wurzeln an der Unterseite ab. Bei Sträuchern bindet man zum leichteren Transport die Triebe locker zusammen. Nun hebt man den Ballen auf Sackleinen oder eine große Decke, schlägt ihn darin ein und bringt die Pflanze an den neuen, bereits vorbereiteten Standort. Beschädigte Wurzeln werden vor dem Einsetzen sauber zurückgeschnitten. Schon während des Auffüllens der Grube schlämmt man die Erde mit Wasser ein; zum Schluss wird der Boden festgetreten und gründlich angegossen. Auch in der Folgezeit muss die Pflanzstelle stets gut feucht gehalten werden. Bei größeren Wurzelverlusten schneidet man zum Ausgleich nach dem Pflanzen die oberirdischen Teile entsprechend zurück.

Bei älteren Gehölzen zieht sich das Umpflanzen über mehrere Jahre hin. Wieder wird der Boden in einem ringförmigen Graben ausgehoben; den Wurzelballen umgibt man an den Seiten mit feinmaschigem Maschendraht und füllt den Ringgraben mit sehr lockerer, humusreicher Erde auf. Zur Sicherheit sollten Bäume in dieser Phase mit einem Pfahl gestützt werden. In den nächsten 1 bis 3 Jahren wachsen neue Faserwurzeln in die lockere Erdauffüllung ein. Zum Versetzen zieht man einen zweiten um den inneren Ring und hebt den Ballen mit den neu gebildeten Feinwurzeln heraus. Das Umpflanzen älterer Gehölze ist allerdings stets ein (Anwachs-)Risiko. Zudem muss oft ein beachtliches Gewicht bewegt werden. Sofern der Standortwechsel unvermeidbar scheint, empfiehlt es sich, gerade bei Bäumen eine auf Verpflanzungen spezialisierte Firma zu beauftragen.

Zum Umpflanzen schlägt man den Ballen von Gehölzen in ein Tuch ein.

Umpfropfen
Andere Bezeichnung für die → *Umveredlung*, nach dem dabei üblichen Verfahren des Pfropfens

Umspaten
Anderer Ausdruck für → *Umgraben*

Umstechen
Anderer Ausdruck für → *Umgraben*

Umtopfen
Werden die Gefäße von Topf- bzw. → *Kübelpflanzen* zu klein für das Wurzelwerk, muss die Pflanze umgetopft werden. Die Vorgehensweise entspricht dem → *Eintopfen*.

Umveredlung
Wird zuweilen bei Obstbäumen praktiziert, wenn die von Beginn an aufveredelte Sorte (auch → *Veredlung*) nicht befriedigt oder das Kronengerüst überaltert, der Stamm jedoch noch gesund ist. Meist im Spätwinter oder Vorfrühling wird dazu die alte Krone abgeworfen, d. h. fast völlig entfernt. Man belässt ihr nach starkem Auslichten nur noch 5 bis 8 kräf-

tige, möglichst gut um den Stamm verteilte Äste und schneidet diese um die Hälfte oder bis zu zwei Drittel zurück. Im günstigsten Fall bilden sie einen Kronenwinkel von 100 – 120° (auch → *Obstbaum, Kronenaufbau*). Einige nach außen wachsende Seitentriebe im unteren Kronenbereich bleiben ebenfalls stehen; sie werden erst nach erfolgreicher Umveredlung entfernt.

Die eingekürzten Äste dienen als so genannte Pfropfköpfe, in die die neue Sorte in Form eines vorbereiteten Edelreises durch → *Pfropfen* einveredelt wird. Direkt vor dem Einsetzen der Edelreiser kürzt man die Äste nochmals um ca. 10 cm ein, der frische Anschnitt sorgt für besseres Verwachsen des Edelreises.

Anstelle des Pfropfens hinter die Rinde, wie es unter → *Pfropfen* beschrieben ist, kann auch die → *Geißfußpfropfung* (erst im Frühjahr) angewandt werden. In den Folgejahren muss sorgfältig geschnitten werden; man verfährt dabei ähnlich wie beim Erziehungsschnitt junger Bäume (→ *Obstbaumschnitt, Schnittarten nach Baumalter*).

Umwandlungsgesteine

Umwandlungsgesteine oder Metamorphite sind neben → *Absatzgesteinen* und → *Erstarrungsgesteinen* die dritte große Gesteinsgruppe und durch Umformungsprozesse aus jenen entstanden. Die physikalische Umformung erfolgte durch enorm hohe Drücke und/oder Temperaturen, wie sie z. B. bei Gebirgsbildung, Faltungen oder Überschiebungen auftreten. Dadurch gelangte das Ausgangsgestein in tiefere Schichten der Erdkruste und nahm seine heutige Gestalt und Ausprägung an. Bekannte Beispiele für Umwandlungsgesteine sind Tonschiefer (aus Tonen), → *Marmor* (aus Kalkstein), Orthogneis (aus Granit) oder Graphit (aus Kohle).

Umweltgifte
→ *Schadstoffe*, die durch menschliche Tätigkeiten in die Umwelt gelangen.

Ungarischer Flieder
Kleinblütiger → *Flieder* mit langen, schmalen, lockeren Blütenrispen

Ungarwurz
Anderer Name für die → *Waldsteinie*, ein wintergrüner, gelb blühender Bodendecker für den Schatten

Ungeschlechtliche Vermehrung
Bei der ungeschlechtlichen oder auch → *vegetativen Vermehrung* entstehen die Nachkommen nicht durch Samenbildung und -verbreitung, sondern aus abgetrennten Pflanzenteilen wie → *Stecklingen,* → *Kindeln* oder → *Brutzwiebeln*.

Ungeziefer
Umgangssprachliche Bezeichnung für → *Schädlinge*

Ungräser
Gräser, die nicht als Ziergräser gepflanzt wurden, sondern sich als → *Unkräuter* von selbst einstellen.

Unke
Die Unken zählen zu den → *Amphibien* und stehen wie alle Tiere dieser Gruppe unter strengem Naturschutz. Ihren Namen verdanken sie dem sprichwörtlichen Unkenruf, der tatsächlich wie „unk-unk" klingt. Die gedrungenen Tiere mit der breiten, stumpfen Schnauze sind etwa 5 cm lang, deutlich warzig, oberseits grau, grünlich oder bräunlich. Auffälliger zeigt sich ihre Körperunterseite mit gelb-schwarzer (Gelbbauchunke) oder rot-schwarzer (Rotbauchunke) Marmorierung. Das Verbreitungsgebiet der Rotbauchunke liegt vor allem in Ost- und Nordeuropa, im westlichen und südlichen Teil dagegen kommt hauptsächlich die Gelbbauch-

Gelbbauchunken sind seltene Gäste in Gartenteichen.

unke vor, die auch mit pflanzenärmeren Gewässern vorlieb nimmt. Bis auf ihre Winterruhe, die sie im Erdboden verbringen, leben die Unken weitgehend im Wasser. Gern hängen sie regelrecht kurz unter der Wasseroberfläche, so dass nur Augen und Nasenlöcher herausschauen.

Da sie ausgesprochen ortstreu sind und anders als etwa → *Kröten* kaum Wanderungen unternehmen, stellen sich Unken nur selten in Gartenteichen ein. Falls dies doch einmal geschieht, sollte man keine Fische einsetzen, da diese sich an Laich und teils auch Larven der Amphibien gütlich tun (auch → *Teichtiere*).

Unkrautbekämpfung
Das rigide Entfernen jedes spontan wachsenden Kräutleins gilt längst nicht mehr als optimales Ziel der Unkrautbekämpfung. Die so genannten → *Unkräuter* haben so manch ökologischen Nutzen, auch im Garten. Zudem schützt ein Bewuchs, selbst ein „wilder", den Boden vor → *Erosion* sowie Oberflächenverdichtung. Manche Gärtner dulden deshalb recht harmlose, kleinwüchsige Unkräuter

UNKRAUTBEKÄMPFUNG

wie die Vogelmiere sogar zwischen Gemüse. Diese Haltung kommt freilich auch dem Trend zum pflegeleichten Garten entgegen, in dem nicht unbedingt blitzblanke Beete und Wege angestrebt werden.

Lässt man allerdings die sich selbst ansiedelnden Pflanzen ganz gewähren, wird man auf Dauer wenig Freude haben – sofern man das nicht gerade als idealen → *Naturgarten* ansieht. Der fällt allerdings recht eintönig aus, da sich meist einige wenige, konkurrenzstarke Arten durchsetzen. Unkräuter gewinnen gerade auch deshalb jedes Duell im Garten, weil sie perfekt an die jeweilige Situation angepasst sind. Ein **Eindämmen** ist vor allem wichtig

- zwischen Sämlingen und Jungpflanzen, die kaum mit wüchsigen Unkräutern konkurrieren können,
- bei großwüchsigen Arten, insbesondere solchen mit starker Ausbreitung durch Ausläufer, Rhizome o. Ä. (Wurzelunkräuter),
- bei hartnäckigen Samenunkräutern spätestens in der Blüte,
- bei Gewächsen, die Kulturpflanzen überwuchern, umschlingen oder gar regelrecht „niederringen", wie Klettenlabkraut und Zaunwinde,
- bei Unkräutern, die zur selben Pflanzenfamilie gehören wie benachbarte Kulturpflanzen. Dies empfiehlt sich besonders bei den mit Kohl verwandten Kreuzblütlern wie Acker- und Hirtentäschelkraut, Hederich und wildem Senf. Sie können zur Befallsquelle für → *Kohlhernie* und verschiedene → *Kohlschädlinge* werden.

Zur sinnvollen Unkrautbekämpfung gehört das **Vorbeugen.** Hierzu tragen in Gemüsebeeten → *Fruchtfolge* und besonders → *Fruchtwechsel* bei, denn je nach Kultur entwickeln sich Unkräuter verschieden. Von großer Bedeutung ist das gründliche Entfernen der Wurzeln bei jeder Bodenbearbeitung und Beetvorbereitung. Eine fast ganzjährige Beetnutzung durch geeignete → *Kulturfolgen* hält ebenfalls Unkräuter kurz, ebenso das Einschalten einer → *Gründüngung* auf vorübergehend freien Flächen. Einen wichtigen Beitrag zur Unkrautunterdrückung leistet das → *Mulchen*. Schließlich gilt: Alles, was die Kulturpflanzen fördert (gute Standortwahl, Pflege), macht sie konkurrenzstärker; bei schneller Entwicklung hemmen sie bald auch selbst unerwünschte Begleiter.

Die bequeme chemische Bekämpfung hat allerlei Nachteile und lohnt im Garten oft nicht, zudem ist die Verfügbarkeit von → *Herbiziden* für Hobbygärtner stark eingeschränkt. Die beste und sicherste Bekämpfungsmethode ist regelmäßiges **Jäten** möglichst komplett mit Wurzeln. Betreibt man dies vor allem im Frühjahr gründlich, bekommt man den Wildwuchs recht gut in den Griff. Da man die Keim- bzw. Jugendblätter der Unkräuter erst allmählich kennen- und von denen der Kulturpflanzen unterscheiden lernt, sind → *Reihensaat* und → *Markiersaaten* sehr empfehlenswert. So lassen sich auch versehentliche Schäden an den Gemüsesämlingen vermeiden. Im Staudenbeet und anderen Gartenbereichen ist das intensive Jäten im Frühjahr ebenfalls besonders wichtig. Am besten jätet man bei feuchtem Boden, packt die noch jungen Unkräuter mit dem Finger am Wurzelhals, um sie mit kräftigem Ruck herauszuziehen. Wo kein Schaden für die Kulturpflanzen droht, lässt sich auch gut mit kleinen Handgrubbern arbeiten, zwischen größeren Pflanzen dann auch mit langstieligen Hacken. Bei älteren Wurzelunkräutern sollte man die Erde aufgraben, um die unterirdischen Teile möglichst vollständig zu beseitigen.

Gegen sehr **starke Verunkrautung** von Flächen helfen häufiges Umgraben, das vollständige Abdecken mit schwarzer Mulchfolie (über wenigstens einige Monate), mehrmalige Aussaat raschwüchsiger Gründüngungspflanzen sowie das geduldige → *Aushungern*.

Für Unkraut, das in Fugen von Wegen, zwischen Kies oder auf Treppen wächst, bietet der Fachhandel, teils auch leihweise, **Abflammgeräte** an, die die Pflanzen verbrennen. Beim Umgang damit sollte man unbedingt die nötige Vorsicht walten lassen und die Betriebsanleitung genau beachten.

Auch → *Rasenunkräuter*

Durch frühzeitiges, gründliches Jäten kommt man Unkräutern am besten bei.

Abflammgeräte kommen auf Wegen und gepflasterten Flächen zum Einsatz.

Unkräuter

Hirtentäschelkraut

Schöllkraut

Franzosenkraut

Scharfer Hahnenfuß

Quecke

Unkräuter

Der Begriff Unkraut wird von Biologen gar nicht geschätzt und geriet auch mit der Verbreitung des → *Bio-Anbaus* stark in die Diskussion. Denn die Einstufung als wertloses, zu vernichtendes „Un-Kraut" hat mit dazu beigetragen, etliche Arten völlig auszurotten und die Umwelt kräftig mit → *Herbiziden* zu belasten. Dabei bieten viele dieser Pflanzen Insekten, auch → *Nützlingen,* Nahrung und Unterschlupf. Außerdem finden sich darunter wertvolle Genreserven für die Züchtung. Einige der so genannten Unkräuter führen schon lange ein „Doppelleben", da sie auch als Zier-, Gemüse- oder Heilpflanzen sowie zur Herstellung von → *Kräuterauszügen* geschätzt werden, z. B. Löwenzahn, Hahnenfußarten, Sauerampfer oder Huflattich. Viele Arten dienen zudem als → *Zeigerpflanzen* für den Bodenzustand.

Etliche dieser Pflanzen sind typische Kulturbegleiter, die sich ohne Garten- und Ackerbau kaum etabliert hätten, früher teils sogar wichtige Nahrungspflanzen waren. Dies macht den öfter gebrauchten Alternativbegriff Wildkräuter etwas fragwürdig – zumal eine „Wildkrautbekämpfung" ökologisch auch nicht ganz korrekt erscheint. Der vielleicht treffendste, im Öko-Anbau übliche Ausdruck, nämlich Beikraut, hat sich leider bislang nicht allgemein durchgesetzt.

Wenn man Unkräuter einfach als am Wuchsort „unpassende" Pflanzen ansieht, triff dies den Sachverhalt schon recht gut. Dies beinhaltet schließlich auch Blumen oder Gemüse, die aus selbst verstreuten Samen oder vergessenen Zwiebeln an unerwünschter Stelle austreiben, sowie wuchernden Efeu, Günsel usw.

Bei den „wilden" Unkräutern unterscheidet man Samen- und Wurzelunkräuter, obgleich nicht alle ganz in dieses Schema passen. **Samenunkräuter** sind meist kurzlebig und werden durch schnelle Ausbreitung dank gewaltiger Samenproduktion lästig; das Franzosenkraut z. B. bringt im Jahr mehrere Hunderttausend Samen und bis zu drei Generationen hervor. **Wurzelunkräuter** bilden zwar auch Samen, haben aber vor allem sehr überlebensfähige Speicherwurzeln, tief reichende Pfahlwurzeln, Rhizome oder Wurzelausläufer, über die sie sich stark ausbreiten; so lange nicht alle unterirdischen Teile entfernt wurden, treiben sie immer wieder von neuem aus.

Arten mit besonderer Bedeutung sind im Lexikon ausführlicher behandelt: → *Brennnessel,* → *Gänsefuß,* → *Giersch,* → *Hahnenfuß,* → *Huflattich,* → *Löwenzahn,* → *Quecke,* → *Ruprechtskraut,* → *Schachtelhalm,* → *Schöllkraut,* → *Wegerich.*

Häufige Unkräuter im Überblick

Name	Kennzeichen
Samenunkräuter	
Hirtentäschelkraut (*Capsella bursa-pastoris*)	5 – 40 cm hoch, Rosette mit gezähnten oder gelappten Blättern; weiße Blütchen, dreieckige bis herzförmige Früchte
Schöllkraut (*Chelidonium majus*)	30 – 100 cm hoch, Blätter gefiedert, buchtig gekerbt, Stängel behaart, mit gelbem Milchsaft; gelbe Blüten
Erdrauch (*Fumaria officinialis*)	10 – 30 cm hoch, Blätter doppelt gefiedert, Teilblättchen tief geteilt; rosa Blüten mit dunkelroter Spitze in Trauben
Franzosenkraut, Knopfkraut (*Galinsoga parviflora*)	10 – 80 cm hoch, Blätter eiförmig zugespitzt, gesägt; weiße Blütenköpfchen mit gelber Mitte
Klettenlabkraut (*Galium aparine*)	30 – 150 cm hoch, niederliegend oder klimmend, Stängel vierkantig, mit stacheligen, „klebenden" Härchen, Blätter lanzettlich in Blattquirlen
Kreuzkraut, Greiskraut (*Senecio vulgaris*)	8 – 40 cm hoch, Blätter buchtig gelappt bis fiederspaltig; gelbe Röhrenblüten in rispigem Blütenstand
Vogelmiere (*Stellaria media*)	5 – 60 cm hoch, meist niederliegend, Stängel behaart, Blätter klein, eiförmig; weiße, sternartige Blütchen
Ackerhellerkraut (*Thlaspi arvense*)	10 – 30 cm hoch, Blätter verkehrt eiförmig bis pfeilförmig, buchtig gezähnt; weiße Blütchen; rundliche Fruchtschoten
Ackerehrenpreis (*Veronica persica*)	10 – 40 cm hoch, oft liegend, Blätter breit eiförmig, grob gekerbt, dunkelgrün; blaue Blüten, einzeln in den Blattachseln
Wurzelunkräuter	
Giersch (*Aegopodium podagraria*)	30 – 100 cm hoch, Blätter doppelt dreizählig gefiedert oder dreieckig, gesägt; weiße Blütendolden
Klette (*Arctium lappa*)	50 – 200 cm hoch, Blätter groß, herzförmig, unterseits behaart; Blüten violett, kugelige Blütenkörbchen mit stark haftenden Härchen an den Hüllblättern
Zaunwinde (*Calystegia sepium*)	150 – 300 cm hoch, Stängel windend, Blätter breit pfeilförmig; große weiße Trichterblüten
Ackerkratzdistel (*Cirsium arvense*)	40 – 150 cm hoch, Blätter schmal eiförmig oder fiederspaltig, stachelig gezähnt; lila bis rote Blütenkörbchen
Ackerwinde (*Convolvulus arvensis*)	30 – 100 cm hoch, Stängel windend, Blätter länglich eiförmig; große weiße bis hellrote Trichterblüten, rötlich gestreift
Quecke (*Elymus repens*)	20 – 120 cm hoch, Gras mit schmalen, langen, oberseits rauen Blättern, helle, kriechende unterirdische Ausläufer
Scharfer Hahnenfuß, Butterblume (*Ranunculus acris*)	20 – 100 cm hoch, Grundblätter handförmig, tief drei- bis fünfspaltig; goldgelbe Blüten
Kriechender Hahnenfuß (*Ranunculus repens*)	30 – 40 cm hoch, Grundblätter lang gestielt, dreiteilig, tief eingeschnitten, oberirdisch kriechende Ausläufer; goldgelbe Blüten
Kleiner Sauerampfer (*Rumex acetosella*)	10 – 30 cm hoch, Blätter lanzettlich, am Blattgrund waagrecht abstehende Nebenblätter, Pfahlwurzel mit Ausläufern
Raue Gänsedistel (*Sonchus asper*)	30 – 100 cm hoch, Blätter länglich eiförmig, stachelig gezähnt, Stängel enthält Milchsaft; gelbe Blütenkörbchen
Löwenzahn, Kuhblume (*Taraxacum officinale*)	10 – 50 cm hoch, Rosette aus stark gebuchteten bis schrotsägeförmigen Blättern, Stängel mit Milchsaft; gelbe Blütenkörbchen
Große Brennnessel (*Urtica dioica*)	50 – 150 cm hoch, spitz eiförmige, stark gezähnte Blätter, Blätter und Stängel mit Brennhaaren

Unkrautstecher

Unkrautstecher
Messerartiges Gerät mit einer rinnenförmigen Klinge, um Unkräuter mit langer Wurzel (z. B. Löwenzahn) auszustechen.

Unpaarig gefiedert
Bestimmte Ausprägung eines aus Fiederblättchen zusammengesetzten Blatts; es besteht aus paarweise angeordneten Teilblättchen und einem Endblättchen (Endfieder) an der Spitze, z. B. bei Rosen.
→ *Blattformen*

Unrund
Andere Bezeichnung für den Schwarzrohrbambus, die sich auf die flach gefurchten, dadurch nicht ganz runden Halme bezieht.
→ *Bambus*

Unterart
Untergeordnete Rangstufe im → *System der Pflanzen*, Verwandtschaftsbezeichnung unterhalb der → *Art*: Die Mitglieder einer Unterart unterscheiden sich durch geringfügige Eigenschaften von der Art bzw. anderen Unterarten. Im → *botanischen Namen* wird die Bezeichnung der Unterart (fachsprachlich Subspecies) mit der Abkürzung ssp. oder subsp. angehängt. Beispiel: Von *Bassica napus,* dem Raps, gibt es eine Rüben bildende Unterart *Brassica napus* ssp. *rapifera,* die Kohlrübe.

Unterboden
Im → *Bodenhorizont* die Schicht unter dem humosen Ober- oder Mutterboden, auch B-Horizont genannt. Er entsteht durch Verwitterung aus dem Gesteinsuntergrund und enthält wenig organische Substanz.

Unterglaskultur
Anbau im → *Gewächshaus* und → *Frühbeet,* wobei man meist die Kultur unter → *Folie* mit einschließt.

Unterkohlrabi
Andere Bezeichnung für die Steck- oder → *Kohlrübe*

Unterlage
Viele Obstgehölze, aber auch etliche Ziergehölze und manche Gemüse, werden aus unterschiedlichen Gründen veredelt (→ *Veredlung*). Die gewünschte → *Sorte* verwächst dabei mit einer anderen Pflanze, die nur das Wurzelsystem und einen Teil des Sprosses beisteuert. Diese Pflanzenbasis wird Unterlage genannt. Während die Unterlage für das Verankern im Boden sowie für Wasser- und Nährstoffversorgung zuständig ist, liefert die Edelsorte (aufgesetzt als → *Edelreis* oder → *Edelauge*) Blüten bzw. Früchte in der gewünschten Qualität. Die Unterlage bestimmt maßgeblich Wuchsstärke und Robustheit der ganzen Pflanze; geeignete Unterlagen verleihen empfindlichen Sorten eine höhere Frosthärte, Widerstandsfähigkeit gegen Krankheiten oder auch ein bestimmtes Wuchsbild, wie z. B. bei Hochstammrosen.

Bei den Unterlagen handelt es sich oft um nah verwandte Wildarten, deshalb auch die Bezeichnung Wildlingsunterlagen. Besonders bei Obstgehölzen unterscheidet man:

■ Sämlingsunterlagen werden aus Samen gezogen; sie sind meist besonders robust, aber auch starkwüchsig und kommen oft gut mit ungünstigen Bodenverhältnissen zurecht.

■ Vegetativ vermehrte Unterlagen entstehen durch Abrissvermehrung, aus Stecklingen oder Steckhölzern; gehen sie auf eine einzige Mutterpflanze zurück, werden sie als Klonunterlagen bezeichnet. In vielen Fällen gewinnt man die Stecklinge jedoch aus mehreren Mutterpflanzen, die sich aber in Bezug auf ihre Eigenschaften gleichen (Typenunterlagen).

Die Unterlagen werden ebenso sorgfältig ausgelesen und gezüchtet wie Edelsorten, so dass es auch hier Sorten bzw. Typen mit genauen Bezeichnungen gibt (z. B. 'Colt' für Süßkirschen, 'M 26' für Äpfel, Hundsrose 'Pfänders' für Rosen).

Unterwasserpflanzen
Obwohl man sie meist gar nicht zu Gesicht bekommt, sind die Unterwasserpflanzen unverzichtbarer Bestandteil eines Gartenteiches, die gleich mehrere Aufgaben erfüllen: Bei ihrer → *Photosynthese* entsteht Sauerstoff, den sie zum Nutzen der Wassertiere ins Wasser abgeben; sie filtern mechanisch den Schmutz aus dem Wasser und verbrauchen Nährstoffe.

Die meisten Unterwasserpflanzen leben völlig untergetaucht (fachsprachlich submers), teils erheben sich ihre Blüten bis an oder über die Wasseroberfläche. Daneben gibt es Arten, die je nach Wassertiefe und sonstigen Umweltbedingungen auch als Schwimm- oder sogar Landpflanze leben können, mit dann ganz anders gestalteten Blättern, so etwa der → *Tannenwedel*. Einige, etwa die Laichkräuter, wurzeln im Gewässer-

Wasserstern (Callitriche palustris)

Hornblatt (Ceratophyllum demersum)

Wasserpest (Elodea canadensis)

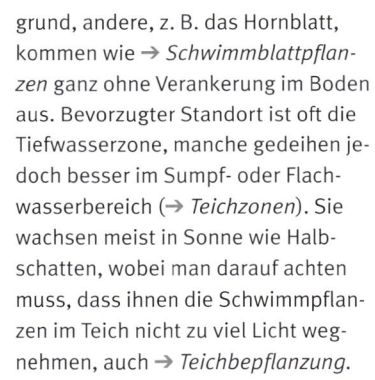

Quirlblättriges Tausendblatt (Myriophyllum verticillatum)

grund, andere, z. B. das Hornblatt, kommen wie → *Schwimmblattpflanzen* ganz ohne Verankerung im Boden aus. Bevorzugter Standort ist oft die Tiefwasserzone, manche gedeihen jedoch besser im Sumpf- oder Flachwasserbereich (→ *Teichzonen*). Sie wachsen meist in Sonne wie Halbschatten, wobei man darauf achten muss, dass ihnen die Schwimmpflanzen im Teich nicht zu viel Licht wegnehmen, auch → *Teichbepflanzung*.

Wichtige Unterwasserpflanzen für Teiche und teils auch Bachläufe im Kurzporträt:

Wasserstern (*Callitriche palustris*): Schwimm- wie Unterwasserpflanze; seine Blattrosetten schwimmen im Flachwasser auf der Oberfläche, in tieferem Wasser bleibt er untergetaucht. Triebe 20 – 50 cm lang, kleine Rosetten aus hellgrünen, linealischen Blättchen, wintergrün; 10 – 60 cm Wassertiefe.

Hornblatt (*Ceratophyllum demersum*): Triebe 60 – 100 cm lang, rundum verteilte, schmale Blättchen; nur schwach wuchernd; 30 – 100 cm Wassertiefe.

Nadelsimse (*Eleocharis acicularis*): Sauergras mit zarten Halmen; kann auch als Landform leben; bildet unter Wasser Rasen auf dem Bodengrund, 5 – 20 cm hoch; 0 – 100 cm Wassertiefe.

Wasserpest (*Elodea canadensis*): Triebe 30 – 60 cm lang, quirlartig angeordnete, länglich linealische Blätter; wuchert stark (kann zum Problem werden, öfter auslichten); 20 – 100 cm Wassertiefe.

Wasserfeder (*Hottonia palustris*): Triebe bis 100 cm lang, kammförmige, fiederspaltige Blätter in Rosetten, teils an der Wasseroberfläche, im Frühsommer über Wasser ca. 20 cm lange Schäfte mit quirlständigen weißrosa Blüten; 10 – 50 cm Wassertiefe.

Tausendblatt (*Myriophyllum verticillatum* u. a. Arten): Triebe bis 200 cm lang, quirlständige, fein zerteilte Blätter, im Sommer rosa Blütenstände über Wasser; kann aus abgelösten Sprossteilen wieder neu austreiben; 40 – 100 cm Wassertiefe.

Krauses Laichkraut (*Potamogeton crispus*): Triebe 30 – 150 cm lang, gewellte, fein gesägte Blätter, im Sommer bräunliche Blütenähren über Wasser; kriechendes Rhizom, wuchert; 30 – 100 cm Wassertiefe.

Auch → *Teichbepflanzung*

Urgesteinsmehl

→ *Gesteinsmehl* aus zermahlenen → *Erstarrungsgesteinen* vulkanischen Ursprungs, wie etwa → *Basalt* oder → *Granit*

Urtica

Botanischer Gattungsname der heimischen → *Brennnessel,* die von manchen als Unkraut angesehen wird, sich aber gut für düngende Jauchen eignet.

U-Spalier

Besondere Erziehungsform bei Obstgehölzen: Ausgehend von einem kurzen Hauptstamm werden zwei Haupttriebe u-förmig nach oben geleitet.

→ *Obstbaum, Spalierformen*

V

Vaccinium
Botanischer Gattungsname von
→ *Heidelbeere,* → *Preiselbeere* und
Moosbeere, eine seltene Gartenpflanze für → *Moorbeete*

Valeriana
Botanischer Gattungsname des
→ *Baldrians,* eine Heilpflanze

Valerianella
Botanischer Gattungsname des
→ *Feldsalats*

Valsakrankheit
Von einem Pilz verursachte → *Kirschenkrankheit,* die auch an anderen Steinobstarten auftreten kann. Sie verursacht schwere Schäden am Holz.

Vanilleblume
HELIOTROPIUM ARBORESCENS

Die Blüten des aus Peru stammenden Borretsch- oder Raublattgewächses duften nach Vanille und wenden sich stets der Sonne zu, daher auch der Name Sonnenwende. Angeboten werden einige Sorten, die besonders intensiv gefärbte Blüten tragen bzw. schön kompakt wachsen. Die Pflanze enthält in allen Teilen Giftstoffe.
Merkmale: Überwiegend einjährig kultivierter, immergrüner Halbstrauch, locker buschig, 30 – 60 cm hoch; leicht brüchige Triebe; ovale, oliv- bis dunkelgrüne, rau behaarte Blätter; violett- bis dunkelblaue Blütchen in üppigen, schirmartigen Dolden.
Blütezeit: Mai – September
Verwendung: In kleinen Gruppen auf Beeten und Rabatten; für Balkonkästen, Schalen und Kübel; auch als Hochstämmchen.
Standort: Möglichst warm sowie etwas wind- und regengeschützt; durchlässiger, frischer, humoser, nährstoffreicher Boden.
Kultur: Anzucht ab Ende Januar möglich (Lichtkeimer); pikierte Jungpflanzen bei etwa 10 cm Höhe entspitzen; Pflanzung ab Mitte Mai mit 20 – 25 cm Abstand. Auch Vermehrung durch im Herbst geschnittene Stecklinge möglich, Jungpflanzen ebenfalls entspitzen und drinnen überwintern.
Pflege: Gleichmäßig feucht halten; mehrfach düngen; Verblühtes entfernen; Überwinterung hell bei 10 – 15 °C möglich, dann im Frühjahr stark zurückschneiden.

Vanilleblume (Heliotropium arborescens)

Var.
Abkürzung für → *Varietät*

Varietas
Botanischer Fachbegriff für die Rangstufe → *Varietät*

Varietät
Rangstufe im → *System der Pflanzen,* Verwandtschaftsbezeichnung unterhalb der → *Art:* In der wissenschaftlichen Botanik bezeichnet die Varietät eine nicht genau charakterisierte „Sippe" innerhalb einer Art; sie gilt als nicht so gesichert wie eine → *Unterart.* Die Wertigkeit der Varietät ist zwischen Art und → *Sorte* einzuordnen.
   In der gärtnerischen Praxis sind Varietäten dagegen gut eingeführt. Sie bezeichnen z. B. Farbabweichungen

940

Die Stangenbohne (Phaseolus vulgaris) stellt die Art dar, ...

... die Buschbohne (Phaseolus vulgaris var. nanus) ihre Varietät.

von Blüten, variierte Blattformen oder besondere Wuchsformen. So ist z. B. *Puschkinia scilloides* var. *libanotica* eine blau blühende Varietät der Puschkinie mit weißen Blüten (*Puschkinia scilloides*), die Buschbohne (*Phaseolus vulgaris* var. *nanus*) eine kleinwüchsige, nicht schlingende Varietät der Stangenbohne.

Vegetation
Umgangssprachlich bezeichnet der Begriff Vegetation die Gesamtheit aller pflanzlichen Lebewesen in einem Gebiet. In der Ökologie unterscheidet man zwischen Flora (Gesamtheit aller Pflanzenarten) und Vegetation im engeren Sinn (Gesamtheit aller Pflanzengesellschaften).

Vegetationskegel
→ *Vegetationspunkt*

Vegetationsperiode
→ *Vegetationszeit*

Vegetationspunkt
Auch Vegetationskegel oder Wachstumspunkt genannt. Pflanzen wachsen nur dort, wo → *Meristeme* durch Zellteilungen neue Zellen bilden. Aus deren Streckung resultiert das Wachstum. Vegetationspunkte sind die Orte solchen pflanzlichen Teilungs- und Längenwachstums. Sie befinden sich an den Spitzen aller → *Sprosse* und Triebe (Sprossvegetationspunkte), der Seitentriebe (Achselvegetationspunkte) und an den Spitzen von → *Wurzeln* und ihrer Seitenwurzeln (Wurzelvegetationspunkte). Im Ruhezustand sind die oberirdischen Vegetationspunkte als geschützte → *Knospen* ausgebildet, die der Wurzeln werden von Wurzelhauben geschützt.

Vegetationsruhe
Phase im Leben der Pflanzen, in der kein Wachstum stattfindet; alle Lebensvorgänge laufen auf sehr niedrigem Niveau weiter. Beginn und Ende der Vegetationsruhe – und damit umgekehrt auch der → *Vegetationszeit* – sind artspezifisch und im Erbgut verankert („wahre Wachstumsruhe"), werden aber durch Zeitgeber wie Temperatur und Tageslängen synchronisiert.

In unseren Breiten fällt die Vegetationsruhe üblicherweise in die kälteren Monate des Jahres, deutlich angekündigt durch herbstliche Verfärbung und schließlich den Laubfall vieler Gehölze. Freilich gibt es einige Ausnahmen, so etwa manche Frühjahrsblüher unter den Stauden sowie vor allem unter den Zwiebel- und Knollenblumen, die bereits im Spätfrühling oder Sommer ihr Laub einziehen und in die Ruhephase übergehen.

Die Wachstumsruhe mancher Pflanzen kann durch → *Treiberei* oder Gewächshausanbau durchbrochen bzw. verkürzt werden.

Vegetationszeit
Die Phase im Leben der Pflanzen, in der aktives Wachstum, Blüten- und Fruchtbildung (Vermehrung) stattfinden; aufgrund der periodisch wiederkehrenden Wachstumsrhythmen auch als Vegetationsperiode bezeichnet. Die Steuerungsfaktoren dieser Perioden sind bei der → *Vegetationsruhe* genannt. Grundsätzlicher „Taktgeber" dieser Rhythmen ist natürlich die Sonne. Wie sie ins Spiel kommt, darüber entscheidet zum einen das Umkreisen der Sonne durch die Erde im Lauf des astronomischen Jahrs; zum andern die Neigung der Erdachse, die dafür sorgt, dass Nord- und Südhalbkugel je eine Hälfte des Jahres stärker zur Sonne hin ausgerichtet sind. Dadurch ergeben sich bei uns die vertrauten Zu- und Abnahmen der Tageslängen und Temperaturen, auf die sich die Pflanzen in ihrem Wachstumsrhythmus eingestellt haben. Auf den natürlichen, klima- und wetterbeeinflussten Vegetationsrhythmen bestimmter Arten basiert der → *Phänologische Kalender*.

Während die Mehrzahl der heimischen Pflanzen auf die wärmeren Temperaturen des (Voll-)Frühlings „wartet", setzen die Lebensvorgänge einiger Spezialisten (z. B. Schneeglöckchen) bereits sehr viel früher ein.

Vegetative Vermehrung

Die Vegetationszeit von Zier- und Nutzpflanzen, deren Vorfahren aus subtropischen Regionen stammen, wird in der ursprünglichen Heimat durch die Regenzeiten bestimmt (Trockenzeiten sind dort Ruhephasen). Da sie kaum Minustemperaturen vertragen, dürfen sie erst nach den letzten Spätfrösten ins Freie. Pflanzen aus den Tropen kennen keine Ruhephase; ihre Vegetationszeit hält das ganze Jahr über an, da rund um den Äquator Tageslängen und Temperaturen stets in etwa gleich bleiben.

Vegetative Vermehrung

Auch ungeschlechtliche Vermehrung; die natürliche oder gärtnerisch genutzte Vermehrung von Pflanzen ohne Samen bzw. Aussaat.

Dass dies möglich ist, liegt zum einen an der Eigenart mancher Gewächse, quasi aus ihrer Körpersubstanz heraus neue Organe oder gar vollständige Pflänzchen zu bilden, die bewurzlungs- und austriebsfähig sind. Damit bleiben sie auch nach Ablösen von der Mutterpflanze oder nach deren Absterben lebensfähig und wachsen zu selbständigen Pflanzen heran. Hierzu zählen → *Brutknollen* und → *Brutzwiebeln*, → *Ausläufer* und → *Kindel*. Solche Tochterorgane bzw. -pflanzen dienen auch in der Natur der Ausbreitung; gärtnerisch kann man sie sehr einfach durch Abnehmen bzw. Abtrennen zum Vermehren nutzen. Dasselbe Prinzip liegt der → *Teilung* größerer Pflanzen oder Bestände zugrunde.

Zum andern nutzt man bei vegetativer Vermehrung die Fähigkeit der Pflanzen, aus abgetrennten Teilen oder gar nur einigen Zellen wiederum zu kompletten Pflänzchen heranzuwachsen. Ermöglicht wird das durch das stets teilungsfähige → *Bildungsgewebe* oder Meristem, das in vielen Pflanzenteilen vorhanden ist. Im „Minimalfall" der → *Meristemkultur* lassen sich unter Laborbedingungen aus winzigen Gewebeteilen neue Pflanzen heranziehen. Im Gartenalltag braucht man dazu schon etwas größere Teilstücke, nämlich → *Stecklinge*, → *Steckhölzer*, → *Ableger*, → *Absenker*, Abrisslinge (→ *Abrissvermehrung*) oder → *Wurzelschnittlinge*. Ein besonderes Verfahren der vegetativen Vermehrung stellt die → *Veredlung* dar.

Im Unterschied zur → *generativen Vermehrung* durch Samen, bei der sich das Erbgut männlicher und weiblicher Anlagen vermischt, werden bei der vegetativen Vermehrung alle Eigenschaften einer Mutterpflanze unverändert auf die Töchter übertragen. Im genetischen Sinn entstehen somit → *Klone*.

Veilchen
Viola

Veilchen gelten als Inbegriff für Bescheidenheit und Demut, blühen sie doch sprichwörtlich im Verborgenen. Die Gattung, kennzeichnend für die Familie der Veilchengewächse, umfasst zahlreiche Arten, darunter auch das → *Stiefmütterchen* (*V.* x *wittrockiana*). Durch rege Züchtung sind die Grenzen zwischen Stiefmütterchen und Hornveilchen (*V. cornuta*) ziemlich verwischt worden; bei vielen Sorten ist eine eindeutige Zugehörigkeit nicht mehr nachvollziehbar. Hornveilchen, die ursprünglich aus Südwesteuropa stammen, stehen gewissermaßen zwischen den kurzlebigen, großblumigen Stiefmütterchen und den lang ausdauernden, kleinblütigen Veilchen. Sie bleiben anhaltend im Flor, die vielen Gartenformen zeigen ein reiches Farbenspiel.

Lieblicher Duft kündet im Frühjahr bereits von Weitem, dass die heimischen Duft- oder Märzveilchen (*V. odorata*) blühen. 'Königin Charlotte' ist die wohl beliebteste Sorte, bei ihr öffnen sich im Herbst oft noch einmal vereinzelte Blüten.

Vergebens schnuppern wird man dagegen, wenn sich Hundsveilchen (*V. canina*) breit gemacht haben – immerhin zeigen sie ähnlich anmutige Blüten. Als Hundsveilchen bezeichnet man auch andere, ebenfalls häufig bei uns vorkommende Arten, etwa Hainveilchen (*V. riviniana*), Waldveilchen (*V. reichenbachiana*) oder Rauhaarveilchen (*V. hirta*). All diese Veilchen siedeln sich spontan an zusagenden Stellen im Garten an.

Hornveilchen (Viola cornuta)

Duftveilchen (Viola odorata)

Etwas später kommen einige weitere, gelegentlich zur Pflanzung angebotene Veilchen in Blüte, etwa das Pfingstveilchen (V. sororia) aus Nordamerika, das je nach Sorte relativ große, tiefviolette, blassblaue, reinweiße oder auch weiße Blüten mit violetter Sprenkelung entfaltet.

Hornveilchen
VIOLA CORNUTA
☼–◐ ☺

Merkmale: Kleinstaude, 15 – 25 cm hoch; breit ovale, gezähnte, dunkelgrüne Blätter; aus fünf Blütenblättern bestehende Blüten, bei der reinen Art kräftig violett, bei Sorten auch weiß, gelb, rot und blau bis fast schwarz, oft mehrfarbig.
Blütezeit: April – Oktober, je nach Sorte
Verwendung: Am schönsten in Grüppchen, auf Beeten und Rabatten, im Steingarten, am Gehölzrand; in Gefäßkultur; hübsche Schnittblume.
Standort: Am besten sonnig bis absonnig, im Halbschatten etwas spärlichere Blüte; durchlässiger, frischer Boden.
Pflanzen/Vermehren: Pflanzung bevorzugt im Frühjahr mit 20 cm Abstand; Vermehrung durch Teilung oder Stecklinge, die reine Art sowie einige Sorten auch durch Aussaat; manche Sorten versamen sich selbst.
Pflege: Anspruchslos; gleichmäßig feucht halten, Trockenheit geht zu Lasten der Blütenbildung; alle paar Jahre durch Teilung verjüngen.

Duftveilchen
VIOLA ODORATA
◐–◐ ☺

Merkmale: Kleinstaude, 10 – 25 cm hoch; herzförmige, dunkelgrüne Blätter; dunkelviolette, bei Sorten auch weiße, rote oder hellviolette Blüten.
Blütezeit: März – April
Verwendung: In Gruppen am Gehölzrand, unter eingewachsenen Gehölzen, vor Hecken oder im Steingarten; kleinflächig auch als Bodendecker; anmutige Schnittblume.
Standort: Durchlässiger, frischer bis leicht feuchter, humoser, nährstoffreicher Boden.
Pflanzen/Vermehren: Pflanzung im Frühsommer oder Herbst mit 20 cm Abstand; Vermehrung durch Teilung oder Stecklinge sowie Aussaat, meist versamen sich die Pflanzen selbst.
Pflege: Anspruchslos; bei anhaltender Trockenheit gießen.

Verbandpflanzung

Das Pflanzen im so genannten Verband oder Verbund ist im Erwerbsgartenbau üblich, sowohl bei Jungpflanzen auf Vermehrungsbeeten als auch im Gemüseanbau. Man bezeichnet damit die regelmäßige Anordnung der Pflanzen auf der Fläche, die eine optimale Platzausnutzung gewährleisten soll. Dabei gibt es grundsätzlich zwei Möglichkeiten:

■ den Quadratverband, bei dem die Pflanzen in gleichmäßigen parallelen Quer- und Längsreihen stehen; der Vorteil liegt im einfachen Arbeiten zwischen den Reihen;

■ den Dreiecksverband, bei dem die Pflanzen benachbarter Reihen gegeneinander versetzt, „auf Lücke" gepflanzt werden. Das bietet den Vorteil der besonders guten Raumausnutzung, da die Reihen etwas enger zusammengerückt werden können.

Freilich ist der Quadrat- oder Rechtecksverband auch für den Hobbygärtner nichts Besonderes: Er ergibt sich im Gemüsebeet automatisch, wenn man in Reihen pflanzt. Bei den oft begrenzten Flächen, die für den Gemüsegarten zur Verfügung stehen, kann jedoch das Prinzip der Dreieckspflanzung hilfreich sein; gerade für Gemüse, die weite Abstände brauchen. Allerdings kommt der Platzspareffekt erst bei etwas größeren Beeten zum Tragen. Die jeweils empfohlenen → *Pflanzabstände* dürfen dabei nicht unterschritten werden.

Verbascum

Botanischer Name der → *Königskerze*, eine Gattung meist zweijähriger, hochwüchsiger, gelb blühender Pflanzen für Sonnenplätze

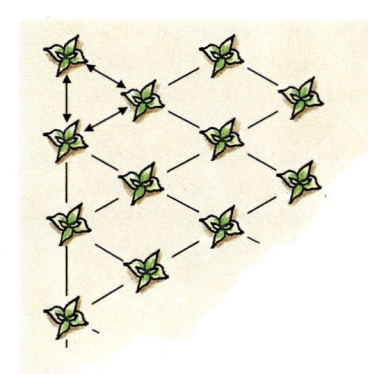

Beim Dreiecksverband (oben) können die Reihen im Vergleich zur üblichen Quadratpflanzung (rechts) näher zusammengerückt werden. So ergibt sich eine bessere Platzausnutzung.

Verbena

Botanischer Gattungsname der
→ *Verbene*

Verbene

VERBENA-HYBRIDEN

☼ ☺

Die mittel- und südamerikanischen Pflanzen sind namensgebende Charakterarten für die Familie der Verbenen- oder Eisenkrautgewächse. Gezogen werden vor allem Hybriden, die es in vielerlei Wuchsformen und Blütenfarben gibt. Sie entwickeln sich aufrecht oder niederliegend bzw. hängend und tragen ihre kleinen Blüten stets in üppigen, ball- bis schirmförmigen Dolden. Hängeverbenen werden oft unter dem Artnamen *V. tenera* angeboten, nach dem Urahn dieser Formen. In jüngerer Zeit machen hauptsächlich 'Temari'- und 'Tapien'-Hybriden von sich reden, sie gelten als besonders robust und reich blühend.

Neben den Hybriden sind einige Arten und deren Abkömmlinge im Angebot. *V. rigida* präsentiert fliederfarbene Blüten an langen, mehrfach verzweigten Stängeln, sie gilt als besonders wetterfest. *V. bonariensis* entwickelt sich zu etwas sparrigen Büschen, die kantigen Stiele tragen an den Enden jeweils ein blauviolettes Blütenköpfchen. Die bis zu 100 cm hohen Stiele werden gerne als Schnittblumen verwendet. *V. canadensis* zeichnet sich durch ihre außerordentliche Blütenfülle aus, die kompakten Büsche sind über und über mit purpurvioletten Blütendolden besetzt.

Erwähnt sei schließlich das heimische, früher als Heilpflanze geschätzte Echte Eisenkraut (*V. officinalis*), das auf Schuttplätzen und Kiesflächen gedeiht und bisweilen auch in Gärten vordringt.

Merkmale: Staudig bis halbstrauchig wachsende, jedoch meist einjährig gezogene Sommerblume, Wuchs je nach Sorte buschig aufrecht bis hängend, 20 – 50 cm hoch; dünne, drahtige Stängel mit schmalen, gezähnten, rauen, oft graugrünen Blättern; zahlreiche Blütchen in dichten Dolden, Farbenspektrum der Sorten von Weiß über Rosa, Lachs und Rot bis hin zu den unterschiedlichsten Blau- und Violetttönen, oft mit kontrastierendem Auge.

Blütezeit: Juni – Oktober

Verwendung: Auf Beeten und Rabatten, niederliegende Sorten als Bodendecker; in Kästen, Kübeln, Schalen und Ampeln, auch als Hochstämmchen möglich.

Standort: Durchlässiger, frischer bis leicht feuchter, humoser Boden.

Pflanzen/Vermehren: Pflanzung ab Mitte Mai; Vermehrung durch Aussaat (Kalt- und Dunkelkeimer), jedoch nicht einfach und zudem nicht bei allen Sorten möglich.

Pflege: Bei Trockenheit gießen; mehrmals düngen; Verblühtes entfernen; Überwinterung lohnt meist nicht.

Hinweis: Auf den Namen Verbene stößt man häufig bei kosmetischen Produkten, z. B. Duftseifen. Hierfür findet jedoch keine Verbena-Art, sondern die Zitronenverbene (*Aloysia tri-*

Verbene (Verbena-Hybride 'Dema Purple')

phylla) Verwendung. Die Blätter dieses auch als Kübelpflanze gezogenen, mit Verbenen nah verwandten Strauchs ergeben außerdem den Echten Verbenentee oder Vervaine.

Verbundpflanzung

Andere Bezeichnung für die → *Verbandpflanzung*

Verdunstung

Als Verdunstung bezeichnet man allgemein die Abgabe von Wasser in Form von gasförmigem Wasserdampf an die Atmosphäre. Sie nimmt mit steigenden (Luft-)Temperaturen zu und wird zudem um so stärker, je trockener die Umgebungsluft ist. Die praktischen Auswirkungen machen sich im sommerlichen Garten deutlich bemerkbar, da der erhöhte Wasserverlust im Boden durch Gießen ausgeglichen werden muss. Zum einen verdunstet das Wasser über die Bodenoberfläche (fachsprachlich Evaporation genannt), zum andern geben die Pflanzen durch → *Transpiration* dem Boden entzogenes Wasser an die Luft ab. Sorgen außerdem Winde für einen ständigen Abtransport der gerade angefeuchteten Umgebungsluft, erhöht sich die Verdunstung, der Boden trocknet noch schneller aus.

Eine Bewässerung ist deshalb unerlässlich; doch auch hierbei kann es zu beträchtlichen Verlusten durch Verdunstung kommen, wenn in der prallen Sonne und/oder nicht direkt in den Wurzelbereich der Pflanzen gegossen wird (→ *Gießen*). Die Verdunstung über den Boden lässt sich durch zwei Maßnahmen deutlich herabsetzen: durch → *Mulchen,* also Abdecken der Bodenoberfläche, und durch → *Hacken,* womit man die feinen Verdunstungskanäle im Boden, die → *Kapillaren* zerstört.

Aufgrund der erhöhten → *Luftfeuchtigkeit* und leichten Abkühlung hat die Verdunstung durchaus auch Vorteile, nicht nur für die Pflanzen, sondern auch für den Gartennutzer. Besonders angenehm macht sich dies bemerkbar, wenn ein → *Teich* oder ein → *Bachlauf* den Garten zieren. Auch bei Wasserflächen müssen im Sommer Verluste durch Verdunstung ausgeglichen werden (→ *Teichpflege*).

Spezielle Maßnahmen, um die Verdunstung zu verhindern, ergreift man bei der → *Anzucht* und Vermehrung über → *Stecklinge*. Als Verdunstungsschutz dienen dabei Folien- oder Glasabdeckungen über den Anzuchtgefäßen.

Veredlung

Auch Veredelung genannt; bezeichnet das Kombinieren zweier verschiedener Pflanzen, die zu einer Einheit, also einer neuen Pflanze verwachsen. Dabei dient die eine Pflanze als → *Unterlage:* Sie trägt das Wurzelwerk und einen oft nur kleinen Teil der Hauptsprossachse bei. Die andere Pflanze nennt man → *Edelsorte:* Sie bildet meist den größten Teil des Sprossgerüsts und prägt mit ihren Blättern, Blüten und Früchten die Erscheinung des Veredlungsergebnisses. D. h., sie ist letztendlich das, was an der „zusammengesetzten" Pflanze interessiert; die Unterlage, in der Regel eine eher unscheinbare, aber robuste Art oder Sorte, dient lediglich als Hilfsmittel. Als Veredlung bezeichnet man nicht nur den Vorgang des Veredelns, sondern auch dessen Ergebnis, die neu gewonnene Pflanze.

Veredelt werden in erster Linie **Gehölze,** und zwar fast alle Baumobstarten bzw. -sorten, manche Beerensträucher, Rosen und etliche andere Ziergehölze. Sie dient dabei hauptsächlich folgenden Zwecken:

■ Erhaltung der Eigenschaften von Auslesen und Mutationen, die auf andere Weise (z. B. → *Steckhölzer*) schlecht zu vermehren sind.

■ verbessertes Anwachsen und Gedeihen sowie höhere Standfestigkeit durch das Wurzelwerk der Unterlage

■ Beeinflussung der ursprünglichen Wuchsstärke durch die Unterlage (z. B. Erzielen kleinwüchsiger → *Obstbaumformen* durch schwach wachsende Unterlagen)

■ Erhöhen der Widerstandsfähigkeit gegenüber Frost, Krankheiten oder Schädlingen durch robuste Unterlagen, ebenso bessere Anpassung an ungünstige Bodenverhältnisse

■ Erzielen baumähnlicher Wuchsformen bei Sträuchern, indem sie auf stammartig gezogene Unterlagen veredelt werden, z. B. bei Rosen- oder Stachelbeerhochstämmchen.

Krautige Pflanzen veredelt man selten. Man verwendet das Verfahren vor allem bei Gurken und Tomaten. Die Veredlung auf Feigenblattkürbis bzw. Wildtomatenkreuzungen verringert die Anfälligkeit für Bakterien- und Pilzkrankheiten. Daneben ist besonders das Pfropfen bei schlecht wurzelnden Kakteen verbreitet.

Veredlungsmethoden: Die Edelsorte wird entweder in Form eines Auges in die Unterlage eingesetzt (→ *Okulation*) oder als speziell zugeschnittenes Triebstück, das man Edelreis nennt. Hierfür gibt es verschiedene Techniken, je nach Art der Edelsorte und Stärke der Unterlage: → *Pfropfen,* → *Geißfußpfropfung,* → *Kopulation,* → *Anplatten*. Eine spezielle Methode stellt das → *Ablaktieren* dar.

Wird, wie meist üblich, auf die Stammbasis der Unterlage veredelt, spricht man von Fußveredlung. Bei einer Stamm- oder Hochveredlung dagegen dient die Unterlage als Stammbildner, so dass im Grunde nur die spätere Krone aufveredelt wird.

Die verwendeten Unterlagen entstammen oft Wildarten derselben Gattung, manchmal aber auch anderen, nah verwandten Gattungen, so etwa bei der Veredlung von Birnen auf Quitten. Nicht immer gelingt das Verwachsen zwischen sorten-, art- oder gar gattungsfremden Geweben problemlos. In solchen Fällen muss eine weitere Art oder Sorte als Zwischenveredlung eingeschaltet werden.

Bei allen Veredlungsmethoden ist sauberes Arbeiten mit scharfem Werkzeug außerordentlich wichtig.

Die Veredlungsstelle, hier nach Kopulation, bleibt als mehr oder weniger deutlicher Wulst sichtbar.

Vereinzeln

An den **Veredlungsstellen** müssen die Kambien (→ *Kambium*) beider Partnerpflanzen möglichst passgenau und innig miteinander in Verbindung gebracht werden. Zu diesem Zweck werden sie auch bis zum vollständigen Verwachsen mit Bast umwickelt, zum Fernhalten von Krankheitserregern und zu viel Feuchtigkeit mit Baumwachs verstrichen. An der Stelle, wo Unterlage und Edelreis miteinander verwachsen sind, bleibt später ein wulstiges Wundverheilungsgewebe, der → *Kallus,* zurück, den man als leichte Verdickung noch an der ausgewachsenen Pflanze erkennen kann. Die Veredlungsstellen der Rosen und einiger anderer Ziergehölze sind recht empfindlich, so dass man sie beim Pflanzen unter der Erdoberfläche einsetzt; ansonsten – etwa bei Obstgehölzen – kommen sie etwa 10 cm darüber zu stehen. Bei Stammveredlungen spielt die Pflanztiefe natürliche keine Rolle. Aus der Unterlage wachsende → *Wildlinge* müssen entfernt werden.

Vereinzeln

Das → *Ausdünnen* zu dicht stehender Sämlinge im Beet oder in Anzuchtgefäßen, im letzteren Fall schafft man den Pflänzchen durch → *Pikieren* mehr Platz.

Vergeilen

Fachsprachlich Etiolieren; Reaktion von Pflanzen auf mangelhafte Lichtverhältnisse, mit der man es beispielsweise bei der → *Anzucht* auf der Fensterbank öfter zu tun hat. Die Pflanzen versuchen, durch starke Streckung der → *Internodien* möglichst rasch ans Licht zu gelangen, wobei die Blätter sehr klein bleiben. Aufgrund der verminderten → *Photosynthese* wirken die Pflanzen ausgebleicht, zudem sind sie schlaff, da sie wenig Festigungsgewebe ausbilden. Auch in Gewächshäusern oder unter Folie kommt dies häufiger vor, da die einfallende Lichtmenge im Winter oder zeitigen Frühjahr nicht ausreicht. Anzucht oder Anbau zur „Unzeit" gelingen deshalb oft mit geeigneter → *Zusatzbeleuchtung*. Selbst wenn vergeilte Pflanzen noch grün sind oder mit zunehmender Tageslänge einen besseren Eindruck machen, lohnt das Weiterkultivieren bzw. Auspflanzen oft nicht.

Vergiftung

→ *Giftpflanzen,* → *Pflanzenschutzmittel, Hinweise zum Einsatz und zur Gefahrenvermeidung*

Vergilbung

Das Aufhellen oder Ausbleichen von Blättern bzw. Blattpartien kann vielfältige Ursachen haben
 → *Blattvergilbung,* → *Chlorose,* → *Nährstoffmangel,* → *Vergeilen*

Vergissmeinnicht
MYOSOTIS-HYBRIDEN

Der poetische Name dieses Borretsch- oder Raublattgewächses wird mit vielen Sagen erläutert. Nach einer verbreiteten Version soll ein junger Mann beim Pflücken der anmutigen Frühjahrsblüher in einen reißenden Fluss gefallen sein und seiner Liebsten beim Ertrinken nachgerufen haben: „Vergiss mein nicht". Wahrscheinlich handelte es sich bei dieser legendären Pflanze um das meist kurzlebige Waldvergissmeinnicht (*M. sylvatica*) oder auch um das ausdauernde Sumpfvergissmeinnicht (*M. palustris*). Beide Arten sind heimisch und können im Garten gezogen werden. Ersteres liebt Schatten und Kühle, letzteres verlangt sumpfigen Boden, man pflanzt es daher an Gewässerränder. Die im Garten vorwiegend gezogenen, in aller Regel zweijährig kultivierten Hybridformen stammen vermutlich von den genannten Arten ab.

Waldvergissmeinnicht (Myosotis sylvatica)

Merkmale: Zweijährige Sommerblume, dicht buschig, 15 – 30 cm hoch; schmale, rau behaarte, frisch grüne Blätter; runde Tellerblüten mit weißem Auge, je nach Sorte hell- bis dunkelblau, violett, weiß oder rosa gefärbt.
Blütezeit: April – Juni
Verwendung: In Gruppen auf Beeten und Rabatten, zusammen mit anderen Frühlingsblühern; für Gefäße; als Schnittblume.
Standort: Am besten absonnig bis halbschattig; durchlässiger, frischer, humoser Boden.
Pflanzen/Vermehren: Pflanzung ab März, in milden Gebieten auch schon im Oktober, mit 10 – 20 cm Abstand; Vermehrung durch Aussaat (Dunkelkeimer) im Juli/August.
Pflege: Jungpflanzen hell und geschützt bei 5 – 10° C überwintern, im Freiland mit Reisig oder Vlies abdecken; anspruchslos.

Vergrämungsmittel

Vergrämungsmittel oder → *Repellents* werden eingesetzt, um potenzielle Schädlinge zu vertreiben.
 Auch → *Pflanzenschutz, Biotechnischer Pflanzenschutz*

Verjüngungsschnitt

Vergrünen

In Blüten wird das Grün des → *Chlorophylls* durch andere → *Farbstoffe* überdeckt, ebenso in den Blättern rotlaubiger Pflanzensorten; in panaschierten Blättern fehlt es stellenweise ganz (→ *Buntblättrigkeit*). Die dadurch erzielte Zierwirkung wird zuweilen durch physiologische Störungen oder schlechte Standortbedingungen beeinträchtigt. Es kommt dann zur verstärkten Bildung von Chlorophyll, die Blätter werden wieder grün. Häufige Ursache ist – je nach Art – entweder zu viel oder zu wenig Sonne. Grün gefärbte Blütenblätter können allerdings auch auf einen Befall mit Viren hindeuten (→ *Viruskrankheiten*).

Ein ebenfalls unerwünschtes Vergrünen kennt man bei Kartoffeln, Möhren und Bleichgemüse; dem kann man durch ausreichendes → *Anhäufeln* vorbeugen.

Verjüngung

Langlebige Pflanzen zeigen wie alle Lebewesen früher oder später Alterserscheinungen: Blüten-, Frucht- oder auch Neutriebbildung lassen nach, häufig → *verkahlen* die Pflanzen zudem von innen her. Als „Jungbrunnen" für Gehölze wird der → *Verjüngungsschnitt* eingesetzt. Viele Stauden kann man durch → *Teilung* und Neuverpflanzen wieder zu besserem Wuchs und reicher Blüte verhelfen. Lassen winterharte Zwiebelblumen wie Tulpen nach, nimmt man die Zwiebeln aus der Erde und pflanzt sie anderer Stelle wieder ein.

Verjüngungsschnitt

Auch Erneuerungsschnitt genannt; gezielte Schnittmaßnahme, um ältere Gehölze wieder „in Form" zu bringen, dem → *Verkahlen* entgegenzusteuern sowie Blüten- und Fruchtbildung zu fördern. Die Verjüngung erfolgt im Prinzip dadurch, dass das Gehölz bzw. seine Krone zu größeren Teilen aus jungen Trieben wieder neu aufgebaut wird. Um den dazu nötigen Neuaustrieb aus schlafenden → *Augen,* bei Sträuchern auch aus dem Wurzelbereich, anzuregen, ist ein mehr oder weniger radikaler Rückschnitt notwendig.

Diesen starken, nicht immer von Erfolg gekrönten Eingriff kann man sich weitgehend sparen, wenn man die Gehölze schon vorher regelmäßig und auf geeignete Weise schneidet; die Verjüngung erfolgt dann schon fortlaufend mit dem Erhaltungsschnitt (→ *Gehölzschnitt,* → *Obstbaumschnitt*). Zudem hilft gute sonstige Pflege, ein frühzeitiges „Vergreisen" zu vermeiden. Mit der Zeit zeigen sich jedoch selbst an optimal versorgten Obstbäumen Alterserscheinungen, die stärkeren Schnitt erfordern. Schließlich sei angemerkt, dass sich bereits Jahrzehnte alte Gehölze – je nach artspezifischer Lebensspanne – auch nicht mehr unbegrenzt verjüngen lassen.

Einen Verjüngungsschnitt führt man in erster Linie an Sträuchern und Obstbäumen durch. Bei Zierbäumen ist dies nicht üblich, meist nicht nötig und teils mangels geeigneten Neuaustriebs auch nicht möglich. Ebenso verhält es sich mit der Mehrzahl der Nadelgehölze.

Recht gut gelingt das Verjüngen bei **Sträuchern,** die reichlich Neutriebe aus der Basis bilden, z. B. sommergrüne Berberitzen, Deutzie, Forsythie, Hasel, Kerrie, Pfeifenstrauch und Weigelie. Man schneidet sie auf 30 – 50 cm über dem Boden zurück, entfernt die alten, dicken, verkahlten Zweige im Innern möglichst bodennah und lichtet unter den verbleibenden Trieben zu dicht stehende aus. In den Folgejahren reduziert man die Neutriebe auf das nötige Maß und schneidet sie etwa um ein Drittel zurück, bis wieder ein harmonisch verzweigter Strauch entsteht.

Mittelstarke Verjüngung bei einem mäßig gepflegten Apfelbaum: Die Krone wird insgesamt um ein Drittel zurückgenommen, die Zahl der kräftigen Äste reduziert. Abgesenkte Leitäste im unteren Bereich möglichst auf günstigere Nebenäste aufleiten, oben zu steil stehende entsprechend ableiten; Seitenzweige und altes Fruchtholz stark auslichten.

Verkahlen

Alle übrigen Sträucher ohne oder mit geringem Bodenaustrieb werden dagegen behutsam, über einen Zeitraum von mehreren Jahren, auf ein lockeres Gerüst zurückgestutzt.

Zum Verjüngen von Heckensträuchern → PRAXIS-SEITE Hecken pflanzen, pflegen und schneiden (Band 3, S. 374/375)

Regelmäßig geschnittene **Obstbäume** beginnen je nach Art und Baumform nach 10 bis 15 Standjahren an der Basis der Leitäste zu verkahlen; oft werden auch die Früchte kleiner und die Erträge unregelmäßiger. Dann verjüngt man – am besten nach einem Jahr mit geringer Ernte –, indem man die gesamte Krone um ein Viertel bis ein Drittel zurückschneidet; je stärker die Vergreisung, desto stärker der Rückschnitt. Finden sich an den Leitästen günstig stehende, junge Nebenäste, kann man auf diese → *ableiten* oder → *aufleiten*. Sie werden dann zur neuen Leitastverlängerung. Ansonsten entfernt man Seitentriebe bis gut 20 cm unterhalb der eingekürzten Astenden. In den Folgejahren verfährt man mit dem Neuaustrieb wie beim Erziehungsschnitt (→ *Obstbaumschnitt*). Eine solche mäßige Verjüngung wird dann alle weiteren 5 bis 10 Jahre erforderlich.

Bei eher vernachlässigten Kronen muss ein gründliches Auslichten der Seitenzweige und des überalterten Fruchtholzes dazu kommen. Außerdem haben sie häufig zu viele starke Äste, so dass die Anzahl der Leitäste auf 4 bis 5 reduziert werden sollte. Sind die Bäume sehr ungepflegt und entsprechend vergreist, hilft am ehesten die „Radikalkur": Sie werden bis auf die Stümpfe der Gerüstäste zurückgeschnitten – übrig bleiben nur einige dünne Zweige, deren Blätter den Baum in den folgenden Aufbaujahren versorgen (Zugäste). Aus den treibenden Zweigen baut man eine neue Krone auf.

Verkahlen

Charakteristische Erscheinung bei alten sowie ungepflegten Gehölzen: Die Zuwachsbereiche verschieben sich nach außen; die unteren und inneren Äste bzw. Zweige werden zwar dicker, tragen aber weder Blätter noch Blüten. Durch einen → *Verjüngungsschnitt* kann man sie häufig wieder regenerieren. Auch ältere Staudenhorste, die in ihrem Mittelbereich kaum mehr wachsen, bezeichnet man als verkahlt. Hier ist meist Verjüngen durch → *Teilung* möglich.

Verkehrssicherungspflicht

Gesetzliche Verpflichtung von Eigentümern – und damit auch Gartenbesitzern –, dafür zu sorgen, dass Dritte (Passanten, Besucher) im Umfeld ihres Grundstücks keinen vermeidbaren Schaden erleiden.
→ *Haftpflicht*

Verkehrt eiförmig

Bei dieser → *Blattform* hat die Spreite eine etwa eiförmige Gestalt, allerdings zeigt die „spitze" Seite des Eis zum Blattstiel hin.

Vermehrung

Alle natürlichen Vorgänge sowie gärtnerischen Maßnahmen, um die Individuenzahl einer Pflanzenart zu erhöhen. Grundsätzlich unterscheidet man zwei Formen:

- die → *generative Vermehrung* (geschlechtliche Vermehrung) über Samen (bei Moosen und Farnen über Sporen)
- die → *vegetative Vermehrung* (ungeschlechtliche Vermehrung) durch Bildung von Tochterorganen oder Abtrennen von Pflanzenteilen

In der Gartenpraxis beinhaltet die Vermehrung alle Tätigkeiten von der → *Anzucht* über das → *Pikieren* und eventuelle → *Entspitzen* bis hin zur pflanzfertigen Jungpflanze. Bei Vermehrung aus Samen ist der allererste

Verkehrt eiförmige Blattform

Die Vermehrung umfasst alle Schritte bis hin zu den pflanzfertigen Setzlingen.

Schritt, die → *Samenernte* und -aufbereitung, gewöhnlich jedoch Sache des Züchters. Von daher wird der Begriff Vermehrung manchem nicht ganz verständlich – denn das eigentliche „Vervielfältigen" übernimmt man ja nicht selbst. Anders bei der vegetativen Vermehrung, z. B. über → *Stecklinge*, bei der man von einer Mutterpflanze leicht mehrere Nachkömmlinge gewinnen kann.

Vermehrungsbeet

Spezielles Beet, das zur → *Anzucht* von Pflanzen dient. Beim Hobbyanbau ist dies in erster Linie vor allem das → *Frühbeet*. Für die sommerliche Anzucht im Freien, z. B. von zweijährigen Sommerblumen oder Spätgemüsen, wird man kaum gesonderte Flächen dafür reservieren, sondern gerade unbelegte Beete bzw. Beetteile verwenden. Sie sollten jedoch für eine Anzucht nicht frisch aufgedüngt sein. Beete, in denen zuvor Probleme mit Krankheiten oder → *Nematoden* aufgetreten sind, kommen nicht infrage. Ratsam ist ein Schutz durch einen Schneckenzaun.

Vermehrungserde
Nährstoff- und salzarmes Substrat, meist auf Torfbasis, das sich speziell für die → *Anzucht* und das → *Pikieren* eignet.
 → *Erden, Substrate*, auch → *Anzuchterde*

Vermehrungskrankheiten
Unter den notwendigerweise dauerfeuchten Bedingungen bei der → *Anzucht* sind die empfindlichen Keimlinge und Jungpflänzchen durch verschiedene Pilzkrankheiten bedroht, die man unter → *Keimlingskrankheiten* zusammenfasst (auch → *Umfallkrankheit*). Daneben kann auch → *Grauschimmel* bei der Vermehrung auftreten.

Vermiculit
Ein leichtes → *Tonmineral*, das als Blähglimmer im Handel ist und u. a. als Material für Wärmedämmungen im Haus eingesetzt wird. Im Gartenbau verwendet man es zuweilen zum Untermischen für Topferde. Es bindet überschüssige Feuchte und soll das Wurzelwachstum fördern.

Vernalisation
Kältestimulierung von Pflanzen, die unter natürlichen Bedingungen eine Phase niedriger Temperaturen brauchen, damit sie Blüten anlegen.
 → *Blüteninduktion*

Bewuchs mit Kriechendem Hahnenfuß (Ranunculus repens) deutet auf Bodenvernässung hin.

Vernässung
Eine Vernässung tritt als so genannte Staunässe (Tagwasser) vor allem in verdichteten → *Tonböden* auf; außerdem in Böden mit einer undurchlässigen Ton- oder Steinschicht im Untergrund sowie bei hoch anstehendem Grundwasser. Auf solchen Böden siedeln sich charakteristische → *Zeigerpflanzen* an, z. B. Hahnenfuß oder Sauerampfer. Nutzt man sie ohne hinreichende → *Bodenverbesserung* und → *Dränage* als Gartenböden, sind Probleme „vorprogrammiert", sofern man sich nicht für die Anlage z. B. einer → *Feuchtwiese* oder eines → *Sumpfbeets* entscheidet.

Sind die genannten Faktoren nur mäßig ausgeprägt oder hat man gar mit einem normalen Boden zu tun, dann stellt sich meist der Gärtner selbst als Hauptursache der Vernässung heraus. Denn unsachgemäßes → *Gießen*, in dem Fall zu häufige und zu große Wassergaben, die nicht hinreichend abfließen können, führt oft zu irreparablen Schäden – nicht nur im Garten, sondern ganz besonders auch in Pflanzgefäßen. Die Pflanzen reagieren auf den Sauerstoffmangel im Wurzelbereich mit fahler Aufhellung und schlaffem Gewebe. Dies wird manchmal als Welke fehlinterpretiert, mit der fatalen Folge, dass verstärktes Gießen das Ganze verschlimmert.

Trocken stellen bzw. trocken halten, Bodenlockerung, bei Topfpflanzen Umtopfen in Gefäße mit Wasserabzugsloch und Dränageschicht sind die wichtigsten Möglichkeiten der Abhilfe. Erfolgt dies nicht, verfaulen die Wurzeln komplett, die Pflanze stirbt ab.

Veronica
Botanischer Gattungsname sehr ansprechend blau blühender Stauden
 → *Ehrenpreis-Arten*

Verpflanzen
Bezeichnet sowohl die → *Pflanzung* vorgezogener Jungpflanzen an ihren endgültigen Ort als auch das → *Umpflanzen* älterer Stauden und Gehölze.

Verpiss-Dich-Pflanze
PLECTHRANTHUS-CANINUS-HYBRIDEN
☼ – ◐

Erst in neuerer Zeit wurde diese Züchtung mit dem drastischen Namen auf den Markt gebracht; man findet sie auch als *Coleus-Canin*-Hybride im Handel. Wahrscheinlich gehört sie in die nahe Verwandtschaft des Harfenstrauchs (*Plectranthus forsteri*, → *Balkonbepflanzung*), ihre exakte botanische Zuordnung ist jedoch noch nicht geklärt. Ähnlich wie der auch als Mottenvertreiber („Mottenkönig") eingestufte Harfenstrauch entfaltet die Verpiss-Dich-Pflanze einen strengen, jedoch deutlich unangenehmeren Geruch. Das führt zum Vergraulen („Sich-Verpissen") unerwünschter Vierbeiner mit sensiblen Nasen: Wenn Katzen und Hunde beim Vorbeistreifen die Blätter berühren, ist die abschreckende

Verrier-Palmette

Verpiss-Dich-Pflanze (Plectranthus caninus)

Duftwirkung besonders stark. Auch gegen Marder soll sie wirken.

Für den „Rundumschutz" muss man allerdings zahlreiche Pflanzen in etwa 1 m Abstand ausbringen. Man kann sie allerdings auch als Topfpflanzen kultivieren.

Die Pflanzen aus der Familie der Lippenblütler werden bis 40 cm hoch, haben fleischige Blätter und blühen im Sommer hell violettblau. Sie sind kälteempfindlich und kommen deshalb erst ab Mitte Mai nach draußen. Am besten hält man sie gleichmäßig leicht feucht. Eine Überwinterung ist möglich (hell bei 10 – 15° C), allerdings nicht ganz einfach. Über Stecklinge können sie vermehrt werden.

Verrier-Palmette

Sehr kunstvoll gezogener Obstbaum; die Äste werden in mehreren Etagen ineinander verschachtelt u-förmig erzogen.

→ *Obstbaum, Spalierformen*

Verrieseln

Anderer Ausdruck für das → *Rieseln*, der vorzeitige Fruchtfall bei Beerenobst

Verrotten

Im Garten bezeichnet der sonst eher abfällig verwendete Begriff einen sehr positiven Vorgang: In der → *Rotte* bzw. auf dem → *Kompost* wird organisches Material unter genügend Sauerstoffzufuhr in wertvollen Humus verwandelt.

Versamen

Bezeichnung für die Selbstaussaat von Pflanzen, die ihre Samen nach der Reife verstreuen, z. B. Akeleien oder Stockrose. Zu dieser je nach Pflanze und Gartenbereich erwünschten oder unerwünschten Verbreitung tragen teils auch Ameisen und andere Tiere bei.

Verschlämmung

Von Verschlämmung spricht man, wenn die Struktur der Bodenoberfläche durch starken Regen oder Bewässerung zerstört wird. Die Tropfen zerschlagen dann regelrecht die Krümel. Es entsteht eine Art feinkörniger Schlamm, der nach dem Abtrocknen verkrustet und oft plattenartig aufreißt. Der Boden muss dann gründlich mit Hacke und Kultivator gelockert werden. → *Mulchen* beugt der Verschlämmung vor.

Verticillium-Welke

Verschiedene Pilze der Gattung *Verticillium* können über 200 Pflanzenarten befallen, von Zwiebel- und Sommerblumen über Stauden und Gemüse bis hin zu Sträuchern und Bäumen; auch Unkräuter sind betroffen. Die Erreger dringen vom Boden aus in die Pflanzen ein und verstopfen mit ihrem Pilzgeflecht die Wasser und Nährstoffe leitenden Gefäßstränge. Wurzelverletzungen, z. B. bei der Bodenbearbeitung, schaffen häufig Eintrittspforten für diese Schadpilze, auch das Anstechen der Wurzeln durch → *Nematoden*. Die Erreger überdauern an Pflanzenresten und im Boden und sind dort viele Jahre, auch in tieferen Schichten, überlebensfähig.

Verticillium-Pilze verstopfen die Leitungsbahnen, so dass die Pflanzen verwelken.

Schadbild: Zu Beginn schlaffe, vergilbende, in der Folge verbräunende Blätter an den Triebspitzen; schließlich Welke von Blättern und Trieben, nicht selten daneben trotzdem noch gesunde Pflanzenteile; Ausbreitung von unten nach oben; beim Anschnitt von Stängeln und Trieben braune Verfärbungen im Bereich der Leitbündel sichtbar.

Abhilfe: Vorbeugend, soweit verfügbar, resistente Sorten verwenden; häufiger Standort- bzw. Fruchtwechsel; Wurzel- und Wurzelhalsverletzungen soweit wie möglich vermeiden. Erkrankte krautige Pflanzen umgehend und komplett entfernen; bei Gehölzen ist nach Rückschnitt bis ins gesunde Holz teilweise eine Erholung möglich; bei andauerndem Befall in Beeten notfalls den Boden austauschen.

Vertikutieren

Entfernen von Rasenfilz und Moosen mithilfe von Vertikutierrechen und -geräten, um die Durchlüftung des Rasens wieder zu verbessern.

→ *Rasenpflege*

Verwildern

Der Begriff hat im Zusammenhang mit Pflanzen drei Bedeutungen:

1) Beim erwünschten Verwildern von Zwiebel- und Knollenpflanzen, Einjährigen und Stauden lässt man der Natur freie Hand. Tochterzwiebeln, Samen und Ausläufer dürfen sich frei ausbreiten und erzeugen so im Lauf der Zeit den Eindruck naturnaher Pflanzengesellschaften. Unter Bäumen, Sträuchern, Hecken oder an Wiesenrändern machen sich verwilderte Bereiche besonders gut.

2) Das Etablieren ehemaliger Kulturpflanzen in der freien Landschaft; → *Auswildern,* auch → *Eingebürgerte Pflanzen.*

3) Im Zeitalter der Gentechnologie hat der Begriff noch eine dritte Bedeutung bekommen: Resistenz- und andere Gene, mit denen Kulturpflanzen auf gentechnischem Wege ausgestattet wurden, können durch Samenbildung und Kreuzungen in die Natur „entkommen" und dort die angestammte Pflanzenpopulation genetisch verändern.

Verwilderte Blausterne und Buschwindröschen bilden im Frühjahr unter Gehölzen anmutige Blütenteppiche

Verziehen

Beim Verziehen oder Vereinzeln werden zu dicht stehende Sämlinge auf ihren endgültigen Pflanzabstand ausgedünnt.
→ *Ausdünnen.*

Vexiernelke

Kurzlebige Art der → *Lichtnelke* mit karminroten Blüten und graufilzigen Blättern

Viburnum

Botanischer Name des → *Schneeballs,* eine arten- und sortenreiche Gehölzgattung mit doldenartigen bis kugeligen, meist weißen Blütenständen

Vicia

Botanischer Gattungsname der echten → *Wicken,* die im Garten jedoch weniger geläufig sind als *Lathyrus*-Wicken (z. B. Duftwicke). *Vicia*-Arten finden vor allem als → *Gründüngung* Verwendung; zu dieser Gattung gehört außerdem die schmackhafte → *Puffbohne.*

Vinca

Schattenverträglicher Bodendecker mit zierenden Blättern und attraktiven violettblauen Blüten
→ *Immergrün*

Viola

Botanischer Gattungsname der beliebten → *Veilchen* sowie der → *Stiefmütterchen*

Viren

→ *Viruskrankheiten*

Viridiflora-Tulpe

Sortengruppe der Späten → *Tulpen* mit grün gestreiften oder geflammten Blüten

Virosen

Fachbegriff für → *Viruskrankheiten*

Viruskrankheiten

Viren, die Erreger von Viruskrankheiten, sind sehr winzige Organismen im Grenzbereich zwischen belebter und unbelebter Natur. Sie bestehen lediglich aus einer Eiweißhülle und Erbsubstanz, haben keinen eigenen Stoffwechsel und können sich nicht selbst vermehren. Deshalb brauchen sie für ihre Vermehrung stets andere Organismen, wobei sie jeweils auf bestimmte Wirte spezialisiert sind. Viele Viren haben sich Pflanzen als Wirte auserkoren. Viruskrankheiten können im Prinzip an jeder Pflanze – und jedem anderen Lebewesen – auftreten, allerdings sind manche Arten wesentlich häufiger betroffen als andere. Die Viren werden nach ihrer Hauptwirtspflanze und dem Hauptsymptom benannt, z. B. Apfelmosaikvirus, befallen aber häufig auch verwandte Arten.

Nachdem sie über Wunden oder mithilfe von Überträgern (meist Insekten) eingedrungen sind, gelangen sie ins Innere der → *Zellen* und stoßen in den Zellkern vor. Dort veranlassen sie die Wirtszellen, neue Viren zu bilden, die ihrerseits wieder neue Zellen befallen. Wie in einer Kettenreaktion werden so immer mehr Zellen ihrer Wirte geschädigt und getötet – bis hin zum vollständigen Absterben von Organen, im Extremfall des ganzen Wirtsorganismus.

Ein Virusbefall muss jedoch nicht immer solche dramatischen Auswirkungen haben. Teils führt er nur zu Farbänderungen an Blättern oder Blüten, die manche Pflanzen sogar besonders attraktiv erscheinen lassen. So resultierte etwa die Blütenflammung der klassischen Rembrandt-Tulpen (→ *Tulpe*) aus einer sonst harmlosen Virusinfektion.

Die **Übertragung** erfolgt, je nach Virus, hauptsächlich auf zwei Wegen:

■ Durch Insekten mit saugend-stechenden Mundwerkzeugen: in erster

Vitis

Apfelmosaikvirus

Blattsymptome der Scharkakrankheit

Linie durch Blattläuse, aber auch Thripse, Zikaden und Wanzen. Neben Insekten zählen auch Milben und Nematoden zu den Überträgern.

■ Über Schnittwerkzeug und andere Bearbeitungsgeräte, die zuvor mit befallenen Pflanzen in Berührung gekommen sind.

Spezialisten unter den Viren lassen sich außerdem z. B. durch Pilze oder Pollen verbreiten. Die weitere Ausbreitung, auch von einem Jahr ins nächste, erfolgt oft durch verseuchtes Pflanz- und Vermehrungsmaterial, etwa Stecklinge, Knollen und Zwiebeln, seltener über Samen.

Die genannten Übertragungs- und Verbreitungswege weisen bereits auf die nötige **Vorbeugung** hin: Bei erfahrungsgemäß anfälligen Pflanzen Bekämpfung der übertragenden Tiere; stets auf sauberes Werkzeug achten, Messer, Scheren usw. im Zweifelsfall sterilisieren; nur gesundes Pflanzgut und virusfreie Pflanzenteile zur Vermehrung verwenden. Von Pflanzenarten, die häufig unter bestimmten Viruskrankheiten leiden, ist teils virusgetestete oder virusfreie Pflanzware erhältlich. Virusfreie Pflanzen wurden entweder einer speziellen Wärmebehandlung unterzogen oder entstammen Mutterpflanzen aus sterilen → *Meristemkulturen*.

Davon abgesehen ist eine direkte Bekämpfung nicht möglich, da mit dem Virus auch seine Wirtszelle abgetötet werden müsste. Im Garten muss man befallene Pflanzen so schnell wie möglich entfernen und in den Hausmüll geben oder verbrennen (nicht auf den Kompost).

Folgende **Schadbilder**, die teils gemeinsam auftreten, deuten auf einen Virusbefall hin:

■ Wuchsstörungen: Hierzu zählen deutliche Wachstumshemmungen oder Zwergwuchs bei krautigen Pflanzen und Gehölzen (z. B. Stauchekrankheit der Dahlien, auch bei Anemonen und Chrysanthemen). Des Weiteren übermäßige Verzweigung („Triebsucht") an Gehölzen, Flachästigkeit und „Gummiholz" (mangelnde Verholzung) beim Apfel und ähnliche Triebmissbildungen.

■ Blattveränderungen: Häufig sind eingerollte, gekräuselte oder verkrüppelte Blätter (z. B. an Chrysanthemen, Erdbeeren, Fuchsien); bei Tomaten Ausbildung farnartiger, bei Pflaumen weideartiger und bei Johannisbeeren brennnesselartiger Blätter.

■ Veränderung der Blattfarbe: Vergilbungen der ganze Blattfläche können Virusbefall als Ursache haben; ebenso eine Aufhellung der Blattadern oder Rotfärbung der Blätter.

■ Mosaikkrankheiten: Hierbei wechseln auf der Blattfläche kleine helle mit dunklen Stellen ab, die Blätter erscheinen gescheckt bzw. marmoriert (z. B. bei Bohnen, Gurken, Tomaten, Beerensträuchern, Obstbäumen, Hortensien, Rittersporn). Marmorierte Blätter in Verbindung mit Vergilbungen und Bänderungen treten an Himbeeren auf, teils auch unregelmäßig runde Ringflecken, die ebenso z. B. an Kirsche, Johannisbeere, Flieder, Pfingstrose und Zierquitten vorkommen. Das Mosaikvirus der Lilien ruft helle, gelbliche Flecken auf gedrehten Blättern hervor.

■ Streifenkrankheiten: Gelbstreifigkeit (an Blättern von Zwiebeln, Porree und Narzissen) und Weißstreifigkeit (Gladiolenblätter) tragen das Schadbild bereits im Namen.

■ Blütenvergrünung: Kann z. B. bei Freesien und Hortensien auftreten.

■ Fruchtschäden: Hierzu zählen die Steinfrüchtigkeit der Birne (Früchte hart wie Stein) oder die Scharkakrankheit der Pflaumen (Früchte deformiert und ungenießbar).

Vitis
Botanischer Gattungsname der → *Weinrebe*

Vlies
Ein Vlies besteht aus Kunststofffasern, die gewebeartig miteinander verflochten wurden. Sehr fein gewobene Vliese werden wie → *Folie* zum Abdecken von Jungpflanzen und als → *Kulturschutznetze* verwendet. Kräftigere Gewebe finden als so genannte Teichvliese zum Schutz der Teichfolie Verwendung (→ *Teichabdichtung*).

Vögel
Gärten üben seit jeher eine große Anziehungskraft auf Vögel aus. Sie finden hier, konzentriert auf engem Raum, ein reichhaltiges Nahrungsan-

Vögel

Rotkehlchen brauchen als Freibrüter dichtes Gestrüpp.

Besonderer „Service" für gefiederte Gäste: Eine Vogeltränke, die oft auch zum Baden genutzt wird.

Veränderungen in Landwirtschaft und Obstbau, das zunehmende „Ausräumen" und Versiegeln der freien Landschaft sowie die – zumindest in früheren Jahrzehnten – eher eintönig bepflanzten Gärten haben zu einem Rückgang solcher Arten geführt. Tatsächlich zählen z. B. Gartenrotschwanz und Haussperling heute zu den im Bestand gefährdeten Vogelarten – so wie generell etwa 60 % unserer heimischen Vögel, die auf der → *Roten Liste* stehen. Auch der über Jahrzehnte hinweg sehr intensive Einsatz von Pflanzenschutzmitteln, der manche Vögel direkt traf, vor allem aber ihre Nahrung vergiftete, trug zu diesem Rückgang bei. Heute haben sich als Gartenvögel vor allem die recht anpassungsfähigen, durch Fütterung besonders geförderten Meisen etabliert, außerdem die schon manchmal als lästig angesehenen und – da beispielhaft und sehr häufig – ausführlicher porträtierten → *Amseln*. Typische Siedlungsbegleiter, die teils schon durch ihr Überhandnehmen Sorgen bereiten, sind außerdem Tauben.

Nicht nur die Vogelwelt, auch das Verhältnis der Gärtner zu ihr hat sich gewandelt. Noch Anfang des letzten Jahrhunderts sah man sie überwiegend als Schädlinge an, die man teils mit recht drastischen Maßnahmen bekämpfte. Dass dies heute kaum noch der Fall ist, hängt freilich auch mit dem Rückgang des Gemüse- und Obstbaus in Gärten zusammen. Denn es sind vor allem Gemüsesaaten und reifende Obstfrüchte, die manchen Vögeln so gut munden, dass Maßnahmen der → *Vogelabwehr* erforderlich werden. Ansonsten freut man sich heute oft eher am Anblick der gefiederten Gäste, die für Leben im Garten sorgen. Manchen Gärtnern ist zudem der Naturschutz und damit auch der Vogelschutz ein besonderes Anliegen.

gebot. Bäume und Sträucher, Hecken und Gebüsche bieten ihnen Anflugsstellen und Nistmöglichkeiten. Manche Vogelarten tragen ihre Vorliebe für Gärten oder den bevorzugten Aufenthalt in Siedlungsnähe im Namen, so der Garten- und der Hausrotschwanz, die Gartengrasmücke, der Gartenbaumläufer und der Haussperling, der altbekannte Spatz. Doch es waren kaum Rasen, Rosen und Koniferen, die solche Arten zu „Gartenvögeln" machten. Vielmehr wurden sie durch alte Baumbestände, Obstwiesen mit Hochstämmen, dichte Gebüsche und Feldhecken zu regelmäßigen Gästen im Bereich menschlicher Ansiedlungen. Für den Haussperling, einen Körnerfresser, spielte auch das früher erst auf den Höfen gedroschene Getreide eine wichtige Rolle.

Schließlich hat sich die Erkenntnis durchgesetzt, dass die Anwesenheit der Vögel im Garten auch sehr praktische Vorteile hat: Die Mehrzahl zählt zu den Insektenfressern oder füttert zumindest ihre Brut mit Raupen und Kleingetier. Zwar unterscheiden Vögel dabei nicht zwischen Schädlingen und Nützlingen; doch durch die Regulierung des Insektenbestands leisten sie einen sehr wichtigen Beitrag und dämmen Massenvermehrungen von Schadinsekten, z. B. Blattläusen, ein. Auch Schnecken und Spinnentiere wie Milben stehen oft auf dem Speiseplan. Vor allem zur Zeit der Brut ist der Nahrungsbedarf sehr hoch; ein Meisenpärchen soll bei zwei Bruten im Jahr bis zu 75 kg Insekten an seine Jungen verfüttern.

Neben geeigneten → *Nisthilfen* sind für Vögel besonders dichte Hecken und Strauchgruppen aus heimischen Gehölzen wichtig. Dornen- und stachelbewehrte Arten wie Schlehe, Weißdorn und Wildrosen bieten sichere Aufenthalts- und Nistmöglichkeiten, weitgehend geschützt vor Katzen oder Mardern. Gehölze mit gutem Fruchtansatz, wie Eberesche, Hartriegel, Holunder und wiederum Wildrosen dienen als Vogelnährgehölze.

Ansonsten sind alle Vorkehrungen zum Fördern von → Nützlingen auch für Vögel vorteilhaft. Gern suchen sie die flachen Bereiche von Teichen zum Trinken und Baden auf. Mit Vogeltränken – stets mit frischem Wasser gefüllt und möglichst katzensicher platziert – macht man den Garten für Vögel noch attraktiver. Zu den eher umstrittenen Maßnahmen zählt die → Winterfütterung.

Nicht nur die beliebten Singvogelarten kommen im Garten vor. Auch Rabenvögel, die ebenfalls zu den Singvögeln zählen, stellen sich ein, darunter die besonders dreisten Elstern. Dass sie die Nester anderer Vögel plündern, lässt sich durch geeignete Nisthilfen weitgehend vermeiden. Greifvögel und Eulen können für Singvögel ebenfalls gefährlich werden, zählen großteils aber selbst zu den gefährdeten Arten, die man mit speziellen Nistgeräten (Informationen bei Naturschutzverbänden) unterstützen kann. Gartenteiche locken manchmal auch Wasservögel wie Enten an (→ Teichtiere); wo viele Fische darin gehalten werden, können unter Umständen sogar Reiher zu – eher unerwünschten – Besuchern werden.

Vogelabwehr

Zwar laben sich auch andere Vogelarten zuweilen gern an Früchten; hauptsächliche „Übeltäter", die die Obsternte schmälern, sind jedoch Stare, Amseln und Drosseln. Amseln, aber auch manche andere Vögel, schaden zudem durch Scharren in Saatbeeten, das Herauspicken von Samen, kleinen Zwiebeln und jungen Pflänzchen oder das Zerpflücken von Zwiebelblumen (auch → Amsel).

Klassischer Vogelschreck und manchmal auch Gartendekoration: die Vogelscheuche

Vogelscheuchen können bei origineller Gestaltung zum interessanten Blickpunkt werden, der nicht nur Kindern Spaß macht. Sie schrecken jedoch die Vögel nur für kurze Zeit ab. Glänzende, zugleich im Wind knatternde Alufolienstreifen, an Stöcken in Beete gesteckt oder in Bäumen aufgehängt, sind wirksamer, schützen aber auch nicht immer zuverlässig. Schreckschussanlagen, wie sie im Erwerbsanbau eingesetzt werden, sind für Hausgärten in der Regel nicht zugelassen – die Nachbarn wären bestimmt auch nicht erfreut. Weniger laut, aber beim geruhsamen Gartenaufenthalt ebenfalls störend, sind Geräte zur akustischen Abschreckung, die die Laute von Greifvögeln imitieren. Über ihre Wirksamkeit liegen bislang wenig Erkenntnisse vor. Am sichersten lassen sich Vögel durch Schutznetze von Saaten, Jungpflanzen sowie Früchten an Strauch und Baum fern halten.

Ein reichhaltiges sonstiges Nahrungsangebot durch Früchte tragende Wildgehölze und eher naturnahe Gestaltung trägt dazu bei, Vogelschäden an Kulturpflanzen zu mindern. Da Pflanzenteile häufig auch wegen ihres erfrischenden Wassergehalts gefressen werden, können Vogeltränken ebenfalls vorbeugende Wirkung entfalten.

Vogelbeere

Anderer Name für die → Eberesche; in der Tat fressen Vögel deren Früchte sehr gern.

Vogelkirsche

PRUNUS AVIUM

Das ursprünglich wohl aus dem Vorderen Orient stammende, in Europa jedoch seit langem heimische Rosengewächs ist die Ursprungsart unserer → Süßkirschen. Im Gegensatz zum Kulturobst bleiben die Früchte klein und schmecken etwas herb, sie sind jedoch essbar und lassen sich gut zu Konfitüren, Säften oder Kompotten verarbeiten – sofern nicht Vögel zuvor die Krone leer geplündert haben. Die Vogelkirsche, die sich eher für größere Gärten eignet, ist nicht nur ein anspruchsloses Gehölz, sondern auch ein attraktiver Blütenbaum, vor allem in der Sorte 'Plena' mit ihrem reinweißen, üppig gefüllten Flor.

Merkmale: Baum mit runder Krone, 10 – 15 m hoch und 6 – 8 m breit; ovale, zugespitzte, dunkelgrüne Blätter, orange bis rote Herbstfärbung; weiße

Vogelkirsche (Prunus avium)

Blüten; kleine, schwarz-rote Kirschfrüchte.
Blütezeit: April – Mai
Verwendung: Für Einzelstellung oder in großen Gehölzgruppen.
Standort: Durchlässiger, tiefgründiger, frischer bis feuchter, nährstoffreicher, am besten kalkhaltiger Boden; rauchhart, für Stadtklima geeignet.
Pflanzen/Vermehren: Pflanzung bevorzugt im Herbst; Vermehrung durch Stecklinge oder Aussaat (Kaltkeimer).
Pflege: Anspruchslos; allzu dichte Kronen etwas auslichten.

Vogelmiere
Ist auch als Vogelsternmiere, Hühner- oder Mäusedarm bekannt; recht harmloses, jedoch durch reiche Samenproduktion lästiges → *Unkraut*.

Vogerlsalat
Einer der vielen Volksnamen für den → *Feldsalat*

Vollblüte
Letztes Stadium der Blütenentfaltung, das durch vollständig geöffnete Kronblätter und ausgereifte Sexualorgane (Staubgefäße, Fruchtknoten samt Griffel und Narbe) gekennzeichnet ist. Die → *Bestäubung* findet zur Zeit der Vollblüte statt. Das genaue Feststellen der Vollblüte, für die es je nach Art noch spezielle Kriterien gibt, spielt z. B. beim → *phänologischen Kalender* eine Rolle; und zwar dann, wenn geschulte Beobachter für wissenschaftliche Auswertungen exakt den Eintritt der einzelnen Phasen festhalten. Ansonsten sind die Blütenstadien vor allem im Obstbau wichtig, zur Bewertung von Entwicklung und Schädlingsgefahr. Man unterscheidet hier → *Mausohrstadium*, → *Ballonstadium* und Vollblüte. In der Vollblüte, die über den späteren Fruchtansatz entscheidet, verbietet sich jeglicher Einsatz bienengefährlicher Pflanzenschutzmittel.

Volldünger
→ *Dünger*, die zumindest die drei mineralischen Kernnährstoffe Stickstoff (N), Phosphor (P) und Kalium (K) enthalten. Sie sollten jedoch für eine sinnvolle Verwendung im Garten auch die anderen → *Hauptnährstoffe* sowie wichtige → *Spurennährstoffe* in ausgewogenem Verhältnis enthalten. Volldünger werden meist als mineralische Dünger in fester oder flüssiger Form angeboten; es gibt jedoch auch Volldünger auf organischer oder organisch-mineralischer Basis.

Vollfrühling
Im → *phänologischen Kalender*, der das Jahr nach der Naturentwicklung unterteilt, eine der zehn Hauptphasen bzw. natürlichen Jahreszeiten. Kennzeichnend für den Beginn des Vollfrühlings sind die Blütenentfaltung der frühen Apfelsorten und des Flieders, etwa um diese Zeit treiben auch Buche und Linde ihre Blätter aus. Später kommen die Blüten von Rosskastanien und Eberesche hinzu. Zum Ende des Vollfrühlings beginnen die ersten Wiesengräser zu blühen. Sie leiten zusammen mit dem Blühbeginn des Holunders den Übergang zum Frühsommer ein.

Je nach Region und Witterungsverlauf tritt die Phase des Vollfrühlings etwa zwischen Ende April und Anfang/Mitte Mai ein. Nun können die meisten nicht allzu empfindlichen Gemüse und Sommerblumen direkt ins Freie gesät werden. Die Gießkanne kommt schon etwas öfter zum Einsatz, vor allem bei Saaten und Jungpflanzen. Im Gewächshaus und bei Folienanbau muss häufiger gelüftet werden. Während des Vollfrühlings sollte man besonders gründlich und regelmäßig jäten, um den Unkräutern keinen luxuriösen Vorsprung zu geben. Bei Bäumen, die um diese Zeit nicht blühen, kann man die Baumscheibe mit Mulch versehen.

Der Blühbeginn früher Apfelsorten markiert den Eintritt des Vollfrühlings.

Die Rosskastanienreife kündigt den Eintritt des Vollherbstes an.

Vollherbst
Wie der → *Vollfrühling* eine der Jahreszeiten nach dem → *phänologischen Kalender*. Zu Beginn des Vollherbstes werden die ersten Rosskastanien reif, bald auch die ersten Walnüsse, dann folgen Eicheln und Bucheckern. Verfärben sich schließlich die Blätter der Rosskastanie, steht der Spätherbst vor der Tür.

Im langjährigen Mittel beginnt der Vollherbst in unseren Breiten um den 21. September, in Küstenregionen jedoch oft erst 2 bis 3 Wochen später. Vor allem in etwas höher gelegenen Regionen treten im Lauf des Vollherbstes schon die ersten Fröste auf. Im Garten ist dies teils noch eine recht angenehme, aber auch arbeitsreiche Zeit. Manches gedeiht noch – auch das Unkraut – und verlangt etwas Aufwand. Früchte im Gemüse- und Obstgarten müssen abgeerntet und ggf. verarbeitet werden. Beete sind allmählich zu räumen und fürs nächste Frühjahr vorzubereiten. Letzte Stauden- und erste Gehölzpflanzungen fallen an, und schließlich sind dann auch die ersten Wintervorkehrungen zu treffen.

Vollsonnig

Ein vollsonniger Standort wird im gesamten Tagesverlauf von der Sonne beschienen. Die im Sommer sehr intensive Einstrahlung um die Mittagszeit macht etlichen Pflanzen zu schaffen, auch solchen Arten, die für sonnigen Stand ausgewiesen sind. Ein vollsonniger Platz ist deshalb nicht unbedingt ideal. Er bietet sich vor allem für besonders Wärme liebende, zugleich etwas trockenheitsverträgliche Pflanzen an, die aus südlicheren Gefilden stammen oder zu den charakteristischen Steingartengewächsen zählen.

Vorblüher

Gehölze, die ihre Blüten vor dem Austrieb der Blätter entfalten, beispielsweise Winterjasmin, Forsythie und Seidelbast.

Vorfrühling

Erste Jahreszeit nach dem → *phänologischen Kalender,* die durch das Erwachen der Natur nach dem Winter geprägt ist. Deshalb gehört das Schneeglöckchen auch zu den besonders geschätzten Pflanzen: Seine ersten Blüten kennzeichnen den Vorfrühlingseintritt, ebenso der Blühbeginn der Haselnusskätzchen. Des Weiteren setzt nun die Blüte des Huflattichs und der Schwarzerle ein, un-

Beliebter und erster Vorfrühlingsbote, der sich oft noch im Schnee versteckt: das Schneeglöckchen.

ter den Gartenpflanzen begrüßt man vor allem frühe Krokusse und Winterlinge als Vorfrühlingsboten. Bis zum Vollfrühling muss man dann allerdings noch etwas warten, denn zunächst folgt die Phase des Erstfrühlings, die durch die Forsythienblüte eröffnet wird.

Beim Vorfrühlingseintritt werden die Klima- und Wetterunterschiede zwischen den Regionen, aber auch zwischen den Jahren besonders deutlich. Im Rheintal und im Nordwesten erfreut man sich oft schon Mitte Februar an den ersten Schneeglöckchen, in südlichen und östlichen Höhenlagen teils erst spät im März.

Gehölzschnitt und -pflanzung, Staudenteilung sowie erste geschützte Anzuchten sind typische Vorfrühlingsarbeiten. Der Winter kann sich allerdings vorübergehend nochmals zurückmelden; deshalb sind voreilige Aktionen nicht ratsam. Auch Winterschutzabdeckungen sollten nur gelockert werden; für bereits treibende Pflanzen hält man noch Reisig oder Folien zum kurzfristigen Schutz bereit.

Vorgarten

Gewöhnlich ist der für einen Vorgarten zur Verfügung stehende Raum durch Gehwege zum Haus, Zufahrten zur Garage und Stellplätze für die Mülltonnen eingeschränkt. So bleiben häufig nur sehr kleine Flächen für eine Bepflanzung übrig. Nicht selten hat man es aber auch mit recht breiten, jedoch im Verhältnis sehr schmalen Streifen vor dem Haus zu tun. Ob man den Vorgarten, wie oft empfohlen, als „Visitenkarte" ansieht oder sich einfach nur selbst an einem schönen Eingangsbereich erfreuen möchte – eine harmonische Gestaltung ist bei den üblichen Flächenzuschnitten nicht einfach. Erschwerend kommt oft hinzu, dass der Vorgarten auf der sonnenabgewandten Seite liegt oder durch Nachbarhäuser beschattet wird.

Eine Grundsatzentscheidung liegt in der Abschirmung zur Straße hin: Ein geschlossener Vorgarten ist mit mannshohen Hecken, Zäunen oder Mauern umfriedet; ein halb offener entsprechend nur etwa hüfthoch eingefasst; ein offener Vorgarten wird höchstens optisch durch Klein- oder Zwergsträucher, kurze Rundholzpalisaden, Kantensteine o. Ä. abgegrenzt.

Für welche Lösung man sich entscheidet, hängt zum einen von den eigenen Vorlieben und der Lage ab; an lauten Straßen oder stark frequentierten Gehwegen wird man z. B. eher einen geschlossenen Vorgarten anlegen als in ruhigen Wohngebieten. Zum andern sind aber gerade in Neubaugebieten oft spezielle Gestaltungsvorschriften zu berücksichtigen, die z. B. Maximalhöhe oder Art der Einfriedung betreffen können (auch → *Bebauungsplan*). Wählt man die geschlossene Form, ist die spätere zusätzliche Beschattung im Innern des Vorgartens zu bedenken; Heckenpflanzungen nehmen zudem nochmals einiges in

Bunt bepflanzter Garten vor zwei Reihenhäusern (oder Doppelhaushälfte)

der Breite bzw. Tiefe weg. Aufgrund der sehr unterschiedlichen Gegebenheiten gibt es kaum allgemein gültige Empfehlungen oder Regeln; umgekehrt gelten viele grundsätzlich Aspekte der → *Gartengestaltung* auch für den Vorgarten. Allgemein sollte der Vorgarten mit Stil und Farbe des Hauses harmonieren; steht er in Verbindung mit dem restlichen Garten, setzt man hier am besten dessen Gestaltungslinie fort.

Die „Leitelemente" jeglicher Vorgartengestaltung sind Hauseingang und Zugangsweg. Diese sollen durch die Bepflanzung möglichst gerahmt und einladend betont werden. Bei genügend Tiefe der Fläche lohnt es sich auch, an die Wegführung zu denken: Leicht geschwungene oder versetze Wege machen den Zugang zum Haus interessanter, wobei aber stets die bequeme und sichere Begehbarkeit im Vordergrund steht. Dies gilt ebenso für Treppen. Wo sie einen deutlichen Höhenunterschied überwinden, bietet sich eine entsprechende Bodenmodellierung der beidseitigen Flächen an. Bei genügend Sonne ist hier z. B. eine steingartenähnliche Gestaltung denkbar.

Säumt man die Wege mit abwechslungsreichen Rabatten und/oder kleinen Gehölzen in wechselnden Formen und Höhen (Säulenformen oder kleine Kugelbäume eignen sich besonders gut) werden die flächenhaften Verbauungen (Wegplatten und -steine) bereits ansprechend kaschiert und der Zugang zur Haustür alleenartig betont. Sehr attraktiv wirkt ein Überspannen der Wege oder des gesamten Eingangsbereichs mit Bögen oder kleinen Pergolen, über die sich Rosen und andere Pflanzen ranken. Den eigentlichen Zugang zum Haus – ebenerdig oder als kleine Treppe – kann man durch paarweise gesetzte Kübelpflanzen akzentuieren. Unschöne, aber notwendige Stellplätze für die Abfalltonnen können unter einem laubenartigen, bewachsenen Gerüst oder geschickt platzierten Sträuchern verschwinden.

Vorkeimen

Ebenso wie beim Vor- oder → *Antreiben* wird hierbei die Wachstumsruhe von überwinternden Speicherorganen oder Samen künstlich und vorzeitig unterbrochen. Von Vorkeimen spricht man vor allem bei Kartoffelknollen, die im Frühjahr durch Temperaturen von 12 – 15° C zum Austreiben veranlasst und dann gepflanzt werden. So lässt sich die Ernte verfrühen. Vorkeimen nennt man auch die → *Keimförderung* hartschaliger Samen durch Einlegen in Wasser.

Vorkultur

Kann für zwei völlig unterschiedliche Sachverhalte stehen:

1) Für die geschützte → *Anzucht* von Gemüse oder Blumen aus Samen, mit späterem Verpflanzen aufs Beet oder in draußen platzierten Pflanzgefäßen; wird auch als Vorziehen bezeichnet.

2) Für zeitig gesäte oder gepflanzte, recht kurzlebige Arten auf dem Gemüsebeet. Im Rahmen einer → *Kulturfolge* räumen solche Vorkulturen frühzeitig das Beet und werden dann durch die Hauptkultur ersetzt. Als Vorkulturen eignen sich z. B. Radieschen, Spinat, Puffbohnen oder auch eine Gründüngung.

Vortreiben

Vorzeitiges Beenden der Wachstumsruhe von Pflanzen, meist durch erhöhte Temperaturen, aber auch durch vorübergehende Kältereize oder Feuchtigkeit.

→ *Antreiben,* auch → *Treiberei*

Vorziehen

Anderer Ausdruck für → *Anzucht* bzw. → *Vorkultur 1)*

Vulkanit

Durch vulkanische Tätigkeit an die Oberfläche gelangtes → *Ergussgestein*

W

Wacholder
JUNIPERUS

Die immergrünen Zypressengewächse mit baum- oder strauchartigem Wuchs sind auf der nördlichen Erdhalbkugel weit verbreitet. Die meisten kommen in Ostasien und Nordamerika vor, nur zwei der in Kultur bedeutsamen Arten sind bei uns heimisch, nämlich der Gewöhnliche Wacholder (J. communis), der unter Naturschutz steht, und der Sadebaum oder Stinkwacholder (J. sabina). Vor allem der Gewöhnliche Wacholder sorgt mit seinen bisweilen bizarren Formen für das charakteristische Bild der Heidelandschaften.

Kennzeichnend für alle Arten ist, dass sie zweierlei Typen von Nadeln tragen: In der Jugend sind diese spitz und stehen ab, im Alter schuppig und den Zweigen dicht anliegend. Wacholder sind ein- oder zweihäusig, aus den weiblichen Blüten entwickeln sich durch Verwachsung der wenigen Schuppen beerenartige, oft fleischige Zapfen, die man vom Gewöhnlichen Wacholder als Gewürz erntet und zu Heilzwecken schätzt. Bei den anderen Wacholderarten sind sie ungenießbar bis giftig. Auch alle sonstigen Pflanzenteile enthalten Giftstoffe, ihr Saft kann Haut und Schleimhäute reizen. Besonders giftig ist der Sadebaum.

Erweist sich der Gewöhnliche Wacholder schon in freier Natur als äußerst vielgestaltig, tun dies die Gartenformen umso mehr, und zwar bei allen Wacholderarten. Die Übersicht stellt die geläufigen Arten mit einigen ihrer häufig angebotenen Sorten kurz vor. Ansprüche und Pflege gleichen denen des ausführlicher beschriebenen Gewöhnlichen Wacholders. Das Sortiment ist einem vergleichsweise lebhaften Wandel unterworfen, wobei die Zuordnung der Sorten zu den Arten in neuerer Zeit einige Änderungen erfahren hat. So stuft man heute viele Sorten in die Hybridgruppe J. x *media* ein; der bekannte Raketenwacholder 'Sky Rocket', früher J. virginiana zugeordnet, wird heute teilweise als Sorte von J. scopulorum angesehen.

Kriechwacholder (Juniperus horizontalis)

Gewöhnlicher Wacholder (Juniperus communis 'Gold Cone')

Chinawacholder (Juniperus chinensis 'Obelisk')

Gewöhnlicher Wacholder
JUNIPERUS COMMUNIS
☼ ☺ ✖

Merkmale: Immergrünes Nadelgehölz mit vielfältigem Erscheinungsbild, je nach Sorte strauchig oder baumförmig, breit ausladend oder schlank kegelig, auch kriechend bzw. zwergig, 1 – 3 m hoch, nur selten bis 10 m, 0,5 – 3 m breit, selten bis 5 m; rotbraune, längs gestreifte Borke, die sich in dünnen Fetzen ablöst; Nadeln schmal und stechend, je nach Sorte graugrün, hellgrün, dunkelgrün, gelb

oder silbrig; kugelige, bei Vollreife schwarzblaue Beerenzapfen.
Blütezeit: April – Mai
Verwendung: Je nach Sorte für Einzelstellung, in kleinen Gruppen, zwischen anderen Gehölzen oder als Bodendecker; vorzugsweise in Heide- und Steingärten; klein bleibende Sorten auch für Gefäßpflanzungen.

Standort: Auf nahezu allen, auch trockenen und kargen Böden; ausgesprochen rauchhart, für Stadtklima sehr gut geeignet.
Pflanzen/Vermehren: Pflanzung bevorzugt im Herbst; Vermehrung durch Stecklinge oder Absenker, die reine Art auch durch Aussaat (Kaltkeimer), Sorten wachsen veredelt besser.

Pflege: Anspruchslos; Schnitt möglichst unterlassen; Säulenformen zum Schutz vor Schneebruch den Winter über zusammenbinden.
Hinweis: Wacholder sind Zwischenwirte für verschiedene Rostpilze, vor allem der Sadebaum und Sorten des Chinawacholders für den Birnengitterrost (→ *Birnenkrankheiten*).

Weitere Wacholder im Überblick

Name	Wuchs	Verbreitete Gartenformen
Chinawacholder (*Juniperus chinensis*)	nur Sorten von Bedeutung	'Blaauw': säulenförmig, 2 – 3 m hoch, bis 2 m breit; graublaue Nadeln; 'Plumosa Aurea' (Gelber Mooswacholder): breit ausladend, 1 – 2 m hoch, 1,5 – 2,5 m breit; goldgelbe, im Winter bronzefarbene Nadeln; 'Keteleeri' (Zypressenwacholder): schmal säulenförmig, 6 – 8 m hoch, 1 – 1,5 m breit; blaugrüne Schuppennadeln
Kriechwacholder (*Juniperus horizontalis*)	kriechender Strauch, teppichartig, 30 cm hoch, bis 3 m breit; duftende, blaugrüne Nadeln; schwarzblaue Beerenzapfen	'Golden Carpet': gelbe Nadeln; 'Hughes': silberblaue Nadeln; 'Prostrata': frisch grüne Nadeln; 'Plumosa': bräunlich grüne Nadeln, im Winter purpurn
Juniperus x media	Hybridgruppe, nur Sorten von Bedeutung	'Mint Julep': halbkugelig bis schirmförmig, 1,5 – 2 m hoch, 2,5 – 3 m breit; frisch grün benadelt; 'Pfitzeriana' (breit ausladend, 3 – 4 m hoch, 4 – 6 m breit; moosgrün benadelt; 'Pfitzeriana Aurea': wie 'Pfitzeriana', aber goldgelbe Nadeln; 'Gold Coast': Zwergform, flach ausgebreitet, 0,5 – 1 m hoch, bis 3 m breit; grüne Nadeln, an den Triebspitzen goldgelb
Sadebaum (*Juniperus sabina*)	Strauch, dicht buschig, Äste niederliegend oder schräg aufstrebend, 1 – 2 m, selten bis 4 m hoch, 2 – 4 m breit; graublaue Nadel- bzw. Schuppenblätter, die beim Zerreiben unangenehm riechen; schwarzblaue, weiß bereifte Beerenzapfen	'Tamariscifolia' (Tamariskenwacholder): teppichartig, bis 0,5 m hoch, bis 2 m breit; hell- bis blaugrün benadelt; 'Rockery Gem': Zwergform, flach ausgebreitet, bis 0,5 m hoch, bis 3 m breit; blaugrün benadelt
Felsengebirgswacholder (*Juniperus scopulorum*)	nur Sorten von Bedeutung	'Sky Rocket' (Raketenwacholder): schmal säulenförmig, 6 – 8 m hoch, 0,5 – 1 m breit; blaugrün benadelt
Schuppenwacholder (*Juniperus squamata*)	nur Sorten von Bedeutung	'Blue Carpet': Zwergform, flach kriechend, bis 0,5 m hoch, bis 2,5 m breit; blaugrün benadelt; 'Blue Star': Zwergform, gewölbt, polstrig, bis 1 m hoch, bis 1,5 m breit; silbrig blau benadelt; 'Meyeri': dicht buschig, 3 – 4 m hoch, 2 – 3 m breit; silbrig blau benadelt
Virginischer Wacholder, Rotzeder (*Juniperus virginiana*)	nur Sorten von Bedeutung	'Canaertii': säulenförmig, 5 – 7 m hoch, 2 – 3 m breit; dunkelgrün benadelt; 'Glauca': säulenförmig, 5 – 9 m hoch, 2 – 4 m breit; stahlblau benadelt; 'Grey Owl': flach ausgebreitet bis trichterförmig, 2 – 3 m hoch, bis 7 m breit; graublau benadelt

Wachsbohne
→ *Bohnen* mit gelben Fruchthülsen

Wachsende Folie
Fein geschlitzte → *Folie*, die sich mit dem Wachstum der Pflanzen dehnt.

Wachsglocke
Kirengeshoma palmata

Die Blüten dieser japanischen Staude werden durch den deutschen Namen zutreffend beschrieben, die glockigen Blüten des Hortensiengewächses scheinen tatsächlich wie aus Wachs modelliert.
Merkmale: Staude, buschig wachsend, 40 – 60 cm hoch; frisch grüne, gelappte, ahornähnliche Blätter; nickende, hellgelbe Glockenblüten.
Blütezeit: August – Oktober
Verwendung: Am Gehölzrand, im Steingarten; schön zu Japananemonen, Silberkerzen und Farnen.
Standort: Durchlässig, frischer bis leicht feuchter, humoser Boden.
Pflanzen/Vermehren: Pflanzung bevorzugt im Frühjahr; Vermehrung durch Teilung im Frühjahr, durch Stecklinge oder Aussaat.
Pflege: Am richtigen Standort pflegeleicht; jährlich im Frühjahr mit reifem Kompost oder Humus versorgen.

Wachstumsruhe
Phase im Leben der Pflanze, während der alle Lebensvorgänge auf Sparflamme laufen; bei den Pflanzen unserer Breite gewöhnlich ab Spätherbst bis zum Frühling.
→ *Vegetationsruhe*

Wahrer Fruchttrieb
Trieb beim → *Pfirsich* mit gemischten Blüten- und Holzknospen; wahre Fruchttriebe stellen das wertvolle → *Fruchtholz* dar, während die falschen Fruchttriebe nur Blütenknospen haben, die mangels Blätter schlecht ernährt werden.

Wachsglocke (Kirengeshoma palmata)

Waldastilbe
Hohe, starkwüchsige Schattenstaude mit überhängenden Blütenrispen
→ *Prachtspiere*

Walderdbeere
Heimische → *Erdbeere* mit kleinen, intensiv schmeckenden Früchten

Waldgeißbart
Andere Bezeichnung für den → *Geißbart*, eine stattliche Schattenstaude

Waldgeißblatt
Eine hübsch blühende, heimische Art des schlingenden → *Geißblatts*

Waldglockenblume
Hochwüchsige → *Glockenblume* mit großen violetten oder weißen Blüten

Waldhasel
Anderer Name für die Gewöhnliche → *Hasel*, der bekannte heimische Haselnussstrauch

Waldhyazinthe
Anderer Name für das Gewöhnliche → *Hasenglöckchen*, eine Zwiebelblume mit blauen, glockenförmigen Blüten im Frühjahr

Waldmeister (Galium odoratum)

Waldknoblauch
Anderer Name für den → *Bärlauch*, der zur Blütezeit kräftig nach Knoblauch riecht und auch als Würzpflanze genutzt werden kann.

Waldmeister
Galium odoratum

Das heimische Labkrautgewächs wird auch als Waldmännchen, Maikraut oder Herzfreund bezeichnet. Das sehr charakteristisch duftende Kraut kommt bei uns wild in Wäldern vor und dient als Grundzutat für die traditionelle Maibowle. Genießen sollte man es allerdings nur in kleinen Mengen, da es Kopfschmerzen und Übelkeit verursachen kann. Auch von Dauergebrauch ist abzuraten.
Merkmale: Kleine Staude, locker buschig, 10 – 30 cm hoch; vierkantige Stängel; schmale Blätter, in Quirlen etagenweise angeordnet; kleine weiße Sternblüten.
Blütezeit: Mai – Juni
Verwendung: Unter lichten Gehölzen, als Bodendecker.
Standort: Durchlässiger, frischer bis feuchter, humoser, nährstoffreicher Boden.

Pflanzen/Vermehren: Pflanzung bevorzugt im Frühjahr, Pflanzfläche zuvor mit reichlich Kompost und/oder Laubhumus anreichern; Vermehrung durch Teilung oder Abtrennen von Ausläufern.
Pflege: Jährlich einmal mit Kompost überziehen.
Ernte: Während der Blüte nach Bedarf schneiden; Kraut vor dem Gebrauch leicht anwelken lassen, dann entwickelt es sein Aroma intensiver.

Waldrebe
CLEMATIS

Diese Gattung der Hahnenfußgewächse umfasst nahezu ausschließlich kletternde Arten, die sich mithilfe ihrer Blattstiele an Unterlagen festklammern und so in die Höhe wachsen. Waldreben oder Clematis kann man auf der ganzen Welt antreffen.

Heimisch ist z. B. die Gewöhnliche Waldrebe (*C. vitalba*), ein überaus wuchskräftiges Gehölz mit zierlichen Blüten. Insbesondere im Alpenraum trifft man die unter Naturschutz stehende Alpenwaldrebe (*C. alpina*) an, die mit ihren großen blauvioletten Glockenblüten beeindruckt. Sehr viel häufiger als diese beiden werden jedoch fremdländische **Wildarten** im Garten verwendet. Die beliebteste darunter ist wohl die Bergwaldrebe (*C. montana*) aus dem Himalaja, die nachfolgend stellvertretend für die zahlreichen Arten ausführlich porträtiert wird. Doch auch viele andere Arten aus Ostasien sowie die Italienische Waldrebe (*C. viticella*) aus Südosteuropa und Vorderasien finden ihre Liebhaber. Von fast allen gibt es jeweils eine Reihe schöner Sorten, die sich durch besonders leuchtende Blütenfarben auszeichnen. Einen Überblick gibt die Tabelle auf S. 102; in den Ansprüchen gleichen diese Arten der Bergwaldrebe. Meist bleiben die Blüten der Wildarten eher klein, mit Ausnahme der Großblütigen Waldrebe (*C. macropetala*). Dafür warten sie mit überschäumender Blütenfülle auf. Zudem entwickeln sich aus den meisten Blüten dekorative Früchte: kleine Nüsschen mit langen, fedrigen Anhängseln, vereint zu puscheligen Fruchtständen. Zu erwähnen bleibt, dass viele Wildarten Giftstoffe enthalten, der Pflanzensaft wirkt reizend und kann Blasenbildung auf der Haut verursachen.

Wahrhaft majestätisch wirken die teils enorm großen Blütenteller der **Großblumigen Hybridformen** (*Clematis*-Hybriden), von denen es eine schier unüberschaubare Zahl an Sorten in allen nur denkbaren Farbtönen gibt. An ihrer Entstehung waren europäische wie ostasiatische Arten beteiligt. Aus der Kreuzung der Wolligen Waldrebe (*C. lanuginosa*) mit der Italienischen Waldrebe (*C. viticella*) entstand um 1860 die erste Hybride, die bis heute zum Standardsortiment gehört: Jackmanns Clematis mit leuchtend dunkelvioletten Blüten, früher als Sorte 'Jackmanii' geführt, heute als eigenständige Hybride *Clematis* x *jackmanii* aufgefasst. Da die Sorten sehr unterschiedliche Blütezeiten haben, kann man den Clematisflor durch eine geschickte Sortenwahl vom Spätfrühling bis in den Herbst hinein ausdehnen.

Clematis x jackmanii, die erste Hybride, die 1860 entstand, ist bis heute aus dem Sortiment nicht wegzudenken.

Bergwaldrebe (Clematis montana)

Bergwaldrebe
CLEMATIS MONTANA

Merkmale: Klettergehölz, 6 – 8 m hoch; sehr stark wachsend; gefiederte Blätter, Blattstiele rankend; anemonenähnliche, flach ausgebreitete Blüten in Rosa, auch in Weiß; als Fruchtstände silbrige Federbüschel.
Blütezeit: Mai – Juni
Verwendung: Zur Begrünung von Spalieren, Pergolen oder Wänden.
Standort: Durchlässiger, frischer, humoser und möglichst kalkhaltiger Boden; rauchhart, für Stadtklima jedoch nur bedingt geeignet.
Pflanzen/Vermehren: Pflanzung bevorzugt im Herbst, dabei die Pflanzen schräg zur Kletterhilfe hin gerichtet einsetzen; Vermehrung durch Absenker oder Stecklinge, auch Aussaat möglich (Kaltkeimer).

Waldrebe

Weitere Clematis-Wildarten im Überblick

Name	Wuchshöhe	Blüte/Hinweise
Alpenwaldrebe (*Clematis alpina*)	2 – 3 m hoch; strauchartig	nickende Glockenblüten, blauviolett, Sorten auch blau oder weinrot; April – Juni; Verwendung bevorzugt im Steingarten
Großblumige Waldrebe (*Clematis macropetala*)	2 – 3 m hoch	nickende Glockenblüten mit weit heraus ragenden Staubgefäßen, blau, Sorten auch rosa oder weiß, bis 10 cm Ø; Mai – Juni
Goldwaldrebe (*Clematis tangutica*)	2 – 3 m hoch, selten auch höher	nickende Glockenblüten, goldgelb; Juni, Nachblüte bis Oktober
Oktoberwaldrebe (*Clematis terni-flora*)	8 – 10 m hoch; sehr starkwüchsig	kleine Sternblüten, weiß, duftend; August – Oktober
Texaswaldrebe (*Clematis texensis*)	1 – 2 m hoch; halbstrauchig, wenig verholzend	krugförmige Blüten, rot; Juli – September; Verwendung bevorzugt im Steingarten
Gewöhnliche Waldrebe (*Clematis vitalba*)	8 – 12 m hoch; sehr starkwüchsig	kleine Sternblüten, weiß bis gelblich; Juli – September; Verwendung bevorzugt in großen, naturnahen Gärten
Italienische Waldrebe (*Clematis viticella*)	3 – 4 m hoch	tellerförmige Blüten, purpurn bis violett, Sorten auch weiß oder rosa; Juni, Nachblüte bis Oktober

Pflege: Kletterhilfe mit möglichst dünnen Streben anbieten, am besten Drahtgitter, Spannseile oder dünne Holzleisten; Wurzelbereich beschatten, z. B. durch dicke Mulchschicht, mit großen Steinen oder flach wurzelnden Polsterpflanzen; bei Trockenheit durchdringend gießen; mindestens einmal jährlich düngen; Schnitt ist nicht erforderlich, wird jedoch gut vertragen; auch → PRAXIS-SEITE Klettergehölze – Hinweise zum Schnitt (S. 462/463).

Großblumige Clematis-Hybriden

CLEMATIS-HYBRIDEN

Merkmale: Klettergehölze, 2 – 6 m hoch; gefiederte Blätter mit langen, rankenden Blattstielen; meist tellerförmige Blüten mit 10 – 20 cm Ø aus 4 bis 8 großen Blütenblättern und einem Büschel filigraner Staubgefäße im Zentrum, je nach Sorte einfach oder gefüllt, in Weiß, Rosa, Rot, Blau oder Violett, oft mit kontrastierender Musterung, auch mehrfarbig; kleine, fedrige Fruchtstände.

Blütezeit: Je nach Sorte zwischen Mai und Oktober

Verwendung: Zur Begrünung von Spalieren, Pergolen, Rankbögen oder auch Hauswänden und in alten Bäumen; besonders schöne Begleiter zu Kletter- und Strauchrosen; schwach wachsende Sorten auch für Gefäßpflanzungen geeignet.

Standort: Vorzugsweise sonnig, im Wurzelbereich jedoch unbedingt gut beschattet; am besten in West- oder Ostlagen, Standorte an südseitigen Mauern sind meist zu heiß; gut durchlässiger, frischer, humoser, nährstoffreicher, neutraler bis basischer Boden; wenig rauchhart, für Stadtklima bedingt geeignet.

Pflanzen/Vermehren: Pflanzung bevorzugt im Frühjahr, dabei Dränage ins Pflanzloch einbringen und die Pflanze schräg zur Kletterhilfe hin einsetzen, so dass die Veredlungsstelle etwa eine Handbreit unter die Erdoberfläche kommt, anschließend alle Triebe auf etwa fünf Augen einkürzen; Vermehrung durch Absenker oder Stecklinge, Hybriden jedoch meist veredelt.

Clematis-Hybride 'Horne of Plenty'

Clematis-Hybride 'Arabella'

Pflege: Auf ausgeglichene Wasserversorgung achten, niemals austrocknen lassen; mindestens einmal jährlich düngen; Wurzelbereich gut beschatten, am besten dick mulchen; regelmäßig zurückschneiden, Schnitt je nach Blütezeit unterschiedlich, auch → PRAXIS-SEITE Klettergehölze – Hinweise zum Schnitt (S. 462/463).

Waldrebenkrankheiten

Während die heimischen, kleinblütigen Waldrebenarten relativ widerstandsfähig gegenüber Krankheiten sind, werden die großblumigen Hybriden des Öfteren scheinbar aus heiterem Himmel von der Clematiswelke befallen und sterben teilweise ab. Der Echte → *Mehltau,* eine Pilzkrankheit, die sich in mehligen Belägen auf den Blättern äußert, macht jedoch keinen Unterschiede zwischen Wildarten und Hybriden.

Clematiswelke, Clematissterben

Nicht immer führt diese Krankheit zum Tod der ganzen Pflanze. Sie betrifft vor allem frühjahrsblühende Hybriden, besonders noch junge Exemplare. Hauptverursacher sind Welkepilze, die die Leitungsbahnen verstopfen. Sie dringen über kleine Verletzungen oder Wachstumsrisse in die Stängel ein. Doch auch mangelnde Wasserversorgung aufgrund von → *Frosttrocknis* oder nach langen Trockenperioden spielt bei diesem Krankheitsbild eine Rolle.

Schadbild: Pflanzen beginnen von den Spitzen her schlagartig zu verdorren, Triebe und Blätter werden schlaff; ganze Pflanze kann absterben.
Abhilfe: Vorbeugend regelmäßig gießen, aber keinesfalls Staunässe verursachen; Verletzungen an den Trieben vermeiden; Stängelgrund schattieren, besonders vor Spätwinter- und Vorfrühlingssonne schützen. Befallene Triebe großzügig zurückschneiden, notfalls ganze Pflanze entfernen.
Hinweis: Eine Variante der Krankheit wird durch einen anderen Schadpilz verursacht, bei dem sich die Welke zunächst durch braune Flecken an Stängeln und Blättern ankündigt.

Waldschlüsselblume

Diese heimische → *Primel* gehört zu den ersten blühenden Pflanzen in offenen Laubwäldern. Die Hohe Schlüsselblume, wie sie auch genannt wird, ist an ihren wilden Standorten sehr selten geworden.

Waldsteinia

Botanischer Gattungsname der → *Waldsteinie*

Waldsteinie

WALDSTEINIA TERNATA
☼-◐☺

Das auch Golderdbeere oder Ungarwurz genannte Rosengewächs ist von Südosteuropa bis Ostasien heimisch. Auf den ersten Blick könnte man es mit Erdbeeren verwechseln, Laub und Früchte erscheinen sehr ähnlich. In allen Teilen zierlicher bleibt die heimische *W. geoides,* die keine Ausläufer bildet und so auch nicht wuchert. Sie bildet ansprechende, bis 30 cm hohe Horste.

Schadbild der Clematiswelke

Waldsteinie (Waldsteinia ternata)

Merkmale: Wintergrüne Staude, buschig, mittels Ausläufern dichte Teppiche bildend, 5 – 15 cm hoch; rundliche, gelappte bis eingeschnittene, frisch grüne Blätter; goldgelbe Blüten; erdbeerartige Früchte, essbar, jedoch fade im Geschmack.
Blütezeit: April – Juni
Verwendung: Als Bodendecker am Gehölzrand, unter eingewachsenen Gehölzen, an Böschungen.
Standort: Lockerer, humoser, frischer Boden.
Pflanzen/Vermehren: Pflanzung bevorzugt im Frühjahr, zur flächigen Verwendung etwa 10 bis 12 Pflanzen pro m²; Vermehrung durch Teilung oder Abtrennen bewurzelter Ausläufer möglich.
Pflege: Anspruchslos; unkontrolliertes Wuchern durch Abstechen eindämmen.
Hinweis: Die Pflanzen sind perfekte „Laubschlucker", zwischen denen das herbstliche Falllaub von Bäumen schnell verschwindet; dieses sorgt zudem beim Zersetzen für eine ausreichende Nährstoffversorgung der Waldsteinien.

Waldvergissmeinnicht

Heimisches → *Vergissmeinnicht,* das auch im Garten an schattigen, kühlen Stellen kultiviert werden kann.

Walnuss

Walnuss
JUGLANS REGIA

Das Walnussgewächs stammt ursprünglich aus Südosteuropa, Klein- und Mittelasien, gilt jedoch schon lange in weiten Gebieten Europas als eingebürgert und ist auch als Welsch- oder Baumnuss bekannt. Obgleich die Wildformen reich fruchten, sollte man die großfrüchtigeren Edelsorten bevorzugen, wenn man die Walnuss als Nutzgehölz ziehen möchte. Diese bieten zudem den Vorteil, dass sogar ohne Bestäubung vollwertige Früchte entstehen. Die Sorten werden meist unter Nummern geführt, es handelt sich stets um Auslesen von Zufallssämlingen. Die „Nüsse" sind botanisch gesehen Steinfrüchte, denn ihr weicher Kern ist von einer harten, holzigen Samenschale und der wiederum von einem ungenießbaren grünen Fruchtmantel umhüllt. Man erntet sie meist vollreif und lässt sie trocknen; die Früchte können aber auch grün geerntet und eingelegt werden.

Die Walnuss ist nebenbei ein attraktiver Zierbaum, der reichlich Schatten spendet; doch mit den Jahren wächst er gewaltig in die Breite, so dass er sich nur für größere Gärten eignet.

Merkmale: Baum mit lockerer, runder Krone, 10 – 16 m hoch, 10 – 15 m breit; fünf- bis neunteilig gefiederte, ledrige, beim Zerreiben aromatisch riechende Blätter; einhäusig, eingeschlechtliche Blüten, männliche in gelbgrünen Kätzchen, weibliche kugelig und grün; große kugelige, grüne Früchte.

Blütezeit: Mai

Verwendung: Als Zier- und Nutzgehölz; für Einzelstellung; stark Schatten werfend und schwer zu unterpflanzen.

Standort: Auch absonnig; durchlässiger, tiefgründiger, frischer Boden; für Stadtklima geeignet.

Pflanzen/Vermehren: Pflanzung bevorzugt im Herbst, dabei hohen Platzbedarf von rund 10 m² berücksichtigen; Sorten sind veredelt, auf arteigener Unterlage starkwüchsig, auf Schwarznuss (*J. regia*) schwächer wachsend.

Pflege: Anspruchslos; in den ersten Jahren Stamm mit Pfahl stützen. Schnitt im Sommer, da die stark blutenden Wunden (Saftaustritt) dann schnell verheilen; es gibt dazu allerdings verschiedene Meinungen und Erfahrungen, teilweise wird ein Schnitt kurz vor dem Saftanstieg im Vorfrühling favorisiert. Nach vorsichtigem Erziehungsschnitt nur noch gelegentliches Auslichten nötig, Schnittwunden anschließend immer sorgfältig verschließen.

Ernte: Erste Ernten von grünen Nüssen nach Belieben; reife Nüsse im Spätherbst herunterschütteln, einige Zeit trocknen lassen; dann grünen Fruchtmantel trocken abbürsten, Nüsse sofort verwenden oder trocknen und dann kühl und luftig lagern.

Hinweis: Das Laub der Walnuss verrottet nur sehr schwer und eignet sich kaum zur Kompostierung (auch → *Herbstlaub*).

Walnuss (Juglans regia)

Walzenwolfsmilch
Wintergrüne, polsterartig wachsende Staude mit blaugrünen Blättern an walzenförmigen Stängeln und grünlich gelben Blüten
→ *Wolfsmilch*

Wandelröschen
LANTANA-CAMARA-HYBRIDEN

Die Ursprungsart dieser Hybriden stammt aus dem tropischen Amerika. Man zieht das frostempfindliche Eisenkraut- oder Verbenengewächs meist als Kübelpflanze. Der Name Wandelröschen bezieht sich auf den Farbumschlag der Blüten: Gewöhnlich wird die Tönung im Lauf des Sommers immer dunkler, im Abblühen kann der Flor sogar eine andere Farbe annehmen. Gelegentlich findet man im Angebot auch die stark in die Breite wachsende *L. montevidensis* mit rosavioletten Blüten mit weißem Auge, die vor allem als Hängepflanze oder Bodendecker eingesetzt wird. Die Pflanzen enthalten in allen Teilen Giftstoffe.

Merkmale: Immergrüner, nicht winterharter Strauch mit etwas sparrigem Wuchs, je nach Kultur 30 – 150 cm hoch; ovale, stark runzelige, rau behaarte, dunkelgrüne Blätter; halbkugelige Blütenstände aus schlanken Röhrenblüten mit verbreitertem Kronsaum, je nach Sorte weiß, gelb, orange, rosa, violett, oft mit hellem Auge, im Verblühen dunkler oder andersfarbig; kugelige Früchte.

Blütezeit: Mai – Oktober

Verwendung: Dankbarer Dauerblüher für Balkon und Terrasse, bevorzugt als Kübelpflanze kultiviert, sehr attraktiv als Hochstämmchen; auch einjährig in Beeten und Rabatten.

Standort: Vollsonnig, warm, möglichst wind- und regengeschützt; gute, durchlässige Pflanzerde bzw. humoser, frischer, nährstoffreicher Boden.

WARTEZEIT

Wandelröschen (Lantana-Camara-Hybride)

Feuerwanzen

Pflanzen/Vermehren: Pflanzung ab Mitte Mai bzw. dann ausräumen; Vermehrung durch Kopfstecklinge im Spätsommer.
Pflege: Regelmäßig gießen und mehrmals düngen; Verblühtes laufend entfernen; hell bei 6 – 10° C überwintern, vorm Einräumen oder im Frühjahr etwa um die Hälfte zurückschneiden.

Wanderkasten
Vorgefertigtes → *Frühbeet* aus leichtem Material, das je nach Jahreszeit und Bedarf im Garten umgesetzt werden kann.

Wanze
Die Wanzen, eine Ordnung der Insekten, die in Mitteleuropa mit rund 1 000 Arten vertreten ist, zeigen einen abgeflachten Körperbau und haben ledrige Flügeldecken. Beim näheren Hinsehen erkennt man das dreieckige „Schildchen", das hinter dem Halsschild ansetzt, sowie eine in etwa rautenförmige Struktur auf dem Hinterleib. Dabei handelt es sich um die membranartigen Spitzen der zusammengeklappten Vorderflügel. Die Tiere besitzen stechend-saugende Mundwerkzeuge, meist mehr oder weniger deutlich als Rüssel sichtbar.

Im Haus haben diese Insekten einen sehr schlechten Ruf, dem sie im Garten nicht unbedingt gerecht werden. Zwar gibt es → *Blattwanzen*, die Pflanzensäfte saugen, dafür machen sich verschiedene → *Raubwanzen* über Spinnmilben, Blattläuse und Insekten her.

Unter den häufig vorkommenden Wanzen fällt speziell die 10 – 12 mm lange **Feuerwanze** mit leuchtend roter Warnfarbe auf; Halsschild, Schildchen und die Spitzen der Vorderflügel sind schwarz, etwa in der Körpermitte trägt sie zwei große, schwarze Punkte. Sie saugt vorzugsweise an abgefallenen Samen und Früchten (Linden, Malven), Schäden an Kulturpflanzen richtet sie keine an. Die **Baumwanzen** kennt man auch als Stinkwanzen, da die meisten Arten aus Drüsen ein unangenehm riechendes Sekret absondern. Dazu gehört die 10 – 14 mm große Beerenwanze, bräunlich gefärbt mit hell abgesetztem Schildchen. Charakteristisch sind die geringelten Fühler und eine Hell-Dunkel-Bänderung am Rand des Hinterleibs. Die 12 – 14 mm große Grüne Stinkwanze, eine sehr häufig vorkommende Baumwanze, ist im Frühjahr grün und verfärbt sich zum Herbst hin bräunlich. Beide Baumwanzen schaden gelegentlich durch Saugen an Beerenobst; die Früchte nehmen dann einen widerlichen Geschmack an. Eine Bekämpfung (→ *Blattwanze*) ist normalerweise nicht nötig, da sich die Schäden in Grenzen halten.

Warmbeet
→ *Frühbeet,* das durch die Verrottungswärme von Pferdemist, Laub oder Stroh beheizt wird.

Warmer Kasten
Andere Bezeichnung für das Mist- oder Warmbeet
→ *Frühbeet*

Warmhaus
Ein → *Gewächshaus,* das ab dem Herbst auf 18 – 22° C beheizt wird.

Warmkeimer
Pflanzen, die zur → *Keimung* höhere Temperaturen brauchen, meist um 18 – 22° C. Hierzu zählen z. B. die meisten einjährigen Sommerblumen, auch viele Gemüse und Kräuter.

Wartezeit
Auch Karenzzeit genannt. Bei giftigen → *Pflanzenschutzmitteln* die vorgeschriebene und auf der Packung angegebene Frist zwischen der letzten Anwendung und dem Verzehr der gespritzten Produkte. Nur bei Beachtung dieser Wartezeit kann man sichergehen, dass das Erntegut frei von Pflanzenschutzmittelrückständen ist.

Warzenbirke

Heimische → *Birke,* die u. a. auch Weiß- oder Sandbirke genannt wird.

Wasser

Nahezu alles Leben ist direkt oder indirekt auf Wasser angewiesen. Für Pflanzen, deren Frischmasse zum großen Teil aus Wasser besteht (bei krautigen Pflanzen bis 95 %), spielt es eine essenzielle Rolle.

Von allen „Substanzen" hat Wasser wahrscheinlich die bekannteste **chemische Formel,** nämlich H_2O. Dies bedeutet, dass die kleinsten Einheiten des Wassers, seine Moleküle, aus je zwei Atomen → *Wasserstoff* (H) und einem Atom → *Sauerstoff* (O) bestehen. Damit enthält es zwei wesentliche nichtmineralische → *Nährstoffe* der Pflanze, von denen der Wasserstoff und ein Teil des Sauerstoffs bei der → *Photosynthese* in die Körpersubstanz (Kohlenhydrate) eingebaut werden; den restlichen, dabei freigesetzten Sauerstoff nehmen wir mit jedem Atemzug auf.

Wassermoleküle haben als Ganzes keine elektrische Ladung (→ *Ion*), allerdings eine negativ aufgeladene Stelle (am Sauerstoff) und eine positiv aufgeladene Stelle (am Wasserstoff).

Dadurch ist Wasser ein ideales Lösungsmittel, Austausch- und Transportmedium für Nährstoffionen, ebenso für organische Verbindungen im Stoffwechsel der Pflanze. Man muss sich zum Veranschaulichen nur vorstellen, wie leicht sich Kochsalz oder Zucker in Wasser lösen und dann auch (Geschmacks-)Verbindungen mit anderen Zusätzen eingehen. Wasser kommt aufgrund dieser „Lösungsfreudigkeit" selten ganz rein vor; seine Eigenschaften sind meist durch die darin gelösten Stoffe mitbestimmt, so die → *Wasserhärte* und der → *pH-Wert*.

Wasser ist eine der wichtigsten Grundlagen pflanzlichen Lebens.

Wasser hat demnach für die Pflanzen **Bedeutung** als Rohstoff der Photosynthese, bei der es in seine Bestandteile gespalten wird, als Lösungs- und Transportmittel sowie als Medium für chemische Reaktionen. Zudem festigt es die Pflanzengewebe, da es den Zellinnendruck (Turgor) bewirkt, was man anhand schlaffer Blättern bei Wassermangel leicht nachvollziehen kann. Schließlich sorgt Wasser durch die Verdunstungskälte an heißen Tagen für einen Temperaturausgleich. Unerlässlich ist es zudem auch für die → *Keimung* der Samen.

Der **Wasserhaushalt** der Pflanzen hängt eng mit dem Nährstoffhaushalt zusammen. Dabei wirken eine Reihe chemisch-physikalischer Vorgänge zusammen. Ein wichtiges Grundprinzip ist der Konzentrationsausgleich zwischen in Verbindung stehenden Lösungen (Diffusion): Hat man ein wassergefülltes Gefäß mit einer durchlässigen Wand und löst in der einen Hälfte Nährsalze auf, dann wandern diese so lange in die andere Hälfte, bis die Nährstoffkonzentration ausgeglichen ist. Wo halb durchlässige Membranen in den → *Zellen* der Pflanze nur Wasser, aber keine Nährstoffe passieren lassen, sorgt das Wasser durch Verdünnung für den Ausgleich. Das nennt man Osmose. Wasser strebt dann zum Ort der höheren Konzentration, z. B. aus dem Boden in die Zellen der Wurzelhaare. Diese Vorgänge spielen eine große Rolle sowohl bei der Wasser- und Nährstoffaufnahme als auch beim Transport in der Pflanze bzw. bei der Versorgung der einzelnen Zellen. Treibende Kraft des Wassertransports in den Leitgefäßen der Pflanze ist der Sog, der durch die → *Transpiration* entsteht. Daneben sind auch Kapillarkräfte beteiligt (→ *Kapillareffekt*).

Da das wertvolle Nass über die Wurzeln aufgenommen wird, ist das verfügbare **Bodenwasser** entscheidend. Unter natürlichen Bedingungen – wo kein Gärtner mit Schlauch oder Gießkanne hilft – stammt das gesamte Bodenwasser aus den → *Niederschlägen*. Schon beim Eindringen der Niederschläge zeigen sich Unterschiede zwischen den → *Bodenarten*. Während Sandböden mit ihren vergleichsweise großen Poren auch stärkere Niederschlagsmengen schnell aufnehmen, bilden sich auf Tonböden leicht Pfützen. Die regelmäßige Oberflächenlockerung mit Hacke oder Kultivator ist gerade bei solchen Böden wichtig, um die Aufnahme der Niederschläge und des Gießwassers zu verbessern und eine → *Verschlämmung* zu vermeiden.

Während ein Teil der Niederschläge versickert und über undurchlässigen Schichten in der Tiefe das Grundwasser bildet bzw. auffüllt, wird ein anderer Teil in den oberen Bodenschichten festgehalten. Wie viel Wasser hier entgegen der Schwerkraft verbleibt und inwieweit es pflanzenverfügbar ist, hängt wieder stark von der Bodenart ab, → *Haftwasser*. Das Wasser durchdringt hier die Porenstruktur des Bodens, löst mineralische Nährstoffe heraus und steht in direktem Kontakt mit den Feinwurzeln und Wurzelhaaren der Pflanze.

Da die Pflanzenwurzeln und die → *Verdunstung* den oberen Bodenschichten Wasser entziehen, entsteht eine Saugspannung, die das Nass auch aus tieferen Zonen nach oben bringt, woran wiederum der → *Kapillareffekt* beteiligt ist.

Einen wichtigen Beitrag zum Sicherstellen der **Wasserversorgung** leistet schon das Verringern der → *Verdunstung,* einerseits durch → *Hacken,* andererseits durch → *Mulchen.* Trotzdem – und obwohl wir im weitgehend → *humiden Klima* mit ausreichend Regen gesegnet sind – wird zeitweilig eine zusätzliche → *Bewässerung* nötig. Pflanzengerechtes und effektives → *Gießen* berücksichtigt, ob bewusst oder unbewusst, so manche der hier zuvor beschriebenen Zusammenhänge rund um das kostbare Nass. Bedeutung hat dabei auch die Qualität des → *Gießwassers;* auch → *Regenwassernutzung.*

Neben Faktoren wie Jahreszeit und Wetter (→ *Gießen*) hängt der **Wasserbedarf** stark von der jeweiligen Pflanzenart ab. Eine Rolle spielen hierbei Alter (bei noch jungem, schwach entwickeltem Wurzelwerk höherer Bedarf) und Größe (höhere Transpiration über große Gesamtblattfläche). Die grundsätzlichen Ansprüche an die Wasserversorgung sind jedoch durch die Verhältnisse an den Herkunftstandorten bedingt. Extreme stellen zum einen die Pflanzen ausgesprochen trockener Standorte dar, die sich mit fleischigen Blättern, Wachsüberzügen, sehr langen Wurzeln o. Ä. an geringen Nachschub durch Niederschläge angepasst haben (→ *Sukkulenten,* → *Xerophyten*). Umgekehrt zeigen in der Natur von Feuchtigkeit „verwöhnte" Pflanzen besondere Mechanismen und Gewebe, um mit teilweiser oder gar kompletter Wasserbedeckung zurechtzukommen (→ *Teichpflanzen,* → *Schwimmpflanzen,* → *Unterwasserpflanzen*). Einen hohen Wasserbedarf haben in der Regel Halbschatten- und Schattenpflanzen, da an ihren ursprünglichen Waldstandorten die Verdunstung stark herabgesetzt ist und meist hohe Luft- wie Bodenfeuchte herrscht. Gießmengen und -häufigkeiten müssen auf solche Spezialisierungen besonders Rücksicht nehmen; für trockenheitsliebende Steingartenpflanzen z. B. ist eine → *Vernässung* oft tödlich.

Schließlich hat Wasser im Garten noch eine ganz andere Bedeutung, nämlich als **Gestaltungselement.** Während → *Teiche* und Wasserbecken vor allem durch die besondere Pflanzenwelt, Tiere und das Lichtspiel auf den glitzernden Oberflächen wirken, kommt bei bewegtem Wasser das beruhigend plätschernde Geräusch hinzu. → *Bachläufe* erzeugen diesen Effekt teils durch das Gefälle auf „natürliche" Weise, bei Springbrunnen oder Fontänen hat die Technik einen größeren Anteil. In beiden Fällen sind recht leistungsstarke Pumpen nötig. Etwas zurückhaltender kommt die belebende Wirkung fließenden, bewegten Wassers durch Quell- und Sprudelsteine ins Spiel. Ähnlich sind Rieselbrunnen, bei denen das Wasser über Steine in ein kleines Reservoir abfließt. Solche Wassereffekte sind auch für Kleinkinder ungefährlich und lassen sich mit minimalem Aufwand betreiben. Größere Wasserflächen sorgen nebenbei auch für ein angenehmes → *Kleinklima* in ihrer Umgebung.

Wasserbecken

Im Unterschied zu → *Teichen,* die zumindest ansatzweise ein natürliches Biotop nachbilden, werden Wasserbecken bewusst als künstliches Gestaltungselement eingesetzt. Gemauerte Wasserbecken auf oder an Terrassen, durch Bohlen verkleidete, vorgefertigte Kunststoffbecken oder – als kleinste Lösung – Kübel aus Keramik mit wasserdichtem Einsatz sind von ausgeprägt architektonischer Wirkung, d. h., sie setzen einen deutlich formalen Akzent. Dem sollte man auch durch die Gestaltung Rech-

Bewegtes Wasser belebt den Garten auf ganz besondere Weise.

nung tragen, indem man eher wenige, aber markante → Teichpflanzen einsetzt, am besten nur in Wasserpflanzenkörben. Ist das Becken etwas größer, kann es auch Zierfische aufnehmen. Der Aufwand für Wasserklärung und Pflege liegt bei solchen Becken höher als bei einem gut angelegten Teich, der ständige Einsatz von → Teichfiltern ist ratsam. Meist müssen auch für die Überwinterung besondere Vorkehrungen getroffen werden, bis hin zum teilweisen Ablassen des Wassers; auch → Teichpflege. Die steilen Wände der Becken stellen eine Gefahr für Kleintiere dar, so dass man für einen Ausstieg sorgen sollte, wie unter → Teichtiere beschrieben.

Wasserdost
EUPATORIUM CANNABINUM

Die Blüten des heimischen Korbblütlers, der auch Wasserhanf oder Kunigundenkraut genannt wird, sind beliebte Futterquellen für Schmetterlinge. Noch etwas stattlicher wächst der Purpurwasserdost (*E. purpureum*), von dem es auch weinrot bis dunkelrot blühende Sorten gibt.

Weinroter Purpurwasserdost (Eupatorium purpureum)

Merkmale: Staude, dicht buschig, 50 – 180 cm hoch; handförmig gefingerte Blätter; schirmartige, rosa- bis kupferrote Blütenstände.
Blütezeit: Juli – September
Verwendung: An Gewässerufern, im Sumpfbeet; bei sehr guter Wasserversorgung auch in naturnah gestalteten Beeten.
Standort: Tiefgründiger, frischer bis feuchter, humoser sowie kalkhaltiger Boden.
Pflanzen/Vermehren: Pflanzung im Frühjahr oder Herbst; Vermehrung durch Teilung oder Aussaat (Kaltkeimer) möglich.
Pflege: Anspruchslos; im Frühjahr zurückschneiden.

Wasserfeder
Großteils untergetaucht lebende → Schwimmpflanze, die ihre weißrosa Blüten im Frühsommer über den Wasserspiegel erhebt; sie wird zum Teil auch als → Unterwasserpflanze eingestuft.

Wassergarten
Allgemeine, leicht „poetisch überhöhte" Bezeichnung für das Gestaltungselement Wasser im Garten, also für → Teich, → Bachlauf und → Wasserbecken.

Wasserhärte
Auf seinem Weg durch Böden und Gesteine nimmt Niederschlags- und Quellwasser allerhand metallische, positiv geladene → Kationen mit, vor allem Calcium (Kalk) und Magnesium, auch Natrium, Kalium u. a. Teils aus dem Boden, teils aus der Luft stammen ebenfalls im Wasser gelöste, negative → Anionen, nämlich Karbonate, Nitrate, Sulfate und Chloride. Diese können zusammen mit den Kationen Salze bilden. Der Gehalt an all diesen Stoffen und Verbindungen wird als Gesamthärte des Wassers bezeichnet.

EINTEILUNG DER WASSERHÄRTE

Härtegrad	Bezeichnung	Härtegrad
deutsche Härtegrade (° dH)		
0 – 7	weiches Wasser	I
8 – 14	mittelhartes Wasser	II
15 – 21	hartes Wasser	III
über 21	sehr hartes Wasser	IV
französische Härtegrade (° fH)		
0 – 15	weiches Wasser	I
16 – 25	mittelhartes Wasser	II
über 25	hartes Wasser	III

In der Praxis ist jedoch die Karbonathärte, also der Gehalt an Karbonaten, am wichtigsten; aufgrund des Kohlendioxidgehalts der Luft (auch der im Boden) ist Wasser mehr oder weniger stark mit dieser Verbindung der → Kohlensäure angereichert. Die Karbonate wiederum verbinden sich leicht mit dem ebenfalls meist reichlich vorhandenen Kalk. Ein hoher Kohlendioxidgehalt des Wassers bringt mehr Karbonatsalze in Lösung – die Wasserhärte steigt an und mit ihr der → pH-Wert. Ähnlich wie beim pH-Wert ist also der Kalk nicht direkt „Verursacher" der Wasserhärte. Hartes Wasser geht aber fast stets mit einem hohen Kalkgehalt einher, der beim Erhitzen als Rückstand verbleibt (z. B. in der Kaffeemaschine), sich zum Teil in Gießkannen am Boden absetzt und bei Tontöpfen zu unschönen → Ausblühungen führt.

Die Einstufung von sehr karbonat- und kalkhaltigem Wasser als „hart" erklärt sich aus der erhöhten Oberflächenspannung. Man kennt das von

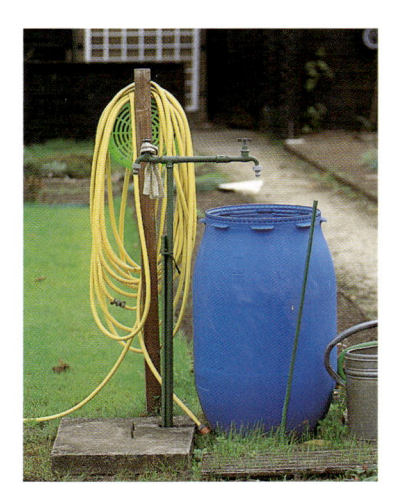

Pflanzengerechte Bewässerung mit nicht zu hartem Wasser fördert das Wachsen und Gedeihen.

Waschmitteln und Seifen, die sich in hartem Wasser viel schlechter lösen und verteilen als in weichem. Diese ungünstige Eigenschaft, vor allem aber der hohe Kalkgehalt und pH-Wert machen hartes Wasser für die meisten Pflanzen schlecht verträglich (auch → *Gießwasser*).

Wasserwerke liefern je nach Region Trinkwasser mit sehr unterschiedlicher Härte an. Diese kann beim zuständigen Wasserversorger erfragt werden. Die Angabe der Wasserhärte erfolgt in Deutschland und Österreich in deutschen, in der Schweiz oft in französischen Härtegraden.

Günstige Härtebereiche für Pflanzen sowie Möglichkeiten, hartes Wasser aufzubereiten, sind beim Stichwort → *Gießwasser* genannt. Vorteilhaft ist im Allgemeinen die Verwendung des weichen Regenwassers, → *Regenwassernutzung*.
Auch → *Teichwasser*

Wasserhyazinthe
Tropische und daher nicht winterharte → *Schwimmpflanze*, die im Sommer mit hübschen hellvioletten Blüten geschmückt ist.

Wasserkresse
Anderer Name für die → *Brunnenkresse*, eine meist kriechend wachsende Staude, die als Zier- und Würzpflanze gezogen werden kann.

Wasserlauf
Andere Bezeichnung für → *Bachlauf*, in der freien Landschaft auch für sonstige Fließgewässer

Wasserlinse
→ *Schwimmpflanze* mit winzigen, linsenartigen Blättchen, die auf alten Dorfteichen oder natürlichen Altwässern oft grüne Teppiche bildet, auch als „Entengrütze" bekannt. In Gartenteichen ist sie als Algenhemmer hilfreich, muss aber häufig abgefischt werden, damit sie nicht überhand nimmt.

Wassermelone
Kälteempfindliche → *Melone* mit meist rotem, saftigem Fruchtfleisch

Wasserminze
Anderer Name für die → *Bachminze*, eine mit der Pfefferminze verwandte Sumpfstaude

Wässern
→ *Gießen*, → *Bewässerung*, → *Beregnung*, auch → *Angießen*, → *Einschlämmen*

Wassernuss
→ *Schwimmpflanze* mit rautenförmigen, im Herbst rötlichen Blättern, die nussartige, essbare Früchte ausbildet.

Wasserpest
Eine nach Europa eingeschleppte → *Unterwasserpflanze*, die zwar Sauerstoff ins Wasser abgibt, sich aber wie eine „Pest" ausbreiten kann.

Wasserpflanzen
Umfasst alle Pflanzen, die in ihrer Lebensweise an Gewässer gebunden sind. Dazu gehören neben den Schwimmblatt- oder → *Schwimmpflanzen* auch die zahlreichen Stauden und Gräser des Sumpfbereichs.
Auch → *Teichpflanzen*

Wasserpflanzenkorb
Aus Kunststoff gefertigte runde, ovale oder eckige Körbe mit durchbrochenen Wänden für die → *Teichbepflanzung*, zuweilen auch als Container bezeichnet. Eine Alternative stellen Kokosfaserkörbe dar. Sie bestehen aus stabilem Kokosgeflecht, das im Wasser viele Jahre haltbar bleibt. Den Rand kann man umschlagen und so die Töpfe nach Bedarf in der Größe anpassen.

Wasserreis
Andere Bezeichnung für einen → *Wasserschoss*

Wasserrübe
Anderer Name für die → *Speiserübe*

Wassersalat
Nicht winterharte → *Schwimmpflanze* mit ansprechenden Blattrosetten; wird auch Muschelblume genannt.

Wasserpflanzenkörbe werden am besten mit Kieseln beschwert.

Wasserschoss

Senkrecht nach oben strebende Triebe, die in Kronen von Obstbäumen, aber auch an Ziergehölzen, aus schlafenden → *Augen* treiben. Sie bilden sich hauptsächlich auf der Oberseite von Ästen und Zweigen, besonders nach starkem Rückschnitt. Da sie die Obstbaumkronen unerwünscht dicht machen und mit den heranwachsenden Früchten um Nährstoffe konkurrieren, werden sie meist entfernt.

Dies geschieht im Juni, beim Kernobst am besten durch Ausreißen mit kräftigem Ruck, wobei weitere schlafende Augen entfernt werden; bei Steinobst, das zu → *Gummifluss* neigt, schneidet man sie besser an der Ansatzstelle weg. An älteren Bäumen können günstig stehende Wasserschosse jedoch als Ersatz für fehlendes → *Fruchtholz* Verwendung finden. Dazu bindet man sie im Sommer waagrecht (auch → *Obstbäume formieren*).

Wasserschwaden

GLYCERIA MAXIMA

Das heimische Süßgras wird auch Militz genannt. Die Sorte 'Variegata', der Bunte Wasserschwaden, trägt weiß, gelb, bisweilen auch rötlich gestreifte Blätter.

Merkmale: Ausdauerndes Gras mit horstartigem Wuchs, 40 – 150 cm hoch; straff aufrechte, schmale, frisch grüne, an den Spitzen überhängende Blätter; grünliche bis blassviolette Blüten in grazilen Rispen.
Blütezeit: Juli – August
Verwendung: In der Sumpfzone von Teichen und langsam fließenden Bächen; hübsche Ergänzung zu Rohrkolben, Binsen, Iris oder Schwanenblume.
Standort: Schlammiger Boden, bis 20 cm Wassertiefe.
Pflanzen/Vermehren: Pflanzung bevorzugt im Frühjahr, am besten in

Bunter Wasserschwaden (Glyceria maxima 'Variegata')

Pflanzkörben; Vermehrung durch Abtrennen von Ausläufern.
Pflege: Anspruchslos; wuchernde Bestände mit dem Spaten abstechen.

Wasserstern

Wintergrüne → *Schwimmpflanze* mit schmalblättrigen, sternartigen Rosetten; lebt im tieferen Wasser ganz untergetaucht und zählt deshalb auch zu den → *Unterwasserpflanzen*.

Wasserstoff

Chemisches Element mit der Abkürzung H, Bestandteil von → *Wasser* (daher auch der Name) und allen organischen Verbindungen wie → *Kohlenhydrate* und → *Eiweiße*. Für Pflanzen stellt der Wasserstoff somit einen unverzichtbaren Nähr- und Aufbaustoff dar, den sie zum allergrößten Teil mit dem Wasser aufnehmen.

Wasserstoff ist das am einfachsten gebaute und leichteste chemische Element, zugleich das häufigste im Weltall. Im Reinzustand kommt es als zweiatomiges Molekül H_2 vor. Dies ist bei Normaltemperatur ein farb- und geruchloses Gas, das an der Luft mit bläulicher Flamme zu Wasser verbrennt. Wird ein Wasserstoff-Sauerstoff-Gemisch jedoch gezündet, erweist es sich als „Knallgas" – es kommt zu einer heftigen Reaktion, bei der wiederum Wasser entsteht.

Ganz ohne Knall zerfallen die Wassermoleküle (H_2O), z. B. im Boden, zum Teil in OH^--Ionen und H^+-Ionen (auch → *Ion*). Diese positiv geladenen, äußerst reaktionsfreudigen Wasserstoffionen spielen beim Nährstoffhaushalt im Boden eine große Rolle: Sie sind Austauscher und „Platzhalter" für andere positiv geladene Nährstoffionen wie → *Kalium* oder → *Magnesium*. Nehmen die Pflanzwurzeln solche → *Kationen* auf, geben sie dafür im Gegenzug Wasserstoffionen an den Boden ab. Schließlich sind Wasserstoffionen auch die eigentlichen reaktiven Bestandteile von Säuren (z. B. in Schwefelsäure, H_2SO_4). Ihr Anteil in einer Lösung, z. B. im Bodenwasser, entscheidet über deren Säuregrad oder → *pH-Wert*.

Wechselständig

→ *Blattstellung,* bei der jedem Knoten nur ein Blatt entspringt. Die übereinander stehenden Blätter weisen jeweils in verschiedene Richtungen; dies ist häufig anzutreffen, z. B. bei Apfel, Hasel, Bambussen, Weiden, Beinwell.

Weg

Ähnlich wie → *Treppen* erfüllen Gartenwege praktische Zwecke und haben zugleich gestalterische Aspekte. Ins Auge fallen vor allem oft begangene Hauptwege. Für die **Wegbreite** sind hier mindestens 90 cm anzusetzen, wo genügend Platz zur Verfügung steht, besser 120 cm, damit zwei Personen nebeneinander gehen können; im Eingangs- und Terrassenbereich sogar bis 150 cm Breite. Für Nebenwege in einzelnen Gartenteilen genügen 60 – 100 cm. Einen größeren Gemüsegarten erschließt man am besten mit Hauptwegbreite (wenigstens 80 cm), da der Weg häufig zum Abstellen von Schubkarren, Gießkannen, Körben, Arbeitsgeräten usw.

dient. Bearbeitungswege zwischen den Beeten werden 30 – 40 cm breit angelegt, ebenso Pfade in anderen Gartenbereichen.

Die **Linienführung** eines Wegs ist zum einen von seiner Aufgabe bestimmt, eine Verbindung von A nach B zu schaffen. Doch zum andern prägt die Wegeführung der Hauptadern auch das Bild des gesamten Gartens und sorgt für eine deutliche Gliederung. Grundlegende Gesichtspunkte dazu sind unter → *Gartengestaltung, Strukturen und Räume* genannt; auch → *Reihenhausgarten*. Generell wirken gerade Linien strenger und klarer, geschwungen geführte Wege verspielter und lockerer. Ein schöner Effekt ergibt sich, wenn geschwungene Wege oder Pfade zum Teil bzw. an ihrem Ende hinter hohen Pflanzen oder Strauchgruppen verborgen sind. So entsteht der etwas geheimnisvolle, Neugierde weckende Eindruck einer unbestimmten Fortsetzung, zugleich ein optischer „Trick", um den Garten größer erscheinen zu lassen. Um die Wirkung einer geplanten Wegeführung zu überprüfen, kann man den Verlauf beidseitig mit Pflöcken und daran aufgespannten, gut sichtbaren Schnüren markieren. Geschwungene Verläufe lassen sich auch durch Auslegen langer Gartenschläuche vor Ort überprüfen.

Bei der **Materialwahl** für befestigte Wege kommen ebenfalls praktische wie gestalterische Überlegungen zusammen. Als Beläge finden verschiedene → *Pflaster* und Platten Verwendung, Alternativen bieten Abdeckungen mit → *Kies* oder → *Holzbodenbeläge*. Die Beläge sollten haltbar und witterungsbeständig sein und wenig Pflegeaufwand (Reinigung, Unkrautentfernung) verursachen. Besonders wichtig ist zudem gute Begehbarkeit, selbst bei Nässe und Frost. Die wichtigsten Materialeigenschaften sind jeweils unter den genannten Stichwörtern beschrieben. Hier sei nochmals darauf hingewiesen, dass Holz – sofern nicht mit speziellen Oberflächen versehen – bei Feuchtigkeit rutschig sein kann und freilich auch nicht so beständig wie ein Steinbelag ist. Risiken birgt außerdem Kopfstein- und Mosaikpflaster, das bei überfrierender Nässe ausgesprochen glatt wird. Wer etwas Probleme beim Gehen hat, verzichtet besser auch auf einen Kiesbelag, dessen Oberfläche zwangsläufig nicht ganz gleichmäßig ist.

Das gewählte Material sollte möglichst zum Haus sowie zu den Belägen auf Terrasse und Gartensitzplatz passen. Besondere optische Eigenwirkung entfalten kunstvoll verlegte Pflaster, ggf. aus verschiedenfarbigen Steinen, unregelmäßige Natursteinplatten und heller Kies, der mit einer eher architektonischen Gartenanlage ebenso gut harmoniert wie mit naturnaher oder Bauerngartengestaltung.

Wo keine aufwändige Befestigung erwünscht oder nötig ist, besonders bei Nebenwegen, bieten sich als natürliche, Unkraut hemmende Beläge Rindenmulch oder Holzhäcksel an, die von Zeit zu Zeit erneuert werden müssen. In manchen Fällen ist es vorteilhaft, auf den Flächenverbrauch durchgehender Wege zu verzichten und stattdessen → *Trittplatten* oder -steine zu verwenden.

Das **Verlegen** mitsamt dem notwendigen Unterbau (Dränage- und Ausgleichsschicht aus Schotter oder Grobkies) ist beim → *Pflaster* beschrieben; auch → *Holzbodenbelag*. Zuvor wird der Wegverlauf mit Pflöcken und Schnüren markiert (mit beidseitig 15 – 20 cm Zuschlag in der Breite), dann der Boden in benötigter Tiefe (25 – 35 cm für Unterbau plus Sandverlegeschicht) ausgehoben. Empfehlenswert ist ein Verlegen mit

Geschwungene Wege wirken auflockernd.

Für Nebenwege bieten sich Trittsteine an.

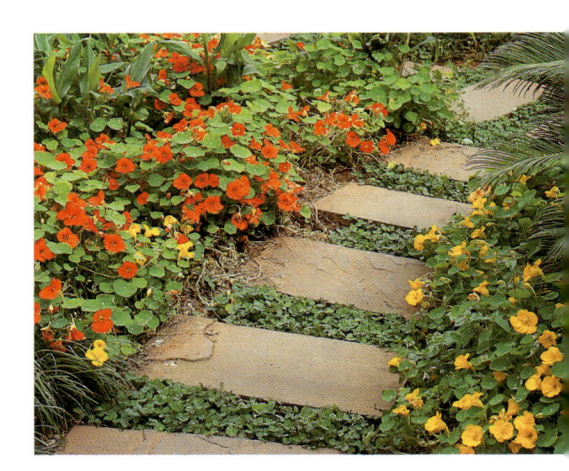

Kapuzinerkresse als attraktiver Wegbegleiter

leichtem Gefälle nach beiden Seiten hin, damit nach Regen keine Pfützen auf den Wegen stehen bleiben. An Rasen angrenzende Wege legt man so an, dass die Oberkante der Randsteine mit dem Rasenboden abschließt, um später das Mähen der Ränder zu erleichtern. **Kieswege** erhalten ebenfalls eine leichte Wölbung zur Mitte hin, die bereits beim Unterbau vormodelliert wird. Dieser besteht ebenfalls aus Schotter, darüber kommt eine Schicht Lehmerde und schließlich nochmals etwas Splitt oder feiner Schotter als eigentliches Bett für den Kies. Dies alles wird vor dem Ausbringen des Kieses gut festgestampft. So manche Unannehmlichkeit mit Kieswegen lässt sich vermeiden, indem man die Seiten mit Kantensteinen befestigt und unter der Kieslage ein Wurzelschutzvlies (für Teichbau oder Dachbegrünung) einbringt, das den Aufwuchs von Unkräutern unterdrückt.

Zur **Gestaltung** der Wege jenseits von Verlauf und Materialwahl verhelfen diverse Be- oder Umpflanzungsmöglichkeiten. Klassische Lösung für Hauptwege ist die begleitende Rabatte. Steht nicht allzu viel Fläche zur Verfügung, können auch niedrige Hecken, etwa aus Spiersträuchern, Gamander oder Buchs, den Weg säumen oder Polsterpflanzen, die malerisch über die Kanten wachsen. Zwischen Natursteinplatten oder in Pflasterfugen gedeihen bescheidene, halbwegs trittfeste Pflanzen, z. B. Stachelnüsschen, Feldthymian, Günsel oder Gundermann. An Wegbiegungen, -anfängen und -enden lassen sich mit Solitärgehölzen, -stauden oder -gräsern Akzente setzen, ebenso mit Naschobst liefernden Beerenhochstämmchen. → *Rosenbögen* oder kleine → *Pergolen* machen den Weg zum idyllischen Laubengang. Bei allen Möglichkeiten der Pflanzenbegleitung sollte man auch an duftende Arten denken, die das Begehen der Wege zum besonderen Vergnügen machen.

Die Aspekte Sicherheit und Gestaltung lassen sich bei der Wahl einer geeigneten → *Gartenbeleuchtung* verbinden, die zumindest für Hauptwege äußerst ratsam ist.

Wegerich
PLANTAGO

Vor allem drei Arten der für die Familie der Wegerichgewächse typischen Gattung sind weithin bekannt. Der Spitzwegerich (*P. lanceolata*) mit seinen schmalen Blättern wird seit alters als Hustenheilmittel geschätzt. Gleiche Wirkung zeigt der Breitwegerich (*P. major*), dessen breit ovale, auf einem Stiel sitzenden Blätter eine Rosette bilden. Der Mittlere Wegerich (*P. media*) steht, wie sein Name besagt, in der Blattbreite zwischen den beiden anderen Arten. Wie diese bildet er eine Blattrosette, aus deren Mitte sich lange Stängel schieben, die eine walzenförmige Blütenähre tragen. Wegeriche wachsen, wie es der Name schon sagt, vielfach auf Wegen, können sich aber auch im Rasen breit machen – vor allem dort, wo dieser viel betreten wird. In dem Fall hilft neben einer Bodenlockerung und -belüftung (→ *Rasenpflege*) nur regelmäßiges Ausstechen mitsamt der Wurzeln. In naturnahen Gartenbereichen und Pflasterfugen kann man die Wegeriche dulden, muss aber berücksichtigen, dass sie sich teils kräftig durch Samen verbreiten.

Wegmalve
Niedrig bleibende heimische → *Malve* mit meist niederliegenden Stängeln und hellrosa bis weißen Blüten

Wegwarte
CICHORIUM INTYBUS

Aus den kräftigen, spindelförmigen Wurzeln dieses Korbblütlers, der häufig an Wegrändern, Ackerrainen und Brachflächen anzutreffen ist, wurde schon vor Jahrhunderten durch Rösten der magenschonende Zichorienkaffee gewonnen. Heute verwendet man dazu spezielle Zuchtsorten, die Wurzelzichorien, die auch als Gemüse genutzt werden können und der Inulingewinnung dienen. Die Wegwarte ist zugleich Stammform anderer Gemüse, nämlich von → *Chicorée,* → *Radicchio* und → *Zuckerhut*. In ihre

Spitzwegerich (Plantago lanceolata)

Wegwarte (Cichorium intybus)

enge Verwandtschaft gehört zudem die → Endivie (Cichorium endivia). Auffällig an der ausdauernden Wildpflanze, die seit alters als Heilpflanze genutzt wird, ist ihr täglicher Blührhythmus: Die hübschen, leuchtend blauen Blütenkörbchen öffnen sich von Juli bis August schon morgens um 6 Uhr und werden gegen 12 Uhr wieder geschlossen.

Weiches Wasser
Wasser, das geringe Mengen an Kalk bzw. Karbonaten enthält; Regenwasser ist „weich".
→ Wasserhärte, auch → Gießwasser

Weichhautmilbe
Die nur rund 0,2 mm großen, glasig weißen Milben ernähren sich saugend von Pflanzensäften. Unter feucht-warmen Bedingungen vermehren sie sich besonders gut. Sie treten deshalb vor allem an Zimmer- und Gewächshauspflanzen auf, im Freien werden in erster Linie Sommer- und Balkonblumen sowie einige Zwiebelblumen befallen, seltener auch Gehölze. Die Milben sind schwer zu identifizieren, da sehr klein und unauffällig und versteckt an den Pflanzen lebend.

Schadbild: Korkartige, braune Grinde an den Blattstielen; Blätter mit verhärtetem Gewebe, verkrüppelt, Ränder nach unten gebogen; verkahlende Triebspitzen mit kleineren Blättern; verkrüppelte Blüten.

Abhilfe: Vorbeugend im Gewächshaus und schon bei der Anzucht häufig lüften, natürliche Feinde wie Raubmilben und Raubwanzen fördern. Stark befallene Pflanzenteile, notfalls ganze Pflanzen entfernen, im Gewächshaus Bekämpfung mit käuflichen Raubmilben möglich.

Weichsel
Anderer Name für die → Sauerkirsche

Weichselkirsche
Sortengruppe der → Sauerkirsche mit dunklen, weichfleischigen Früchten

Weide
SALIX

In der umfangreichen Gattung der Weiden, die der Familie der Weidengewächse ihren Namen gab, finden sich die unterschiedlichsten Wuchsformen, vom kriechenden Zwergstrauch bis hin zum mächtigen Baum. Ihr Verbreitungsgebiet erstreckt sich über die gesamte Nordhalbkugel, wobei die Arten vielfach extreme Standorte besiedeln, insbesondere Au- und Uferwälder sowie Hochgebirgslagen und arktische Tundren. Alle sind Laub abwerfende, → zweihäusige Gehölze. Während die Blüte der weiblichen Exemplare unscheinbar bleibt, schmücken sich die männlichen Pflanzen schon zeitig im Jahr mit den typischen Kätzchen, überwiegend silbrige, pelzige Blütenstände an den noch unbelaubten Zweigen, die sich bald in goldgelbe, stark stäubende Gebilde verwandeln. Ab Mai fallen dann doch die weiblichen Pflanzen mehr ins Auge, denn dann fliegen von ihnen Mengen sehr kleiner, mit einem wolligen Haarschopf versehener Samen in alle Richtungen davon. Mit ihrer frühen Blüte stellen Weiden vor allem für Bienen eine erste, reiche Nahrungsquelle dar. Die Laubblätter sind bei den meisten Arten schmal und oberseits anders als unterseits gefärbt. Seit alters nutzt man die langen, biegsamen und elastischen Rutenzweige vieler Weiden für die Flechterei. Aus der Rinde wurde früher ein fiebersenkendes Heilmittel gewonnen, die bekannte Salicylsäure, die für heutige Schmerzmittel synthetisch hergestellt wird und nach dem botanischen Namen *Salix* benannt ist.

Neben der Silberweide (*S. alba*, vgl. Übersicht auf S. 975) ist in Europa vor allem die Salweide (*S. caprea*) weit verbreitet. Sie gilt als die klassische Kätzchenweide, von der man die traditionellen Palmkätzchen schneidet. In den Genuss dieser reizenden Kätzchen kommt man besonders bei der Sorte 'Mas', einer rein männlichen Auslese mit besonders zahlreichen und auffällig großen Blütenständen. 'Pendula', die Hängekätz-

Die Korbweide (Salix viminalis) eignet sich, wie ihr Name schon besagt, gut zum Flechten von Körben u. Ä.

Schäden durch Weichhautmilben an Eibe

WEIDE

*Hängekätzchenweide
(Salix caprea 'Pendula')*

*Kriechweide (Salix repens) als
Hängebäumchen gezogen*

chenweide, wird wie 'Mas' nur in Form veredelter Exemplare gezogen. Auch sie ist rein männlich; ihre Zweige hängen von einer schirmförmigen Krone auf Stämmchen herab. Als die wohl am häufigsten in Gärten kultivierte Art wird die Salweide nachfolgend gesondert vorgestellt.

Salweide
SALIX CAPREA
☼–◐ ☺

Merkmale: Großstrauch oder kleiner Baum mit breit ovaler bis runder Krone, 4 – 8 m hoch, 3 – 6 m breit; Sorte 'Pendula' hängend, 3 – 5 m hoch; elliptische, dunkelgrüne, unterseits graugrüne Blätter, anfangs behaart, später glänzend; 2 – 4 cm lange Kätzchen, männliche eiförmig, zuerst silbrig pelzig, später goldgelb, weibliche länglich und grünlich; zweiklappige Fruchtkapseln mit wollig behaarten Nussfrüchtchen.
Blütezeit: März – April
Verwendung: Für Gehölzgruppen, in frei wachsenden Hecken, zur Befestigung von Böschungen, an Gewässerrändern; kleinwüchsige Sorten sowie Sorte 'Pendula' auch für Gefäßpflanzung geeignet; wenig rauchhart, für Stadtklima lediglich bedingt geeignet.
Standort: Vorzugsweise sonnig auf frischen bis feuchten, am besten leicht sauren Böden.
Pflanzen/Vermehren: Pflanzung bevorzugt im Herbst; Vermehrung durch Stecklinge oder Steckhölzer, die reine Art auch durch Aussaat, Sorten sind meist veredelt.
Pflege: Anspruchslos; bei Bedarf schneiden, scharfer Rückschnitt bei älteren Exemplaren nicht empfeh-

lenswert; Wildlinge unterhalb der Veredlungsstelle entfernen.

Weitere Weidenarten

Es gibt zahlreiche Weiden, die sich für den Garten eignen; die nebenstehende Übersicht stellt die häufiger gepflanzten kurz vor. Insgesamt gelten Weiden als überaus anspruchslos und pflegeleicht, sie erweisen sich auch als recht anpassungsfähig, solange sie genügend Sonnenlicht erhalten und stets reichlich Wasser im Boden vorfinden. Alle bevorzugen frischen bis feuchten Boden. Für Ohr-, Schweizer, Woll- und Drachenweide sollte er sauer sein, für Silber-, Spieß-, Purpur- und Korbweide dagegen kalkhaltig. Ohr- und Purpurweide vertragen auch Halbschatten. Alle Weiden gelten als wenig rauchhart, die meisten eignen sich nicht für Stadtklima.

Aus der Silberweide lassen sich gut die pittoresk anmutenden Kopfweiden ziehen. Die kopfartigen Verdickungen entstehen durch regelmäßigen, scharfen Schnitt an stets derselben Stelle.

Weitere Weiden im Überblick

Name	Wuchs/Besonderheiten	Verwendung/Hinweise
Silberweide (*Salix alba*)	großer Baum mit kegelförmiger bis breitrunder Krone, 15 – 20 m hoch, 10 – 15 m breit; Sorte 'Tristis', die Hängeweide, mit schleierartig herabhängenden Zweigen; lange, schlanke, gelbe Kätzchen	nur für große Gärten, besonders malerisch am Teichufer; auch zeitweilig überfluteter Boden; für Stadtklima geeignet
Ohr- oder Öhrchenweide (*Salix aurita*)	Strauch, breit ausladend; 2 m hoch, ebenso breit; eiförmige Blätter mit je zwei Nebenblättchen („Öhrchen"); kurze, gelbe Kätzchen	Gehölzgruppen, Hecken, an Gewässerufern, zur Hangbefestigung, auf Ödland
Knack- oder Bruchweide (*Salix fragilis*)	Großstrauch oder Baum, rundliche Krone; 10 – 15 m hoch, 8 – 12 m breit; lanzettliche, glänzend dunkelgrüne Blätter, grüngelbe Kätzchen	Gehölzgruppen, Hecken; junge Zweige brechen leicht mit knackendem Geräusch (Name!)
Spieß-, Engadinweide (*Salix hastata* 'Wehrhahnii')	Zwergstrauch, breit ausladend; 1 – 1,5 m hoch, bis 1,5 m breit; grauweiß behaarte Blätter; zahlreiche silberweiße Kätzchen	Einzelstellung, Steingärten, Dachgärten, für Gefäße
Schweizer Weide (*Salix helvetica*)	Zwergstrauch, breit ausladend; 1 m hoch, bis 1,5 m breit; silbrig grüne, unterseits weißfilzige Blätter; weißfilzige bis glänzende Rinde; große, dicke Kätzchen	Einzelstellung, Steingärten, Heidegärten, Dachgärten, für Gefäße
Salix integra 'Hakuro Nishiki'	Strauch, locker buschig; 2 – 3 m hoch, 1 – 2 m breit; meist als veredelter Hochstamm angeboten; graugrüne Blätter mit weißer und rosafarbener Fleckung	Einzelstellung, für Gefäße; regelmäßiger Rückschnitt sorgt für besonders gut ausgeprägte Laubfärbung
Wollweide (*Salix lanata*)	Zwergstrauch, breit buschig; 1 m hoch, ebenso breit; weißwollige Rinde und Winterknospen	Steingärten, Heidegärten
Korkenzieherweide (*Salix matsudana* 'Tortuosa')	Großstrauch oder kleiner Baum, bizarr verdrehte Triebe; 6 – 8 m hoch, 3 – 4 m breit	Einzelstellung; sehr ähnlich ist die ebenfalls Korkenzieherweide genannte *S. babylonica* 'Tortuosa'
Lorbeerweide (*Salix pentandra*)	Großstrauch oder kleiner Baum, breit rundlich; 8 – 10 m hoch, 6 – 8 m breit; breit lanzettliche, stark glänzende, dunkelgrüne Blätter; große, gelbe, duftende Kätzchen	Einzelstellung, an Gewässerufern, in großen Heidegärten, auch für Gefäßpflanzung geeignet
Purpur- oder Korbweide (*Salix purpurea*)	Strauch, breit trichterförmig; 3 – 5 m hoch, ebenso breit; rötlich purpurn überlaufene Zweige, rote Knospen (Name!); erst rötliche, dann gelbe Kätzchen; Sorte 'Nana' bis 1,5 m hoch, 'Pendula' hängend	Gehölzgruppen, an Gewässerufern, zur Befestigung von Ufern; für Stadtklima gut geeignet
Kriechweide (*Salix repens*)	Zwergstrauch, niederliegend, unterirdisch kriechende Stämmchen (Name!); 0,5 – 0,8 m hoch, bis 1,5 m breit; silbriger Austrieb	Einzelstellung, Steingärten, Dachgärten, für Gefäße
Rosmarinweide (*Salix rosmarinifolia*)	Strauch, breit buschig; 1,5 – 2 m hoch, bis 2 m breit; sehr schmale, rosmarinähnliche linealische Blätter; lange, gelbe Kätzchen	Einzelstellung, Gehölzgruppen, Hecken, Dachgärten, für Gefäße; verträgt Trockenheit; für Stadtklima geeignet
Drachenweide (*Salix udensis* 'Sekka')	Strauch, breit ausladend, flächig verbreiterte, gewundene Zweige; 3 – 4 m hoch, ebenso breit; glänzend dunkelgrüne Blätter; rotbraune Rinde	Einzelstellung; wird oft noch als *Salix sachalinensis* 'Sekka' geführt
Korb- oder Flechtweide (*Salix viminalis*)	Großstrauch oder kleiner Baum, breitrund; 3 – 8 m hoch, 3 – 6 m breit; goldgelbe Kätzchen	Gehölzgruppen, Hecken, für Böschungen und Ufer; Triebe eignen sich gut für Flechterei

Weidenröschen

Sumpfweidenröschen (Epilobium palustre)

Weidenröschen
EPILOBIUM

Die zu den Nachtkerzengewächsen zählenden Pflanzen fallen zum einen durch ihre zarten, meist rosafarbenen Blüten auf, zum andern durch ihre Früchte, die mithilfe eines weichen, seidigen Haarschopfes vom Wind weithin verblasen werden. Vor allem eine Art, das Schmalblättrige Weidenröschen (*E. angustifolium*), taucht dadurch unvermittelt immer wieder in Gärten auf. Mit seinen leuchtend rosaroten Blütenkerzen wirkt es zwar sehr reizvoll, doch wird es wegen seines Ausbreitungsdrangs (Rhizome, reicher Versamung) eher als Unkraut angesehen denn als Zierpflanze kultiviert. Ähnlich wuchsstark erweisen sich andere Arten, etwa Zottiges Weidenröschen (*E. hirsutum*) und Sumpfweidenröschen (*E. palustre*), die an feuchten Stellen und Gewässerrändern wachsen. Angeboten werden gelegentlich alpine, etwas heikle Arten für vollsonnige Steingärten, nämlich Kiesweidenröschen (*E. fleischeri*) und Rosmarinweidenröschen (*E. dodonaei*), beide grazil und hellrosa blühend.

Weigela
Botanischer Gattungsname der
→ *Weigelie*

Weigelie
WEIGELA FLORIDA

Nach ihrer Blütenform nennt man dieses Geißblattgewächs aus Ostasien auch Glockenstrauch. Neben der Art, von der vor allem die Sorte 'Purpurea' mit braunrotem Laub und dunkelrosa Blüten angeboten wird, bereichern vor allem üppig blühende Hybriden in verschiedenen Farben den Garten.

Merkmale: Strauch, zunächst straff aufrecht wachsend, mit zunehmendem Alter mehr und mehr überhängend, 2 – 3 m hoch, bis 3,5 m breit; eiförmige, zugespitzte, hellgrüne, unterseits behaarte Blätter; große glockige, leuchtend rosarote Blüten zu mehreren in den Blattachseln, beim Verblühen dunkler werdend; Hybriden auch weiß oder karminrot.

Blütezeit: Mai – Juni, vereinzelt Nachblüte bis September

Verwendung: Für Einzelstellung wie Gehölzgruppen und frei wachsende Hecken, am schönsten in Kombination mit anderen Blütensträuchern.

Standort: Durchlässiger, humoser, frischer Boden; gut rauchhart, für Stadtklima bestens geeignet.

Pflanzen/Vermehren: Pflanzung bevorzugt im Herbst; Vermehrung durch Stecklinge oder Steckhölzer.

Pflege: Anspruchslos; am besten Bogentriebe nach der Blüte bis zu einem kräftigen Seitenzweig auf der Oberseite zurückschneiden, alte Triebe alle paar Jahre bodennah herausnehmen; verträgt kräftigen Verjüngungsschnitt.

Weinbergschnecke
Recht harmlose, sogar nützliche
→ *Schnecke* mit etwa 5 cm großem Gehäuse

Weinraute
RUTA GRAVEOLENS

Seit der Antike wird das für die Familie der Weinrautengewächse charakteristische Kraut als Heil- und Gewürzpflanze geschätzt. Seine Heimat liegt im Mittelmeerraum, hierzulande wächst es vor allem in Bauerngärten. Die Pflanze verströmt ein sehr intensives, streng würziges Aroma, die Blätter schmecken kräftig, leicht bitter

Weigelie (Weigela 'Bristol Ruby')

Weinraute (Ruta graveolens)

und scharf. Sie passen z. B. zu Fleischgerichten, vor allem Lamm, oder in herzhafte Soßen; eine Hamburger Aalsuppe ist nur mit Weinraute authentisch. Genießen sollte man die Weinraute allerdings nur in kleinen Mengen, hoch dosiert wirkt sie giftig. Manche Menschen reagieren auch allergisch auf die ätherischen Öle, der Pflanzensaft kann insbesondere bei Lichteinwirkung die Haut stark reizen.
Merkmale: Teils wintergrüner, locker buschiger Halbstrauch, 50 – 100 cm hoch; zarte, blaugrüne, gefiederte Blätter; kleine gelbe Blüten in Dolden; kleine Kapselfrüchte.
Blütezeit: Juni – Juli
Verwendung: Im Kräutergarten, in Beeten und Rabatten.
Standort: Vollsonnig und warm; gut durchlässiger, mäßig trockener bis frischer, magerer Boden.
Pflanzen/Vermehren: Pflanzung bevorzugt im Frühjahr; Vermehrung durch Teilung oder Triebstecklinge sowie Aussaat.
Pflege: In rauen Gegenden den Winter über anhäufeln und mit Reisig schützen.
Ernte: Frische Blätter nach Bedarf abschneiden; zum Trocknen ganze Zweige ernten.

Weinrebe
VITIS VINIFERA

Weinreben, zur Familie der Weinreben- oder Rebengewächse zählend, gehören zu den ältesten Nutzpflanzen der Menschheit. Ihr Ursprung ist wohl in Klein- und Vorderasien zu suchen, schon die Babylonier kelterten Trauben. Im Garten will man seltener Wein in großem Stil gewinnen, sondern die Trauben frisch genießen. Dafür eignen sich spezielle Tafeltraubensorten besonders gut.

Bekannte Sorten wie 'Gutedel' oder 'Portugieser' bieten zwar sehr gute Traubenqualität, sind aber anfällig für Falschen und Echten → *Mehltau*. Man sollte sich deshalb nach widerstandsfähigen Sorten erkundigen, die zudem früh reifen und so auch außerhalb des Weinbauklimas bis zur Ernte ihr Aroma entfalten. Bewährt haben sich z. B. 'Lakemont' (grüne, kernlose Trauben), 'Phoenix' (gelb), 'Blauer Dollendorfer' und 'Muscat bleu' (blau).

Die Edelsorten werden nur als Pfropfreben angeboten, d. h., sie sind auf eine gegen die Reblaus (→ *Weinrebenschädlinge*) resistente Unterlage veredelt. In Weinbaugebieten ist ausschließlich der Anbau derartiger Pflanzen erlaubt. Wurzelechte Reben wachsen zudem weniger gut und bringen wesentlich geringere Erträge. Die Gehölze klettern mithilfe von verholzenden Ranktrieben empor, zusätzlich klammern sie sich mit Sprossranken fest. Man muss ihnen also eine Kletterhilfe zur Verfügung stellen. Meist zieht man sie als formloses Spalier an Rankgerüsten oder Pergolen oder als Hecke am Drahtrahmen. Die Kultur ist nicht ganz einfach, die Trauben reifen nur an warmen Standorten gut aus, außerdem will ein Weinstock sorgfältig geschnitten sein.

Zu Zierzwecken werden zuweilen einige Wildarten mit dekorativem Blattwerk kultiviert, die aber nur kleine, gleichwohl essbare Früchte bilden, z. B. Wilde Weinrebe (*V. vinifera* ssp. *sylvestris*), Rostrote Rebe (*V. coignetiae*) und Fuchsrebe (*V. labrusca*). Nicht zur engen Verwandtschaft zählt hingegen der als → *Wilder Wein* bekannte *Parthenocissus*.
Merkmale: Rankgehölz, bis 10 m hoch kletternd; große, tief eingeschnittene Blätter, gelbe bis rotbraune (blaue Sorten) Herbstfärbung; gelbgrüne Blüten in dichten, traubenartigen Rispen (Gescheinen); Trauben (Beerenfrüchte) je nach Sorte grünlich bis hellgelb oder rötlich bis blauschwarz.
Blütezeit: Mai – Juni

Ob frisch oder gekeltert – Trauben sind sehr beliebt.

Verwendung: Zur Begrünung von Hauswänden, Spalieren, Pergolen; im Obstgarten; auch zur Kultur in geräumigen Gefäßen geeignet.
Standort: Vollsonnig, warm und geschützt; durchlässiger, sehr tiefgründiger, frischer, nährstoffreicher, möglichst auch kalkhaltiger Boden.
Pflanzen/Vermehren: Pflanzung im Frühjahr oder Herbst, dazu tief reichende Pflanzgrube ausheben, Veredlungsstelle soll knapp über dem Boden liegen, anschließend anhäufeln; Vermehrung durch Stecklhölzer möglich, Veredlung jedoch vorzuziehen.
Pflege: Triebe an Kletterhilfe emporleiten und befestigen; Bodenscheibe mulchen; jährlich düngen, im Frühjahr mit Kompost, im Herbst mit verrottetem Stallmist; ab zweitem Standjahr Geiztriebe in den Sprossachseln entfernen; regelmäßig im Spätwinter schneiden, → PRAXIS-SEITE Weinrebenschnitt – Tipps und Hinweise (S. 978/979).
Ernte: Ab September voll ausgefärbte, reife Trauben nach und nach abschneiden; frisch genießen oder zu Gelee, Saft oder Dörrobst verarbeiten.

WEINREBENSCHNITT – TIPPS UND HINWEISE

Zapfenschnitt:
1) *Vorjährigen Seitentrieb im Frühjahr auf Zapfen schneiden.*
2) *Daraus treiben Trag- und Ersatzrute.*
3) *Im Folgejahr wird die abgetragene Rute entfernt, die Ersatzrute auf Zapfen geschnitten.*

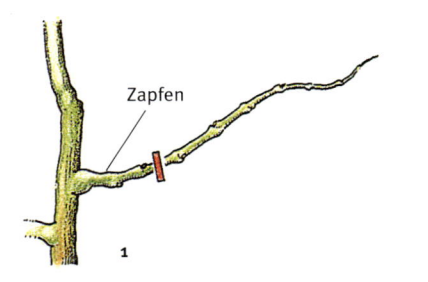

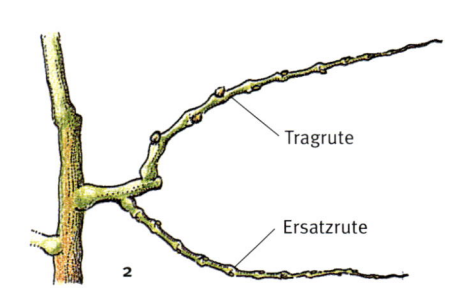

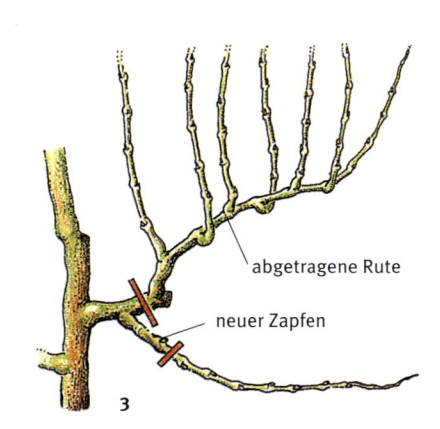

Zapfen

Tragrute

Ersatzrute

abgetragene Rute
neuer Zapfen

> **TIPP**
> Einige der Wasserschosse, die aus dem Stämmchen bzw. dem alten Holz treiben, können bei älteren Stöcken zur Erneuerung des Fruchtholzes verwendet werden. Dazu bindet man sie im Sommer waagrecht.

Grundsätzliches zum Schnitt

Der Rebenschnitt soll für ein ausgewogenes Verhältnis zwischen Trieb- und Blattwachstum und Fruchtansatz sorgen. Ein starker Schnitt fördert das Wachstum, mindert jedoch die Fruchtbarkeit. Unterlässt man umgekehrt den regelmäßigen Fruchtholzschnitt, erschöpft sich das Gehölz früh. Zwei Dinge sind außerdem gut zu wissen:

■ Der beste Zeitpunkt für den Hauptschnitt liegt im März/April, wenn die stärksten Fröste vorüber sind und die Knospen anschwellen.

■ Anders als beim Obstbaumschnitt schneidet man nicht knapp über den Knospen zurück, sondern lässt noch 1–2 cm darüber stehen.

Erziehung der Rebe

Die Weinrebe lässt sich auf vielfältige Weise ziehen. Der erste Trieb bzw. der kräftigste darunter wird stets als Hauptachse, zum Stämmchen, erzogen. Im Hausgarten baut man die Rebe bevorzugt als Stock mit mehreren Leitästen am Stamm auf. Man kann diesen, z. B. an einer Pergola, ganz ihre natürliche Wuchsrichtung belassen oder sie ähnlich wie bei einem → *Fächerspalier* anordnen. Wo besonders Wert auf gute Erträge und Fruchtqualität gelegt wird, bringt man sie jedoch an quer gespannten Drähten in die Waagrechte, wobei sich die Leitäste in Etagen paarweise gegenüberstehen sollten. Dies entspricht im Prinzip einer Palmette (→ *Obstbaum, Spalierformen*).

Bei Erziehung an der Hauswand oder am Drahtspalier strebt man eine Stammhöhe von 60–100 cm an, an Pergolen kann das Stämmchen höher wachsen. Wie viele Leitäste man wählt, hängt vom Platz ab. Bei ertragsorientiertem Anbau am Drahtrahmen werden nur vier Äste in zwei Etagen gezogen, für eine Wandbegrünung mit gleichwohl guten Ernten können es auch wesentlich mehr sein.

Gleich nach dem Pflanzen wird der als Stämmchen vorgesehene Trieb locker an einen Stab angebunden. Die im Jahr nach der

Pflanzung wachsenden Seitentriebe bleiben zunächst ungeschnitten und werden im darauf folgenden Frühjahr entfernt. Bei **palmettenartiger Erziehung** schneidet man die verholzten Stämmchen oberhalb von drei gut entwickelten Knospen ab, sobald sie die gewünschte Höhe erreicht haben. Aus der oberen Knospe wächst die Stammverlängerung, aus den beiden darunter zieht man die ersten beiden Leitäste. Alle Triebe müssen angebunden, sonstige Austriebe entfernt werden. Auf diese Weise baut man Jahr für Jahr die gewünschte Zahl an Etagen auf, wobei die Stammverlängerung jeweils kurz über dem nächsthöheren Spanndraht gekappt wird. **Bei freier Erziehung** schneidet man hingegen im ersten Winter das Stämmchen auf 5 bis 6 Knospen zurück, die als Leitäste vorgesehenen Seitentriebe auf 4 bis 5 (andere ganz entfernen). Ebenso verfährt man in den Folgejahren mit den Triebverlängerungen, bis die Spalierform mit gut verteilen Seitenästen aufgebaut ist. Auch hier alle Triebe anheften.

Fruchtholzschnitt

Blüten und schließlich Trauben werden an Seitentrieben gebildet, die aus den Blattachseln einjähriger Triebe (Tragruten) wachsen. Solche Tragruten wiederum zweigen nur vom zweijährigen Holz ab, also nicht direkt von älteren Stämmen oder Trieben. Im Garten wendet man hauptsächlich Zapfen- oder Streckerschnitt an. Diese Begriffe beziehen sich auf die Rückschnittstärke. **Zapfen** bedeutet hierbei, dass auf 2 (bis 4) Augen zurückgeschnitten wird. Dies empfiehlt sich besonders für schwach wachsende Sorten sowie bei Drahtspaliererziehung. Als **Strecker** mit 5 bis 7 Augen schneidet man dagegen Tragruten stark wachsender Sorten, besonders an der Pergola. Hier kann man sogar Ruten mit 8 bis 12 Augen ziehen.

Zuvor müssen allerdings die vorjährigen (beim Fruchten dann zweijährigen) Triebe geschnitten werden, an denen die Tragruten gebildet werden sollen – dies stets auf Zapfen, aus denen im Folgejahr zwei Sprosse treiben. Beim nächsten Schnitt wählt man als Tragrute den höher stehenden Trieb; der untere, die Ersatzrute, wird zum nächsten „Zweijährigen" und deshalb wieder auf Zapfen geschnitten.

CHECKLISTE

Zusätzliche Maßnahmen:
- Nach dem Austrieb zu dicht stehende Sprosse auslichten.
- Beständig Geiztriebe in den Blattachseln vorsichtig abknipsen oder wegschneiden.
- Im Sommer Wasserschosse entfernen.
- Sehr lange und überhängende Triebe entspitzen.
- Im August lange Fruchtruten auf 6 bis 8 Blätter über dem letzten Fruchtstand abschneiden.
- Bei dicht belaubten Fruchtruten vorsichtig einige Blätter herausnehmen.

1 — Strecker (Tragrute); neuer Zapfen

Streckerschnitt:
Der erste Schritt gleicht dem des Zapfenschnitts. Danach wird wie folgt vorgegangen:
1) Die Tragrute wird lang als Strecker geschnitten, die Ersatzrute auf Zapfen.
2) Am Strecker bilden sich Fruchttriebe, am Ersatzzapfen Triebe für das nächste Jahr.
3) Im Frühjahr nach dem Fruchten abgetragene Rute entfernen, einjährige Triebe wieder als Strecker bzw. Zapfen schneiden.

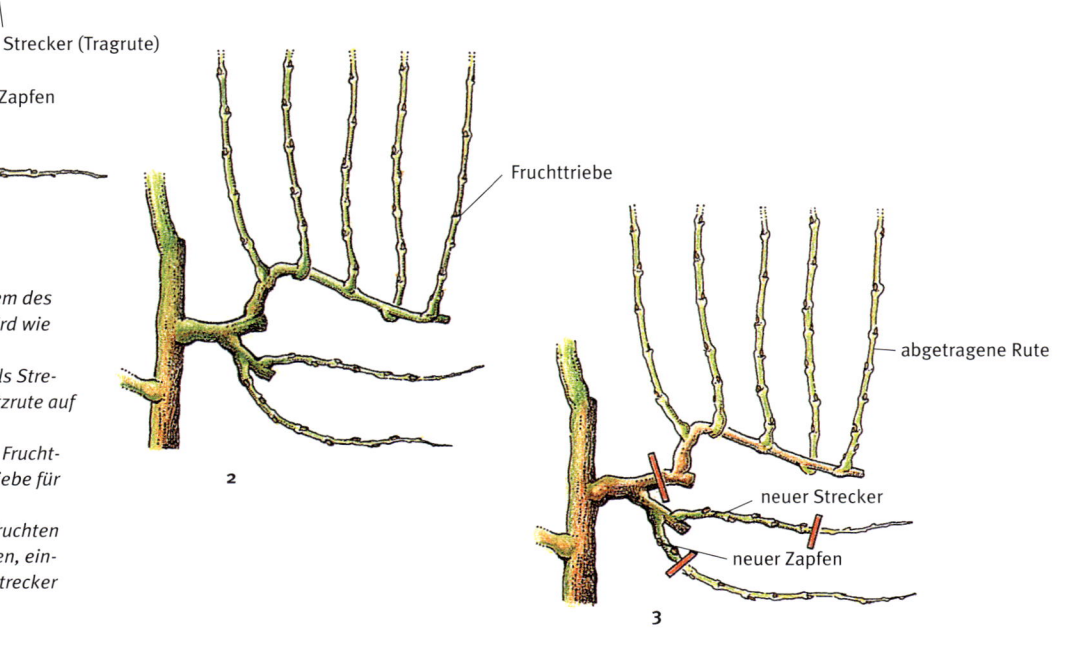

2 — Fruchttriebe

3 — abgetragene Rute; neuer Strecker; neuer Zapfen

Weinrebenkrankheiten

Neben den nachfolgend beschriebenen Krankheiten gehört der Echte → *Mehltau* zu den wichtigsten Schadensverursachern; ihm kann man durch resistente Sorten am besten vorbeugen. Auch → *Grauschimmel* kommt des Öfteren vor. Weiterhin treten zuweilen → *Viruskrankheiten* auf. Die häufigsten Symptome sind Besenwuchs bzw. Triebsucht, Buntblättrigkeit oder eingerollte Blätter.

Abiotische Störungen

Recht häufig kommen → **Chlorosen** vor, helle Verfärbungen der Blätter. Diese haben oft keine parasitären Ursachen, sondern weisen meist auf Eisenmangel hin. Besonders auf kalkhaltigen Böden, obwohl sonst günstig für die Rebe, wird Eisen festgelegt. Noch mehr trägt jedoch Bodenverdichtung zur verschlechterten Eisenaufnahme bei. Auch Wassermangel kann eine Rolle spielen. Kurzfristig helfen spezielle Eisendünger, auf Dauer nur Bodenlockerung und -verbesserung, ggf. auch Verwendung sauer wirkender Düngemittel (Ammoniumsulfat, Schwefelsaures Kali). Vorteilhaft wirken sich Mulchen oder eine Begrünung am Fuß der Reben mit flach wurzelnden Gräsern und Kräutern aus.

Eine weitere Erscheinung, die häufiger auf unbelebten Faktoren als auf Krankheits- oder Schädlingsbefall beruht, ist das Rieseln oder **Verrieseln.** Dabei fallen früh zahlreiche Blüten ab, manchmal auch erst die jungen Früchte. Ursache ist meist zu kühles oder nasses Wetter während der Befruchtung. Zu hohe Stickstoffdüngung kann als Mitauslöser hinzukommen.

Falscher Mehltau, Peronospora

Auch Lederbeeren- oder Blattfallkrankheit genannt; die bekannte Bezeichnung Peronospora resultiert aus dem früheren Namen für diesen Schadpilz, der heute *Plasmopara viticola* heißt. Er wurde 1878 mit reblausresistenten Sorten aus Amerika eingeschleppt. Der Pilz überwintert im abgefallenen Laub am Boden und breitet sich bei feuchtwarmem Wetter besonders stark aus.

Schadbild: Anfangs gelbliche, später braune, ölig wirkende Flecken auf den Blättern, unterseits weiße Pilzrasen; oft vorzeitiger Blattfall; bei starkem Befall Flecken bzw. Pilzrasen auch auf Triebspitzen, Ranken, Blütenständen und jungen Beeren; Weintrauben werden bläulich, dann zu schrumpligen, trockenen „Lederbeeren".

Abhilfe: Vorbeugend widerstandsfähige Sorten pflanzen, altes Laub entfernen, durch regelmäßigen Schnitt Belüftung und schnelleres Abtrocknen der Blätter fördern, mehrmals Pflanzenstärkungsmittel spritzen; bei starkem Befall notfalls spezielle, im Hausgarten zugelassene Fungizide einsetzen.

Hinweis: Ähnliche Beerensymptome treten bei Schwarzfäule (*Guignardia bidwellii*) auf. Die Früchte trocknen zu schwarzblauen Mumien ein. Im Unterschied zum Falschen Mehltau sind die anfangs erscheinenden Blattflecken hellbraun; stark befallene Blätter vertrocknen. Der Pilz, der vor allem in niederschlagsreichen Regionen Probleme bereitet, überwintert in den Trieben und befallenen Früchten des Vorjahrs. Erkrankte Früchte muss man umgehend entfernen.

Weinrebenschädlinge

Zur Zeit der Fruchtreife stellen sich gern Vögel an den Trauben ein, auch Wespen mögen den süßen Saft der Früchte. Schutz können feinmaschige Netze bieten, einzelne Fruchtstände kann man außerdem durch Überziehen von Gazebeuteln (am Fruchtstiel zusammenbinden) vor Wespen bewahren. Zu den nachfolgend beschriebenen Milben kommen besonders an warmen Hauswänden auch → *Spinnmilben* als mögliche Schädlinge hinzu; gefährlicher ist jedoch der → *Dickmaulrüssler* bzw. seine Larven.

Traubenwickler

Traubenwickler sind um 6 mm lange, unauffällige Falter (Motten) von gelblicher bis gelbgrüner Farbe. Sie bringen zwei schädliche Generationen etwa 10 mm großer Raupen hervor; die ersten nennt man Heuwürmer, die zweiten Sauerwürmer. Es gibt zwei verschiedene Arten: Der Einbindige Traubenwickler zeigt ein braunschwarzes Querband auf den Flügeln, seine Raupen sind rotbraun mit schwarzem Kopf; der Bekreuzte Traubenwickler ist dunkel gezeichnet, die Raupe grünlich mit honigfarbenen Kopf. Letztgenannte Art kommt eher in wärmeren Gegenden vor und kann im Herbst noch mit einer dritten Generation (Süßwürmer) auftreten.

Aus den Eiern, die von den Weibchen im Mai/Juni an die unreifen Gescheine abgelegt werden, schlüpfen die Heuwürmer. Sie verpuppen sich nach Fraß an den Blüten in gesponnenen Nestern. Daraus entwickelt

Falscher Mehltau bzw. Peronospora an Weinrebe

Durch Pockenmilben verursachte Blattdeformationen

sich die zweite Faltergeneration, die Ende Juni/Juli fliegt. Die Weibchen legen nun je ein Ei auf einer Beere ab. Die daraus schlüpfenden Sauerwürmer bohren sich in die Frucht ein. Die Raupen der letzten Generation verpuppen sich unter der Borke des Rebstocks oder auf anderen Wirtspflanzen und überwintern dort. Ausfälle durch die Heuwürmer halten sich meist in Grenzen, Sauerwürmer dagegen können große Teile der Ernte unbrauchbar machen. Neben dem direkten Schaden öffnen die Raupen der Traubenwickler das Tor für Schadpilze wie → *Grauschimmel*.
Schadbild: Heuwürmer (ab Ende Mai): Fraßschäden und Gespinste an Gescheinen; Sauerwürmer (ab Ende Juli): zerfressene bzw. klein bleibende, eingetrocknete, sauer schmeckende Beeren.
Abhilfe: Vorbeugend natürliche Feinde wie Ohrwürmer, Marienkäfer, Florfliegen und Schlupfwespen fördern. Flugkontrolle und Abfangen der Männchen mit Lockstoff-(Pheromon-)Fallen möglich, Bekämpfung mit *Bacillus-thuringiensis*-Präparaten.

Rebenkräuselmilbe
Diese winzige → *Gallmilbe* überwintert in den Knospen und in der Borke. Mit dem Austrieb beginnt sie, an jungen Blättern und Trieben zu saugen. Die Schäden treten hauptsächlich bei trocken-warmem Wetter im Frühjahr und Frühsommer auf.
Schadbild: Junge Blätter löffelartig gekrümmt, ältere stark verformt und gekräuselt, Triebe deformiert und kümmernd; teils früher Blatt-, Blüten- und/oder Fruchtabfall („Verrieseln").
Abhilfe: Vorbeugend Raubmilben und Raubwanzen als Nützlinge fördern; befallene Triebe entfernen.

Rebenpockenmilbe
Diese Spinnentiere sind ebenfalls → *Gallmilben,* die in den Knospen überwintern. Sie bringen vom Austrieb bis zum Herbst mehrere Generationen hervor.
Schadbild: Auf den Blattoberseiten pockenartige Aufwölbungen, anfangs gelblich, später grün bis bräunlich, Blätter erscheinen gewellt; auf den Blattunterseiten weißlich rötlicher Filz; bei starkem Befall Schädigung der Gescheine, diese ebenfalls mit hellem Filz.
Abhilfe: Vorbeugend Nützlinge fördern (vgl. Rebenkräuselmilbe). Betroffene Blätter sofort entfernen; bei starkem Befall, der auch Gescheine betrifft, mit nützlingsschonenden Präparaten spritzen.

Reblaus
Die gefürchtete Reblaus wurde Mitte des 19. Jahrhunderts aus Nordamerika nach Frankreich eingeschleppt und breitete sich von dort rasch im übrigen Europa aus. Sie richtete in den Weinanbaugebieten verheerende Schäden an. Erst durch organisierte Bekämpfungsmaßnahmen und vor allem Pflanzung veredelter Weinreben (Pfropfreben) hat man sie in den Griff bekommen. Noch heute ist das Auftreten der Reblaus, die ganze Weinberge vernichten kann, meldepflichtig.

Rebläuse vermehren sich mit einem Generationswechsel: Das Ei überwintert am Stamm des Weinstocks, im nächsten Frühling schlüpft eine „Stammmutter"; sie erzeugt ihre Nachkommen, ohne befruchtet zu werden. Sie leben teils als Blattläuse, teils als gelbe Wurzelläuse. Im nächsten Frühling kriechen die Wurzelläuse aus der Erde, werden zu Geschlechtstieren, die sich paaren und wieder Eier ablegen.
Schadbild: Helle Knötchen an den Wurzeln, rote Gallen an den Blattunterseiten (darin befinden sich Eier und gelbliche Läuse); bei starkem Befall Kümmerwuchs und absterbende Reben.
Abhilfe: Nur auf reblausresistente Unterlagen veredelte Pfropfreben verwenden; bei Befallsanzeichen unverzüglich zuständiges Pflanzenschutzamt verständigen.

Weißanstrich
Heller Anstrich von Baumstämmen, um starker Erwärmung durch Wintersonne vorzubeugen, die im Wechsel mit Nachtfrösten Rindenschäden verursacht.
→ *Stammpflege*

Weißanstrich an Obstbäumen

Weißbirke
Beliebte, jedoch hochwüchsige → *Birke,* von der es einige kleinere Gartenformen gibt.

Weißbuche
Anderer Name für die heimische → *Hainbuche,* die jedoch nicht mit der echten → *Buche* verwandt ist.

Weißbuntes Laub
Sortenbedingte Eigenschaft bei Zierpflanzen; so genannte panaschierte Blätter, die durch sehr helle Flecken oder Ränder und dem damit verbundenen Kontrast zum dunklen Blattgrün zierend wirken.
Auch → *Buntblättrigkeit*

Weißdorn
CRATAEGUS
Die Gattung Weißdorn oder Dorn zählt zu den Rosengewächsen. Zu den schönsten Blütengehölzen mit Wildcharakter gehört zweifelsohne der heimische Zweigriffelige Weißdorn oder Rotdorn (*Crataegus laevigata*). Die reine Art schmückt sich mit weißen Blüten, in denen jeweils zwei, manchmal auch drei → *Griffel* stehen. Im Gegensatz dazu weisen die weißen Blüten des ebenfalls heimischen Eingriffeligen Weißdorns (*Crataegus monogyna*) stets nur einen Griffel auf. Das Wildgehölz gilt bis heute als überaus wertvolle Heilpflanze, Blüten und Früchte enthalten herzwirksame Stoffe.

Neben diesen beiden Arten sind noch einige weitere in Kultur, die gleiche Ansprüche stellen und ebenso verwendet werden. Es handelt sich dabei vor allem um nordamerikanische Arten sowie verschiedene Kreuzungen. Erwähnt seien hier der Scharlachdorn (*C. pedicellata*) mit besonders schönem, leuchtend scharlachrotem Fruchtschmuck sowie der Apfeldorn (*C. x lavallei* 'Carrierei'), der sehr üppig mit großen, orangeroten Früchten besetzt ist. Beide blühen im Mai weiß bis rosa.

Alle Weißdorne schätzt man wegen ihres relativ kleinen Wuchses, der anmutigen Blütenfülle sowie der zierenden Früchte. Darüber hinaus gelten sie als ausgezeichnete Bienenweiden und Vogelschutzgehölze. Die Früchte, kleine Apfelfrüchte, sind essbar, allerdings sollte man sie nur gekocht, z. B. in Form von Konfitüre, Kompott oder Gelee, genießen.

Ein großer Nachteil ist jedoch ihre hohe Anfälligkeit gegen → *Feuerbrand.* Sie sollten deshalb nicht in Obstbaugebieten gepflanzt werden.

Zweigriffeliger Weißdorn
CRATAEGUS LAEVIGATA

Merkmale: Baum oder Großstrauch mit breit buschigem, sehr dichtem Wuchs, 5 – 7 m hoch, bis 6 m breit; Äste mit dornartigen Kurztrieben; gelappte, dunkelgrüne Blätter, gelbe bis orangefarbene Herbstfärbung; etwas streng duftende, weiße, bei Sorte 'Paul's Scarlet' karminrote Blüten in üppigen Büscheln; eiförmige, rote Apfelfrüchtchen.
Blütezeit: Mai – Juni
Verwendung: Für Einzelstellung oder Gehölzgruppen, in frei wachsenden Hecken, gut als Windschutz.
Standort: Tiefgründiger, frischer bis feuchter, nährstoffreicher, am besten auch kalkhaltiger und lehmiger Boden; gut rauchhart, für Stadtklima geeignet.
Pflanzen/Vermehren: Pflanzung bevorzugt im Herbst; Vermehrung durch Aussaat (Kaltkeimer), die Sorte ist veredelt.
Pflege: Sehr anspruchslos; Schnitt nur nach Bedarf, verträgt auch rigorosen Rückschnitt.

Weiße Fliege
Mit → *Fliegen* haben diese Insekten nichts zu tun; es handelt sich um Mottenschildläuse, eine Insektenfamilie, die mit Schild- und Blattläusen verwandt ist. Ihren Namen erhielten die 2 – 3 mm großen Tiere nach den

Zweigriffeliger Weißdorn (Crataegus laevigata)

Weiße Fliegen schädigen die Pflanzen durch ihre Saugtätigkeit.

weißlichen, mit Wachsstaub überpuderten Flügeln. Sie befallen u. a. Bohnen, Gurken, Tomaten, Kohl und eine Reihe von Zierpflanzen, besonders Einjährige und Balkonblumen, sowie manche Gehölze, etwa Rhododendren, schließlich auch Unkräuter. Geschädigt werden die Pflanzen durch die Saugtätigkeit der Insekten und ihrer winzigen gelbgrünen Larven. Vor allem im Gewächshaus und an warmen Plätzen im Garten kommt es schnell zu einer Massenvermehrung. Jedes Weibchen legt im Lauf seines kurzen Lebens bis zu 400 Eiern an einem Stielchen an den Blattunterseiten ab. Unter günstigen Bedingungen dauert die Entwicklung einer ganzen Generation nur wenige Wochen. Da die Eiablage zu verschiedenen Zeitpunkten erfolgt, kommen unterschiedliche Stadien – Eier, Larven, Vollinsekten – nebeneinander vor.
Schadbild: Blätter fleckig und vergilbt, trocknen bei starkem Befall ein und fallen ab; Honigtau auf den Blattoberseiten, oft besiedelt von Rußtaupilzen; die kleinen weißen Insekten fliegen bei Berührung der Blätter meist zahlreich auf.
Abhilfe: Vorbeugend Spinnen und Schlupfwespen als Gegenspieler fördern, im Gewächshaus und unter Folie häufig lüften; Bekämpfung im Gewächshaus durch Gelbtafeln sowie Einsatz käuflicher Schlupfwespen möglich; notfalls nützlingsschonende Präparate einsetzen, mehrmals in kurzen Abständen spritzen.

Weiße Rübe
Anderer Name der → *Speiserübe*

Weißkohl
→ *Kopfkohl*

Weißkraut
Andere Bezeichnung für den Weißkohl
→ *Kopfkohl*

Weißöl
→ *Ölpräparat* gegen überwinternde Schädlinge (z. B. Spinnmilben, Schildläuse, Sitkafichtenläuse)

Weißtanne
Heimische → *Tanne,* wird in Gärten vor allem in der nicht ganz so großen Hängeform 'Pendula' gezogen.

Weißtorf
Grobfasriger, strukturstabiler, sehr nährstoffarmer → *Torf*

Welke
Bei welkenden Pflanzen nimmt zuerst der durch Wasser bewirkte Zellinnendruck (Turgordruck) in den Blättern ab; sie werden schlaff und fahl, dann meist von den Rändern her braun, schließlich sterben sie ab. Ebenso verlieren krautige Stängel an Standfestigkeit, sie werden weich und knicken um. Als Ursache für diese Erscheinung kommen Wassermangel (→ *Trockenschäden*) oder Krankheitserreger infrage.
Typische Welkekrankheiten wie die verbreitete pilzliche → *Verticillium-Welke* oder diverse → *Bakterienkrankheiten* unterbrechen die Wasserversorgung, indem sie die Leitungsbahnen in der Pflanze verstopfen. Zu Welkeerscheinungen kommt es aber auch, wenn die Wurzeln zerstört werden, beispielsweise durch → *Bodenschädlinge,* → *Wühlmäuse,* → *Bodenpilze* (auch → *Fusarium-Krankheiten*) oder anhaltende → *Vernässung.* Schließlich bewirken auch diverse saugende Schädlinge und manche auf den oberirdischen Pflanzenteilen lebende Pilze ein Verwelken der Blätter.
Sofern mangelndes oder falsches → *Gießen* ausgeschlossen werden kann, sollte man die Pflanzen gründlich untersuchen (Wurzelbereich aufgraben, notfalls Stängel aufschneiden). Sind keine klaren Ursachen erkennbar, empfiehlt es sich, die ganzen Pflanzen samt Wurzelwerk zu entfernen, um eventuelle Ansteckungen zu vermeiden. Bei wertvollen Gehölzen holt man am besten den Rat von Fachleuten (Pflanzenschutzdienst, Gärtnerei) ein.

Welken können eine Vielzahl von sehr verschiedene Ursachen haben.

Welschkohl
Volkstümliche Bezeichnung für den Wirsing
→ *Kopfkohl*

Wermut

Wermut (Artemisia absinthium)

Wermut
ARTEMISIA ABSINTHIUM

Der von Europa über Asien bis Nordamerika heimische Korbblütler war lange Zeit in Verruf geraten, nachdem der aus ihm gewonnene Absinthschnaps viel Unheil gestiftet hatte. Doch nicht allein wegen ihrer überaus dekorativen Wirkung, sondern auch aufgrund ihrer Heil- und Würzkräfte ist die Pflanze nie aus den Gärten verbannt worden. Fette Speisen werden durch Wermutbeigaben bekömmlicher. In größeren Mengen und regelmäßig aufgenommen wirkt Wermut allerdings gesundheitsschädlich, jedoch wird man das ziemlich bitter schmeckende Kraut ohnehin nur sparsam dosieren.

Merkmale: Halbstrauch, buschig wachsend, 60 – 150 cm hoch; würzig duftende, filigran gefiederte, silbrig graue Blätter; kleine gelbe Blüten in lockeren Rispen.
Blütezeit: Juni – September
Verwendung: Im Kräutergarten; in Beeten und Rabatten als Blattschmuck.
Standort: Vollsonnig, bei Lichtmangel gehen silbrige Färbung und Aroma verloren; durchlässiger, trockener bis frischer, sandiger und möglichst kalkhaltiger Boden.
Pflanzen/Vermehren: Pflanzung im Frühjahr oder Herbst; Vermehrung durch Teilung, Triebstecklinge oder Aussaat.
Pflege: Anspruchslos.
Ernte: Frische Blätter nach Bedarf schneiden; zum Trocknen Triebspitzen ernten und bündeln.
Hinweis: In Form von Brühen oder Tees wirkt Wermut gegen Läuse und andere Schädlinge (→ *Kräuterauszüge*). Neben Johannisbeeren gepflanzt verhindert er den Säulenrost an den Beerensträuchern.

Werre
Volkstümlicher Name für die → *Maulwurfsgrille*

Wespe
In der zoologischen Systematik stellen die Wespen mehrere Unterordnungen der → *Hautflügler* (Insekten mit häutigen Flügeln): Pflanzenwespen, Schnürwespen, die als Nützlinge besonders wichtigen → *Schlupfwespen*, teils an Pflanzen schadende → *Gallwespen* sowie die Stechwespen mit einem Giftstachel.

Die Wespen, die jeder Gartenbesitzer als aufdringliche Besucher seiner Kaffeetafel kennt, sind Stechwespen aus der Familie der Faltenwespen mit etwa 90 Arten; hierzu gehören z. B. Gemeine und Deutsche Wespe sowie die → *Hornisse*, eine Großwespe.

In dem nur ein Jahr bestehenden Nest aus Papiermasse zieht eine Königin mit ihren Arbeiterinnen die Jungen auf. Dabei fangen die Wespen eine Unmenge von Raupen und Insekten, dürfen so betrachtet also durchaus unter die zu schonenden Nützlinge gerechnet werden. Trotz Unterschiede im Detail zeichnen sich diese Wespen immer durch ihre charakteristischen Warnfarben (Gelb-Schwarz) aus.

Freilich stuft man Wespen oft als Lästlinge ein, zumal die Stiche, mit denen sie sich bei vermeintlicher Bedrohung wehren, nicht nur schmerzhaft sind, sondern heftige allergische Reaktionen bewirken können. Ehe man jedoch rigide – und oft für einen selbst gefährliche – Maßnahmen gegen Wespennester ergreift, sollte man wissen, dass Wespen zu den gesetzlich geschützten Tieren zählen. Müssen Nester am Haus entfernt werden, wendet man sich am besten an die zuständige Naturschutzbehörde. Nicht selten übernimmt dies dann die Feuerwehr.

Appetit auf Zucker, der manchmal zu Schäden an Obst oder Weintrauben führt, bekommen Wespen erst, wenn ihr Volk abzusterben beginnt. Meist halten sich die Beeinträchtigungen der Ernte in Grenzen. Gläser oder Flaschen mit Zuckerwasser können die Wespen von reifen Früchten ablenken, manchmal locken sie diese jedoch erst an. Am besten schützt man die Ernte, wenn nötig, mit feinmaschigen Netzen bzw. Vliesen oder durch Gazebeutel (auch → *Weinrebenschädlinge*).

Wespen werden häufig lästig, betätigen sich im Garten aber vorwiegend als Nützlinge.

Wetterzeichen: Ein Regenbogen am Morgen kündigt Schauer aus Westen an, am Abend zeigt er, dass die Wolken nach Osten abziehen.

Wetter

Als Wetter definieren Meteorologen den Zustand der (unteren) Atmosphäre zu einem bestimmten Zeitpunkt an einem bestimmten Ort, der durch das Zusammenwirken der meteorologischen Elemente geprägt ist. Die maßgeblichen Faktoren sind dabei großräumige Luftdruck-, Luftfeuchtigkeits- und Temperaturunterschiede in verschiedenen Schichten der Atmosphäre sowie die globalen Windsysteme. Ursache für das Wettergeschehen im Jahreslauf ist die unterschiedliche Erwärmung von Erd- und Meeresoberflächen. Diese hängt wiederum hauptsächlich von der geographischen Breite ab und damit letztendlich vom Erdumlauf um die Sonne, von ihrer Rotation um die eigene Achse sowie von der Neigung der Erdachse (auch → *Vegetationszeit,* → *Klima*).

Wenige Freizeitaktivitäten sind rund ums Jahr so vom Wetter abhängig wie das grüne Hobby. Temperaturen und → *Niederschläge* bestimmen maßgeblich das Pflanzenwachstum und damit auch die optimalen Termine für fast alle Gartenarbeiten. Ebenso entscheidet das Wetter oft über Erfolg und Misserfolg, sein Verlauf zudem über die Entwicklung von Schädlingen und Krankheiten.

Das Verfolgen der Wetternachrichten wird vielen Gärtnern schnell zur nützlichen Gewohnheit, besonders in kritischen Phasen, etwa wenn beispielsweise → *Frost* droht. Dass die Prognosen der Meteorologen nicht immer zutreffen, hängt nicht nur mit den Unwägbarkeiten atmosphärischer Vorgänge zusammen. Die Auswirkungen einer festgestellten Wetterlage können lokal sehr verschieden sein, bedingt etwa durch Höhen- oder Tallage und Landschaftsausprägung (auch → *Klima*) oder auch aufgrund des → *Kleinklimas*. Wer über einen Internetanschluss verfügt, hat teils die Möglichkeit, selbst kurzfristige regionale Prognosen abzurufen und kann sogar von Warnmeldungen (wetterbedingte Krankheitsentwicklung) von Pflanzenschutzstellen profitieren. Ergänzend dazu hilft eine → *Wettermessung,* das Gartenwetter und seine kleinräumigen Veränderungen besser einzuschätzen.

Erfahrene Gärtner beeindrucken oft durch ausgeprägtes Wetterwissen und -gespür, auch ohne aufwändige Messausrüstung. Sie kennen die Verhältnisse vor Ort genau und vermögen zudem Zeichen am Himmel und in der Natur zu deuten. Einsteigern hilft hier bis zu einem gewissen Grad entsprechende Spezialliteratur, etwa zur Wolkenbeobachtung und Interpretation von Winden. Auch manche → *Bauernregeln* können Anhaltspunkte bieten, eigene Erfahrungen mit der Wetterbeobachtung zu sammeln.

Wetterdistel

Anderer Name für die → *Silberdistel,* die ihre silbrigen Randblüten bei abnehmender Luftfeuchte öffnet und damit Schönwetter anzeigt.

Wettermessung

Die gebräuchlichsten Utensilien, um im Garten Wetterdaten zu ermitteln, sind sicherlich → *Thermometer* und → *Regenmesser*. Eine wichtige Ergänzung für Wetterinteressierte ist das → *Barometer*. Da es Auskunft über den Luftdruck und seine Änderungen gibt, kann es am ehesten als „Prognoseinstrument" dienen. Nützlich als Ergänzung ist zudem ein → *Hygrometer* zum Festellen der Luftfeuchtigkeit. Kommt noch ein Windsack oder eine Windfahne hinzu, die die Windrichtung und -stärke verraten, verfügt man über ein Instrumentarium zum Ermitteln aller Wetterelemente. Mit etwas Erfahrung und Hintergrundwissen lassen sich damit recht gut Vorhersagen für das Gartenwetter der nächsten Tage treffen.

Meist jedoch nutzt man solche Gerätschaften zum Ermitteln des Ist-Zustands bzw. dessen, was die Tage vorher brachten (Minimum-Maximum-Thermometer, Regenmesser); dies als Entscheidungshilfe, ob z. B. noch nächtliche Frostschutzabdeckung nötig ist, schon gesät werden kann oder die Pflanzen noch einige Zeit ohne Gießen auskommen. Macht man sich ein wenig Mühe, die gemessenen Werte täglich zu notieren, erhält man mit der Zeit einen sehr guten Einblick in die Wetterverhältnisse vor Ort. In Verbindung mit anderen Aufzeichnungen in einem → Gartentagebuch kann dies äußerst praktischen Nutzen entfalten. Man muss es nicht ganz so genau nehmen wie die amtlichen Wetterdienste, doch der Wert der Aufzeichnungen hängt wesentlich davon ab, dass man sie regelmäßig und dies stets ungefähr zur gleichen Uhrzeit durchführt.

Für engagierte „Wetterkundler" empfiehlt sich eine kleine Gartenwetterstation mit Thermo-, Baro- und Hygrometer. Solche Stationen gibt es komplett zu kaufen, man kann sie aber leicht mit Einzelgeräten seiner Wahl selbst bauen. Wichtig ist, dass die Geräte durch Seitenwände und ein schräges Dach (Regewasserablauf) geschützt sind. Die Gehäuse werden hell gestrichen, um Sonnenstrahlen zu reflektieren. Man bringt sie auf einem stabilen Pfahl in 1,5 – 2 m Höhe an. Um Verfälschungen der Messergebnisse zu vermeiden, sollte man die Wetterhäuschen nicht in der Nähe einer warmen Hauswand sowie schattig und windgeschützt platzieren; mit der Vorderfront möglichst nicht direkt nach Süden oder Westen. Ein ganz anderer Gesichtspunkt der Aufstellung ist möglicher Diebstahl in frei zugänglichen Gärten. Ein teures Barometer z. B. wird im Zweifelsfall besser geschützt aufgehängt, es erfüllt seine Dienste auch, wenn es drinnen untergebracht ist.

Weymouthskiefer

Hohe nordamerikanische → Kiefer, die im Garten vorwiegend in kleineren Sorten angepflanzt wird.

Wicke

LATHYRUS ODORATUS

Mit dem Namen Wicke verbindet man im Garten in erster Linie die einjährigen Duft- oder Edelwicken, die botanisch streng genommen zu den Platterbsen gehören. Sie klettern mithilfe von Blattranken an Spalieren empor und öffnen unermüdlich ihre betörend duftenden, pastellfarbenen Schmetterlingsblüten. Ausdauernd wächst dagegen die ebenfalls kletternde Staudenwicke (L. latifolius), die kleinere, je nach Sorte rosa, weiße oder purpurne Blüten trägt. Sie stellt dieselben Ansprüche und ist sehr pflegeleicht. Beide Arten stammen ursprünglich aus Südeuropa und enthalten insbesondere in den Samen Giftstoffe.

Die eigentlichen Wicken bilden die Gattung Vicia, sie dienen zum Teil als → Gründüngung.

Merkmale: Einjährige Kletterpflanze, 100 – 200 cm hoch; Sorten teils auch buschig, nur 20 – 60 cm hoch; kantige Stängel; gefiederte Blätter mit Blattranken; duftende Schmetterlingsblüten, je nach Sorte weiß, rosa, lachsfarben, rot, blau oder violett; erbsenartige Hülsenfrüchte, giftig.

Blütezeit: Juni – September
Verwendung: Im Hintergrund von Beeten und Rabatten, an Zäunen, in Pflanzgefäßen; gute Schnittblume.
Standort: Windgeschützt; durchlässiger, frischer, humoser Boden.
Kultur: Anzucht ab März, Pflanzung ab Mitte Mai mit 10 – 30 cm Abstand; oder Aussaat im April direkt an Ort und Stelle.
Pflege: Jungpflanzen für bessere Standfestigkeit etwas anhäufeln; Kletterhilfe geben, z. B. in Form von Spalieren, Spanndrähten oder gespannten Schnüren; gleichmäßig feucht halten; Verblühtes entfernen.

Wickler

Diese → Schmetterlinge – sie bilden eine eigene Familie – tragen ihren Namen wegen der Fähigkeit der Raupen, Teile von Pflanzen mit seidigen Fäden zusammenzu„wickeln". Die erwachsenen, dämmerungs- oder nachtaktiven Tiere sind meist kleiner als 20 mm und oft sehr unauffällig. Allerdings gilt der 14 – 18 mm lange Prachtwickler als der bunteste unter den heimischen Schmetterlingen.

Duftwicke (Lathyrus odoratus)

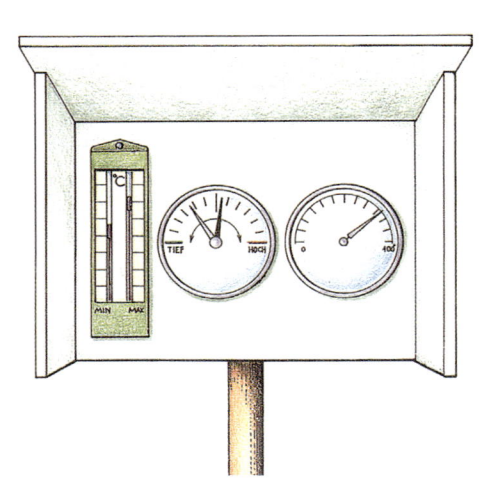

Gartenwetterstation mit Minimum-Maximum-Thermometer, Barometer und Hygrometer

WIESENSCHAUMKRAUT

Apfelwickler

Leider gehören viele Wicklerarten zu den Schädlingen, weil sich ihre Raupen über Triebe, Blätter oder Früchte von Gehölzen, Stauden und Nutzpflanzen hermachen. Neben raupentypischen → *Fraßschäden* sind häufig eingerollte Blätter sowie Gespinste charakteristische Anzeichen für Wicklerbefall. Große Bedeutung haben einige Arten als Forstschädlinge, z. B. der Eichenwickler. Im Garten und im Obstbau bereiten Wickler vor allem Probleme als → *Apfelschädlinge*, darunter auch der an verschiedenen Obstarten auftretende → *Schalenwickler*, als → *Erbsenschädlinge*, → *Fichtenschädlinge*, → *Kiefernschädlinge*, → *Pfirsichschädlinge*, → *Pflaumenschädlinge* und → *Weinrebenschädlinge*. In anderen Fällen stellen sie meist keine ernste Bedrohung dar, zumal sie reichlich natürliche Feinde haben. Oft kann man sie schon durch frühzeitiges Entfernen von Raupen in Schach halten oder notfalls mit *Bacillus-thuringiensis*-Präparaten bekämpfen.

Wiese
Natürliche Pflanzengesellschaft offener Flächen; je nach Art des Bodens und Besonnung gesellen sich unterschiedliche Wildkräuter zu den charakteristischen Gräsern (auch → *Rasen*), so etwa auf → *Feuchtwiesen*. Wiesen im landwirtschaftlichen Sinne sind dagegen Grünflächen, die durch Mähen (Heugewinnung) genutzt werden. Mit den üblichen → *Blumenwiesen* versucht man, die Vegetation von extensiv bzw. naturnah bewirtschafteten Wiesen in den Garten zu holen; auch → *Magerwiese*.

Wiesenknopf
Gattung heimischer Wildstauden mit roten Blütenknöpfchen; der Kleine Wiesenknopf, bekannt als → *Pimpernelle*, wird als Würzpflanze kultiviert.

Wiesenkönigin
Volkstümlicher Name für das Echte → *Mädesüß*, eine hohe Staude mit gelblich weißen Blüten, die auf feuchten Standorten wächst.

Wiesenmargerite
Die bekannte heimische Margerite, die auf Wiesen bis hoch hinauf ins Gebirge wächst und in Zuchtformen im Garten gepflanzt werden kann.
→ *Margeriten, Stauden*

Wiesenraute
THALICTRUM AQUILEGIFOLIUM

Die Wiesen- oder Amstelraute gehört zu den Hahnenfußgewächsen und stammt aus Europa. Neben der reinen Art, die man blütenlos leicht mit einer → *Akelei* verwechseln kann, werden auch einige Sorten angeboten, darunter weiß bzw. gefüllt blühende. Das gelb blühende Pendant stellt die von Europa bis Asien heimische Gelbe Wiesenraute (*T. flavum*) dar, die bis 200 cm hoch wächst.
Merkmale: Staude, straff aufrecht, buschig, 80 – 150 cm hoch; gefiederte Blätter mit rautenförmigen Teilblättchen; flauschig fedrig wirkende Blüten in Büscheln, rosa bis helllila, bei Sorten auch weiß oder violett.
Blütezeit: Mai – Juli
Verwendung: Am Gehölzrand, auf Beeten und Rabatten; sehr attraktiv

Wiesenraute (Thalictrum aquilegifolium)

zu Trollblumen, Glockenblumen und Astilben.
Standort: Vorzugsweise halbschattig und luftfeucht; durchlässiger, frischer bis leicht feuchter, humoser Boden.
Pflanzen/Vermehren: Pflanzung bevorzugt im Frühjahr; Vermehrung durch Teilung oder Aussaat.
Pflege: Anspruchslos; auf gleichmäßig hohe Wasserversorgung achten; eventuell stützen und aufbinden.

Wiesenrispengras
Robustes → *Rispengras*, das als → *Rasengras* Verwendung findet.

Wiesenschaumkraut
CARDAMINE PRATENSIS

Der auf feuchten Wiesen von Europa über Nordasien bis Nordamerika sehr häufig zu findende Kreuzblütler erhielt seinen Namen, weil man an den Stängeln oft Schaumtropfen, den so genannten Kuckucksspeichel von → *Zikaden* (Schaumzirpen), findet. Gepflanzt wird meist die üppig gefüllt blühende Sorte 'Plena'.
Merkmale: Staude, aufrecht mit rosettigen Grundblättern, 10 – 50 cm hoch; gefiederte Blätter; weiße bis blassvio-

Wiesenschlüsselblume

Wiesenschaumkraut (Cardamine pratensis)

lette Schalenblüten mit dunkler Aderung; schlanke Schotenfrüchte.
Blütezeit: April – Juni
Verwendung: An Gewässerufern und in feuchten Wiesen; schön mit Trollblumen, Rosenprimeln oder Sumpfvergissmeinnicht.
Standort: Am besten absonnig bis halbschattig; feuchter, zeitweilig auch nasser sowie nährstoffreicher Boden.
Pflanzen/Vermehren: Pflanzung bevorzugt im zeitigen Frühjahr; Vermehrung durch Teilung nach der Blüte oder durch Aussaat, meist sät sich die Pflanze von selbst aus.
Pflege: Anspruchslos; Rückschnitt nach der Blüte bewirkt oft eine Nachblüte im Frühsommer.
Hinweis: Futterpflanze für die Raupen des Aurorafalters.

Wiesenschlüsselblume
Heimische → *Primel* mit schwefelgelben Blüten in Dolden

Wiesenschnake
Gehört, wie die ganze Familie der Schnaken, zu den → *Mücken*. Ihre Larven können als → *Rasenschädlinge* Teile der Grasnarbe zerstören.

Wiesenstorchschnabel
Heimischer, Feuchtigkeit liebender → *Storchschnabel* mit meist blauvioletten Blüten

Wildapfel
Gehört zu den Stammarten der Kulturapfelsorten (→ *Apfel*), wird manchmal für Wildhecken verwendet.
→ *Holzapfel*

Wildbirne
Gehört zu den Stammarten der Kulturbirnensorten (→ *Birne*); Früchte dienen teils zur Mostbereitung.
→ *Holzbirne*

Wildblumen
→ *Wildkräuter,* → *Wildstauden,* auch → *Blumenwiese*

Wilder Wein
PARTHENOCISSUS

Die unter dem Namen Wilder Wein populären Klettergehölze werden von Botanikern lieber als Jungfernreben bezeichnet. Denn sie gehören zwar wie die echte → *Weinrebe* (Vitis vinifera) und deren Wildarten zur Familie der Weinrebengewächse, stehen aber sonst in keinem engeren Verhältnis zu den Trauben liefernden Gehölzen. Ihre kleinen, blauschwarzen Beerenfrüchte sind sogar ungenießbar bis schwach giftig. Verwendung finden zwei Arten, deren unterschiedliche Blattformen im deutschen wie im botanischen Namen festgehalten sind: Dreilappige Jungfernrebe (*P. tricuspidata*) und Fünfblättrige Jungfernrebe (*P. quinquefolia*). Erstere stammt aus Ostasien, zweitere aus Nordamerika und kommt in Europa verwildert vor.

Attraktive Laubvorhänge bilden beide Arten, besonders wenn sich die Blätter im Herbst goldgelb, orangerot, purpurn oder schwarzrot verfärben. Sie gelten zwar als Selbstklimmer, da ihre Ranken an den Enden zu Haftscheiben umgebildet sind. Doch diese Eigenschaft ist nicht bei allen Varietäten und Sorten gleich stark ausgeprägt, bei manchen fehlen die Haftscheiben ganz. Sie brauchen dann unbedingt ein Gitter oder Spanndrähte als Unterlage. Zuverlässig selbstkletternd ist z. B. *P. quinquefolia* var. *engelmannii*.
Merkmale: *P. tricuspidata:* Klettergehölz, 5 – 15 m hoch; Ranken meist mit Haftscheiben; glänzend hellgrüne, in drei spitze Lappen auslaufende, herzförmige Blätter (daneben auch ungelappte Blätter), Herbstfärbung leuchtend gelb bis dunkelrot; unscheinbare, gelbgrüne Blütchen in Trauben; kleine, schwarzblaue Beerenfrüchte. *P. quinquefolia:* Ähnlich, jedoch Kulturformen meist etwas schwächer wachsend und insgesamt zierlicher; gefingerte Blätter aus fünf schlanken Abschnitten (manchmal auch drei oder sieben), Herbstfärbung in Rottönen.
Blütezeit: Juni – August
Verwendung: Zur Begrünung von Mauern und Hauswänden, für Pergolen und Lauben.

Wilder Wein bzw. Dreilappige Jungfernrebe (Parthenocissus tricuspidata)

Wildling

Standort: Im Schatten weniger ausgeprägte Laubfärbung; gedeiht auf fast jedem Untergrund, optimal sind tiefgründige, frische bis leicht feuchte, nährstoffreiche Böden; rauchhart, für Stadtklima gut geeignet.
Pflanzen/Vermehren: Pflanzung im Herbst oder Frühjahr; gewöhnlich werden die Pflanzen veredelt.
Pflege: Anspruchslos; Rückschnitt nach Bedarf und Belieben, kann auch radikal erfolgen.

Wildgarten
Ein Garten, der vorrangig nach ökologischen Gesichtspunkten gestaltet ist.
→ *Naturgarten*

Wildgehölze
Im ganz strengen Sinn versteht man unter Wildgehölzen nur heimische → *Gehölze,* die sich in der freien Landschaft gänzlich ohne Zutun des Menschen entwickelt und etabliert haben. Davon können etliche in kaum veränderter Form als Gartengehölze Verwendung finden, so etwa Faulbaum, Hainbuche, Holunder, Kornelkirsche, Pfaffenhütchen, Sanddorn, Weißdorn und mitteleuropäische Wildrosen. Bei „toleranter" Betrachtungsweise fallen auch → *eingebürgerte Pflanzen* wie Goldregen und Essigbaum in diese Kategorie. Das Wildgehölzangebot von Baumschulen umfasst darüber hinaus aber auch Gehölze wie den südeuropäischen Blasenstrauch (*Colutea arborescens*) oder die Japanische Weinbeere (*Physocarpus opulifolius*), die vor allem als Landschaftsgehölze gepflanzt werden. Der Begriff wird damit in der Praxis ausgedehnt auf alle Gehölze, die züchterisch nicht oder nur sehr wenig bearbeitet wurden, in der Regel geringe Ansprüche an Boden und Pflege stellen und für die heimische Tierwelt von besonderem Wert sind.

Im Garten fördert man durch Anpflanzen von Wildgehölzen – bevorzugt in Hecken oder kleinen Gehölzgruppen – neben Vögeln auch andere → *Nützlinge.* Man muss jedoch berücksichtigen, dass viele Wildgehölze sehr wuchskräftig sind und sich teils auch durch Ausläufer stark ausbreiten.

Wildhecke
→ *Hecke,* die mit heimischen → *Wildgehölzen* gestaltet wird und Tieren Unterschlupf sowie Nahrung bietet.

Wildkaninchen
Die heimischen → *Kaninchen,* die in manchen Gärten zu Plagegeistern werden können.

Wildkirsche
Damit ist meist die → *Vogelkirsche* gemeint; zuweilen auch Stamm- und verwilderte Formen der → *Sauerkirsche* bzw. Weichsel.

Wildkräuter
Als „Kräuter" werden im naturkundlichen Sprachgebrauch Pflanzen bezeichnet, die weder verholzen noch zu den Gräsern zählen. Oft trennt man wiederum die ausdauernden → *Wildstauden* hiervon ab, so dass in erster Linie heimische ein- und zweijährige Pflanzen unter dem Begriff Wildkräuter laufen. Teils wird die Bezeichnung auch alternativ für → *Unkräuter* verwendet. Wie unter jenem Stichwort beschrieben, sind jedoch die Grenzen zwischen „Un"-Kraut und zierendem Kraut teils ebenso fließend wie zwischen menschenunabhängigen Wildpflanzen und „halbwilden" Kulturbegleitern. Ansehnliche Arten wie Eselsdistel, Natternkopf, Kornblume, Kornrade und heimische Ochsenzunge (*Anchusa officinalis*) können als Wildblumen Naturgartenecken oder Beete bereichern, Klatschmohn & Co. bilden Blütentupfer auf → *Blumenwiesen,* Löffelkraut, Gänsefuß und Melden können als Salat oder Gemüse genutzt werden. Ebenso wie bei Wildgehölzen oder -stauden grenzt man im Garten ursprünglich fremdländische Kräuter nicht unbedingt aus: Auch Borretsch, Jungfer-im-Grünen, Resede oder Nachtkerze warten mit naturnahem Charme auf und nutzen heimischen Insekten.

Natternkopf, Wildkraut mit hübschen Blüten

Wildling
Als Wildlinge, Wildtriebe, -schösslinge oder Triebausschläge bezeichnet man Sprosse, die bei veredelten Gehölzen aus der → *Unterlage* austreiben, meist aus deren Wurzelbereich bzw. Stammbasis, bei Hochveredlungen zuweilen auch weiter oben am Stamm. Häufig treten solche Wildlinge vor allem dort auf, wo die → *Veredlungsstelle* beim Pflanzen unter die Erde kommt, etwa bei Rosen, Flieder und Zaubernuss. Da Wildlinge Nährstoffe zu Lasten der Edeltriebe verbrauchen, sollten sie regelmäßig möglichst nah am Stamm abgeschnitten werden; dazu, wenn nötig, Wurzelhals vorsichtig freilegen. Bei buntblättrigen Gehölzen fallen Wildlinge durch die grüne Blattfarbe auf, bei „Korkenzieher"-Formen durch geraden Wuchs.

Wildnarzisse

Wildobstfrüchte wie die der Eberesche sind oft erst nach Verarbeitung genießbar.

Wildstaude für lichte Schattenplätze: die Waldanemone

Wildnarzisse
Gruppe der → *Narzissen*, die natürlich vorkommende Arten und Hybriden umfasst.

Wildobst
Obstarten, die zu den → *Wildgehölzen* zählen, z. B. Eberesche, Gewöhnliche Hasel, Kornelkirsche, Holunder, Wildrosen; auch kleinere oder Halbsträucher wie Heidelbeere und Preiselbeere, sofern es sich nicht um Kultursorten handelt (auch → *Obst*). Die Stauden werden beim Wildobst durch die Walderdbeeren vertreten.

Wildrose
Heimische und fremdländische → *Rosen*, die züchterisch wenig bearbeitet und im Gegensatz zu den modernen Rosen noch eindeutig auf bestimmte Arten zurückzuführen sind. Sie wachsen meist als breit buschige Sträucher, blühen kurz und intensiv im Frühsommer und bilden Hagebutten.

Wildstauden
Züchterisch nur wenig bearbeitete → *Stauden*, also ausdauernde krautige Pflanzen, die weitgehend ihren natürlichen Charme behalten haben. Sie blühen in der Regel weniger üppig als die so genannten Pracht- oder Beetstauden, sind dafür sehr pflegeleicht und oft an bestimmte, teils auch extreme Standorte besonders gut angepasst. Bei strenger Betrachtungsweise zählt man zu den Wildstauden nur heimische Arten, die in der Natur fernab menschlicher Einflüsse gedeihen. Doch wie bei → *Wildgehölzen* und → *Wildkräutern* wird die gärtnerische Einstufung meist großzügiger gehandhabt – bis hin zu fremdländischen, aber natürlich wirkenden Arten, die Insekten und anderen Kleintieren Nahrung bieten.

Etliche Stauden, die in den Gärten wachsen, gehören – sofern die reine Art gepflanzt wird – zu den Wildstauden, z. B. Akelei, Buschwindröschen, verschiedene Fetthennen, Waldgeißbart, überhaupt zahlreiche Steingarten-, Teich- und Schattenpflanzen sowie Gräser und Farne. Da sich einige Wildstauden stark durch Ausläufer oder Selbstaussaat verbreiten, werden sie – je nach Betrachtungsweise – teils auch zu den → *Unkräutern* gerechnet.

Wildtulpe
Gruppe der → *Tulpen*, die natürlich vorkommende Arten umfasst.

Wind
Wind entsteht als ausgleichende Luftbewegung zwischen warmen und kalten Luftschichten und -massen und damit zwischen hohem und tiefem Luftdruck. Seine für den Wetterbeobachter und Gärtner interessantesten Eigenschaften sind Richtung und Stärke. Die **Windrichtung** zeigen Windfahnen, -säcke oder „Wetterhähne" an, die in ansprechender Ausführung zugleich Dekorationselemente darstellen. Als Windrichtung wird die Himmelsrichtung angegeben, aus der der Wind weht: Wird ein Fähnchen nach Westen geblasen, herrscht Ostwind vor. Im Allgemeinen gilt für die häufigsten Windrichtungen/Luftmassen nach Herkunft:

- West/Nordwest: feuchte Luft, im Sommer kühl, im Winter mäßig kalt
- Ost/Nordost/Südost: trockene Luft, im Sommer warm, im Winter sehr kalt
- Südwest/Süd: feuchte Luft, im Sommer schwülwarm, im Winter mild

Die **Windstärke** wird gemäß einer alten Seefahrerskala des Admirals Beaufort in 12 Stufen angegeben. 1 entspricht dabei leichtem Zug, ab 12 beginnt der Orkan. Blätter und Zweige werden etwa ab Windstärke 3 (frische Brise) bewegt, zum Bruch kräftiger Äste kommt es ab Windstärke 8 (stürmischer Wind), ab 9 herrscht Sturm, bei dem teils schon Bäume entwurzelt werden.

Doch schon geringere Windstärken haben **Auswirkungen** und können Pflanzen, je nach Empfindlichkeit, im Wuchs beeinträchtigen oder z. B. Stängel abknicken. Außerdem senkt Wind die Temperaturen direkt an der Pflanze ab (gefährlich im Frühling), verstärkt als Ost- oder Nordwind in der kalten Jahreszeit die Frostgefahr, erhöht → *Verdunstung* und → *Transpiration* sowie die → *Erosion* unbewachsener Flächen. Schließlich macht starker und ausdauernder Wind auch den Aufenthalt im Garten unangenehm. Aus all diesen Gründen kann → *Windschutz* erforderlich werden. Allerdings sollte man nicht unbedingt versuchen, Wind vollständig aus dem Garten zu verbannen, denn er hat auch seine Vorteile. Manche Pflanzen brauchen ihn für die → *Bestäubung,* zudem führt Luftbewegung zum schnelleren Abtrocknen von Pflanzen nach Regen, was die Ausbreitung von Pilzkrankheiten einschränkt. Auch Schädlinge wie z. B. Spinnmilben mögen keine windigen Plätze.

Winde
CONVOLVULUS TRICOLOR

Die für die Familie der Windengewächse typischen Vertreter dieser Gattung erkennt man an den meist großen Trichterblüten, die sich spiralig öffnen bzw. bei schlechtem Wetter sowie abends wieder einrollen. Fast alle sind Kletterpflanzen, die ihre langen, elastischen Triebe um jede sich bietende Stütze schlingen. In lebhaften Farben präsentieren sich die Blüten der Dreifarbige Winde (*C. tricolor*) aus Südeuropa und Nordafrika.

Eine zart hellblau blühende Art ist die etwas empfindlichere Blaue Mauritius (*C. sabatius*), die vorwiegend als Balkonschmuck Verwendung findet und in ihrer Heimat als Halbstrauch wächst.

Daneben gibt es unter den Winden jedoch auch weniger geschätzte Vertreter, nämlich Ackerwinde (*C. arvensis*) und die nah verwandte Zaunwinde (*Calystegia sepium*). Beide haben zwar ebenfalls ansprechende, hellrosa bzw. weiße Trichterblüten. Da sie jedoch andere Pflanzen überwuchern und umschlingen und sich sehr stark ausbreiten, gelten sie als hartnäckige → *Unkräuter.*

Merkmale: Einjährige Sommerblume, niederliegend und kriechend, später sich aufrichtend und kletternd oder auch buschig, 20 – 40 cm hoch, einzelne Triebe bis 100 cm lang; breit lanzettliche Blätter; große Trichterblüten, je nach Sorte weiß, rosa, blau oder violett, stets mit weißem Muster und gelbem Auge, oft in Prachtmischungen angeboten.

Blütezeit: Juni – September
Verwendung: Auf Beeten und Rabatten; in Kästen, Kübeln und Schalen, auch in Ampeln.
Standort: Vollsonnig; durchlässiger, frischer bis mäßig trockener, humoser Boden.
Kultur: Anzucht Anfang April mit Pflanzung ab Mitte Mai; oder Saat an Ort und Stelle ab April bis Mitte Mai, Sämlinge später auf 15 – 20 cm Abstand ausdünnen. Blaue Mauritius durch Stecklinge im Herbst bis Frühjahr vermehrbar.
Pflege: Gleichmäßig leicht feucht halten, in Gefäßen alle paar Wochen düngen. Bei Blauer Mauritius verblühte Triebe zurückschneiden; kann hell bei 10° C überwintert werden.

Blaue Mauritius (Convolvulus sabatius)

Windepflanzen
Werden auch Schlingpflanzen genannt; → *Kletterpflanzen,* die sich mit langen Sprossachsen um die Unterlage nach oben winden.

Windröschen
Anderer Name für → *Anemonen*

Windschutz
Direkten Windschutz einzelner Pflanzen betreibt man im Grunde nur beim → *Winterschutz,* bei dem diverse Abdeckungen und Vorrichtungen die Pflanzen auch vor kalten und austrocknenden → *Winden* bewahren. Ansonsten empfiehlt sich für windempfindliche Pflanzen von vornherein ein geschützter Standort.

Für diesen können in windgeplagten Gärten verschiedene Barrieren sorgen, nämlich Mauern, massive Holzelemente, Gehölzgruppen oder Hecken. Zum kleinräumigen Schutz bestimmter Ecken erfüllen starre, bauliche Einrichtungen ihren Zweck sehr gut. Anders jedoch beim Abschirmen größerer Flächen gegen die Hauptwindrichtung: Der auftreffende Wind wird an festen Hindernissen wie Mauern zwar stark gebremst, die Wirkung reicht jedoch nicht besonders weit; → *Windschutzpflanzung*.

Windschutzpflanzung
Kleinere Areale kann man recht gut selbst durch Pflanzung von Hecken oder Gehölzgruppen vor → *Wind* schützen. Man sollte sich dazu in einer Baumschule nach Windverträglichkeit und Kombinationseignung der Gehölze erkundigen. Als gute Windschutzgehölze gelten z. B. Bergkiefer, Eibe, Hartriegel, Hasel, Kreuzdorn, Lebensbaum, Liguster, Pappel, Sanddorn, Gemeiner Schneeball, Weiden und Weißdorn. Gemischte Pflanzungen sind im Allgemeinen für diesen Zweck vorteilhaft. Um kräftige Winde abzuhalten, kann eine zweireihige

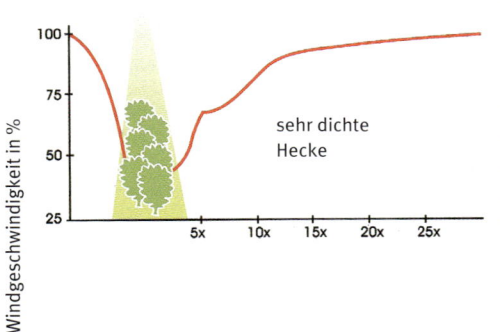

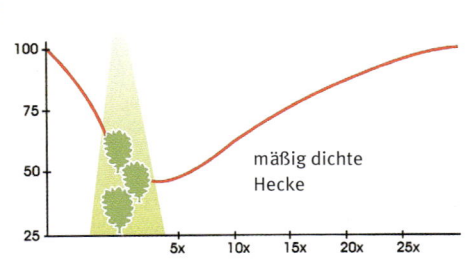

Winteraster

Windschutzeffekt bei unterschiedlich dichten Pflanzungen. Hinter einer sehr dichten, z. B. 2 m hohen Hecke bilden sich schon ab 6 – 8 m Entfernung böige Wirbel, ca. 30 m dahinter erreicht der Wind schon wieder fast seine volle Geschwindigkeit.

Pflanzung nötig werden. Für größere Flächen und bei starker Windbeeinträchtigung lohnt sich die Inanspruchnahme von Fachleuten, da im Detail einiges beachtet werden muss.

Die Reichweite von Windschutzeinrichtungen ist proportional zur Höhe, d. h., eine 2 m hohe Hecke schützt einen doppelt so langen Bereich wie eine 1 m hohe. Reichweite und Wirkung hängen aber auch von der Durchlässigkeit des Hindernisses ab. Trifft → *Wind* auf eine mäßig dichte Hecke, wird er nicht wie bei einer Mauer vollständig gebremst, sondern Äste, Zweige und Laub brechen seine Kraft und verlangsamen die Windgeschwindigkeit. Eine sehr dichte Hecke hat dagegen die selben Auswirkungen wie eine feste Barriere: Der Wind wird nach oben abgelenkt, dadurch entstehen auf der (windabgewandten) Leeseite des Hindernisses Unterdruck und Wirbel. Nach diesem Bereich der Wirbelbildung steigt die Windgeschwindigkeit rasch wieder an, um einiges schneller als bei einer Pflanzung mit mittlerer Durchlässigkeit. Nebenstehende Abbildung zeigt diesen Verlauf schematisch. Die Dichte der Hecke hängt nicht nur von den Pflanzenabständen ab, sondern auch von der Struktur (Verzweigung, Belaubung) der verwendeten Gehölze. Allerdings darf die Hecke auch keine größeren Lücken haben, sonst wird der Wind durch einen „Düseneffekt" verstärkt.

Winteraster

Andere Bezeichnung für die beliebte → *Chrysantheme*

Winterblüte

CHIMONANTHUS PRAECOX

Das außergewöhnliche Gewürzstrauchgewächs aus China fällt mit seiner Blütezeit, die der deutsche Name verrät, aus der Reihe. Seine Blätter enthalten Giftstoffe.

Winterblüte (Chimonanthus praecox)

Merkmale: Strauch, locker buschig, 2 – 3 m hoch, bis 2,5 m breit; ovale, zugespitzte, glänzend hellgrüne Blätter; an vorjährigen Trieben stark würzig duftende, hellgelbe, innen purpurn gemusterte Glockenblüten.
Blütezeit: Januar – März in frostfreien Perioden; kommt nur in wintermilden Gegenden sicher und regelmäßig zur Blüte
Verwendung: Für Einzelstellung.
Standort: Hell, aber nicht in praller Sonne, warm und geschützt; durchlässiger, frischer, humoser Boden.
Pflanzen/Vermehren: Pflanzung bevorzugt im Frühjahr; Vermehrung durch Stecklinge oder Aussaat.
Pflege: Möglichst ungeschnitten lassen; einmal jährlich düngen.

Winterbohnenkraut

Ausdauerndes Würzkraut, ist auch als Bergbohnenkraut bekannt.
→ *Bohnenkraut*

Winterendivie

Anderer Name für die → *Endivie*, die man bis in den November hinein ernten kann.

Winterfütterung

Ob man den → *Vögeln* im Garten durch Bereitstellen von Futter über den Winter helfen soll, bietet häufig Anlass für Kontroversen. Biologen und Artenschützer vertreten oft einen hart klingenden Standpunkt, nach dem eine Winterfütterung ganz unterbleiben sollte. Untersuchungen haben gezeigt, dass Vögel in stark befütterten Regionen die Suche nach natürlichen Futterquellen ganz einstellen; manche Zugvögel wie Star und Mönchsgrasmücke werden dadurch sogar so bequem, dass sie über Winter hier bleiben. Außerdem geraten die Standvögel, die im Herbst nicht wegfliegen, gegenüber den Zugvögeln in Vorteil: Sie sind im Frühjahr, wenn es um die besten

WINTERGARTEN

Bei aller Freude am winterlichen Vogelbesuch sollte eine Fütterung zurückhaltend und mit Bedacht erfolgen.

Brutplätze geht, kräftiger und aufgrund des Durchfütterns schwacher Tiere in größerer Zahl vorhanden.

Dennoch ist es eine schöne Sache, Vögel am Futterhäuschen zu beobachten. Manche Naturschützer sehen darin auch die positive Seite der Winterfütterung, da das Interesse an der Vogelwelt den direkten Kontakt mit Wildtieren und das Interesse daran fördert, gerade auch bei Kindern. Zudem stellt sich die Frage, inwieweit eine zurückhaltende Winterfütterung im Vergleich zu Problemen wie etwa den globalen Klimaänderungen ins Gewicht fällt. Entscheidet man sich für eine Winterfütterung, sollte man auf jeden Fall folgende Grundregeln beachten:

- Gefüttert wird nur bei Dauerfrost oder geschlossener Schneedecke; die Fütterung muss vor der Brutzeit eingestellt werden.
- Das Futter muss trocken angeboten werden (überdachter Futterplatz oder hängender Futterballen).
- Vogelhäuschen und Futterbehälter müssen regelmäßig gereinigt und von Kot befreit werden.
- Das Futter darf weder Essensreste noch Brotteig enthalten. Am besten verwendet man Sonnenblumenkerne und Fertigfutter aus dem Tier- bzw. Zoofachhandel. Besonders für Meisen ist fetthaltige Nahrung wichtig, für so genannte Weichfresser wie Heckenbraunelle, Rotkehlchen oder Zaunkönig werden spezielle Weichfuttermischungen angeboten.

Wintergarten

Ein überdachter, verglaster Anbau oder Vorbau am Haus, der in seiner klassischen Form nicht beheizt wird. Die Erwärmung erfolgt, wie beim → *Gewächshaus* beschrieben, durch „Einfangen" der langwelligen Wärmestrahlen, die das Glas kaum mehr passieren. Vom Anlehngewächshaus bis zum Wintergarten ist es nur ein recht kleiner Schritt. Was die Nutzung betrifft, entspricht der Wintergarten in der Regel jedoch eher einer → *Terrasse,* aus der er durch Glasüberbauung entstehen kann. Bei geeigneter Konstruktion kann solch ein Vorbau deutlich wärmedämmende Effekte für den angrenzenden Hausbereich haben und Heizkosten sparen.

Meist dient der Wintergarten als geschützte Verlängerung des Wohnraums zum Garten hin. Entsprechend versieht man ihn mit einem ansehnlichen Fußboden, der häufig mit Platten gefliest wird. Mit solch einem Aufenthaltsraum und Sitzplatz lassen sich angenehm die kühlen Übergangszeiten überbrücken. Wer den Wintergarten ganzjährig nutzen möchte, sollte allerdings eine Zusatzheizung einbauen lassen. Da es umgekehrt im Sommer sehr heiß werden kann, empfehlen sich eine effektive Lüftung und verstellbare Beschattungseinrichtungen (z. B. aus Stoffbahnen oder Rollos aus Lamellen).

Die Konstruktion kann ebenso wie bei Gewächshäusern aus Bausätzen mit Aluminiumteilen oder auch mit stabilen Kunststoffstreben errichtet werden. Für aufwändigere, größere Wintergärten verwendet man gern Holz, Stahlstreben oder ebenfalls Kunststoff. Besonders für den Eigenbau von „maßgeschneiderten" Wintergärten ist schon viel handwerkliches Geschick erforderlich; dichter Abschluss an den Hauswänden, Isolierung, Statik und Sicherheitsaspekte spielen aufgrund der wohnraumähnlichen Nutzung eine besondere Rolle. Die Beauftragung eines spezialisierten Handwerksbetriebs ist in vielen Fällen die bessere Lösung. Häufig wird zudem eine Bauanzeige oder gar -genehmigung erforderlich, worüber das zuständige Bauamt Auskunft gibt. Vor der Realisierung sollte man sich auch Gedanken über Strom- und Wasseranschlüsse machen.

Zum „Garten" wird der Vorbau durch Topf- und → *Kübelpflanzen* aller Art (auch → *Topfgarten*), bis hin zu robusteren Zimmerpflanzen. Gern schmückt man ihn mit Blatt- bzw. Grünpflanzen wie Palmen, Drachenbäumen, *Ficus*-Arten u. Ä. Für viele Kübelpflanzen stellt der helle, frostfreie Wintergarten einen idealen Überwinterungsort dar. Was Temperaturen/Beheizung und mögliche

Als „grünes Wohnzimmer" vermittelt der Wintergarten zwischen Haus und Gartenreich.

Wintergemüse

Pflanzenkultur von Herbst bis Frühjahr angeht, kann man sich am → *Gewächshaus* orientieren (vgl. dort „Gewächshaustypen und -nutzung").

Wintergemüse
Gemüse, die man während des Winters oder zumindest noch bis nach den ersten Frösten ernten kann, z. B. Grünkohl, Rosenkohl, Porree, Spinat, Feldsalat und Chicorée.

Wintergrün
Eigenschaft mancher Gehölze und Stauden; sie behalten ihre Blätter über Winter und ersetzen sie – im Gegensatz zu → *immergrünen Pflanzen* – im Frühjahr durch Neuaustrieb. In sehr strengen Wintern fällt dagegen sogar das Laub mancher wintergrüner Gewächse bzw. stirbt ab (auch → *Halbimmergrün*). Wintergrün im weiteren Sinne sind auch die zweijährigen Pflanzen sowie manche frostverträgliche Einjährige.

Winterhärte
Grundsätzlich eine arttypische bzw. genetisch verankerte Pflanzeneigenschaft, die jedoch durch geeignete Standortwahl und Pflege verbessert werden kann.
→ *Frosthärte*

Winterheide
Anderer Name für die Schneeheide
→ *Heide*

Winterjasmin
JASMINUM NUDIFLORUM

Das Ölbaumgewächs aus Ostasien erregt mit seiner ungewöhnlichen Blütezeit besonderes Aufsehen und gehört zu den wichtigsten Winterblühern.
Merkmale: Kletterstrauch, Spreizklimmer, 1–3 m hoch; grüne, rutenartige Triebe, verspreizen sich bei geeigneter Unterlage, sonst niederliegend bis hängend; kleine, dunkelgrüne, dreizählige Blätter; gelbe, sternförmige Blüten.
Blütezeit: Dezember – April, jedoch nur in wärmeren Perioden
Verwendung: Einzeln oder in Gehölzgruppen; an Böschungen oder auf Mauerkronen hängend, an Zäunen, Klettergerüsten oder größeren Sträuchern aufrecht; auch für Gefäßkultur.
Standort: Auch absonnig; warm und geschützt; durchlässiger, frischer bis feuchter, nährstoffreicher, gern stark kalkhaltiger Boden; gut rauchhart, für Stadtklima bestens geeignet.
Pflanzen/Vermehren: Pflanzung im Frühjahr oder Herbst; Vermehrung durch Absenker oder Stecklinge, auch Aussaat möglich.
Pflege: Anspruchslos; soll der Winterjasmin aufrecht wachsen, Triebe am besten aufbinden; alle 2 bis 3 Jahre auslichten.

Winterlinde
Heimische → *Linde,* die zu einem mächtigen Baum heranwächst; einige Sorten bleiben kleiner und kommen für größere Gärten infrage.

Winterjasmin (Jasminum nudiflorum)

Winterling (Eranthis hyemalis)

Winterling
ERANTHIS HYEMALIS

Das kleine heimische Hahnenfußgewächs gehört zu den frühesten Blühern im Jahr. Die Blütezeit dieser reizenden Gewächse lässt sich ausdehnen, wenn man zusätzlich die ähnliche Art *E. cilicica* aus Kleinasien pflanzt, deren Flor gleich im Anschluss erscheint. Aus der Kreuzung dieser beiden Arten entstand *E. × tubergenii*; diese Hybride zeigt sich in allen Teilen etwas größer, blüht anhaltender und setzt keine Samen an. Die Pflanzen enthalten in allen Teilen, besonders aber in den Knollen, Giftstoffe.
Merkmale: Eintriebige Knollenpflanze, 5–15 cm hoch; durch Selbstaussaat und Brutknollen schnell größere, teppichartige Bestände bildend; fein zerteiltes Laub, das erst nach der Blüte austreibt und bald wieder einzieht; kugelige, goldgelbe Blüten über einem Quirl fein zerschlitzter Hochblätter.
Blütezeit: Februar – März
Verwendung: Am Gehölzrand, im Steingarten, in lückigen Wiesen und schütteren Rasenflächen; auch für Gefäßkultur geeignet.
Standort: Bei guter Wasserversorgung auch sonnig; durchlässiger, im Frühjahr frischer bis leicht feuchter

WINTERSCHUTZ

Boden, der im Sommer trockener sein kann.
Pflanzen/Vermehren: Erbsengroße Sprossknollen im August oder September 3 – 5 cm tief und mit 5 – 10 cm Abstand einsetzen, am besten vorher über Nacht in lauwarmem Wasser einweichen; Vermehrung durch Teilung größerer Bestände, durch Abnahme von Brutknollen; durch Aussaat (langwierig); versamt sich selbst.
Pflege: Anspruchslos.

Winterportulak
MONTIA PERFOLIATA

Das Portulakgewächs aus Nordamerika, nicht direkt verwandt mit dem sommerlichen → *Portulak,* ist überaus anpassungsfähig und gilt mittlerweile in Mitteleuropa als eingebürgert. Die auch unter den Namen Kubaspinat, Postelein oder Tellerkraut bekannte Pflanze ist einjährig, übersteht den Winter jedoch schadlos und ist dank ihrer kurzen Entwicklungsdauer eine ausgezeichnete Nachkultur. Das spinatähnliche Blattgemüse enthält sehr viel Vitamin C und Eisen.
Merkmale: Einjähriges, wintergrünes Blattgemüse; dicht buschig wachsend, 20 – 25 cm hoch; lang gestielte, fleischige Blätter, erst spatelförmig, später tellerartig; dünne Stängel mit kleinen weißen Sternblüten.
Blütezeit: April – Juni, je nach Kultur aber auch zu anderen Zeiten
Standort: Am besten halbschattig; durchlässiger, frischer bis feuchter Boden.
Kultur: Direktsaat ins Freie von September bis März, sofern frostfrei; die feinen Samen sehr flach in Reihen mit 15 – 20 cm Abstand oder breitwürfig säen, nach dem Auflaufen auf etwa 20 cm Abstand ausdünnen; auch für Frühbeet und Gewächshaus geeignet.
Pflege: Anspruchslos.

Winterportulak (Montia perfoliata) ist nicht mit Portulak identisch.

Ernte: Frische Blätter nach Bedarf abschneiden, am besten noch vor der Blüte; schont man das Herz der Pflanze, wachsen laufend Blätter nach.

Winterschutz

Besondere Winterschutzmaßnahmen und -vorrichtungen bei Pflanzen können je nach Herkunft, Alter und speziellen Empfindlichkeiten nötig werden (→ *Überwinterung,* → *Frosthärte*). Inwieweit entsprechender Aufwand betrieben werden muss, hängt natürlich vom → *Klima* der Region ab und vom jeweiligen Jahreswetterverlauf.

In erster Linie geht es um die Vermeidung von → *Frostschäden*. Vorrangig müssen Wurzelbereich und Triebknospen unter oder kurz über dem Erdboden durch Abdecken geschützt werden, denn wenn es hier zu starken Erfrierungen kommt, ist nichts mehr zu retten. Besonders gefährdet ist der Wurzelballen draußen überwinternder Topfpflanzen. Der lässt sich durch Unterlegen dicker Styroporplatten sowie Umhüllen des Topfes mit Noppenfolie, Säcken oder Kokosmaterial isolieren. Ein Schutz oberirdischer Teile kann bei empfind-

Kleine Gehölze wie die Skimmie lassen sich gut mit Nadelreisig vor Frost schützen.

lichen Gehölzen, besonders im Jugendstadium, nötig werden.

Neben Minustemperaturen ist für Gehölze die Sonne an klaren Wintertagen kritisch. Der Unterschied zwischen Tag- und Nachttemperaturen strapaziert die Rinde und das darunter liegende Holz (→ *Frostschäden*). Bei kleinen Gehölzen beugt Abdecken oder Schattieren vor, bei Bäumen ein Weißanstrich (→ *Stammpflege*). Immergrüne sind bei sonnigem Hochdruckwetter zudem durch Frosttrocknis (→ *Frostschäden*) gefährdet.

Andererseits leiden manche Pflanzen, besonders Steingartengewächse, im Winter unter Dauerregen und anhaltender Bodenfeuchtigkeit. Hier kann eine zeitweilige Abdeckung mit Folie vorbeugen, was aber häufiges Nachsehen und Lüften erfordert, um Sauerstoffmangel und bei sonnigem Wetter Hitzestau zu vermeiden.

Die Umsetzung der Winterschutzmaßnahmen ist auf der → PRAXIS-SEITE Winterschutz bei Stauden und Gehölzen (S. 996/997) beschrieben. Für draußen überwinternde Zweijährige und Gemüse genügt meist eine Abdeckung mit Nadelholzreisig.

WINTERSCHUTZ BEI STAUDEN UND GEHÖLZEN

1. Bei Rosen und anderen größeren Pflanzen Reisig rundum in den Boden stecken.

2. Laubgefüllte Drahtröhre für empfindliche Junggehölze

3. Mit Sackleinen bespanntes Schutzzelt als Kälteschutz und Schattierung

4. Bespanntes Lattengerüst zum Schattieren und Windschutz von Immergrünen

Winterschutzmaterialien

Sämtliche Abdeckungen, die längere Zeit über den Pflanzen verbleiben, müssen luftdurchlässig sein, damit es darunter nicht zu Sauerstoffmangel, Fäulnis oder Krankheitsbefall kommt. Die wichtigsten Materialien für den → *Winterschutz* liefert die Natur frei Haus, nämlich → *Herbstlaub* und Nadelreisig.

Laub, ein gutes Isolationsmaterial, das beim Verrotten Nährstoffe nachliefert, sollte keinerlei Anzeichen von Krankheitsbefall zeigen und möglichst trocken verwendet werden, damit es nicht von Beginn an verklebt.

Nadelholzreisig, also abgeschnittene Zweige, bietet durch die enge Anordnung der Nadeln ebenfalls Kälteschutz bei gleichzeitiger Luftdurchlässigkeit. Hervorragend eignet sich Fichtenreisig, da es bis zum Frühjahr allmählich die Nadeln verliert und so zum rechten Zeitpunkt wieder mehr Licht und Luft an die Pflanzen lässt.

Rindenmulch (→ *Rindenprodukte*) kann durch seine wuchshemmenden Stoffe bei jungen Pflanzen problematisch sein. Auch über grüne Pflanzenteile bzw. den späteren zarten Austrieb sollte man ihn nicht schütten. Doch zum Warmhalten des Erdreichs um den Spross bzw. Stamm herum lässt er sich gut einsetzen. Dasselbe gilt für **Kompost.**

Für **oberirdisches Abdecken** sind luftdurchlässige Jutegewebe, Sackleinen oder Leintücher erste Wahl, zum **Schattieren** auch Bast- oder Schilfmatten. Sofern nicht nur kurzzeitig aufgelegt, sollten **Folien** gelocht oder geschlitzt sein, was allerdings wiederum die Isolierwirkung beeinträchtigt. Eine Alternative sind die luftdurchlässigeren Vliese, die bis etwa -5°C schützen (auch → *Folie*).

T I P P

Durch das Zusammenbinden großer Ziergräser wie Pampasgras lässt sich der künftige Neuaustrieb vor Kälte wie vor allzu starker Vernässung bewahren. Säulenförmige immergrüne Gehölze bindet man zusammen, damit bei starken Schneefällen die Triebe nicht auseinander gedrückt werden.

PRAXIS

Bodennaher Schutz

Das Material wird vor den ersten stärkeren → *Frösten* ausgebracht. Bei Rosen erfolgt zuvor das → *Anhäufeln* (zum speziellen Winterschutz → *Rose, Pflege*). Laub kann man schon bis 10 cm hoch aufschütten, wo nur der Wurzelbereich abgedeckt wird, auch deutlich höher. Gegen das Verwehen helfen aufgelegte Steine oder Reisig. Zum Überdecken ganzer Pflanzen bzw. grüner Teile eignet sich Nadelreisig wesentlich besser. Man legt dabei die Zweige dachziegelartig übereinander, bei höheren Pflanzen kann man sie rundum in die Erde stecken. Für einen besonders guten Schutz von Wurzeln und Pflanzenbasis sorgt die Kombination von Laub oder Rindenmulch mit darüber geschichtetem Nadelreisig.

Je dichter die Abdeckung, desto wichtiger ist ein zeitiges Lockern im Frühjahr. Auch wenn auf erste Frostphasen anhaltend mildes Winterwetter folgt, sollte man die Abdeckung reduzieren. Spätestens, wenn sich Austrieb regt, wird der Winterschutz ganz entfernt; man hält dann aber am besten noch etwas Material für spätere Frosteinbrüche bereit.

Schutz oberirdischer Teile

Zum Frostschutz besonders empfindlicher Junggehölze stellt eine umgebende Drahtröhre, die man mit trockenem Laub füllt, eine gute Lösung dar. Das Umhüllen mit durchlässigem Sackleinen o. Ä. lässt sich selbst bei größeren Gehölzen praktizieren.

Ansonsten hilft eine einfache Zeltkonstruktion mithilfe langer Stangen. So lassen sich Gehölze auch vor praller Wintersonne schützen. Zum Schattieren kleinerer Gehölze kann man auch Leinen oder Jutestoff an einem Lattengerüst aufspannen; Schilf- oder Bastmatten werden entweder am Baum befestigt oder an in die Erde gerammten Pfosten. Empfindliche Klettergehölze, etwa Kletterrosen, kann man ebenfalls mit Tüchern bzw. Stoffbahnen vor Kälte bewahren, oder man steckt bzw. bindet Fichtenreisig zwischen die Triebe und die Streben des Rankgerüsts; zum Schutz von Hochstammrosen → *Rose, Pflege*.

Auch bei oberirdischen Pflanzenteilen muss der Schutz frühzeitig entfernt werden, wenn es wärmer wird. Schattierungen dagegen können noch bis ins Frühjahr hinein vorteilhaft sein.

CHECKLISTE

Sonstige günstige Maßnahmen und Vorkehrungen:
- Bäume mit Weißanstrich versehen.
- Immergrüne, wenn nötig, an frostfreien Tagen gießen.
- Äste und Hecken von Schneelasten befreien (Abschütteln oder mit Besen).
- Abdeckungen immer wieder kontrollieren, vor Barfrösten (ohne Schnee) verstärken, bei milder Witterung lockern.

5. Große Grashorste sollten oben recht locker zusammengebunden werden.

6. Das Zusammenbinden empfiehlt sich auch bei säulenförmigen Gehölzen.

7. Bei Rosenhochstämmchen wird die Krone durch Umhüllung geschützt.

Wirsing
→ *Kopfkohl* mit fleischigen, gewellten Blättern

Wirtelig
Bei einer wirteligen → *Blattstellung* stehen mehrere Blätter rund um einen Knoten.

Wirtspflanze
Häufig sind → *Parasiten* auf eine bestimmte Art oder Gattung spezialisiert, von der sie leben; diese wird als Wirtspflanze bezeichnet. Der Begriff kann aber auch positiv belegt sein, z. B. bei → *Knöllchenbakterien,* deren Wirtspflanzen, die → *Hülsenfrüchtler,* von dieser Lebensgemeinschaft profitieren. Manche Parasiten, z. B. einige → *Rostpilze,* betreiben einen so genannten Wirtswechsel, indem sie verschiedene Jahreszeiten bzw. Entwicklungsstadien an unterschiedlichen Pflanzen verbringen.

Wisteria
Botanischer Gattungsname der kletternden → *Glyzine*

Witloof
Ursprünglich belgischer Name für den → *Chicorée,* dessen Treibmöglichkeit belgische Bauern zufällig beim Lagern der Wurzeln entdeckten.

Witterung
Verlauf des → *Wetters* bzw. vorherrschender Wettercharakter über einen bestimmten Zeitraum, von wenigen Tagen bis zu ganzen Jahreszeiten

Wohngarten
Leicht feuilletonistisch geprägter Begriff für einen Garten, der vorwiegend als Aufenthaltsraum im Freien angelegt, genutzt und genossen wird. Entsprechend sind → *Terrasse,* → *Gartensitzplatz* und eine recht große, strapazierfähige Rasenfläche wichtige Elemente. Je nach Vorliebe wird ein fester Grillplatz oder Gartenkamin installiert, eine große → *Pergola* oder ein „wohnliches" → *Gartenhaus* errichtet. Wo Kinder im Haus sind, finden sie in einem Wohngarten reichlich Spielfläche und -möglichkeiten.

Wolfsmilch
EUPHORBIA

In der Gattung, die kennzeichnend für die Familie der Wolfsmilchgewächse ist, finden sich mehrere tausend Arten in den unterschiedlichsten Formen. Allen gemeinsam sind ihre winzigen, eher unscheinbaren Blüten, die von kräftig gefärbten, deutlich ins Auge stechenden Nektar- und → *Hochblättern* umkränzt werden. Ihren Namen Wolfsmilch tragen sie, weil ihre Teile einen Milchsaft führen, der nach Verletzungen austritt und nicht nur giftig ist, sondern auch ätzend und hautreizend wirken kann. Viele Euphorbien sind → *Sukkulenten,* zeigen bizarre Wuchsformen und ähneln oft Kakteen, viele davon zieht man als Zimmerpflanzen, etwa Christusdorn (*E. milii*) und Weihnachtsstern (*E. pulcherrima*).

Auch für den Garten gibt es eine große Anzahl verschiedenster Formen. Unter den einjährigen Arten ist Schnee-auf-dem-Berge oder Bergschnee (*E. marginata*) aus Amerika die wohl bekannteste. Das Gegenstück zu dieser als Blattschmuck beliebten Art bildet Feuer-auf-dem-Berge oder die Mexikanische Feuerpflanze (*E. heterophylla*), deren Hochblätter scharlachrot gefärbt sind.

Von den ausdauernden Wolfsmilcharten werden weit mehr im Garten kultiviert. Die Angebotspalette reicht von hohen, buschigen Stauden wie der Himalajawolfsmilch (*E. griffithii*) bis hin zu zwergigen, leicht verholzenden Polsterpflanzen wie der südeuropäischen Walzenwolfsmilch (*E. myrsinites*).

Schließlich muss auch die Kreuzblättrige Wolfsmilch (*E. lathyris*) erwähnt werden, eine zweijährige, steif aufrechte, blau bereifte Art mit bis zu 1 m Wuchshöhe, oft zur Vertreibung

Eine schöne Sitzgelegenheit im Garten lädt zum Verweilen ein.

von Wühlmäusen und Maulwürfen empfohlen. Ihre Wirkung ist jedoch umstritten; zudem wird sie leicht durch ihren vehementen Ausbreitungsdrang lästig. Als Unkraut taucht auch häufig die Sonnwendwolfsmilch (*E. helioscopia*) auf, die ihre grüngelben Blütenstände stets der Sonne entgegen reckt.

Himalajawolfsmilch
EUPHORBIA GRIFFITHII

Merkmale: Staude, straff aufrecht, buschig, 50 – 80 cm hoch, treibt Ausläufer; längliche, kräftig grüne Blätter, gelbe bis rote Herbstfärbung; Blüten in endständigen Trugdolden, leuchtend orange bis rot gefärbte Hochblätter.
Blütezeit: Mai – Juni
Verwendung: Am Gehölzrand, in Beeten und Rabatten.
Standort: Warm und geschützt; durchlässiger, mäßig trockener bis frischer, humoser, leicht saurer Boden.
Pflanzen/Vermehren: Pflanzung bevorzugt im Frühjahr; Vermehrung durch Teilung oder Kopfstecklinge, auch durch Aussaat, jedoch unregelmäßige und oft verzögerte Keimung.
Pflege: Anspruchslos; im Herbst handbreit über den Boden zurückschneiden; Winterschutz in Form einer Laub- und Reisigabdeckung ratsam.
Hinweis: Weitere, häufiger gepflanzte ausdauernde Wolfsmilcharten:

■ Mandelwolfsmilch (*E. amygdaloides*): 30 – 50 cm hoch; olivgrüne, im Winter rötlich überlaufene Blätter; grüngelbe Blüten, April – Juni; riecht nach bittern Mandeln; für Halbschatten, braucht kalkhaltigen Boden.

■ Zypressenwolfsmilch (*E. cyparissias*): Rasen bildend, 20 – 40 cm hoch; blaugrüne, nadelige Blätter; grüngelbe, oft rötlich überhauchte Blüten, Mai – Juni; sonnig bis halbschattig, eher frische, humose Böden; Bodendecker.

Himalajawolfsmilch (Euphorbia griffithii 'Fire Glow')

■ Walzenwolfsmilch (*E. myrsinites*): niederliegend, 15 – 25 cm hoch; blaugrüne Blätter, wintergrün; grün- bis schwefelgelbe Blüten, Mai – Juli; liebt Sonne und kalkhaltige, auch steinige Böden, für Steingarten und Trockenmauern.

■ Goldwolfsmilch (*E. polychroma*): 30 – 50 cm hoch; gelbgrüne Blätter, im Herbst orange bis rot; goldgelbe Blüten, April – Mai; sonnig bis halbschattig; magere, kalkhaltige Böden; für Gehölzrand, Steingarten und Beete.

Schnee-auf-dem-Berge
EUPHORBIA MARGINATA

Merkmale: Einjährig, dicht buschig, 40 – 60 cm hoch; Stängel dicht mit eiförmigen Blättern besetzt, die nach oben hin immer stärker weiß gerändert und/oder geadert sind; Hochblätter oft ganz weiß, Blüten unscheinbar.
Blütezeit: Juli – September
Verwendung: Als Blattschmuck und Strukturpflanze in Beeten und Rabatten, in Pflanzgefäßen; auch als Beiwerk für Sträuße und Gestecke.
Standort: Warm und geschützt; durchlässiger, frischer bis mäßig trockener, humoser Boden.

Wollgras (Eriophorum latifolium)

Kultur: Anzucht ab März, Pflanzung ab Mitte Mai mit 20 – 30 cm Abstand; auch Direktsaat ab Mai möglich.
Pflege: Anspruchslos.

Wollgras
ERIOPHORUM LATIFOLIUM

Ihren Namen haben diese auf der nördlichen Halbkugel weit verbreiteten Sauergräser aufgrund der Fruchtstände erhalten, die wie wollige Wattebäusche wirken. Neben dem hier beschriebenen Breitblättrigen Wollgras (*E. latifolium*) wird im Garten auch das ähnliche Schmalblättrige Wollgras (*E. angustifolium*) gezogen, das sich mit kriechenden Rhizomen ausbreitet und stark sauren, kalkarmen Untergrund wünscht.
Merkmale: Ausdauerndes, horstiges Gras, 20 – 40 cm hoch, zur Blüte bis 60 cm; hellgrüne, leicht überhängende Blätter; hängende, grau bis braun gescheckte Blütenstände; silbrig weiße, wollige Fruchtstände.
Blütezeit: April – Mai
Verwendung: Für Ufer und Flachwasserzonen stehender oder langsam fließender Gewässer, auch für Sumpfbeete geeignet.

WOLLLAUS

Standort: Sehr feuchter bis nasser, auch knapp überfluteter, humoser, neutraler bis leicht saurer Boden.
Pflanzen/Vermehren: Pflanzung bevorzugt im Frühjahr; Vermehrung durch Teilung oder Aussaat.
Pflege: Am richtigen Standort pflegeleicht; vor wuchsstarken Nachbarpflanzen schützen.

Wolllaus

Die saugenden Wollläuse, auch Schmierläuse genannt, gehören in die enge Verwandtschaft der → *Schildläuse* und der → *Gallenläuse*. Ihren Namen verdanken sie einer pelzig wolligen Hülle aus Wachsfäden, die sie zum Schutz vor Fressfeinden ausscheiden. Wollläuse kommen in vielen Arten vor und treten vor allem an Ziergehölzen, besonders an Kiefer, Fichte, Tanne, Lärche, Douglasie, und an Kübelpflanzen sowie Sukkulenten auf.
Schadbild: Tiere mit flockigen Wachsausscheidungen, oft in Kolonien, an Blättern, Blattstielen, Triebspitzen oder in den Blattachseln; Wachstumsstörungen, Blattvergilbung, absterbende Triebspitzen; Nadelverfärbungen und -verkrümmungen, teils knotenförmige Gallen an Trieben; als Schmierläuse an Laubgehölzen mit starker Honigtaubildung.
Abhilfe: Vorbeugend Marienkäfer, Schlupfwespen und Wanzen als natürliche Feinde fördern. Läuse abstreifen oder mitsamt den Trieben abschneiden; bei starkem Befall geeignete Ölpräparate einsetzen; im Gewächshaus gezielte Bekämpfung mit Australischem Marienkäfer möglich.

Wucherblume

Anderer Name der → *Margeriten*

Wuchsstoff

Andere Bezeichnung für Pflanzen- bzw. → *Phytohormone*. Eine der Hauptaufgaben dieser pflanzeneigenen Substanzen besteht im Fördern und Regulieren des Wachstums.

Wühlmaus

Wühlmäuse gehören wie Ratten, Mäuse und Eichhörnchen zur Ordnung der Nagetiere. Am häufigsten bereitet die Große Wühlmaus oder Schermaus (*Arvicola terrestris*) Probleme, indem sie den Garten mit ihren Gängen unterminiert und an Zwiebeln, Knollen und Wurzeln frisst. Die schwarzen, rotbraunen oder graubraunen Schermäuse sind etwa rattengroß (bis 22 cm), von plumper, gedrungener Gestalt und haben einen langen Schwanz. Im Körperbau ähneln ihnen die so genannten kleinen Wühlmäuse, nämlich Feldmaus (*Microtus arvalis*) und Erdmaus (*Microtus agrestis*). Diese werden jedoch nur 10 – 18 cm lang, haben einen kurzen Schwanz und sind meist heller gefärbt.

Die Große Wühlmaus gräbt dicht unter dem Erdboden verlaufende Gänge, die im Querschnitt hochoval aussehen. Die darüber liegende Erdschicht ist leicht nach oben aufgebrochen. Anders als beim → *Maulwurf* (der querovale Gänge gräbt) sind die von ihnen aufgeworfenen Erdhügel flach und von Wurzelresten durchsetzt; außerdem verschließen Wühlmäuse geöffnete Gänge, Maulwürfe graben einen neuen. Die Feldmaus legt kleine, rundliche Gänge an, rings um die Löcher ist etwas Erde verstreut; ähnlich die im Garten seltenere Erdmaus. Bei stärkerem Auftreten der kleinen Wühlmäuse sieht der Boden regelrecht durchlöchert aus.

Feinde der Wühlmäuse sind Marder, Katzen und Greifvögel.
Schadbild: Pflanzen, auch junge Gehölze, welken plötzlich und lassen sich leicht aus der Erde ziehen, weil die Wurzeln vollständig abgenagt

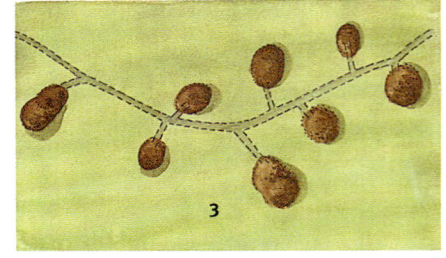

Anzeichen für die Große Wühlmaus oder Schermaus: 1) Form des Gangs, 2) Lage des Erdhaufens, 3) Gangnetz

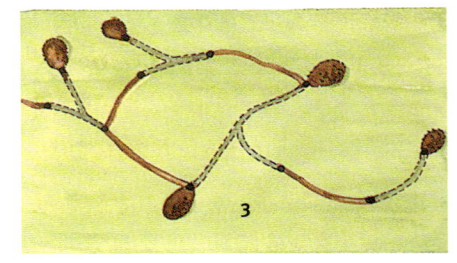

Anzeichen für die Feldmaus: 1) Form des Gangs, 2) Lage des Erdhaufens, 3) Gangnetz mit oberirdischen Wechselspuren

Wolllausbefall

wurden; zerfressene Zwiebeln, Knollen, Rhizome und Rüben; schräg verlaufende Rillen als Nagespuren, z. B. an Möhren. Im Rasen Gänge und abgestorbene Graspartien mit abgefressenen Wurzeln. Feldmäuse verwüsten teils Rasenflächen durch zahlreiche kleine Löcher. Ansonsten schaden Feld- und Erdmaus vor allem an Obst- und anderen Gehölzen, indem sie die Rinde an der Stammbasis ringsum abfressen; im Frühjahr auch durch Fraß an Saaten und Jungpflanzen.
Abhilfe: Einige Pflanzen (Kaiserkrone, Hundszunge, Knoblauch, Wolfsmilch) sollen Wühlmäuse vertreiben; ebenso regelmäßiger Lärm (Schläge auf eingegrabene Eisenstangen oder eingegrabene Flaschen, die im Wind pfeifen) oder Ausbringen petroleumgetränkter Lappen und anderer Vergrämungsmittel in den Gängen. Die Erfahrungen mit solchen Maßnahmen sind unterschiedlich und oft nicht ermutigend. Wichtig ist häufiges Zerstören der Gänge, am sichersten die Bekämpfung durch spezielle Wühlmausfallen (auch → *Falle*), die man in die Gänge einbringt, oder Giftköder. Zwiebelblumen vorbeugend in Pflanzkörben einsetzen.

Wulfenia
Botanischer Gattungsname der → *Wulfenie*

Wulfenie
WULFENIA CARINTHIACA
☼–◐

Der Rachenblütler, der auch Kuhtritt genannt wird, stammt aus dem südöstlichen Alpenraum und steht unter Naturschutz.
Merkmale: Staude, buschig wachsend, 15 – 30 cm hoch; länglich eiförmige Blätter in lockeren Rosetten; an überhängenden Stängeln violettblaue, glockige Blüten, alle nach einer Seite weisend.
Blütezeit: Mai – Juni

Wulfenie (Wulfenia carinthiaca)

Verwendung: In naturnahen Steingärten, in Mauerritzen und Felsfugen.
Standort: Am besten absonnig und luftfeucht; sehr gut durchlässiger, frischer bis leicht feuchter, humoser und möglichst auch leicht saurer Boden.
Pflanzen/Vermehren: Pflanzung im Frühjahr, dabei gute Dränageschicht ins Pflanzloch einbringen; Vermehrung durch Teilung oder Aussaat.
Pflege: Vor Winternässe schützen; möglichst ungestört wachsen lassen.

Wundbalsam
→ *Wundverschlussmittel*

Wundbehandlung
→ *Wundpflege* bei Gehölzen

Wunderbaum
RICINUS COMMUNIS
☼ ✖

Das Wolfsmilchgewächs wird auch Palma Christi genannt, in den Tropen bildet es stattliche Bäume. Aus den bohnengroßen, giftigen Samen wird das Rizinusöl gewonnen (auch → *Rizinusschrot*).
Merkmale: Gewöhnlich einjährig gezogene, sehr rasch wachsende Pflanze, 1,5 – 3 m hoch; kräftige,

Wunderbaum (Ricinus communis)

mehrfach verzweigte Triebe mit sehr großen, handförmig geteilten Blättern, bei Sorten teils rot oder kupferfarben getönt; kerzenartige Blütenstände, unten gelbliche männliche, oben rötliche weibliche Blüten mit fedrigen Narben; stachelige, an Rosskastanien erinnernde Früchte.
Blütezeit: August – Oktober
Verwendung: Für Einzelstellung; als Blickfang in Beeten und Rabatten; in großen Kübeln.
Standort: Vollsonnig, warm und windgeschützt; durchlässiger, frischer bis leicht feuchter, humoser, nährstoffreicher Boden.
Pflanzen/Vermehren: Pflanzung ab Mitte Mai; Vermehrung durch Aussaat mit Vorkultur bei 20° C ab April, Samen am besten vorher einen Tag lang in warmem Wasser einweichen.
Pflege: Regelmäßig gießen; mehrmals düngen; bei Bedarf abstützen; kann hell und luftfeucht bei 10 – 15° C überwintert werden.

Wunderblume
MIRABILIS JALAPA
☼

Das Wunderblumengewächs aus Peru öffnet seine Blüten erst am späten Nachmittag, doch dann entfaltet sich ihr ganzer Zauber. Nicht nur, dass an ein und derselben Pflanze Blüten verschiedener Farbe prunken; auch einzelne Blüten sind

WUNDPFLEGE

Wunderblume (Mirabilis jalapa)

häufig mehrfarbig. Man kann Wunderblumen aus Samen ziehen oder sie aufgrund der Knollenbildung ähnlich wie → *Dahlien* kultivieren.
Merkmale: Nicht winterharte Knollenpflanze, buschig, 60 – 100 cm hoch; ovale, zugespitzte, frisch grüne Blätter; schlanke Röhrenblüten, zu Glocken- oder breiter Tellerform ausgezogen, weiß, gelb, rosa, pink und rot, oft mehrfarbig, zart duftend.
Blütezeit: Juni – Oktober
Verwendung: In Beeten und Rabatten, auch für geräumige Gefäße.
Standort: Vollsonnig, warm und geschützt; gut durchlässiger, tiefgründiger, frischer, humoser, nährstoffreicher, kalkhaltiger Boden.
Pflanzen/Vermehren: Knollige Rhizome ab Mitte Mai flach mit 50 – 70 cm Abstand setzen, nur etwa 2 – 3 cm hoch mit Erde bedecken; Vermehrung durch Teilung der Wurzelstöcke im Herbst, durch grundständige Stecklinge sowie durch Aussaat.
Pflege: Gleichmäßig leicht feucht halten; mehrmals düngen; bei Bedarf stützen und aufbinden; im Herbst Wurzelstöcke aus dem Boden holen, säubern und kühl, aber frostfrei überwintern.

Wundpflege

Bei Obst- wie Ziergehölzen wichtige Maßnahme, um die Wundverheilung nach Schnitt oder Astbruch zu fördern und dem Eintritt von Krankheitserregern vorzubeugen. Sie wird normalerweise nur an größeren Schnittflächen, vor allem nach Arbeiten mit der Säge, nötig. Bruchstellen müssen zuvor bis ins unverletzte Holz bzw. an der Ansatzstelle auf → *Astring* geschnitten werden. Bei Bruch direkt am Stamm löst man alle gesplitterten Teile vorsichtig ab und schneidet sorgfältig nach.

Die Wundpflege beginnt schon beim verwendeten → *Schnittwerkzeug*, das sauber und scharf sein sollte. Nur mit gut geschärftem Werkzeug erreicht man einen Schnitt mit glatten Wundrändern, von denen die → *Überwallung* ausgeht. Zerfranste Ränder, wie sie bei Sägeschnitten oft entstehen, schneidet man mit einem Messer nach, am besten geht dies mit einer → *Hippe*. Rundliche Wunden am Stamm werden etwas vergrößert, so dass sie die Form eines Eis annehmen, dessen Spitze nach unten weist. Dies fördert die Verheilung von unten her. Abschließend werden Wunden an Laubgehölzen bei trockenem Wetter mit einem → *Wundverschlussmittel* überstrichen.

Wundverschlussmittel

Ein Wundverschlussmittel erfüllt denselben Zweck wie das Harz der Nadelbäume: Es verschließt die Wunde, verhindert, dass Krankheitserreger eindringen und schützt das Gewebe vor Wasserverlust. In den meisten Fällen eignen sich Mittel auf Kunstharzbasis am besten (Wundbalsam, Wundplast o. Ä.). Für größere Wunden werden diese zähflüssigen Mittel mit Pinsel oder Spachtel bis über den Rand der offenen Stelle gestrichen, für kleinere Wunden gibt es Tuben mit Streichvorrichtung.

Baumwachs ist heute meist ein Wachs-Harz-Gemisch, das besonders für → *Veredlungen* Verwendung findet. Große Holzwunden an Stämmen lassen sich mit Baumteer gut imprägnieren. Für unebene Wunden lassen sich auch flüssige, schnell trocknende Wundtinkturen gut einsetzen.

Wurmfarn

DRYOPTERIS FILIX-MAS

Der von Europa über Asien bis Nordamerika sehr häufig anzutreffende Wurmfarn wird auch in Gärten viel gepflanzt. Im gut sortierten Fachhandel wird eine bemerkenswerte Sortenfülle angeboten, die Formen unterscheiden sich in Wuchs- und Wedelform. Beachten sollte man, dass insbesondere junge Pflanzen Giftstoffe enthalten. Zur Gattung, kennzeichnend für die Wurmfarngewächse, gehören noch zahlreiche weitere Arten. Bekannt ist vor allem der ähnliche, heimische Goldschuppenfarn (*D. affinis*), der durch goldbraune Schuppen an den Wedelstielen auffällt.
Merkmale: Ausdauernder, trichterförmig wachsender Farn, 40 – 120 cm hoch; entwickelt mit kurzen Rhizomen kopfartige Gebilde, dann vielköpfige Horste bildend; doppelt gefiederte, dunkelgrüne Wedel.

Wurmfarn (Dryopteris filix-mas)

Verwendung: Am Gehölzrand, unter eingewachsenen Gehölzen; Sorten auch zwischen Stauden in Beeten und Rabatten.
Standort: Durchlässiger, frischer bis mäßig feuchter, humoser, nährstoffreicher Boden.
Pflanzen/Vermehren: Pflanzung bevorzugt im Frühjahr; Vermehrung durch Teilung oder Sporenaussaat.
Pflege: Auf gleichmäßige Wasserversorgung achten; im Frühjahr vertrocknete Wedel ausschneiden.

Wurmhumus
Käuflicher → *Kompost*, dem Kompost- bzw. Mistwürmer (→ *Regenwurm*) zugesetzt sind.

Wurmkompost
Kompost, der mit zugekauften Kompost- oder Mistwürmern in speziellen Wurmkisten aus Holz oder Kunststofftonnen hergestellt wird.
→ *Kompost, Spezialkomposte*

Wurmlosung
Vom → *Regenwurm* ausgeschiedener Kot; in seinem Darm werden aufgenommene Erd- und Pflanzenpartikel gründlich durchmischt und als → *Ton-Humus-Komplexe* ausgeschieden.

Wurstkraut
Anderer Name für den → *Majoran*, der seit alters als Gewürz für Würste verwendet wird.

Wurzel
Wurzeln verankern eine Pflanze sicher im Boden und versorgen sie mit Wasser und den darin gelösten Nährstoffen. Teils übernehmen Wurzeln auch die Funktion der Nährstoffspeicherung (Rüben, Wurzelknollen), der oberirdischen Verankerung (Kletter- und Haftwurzeln, Stelz- oder Stützwurzeln) oder – bei den spezialisierten Bäumen der Mangroven- und Uferzonen – die Luftversorgung (Atemwurzeln).

Obwohl auch Wurzeln verzweigt sind und im Alter verholzen, unterscheiden sie sich grundsätzlich vom → *Spross*: Sie haben weder Blattorgane noch Knospen; die Seitenwurzeln entstehen im Innern (Wurzelzylinder) und brechen nach außen durch.

Das Längenwachstum der Wurzeln erfolgt von den Wurzelspitzen aus. Hier sitzen die empfindlichen → *Meristeme* der Wurzeln, geschützt von einer kontinuierlich erneuerten Wurzelhaube. Direkt über diesem Wachstumspunkt folgt eine Zone der Zellstreckung. An diese Wachstumszone, nur wenige Millimeter oberhalb der Wurzelspitze, schließt sich die Wurzelhaar- oder Ernährungszone an, der höchstens einige Zentimeter lange Bereich, in dem die Wurzeln Wasser und mineralische Nährstoffe aufnehmen. Hier wachsen als Zellausstülpungen der äußeren Wurzelhaut die winzigen, beständig neu gebildeten Wurzelhaare. Sie sind die eigentlichen „Organe" der Wasseraufnahme.

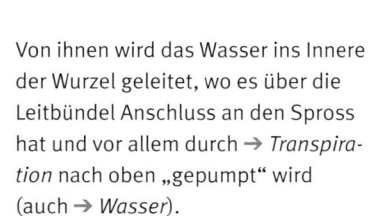

Grundformen der Wurzelentwicklung: 1) Hauptwurzel mit Seitenverzweigung, 2) Pfahlwurzel, 3) Büschelwurzel

Von ihnen wird das Wasser ins Innere der Wurzel geleitet, wo es über die Leitbündel Anschluss an den Spross hat und vor allem durch → *Transpiration* nach oben „gepumpt" wird (auch → *Wasser*).

Bis hierhin bezeichnet man Wurzeln auch als Faser- oder Feinwurzeln, da sie äußerst empfindlich sind und leicht beschädigt werden können. In den älteren, daran anschließenden Teilen der Wurzel erfolgt die Verzweigung, die zur Ausbildung eines → *Wurzelsystems* führt. Der Übergangsbereich zwischen Wurzel und Spross wird als Wurzelhals bezeichnet.

Im Querschnitt ist eine Wurzel scharf in einen inneren Zentralzylinder mit Leitbündeln und einen ringförmigen äußeren Bereich, die Wurzelrinde samt Außenhaut, gegliedert.

Wurzelälchen
→ *Wurzelnematoden*, → *Nematoden*

Wurzelausläufer
Wurzeln bilden, anders als Sprosse, keine echten → *Ausläufer*. Der Begriff wird allgemein für unterirdisch wachsende, sich bewurzelnde Sprosse und ihre Verzweigungen verwendet, auch für dünne, sich ausbreitende → *Rhizome*. Wurzelausläufer im engeren Sinn sind → *Wurzelschösslinge*, die manche Gehölze aus ihren Wurzeln treiben.

Wurzelausschlag
Andere Bezeichnung für → *Wurzelschössling*

Wurzelballen

Wurzelwerk einer Pflanze mitsamt der umgebenden Erde, die durch die Wurzeln zusammengehalten wird. Beim Austopfen oder Ausgraben von Pflanzen bildet der Wurzelballen eine recht kompakte Masse, zumindest solange er hinreichend feucht ist.

Wurzelbrand

Verschwärzung und/oder Einschnürung am Wurzelhals von Sämlingen
→ Keimlingskrankheiten

Wurzelechte Pflanzen

Pflanzen, besonders Gehölze, die aus Samen gezogen wurden und auf ihrem eigenen Wurzelwerk wachsen. Was sonst bei vielen Gewächsen eine Selbstverständlichkeit ist, betont man durch diesen Begriff bei Arten und Sorten, die sonst auf Unterlagen veredelt werden (→ Veredlung).

Wurzelgemüse

Sammelbegriff für Gemüse, von denen man die unterirdischen Speicherorgane nutzt, z. B. Möhre. Dabei wird nicht streng botanisch unterschieden, ob diese tatsächlich aus Wurzeln entstanden sind oder Sprossumwandlungen darstellen.

Wurzelhaare

Einzellige Auswüchse im Spitzenbereich der → Wurzel, die der Wasser- und Nährstoffaufnahme dienen.

Wurzelhals

Übergangsbereich zwischen → Wurzel und → Spross

Wurzelkletterer

→ Kletterpflanzen wie Efeu, die sich mit → Haftwurzeln an Unterlagen festzuhalten vermögen.

Wurzelknöllchen

Gallenartige Verdickungen an den Wurzeln von → Hülsenfrüchtlern, in denen die → Knöllchenbakterien leben und die Pflanzen mit Stickstoff versorgen.

Wurzelknolle

Zu einem Speicherorgan verdickte Wurzel, z. B. bei der Dahlie
→ Knolle

Wurzelmilbe

Wurzelmilben sind vor allem ein Ärgernis an Zimmerpflanzen, etwa an Orchideen. Im Freien befallen die winzigen milchig weißen Spinnentiere zuweilen Möhren und andere Wurzelgemüse oder Staudenrhizome, besonders aber die Zwiebeln von Hyazinthen, Lilien, Tulpen und Narzissen. Sie setzen sich zwischen den Zwiebelschuppen fest und fressen die Zwiebeln von innen her auf.
Schadbild: Wachstumshemmung; in unterirdischen Speicherorganen unregelmäßige Fraßgänge mit braunem Fraßmehl; braune Flecken zwischen Zwiebelschuppen.
Abhilfe: Vorbeugend Gegenspieler wie Raubmilben fördern; befallene Pflanzen entfernen.

Wurzelnackte Pflanzen

Angebotsform von Junggehölzen, auch → ballenlose Pflanzen genannt; die Wurzeln sind nicht von Erde umgeben, trocknen leicht aus und müssen deshalb baldmöglichst eingepflanzt werden.
→ Gehölzpflanzung

Wurzelnematoden

Winzige Fadenwürmer oder → Nematoden, die Pflanzen vom Boden aus befallen oder in die Wurzeln eindringen; rufen teils Gallen oder Zysten an den Wurzeln hervor.

Wurzelpetersilie

Varietät der → Petersilie, von der man die verdickte, fleischige Wurzel nutzt.

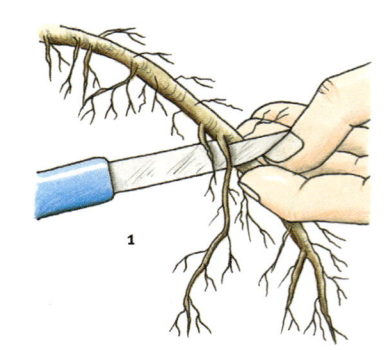

Wurzelschnittlinge: 1) Wurzeln säubern und von Seitenwurzeln befreien. 2) Oberes Ende gerade abschneiden. 3) Unteres Ende der Teilstücke durch Schrägschnitt kennzeichnen.

Wurzelschnittling

Auch Wurzelstecklinge genannt; Teilstücke von Wurzeln, die sich zur Vermehrung verwenden lassen. Darunter fallen im weiteren Sinn auch Schnittlinge von → Rhizomen. Über Wurzelschnittlinge kann man Nachwuchs gewinnen z. B von Zierquitte, Essigbaum und Trompetenblume, von Stauden wie Anemonen, Edel- und Kugeldistel,

Mädesüß, Primeln und Tränendem Herz sowie von Meerrettich. Man gräbt dazu die Wurzeln im Spätherbst oder Winter aus bzw. legt sie teilweise frei. Als Vermehrungsmaterial dienen gesunde, kräftige Wurzeln, die wenigstens bleistift-, besser fingerdick sind und in der Nähe des Wurzelhalses abgetrennt werden. Dann reinigt man sie, befreit sie von Seitenwurzeln und schneidet sie in 4 – 8 cm lange Stücke; am besten am oberen Ende gerade, am unteren schräg. Nun steckt man sie mit dem schrägen Ende nach unten in Töpfe mit Vermehrungserde (einzeln oder mit 5 – 10 cm Abstand), wobei das obere Ende mit der Erdoberfläche abschließt. Darüber kommt eine dünne Schicht Sand oder feiner Kies, schließlich stellt man die Töpfe ins Frühbeet oder ein ungeheiztes Gewächshaus. Die Topferde darf nicht austrocknen, aber auch nicht zu nass gehalten werden. Zeigen sich die ersten Triebspitzen, topft man die Schnittlinge um und kultiviert sie relativ kühl weiter, bis sie pflanzfertig sind.

Wurzelschössling

Auch Wurzelausschlag oder -trieb genannt. Spross, der bei manchen Gehölzen direkt aus dem Wurzelbereich treibt. Solche Schösslinge lassen sich wie → *Ausläufer* abtrennen und zur Vermehrung verwenden, z. B. beim Essigbaum. Bei veredelten Gehölzen wie Rosen handelt es sich dagegen um unerwünschte → *Wildlinge,* die entfernt werden müssen.

Wurzelsellerie

Varietät des → *Selleries,* auch Knollensellerie genannt, von der die knollenartige Rübe genutzt wird.

Wurzelsperre

Barriere zum Eingrenzen stark wachsender Wurzeln oder Rhizome
→ *Rhizomsperre*

Wurzelsteckling

Andere Bezeichnung für → *Wurzelschnittling*

Wurzelstock

Etwas irreführende Bezeichnung für ein → *Rhizom,* da es sich hierbei nicht um Wurzeln, sondern um unterirdische Sprosse handelt. Von Wurzelstock spricht man vor allem, wenn Rhizome wurzelähnlich verzweigt sind. Gelegentlich bezeichnet man auch kompaktes, stark verholztes Wurzelwerk, besonders von Gehölzen, als Wurzelstock.

Wurzelsystem

Artspezifische Verzweigung einer → *Wurzel,* deren Entwicklung teils durch die Bodenverhältnisse beeinflusst wird. Im einfachsten Fall besteht die Wurzel aus einer senkrecht nach unten wachsenden Haupt- oder Pfahlwurzel, von der die Seitenwurzeln abzweigen. Die Seitenwurzeln sind ihrerseits wieder vielfach verzweigt. Bei den Büschelwurzeln der Gräser handelt es sich dagegen um → *Adventivwurzeln,* die alle mehr oder minder gleichberechtigt von

Wurzelsysteme bei Bäumen: 1) Tiefwurzler, 2) Flachwurzler, 3) Herzwurzler

der Sprossbasis nach unten wachsen. Nach der Ausbreitung der Wurzeln unterscheidet man grundsätzlich → *Flachwurzler* und → *Tiefwurzler,* die es jeweils auch unter den krautigen Pflanzen gibt. Besonders ausgeprägt sind solche Wurzelsysteme bei den Bäumen, die bei mittlerer Größe eine Gesamtwurzellänge von über 1 200 km und eine geschätzte Oberfläche von vielen tausend Quadratmetern aufweisen.

Hier unterscheidet man drei verschiedene Typen. Bei Flach- oder Tellerwurzlern (z. B. Fichte) breiten sich die Wurzeln flach aus, können aber starke Senker senkrecht nach unten senden. Tiefwurzler (z. B. Eibe) haben eine starke Hauptwurzel; sie reicht sehr tief hinab und verankert den Baum sicher im Boden. Bei den so genannten → *Herzwurzlern* (z. B. Buche) teilt sich die Wurzel kurz unter der Erdoberfläche und wächst mit mehreren, gleichberechtigten Hauptwurzeln in die Tiefe wie in die Breite.

Wurzelunkraut

Ausdauernde → *Unkräuter,* die sich stark über Wurzeln oder Rhizome ausbreiten.

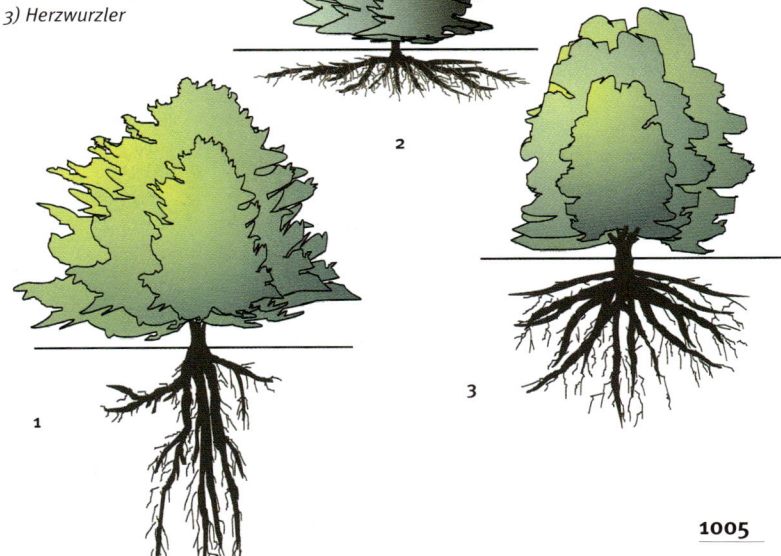

X/Y

Als Xerophyten kommen die zierlichen Hauswurze mit extremer Trockenheit zurecht, bei Trog- wie bei Dachbepflanzung.

Xeranthemum

Botanischer Gattungsname der weiß oder in Rottönen blühenden Papierblume, die als → *Trockenblume* verwendet wird.

Xerophyten

Pflanzen, die an extrem trockenen Standorten leben können. Hierbei denkt man oft zuerst an Wüsten bewohnende Sukkulenten, die zur Wasserspeicherung in verdickten Blättern (z. B. Agave) oder Sprossen und Wurzeln (z. B. Kakteen) befähigt sind. Doch Arten, die mit besonders trockenen Verhältnissen zurechtkommen müssen, gibt es auch in Mitteleuropa zur Genüge. Sie wachsen z. B. in Gebirgsregionen, in steppenartigen Landschaften, in trockenen Heiden oder niederschlagsarmen Weinbaugebieten. Ebenso zählen viele der aus Südeuropa eingebürgerten oder oft bei uns kultivierten Arten zu den Xerophyten. So ist diese Pflanzengruppe mit der kompliziert klingenden fachsprachlichen Bezeichnung auch im Garten vertreten und bildet gewissermaßen den Gegenpol zu den wassergebundenen → *Teichpflanzen*.

Mit sukkulenten Blättern überdauern beispielsweise Mauerpfeffer und andere Fetthennen sowie die Hauswurz trockene Zeiten. Tief eingesenkte Spaltöffnungen, Wachsüberzüge oder Behaarungen stellen ebenfalls Anpassungen an trockene Standorte dar, des Weiteren kleine, harte oder derbe Blätter – alles Vorrichtungen, um die → *Transpiration* herabzusetzen. Sie finden sich in den vertrauten Erscheinungen etwa von Salbei, Rosmarin, Ysop, Küchenschelle, Ginster oder Heiden wieder. Nicht nur heiße,

Fleischige, verdickte Blätter zeichnen die Mittagsblume (Delosperma) als an Trockenheit angepasste Pflanze aus.

niederschlagsarme Sommer machen einen sparsamen Umgang mit Wasser nötig, sondern auch kalte Winter, in denen die Wurzeln aus dem gefrorenen Boden kein Wasser aufnehmen können. Daraus erklären sich die nadeligen Blättchen vieler Immergrüner, die auch im Winter Wasser verdunsten; nicht nur bei den Nadelgehölzen selbst, sondern z. B. auch bei der immergrünen Schneeheide. Andere immergrüne Laubgehölze sowie alpine Kleinsträucher haben entsprechend ledrige oder kleine Blätter.

Weniger offensichtliche, aber wichtige Anpassungen zeigen einige Pflanzen ausgeprägt sommertrockener Gebiete bei der → *Photosynthese*. Da sie nicht nur mit Wasser, sondern aufgrund weitgehend geschlossener Spaltöffnungen auch mit → *Kohlendioxid* haushalten müssen, haben sie verschiedene Mechanismen entwickelt, um mit diesen Rohstoffen besonders effektiv umzugehen. Wo in den Herkunftsgebieten in tieferen Bodenschichten Wasser zu finden ist, vermögen die Pflanzen oft sehr tief reichende Wurzeln auszubilden. Dazu gehört z. B. Sanddorn und Berberitze oder auch der als Kübelpflanze beliebte Oleander. Er zeigt, dass Trockenpflanzen in Ausnahmefällen viel Gießwasser vertragen können: Während man bei den meisten Xerophyten diesbezüglich sehr zurückhaltend verfahren muss, gedeiht und blüht der Oleander mit reichlichen Wassergaben am besten, da er in seiner mediterranen Heimat bevorzugt an Wasserläufen wächst. Bei uns heimische Xerophyten, die bei Feuchtigkeit gewissermaßen „aufblühen", sind einige Melden und Gänsefußarten. Extreme Trockenphasen überdauern sie mithilfe ihrer Samen.

Ysander
PACHYSANDRA TERMINALIS

Der auch als Schattengrün, Dickmännchen oder Dickanthere bekannte Bodendecker stammt aus Wäldern Ostasiens und gehört zu den Buchsbaumgewächsen. Neben der reinen Art des oft als Staude geführten Halbstrauchs gibt es einige Sorten, die schwachwüchsiger sind und teils weißbunte Blätter tragen. Die Pflanze gilt als schwach giftig.
Merkmale: Immergrüner Halbstrauch, 15 – 30 cm hoch; mit kriechendem Rhizom und Ausläufern bald dichte Teppiche bildend; derbe, dicke, dunkelgrüne Blätter an fleischigen Trieben; männliche Blüten weiß, nur aus verdickten Staubblättern bestehend, in aufrechten Ähren an den Triebenden, darunter die unscheinbaren, grünlichen weiblichen Blüten.
Blütezeit: April – Mai
Verwendung: Bodendecker für den Gehölzrand, unter eingewachsenen Gehölzen, auf schattigen Freiflächen, an Böschungen.
Standort: Durchlässiger, frischer, humoser, am besten leicht saurer Boden; für Stadtklima sehr gut geeignet.
Pflanzen/Vermehren: Pflanzung im Herbst oder Frühjahr, für flächige Verwendung 8 bis 12 Pflanzen pro m², Rhizome flach einsetzen; Vermehrung durch Teilung oder Kopfstecklinge.
Pflege: Entwickelt sich anfangs oft etwas zögerlich (konkurrierende Unkräuter bekämpfen), nach dem Einwachsen aber anspruchslos; bei anhaltender Trockenheit wässern, gelegentlich mit Kompost überstreuen; Rückschnitt möglich, wird jedoch mit zunehmendem Alter immer weniger vertragen.

Ysander (Pachysandra terminalis)

Hinweis: Hervorragender „Laubschlucker"; Falllaub von Gehölzen verschwindet nach wenigen Tagen zwischen den Bodendeckern und versorgt sie nach dem Verrotten mit Nährstoffen.

Ysop
HYSSOPUS OFFICINALIS

Ysop, Eisewig, Ispenkraut, Klosterhyssop, Bienenkraut sind nur einige der vielen Namen für diesen ursprünglich im Orient und Mittelmeergebiet heimischen Lippenblütler. Er heißt u. a. auch Kirchenseppl, weil man früher ein paar seiner Zweige mit zum Gottesdienst nahm, damit sie einen mit ihrem intensiven Geruch wach hielten. Bereits in den mittelalterlichen Klostergärten gehörte er zu den wichtigen Heilpflanzen. Ysoptee hilft bei Blähungen, Durchfall und Husten, die leicht bitter, aber sehr aromatisch schmeckenden Blätter verleihen Kartoffelgerichten, Bohnen und anderen Speisen eine delikate Note. Das Gewächs wird aber auch wegen seiner überaus dekorativen Wirkung gepflanzt, außerdem ist es eine hervorragende Bienenweide.

Ysop (Hyssopus officinalis)

Merkmale: Halbstrauch, dicht buschig, 30 – 60 cm hoch; Triebe am Grund niederliegend, dann straff aufsteigend und reich verzweigt; schmale, dunkelgrüne Blätter in Quirlen; blauviolette, auch weiße oder rosafarbene Lippenblütchen in üppigen, kerzenförmigen Ähren.
Blütezeit: Juli – August
Verwendung: Im Kräutergarten; in Beeten und Rabatten, im Steingarten; als Rosenbegleiter.
Standort: Vollsonnig und warm; durchlässiger, trockener bis frischer, kalkhaltiger Boden.
Pflanzen/Vermehren: Pflanzung bevorzugt im Frühjahr; Vermehrung durch Teilung, Kopfstecklinge oder Aussaat.
Pflege: Anspruchslos; den Winter über mit Reisig schützen.
Ernte: Frische Blätter und Triebspitzen nach Bedarf schneiden; zum Trocknen blühende Zweige ernten.

Yucca
Botanischer Gattungsname der stattlichen → *Palmlilie,* die mit einigen robusteren Arten im Garten gepflanzt werden kann. Andere Palmlilien kultiviert man als → *Kübelpflanzen.*

Zapfen

Kommt im Zusammenhang mit Gehölzen in zwei gänzlich verschiedenen Bedeutungen vor:

1) Die Zapfen der Nadelgehölze enthalten die geflügelten Samen. Sie sind nicht in eine Frucht eingeschlossen, sondern liegen frei auf den Schuppen (→ *Nacktsamer*). Bei sonnigem Wetter öffnen sich die Zapfen und der Wind kann die Samen herausblasen.

2) Im Rahmen des → *Gehölzschnitts* bzw. → *Obstbaumschnitts* bezeichnet man mit Zapfen einen stehen gebliebenen Aststummel. Da solche Stummel Angriffsflächen für Krankheitserreger bieten, schneidet man normalerweise ohne Zapfen auf → *Astring*. Nur bei Steinobst, das stark zu → *Gummifluss* neigt, z. B. Süßkirsche, lässt man teils Zapfen stehen, die erst beim nächsten Schnitt entfernt werden. Eine weitere Ausnahme stellt die Weinrebe dar, bei der ein Zapfenschnitt üblich ist.

Zapfentanne

Anderer Name für die Koreatanne, die schon früh zierende, violette Zapfen bildet.
 → *Tanne*

Zaubernuss

HAMAMELIS x INTERMEDIA
☼–◐ ☺

Zaubernüsse, kennzeichnend für die Familie der Zaubernussgewächse, stellen in mehrfacher Hinsicht eine Besonderheit unter den vielen ostasiatischen Gehölzen dar. Zum einen überraschen sie durch bizarre Blüten zu ungewöhnlicher Jahreszeit, zum andern platzen ihre Kapselfrüchte mit lautem Knacken auf; überdies setzen sie mit ihrer prächtigen Herbstfärbung flammende Akzente. Die meisten Sorten, die sich vor allem in der Blütenfarbe unterscheiden, zählen zu *H. x intermedia*, einer Hybridgruppe, deren Ursprungsarten ebenfalls als herrliche Ziergehölze gelten: Die Japanische oder Kleinblütige Zaubernuss (*H. japonica*) und die Chinesische oder Lichtmesszaubernuss (*H. mollis*). Erstere ist ein kleiner Baum, 2 – 3 m hoch und ebenso breit, mit trichterförmiger Krone, und schmückt sich mit gelben Blüten sowie orangerotem Herbstlaub. Die Chinesische Zaubernuss wächst meist zu einem großen Strauch von 3 – 5 m Höhe heran; bei ihr sind sowohl Blüten wie auch Herbstlaub goldgelb gefärbt. Seltener sieht man die Virginische oder Herbstzaubernuss (*H. virginiana*), ein 5 – 6 m hoher und ebenso breiter Strauch aus den USA, deren hellgelber Flor im Oktober und November erscheint, während oft noch das leuchtend gelbe Laub an den Zweigen haftet.

Merkmale: Großstrauch oder kleiner Baum, breit ausladend, schirmförmig, 2,5 – 5 m hoch und ebenso breit; eiförmige, raue, glänzend dunkelgrüne Blätter, Herbstfärbung sehr intensiv gelb bis orangerot; zart duftende Blüten aus schmalen Blütenblättern, die sich bei Frost einkringeln, bei Wärme strecken, je nach Sorte hellgelb, goldgelb, orange, kupferfarben

Chinesische Zaubernuss (Hamamelis mollis)

oder karminrot; unscheinbare, holzige Kapselfrüchte.
Blütezeit: Abhängig von der Sorte Dezember – März
Verwendung: Für Einzelstellung, am attraktivsten vor dunklem Hintergrund, z. B. vor Nadelgehölzen; sehr hübsch mit Unterpflanzung aus früh blühenden Zwiebelblumen; Zweige für Treiberei geeignet.
Standort: Durchlässiger, frischer, humoser, nährstoffreicher, am besten sandig lehmiger und leicht saurer Boden; rauchhart, für Stadtklima geeignet.
Pflanzen/Vermehren: Pflanzung bevorzugt im Herbst; den späteren Platzbedarf berücksichtigen und Pflanzplatz sorgfältig wählen, da Umsetzen später kaum möglich; Sorten sind in der Regel veredelt, Stecklinge erweisen sich als blühfaul, Aussaat (Kaltkeimer) ist nur bei reinen Arten möglich.
Pflege: Möglichst ungeschnitten wachsen lassen; im Wurzelbereich nicht graben oder hacken; Wildtriebe aus der Unterlage entfernen.

Zaun

Zäune dienen dazu, ein Gartengrundstück nach außen abzuschließen oder im Innern zu untergliedern. Wer Kinder hat, lernt **Zäune im Garten** zudem als Barrieren zu schätzen: Sie können ebenso die Kleinsten von Gefahrenquellen, z. B. einem Teich, fern halten wie umgekehrt Gartenbereiche vor tobenden Kinderhorden schützen. Ansonsten haben Zäune im Garteninnern, etwa zum Abtrennen des Gemüseteils, eher gestalterische Funktion und dürfen auch verspielter ausfallen.

Grenzzäune werden meist eher massiv gewählt, oft mit bewusst abweisender Wirkung. Wie bei allen → *Einfriedungen* sind eventuell örtliche Gestaltungsvorschriften für die Grundstücksfront zu beachten, beispielsweise zur zulässigen Zaunhöhe; ebenso kann das → *Nachbarrecht* Vorgaben beinhalten. Soweit hier keine Einschränkungen bestehen, kommen prinzipiell entweder hohe Dichtzäune infrage, die Sicht- und teils auch Lärmschutz bieten, oder niedrigere, als Vorgartenzäune bezeichnete Umfriedungen, die vorwiegend optisch abtrennen. Bei der Entscheidung für das ein oder andere Modell und Material sollte man zudem in Betracht ziehen, dass sich viele Zäune anstreichen lassen und damit ihren Charakter ändern. Ein Lattenzaun aus dunkelbraunem Naturholz etwa wirkt abweisender und „schwerer" als derselbe Zaun mit weißem Anstrich.

Im Segment der **Holzzäune** ist das Angebot am größten. Alle Holzzäune müssen aus imprägniertem Holz bestehen und regelmäßig nachgestrichen werden (auch → *Holzschutz*). Holzzäune passen mit ihrem natürlichen Material gut ins Bild des Gartens und lassen sich relativ einfach errichten. Gebräuchliche Ausführungen:

■ **Latten- oder Staketenzäune** bestehen aus senkrecht angebrachten Hölzern an horizontalen Trägern (Riegeln). Diese wiederum sind an stabilen Zaunpfosten (Rund- oder Vierkanthölzer) befestigt, die im Abstand von 1,8 – 2 m stehen. Die Latten bzw. Staketen können dicht an dicht oder mit größeren Zwischenräumen befestigt werden. Für Lattenzäune im engeren Sinn finden gehobelte Latten, oben gerade, abgerundet oder spitz zulaufend, Verwendung. Rustikale Staketenzäune nach altem Vorbild sind aus ungehobelten, rundlichen Stangen oder Brettern gefertigt. Im Holzhandel versteht man dagegen unter Staketen halbrund gefräste Latten, deren Kopfenden spitz gekegelt sind. Als geübter Handwerker kann man solche Zäune aus Einzelelementen selbst errichten; man erhält verschiedenartige Lattenzäune aber auch mit vorbereiteten Teilen bis hin zu ganzen Zaunfeldern zur Selbstmontage.

■ Der **Bogenzaun** ist eine beliebte Sonderform des Lattenzauns mit unterschiedlich langen Latten, so dass die Oberkanten der Zaunfelder zwischen den Pfosten geschwungen verlaufen, als Wölbung nach oben oder als gerundete Aussparung nach unten. Meist bogenförmig ist auch der so genannte Friesen- oder Schwedenzaun aus breiteren, oben abgerundeten Latten, der in der Regel weiß gestrichen wird. Teils kommen als Träger diagonale Querverstrebungen hinzu.

■ **Palisadenzäune**, wie Lattenzäune aus senkrechten Elementen zusammengesetzt, errichtet man aus eng aneinander befestigten Rund- oder Vierkanthölzern, die – je nach Stärke und Zaunlänge – nicht unbedingt zusätzliche Querträger brauchen. Auch Palisadenzäune können oben mit bogigem Verlauf gestaltet werden.

■ **Jägerzäune**, auch Scheren- oder Diagonalzäune genannt, bestehen aus sich kreuzenden Halbrundprofilplatten, die in vorgefertigten Elementen erhältlich sind und an senkrechten Pfosten angebracht werden.

■ **Bohlenzäune** aus sägerauen oder gehobelten, quer angebrachten Planken oder Schwellen haben ein rustikales Westernflair und sind deshalb auch als Ranch-, Farmer- oder „Bonanzazäune" bekannt. Hier ist besonders Wert auf stabile Tragpfosten zu legen, die bei längeren Zäunen durch schräge Querverstrebungen ergänzt werden sollten.

■ Bei den **Lamellen- oder Flechtzäunen** sind schmale Holzlamellen bzw. sehr dünne Latten dicht an dicht in Rahmen eingeflochten. Man erhält sie als komplette Elemente, wobei das gewaltige Angebot an verschiedenen Formen, Größen und Kombinationsmöglichkeiten kaum noch Wün-

ZAUN

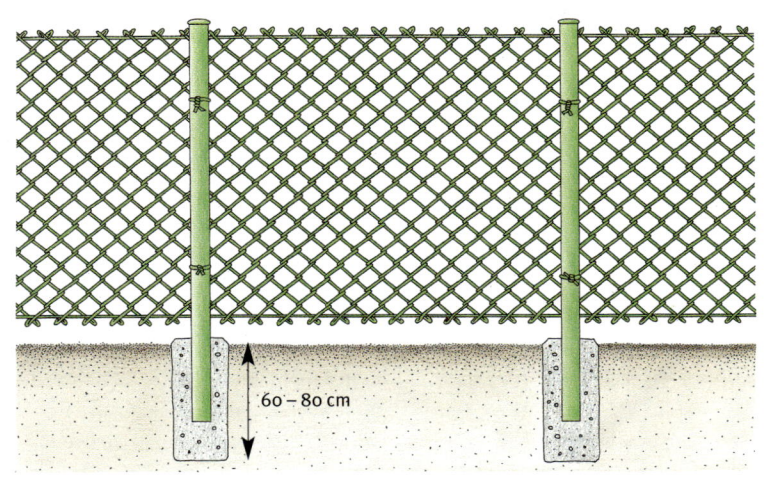

Maschendrahtzaun mit Metallrohrstützen; die Betonsockel müssen wenigstens 60 cm tief reichen.

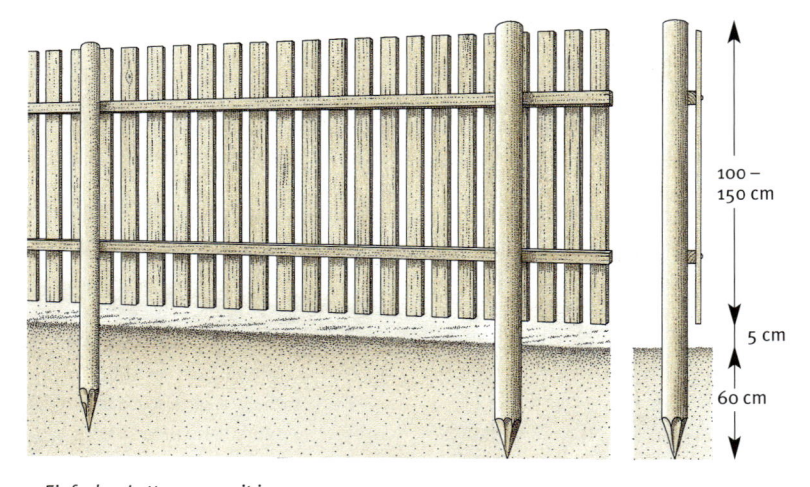

Einfacher Lattenzaun mit in die Erde geschlagenen Pfosten. Die Lattenunterkante sollte etwas Abstand zur Bodenoberfläche haben.

sche übrig lässt. Sie dienen bevorzugt als Sichtschutz, beispielsweise auch an der Terrasse.

■ Darüber hinaus werden Holzzaunelemente unterschiedlichster Art angeboten, die z. B. blickdichte Bretter- und Lamellenkonstruktionen mit Zier- oder Rankgittern kombinieren oder aus komplett in Holzrahmen gefassten, teils diagonal verlaufenden Latten bestehen.

Sehr nostalgisch und naturnah wirken die „echten", klassischen **Flechtzäune,** bei denen Weiden- oder Haselnussruten alternierend um senkrechte Ruten geflochten werden. Sie zählen im weiteren Sinne ebenso zu den Holzeinfriedungen wie **Bambuszäune,** die man aus kräftigen Bambusstangen nach Art eines Staketenzauns errichten kann.

Exquisite **Metallzäune** sind deutlich teurer als Holzzäune, dafür können sie von einem Kunsthandwerker zu edlen und einmaligen schmiedeeisernen Modellen geformt werden. Neben modern gestalteten Metallzäunen findet man immer noch den klassischen Stabgitterzaun aus senkrechten, an der Spitze verzierten Stäben. Weiterhin werden Metallzäune angeboten, die den hölzernen Latten- oder Friesenzäunen nachgestaltet sind. Teils werden sie aus Aluminium gefertigt und sind dann deutlich preiswerter. Je nach Material und Art der Farbe müssen auch Metallzäune gelegentlich nachlackiert werden.

Kunststoffzäune, meist mit Metallrahmen, sind als Nachbildungen verschiedener Holzausführungen im Angebot, vom Lattenzaun bis zum Lamellenzaun, oder auch in sehr ornamentalen Modellen, die sich an kunstgeschmiedeten Zäunen orientieren. Bei diesen oft in Weiß gehaltenen Zäunen aus witterungsbeständigem Material entfällt natürlich das nachträgliche Streichen ganz.

Der schlichte **Maschendrahtzaun** hat trotz aller dekorativer Konkurrenz seine Stärken, zumal er sich mithilfe von Kletterpflanzen oder davor gesetzten Sträuchern leicht verschönern lässt. Maschendraht aus feuerverzinktem oder kunststoffummanteltem Material ist preiswert, sehr flexibel und – wenn er in den Boden eingegraben wird – auch absolut dicht für Kaninchen.

Für die **Verankerung** der Zaunpfosten im Boden gibt es grundsätzlich drei Möglichkeiten: Zugespitzte, imprägnierte Pfähle, die man einfach in den Boden einschlägt; das Versenken der Pfosten in Einschlagbodenhülsen aus Metall; das Einbetonieren. Letzteres ist besonders für schwere und hohe Zäune zu empfehlen, bei Metallrohrstützen lässt es sich ohnehin nicht vermeiden. Rohrstützen verwendet man gern für Maschendrahtzäune; im Betonsockel stehen sie besonders stabil und können so die nötige Zugspannung für einen straff angebrachten Draht aushalten. Bevorzugt einbetoniert werden auch Palisadenzäune. Andernfalls setzt man sie am besten in ein Kiesbett, das man abschließend fest stampft. Bei Metallzäunen, zumindest bei aufwändigen, geht man einen ganz anderen Weg: Sie werden meist mit Mauerpfeilern eingesetzt.

Zea
Botanischer Gattungsname des Maises
→ *Zuckermais*

Zebrasimse
Sorte der → *Teichsimse* mit gelb-weiß gebänderten Halmen

Zeder
CEDRUS DEODARA
☼

Botanisch gesehen sind Zedern eng mit den → *Kiefern* verwandt, die Bäume mit den meist bizarren Gestalten gehören zu den Kieferngewächsen. Die bei uns am häufigsten gepflanzte Art ist die im Himalaja heimische Zeder (*C. deodara*). Neben der reinen Art sind einige Sorten im Handel, darunter silberblau oder gelbgrün benadelte sowie Hängeformen. Die Atlaszeder (*C. atlantica*) aus dem westlichen Nordafrika bildet eigenwillige Bäume von bis zu 25 m Höhe mit schirmförmig ausgebreiteten Astetagen. Ihre Nadeln stehen ähnlich wie bei → *Lärchen* in büscheligen Quirlen und strahlen blaugrün, bei den meist wesentlich niedriger wachsenden Sorten auch silbern oder blaugrau. Die Libanonzeder (*C. libani*), auf der Flagge des Libanons verewigt, wird nur in Form von gelb- bzw. blaunadeligen Sorten gezogen. Hängeformen bestechen durch ihre mähnenartig

Zeder (Cedrus deodara 'Aurea')

Zeder (Cedrus deodara 'Pendula')

herabhängenden Zweige. Zedern sind im Jugendstadium frostempfindlich.
Merkmale: Immergrünes Nadelgehölz mit breit kegelförmigem Wuchs, 10 – 25 m hoch, 6 – 15 m breit, Sorten jedoch niedriger; waagrecht abstehende Äste mit hängenden Spitzen, peitschenförmig gebogener Gipfeltrieb; lange, weiche, im Austrieb silbrig grüne, später graugrüne Nadeln in Büscheln; unscheinbare Blüte; große, ovale Zapfen, erst grün, später rotbraun und blau bereift.
Blütezeit: September
Verwendung: Für Einzelstellung; kleinwüchsige Sorten auch für Gefäßpflanzung geeignet.

Standort: Sonnig bis absonnig, geschützt und luftfeucht; durchlässiger, mäßig trockener bis frischer, neutraler bis saurer Boden; rauchhart, für Stadtklima geeignet.
Pflanzen/Vermehren: Pflanzung bevorzugt im Frühjahr; Vermehrung durch Samen oder Stecklinge, Sorten sind veredelt.
Pflege: Vor allem in der Jugend nicht ganz frosthart, deshalb den Winter über mit dicker Mulchschicht und Hülle aus Sackleinen oder Strohmatten schützen; ungeschnitten lassen.

Zehrwespe
Zehrwespen sind sehr kleine Hautflügler (oft kürzer als 1 mm) mit meist metallisch blauem oder grünem Glanz, nach dem man sie auch als Erzwespen bezeichnet. Sie werden häufig mit den → *Schlupfwespen* gleichgesetzt, zu denen sie im weiteren Sinne auch gehören. Wie jene sind sie Gegenspieler verschiedener Schädlinge, je nach Art z. B. von Apfel- und Traubenwicklern, Miniermotten, Blatt- und Sägewespen oder Blatt- und Schildläusen. Die Zehrwespenweibchen legen mittels eines Legestachels ihre winzigen Eier in die Eier der Wirtstiere. In diesen wachsen ihre Larven heran, die das Innere der Wirtseier „auszehren", bis daraus schließlich die fertigen Wespen schlüpfen. Die parasitierten Eier verfärben sich schwarz, manchmal auch rot.

Es gibt jedoch auch Arten, die ihre Eier in die Larven oder Puppen von Insekten ablegen, ebenso wie die „echten" Schlupfwespen. So auch die als Nützling gegen Weiße Fliegen eingesetzte Schlupfwespe *Encarsia formosa,* die zoologisch streng genommen eine Erzwespe ist. Eine wichtige Rolle im Obstbau spielt eine aus Amerika eingeführte Zehr- oder Erzwespe, die sich auf die gefährliche San-José-Schildlaus (→ *Schildlaus*) spezialisiert hat.

Zeigerpflanzen

Die Blutwurz (Potentilla erecta) siedelt sich gern auf nährstoffarmen Böden an.

Die Große Brennnessel wächst an nährstoffreichen Standorten.

Zeigerpflanzen

Da die Standort- und Umweltfaktoren das Pflanzenwachstum je nach Art unterschiedlich beeinflussen und steuern, dienen manche Pflanzen als Indikatoren für verschiedene Verhältnisse. So können Biologen z. B. an den Reaktionen empfindlicher Pflanzen erkennen, wie hoch die Luftschadstoffbelastung in der jeweiligen Region ist. Arten, die ihre Blüten bei hoher Luftfeuchtigkeit geschlossen halten (u. a. Silberdistel, Klee) dienen als Zeigerpflanzen für baldigen Regen. Als Zeiger- oder Kennpflanzen werden auch die Arten bezeichnet, die im → phänologischen Kalender den Eintritt neuer Phasen ankündigen.

Am geläufigsten und für die Gartenpraxis interessantesten ist jedoch die Bedeutung des Begriffs im Sinne von Bodenzeigern. Viele Wildpflanzen und so genannte Kulturbegleiter bzw. Unkräuter stellen sich auf Böden mit ganz bestimmten Eigenschaften von selbst ein. Dadurch geben sie deutliche Hinweise auf den Zustand des → Bodens. Hilfreich ist dies z. B. bei der Neuanlage eines Gartens oder bei Übernahme eines älteren, vernachlässigten Gartengrundstücks. Wenn Kulturpflanzen an bestimmten Stellen nicht gedeihen, können die Zeigerpflanzen auf mögliche Ursachen hindeuten.

Häufige Zeigerpflanzen verschiedener Bodeneigenschaften:

- Nährstoffreicher Boden: Bärenklau (*Heracleum sphondylium*), Ehrenpreisarten (*Veronica* sp.), Bunte Kronwicke (*Securigera varia*), Löwenzahn (*Taraxacum officinale*), Taubnesseln (*Lamium* sp.), Vogelmiere (*Stellaria media*), Wiesenkerbel (*Anthriscus sylvestris*), Zaunwinde (*Calystegia sepium*)
- Nährstoffreicher Boden mit hoher Stickstoffversorgung: Bingelkraut (*Mercurialis annua*), Franzosenkraut (*Galinsoga parviflora*), Brennnesseln (*Urtica dioica, U. urens*), Hirtentäschelkraut (*Capsella bursa-pastoris*), Weißer Gänsefuß (*Chenopodium album*)
- Nährstoffarmer Boden: Blutwurz (*Potentilla erecta*), Frühlingshungerblümchen (*Erophila verna*), Hornkrautarten (*Cerastium* sp.)
- Schwerer, feuchter bis nasser Boden: Ackerminze (*Mentha arvensis*), Beinwell (*Symphytum officinale*), Breitwegerich (*Plantago major*), Kriechender Hahnenfuß (*Ranunculus repens*), Scharbockskraut (*Ranunculus ficaria*), Sumpfbaldrian (*Valeriana dioica*), Sumpfdotterblume (*Caltha palustris*), Sumpfvergissmeinnicht (*Myosotis palustris*), Sumpfziest (*Stachys palustris*), Weißes Straußgras (*Agrostis stolonifera*)
- Verdichteter Boden: Ackerschachtelhalm (*Equisetum arvense*), Breitwegerich (*Plantago major*), Kriechender Hahnenfuß (*Ranunculus repens*), Huflattich (*Tussilago farfara*), Vogelknöterich (*Polygonum aviculare*), Deutsches Weidelgras (*Lolium perenne*)
- Trockener, eher sandiger Boden: Gemeiner Andorn (*Marrubium vulgare*), Hasenklee (*Trifolium arvense*), Mohnarten (*Papaver* sp.), Saatwucherblume (*Chrysanthemum segetum*), Aufrechte Trespe (*Bromus erectus*)
- Etwas feuchter, lehmiger Boden: Ackerkratzdistel (*Cirsium arvense*), Esparsette (*Onobrychis viciifolia*), Wegwarte (*Cichorium intybus*)
- Kalkarmer Boden: Honiggras (*Holcus mollis*), Hundskamille (*Anthemis arvensis*), Kleiner Wiesenknopf (*Sanguisorba minor*), Sumpfbaldrian (*Valeriana dioica*)
- Saurer bis stark saurer Boden: Ackerspörgel (*Spergula arvensis*), Ackerziest (*Stachys arvensis*), Blutwurz (*Potentilla erecta*), Hasenklee (*Trifolium arvense*), Hohlzahn (*Galeopsis segetum*), Sauerampfer (*Rumex acetosa, R. acetosella*), Wildes Stiefmütterchen (*Viola tricolor*)
- Kalkhaltiger Boden: Ackerrittersporn (*Consolida regalis*), Aufrechte Trespe (*Bromus erectus*), Kleiner Wiesenknopf (*Sanguisorba minor*), Wegwarte (*Cichorium intybus*), Wiesensalbei (*Salvia pratensis*)

Zeitlose

Gattung kleiner, sehr giftiger Knollenblumen, von denen die → *Herbstzeitlose* am bekanntesten ist.

Zelle

Zellen sind die kleinsten, selbständigen Einheiten des Lebens; sie haben einen eigenen Stoffwechsel und sind grundsätzlich fähig, sich durch Teilung zu vermehren. Obwohl sich die unterschiedlichsten Organismen – von den Einzellern über Pflanzen und Tiere bis zum Menschen – aus Zellen aufbauen, basieren alle Zellen auf demselben Grundbauplan. Bei höheren Lebewesen vereinigen sie sich zu verschiedenartigen Geweben oder Zellverbänden, die sich bei Pflanzen grundsätzlich in → *Bildungsgewebe* (Meristeme) mit teilungsfähigen Zellen und → *Dauergewebe* unterteilen lassen.

Pflanzliche Zellen haben anders als tierische oder menschliche Zellen eine feste **Zellwand,** die hauptsächlich aus Zellulose besteht; sie gibt den Zellen Stabilität und schützt sie vor äußeren Einflüssen. Die eigentliche Grenze der lebenden Zelle stellt das **Plasmalemma** (Plasmahaut) dar.

Über diese membranartige Barriere werden aktiv und kontrolliert Wasser und alle Stoffe transportiert, die eine Zelle zum Überleben braucht. Auch die Organellen in einer Zelle – ihre inneren Bestandteile, gewissermaßen ihre „Organe" – sind von Biomembranen umgeben und auf diese Weise voneinander isoliert. Sie sind eingebettet in eine Mischung aus Wasser, Proteinen und anderen Molekülen, die in ihrer Gesamtheit als Zell- oder **Zytoplasma** bezeichnet wird.

Das wichtigste Organell ist der **Zellkern.** Er enthält die Chromosomen mit der Erbinformation, die in der Desoxyribonukleinsäure (DNA bzw. DNS) festgeschrieben ist, und steuert alle physiologischen Vorgänge einer Zelle. Unter den zahlreichen weiteren **Organellen** wären an erster Stelle die → *Chloroplasten* (Orte der Photosynthese) und die Mitochondrien (Orte der Atmung) zu nennen. Andere Organellen sind beispielsweise für die Synthese von Eiweißen sowie für Abbauvorgänge zuständig, die Leukoplasten dienen der Speicherung von Reservestoffen, die Chromoplasten enthalten → *Farbstoffe* wie Karotin oder Xanthophyll.

Mit zunehmendem Zellwachstum wird auch die **Vakuole** immer größer, ein Hohlraum im Zytoplasma, der mit Zellsaft gefüllt ist. Neben Wasser enthält sie eine Vielzahl gelöster Stoffe, die hier end- oder zwischengelagert werden, u. a. auch färbende → *Anthozyane*. Vor allem aber ist sie entscheidend am Wasserhaushalt der Pflanze beteiligt, wie grundsätzlich unter dem Stichwort → *Wasser* beschrieben: Liegt die Salzkonzentration einer Vakuole höher als die im Außenmedium der Zelle, folgt das Wasser dem Weg der höheren Salzkonzentration – es dringt von außen nach innen durch das Plasmalemma und die Membran der Vakuole in deren Inneres ein. Das geht so lange gut, bis der Druck der Zellwand eine weitere Wasseraufnahme verhindert. Die Zelle ist nun prall gespannt, sie hat einen hohen Turgordruck. Dieser Vorgang, Osmose genannt, ist mitverantwortlich für die Form von Blättern und anderen weichen Geweben, aber auch für die Wasseraufnahme über die Wurzelhaare aus dem Boden. Sinkt der Wassergehalt des Außenmediums, z. B. durch starke → *Transpiration,* ab, verliert die Zelle Wasser, sie schrumpft und die Pflanze beginnt zu welken.

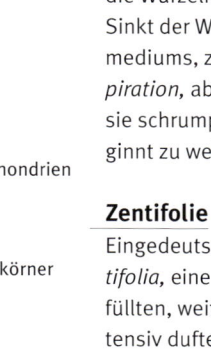

Zentifolie

Eingedeutschter Name der *Rosa centifolia*, eine → *Alte Rose* mit dicht gefüllten, weißen bis dunkelroten, intensiv duftenden Blüten. Von ihr gibt es zahlreiche Sorten und Hybriden, die unter dem Begriff Zentifolien zusammengefasst werden.

Auch → *Rose*

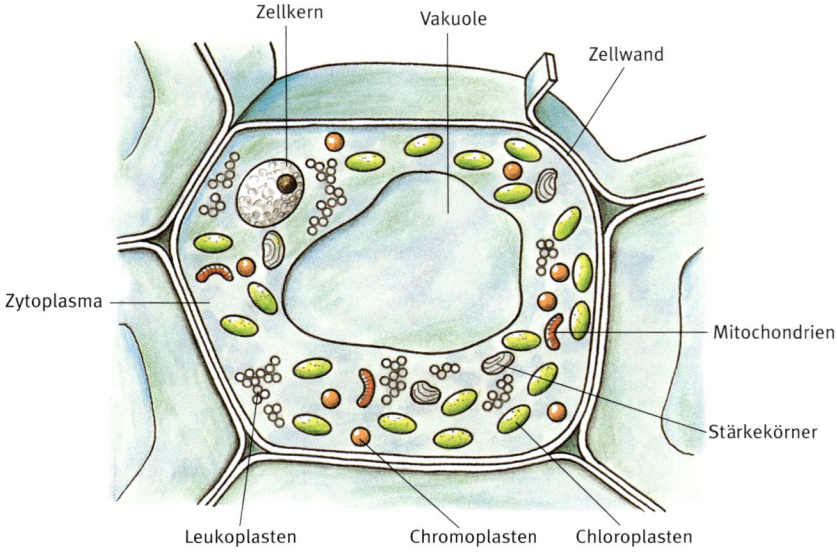

Bau und Organellen einer Pflanzenzelle (vereinfacht)

Zentnerkürbis

Anderer Name für den Riesenkürbis, ein → *Kürbis* mit sehr großen Früchten, die man erst im Herbst erntet.

Zichorie

Anderer Name für den → *Chicorée* sowie die blau blühende → *Wegwarte*, die Ursprungspflanze von Chicorée und → *Zuckerhut*

Zickzackbambus

Hochwüchsiger → *Bambus,* dessen Halme mehrfach die Wachstumsrichtung ändern.

Ziehhacke

Eine → *Hacke,* die man rückwärts gehend durch den Boden zieht und vor allem zur Unkrautbekämpfung nutzt.

Zierapfel

MALUS-HYBRIDEN

Nah verwandt mit den Kulturäpfeln (M. domestica → *Apfel*) und dem → *Holzapfel* (M. sylvestris) bieten diese Rosengewächse eine große Palette an Formen, die als Ziergehölze kultiviert werden. Eine besonders breite Auswahl findet sich unter den Hybriden, die aus Kreuzungen verschiedener Arten – vorwiegend aus Ostasien – hervorgegangen sind. Je nach Sorte zeigen die meist eher zierlichen, in überschäumender Fülle blühenden Bäume unterschiedliche Wuchsformen, Blütenfarben und -füllungen.

Für Schmuck sorgen aber auch die kleinen, lebhaft gefärbten Früchte. Sie schmecken zwar herb und sauer, aus ihnen lassen sich aber sehr schmackhafte Gelees oder Säfte herstellen. Überdies prunken die Bäume im Herbst mit einem leuchtend goldgelben bis braunroten Laubkleid. Bekannte und weit verbreitete Sorten sind z. B. 'Liset', 'Professor Sprenger', 'Profusion' oder 'Van Eseltine'.

Das Sortiment wird durch mehrere ostasiatische Wildarten erweitert. Recht häufig findet man den Vielblütigen Apfel (M. floribunda) im Angebot, einen 4 – 10 m hohen Baum oder Großstrauch mit tiefroten Knospen und hellrosa Blüten sowie orangeroter Herbstfärbung und goldgelben bis roten Früchten. Als Strauch wächst der nur 2 – 3 m hohe, aber bis 4 m breite M. sargentii; er treibt weiße Blüten aus hellrosa Knospen und besticht mit gelbroter Herbstfärbung sowie zahlreichen erbsengroßen, dunkelroten Früchten, die teils bis ins nächste Frühjahr hinein haften.

Alle Zieräpfel sind wertvolle Bienenweiden, mit ihren Früchten liefern sie vielen Tieren Nahrung.

Merkmale: Baum oder Großstrauch, je nach Sorte im Wuchs breit ausladend, breit aufrecht, pyramidal, rundlich, säulen- oder trichterförmig, auch überhängend, 3 – 8 m hoch, 2 – 6 m breit; große, eiförmige Blätter, im Austrieb oft bronzefarben oder rötlich, später dunkelgrün, im Herbst goldgelb, orange, rot oder purpurn; einfache, halb gefüllte oder gefüllte Blüten in Weiß, Rosa oder Rot bis Lila; kleine Apfelfrüchte in Gelb, Orange, Rot oder Purpur, teils auch mehrfarbig.

Blütezeit: Mai

Verwendung: Für Einzelstellung, auch in lockeren Gehölzgruppen, besonders schön in Frühlingsbeeten; kleinwüchsige Formen auch für Gefäßkultur geeignet; Zweige für die Treiberei.

Standort: Durchlässiger, tiefgründiger, mäßig trockener bis frischer, humoser, am besten sandiger bis lehmiger Boden; rauchhart, für Stadtklima geeignet.

Pflanzen/Vermehren: Pflanzung bevorzugt im Herbst; Hybridsorten sind durchweg veredelt.

Pflege: Anspruchslos; jährlich mit Kompost düngen; Baumscheibe mulchen; Wildtriebe aus der Unterlage entfernen; junge Bäume sollten regelmäßigem Erziehungsschnitt unterzogen werden, bei älteren reicht gelegentliches Auslichten; auch radikaler Verjüngungsschnitt wird vertragen.

Hinweis: Als Vorbeugung sollte man gegen die typischen → *Apfelkrankheiten* wie Schorf wenig anfällige Sorten bevorzugen.

Zierbanane

Exotisch wirkende → *Kübelpflanze* mit riesigen Blättern

Ziergehölze

Im Grunde alle → *Gehölze,* also Sträucher und Bäume, die nicht ausschließlich oder vorwiegend zur Gewinnung von Obst gepflanzt werden. Als Grenzfälle kann man Arten einstufen, die hauptsächlich aus praktischen oder ökologischen Gründen Verwendung finden, beispielsweise in Hecken und Windschutzpflanzungen, zur Böschungsbegrünung oder als Vogelschutzgehölze. Doch selbst wenn sie keine auffälligen Blüten, Früchte oder Herbstfärbungen aufweisen, haben sie durch ihr Blattwerk

Zierapfel, Malus-Hybride 'Evereste'

ZIERKIRSCHE

Imposantes Ziergras: Chinaschilf (Miscanthus sinensis 'Malepartus')

und/oder ihre Wuchsform immer auch ästhetische Aspekte.

Zu Auswahlkriterien und gestalterischen Gesichtspunkten → *Gehölze*, → *Gartengestaltung*

Ziergräser

Zierend sind sicherlich auch die → *Rasengräser*, wenn sie sich in großer Zahl zu einem grünen Teppich vereinen. Doch unter Ziergräsern im eigentlichen Sinn versteht man Arten, die durch ihre Gestalt, Blattform und -färbung sowie Blüten- und Fruchtstände ansprechende Wirkung entfalten, dies auch in kleinen Gruppen oder gar einzeln. Die als Ziergräser verwendeten Arten sind überwiegend ausdauernd, zählen also zu den → *Stauden*.

Stattliche Gräser wie Chinaschilf oder Pampasgras werden als Solitäre gepflanzt und können den Platz eines Gehölzes einnehmen. Andere werden eher in Beeten verwendet. Niedrigere Arten lockern Staudenbeete auf und bilden mit ihren langen, schmalen, teils blaugrün gefärbten Blättern einen interessanten Kontrast zu den Blühern. Auch als Rosenbegleiter machen Ziergräser eine gute Figur. Besondere Bedeutung haben Gräser zudem – je nach Art und Standortanspruch – bei der Bepflanzung von Schattenplätzen, im Teichumfeld, im Stein- und Heidegarten oder als genügsame Bodendecker. Durch späte Blüte und Blattfärbung setzen sie häufig im Herbst nochmals Akzente, und ihre vertrockneten Fruchtstände sehen selbst im Raureif des Winters noch prachtvoll aus.

Auch → *Gräser*

Zierjohannisbeere

Anderer Name für die → *Blutjohannisbeere*, die im späten Frühjahr zahlreiche rosa bis rote Blüten entfaltet.

Zierkirsche

PRUNUS

Unter dem Begriff Zierkirsche versammelt sich eine große Zahl verschiedener *Prunus*-Arten, Hybriden und Sorten, bei denen stets die gewaltige Frühjahrsblütenpracht im Vordergrund steht. Die Früchte dieser mit Süß-, Sauerkirsche und Pflaume verwandten Rosengewächse bleiben, sofern überhaupt gebildet, klein und eignen sich kaum zum Genuss; man überlässt sie besser den Vögeln.

Ohne Zweifel sind die Japanischen Blütenkirschen die bemerkenswertesten Vertreter der Zierkirschen. In Japan verehrt man die Bäume als geheiligte Geschöpfe, die ganze Nation feiert jedes Frühjahr unter den mit Blüten übersäten Kronen ein rauschendes Fest. Neben *P. serrulata* zählt man *P. subhirtella* zu dieser Gruppe, weiterhin auch einige Hybriden, etwa *P. sargentii* x *P. subhirtella* 'Accolade' und die Maien- oder Yoshinokirsche (*P.* x *yedoensis*). Das Sortiment der Blütenkirschen ist breit gefächert, sie unterscheiden sich vor allem in der Wuchsform: Neben schlank säulenartigen Bäumen gibt es solche mit breit ausladenden, trichterförmigen Kronen oder mit elegant überhängenden Zweigen. Auch der stets reiche Flor fällt von Sorte zu Sorte anders aus, das Spektrum reicht von einfachen weißen bis hin zu dicht gefüllten, intensiv rosa leuchtenden Blüten. Die beliebte *P. serrulata* 'Kanzan' wird nach ihren üppigen, gerüschten Blüten auch Nelkenkirsche genannt. Ein wenig aus der Rolle fällt *P. subhirtella* 'Autumnalis', die Schneekirsche, deren zartrosa Blüten bei entsprechender Witterung vereinzelt schon im Winter erscheinen; die Hauptblütezeit liegt jedoch wie bei allen Zierkirschen im April.

Ein wahres Schmuckstück für den Garten ist weiterhin die Scharlach- oder Bergkirsche (*P. sargentii*), die nicht nur prunkvoll blüht, sondern auch mit orange- bis karminroter Herbstfärbung sowie metallisch glänzender, rötlicher Rinde besticht. Sie wird ebenso wie weitere Zierkirschen in der Übersicht auf S. 1016 kurz vorgestellt.

Zu den Zierkirschen im weiteren Sinn sind auch → *Vogelkirsche*, → *Lorbeerkirsche* und → *Traubenkirsche* zu rechnen. Eine ähnliche Zierwirkung wie die Blütenkirschen entfalten als nahe Verwandte → *Mandelbäumchen* und → *Zwergmandel*.

Japanische Blütenkirsche (Prunus serrulata)

ZIERKOHL

WEITERE ZIERKIRSCHEN IM ÜBERBLICK

Name	Wuchs	Blüte	Hinweise
Fuji- oder Märzkirsche (*Prunus incisa*)	kleiner Baum, rundlich; 2 – 5 m hoch und ebenso breit	weiß, einfach; März – April	Sorte 'February Pink' blüht rosa bereits ab Februar
Kurilenkirsche (*Prunus nipponica* var. *kurilensis*)	kleiner Baum, rundlich; 2 – 4 m hoch und ebenso breit	weiß bis zartrosa, einfach; April	mehrere Sorten, darunter extrem schwachwüchsige
Scharlach- oder Bergkirsche (*Prunus sargentii*)	kleiner Baum oder Großstrauch, breit trichterförmig; 8 – 12 m hoch, 5 – 8 m breit	rosa, einfach; April – Mai	leuchtende Herbstfärbung; schöne Rinde
Tibetische oder Mahagonikirsche (*Prunus serrula*)	kleiner Baum oder Großstrauch, rundlich; 5 – 7 m hoch und ebenso breit	weiß, einfach; April – Mai	glatte, glänzend mahagonifarbene Rinde, die sich in schmalen Streifen abrollt

Japanische Blütenkirsche
PRUNUS SERRULATA, PRUNUS SUBHIRTELLA

Merkmale: Kleine Bäume oder Großsträucher, je nach Art und Sorte schlank säulenförmig, breit ausladend, trichterförmig oder schirmartig überhängend, 3 – 12 m hoch, 1 – 8 m breit; schmal ovale, zugespitzte, am Rand gezähnte, glänzend grüne Blätter, im Austrieb oft bronzefarben, Herbstfärbung gelb, orange bis rötlich braun; Blüten je nach Sorte einfach bis dicht gefüllt, weiß, hell- oder dunkelrosa.
Blütezeit: April – Mai
Verwendung: Für Einzelstellung, in lockeren Gehölzgruppen; Zweige für Treiberei geeignet.
Standort: Durchlässiger, tiefgründiger, frischer, humoser, nährstoffreicher sowie kalkhaltiger Boden; weitgehend rauchhart, lediglich bei guten Standortbedingungen für Stadtklima geeignet.
Pflanzen/Vermehren: Pflanzung bevorzugt im Herbst; Sorten sind überwiegend veredelt.
Pflege: Anspruchslos; Wildtriebe aus der Unterlage entfernen; Rückschnitt nach Bedarf, radikales Einkürzen wird meist gut vertragen; regelmäßig auf → *Feuerbrand* kontrollieren.

Zierkohl
BRASSICA OLERACEA

Neben den vielen als Gemüse geschätzten Kohlformen sorgen spezielle Sorten dieser Kreuzblütlerart für Herbst- und Winterschmuck in Beeten und Pflanzgefäßen. Die ursprünglich in Japan entstandenen Züchtungen haben bunt getönte Blätter bzw. Köpfe mit reichem Farbenspiel in Grün, Cremeweiß, Rosa, Rot bis Violett. Auch die sehr regelmäßige, rosettenartige Kopfform und die oft geschlitzten oder gerüschten Blätter tragen zur Zierwirkung bei. Einige Formen bilden kleine Köpfe auf langen, dicken, locker beblätterten Stielen und können für Vasensträuße und Gestecke verwendet werden. Die Färbung wird mit abnehmenden Temperaturen intensiver; ähnlich wie bei der Herbstfärbung der Gehölze tritt dann der Chlorophyllanteil gegenüber den anderen Farbstoffen zurück. Man pflanzt den Zierkohl oft zu rein dekorativen Zwecken, seine Blätter sind aber auch essbar und können Salate farblich bereichern. Im weiteren Sinn zählen zum Zierkohl auch ungewöhnlich geformte bzw. gefärbte Sorten von Gemüsekohl, etwa Grünkohlsorten mit bizarr wachsenden oder rötlichen bis violetten Blättern.

Zierkohl 'White Christmas'

Merkmale: Einjährige Pflanze, je nach Sorte 30 – 80 cm hoch; Köpfe aus derben, fleischigen Blättern, glatt, gewellt oder gekräuselt, ganzrandig bis zerschlitzt; mehrfarbig; verträgt etwas Frost und kann in milden Wintern bis zum Frühjahr überdauern.
Verwendung: Als Herbst- und Winterzierde für Beete, Rabatten und Gefäße; langstielige Sorten wie Schnittblumen.
Standort: Am besten sonnig, im Halbschatten weniger ausgeprägte Färbung; frischer, humoser, nährstoffreicher Boden.

Pflanzen/Vermehren: Anzucht ab Ende Mai bis Juni, Pflanzung im August/September mit 40 cm Abstand.
Pflege: Bei Trockenheit gießen, während der Wachstumszeit mehrmals düngen; auf → *Kohlschädlinge* wie Erdflöhe und Kohlweißling achten.

Zierkürbis
CUCURBITA PEPO

Zierkürbisse gehören zur selben Art wie Gartenkürbis (→ *Kürbis*) und → *Zucchini*. Es handelt sich um spezielle Sorten mit kleinen, rein als Zierde dienenden Früchten. Diese sind äußerst vielgestaltig, neben kugeligen gibt es auch flaschenförmige oder turbanartig eingeschnürte Früchte, neben glattschaligen auch warzige oder Formen mit krallenartigen Auswüchsen. Ebenso variantenreich ist die Färbung, viele Zierkürbisse sind mehrfarbig gestreift oder gemustert. Zur näheren Verwandtschaft zählt der → *Flaschenkürbis* mit ebenfalls dekorativen Früchten.
Merkmale: Einjährige, rasch wachsende, niederliegende oder emporrankende Pflanze, 30 – 300 cm hoch; große, dunkelgrüne, raue Blätter; glocken- bis trompetenartige, meist gelbe Blüten; je nach Sorte pflaumen- bis melonengroße Früchte in verschiedenen Formen und Farben wie Gelb, Orange, Grün oder Cremeweiß.
Blütezeit: Juni – August
Verwendung: Zur Begrünung von Spalieren, Klettergerüsten, Beschattung von Kompostplätzen oder in Beeten; auch für Gefäßkultur geeignet; Früchte zur Dekoration.
Standort: Warm und geschützt; gut durchlässiger, frischer bis mäßig feuchter, humoser, nährstoffreicher Boden.
Pflanzen/Vermehren: Anzucht ab April, Pflanzung ab Mitte Mai mit 80 – 100 cm Abstand; ab Mitte Mai auch Direktsaat mit je 2 bis 3 Samen pro Saatstelle möglich, davon nur die stärkste Pflanze stehen lassen.
Pflege: Bei Trockenheit reichlich gießen; mehrmals düngen; ggf. anfangs an Kletterhilfe aufleiten.
Hinweis: Früchte nach Belieben ab August ernten, für bessere Haltbarkeit und Glanz mit etwas Öl oder Paraffin einreiben.

Zierkürbis (Cucurbita pepo)

Zierlauch
ALLIUM

Mit ihren attraktiven Blüten in verschiedensten Größen, Formen und Farben setzen diese Lauch- oder Zwiebelgewächse lebhafte Akzente; man fasst sie auch als Blumen- oder Schmucklauch zusammen. Sie stammen überwiegend aus sommertrockenen Gebieten im Mittelmeerraum und in Asien. Die größte Art ist wohl der Riesenlauch (*A. giganteum*) aus Zentralasien, dessen ballförmige Blütenstände an hohen Schäften in jeder Pflanzung einen spektakulären Eindruck hinterlassen. Einen ungewöhnlichen Anblick bietet der Sternkugellauch (*A. christophii*) aus Vorderasien, dessen Blütenstände wie dicht besteckte Nadelkissen erscheinen. Ebenso markant präsentiert sich der Blauzungenlauch (vgl. Übersicht). Daneben gibt es eine Fülle weiterer Arten, von pompösen Gestalten bis zu zierlichen, grazilen Formen. Die Übersicht auf S. 1018 stellt eine Auswahl vor; Standortansprüche und Kultur entsprechen denen der ausführlich porträtierten Arten.

Sternkugellauch
ALLIUM CHRISTOPHII

Merkmale: Eintriebiges Zwiebelgewächs, 20 – 40 cm hoch; breit riemenförmige, überhängende, bläulich grüne Blätter; kugeliger, lockerer Blütenstand mit 20 – 30 cm Ø aus metallisch violett glänzenden Sternblüten auf kurzem, kräftigem Schaft; sehr zierender, lange haltender Fruchtstand.
Blütezeit: Juni – Juli
Verwendung: In kleinen Gruppen auf Beeten und Rabatten, im Steingarten, in Steppenbeeten; schön mit Polsterstauden und vor niedrigen Nadelgehölzen; Fruchtstände für Blumensträuße und zum Trocknen.
Standort: Warm; gut durchlässiger, mäßig trockener bis frischer, leichter bis mittelschwerer, gern auch magerer, kiesiger, steiniger oder sandiger Boden.
Pflanzen/Vermehren: Zwiebeln im Herbst 5 – 10 cm tief mit 15 – 20 cm Abstand einsetzen; Vermehrung

Rosenlauch (Allium oreophilum)

ZIERQUITTE

durch Tochterzwiebeln, auch durch Aussaat möglich (Kaltkeimer), aber langwierig.
Pflege: Anspruchslos; nur alle paar Jahre im Frühjahr etwas düngen.

Riesenlauch
ALLIUM GIGANTEUM
☼ ☺

Merkmale: Eintriebiges Zwiebelgewächs, straff aufrecht, 80–150 cm hoch; lange, riemenförmige, bis 10 cm breite Blätter; leuchtend rosa Blüten dicht gepackt in ballförmigem Blütenstand mit 10–20 cm Ø an hohem Schaft; dekorative Fruchtstände.
Blütezeit: Juli–August
Verwendung: In kleinen Gruppen auf Beeten und Rabatten, im Steingarten, in Steppen- und Kiesbeeten; wirkt besonders attraktiv mit Beipflanzung von Gräsern; gute Schnittblume, Fruchtstände zum Trocknen geeignet.

Riesenlauch (Allium 'Globemaster')

Standort: Wie Sternkugellauch; allerdings kein sandiger Boden.
Pflanzen/Vermehren: Zwiebeln im Herbst 10–20 cm tief mit etwa 20 cm Abstand einsetzen; Vermehrung wie Sternkugellauch.
Pflege: Anspruchslos; vergilbtes Laub entfernen; in rauen Gebieten Winterschutz ratsam.
Hinweis: Alle Rekorde bricht die 80–100 cm hohe Hybridsorte 'Globemaster' mit 25 cm großen „Blütenkugeln".

Zierquitte
CHAENOMELES x SUPERBA
☼–◐ ☺

Die Blüten der ostasiatischen Zier- oder Scheinquitten, botanisch auch als *Choenomeles* bekannt, erinnern an die von Wildrosen und zeigen deutlich die Zugehörigkeit zur Familie der Rosengewächse. Ihre Früchte ähneln kleinen Quitten; aus ihnen lassen sich delikate Konfitüren und Gelees herstellen, roh schmecken sie allerdings sehr herb.

Die weiteste Verbreitung haben wohl die vielen Hybridformen, die man unter *C. x superba* zusammen-

WEITERE ZIERLAUCHARTEN IM ÜBERBLICK

Name	Wuchs	Blüte
Iranlauch (*Allium aflatunense*)	80–100 cm hoch; breit riemenförmige Blätter	hellviolett, purpurn gestreift; Sternblüten in kugeligen Dolden; Mai–Juni
Blau- oder Fliederlauch (*Allium caeruleum*)	30–60 cm hoch; grasartige, schmale Blätter	himmelblau, dunkelblau gestreift; Sternblüten in kugeligen Dolden; Juni–Juli
Nickender Lauch (*Allium cernuum*)	10–50 cm hoch; grasartige, schmale Blätter	hell- bis dunkelrosa; viele hängende, schlanke Glöckchen in Dolden; Juni–Juli
Gelber Lauch, Schwefellauch (*Allium flavum*)	5–40 cm hoch; graublaue, grasartige Blätter	zitronengelb; leicht nickende Glockenblüten in Dolden; Juni–August
Blauzungenlauch (*Allium karataviense*)	15–25 cm hoch; graublaue, breit riemenförmige Blätter	weißgrau, rosa überlaufen; Sternblüten in großen, ballförmigen Dolden; Mai–Juni
Goldlauch (*Allium moly*)	20–30 cm hoch; blaugrüne, riemenförmige Blätter	goldgelb; Sternblüten in halbkugeligen Dolden; Mai–Juni
Rosenzwerglauch (*Allium oreophilum*)	10–20 cm hoch; riemenförmige, überhängende Blätter	karminrosa; breite Glockenblüten in lockeren Dolden; Juni–Juli
Rosenlauch (*Allium roseum*)	40–60 cm hoch; riemenförmige Blätter	zartrosa; Sternblüten in kugeligen Dolden; Juni–Juli
Kugellauch (*Allium sphaerocephalon*)	50–80 cm hoch; gelbgrüne, breit riemenförmige Blätter	karminrot; Glockenblüten in üppigen, eiförmigen Dolden; Juli–August
Paukenschlägerlauch (*Allium stipitatum*)	60–100 cm hoch; schmal riemenförmige, überhängende Blätter	purpurlila; Sternblüten in üppigen, kugeligen Dolden; Juni–Juli

Chinesische Zierquitte (Chaenomeles speciosa 'Eximia')

fasst. Sie stammen von zwei Arten ab, die ebenfalls als schöne Frühlingsblüher gelten: Die Japanische Zierquitte (*C. japonica*) bildet breit buschige, knapp mannshohe Sträucher, aus ihren ziegelroten Schalenblüten leuchtet ein Büschel goldgelber Staubblätter heraus. Die locker buschigen Sträucher der Chinesischen Zierquitte (*C. speciosa*) erreichen dagegen gut 3 m Höhe wie Breite. Sie entfaltet dunkelrosa Blüten, die in Büscheln an den bedornten Zweigen stehen.

Merkmale: Strauch, breit buschig, je nach Sorte lockerer oder dichter Wuchs, breit aufrecht bis weit ausgebreitet, 1,5 – 3 m hoch und ebenso breit; ovale, zugespitzte, glänzend grüne Blätter; schalenförmige, je nach Sorte weiße, rosafarbene oder rote Blüten am alten Holz; duftende, runde, erst grüne, später gelbe, von weichen Filz überzogene Früchte.
Blütezeit: März – April
Verwendung: Für Einzelstellung, in Gehölzgruppen, in frei wachsenden Hecken; schön als Hintergrund für frühlingsblühende Zwiebelpflanzen.
Standort: Durchlässiger, frischer bis leicht feuchter, humoser Boden; rauchhart, für Stadtklima geeignet.
Pflanzen/Vermehren: Pflanzung bevorzugt im Herbst; Vermehrung durch Stecklinge oder Steckhölzer, Sorten teilweise veredelt.
Pflege: Anspruchslos; am besten ungeschnitten lassen, vergreisende Sträucher etwas auslichten; im Wurzelbereich nicht graben oder hacken.
Hinweis: Ergiebige Bienenweiden, gute Vogelschutz- und -nistgehölze. Leider sind die meisten Zierquitten überaus anfällig für → *Feuerbrand*.

Ziersalbei

Anderer Name für den ausdauernden Sommersalbei mit den hübschen blauen Blütenkerzen. Auch auffällig blühende einjährige Arten wie Feuersalbei und Mehliger Salbei werden oft als Ziersalbei bezeichnet.
→ *Salbei*

Ziertabak

NICOTIANA × SANDERAE

Der in vielen Sorten angebotene Ziertabak gehört zu den Nachtschattengewächsen. Die Stammarten der bunten Hybridformen sind in Südamerika heimisch. Seltener werden Flügeltabak (*N. alata*) und Berg- oder Waldtabak (*N. sylvestris*) gezogen, beides bis 150 cm hohe Pflanzen mit großen, rein weißen, abends stark duftenden Blüten in lockeren Rispen. Alle Arten und Hybriden enthalten in sämtlichen Teilen Giftstoffe.
Merkmale: Einjährige Sommerblume, buschig wachsend, je nach Sorte

Ziertabak (Nicotiana × sanderae 'Tuxedo Red')

25 – 80 cm hoch; spatelförmige bis lanzettliche Blätter an reich verzweigten Trieben; röhrenförmige, in fünfzipfelige, breite Krone ausgezogene Blüten in lockeren Trauben, je nach Sorte weiß, cremefarben, gelbgrün, rosa, rot oder violett, oft ab Spätnachmittag oder Abend duftend (lockt Nachtfalter an).
Blütezeit: Juni – Oktober
Verwendung: In Gruppen auf Beeten und Rabatten; in Balkonkästen, Kübeln und Schalen.
Standort: Durchlässiger, frischer, humoser, nährstoffreicher und nicht zu leichter Boden.
Kultur: Anzucht ab Ende Februar (Lichtkeimer); Pflanzung ab Mitte Mai, niedrige Sorten mit 25 – 30 cm, hohe mit 40 – 50 cm Abstand.
Pflege: Reichlich gießen; mehrmals düngen; Verblühtes entfernen; Rückschnitt nach der ersten Hauptblüte Ende Juli fördert den Nachflor.

Ziest

STACHYS

Diese Gattung der Lippenblütler umfasst sehr unterschiedliche Arten. Es finden sich Nutzpflanzen wie z. B. der → *Knollenziest* (*S. affinis*), Blatt-

Zigarettenblümchen

Wollziest (Stachys byzantina)

schmuckstauden wie der Wollziest (*S. byzantina*) und Arten wie der Großblumige Ziest (*S. macrantha*) mit eindrucksvollen Blüten. Beide Zierarten stammen aus Vorderasien.

Wollziest
STACHYS BYZANTINA
☼–◐ ☺

Ist auch als Hasen-, Eselsohr, Mausöhrchen oder Samtblatt bekannt.
Merkmale: Wintergrüne, kriechend wachsende, dichte Matten bildende Staude, 10–30 cm hoch; breit ovale Blätter, wie alle anderen Teile dicht filzig silbergrau behaart; kleine rosa Lippenblüten in aufrechten Kerzen.
Blütezeit: Juni – August
Verwendung: Bodendecker für nahezu alle Gelegenheiten.
Standort: Am besten sonnig bis halbschattig, im Schatten verliert sich der kompakte Wuchs und die silbrige Behaarung; auf nahezu allen Böden, außer auf stetig nassem Untergrund.
Pflanzen/Vermehren: Pflanzung bevorzugt im Herbst oder Frühjahr, 6 bis 8 Pflanzen pro m²; Vermehrung durch Teilung.
Pflege: Anspruchslos; Verblühtes entfernen.

Großblumiger Ziest
STACHYS MACRANTHA
☼–◐ ☺

Merkmale: Staude, dicht buschig, breit ausladend, 30–50 cm hoch; große, herzförmige, gekerbte und leicht runzlig erscheinende Blätter; rosaviolette Lippenblüten in üppigen, zylindrischen Blütenständen.
Blütezeit: Juni – Juli, bisweilen Nachblüte im August/September
Verwendung: Einzeln oder in kleinen Gruppen auf Beeten und Rabatten, am Gehölzrand; passt gut zu Storchschnabelarten und Gräsern.
Standort: Durchlässiger, frischer, humoser Boden.
Pflanzen/Vermehren: Pflanzung im Frühjahr oder Herbst mit wenigstens 30 cm Abstand; Vermehrung durch Teilung.
Pflege: Anspruchslos; Verblühtes zurückschneiden.

Zigarettenblümchen

Anderer Name für das → *Köcherblümchen*, dessen Blüten an eine glimmende Zigarette erinnern.

Zikade

Beim Stichwort Zikaden denkt man oft an nächtliche, schrille Insektengesänge in südlicheren Gefilden. Doch auch in unseren Breiten kommen etwa 500 Arten dieser geflügelten Insekten vor, allerdings kaum Singzikaden. Mit einer Länge zwischen meist nur 3–5 mm und häufig grünlicher oder bräunlicher Farbe bleiben sie recht unscheinbar. Charakteristisch ist die dachartige Flügelhaltung der Tiere in Ruhestellung. Sie haben kräftig ausgebildete Hinterbeine und können nicht nur fliegen, sondern auch weit springen. Fast alle Zikaden ernähren sich von Pflanzensäften und stechen dazu mit ihrem Saugrüssel die Zellen an. Ihre ebenfalls saugenden Larven ähneln Blattläusen, mit denen die Zikaden auch verwandt sind. Etwas auffälliger sind die vor allem in Wiesen häufigen Blutzikaden mit rotschwarzen Flecken. Sie zählen ebenso wie einige grünlich gefärbte Arten zu den Schaumzikaden. Diese sondern ein schaumiges Sekret ab, im Volksmund Kuckucksspeichel oder Hexenspucke genannt, der die Larven umhüllt und schützt.

Zikaden treten an verschiedenen Gartenpflanzen auf, z. B. an Sommer-, Zwiebel- und Knollenblumen, Stauden, Ziergräsern, Erdbeeren und verschiedenen Gehölzen (auch → *Rhododendronschädlinge*, → *Rosenschädlinge*). Die Saugschäden halten sich meist in Grenzen. Sie können allerdings gefährliche → *Viruskrankheiten* und → *Phytoplasmen* übertragen.
Schadbild: Blätter gelblich oder weiß gesprenkelt, vergilben; an den Blattunterseiten grünlich gelbe, weißlich grüne oder dunkle Larven, teils mit auffälligem Schaum umgeben,
Abhilfe: Vorbeugend natürliche Feinde wie Schlupfwespen, Raubwanzen, und Laufkäfer fördern; Gelbtafeln aufhängen. Bei Befall genügt meist Abspritzen mit Wasser; notfalls nützlingsschonende Präparate einsetzen.

Schaumzikaden produzieren den „Kuckucksspeichel".

Zimbelkraut
CYMBALARIA MURALIS
◐–◓ ☺

Der anmutige Rachenblütler stammt ursprünglich aus dem Mittelmeerraum, ist aber heute in ganz Europa verbreitet. Er zählt zu den wenigen gut schattenverträglichen Gewächsen für Fugen und Ritzen.
Merkmale: Staude, kriechend bis hängend wachsend, etwa 5 cm hoch, einzelne Triebe bis 30 cm lang; herzförmige, grob gelappte Blättchen; hellviolette Blütchen.
Blütezeit: Juni – September
Verwendung: In Mauerritzen, Felsspalten und Treppenfugen.
Standort: Lehmiges Substrat.
Pflanzen/Vermehren: Jungflanzen, sofern erhältlich, mit etwas Lehmerde in die Pflanzfugen drücken; ansonsten Anzucht bzw. Vermehrung durch Aussaat.
Pflege: Anspruchslos.

Zimthimbeere
Gut schattenverträgliche Zierart der → *Himbeere* mit rosaroten, duftenden Blüten sowie recht fad schmeckenden Früchten

Zimbelkraut (Cymbalaria muralis)

Zink
Chemisches Element mit der Abkürzung Zn; für Pflanzen ein unentbehrliches Spurenelement, das in die Enzymwirkungen bei der → *Photosynthese* und dem Aufbau der → *Phytohormone* eingreift. Es steht in normalen Böden ausreichend zur Verfügung, wird aber bei hohen → *pH-Werten* (auch → *Bodenreaktion*) kaum aufgenommen, außerdem durch hohe Phosphorgaben verdrängt. Zinkmangel äußert sich in → *Chlorosen*, die an den jüngeren Blättern beginnen; bei Obstbäumen in kleinen, rosettenartig angeordneten Blättern und anderen Wuchsstörungen, bei Weinreben in dünnen Trieben, starker Geiztriebbildung und kleinen Früchten. Bei Verdacht auf → *Zinkmangel* sollte man eine → *Bodenuntersuchung* durchführen lassen; notfalls spezielle Blattdünger verabreichen.

Zinnia
Botanischer Gattungsname der → *Zinnie*

Zinnie
ZINNIA ELEGANS
☼

Bereits seit dem 18. Jahrhundert werden diese Korbblütler bei uns kultiviert. Ursprünglich stammen sie aus Mittelamerika. Durch intensive Züchtung ist eine breite Sortenpalette entstanden. Von kleinwüchsigen bis hohen, vor allem zum Schnitt geeigneten Formen finden sich alle Übergänge. Auch die Blütengrößen, -formen und -farben variieren sehr stark. Mehr rustikalen Charme strahlt *Z. angustifolia* aus, sie erinnert auf den ersten Blick an → *Studentenblumen* (*Tagetes*). Die reich verzweigten, 30 – 40 cm hohen Pflanzen öffnen unermüdlich bis zum Frost ihre sternförmigen, roten oder orangefarbenen Blüten in reicher Fülle.
Merkmale: Einjährige Sommerblume, straff aufrecht, horstartig, je

Zinnien (Zinnia elegans), 'Liliput'-Farbmischung

nach Sorte 20 – 100 cm hoch; schmal herzförmige Blätter; kleine bis große, einfache bis dicht gefüllte, tellerartige bis ballförmige Blütenköpfe in Weiß, Gelb, Orange, Rosa oder Rot, oft mehrfarbig und in Farbmischungen angeboten.
Blütezeit: Juni – Oktober
Verwendung: In Gruppen auf Beeten und Rabatten; kleinwüchsige Sorten auch für Gefäße; gute Schnittblumen.
Standort: Warm und windgeschützt; durchlässiger, frischer, humoser, nährstoffreicher Boden.
Pflanzen/Vermehren: Anzucht im März oder April (Dunkelkeimer); Pflanzung ab Mitte Mai mit 25 – 35 cm Abstand.
Pflege: Reichlich gießen; mehrmals düngen; hohe Sorten aufbinden; Verblühtes regelmäßig entfernen.

Zirbelkiefer
Kleine bis mittelgroße → *Kiefer* mit kegeliger Krone

Zistrose
Zistrosen beeindrucken mit papierartig dünnen, großen Blüten. In unserem Klima gedeihen sie nur als → *Kübelpflanzen* oder im → *Wintergarten*.

Zitronenkraut

Buntblättrige Zitronenmelisse 'Variegata'

Zitronenkraut

Andere Bezeichnung für die zitronenartig duftende → *Eberraute,* eine halbstrauchige Würzpflanze

Zitronenmelisse
Melissa officinalis

Der oft nur schlicht als Melisse bezeichnete Lippenblütler stammt aus dem Mittelmeerraum und Vorderasien und hat eine gewisse Ähnlichkeit mit der → *Pfefferminze.* Die Zitronenmelisse verströmt allerdings ein namensgebendes Zitronenaroma und erinnert auch im Geschmack etwas an die Südfrucht. Berühmtheit erlangte das Heil- und Gewürzkraut durch einen alkoholischen Auszug, den Melissen- bzw. Karmelitergeist. Die zur Blüte von Bienen fleißig umschwärmte Staude ist ein zierender Vertreter im Kräutergarten, zumal in buntblättrigen Sorten; ihre Blätter verfeinern Salate, Saucen, Süßspeisen oder dienen zur Dekoration von Desserts.

Merkmale: Staude, dicht buschig wachsend, 50 – 80 cm hoch; vierkantige, behaarte Stängel; ovale, am Rand gezähnte, nesselähnliche, lindgrüne Blätter; weiße, selten auch rosalila Lippenblüten in den Blattachseln.
Blütezeit: Juni – August
Verwendung: Im Kräutergarten, in Beeten und Rabatten; in Gefäßen.
Standort: Vorzugsweise sonnig, warm und geschützt; durchlässiger, frischer, leichter bis mittelschwerer, humoser, nährstoffreicher Boden.
Pflanzen/Vermehren: Pflanzung bevorzugt im Frühjahr; Vermehrung durch Teilung oder Abtrennen von Ausläufern, auch Aussaat ist möglich, aber langwierig.
Pflege: Anspruchslos; häufiger kräftig zurückschneiden, um frischen Austrieb anzuregen; in rauen Regionen über Winter mit Reisig abdecken; im Frühjahr abgestorbene Triebe entfernen.
Ernte: Nach Bedarf frische, junge Blätter ernten. Zum Trocknen kurz vor der Blüte schneiden.

Zitronenthymian

Art des → *Thymians* mit zitronenartig frischem Duft

Zitrusbäumchen
Citrus

Unter der Bezeichnung Zitrus- oder Orangenbäumchen werden verschiedene Zitrusgewächse als → *Kübelpflanzen* kultiviert. Sie stammen ursprünglich aus den tropischen Regionen Asiens, werden heute weltweit in warmen Gebieten angebaut und verkörpern als sehr beliebte Terrassen- und Balkonpflanzen für viele den Traum vom Süden. Bei allen Zitrusgewächsen verströmen die Blüten einen angenehmen Duft und verlocken die dekorativen Früchte zum Naschen; sie schmecken allerdings oft eher bescheiden.

Der Fachhandel hält, häufig in Form von kleinen Bäumchen bzw. Hochstämmchen, viele Arten und Sorten bereit. Die bekanntesten sind Zitrone (*C. limon*) und Orange (*C. sinensis*). Häufiger gezogen werden auch Pomeranze (*C. aurantium*), mit besonders intensiv duftenden Blüten und dickschaligen Früchten, sowie Chinotto (*C. myrtifolia*), kleinwüchsig, reich blühend und fruchtend. Für Kübelkultur eignen sich außerdem zwei weitere verwandte Pflanzen besonders gut, nämlich Calamondin-Orange (x *Citrofortunella microcarpa*) und Kumquat (*Fortunella margarita*).

Merkmale: Immergrüne Sträucher oder kleine Bäume, je nach Erziehung 60 – 200 m hoch; derbe, ledrige, dunkelgrüne Blätter; weiße, sternförmige, stark duftende Blüten; je nach Art und Sorte gelbe bis orangefarbene, meist runde Früchte mit derber Schale.
Blütezeit: März – August, im Wintergarten auch ganzjährig

Kumquat (Fortunella margarita)

Verwendung: Als Kübelpflanzen für Terrasse, Sitzplatz, Balkon und Wintergärten.
Standort: Vollsonnig, warm und vor Wind und Regen geschützt; durchlässige, lehmig humose, leicht saure, strukturstabile Substrate, am besten spezielle Erde für Zitrusgewächse bzw. Kübelpflanzen.
Pflanzen/Vermehren: Pflanzung/Umtopfen im Frühjahr, dabei auf wirksame Dränage im Gefäß achten; erst gegen Ende Mai nach draußen stellen; Pflanzen in der Regel veredelt, eigene Vermehrung (Abmoosen oder Kopfstecklinge) schwierig.
Pflege: Gleichmäßig leicht feucht halten, möglichst nur kalkarmes bzw. enthärtetes Wasser verwenden; alle 1 bis 2 Wochen düngen, am besten mit speziellem Zitrusdünger; größere und fruchttragende Pflanzen stützen. Vor den ersten Frösten einräumen; möglichst hell bei 4 – 8° C überwintern; bei Bedarf im Frühjahr leicht zurückschneiden; umtopfen erst, wenn Wurzeln aus dem Gefäß herauswachsen.

Zittergras
BRIZA MAXIMA

Die Hauptattraktion dieses Süßgrases aus Südeuropa sind seine auffälligen Blütenstände, die sich bei jedem Windhauch an den dünnen Verästelungen der Rispe bewegen. Sehr ähnlich ist *B. media,* das jedoch etwas früher blüht und kleinere Blütenstände bildet. Das heimische Herz- oder Kleine Zittergras (*B. minor*) wächst ausdauernd, die zierlichen, herzförmigen Blütenstände baumeln in reicher Zahl über dichten Blattbüscheln.
Merkmale: Einjähriges, horstartiges Ziergras, 30 – 50 cm hoch; schmale Blätter; grünlich violette, eiförmige, platt gedrückte Blütenstände an dünnen Stielen in lockeren Rispen; Fruchtstände ähnlich, meist hellbraun.

Zittergras (Briza media)

Blütezeit: Juni – Juli
Verwendung: In Beeten und Rabatten, in Steingärten, im Heidegarten; wirken am schönsten in kleinen Gruppen.
Standort: Warm; durchlässiger, mäßig trockener bis frischer Boden.
Kultur: Aussaat direkt ins Freiland ab April oder Vorkultur ab März und Pflanzung ab April.
Pflege: Anspruchslos.

Zitterpappel
→ *Pappel* mit lang gestielten, leicht im Wind „zitternden" Blättern

Zucchetti
Andere geläufige Bezeichnung für die
→ *Zucchini*

Zucchini
CUCURBITA PEPO

Die Zucchini – streng genommen eigentlich der Zucchino – ist eine Sonderform des Gartenkürbisses (→ *Kürbis*) und wird auch Zucchetti oder Gurkenkürbis genannt. Die überaus wuchsstarken Pflanzen bringen innerhalb kürzester Zeit einen reichen Erntesegen an gurken-, mit zunehmender Reife keulenförmigen Früch-

Häufig reichen schon zwei Zucchinipflanzen für reiche Ernten den ganzen Sommer über.

ten hervor. Diese erntet man am besten jung, wenn sie noch ganz zart sind und besonders mild und nussig schmecken; lässt man sie wachsen, können sie in Ausnahmefällen sogar zentnerschwer werden. Das gesunde, kalorienarme und vitaminreiche Gemüse lässt sich auf vielfache Weise verarbeiten, auch roh essen oder einkochen. Neben den Früchten schätzt man die großen Blüten als besondere Delikatesse, die man ausbacken oder füllen kann.

Zucchini werden als Hauptkultur gezogen und eignen sich wegen des enormen Platzbedarfs kaum zur Mischkultur. In der Regel genügen einige wenige Pflanzen.
Merkmale: Einjähriges Fruchtgemüse; dicht buschiger, breit ausladender, bei speziellen Sorten auch kletternder Wuchs; sehr große, hellgrün oder silbrig gefleckte, rau behaarte Blätter; große, goldgelbe bis orange Trichterblüten, rein männliche und rein weibliche an derselben Pflanze; schlanke, walzen- oder keulenförmige Früchte, je nach Sorte grün, gelb, weiß oder gestreift.
Blütezeit: Juni – August

Zuckererbse

Standort: Warm und geschützt; durchlässiger, frischer bis leicht feuchter, stark humoser, nährstoffreicher Boden.
Kultur: Anzucht ab April, pro Gefäß 1 bis 2 Samen ausbringen; bei 20° C Keimung innerhalb von 1 bis 2 Wochen; Pflanzung ab Mitte Mai mit 80 x 80 cm Abstand; ab Mitte Mai auch Direktsaat ins Freiland möglich; auch für Gefäßkultur geeignet.
Pflege: Bei Trockenheit durchdringend wässern; zur Pflanzung reichlich Kompost geben, mehrmals düngen.
Ernte: Ab etwa sechs Wochen nach der Pflanzung, Früchte am zartesten bei 15 – 20 cm Länge; mehrmals Früchte abschneiden; je häufiger man erntet, desto üppiger werden neue Früchte gebildet.

Zuckererbse

Sortengruppe der → *Erbse,* bei der man die jungen, zarten, süßlich schmeckenden Hülsen erntet.

Zuckerhut

CICHORIUM INTYBUS VAR. FOLIOSUM

Unter dem auch Fleischkraut oder Salatzichorie genannten Blattgemüse sind bestimmte, ursprünglich aus Italien stammende Formen der → *Wegwarte* zu verstehen. Der Korbblütler gehört zur selben Art wie der → *Radicchio* und ist eng mit → *Chicorée* und → *Endivie* verwandt. Sein Name leitet sich von der Form der kompakten, kegeligen Köpfe ab. Die dicht gepackten Blätter schmecken ähnlich wie Endivie angenehm würzig bitter und knackig, man kann sie roh als Salat oder gekocht bzw. gebraten als Gemüse essen. Als Langtagpflanze, die bei zu früher Aussaat schnell zur Blüte kommt, ist Zuckerhut ein typischer Herbst- und Wintersalat. Er wird als Haupt- oder Nachkultur gezogen, gute Nachbarn sind Möhren, Bohnen, Kohl oder Fenchel.

Zuckerhut ergibt ein kräftig schmeckendes Herbst- und Wintergemüse.

Merkmale: Einjährig kultiviertes Blattgemüse; spitz kegel- bis walzenförmige Köpfe aus fleischigen, gekrausten Blättern mit gewellten Rändern.
Standort: Durchlässiger, frischer, humoser Boden.
Kultur: Aussaat von Mitte Juni bis Mitte Juli in Reihen mit 35 – 40 cm Abstand direkt aufs Beet; Sämlinge in der Reihe auf 40 cm Abstand vereinzeln.
Pflege: Bei Trockenheit wässern; in wintermilden Gegenden mit Folientunnel überbauen oder Reisigschutz geben, dann Ernte bis zum Frühjahr; verträgt Fröste bis etwa -7° C.
Ernte: Ab Oktober Köpfe abschneiden; in rauen Regionen Pflanzen samt Wurzeln ernten und in feuchtem Sand eingeschlagen kühl lagern.

Zuckerhutfichte

Niedrig bleibende → *Fichte* mit regelmäßig kegelförmigem Wuchs

Zuckermais

ZEA MAYS

Mais oder Kukuruz, botanisch ein Süßgras, ist ein Getreide, das von Mittelamerika aus über die ganze Welt verbreitet wurde und zu den wichtigsten Nahrungspflanzen überhaupt zählt. In Mitteleuropa wird hauptsächlich der stärkereiche Futtermais angebaut; der Zucker-, Gemüse-, Süß- oder Goldmais mit deutlich höherem Zuckergehalt der Körner spielt als Feldfrucht eine eher geringe Rolle.

Die üblichen Zuckermaissorten bilden etwa 20 cm lange Kolben mit goldgelben, hellgelben oder weißlichen Körnern. Die Kolben werden gegrillt oder gebraten, die Körner isst man gekocht als Gemüsebeilage, in Suppen oder Salaten. Daneben zieht man Puff- oder Perlmais, bei dem die Körner klein bleiben und sich vor allem für Popcorn eignen. „Minimais", sehr junge, zarte und insbesondere zum sauren Einlegen geeignete Kölbchen, lässt sich von speziellen Zuckermaissorten ernten. Das Gemüse wird als Hauptkultur gezogen. Gute Nachbarn sind z. B. Kürbisse, Zucchini, Buschbohnen oder auch Tomaten.
Merkmale: Einjähriges Gras mit straff aufrechtem, unverzweigtem Wuchs, 1,5 – 2,5 m hoch; kräftige, runde Stängel; lange, schmale Blätter; männliche, bräunlich violette Blütenrispen an den Stängelenden, weibliche Blüten in Kolben in den Blattach-

Zuckermais – ein nicht ganz alltägliches, interessantes Gemüse

seln, von Hüllblättern (Lieschblättern) umgeben, seidige, haarartige Narbenbüschel als „Bärte" herausragend; reife Kolben mit gelben bis weißen, meist kantigen Körnern.
Blütezeit: Juli – August
Standort: Warm und windgeschützt; durchlässiger, tiefgründiger, frischer bis leicht feuchter, humoser, nährstoffreicher Boden.
Kultur: Anzucht bei 20 – 22° C ab April, dazu 3 bis 4 Körner pro Topf ausbringen, große Sämlinge pikieren und ab Mitte Mai mit 30 x 50 cm Abstand auspflanzen; Direktsaat ab Mai, dazu je 2 bis 3 Körner 4 – 5 cm tief mit 25 – 30 cm Abstand in Reihen mit 50 cm Abstand legen, nach dem Auflaufen vereinzeln; auch für Gefäßkultur geeignet.
Pflege: Regelmäßig gießen; Boden mehrfach lockern; im Juni sowie zum Blühbeginn düngen; Stängel 10 – 20 cm hoch anhäufeln, damit die Pflanzen standfester werden; Seitentriebe aus der Basis entfernen.
Ernte: Zuckermais wird in der so genannten Milchreife geerntet, wenn die Narbenbärte braun und welk werden, die Körner voll ausgefärbt sind und beim Eindrücken mit dem Fingernagel ein milchweißer Saft austritt; Puffmais wird hartreif geerntet, wenn die Narbenhaare völlig vertrocknet sind, die Blätter vergilben und die Körner auf Fingernageldruck kaum noch nachgeben, dann Kolben ausbrechen und etwas nachtrocknen lassen, anschließend von Hüllblättern befreien und Körner ablösen.

Zuckermelone
Kälteempfindliches Gemüse mit wasserreichen, süßlichen Früchten
→ *Melone*

Zungenblüte
Als Zungenblüten werden die flach zungenförmigen, meist nach außen weisenden „Strahlen" in den Blütenkörben der → *Korbblütengewächse* bezeichnet, bei denen es sich auch tatsächlich um einzelne Blüten handelt.

Zungenschneeball
Immergrüner Strauch mit runzligen, unterseits behaarten Blättern und doldenähnlichen, cremeweißen Blütenständen im Frühsommer
→ *Schneeball*

Zusatzbeleuchtung
Im → *Gewächshaus* oder → *Wintergarten,* ggf. mit Heizung ausgestattet, können Pflanzen vom Herbst bis zum Frühjahr weiterkultiviert oder auch in den Wintermonaten angebaut werden, sofern sie keine zwangsläufige → *Vegetationsruhe* einlegen. Auch mit der → *Anzucht* auf dem Fensterbrett oder der → *Treiberei* im Warmen schlägt man der Natur gewissermaßen ein Schnippchen. Doch häufig reicht dann das Licht nicht aus: Die Pflanzen wachsen trotz Wärme nur ungenügend oder → *vergeilen;* Gemüse reichern viel → *Nitrat* an.

In solchen Fällen kann eine Zusatzbeleuchtung Abhilfe schaffen. Normale Glühbirnen oder sonstige Leuchten für den Wohnbereich sind für diesen Zweck allerdings wenig geeignet. Spezielle Pflanzenleuchten haben ein anderes Lichtspektrum mit höheren Anteilen blauvioletter und rotoranger Strahlung, die die Pflanzen bevorzugt für die → *Photosynthese* nutzen. Zum Einbau in Gewächshäuser eignen sich nur bestimmte, sicherheitsgeprüfte Modelle; daher sollte man sich im Fachhandel beraten oder eine Anlage vom Fachmann einbauen lassen.

Zweig
Das Gerüst eines → *Gehölzes* gliedert sich grundsätzlich in Stamm (bei Bäumen ein Hauptstamm, bei Sträuchern mehrere gleichrangige Stämme), Äste und Zweige – mit abnehmender Dicke. Zweige gehen aus den → *Trieben* hervor, die im Frühjahr aus den Knospen austreiben. Sie werden ab dem 2. Jahr als Zweige bezeichnet. Bei Obstgehölzen bilden sie das so genannte → *Fruchtholz*.
Auch → *Spross,* → *Baum*

Zweigriffeliger Weißdorn
Heimischer → *Weißdorn,* in dessen Blüte zwei Griffel stehen.

Zweihäusig
Bei zweihäusigen (fachsprachlich diözischen) Pflanzenarten stehen die → *eingeschlechtigen* männlichen oder weiblichen Blüten getrennt auf verschiedenen Individuen. Es gibt also rein männliche und rein weibliche Pflanzen, für eine → *Befruchtung* werden stets wenigstens zwei Exemplare verschiedenen Geschlechts nötig. Die Zweihäusigkeit ist vor allem bei Gehölzen verbreitet, zweihäusig sind z. B. Kiwi, Weiden, Eiben und Sanddorn. Unter den krautigen Pflanzen zählen beispielsweise Spargel, Spinat und Hopfen zu den Zweihäusigen.

Zweijährige Pflanzen
Auch Bienne, Winterannuelle oder kurz Zweijährige genannt; Pflanzen mit zweijährigem Entwicklungszyklus. Im Jahr der Samenkeimung bil-

Zusatzbeleuchtung im Gewächshaus

den sie nur Blätter aus, meist in Form einer Blattrosette, mit der sie überwintern; erst im 2. Jahr entstehen Blüten – oft schon im Frühjahr – und neue Samen. Mehrere → *Sommerblumen* zählen zu den Zweijährigen, z. B. Goldlack und Stiefmütterchen. Auch viele Gemüse wie etwa der Rettich sind zweijährig, werden aber nur einjährig gezogen, da die Blütenbildung das Erntegut (Rüben, Blätter) unbrauchbar macht.

Zweikeimblättrige Pflanzen

Fachsprachlich dikotyle Pflanzen, *Dicotyledonae*. Umfangreiche Klasse der → *Bedecktsamer*, die im → *System* der Pflanzen den einkeimblättrigen Pflanzen (z. B. Gräser, Zwiebelgewächse) gegenübersteht. Die meisten unserer Gartenpflanzen zählen zu den Zweikeimblättrigen. Ihre Samen keimen mit zwei deutlich ausgeprägten → *Keimblättern,* die bereits am Embryo im Samen angelegt sind. Aus der Keimwurzel entwickelt sich meist eine kräftige Hauptwurzel, die sich verzweigt. Im Sprossquerschnitt zeigen die Zweikeimblättrigen regelmäßig angeordnete Leitbündel mit einem → *Kambium,* das sie zum sekundären → *Dickenwachstum* befähigt.

Zwergbuchs

POLYGALA CHAMAEBUXUS

Auf den ersten Blick erinnert das in den südeuropäischen Gebirgen heimische Kreuzblütengewächs an eine Miniaturausgabe des → *Buchses*. Auffälliger als die reine Art, die auch Buchsblättrige Kreuzblume genannt wird, ist die Varietät *grandiflora* mit recht großen, purpurvioletten Blüten mit zitronengelben Spitzen. In Kultur erweist sich der Zwergbuchs oft als heikel und eignet sich eher für versierte Liebhaber von Alpinpflanzen.
Merkmale: Immergrüner, kurzlebiger Halbstrauch mit locker polstrigem Wuchs, 10 – 20 cm hoch; Ausläufer bildend; Triebe kriechend, an den Spitzen aufstrebend; ovale, stachelspitzige, ledrige, dunkelgrüne Blätter, am Rand oft eingerollt; cremefarbene bis hellgelbe Blüten, an den Spitzen bisweilen dunkler oder violett.
Blütezeit: Juni – September
Verwendung: Im Steingarten, auf Trockenmauern.
Standort: Auch absonnig; geschützt; durchlässiger, frischer, magerer, gern steiniger, kalkhaltiger Boden.
Pflanzen/Vermehren: Pflanzung im Herbst oder Frühjahr; Vermehrung durch Stecklinge oder Aussaat.
Pflege: Am besten ungestört wachsen lassen.

Zwergginster

CHAMAECYTISUS PURPUREUS

Das anmutige Kleingehölz aus Südeuropa, auch in Deutschland bisweilen anzutreffen, ist eng verwandt mit dem → *Geißklee* (*Cytisus*), dem er früher zugerechnet wurde, teils unter dem Namen Roter Geißklee. Große Ähnlichkeit besteht außerdem mit dem → *Ginster* (*Genista*), daher auch Bezeichnungen wie Purpurginster oder Rosenginster. Die Pflanze enthält in allen Teilen Giftstoffe.
Merkmale: Immergrüner Zwergstrauch, dicht buschig, überhängend, 30 – 60 cm hoch und breit; grüne Rutentriebe, kleine, schmale, dunkelgrüne Blätter; purpurviolette Blüten, bei Sorten auch weiß oder rosarot.
Blütezeit: Juni – Juli
Verwendung: Für Einzelstellung oder in kleinen Gruppen in Stein- und Heidegärten, auf Dachgärten; für Gefäßpflanzungen.
Standort: Warm und geschützt; sehr gut durchlässiger, mäßig trockener bis frischer, auch karger Boden; rauchhart, für Stadtklima geeignet.
Pflanzen/Vermehren: Pflanzung bevorzugt im Frühjahr; Vermehrung durch Stecklinge, die reine Art auch durch Aussaat (Kaltkeimer).
Pflege: Ungestört wachsen lassen; im Winter mit Reisig abdecken.

Zwerglebensbaum

MICROBIOTA DECUSSATA

Das Zypressengewächs aus Ostsibirien, auch als Sibirischer Fächerwacholder oder Teppichthuja geführt, stellt die einzige Art dieser Gattung.

Zwergbuchs (Polygala chamaebuxus)

Zwergginster (Chamaecytisus purpureus)

ZWERGMISPEL

Zwerglebensbaum (Microbiota decussata)

Zwergmandel (Prunus tenella)

Merkmale: Immergrünes Nadelgehölz, flächig ausgebreitet, 20 – 30 cm hoch, bis 150 cm breit; fächerartige Zweige; schuppenförmige, frisch grüne Nadeln, im Winter kupferfarben; kleine, rötlich braune Zapfen.
Verwendung: Als Bodendecker, trittfest; für Steingärten; auch für große Gefäße.
Standort: Auch absonnig; jeder normale Boden.
Pflanzen/Vermehren: Pflanzung bevorzugt im Herbst; Vermehrung durch Stecklinge.
Pflege: Anspruchslos; verträgt einen Schnitt gut.

Zwergmandel
PRUNUS TENELLA

Das von Europa bis Zentralasien heimische Rosengewächs ist ein reizvoller Blütenstrauch, der Wärme liebt und Trockenheit gut verträgt. Er erinnert ein bisschen an das → *Mandelbäumchen* (*P. triloba*), wirkt hingegen filigraner.
Merkmale: Kleinstrauch mit weit ausgebreiteten Zweigen, 1 – 1,5 m hoch, 1,5 – 2 m breit; spitze, schmale, hellgrüne Blätter; einfache, rosarote Blüten; eiförmige, gelbgrüne, filzige Steinfrüchte, ungenießbar.
Blütezeit: April – Mai
Verwendung: Für Einzelstellung oder kleine Gehölzgruppen; in Rabatten und im Steingarten; für Gefäßkultur.
Standort: Warm; durchlässiger, trockener, am besten sandiger, kalkhaltiger Boden; verträgt Stadtklima gut.
Pflanzen/Vermehren: Pflanzung bevorzugt im Herbst; Vermehrung durch Aussaat oder Stecklinge, wird häufig veredelt.
Pflege: Anspruchslos; Triebe nach der Blüte stark zurückschneiden, dies fördert den Blütenansatz im nächsten Jahr.

Zwergmispel
COTONEASTER

Die zu den Rosengewächsen zählenden Gehölze werden zwar unter dem Gattungsnamen Zwergmispel zusammengefasst; doch neben den niedrigen, bodenbedeckenden, oft kriechenden Arten gehören hierzu auch mehrere aufrechte, buschige, teils stattliche Sträucher. Letztere bezeichnet man landläufig als Strauchmispeln. Stellvertretend für diese beiden Gruppen wird je eine besonders typische Art ausführlich porträtiert; im Anschluss daran sind weitere verbreitete Zwerg- bzw. Strauchmispeln kurz vorgestellt.

Die im Garten gepflanzten Zwergmispeln stammen ausnahmslos aus Ostasien. Die Namensgebung der Zwergmispeln, teils auch als Felsenmispeln bezeichnet, ist insgesamt sehr uneinheitlich; nicht nur bei den deutschen Bezeichnungen, auch bei den botanischen Namen, die mehrfach geändert wurden. Allen Arten und Sorten gemeinsam sind neben Wuchsfreude und Anspruchslosigkeit die weißen bis roten Blütchen, die gern von Insekten besucht werden. Aus ihnen entwickeln sich kleine rote, beerenartige Früchte, die als giftig, zumindest aber ungenießbar gelten. Beachten sollte man außerdem, dass alle Zwergmispeln anfällig für → *Feuerbrand* sind.

Teppichzwergmispel
COTONEASTER DAMMERI

Merkmale: Immer- bis halbimmergrüner Strauch, flach ausgebreitet, teppichartig, mit niederliegende Trieben; 20 – 30 cm hoch, bis 150 cm breit; ovale, blaugrüne, ledrige Blättchen; krugförmige, weiße, rot überhauchte Blüten; beerenartige rote Früchte.
Blütezeit: Mai – Juni
Verwendung: Als Bodendecker für schwierige Standorte, an Böschungen, unter lichten Gehölzen, auf Mauerkronen, im Steingarten; für Pflanzgefäße.
Standort: Auf nahezu allen Böden, am besten auf durchlässigem, frischem, nährstoffreichem Untergrund; rauchhart, für Stadtklima geeignet.
Pflanzen/Vermehren: Pflanzung bevorzugt im Herbst, bei flächiger Verwendung 5 bis 6 Exemplare pro m²; Vermehrung durch Stecklinge, die leicht bewurzeln, die reine Art auch durch Aussaat (Kaltkeimer).

ZWERGPALME

Fächermispel (Cotoneaster horizontalis)

Hohe Blütenmispel (Cotoneaster multiflorus)

Pflege: Anspruchslos; Schnitt, auch radikaler Rückschnitt, nach Bedarf.
Hinweis: Weitere niedrige Zwergmispeln (Auswahl):

▪ Kissenmispel, Spalierzwergmispel (*C. adpressus*): sommergrün, niederliegender Bodendecker, 20 – 30 cm hoch, bis 150 cm breit; rosa Blüten; kaum fruchtend; leuchtend weinrote Herbstfärbung.

▪ Fächermispel (*C. horizontalis*): sommergrün, kissenförmig, fächerartige Zweige, 50 – 70 cm hoch und bis 150 cm breit, weißrote Blüten; orangerote Herbstfärbung, reich fruchtend.

▪ Nanshan-Zwergmispel (*C. praecox*): sommergrün, Zweige kriechend oder bogig abstehend, 40 – 60 cm hoch, bis 150 cm breit; weißrote Blüten; braunrote Herbstfärbung; große, orangerote Früchte.

▪ Niedrige Sorten der Weidenblättrigen Strauchmispel (*C. salicifolius*), z. B. 'Parkteppich' und 'Repens': immergrün, matten- bis kissenförmig, 30 – 50 cm hoch, bis 100 cm breit; weiße Blüten; hellrote Früchte.

Hohe Blütenmispel
COTONEASTER MULTIFLORUS

Merkmale: Sommergrüner Strauch, breit buschig, 2 – 3 m hoch und breit; bogig überhängende Zweige; eiförmige, frisch grüne Blätter, im Austrieb rötlich, Herbstfärbung gelb bis rotbraun; streng duftende weiße Blütchen in reichblütigen Doldenrispen; beerenartige, rote Früchte.
Blütezeit: Mai – Juni
Verwendung: Für Einzelstellung, in Gehölzgruppen, in frei wachsenden oder streng geschnittenen Hecken; in geräumigen Gefäßen.
Standort: Auf nahezu allen Böden; rauchhart, für Stadtklima geeignet.
Pflanzen/Vermehren: Pflanzung bevorzugt im Frühjahr; Vermehrung durch Stecklinge, die reine Art auch durch Aussaat (Kaltkeimer).
Pflege: Anspruchslos; Rückschnitt nach Bedarf.
Hinweis: Weitere hochwüchsige Zwergmispeln bzw. Strauchmispeln (Auswahl):

▪ Runzelblättrige Strauchmispel (*C. bullatus*): sommergrün, 3 – 4 m hoch und breit; weißrote Blüten; gelbe bis braunrote Herbstfärbung; hellrote, sehr auffällige Früchte.

▪ Diels Zwergmispel (*C. dielsianus*): sommergrün, bogig überhängend, 2 – 3 m hoch und breit; rosaweiße Blüten; scharlachrote Früchte; braunrote Herbstfärbung.

▪ Sparrige Zwergmispel (*C. divaricatus*): sommergrün, locker verzweigt, 2 – 3 m hoch, bis 4 m breit; weiße Blüten; orangerote Herbstfärbung; zahlreiche dunkelrote Früchte, lange haftend.

▪ Weidenblättrige Strauchmispel (*C. salicifolius*): immergrün, überhängend, 3 – 4 m hoch und ebenso breit; weiße Blüten; korallenrote Früchte.

Zwergpalme
Kleine, recht robuste → *Palme,* die man gut als → *Kübelpflanze* halten kann.

Zwergrose
Den Beetrosen zugeordnete Gruppe von Züchtungen mit höchstens 40 cm Wuchshöhe und kleinen, anmutigen Blüten
→ *Rose*

Zwergstrauch
Als Zwergsträucher stuft man → *Gehölze* mit höchstens 0,5 m Wuchshöhe ein. Zwergformen von Nadelgehölzen, bei denen es sich oft um kleine Bäume handelt, können auch höher werden, wachsen aber sehr langsam.

Zwetsche
Im engeren Sinn Sortengruppe der → *Pflaume* mit mittelgroßen, meist blauen bis blauvioletten, länglichen Früchten; wird oft auch allgemein als anderer Name für die Pflaume verwendet.

Zwetschge
Regional verwendeter Ausdruck für → *Zwetsche* bzw. → *Pflaume*

Zwetschke
Regional verwendeter Ausdruck für → *Zwetsche* bzw. → *Pflaume*

Zwiebel
Dieser Begriff ist doppelt belegt:

1) Botanisch stellt eine Zwiebel ein weit verbreitetes Speicherorgan dar. Es handelt sich um einen → *Spross* mit stark gestauchtem Wachstum, der den Zwiebelboden oder -kuchen bzw. die Zwiebelscheibe bildet. An ihm setzen die Büschelwurzeln an. Umhüllt wird er von mehreren Lagen fleischig verdickter Blätter, den Zwiebelschalen, -schuppen oder -decken, die der Nährstoffspeicherung dienen. Die äußeren, schützenden Zwiebelschalen sind häufig verkorkt oder leicht verholzt. Grundsätzlich lassen sich Schalenzwiebeln (z. B. Tulpe, Speisezwiebel) und Schuppenzwiebeln (z. B. Lilie) unterscheiden.

2) Im allgemeinen Sprachgebrauch gilt die Speise- bzw. Küchenzwiebel, deren Speicherorgane genutzt werden, als → *Zwiebel* schlechthin.

Zwiebel
ALLIUM CEPA

Zwiebeln – genauer Speise- oder Küchenzwiebeln – sind mit die ältesten Nutzpflanzen überhaupt. Die früher zu den Liliengewächsen zählenden, heute für die Familie der Lauchgewächse typischen Pflanzen stammen ursprünglich wohl aus Asien. Man unterscheidet mehrere Gruppen: Die scharfen Speisezwiebeln, die meist sehr großen, mild-süßlichen Gemüsezwiebeln und die schlanken Lauch-, Frühlings-, Bund- oder Schlottenzwiebeln, die mitsamt dem Laub geerntet und verzehrt werden. Silberzwiebeln sind jung geerntete, nur etwa haselnussgroße Küchenzwiebeln, sie werden oft sauer eingelegt.

Küchenzwiebeln gibt es in einer Fülle von Sorten, die sich vor allem in

Etagenzwiebel

Gemüsezwiebel

der Schalenfärbung, aber auch in der Form und Größe unterscheiden. Neben den verbreiteten braunen Formen kennt man weiße, gelbe, rote und violette, neben typisch zwiebelförmigen kommen birnenförmige, schlanke oder plattrunde Speicherorgane vor.

Bei der Sortenwahl sollte zudem auf den Verwendungszweck geachtet werden, die Sorten eignen sich z. B. für einen bestimmten Anbauzeitraum oder speziell zum Einlagern.

Als feine Delikatesse unter den Zwiebeln gelten Schalotten oder Eschlauch (*A. cepa* var. *ascalonicum*). Sie bilden ganze Horste aus länglichen, gelbbraunen bis rötlichen Organen, die miteinander verwachsen bleiben. Die Blätter verwendet man ähnlich wie → *Schnittlauch*. Gewöhnlich zieht man Zwiebeln einjährig, obwohl sie eigentlich ausdauernd sind und ab dem 2. Jahr dekorative Blütenstände treiben. Die Mittel- bis Schwachzehrer werden als Haupt- oder Nachkultur angebaut, als Partner für eine Mischkultur eignen sich u. a. Möhren, Salate, Tomaten oder auch Gurken. Um → *Zwiebelkrankheiten* und → *Zwiebelschädlingen* vorzubeugen, sollten Zwiebeln nur alle 5 Jahre auf demselben Beet wachsen.

Ausdauernde, anspruchslose Spezialitäten sind Etagen- und Winterheckzwiebel. Auf den hohen Schäften der Etagen- oder Luftzwiebel (*A. cepa* Proliferum-Grp. 'Viviparum') entwickeln sich an der Spitze mehrere Brutzwiebeln. Werden sie nicht geerntet, neigen sie sich zum Boden und wachsen zu neuen Pflanzen heran. Die Winterheckzwiebel (*A. fistulosum*), bildet nur kleine Zwiebeln, dafür aber reichlich schmackhafte Blätter, die röhrigen Schlotten oder Schluten.

Merkmale: Einjährig kultiviertes Gemüse; braune, rote, violette oder weiße Zwiebeln unter der Erde; dunkelgrüne, hohle Blätter.

Standort: Durchlässiger, tiefgründig gelockerter, humoser Boden; schwere, tonige sowie frisch mit Mist versorgte Böden sind ungeeignet.

Kultur: Saatzwiebeln für Sommer- und Herbstbedarf im März/April etwa 1 cm tief in Reihen mit 25 – 30 cm Abstand säen, auf 5 – 10 cm vereinzeln; Saat für Überwinterung ab August; Steckzwiebeln ab März mit 10 – 15 cm Abstand in Reihen mit 25 – 30 cm Abstand in die Erde drücken; Wintersteckzwiebeln werden ab Ende September ausgebracht, den Winter über angehäufelt und mit Stroh oder Vlies abgedeckt; Gemüsezwiebeln ab Ende

(Fortsetzung auf S. 1032)

ZWIEBELBLUMENPFLANZUNG IN BEET UND RASEN

1. Pflanztiefe = dreifache Zwiebelhöhe. Bei schwerem Boden jedoch etwas flacher pflanzen und Ausnahmen wie etwa bei der Madonnenlilie beachten.

2. Pflanzung mit der Handschaufel: Gelockerte Erde lässt sich damit einfach zur Seite schieben; andernfalls muss ein regelrechtes Pflanzloch gegraben werden.

3. Zwiebelpflanzer: Die ausgestochene Erde verbleibt im Zylinder und kann bei aufklappbaren Modellen durch Drücken des Handgriffs wieder eingefüllt werden.

Pflanzware und Pflanztermine

In der Regel pflanzt man Zwiebelblumen während ihrer Ruhezeit, indem man ihre Speicher- und Überdauerungsorgane, also die Zwiebeln, in den Boden steckt.

Hauptpflanzzeit ist der Spätsommer und Herbst. Besonders zeitig, d. h. schon im Juli/August, sind Kaiserkronen an der Reihe, bald danach Madonnenlilie und Schachbrettblume, im August/September Narzissen. Die meisten anderen Frühlings- und Frühsommerblüher können im September/Oktober, in milden Lagen oder Wintern sogar noch im November gesteckt werden. Sommerblühern wie Zierlauch und Lilien gibt man durch Herbstpflanzung Gelegenheit, frühzeitig einzuwachsen und sich bis zur Blüte im nächsten Jahr gut zu entwickeln.

Die anderen, etwas spezielleren Zwiebelblumen verteilen sich auf **drei weitere Pflanztermine:** Mäßig empfindliche Sommerblüher wie Hakenlilie und ggf. Feuer- sowie Türkenbundlilie im März/April; nicht winterharte Zwiebelblumen, z. B. die Tigerblume, ebenso wie die beliebten Knollenblumen Dahlie oder Gladiole im April/Mai; die wenigen Herbstblüher, nämlich Herbstzeitlose, Pracht- und Safrankrokus, im Juli/August – also im Grunde schon wieder zu Beginn der Hauptpflanzzeit.

Pflanztiefe und Pflanzvorgang

Als Faustregel für die Pflanztiefe gilt: Zwiebeln dreimal so tief stecken, wie sie selbst hoch sind. In etwas schwereren Böden pflanzt man sie jedoch besser nur zweimal

> **TIPP**
>
> Im Spätwinter und zeitigen Frühjahr sind auch vorgezogene, oft schon blühende Zwiebel- und Knollenpflanzen im Angebot. Sie sind häufig nur mäßig robust und finden bevorzugt Verwendung für Schalen, Balkonkästen oder als Zimmerschmuck. Wer allerdings die herbstliche Pflanzsaison verpasst hat, kann damit auch auf Beeten einen Versuch wagen.

PRAXIS

so tief. Wichtigste Ausnahme ist die Madonnenlilie: Ihre Zwiebel wird nur ganz flach eingesetzt, so dass sie gerade eben mit Erde bedeckt ist. Achten Sie beim Pflanzen aller Zwiebeln stets darauf, dass die Spitzen nach oben zeigen. Nach unten müssen die Pflanzorgane unbedingt Erdkontakt haben.

Kleine Zwiebeln, etwa von Schneeglöckchen, können – lockeren Boden vorausgesetzt – einfach in die Erde gesteckt werden. Ansonsten hebt man mit dem Spaten ein paar Zentimeter Boden ab, lockert den Untergrund, drückt die im richtigen Abstand verteilten Zwiebeln hinein und deckt sie dann wieder ab. Anschließend wird – wie bei allen Zwiebelpflanzverfahren – die Oberfläche vorsichtig angedrückt oder fest geklopft.

Für größere Exemplare gräbt man ein Loch mit einer Pflanzschaufel oder man verwendet einen → *Zwiebelpflanzer*. Am besten funktioniert das bei etwas feuchtem Boden, dann bleibt der ausgestochene Ballen gut im Zylinder haften. Auf schweren Böden sollte man das Pflanzloch etwas tiefer ausheben und zuunterst eine etwa 3 cm starke Dränageschicht aus Sand einbringen. Vermischen Sie dann auch die Erde vor dem Wiedereinfüllen mit etwas Sand.

Zum Einsetzen von engmaschigen Pflanzkörben, die einen gewissen Schutz vor Wühlmäusen bieten, hebt man eine kleine Grube aus, die etwas größer als der Korb ist, um unten und an den Seiten Sand oder gelockerte Erde einzufüllen. So lässt sich der Korb unter Hin- und Herdrehen gut im Boden verankern. Dann füllt man etwas Erde ein, steckt die Zwiebeln im nötigen Abstand hinein und deckt sie schließlich ab.

Pflanzung im Rasen

Ob als blühende Inseln inmitten des Grüns oder großflächige Teppiche im wiesenartigen Rasen – Zwiebelblumen setzen hier im Frühjahr wunderschöne Akzente. Je nach Zwiebelgröße und Bodenzustand kommen die bereits genannten Verfahren infrage, vom einfachen Eindrücken in die Grasnarbe bis hin zur Einzelpflanzung mit dem Zwiebelpflanzer. Für kleinere Zwiebeln können Sie auch mit der Grabegabel oder einem Metallstab Löcher in den Rasen stechen.

Ansonsten hebt man am besten die Grasnarbe in kleinen Stücken ab oder versieht sie mit dem Spaten mit Einstichen in H-Form, so dass sich die Soden nach Abtrennen der Wurzeln aufklappen lassen. Dann wird der Untergrund gelockert, die Zwiebeln oder Zwiebelknollen (z. B. Krokusse) werden eingepflanzt, die Grassoden darüber gelegt und an den Rändern gut angedrückt.

CHECKLISTE

Prüfen Sie die Pflanzzwiebeln sorgfältig. Wichtige Kriterien:
- unbedingt gesund und frei von Faulstellen
- prall, fest und saftig, nicht eingetrocknet
- groß, aber keinesfalls mit schwammigem Gewebe

Vorsicht, Zwiebeln können Allergien auslösen; pflanzen Sie bei empfindlicher Haut am besten mit Handschuhen.

4. Pflanzkörbe kann man vor oder nach dem Einsetzen bepflanzen. Am besten füttert man die Grube zuvor mit Sand oder gelockerter Erde aus.

5. Rasenpflanzung 1: Mit dem Spaten schneidet man ein H in die Grasnarbe. Dann werden die Graswurzeln vorsichtig abgetrennt.

6. Rasenpflanzung 2: Zwiebeln verteilen und in den gelockerten Boden stecken. „Sodenflügel" zuklappen und an den Rändern andrücken.

Februar unter Glas aussäen und ab Ende Mai mit 25 x 30 cm Abstand auspflanzen.
Pflege: Regelmäßig Boden lockern, Unkraut jäten; bei Trockenheit gießen; kurz vor der Reife trockener halten.
Ernte: Zwiebeln aus dem Boden holen, sobald das Laub umknickt und sich gelb verfärbt, erste Ernten ab August, überwinterte Zwiebeln ab April des Folgejahrs; am besten auf dem Beet einige Zeit abtrocknen lassen, dann in Netzen oder zu Zöpfen gebündelt luftig und trocken lagern. Schlotten können jederzeit nach Bedarf geschnitten werden.

Zwiebelblumen

Mehrjährige Blumen, die mithilfe einer → *Zwiebel* überdauern und daraus alljährlich neu austreiben. Dies sind in der Hauptsache Pflanzen aus den Familien der Lilien-, Amaryllis- und Lauchgewächse. Der Einfachheit halber zählt man jedoch auch Pflanzen mit → *Zwiebelknollen* dazu, z. B. Krokus, Herbstzeitlose und Winterling. Zwiebelblumen werden ohnehin meist zusammen mit den → *Knollenblumen* genannt und im Fachhandel gemeinsam angeboten, da sie in Verwendung, Kultur und Ansprüchen recht ähnlich sind.

Die überwiegende Mehrzahl aller Zwiebelblumen bereichert den Garten mit zartem oder üppigem Frühlingsflor, angefangen mit dem Schneeglöckchen als Vorfrühlingsbote über Knotenblume, Narzissen und Tulpen bis hin zu den Kaiserkronen. Im Sommer sorgen z. B. Lilien, Zierlauch und Tigerblume für ein Blütenfest, Herbstzeitlose und Prachtkrokus sind erst im Spätjahr an der Reihe. In gemischten Beeten und Rabatten sollte man die Frühjahrsblüher nicht alle in den Vordergrund setzen, da sie im Sommer zuerst welkendes Laub und schließlich Lücken hinterlassen. Vor- und zwischengepflanzte Stauden oder Sommerblumen kaschieren dann die Leerstellen und übernehmen den Blütenpart. Doch auch während der Blütezeit der Zwiebelblumen empfiehlt es sich, ihnen andere Pflanzen beizugesellen; den Frühjahrsblühern z. B. Zweijährige wie Vergissmeinnicht, den Sommerblühern kleinere Stauden oder Gräser. Solche Begleiter lockern das oft etwas straffe Wuchsbild der Zwiebelpflanzen auf. Im Allgemeinen setzt man sie am besten in kleinen, „leger" verteilten Gruppen mit ungeraden Stückzahlen, den so genannten Tuffs. Bei Arten wie Traubenhyazinthe, Hasenglöckchen oder Blaustern muss man sich allerdings um die natürliche Wirkung keine Gedanken machen: Sie breiten sich gern von selbst aus und geben mit ihren anmutigen Blütenteppichen unter Gehölzen jedes Frühjahr erneut ein schönes Bild ab.

Sofern man ihnen geeignete Pflanzplätze anbieten kann, sind die meisten Zwiebelblumen recht pflegeleicht.

Tulpen, Kaiserkronen, Narzissen, Hyazinthen, Traubenhyazinthen – Zwiebelblumen tauchen den Frühling in ein wahres Blütenmeer.

Auf sehr schweren, verdichteten oder vernässten Böden treten jedoch fast zwangsläufig Probleme auf, von Wachstumsstörungen und häufigem Krankheitsbefall bis hin zu faulenden Zwiebeln. Wo man öfter Ärger mit → *Wühlmäusen* hat, empfiehlt sich das Setzen im Pflanzkorb. Ein Aufnehmen der Zwiebeln – stets erst nach vollständigem Welken des Laubs – ist nur bei einigen frostempfindlichen „Exoten" wie Tigerlilie oder Hakenlilie zwingend nötig, zumindest in rauen Lagen. Ansonsten genügt meist eine Abdeckung mit Laub und/oder Reisig, z. B. bei Hyazinthen und Kaiserkronen. Die Frühjahrsblüher müssen ohnehin den Winter draußen überstehen, da sie in der Regel im Spätsommer oder Herbst gepflanzt werden. Doch auch zum Schutz vor zu viel Feuchtigkeit und Schädlingen kann eine vorübergehende, geschützte Lagerung sinnvoll sein, selbst den Sommer über. Man säubert dazu die Zwiebeln nach dem (vorsichtigen) Ausgraben von Erdresten, lässt sie gut abtrocknen und bringt sie an einem trockenen, dunklen, relativ kühlen Ort unter – am besten in mit Sand oder

Sägespänen gefüllten Kisten, und zwar so, dass sich die Zwiebeln nicht gegenseitig berühren. Ein Aufnehmen und Neuverpflanzen fördert schließlich auch bei vielen älteren Zwiebelblumen die Wuchskraft und Blühfreude. Bei den kleinen Zwiebelblühern wie beispielsweise Schneeglöckchen und Traubenhyazinthen erreicht man dies durch Teilung ganzer Bestände bzw. Kolonien, wobei die Teilstücke freilich nicht zwischengelagert, sondern in jedem Fall gleich wieder eingesetzt werden.

Zwiebelblumenpflanzung
→ PRAXIS-SEITE Zwiebelblumenpflanzung in Beet und Rasen (S. 170/171)

Zwiebelfliege
→ *Zwiebelschädling*, der im Aussehen einer Stubenfliege ähnelt.

Zwiebeliris
Irisarten, die nicht aus Rhizomen, sondern aus Zwiebeln austreiben, wie z. B. Holland-Iris oder Netziris.
→ *Iris, Zwiebelbildende*

Zwiebelknolle
Sprossknolle, die von ein oder zwei trockenhäutigen Blättern umgeben ist und dadurch im Aussehen einer → *Zwiebel* ähnelt, z. B. bei Gladiolen. Auch → *Knolle*

Zwiebelkrankheiten
Trotz ihrer scharfen, gar desinfizierenden Inhaltsstoffe, die sich in Form von → *Kräuterauszügen* gegen manche Schadpilze einsetzen lassen, bleiben Zwiebeln selbst nicht von Krankheiten verschont.

Pilzkrankheiten
Es können mehrere, großteils auf Zwiebeln und ihre Verwandten – Porree, Knoblauch, Schnittlauch – spezialisierte Schadpilze auftreten. Sie werden hier nur in Kürze beschrieben; denn Vorbeugungs- wie Gegenmaßnahmen sind bei allen sehr ähnlich. Hauptsächlich überdauern die Erreger an Pflanzenresten und/oder im Boden, zum Teil können sie außerdem über infiziertes Saat- und Pflanzgut verbreitet werden. Bei feuchter Witterung erfolgen schnelle Infektion und Ausbreitung. Die häufigsten Krankheiten und ihre wichtigsten Schadbilder:

■ Falscher Mehltau: Längliche Flecken mit grauem Pilzrasen auf den Blättern, Blätter verbräunen und welken; äußere Zwiebelschuppen wässrig; tritt vor allem bei kühlfeuchtem Wetter auf; auch → *Mehltau, Falscher*.

■ Grauschimmel/*Botrytis*-Blattflecken: Unregelmäßige Flecken auf den Blättern, erst fließend weißgrün, später deutlich abgegrenzt, eingesunken; Blätter verfärben sich von den Spitzen her hellbraun, sterben ab; auch Fäulnis der Zwiebel mit grauem Pilzrasen; auch → *Grauschimmel*.

■ Mehlkrankheit: Gelbfärbung der Blätter von der Spitze her; faule Stellen an Wurzeln und Zwiebelkuchen; weiße, wattige Pilzgeflechte mit dunklen Dauerkörpern; junge Pflänzchen sterben schnell ab und lassen sich einfach aus dem Boden ziehen.

■ Papierfleckenkrankheit: Bei kühlfeuchtem Wetter im Sommer zunächst wässrige Blattspitzen, die dann papierartig dürr und weiß werden; ähnliche Flecken auf den Blättern, die schließlich ganz absterben können.

■ Samtfleckenkrankheit: Länglich ovale, aufgehellte Flecken auf den Blättern, darauf mit der Zeit dunkelgrüner, weicher Pilzrasen; Blätter können ganz absterben.

Abhilfe: Vorbeugend weiter Fruchtwechsel, Zwiebeln und Verwandte (Porree, Knoblauch, Schnittlauch) nur alle 4, besser 5 Jahre auf demselben Beet anbauen; staunasse, zu schwere, verdichtete Böden meiden; gesundes Saat- und Pflanzgut verwenden; nicht zu eng pflanzen, möglichst nur vormittags gießen; Pflanzenstärkungsmittel und Gesteinsmehle ausbringen. Chemische Bekämpfung nur vereinzelt möglich, da Mittel großteils nicht verfügbar bzw. nicht für den Hausgarten zugelassen; befallene Pflanzen frühzeitig und vollständig entfernen, ebenso nach der Ernte sämtliche Pflanzenreste.

Am gravierendsten wirkt sich ein Befall mit der Mehlkrankheit aus, da die Erreger etwa 10 Jahre im Boden überdauern können; notfalls muss man ein Fachunternehmen mit der Bodendesinfektion bzw. -dämpfung beauftragen.

Grauschimmelbefall an Zwiebel

Gelbstreifigkeit
Die Viren, die diese Krankheit an Zwiebeln und Porree verursachen, werden von Blattläusen übertragen; sie können auch in geernteten und Steckzwiebeln überdauern.
Schadbild: Blätter verdreht und gewellt, meist mit deutlichen gelben Längsstreifen; gesamte Pflanze wächst nicht, Zwiebeln bleiben klein, faulen leicht.
Abhilfe: Vorbeugend Blattläuse bekämpfen; erkrankte Zwiebeln unverzüglich entfernen.

Zwiebelpflanzer

Zwiebelpflanzer

Pflanzhilfe für größere Blumenzwiebeln und -knollen mit nach unten hin leicht verjüngtem Hohlzylinder aus Metall an einem Griffbügel. Teils bestehen die Zylinder aus zwei Hälften, die man durch Betätigen des Griffs auseinander und wieder zusammenklappen kann. Man sticht damit das Pflanzloch aus, am besten mit einer Drehbewegung; Beim Herausziehen bleibt die Erde im Zylinder haften. Nun wird die Zwiebel ins Loch gelegt, dann mit der Erde, die man aus dem Zylinder löst, abgedeckt. Bei aufklappbaren Modellen entlässt man die Erde einfach durch Druck auf den Handgriff. Zylinder aus einem Stück dreht man um, nimmt bzw. klopft den Erdballen heraus und setzt ihn dann wieder ein.

Auch → PRAXIS-SEITE Zwiebelblumenpflanzung in Beet und Rasen (S. 1030/1031)

Zwiebelschädlinge

Die Inhaltsstoffe der Zwiebeln sorgen dafür, dass sich vorwiegend spezialisierte Schädlinge an ihnen zu schaffen zu machen. Freilich kommen selbst an Zwiebelgemüsen verschiedene → *Blattläuse* vor, die vor allem durch Virusübertragung (→ *Zwiebelkrankheiten*) gefährlich werden können. Auch → *Nematoden* (Stängelälchen) machen vor Zwiebeln und Porree nicht Halt und gehören – in Form einer Zwiebelrasse, die jedoch weitere Gemüse befallen kann – zu den besonders gefürchteten Schaderregern. Ebenso treten recht häufig → *Thripse* auf, besonders in warmen, trockenen Jahren.

Zwiebelfliege

Die Zwiebelfliege, die wie eine schlanke, etwas hellere Stubenfliege aussieht, legt ihre Eier nicht nur an allen Zwiebelgemüsen ab, sondern zuweilen auch an Tulpen. Die Eigelege werden direkt neben der Sprossbasis platziert. Dies geschieht etwa Anfang Mai, ungefähr zu der Zeit, wenn der Löwenzahn blüht, da sich die Tiere zuvor von dessen Nektar und Pollen ernähren. Aus den Eiern schlüpfen nach einer knappen Woche die weißlichen, fast 10 mm groß werdenden Maden, die sich durch das weiche Gewebe der jungen Pflanzen fressen. Nach dem Reifungsfraß, während dessen sie mehrere Pflanzen schädigen, verpuppen sie sich im Boden. Im Lauf des Sommers fliegt dann nochmals eine zweite Generation, deren Maden das Erntegut schädigen können; Winterzwiebeln und späte Porreesorten sind in warmen Jahren manchmal noch von einer dritten Generation betroffen. Die Überwinterung erfolgt im Puppenstadium im Boden.

Schadbild: Pflänzchen welken kurz nach dem Auflaufen; lassen sich leicht aus der Erde ziehen; im Sommer ältere Zwiebel- und Porreeblätter mit Fraßgängen, Zwiebeln innen zerfressen, darin oft die hellen Maden.

Abhilfe: Vorbeugend natürliche Feinde wie Schlupfwespen, Laufkäfer oder Spinnen fördern; Mischkultur mit Möhren; vor Flugzeit der Weibchen die Beete mit Kulturschutznetzen abdecken. Notfalls Insektizide (Streu- oder Spritzmittel) einsetzen.

Zwiebelminierfliege

Die nur etwa 2 mm kleinen, dunklen Fliegen mit gelbem Kopf legen ihre Eier ab Ende Mai in hellen Punktreihen auf Zwiebel- oder Porreeblätter. Daraus schlüpfen die Maden der ersten Generation; sie sind hell gefärbt, werden um 4 mm groß und fressen enge Gänge in die Blätter. Danach verpuppen sie sich im Boden. Teilweise

Schadbild von Stängelälchen an Zwiebeln

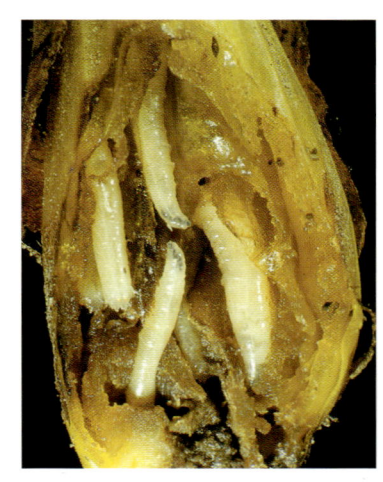

Maden der Zwiebelfliege

überwintern sie dort bis zum nächsten Frühjahr, teils schlüpft im August oder September eine zweite Generation, die nochmals schädlich werden kann.

Schadbild: Anfangs winzige helle Pünktchen in Reihen auf den Blättern (Einstichstellen der Weibchen), später schmale, oft verzweigte Fraßgänge, die wie helle Linien aussehen. Stark betroffene Blätter krümmen sich und sterben ab.

Abhilfe: Vorbeugend Nützlinge wie Schlupfwespen fördern; im Mai/Juni Kulturschutznetze auflegen bzw. jene gegen die Zwiebelfliege liegen lassen. Blätter mit den beschriebenen Punktreihen frühzeitig entfernen, notfalls ganze Pflanze beseitigen.

Zwischenfrucht

Anderer Ausdruck für → *Zwischenkultur*

Zwischenkultur

Beim Gemüseanbau eine Art mit kurzer Wachstumszeit, die das Beet nur vorübergehend belegt und zwischen zwei anderen Kulturen eingeschaltet wird. Dies praktiziert man vor allem bei einer geplanten → *Kulturfolge*, entweder zwischen Vor- und Hauptkultur oder zwischen Haupt- und Nachkultur. Doch auch in anderen Fällen, in denen vorübergehend eine Fläche frei wird, bietet sich solch ein „Überbrückungsgemüse" an, etwa Radieschen, Schnitt- und Pflücksalat oder Kresse. Da die kurzlebigen Pflanzen nur mäßig Nährstoffe verbrauchen und bald geerntet werden, können sie auch zeitweise parallel bzw. in → *Mischkultur* zur länger verbleibenden Kultur, z. B. Möhren oder Bohnen, wachsen. Neben der guten Beetausnutzung hat dies den Vorteil, dass der Boden ständig bedeckt bleibt. Für letzteres sorgen allerdings schnellwüchsige → *Gründüngungspflanzen* wie Senf noch besser.

Zwittrig

Allgemein die Eigenschaft eines Organismus, der sowohl männliche wie auch weibliche Geschlechtsorgane besitzt. Unter den Tieren sind beispielsweise Schnecken und Regenwürmer Zwitter.

Bei den höheren Pflanzen stellen zwittrige Blüten fast die Regel dar: Die Staubgefäße enthalten dabei die männlichen Anlagen, die Fruchtknoten die weiblichen Eizellen. → *Eingeschlechtige Blüten* sind hingegen die – wenngleich nicht seltene – Ausnahme.

Auch → *Blüte,* → *Befruchtung*

Zyklame

Aus dem botanischen Gattungsnamen *Cyclamen* hergeleitete Bezeichnung für das vor allem als Zimmerpflanze beliebte → *Alpenveilchen*

Zypergras

CYPERUS ALTERNIFOLIUS

Die Heimat dieses Sauergrases liegt im tropischen Afrika. Man kennt und nutzt es oft als Zimmerpflanze, doch ein sommerlicher Aufenthalt im Freien bekommt ihm gut, sofern das Wetter entsprechend ist. Dann erweist sich das Zypergras als attraktive Kübelpflanze für Terrasse oder Gartensitzplatz und kann sogar mitsamt Topf in den Teich oder ein Wasserbecken eingesetzt werden. Besonders gut eignet sich für solche Zwecke der bis 200 cm hohe, recht robuste Papyrus (*C. papyrus*), aus dessen Halme die alten Ägypter das erste Papier herstellten.

Merkmale: Buschiges, nicht winterhartes Gras, 50 – 150 cm hoch; schmale, dunkelgrüne, überhängende Blätter; aufrechte Stängel mit schirmförmig ausgebreiteten Blattschöpfen an den Spitzen, im Zentrum gelbe bis bräunliche Blütenstände.

Blütezeit: Juli – September

Zypergras (Cyperus alternifolius)

Verwendung: Als Kübelpflanze, in der Flachwasserzone von Gartenteichen, in flachen Wasserbecken; eingesenkt in Kleingewässer, z. B. Balkonteiche oder Zinkwannen; im Winter als Zimmerpflanze.

Standort: Auch absonnig, luftfeucht und warm; ständig nasses, humoses, nährstoffreiches Substrat.

Pflanzen/Vermehren: Pflanzung im Frühjahr ab Mitte Mai, am besten mitsamt Gefäß ins Gewässer stellen; Vermehrung durch Teilung oder Kopfstecklinge, dazu Blattschöpfe abschneiden, Blätter einkürzen und zur Bewurzelung kopfüber in Wasser stellen.

Pflege: Stets sehr feucht bis nass halten; Halme mit vertrockneten Blättern ggf. entfernen; Überwinterung hell bei 15 – 20° C, wenn nötig, im Frühjahr umtopfen.

Fotos: Arco-Digital-Images/J. de Cuveland: Titelbild (oben); **Toni Angermaier,** Holzkirchen: S. 555 alle, 575 u., 1001 o.; **Heiko Bellmann,** Lonsee: S. 811 r.; **Bildagentur Andreas Bärtels,** Waake: S. 931 alle; **Bildagentur ipo,** Linsengericht-Altenhasslau: S. 527 u., 530 o. l., o. r., 532 u., 560, 563, 573 u., 614 o., u., 615 r., 634 o., 640 l., 650 u., 666 l., 669 u., 680 o., 688 r., 694 M. r., 709, 710, 713 o. l., 720, 721, 722, 723 r., 735 o. l., o. r., M. l., M. M., 755 alle, 760 o. l., 764, 779, 790 M., 793, 805, 816 r., 822 l., 824 r., 825 alle, 843 r., 845 o., 850, 852, 864 u., S. 866 u., 874, 877 alle, 879, 882 r., 888 alle, 889 alle, 895 u., 898, 927 u. l., u. M., 935 o., 938, 939 o. l., 941 r., 953 r., 956, 965 r., 969 u., 970, 976 u. l., 987 r., 993 u., 1006 o., 1021 o., 1034 o.; **BilderKiste, Monika Zilliken,** Hünstetten: S. 607, 988 u.; **Floraprint International Est.:** / Barzanti: S. 761 / FPD: S. 974 l. / Haaster: S. 768 r., 794 o., 797 / hapo: S. 864 o. / Kok: S. 842 M. / Kooiman: S. 789 r., 840, 925, 995 l., 1020 o., 1023 l. / Stehling: S. 832 r., 951, 974 r. / Visions: S. 810 o. / Westland: S. 834 u.; **GartenBildAgentur Strauß,** Au: / GPL: S. 715 l., M., 770 / Noun: S. 703; **Frank Hecker, Naturfotografie,** Panten-Hammer: S. 685 r., 939 o. r. / Dr. Sauer: S. 939 o. M., u.; **Ellen Henseler, Die Grüne Fotoagentur,** Bonn: S. 528, 551 o. l., o. r., 557, 569 r., 570 l. o., 572 l. o., u., 586 o., 601, 603 alle, 623, 659 l., 677 alle, 736, 738, 756 alle, 757, 758, 760 u., 763 u., 769 l., 795, 802 o., 804 l., 830, 851, 855 l., 901, 952 o., 973 u., 980, 981 o., 1000, 1033; **Peter Himmelhuber,** Regensburg: S. 714 o.; **Friedrich Jantzen,** Bad Arolsen: S. 927 o. M., M. M., M. r., u. r., 1015 u., 1017 o.; **Klaus Kuttig,** Hameln: S. 678, 681; **Thomas Muer,** Münster: S. 929 o.; **Nature + Science,** Vaduz: / Hinz: S. 1026 l.; **Pflanzenbildarchiv MFW,** Basel: S. 526, 533 o., 542 l., 553 o. r., u., 556, 565, 566, 576, 581 alle, 582 u., 594 o. r., 615 l., 642, 643, 649, 656, 662, 669 o., 745 r., 746 u. l., 767 u., 776 u., 801, 804 r., 810 u., 814 o., 835 r., 841 l., 854, 860 u., 863 r., 868 o., 871, 878, 899, 913, 914 r., 918, 927 o. r., M. l., 955 o., 961 o., 976 u., 984 o., 990 l., 1006 u., 1016, 1024 u., 1029 r.; **Photopress Bildagentur,** Stockdorf: / Apel: S. 654 l. / Aska: S. 583 l. / Fuhrmann: S. 592 / NIB: S. 574 alle / Rutel: S. 524 l. o., 597 o., 632 o., 655 u., 714 M. / Scheffler: S. 653 / Seve: S. 567 o.; **Wolfgang Redeleit,** Bienenbüttel: Titelbild (unten), Umschlagrückseite (2. und 4. Foto von links), S. 527 o., 529 l., 530 u., 531, 535 u., 537 o., 544, 545, 548 u., 596, 605 u., 615 M., 633 l., 651 r., 654 r., 666 r. o., u., 670 o. r., 671, 694 o. r., 712, 713 o. r., 714 u., 718 r., 867, 880, 882 l., 883, 884 o., u., 886, 935 u., 936 u., 940, 945, 955 o., 957, 969 o., 993 o., 1002 u.; **Nils Reinhard,** Heiligkreuzsteinach-Eiterbach: Umschlagrückseite (1. und 3. Foto von links), S. 539, 554, 567 u., 568, 572 r., 575 o., 582 o., 586 u., 589, 591, 594 M., u., 595, 605 o., 626, 633 r., 640 r., 646 u., 647, 657 o., 661 alle, 676 o., 689 o., 690 l., r., 692 r., 707 u., 719 alle, 732 l., 740, 743 l., M., 745 r., 746 o. l., o. r., M. l., u. M., 768 l., 769 r., 771 u., 772, 773, 781, 784, 785, 788 l., M., 791 u., 794 u., 798 u., 811 l., 812 u., 822 r., 828 u., 835 l., 855 r., 856, 858, 860 o., 861 r., 868 u., 884 M., 885 r., 890, 891 u., 895 r. o., 912, 917, 923, 927 o. l., 932, 944, 958 o., 962 u., 963 r., 971 o., 989, 995 r., 999 l., 1007 l., 1015 o., 1018, 1019 r., 1024 o., 1026 r., 1027 l., 1028 o., 1029 l., 1032, 1035; **Reinhard-Tierfoto,** Heiligkreuzsteinach-Eiterbach: S. 522, 523, 524 l., r. u., 529 l., 532 o., 533 l., 534, 535 o., 536, 537 u., 538, 540 alle, 541, 542 r., 543 alle, 546, 547 u., 548 o., 549 o., 550, 551 u., 552, 553 o. l., 559, 562, 564, 569 l., 570 r. o., u., 573 o., 578, 579, 583 r., 587, 588, 594 o. l., 597 u., 598, 599, 600 alle, 602, 604, 606, 608 alle, 613, 614 M., 617, 627, 632 u., 634 u., 638, 639, 641, 644 alle, 646 o., 650 o., 651 l., 652 alle, 655 o., 657 u., 658, 665 alle, 668, 670 o. l., u., 676 u., 680 u., 684, 685 l., 686, 687, 688 l., 689 u., 690 M., 693, 695, S. 696 alle, 697, 698 alle, 699, 700, 706, 707 o., 714 o., 715 r., 717, 718 l., 723 u., 724, 728 alle, 729 alle, 730 alle, 732 M., r., 735 M. r., u. l., u. r., 737, 741 alle, 743 r., 744, 746 o. M., M. M., M. r., u. r., 749, 750 alle, 751, 754 alle, 759 o., 760 o. r., 762, 765, 766, 767 o., 771 o., 774, 775 alle, 776 o., 777, 780, 783, 787 alle, 788 r., 789 l., 790 l., r., 791 o. l., o. r., 792, 796 alle, 798 o., 799, 800, 802 u., 803 r., 806, 807 alle, 808, 809, 812 o., 814 u., 815 alle, 816 l., 817, 818, 819, 820, 824 l., 826, 827 alle, 828 o., 829, 831, 832 l., 833 alle, 834 o., 836, 837 alle, 838, 839, 841 r., 842 l., r., 843 l., 845 u., 847 o., 848, 849, 857, 859, 861 l., 862 alle, 863 l., 866 o., 869, 870, 872 alle, 873, 885 l., M., 887, 891 o., 892 alle, 895 l. o., 900 alle, 902 alle, 903 alle, 904, 907, 908, 909, 910, 911, 914 l., 915 u., 916, 919, 920 alle, 921, 930, 934, 936 o. l., o. M., o. r., M., 941 l., 942 alle, 948, 949, 950 l., 953 l., 954 alle, 958 u. l., u. r., 960 alle, 961 u., 962 o., 964, 965 l., 966, 967, 968, 971 M., u., 972 alle, 973 o., 976 o., 977, 981 u., 982, 983 l., 984 u., 985, 986, 988 o., 990 r., 991, 992, 994 alle, 998, 999 r., 1001 u., 1002 o., 1007 r., 1008, 1011 alle, 1012 alle, 1014, 1017 u., 1019 l., 1021 u., 1022 alle, 1023 r., 1025, 1027 r., 1028 u.; **Bernd Schaefer,** Berlin: S. 906 alle, 915 o., 929 u., 950 r., 952 u., 963 l., 983 r., 987 l., 1034 M., u.; **Heinz Schrempp,** Breisach: S. 759 u., 763 o.; **Silvestris Fotoservice,** Kastl: S. 547 o. / Brockhaus: S. 924, 1020 u. / Bühler: S. 571, 612 u. / de Cuveland: S. 692 l. / Galan: S. 549 u.

/ Gross: S. 659 r., 742, 946 / Hecker: S. 645 / Kuch: S. 803 l. / Redeleit: S. 694 u. / Skibbe: S. 558 / Sohns : S. 687 o. / Willner: S. 612 o., M., 847 u.

Zeichnungen: Ulrike Hoffmann, Bodenheim: S. 585, 620 M., u. l., u. r., 621 alle, 624 alle, 625 alle, 627, 628 alle, 629 alle, 630 alle, 631 alle, 636 alle, 637 alle, 673 alle, 674 alle, 675 alle, 705 alle, 711, 716 alle, 739 alle, 853 alle, 865, 894, 897 M., u. alle, 933, 943 alle, 947 alle, 948, 992, 1003 alle, 1004 alle, 1005 alle, 1013, 1030 alle, 1031 alle; **FALKEN Archiv:** / Peter Beckhaus: S. 727, 917 / Gabriele Hampel: S. 825, 875, 880 alle, 881, 890, 893 / Ulrike Hoffmann: S. 678 alle / Horst Lünser: S. 521, 545 alle, 618 alle, 622 alle, 648, 702, 704 alle, 713, 725, 765, 813 alle, 846 alle, 1010 / Gerhard Scholz: S. 609, 610 alle, 611 alle, 663, 667, 773, 857, 858, . 896 alle, 897 o., 996 alle, 997 alle, 1000 alle / Erik Stegeman: S. 559 alle, 562, 577, 619 alle, 620 o., 623, 658, 672 alle, 679 alle, 683 alle, 748, 750 alle, 752 alle, 753 alle, 856, 922 alle, 978 alle, 979 alle, 986 / Matthias Weber: S. 708, 766

Umwelthinweis: Dieses Buch wurde auf chlorfrei gebleichtem Papier gedruckt. Die Einschrumpffolie – zum Schutz vor Verschmutzung – ist aus umweltverträglichem und recyclingfähigem PE-Material.

Nach den Regeln der neuen Rechtschreibung.

In Zusammenarbeit mit der Zeitschrift FLORA, Hamburg.

Bibliografische Information Der Deutschen Bibliothek
Die Deutsche Bibliothek verzeichnet diese Publikation in der Deutschen Nationalbibliografie; detaillierte bibliografische Daten sind im Internet über http://dnb.ddb.de abrufbar.

ISBN: 3-8001-4232-5

Das Werk einschließlich aller seiner Teile ist urheberrechtlich geschützt. Jede Verwertung außerhalb der engen Grenzen des Urheberrechtsgesetzes ist ohne Zustimmung des Verlages unzulässig und strafbar. Das gilt insbesondere für Vervielfältigungen, Übersetzungen, Mikroverfilmungen und die Einspeicherung und Verarbeitung in elektronischen Systemen.

© 2003 Eugen Ulmer GmbH & Co.
Wollgrasweg 41, 70599 Stuttgart (Hohenheim)
Internet: www.ulmer.de
Einbandgestaltung: Michaela Mayländer, Stuttgart
Druck und Bindung: Printer Trento S.r.l., Trento
Printed in Italy

BUCHTIPPS

Der Garten für intelligente Faule

Sie wünschen sich ein blühendes Gartenparadies oder köstliches Gemüse? Sie wollen Ihren Garten genießen, anstelle Ihre Freizeit mit Gartenarbeit zu verbringen? Hier stehen die Lösungen – Gärtnern schnell und günstig: Tipps und Tricks, die Zeit und Geld sparen. Gärtnern „mit Köpfchen": das richtige Know-how für blühende Gärten und schmackhafte Ernten. Gärtnern nach dem Motto: Gartenlust statt Arbeitsfrust!
Der Garten für intelligente Faule. Das etwas andere Gartenbuch. K. Ploberger. 2002. 162 Seiten, 100 Farbfotos, 25 Zeichnungen. ISBN 3-8001-3838-7.

Mit wenig Mühe viel Ergebnis erzielen – ganz nach dem Motto: Gartenlust statt Arbeitsfrust!

7 Schritte zum Garten für intelligente Faule

Karl Ploberger beschreibt in seiner unnachahmlichen Art, welche Erfahrungen zum intelligenten und dabei „faulen" Gärtnern er in seinem eigenen Garten sammeln konnte. Daraus hat er „7 goldene Praxisregeln" abgeleitet, wie auch Sie Schritt für Schritt einen solchen Garten schaffen und erhalten können. Denn: Mit dem richtigen Know-how lässt jeder Garten auch Faulheit zu!
7 Schritte zum Garten für intelligente Faule. Das etwas andere Praxisbuch. K. Ploberger. 2003. 168 S., 80 Farbb., 70 Illustrationen, 14 Planzeichn. ISBN 3-8001-3927-8.

Ideen für sieben Gärten, zugeschnitten auf verschiedene „Gärtnernaturelle" und Nutzungsziele.

Herzhafte Geheimnisse aus dem Garten für intelligente Faule

In diesem Buch verraten die beiden Autoren, wie Sie im Handumdrehen herzhafte Leckereien aus dem Erntesegen Ihres Gartens bereiten können.
Herzhafte Geheimnisse aus dem Garten für intelligente Faule. Das etwas andere Kochbuch. U. Ploberger, C. Hanisch. 2003. 96 S., 25 farb. Zeichn. ISBN 3-8001-4287-2.
Ebenfalls erschienen:
Süße Geheimnisse aus dem Garten für intelligente Faule. Das etwas andere Kochbuch. C. Hanisch, U. Ploberger. 2002. 95 Seiten, 13 Illustrationen. ISBN 3-8001-3928-6.

Im Handumdrehen herzhafte und süße Leckereien aus dem Erntesegen Ihres Gartens.

BUCHTIPPS

Umfassende Darstellung von Technik, Materialeinsatz und Pflanzenverwendung.

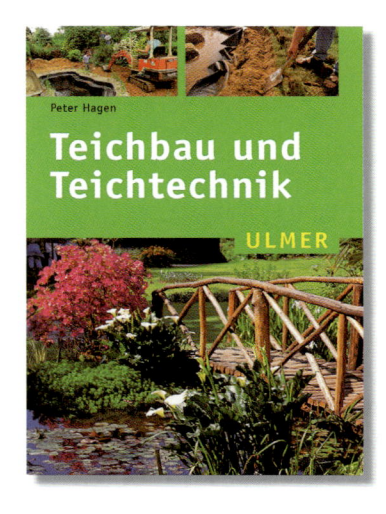

Der Wassergarten
Wasser gehört zu den beliebtesten Gestaltungselementen im Garten. Der Wassergarten in seinen Facetten auf dem aktuellen Stand der Technik: dieses Buch bietet nützliches Wissen und interessante Anregungen zur zeitgemäßen Gestaltung, zur Technik und den Materialien, die für eine Wasseranlage im Garten eingesetzt werden können.
Der Wassergarten. K. Wachter, H. Bollerhey, T. Germann. 8., völlig neu bearb. Aufl. 2003. Etwa 360 Seiten, 165 Farbf., 30 Farbzeichn. ISBN 3-8001-3235-4.

Klare Entscheidungshilfen für den Bau eines Teiches.

Teichbau und Teichtechnik
Das Buch gibt klare Entscheidungshilfen für den Bau eines Teiches. Folgende Themen werden behandelt: Planung. Erdarbeiten. Teiche aus Folie, Fertigbecken, Polyesterharz, Beton oder Naturstoffe. Gestaltung. Sprudelsteine, Bachläufe, Wasserfälle. Pumpen, Anschlüsse und Zubehör, Filter, Beleuchtung. Geräte und Hilfsmittel. Schutzeinrichtungen. Teichpflege. Kostenrechnung.
Teichbau und Teichtechnik. P. Hagen. 3. Aufl. 2002. 192 Seiten, 100 Farbfotos, 30 Zeichnungen. ISBN 3-8001-3115-3.

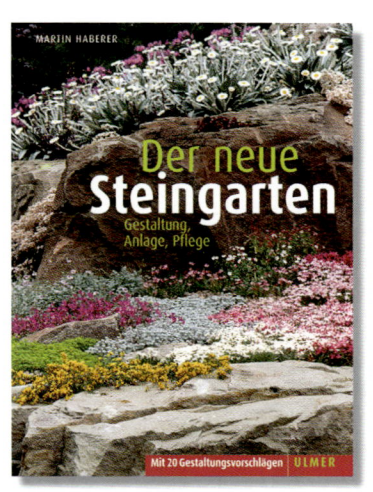

Übersichtlich und unterhaltsam: Das Ideenbuch für attraktive Steingärten.

Der neue Steingarten
Neben inspirierenden Beobachtungen zu alpinen Pflanzen am Naturstandort werde in diesem Buch 20 Ideen gezeigt, wie sich ein kleiner und großer Steingarten dominierend oder versteckt im Garten platzieren lässt. Bekannte und eher seltene Pflanzen für den Steingarten werden beschrieben. Daneben erhalten Sie das notwendige Wissen, um mit dem Stein kreativ umzugehen und die Pflanzen richtig einzusetzen und zu pflegen.
Der neue Steingarten. M. Haberer. 2003. Etwa 160 Seiten, 150 Farbf., 19 sw-Zeichn. ISBN 3-8001-4173-6.